保定年鉴

2007～2008

BAODING NIAN JIAN

保定市地方志编纂委员会
《保定年鉴》编辑部 编纂

新 华 出 版 社

图书在版编目（CIP）数据

保定年鉴. 2007～2008/《保定年鉴》编辑部编. —北京：新华出版社，2009. 6

ISBN 978－7－5011－8813－0

Ⅰ. 保… Ⅱ. 保… Ⅲ. 保定市—2007～2008—年鉴

Ⅳ. Z522.23

中国版本图书馆 CIP 数据核字（2009）第 081010 号

保定年鉴（2007～2008）

责任编辑：原兴伟
出版发行：新华出版社
地　　址：北京石景山区京原路 8 号
网　　址：hhp://www.xinhuapub.com
邮　　编：100043
经　　销：新华书店
印　　刷：河北省保定市北方胶印有限公司
开　　本：889×1194　1/16
印　　张：41.5
彩　　页：118
字　　数：1405 千字
版　　次：2009 年 6 月第 1 版　2009 年 6 月第 1 次印刷
印　　数：1－2000
书　　号：ISBN 978－7－5011－8813－0
定　　价：238.00 元

《保定年鉴》编辑部

编 辑 说 明

一、《保定年鉴》是按照国务院和省政府的部署，在中共保定市委领导下，由保定市人民政府主办的大型年刊。本年鉴以马克思列宁主义、毛泽东思想、邓小平理论、“三个代表”重要思想、科学发展观为指导，坚持实事求是的思想路线。本年鉴由市直各部门、25个县（市、区）、驻保单位和重点企业共同参与编辑，着重记述全市改革开放、经济发展和社会进步的基本状况与最新成就，以丰富的内容、真实可靠的权威性资料为各级领导决策提供依据，为社会各行各业的规划发展提供借鉴，为中外人士投资保定提供信息。是让世界了解保定的窗口，让保定走向世界的桥梁。

二、《保定年鉴》（2007－2008卷）是继《保定年鉴》（1995－1997卷）、（1999卷）、（2000卷）、（2001－2002卷）、（2003卷）、（2004－2005卷）、（2006卷）之后出版的第八部年鉴。《保定年鉴》（2007－2008卷）正文文字内容为2006～2007年年度工作。

三、本年鉴文字内容编排设“类目”、“分目”、“条目”三个层次。卷首为“保定概况”，介绍保定的总貌。卷中类目分别是：特载、大事记、中国共产党保定市委员会、保定市人民代表大会、保定市人民政府、政协保定市委员会、纪检·监察、民主党派·工商联、群众团体、军事、政法、综合管理、农业、中小企业、工业、水利·电力、交通·邮政·通信、城建·环保、商贸、财政·税务、金融·保险、教育、科学技术、文化、卫生·体育、旅游、文物、社会生活、县（市、区）概况、人物、重要资料选编。

四、为充分展示保定的重大活动与重大成就，做到图文并茂，形象生动，设图片专辑。图片资料内容下限为2008年6月，有的重要图片及资料内容顺延至出版前。

五、本年鉴资料由市直各部门、县（市、区）政府和其他所涉及的单位提供，专人撰写文稿，主管领导审核，主要负责人签批。按照惯例，领导班子成员记到副县级以上。数据由专业统计人员核校，市委、市政府审定。内容所涉及的个别数据因统计口径、内涵、角度不同，不尽一致，以统计资料为准。

六、本年鉴由中共保定市委办公厅、保定市人民政府办公厅发文下达编缉任务。在编辑过程中，得到各级领导、各部门各单位人员的热情支持，在此谨致谢忱。

2009年5月

中国历史文化名城
——保定

区域位置 保定市位于河北省中西部，太行山北部东麓，冀中平原西部，北纬38°10′~40°00′，东经113°40′~116°20′之间。北邻北京市和张家口市，东接廊坊市和沧州市，南与石家庄市和衡水市相连，西部与山西省接壤。地处京、津、石三角腹地。市中心北距北京140公里，东距天津145公里，西南距河北省会石家庄125公里。素有“京畿重地”、“首都南大门”之称。

自然环境 全市地势由西北向东南倾斜。地貌分山区和平原两大类。山区按高程及地貌划分，为中山区、低山区及丘陵三类。西部为中山区，海拔高程一般在1000米以上。北起涞水县宋各庄、易县紫荆关、涞源县走马驿，南到阜平县岔河以西。包括涞源县全部，涞水、易县、满城、顺平、唐县、阜平的西部深山区，总面积6790.5平方公里，占全市总面积的30.7%。该区最高山峰为阜平县歪头山，海拔2286米。中山区山体切割强烈，山势高峻，河谷深切，支脉发育，并嵌有小型盆地和断裂谷地。涞源盆地、阜平盆地、东团堡盆地、走马驿盆地均位于该区。中山区东南部是低山区和丘陵区，呈条带形。北起涞水，南至阜平，包括涞水、易县、徐水、满城、顺平、唐县、曲阳、阜平的一部或大部地区，总面积4197.6平方公里，占总面积的18.98%，低山区坡缓谷宽，陆地发育，有黄土覆盖。海拔高程除狼牙山为1105米外，一般在500至1000米之间。丘陵区海拔一般在100米至500米之间，地形低缓起伏，向东南渐坡展为平原，并有孤山圆丘突出地面。平原区系由大小不等的冲积扇构成，自北、西、南三个方向，向东部白洋淀倾斜，按其成因分山前洪积平原、冲积平原及洼淀区三部分。京广铁路两侧为山前洪积平原，约占总面积的26%。主要由拒马河、易水、漕河、龙泉河、唐河、沙河出山口后洪积物堆积而成，水力切割，冲沟发育。一般在海拔30米至100米之间，地面坡降为1‰至4‰。冲积平原系河流冲积扇前部相连接而成，河流交叉处多分布有大小不等的洼地。上部主要是近代河流冲积层，下部为倾状冲积层。地势平坦，海拔在10米至30米之间，地面坡降小于1‰。该区含市区全部，雄县、高阳、清苑大部，容城、徐水、定兴、高碑店、博野、蠡县的一部分，约占全市总面积的21%。洼淀区位于平原东部，为白洋淀和周边低洼易涝区，海拔7米至10米。含安新全部，高阳、清苑部分地区，约为总面积的3.3%。境内河流主要为海河流域大清河水系。永定河流经东北部边界。大清河主要分为南北2支，长10公里以上的山区河道有99条，呈扇形分布全市。南支主要由潴龙河、孟良河、孝义河、唐河、清水河、金线河、界河、府河、漕河、萍河、瀑河等汇入白洋淀。北支拒马河从铁锁崖分为南、北拒马河。北拒马河先后有胡良河、琉璃河、小清河等汇入，至涿州市东茨村入白沟河。南拒马河有北易水、中易水纳入，经北河店东流，有马村河、兰沟河汇入，在高碑店市白沟镇与白沟河相会，以下称大清河。大清河经白沟引河与白洋淀连通。白洋淀在市辖区东部，由白洋淀、马棚淀、烧车淀、羊角淀等大小99个淀泊（百亩以上）组成，东西长39.5公里，南北宽28.5公里，总面积362.8平方公里，为天然积水区。

建置沿革　保定市是一座有3000年悠久历史的古城。战国时期始建城池，北宋初年，公元981年升为保州，为当时北方较大的城市，有“北控三关，南通九省”称誉。元太宗十一年（公元1239年）改保州为顺天路治所，后于元至元十二年（公元1275年）改顺天路为保定路，保定始名，寓保卫大都安定天下之意，辖15州县。明洪武元年（公元1368年）改保定路为保定府。明永乐元年（公元1403年）国都迁北京后，保定直属京师，并设大宁都司驻保定，负责保卫京师附近安全。清沿旧制，仍设保定府，辖2州15县，属直隶省。康熙八年（公元1669年）直隶巡抚由正定迁保定，始为省会。至民国二年（1913年）直隶省会迁天津。保定为直隶省会历时244年。直隶省会迁天津后，保定改府道，辖40县。民国十七年（1928年）南京国民政府废直隶省改建河北省，辖区各县直属省政府。民国二十四年（1935年）省会迁保定。民国二十六年（1937年）抗日战争爆发，保定城区沦陷。民国三十七年（1948年）11月22日，保定解放，建立保定市，为冀中区直辖市。1949年8月1日建河北省，保定为省会，同年8月9日建立保定专区行政督察专员公署。1958年4月省会迁天津，11月29日，保定专区所属22县1市合并为10县（市），分别为：保定市、定县、阜平、涞源、涿县、易县、高阳、徐水、安国、唐县。1960年2月，撤销专区建制，将属保定专区各县划归保定市。1961年5月恢复保定专区建制，市属各县变专区所属，合并的大县陆续撤销。恢复22县1市建制。1966年省会返迁保定，1968年迁石家庄，同年8月18日，保定专区改保定地区，建保定地区革命委员会，1978年改为保定地区行政公署。1983年11月15日，保定市由地区析出，复为省辖市，满城县划归，1986年5月7日增辖清苑县。保定市辖新市区、南市区、北市区、郊区和清苑县、满城县4区2县。1987年撤销郊区。经国务院批准，1994年12月23日，保定地区和保定市合并，建立新保定市。

行政区划　保定市管辖4市（定州市、涿州市、安国市、高碑店市），18县（易县、徐水县、涞源县、定兴县、顺平县、唐县、望都县、涞水县、清苑县、满城县、高阳县、安新县、雄县、容城县、曲阳县、阜平县、博野县、蠡县），3区（南市区、北市区、新市区），另设高新技术产业开发区。

2007年人口　全市年末总户数315.8万户，比上年增加5.2万户，其中市区30万户。年末总人口1123.4万人，其中市区106.1万人，分别比上年增加17.3万人和0.9万人；总人口中，农业人口812.8万人，比上年增加11.8万人，非农业人口301.6万人，比上年增加5.5万人。男性人口570.3万人，女性人口553.1万人，分别比上年增加10.1万人和7.2万人。

目　　录

保定市人民代表大会

保定市人民政府

政协保定市委员会

纪检·监察

民主党派·工商联

群众团体

军　事

政　法

综合管理

农　　业

中小企业

工　业

水利・电力

交通・邮政・通信

城建·环保

商　贸

财政·税务

金融·保险

教　育

科学技术

文　化

卫生·体育

旅游·文物

社会生活

县（市、区）概况

人　物

重要资料选编

特　　　载

政　府　工　作　报　告

夯实基础　提速发展
为建设京南近海强市名城而努力奋斗

——2007 年 1 月在保定市第十二届人民代表大会第五次会议上

保定市人民政府市长　于　群

各位代表：

我代表保定市人民政府向大会作工作报告，请予审议，并请市政协各位委员和列席会议的同志提出意见。

一、过去一年工作回顾

2006 年是“十一五”开局年。在省委、省政府和中共保定市委的正确领导下，我们高举邓小平理论和“三个代表”重要思想伟大旗帜，全面落实科学发展观，高扬“树正气、讲团结、求发展”主旋律，深入开展“学树保促”活动，团结和依靠全市人民，立足“打基础、增后劲、求发展”，奋发图强，扎实工作，较好地完成了市十二届人大四次会议确定的各项任务，实现了起好步、开好局的目标。总结去年工作，可以简要用四句话来概括：

第一，科学谋划推动科学发展。科学谋划是成功的前提，只有在谋划上多下工夫，才能避免“建设性浪费和破坏”，才能推动科学发展。为全面落实“十一五”规划，我们按照科学发展观的要求，结合我市实际，加强了对具体工作思路和措施的深入谋划，提出了保定发展要靠“保定制造”、“保定文化”双轮驱动，要靠众人划桨开大船、实施“强县兴市”战略；统筹区域发展要“做大中心、发展南北、保护两翼”；明确了产业发展要着力构建“南车北电东纺西绿城文”①的空间布局；打造文化保定要抓好“一纲一力四目”②；县域发展要突出“四项重点”③；强调新农村建设要“通进去、走出来、化起来”④，城市建设要往细里做、往精致里做、往群众身边做以及城乡规划管理全覆盖⑤、职业教育全方位⑥等一系列工作思路，出台了相应的规划、政策和措施，取得了初步成效，全市经济社会发展呈现积极变化。

一是主导产业快速成长，发展支撑力增强。谋划实施了“中国电谷”建设项目 95 项、总投资 404 亿元，新能源和能源设备制造业强势发展，销售收入、利税分别增长 50% 和 65.6%。汽车及零部件业实现新跨越，长城推出 3 款轿车，结束了河北无轿车生产的历史。全年全市整车销售28万辆，全行业销售收入200亿元，分别增长30.2%和27.7%。全市汽车出口突破5万辆，居全国第一。纺织服装业整合升级步伐加快，销售收入和利税分别增长28%和36%。这三大战略支撑产业占入统工业增加值比重由30.9%上升到33.7%。全市投资亿元以上项目119个，5亿元以上41个，比上年分别增加19个和16个。入统工业增加值268.7亿元，利税97.3亿元，分别增长17.6%和20.6%；工业经济效益综合指数同比提高9.9个百分点。

二是县域经济基础进一步夯实，发展活力增强。县城经济聚合、辐射带动作用得到重视。新规划建设工业园区12个，规模以上民营企业新增100家。农业产业化取得突破，新上了定州伊利、望都蒙牛、顺平汇源、高碑店康师傅等一批产业化龙头项目。粮食生产稳定增长，蔬菜等优势农产品标准化生产面积扩大，果品产量突破100万吨，牛奶加工能力增长100%。

三是改革开放步伐开始加快，发展动力增强。国企改革开始攻坚，13户中小企业进入破产程序，市属大型企业集团改革逐步深入，国资监管工作得到加强。行政管理体制改革稳步推进，市行政服务中心正式运行。实施城乡规划管理体制大调整，在全国率先推行城乡规划管理全覆盖，实行了城市规划审议决策票决制。理顺了文物管理体制。粮食流通等各项改革都取得新进展。金融环境有所改善，设立了市金融证券工作办公室，城市信用社组建城市商业银行完成增资扩股，农村信用社改革不断深化，与省农发行签订60亿元的合作协议，加强了与省开行合作。主动走出去，在长三角、珠三角、东北和韩国、欧洲等地成功举办了专题招商推介活动，新签约外资项目44项。我市和长安集团签署了长期战略合作协议；中兴与美国ZXNA公司合作建立汽车出口生产基地；天威英利与西班牙安讯能公司合作建设世界最大的太阳能发电站。全市实际利用外资1.78亿美元，增长37.4%；出口创汇16.3亿美元，增长48.2%。

四是各项社会事业全面进步，发展协调性增强。文化大市建设起步上路，市政府与河北大学签订了战略合作协议。在北京等地开展了大规模的“迎奥运游保定”推介活动，“跟着老电影去旅行”入选全国十佳旅游线路，白洋淀5A级景区创建工作接受国家验收，全市旅游接待人数、综合效益居全省第一。“山花工程”助学义演、“古城大风歌”等文化活动丰富多彩。市档案馆晋升为省一级馆。科技创新走在全省前列，高新区被命名为“国家科技兴贸出口创新基地”。职业教育得到重视和加强，各类教育协调发展，保定师专顺利升本，改造中小学危房10.4万平方米，高考本科二批以上上线人数保持全省第一。医疗救治和疾病防控体系进一步健全，公共卫生服务能力增强。全民健身活动蓬勃开展，竞技体育再创佳绩，保定籍运动员亚运会夺金数量占全省一半，新增加1名世界冠军。圆满完成了人口与计划生育年度目标，低生育水平保持稳定。节能降耗和污染物减排工作全面加强。安全生产形势基本平稳。国防教育、民兵预备役和民政、统计、监察、审计、民族宗教、外事侨务等各项工作都取得了新成绩。

第二，破解难题凝聚人心力量。针对长期困扰我市发展稳定的突出问题，特别是定州“6·11”事件影响，我们从破解难题入手，努力为发展扫清障碍、营造环境、凝聚力量。采取安排就业、享受低保等办法，取缔了市区近万辆经营性三轮车，并借机实现出租车扩容，用扩容收益收购三轮车，解决了这一影响交通秩序和市容环境的老大难问题；依法拆违、有情操作，开展了拆违第一战役，拆除市区14条主要街道两侧违法建设150多万平方米，做到了“零强拆、零上访、零事故”，人民日报头版作了专题报道；妥善解决了拖延近一年的保沧高速南沟头段进场问题，实现了全线无障碍施工；仅用两个多月时间就完成了南水北调保定段8.8万亩永久和临时占地的征迁、补偿工作；开展了白洋淀污染综合整治战役，关停了400多家污染企业；启动了长期影响市区大气质量的储灰场搬迁；备受关注的天威英利三期工程顺利进场施工；妥善解决了拖延多年的大慈阁修缮和开放问题；完成了省挂号数年的4处重大火灾隐患整改；及时果断处置了国内罕见的大沙河重度污染突发事件；集中治理了市民反映强烈的狗患问题，等等。实践使我们深深体会到，保定人民是顾全大局、甘于奉献的人民；广大党员和干部是勇于承担责任、敢于攻坚克难，关键时刻拉得出、用得上、能打硬仗的队伍。难题往往不是难在群众和干部身上，而是难在我们领导心上，只要敢于不给自己留后路，敢于碰硬，全市上下一条心，就没有解不开的难题，就没有闯不过的难关。

第三，关注民生促进社会和谐。深入实施“民心工程”，积极推进和谐保定建设。实施了零就业家庭就业再就业援助工程⑦，全市城镇新增就业5.6万人，下岗职工再就业2.7万人，城镇登记失业率比省定目标低0.57个百分点。启动了农民健康保健工程，125万农民参加新型农村合作医疗，在全国率先设立了81个农民健康“流动医院”，在市区设立了惠民医院，在全市二级以上医院设立了惠民病房，卫生部对此给予高度评价。开展了济困助学“山花工程”[⑧]，筹捐1200多万元，资助贫困学生6679名。实施了农村饮水安全和“村村通”工程，130个村的饮水困难和饮水安全问题得到解决，5万贫困人口实现脱贫；新改建农村公路1384公里，基本实现村村通油（水泥）路。加强了文明生态村创建工作，新创文明生态村558个。推进了城建“三做”[⑨]便民工程，改扩建27条主次干道、4大路口、90条便民小路，改造33条街道路灯，天然气扩户1.17万户，集中供热面积新增163.6万平方米。为357户城镇最低收入家庭提供了住房保障。免费开放了竞秀公园和东风公园，城市绿化列全省第一档次。社区建设经验在全国推广。开展了“打黑除恶”、“打抓破”[⑩]等专项行动，打掉犯罪团伙556个、黑恶势力团伙52个，抓捕犯罪嫌疑人7001名，抓捕逃犯3668名，破获各类刑事案件22990起。民主法制和社会治安综合治理等工作进一步加强。事实表明，只要我们始终带着感情、责任和追求，真心实意地为群众办实事、办好事，就会赢得群众的拥护和支持，就会促进社会和谐稳定。

第四，改革创新狠抓工作落实。为确保对全市人民的庄严承诺落地生根，围绕落实《政府工作报告》，从制度建设入手，探索建立了一整套工作落实体系。一是建账。制定了《政府工作报告2006年落实方案》，将工作任务分解成461个具体事项，逐项明确了责任单位、责任人员和完成时限。把话落实到了事上，把事落实到了人上。二是明账。向市委、人大、政协专题报告，建议把《方案》作为对政府工作考核、监督的主要内容，将《方案》全文登报，接受社会监督。三是查账。通过现场督办、网络督办、明察暗访等多种形式，对落实情况进行动态跟踪问效。市政府班子成员下基层督导500多次，协调解决各类问题200多个。四是算账。制定了考核评价办法，结果与单位和干部的考核挂钩。建立并严格执行工作不落实责任记录备案制度，对5名县级和20名科级干部的不作为行为进行了责任追究，对11个单位的不作为记录备案、通报批评。这些措施有效地促进了工作落实，《方案》确定的461个具体任务完成453项，另外完成重大事项25项。实践证明，只要勇于改革创新，敢于把工作依法置于全社会监督之下，较真问责，抓住不落实的事，处理不作为的人，就一定能够把全市上下抓落实的积极性调动起来，把工作落实下去。

通过一年来的努力工作，全市发展能力进一步提高，社会稳定和谐的局面更加巩固，经济发展呈现稳中趋实的良好态势。全市生产总值完成1185.4亿元，增长10.4%；全社会固定资产投资578.6亿元，增长17.9%；全部财政收入98.4亿元，增长15.3%；地方一般预算收入42.6亿元，增长16.4%；社会消费品零售总额441.1亿元，增长14.5%；城镇居民人均可支配收入9632元，农民人均纯收入3686元，分别增长11%和6.2%。

各位代表，来之不易的成绩，是省委、省政府和中共保定市委正确领导的结果，是市人大、市政协监督支持的结果，是全市人民团结奋斗的结果。我们不会忘记，在拆违最艰难的时刻，人大代表和政协委员现场视察给了我们极大鼓舞。拆违中很多群众舍小家顾大家、主动拆除自家门脸；治理“三轮车”时车主师傅们顾全大局、主动配合；处置大沙河污染突发事件时广大干部群众连续奋战七昼夜；竞秀公园开放时老大爷、老大妈和中小学生主动担当环保志愿者；治理狗患时，街道社区的同志们走街进户、尽心尽责；1300多名大中专学生积极参加“山花工程”助学行动；新闻单位的同志们不辞劳苦，深入宣传报道，营造了良好的氛围，等等。这些事迹和情景至今历历在目，令人感动。每个难题的破解，每项工作的推进，都得到了全市人民的理解和支持，凝聚着广大干部群众的心血和汗水。在此，我代表市政府向全市人民，向驻保解放军、武警官兵和政法干警，向各民主党派、工商联、无党派人士和各人民团体，向所有关心和支持保定发展的海内外朋友，致以崇高的敬意和诚挚的感谢！

各位代表，特别需要报告的是，《政府工作报告2006年落实方案》中，争创双拥模范城“六连冠”等4项因上级推迟评比核定时间取消考核，地区生产总值、固定资产投资和启动建设文体、会展中心4项没有完成。去年国家发改委来我市检查新开工项目情况，发现有的县把续建报成新开，把小的报成大的。发现问题后，我们坚持正确的政绩观，坚决反对数字攀比和数字政绩，下决心解决数字不实问题，是多少就多少，要给全市人民一个实实在在的交代。这样做，也是要树立这样的导向，就是不能在数字上做文章，实事求是才是对人民利益的真正负责。在规划、启动文体中心和会展中心建设过程中，我们感到，当前保定最紧迫的是发展产业、发展生产力，要树立“舍得”理念，舍一时而求长远，舍一事而求全局。我们下决心将文体、会展和行政、商务“四大中心”[⑪]规划用地调整用于“中国电谷”建设。文体、会展中心将积极谋划，择地逐步建设。这样做，也是表明我们的决心，就是要把紧缺的资源要素优先用于发展产业，积蓄实力，真正为保定的长远发展负责。

一年来的工作实践，使我们对保定发展中的问题和矛盾有了更清醒的认识。从发展现状看，目前我市还处在由传统农业向现代农业转变、工业化初期向中期迈进、城市化进程刚刚起步阶段，经济总量小，总体水平低，发展后劲弱，遗留问题多，稳定任务重，处在爬坡过坎的特殊时期，面临“补课”和赶超的双重压力。特别是近几年主要经济指标增速在全省位次后移，去年有些指标排在全省后三位，形势非常严峻。如果再不奋发崛起，将被远远落下。深入分析，制约我市发展除了区位、人口等客观因素以外，重要的还在于体制和思想障碍。从体制障碍上讲，还没有形成适应经济快速发展和现代城市管理的体制机制，特别是地市合并后，体制、机制调整没有完全理顺，不能很好地适应管理“大保定”的需要，有时仍然用管理“小保定”的方式指导工作。对区的管理时有越位，区级职能不完善，责权利不统一；对县的指导时有缺位，规划指导不够，政策引导不够，资源统筹配置不够，没有很好地解决管什么、怎么管的问题，影响了县工作能动性的发挥。从思想障碍上讲，受传统农耕文化和皇城官文化影响，文化生态环境不利于市场经济的发育。小富即安、重仕轻商思想还一定程度上影响着人们的思想和行为。一些人封闭保守，开放意识、开拓精神不够；一些人热衷于围着官场转，盯着位子争，尊商、亲商的意识差；一些人总是自我感觉良好，爱贬低别人，缺少宽容、成全他人的胸怀，等等。这与我们为之自豪的文化底蕴不相称，在某些方面成为开放文明的禁锢，成为经济发展的阻滞力、对外开放的排斥力，在某种程度上也成了影响干部集中精力抓发展、影响群众干事创业的一种消极文化环境。

从政府工作上看，许多工作应该做好还没有做好，应该做到还没有做到，还存在不少问题和不足。主要有：一是全市上下抓经济、抓发展的氛围还没有形成。面对各地你追我赶的竞争态势，一些领导干部缺乏危机感，抢抓机遇的意识不强，干事创业的劲头不足，遵循市场经济规律抓发展的办法还不多、本领还不强，改革推进慢、招商效果不明显、龙头型大项目偏少等问题没有得到很好地解决。二是关系群众切身利益的问题解决得还不够好。一部分群众生活还相当困难，看病难、看病贵、上学难、上学贵等问题比较突出；不少困难家庭住房问题还没有解决；大学生和城镇新增劳动力就业难的问题日益显现；安全生产事故和食品、药品安全问题还时有发生；城市马路市场、小街巷卫生死角、公交车覆盖面窄等问题还没有很好地解决。三是新农村建设的推进步伐还不够快。作为农业大市，解决“三农”问题的长效办法还不多，农村基础设施、公益事业等方面还有很多欠账，特别是还缺乏促进农民可持续增收的有效措施。四是发展环境还没有得到有效改善。服务企业和群众的意识还不强，有人把应尽的服务当成“恩赐”，把手中的权力当成谋私的筹码，“吃拿卡要”现象在一定程度上还存在，外地客商意见大，本地企业不满意，提起来就是一肚子气。行政服务中心的设立使办事效率提高了不少，但要盖的“戳”还没减少。治安状况虽有好转，但还没有得到根本改善，群众还缺乏安全感。五是工作作风还需进一步转变。少数政府公务人员责任心不强，工作不实，甚至弄虚作假；铺张浪费现象还普遍存在，一些领域的消极腐败问题还比较严重，损害群众利益，影响党和政府形象。对这些问题，必须认真加以解决。

二、2007 年目标任务

当前，我市正处在改革发展的关键期，既面临前所未有的挑战，更面临千载难逢的机遇。置身经济全球化深入发展的时代浪潮，面临承接产业转移、技术扩散，打造竞争新优势的难得机遇；置身我国经济社会步入科学发展的历史进程，面临转变经济增长方式、实现更好更快发展的难得机遇；置身环渤海地区加速崛起的发展大势，面临充分发挥“两环”区位优势、加快自身发展的难得机遇；置身我省建设沿海经济社会发展强省的奋进征程，面临接轨沿海、贯通东西，发展外向型经济的难得机遇。

面对新形势、新任务，我市明确提出了建设京南近海强市名城的奋斗目标。“京南”，就是凭借京南中心城市的优势，主动承接京津辐射，打造“南资北移”、“南企北扩”的桥头堡，力争在京津冀一体化发展中占有重要一席。“近海”，就是利用沿海一线腹地、“东出西联”中继站的特殊区位，融入沿海经济隆起带，积极参与国际经济大循环。“强市”，就是促进经济向大总量、高层次加快迈进，推动经济实力快速提升。“名城”，就是深入挖掘历史文化名城的深厚底蕴，重振古城辉煌。这一发展目标，符合我市市情和全市人民心愿，我们必须为之努力奋斗。

2007 年政府工作的指导思想是：以邓小平理论和“三个代表”重要思想为指导，以科学发展观为统领，高扬“树正气、讲团结、求发展”主旋律，认真贯彻中央、省和中共保定市委的决策部署，紧紧围绕科学发展、提速发展、和谐发展主题，更加注重调整经济结构、转变增长方式，培育产业支撑和文化支撑，更加注重项目建设和发展县域经济，深化改革、扩大开放，更加注重资源节约、环境保护，统筹城乡和区域协调发展，更加注重发展社会事业、解决民生问题，坚定不移地朝着建设京南近海强市名城的宏伟目标迈进。

经济社会发展主要预期目标是：生产总值增长12%以上；单位生产总值能耗下降4.4%；主要污染物化学需氧量和二氧化硫排放量分别减少3.8%和2%；全社会固定资产投资增长20%以上；社会消费品零售总额增长12%；全部财政收入可比增长12%以上；地方一般预算收入可比增长12%；城镇居民人均可支配收入增长8%；农民人均纯收入增长6%；城镇登记失业率控制在4.5%以内；人口自然增长率控制在6.8‰以内。

今年工作的基本要求是夯实基础，狠抓落实，提速发展。夯实基础，就是进一步在科学谋划、改革创新、解决难题上下功夫，继续扫除发展障碍。狠抓落实，就是抓好“十一五”规划和去年各项具体工作思路的落实，努力把工作往深里做、往实里做。提速发展，就是以工作提速推动发展提速，以资源集中配置保障发展提速，能快则快，好中求快，又好又快。

做好今年工作，最根本的是用科学的思想方法、科学的执政方式、科学的发展模式推动发展，最关键的是抓住主要矛盾、突破发展瓶颈，最重要的是抢抓新机遇、打造新优势、狠抓工作落实。我们要下决心与一切影响改革、开放和发展的僵滞思想、落后文化、陈规陋习作斗争，努力破除阻碍发展的思想束缚；下决心解决发展的体制障碍，加快推进行政管理体制改革，建立科学的市县管理体制和现代城市管理框架；下决心把土地、资金、人才等资源要素优先配置到促进生产力发展上来，加快推进战略支撑产业发展，积蓄经济实力和发展后劲；下决心促进产业布局由分散转向聚合、产业发展由粗放转向集约，加快经济结构调整和增长方式转变；下决心解决群众最关心、最直接、最现实的利益问题，从群众身边的事情入手，真心实意为群众排忧解难。

三、推动经济提速发展

发展高于一切，实力决定一切。必须把迅速提升经济实力作为我市当前工作的重中之重、当务之急来抓。

第一，举全市之力推进工业强市。“保定制造”是我市优势所在、希望所在，必须全市聚焦、全面叫响。扎实开展“项目建设突破年”活动，以项目支撑做强产业支撑，构建特色鲜明的“3+4”主导产业[12]格局。

加快建设“中国电谷”。生态文明时代必然带来新能源产业的兴起，必将引发划时代的产业革命。建设“中国电谷”，对于加快我市工业化进程具有战略意义，是推动我市产业升级、实现跨越发展的出路所在。必须抓住近三、五年的关键时期，举全市之力，加快推进。要强化政策支撑，促进项目、技术、人才集聚。强化资本支撑，积极引进国际战略投资，加强与国家开发银行合作，建立“中国电谷新能源产业基金”。强化智力支撑，推进与华电、中科院合作迈出新的步伐。强化项目支撑，突出抓好投资30亿元的天威英利三期、投资4亿元的风帆太阳能电池、投资6亿元的惠腾兆瓦级叶片、投资2亿元的国电集团风电整机和投资8亿元的钢铁研究总院非晶带材等一批重点项目。全力打造光伏、风电、输变电设备、新型储能、高效节能、电力电子器件、电力自动化及电力软件等七大产业园区。力争用10年左右时间，在城区北部建成占地20平方公里、年销售收入超1000亿元的新能源和能源设备制造基地，建成国内外著名的“电字号”产业、技术、人才和信息聚集区，使保定成为中国新能源产业发展的领军城市。

加快建设“华北轻型汽车城”。我国汽车工业前景广阔。我们要坚定发展民族汽车工业的雄心壮志，聚合民营企业，打响民族品牌，实施国际化战略，坚持差别竞争、错位发展，建设走向世界的中国民族汽车工业生产基地。今年，要加快城区南部保定零部件生产基地建设，力争年内入园企业达到5家。长城三期竣工投产，实现长城轿车全球同步上市；中兴汽车出口基地建设达到美国标准，为明年出口北美做好准备；河北长安开发两个新车型，生产线竣工投产。全市整车生产能力达到70万辆，产量达到33万辆，出口保持全国领先。到2010年，全市整车生产能力达到100万辆，零部件企业发展到500家，汽车产业销售收入超过500亿元，建成全国SUV、皮卡、微卡、轿车生产和出口大市，成为华北著名的汽车及零部件生产基地。

加快建设“华北纺织服装产业基地”。发挥产业优势，着眼构建东部“一带、四城、十园”[13]纺织产业格局，突出抓整合、抓升级、抓治污，创优品牌，做强龙头。积极促进宏润纺织和北京雪莲的强强联合，加快大河服装等园区建设，抓好高阳精梳纱及高档面料、容城澳森制衣等产业升级项目。加大治污力度，加快高阳、白沟等污水处理厂建设。抓住北京建设“时装之都”的机遇，强力推动与北京纺织产业全面合作，使保定成为北京“时装之都”的加工生产基地。力争到“十一五”末，年销售收入超50亿元的产业集群达到5个以上，全行业年销售收入超过600亿元。

加快发展文化产业。全面落实“一纲一力四目”，加快文化大市建设，彰显保定鲜明的文化特色，打造文化保定。让文化的力量影响、渗透到社会各个层面，促进文化向工业、城建、餐饮、商贸等各个领域渗透延伸，以文化力提升经济力，真正使“保定文化”这只轮子的作用发挥出来。坚持以产业演绎文化、以文化提升产业，推进与河北大学的战略合作，启动建设“河北动漫产业基地”，推进与韩国合作的影像IT文化产业基地建设。培育产业龙头，扶持壮大一批“专、精、特、新”文化企业群，开发一批高档次、高质量特色文化产品。搞好旅游宣传促销，深化“迎奥运游保定”和“旅游细微服务”系列活动。精心打造白洋淀、野三坡等9大精品景区[14]，做优“跟着老电影去旅行”、历史文化名城游、百里太行风光游等精品线路，抓好涿州古街、地道战纪念馆、定州宝塔文化观光园等投资21亿元的21个项目建设，全力打造“红色旅游、文化古城、山水保定”旅游名片。

推动其他产业加快发展。壮大骨干企业，延伸产业链条，做强食品加工、电子信息等成长性产业以及建筑建材、轻化工等优势产业。把服务业作为提升综合竞争力的重要产业来培育，加快现代物流体系建设，发展金融保险、信息咨询和中介服务等现代服务业，推行电子政务，打造餐饮名片，推进特色市场上档升级，努力培育新的消费热点。

第二，统筹推进区域协调发展。坚持“做大中心、发展南北、保护两翼”，进一步落实城乡规划管理全覆盖，搭建合作平台，探索建立区域经济行政协调、利益补偿、评价考核机制，做强基础设施支撑，走经营城市道路，推动重点区域率先崛起。

努力构筑基础平台。全力推进总投资1006亿元的“电、水、路”项目建设。推进定洲电厂二期建设，加快南郊、涞源电厂前期工作，抓好电网建设。保障南水北调保定段顺利施工。抓好保沧、保阜、廊涿、张石等6条高速公路和京郑高速铁路建设，构建“三纵三横一环”[15]高速公路网，打造100分钟临港交通圈，打开“东出西联”通道，为建设现代陆港城市，接轨京津、接轨沿海创造基础条件。

做大做强中心城市。把产业发展放在城市发展的首位，以做大产业来做大城市，以产业兴旺带动城市繁荣。统筹“一城三星”规划建设，促进资源共享和产业配套，增强中心城市辐射带动力。建设中国北方独具文化特色的园林式、生态型、现代化宜居城市，提升中心城市形象。重点在“水”、“古”、“亮”上下功夫，实施水系建设、古城区保护开发和“太阳能之城”[16]建设三大工程。编制市区水系建设规划，改造排水管网，实施污水截流、河道清淤，努力实现市区河道还清。恢复西大街历史风貌，抓好光园、淮军公所等文物景点修缮，规划治理裕华路街廊环境，努力使老城区再现“历史之韵”。全面推进太阳能在照明、供热等方面的综合应用，突出抓好城市建筑轮廓线亮化和路灯改造，把保定的夜晚打扮得更加靓丽。

着力打造保南、保北两个区域次中心。在南部，重点整合定州、安国、望都、博野等区域经济板块，建设微型车生产基地和中药材、农产品加工基地。在北部，重点整合涿州、高碑店、定兴、容城、雄县等区域经济板块，培育接轨京津和临港的加工配套业、现代物流业，联手打造融入京津的“金三角”。

加快建设西部山区生态产业带。合理划分重点开发区、限制开发区、禁止开发区，大力推进生态保护和综合开发。培育生态旅游、生态农业和绿色食品加工以及矿业、建材等支柱产业，建设绿色屏障、发展绿色产业，积极探索出一条消除区域贫困和改善生态环境“双赢”的有效途径。

提升县域经济聚合力。积极开展“县域经济突破年”活动，坚持“一立一特一主三化”[17]，以城兴业、以业兴城，加快城镇化进程。把园区建设和县城建设作为县域经济发展的龙头来抓，引导产业向园区集中、园区向城镇集中，抓成一批立县富民大项目，培育壮大特色产业集群。加强规划管理和公用设施建设，增强县城承载吸纳能力。大力发展民营经济，实施“催生、助长、扶强”战略，抓好中小企业“成长和素质提升工程”，加强企业家队伍建设，支持百家成长型企业上规模、上水平。完善信用担保、创业服务、信用评价、人才培训四大体系，为企业发展、全民创业营造良好环境。

第三，扎实推进新农村建设。不遗余力支持农村，脚踏实地发展农业，满腔热情帮助农民。按照“一个中心”、“三大保障”、“四个一批”的思路，发展新经济、建设新环境、培育新农民、落实新政策，推动新农村建设健康发展。

坚持以发展农村经济为中心，努力增加农民收入。着眼于“高产、优质、高效、生态、安全”，深化农业结构调整，大力发展现代农业。突出抓好“草牛奶”、蔬菜提质增效和林果生态工程，加快形成一批现代农业生产基地。抓住“良种、技术、设施、推广”四个关键环节，抓好“一县一业一园”[18]

科技示范。健全农业标准、检验检测和产地认证三大体系，加强重大动物疫病防治，不断提高农产品质量安全水平。坚持把食品加工作为推进农业产业化的关键来抓，加快顺平汇源果品加工扩建、高碑店康师傅方便面一期和望都蒙牛等食品加工项目建设，扶持天香、绿健等重点企业做大做强，争取把定州伊利发展成亚洲最大的液态奶生产基地。每个县（市、区）每年都要力争上1～2个食品加工项目。发展劳务经济，实施劳动力转移培训阳光工程，完善劳务输出网络，推进劳务输出组织化、规模化发展，引导农民“走出来”，年内向非农产业转移农村剩余劳动力20万人。

建立健全农村“三大保障”，进一步改善农民生产生活条件。健全新农村建设体制保障，完善农民生活基本保障，强化农村基础设施和社会事业保障。推进以乡镇机构、农村义务教育和县乡财政体制为主要内容的农村综合改革，协调推进集体林权制度、农业科技服务体系、种子管理体制等各项改革。巩固完善各种支农惠农政策，落实好四项补贴政策和粮食最低收购价政策。财政支农资金增量、用于农村建设的比重、直接用于改善农村生产生活条件的资金都要高于上年。大力推进“七项工程”。实施村村通油路全覆盖工程，新建公路1260公里，使219个行政村通上油路。实施村村通广播电视工程，解决200个自然村听广播、看电视问题。实施电力惠民示范工程，建设1个电气化县[19]、8个电气化乡、76个电气化村；规范灌溉电价，实行井井通电、户户持卡，切实减轻农民负担。实施饮水安全工程，解决氟超标、苦咸水和山区严重缺水问题，使123个行政村的8.6万群众喝上放心水。实施生态家园富民工程，建设农用沼气池4.8万个。实施“万村千乡”市场工程，建设改造标准化农家店800家。实施扶贫开发到村到户“细胞”工程，加大整村推进和社会帮扶力度，启动14个先行村和7000个示范户，解决3万贫困人口和2万返贫人口脱贫问题，让农民群众的日子一天天好起来。

协调推进“四个一批”，因地制宜搞好新农村建设。坚持产业强村、文化兴村、生态建村、民主治村，先行搞好规划，积极探索新农村建设方式。一是转变一批。位于城郊的村庄，与城镇一体规划、建设，加快农村向城市、村组向社区、农民向市民转变。二是提升一批。具有较强产业基础的村庄，联手周边村庄，集中规划、连片建设，向小城镇发展。三是改善一批。具备一定人口规模的村庄，改善人居环境，逐步发展为中心村。四是迁建一批。对少数地处偏远，人口较少，不宜生存和发展的村庄，积极引导其向城镇和有条件的村庄集中。把文明生态村创建活动作为重要载体，新建450个，巩固提高1532个，推动文明生态村向连线成片方向发展。

第四，加快推进改革开放。坚持把改革开放作为发展的根本动力，努力在一些重要领域和关键环节取得突破。

打好国企改革攻坚战。把今年作为“国企改革攻坚年”，坚持以产权制度改革为核心，加快优势企业战略重组和亏困企业全面退出步伐。抓好列入计划的45户企业的破产重组。力争用两到三年时间，完成列入国家规划的市属22户国有企业政策性破产，完成市、区属164户企业的改革改制。强化国有资产监管，完善业绩考核体系，加强对企业财务风险的防范管理。对国有资源、资产、资本、资金统筹运作，探索资源转化为资产、资产转化为资本、资本转化为资金投入的有效途径。

推进行政管理体制改革。力争在城市管理体制和市县管理体制改革上取得突破。坚持政事分开、政企分开，理顺政府部门管理职责，理顺行政事业单位资产管理体制。坚持重心下移、权责一致，界定市、区两级城市管理职责。借鉴省“扩权强县”办法，争取省支持，积极探索对县（市、区）“放权、让利、松绑”改革，努力做到该管的一定管好，该放的坚决下放，可备案的就不再审批。

深化财税金融等各项改革。探索建立区域财政补偿机制和异地投资税收分享办法，促进项目建设打破行政壁垒向重点产业带集中。推进财政综合预算管理改革，完善政府债务管理机制。建立政府投资项目和专项资金管理制度，严格立项、可研、招标、监理、公示和审计等各项程序。加强与市外、境外金融机构合作，加快城市商业银行组建步伐，推进农村信用社改制。探索推广担保平台、风险评估平台和信用评价三位一体运作方式，全市中小企业信用担保资金力争达到6.5亿元、形成35亿元以上的担保能力。推进事业单位、县级供销社和文化体制等各项改革。

努力提高开放水平。适应入世过渡期结束和环渤海地区加速崛起的新形势，强化大开放、大沿海意识。加强对外宣传，努力提高保定知名度。创新思路，改进方式，探索建立专业招商机制，落实招商引资激励政策。加强开发区、工业集中区建设，使其成为招商引资的重要平台。着眼产业优化升级，融入沿海，借力京津，积极推进与国内外大公司、大集团的合作。加大签约外资项目盯办力度，提高外资到位率。抓好天威英利海外上市，做好中兴汽车、巨力吊索具等企业上市筹备工作。加快转变外贸增长方式，抓好优势产品出口基地建设，优化出口产品结构。支持有实力的企业“走出去”。

加强与驻保大企业和高校战略合作。驻保大企业和高校涉及人口占市区人口的近一半，是我市重要的开放平台、项目平台、人才平台、信息平台和消费平台，要对驻保大企业和高校高看一眼、厚爱一层。建立政企、政校协调机制，认真帮助解决实际问题，创优发展环境。加强与大企业和高校的战略合作，使之真正成为我市对外开放、加快发展的主力军。

第五，大力推进经济增长方式转变。实施可持续发展战略，推进资源节约型、环境友好型社会建设，努力走出一条具有保定特色的新型工业化道路。

推动自主创新。努力加大科技投入，启动建设汽车、太阳能、风电、纺织服装等一批工程技术研究中心。加强产学研相结合，推进关键技术攻关，以保定创造支撑保定制造。支持高新技术产业、现代农业和现代服务业等重点领域开展科技创新，造就一批知名企业和知名品牌。深入实施人才强市战略，加强人才队伍和创新团队建设，努力创造人尽其才、人才辈出的良好环境。

狠抓节能降耗。严格落实上级政府与下级政府、政府与企业双向目标责任制，推进“双百企业节能工程”，力争如期达标。严格执行节能节水标准，推广节能环保技术，突出抓好建材、化工、电力、纺织等重点行业和重点企业的节能工作。广泛开展节约型机关、企业、社区和社会创建活动，增强全民节约意识。

治理环境污染。严格落实环保责任制，狠抓主要污染物排放削减。严格实行强制淘汰、限期治理和排污许可证制度，加大对水体、大气、土壤污染和噪声、汽车尾气等污染的治理力度。严把项目环评关，严禁低水平重复建设和污染环境的项目上马，绝不以牺牲生存环境来换取一时的经济发展。编制生态发展中长期规划。启动白洋淀亚行贷款综合治理和国家水体污染控制专项治理项目，探索建立区域补水机制，一定把“华北明珠”保护好。推进国家环保模范城市和生态园林城市创建工作。

节约集约用地。切实加强耕地特别是基本农田保护，严禁违法违规用地、滥占耕地。深入开展土地整理，抓好“空心村”、“砖瓦窑”和工矿废弃地整治，促进工业用地向开发区和工业区集中。深化土地供给制度改革，统筹安排建设用地，优先保障重点产业、大额外资以及省市重点建设项目用地。

发展循环经济。抓紧制定循环经济试点技术指标体系和验收标准，在部分园区和企业开展试点。研究制定建材、化工行业发展循环经济的实施办法，制定和完善再生物资回收的政策措施，推进工业废弃物和废旧资源循环利用，推行清洁生产。

四、努力构建和谐保定

社会和谐是经济繁荣、事业振兴、人民幸福的重要保证。坚持把民生问题作为根本着力点，从群众亟待解决的问题入手，在全市实施18项民心工程，办好89件实事，使发展成果更多更好的惠及全市人民，让广大群众的幸福感随着经济发展而增强。

第一，千方百计为群众排忧解难。努力为每一名困难群众提供基本生活保障。城镇低保月补差额由人均68元提高到72元，农村低保月补差额由人均13元提高到18元。养老、失业、医疗、工伤等各项社会保险扩面新增9.7万人。成立助困金融服务中心，为弱势群体提供金融服务。建立市流浪儿童保护中心，不让一个孩子流落街头。关爱残疾人生活，抓好公共场所无障碍通行设施建设。做好老龄人口工作，加快老年公寓建设。努力不让一户困难家庭出现零就业。实施城镇零就业家庭就业再就业援助工程，确保“零就业家庭”长期“动态为零”。落实积极就业政策，努力开发就业岗位。加快市劳动就业服务中心建设。做好大中专毕业生、被征地农民、复员转退军人就业指导服务。全年城镇新增就业4.7万人，帮助2.7万名下岗失业人员再就业。努力不让一名百姓因贫困而看不起病。推进新型农村合作医疗制度[20]全覆盖，由4个试点县扩大到全部县（市）。实施卫生惠民和农民健康保健工程，办好惠民医院和惠民门诊，创建甲级社区医疗卫生服务机构30个，新增农民健康保健试点村110个，改扩建乡镇卫生院75所，81所“流动医院”义务巡诊2000个村。加强传染病、职业病预防控制，提高突发公共卫生事件应急处置能力。严厉打击收受药品回扣、“红包”和开单提成等不正之风，严厉查处医疗乱收费。努力不让一个孩子因家庭贫困而上不起学。全部免除农村义务教育阶段学生学杂费，对城乡贫困家庭学生免费提供教科书，对贫困寄宿生补助生活费。维修改造农村中小学校舍9.2万平方米。继续实施济困助学“山花工程”，救助贫困学生3000名。统筹教育资源，规范学校收费项目和标准，制止教育乱收费，切实减轻群众的教育负担。加快“职业教育发展全方位”进程，抓好高职高专示范学校建设，筹建职业教育集团，创建2～3所省级以上职教名校，推进人口大市向人力资源强市转变。

第二，深入推进城建“三做”便民工程。市区改造4个交叉路口，新建、改建6条主次干道、10

条社区支路，整修15条便民小路；改造易积水路段排水设施；办好“百姓公交”，新增公交线路3条、调整10条，向社区延伸，让群众出行更方便。竣工经济适用房11.2万平方米，为623户城镇最低收入家庭提供住房保障；改造老住宅小区供水管网，“一户一表”水表改造5000户、电表改造3万户；新增集中供热面积150万平方米；新改建3个便民市场、12座垃圾台站、9个标准公厕，引导商场、酒店等公共服务场所明确卫生间标志并对外开放；加强小区物业管理服务，让群众生活更加舒适便利。开展市容环境“洁、美、绿、亮、序”综合整治百日行动。严禁私搭乱建，打好拆违第二战役。治理乱涂乱画，规范整治户外广告。坚决取缔马路市场，治理背街小巷乱堆垃圾，让群众身边的卫生环境更清洁。免费开放植物园，建设6块游园绿地，为群众提供休闲健身的好去处。

第三，大力弘扬和谐文化。倡导和谐理念，营造尊重差异、包容多样、相互欣赏、相互关爱的人际关系和社会氛围。大力弘扬以“八荣八耻”为主要内容的社会主义荣辱观，抓好“五五”普法，扎实开展社会公德、职业道德、家庭美德和民主法制教育。办好古城戏剧节、彩色周末等活动。深入开展文化、科技、卫生“三下乡”，加强社区和乡镇综合文化站（室）建设，丰富城乡居民业余文化生活。广泛开展全民健身活动，培养更多的优秀竞技体育人才。办好市第六届运动会，承办好省第六届农民运动会，在省十二届运动会上争创佳绩。倡导婚育新风，严格实行人口目标管理责任制，稳定低生育水平，大力提高人口素质。落实计划生育奖励政策，依法征收社会抚养费。深入开展“关爱女孩行动”，综合治理出生人口性别比偏高问题。认真落实民族宗教政策，增强民族团结。加强国防和民兵预备役工作，争创全国双拥模范城“六连冠”。积极开展和谐社区、和谐家庭和群众性精神文明创建活动，争创全国和谐社区建设示范市和全省社区建设先进市。

第四，维护社会安全稳定。落实安全生产网络责任制，抓好“安全生产双百日承诺”活动，开展煤矿、非煤矿山和烟花爆竹等10大专项整治行动，遏制重特大事故发生。加快危化企业搬迁，努力排除群众身边的“不定时炸弹”。整顿市场经济秩序，加强食品、药品安全监管，重点加强对名牌和地产老字号食品的监管保护，让群众买着放心、吃着安心。坚持依法信访，深入做好矛盾纠纷排查调处工作。加强社会治安综合治理，深入开展平安社区、平安乡村创建活动，重心下移、警力下沉、保障下倾，把社会治安措施落实到基层，让群众感到警察就在眼前、平安就在身边。继续开展“打黑除恶”和“打抓破”行动，严厉打击村霸乡霸、地痞流氓等黑恶势力及其保护伞，持续打击街头抢包、公交车偷钱、偷盗自行车、入室盗窃等犯罪行为，努力使本地的犯罪分子无藏身之处、外面的犯罪分子不敢来保定，努力创造安居乐业的社会环境，让老百姓有更多的安全感。

五、加强政府自身建设

推动“科学发展、提速发展、和谐发展”，对政府自身建设提出了新的更高的要求。我们一定坚持科学行政、民主行政、依法行政，加快职能转变，建设务实、高效、负责的政府。

第一，增强本领，努力提高领导经济社会发展的能力。加强学习型机关建设，提高全体公务员素质，实现素质与时代对接、本领与工作对接，努力成为推动科学发展的行家里手，以更加宽广的眼光和战略思维推进工作。自觉运用市场经济规则规范行为，更多地运用市场经济的办法推动发展，努力提高管理现代城市的本领。完善经济运行监测和预警体系，改革和完善政府绩效评价制度，从制度上保障和提高政府领导发展的能力。加快转变思想观念，努力破除墨守成规的思想束缚，树立勇于创新的思想理念；破除小富即安的小农意识，树立敢于争先的精神风貌；破除封闭保守的落后心态，树立大开放、创新业、建设强市名城的共同理想和坚定信念，以思想的大解放推动事业的大发展。

第二，履职承责，全面推进效能革命，掀起责任风暴。当前，管理无效率的问题非常突出，办一件事群众跑来跑去、领导批来批去、部门转来转去，问题推磨打转，久拖难决，这种状况必须扭转。人为“创造”工作量，延长“审批链”，背后就是为权力寻租创造机会，实质就是腐败。强化“政务就是服务”、“公务员就是服务员”的理念，把为纳税人、为群众服务作为价值观念来强化，作为行为准则来遵循，主动围着百姓干、围着企业转，严厉查处“吃拿卡要”行为，为更好更快发展创造良好环境。进一步削减审批事项和环节，优化规范办事流程，大力推行一次答复、限期办结制，推进政务提速。抓好市、县两级行政服务中心建设，没进厅的必须进厅，进厅的决不允许“只挂号不看病”，相关单位必须对“窗口”放权到位，决不允许“体外循环”。把今年作为“各项工作落实年”，建立健全抓落实的制度，落实事项都要分解到部门，落实到人头，明确工作标准和完成时限。突出危机导向和监督评价，把明责、履责、问责和奖惩紧密结合起来，严格不落实责任记录备案制度，强化“买单制”，失责必究。我们不怕得罪人，不怕丢选票，不怕引火烧身，决不允许占着岗位不作为、乱作为，有一个就处理一个。

第三，阳光行政，推进权力公开、透明运行。阳光是腐败的克星。大力推行政务公开，让公众的眼睛监督我们。利用市长短信平台、专线电话、政府网站等多种媒介，畅通民情民意反映渠道。坚持科学民主决策，完善重大事项专家咨询、集体决策、社会公示听证及新闻发布制度，邀请人大代表、政协委员和基层群众旁听政府决策会议，让群众享有更多的知情权、参与权和监督权。政府及其各职能部门的工作职责、"权力清单"、政务运作流程，除涉密事项外，全部向社会公开，从机制上不留下暗箱操作的机会和推诿扯皮的借口，规规矩矩为群众把事情办好。

第四，改进政风，切实做到团结、廉洁、节俭。加强官德政风建设，做人简单，做事务实，大力倡行胡锦涛总书记提出的"八个方面的良好风气"。把团结作为一种能力来锻炼和提高，作为一种文化来继承和弘扬，作为一条纪律来遵守和执行，发扬团队精神，形成发展合力。严格执行党风廉政建设责任制，加强监察、审计，坚决查处腐败。对那些以权谋私、官商勾结、贪赃枉法、腐化堕落的案件，抓住不放，一查到底，决不容情。始终牢记"两个务必"，厉行节约，坚决防止行政成本不合理上升。当前，广大群众对奢侈浪费、公款消费现象深恶痛绝。"一瓶酒够一个孩子一年的学杂费，一桌饭够一个贫困家庭一年的吃喝"，挥霍人民的血汗钱要有罪恶感！我们要自觉用良心、纪律约束自己，坚决抵制这种歪风邪气。

第五，求真务实，坚决反对造假作秀。现在，一些干部特别是有些领导干部心浮气躁、华而不实，突出表现为造假作秀。必须严厉整治这股歪风。要把求真务实的要求落实到各工作环节，落实到每名公务员身上。力戒浮躁情绪，防止急功近利，以对人民、对事业、对未来负责的态度，坚决反对"数字政绩"，严厉追查造假之事，处理作秀之人，让"苦干不如汇报，实干不如虚报"失去市场，使各项工作经得起历史和人民的检验。

各位代表，政府的一切权力是人民给的，我们一定自觉接受人大及其常委会的法律监督和工作监督，一定自觉接受人民政协的民主监督，一定认真听取各民主党派、工商联、离退休老干部和社会各界人士的建议和意见，主动加强与工会、妇联、共青团等人民团体的联系，不断改进政府工作，履行好政府的职责，决不辜负全市人民的信任和期望。

各位代表，建设京南近海强市名城，是全市人民的共同愿望，各级政府责任重大、使命光荣。我们深深地知道，实现这一目标任重道远，需要我们和衷共济、坚定信心、脚踏实地。必须认清保定当前发展形势不容乐观，发展任务相当艰巨，既要抓紧抓好当前工作，又要做好长时期艰苦奋斗的思想准备；必须营造团结和谐的政治环境，凝聚各方面力量，形成强大的合力；必须树立信心，以不屈不挠的顽强意志，勇敢面对前进道路上的困难和问题，不畏艰难险阻，敢于攻坚克难；必须拿出行动，埋头实干，一点一滴抓落实，一步一个脚印把工作推向前进。任何困难都不能阻挡保定人民创造幸福生活的美好愿望，任何挑战都不能阻挡我们建设京南近海强市名城的前进步伐。让我们更加紧密地团结在以胡锦涛同志为总书记的党中央周围，在省委、省政府和中共保定市委的正确领导下，热爱保定，建设保定，奉献保定，推动保定发展翻开新的辉煌篇章！

※名词解释※

①"南车北电东纺西绿城文"："南车"，即在保定城区南部，以长城和中兴两大整车企业为主体，以长城汽车基地和保定市零部件园区为依托，形成以市区为中心，与定州汽车生产基地和定兴零部件园南北呼应的百里汽车长廊，打造"华北轻型汽车城"；"北电"，即在保定城区北部高新区内，依托国家级新能源和能源设备制造基地，打造保定"中国电谷"；"东纺"，即抓好东部纺织服装产业带的整合提升，打造"华北纺织服装加工基地"；"西绿"，即推进西部山区生态保护和综合开发，发展食品加工等绿色产业，建设绿色屏障，打造"绿色食品加工供应基地"；"城文"，即以保定市区为中心，发展文化产业，推动文化大市建设，使保定在京津冀都市群中彰显鲜明的文化特色。（见第1页）

"中国电谷"：上世纪50年代，美国斯坦福大学周边地区开始形成以硅材料为基础的企业和产业群的集聚，后来被人们称为"硅谷"。近年来，在保定高新技术开发区，正在加快形成以电力技术为基础的新能源与能源设备制造企业群和产业群。市委、市政府在广泛调研、科学论证的基础上，提出了建设"中国电谷"的战略构想，就是在保定国家高新技术开发区新能源与能源设备产业基地的基础上，向电力技术的更深更广领域纵深扩展，建立以风力发电、光伏发电为重点，以输变电及电力自动化设备为基础的新能源与能源设备企业群和产业群，引领中国新能源与能源设备产业发展的走向与潮流，具备国际竞争优势，形成面向世界的新能源与电力设备产业发展平台。

②“一纲一力四目”：即全面落实《建设文化大市规划纲要》，以文化体制改革为动力，抓好城市文化形象设计、文化产业、文化活动、文化旅游四项重点。（见第1页）

③“四项重点”：即园区经济、县城经济、民营经济、农村经济。（见第1页）

④“通进去、走出来、化起来”：“通进去”，即加强基础设施建设，实现路、水、电等通进农村；“走出来”，即发展劳务经济，引导农民从农村走入城镇；“化起来”，即加快农业产业化、农村工业化和城镇化进程。（见第1页）

⑤“城乡规划管理全覆盖”：就是把城乡地域全部纳入规划的范畴，使规划纵向到底、横向到边，使辖区内城乡每一块土地都纳入规划，不留空白。（见第1页）

⑥“职业教育发展全方位”：就是坚持走好政府推动，市场化、社会化、多元化的办学道路，加快建设一批有保定特色，规模大、质量好，在全国有一定影响的标志性职业院校，建立大格局、宽网络、立体化、全覆盖的职业教育体系。（见第1页）

⑦“零就业家庭就业再就业援助工程”：“零就业家庭”，即城镇居民家庭成员中在法定劳动年龄内，有劳动能力和就业愿望的人员均处在失业或离岗状态，且月均收入达不到当地最低工资标准的家庭。工作目标：通过开展就业服务、提供就业岗位等方式，在今年春节前帮助每户“零就业”家庭至少有一名家庭成员就业；随时掌握情况，每发现一户城镇家庭出现“零就业”，立即采取援助措施帮助就业。（见第2页）

⑧“山花工程”：即通过多种形式筹集社会资金，直接用于救助全市贫困家庭学生，努力不让一个孩子因家庭贫困而失学。（见第3页）

⑨“三做”：即城建工作往细里做、往精致里做、往群众身边做。（见第3页）

⑩“打抓破”：即打现行、抓逃犯、破积案。（见第3页）

⑪“四大中心”：即文体中心、会展中心、商务商贸中心、行政中心。（见第3页）

⑫“3+4”主导产业：即大力发展新能源及能源设备、汽车及零部件、纺织服装3大战略支撑产业，积极培育食品加工、电子信息、现代物流、文化旅游4大成长性产业。（见第5页）

⑬“一带、四城、十园”：既东部百里纺织服装产业带，高碑店白沟箱包、容城男装、高阳毯业和纺织、蠡县皮毛四大产业名城，保定市精品纺织服装、容城大河服装、高阳纺织、高阳邢南毯业、高阳宏润、蠡县启发、蠡县百尺工业园、白沟箱包、蠡县留史皮毛、安新三台鞋都十大产业园区。（见第5页）

⑭“九大旅游精品景区”：即保定市区历史文化名城、白洋淀、野三坡、涞源凉城、清西陵、涿州国家度假旅游、定州曲阳古文化、阜平天生桥瀑布群和安国“东方药都”。（见第6页）

⑮“三纵三横一环”：“三纵”，即张石、京广、大广；“三横”，即荣乌（密涿西延）、保津、保沧；“一环”，即保阜、保沧和京石相连接，形成保定高速外环。（见第6页）

⑯“太阳能之城”：即全面推广太阳能在照明、热水供应、取暖等方面的综合应用，建设节能环保型城市。（见第6页）

⑰“一立一特一主三化”：即发展县域经济要坚持工业立县、特色鲜明和民营经济主导，加快农业产业化、农村工业化和城镇化进程。（见第6页）

⑱“一县一业一园”：即“十一五”期间，各县（市、区）至少培植壮大一种农业主导产业，建立一处农业科技示范园区。（见第6页）

⑲“电气化县”：2006年，国家电网公司确定了“新农村、新电力、新服务”的农电发展战略，并提出全面实施新农村电气化工程，建设新农村电气化村、电气化乡和电气化县。电气化村的标准为，户通电率达到100%，接户线和用户配电装置安装规范、标准，村配电网络结构合理，不发生由于配电网供电能力不足造成的限电和触电伤亡事故，服务承诺兑现率100%，客户评价满意率≥98%。电气化乡的标准为，所辖全部行政村中，达到电气化标准的不少于30%，输、变、配电设备完好率达100%，至少有1座35kV及以上变电所，并实现双电源供电。电气化县的标准为，所辖全部乡（镇）中，达到电气化标准的不少于20%，电网可靠、布局合理，县（市、区）政府把农村电气化建设纳入地方经济发规划和新农村建设规划。（见第7页）

⑳“新型农村合作医疗制度”：相对于我国以往实行的农村合作医疗制度而言，这是一种由政府主导、农民自愿参加，以大病统筹为主的互助共济医疗保障制度。合作医疗基金由中央财政、地方财政和农民个人共同筹资，参合农民每人每年出10元，各级财政每人每年补40元。目前全市有4个试点县，参合农民125万多人，从今年开始扩大到全市22个县（市），参合农民将达到851万人。（见第8页）

政　府　工　作　报　告

建设新保定　树立新形象
为强市兴县富民而努力奋斗

——2008年3月在保定市第十三届人民代表大会第一次会议上

保定市人民政府市长　于　群

各位代表：

现在，我代表保定市人民政府，向大会作工作报告，请予审议，并请市政协各位委员和列席会议的同志提出意见。

一、五年工作的简要回顾

过去五年，是不平凡的五年。在省委、省政府和中共保定市委的正确领导下，我们高举中国特色社会主义伟大旗帜，全面落实科学发展观，牢牢把握发展机遇，解放思想，创新突破，开创了各项工作新局面。

（一）国民经济较快发展，综合实力稳步提高。2007年生产总值完成1373.4亿元，比2002年增长74.2%，年均增长11.7%。粮食生产连续四年丰收，农业产业化水平不断提升。规模以上工业实现增加值和利税分别比2002年增长1.7倍和2倍。服务业稳定发展，社会消费品零售总额比2002年增长79.9%。建成亿元以上项目128项，比上个五年增加79项；全社会固定资产投资五年累计2548亿元，是上个五年的2.2倍。全部财政收入121.9亿元，翻了一番多。各县（市、区）财政收入全部过亿。我市科学发展综合水平进入全国50强①。

（二）主导产业快速成长，发展支撑力明显增强。新能源和能源设备制造业迅猛发展。提出建设“中国电谷”两年来，新上天威英利三期、风电产业园、兵装天威产业园等一批投资数十亿元的大项目，新增企业100多家，销售收入和利税两年翻了近两番，成为全省最具增长潜力的重要产业。汽车工业实现新跨越。整车生产能力比五年前增长2.2倍，汽车出口连续五年全国第一。长城轿车资质得到国家批准，结束了河北不产轿车的历史，开启了我市汽车工业的新时代。纺织服装业在整合升级中加快发展，销售收入比2002年翻了一番。食品工业增势强劲，引进了新希望、娃哈哈、汇源、伊利、蒙牛、康师傅、喜之郎等一批著名企业。文化产业快速起步，亚洲影像IT文化观光都市项目启动建设。旅游业经济效益居全省前列。定州煤化工、涿州新材料、博蠡橡胶等一批新的产业快速成长。“南车北电东纺西绿城文”②产业格局正在形成。工业化率由37.4%提高到40.6%，工业强市迈出坚实步伐。

（三）各项改革逐步深入，对外开放势头强劲。国企改革攻坚步伐明显加快。25户企业破产终结，天威、宝硕、天鹅等市属国企改革取得重大突破。分离企业办社会工作基本完成。金融生态环境逐步改善，市商业银行组建得到批准，农村信用社改革全面推进，中小企业信用担保体系初步建立。农村综合改革取得成效，农业税、特产税全部取消，集体林权制度改革进展顺利。粮食流通、财税等各项经济体制改革取得新进展。加快推进行政管理体制改革，建立了市行政服务中心，成立了城市管理行政执法局，理顺了文物管理体制，在全国率先推行城乡规划管理全覆盖③，城乡公交一体化改革走在全国前列。加强了政府投资、专项资金、国资监管等制度建设，政府行政行为进一步规范。对外开放步伐加快。实际利用外资五年累计11.8亿美元，比上个五年增长51%。长城汽车、立中车轮、天威英利等6家企业上市。出口创汇年均增长46.1%。与世界500强和国内大集团战略合作日益紧密，引来了西门子、三菱和兵装、国电、中纺等一大批知名企业，为发展注入了强大活力。

（四）经济社会统筹推进，各项事业协调发展。在全国率先创建21个科技专家工作站，企业技术中心达到100余家。“两基”④成果进一步巩固，普通教育、职业教育发展水平全省领先，高考本二以上上线人数连续5年全省第一，职教在校生由8万人扩大到18万人。保定师专和金专实现专升本。公共卫生服务体系进一步健全，城市社区卫生服务覆盖率达到95%，新型农村合作医疗覆盖所有县（市）。低生育水平保持稳定。精神文明创建活动深入开展，群众文化体育活动丰富多彩，竞技体育捷报频传，新增3名世界冠军、5名亚洲冠军。环境保护和生态建设力度加大，2007年二氧化硫、化学需氧量分别削减2%和3.8%。安全生产形势持续好转。产品质量和食品安全专项整治工作受到国家好评。依法信访深入推进。“打黑除恶”、“打抓破”等专项行动成效显著，两年来打掉犯罪团伙1920个，抓捕犯罪嫌疑人23804名，破获刑事案件72587起，社会治安形势进一步好转。民主法制、民族宗教、外事侨务、防震减灾、妇女儿童、老龄和残疾人、社区建设、双拥共建、民兵预备役等各项工作都取得新成绩。

（五）城乡面貌发生新变化，人民生活水平有新提高。累计投入300多亿元，实施了路网建设、园林绿化、旧城改造、太阳能之城、“三做”[⑤]便民等一系列工程。新改扩建城市主次干道47条、便民小路168条，拆除违建180多万平方米。免费开放了植物园、竞秀公园和东风公园。建设了一批游园绿地，城市人均公共绿地从4.1平方米提高到8平方米。新建居民小区91个，人均住房由14.3平方米增加到27平方米。城市绿化、亮化、美化、净化、畅化水平有很大提高。新农村建设扎实起步，城镇建设和管理力度加大，新建了一批污水和垃圾处理等公共设施。所有乡镇和行政村都通了油（水泥）路，创建文明生态村2023个。高速公路、铁路、电厂电网、南水北调、大中型水库除险加固等基础设施建设步伐加快。坚持每年实施一批民心工程，五年财政共投入15亿元，为群众办实事195件。社会保障体系进一步健全。对零就业家庭实施了就业援助。累计新增就业35万人，下岗职工再就业18万人，城镇登记失业率控制在省定目标内[⑥]。城乡居民最低生活和城镇低收入家庭住房保障制度不断完善。免除农村义务教育阶段104万名学生的学杂费，近万名贫困生得到“山花工程”[⑦]资助。“结缘工程”[⑧]深入实施。发放救灾款1.48亿元。37万贫困人口实现脱贫。15万水库移民后期扶持政策全面落实。2007年城镇居民人均可支配收入10925元，农民人均纯收入3974元，分别比2002年增长55.2%和41.6%。

各位代表，过去的五年，是我市经济社会发展基础不断夯实的五年，是综合实力稳步提升、社会和谐进步的五年，是人民群众得到更多实惠的五年。五年来，全市广大干部群众改革创新、开拓奋进，付出了艰辛努力。我们体会最深的有四点：

第一，推动科学发展要注重科学谋划。立足保定发展的阶段性特征，紧紧把握时代要求，在科学发展观的指导下，不断深化对市情的认识，在如何推进强市名城建设上进行了积极探索。比如，提出保定发展要靠“保定制造”、“保定文化”双轮驱动，要靠众人划桨开大船、实施“强市兴县”战略；确定“做大中心、发展南北、保护两翼”区域发展战略和打造“3+4”主导产业[⑨]、构建“南车北电东纺西绿城文”产业空间布局；提出县域经济发展要突出“四项重点”[⑩]，强调新农村建设要“通进去、走出来、聚起来”[⑪]，等等，并制定实施一系列政策措施，使发展态势不断向好的方面转变。我们感到，科学谋划是成功的前提，只有在谋划时多下工夫，才能确保做正确的事和正确地做事，才能避免造成“建设性浪费和破坏”。

第二，实现改革创新要大胆解放思想。面对我市改革滞后、资源短缺等实际问题，坚持以解放思想为动力，创造性地开展工作。比如，为推动新能源产业加快发展，我们创新发展理念，提出了建设“中国电谷”的设想。在香港成功举办“保定·中国电谷”推介会，叫停新增用地用于房地产开发，调整“四大中心”用地[⑫]，搬迁粉煤灰场[⑬]，千方百计促成天威英利境外上市融资，力促中国兵装集团重组天威集团[⑭]，等等。通过这些措施，奠定了我市新能源产业领军地位，打造了发展的新优势。实践证明，改革产生动力，创新激发活力。只有解放思想，打破陈规，才能找到加快发展的有效途径。

第三，凝聚人心力量要勇于破解难题。针对困扰我市发展稳定的突出问题，我们从破解难题入手，努力为发展扫清障碍、优化环境、凝聚力量。全市人民众志成城，取得了抗击非典疫情的重大胜利，打赢了高致病性禽流感阻击战。解决了西大洋网箱养鱼污染饮用水源问题，使百万市民喝上了“放心水”。妥善解决了大唐电厂八期扩建、金专新校区和保沧高速南沟头段进场难题。顺利完成了南水北调保定段占地征迁补偿工作。成功取缔了市区近万辆经营性三轮车，解决了这一影响交通秩序和市容环境的老大难问题。打响了市区大规模拆违战役，开展了环境污染整治专项行动，关停取缔污染企业800多家。还解决了狗患、大沙河突发重度污染、越秀酒店半拉子工程等问题。我们深深体会到，只要从广大群众的根本利益出发，勇于承担解决历史遗留问题和各种现实问题的责任，就能够赢得群众的理解、拥护和支持，就没有解不了的难题、过不了的难关。

第四，推动工作落实要敢于较真问责。我们从健全制度入手，积极推动政府管理创新，建立了一整套抓落实的机制。实行政府工作年初建账明账、年中查账对账、年底算账报账制度[15]，建立重点项目“听看录帮考”机制[16]。实施不作为责任登记备案制度，在全市掀起责任风暴、推进效能革命。大力推进阳光政务，强化外力监督，开通市长短信平台，完善市长专线电话，重大事项在媒体公开公示。主动接受人大法律监督、政协民主监督和社会公开监督。法制政府、责任政府、服务政府建设迈出新步伐。事实表明，只有敢于较真问责，把工作依法置于全社会监督之下，抓住不落实的事，处理不作为的人，才能有效地推动工作落实。

回首我们走过的路，无论是谋划发展、创新突破，还是破解难题、推动落实，都是解放思想的成果、团结奋进的成果。五年来的工作实践，最基本的经验有两条：解放思想、改革创新，是实现保定又好又快发展的根本出路；团结和谐、真抓实干，是实现保定又好又快发展的根本保证。这是宝贵的财富，我们一定倍加珍惜，更好地坚持并努力发扬光大。

各位代表，在过去五年里，勤劳智慧的保定人民，谱写了不畏艰难、开拓进取的奋斗篇章！五年来，我市相继荣获了国家科技兴贸出口创新基地、国家汽车及零部件出口基地、国家可再生能源产业化基地[17]、新能源国家高技术产业基地、国家太阳能综合应用科技示范城市[18]、世界自然基金会“中国低碳城市发展项目”试点城市[19]、国家动漫产业基地、中国优秀旅游城市、全国双拥模范城“六连冠”、全国社区建设示范市、全国信访工作先进集体、省级园林城市、省级环保模范城市等荣誉称号。这些成绩的取得，是省委、省政府和中共保定市委正确领导的结果，是市人大、市政协有效监督和大力支持的结果，是历届班子埋头苦干、不懈努力的结果，是全市人民顽强拼搏的结果。这些成绩的背后，闪现着全市广大干部群众团结奋斗、扎实苦干的身影，展现着全市人民“热爱保定、建设保定、奉献保定”的情怀！在此，我代表保定市人民政府，向全市人民，向人大代表、政协委员，向各民主党派、工商联、人民团体和各界人士，向老领导、老同志，向驻保人民解放军、武警官兵和驻保各单位，向关心我市发展的香港和澳门特别行政区同胞、台湾同胞、海外侨胞、国内外朋友，致以崇高敬意和衷心感谢！

我们也清醒地认识到，经济社会发展和政府工作中还存在不少问题。从推进发展上讲，我市是人口大市、农业大市，还处在传统农业向现代农业转变、工业化初期向中期迈进、城市化进程刚刚起步阶段，长期形成的结构性矛盾和增长方式粗放问题依然突出。市场主体“小”而“少”，生产性项目“小”而“少”。国企改革相对滞后，开放步伐还不快。中心城市辐射带动力弱，县域经济基础还比较薄弱。节能减排、生态建设任务艰巨。从改善民生上讲，许多工作想做好还没有做好、应该做到还没有做到。比如，城乡居民收入增长还不快，部分群众生活还比较困难；住房和食品价格上涨较快，给中低收入群众带来很大生活压力；社会保障水平还不高，因病返贫问题、城镇困难家庭住房问题等还没有很好地解决；农村基础设施、公益事业等方面欠账多；城镇新增劳动力和大中专毕业生就业难；市区交通拥堵、街巷卫生死角、冬季供暖等问题解决得还不够好；安全生产和食品、药品安全问题还需高度重视，治安状况还有待进一步改善。从政府自身建设看，思想解放还不够，适应新形势、遵循市场经济规律推动发展的办法还不多；行政管理体制改革进程还不快，适应经济快速发展和现代城市管理的体制机制还不完善；职能转变还不到位，政府提供的公共产品、公共服务与广大群众需求还有很大差距；发展环境还不尽如人意，行政服务中心的工作还不到位；一些部门推诿扯皮，人为“创造工作量”、“延长审批链”，群众、企业办事难的问题还很突出；少数工作人员形式主义、官僚主义严重，甚至弄虚作假、滥用权力、奢侈浪费、贪污腐败。对这些问题，我们一定采取有效措施，认真加以解决，不辜负人民的期望。

二、建设实力雄厚、生态文明的新保定

今后五年，是我市全面建设小康社会的关键时期，是充满机遇的五年，也是充满挑战的五年，更是大有作为的五年。

今后五年的中心任务是：又好又快发展，强市兴县富民。通过五年的不懈努力，使我市综合实力再上一个大台阶，人民生活水平再上一个大台阶。力争到2012年，生产总值新增1000亿元，年均增长12%以上；全部财政收入翻一番；城镇居民人均可支配收入、农民人均纯收入分别达到16000元和5500元。

实现这一奋斗目标，我们充满信心。当前，我市已经站在新的起点上。经济全球化深入发展，国际资本、产业和技术转移继续看好我国，有利于我们形成参与国际经济合作与竞争的新优势。国家加强和改善宏观调控，就我市较为合理的产业结构而言，恰恰是加快发展的机遇。南资北移步伐明显加快，环渤海经济圈加速崛起，京津冀交通、市场、产业一体化正在加速形成，将给我市发展带来强大的共振效应。这些积极因素交织融合，使我市的发展势能日益增强，与东南沿海发达省市和京津相比，我们的资源成本优势在凸显；与中西部欠发达地区相比，我们的市场、区位、资本优势在凸显。特别是全市广大干部群众解放思想、加快发展的愿望强烈，这是最大的动力。我们一定倍加珍惜前所未有的发展机遇，倍加珍惜来之不易的良好局面，奋发有为、努力工作，推动保定在新的历史起点上实现新的跨越！

我们也清醒地看到，实现保定新跨越，还面临着许多严峻挑战。当前，我们正处在社会文明进步的重大转型期，人类从渔猎文明、农业文明、工业文明正在步入生态文明时代。建设生态文明，是人类对传统文明形态特别是工业文明进行深刻反思的重要成果，是发展观念、路径、模式的重大进步和生产、生活方式的重大转变，不仅是节能减排、环境保护，而且包含了经济、文化、社会建设各个方面，代表了未来发展的方向，是人与自然和谐共赢的发展之路。党的十七大明确提出，要坚持生产发展、生活富裕、生态良好的文明发展道路，建设资源节约、环境友好型社会，实现速度和结构质量效益相统一、经济发展与人口资源环境相协调，使人民在良好生态环境中生产生活，实现经济社会可持续发展。所有这些，都对我们提出了新的更高要求。

我市资源缺乏、环境容量小，随着工业化、城市化和农村产业化进程加快，资源消耗、环境污染的负荷不断增大，纺织、制革、造纸等传统产业污染问题需加快治理，加之我市还肩负着保护白洋淀和维护京津生态安全的重大责任，发展的制约因素日益突出。在各地竞相发展的形势下，我们既面临要发展“好”的巨大压力，更面临要发展“快”的严峻挑战。如何走出一条又好又快的发展之路，已经成为不容回避的重大课题。

近年来，我们大力发展新能源产业、建设太阳能之城、治理环境污染、推进传统产业整合升级，实际上也是对保定发展道路的探索。实践证明，在既不能为了发展而牺牲环境、也不能为了保护环境而放弃发展的重大选择面前，要推动我市又好又快发展，就必须走新型工业化道路，彻底摒弃高消耗、高污染、粗放型的增长方式，在工业文明与生态文明之间开辟一条“绿色通道”，这就是走生态文明发展之路。这是发挥我市比较优势的理性选择，是扬长避短、站在新起点打造新优势、实现后来居上的最佳路径，是一条符合保定实际的科学发展道路。

各位代表，我们提出：把建设生态文明作为战略抓手，体现到发展理念、战略规划、政策措施、体制机制各个方面，贯穿于产业培育、环境改善、文化发展、社会建设整个过程，使之成为推动跨越发展，增强实力、活力、竞争力的突破之举。

通过建设生态文明，推动产业大发展。以构筑节能环保、竞争力强、支撑有力的产业体系为目标，大力发展绿色农业，建设京津绿色农副产品加工供应基地。大力发展绿色工业，推进“中国电谷”建设，打造中国新能源产业发展领军城市；通过治理污染，推动纺织服装业整合升级，建设北京“时装之都”生产加工基地；大力推动汽车、新型建材等优势产业向节能环保方向发展。努力建设在京津冀都市圈中特色鲜明的现代制造业大市。大力发展无污染、低消耗的现代服务业，培育壮大生态休闲旅游、文化、金融、物流、会展、电子信息、餐饮等产业，繁荣特色专业市场，努力建设环京津高水准休闲旅游产业带和消费旺地。

通过建设生态文明，推动城市形象大改善。启动“低碳保定”建设，全面推进“太阳能之城”建设，打造“文化古城”、“山水保定”，营造“天蓝、地绿、水清、气爽”的人居环境，努力建设中国北方独具文化特色、近水亲绿宜人的生态城市。

通过建设生态文明，推动生产生活方式大转变。大力推进节能减排，发展循环经济，推行清洁生产，倡导合理适度、可持续绿色消费，加快形成节约能源和保护生态环境的产业结构、增长方式、消费模式，努力建设资源节约、环境友好型社会。

通过建设生态文明，推动社会文明程度大提高。坚持以生态文明推动社会文明，大力弘扬尊重自然、关爱生命的生态文化，促进人与自然、人与人、人与社会和谐发展，营造良好的人文环境，使全市人民幸福感进一步增强，努力建设崇尚环境保护、充满温馨与魅力的文明之城。

建设一个新保定，是全市人民的共同远景。我们要以推进生态文明建设的具体行动，推动一个全新理念蓬勃兴起，引导一种全新生产生活方式改变过去，迎接一个全新时代加快到来，努力把保定建成落实科学发展观的典范城市、国家生态文明示范城市，全面打造以绿色经济、宜居城市、健康生活为特征，实力雄厚、生态文明的新保定。

各位代表，推动又好又快发展，实现强市兴县富民，我们必须始终把解放思想、改革创新作为应对新挑战、开创新局面的一大法宝，不断创新发展理念、思路和举措，努力走出一条具有鲜明特色的又好又快发展之路。必须始终把提速发展作为主旋律，坚持在正确道路上“快”就是“好”，将全部的心思和精力用在加快发展上。突出发展主题，强化发展意识，增强发展能力，提高发展水平。必须始终把做大做强县域经济作为发展的基石，发挥优势，打造特色，推动民营经济、园区经济、县城经济、农村经济健康发展，努力提升县域经济总体实力和对全市经济的贡献度。必须始终把以人为本、促进和谐作为执政履责的最大追求，着力解决好人民群众最关心、最直接、最现实的利益问题，努力让发展成果更多地体现在人民生活质量的提高上、体现在人们的笑脸上。必须始终把求真务实、埋头苦干的作风发扬光大，继续营造团结和谐、干事创业的浓厚氛围，励精图治，扎实工作，一步一个脚印地向前迈进。

三、扎实做好开局之年各项工作

2008年，是全面贯彻落实党的十七大战略部署的第一年，也是新一届政府的开局之年，做好各项工作意义重大。

按照市委九届六次全会要求，今年政府工作总体思路是：全面贯彻党的十七大精神，以科学发展为主线，以解放思想为动力，以重大生产性项目建设为核心，以繁荣县域经济、增加经济总量为战略重点，深化改革，扩大开放，推进科技创新，强化金融支撑，转变发展方式，建设生态文明，注重改善民生，促进社会和谐，推动又好又快发展，迈出强市兴县富民新步伐。

今年经济和社会发展预期目标是：生产总值增长12.5%；万元生产总值综合能耗降低4.5%；主要污染物化学需氧量和二氧化硫排放量分别削减6%和2.25%；城镇固定资产投资增长20%；全部财政收入增长12%以上；地方一般预算收入增长12%以上；城镇居民人均可支配收入增长8%；农民人均纯收入增长6.5%左右；城镇登记失业率控制在4.5%以内；人口自然增长率控制在7.48‰以内。各项社会事业实现新的进步。

重点抓好以下六个方面的工作：

（一）坚持走新型工业化道路，努力做强产业支撑。产业是强市兴县富民的基础，必须大力推进产业立市、工业强市。

促进优势产业加快发展。全面推进“华北轻型汽车城”建设，推动集群化、国际化发展，力争用5年时间，整车产能超150万辆、出口超30万辆、全行业销售收入超1000亿元，建设走向世界的中国民族汽车工业生产基地。今年切实抓好“国家汽车及零部件出口基地”规划与政策落实，制定鼓励使用地产车的办法。加快建设长城汽车工业基地等9大园区[20]，确保河北长安新车型3万辆生产线等项目年内投产。强力打造“中国电谷”，扩展空间、扩张规模、扩大合作、延伸链条，壮大产业体系，建设销售收入超1000亿元的国家新能源和能源设备制造基地。今年要积极争取国家对可再生能源产业化基地、低碳城市的具体政策支持，完成中国电谷一期部分用地性质调规及土地征用，争取大王店园区规划获批实施。力促风电产业园一期竣工投产、二期全面开工，加快兵装天威产业园4个项目、天威英利三期以及英利薄膜太阳能电池等重点项目建设，推进与国电、中船重工等大企业的合作。全面推进“华北纺织服装产业基地”建设，借力发展，整合升级，加快构建“一带、四城、十园”[21]产业格局，建设销售收入超650亿元的北京“时装之都”生产加工基地。今年力促宏润与北京雪莲、香港南洋千万件织绒衫项目一期投产，加快依棉与中纺、澳森与北京铜牛等合作项目及高阳印染循环经济园区建设，确保中纺集团纺织精品园、奥威产业园开工。抓好20家纺织服装企业的整合升级。大力发展绿色食品工业，着力发展乳品制造、方便食品、果蔬加工等8大重点行业，建设销售收入超100亿元的京津绿色农副产品加工供应基地。今年重点完成蒙牛液态奶扩建、争取酸奶项目落户，确保喜之郎北方基地开工，加快汇源果汁二期、娃哈哈、养加加等大项目建设。切实抓好果品、奶牛等种养基地建设，力争引进更多的食品工业巨头。积极培育新的产业支撑。着眼于构建梯次产业体系，积极扶持一批有潜力、有基础的产业成长壮大。实施重大文化产业项目和文化精品带动战略，推进文化大市建设。全面启动河北软件学院产学研基地，加快建设亚洲影像IT文化观光都市项目。壮大特色产业集群，推进徐水吊索具、定州煤化工、涿州新材料、涞水航天科技等产业园区建设，努力形成新的产业优势。

大力发展现代服务业。抓住京津服务业与周边联动步伐加快、京津人群到周边消费高速增长的机遇，坚持以我为主，变被动为主动，培育我市服务业发展的新亮点，力争用三年时间有一个大的提升，实现在全省的率先发展。把旅游业作为服务业的龙头来抓，作为主导产业来培育。制定扶持政策，推动“吃住行游购娱”等相关行业迅速成长，争创中国最佳旅游城市。统筹旅游资源，丰富旅游产品，强势宣传推介，做好“奥运在北京、旅游在保定”大文章。抓好旅游道路建设和旅游环境综合治理，提升白洋淀、野三坡等重点景区品质，着力打造国内外知名景区。精心包装项目，在北京等地开展专题招商，办好国际旅游文化周、国际狼牙山登山节和白洋淀荷花节等重大活动，让海内外更多地了解保定的秀美山水和历史文化，把保定旅游的品牌打出来。

千方百计激活市场主体。把民营经济作为发展县域经济、激活市场主体的关键来抓，深入开展“主体活力提升年”活动，大力支持全民创业。加快市、县信用担保机构建设，发展创业辅导基地，为全民创业搭建服务平台。继续实施“催生、助长、扶强”战略，推进“双百工程”[22]，扶持骨干民营企业、成长型中小企业、重点特色产业集群加快发展。实施人才素质工程，大力加强企业家队伍和科技人才队伍建设，建立健全培养、关爱、激励、引导机制。对企业家和各类创业者多一分理解、多一分宽容、多一分厚爱，依法保护他们的合法权益，激发企业家的创业热情，使创业为荣、创业为乐深入人心。如果把企业比作“鱼”的话，环境就是“水”，我们要努力改善“水质”，让市场主体多起来、活起来、强起来。

（二）狠抓节能减排，构建资源节约环境友好型社会。坚持发展与治理相结合，节约、集约、循环、生态保护并举，发展“静脉产业”[23]，加快形成以政府为主导、企业为主体、全社会共同推进的节能减排工作格局。

全面启动“蓝天行动”。加快电厂等重点企业脱硫设施建设，推进生活燃料清洁化，整治机动车尾气污染，严格控制各类大气污染物排放。以“拆锅炉、拔烟囱”为重点，统一规划、一炉一策，疏堵结合、分步推进，政府引导、市场化运作、全社会联动，力争用五年时间，完善热源点和供热管网，全面取缔市区4吨以下燃煤锅炉[24]。我们既要蓝天白云，又要把温暖留在百姓家里、送到群众身边。

大力实施“碧水计划”。加大重点流域、区域和企业污染治理力度，突出抓好白洋淀流域综合治理，做好引黄补淀工作。两年内所有县城和白沟、留史、辛兴等重点镇都要建成污水处理厂并规范运营，三年内所有县城都要建成垃圾处理场并投入使用。我们有决心、有信心，让白洋淀重现华北明珠风采。

坚决治理污染企业。以“壮士断腕”的决心，严格依照国家有关法律和政策，对全市制革、造纸、印染、冶炼、化工、塑料等企业进行彻底清查，达不到环保生产标准的，坚决依法关停。坚持节能减排与产业结构调整相结合，积极引导企业进园区，集中治理污染，促进企业联合做大做强。

加快建立节能减排长效机制。严格环境准入标准，坚决落实“三同时”制度[25]，坚决做到高能耗、高污染项目一律不上、一律不批，防止在今后发展中形成新的污染。坚持“谁污染、谁买单”，对污染严重、违法违规的排污企业按有关规定重罚，不是按年罚、按月罚，而是按天罚。对执法不力的主管部门和责任人，严肃追究失职渎职责任，同时严查背后可能存在的腐败问题。进一步强化问责制，对完不成任务的，试行一票否决。对在省人代会上作出承诺的4县、1家企业和这次人代会上作出承诺的5县、3区、13家企业[26]逐年严格考核，一年一通报，确保按期完成承诺任务。建立企事业单位节能减排目标公示制度，让公众的眼睛监督任务的落实。

（三）倾心倾力“三农”，扎实推进新农村建设。始终把解决农业、农村、农民问题作为重中之重，积极促进农业稳定发展、农民持续增收，推进农业大市向农业强市迈进。

大力发展现代农业。稳定粮食生产，深化结构调整，加快农业标准化、规模化、产业化步伐。大力发展畜牧业，抓好奶源基地建设，推进养殖业清洁饲养工程。抓好蔬菜提质增效和果品基地建设，培育一批绿色农产品品牌。大力发展农业产业化龙头，市重点抓10个销售收入亿元以上企业、10个食品工业园区，各县（市、区）抓好千万元以上项目。完善农业技术服务体系，抓好“一县一业一园”科技示范工程[27]。加强农产品标准、信息、质量检测监管和动植物疫病防控体系建设，确保农副产品质量安全。发展农民专业合作组织，探索企业、合作社与农户利益联结机制，加快农业市场化进程。

加强农村基础设施建设。按照“三个明显高于”[28]要求，加大对“三农”的投入力度。坚持防汛抗旱两手抓，加强水利设施和南水北调配套工程建设。年内新增节水灌溉面积15万亩，解决200个村、20万人的安全饮水问题。三年内全部完成大中型和重点小型病险水库除险加固。加强河道管理，确保行洪安全。实施生态家园富民工程，新增农村沼气4.8万户。抓好太行山绿化、京津风沙源治理、水源地保护等重大生态工程。推进12个乡、220个村电气化建设，年内完成农村公路建设800公里，西部山区474个自然村通上广播电视。推进“万村千乡市场工程”县（市）全覆盖。搞好扶贫开发，启动第三批贫困村扶持工程。继续开展文明生态村创建活动，切实改善农民群众的生产生活条件。

千方百计促进农民增收。全面落实粮食、良种、农机购置、农资综合补贴以及农业保险等支农惠农政策，让农民群众得到更多实惠。深化农村综合改革，推进集体林权、水利设施等改革，稳定土地承包关系，探索土地流转办法，推进农业适度规模经营。加快发展农村二、三产业，提高劳务输出组织化程度，建立农民工工资支付保障机制，增加农民务工收入。实施“阳光工程”[29]，广泛开展生产技能和市场经济知识培训，让更多农民成为有文化、懂技术、会经营的新型农民。

（四）下大力改变城乡面貌，打造生态宜居城乡环境。按照服务发展、适宜人居、环境优美的要求，深入开展城乡面貌三年大变样活动，力争每年一大步、三年大变样。

做优做美中心城市。今后三年，谋划实施一批重点工程。加强生态环境建设。完善生态水系，建设护城河水系景观廊、防洪堤生态景观廊和水上生态公园。彻底改造市区排水管网，实现雨污分流，从根本上解决护城河还清问题，打造“水之灵气”。实施“绿荫行动”，新建20块游园绿地，争创国家级园林城市。深化太阳能之城建设，市区党政机关、企事业单位及公共场所太阳能产品应用达到100%，新增建筑基本实行太阳能设施一体化。重塑文化古城形象。恢复西大街清末民初特色商业街风貌，修缮和复建淮军公所、光园等文物古迹，建设文化园林长廊，对12条主街道进行形象设计和整治，努力使老城区再现历史风韵。构建城市大交通。改造19条主街道，加快高速铁路和5条高速公路、2条高速引线建设，谋划建设3座立交桥[30]，打造南通北联、东出西进的现代陆港城市。打造现代商贸中心区。加快万博广场、世纪财富广场、新燕赵商务广场等大型商贸项目建设。加快“一城三星”建设。统筹规划，合理分工，资源共享，进一步完善基础设施建设，促进联动发展。继续推进“三做”便民工程。持续打好拆违战役，加快城中村和社区道路改造，推进电网、天然气管网建设，调整增设公交线路，加快“绿色公交”更新改造。新建便民市场18个、垃圾台站32个、标准公厕52个，所有公厕免费开放。让广大居民感到变化就在身边。

加快城镇和乡村建设。各县（市）都要结合当地实际，组织开展三年大变样活动。涿州重点抓好北部新区和历史街区保护等工程，打造京南生态卫星城；定州重点抓好河北文博园、物流园区、文教中心等项目，建设文化、旅游、宜居型城市；安国重点抓好路网、精品住宅建筑等工程，建设现代化新药都；高碑店重点抓好城区东跨北移、旧城改造等建设，打造交通枢纽、工贸名城。各县城和重点镇要选择几个窗口部位，打造标志性地段、景观和建筑，塑造一批彰显特色、独具魅力的城镇亮点。加强对农村住房建设的指导，打造样板村，推动农村建设上水平，尽快使农村面貌出现看得见的变化。

实现城乡面貌大变样，必须坚持量力而行、尽力而为，高起点规划、高水平设计、高质量建设，精细化管理、市场化运作。深入推进城乡规划管理全覆盖，进一步完善阳光规划等制度，年内建好市区规划展览馆，各县（市）规划展览馆（厅）也要加快建设进度。深入开展城乡环境综合整治专项行动，着力抓好背街小巷、城乡结合部、道路沿线等薄弱部位环境综合整治，努力为城乡居民创造清洁舒适的生活空间。

（五）大力推进改革开放，不断增强发展活力。旗帜鲜明地走改革开放之路，力争迈出更大步伐。

深化国有企业改革。继续开展“国企改革攻坚年”活动，推进大型企业战略重组、中小企业放开搞活和劣势企业退出。坚持一企一策，抓好首批13户破产试点企业的扫尾工作，争取两年全部完成区属企业改革改制。强化国有资产监管，制定国有资产处置管理实施细则，防止国有资产流失。

加快推进财税和金融体制改革。加强财政综合预算管理，实施新一轮市对县激励性财政体制。把县乡财政体制改革试点扩大到所有县（市），积极探索化解乡村债务的有效途径。加快要素市场体系建设。以发展资本市场为着力点，积极打造区域性现代金融体系。深化农村信用社改革。力争市商业银行年内挂牌运营。积极争取股份制商业银行和外资银行在我市设立分支机构，培育以小额信贷业务为主的多种所有制贷款机构。加强融资平台建设，整合县级担保资源，做大市级担保机构。促进银保合作，推行中小企业信贷快车融资模式，推广联贷联保、担保保障、保险防范三位一体运作方式。推动国有资源、资产、资金与金融资本对接。全面加强社会诚信体系建设，改革企业信用评价管理制度，建立企业和个人信用数据库，严厉打击恶意逃废金融债务行为，打造诚信保定。

探索推进行政管理体制改革。深化城市管理体制改革，逐步建立“市级调控、区级管理、街道承办、社区服务”的城市管理机制。进一步细分市与区的管理职责，逐步把绿化、保洁、供暖等事项下放到区。加快建立区域合作、资源统筹和利益补偿机制，打破区划壁垒，促进生产要素合理流动。围绕激活县级行政主体积极性，力争启动市县管理体制改革。按照重心下移、权责利一致的原则，探索对县（市、区）“放权、让利、松绑”，赋予县级更多的审批和管理权限。加快事业单位分类改革。

努力开创对外开放新局面。强化近海开放意识，抢抓机遇，充分利用国内外两种资源、两个市场，拓展对外开放的广度和深度。继续把引进战略投资者作为引资工作的主攻方向，强化舍得理念，依托优质资源、优良资产，加强与国内外知名企业的合作。抓好“中国电谷·低碳保定”香港推介会签约项目跟踪落实，组织好厦门、深圳等招商活动。把企业上市作为引资的重要渠道，抓好天威英利、中航惠腾、巨力索具等企业上市工作。实施品牌战略，加快出口产品结构调整，培育龙头企业，壮大出口产业集群。发展对外承包工程和劳务合作，鼓励有条件的企业“走出去”。

（六）坚持以人为本，努力保障和改善民生。集中更多财力物力，加快推进以改善民生为重点的社会建设，让人民群众共享富裕、文明、和谐、安全的新生活。

努力加强就业和社会保障工作。完善支持自主创业、自谋职业政策，促进以创业带动就业。健全零就业家庭等困难群众就业援助制度。重视做好高校毕业生、退伍转业军人、残疾人就业工作。确保城镇新增就业6.1万人，帮助2.7万名下岗失业人员实现再就业，转移农村劳动力6万人。建立健全企业职工工资正常增长和支付保障机制。扩大各项社会保险覆盖面，今年新增17.5万人。连续三年提高企业退休人员养老金。提高城乡居民低保标准，切实抓好城中村和失地农民社保工作，推进农村低保护面。做好救灾减灾工作。完善廉租住房保障制度，市区交付使用经济适用住房15.9万平方米，新开工10万平方米，购置廉租住房1.45万平方米，对2488户城镇低收入家庭实施住房保障。建设市儿童福利院，加强敬老院和老年公寓建设。发展社会慈善事业，鼓励社会力量参与公益事业。关注困难群众、弱势群体，让广大群众的生活一天天好起来。

努力发展社会事业。坚持教育的公益性质，将义务教育阶段“公办民助”学校恢复为公办性质，免除城市义务教育学杂费，提高农村困难寄宿生生活费、中小学公用经费和校舍维修经费补助标准，把城乡义务教育经费纳入公共财政保障范围，让每一个孩子享受到真正免费的义务教育。调整优化中小学布局，提高农村教师队伍素质，促进城乡义务教育均衡发展。努力改善办学条件，维修改造中小学校舍6.5万平方米。完善资助贫困生制度，保障进城务工人员子女正常就学，不让一个孩子因家庭贫困而失学。加快发展职教集团，打造专业特色，实施“全部·一位”工程[31]，努力建设人力资源大市。加强医疗卫生事业。启动全民健康生活方式行动，提高人民健康素质。全面实行新型农村合作医疗制度，参合标准提高到100元，覆盖率达到100%。完成101所乡镇卫生院改扩建，新建5个社区卫生服务中心（站），就医不方便的行政村都要设置一个卫生室。启动城镇居民基本医疗保险，深化惠民医院、惠民病房建设，让广大群众看病少花钱、看病更方便。实施计划生育家庭奖励扶助制度和“少生快富”、特别救助、免费服务工程[32]，确保低生育水平持续稳定。做好双拥共建、国防动员、民兵预备役和优抚安置工作，重视发展民族宗教、妇女儿童、老龄和残疾人等各项事业，让发展的成果更好地体现在社会进步的方方面面。

努力加强科技、文化建设。发展科学技术事业，完善技术创新与技术成果转化服务保障体系，鼓励自主创新，加强企业工程技术中心建设，培育科技型企业，推进产学研一体化，以“保定创造”支撑“保定制造”。发展公益性文化事业，加强社区、乡村文化设施和乡镇综合文化站建设。具有公益性质的博物馆、图书馆和全国爱国主义教育基地，今明两年内全部向社会免费开放。加强网络文化建设与管理，抓好网吧规范治理。加强青少年道德教育，促进德智体美全面发展。完善社区和农村体育设施，建设市健身中心。举办喜迎奥运系列活动，丰富群众文化体育生活。深入开展群众性精神文明创建活动，完善社会志愿服务体系，倡树男女平等、尊老爱幼、互爱互助、见义勇为的社会风尚。

努力维护公共安全。把全力备战和服务奥运作为重大任务，健全属地管理机制，逐级签订责任书，确保奥运期间安全稳定。深入开展食品药品安全专项整治行动，落实产品质量安全责任制，让人民群众吃得放心、用得安心。整顿和规范市场秩序，依法打击违法违规行为，有效防止物价过快上涨。加强饮用水源地保护，确保饮水安全。完成东风桥市场等重大火灾隐患整改。突出抓好矿山企业、危险化学品、交通、建筑工地和人员聚集场所安全管理，坚决防止重特大事故发生。带着感情认真解决群众合理诉求，依法做好信访工作，妥善处理各类社会矛盾和利益冲突。加强社区、农村、企业、高校等基层社会治安防控体系建设，严厉打击影响人民群众安全感的各类违法犯罪活动，全面打造平安保定。

为民多办好事实事，是政府的天职。我们将尽心尽责，努力提高全市人民“学有所教、劳有所得、病有所医、老有所养、住有所居”的质量和水平。

四、全力建设服务型政府

站在新的起点，推动新的发展，新一届政府责任重大、使命光荣。我们一定不负重托，努力建设为人民服务、对人民负责、让人民满意的政府。

不断解放思想，努力增强服务意识。坚持用党的十七大精神武装头脑，把解放思想作为推动工作的“总阀门”，努力创新发展理念、发展思路、发展举措和领导方式，以有成效的实践催生灿烂的思想解放之花，以思想解放之花结出丰硕的科学发展之果。谋划发展，坚持从群众的期盼着想，把保定放在国内外大格局中比较分析，增强忧患意识和竞争意识，用世界眼光和开放理念应对机遇挑战，从自我封闭中解放出来；推进工作，以有利于为群众服好务为准绳，敢于突破“惯例”、超越自我，创造性地提出政策措施，从传统思维定式中解放出来。把握全局，坚持一切以人民群众的需要为出发点，求智于民、问计于民、取信于民，更好地体现人民群众的利益和要求，从“官本位”的观念中解放出来。牢固树立公民为本、服务至上的理念，强化“政务就是服务”、“公务员就是服务员”意识，兢兢业业为人民群众打好工、办好事。

努力转变职能，强化政府服务能力。在加强和改善经济调节、市场监管的同时，更加注重履行社会管理和公共服务职能，配置更多的公共资源，努力为老百姓提供更多的公共产品，为市场主体创造良好的发展环境。推进政府管理创新，加快形成权责一致、分工合理、决策科学、执行顺畅、监督有力的行政管理体制。深化行政审批制度改革，继续减少和规范行政审批事项，减少政府对微观经济的干预。抓紧建立相关部门协调沟通机制，重点解决职能交叉、责任不清、事权分离和管理真空等问题。下大力优化政务环境，千方百计降低企业和群众的办事成本，突出解决行政服务中心“明进暗不进”等问题，真正建成便民便企、快捷集中的服务窗口。建立无缺位工作制、限时办结制、不作为记录备案制度，落实行政问责制，对行政不作为、乱作为和严重损害群众利益的要严肃处理，决不允许少数人破坏我们的发展环境，努力不让企业和百姓伤心。

坚持阳光行政，提高政府公信力。牢固树立依法行政理念，把尊重民意、职权法定、责权统一和信用意识融入到政府工作各个方面。健全科学民主决策机制，完善重大事项集体决策、专家咨询、社会公示与听证、合法性审查、决策后评价、反馈纠偏和决策责任追究等制度。市政府常务会议讨论决定与人民群众利益密切相关的重大事项，试行市民代表旁听制度，畅通市长专线电话、短信平台等渠道，加强电子政务建设，努力让政府的决策、举措与百姓的愿望共振。对确定的事项，持之以恒抓落实，坚决做到言必信、行必果。坚持向人大及其常委会报告工作和向人民政协通报情况，自觉接受人大及其常委会和人民政协的监督。认真做好人大代表议案、建议、批评、意见和政协委员提案的办理、落实工作，广泛听取民主党派、工商联、人民团体、老干部和各界人士的意见建议。加强审计监督、行政监察，强化外力监督。大力推进政务公开，把与群众利益密切相关的事项和容易滋生腐败的领域作为政务公开的重点，让权力行使“全程透明”，让百姓办事“心知肚明”。

加强廉政建设，树立为民服务的良好政风。严格落实廉政建设责任制，更加注重治本、注重预防、注重制度建设，把廉政建设的各项要求落实到每一个行政部门、每一个工作岗位、每一项行政权力行使过程，干干净净为民工作。坚决查处违法违纪案件，对滥用权力、违法行政、以权谋私、腐化堕落的，严惩不贷。坚决反对形式主义、官僚主义，坚决反对弄虚作假。牢记两个务必，倡导“做人简单、做事务实”，深入基层、深入群众，真诚倾听群众呼声，真情关心群众疾苦，多办老百姓看得见、摸得着、得实惠的好事实事，勤俭办一切事情，严格控制并大力压缩职务性消费，珍惜纳税人的每一分钱，以一点一滴的实际行动，体现执意发展、全意为民的良好形象。

各位代表！过去五年，全市人民用智慧和汗水创造了丰硕成果；未来五年，又好又快发展的宏伟蓝图已经绘就。让我们紧密团结在以胡锦涛同志为总书记的党中央周围，在省委、省政府和中共保定市委的领导下，高举中国特色社会主义伟大旗帜，深入贯彻落实科学发展观，解放思想，振奋精神，埋头苦干，共同创造保定更加美好的明天！

※名词解释※

①科学发展综合水平进入全国50强：2007年底出版的中国首部城市蓝皮书《中国城市发展报告NO. 1》，将城市科学发展综合评价体系设计出“发展指数、协调指数、支撑力指数和综合指数”四大指数标准。在113个全国地级及以上城市中，保定市位列全国第46位，四大指数分别是55.99、47.67、50.23和51.76。（见第12页）

②“南车北电东纺西绿城文”：“南车”，即在保定城区南部，以长城和中兴两大整车企业为主体，以长城汽车基地和保定市零部件园区为依托，形成以市区为中心、南北呼应的百里汽车长廊，打造“华北轻型汽车城”；“北电”，即在保定城区北部，依托国家级新能源和能源设备制造基地，打造保定“中国电谷”；“东纺”，即抓好东部纺织服装产业带的整合提升，打造“华北纺织服装加工基地”；“西绿”，即推进西部山区生态保护和综合开发，发展食品加工等绿色产业，建设绿色屏障，打造“绿色食品加工供应基地”；“城文”，即以保定市区为中心，发展文化产业，推动文化大市建设，使保定在京津

冀都市群中彰显鲜明的文化特色。（见第12页）

③“城乡规划管理全覆盖”：就是把城乡地域全部纳入规划的范畴，使规划纵向到底、横向到边，使辖区内城乡每一块土地都纳入规划，不留空白。2006年初，制定出台了《关于加强城乡规划工作的决定》，把原市规划局改组为市城乡规划管理局，三区和高新区设立了城乡规划管理分局，各县（市）成立了独立的城乡规划管理局，在各乡（镇）、街道办事处和村（社区）设置了规划管理员，构建了市、县、乡、村自上而下、层级清晰、职责明确统一的规划管理体制。在规划事项决策上，形成“部门问策、专家议策、社会征策、规委决策、阳光亮策”的运行机制。这项工作得到国家建设部的高度肯定。2007年12月26日，我市作为唯一地级市代表，在全国《城乡规划法》宣传贯彻工作电视电话会上作了典型发言。（见第12页）

④“两基”：即基本普及九年义务教育、基本扫除青壮年文盲。（见第12页）

⑤“三做”：即城建工作往细里做、往精致里做、往群众身边做。（见第13页）

⑥城镇登记失业率：即城镇登记失业人数同城镇从业人数与城镇登记失业人数之和的比。我市2003年末是2.2%，2004年末是3.49%，2005年末是3.45%，2006年末是4.03%，2007年末是4.05%，均控制在省定4.5%的目标以内。（见第13页）

⑦“山花工程”：即通过多种形式筹集社会资金，直接用于救助全市贫困家庭学生，努力不让一个孩子因家庭贫困而失学。（见第13页）

⑧“结缘工程”：这是市委、市政府近年来组织开展的以“三联济困”为主要内容的帮扶困难群众活动。全市科级以上干部每人联系帮扶一名城镇特困职工、一个农村贫困户和一名贫困学生，实行一对一帮扶。（见第13页）

⑨“3+4”主导产业：即大力发展新能源及能源设备、汽车及零部件、纺织服装3大战略支撑产业，积极培育食品加工、电子信息、文化旅游、现代服务业4大成长性产业。（见第13页）

⑩“四项重点”：即园区经济、县城经济、民营经济、农村经济。（见第13页）

⑪“通进去、走出来、聚起来”：“通进去”，即加强基础设施建设，实现路、水、电等通进农村；“走出来”，即发展劳务经济，引导农民从农村走入城镇；“聚起来”，即实现集约发展、谋求聚集效应，引导要素资源向龙头企业集中，企业和项目向园区集中，农民向城镇集中，土地向规模经营集中。（见第13页）

⑫调整“四大中心”用地：为把紧缺的资源要素优先用于发展产业，市政府把高新区内规划好的文体、会展、行政和商务“四大中心”5400亩用地调整用于“中国电谷”建设，优先保证主导产业发展。（见第13页）

⑬搬迁粉煤灰场：保定热电厂储煤灰场位于市区西北部，曾经集中存放着热电厂发电产生的2千万立方米粉煤灰，是长期影响市区大气和饮水质量的主要污染源，市区百万居民深受其害。2007年市政府决定把热电厂储灰场搬迁，全部用于“中国电谷”风电产业园建设，既解决了市区环境污染问题，又为产业发展整理出2300多亩土地。中央电视台《新闻联播》以“河北保定巧做文章　一招走活三步棋”为题作了报道。（见第13页）

⑭中国兵装集团重组天威集团：2007年9月25日，市政府与中国兵器装备集团公司举行了重组天威集团共建“保定·中国电谷”合作协议签字仪式。我市将天威集团划归兵装，兵装给予一定补偿用于我市国企改革，同时以项目为载体，采取资本金投入、融资投入等方式共建“中国电谷”。“十一五”期间，投入资金不少于150亿元。到“十二五”末，兵装集团投入资金不少于300亿元。这次重组，既推动了“中国电谷”建设，也加快了天威集团建设世界一流大企业进程，还为我市国企改革筹措了启动资金，取得了“一石三鸟”的效果。（见第13页）

⑮政府工作年初建账明账、年中查账对账、年底算账报账制度：年初建账明账，即制定《政府工作报告落实方案》，将工作任务分解成具体事项，逐项明确责任单位、责任人员和完成时限，并向市委、人大、政协专题报告，把《方案》作为对政府工作考核、监督的主要内容，将《方案》全文登报，接受社会监督。年中查账对账，即通过现场督办、网络督办、明察暗访等多种形式，对落实情况进行动态跟踪问效。年底算账报账，即制定考核评价办法，结果与单位和干部的考核挂钩，有效地促进工作落实。这是政府推动工作落实的新形式，也是政府工作规范化、制度化、科学化的有益探索。（见第14页）

⑯重点项目“听看录帮考”机制：听，即在重点项目现场听县（市、区）长介绍县（市、区）经济发展、重点项目建设工作思路及重点项目建设情况、存在的问题和建议。看，即实地察看省、市、县重点项目，特别是本年度新开工的生产性大项目的厂房、设备安装及配套设施建设等情况。录，即

在重点项目建设现场进行录像备案，说明项目建设规模、投资额度、占地亩数、投资强度、形象进度和今年目标。每年初、年底将项目形象进度录制成影像资料。帮，即市政府主要领导帮助地方政府和项目单位出思路、想办法，协调解决区域间及重点项目建设中的困难和问题。市直各部门按照各自职能抓好协调服务，亿元以上项目搞好领办、代办。考，即建立半年、年终考核机制，对县（市、区）重点项目建设情况提出综合考察结果，作为各县（市、区）年度考核的重要依据。（见第 14 页）

⑰国家可再生能源产业化基地：2007 年 11 月 12 日由国家科技部认定，全国唯一。建设宗旨是充分把握可再生能源新兴产业发展的有利时机，建立有利于可再生能源高新技术发展的环境和机制，加强自主创新能力和提高核心竞争力，大力推动可再生能源产业化。（见第 14 页）

⑱国家太阳能综合应用科技示范城市：2007 年 11 月 12 日由国家科技部认定，全国唯一。建设宗旨是充分把握太阳能新兴产业发展的有利时机，建立有利于太阳能综合应用高新技术发展的环境和机制，加强产学研结合以及技术与资本的结合，大力推动太阳能的综合应用及产业化。（见第 14 页）

⑲世界自然基金会“中国低碳城市发展项目”试点城市：低碳城市是指城市在经济高速发展的前提下，保持能源消耗和二氧化碳排放处于较低的水平。全球性保护组织 WWF（世界自然基金会）于 2008 年 1 月在北京启动“中国低碳城市发展项目”，上海、保定入选首批试点城市。在未来的几年里，WWF 将助力上海与保定，在建筑节能、可再生能源和节能产品制造与应用等领域，寻求低碳发展的解决方案，并总结可行模式，陆续向全国推广。（见第 14 页）

⑳9 大园区：在发展壮大“保定市汽车零部件工业基地、长城汽车工业园、河北长安汽车工业基地”三大园区的基础上，加快培育“清苑、徐水、顺平、定兴、高碑店、中兴”六个园区。（见第 16 页）

㉑“一带、四城、十园”：即东部百里纺织服装产业带，高碑店白沟箱包、容城男装、高阳毯业和纺织、蠡县皮毛四大产业名城，保定市精品纺织服装、容城大河服装、高阳纺织、高阳邢南毯业、高阳宏润、蠡县启发、蠡县百尺工业园、白沟箱包、蠡县留史皮毛、安新三台鞋都十大产业园区。（见第 16 页）

㉒“双百工程”：即省政府分别与列入国家“千家企业节能行动”的 112 家国家节能重点企业和 109 家省节能重点企业，签订节能目标责任书，要求双百企业“十一五”期间力争直接节能 1100 余万吨标准煤。（见第 17 页）

㉓“静脉产业”：如果把工业制造系统比作人体的动脉系统，那么工业制造物的回收利用就如同人体的静脉系统。“动脉产业”是指开发利用自然资源形成的产业，“静脉产业”是指废弃物资源化形成的产业，是循环经济组成部分。（见第 17 页）

㉔全面取缔市区 4 吨以下燃煤锅炉：为切实落实节能减排目标，从 2008 年至 2012 年底，将市区内现有的 800 余台 4 吨/时以下燃煤锅炉及其他达到淘汰年限的燃煤设施全部取缔，以集中供热或其他清洁能源方式替代，同时拆除废弃的烟气排气设施，彻底消灭冒黑烟现象。（见第 17 页）

㉕“三同时”制度：即建设项目需要配置建设的环境保护设施，必须与主体工程同时设计、同时施工、同时投产使用。（见第 17 页）

㉖在省人代会上作出承诺的 4 县、1 家企业和这次人代会上作出承诺的 5 县、3 区、13 家企业：今年，河北省分别确定了 30 个节能减排重点县和 30 个节能减排重点企业，其中包括我市高阳、蠡县、安新、满城 4 县和天鹅股份有限公司 1 家企业。我市也确定定州、清苑、徐水、涞源、高碑店、南市区、北市区、新市区 8 个重点县（市、区）和大唐保定热电厂、风帆集团、保定亚新钢铁有限公司、河北长城长电极有限公司、保定太行和益水泥有限公司、涿州亿力达热电有限公司、河北八达集团白合水泥有限公司、河北雄威化工股份有限公司、阜平县化工有限责任公司、河北大发纸品厂有限公司、田原企业集团、保定毅顺化工制品有限公司、保定明珠化工集团有限公司等 13 家重点企业作为全市节能减排重点单位。（见第 17 页）

㉗“一县一业一园”：即“十一五”期间，各县（市、区）至少培植壮大一个农业主导产业，建立一个农业科技示范园区。（见第 17 页）

㉘“三个明显高于”：即财政支农投入的增量要明显高于上年，国家固定资产投资用于农村的增量要明显高于上年，政府土地出让收入用于农村建设的增量要明显高于上年。（见第 17 页）

㉙“阳光工程”：是由政府公共财政支持开展的农村劳动力转移前的职业技能培训，重点是在粮食主产区、劳动力主要输出地区、贫困地区和革命老区，以市场需求为导向，以受训农民转移就业为目标，目的是提高农村劳动力素质和就业技能，促进农村劳动力向非农产业和城镇转移，实现稳定就业和增加农民收入。（见第 18 页）

㉚高速铁路和5条高速公路、2条高速引线、谋划建设3座立交桥：高速铁路，即京石高速铁路。五条高速，即保阜、廊涿、张石、大广、荣乌。两条高速引线，指张石高速保定连接线，争取项目起点延伸至乐凯大街与北二环交叉口；结合京石高速拓宽改造，建设京石高速至北三环连接线。三座立交桥，指将七一路与京珠高速现有丁字形交叉改造为十字形全互通立交桥；建设北三环连接京珠高速的保定北立交桥、连接乐凯大街的“中国电谷”立交桥。（见第13页）

㉛“全部·一位”工程：到2008年底，全市所有未升入普通高中的初中毕业生和未升入高等院校的普通高中毕业生，全部接受职业教育与培训；利用2至3年时间，使每户农民家庭至少有一位劳动力接受职业教育或技能培训。（见第19页）

㉜计划生育家庭奖励扶助制度和“少生快富”、特别救助、免费服务工程：奖励扶助制度，指对农村只有一个子女或两个女孩、夫妻年满60周岁的计划生育家庭，按每人每年不低于600元的标准给予奖励。“少生快富”工程，指利用政府贴息贷款，扶持农村贫困地区有致富愿望、有致富能力、有致富项目的低收入计划生育家庭增收致富。特别救助工程，指对因独生子女意外伤残、死亡家庭给予一次性救助5000至10000元。免费服务工程，指为农村已婚育龄妇女提供四项免费检查服务，包括妇科B超检查、乳腺检查、妇科内诊检查、化验。（见第19页）

大　事　记

2006 年

1　月

1 月 6 日

保定市举办《中华人民共和国公务员法》专题讲座，国家行政学院公共管理教研部教授、北京大学政府管理学院博士生导师汪玉凯应邀作了精彩讲解。从 2006 年 1 月 1 日起，《公务员法》正式开始实施。为进一步学习宣传公务员法，提高认识，把握精神，推动公务员法的贯彻实施，市委、市政府举办了此次讲座。在保定的市四大班子领导、法检两长，市直各部门领导班子全体成员参加讲座。

1 月 10 日 ~13 日

市政协十届四次会议召开。会议听取并讨论了中共保定市委副书记王会平代表市委所作的重要讲话，审议通过了市政协常务委员会工作报告和提案工作报告，听取并协商讨论了于群代市长所作的政府工作报告等一系列报告。会议圆满完成各项预定议程。

1 月 11 日 ~14 日

市十二届人大四次会议召开。会议审议并通过了市政府工作报告等七项决议，选举于群为保定市人民政府市长。

1 月 15 日

保定市召开争创全国双拥模范城“六连冠”动员大会。大会号召：军地携手，发挥优势，勇夺全国双拥模范城“六连冠”。军地主要领导参加了大会。

1 月 22 日下午

市委、市政府召开座谈会，市委书记王昆山、市长于群等与全市专家、劳模代表欢聚一堂共贺新春。王昆山强调，进一步营造“尊重劳动、尊重知识、尊重人才、尊重创造”的良好氛围。

1 月 24 日

市委书记王昆山带领市委办公厅、社区办负责人到南、北、新三区调研，以抓落实的具体行动，带动督促全市各级各部门，做好安全生产、维护稳定等各项工作。

1 月 27 日

保定天威保变电器股份有限公司在贵州乌江构皮滩水电站工程 5×600MW 水电机组 16 台 DSP－223000KVA/500KV 变压器项目竞标中，全面中标，单项标的合同总额达 1.588 亿元。

2　月

2 月 10 日

省委书记白克明到安国市调研第三批先进性教育活动。他指出，紧紧围绕学习遵守贯彻维护党章，切实建立起保持先进性的长效机制。他同时强调开展第三批先进性教育活动，必须着眼于提高党员素质，着眼于增强基层党组织的战斗力，着眼于巩固党员队伍和广大群众的团结，着眼于推动社会主义新农村建设。

2 月 11 日

为整顿交通秩序，规范运输市场，改善城市形象，南市区、北市区、新市区三区人民政府和高新区管委会联合发出“关于解决市区客运三轮车从业人员就业和生活保障的通告”，自2月15日至4月5日，政府分片收购三轮车。原客运三轮车从业人员符合城市低保条件的，纳入城市居民最低生活保障，并优先推荐就业岗位。

2月15日

保定市工商局、保定市公安局联合发出通告，严禁在市区从事客运三轮车出租经营活动。

2月26日

市委书记王昆山携市发改委、优化办、国土资源局、技术监督局、中小企业局、市委办公厅等市直部门负责人，专程出席高阳县建设中国地方纺织强县动员大会，并作重要讲话。王昆山指出，有了经济强县，才能有经济强市；有了特色经济，才能有竞争优势。各县（市、区）、各级各部门要抓落实、快行动、优环境，注重发展民营经济、特色经济、能人经济，迅速在全市形成县域经济竞发快势，掀起大力发展县域经济、建设经济强县高潮。

2月28日

保定市隆重召开优化环境狠抓落实加快发展广播电视大会，会议要求坚定不移地把优化环境工作向纵深推进。市委书记王昆山作重要讲话，市长于群主持大会。在百世开利会展中心主会场参加会议的有1000余人。各县（市、区）设分会场；市直各部门、各单位，县（市、区）各部门、各单位，各乡（镇、街道办事处）、各村（居委会）及全市各类企业、高等院楼、科研单位、军分区（武装部）设点收听收看。全市收听收看这次大会的总人数达100万人。会前，市委书记王昆山与省纪委常务副书记、监察厅厅长李俊山一起，为市行政服务中心揭牌。

3 月

3月1日

保定市建设局、保定市规划局、保定市公安局、保定市国土资源局、保定市城市管理监察支队、保定市高新区管委会、保定市南市区人民政府、保定市北市区人民政府、保定市新市区人民政府联合发出“关于加强市区规划管理拆除违章建筑的公告”，要求在接到拆迁通知后的15日内，自行拆除市区内的违章建筑，拒不拆除，由相关部门组织强行拆除，并依照有关法律规定追究有关责任人员责任。

3月2日

保定市召开防控高致病性禽流感电视电话会议，分析当前疫情形势，部署落实国家、省有关会议精神，安排全市春季高致病性禽流感防控工作。

3月4日

市工商局、公安局、交通局、城管监察支队联合发出“关于对市区各类非法从事载客运营活动的车辆进行查处取缔的通告”，规定自《通告》发布之日起，市区将禁止各类车辆从事非法载客运营活动，包括摩托车、三轮车和人力车等。

3月7日

《保定日报》全文刊载《政府工作报告》2006年工作落实方案，将每一项工作任务明确标出并细化到人，便于群众监督。

3月12日

市领导与各界干部群众一道参加义务植树。当天，市区共组织3680余人，义务植树14300余株。

3月15日

市委书记王昆山到启动不久的市行政服务中心调研。他指出，“市行政服务中心是我市优化环境的重要载体，要按照高标准、严要求、快节奏的原则，把中心建成我市便捷、高效、规范、整洁的办事窗口，建成展示我市外在形象和整体环境的对外窗口”。

3月16日

作为“农民健康保健工程”的延伸，保定市首批36辆“流动医院”专用车奔赴农村。按照计划，3年内全市已组建的81所“流动医院”将走遍所有行政村，让农民在家门口享受高质量医疗服务。

3月17日

市委、市政府召开紧急动员会，要求各地立即行动起来，全面打响白洋淀污染治理战役。近期，白洋淀部分水域因水体污染造成鱼类死亡。市长于群强调，切实加大治污力度，要突出抓好控污、截污、清污、补水四个环节。

3月16日~25日

应古巴政府和美国华凯撒电力系统有限公司邀请，市委书记王昆山率保定市代表团出访美国、古巴。在访问期间，代表团与美国和古巴的政商各界进行了广泛接触和深入交流，开展了一系列项目洽谈和宣传推介活动，取得了丰硕成果。

3月27日

伊拉克阿哈耶伯贸易有限公司与河北中兴汽车有限公司签订订购合同，进口5000辆中兴汽车。这批汽车是第一次海湾战争后，伊拉克从国外采购最多的一批。据双方签订的合同显示，从明年开始，这家伊拉克公司还将在5年内，每年采购1万辆中兴汽车。

3月31日

市委书记王昆山带领市直有关部门负责人，到满城、徐水、安新三县调研。王昆山强调，保定县域经济必须大发展，快发展，安全、健康发展；加速做大做强县域经济，推动全市经济更快更好发展，是市委市政府确定的当前及“十一五”时期的重大战略举措。发展县域经济要坚持以农业现代化为基础，以工业化为主导，以城镇化为支撑；必须立足现状，找准定位，发挥优势，强化特色。要以人民群众的根本利益为天，不能再走“先发展、后治理”的路子；绝不允许任何人赚破坏环境的钱。

4　月

4 月 1 日

从今日起，竞秀公园、东风公园免费向市民开放。

4 月 2 日

市委办公厅、市政府办公厅就做好当前森林防火工作发出紧急通知。通知要求严格封山措施，深入开展宣传教育活动，加强值班和报告制度，确保通讯畅通，加大巡防力度，完善各种预案，加强监控。由于去冬本市无降水，今春气候异常干燥，市山区森林火灾呈现爆发态势。

4 月 5 日

保定市召开南水北调征迁安置工作会议，明确了安置工作总体安排及临时占地优化核查工作方案。根据省政府印发的征迁安置包干方案，本市需永久征地 3.7 万亩，临时用地 5.1 万亩，生产生活安置人口 3.14 万人，拆迁房屋 13.8 万平方米，迁建恢复输电线路 121 公里、通信线路 64.13 公里，各类管道 79.03 公里。本市需在 6 月底前基本具备进场施工条件。

4 月 6 日

保定市召开白洋淀污染综合治理指挥部第三次全体会议。市长于群强调，政府治理白洋淀污染的决心绝不动摇，排污企业不要有任何幻想和侥幸心理，要下决心打好治污“持久战”，坚决彻底解决白洋淀污染问题。

4 月 10 日

保定市召开防汛抗旱指挥部全体会议，提出：切实增强防汛抗旱工作的紧迫感，狠抓落实，全力做好今年的防汛抗旱工作。今年以来，保定市降雨仅有 6.1 毫米，全市地下水平均埋深 19.97 米，比去年同期又下降 1.09 米，地表蓄水少，平原河道基本干涸，水库目前蓄水 3.5 亿立方米，比去年同期减少 3.8 亿立方米，导致当前全市土壤含水率极低。全市农作物受旱面积已达 225 万亩，其中轻度干旱 216.8 万亩，严重干旱 8 万亩，干枯 0.2 万亩。

4 月 12 日

保定市委书记王昆山出席涞水县旅游产业升级暨 2006 年旅游工作动员大会，强调县域经济要突出特色、发挥优势，找准加快发展的突破口和切入点。

4 月 18 日

保定市召开城乡规划工作会议，启动规划体制重大改革，推进城乡规划全覆盖。会议出台了《关于加强城乡规划工作的决定》。按照该规定，规划的调控、监管范围要从中心城市为主转向城乡整体，规划的形成要从行政决策为主转向政府引导下的专家、公众参与的民主决策。《决定》第一次提出城乡规划全覆盖，并将市规划局更名为城乡规划管理局，第一次在各县（市）成立独立的城乡规划管理局，在各乡（镇）、街道办事处和村设置规划管理员。

4 月 21 日

“情系狼牙山——‘山花工程’助学行动文艺晚会”在长城汽车股份有限公司体育场隆重举行。两岸文艺工作者与革命老区的各界干部群众欢聚一堂。晚会由多次成功执导春节联欢晚会的郎昆任总导演，蒋大为、罗大佑、阎维文、吕继宏、屠洪刚等众多大陆和港台的演艺明星参加了演出。晚会上，中华民族文化促进会主席高占祥、市委书记王昆山等为捐款代表颁发了荣誉证书。

4 月 21 日 ~24 日

保定春季房展会召开。此次展会，市内有影响的房地产商几乎全部参展，15 万余人次前往参观。

4 月 28 日

拥有丰富地热资源的雄县，被中国矿业联合会命名为“中国温泉之乡”。据有关资料，经国家地矿部和中国科学院等单位勘探论证，雄县境内地热田面积达 320 平方公里，占全县总面积的 60%，地热水储量达 821.87 亿立方米，埋层一般在 500 ~ 1200 米，出水温度一般为 55 ~ 86℃，为氯化物碳酸钠型水，矿化度达到 1112mg/L，并富含锂、溴、碘、锌、钾、氟等多种微量元素，达到“国家医疗热矿水标准”。

4 月 30 日

高阳县污水处理厂和中小企业创业辅导基地两项目同时开工。市长于群出席两项目奠基仪式，于群表示，市委、市政府高度关注各县污水处理厂建设。对于高阳县的纺织业，解决污染是重中之重，解决不好这个问题，纺织企业只能是死路一条。

5　月

5 月 9 日

市区举行新增出租车投入运营首发式，将 200 辆新车投放给瑞丰、永信、天翔 3 家新建出租汽车客运公司。

5 月 12 日

市疾控中心大楼落成。该中心大楼是按照全省两项卫生体制改革的要求，为适应社会发展和应对突发公共卫生事件的需要建立的。大楼于 2004 年 3 月开工，建筑面积 15000 平方米，是集疾病预防控制，卫生检测与评价、健康教育于一体的新型疾病预防控制机构。

5 月 15 日

保定市与中国农业银行河北省分行签署《农业政策性金融合作协议》。根据《协议》，农发行将在 2006 年至 2008 年 3 年时间内，为保定提供总额为 60 亿元的政府信用额度，其中 30 亿元专项用于支持农业产业化龙头企业，30 亿元用于支持购销企业从事粮棉油收购、调销、储备等经营活动。

5 月 17 日

市长于群主持召开市政府第四十八次常务会，讨论并原则通过拆除市区违法建设第一战役实施方案。会议强调，开展“拆违”行动，是市委、市政府维护广大群众根本利益的一项“民心”工程，打胜这场硬仗，要敢于碰硬，做过细工作，依法操作，争取各方面支持。

5 月 26 日

“魅力保定——2006 系列文化活动·彩色周末”活动在人民广场举行首场演出。市委书记王昆山和省委宣传部副部长吴晓林共同为首场演出揭牌。

5 月底

按照“放开收购市场，直接补贴粮农，转换企业机制，维护市场秩序，加强宏观调控”的总体思路，保定市于 5 月底圆满完成粮食流通体制改革任务，比省政府确定的 3 年改革期限提前了 1 个月。

6　月

5 月 22 日 ~6 月 1 日

应英国、德国以及西班牙公司的邀请，市长于群率团出访欧洲，考察了解世界新能源产业发展态势，向欧盟递交了环保项目援助申请书。

6 月 1 日

保定市举办庆“六一”文艺晚会暨“山花工程”首批资助仪式。“山花工程”自 3 月底在本市启动以来，社会各界共捐款物合人民币 830 多万元。按照保定市“山花工程”助学基金管理使用办法，经审核确定的首批受助学生 141 名，其中本科生 21 名，大专生 54 名，中专生 66 名。这些受助生共来自 8 个贫困山区县，首批资助标准为：本科生每人每年 3000 元、大专生每人每年 2000 元、中专生每人每年 1000 元。

6 月 2 日

国务院公布文化部确定的第一批国家级非物质文化遗产名录，保定市 6 项文化遗产榜上有名：涞水县高洛音乐会（民间音乐类）、徐水狮舞（民间舞蹈类）、定州秧歌戏（传统戏剧类）、清苑哈哈腔（传统戏剧类）、曲阳石雕（民间美术类）、安国药市（民俗类）。

6 月 3 日

市委书记王昆山在市接待中心会见了古巴政府部长卡布里萨斯先生和古巴驻中国大使阿鲁菲先生一行。双方就古巴与长城汽车股份有限公司合作，以及进一步增进友谊，加强了解，拓展合作空间进行了诚挚友好的会谈。

6 月 9 日

市委、市政府举办座谈会，邀请多名中科院院士、节能行业专家，为本市的新能源产业发展献计献策，谋划打造“中国电谷”。

同日

保定市召开职业教育工作会议，市长于群出席会议并作重要讲话。讲话指出：发展职业教育是关系发展稳定的大问题，是推进工业化、现代化的迫切需要。

6 月 12 日

天威英利新能源三期工程全面开工。三期工程总投资 30 亿元，将建设 500 兆瓦光伏产品生产基地、国家新能源及能源设备产业基地太阳电池级晶体硅片工程研究中心、光伏系统研发中心、专业人才培训中心。

同日

一辆载有煤焦油的运输车在山西繁峙发生交通事故，有 40 吨煤焦油翻到河内，沿河道流入大沙河。市委、市政府组织人员，紧急处置，防控水污染。大沙河是流经阜平的一条主要河流，全县有 7 万余名群众饮用沙河水。该河下流的王快水库是 2008 年北京奥运会应急水源地。经过连日奋战，截至 20 日早 7 点半，保定市阜平境内大沙河水全程监测水质达标，防污工作取得阶段性胜利。

6 月 23 日

我国驻刚果（金）大使范振水先生一行利用回国休假时间来到保定，寻访了曾于 1981 ~ 2002 年间进行援外医疗的李敏（1929

~2002）大夫的家属及生前同事，搜集整理李敏的事迹。范振水表示，李敏去世已经四年了，但刚果（金）人民至今都很怀念她，她能够在当时非常艰苦的条件下无私地开展援外医疗，这种精神很值得提倡。

6月29日

保定市隆重召开庆祝中国共产党成立85周年暨总结保持共产党员先进性教育活动大会，回顾党的光辉历程，总结先进性教育成果，表彰先进，弘扬正气，振奋精神，进一步增强基层党组织的创造力、凝聚力和战斗力，激励各级党组织和广大党员干部全面落实科学发展观，努力打造实力保定、魅力保定、和谐保定，推进全市经济社会各项事业更快更好发展。市委书记王昆山作重要讲话，市长于群主持大会。

6月30日

截至今日，南水北调中线工程保定段征迁安置工作已经圆满完成首批任务，实现了省政府确定的“6月30日国家已批复工程全部具备进场施工条件”的目标。南水北调工程自南向北穿越保定市9个县（市）、34个乡镇、152个村，境内全长170公里。工程涉及永久占地36809.5亩，临时用地51480.5亩；生产生活安置人口31398人；拆迁房屋面积138634平方米；迁建恢复输电线路120.73公里，通信线路64.13公里，广播电视线路1.3公里，各类管道79.03公里。征迁规模之大、时间之紧、涉及面之广、标准要求之高、任务之艰巨，在保定建设史上是史无前例的。

7　月

7月3日

保定市召开拆除市区违法建设动员大会。市委书记王昆山主持会议并作重要讲话，市长于群就拆除市区违法建设工作进行动员部署。市委、市政府确定，拆除违法建设工作的总体原则是：全面部署、突出重点、分步推进。决定今年首先打好第一战役，即集中对市区14条主要路街两侧，严重影响城市整体环境形象的违法建设进行拆除。下一步，结合城中村改造，再对市区农村宅基地违法建设进行综合治理，并逐步延伸到社区、胡同等。

7月5日

市委书记王昆山、市长于群均对本市县域经济发展作出指示。王昆山在曲阳调研时要求，发展县域经济，要以现代农业为基础，以工业为主导，以城镇化为支撑。县域经济不是单一经济，是特色经济，是优势经济，是能人经济，是民营经济。于群在部分县（市）县域经济发展座谈会上强调，推动县域经济发展，要突出抓好园区经济、民营经济、县城经济、农村经济这4项重点，要重点抓工业，突出抓项目。

7月10日~11日

市长于群率保定市汽车及零部件招商团赴国内著名的汽车城长春、东北重工业城市沈阳，以宣传保定、推介保定、加强合作为主题，举行2006“华北轻型汽车城”保定投资环境推介会。长春和沈阳的130多家汽车及零部件企业、15家媒体记者参会。

7月23日

保定籍运动员庞伟在克罗地亚萨格勒布举行的第49届世界射击锦标赛上，夺得男子10米气手枪金牌，并与队友合作，为中国队赢得了这一项目的团体冠军。保定籍世界冠军增至16位。

7月25日~28日

中国共产党保定市第九次代表大会召开。市委书记王昆山作题为《全面落实科学发展观，为实现保定的振兴和崛起而努力奋斗》的报告。大会选出中共保定市九届委员会和新一届市纪律检查委员会，批准中共保定市委第八届委员会工作报告、市纪律检查委员会工作报告。大会号召，全市各级党组织和全体共产党员，要进一步增强机遇意识、忧患意识和责任意识，始终保持浩然正气、昂扬锐气和蓬勃朝气，团结一致，众志成城，齐心协力，锐意进取，为实现“十一五”时期保定的振兴和崛起而努力奋斗！

7月28日

市委九届一次全会举行。全会选举产生新的市委领导机构。王昆山当选为市委书记。会议选举产生了市委常委、市委副书记，批准了纪委书记。

8　月

8月3日

市政府召开旅游发展大会，动员全市上下抢抓机遇，全面开展“迎奥运、游保定”行动，加快建设旅游经济强市。市长于群出席会议并讲话。于群强调，“十一五”时期，要巩固扩大中国优秀旅游城市成果，努力把我市建成旅游产业发达、旅游设施完善、旅游产品丰富、旅游服务优良、开放程度较高、市场竞争力较强的全国旅游经济强市。

8月15日

市委书记王昆山、市长于群、

市人大主任李定元、市政协主席王庆明等市领导参加高碑店市三项目奠基仪式。王昆山呼吁，真诚欢迎国内外朋友到保定投资兴业，发展共赢，真诚希望保定各界有识之士贡献财富，贡献智慧，在全市营造强烈、浓厚、全民参与的业兴创业高潮。

8月21日

市委召开学习《江泽民文选》动员会议。王昆山作重要讲话，于群主持。会议指出，学习《江泽民文选》既是一项长期的任务，也是一项当前必须抓紧抓好的重要工作。全市各级党组织和广大党员干部要积极行动起来，以学习强化理论思考，以学习推动事业发展，为实现保定的振兴和崛起而努力奋斗。

9　月

9月1日

市委、市政府召开全市国企改革和国资监管工作会议，动员全市上下统一思想，合力攻关，举全市之力，打一场国企改革攻坚战，确保全面完成市、区属和各县（市）国有企业改革目标。王昆山主持会议并讲话，于群部署下一步国企改革工作。会议提出，在积极推进市属国有大型企业改制的同时，用2~3年的时间，完成列入国家政策性关闭破产整体规划的市属22户国有企业的改革工作；完成市属69户商贸企业和区属95户工业企业的改革改制任务；完成各县（市）所属国有企业的改革工作。第一步，到今年底先对45户企业实施破产重组。

9月6日

中国农机流通协会在高阳县庞口镇举行授牌仪式，将国内第一块“中国农机配件之都”牌匾授予庞口汽车农机配件城。

9月8日

保定市隆重召开教师节庆祝表彰大会。王昆山、于群等市领导出席大会并为优秀教师颁奖。

9月11日

市委书记王昆山率团南下贵阳招商，在贵阳举办2006“华北轻型汽车城”保定投资环境推介会，保定市人民政府与中国贵州航空工业集团签署战略合作框架协议。

9月14日

保定市各县（市、区）政府和重点企业主要领导与市政府签订了“‘十一五’主要污染物总量削减目标责任书”。市长于群强调，削减污染物排放总量是硬任务，治理环境污染要下真功夫，狠抓落实，确保完成任务目标。按照市长于群代表市政府与省政府签订的《保定市“十一五”主要污染物总量削减目标责任书》要求，到2010年，保定市COD排放总量控制在5.41万吨，比2005年削减18.0%，二氧化硫排放总量控制在7.74万吨以内，比2005年削减10.0%。

9月18日

曲阳县首届中国·曲阳雕刻展销会开幕。本届展销会由曲阳县政府主办，北京市工商联合会协办，主题是“交流、合作、发展”，展期20天，150多家知名雕刻企业参展。曲阳现有雕刻企业2000多家，从业人员近4万人，年创产值9.11亿元，雕刻产品远销80多个国家和地区。

同日

在北爱尔兰召开的第二届世界地质公园大会上，由本市涞水县、涞源县与北京市房山区联合申报的“中国房山世界地质公园”通过评审，成为第三批世界地质公园。公园总面积953.95平方公里，共有8个园区，包括涞水野三坡、涞源白石山、房山十渡等3个国家地质公园。

9月18日、21日

保定市在宁波、无锡成功举办“华北纺织服装产业基地”保定投资环境推介会。市长于群介绍市情，宁波、无锡两地200多家企业和近30家媒体记者到会，签约7个项目，总投资6.58亿元。

9月20日

保定市召开领导干部会议，宣布省委关于保定市委主要领导调整的决定：宋长瑞同志任保定市委委员、常委、书记；免去王昆山同志的保定市委书记、常委、委员职务。

9月23日~24日

“天威杯”全国群众登山健身大会狼牙山登山活动在易县狼牙山举行，来自北京、天津、河北、山西等地高校、企事业单位的近50支代表队参赛。

9月28日

保定市召开三轮车治理工作调度会。会议强调，持之以恒做好三轮车治理工作，坚决遏制三轮车反弹，给市民创造一个安全稳定有序的交通环境。

9月28日

保师附小喜庆建校110周年。

10　月

10月8日

保定市召开全市领导干部“学理论、树正气、保稳定、促发展”百日主题教育活动动员大会，进一步落实省委提出的“树正气、讲团结、求发展”主旋律和全市第九次党代会精神，部署在全市领导干部中深入开展“学、树、保、促”百日主题教育活动。市委书记宋长瑞作重要讲话，市长于群主持大会，市委副书记李光耀宣读实施意见。

10 月 11 日

市长于群主持召开市政府第十六次常务会议，推动“中国电谷”建设，促进经济提速发展。会议讨论了“中国电谷”发展规划、关于鼓励投资“中国电谷”建设的若干意见、关于市政府与华电“中国电谷”建设战略合作协议书的意见。

10 月 15 日

保定一中喜庆建校 100 周年。保定一中的前身为 1906 年创立的保定府官立中学堂，此后几经更名，1950 年正式定名为保定一中。

10 月 16 日

市政府召开市区集中整治狗患动员大会，出台了《关于对市区狗患进行集中整治的通告》和《保定市养犬管理办法》，决定进一步规范养犬管理工作。

10 月 31 日

保定市召开拆违总结表彰暨先进事迹报告大会，对拆违第一战役进行回顾总结，对其中涌现的先进事迹、先进人物进行宣传和表彰。宋长瑞主持会议并作重要讲话，于群全面总结拆违第一战役工作。

10 月

本月初，全市农村饮水解困二期项目及附属设施按标准全部完工，共解决了 283 个村、21.10 万人的饮水困难。该项目总投资 3744 万元，其中中央国债资金 1854 万元，地方配套 405 万元，群众自筹 1485 万元。项目自 2002 年开始组织实施，涉及 22 个县（市、区）。

11 月

11 月 1 日

保定市召开全市农业产业化暨“草牛奶”工程重点项目建设观摩会，推广全市农业产业在结构调整中涌现的典型经验，共同探讨加快农业产业化发展的路子。经过筛选，总投资 7.4 亿元的定州伊利液态奶生产项目、总投资 3.38 亿元的高碑店食品加工小区建设项目等 10 个项目被确定为市级标志性农业产业化重点项目。会议要求，对这 10 个项目，有关县（市、区）和市直有关部门，要全力以赴予以支持，认真解决建设和生产中的问题，确保项目如期建成，顺利投产。

11 月 3 日

保定市召开整治狗患工作调度会。市长于群要求，各级各部门要协调联动，通力配合，将狗患整治范围由市区延伸到乡村，坚决彻底整治狗患。

11 月 9 日

保定市青年路幼儿园喜庆建园 60 周年。其前身为成立于 1946 年的冀中保育院，1949 年随中共冀中机关迁至保定，先后更名为河北省保育院、河北省第一幼儿园，1958 年定名为保定市青年路幼儿园。

11 月 15 日

保定市召开传达贯彻中共河北省第七次代表大会精神会议。市委书记宋长瑞要求，充分认识省第七次党代会的重大历史意义，深刻领会精神实质，迅速掀起学习贯彻热潮，以省第七次党代会精神为指导和激励，找准定位，发挥优势，努力建设京南近海强市名城，在建设沿海经济社会发展强省中实现更大作为。

11 月 17 日

保定市举行仪式，纪念保定市与日本米子市缔结友好城市 15 周年。应市政府邀请，米子市市长野坂康夫和议长吉冈知己率领米子市政府、议会代表团来保定市访问，并参加保定市举办的纪念仪式。

11 月 18 日

总投资 4.5 亿元的伊利集团定州现代化乳液综合项目竣工投产。项目于 2005 年 12 月 18 日破土动工建设，2006 年 10 月 16 日试生产，一期项目占地 32.5 万平方米。该项目是目前亚洲最大的液态奶生产基地，投入使用的 28 年生产线其中有世界上最先进的两台瑞典利乐 A3 设备，日处理鲜奶 1200 吨。项目投产后，可实现年销售收入 14.06 亿元，利税 1.6 亿元，提供数万就业岗位，同时带动当地畜牧业、养殖业、运输业等相关行业发展。

11 月 22 日

保定市启动零就业家庭就业再就业援助工程。在启动会议上，市长于群指出，零就业家庭是当前需要特别照顾的特殊群体，是我们这个社会大家庭的一部分，没有他们的生活改善，就没有整个社会的和谐。

11 月 30 日

保阜高速公路开工奠基。公路途经满城、顺平、望都、唐县、曲阳、阜平，全长 147.21 公里，路基宽 28 米，平均设计时速 100 公里，计划 2009 年建成通车。

11 月

截至月底，全市绿化覆盖率达到 36.38%，绿地率达到 31.24%，人均公共绿地 7.57 平方米。“三绿”指标同比分别增长了 0.15 个百分点、0.15 个百分点和 0.83 平方米，超过省级园林城市标准。

12　月

12 月 1 日

南市区杨庄乡大阳新型建材有限公司用粉煤灰生产建筑材料的车间发生蒸养釜泄漏爆炸事故，导致5人死亡、1人轻伤。

12 月 3 日

自11月2日开始，为期1个月的西大洋水库开渔期结束。一个月内，水库周围十几个移民村的近千名渔民入库自由捕捞沼公、花白鲢、银鱼等各种鱼类160余吨，总收入近113万元。从2004年开始，每年初西大洋水库都要投放价值10余万元的鱼卵、鱼苗，并确定每年的开渔期，允许附近渔民入库捕鱼。

12 月 7 日

市政府召开动员大会，对危险化学品企业的整治搬迁工作进行动员部署。此次整治搬迁包括全市2353家危化企业，分布在25个县（市、区）和高新区，涉及有毒有害、易燃易爆等化学种类约300多种。这些企业大多数设备老化、工艺落后，安全隐患多，潜在危害大。市长于群强调，实施危化企业整治搬迁，是排除群众身边的“不定时炸弹”，是对人民身心健康和生命财产安全的高度负责。

同日

11月24日位于山东省聊城市的位山引黄闸提闸放水，本日流入白洋淀。“引黄济淀”整个输水线路是通过引黄入冀总干渠接“引岳济淀”下游河渠最终至白洋淀，总工397公里，途经山东和河北省的十几个县（市），输水过程大约持续3个月，进淀水量将达1亿立方米。届时，白洋淀的蓄水量将达到1.45亿立方米。工程结束后，白洋淀的水位预计上升至7.45米，水面增加3倍。

12 月 8 日

保定市召开社会主义新农村建设工作汇报交流会议，交流总结经验，部署今后新农村建设工作。宋长瑞作重要讲话，于群主持会议。

12 月 15 日

保定市与巴拿马圣地亚哥市正式签署协议，缔结友好城市。

12 月 21 日

市委书记宋长瑞、市长于群在市接待中心会见了来保定考察汽车及零部件产业的浙江吉利汽车集团副总经理俞学良，希望联手打造自主品牌，加快产业聚集。

12 月 22 日

保定市召开市委九届二次全体（扩大）会议暨全市经济工作会议。会议确定，今后一个时期保定经济社会发展的战略目标是：建设“京南近海强市名城”。会议指出，全市经济社会发展必须坚持以推进科学发展、提速发展、和谐发展为主题，坚持“科教开放兴市，产业项目带动，多业多元发展，社会和谐稳定，五大建设并进”的总体思路；坚持“做大中心、发展南北、保护两翼”的区域发展重点，构筑“南车北电东纺西绿城文”的产业发展格局。宋长瑞、于群作重要讲话。

2006 年

天威集团实现年销售收入60亿元，取得历史性突破，标志着“双主业、双支撑”、“三园一基地”产业战略布局已经形成，集团发展进入新阶段。2006年，天威合肥新厂区基本建成，秦皇岛出海口基地已经投产，天威英利公司新能源三期500兆瓦光伏产业基地开工建设，四川新光硅业项目进展顺利，三菱电机天威输变电设备公司主体厂房建成，风电项目正式启动，1000千伏特高压变压器、贵广二回直流换流变压器一次试制成功，青海官亭750千伏特高压变压器投入运营等，一系列成果使天威集团继续引领国内输变电制造和新能源产业。同时，天威保变公司在国内首家定向增发股票成功，募集资金6.16亿，成为该公司2001年股票首发上市之后，在资本市场上的又一重大举措。

2006 年

保定市外贸进出口首次超过20亿美元，达到208274万美元，其中出口162768万美元，同比增长48%，出口总量和增速分别居全省第四和第二位。

2007 年

1　月

1 月 10 日

保定市召开全面推行集体林权制度改革工作会议。按省统一部署，今年林改工作需全面推开并基本完成，2008年进行巩固和完善。市长于群强调，改革要让农民得实惠，让生态得到保护。

2 月

1月29日~2月1日

市政协十届五次会议召开。会议听取并讨论了王会平副书记代表中共保定市委所作的重要讲话，审议通过了市政协常务委员会工作报告和提案工作报告，听取并协商讨论了于群市长所作的政府工作报告等有关报告。会议在充分酝酿和民主协商的基础上，通过了有关人事选举事项。经过全体委员和与会同志的共同努力，会议取得了圆满成功。

1月30日~2月1日

市十二届人大五次会议召开。会议审议并通过了保定市人民政府工作报告，审议并通过了保定市2006年国民经济和社会发展计划执行情况与2007年国民经济和社会发展计划的决议，审议并通过了关于保定市2006年市本级预算及市总预算执行情况和2007年市本级预算及总预算的决议，通过了关于保定市十二届人民代表大会常务委员会工作报告的决议，通过了保定市中级人民法院工作报告，通过了保定市人民检察院工作报告。

2月1日

作为落实2007年《政府工作报告》和市委、市政府2007年为民所办实事的第一件事，植物园从今日起免费向社会开放。

2月14日

市长于群主持召开市政府第七十次常务（扩大）会议，讨论通过了《〈政府工作报告〉2007年工作落实方案》。方案涉及今年全市经济社会发展的主要预期目标、推动经济提速发展、努力构建和谐保定、加强政府自身建设四方面38项工作内容，共405项落实事项。

2月25日

市委、市政府隆重召开掀起责任风暴、推进效能革命、优化发展环境大会，以此作为今年“项目建设突破年”、“县域经济突破年”、“国企改革攻坚年”和“各项工作落实年”的强力推动，并以此使各级机关和广大干部在春节假期后尽快进入紧张有序的工作状态。

2月27日

保定市委、市政府在《保定日报》头版发布《关于全市总体性工作的思路体系》，向全社会公开了市委、市政府对经济社会发展战略目标，经济社会发展总体思路、主导产业定位、城市发展定位等全局性工作的构想。

3 月

3月1日

由河北省、交通部共同制定的《落实中央一号文件农村公路建设任务的意见》在保定市签署。交通部部长李盛霖、省长郭庚茂在《意见》上签字。市委书记宋长瑞、市长于群出席签字仪式。《意见》提出，省部在“十一·五”期间共同采取有力措施，切实推进省内农村公路建设。到2010年，省内建制村通公路的比例从2005年的99.7%提高到99.9%；基本实现所有具备条件的乡镇、建制村通沥青（水泥）路；按照“路、站、运一体化”的发展思路，推进农村客运网络化建设，使省内50%的乡镇有客运站。交通部将为河北省农村公路建设提供包括资金、政策、技术等各项支持。

3月5日

保定市召开动员大会，在全市开展万名干部“驻千村、联万户、帮民富、解民忧、促和谐”新农村建设帮扶活动。宋长瑞作重要讲话，于群主持大会。此项活动从3月初开始，分两批进行，每批半年左右，两批的工作任务、方法步骤基本相同。第一批进驻3000个左右的村，到7月底结束。此次活动的主要任务是“五个一”：一是帮助村里建设一个团结干事的好班子，二是帮助农民谋划一条增收致富的好路子，三是帮助农村化解消除一批矛盾隐患，四是帮助村里办成一批好事实事，五是帮助制定一个切合实际的新农村建设规划。

3月9日

保定市召开人口和计划生育工作会议。市委书记宋长瑞、市长于群出席了会议。会议传达贯彻落实国家、省人口和计划生育工作会议精神，兑现《2006年度人口和计划生育目标管理责任书》，会议表彰了2006年度人口与计划生育工作先进单位。市长于群与各县（市、区）长现场签订2007年度人口与计划生育目标管理责任书。

3月12日

市委、市人大、市政府、市政协领导与各界群众一道参加义务植树，为建设园林生态宜居城市挥锨添绿。3890多名干部、群众共植树1.49万棵。

3月13日

冰岛大学MBA代表团到保定市考察访问。市委书记宋长瑞、市长于群会见了冰岛共和国驻华大使及部分代表团成员。保定市与冰岛共和国的海港市于1994年结为友好城市。多年来，双方在经贸、文化、艺术、教育等多个领域开展了形式多样的交流与合作，取得丰硕成果。

3月14日

“中国电谷”风电设备产业园奠基。产业园将建在昔日的储灰场。搬迁储灰场、建设风电设备产业园，是市委、市政府落实科学发展观、改善市区环境、打造“中国电谷”的一举两得的战略之举。这次开工建设的10个项目总投资7.6亿元。

3月23日

保定市政府制定出台关于鼓励投资“中国电谷”建设的若干规定，对于符合条件的企业给予多项减免优惠和政策支持。

同日

保定市召开建设“太阳能之城”动员大会，动员全社会力量，努力把保定市建设成为全国太阳能综合利月示范城。会议宣读了《市政府关于建设保定“太阳能之城”的实施意见》。根据实施意见，保定市“太阳能之城”建设主要包括光伏－LED及LED其他产品的推广应用，太阳能独立光伏应月系统的推广，建筑领域太阳能照明、热水供应、取暖等方面的综合利用。力争用5年左右时间，在全市生产、生活等各个领域基本实现太阳能的综合应用。党政机关在该项工作中将示范先行。

3月28日

国家主席胡锦涛、国务院副总理吴仪与俄罗斯鞑靼斯坦共和国总统沙伊米耶夫一行在喀山“鞑靼斯坦共和国经济展示会”参观了长城汽车公司展台，并与国内长城公司有关人员通话，希望长城在俄投资成功。长城公司在喀山的项目总投资达7000万美元，建设一个年产5万辆整车的工厂，主导产品有哈弗CUV、风骏皮卡、精灵轿车、嘉誉MPV等。

3月21日～3月29日

市委书记宋长瑞率保定市代表团成功对西班牙、德国、冰岛三国进行了访问，围绕新能源产业发展及合作，开展了一系列项目洽谈活动，签署了多项合作协议，同时访问了本市友好城市，访问取得圆满成功。

3月

从本月起，保定市城市管理局更名为市政公用事业建设集团，原隶属城管局的市公交总公司整建制由市国资委进行监管，城市供水管理办公室由市水务局管理。更名改建后的市政公用事业建设集团承担市政公用基础设施建设维护任务及原城市管理局所负责的城市公用事业，其主要职责是：负责市规划区内道路、桥梁等市政基础设施建设维护工作，负责市政公用设施的建设维护工作，负责供水、排水、污水处理、中水回用及燃气管理工作，负责市区防洪河道堤防建设工程任务。

4 月

4月3日

市委召开九届十九次常委（扩大）会议，听取关于国家主席胡锦涛在俄罗斯参观保定长城汽车公司展台的有关情况及落实意见的汇报。会议要求：认真落实胡锦涛总书记的重要指示精神，从打造中国民族民营汽车品牌的战略出发，全力支持保定长城汽车公司做大做强，叫响“中国保定制造”城市产业名片。会议还研究了项目建设工作，提出收拢五指抓经济，乘势而上育产业，扑下身子抓项目。

4月1日至4日

中共中央政治局常委、中央纪委书记吴官正在河北省考察工作。其间，在省委书记白克明的陪同下，到保定长城汽车公司考察。吴官正同志详细了解了长城汽车的发展规模及未来发展计划，对长城汽车公司的经营理念、生产管理、产品质量给予了充分肯定，对新车的内饰、外观质量给予了高度评价，对企业今后的发展做了重要指示。陪同考察期间，白克明同志对保定汽车产业的发展提出了明确要求。

4月6日

容城县澳森服装工业园暨园区道路建设项目奠基，该项目是省、市重点工程，总投资2.1亿元，占地百亩，总建筑面积8万平方米。澳森制衣有限公司始建于1989年，是一家集服装研制、开发、生产于一体的中外合资企业。2006年产值1.1亿元，出口创汇1200万美元。

4月9日

保定市召开社区建设工作会议。宋长瑞作重要讲话，于群主持会议。会议强调：全力争创“全国建设和谐社区示范市”、“全省建设和谐社区先进单位”是当前我市社区建设工作的“总目标”。

4月18日

上午10点27分07秒，由北京西开往石家庄的白色“和谐号”动车组D565次正点到达保定火车站，标志着第六次全国铁路大面积提速序幕拉开后保定市迎来了京广线上的第一辆“D”字开头的动车组。新的列车运行图京石间共安排动车组8对，此次开行时速200公里的和谐号动车组，使保定到石家庄由以前的大约一个半小时缩短到一小时零三分钟。

4月21日

《人民日报》头版头条刊发《保定新能源产业初现活力》一文，介绍了保定市的新能源产业。

4月25日

保定市在人民广场、大慈阁广场、军校广场举办声势浩大的“打击传销、规范直销”宣传活动。当前，一些不法分子有意混淆直销与传销的区别，打着直销的名义进行传销活动，严重扰乱市场经济秩序，直接侵害人民群众的利益，特别是危害农民、下岗职工、在校学生等特殊群体的生命财产安全，并由此引发刑事犯罪，影响了社会稳定。

4月28日

中央人民广播电台中国之声栏目推出长达85分钟的大型直播节目《直播中国——走进保定》，获得巨大成功，节目得到了国内广大听众的积极参与，共收到来自全国各地的参与短信4000余条。市长于群走进直播间与全国听众交流。

4月29日

市委、市政府召开城市环境综合整治百日行动暨拆违第二战役动员大会，动员全市上下集中时间、集中力量，打一场大规模的攻坚战，提高城乡环境管理水平，改善城乡面貌和人居环境，提升保定形象。

4月30日

中央电视台一套《新闻调查》栏目，以《保定：新能源之路》为题播出一期节目。此期节目用全景式的表现手法，将保定市发展新能源产业、建设太阳能之城的做法，与国家开发新型能源、实现节能减排的大政方针结合起来，进行了全面深入的报道。市委书记宋长瑞在回答央视记者的提问过程中全面深刻地阐述了保定市发展新能源产业，打造太阳能之城的决策过程、实施过程和发展方向，提出这是“对群众的未来负责，对优质生产力的高速发展负责，对城市的尊严负责。”

5 月

5月8日

安新县白洋淀景区被全国旅游景区质量等级评定委员会评定并批准为国家5A级旅游景区。国家5A级景区是当前我国最高的国家旅游景区评定标准。安新白洋淀景区成为河北省仅有的3家5A级景区之一，也是保定市唯一的5A级景区。

5月9日

芬兰库奥皮奥市代表团来保定市考察访问。市长于群在市接待中心亲切会见了博德立市长一行。库奥皮奥市此次来保的目的是与本市在高科技园区建设、管理等方面进行交流，考察本市的新能源企业，谋求双方合作的机会。

5月10日

市长于群与200多名来自市区的乡村干部座谈，谋划打好拆违第二战役的思路。于群指出，拆违第一战很成功，今后我们要坚持一年一年打下去。要通过集中拆违，拆出声势，拆出效果，向全社会表明市委、市政府的鲜明态度和坚定信心，表明我们在拆违上不会动摇、不会退缩；要通过集中拆违，对广大市民开展法制教育、公德意识教育、大局意识教育。

5月11日

保定市城乡规划管理局、保定市城市管理综合执法局、保定市户外广告管理办公室联合发出整治城市户外广告的通告，根据市“城乡环境综合治理百日行动暨拆违第二战役动员大会”的精神和《保定市市容环境综合整治百日行动实施方案》的总体部署，大规模规范户外广告设置，提升城市形象。

5月17日

截至今日，市区在拆违第二战役阶段共拆除违法建设49849.13平方米，占第二战役目标任务的13.8%。其中，南市区拆除15991平方米，占该区任务的12.9%；北市区拆除28473.13平方米，占该区任务的27.6%；新市区拆除5285平方米，占该区任务的4%。

5月18日

长城汽车在香港成功增股融资16多亿港元。至此，长城汽车在香港的流通股由原来的1.31亿股增长到了2.82亿股，股比由27%增长到37.7%，总股本10.95亿港元，总市值达到129亿元港元。

5月24日

省发改委、中国兵器装备集团公司发展计划局、市政府在保定市签署“建立‘保定·中国电谷’建设战略合作伙伴关系协议书”。三方决定发挥各自的优势，在保定新能源与能源设备产业基地的基础上建设“保定·中国电谷”，使之成为国内规模最大、技术水平最高的新能源产业发展基地。

5月28日

市长于群带队到安国、望都、曲阳检查项目建设。他强调，要牢固树立抓发展就是抓经济，抓经济就是抓项目，抓项目要抓工业性、生产性项目的理念，把项目建设作为检验促进发展能力的主要标志。

6 月

6月7日

保定市召开电视电话会，对在全市范围内开展的严打整治专项斗争进行动员部署。市委书记宋长瑞要求，严字当头，以打开路，让黑势力在保定灰飞烟灭，使老百姓普享安宁和谐。省委、省政府着眼党的十七大胜利召开，着眼明年北京奥运会的成功举办，为净化社会环境、推进平安和谐河北建设，决定6月至8月，在全省范围内开展的为期三个月的严打整治专项斗争。

6月8日

天威英利在美国纽约证券交易所成功上市，其股票代码为“YGE”，IPO（首次公开发行股票）融资额为3.19亿美元，这是河北省第一家在纽约证券交易所主板上市的企业。

6月21日

市委召开九届二十三次常委会议。宋长瑞主持会议并作重要讲话。会议认真传达学习了省委书记白克明重要批示精神，要求做到知纪、知己、知他、知下，领导带头，从严要求，扎实推进中纪委《关于严格禁止利用职务上的便利谋取不正当利益的若干规定》在保定市深入贯彻实施。同时，会议要求进一步强化认识，提高侦破能力，突出打击黑恶，加大宣传力度，保障经费投入，再掀严打整治专项斗争高潮。

6月19、20、21日

市公、检、法三长先后发表严打整治专项斗争电视讲话，宣传严打整治内容，敦促犯罪分子投案自首，营造严打整治的强大舆论氛围。

6月28日

保定市召开庆祝中国共产党成立86周年暨党的建设工作经验交流大会。会议对全市农村基层组织建设先进县、先进市属党委、先进基层党组织、优秀共产党员和优秀党务工作者进行了表彰；总结交流了党的十六大以来保定市党的建设工作经验，对今后一个时期党的建设工作进行了安排部署。市委书记宋长瑞讲话，市长于群主持会议。

同日

市长于群在市防汛指挥部主持召开紧急会议，要求各级各部门高度关注汛情，切实保障人民群众生命财产安全。6月1日入汛以来，全市出现了两次较明显的降雨过程，平均降雨量达到42毫米，短时极端天气较往常明显增加。6月27日，涿州市区出现罕见的大暴雨，两个多小时降雨量达到102毫米。

6月29日

国家开发银行河北省分行为“保定·中国电谷”、张石高速公路保定段等项目提供贷款20多亿元。宋长瑞、于群出席了签约仪式。

1～6月

保定市生产整车18.0667万辆，销售17.2086万辆，其中销售皮卡超过4.7万辆，占国内皮卡总销量的半数以上。

7　月

7月4日～9日

保定市由市委书记宋长瑞、市长于群带队，组成考察团赴山东学习、考察。考察团成员包括市委办公厅、市政府办公厅、发改委、财政局、国土资源局、中小企业局主要负责人，各县（市、区）、高新区党政主要负责同志。其间，市学习考察团在山东进园区、访企业、入市场、看城建，实地参观了盟威高新技术工业园、青岛环保产业园等6个园区，海尔集团等8家企业集团，山东明水经济开发区等3个省级开发区，以及寿光蔬菜交易中心、滨州城市规划展览馆、寿光市展览馆等。听取了沿途有关市（县）的经验介绍，与当地党政领导进行了座谈、交流。

7月4日、11日、18日

凌晨，保定市南、北、新三市区三次展开大规模清理传销人员行动，共取缔传销窝点200多处，2100余名涉嫌传销人员被遣返回乡。

7月24日

中共保定市委、保定市人民政府、保定军分区联合发出“关于认真做好‘八一’期间双拥工作的通知”，要求各县（市、区）委和人民政府，各县（市、区）人武部，市直各部门，市属以上企事业单位，市各人民团体，在中国人民解放军建军80周年纪念日即将来临之际，做好各项双拥工作。

8　月

8月3日

保定市召开全市职称工作会议，会议指出，今年保定市将严格控制高、中级专业技术职务任职资格申报数量，原则上待聘人员数量控制在单位岗位设置数的20%以内。本年度，国家人事部出台了《事业单位岗位设置管理试行办法》和《实施意见》，改革涉及面广，情况复杂，保定市约29万人将受其影响。

8月7日至8月底

市政府开展集中治理行动，以彻底遏制三轮车非法经营反弹，巩固治理成果。

8月8日

以色列驻华大使海逸达来保定市考察。市长于群在市接待中心亲切会见了海逸达先生，双方就加强在汽车及其他领域的合作进行了座谈、交流。

8 月 15 日

保定市召开“驻联帮解促”活动第一批总结表彰暨第二批动员部署广播电视大会。今年 3 月初，第一批“驻联帮解促”活动开始，至 7 月底基本结束，近万名机关干部进驻 3000 多个建制村，全面开展了驻村帮扶工作，取得了明显成效。市委决定，对在活动中作出优异成绩的 300 个工作队和 1001 名工作队员予以表彰。第二批帮扶活动从动员大会开始，到年底结束，工作对象是第一批活动未覆盖到的 3000 多个村。全市已抽调市、县、乡三级下基层干部 9603 名组成了第二批工作队，并安排了所驻村。

8 月 15 日至 16 日

国务院南水北调办公室主任张基尧到我市视察南水北调中线保定段工程建设情况，张基尧一行先后来到涞水河北Ⅱ标现场、易县 S47 标段、满城 S39 标段、中线局直管项目Ⅶ标和曲阳 S19 标段考察。其间，省长郭庚茂到保定市亲切会见了张基尧一行。

8 月 16 日

河北国华定洲发电厂隆重举行二期 ZX660MW 超临界空冷机组工程开工庆典，该厂二期工程正式开工。工程由中国神华能源股份有限公司和河北省建设投资公司共同投资建设。项目总投资 42.9288 亿元，预计于 2009 年 8 月和 11 月实现双投。工程投产后，总装机容量为 252 万千瓦，年发电能力将达到 130 亿度，将有效缓解河北南网供电紧张局面，为“十一五”期间河北经济快速发展提供能源支持。

8 月 31 日

市长于群带领市政府办公厅、发改委主要负责人，到长城汽车股份有限公司现场办公。于群就解决长城汽车下步发展中面临的电力、燃气、研发中心建设、职工宿舍建设等问题讲了具体意见，要求有关职能部门迅速研究，制定具体解决措施。他强调，长城汽车的发展令人鼓舞，各级各部门要毫不含糊地支持企业发展，坚定不移地实施“两民战略”（创民族品牌、走民营之路），做强做大保定汽车工业。

9　月

9 月 3 日

《保定市开展城市公共交通周及无车日活动实施方案》下发，建议市民 9 月 16～22 日“公交周”期间不开私家车，政府机关企事业单位的公车在作为“无车日”的 22 日歇一天，干部群众乘公交车、骑车或步行上下班。这是保定市区首次举办公交周和无车日活动。

9 月 7 日

中国兵器装备集团党组书记、党经理徐斌，党组副书记、副总经理尹家绪率队到保定市考察中国电谷。在市领导宋长瑞、于群等的陪同下，徐斌等先后到天威英利新能源有限公司、天威英利新能源三期工程、天威保变公司现场考察。双方一致表示，发展新能源产业符合科学发展观，顺应世界能源发展潮流，是建设资源节约型和环境友好型社会的具体行动，当前要扎实推进合作，全力加快“保定·中国电谷”建设进程。

同日

目前世界最大的专业生产和销售果冻布丁等休闲食品的企业——广东喜之郎集团落户定兴县，市委书记宋长瑞、市长于群出席签约仪式。这是广东喜之郎集团在北方建立的第一个生产基地，在未来几年，喜之郎集团将在定兴投资 10 亿元，建设食品生产制造基地，主要生产果冻、海苔等系列食品。

9 月 10 日

保定市在百世开利会展中心隆重召开教师节庆祝表彰大会。市委书记宋长瑞对广大教师提出三点希望：一要为人师表，师德高尚；二要干事创业，服务人民；三要治学严谨，锐意进取。围绕办好人民满意的教育，结合强市名城建设的需要，宋长瑞对教育工作提出三点要求：一是全力创建教育名城，二是打造和谐教育工程，三是优化教育发展环境。

9 月 11 日

在本日召开的 2007 年中国名牌产品暨中国世界名牌产品表彰大会上，市天威集团有限公司的 BTW 电力变压器、天鹅股份有限公司的天鹅粘胶长丝、河北华夏实业有限公司的永乐压敏胶粘制品、宝硕股份有限公司创业分公司的宝硕农用聚乙烯大棚膜荣获 2007 年“中国名牌产品”称号。“中国名牌产品”是我国企业产品质量最高荣誉奖项，是一个企业生产经营水平和市场信誉的标志。

9 月 15 日

全国科普日河北系列活动在保定市启动。本次活动由省全民科学素质工作领导小组主办，省科协和保定市委、市政府共同承办，主题为“节约能源资源、保护生态环境、保障安全健康”。保定市除开幕当日在人民广场举办科学发展大型科普展览、“预防疾病、科学生活”现场咨询服务，科普文艺演出等 17 项主题活动外，还将聘请国内知名专家举办 7 场“节约能源资源，减少污染排放，保护生态环境”专题讲座，开展青少年科技活动作品展、“智力七巧板”拼图竞赛、科学发展观校园巡展等多项群众性科普活动。各县（市、区）也安排了科技下乡、节能环保咨询等丰富多彩的主题科普活动。

9月16日

截至今日，自今年1月5日开通的市长短信平台，共收到群众反映问题的短信18468条，经市长短信平台办公室筛选、分类处理，做到了事事有回音，有效拓宽了政府联系群众的渠道，受到广泛欢迎。

9月25日

保定市政府与中国兵器装备集团公司签署了重组天威集团共建保定·中国电谷合作协议。根据协议，双方以项目为载体，采取资本金投入、融资投入等方式共建保定·中国电谷。目前，已筛选风电、光电、输变电和科研等27个项目。“十一五”期间，兵装集团投入资金不少于150亿元，到“十二五”末，投入不少于300亿元。省长郭庚茂，兵装集团党组书记、总经理徐斌，市委书记宋长瑞，市长于群等出席合作协议签字仪式。同日，一期投资27亿元的兵装集团保定·中国电谷天威风电产业园项目开工。

9月26日

保定天鹅集团举行建厂五十周年庆典。有资料显示，在几代人的无私奉献和不懈努力下，保定天鹅累计实现利税17.8亿元，累计上缴利润6.5亿元。目前，天鹅集团公司已发展成为下辖1家A股上市公司、5家全资子公司、1家控股公司、2家参股公司、6家集体企业，化纤年生产能力23000吨、棉浆粕生产能力47000吨、化纤油剂生产能力7000吨，并拥有自主知识产权、专利技术和国家著名商标及中国名牌称号的大型企业。经过2005年困难时期后，2006年集团减亏1.7元，上市公司实现赢利。

9月28日

河北金融学院举行揭牌仪式暨建校55周年庆典大会。河北金融学院的前身为创建于1952年的保定银行学校，后几度易名，1984年升格为大专，定名为保定金融高等专科学校，直属中国人民银行总行，2000年划归河北省管理，实行“中央与地方共建、以地方管理为主”的管理体制，2007年3月升格为本科，更名为河北金融学院，是目前我省唯一一所金融类本科高等院校。该校现有6个本科专业、23个专科专业，全日制在校生8800多人，面向全国29个省、市、自治区招生。建校55年来，共向社会培养输送了4万余名专业人才，为我国经济建设和金融事业发展作出了突出贡献。

10　月

10月15日

中国共产党第十七次全国代表大会在北京召开。保定市各级党组织积极组织广大党员干部收听收看。市委要求广大党员干部要认真学习、座谈、讨论胡锦涛同志的报告，学习领会精神，加深理解，统一思想，全力以赴做好当前各项工作。

10月25日

市委召开全市传达学习党的十七大精神报告会，动员全市上下迅速掀起学习贯彻的高潮，把思想和行动统一到党的十七大精神上来，以新的举措、新的面貌，把全市的各项工作扎扎实实地推向前进。市委书记宋长瑞要求，要以十七大精神为指导，在解放思想和统一思想中更好地贯彻落实科学发展观，进一步丰富完善经济发展的思路举措，统筹推进政治建设、文化建设和社会建设，不断加强党的自身建设，抓好今年、谋划明年。

同日

从今年6月份开始，全市开展了为期5个月的严打整治专项斗争。截至今日，共破获刑事案件28997起，打掉犯罪团伙946个，抓获犯罪嫌疑人9931名，其中网上逃犯3943人；批捕3243件5318人，起诉2964件5094人，一审判决2584件4352人。全市抓逃破案、打黑除恶等项工作位居全省榜首。市委书记宋长瑞、市长于群对专项斗争极为关注。市县两级已投入专项资金近2000万元。

10月26日

保定市污水处理二期工程竣工并投入试运行。工程于2002年经国家发改委批准立项，是利用亚行贷款建设的海滦河水污染防治项目，总投资4.99亿元，日处理污水16万吨，为省、市重点工程，列入今年市政府重点关注的28件大事之一。工程于2004年6月正式开工建设，经过3年多不懈努力，铺设厂外污水管网102公里，建成除回用水部分以外的全部厂区土建工程，达到了通水试运行条件。该工程投产后，市区日污水集中处理能力由16万立方米提高到32万立方米，城市污水集中处理服务面积由50多平方公里扩展到近90平方公里，城市污水集中处理率由不足60%提高到近90%。

10月29日

长城汽车20万辆轿车生产基地正式启动，嘉誉MPV和精灵轿车同时下线，同日，长城汽车还开始启用新标识。河北省政府，市委、市政府，市委书记宋长瑞、市长于群分别发来贺信祝贺。

10月

长城汽车股份有限公司轿车

资质获得国家发改委批准。从公司目前的装备能力、研发能力、资金实力等方面看，长城已经达到了国家轿车生产的产业政策要求。长城新建乘用车生产基地总投资28.98亿元，年设计产能20万辆，具备冲压、焊装、涂装总装、发动机、成型六大工艺，荟萃发达国家的一流设施。

10月

截至10月底，全市全部财政收入完成105.2亿元，超出2006年全年财政收入5.4亿元，增长22.8%。全市地方一般预算收入完成43.2亿元，超过2006年全年1160万元，增长18.7%。全市一般预算支出完成86.4亿元，同比增长29.5%，医疗卫生、环境保护、支农、教育、社会保障、交通运输等支出实现了快速增长，关系人民群众切身利益的医疗保障，住房保障、就业再就业、子女上学、种粮补贴以及菜篮子等一系列惠民政策得到很好落实。

11　月

11月1日

保定市召开全市南水北调工作调度会，强调以保工期、保质量、保安全、保稳定为重点，全力以赴，确保明年4月完成试通水建设目标。截至目前，全市共完成京石段永久征地3.5万亩，临时占地征用2.5万亩，拆迁房屋面积9.3万平方米，各类专项设施迁建344处，累计完成征迁兑付资金14.8亿元，确保了主体工程建设用地需要。为如期实现京石段2008年4月具备试通水条件的建设目标，确保奥运会期间首都供水安全，保定市还要全力做好二批永久征地工作，用最短的时间提出连接路规划意见，以满足应急通水和群众农业生产需要，不折不扣地做好临时占地整改和复垦工作，切实加大宣传与安全保卫工作力度，创优施工环境。

11月2日

市委书记宋长瑞到正在建设中的市风电产业园调研。他指出，保定市建设风电产业园符合党的十七大精神，符合国家节能减排和发展新能源的要求，要切实搞好园区规划，加快建设进度，努力将其建设成为全市新能源产业的示范基地。市风电产业园是在搬迁热电厂储灰厂的基础上开工建设的。

同日

中国饭店协会授予保定会馆“中国冀菜研发基地”称号。经过多年的挖掘、整理、创新，保定会馆研发的直隶管府菜，成为冀菜的主要代表。去年8月，中国烹饪协会授予保定会馆“中国直隶官府菜研发基地”称号。同年10月，在西安举行的中国第二届餐饮博览会上，直隶管府菜以厚重的文化内涵和精湛的烹制工艺，获得了16个奖项。今年9月，中国饭店协会授予冀菜为第二届餐博会唯一的“中国创新菜系奖”，推冀菜为中国第九大菜系。目前，直隶官府菜已成为我国第一个非物质文化遗产菜品，并获得2008年北京奥运会推荐菜品金奖。

11月6日

保定市政府与中国国电集团公司就共建“保定·中国电谷”签署战略合作框架协议。协议签署后，双方将在风力发电设备、太阳能光伏发电设备和输变电、节能节电设备等产业领域深入合作，国电集团将把“保定·中国电谷”作为集团公司发展新能源产业的基地。

同日

保定市召开大会，隆重表彰参加全国第六届城市运动会表现突出运动员和教练员、为成功举办保定市第六届运动会开幕式作出突出贡献的单位与个人。全国第六届城市运动会于10月25日——11月3日在武汉举行。保定市派出61名青少年运动员参加了射击、跳水、乒乓球、柔道、田径等8个大项的比赛。共取得2金、3银、4铜的优异成绩，并获得了“体育道德风尚奖”。保定市参赛人数和获得奖牌总数列河北省4个参赛城市之首。另外，本年我市成功举办了保定市第六届运动会。全市共有各个县（市、区）的25个代表队和32个行业代表队参加了39个项目的比赛，是本市近年来组织的规模最大的一次综合性运动会。

11月8日

市委书记宋长瑞、市长于群致信各县（市、区）委书记、县（市、区）长、市直有关部门主要领导，要求各级、各部门以非常的态度来重视、非常的措施来强化，把产品质量和食品安全专项整治工作往细里做、往深里做、往实里做。信中说，市委、市政府高度重视产品质量和食品安全工作，今年初就把食品安全列入“民心工程”和市政府重点关注的28件大事。为维护人民群众生命健康和切身利益，维护中国产品信誉和国家形象，国务院决定从9月份开始，在全国范围内进行为期4个月的产品质量和食品安全专项整治行动。11月1至2日，全省产品质量和食品安全专项整治现场会在我市召开，再次进行安排部署。加之我市特殊的区位、特殊的市情、特殊的时期，决定了我市在产品质量和食品安全工作中肩负的特殊使命和特殊责任。信中要求各级党委、政府必须高度重视、精心组织，切实抓紧抓好。

11 月 13 日

全省首个“全国农村饮水安全工程示范县项目”在容城县沙河营村正式启动，这标志着农村饮水工作重点由解决单纯的水量不足转为解决包括水质问题及缺水问题在内的饮水安全问题。按照中央部署，“十一五”期间，国家发改委、财政部、水利部决定在全国建设 100 个农村饮水安全工程示范县，容城县是全省 4 个示范县之一，也是保定市唯一的示范县。该项目在容城总投资 5136 万元，彻底解决全县 12.83 万人因饮用水含氟超标而造成的饮水不安全问题。项目建设期为 2007 年至 2009 年。

11 月 11 日至 16 日

以孟加拉国地方政府农村发展与合作局穆萨迈特·纳曼尔·哈努姆博士为首的孟加拉国家官员考察团来到保定市，就农业、畜牧、卫生等情况进行参观考察。

11 月 16 日

保定市城市管理行政执法局正式成产。市委书记宋长瑞为执法局授牌，市长于群在授牌仪式上讲话。市城市管理行政执法局成立后，市容环境卫生管理、城市市政管理、城市绿化管理及部分城市规划管理、城市环境保护、工商行政管理、公安交通管理等方面的行政处罚权将相对集中，其他部门不得再行使已经统一由该局行使的行政处罚权，仍然行使的，所作出的行政处罚决定无效。

11 月 20 日

中共保定市第九届委员会举行第四次全体（扩大）会议。市委书记宋长瑞作重要讲话。市委副书记、市长于群主持会议。全会讨论了市委常委会工作报告，审议通过了《中共保定市委关于深入贯彻落实党的十七大和省委七届三次全会精神的决定》。全会专门印发了省委书记张云川在省委七届三次全会上的讲话。

11 月 30 日

保定市召开全市在党员干部中开展解放思想大讨论活动动员广播电视大会，对深入开展解放思想大讨论活动进行全面动员部署。大会宣读了《中共保定市委关于在全市党员干部中开展解放思想大讨论活动实施方案》。《实施方案》指出，为认真贯彻落实省委《关于在全省党员干部中开展解放思想大讨论活动的意见》的要求，市委决定，从现在开始，到 2008 年 2 月底结束，安排三个月左右时间，分学习动员、征求意见，对照检查、讨论整改，考核评议、总结提交三个阶段，在全市党员干部中开展解放思想大讨论活动。市委书记宋长瑞作重要讲话。

12　月

12 月 20 日

保定至沧州高速公路通车。公路西起满城 107 国道，与正在建设中的保阜高速公路相连，向东经本市南市区、清苑县、高阳县、蠡县，进入任丘市、河间市、献县，在沧县境内与石黄高速公路相连。路线全长 122.5 公里，保定境内路长 63.2 公里，建设标准为双向四车道，设计行车时速 120 公里，路基宽度 28 米，工程总投资 48.4 亿元。

12 月 21 日

来自阿塞拜疆、乌克兰、格鲁吉亚、塔吉克斯坦等 11 个国家和上海合作组织的驻华使节一行到保定市参观考察。市委书记宋长瑞会见了考察团一行。这次来访的主要目的，是考察河北省经济社会和对外开放情况，推动欧亚地区国家与河北省开展合作。考察团先后到长城汽车有限公司、保定国家高新技术产业开发区、天威英利新能源有限公司进行了实地考察。

12 月 24 日

涞源县乌龙沟乡冀豫铅锌矿发生一起一氧化碳中毒事故，共造成 8 人死亡。12 月 23 日 18 时许，该矿进行爆破作业，24 日上午 9 时许，3 名工人下矿清渣，发生窒息事故。企业在自救过程中，情况不明，施救不当，发生二次事故，又造成 5 名矿工遇难。市委书记宋长瑞指示要全力救援遇险及受伤矿工，市长于群亲赴现场指挥施救。

12 月 26 日

凌晨四点半，保定市对身处繁华闹市的 16 层高楼——燕赵大酒店成功实施爆破。该楼曾为保定市标志性建筑，建于上世纪 80 年代中期，位于朝阳大街与东风路交叉口，该建筑物为框架剪刀结构，地上 16 层，地下 2 层。该酒店由于易主，装修不当，成为社会各界关注的烂尾楼。

同日

天威集团召开大会，通报了 2007 年输变电和新能源两大主业经济指标增长情况。两项指标均大幅增长，实现变压器产量近 9000 万千伏安，单厂产量居世界第一位，全年销售收入突破 80 亿元。

12 月 29 日

保定市民营企业家协会隆重召开成立大会，市长于群到会祝贺。成立仪式上，市领导向首任会长——太行集团董事长魏德义和副会长长城汽车董事局主席魏建军、河北巨力董事长杨建忠、河北宏润董事长王超等颁发了证书。有资料显示，截至年末，本市拥有民营经济组织23.7万个，拥有民营企业2.4万家，民营经济安置就业占全市总量的四分之三，实现增加值占全市总量的三分之二，上缴税金占全市总量的40%。成为各种经济成分中最具活力的经济增长点，成长出一批极具市场竞争力的企业和企业集团。原有的中小企业联合会和企业家协会已不能很好地起到对广大民营企业的组织和带动作用。

12月31日

截至年底，市国税系统完成税收69.09亿元，同比增收超过13亿元，增长23.2%。国税收入主要呈现以下特点：一是重点税源企业贡献加大，长城汽车、保定钞票纸厂、石家庄卷烟厂保定卷烟分厂、保定市烟草公司等重点税源企业入库税收大幅增长，仅4户企业全年入库税额就达12.7亿元，超过全市总收入的1/6，直接拉动税收增长9.5个百分点。二是消费税、企业所得税的拉动作用增强，2007年全市消费税收入同比增长57.3%，拉动总体收入增长5个百分点。内、外资企业所得税收入同比翻了一番多，增长114.8%。增值税收入同比增长12%，占全部收入的2/3强，主体税种地位依然明显。三是涉外企业收入增长较快，增幅达65.3%，同比增收近6亿元。(2008年1月份数据)

12月31日

据保定海关统计，2007年全市进出口总值达31.4亿美元，同比增长50.9%，净增长10.6亿美元。总值居全省第四。其中出口24.2亿美，同比增长48.9%；进口7.2亿美元，同比增长57.9%。(2008年2月份数据)

中国共产党保定市委员会

【2006年中共保定市委常务委员会组成人员】

书　　记　王昆山（9月免）
　　　　　宋长瑞（9月任）
副 书 记　于　群　李光耀
　　　　　王会平
常务委员　王昆山（9月免）
　　　　　宋长瑞（9月任）
　　　　　于　群　李光耀
　　　　　王会平　李志华
　　　　　李剑方　焦新华
　　　　　崔启慧　李　谦
　　　　　石小琢　司存喜
　　　　　王惠欣（女）

【2006年中共保定市委秘书长、副秘书长】

秘 书 长　崔启慧
常务副秘书长　崔立新
副秘书长　何建业　孙俊华
　　　　　马文河　秦常好
　　　　　槐建国　王文涛
　　　　　王捍东　王荷丽
　　　　　李绍祥　王慧燕
　　　　　尤志敬
　　　　　杨义宝（3月免）
　　　　　杨增德　付卫民
　　　　　许秋民

【2007年中共保定市委常务委员会组成人员】

书　　记　宋长瑞
副 书 记　于　群　李光耀
　　　　　王会平
常务委员　宋长瑞　于　群
　　　　　李光耀　王会平
　　　　　李志华　李剑方
　　　　　焦新华　崔启慧
　　　　　李　谦　石小琢
　　　　　司存喜
　　　　　王惠欣（女）

【2007年中共保定市委秘书长、副秘书长】

秘 书 长　崔启慧
常务副秘书长　崔立新
副秘书长　何建业　孙俊华
　　　　　马文河　槐建国
　　　　　王文涛　王捍东
　　　　　王荷丽
　　　　　李绍祥　王慧燕
　　　　　尤志敬　杨增德
　　　　　付卫民　许秋民

【2006年市委工作综述】 2006年，中共保定市委在省委、省政府的正确领导下，坚持以邓小平理论和“三个代表”重要思想为指导，以科学发展观为统领，高扬“树正气、讲团结、求发展”主旋律，认真贯彻落实党的十六届五中、六中全会和省第七次党代会精神，突出主题，统筹兼顾，务实创新，奋发图强，全市经济社会发展各项事业都取得新成绩。

——国民经济发展呈现稳中趋实态势。全市生产总值完成1185亿元，增长10.4%。全部财政收入完成98.4亿元，可比增长15.3%；其中地方一般预算收入42.6亿元，可比增长16.4%。全社会固定资产投资完成578.6亿元，增长17.9%。社会消费品零售总额441.1亿元，增长14.5%。实际利用外资1.78亿美元，增长37.4%。出口创汇16.3亿美元，增长48.2%。城镇居民人均可支配收入达到9632元，增长11%；农民人均纯收入达到3686元，增长6.2%。发展环境进一步优化，在国家统计局评选的“2006中国投资环境百佳城市”中列第52位。

——社会和谐稳定局面进一步巩固。信访工作整体平稳，继续保持进京赴省集体访总量低位运行。保沧高速公路进场施工、白洋淀治污、拆除市区违法建设等一批热点难点问题得到成功破解。严打整治和“打抓破”行动扎实有效，平安建设取得新进展。

就业再就业工作得到加强，社会保障体系进一步完善，城镇低保标准逐步提高，农村低保制度初步建立。安全生产总体形势平稳。

——党的建设得到全面加强。第三批保持共产党员先进性教育活动扎实深入，成效明显。开展“学理论、树正气、保稳定、保发展”百日主题教育活动，各级领导班子和干部队伍思想政治建设进一步加强。市、县、乡党委换届和农村“两委”换届圆满完成。农村基层组织建设整体水平进一步提高，社区、企业、“两新”组织和机关、学校的党建工作得到全面加强。党风廉政建设和反腐败斗争深入推进。

——精神文明建设卓有成效。理论武装和宣传思想工作进一步加强。文化大市建设迈出重要步伐，城市文化形象设计、文化产业、文化活动、文化旅游四项重点工作扎实推进。文化基础设施建设得到加强，群众性文化活动更加活跃。创建文明生态村工作取得阶段性成果，全市20%以上的行政村达到了省创建指导标准。科技、教育、体育、卫生、计划生育等各项事业整体推进。

2006年，在整体推进各项工作的同时，突出抓了八个方面：

（一）凝聚人心、汇聚力量，营造干事创业的浓厚氛围。注重总结经验，谋划长远，召开市第九次党代会和市十二届人大四次会议，明确了全市“十一五”发展的宏伟蓝图。全市上下紧紧围绕大干“十一五”、奋战开局年，全面展开各项工作。为落实省委提出的“树正气、讲团结、求发展”的总要求，结合保定干部队伍的思想、工作、作风实际，在全市领导干部中部署开展了“学理论、树正气、保稳定、促发展”百日主题教育活动。市委常委会从自身做起，制定了廉洁从政准则，进一步完善了集体学习、转变作风、议事决策等各项制度规定。各级党组织和党员干部紧跟市委部署，深入学习，查摆整改，总结提高，思想状态、风气状态、精神状态、作风状态和工作状态得到改进，凝聚了谋发展干事业的强大合力。

（二）理清思路、明确目标，确定科学发展的战略方向。按照科学发展观的要求，结合保定市实际，贯彻省第七次党代会精神，深入调研谋划，提出了今后保定发展的战略目标是：建设“京南近海强市名城”，即立足保定市毗邻京津、靠近沿海、文化底蕴丰厚的优势，力争到2020年，把保定建设成为产业结构合理、综合实力雄厚、陆港优势突出、文化生态发达、城市特色鲜明、人居环境幽雅、社会和谐稳定、城乡协调并进、人民生活幸福的“京南近海强市名城”。提出保定发展要靠“保定制造”、“保定文化”双轮驱动，要靠众人划桨开大船、实施强县兴市战略，统筹区域发展要“做大中心、发展南北、保护两翼”。明确了着力构建“南车北电东纺西绿城文”的产业空间布局；抓好“一纲一力四目”打造文化保定；县域发展突出抓好园区经济、县城经济、民营经济、农村经济“四项重点”；新农村建设要“通进去、走出来、化起来”等一系列工作思路。提出要始终坚持“五个一切”（发展高于一切、改革推动一切、稳定压倒一切、实力决定一切、党建保障一切）的基本工作理念，牢牢把握“自我加压、负重奋进，抢抓机遇、提速发展，图强进位、创优争先”的各项工作总体要求，不断激发“热爱保定、建设保定、奉献保定”的满腔热情。

（三）倾力攻坚、克难而进，靠破解难点问题打开工作局面。针对长期困扰全市发展稳定的问题，从破解难题入手，努力为发展扫除障碍、营造环境、凝聚力量。采取安排就业、享受低保等办法，下大力取缔了市区近万辆经营性三轮车，并顺利实现出租车扩容，解决了影响交通秩序和市容环境的老大难问题。坚持依法拆违、有情操作，开展百日会战，拆除市区14条主要道路两侧违法建筑150多万平方米，做到了“零强拆、零上访、零事故”。解决了长期影响市区大气质量的储灰场搬迁和保沧高速公路南沟头段、天威英利三期工程进场问题。仅用两个多月时间就完成了南水北调保定段8.8万亩永久和临时占地的征迁、补偿工作。开展白洋淀污染综合整治战役，关停污染企业400多家。妥善解决了拖延多年的大慈阁修缮和开放问题。完成了省挂号几年的4处重大火灾隐患整改。及时果断处置了国内罕见的大沙河污染突发事件。

（四）夯实基础、增强后劲，努力壮大全市经济整体实力。牢牢把握发展第一要务，认真贯彻落实省委、省政府提出的“一条主线”、“两大支撑”、“四项重点经济工作”的思路，产业培育、改革攻坚、民营经济、对外开放等各项工作均取得扎实成效。

一是突出结构调整、项目带动，大力发展主导产业。重点在新能源和能源设备制造、汽车及零部件、纺织服装三大主导产业发展上倾注力量，谋划启动“中国电谷”建设，天威英利二期全线投产，中航惠腾三期即将竣工，天威英利太阳能三期、华翼叶片生产基地等项目加紧建设，新能源及能源设备制造业销售收入和利税分别增长50%和65.6%。汽车产业重点抓了长安技改、市汽车零部件产业基地等项目建设，全市汽车整车销量和全行业销售收入分别增长30.2%和27.7%，汽车出口突破5万辆，居全国第一。高阳宏润面料等项目竣工投产，纺织服装产业整合升级步伐加快，效益提升，287家入统企业销售收入和利税分别增长28%和36%。食品加工等产业展现蓬勃生机。全市工业经济运行质量、效益同步提高。入统工业增加值完成268.7亿元，实现利税97.3亿元，分别增长17.6%和20.6%。工业经济综合指数比上年提高4.9个百分点。

二是坚持强县兴市、强化支撑，壮大提升县域经济。加强县城规划建设管理，县城经济聚合辐射带动作用得到提升。加快园区建设步伐，新规划建设工业园区12个，县域工业增加值占全市工业增加值比重达到81.5%。放手发展民营经济，建设创业基地26个，规模以上民营企业新增100家。全市民营经济增加值增长20%，上缴税金增长19%。扎实推进农业结构调整，增强农业综合生产能力，新上定州伊利、望都蒙牛、顺平汇源、高碑店康师傅等一批农业产业化大项目，全市规模以上重点龙头企业达到164家，农业产业化率较上年增长2%。

三是努力深化改革、扩大开放，增强经济发展的动力和活力。强力推动国企改革攻坚，第一批45户破产重组全面启动，其中13户中小企业进入破产程序，市属大型企业集团改革积极推进，国资监管工作得到加强。稳步推进行政管理体制改革，市行政服务中心正式运行，51个部门和单位进驻，设立服务窗口102个，涉及审批服务事项509项。调整城乡规划管理体制，在全国率先推进城乡规划管理全覆盖，实行了城市规划审议决策票决制。进一步加大对外开放力度，保定市与长安集团签署长期战略合作协议，中兴与美国ZXNA公司在保定建立汽车出口生产基地，天威英利与西班牙安讯能合作建设世界最大的太阳能发电站。

（五）统筹兼顾、协调发展，促进社会事业全面进步。统筹经济与社会、城市与农村发展，更加重视社会事业发展和解决“三农”问题。实施“科教兴市”战略，科技、教育投入进一步加大，科技创新能力不断增强，各级各类教育发展迅速，全市高考实现“四连冠”，继续保持了本二以上上线总人数全省第一。民族宗教、国防后备力量建设等各项工作都取得了新成绩。认真贯彻“工业反哺农业、城市支持农村”的方针，全面落实中央各项惠农政策，以创建文明生态村活动为载体，扎实推进社会主义新农村建设，推动了公共财政向农村倾斜，基础设施建设向农村延伸，公共事业发展向农村覆盖。年内增创文明生态村558个，首批974个文明生态村得到巩固完善。

（六）以人为本、深化举措，促进社会和谐稳定。始终把促进和谐放在全局工作中的突出位置，把维护稳定作为压倒一切的第一责任，积极推进各项工作。

一是高度关注民生，认真解决关系群众切身利益的实际问题。围绕解决就业难、看病难、上学难等群众关心的热点问题，实施零就业家庭就业再就业援助工程，城镇新增就业5.6万人，下岗职工再就业2.7万人，城镇登记失业率比省定目标低0.57个百分点；不断完善社会保障体系，各项社会保险新增扩面12.98万人；启动农民健康保健工程，125万农民参加新型农村合作医疗，在全国率先成立了81个农民健康“流动医院”，在市区设立了惠民医院；开展济困助学山花工程，筹捐1200多万元资助贫困学生6679名，加大扶贫攻坚力度，实施农村饮水安全和“村村通”工程，解决了130个村的饮水困难和饮水安全问题及5万人的脱贫问题，新改建农村公路1384公里，基本实现村村通油（水泥）路。

二是加强平安建设，全力维护社会稳定。广泛宣传《信访条例》，公开处理违法违纪典型，依法端正信访导向。积极构建“三位一体”矛盾纠纷排调体系，排查各类矛盾纠纷11618件，调处化解11469件，调处率达到98.72%。以打造平安保定、创建安全城市为目标，加强社会治安防控体系建设，全市平安县（市、区）达到23个。持续开展“打黑除恶”和“打抓破”行动，侦破了一批影响较大的案件，人民群众的安全感进一步增强。大力推进“五五”普法工作，广泛开展法制宣传“八进”活动，群众的法律素质进一步提高。强化国家安全，依法管理宗教事务，严厉打击邪教，确保了政治安定、社会稳定。

三是加强民主法制建设，以政治文明促进社会和谐。支持人大、政协依法履行职能，充分调动各级组织的积极性，为保定的建设和发展献策出力。努力做好新形势下的统一战线工作，重大问题及时听取社会各界人士的意见，推动科学决策、民主决策、依法决策。

（七）活化载体、服务全局，加强宣传思想工作和文化大市建设。把握主基调，突出主旋律，加强宣传思想工作和文化大市建设，以舆论宣传为经济和社会发展提供思想保证、精神动力，以文化特色为保定的发展增实力、添魅力。

一是强化理论武装。加强思想理论建设，用科学的理论指导实践、推动工作，继续落实党委理论中心组学习制度，以领导班子和领导干部的学习带动广大党员干部学习。市委中心组以县域经济发展、社会主义新农村建设、构建和谐社会、党的执政能力建设等为主题进行了专题学习。

二是强化舆论宣传。坚持对内靠宣传造势推动工作，对外靠宣传推介树立形象，特别是在国家、省、市重点项目建设、城市“拆违”、三轮车治理等重点工作中，坚持舆论先行，充分发挥了舆论宣传的重要作用。“走出去”、“走上去”推介保定，在“长三角”、“珠三角”、东北及韩国、欧洲等地举办了专题推介活动，在人民大会堂成功举办了“奥运在北京，旅游在保定”新闻发布会，扩大了保定的知名度和影响力。

三是重视精神文明创建。以学习实践“八荣八耻”为主线，开展社会主义荣辱观教育活动；以纪念建党85周年、红军长征胜利70周年为契机，开展爱国主义教育活动；以提高全社会文明素质为目标，广泛开展创建文明村镇、文明行业、文明单位活动，营造了知行统一、共谋发展的浓厚氛围，增强了全市人民推进各项事业发展的信心。

四是积极推动文化大市建设。坚持“双轮驱动”，协调发展，积极动作，有序推进，文化大市建设开始启动。按照规划先行、突出特色、重点推进的工作思路，制定出台了《保定市建设文化大市规划纲要》，基本建立了保定市文化产业项目库，以动漫产业为代表的文化产业开始起步，彩色周末、文化下乡等群众性文化活动更趋活跃，“山花工程”助学义演、“古城大风歌”等文化活动丰富多彩。“跟着老电影去旅行”被评为全国十佳旅游线路，全市旅游接待人数、综合效益全省第一。

（八）围绕执政能力和先进性建设两个重点，全面加强党的建设。认真贯彻党的十六届五中、六中全会和省第七次党代会精神，全面展开党的各项工作。

一是搞好换届工作。严密组织，规范运作，市、县、乡党委换届工作圆满完成。通过换届实现了减少领导职数、优化班子结构的目的，换出了新的气象和工作局面。积极稳妥搞好农村“两委”换届，全市农村“两委”干部交叉任职和村党支部书记、村委会主任“一人兼”比例分别达到80.5%和40%。

二是认真组织开展第三批保持共产党员先进性教育活动。全市7131个基层党组织、32.7万名党员普遍接受了一次党性教育，达到了“党员受教育、群众得实惠”的目的。同时，积极探索建立保持共产党员先进性的长效机制，巩固和扩大教育成果。

三是加强基层组织建设。治理整顿农村后进党组织，总体达到了“配好班子，稳定村情，强化队伍，完善制度，建好阵地”的要求。强化县乡党委管党责任，落实县（市、区）委书记党建工作专项述职制度，推行基层党建考核排位制、任期目标承诺管理制，农村基层组织建设整体水平进一步提高。社区和非公有制企业党建工作取得新进展。

四是加强党风廉政建设。着眼建立健全教育、制度、监督并重的惩治和预防腐败体系，着力抓了权力公开透明运行、行政效能建设、民主评议、治理商业贿赂、纠正损害群众利益的不正之风等重点工作，党风廉政建设和反腐败斗争不断深化。保定市在中纪委农村基层党风廉政建设座谈会上介绍了经验。坚持从制度建设入手，强化作风和效能建设，严格责任追究，对41名不作为、乱作为的人员实施一次查实下岗，促进了工作落实。

【2007年市委工作综述】 2007年，中共保定市委在省委、省政府的正确领导下，坚持以邓小平理论和“三个代表”重要思想为指导，以迎接、学习、贯彻党的十七大为动力，认真落实科学发展观和省第七次党代会、省委七届三次全会精神，团结带领全市各级党组织和广大干部群众，扬正气，谋全局，抓大事，解难题，全面推进经济、政治、文化、社会建设和党的建设，全市各项工作呈现出新的局面。

——经济发展势头稳健、亮点显现。初步统计，全市生产总值完成1373.4亿元，增长12%。全部财政收入完成121.9亿元，可比增长22.2%；其中一般预算收入51.5亿元，可比增长19.6%。全社会固定资产投资完成650.4亿元，增长12.4%。社会消费品零售总额509.3亿元，增长15.5%。实际利用外资3.86亿美元，增长117.1%；出口创汇23亿美元，增长41.2%；城市居民人均可支配收入10924.66元，农民人均纯收入3973.5元，分别增长8.2%和7.99%。主导产业发展、重点项目建设、对外开放等工作取得新的突破。《中国城市蓝皮书》评价保定市科学发展综合水平在全国113个地级及以上大城市中列第46位。

——社会和谐稳定局面进一步巩固。信访形势总体平稳，进京赴省集体访批次是全省较低的市之一。严打整治成效显著，破案绝对数、命案侦破数等六项指标综合排位全省第一，人民群众的安全感进一步增强。安全生产形势总体稳定。以改善民生为重点，一批群众最关心、最直接、最现实的利益问题得到解决，群众在改革发展中得到更多实惠。

——精神文明建设扎实推进。理论武装和宣传思想工作进一步加强。文化大市建设迈出新步伐，文化载体形式多样，文化项目加快实施，文化活动丰富多彩。全民健身活动蓬勃开展，竞技体育整体水平全省领先。全国双拥模范城“六连冠”成功争创，续写了军民团结新篇章。科技创新走在全省前列。职业教育和各类教育协调发展，高考本科二批以上上线人数连续5年保持全省第一。

——党的建设得到全面加强。学习贯彻党的十七大精神活动扎实深入。县乡人大、政府和县政协换届圆满完成。通过开展“学树保促”百日主题教育活动、“驻联帮解促”社会主义新农村帮扶活动、“责任风暴”和“效能革命”等活动，全市基层组织建设、干部作风建设有效加强。党风廉政建设和反腐败斗争深入推进。

2007年，在整体推进各项工作的同时，突出抓了六个方面：

（一）坚持科学谋划，推动科学发展。面对环渤海经济圈、京津冀都市圈加速崛起的新形势和建设以实力、活力、竞争力为标志的沿海经济社会发展强省的新任务，从全市长远发展出发，对保定的历史方位、战略定位和发展重点进行了重新审视和深入思考。在深入调研、集中各方智慧的基础上，明确提出，到2020年把保定建设成为产业结构合理、综合实力雄厚、陆港优势突出、文化生态发达、城市特色鲜明、人居环境优雅、社会和谐稳定、城乡协调并进、人民生活幸福的京南近海强市名城。这一奋斗目标，明确了保定未来发展的方向，是建设沿海经济社会发展强省在保定的具体化。

围绕建设京南近海强市名城的宏伟目标，在组织和推动全局工作中，重点把握了以下两条：

一是注意处理好关乎全局的重大关系。特别是处理好“好”与“快”的关系，在科学发展、和谐发展的前提下，着力推进提速发展；处理好发展与和谐的关系，坚持发展高于一切，稳定压倒一切，既不把发展任务重作为放松社会和谐稳定的理由，也不把维护稳定任务重作为放慢发展的借口；处理好城市与农村的关系，积极构建以城带乡、以乡促城的城乡一体化发展格局；处理好当前与长远的关系，着眼长远，立足当前，多做打基础、备后劲的事；处理好重点与一般的关系，坚持抓纲带目，分类指导，重点突破，带动全局；处理好事业与干部的关系，以事业凝聚人心，抓好班子、带好队伍，推动事业发展。

二是坚持用系统的思想指导工作。研究制定了《关于全市总体性工作的思路体系》，从经济社会发展、和谐社会建设、文化建设、党的建设等各个方面明确了今后工作的思路、目标和重点。其中，在经济社会发展上，提出了“做大中心、发展南北、保护两翼”的区域发展重点，明确了“3+4”主导产业定位（汽车及零部件、新能源与能源设备、纺织服装三大战略支持产业和现代服务业、食品加工、电子信息、文化旅游四大成长性产业），规划了“南车北电东纺西绿城文”（“南车”就是以保定市区南部为中心，坚持整车与零部件并举，打造“华北轻型汽车城”；“北电”就是在保定市区北部高新区内，依托国家级新能源与能源设备制造基地，打造“保定·中国电谷”；“东纺”就是整合保定东部以容城服装、高蠡纺织为支撑的纺织服装产业，打造“华北纺织服装制造基地”；“西绿”就是以西部山区为主，发展生态旅游产业和无污染的加工制造业，打造“绿色食品加工供应基地”；“城文”就是坚持保定制造、保定文化双轮驱动，以保定市区为中心，大力发展文化创意、文化旅游及现代服务业）的产业发展格局。这些思路使强市名城建设有了一个清晰的框架和基本的遵循，并以此统一思想，凝聚力量，指导工作，规范实践。全市各级各部门按照这个思路体系，在全局中定位，在大局下行动，分别制定了本地本单位的具体思路和细化措施，全市上下形成了落实思路体系、建设强市名城的浓厚氛围。

（二）开展五项活动，活跃工作全局。在推动全局工作中，针对保定改革发展稳定实际，着眼于解决全局工作中的突出问题和薄弱环节，有步骤地在全市部署开展了五项活动：

一是开展“学树保促”百日主题教育活动，弘扬新风正气。“学树保促”即学理论、树正气、保稳定、促发展。活动于2006年底展开，进入2007年后，在原有工作基础上，进一步把教育活动引向深入。这次活动紧紧围绕弘扬新风正气这个核心，有效解决了干部队伍思想状态、风气状态、精神状态、工作状态、作风状态方面存在的突出问题，统一了思想，弘扬了正气，促进了工作，团结向上谋事业、满腔激情干工作成为各级干部的自觉行动。

二是开展“四个年”活动，破解发展难题。把开展“四个年”活动作为2007年工作的总抓手，着力解决事关发展全局的突出矛盾和制约难题。①开展“项目建设突破年”活动。围绕“3+4”主导产业定位和“南车北电东纺西绿城文”产业发展格局，坚持从加强组织领导、强化责任落实、完善工作机制入手，大力营造“收拢五指抓经济、乘势而上育产业、扑下身子抓项目”的浓厚氛围。成立“项目建设突破年”活动领导机构，实行重点产业链市级领导招商协调服务责任制，建立并推行重点项目“听、看、录、帮、考”工作机制。全市项目建设在战略支撑性项目、传统产业升级项目、农业产业化项目、商贸流通项目等方面实现了较大突破。2007年全市列入省重点项目82项，省重大产业支撑项目8个，居全省第一。②开展“县域经济突破年”活动。大力实施“强县兴市”战略，坚持“吃工业饭、念项目经、打特色牌、走规模路、跨新台阶”的指导原则，打破行政区划界限，将全市划分为5个区片，分别制订发展规划，分片进行指导调度。对规划管理体制实行重大调整，实现了城乡规划管理全覆盖。建立了区域交流协调机制，促进县（市）与县（市）之间共享发展资源，统筹产业布局。白沟箱包、安国中药、曲阳石雕等县域特色产业努力拓展发展空间。中国航天信息股份有限公司涿州基地、博野（大成）机械有限公司、国华定洲电厂二期工程、保定天华工贸公司碳素改扩建工程等一批县域经济重点项目顺利实施。市政府与中国钢研科技集团、海航集团签署战略合作协议。云南铜业集团、天津大无缝钢管集团相继到保定市投资。县域经济对全市经济的支撑力有所增强。③开展“国企改革攻坚年”活动。面对保定国企改革滞后的现状，着力在改革谋划、攻坚推动及个案处理等方面加强了宏观指导。一批省、市高度关注的“老大难”企业先后进入破产程序，为全面完成国企改革三年攻坚任务奠定了比较好的基础。④开展“各项工作落实年”活动。引导各级干部坚持雷厉风行、只争朝夕的工作节奏，体现不浮不躁、言出行随的工作本色，倡行亲力亲为、真抓实干的敬业精神，努力使抓落实成为推动工作的最强音。

三是开展“驻联帮解促”活动，夯实农村工作基础。针对全市农村人口众多、社会主义新农村建设任务繁重的实际，开展了两万名干部“驻千村、联万户、帮民富、解民忧、促和谐”社会主义新农村建设帮扶活动。这项活动贯穿全年，分两批进行，每批半年，覆盖所有行政村。通过帮扶实事，又在加强基层组织建设、化解矛盾隐患、锻炼机关干部等方面收到了多重效果，得到了群众的真心欢迎，中央领导和中央组织部给予充分肯定。

四是掀起“责任风暴”和“效能革命”，促进发展环境持续优化。2007年春节刚过，就在全市掀起了一场以解决机关干部“不作为”、“虚作为”、“乱作为”问题为主要目的的“责任风暴”和“效能革命”。坚持把明责、履责、问责结合起来，每项工作都建账、查账、算账，建立严格的“问责制”和明确的“买单制”，确保政令畅通。这项活动开展以来，各部门、各单位普遍建立了岗位责任体系，广大干部履职尽责意识明显增强，有效地推动了工作落实。

五是开展解放思想大讨论活动，焕发干事创业激情。为解放思想、开阔思路、鼓劲加压，进一步激活人的潜质，调动人的积极性，把广大党员干部干事、创业的激情凝聚到科学、提速、和谐发展上来。2007年7月，组织了一次大规模、高规格的赴山东学习考察活动。考察活动结束后，立即在全市组织开展了“站在新起点、推动新发展”解放思想大讨论活动。重点是大力倡行“四个果断告别”、“四个坚决做到”，并掀起了解放思想、大上项目、招商引资、优化环境、深入改革的五个持久热潮。

（三）立足又好又快，提升整体实力。主要抓了三个方面的工作：

一是加强项目建设，做强产业支撑。在扎实推进“三纵三横一环”高速路网、南水北调工程等重大基础设施项目建设的同时，大力发展三大支撑产业。汽车及零部件产业实现新跨越。长城轿车资质得到国家核准，20万辆轿车项目顺利下线，结束了河北不生产轿车的历史。总投资52亿元的保定市汽车零部件工业基地3个项目相继开工建设，长安、新凯等新上项目进展顺利。全市汽车产能新增30万辆，零部件企业新增45家。整车生产36万辆，全行业实现销售收入260亿元，分别增长29%和30%。汽车出口保持全国第一，保定市被商务部和国家发改委命名为国家汽车及零部件出口基地。“保定·中国电谷”建设成效显著。突出抓了园区总体规划建设、整体包装宣传推介、天威英利在纽交所上市、与兵装集团的战略合作等几件大事。市政府与中国兵装集团签订了总投资300亿元的战略合作协议。投资22亿元的中国兵装集团天威风电产业园顺利开工，总投资60多亿元的非晶硅薄膜太阳能电池等4个项目已奠基，市风电产业园一期、国电集团风电整机项目即将建成。天威英利三期100兆瓦生产线、惠腾三期、风帆新能源等12个项目竣工投产。“中国电谷”新增企业近100家，达到160余家，销售收入160亿元，增长42.9%。科技部认定保定高新区为国家可再生能源产业化基地。纺织服装产业整合升级步伐加快。致力于打造“华北纺织服装制造基地”和北京“时装之都”加工生产基地，紧紧围绕改造、整合、提升做文章，进一步加快“一带”、“四城”、“十园”建设。保定市与北京纺织服装控股有限公司签署长期战略合作协议，引进了雪莲、铜牛两大品牌，新上了高阳纺织工业园等一批较大项目，对26家企业进行了整合。全行业销售收入398亿元，增长13%。同时，力促以食品加工业为主的四大成长性产业做大做强。顺平汇源、定州伊利、高碑店康师傅、望都蒙牛已建成投产，喜之郎在北方基地项目落户定兴。全省农业产业化现场会在保定市召开。

二是着力解决“三农”问题，扎实推进新农村建设。坚持把解决“三农”问题作为全党工作的重中之重，制定了《保定市新农村建设“十一五”规划纲要》，特别是坚持把落实新政策、发展新经济、建设新环境、培育新农民作为主要内容，使新农村建设健康推进。认真落实中央、省的各项支农惠农政策，2007年共安排用于“三农”的扶持资金8368万元。以发展农村经济、增加农民收入为着眼点，大力发展现代农业，积极推进农业产业化，突出抓了“草牛奶”、蔬菜提质增效、林果生态三项工程。以创建文明生态村为载体，重点实施“村村通”、电力惠民、饮水安全、食品安全“百村千乡”、扶贫开发、信息服务工程，改善农民生产生活条件。同时，坚持因地制宜、分类指导，按照“四个”一批“（转变一批、提升一批、改善一批、迁建一批）的要求，积极探索新农村建设的有效途径和模式。

三是转变经济发展方式，大力推进节能减排。突出抓了冶金、建材、化工、电力、纺织等重点行业节能降耗和循环经济试点工作。加快推广新型能源，启动“太阳能之城”建设，受到全国主要新闻媒体关注，引起较大社会反响。保定市被命名为国家太阳能综合应用科技示范城市。对污染排放严重的重点县，市委、市政府主要领导直接督办，加大环保执法力度，进行专项综合整治。加强白洋淀水污染的综合治理，启动了白洋淀生态综合治理项目，实施了引黄济淀补水工程。日处理16万吨污水的市区城市污水处理二期扩建及配套管网工程于10月投入运营。2007年全市单位GDP能耗下降4.4%。

（四）强化舆论宣传，推进文化建设。推进强市名城建设，不仅体现在经济发展成果上，还应体现在文化软实力上，更重要的是打造保定的综合竞争力。为此，重点抓了以下三方面工作：

一是抓宣传，提高舆论引导能力。坚持“围绕中心、服务大局、外树形象、内聚合力”，不断强化舆论宣传与全市中心工作的结合度，与加快发展的紧密度、贴近度。在强市名城建设宣传中，新闻舆论部门主动出击，全面介入，在省以上重点媒体宣传、推介保定，营造了正面舆论强势。

二是抓特色，推进文化大市建设。按照“一纲一力四目”的思路，组织开展了文化资源普查，建立了文化产业项目库。积极谋划启动了曲阳石雕、涿州古建、冉庄世界战例城等一批重点文化产业项目。与河北大学签署了文化产业发展合作协议。亚洲IT影像文化观光都市项目、新一代动漫产业孵化中心相继启动。保定市被国家新闻出版总署确定为国家动漫产业发展（保定）基地。狼牙山等3处景区晋升4A级景区，直隶总督署西路及光园保护开发等文化旅游项目进展顺利。唱响“奥运在北京，旅游在保定”，“跟着老电影去旅行”专线入选“全国十佳旅游线路”。旅游经济效益居全省前列。

三是抓载体，深入开展精神文明创建活动。启动国家级园林城市、国家环保模范城市、全国建设和谐社区先进市等创建工作，城市整体形象进一步提升。深入开展形式多样的群众性精神文明创建活动，市民文明素质得到提高。同时，科技、教育、卫生、体育等各项社会事业全面发展。

（五）倾力民生民安，确保和谐稳定。2007年，按照“四抓、四心、四先”的工作思路，毫不懈怠地抓好改善民生、维护稳定、促进和谐的各项工作。

一是以改善民生为重点，促进社会和谐。坚持把解决群众最关心、最直接、最现实的利益问题，作为和谐建设的重中之重。大力推进18项民心工程、90件实事，取得了良好效果。实施零就业家庭就业再就业援助工程，4638户零就业家庭实现“双归零”。城镇登记失业率比省定目标低0.4个百分点。实施农民保健工程，实现了新农合22个县（市）全覆盖，在全市二级以上医院全部设立了惠民病房，在全省率先启动了少儿医疗互助金。实施“结缘工程”和济困助学

"山花工程"，力保不让一个孩子因贫困而上不起学。实施城市建设和管理"三做"便民工程，改造市区道路，拆除违法建设，大规模开展了城乡环境"洁、美、绿、亮、序"百日综合整治行动。理顺城市管理体制，成立了城市管理行政执法局，提高了城市管理整体水平。同时，设立"市委书记民情电子信箱"和"市长短信平台"，及时掌握、妥善处理人民群众关心的热点、难点问题。

二是以解决问题为核心，认真做好信访工作。围绕为十七大胜利召开创造良好社会环境的总要求，以"四个确保"为目标，以"七个严防严控"为重点，在全市相继部署开展了"回头看案件、重新找隐患、清零查信访"活动和信访稳定"事要解决"百日攻坚专项行动。在领导干部中大力倡行直接面对矛盾，迎头解决问题，开展经常性的领导干部下访活动。同时，强化信访稳定双向责任追究，建立了网络化、网格化、流程化的责任体系，着力解决责任追究"难"、"慢"、"宽"、"软"的问题。切实加大生产安全、消防安全、食品安全、交通安全监督和管理力度，安全生产整体形势好于往年。2007年，保定市进京赴省群体访批次是全省较低的市之一，十七大和重大敏感日期间稳定安全没有出现问题。

三是持续开展严打整治斗争，切实增强人民群众的安全感。在抓源头、抓治本，积极构筑社会治安防控体系的基础上，明确提出"严字当头，以打开路，让黑势力在保定灰飞烟灭，使老百姓普享安宁和谐"的总要求，各级政法机关深知责任，真懂大局，迅速行动。通过持续开展"打黑除恶"、"打抓破"等严打整治专项行动，全市社会治安秩序明显好转。

（六）加强党的建设，激发干部活力。2007年，坚持强化"党建保障一切"的意识，全面推进党的建设各项工作，着力抓了三个方面的工作：

一是以搞好县、乡换届为契机，加强领导班子建设。认真贯彻《党政领导干部选拔任用工作条例》，坚持"干部随着事业走"，把"靠得住、有本事、能扛活、顶大事"作为首要用人取向，把一个地方和单位工作成效中的"领导含量"作为政绩考核的核心内容，努力提高政绩考核的科学性和准确性。在2007年县乡人大、政府和县政协换届中，严格执行换届纪律和程序，重点推行了"四制三评"干部推荐考察办法，对全额定向民主推荐票数未过半数的20名班子成员和有一定反映并调查核实的2名县级干部不再提名，对17名查实有问题的拟提拔对象不予提拔，使一批综合素质好、群众公认度高、精神面貌好、工作热情高的干部得到了提拔重用，真正换出了正气、换出了团结、换出了干劲。

二是以农村和社区为重点，加强基层组织建设。在农村，以"三级联创"活动为总揽，突出抓领导、抓整顿、抓管理、抓培训。严格落实县（市、区）委基层党建工作责任制，组织开展了县（市、区）委基层党建工作责任制，组织开展了县（市、区）委书记履行基层党建责任专项述职。加大对后进支部整顿转化力度，由市直接进行定点暗访解剖，确保转化质量。全面推行农村干部任期目标承诺管理制度，进一步规范农村干部的执政行为。2007年采取电视系列讲座的形式，对全市所有乡（镇）、村近5万名干部进行了大规模培训。在城镇社区，广泛开展创建精品社区活动。组织开展非公企业建立党组织"集中攻坚"活动，在规模以上企业新建党组织279个。在全省市委书记履行基层党建责任专项述职会上，保定市作为典型作了大会发言。

三是集教育、制度和监督为一体，加强党风廉政建设。深入推进党风廉政建设和反腐败斗争，是市委始终紧抓不放的一项重要工作。按照"八从严"要求，认真落实教育、制度、监督并重的惩治和预防腐败体系的各项具体措施，深化民主评议，完善述廉评廉制度，进一步改革行政审批制度，完善行政服务中心功能，加强对权力运行的监督制约。特别是把国企改革、重点项目建设、优化环境以及换届等重点工作纳入党风监督的重要内容。组织开展"为民、务实、清廉"主题教育活动，坚持不懈地搞好反腐倡廉教育，引导各级干部筑牢拒腐防变的思想堤防。加大案件查处力度，2007年全市各级纪检监察机关共查处各类违法违纪案件1661件，挽回直接经济损失3175.3万元。

中共保定市委办公厅

【中共保定市委办公厅】 中共保定市委办公厅是市委的综合办事机构，正县级单位，内设综合一处、综合二处、综合三处、综合四处（市群众工作协调办公室）、综合五处、综合协调处、信息处（中共保定市委信息中心）、网络管理处、秘书一处、秘书二处、组织干部处、接待处、督促检查一处、督促检查二处、督促检查三处、优化环境一处、优化环境二处，市委机要局（市密码工作领导小组办公室）综合处、技术处、通信报务处、业务处，市委保密委员会办公室（市保密局）综合处、检查处等职能处室，同时根据工作需要，设置老干部处、机关党委、工会、妇委会。主要职责是：承担市委、市委领导交办的文件、讲话稿的起草或修改工作；负责市委文件和市委办公厅代市委行文的审核工作；承担为市委制定党内法规和领导政府立法的服务工作；负责党刊编辑工作。围绕省委、市委总体工作部署开展综合调研，收集和处理信息，反映动态。负责市委日常文书处理；负责市委各种会议和市委日常工作活动的组织安排。负责党中央和省委领导、中央和省委机关部门领导、兄弟市地和外省党委领导，以及办公厅系统的接待服务和协调工作；负责全市党政系统密码通信和管理工作。负责全市通信和计算机网络保密技术的监督检查和管理工作。负责市委领导和部分原市级领导，以及本厅离退休干部的生活服务和阅文、参加有关活动的事务服务工作。负责对市委重大决策、重大工作部署以及中央、省、市委及中办、省委办、市委办重要文件落实情况进行督查；对中央、省、市领导批办事项，市级以上新闻单位披露保定市事项及市人大、政府、政协向市委建议事项进行督办和查办。负责汇总、掌握全市优化环境工作总体情况，制定全市优化环境工作的思路、措施。负责优化环境投诉案件的受理、调查、协调和处理。负责检查、督导优化环境重点工作的落实，加强优化环境的舆论监督和社会监督。负责市委、市政府信访局和市委机关事务管理局的管理工作，负责挂靠在市委办公厅的市委处理法轮功问题领导小组办公室（市政府防范和处理邪教问题办公室）和市城市社区工作委员会办公室的有关工作事宜。负责厅机关干部人事管理，厅机关及直属单位的党群工作。

【2006年·概况】 2006年，市委办公厅按照市委领导提出的争创“第一等工作”和“规范、优质、高效”的总要求，高扬“树正气、讲团结、求发展”的主旋律，紧紧围绕市委各项工作部署，立足于当大参谋、出大主意、搞大服务，努力改进服务方式，拓展服务范围，深化服务层次，提高服务质量，较好地完成了各项任务目标，实现了服务水平的不断提高。

【较好地发挥了参谋服务作用】 1. 坚持把起草好领导讲话、市委文件作为搞好参谋服务的重要渠道，在提高文稿的思想性、指导性、针对性上下功夫，文稿起草质量和水平进一步提高，确保了起草的文稿符合党的路线方针政策，符合保定实际，符合领导要求。全年共起草市委领导讲话、署名文章、工作报告、新闻稿件等各类文稿510多篇，240多万字，为市委推动和指导工作发挥了重要作用。完成市委主要领导在国家、省以上媒体专访材料、署名文章16篇，在社会上产生了较好影响。2. 信息反馈工作及时、准确。全市重点工作、重大决策和市委主要领导的重要活动及言论上报工作做到了及时、准确，全面反映了市委工作。全年共上报省委信息1820余篇，被省采用900余篇，获得“2006年度上报省信息工作优胜单位”称号。编发《保定每日动态》56期300余条。编发《网络信息摘报》60期500余条。编发紧急类信息20期20条。没有发生错报、漏报现象。3. 调研工作为领导决策提供了重要参考。坚持全厅搞调研，把调研工作作为延伸服务内容、提升服务层次、提高服务水平的重要手段，紧贴市委工作的着力点和领导的关注点，抓住全局性、倾向性、前瞻性的重要问题，深入实际，深入基层，深入群众，了解掌握第一手资料，撰写了一批质量高、分量重的调研报告，超额完成了年初制定的调研任务，为市委决策提供了重要依据。全年共起草调研报告30篇，其中《保定市开展学习理论、议发展、促崛起活动》、《保定市推动工作的调查》、《中小企业融资渠道严重不畅限制了中小企业的良性发展》、《贫困地区新农村建设与金融支持“弱化”矛盾应引起关注》等6篇调研报告被省委办公厅刊用。5篇调研文章被市领导批示肯定。4. 公文审核工作规范、无差错。公文审核制发实行岗位责任制，进一步提高了规范化、科学化水平，市委及市委办公厅文件、《办公厅通报》按要求在网上发布。全年共审核制发各种文件230份，起草公文11篇，审核修改各类文稿30余篇 。同时完成了市委办公厅通报和明传电报编号审稿工作，均未出现任何政治性、法规性、原则性失误，文字差错率控制在了万分之一以内，确保了急件按时限要求印出，普通件3天内印出的要求。5. 全力做好《市委工作通讯》编发工作。全年共编发市委机关刊物《市委工作通讯》12期，40万字。整理市委主要领导讲话形成“领导要论”，对全市工作的指导作用进一步加强。增加了调研类文稿上稿质量，给各级领导科学决策提供依据。

【较好地发挥了综合协调职能】 1. 市委领导参加的活动组织协调到位。全年制定市委常委周活动安排50次。组织协调了涉及市委领导参加的外出考察、基层调研、座谈会等活动140余次。活动组织严谨细致，事后整理讲话、编发通报及时准确，在市委领导指挥指导工作中发挥了重要作用。2. 会务组织工作严密、细致。全年共组织常委（扩大）会31次，起草编发常委会纪要30个。组织全市重大敏感问题协调会16次，起草会议纪要15个。承办全市性大型会议27次，电视电话会议15次。特别是市第九次党代会的会务组织工作，由于会议规格高、人数多、程序复杂、要求严格，办公厅倾注全厅力量投入到会务组织工作中，圆满完成了工作任务，得到了市委领导的充分肯定。3. 值班工作运转规范，保证了上下联系畅通。加强对全市党委办公厅室系统和市直部门值班工作的检查指导，保证值班人员到岗在位。起草印发了《市委办公厅关于进一步规范紧急情况重大事件报告工作的通知》。全年没有发生误岗、断岗现象，没有发生任何瞒报、误报事故。4. 文件传阅办理工作及时准确。全年共办理省级以上文件1600余件，市直部门和各县（市、区）请示报告1100多件，受理书记热线来电来函、群众来信500余条。接收省以上文件13406份，分发市级文件202180份，外发机要文件15610份，信函12500封。文件的传递办理工作没有发生任何错办、漏办和失泄密事故。5. 群众工作进一步深入扎实。协调制定了《为民办好45件实事2006年工作目标》，并进行了协调调度。在全市范围内集中组织开展了“四访”和“送温暖、献爱心”社会捐助活动。继续谋划组织了百万元资助寒门学子活动，筹集资金110万元，资助考取本二以上寒门学子550名。协调、指导有关单位开展了“金秋助学”、“阳光工程”等一系列帮扶困难群体工作，使困难群众得到切实救助。6. 党政内网建设稳步开展，网络应用水平不断提高。通过市场化运作方式争取到市移动公司、市网通公司价值约35万元的服务器和应用软件。市本级投入约10万元增加了必要的中心机房防火墙、UPS、机柜等设施。积极争取财政资金5万元更新了办公厅部分微机、打印机等设备。公务内网整合工作圆满完成。建成了市委大院公务内网核心节点局域网、市政府西院局域网和市委东院局域网，市委、市人大、市政府、市政协、保定军分区、市法院、市检察院等88个单位已实现了互联互通。市委网站建设进一步规范，网站功能比较完整，栏目设置合理，年访问量达16万次以上，进一步提高了应用水平。7. 接待工作热情周到，领导满意。克服人员少、任务重的困难，超前谋划，合理安排，精心组织，周到服务，圆满完成了各项接待任务，市委领导比较满意。8. 老干部工作扎实，服务对象比较满意。老干部服务工作做到了耐心、细致、周到，全面落实好老干部的“两个待遇”，及时准确发放工资、药费等150余万元，组织集体学习16次。积极帮助和引导老干部发挥余热，为社会作贡献。老干部工作被评为全省先进集体。

【督查工作力度加大，确保了工作落实】 1. 批办督查注重实效，质量提高。全年共承办省以上领导批办件14件，承办市级领导批办件41件，承办市人大代表建议、政协委员提案29件，全部办结，办结率100%。实现了件件有着落，案案有结果，达到了领导和当事人两方面的满意。在省委督查室开展的省批办件回访中，对保定市的办结质量提出了表扬和肯定。2. 决策督查围绕中心，服务大局。对市委八届七次全体（扩大）会议暨全市经济工作会议、市委工作会议等6次重要会议进行了分解立项，重点督导，确保了会议精神落实。开展了市“2·28”大会、全市领导干部下访、上半年重点工作等8次决策督查活动，较好地推动了市委决策工作的落实。3. 综合督查突出重点，求真务实，成效显著。对市委党委（扩大）会议定的重大事项积极认真地进行督办和积极反馈，对各县（市、区）和市直部门工作状态、工作作风等情况进行了明查暗访、跟踪问效。对关停污染白洋淀企业情况、市区和重点企业军转干部稳控工作、市直单位联系共建社区情况、县（市、区）政协机构设置存在的问题等11个方面的工作进行了现场实地督导。向市委领导上报督查专报20期，得到了市委领导的肯定。

【优化环境工作继续扎实推进】 1. 围绕“提质、提速”，大力推进机关效能建设。积极发挥综合协调、典型引路、推动落实职能，组织指导各级各部门围绕“2·28”大会优化政务环境的主题，按照“提质、提速、为人民、促发展”的要求，不断健全机制，创新体制，提高机关效能，规范施政行为，强化服务意识，积极建设服务型机关。2. 加强督导检查，推进优化环境工作深入开展。围绕公路“三乱”、企业“五乱”、机关作风、行政职能以及“不作为、乱作为”等问题进行了持续检查和暗访。对在暗访检查和投诉受理中发现的危害环境的102名有关责任人，按照领导责任制和“一次查实下岗”制要求，责成并督办有关单位进行了严肃处理，其中给予党内和行政警告处分4人，撤免职1人，下岗、待岗2人，辞退94人，开除公职1人。全年共接待来人、来电200多人次，对其中36件企业和群众投诉案件进行了协调处理，受到企业和当事人的普遍好评。3. 全力做好市行政服务中心管理工作。在建立健全各项规章制度的基础上，规范运作，注重监管，强化服务。行政服务中心已有51个部门和单位进驻，设立服务窗口102个，涉及审批及服务事项509项。全年共受理各类事项143713件（项），办结143183件（项），办结率99.6%。完成税费收入4.84亿元，公共资源交易大厅累计组织政府采购35次，采购额1791.8万元。在提高办事效率、规范审批行为、强化服务职能、实现“便民便企”等方面发挥了重要作用。

【机要保密工作取得新成绩】 1. 机要工作做到了保密、及时、准确。按照“两个绝对确保”的要求，做好各类电报的传输办理工作，全年共办理明密电报7202份，派出台跟随领导服务一次，没有发生压误、错办、漏办和失泄密事故。2. 保密工作取得新成效。围绕各项重点工作，抓好军工科研生产单位、党政机关干部的保密宣传教育。围绕重点对象，抓好行政执法工作，对泄密事件加大了查处工作力度。围绕提高防范能力，抓好保密技术工作，在全市开展互联网和公务内网、保密技术新产品、新设备保密检查工作，全市保密工作水平进一步提高。

【机关后勤服务工作进一步改善】 1. 机关大院管理进一步规范。通过落实卫生责任制，保持了机关大院良好的卫生环境。重新铺设了机关大院内8486平方米的柏油路，更换了1350米的路砖。加强大院绿化管理，精心养护花草树木，市委机关大院被评为保定市“绿色机关”。2. 安全保卫工作做到了安全无事故。落实安全责任制和《消防法》，坚持安全巡视检查制度，发现隐患及时消除，全年未发生刑事治安事件和火灾事故。3. 车辆服务保证了安全行驶。坚持《关于机关公务用车的五条禁令》，全年出车1.8万台次，安全行驶100余万公里，没有出现重大恶性事故，保证了领导和公务用车安全。

【全面完成共性目标】 1. 深入开展“学树保促”活动，加强干部队伍建设。按照市委统一部署，紧紧围绕“正面教育、自我教育、真学真改、解决问题，完善机制、健全制度”的目标，坚持高标准、高质量、严要求和开门搞教育的工作方针，精心组织、周密安排，深入开展学习，认真查摆问题，狠抓整改提高，整个活动取得明显成效。通过开展这次活动，进一步统一了干部职工的思想认识，凝聚了力量，改进和规范机关工作，提高了办公厅整体工作水平。2. 深入抓好机关党建工作，增强机关整体活力。一年来，组织开展了迎春联欢会、纪念建党85周年和红军长征胜利70周年书法作品展和摄影作品邀请展，参加市直机关运动会等活动，进一步展示了办公厅形象，活跃了干部职工文化生活。在党政内网上建立了保办党建网站，作为省内党委办公厅室系统首家机关党建网站，点击率超过6000人次，不仅方便了工作，而且宣传了保定。积极组织参加市直机关运动会，并获得优秀组织奖。工会工作被市直机关工委评为“先进职工之家”。3. 深入做好帮扶创建工作。组织开展了送温暖献爱心捐助活动，共捐款7200元，捐献衣物30多件。帮助阜平县东下关乡南栗元铺村开展文明生态村创建工作，积极协调资金10万元，帮助该村建立了文化广场，并协调安装了5万余元的健身器材，修村内道路2000多米，得到了村民的广泛好评。

【2007年·概况】 2007年，市委办公厅在市委的正确领导下，紧紧围绕市委中心工作，努力改进服务方式，拓展服务范围，提高服务质量，较好地完成了各项任务目标，保证了市委机关工作的日常运转，实现了服务水平的不断提高，各项工作都取得长足进步。

【提高参谋服务水平，发挥参谋助手作用】 1. 文稿起草保持了较高质量水平。坚持把起草好领导讲话、市委文件作为搞好参谋服务的重要渠道，努力在提高文稿的思想性、指导性、针对性上下功夫，确保了起草的文稿符合党的路线方针政策，符合保定实际，符合领导要求。全年共起草市委领导讲话、工作报告等各类文稿700余篇。起草把关各类考察报告、体会文章、专项简报等190余篇。审核把关各类新闻稿57篇，市委领导的满意度都比较高。完成市委主要领导在国家、省以上媒体专访材料、署名文章16篇，其中中央电视台“希望快车——走进保定”、新华网河北频道专访、《大公报》专访、《河北日报》“高端访谈”以及河北电视台、河北电台等媒体专访，中央、省各媒体在十七大期间的专访，在《河北公报》、《共产党员》等杂志及省以上内刊发表的署名文章等，都产生了较大的社会影响，为宣传保定，展示保定形象作出了应有贡献。2. 信息反馈及时准确。上报省委信息工作再创佳绩，在全省11个市中名列第二名，市委书记宋长瑞批示以市委名义通报表彰。全年共上报省委各类信息2150余条，被省委信息中心采用950条，取得全省前三名的好成绩。“市委书记民情电子信箱”切实发挥了察民情、解民忧、排民难、聚民意的作用。按照市委主要领导提出的“抓承办、抓落实、抓督导”的要求，认真对待每一封群众来信。全年共处理群众来信840封，帮助群众解决实际问题近500件，解答群众反映问题350个，群众满意度80%以上。加大了信息搜集力度，全方位为市委领导的决策服务。全年共编发《保定每日动态》75期，编发《网络信息摘报》40期，编发《保定快报》104期。3. 公文审核工作规范、无差错。高质量、高标准完成了公文审核制发任务。全年共审核制发各种文件346份，均未出现任何政治性、法规性、原则性失误，文字差错率接近于零。4. 调研工作为领导决策提供了重要参考。坚持全厅搞调研，通过调研延伸服务范围，提升服务层次。紧紧抓住全局性、倾向性、前瞻性的重要问题，深入实际、深入基层、深入群众，撰写了一批质量高、分量重的调研报告，为领导决策提供超前服务和深层次服务。全年共起草调研报告30余篇，编发《决策研究》23期，多篇被省市领导批示肯定，其中协助省委办公厅起草的《四板斧砍出的新变化》在全省引起较大反响，《保定市矿山整治双百日活动情况的总结报告》被原省委书记白克明、省长郭庚茂批示肯定。《保定市国保建设的经验》被国家公安部和省委政法委转发并召开现场会推广。5. 全力办好《市委工作通讯》编发工作。全年共编发市委机关刊物《市委工作通讯》12期，40万字。整理市委主要领导讲话形成“领导要论”，对全市工作的指导作用进一步加强。增加调查研究类文稿上稿数量，给各级领导科学决策提供参考和借鉴。

【事务协调周到细致，确保各项活动顺利进行】 1. 会务组织、事务协调工作精益求精，领导放心满意。全年共组织市委常委（扩大）会议27次，党政联席会2次，编发市委常委会会议纪要24期。共组织协调市委领导参加的外出考察、基层调研、座谈会等活动240余次。承办全市性大、中型会议45次，安排市委常委周活动48次。各类会议和活动的组织工作周到细致，得到市委领导和社会各界的肯定。特别是7月由市委主要领导带队，各县（市、区）委书记、县（市、区）长参加的赴山东考察，市委办公厅超前谋划，精心组织，认真总结学习经验，使考察活动取得了圆满成功，受到了市委的通报表扬。2. 接待工作热情周到，领导满意。全年共接待上级领导、来宾480多批4200余人次。其中接待国家级领导3批150余人次，接待省部级领导23批500余人次，接待中央、省市考察、检查、调研团组22批600余人次，热情的接待，周到的服务，得到上级领导的肯定和接待对象的满意，充分展示了保定的良好形象。3. 群众工作逐步深入，社会反响良好。牢记全心全意为人民服务的宗旨，始终把困难群众的冷暖挂在心上，为广大群众办了一大批实事好事。在全市范围内集中组织开展了“送温暖，献爱心”社会捐助活动，把党和政府的关怀送到了群众手里。协调、指导有关单位开展了“金秋助学”、“阳光工程”等一系列帮扶困难群体工作，使困难群体得到了切实的救助。4. 优化环境工作成效显著。一是通过明查暗访，进行深入整改，推动了工作落实。先后组织6次成规模的暗访检查6次，有力促进了工作作风的转变和效能的提高。二是通过建立便民服务平台，促进项目建设。进一步规范审批流程，完善便民举措、实行投资项目全程跟踪制度，提高了行政审批效率。全年共受理各类审批和服务事项179145件（项），办结178999件（项），办结率99.9%，受到社会各界群众的普遍称赞。三是通过畅通投诉渠道，为企业排忧解难，按照“有诉必办、有办必果、查必到人、查必到位”的原则，继续开通24小时投诉电话，共受理各类投诉43件，已办结41件，相关企业比较满意。

【机关运转规范有序，工作效率进一步提高】 1. 值班工作在保证全天候、不脱岗、不误岗的基础上，进一步加强了紧急情况重大事件的报告工作。向省委报告各类紧急情况重大事件，做到了及时上报，妥善处置，没有发生迟报、漏报、瞒报、误报现象，为领导及时掌握信息，实施科学决策发挥了重要作用。实行了主副班值班制度，确保了值班工作全天候、无间断。加大了对全市党委办公厅（室）系统值班情况的检查指导，确保了上下联系畅通。做好书记热线电话办理工作，全年共接听群众来电300余次，简单问题立即协调解决，重大事项立项督办，得到了群众认可。2. 文件运转及时高效保密。全年共办理省级以上文件1600余件，办理领导批示件、市直及各县（市、区）请示、紧急重大情况报告、明传电报等各类公文1270余件，没有发生任何拖压、丢失、漏办等责任事故。全年共接收省以上文件11050份，分发市级文件19万余份，机要文件13150份，信函13600封，没有发生任何失泄密事故。3. 信息化工作狠抓网络安全运转，网络应用水平不断提高。加强网络管理，夯实内、外两个网络平台，确保了网络安全可靠运转。大力加强网络及相关设备的安全保密工作，建立健全安全保密制度，加大安全保密检查力度，确保安全保密重点，全年没有发生任何网络失泄密事件。加强计算机设备的管理和维护，全年共处理网络、微机等故障700余次。信息资源建设进一步得到加强，网站功能比较完备，栏目设置合理，访问量大幅提高。协调相关处室实现了市级电子公文、电子期刊数据库建设，内容齐全，数据提交及时、完整、准确。加强技术交流和培训，积极开展横向工作交流，年内与江西省委、太原市委等单位就网络安全、网络管理与人员培训等方面进行了多次交流。结合全市公务内网应用系统建设，切实加强电子邮件系统、信息采编系统、财政支付系统的使用培训，对各县（市、区）信息技术人员和联网部门技术人员的培训率达到了100%，切实提高了网络应用水平。4. 老干部工作扎实细致。定期组织老干部学习和外出参观，落实好老干部的“两个待遇”，保证老干部日常用车需要，老干部比较满意。

【督查工作力度加大，确保工作落实】 1. 围绕中心工作抓督查，促进了重大决策的落实。全年共完成省委督查室交办的决策督查项目4项，高质量完成4次与省委督查室的联合督查调研活动。对市委重要会议议定事项和重要文件，按照“四明确”要求，进行分解立项，具体落实到每个单位和领导。全年完成了10次全市性综合督查任务，使中央、省、市委的决策得到有效落实。2. 围绕领导批办件抓督查，做到件件有着落。全年共承办省以上领导批办件16件，承办市领导批办件55件，全部办结。

【机要保密工作取得新成绩】 1. 机要通信做到保密、及时、准确。按照“两个绝对确保”的要求，全年共办理明密电报8636份，没发生压误、错办、漏办现象，确保了党委、政府政令传递的安全畅通。深入开展密码保密整改活动，建立健全密码、密码电报管理制度，全市机要系统安全畅通、规范运行。2. 保密工作取得了新成效。一是抓好保密宣传教育工作。充分发挥党干校阵地作用，加强对重点人员的教育。着力抓好军工科研生产单位的保密宣传教育，对取得岗位资格证书和正在军工认证审批过程中的企业涉密人员进行培训。对12个县（市、区）约1100名计算机管理人员进行了培训，对新录用的49名公务员进行了保密教育培训。积极组织开展“全省保密知识竞赛”活动，全市共有近500个单位19960多人参加。二是抓好保密管理工作。加强保密系统档案建设，积极参与重大经济活动保密工作，防止失泄密现象发生。积极做好中高考及司法考试保密工作，积极推进党政机关保密分类管理，健全完善保密规章制度，配合有关部门做好密级鉴定工作，认真做好军工企业保密资格审查认证工作，强力推进涉及国家秘密信息系统分级保护管理工作。三是抓好保密行政执法工作。坚持“求严、求准、求真”的原则，严格检查内容，严格检查程序，真找问题真整顿，有效地防止了失泄密事故的发生。制定完善了厅内部保密制度规定，健全理顺了保密管理机制，实现了厅内保密全覆盖、全天候。

【后勤工作保证市委机关的正常运转】 1. 积极创造条件，改善干部职工办公条件。进一步加大投入，优化办公环境，保证了机关正常办公。粉刷了机关所有楼房及墙体2万多平方米。抓好市委大院的绿化，做到了“三季有花，四季有绿”，市委大院评为城镇绿化先进单位。2. 以落实治安、消防责任为重点，确保了机关大院的安全、无事故。投资近30万元，对机关的安防监控系统进行了改造，更新先进设备，使重点部门的视频临近点达到了20个，红外报警点14个，完善了电子巡更系统，大院的安全防卫得到进一步加强。

【干部队伍整体战斗力得到加强】 1. 加强班子建设，增强整体合力。加强理论学习，提高思想理论素养。抓好理论学习，特别是十七大精神的学习，班子成员思想水平和政策水平进一步增强。加强思想政治建设，增强政治意识。厅领导班子成员带头以身作则，带头执行各项制度，带头维护团结，为全厅职工做出了表率。坚持民主集中制，健全决策机制。认真坚持《秘书长办公会议事决策规则》，在涉及到干部职工切身利益的问题上，都能够做到广泛征求意见，充分沟通，最大限度地做到决策的民主、透明，广大干部职工比较满意。严格遵守廉洁自律和各项规定，落实廉政建设责任制，全厅没有发生违法违纪行为。2. 深入开展“为民、务实、清廉”主题教育活动，强化干部职工勤政意识。根据市委关于在全市党员干部中开展“为民、务实、清廉”主题教育活动的要求，市委办公厅从2007年5月开始，在全厅集中开展了“为民、务实、清廉”主题教育活动。在学习动员和查摆问题的基础上，结合办公厅工作实际，做了大量实际工作。一是结合“驻联帮解促”活动，全心全意帮助驻村解决实际困难。二是结合实际查摆问题，提出了勤政务实的具体要求。三是结合贯彻落实中纪委关于严格禁止利用职务上的便利谋取不正当利益的若干规定，抓好廉洁自律工作。通过活动的开展，全厅干部职工勤政廉政意识得到进一步加强。3. 深入开展“解放思想大讨论”活动。按照市委的安排部署，市委办公厅扎实开展了“解放思想大讨论”活动。制定了活动实施方案，成立了工作机构，召开了动员大会，在认真学习理论的基础上，广泛征求了干部职工对办公厅工作的意见和建议，为这项活动的进一步深入开展打下了基础。

（部门编辑：金声久）

组织工作

【中共保定市委组织部】 中共保定市委组织部是市委主管组织工作和干部工作的职能部门。主要负责全市各级领导班子、干部队伍、人才队伍、基层组织和党员队伍建设以及干部考核等方面的工作。内设20个处室：办公室、机关党委（人事处）、研究室（政策法规处）、干部一处、干部二处、干部三处、干部四处、干部五处（知识分子工作处）、干部监督处、干部培训处、参照管理处（考试录用处）、考核办公室、干部信息管理处、交流干部服务处（机关老干部处）、农村基层组织处、城市基层组织处、组织指导处、组织员办公室、党员电化教育处（党员电化教育中心）、组织史征编处。

【2006年·概况】 2006年，全市组织工作高扬“树正气、讲团结、求发展”主旋律，全面贯彻落实科学发展观，突出先进性教育活动和县乡党委换届两大重点，大力推进领导班子、干部队伍、基层组织和党员队伍建设，为全市科学发展、提速发展、和谐发展提供了坚强的组织和人才保证。扎实开展先进性教育活动，组织全市7131个基层党组织，327328名党员圆满完成了第三批先进性教育活动，取得重要的实践成果、制度成果和理论成果。中央和省委先进性教育活动领导小组的有关领导多次对保定市的教育活动给予了充分肯定。严密组织，规范运作，圆满完成县乡党委换届工作。加强了对换届工作的组织领导，将思想政治工作贯穿于换届工作；严肃换届纪律，提出了“二十个不准”要求，营造了风清气正的用人环境；探索实行了“四制三评”干部推荐考察方法，防止了干部“带病推荐”和“带病提拔”。中组部《组工通讯》、《干部监督通讯》、中编办《机构编制动态》、省组部《领导参阅》、《组织人事报》等先后介绍了保定市的这一做法；换届后，领导班子结构和整体功能发生了明显变化，得到了广大干部群众的普遍认可。强化能力建设，落实“双观”要求，领导班子和干部队伍建设得到加强。认真贯彻《干部教育条例》，培训各类干部120248人次。公开选拔了11名35岁以下实绩突出、群众认可的副县级领导干部。圆满完成了123名法检系统工作人员和49名市直机关公务员的招录。认真组织开展了公务员登记和工资套改等工作。按照“双观”要求，创新机制，优化目标设置，进一步完善了年度综合考核办法。结合市委“学树保促”教育活动，对县（市、区）和部分市直单位领导班子进行了巡察问效。加强了干部宏观管理，全市县、乡两级党政领导班子女干部配备率位居全省前列，市委组织部获省实施妇女儿童发展规划先进集体称号。对选调生“一档六制”管理办法进行了规范完善，督导落实了到岗和编制、工资等各项待遇。圆满完成后备干部管理、援边干部选派和团职军转干部安置等工作。健全机制，狠抓落实，干部监督工作取得了新进展。加大了《干部任用条例》检查力度，继续执行调整科级干部预审备案制度，强化日常监督管理，坚持了诫勉谈话、组织函询和经济责任审计等制度。发挥职能，注重服务，人才工作迈出了新步伐。健全了人才工作协调、指导和督促检查机制，编纂完成了保定市人才发展《蓝皮书》，出台了《关于加强高技能人才工作的意见》，继续深入开展“百名专家富百村”活动，有关部门一起谋划了“百名专家扶百企”活动，本市高校毕业生面向基层就业工作受到了中央检查组的高度评价。强化责任，突出重点，基层党组织和党员队伍建设的整体水平得到了新的提高。认真组织了“三级书记”履行基层党建职责专项述职会议，组织

开展了“百日攻坚”活动，对列入2006年整顿范围的335个后进村进行了全面整顿，得到中组部和省组部的充分肯定，中组部《党建研究》全面刊发了保定市的做法。认真做好村“两委”换届工作，村党组织书记与村委会主任“一人兼”和“两委”成员交叉任职的比例均得到较大幅度的提高，实行的“选前目标承诺、任期目标管理”制度，受到市委主要领导充分肯定，省委组织部在全省推行了保定市这一做法。社区党建推行了支部进楼宇、进市场、进协会、进园区模式，90%以上的社区实行了“一会一部一站一岗”党建新模式，全市党建示范社区创建活动，在省《共产党员》和《基层组织建设工作情况通报》刊发。在党员队伍建设上，建立了市委党员经常性教育联系会议制度，成立了联系会议办公室，推行了设岗定责活动，指导部分县（区）建立了“双化双责”和“三优化双公开”工作机制，中组部《组工信息》、《河北组工信息》先后予以转发。以“学树保促”教育活动为契机，继续在全市组织系统推进观念创新、方法创新和制度创新，提升了组织部门的整体形象和创新能力，组织部门“党员之家、干部之家、知识分子之家”的氛围进一步浓厚。干部信息管理、老干部、交流干部服务、组织史征编、党员电教和组工调研、宣传、信息、信访等各项工作也取得新进展。全年共有34项（次）工作受到市以上表彰和奖励，保定市被中组部干部监督局确定为河北省唯一的干部监督工作联系点。

【保持共产党员先进性教育活动】 一是认真抓好第三批先进性教育活动。组织全市7131个基层党组织，327328名党员参加了第三批先进性教育活动。各级党组织紧紧围绕“关键是取得实效”和“真正成为群众满意工程”的要求，加强领导、全面发动、周密组织、积极推进。建立健全教育活动责任制，将教育活动开展情况列入各级班子实绩考核的重要内容；市县两级党员领导干部普遍建立教育活动联系点，抽调6200余名机关干部驻村担任指导联络员，组织党员领导干部上党课8600多次，召开学习体会交流会6600多次，组织实地考察1万余人次，使农村党员普遍接受了一次党性教育。二是努力巩固和扩大先进性教育活动实践成果。通过领导带头抓整改、建立制度抓整改、开展活动抓整改“三力合一”的办法，严格落实整改责任制、整改内容公开承诺制、整改结果群众评议制等制度，各级党组织和党员查摆梳理的90余万个问题绝大部分得到有效解决；为群众办好事、实事3万余件，落实帮扶资金近亿元，为困难党员解决实际问题1.1万多件，达到了“党员受教育、群众得实惠”的目的。三是积极探索建立保持共产党员先进性的长效机制，发展制度成果。重点在规范决策机制、完善评判机制、深化帮扶机制、建立预警机制、严格运行机制及强化培训机制六个方面进行积极探索。将教育活动中创造的新经验、建立完善的49项制度辑录成册，编印《制度成果汇编》下发县（市、区）和市直各单位，抓好学习宣传和贯彻落实，推动全市党建水平进一步提升。四是加强党的先进性建设理论研究，深化理论成果。广泛开展了党的先进性建设理论研究活动，优选40篇论文辑印《理论成果优秀论文集》，其中《试论保持共产党员先进性教育活动的基本经验》被选入省论文集；在市级主要媒体设置了专栏，刊发理论研讨文章30余篇，促进了研讨成果在实际工作中的转化运用。6月29日，召开全市庆祝中国共产党成立85周年暨总结保持共产党员先进性教育活动大会，历时一年半，涉及1.8万个党组织、55万多名党员的先进性教育活动圆满完成。通过教育活动的开展，广大党员干部的党性观念和执政意识普遍提高，基层党组织的创造力、凝聚力和战斗力进一步增强，党群、干群关系进一步密切，在“提高党员素质、加强基层组织、服务人民群众、促进各项工作”方面收到明显成效。中央和省委先进性教育活动领导小组的有关领导多次对保定市的教育活动给予了充分肯定。

【完成县乡党委换届工作】 加强组织领导，保证了换届工作有序进行。结合2005年度班子考核，进行了摸底调研、测算统计和综合分析，提出了干部调整交流原则和合理化建议。成立了换届领导小组和办公室；召开专门会议对换届工作进行了部署；组建了8个县乡换届指导组进行巡回督导；编印了换届工作有关问题答复意见、县（市、区）党委换届考察工作规程，以编发《换届工作动态》的形式通报进度、交流经验，有力推动了换届工作。注重教育引导，稳定了干部思想情绪。将思想政治工作贯穿于换届工作始终，利用会议、文件、在《保定组工通讯》开辟言论专栏等形式，积极宣传换届政策；市委领导和部务会成员，采取谈心、看望等方式，多次深入县（市、区）了解干部思想动态，进行思想疏导，稳定了干部思想情绪，14名年龄偏大的人大、政协正职自愿提前离开领导岗位，

32名副书记和一批不符合继续提名的班子成员得到了妥善安置，为优化班子结构、消化副书记和提拔年轻干部提供了空间。探索实行了“四制”、“三评”干部推荐和考察方法。在民主推荐中，实行了推荐干部“实名制”、推荐结果“公开制”、推荐诚信“备案制”和推荐干部“问责制”，解决了干部推荐中责任不明确、随意性比较大的问题，提高了民主推荐的真实性和可靠性，确定的考察对象都是民主推荐前三名、群众最拥护的副县级后备干部，保证了优秀干部脱颖而出。在干部考察中，对75名拟提拔人选实行了民意评价、实绩评估和素能评定，解决了干部考察范围窄、考察方式单一等问题，得到群众广泛认可。“四制”、“三评”的实行，进一步规范了干部民主推荐和考察环节，对防止干部“带病推荐”和“带病提拔”起到了积极作用，形成了具有保定特色的经验做法。中组部《组工通讯》、《干部监督通讯》，中编办《机构编制动态》，省组部《领导参阅》，《组织人事报》等先后介绍了保定市这一做法。严肃换届纪律，营造风清气正的用人环境。成立了县乡党委换届监督检查工作办公室；向各级党委、领导干部和组织部门提出了“二十个不准”要求。落实全国组织系统“12380”举报工作视频会议精神，积极拓宽举报受理渠道，加大换届期间举报件的核查力度，坚持“有报必查、严肃查处”，取消了3名档案有涂改、1名假学历和1名违反计划生育政策干部的考察对象建议人选资格。树立了正气，防止了跑官要官、拉票贿选及非组织活动等歪风和腐败现象，确保了县乡党委换届选举工作圆满完成。注重优化配备，增强了班子的整体功能。认真落实中央、省委关于换届工作的政策要求，下大力做好精减领导班子职数、减少副书记职数和适当扩大党政领导成员交叉任职等方面的工作，严格按照德才兼备、注重实绩、群众公认的原则选好正职、配强班子，县乡党政正职基本实现了优势和气质互补，班子的整体素质和活力得到进一步提高。县乡班子均按政策要求至少配备了1名妇女干部和年轻干部，需要消化的副书记全部得到妥善安置。与换届前相比，在年龄结构上：县（市、区）党政正职和党委班子平均年龄分别下降了1.3岁和2.3岁。乡镇党政正职平均年龄下降了0.7岁。在知识结构上：县（市、区）和乡镇党委班子成员中，大学本科及以上学历干部较换届前分别提高了19和6.3个百分点。在专业结构上：县（市、区）和乡镇党委班子成员中理工财经类专业干部分别比换届前提高了8和1.4个百分点，更加适应了县域经济发展需要。通过此次换届，真正换出了团结，换出了正气，换出了朝气蓬勃、奋发有为的领导层，得到了广大干部群众的普遍认可。党委换届选举大会上，常委人选全部以高票或全票当选。

【干部教育培训工作】 深入学习贯彻《干部教育条例》，将中央颁布的《干部教育条例》列入各级党校教育培训的重要内容。充分发挥市委组织部干部教育培训主管职能，抓好换届后大规模培训干部工作。继续坚持了办班审批申报制度，对办班单位培训对象、内容和经费来源、收费数额等进行严格把关，防止了乱办班、乱收费等问题。同时，依据建立的市管干部5年来培训情况电子档案，认真抓好党政班子成员参加培训“提名调训”制的落实工作，有效解决了以往一些人反复参加培训，一些人长期得不到培训的问题，保证了全市干部教育培训工作规范有序开展。全年培训各类干部120248人次，其中县级干部1950人次，乡科级干部29100人次，其他干部89198人次；抽调各级干部213人次，完成了51项省以上调训任务，全面提高了干部的理论素质和执政能力水平。

【深化干部人事制度改革】 以县（市、区）委换届为契机，大力推进公开选拔工作，在全市公开选拔了11名35岁以下实绩突出、群众认可的副县级领导干部，得到了市领导充分肯定；同时，完成了123名法检系统工作人员和49名市直机关公务员的招录工作。认真抓好《公务员法》实施工作。成立了领导小组；组织了《公务员法》的宣传、培训工作；召开了全市实施《公务员法》暨改革工资制度规范津贴补贴工作会议，公务员登记等各项工作全面铺开。

【干部考核工作】 圆满完成了2005年度考核定档工作。将党风廉政建设、基层党建考核和《干部任用条例》、民主集中制检查与年度实绩考核一并进行，减少了考核检查次数，减轻了基层负担，得到基层好评；改进考核方法，进一步扩大了征求意见范围。改进2006年度考核目标设置方式。县（市、区）经济指标改由自定目标值和市直有关部门分口下达相结合的方式确定；市直部门职能业务目标根据市委、市政府有关工作任务分解和自身职能上报确定；专项工作任务由各评价部门分别下达。完善了年度综合考核办法。实行了千分制模块化目标考核办法，实现了管事与评价的统一；精简评价部门，由原来的25个精简为12个，增强了评价的权威性；考核结果汇总兼顾得分位次和进步幅度，更有利于调动方方面面的积极性。

【组织开展巡察问效工作】 按照全市领导干部大会精神和市委“学、树、保、促”教育活动实施方案，在对前三季度全市经济形势进行分析的基础上，组织开展了巡察问效工作。重点对换届后的县（市、区）党政领导班子和承担《政府工作报告》2006年工作落实方案的市直单位班子整体运行情况和班子成员的工作进行巡察问效，作出实事求是的评价，增强了班子成员责任意识，推动了各项工作落实。

【加强干部宏观管理】 加强对后备干部队伍的宏观指导，提出了对后备干部实行动态管理的措施和建议。积极做好妇女干部工作，25个县（市、区）中，25个党委领导班子均配备了女干部，配备比例为100%，有24个政府领导班子配备了女干部，配备比例为96%；乡（镇、街道）党政领导班子中配备1名以上女干部的达到95.1%；县、乡两级党政领导班子女干部配备率位居全省前列；市委组织部获省实施妇女儿童发展规划先进集体称号。着眼于建立一支数量充足、素质优良、结构合理，能够适应新形势、新任务需要的女干部、女党员队伍，出台了《2006—2010年培养选拔女干部、发展女党员工作规划》，对县（市、区）和有关部门落实规划情况，每年进行一次检查和通报。对选调生“一档六制”管理办法进行了规范完善，督导落实了到岗和编制、工资等各项待遇；加大了选调生培养、使用工作力度，全市副科以上的选调生达到103名，115名选调生补充到县（市、区）直机关，34名补充到市直机关。认真做好援边干部和交流干部应急服务工作。为10名援坝干部协调落实了各项待遇；多渠道帮助援边、交流干部解决实际问题，得到了援边、交流干部和家属的好评。同时，坚持“一个导向、六个公开”的原则，圆满完成了38名团职军转干部的安置工作。

【加强干部选拔任用工作监督】 认真落实“半年自查、全年检查”制度，对县（市、区）和部分市直单位执行《干部任用条例》情况进行了检查，对1876名提拔及平调重用干部广泛征求了意见；向存在问题的县（市、区）下发了《整改通知书》；对选拔任用工作和提拔调整干部群众满意度低的市直单位进行了重点抽查，强化了贯彻执行《干部任用条例》的纪律意识。将干部监督贯穿于干部工作全过程，严格执行调整科级干部预审备案制度，较好地解决了乡镇党委换届中出现的党政分设、超职数配备领导干部等问题；全年预审备案48批1831人，对发现的问题及时作了纠正。相继召开市直单位审核备案部门情况通报会和科级干部审核备案工作会议，下大力解决审核备案不规范和科级干部选拔任用工作中存在的问题，取得了较好的效果。着眼于进一步扩大群众“四权”，防止干部“带病提拔”、“带病上岗”，实行了干部考察预告制度，拟提拔调整干部人选在提交市委常委会研究干部前，都征求了市纪委的意见并严格落实了任前公示制度，及时对群众反映的5名公示对象进行了调查核实。

【加强领导班子和领导干部日常监督】 认真抓好中组部《关于加强组织部门干部监督工作的意见》和《关于对党员领导干部进行诫勉谈话和函询的暂行办法》等制度的落实工作，下大力整治不作为和乱作为的问题。结合换届，对25个县（市、区）和两个开发区班子及其184名干部进行了走访，对4名有苗头性、倾向性问题的干部进行了诫勉谈话；走访中密切关注了党政正职搭配情况，引导他们做开明的书记、明智的县长，使新搭档缩短磨合期，老搭档延长最佳搭档期。进一步规范了市管干部经济责任审计办法，扩大了审计对象的范围，加强了换届离任干部经济责任审计工作，全年共委托经济责任审计20人。

【强化人才工作牵头抓总职能】 对市人才工作协调小组成员单位进行了调整补充，将成员单位由13个扩充到18个，并制定了详细的工作规则；完成了保定市人才发展《蓝皮书》编纂任务，为指导好今后人才工作奠定了基础；分解下达了人才重点工作任务，列入年度人才考核的重要内容；着眼于推动全市人才工作扎实有效开展，认真组织筹备了全市人才工作会议。

【加强人才队伍建设】 建立了10600人的高层次人才信息库并实行动态管理。完成了第五批省管优秀专家、省优秀科技工作者和保定市技术能手人选的评选推荐工作。围绕进一步完善高技能人才培养体系，建立健全高技能人才考核评价、竞赛选拔、技术交流和社会保障等机制，尤其是发挥本市职业技能学校较多的资源优势，出台了《关于加强高技能人才工作的意见》，为实现保定市由人口大市向人力资源大市转变提供了制度保障。

【继续开展“百名专家富百村”活动】 先后两次对“百名专家富百村”活动进行了督导，组织省内外专家、教授460多名，深入493个村开展对口帮扶，举办培训班581场，培训农民18000多人次，受到群众广泛好评。同时，配合市委、市政府“校企对接”发展民营经济战略，和有关部门一起谋划了“百名专家扶百企”活动。

【做好大中专毕业生就业工作】 组织了大中专毕业生双选就业洽谈会和民营企业人才专场招聘会，提供就业岗位9180个，近千人与用人单位正式签约。代表河北省迎接了中央检查组对高碑店市高校毕业生面向基层就业情况的检查，检查组长、国家人事部人才流动开发司司长毕雪融评价本市：“工作做得非常好，一些工作有创新、有特色，亮点较多。毕业生面向基层就业的渠道比较多，有关部门协调联动、密切配合，共同做好毕业生面向基层就业工作，形成了合力。”

【组织“三级书记”党建述职，强化县乡党委管党职责】 认真组织了“三级书记”履行基层党建职责专项述职会议，县委书记党建述职会上，市委主要领导对各县（市、区）工作逐一点评，市委基层组织建设联系会议成员单位逐县测评划档，取得了明显效果，得到了省组部与会领导的高度评价。召开了全市农村基层组织建设工作现场会，明确了以落实党建责任制为主线，深化“三级联创”的工作思路，制定并认真落实了完善“党绩”考核，发挥县委“关键”作用；落实责任追究，发挥乡镇党委“主角”作用；严格分类管理，强化村党组织“堡垒”作用三项保证措施。

【整顿农村后进党组织】 继续坚持“有多少排查多少，整顿多少”的原则，对全市后进基层党组织进行了集中排查，并将存在问题的后进党组织全部列入了整顿范围。组织开展了“百日攻坚”活动；每名县（市、区）委组织部长分包一个难村、乱村；创建并实行了副县级组织员专职专用，分片包县抓党建制度，3名副县级组织员带队巡回督导农村党建工作；召开了全市后进村整顿转化工作经验交流会，有力推动了整体转化工作，列入2006年整顿的335个后进村全部如期实现转化升级。

【选齐配强村级班子】 以农村“两委”换届为契机，进一步规范“两推一选”操作程序，努力做好提高“一人兼”和交叉任职“两个比例”工作。全市5984个村的党组织完成换届，占所有村的96.21%；有4779个村实现了“两委”干部交叉任职，占完成换届村的80.5%；有2367个村实现了村书记、主任“一人兼”，占完成换届村的40.02%，较上届提高了28个百分点。换届后，加强了对“一人兼”干部的监督管理；开展了大规模农村基层干部“红色证书”、“绿色证书”和“素质工程”培训工作，全市共培训农村干部2.4万人，有效提高了农村干部的“双带”本领和执行政策、加快发展、服务群众、依法办事、维护稳定的能力。同时，深化“一村一名大学生”工程，重点对县（市、区）经费到位、账目管理、开班等教学管理情况进行了督查，严格条件、程序组织新年度学员的招生工作，河北农业大学新录取大专班学员116名。

【探索实行“选前目标承诺、任期目标管理”制度】 在农村“两委”换届工作中探索实行了“选前目标承诺、任期目标管理”制度，解决了以往部分村参选人员选前乱承诺，任职后不作为、乱作为的问题，收到了用目标选人、约束人的效果。市委主要领导对此项工作给予了充分肯定，要求力争将此项制度打造成保定农村党建工作的特色、品牌；省委《基层组织建设工作情况通报》、《河北组工信息》、《河北党建研究》分别刊发了保定市的经验做法。

【城市基层党建工作】 在城市社区党建方面，推行了支部进楼宇、支部进市场、支部进协会、支部进园区模式，全市绝大部分具备条件的居民生活小区、楼（院）都建立了党组织。在90%以上的社区推行了“一会一部一站一岗”（社区党员议事会、社区党支部、社区党员服务站、党员工作岗位）党建新模式；完善了市、区、街、居四级服务网络。加强了社区干部队伍建设，市区共有45名书记、主任实现了“一人兼”；举办各类培训班110多期，培训社区干部4000多人次。认真抓好党建示范社区创建活动，推动了示范点建设向市直机关、企业等行业延伸。保定市党建示范社区创建活动的经验做法被省委《共产党员》杂志和《基层组织建设工作情况通报》刊发。在“两新”组织党建方面，建立了县级党员领导干部联系企业包组建制度，全市8745个非公有制企业，单独建立党组织726个，联合党组织79个，并向

50名以上职工的“两新”组织选派了2570名党建指导员；建立了“党建带动工建、工建服务党建”工作机制，指导组建工会组织2105个，共青团组织666个，进一步扩大了党的影响力。为解决好非公有制企业党建工作滞后、党组织覆盖面小、力量薄弱的问题，组织试点县开展了“达标创建”活动，取得了较好效果，主要做法被省委《共产党员》杂志刊发。在国有企业党建方面，完善了县级党员领导干部联系“四种企业”制度；探索推行了党建工作质量管理体系。在机关和学校党建方面，推行了“支部建在班上”，对在学生公寓、社区和社团中建立党组织进行了积极探索。河北农业大学在第十四次全省高等学校党的建设工作会议上代表保定市介绍了经验。

【加强党员思想教育】 建立了市委党员经常性教育联系会议制度，成立了联系会议办公室。加强党员思想教育。对学习贯彻社会主义荣辱观、“七一”重要讲话和《江泽民文选》及十六届六中全会精神等及时进行了安排部署，提高了全市党员的政治理论素养。结合纪念建党85周年活动，对“两优一先”单位和个人进行了大力表彰，增强了党务工作者和党员的荣誉感。

【建立“双化双责”和“三优化双公开”工作机制】 指导部分县（区）建立了“双化双责”（社区支部工作规范化、社区服务具体化、社区党员自愿承责、社区党员明岗定责）和“三优化双公开”（优化党组织设置、优化党员日常管理、优化党员考评办法，公开党员身份和考评结果）工作机制，激发了党员队伍活力。推行“双化双责”工作机制的主要做法在中组部《组工信息》刊发；“三优化双公开”的主要做法在《河北组工信息》刊发。

【积极开展帮扶困难党员活动】 2006年省、市划拨的配套资金100万元全部用于走访慰问生活困难老党员，春节期间共慰问党员1.1万名。进一步规范了党费收缴和管理使用工作，受到市九次党代会与会代表的一致好评。

【党员发展工作】 建立了农村两年以上不发展党员和五年以上不发展女党员管理台账，实行动态销号管理；把农村发展党员工作列入县、乡党委书记党建述职和评选“两优一先”的重要条件。建立健全了组织员工作体系，对全市所有乡镇、街道党（工）委组织委员、组织员进行集中封闭式培训，提高了他们抓基层党组织和党员队伍建设的能力。

【党员电化教育工作】 配合保持共产党员先进性教育等活动，组织实施了“党员电教科技兴农”活动，播放农业科技片5.5万余场次，受到了广大群众的欢迎。市委组织部拍摄的《地展馆的当家人》代表省参加了“2006年第十届中国行业电视节目展评”，获三等奖。

【干部信息管理工作】 组织指导了全市组织人事部门《干部“三龄一历”认定表》的填写工作；对市直管档单位干部档案审核工作进行了检查验收；收集归档材料3500余份，提供档案利用4600余卷次；圆满完成了2005年党政人才的统计工作。

【组织史征编工作】 制发了《保定市中共组织史资料征编工作暂行办法》，进一步规范了征编工作；认真组织做好组织史资料市级本第四卷和县级本第五卷的编纂工作；被省委组织部授予“全省组织史资料征编工作先进单位”。

【组织部门自身建设】 抓学习强素质。在全市组织系统精心组织开展了“学理论、树正气、保稳定、促发展”教育活动，要求全市组工干部在活动中争做政治坚定、素质过硬的表率，团结和谐、振奋精神的表率，公道正派、坚持原则的表率和开拓创新、事争一流的表率。活动中，部务会提出了打造“品牌组织部”（品牌素质、品牌作风、品牌工作、品牌文化），为建设京南近海强市名城提供坚强组织保证的倡议，激发了部机关全体人员的工作积极性和责任感。通过开展教育活动，统一了思想，振奋了精神，提升了工作成效。转作风树形象。无论是实绩考核还是干部考察，之前都对有关人员进行了严守组织纪律教育；按照方便基层、服务基层和“提质、提速、提效”的要求，精简会议和文件，坚持了周三集中办文办事日制度和工作限时制，高质高效地办理完成了7项政协市十届四次会议有关提案工作，提案人均表示“满意”或“非常满意”；同时，深入开展了“结缘工程”、“三联济困”活动，在全市文明生态帮建会和扶贫开发工作现场调度会上分别介绍了经验。增活力促和谐。开展了“入党纪念日”和“党员岗位先锋评选”活动，认真抓好老干部“两个待遇”的落实，制定并落实了《关于离休干部医药报销程序的规定》，做到了老干部“两费”不拖欠。组织全员参加了市直机关第七届运动会，获得“优秀队列奖”和“优秀组织奖”，展现了部机关良好精神风貌，团队精神进一步增强，和谐的“家”氛围进一步浓厚。

【推进组织工作创新】 继续在全市组织系统推进了观念创新、方法创新和制度创新，开展了创新性工作评选活动，研究确定了近期课题10个、中期4个、长期3个，成立专项课题组，实行市县两级捆绑责任制。各县（市、区）、部内各处室共上报创新性工作72项，课题成果39项，其中，在国家级刊物上发表的6项，在省级刊物上发表的25项。经过评比，5项工作获得组织工作创新奖，12项工作被评为创新性工作；2项课题成果获一等奖，5项课题成果获二等奖，形成了组织系统资源整合、集中才智、聚力创新的工作格局。

【全市组织部长会议】 2月10日在市委第三会议室召开。会议由市委组织部常务副部长王恒国主持，市委常委、组织部长焦新华出席会议并讲话。会上，副部长王振民宣读了《关于表彰2005年先进县（市、区）委组织部的通报》，对8个先进县（市、区）委组织部进行了表彰；焦新华系统总结了2005年全市的组织工作，紧紧围绕市委中心任务，对2006年工作进行了全面部署。各县（市、区）委常委、组织部长，市直各单位分管组织（人事）工作的副职，市委组织部部务会成员、副县级组织员、助理调研员和各处（室）处长（主任）共约190人参加了会议。

【全市组织部长座谈会】 8月3日至4日在满城县召开。市委组织部常务副部长王恒国、副部长周文琪先后主持了会议，市委常委、组织部长焦新华出席会议并讲话。会上，焦新华简要总结了2006年以来的工作，围绕贯彻落实全国、全省组织部长会议和市第九次党代会精神，对下一阶段的重点工作进行了安排部署。与会人员分组对新华部长的讲话进行了学习讨论，并对《实施贫困县份人才智力支持计划，促进县域经济发展》、《创新工作方法，实行三项制度，努力提高干部工作水平》、《推行“选前目标承诺、任期目标管理”制度，切实加强对农村基层干部的管理监督》、《完善机制，科学规范“一把手”用人权》、《落实“双观”，整合效能，探索模块化实绩考核评价办法》等五个课题创新成果进行了讨论和评价。各县（市、区）委常委、组织部长，市委组织部部务会成员、副县级组织员、助理调研员和各处（室）处长（主任）共57人参加了会议。

领导班子成员

部　　长	焦新华
常务副部长	王恒国
副 部 长	张　莹（7月兼任）
	王振民　周文琪
	乔玉忠　赵忠明
	贾永山(8月任，接坝)
部务会成员	贾永山(8月离任)

【2007年·概况】 2007年，在各级党委的领导下，各级组织部门深入贯彻党的十七大精神，落实科学发展观要求，紧紧围绕“京南近海强市名城”建设展开工作。迎接十七大、学习贯彻十七大精神氛围浓厚，措施得力，效果明显。十七大召开前夕，全面总结了十六大以来全市党建工作的新成就、新经验，深入开展了“迎十七大、建强市、促和谐、做贡献”活动。十七大召开后，动员各级党组织和广大党员深入学习贯彻大会精神。以县乡人大、政府和县政协换届为契机，全面加强了各级领导班子和干部队伍建设。年轻干部、党外干部、妇女干部全部配齐，班子结构、专业素质、整体效能明显改善，为县域经济发展和社会稳定提供了有力保证。加大干部培训力度，制定了“十一五”干教规划。实行了“模块化责任制阳光考核法”。按照掀起“责任风暴”、推进“效能革命”的要求，建立健全了标准化目标责任体系、专项责任目标体系和提速提效目标体系。以深入开展“驻联帮解促”活动为重点，全面推进基层党组织建设。进一步深化了农村基层干部“任期目标承诺管理”制度，不断规范和加强了农村基层干部管理监督。组织开展了后进支部整顿“百日攻坚”活动，进一步深化了“三级联创”活动。城市党建全面推行了“双化双责”工作机制，深入开展了国有企业“四好”班子创建活动，规模以上非公有制企业建立党组织工作在全省排在前列。加强党员队伍建设，加强了对流动党员的管理，实行了发展党员农村“两委”干部亲属入党备案制度，有效地解决了农村发展党员中存在的问题。完善干部监督工作机制，提高了干部监督工作水平。加强了对重点岗位干部的管理，严格执行调整科级干部预审备案制度，下大力解决了政府工作部门党政分设问题。建立了对新任党委（党组）主要负责人干部选拔任用工作提醒制度。加强了对“科学规范和有效监督县（市、区）委书记用人行为”试点工作的指导。严格执行廉政把关和任前公示制度，加大了在重点工作、重大事项中对班子和干部的考察力度。加强对人才工作的宏观指导和综合协调，建立落实了人才工

作责任制，进一步健全人才工作政策体系，加强了市级拔尖人才和农村实用人才队伍建设。深入开展了“百名专家富百村”和“百名专家扶百企”活动，为“建设京南近海强市名城”提供了有力人才保证和智力支持。完善“三大体系”建设，创建“三型”机关，自身建设得到新加强。进一步完善和建立了“标准化责任目标体系、效能建设提质提速目标体系和失责失职责任追究体系”，先后开展了“坚持公道正派，加强能力建设，永葆共产党员先进性”、掀起“责任风暴”，推进“效能革命”、“为民、务实、清廉”等多项主题教育实践活动，组工干部政治业务素质普遍提高，工作作风进一步转变，机关氛围更加和谐。公务员登记、援疆、援坝干部管理、军转干部安置等各项工作都取得满意的效果。全年共有20项（次）工作受到市以上表彰和奖励。

【学习宣传十七大精神】 十七大召开前，全面总结了十六大以来保定市党建工作的新成就、新经验，成功组织召开了全市庆祝中国共产党成立86周年暨党的建设工作经验交流大会，对100个先进基层党组织、100名优秀党员和100名优秀党务工作者进行了表彰，在全市营造了重视党的建设、抓好党的建设的氛围，对增强各级党组织和领导干部的管党意识，进一步提高党建工作水平起到了积极作用。组织各级党组织扎实开展了“迎十七大、建强市、促和谐、做贡献”活动，营造了浓厚舆论氛围。安排部署和精心指导各级党组织充分发扬民主，严格程序和条件，成功地推荐提名产生了符合中央和省委要求、充分体现先进性和代表性的十七大代表候选人，保定市3名候选人当选十七大代表，参加了党的十七大。十七大召开期间，积极安排部署各级党组织收听收看十七大盛况。闭幕后，精心组织和周密安排部署学习贯彻十七大精神，下发学习十七大精神的通知，号召组织部门要在学习贯彻十七大精神中做到理论学习的表率，学以致用的表率，推动工作的表率；在机关制定了学习贯彻安排意见和时间安排表，推动了学习贯彻十七大精神热潮的兴起。

【县乡人大、政府和县政协换届】 一是加强对换届工作的组织领导。成立市委换届工作领导小组和换届办公室。在人事安排上，研究制定了十个方面的原则，根据这一原则确定的换届人事安排方案，得到了各县（市、区）委的一致认可和市委常委会的充分肯定，认为：“方案科学公正合理、人尽其才、结构完备、整体功能充分发挥，既符合中央、省委的文件要求和换届精神，又符合保定实际，经得起历史和群众的检验。”换届工作中，组建了25个换届工作指导组，驻县对县乡换届工作进行督导；编印《考察工作方案》、《县（市、区）人大、政府、政协换届考察有关资料》，对每个细节进行了规范，有力地指导了换届工作。二是进一步完善“四制三评”推荐考察方式，确保考准考实。根据省委常委、组织部长车俊来保调研，就民主推荐、防止和纠正干部推荐中的“拉票”问题召开的座谈会精神，对2006年县乡党委换届工作中实行的“四制三评”推荐考察办法作了进一步完善，特别是采取的民主推荐加权计算得分和常委会对考察对象建议人选进行投票表决等方法，得到了市委常委的一致认可，认为“方法很好，有新意，体现了改革创新精神。”这一做法也得到了车俊的充分肯定并被其他市借鉴。新华社《国内动态清样》、中组部《组工通讯》和《干部监督工作通讯》以及《中国人事报》进行了刊发。三是严把人选质量，加大监督力度，防止干部“带病提名”和“带病提拔”。认真落实省委有关规定，对全额定向民主推荐未过半数的20名班子成员和有一定反映并调查核实的2名县级干部不再提名，就地保留副县级待遇，根据工作情况决定今后使用。充分发挥“12380”举报电话等监督渠道的作用，坚持有报必查，一查到底，对17名查实有问题的拟提拔对象不予提拔。这一做法，深入体现了市委掀起“责任风暴”推进“效能革命”活动要求，在全市县级干部中产生了强烈反响。据此形成的《保定市向群众公认度低的干部“问责”》经验材料，被省《县乡换届工作简报》和省委办公厅《信息专报》转发，省委常委、纪委书记臧胜业作出专门批示：“保定市向群众公认度低的干部‘问责’，符合中央的要求和省委的规定，是一种有益的尝试和探索，应不断总结和完善。”此外，为营造风清气正的选人用人环境，成立了换届工作监督检查工作办公室，严肃组织人事纪律和保密纪律，要求各级党委、领导干部和组织部门切实做到“二十个不准”，确保了换届工作健康有序开展，为换届工作圆满完成提供了可靠保证。四是将思想政治工作贯穿于换届工作的全过程，确保换届期间思想不散、秩序不乱、工作不断。结合“学树保促”主题教育活动，通过会议、文件等多种形式教育干部正确对待换届，保持平和心态。特别是县（市、区）人大、政府、政协换届人事安排方案确定后，市委和各县（市、区）委通过个别谈话、集体谈话、重点谈话和跟踪谈话等形式，分多个层面有针对性地同县级干部、不再提名的干部和未提拔的考察人选分别进行了谈话，较好地统一了思想，鼓舞了士气，调动了干部干事创业的积极性，保持了干部队伍的思想稳定。通过换届，中央、省委关于精简领导班子职数、减少副书记职数、适当扩大党政领导成员交叉任职和配备年轻干部、妇女干部、党外干部等政策规定得到认真落实，积极推进了干部上下与横向交流，使一批“靠得住、有本事、能扛活、顶大事”的优秀干部走上了领导岗位，增强了各级班子活力。县（市、区）党政班子平均年龄43.2岁，较换届前下降了1.6岁；乡镇人大班子平均年龄36.4岁，比换届前降低了3.3岁，政府班子平均年龄35.3岁，比换届前降低了1.5岁。县（市、区）党政班子成员和乡镇人大、政府班子成员中，大学本科以上的较换届前分别提高了4.1和8.7个百分点，理工财经类专业干部分别占班子成员总数的42.7%和37.5%，更加适应县域经济发展和建设“京南近海强市名城”的需要。新一届县乡人大、政府和县政协班子成员得到了广大干部群众的认可，在县（市、区）“两会”选举中全票率占到了95.6%，最低得票率也在96.4%以上。保定市县乡换届工作得到省委督导组“站位高、程序新、操作稳”的高度评价。

【干部教育培训工作】 围绕建设“京南近海强市名城”，加大干部培训力度，推进干部教育培训工作取得了新的进展。认真研究制定了“十一五”干教规划；建立了县级领导干部参加培训情况电子档案、县级领导干部参加学历教育电子档案；先后举办了县级干部理论进修班、优秀中青年干部培训班、建设“京南近海强市名城”专题研讨班，圆满完成了省以上干部调训任务等，全年全市共培训各类干部90216人次，其中县级干部308人次，乡科级干部201人次，其他干部89707人次。完成了中组部全国地市级副市长赴新加坡“国有资本运营与现代企业管理专题研究班”国内预培训的接待考察任务，成功组织了“万村培训行动”活动，在中组部等四部委组织的“地质灾害防治知识培训”工作中市委组织部被中组部等四部委授予“全国先进集体”称号。

【加强领导班子和领导干部思想作风建设】 按照省委统一部署，以加强领导干部作风建设为主题，组织了全市县以上党和国家机关党员领导干部专题民主生活会。会同有关部门周密细致组织了市委常委民主生活会，并将有关情况呈报省委；从市纪委、市委组织部抽调人员进行业务培训，组成25个督导组对市属党委（党组）党员领导干部民主生活会进行督导，确保了民主生活会的质量，各级党员领导干部的党性修养和创业为民、廉洁自律意识得到进一步增强。

【干部考核工作】 按照科学发展观和正确政绩观要求，对体现“领导含量”、激发干部激情活力的考核评价体系进行了积极探索，完成了2006年度考核工作。在全面推行“阳光考核”基础上，实行了“模块化责任制阳光考核法”，考核目标注重贴近中心工作、分类设置和硬性与弹性指标的结合，既保障全市整体工作部署的落实，又给各县（市、区）、各单位提供发展空间，形成了责任明确，公开透明，实现干部考核效能最大化的考核评价机制。市委常委会对2006年考核体系给予充分肯定。按照掀起“责任风暴”、推进“效能革命”的要求，致力于建立健全标准化目标责任体系、专项责任目标体系和提速提效目标体系，按照“明责、示责、问责”的要求，将各项工作任务目标进一步量化到岗，细化到人，责任到位，完成了2007年县（市、区）和市直单位考核目标的编制工作。强化对目标运行情况的监控，坚持年初建账、年中查账、年底算账，对任务完成情况做到“日常有记载、定期有检查、每季搞公示、半年搞评议”，促使领导班子和领导干部把工夫用在“平”时。同时，指导保定市的中组部关于部门领导班子考核县级试点单位制定了工作实施方案。本市干部考核的一些做法，先后被《人民日报》、《河北日报》和多个网站刊登介绍。7月，结合学习山东经验，制定了《保定市百强乡镇综合考核办法》、《保定市项目建设考核办法》、《领导干部干事创业实绩备案制度》等文件，促进了考核工作的科学化、规范化。

【加强干部宏观管理】 加强对后备干部的培养锻炼，选派90名后备干部到市、县信访局挂职锻炼的做法得到市委主要领导的充分肯定，《河北组工信息》、《保定快报》予以刊发。加大选调生培养、管理和选拔、使用力度。对“一档六制”管理办法进行了健全、规范和完善；认真抓好2007年选调生培养培训和轮岗锻炼计划的落实；结合乡镇人大、政府换届，认真做好选调生选拔、使用工作，全市副科以上选调生达到218名，149名选调生被补充到市、县（市、区）直机关工作；按照公开、公正、公平的原则，严密组织，规范操作，完成了110名省委选调生的面试体检工作，选调生普遍感到比较满意。同时，完成了2006年度全市党群系统非领导成员公务员和全市法检系统工作人员试用期满考核工作；规范操作、逐级负责、严格审核，积极稳妥地完成了党群系统13686名公务员的登记工作。认真做好援疆、援坝、援藏工作，调整了领导小组，对三援干部进行了慰问，落实了各项待遇，得到援边干部和家属的普遍好评。坚持“一个导向、六个公开”的原则，圆满完成了37名团职军转干部的安置工作。

【“驻千村、联万户、帮民富、解民忧、促和谐”活动】 按照市委、市政府的总体部署，先后选派2批2万多名干部进驻全市6000多个村，深入开展了“驻千村、联万户、帮民富、解民忧、促和谐”活动。通过这一活动，有力地推动了新农村建设，促进了农村社会稳定，使一大批基层组织得到巩固和加强，农村经济发展走上健康快速发展的道路。全市各工作队共为帮扶村筹集资金近亿元，引进项目2064个，维修、新建公路2579公里，打井3864眼，组织各类培训6084场、人员35.52万人次，组织义诊1271次，免费提供药品价值324余万元，帮助解决问题5128个。原中央政治局候补委员、中办主任王刚和中组部、省组部有关领导对“驻联帮解促”活动开展情况给予充分肯定，中组部、省组部《组工信息》、《基层组织建设工作情况通报》均介绍了保定市的这一做法。

【深化农村基层干部“任期目标承诺管理”制度】 年初，在总结2006年推行“任期目标承诺管理”制度工作经验的基础上，对原市委组织部制发的《关于推行农村党组织书记村委会主任“选前目标承诺、任期目标管理”制度的实施意见》文件进行进一步修改完善，征求了县、乡、村基层意见，以市委名义制发了《关于深入推行农村基层干部“任期目标承诺管理”制度的意见》，为了把这项制度切实落到实处，9月6日至20日，结合对各县（市、区）进行的定点解剖调研，重点对这项制度的落实情况进行了督促指导。各县（市、区）对推行这项制度都非常重视，结合各自实际建立了相关的配套制度。施行“任期目标承诺管理”制度，使基层干部责任意识、任期目标承诺制带来的压力和动力明显增强，基层党员群众通过任期目标承诺制参与村务管理监督的积极性进一步提高。保定市做法得到了中组部组织局领导和省组部的充分肯定。

【整顿农村后进党组织】 年初，制发了《关于对农村后进党组织进行排查整顿的通知》，要求各县（市、区）严格按省委组织部规定的“五种类型”后进村党组织进行排查。全市共排查后进村444个，全部列入整顿范围。为进一步落实省委组织部《关于深入开展农村平安建设进一步加强后进村基层组织排查整顿工作的通知》精神，将“基层民调组织不健全的村”列入后进基层党组织整顿，再次组织县（市、区）进行了排查，在年初排查的基础上，共排查出514个后进村，按照省委规定的“六种类型”对后进基层党组织进行了分类，建立了工作台账，并将所有后进村都列入全市开展的“驻联帮解促”帮扶对象，派驻驻村工作队重点进行帮建。启动了2007年度农村后进基层党组织“百日攻坚”活动，提出具体要求，明确任务目标，制定了督导转化措施。确保实现省、市委提出的“配好班子、健全组织、健全制度、确保稳定”的总要求得到落实。

【村级组织活动场所建设】 按照省委组织部要求，严格落实工程建设责任制，协调发改委、财政等部门落实建设资金，加快工程建设进度。为保证建设质量，组织专门力量先后两次对各县（市、区）村级组织活动场所建设情况进行了督导检查。同时，建立了村级组织活动场所建设情况月通报制度，每月通报一次建设进度，先后制发通报5期。按照统一样式、统一风格的要求，对新建活动场所门牌、管理制度等作出了具体规定，并由市出资制作了新建村级组织活动场所标示牌，保证了新建活动场所的规范统一。截至年底，全市列入建设计划的933个村级组织活动场所，基本完成建设任务。省委组织部先后两次对保定市的村级组织活动场所建设工作进行检查，对保定市的工作给予了充分肯定。

【深化“三级联创”，强化管党责任制落实】 坚持把落实基层党建考核综合排位制度作为“三级联创”活动的有力举措。依据实地考核、日常考核及部门评价情况，对各县（市、区）2006年度农村基层党建工作进行了综合排位，在庆祝建党86周年暨党的建设工作经验交流会上，对排名前8位的县（市、区）和整体工作提升比较快的5个县（市）进行了大力表彰，进一步强化了县（市、区）委抓党建的责任意识。

认真落实中央“四个长效机制”文件，成功组织了县（市、区）委、市属党委（党组）书记履行基层党建职责专项述职会议，8月，市委书记宋长瑞在省委举办的市委书记抓党建工作专项述职会上，全面汇报了全市基层党建工作成效，得到了省委的肯定。保定市自下而上、上下衔接的县乡村三级书记述职体系的建立，有效地促进了党建责任制的落实，形成了抓基层党建工作的强大合力，促进了全市基层党建水平的提升。

【城市基层党建工作】 狠抓社区党建工作责任制的落实，全市115名县级以上党员领导干部建立社区联系点156个。全面推行“双化双责”工作机制，全市共有24000余名党员在爱护公物等12个方面自愿认责，占社区党员总数的80%以上。通过社区党建联系会、工作研究会等形式，形成社区党组织与辖区党组织共驻共建的社区党建工作新格局。加强社区干部规范化管理，把社区干部教育培训纳入全市基层干部“素质工程”培训整体规划，各县（市、区）举办各类培训班30多期，培训1500多人次。深入开展国有企业“四好”班子创建活动，完善“党委工作规范化、支部工作等级化”管理制度，实行“百分制”目标考核、动态管理、综合排位等措施，激发了企业党委履行管党职责的积极性和主动性，提高了领导班子的整体素质。下大力抓好规模以上非公有制企业党组织组建工作，建立了县级党员领导干部联系企业包组建制度，全市830家规模以上非公有制企业单独建立了党组织，占组建任务的84.4%，其余153家组建了联合党支部，这项工作在全省排第三位，得到省委组织部的充分肯定。此外，机关、学校党建工作也都得到了新的加强。省委组织部长车俊到保定市对国有企业和社区党建工作进行调研时，给予了高度评价和充分肯定，省委《基层组织建设工作情况通报》、《共产党员》杂志等介绍了保定市做法；全省基层组织建设经验交流会上，巨力集团代表保定市作典型发言。

【加强党员队伍建设】 在发展党员工作上，继续抓好市委《关于加强新时期发展党员工作意见》的落实工作，针对农村两年以上不发展党员问题，印发了《关于进一步做好农村发展党员工作的意见》，建立了管理台账，实行了市、县两级组织部门联系点制度和季报、半年通报制度，有效地解决了农村发展党员中存在的问题；针对宗派现象等突出问题，实行了发展党员农村“两委”干部亲属入党备案制度，使农村发展党员工作进一步规范。在党员管理上，实行了农村党员“三优化双公开”管理办法，社区党建“双化双责”工作机制，进一步增强了党员主动联系群众、服务群众的自觉性；加强流动党员的管理，为流动党员及时发放了《流动党员活动证》。全省流动党员管理工作现场会上，书面交流了保定市高阳县庞口汽车农机配件城党委和高碑店市白沟镇党委的经验材料。省委检查组到保定市就落实中央、省委长效机制文件检查时，对本市做法给予高度评价。在党员教育上，研究制定了《2007—2010年保定市党员教育规划》和《2007年党员教育工作要点》，为党员经常性教育工作提供了制度保障。还加强了党员关爱机制的建设，2007年全市共有23274名新中国成立前入党的老党员受到照顾，发放补贴资金2702万元。

【干部监督管理工作】 以规范平职交流干部任用为抓手，干部选拔任用工作程序化、规范化水平进一步提高。一是平职交流任用程序得到进一步规范。制发了《关于规范重点乡镇和县（市、区）直综合部门正职平职交流指导意见（试行）》，加强了对重点乡镇和县（市、区）直综合部门正职干部管理。二是严格执行调整科级干部预审备案制度，对14个县（市、区）的25批1107名干部进行了预审备案，对25个县（市、区）103批次调整科级干部监督报告进行了审核，对10人存在的问题进行了纠正。三是下发了《关于解决和纠正县（市、区）政府工作部门党政分设问题的通知》，下大力解决政府工作部门党政分设问题。四是为解决新任党委（党组）主要领导干部对选拔任用干部有关政策、程序不够熟悉的问题，建立了《对新任党委（党组）主要负责人干部选拔任用工作提醒制度》。五是组织了全市干部选拔任用工作知识考试，全市共有90个市直单位和27个县（市、区、高新区、开发区）共117个单位全部按照要求参加了考试，进一步强化了对《条例》的学习，提高了干部工作水平。六是“科学规范和有效监督县（市）委书记用人行为”试点工作取得初步成效。保定市在博野县进行了试点，在选拔干部中实行了“三推三考一票决”的做法，选拔出了县委组织部常务副部长等14个重要岗位的领导干部，得到了广大干部群众的普遍认可。9月，省委组织部在博野县召开了汇报会，省委组织部给予充分肯定。七是认真做好日常监督管理工作。严格执行了廉政把关和任前公示制度，对拟提拔的4批共43人分别征求了市纪委意见，均未发现问题；对25名拟提拔人员进行了公示。对公示有反映的1名公示对象提出了待反映的问题调查清楚后再定的建议。制定并认真落实了《关于强化一线跟踪考察领导班子和领导干部的实施办法（试行）》，加强了在重点工作、重大事项中对领导班子和领导干部的考察，了解领导班子和领导干部在关键时刻和重要时期的表现情况。坚持了重大事项报告制度；认真做好了经济责任审计工作，委托审计部门对55名领导干部进行了经济责任审计，按照市委领导批示，对5名领导干部进行了谈话。保定市在开展干部监督工作方面建立的制度和经验做法先后在新华社《国内动态清样》、新华网、《中国人事报》等新闻媒体刊发。

【履行好人才工作牵头抓总职能】 对省委人才工作协调小组2007年人才工作要点进行细化分解，印发市人才工作协调小组成员单位，保证了人才工作责任制的落实。进一步健全人才工作政策体系，制定并认真抓好加强市级拔尖人才和农村实用人才队伍建设意见的落实工作。围绕落实省关于“认真解决农村实用人才队伍建设中几个重点问题的意见”，组织座谈会广泛征求了各县（市、区）党委和部分乡镇党委、农村实用人才代表的意见和建议，为进一步加强农村实用人才队伍建设奠定了基础。

【抓好人才队伍服务管理】 继续组织开展“百名专家富百村”活动，各县（市、区）共聘请省内外240多名专家教授，深入190多个村开展对口帮扶；成功谋划实施了“百名专家扶百企”活动，132名专家与109家民营企业签订了帮扶协议，对促进校企联姻、增强企业核心竞争力起到了积极作用。同时，组织完成了对院士、省管专家和拔尖人才“两节”慰问工作和对支持期满的院士后备人才、管理期满的省委优秀专家的考核考察工作。协调有关单位对30名全市优秀科技工作者、优秀科普工作者和青年科技奖进行了评选，激发了优秀人才干事创业的热情。

【推进大中专毕业生就业工作】 协调有关单位组织举办了2007年度师范类和非师范类大中专毕业生双选就业洽谈会。省内外312家用人单位提供就业岗位4868个，近3万名毕业生参加了双选会，达成就业意向协议3776余份。同时，组织30个企业参加了省赴京津人才招聘会，提供岗位215个，招聘高层次人才180名，为全市人才队伍注入了新的力量。

【组织部门自身建设】 结合“坚持公道正派，加强能力建设，永葆共产党员先进性”、掀起“责任风暴”，推进“效能革命”和“为民、务实、清廉”等主题教育活动，建立和完善了“标准化责任目标体系、效能建设提质提速目标体系和失责失职责任追究体系”三大体系；建立健全了部务会学习制度、议事规则、行为守则；开展了“热爱保定、建设保定、奉献保定”大讨论、理论知识测试和微机技能评比等活动；按照市委组织部长焦新华提出的争做“三个表率”、实现“六个目标”要求，进一步强化了工作作风，推动了组织部门“三型”机关建设，深厚了部机关团结和谐、积极向上的家庭氛围。

【全市组织部长会议】 2月5日在市委第三会议室召开。会议由市委组织部常务副部长王恒国主持，市委常委、组织部长焦新华出席会议并讲话。会上，副部长王振民宣读了《关于表彰2006年度先进县（市、区）委组织部的通报》；对评选出的创新性试点工作及专项课题成果获奖课题组给予了表彰和奖励；焦新华系统总结了2006年全市的组织工作，紧紧围绕全国、全省组织部长会议精神和市委中心任务，对2007年工作进行了全面部署。各县（市、区）委常委、组织部长，市直各单位分管组织（人事）工作的副职，市委组织部部务会成员、副县级组织员、助理调研员和各处（室）处长（主任）共约190人参加了会议。

【全市组织部长会议】 8月2日至3日在涞源县召开。市委组织部常务副部长王恒国、副部长王振民先后主持了会议，市委常委、组织部长焦新华出席会议并讲话。会上，焦新华简要总结了2007年以来的工作，围绕贯彻胡锦涛总书记“6·25”重要讲话精神，白克明、宋长瑞分别在省、市庆祝建党86周年大会上的讲话精神和全省设区市组织部长会议精神，对下一阶段的工作进行了安排部署；副部长王振民、周文琪分别就基层党建工作、干部工作进行了培训；各县（市、区）委组织部长分别汇报了下半年的工作安排；与会人员分组讨论了焦新华的讲话和组织部门现代管理模式。各县（市、区）委常委、组织部长，市委组织部部务会成员、副县级组织员、助理调研员和各处（室）处长（主任）共56人参加了会议。

领导班子成员

部　　长　焦新华

常务副部长　王恒国
副　部　长　张　莹（兼）
　　　　　　王振民　周文琪
　　　　　　乔玉忠　赵忠明
　　　　　　贾永山（援坝）
（部门编辑：陈树军　王彦龙　刘　海）

宣传工作

【中共保定市委宣传部】　中共保定市委宣传部是市委主管意识形态工作的综合职能部门。负责协调指导全市理论武装、新闻舆论、文化艺术、精神文明创建、思想政治、国防教育等方面的工作。机构设置：办公室、研究室、干部处、理论处、新闻处、宣传教育处、舆情信息处、文化艺术处、出版处（市扫黄打非协调督查办公室）、机关党委、市文化事业管理开发委员会办公室，市委外宣局（市政府新闻办公室）：综合联络处、事业处，市精神文明建设委员会办公室：调研处、协调处、未成年人思想道德教育处，国防教育领导小组办公室，市思想政治工作研究会。

【2006年·概况】　2006年，全市宣传思想战线高举邓小平理论和“三个代表”重要思想伟大旗帜，以深入学习宣传贯彻党的十六大和十六届五中全会及省委六届八次全会和省第七次党代会、市委八届七次全会精神为主线，全面贯彻落实科学发展观，大力弘扬了“树正气、讲团结、求发展”主旋律，学理论、树正气、保稳定、促发展，营造了“干事、创业、为民”的浓厚氛围，为推进全市经济社会更好更快发展和构建和谐保定作出了重要贡献。主要做了以下七个方面的工作：1. 坚持紧贴实际、真学真用，“三个代表”重要思想和科学发展观深入人心，理论武装工作水平取得新提高。2. 坚持围绕中心、服务大局，新闻宣传工作主题鲜明，营造正面舆论强势取得新成效。3. 坚持知行统一、营造氛围，全社会文明素质进一步提高，精神文明创建工作取得新成果。4. 坚持深化内涵、拓展领域，创建文明生态村工作持续推进，社会主义新农村建设取得新突破。5. 坚持规划先行、项目带动，文化产业发展起步扎实，文化大市建设工作取得新进展。6. 坚持内外互动、打造品牌，文化活动丰富多彩，“魅力保定”形象取得新提升。7. 宣传思想工作队伍结构优化、素质提高，基层组织建设取得新进步。市委主要领导评价2006年的宣传工作：以科学发展观为统领，以“构建和谐保定，推进保定更快更好发展”为主线，坚持“三贴近”，围绕中心，服务大局，抓大事，干实事，创亮点，体现时代性，把握规律性，富于创造性，切实发挥了宣传思想工作的政治优势，进一步唱响“树正气、讲团结、求发展”主旋律，努力营造“聚精会神搞建设、一心一意谋发展”的良好氛围，为全市物质文明、政治文明、精神文明与和谐社会建设提供了有力舆论支持。市委宣传部连续第十一年被市委、市政府评为“工作实绩突出单位”。

【理论武装工作】　坚持紧贴实际、真学真用，“三个代表”重要思想和科学发展观深入人心，理论武装工作水平取得新提高。认真贯彻中央关于学习《江泽民文选》的决定和胡锦涛总书记重要讲话精神，深入开展“三个代表”重要思想的宣传教育，坚持用党的最新理论成果武装头脑，指导实践，推动工作。紧密联系保定市“十一五”规划开局和建设京南近海强市名城的实际，深入开展党的十六届六中全会和省第七次党代会精神的宣传教育活动，邀请知名专家学者做辅导报告，组织《公务员法》讲座，举办县域经济发展研讨班，结合先进性教育，开展党员先进性教育轮训。深入开展学习型机关创建活动，带动全社会形成了浓厚的学习氛围。特别是在全市开展的“学、树、保、促”教育活动中，宣传思想战线坚持真学、真联、真用，有力地促进了干部队伍的思想状态、风气状态、精神状态、作风状态和工作状态进一步好转，对于统一思想，凝聚人心，端正风气，振奋精神，推动保定科学发展、提速发展、和谐发展，产生了重大而深远的作用。

【新闻宣传工作】　坚持围绕中心、服务大局，新闻宣传工作主题鲜明，营造正面舆论强势取得新成效。紧紧围绕市委、市政府工作大局，精心组织开展了贯彻落实科学发展观、优化发展环境、构建和谐保定、重点项目建设、文明生态村创建、党的十六届六中全会、省第七次党代会精神、“学、树、保、促”教育活动等集中宣传活动，为推动全市经济社会更好更快发展营造了良好的舆论氛围。一是围绕中心任务，强势宣传。着眼于为推动全市经济社会发展鼓劲造势，坚持内外结合，上下互动，在认真抓好市内宣传的同时，下大力搞好对外宣传，积极推介和宣传保定。据不完全统计，省以上重点媒体刊播保定市稿件约3200篇（条），其中中央级媒体约2000篇（条），全市各项重点工作都得到了较好的反映。二是围绕重点工作，深度宣传。紧紧配合电厂八期工程、金融专科学校新建、环保治污、三轮车治理、城市“拆违”、国企改革、打黑除恶、安全生产、矿山治理等重点工作，舆论先行，因势利导，统一思想，全力攻坚，有效地增强了宣传舆论工作实效性。三是围绕热点问题，引领宣传。坚持团结稳定鼓劲，正面宣传为主的方针，唱响主旋律，打好三动仗，化解白洋淀污染、阜平煤焦油污染、假种子案、医院商业贿赂、红心鸭蛋等新闻热点，为解决问题，维护稳定大局提供了有利的舆论环境。

【精神文明建设】 坚持知行统一、营造氛围，全社会文明素质进一步提高，精神文明创建工作取得新成果。以学习实践社会主义荣辱观宣传为主要内容，深入开展思想道德教育活动。制定下发了《社会主义荣辱观宣传教育工作方案》，采取集中学习、专家讲座、召开座谈会、在新闻媒体开设专栏专题等多种形式，大力宣传胡锦涛总书记关于社会主义荣辱观重要论述的重大意义和精神实质，宣传社会主义荣辱观的科学内涵和基本要求。以市内两大公园开放为契机，组织开展社会公德大讨论；对照“八荣八耻”，组织开展“知荣辱、树新风、兴保定”道德实践活动，在全市形成了“文明乘车、文明行车、文明走路、文明游园、文明办公、文明执法、文明经营”的良好社会风气；组织开展“我与我的祖国”社区歌咏活动、以“知荣明耻”为主题的校园演讲活动以及十大爱心人物评选等系列活动，使社会主义荣辱观教育深入人心；以纪念建党85周年、红军长征胜利70周年为契机，广泛开展爱国主义教育活动。依托保定市丰富的革命历史资源，组织开展知识竞赛、有奖征文、书画展览、理论研讨等活动；在市主要媒体开设专栏，开展“不朽的英雄”大型主题宣传活动；结合加强和改进未成年人思想道德建设，组织开展“红色之旅”、“民族精神宣传月”等活动，使广大青少年在实践中受到革命传统教育；以提高全社会文明程度为目标，广泛开展精神文明创建活动，制定了《保定市2006～2008年文明城市创建规划》、《保定市创建文明城市工作任务目标责任一览表》和《保定市创建文明城市窗口行业任务目标责任一览表》，对精神文明创建任务进行目标分解，明确了重点任务、工作标准、责任单位和完成时限。在全市广泛开展了创建文明村镇、文明行业、文明单位活动；继续组织开展营造城市森林活动。

【新农村建设工作】 坚持深化内涵、拓展领域，创建文明生态村工作持续推进，社会主义新农村建设取得新突破。组织召开创建文明生态村工作会议、帮（创）建工作会议和“村民中心”建设现场观摩会议，组织了大规模的验收联查。在普遍开展创建活动的基础上，筛选有实力、有办法、有积极性的区域，作为重点创建区域，促进其向文明生态乡（镇）、文明生态区域方向发展，558个年内创建村庄通过了检查验收。全面推进“村民中心”的建设，已建成500多个“村民中心”。启动新型农民培训计划，组织开展“新农民风采大赛”、“2006年度魅力乡村行——保定市文明生态村精品线路行”活动，推出25条文明生态村精品参观线路；开展文明家庭、文明农户、杰出母亲、孝顺媳妇评比活动；深化农村党员“双强”培训基地创建工作；组织开展经常性的文化、科技、卫生“三下乡”活动，推动文明生态村创建活动不断向深度和广度拓展。

【文化建设工作】 坚持规划先行、项目带动，文化产业发展起步扎实，文化大市建设工作取得新进展。组织起草了《保定市建设文化大市规划纲要》及相关文件，形成了“一纲四目”的整体框架。谋划启动发展文化产业，建立了《保定市文化产业项目库》，积极谋划推动《印象·白洋淀》、冉庄世界战例城、动漫基地、曲阳石雕、涿州古建等一批重点扶持发展的文化产业项目。冉庄地道战遗址文物保护、基础设施工程项目正式启动。参加了第二届中国（深圳）国际文化产业博览交易会，签约项目两个，投资额达9.76亿元。组织文化产业招商考察团赴韩国进行考察招商，并接待了韩国动漫代表团的回访，签约了由河北亿万泰科技有限公司、河北大学及韩国福乐影像株式会社三方合作开发项目，总投资达30亿元，集动漫创意、制作加工、影视庆典、文化艺术作品展示、休闲娱乐、餐饮、旅游观光于一体的亚洲IT影像文化动漫产业都市项目。以“魅力保定”为主题，积极策划、主动出击，组织“山花工程”大型义演；组织并启动“魅力保定——2006年系列文化活动”，在全市初步形成了“节日有晚会、月月有赛事、周周有节目、天天有活动”的生动局面。组织“2006魅力保定”文化艺术大展演；举办中国保定安新2006白洋淀荷花艺术节；承办河北省第三届戏剧演唱“燕赵红梅奖”大赛暨保定市第五届古城戏剧节、《古城大风歌》等重要文化活动；配合

“学、树、保、促”百日主题教育活动，组织了“唱响正气歌”大型文艺晚会。与旅游局携手在北京人民大会堂成功举办了“奥运在北京、旅游在保定”新闻发布会。

【宣传干部队伍建设】 坚持党管干部、党管人才和德才兼备的原则，加强宣传文化系统领导班子和干部队伍建设。在党委换届期间，一批年富力强的干部走上了宣传思想战线领导岗位。深入开展“学、树、保、促”主题教育活动，着力解决宣传干部队伍在思想、作风、精神状态等方面存在的突出问题，按照政治强、业务精、纪律严、作风正的要求，全面提高宣传思想队伍的政治素质和业务能力，大力培树“严谨、细致、快捷、高效、深入、扎实”的工作作风。深化“三项学习教育”活动，积极开展创建“学习型、服务型、廉洁型”机关活动。进一步健全管理机制，建立起科学、合理的绩效考评办法和激励约束机制，进一步调动了宣传思想干部的积极性、主动性和创造性。全面启动“四个一批”人才培养工程，各级各类优秀人才培养力度不断加大。

领导班子成员

部长　司存喜
常务副部长　张刚强
副部长　马光钦　崔玉林
　　　　李成果　王淑彦
对外宣传局局长　崔玉林（兼）
文明办主任　马光钦（兼）

【2007年·概况】 2007年，按照“围绕中心、服务大局、外树形象、内聚活力”的总要求，以贯彻落实党的十六届六中全会、省第七次党代会和市委九届二次全会暨全市经济工作会议精神，迎接党的十七大召开为主线，紧紧围绕科学发展、提速发展、和谐发展，建设“京南近海强市名城”宏伟目标，坚持与时俱进，改革创新，不断增强宣传思想工作与市委、市政府重点工作的结合度、与改革发展稳定的紧密度、与人民群众的贴近度，提升了宣传思想工作在服务发展、服务和谐、服务党建中的贡献率，为推进全市又好又快发展、构建和谐社会，提供了强有力的理论指导、舆论力量、精神支柱和文化条件。主要做了以下七个方面的工作：1. 联系实际，真学真用，深入贯彻落实科学发展观，理论武装工作取得新进展。2. 围绕中心，突出重点，新闻宣传特色鲜明，营造正面舆论强势取得新成效。3. 夯实基础，项目推动，文化产业加快发展，文化大市建设工作取得新突破。4. 深化内涵，拓展领域，创建文明生态村和“三下乡”活动持续推进，社会主义新农村建设取得新发展。5. 以人为本，活化载体，大力加强思想政治建设，精神文明创建工作出现新局面。6. 协调联动，打造品牌，外宣工作成效显著，保定对外形象得到新提升。7. 优化结构，完善机制，大力倡导“四个果断告别”和“四个坚决做到”，宣传文化队伍建设取得新进步。市委主要领导评价2007年的宣传工作：在服务大局中开拓前进，在改革创新中焕发活力，始终保持了积极健康向上的发展态势，理论武装、舆论引导、思想道德建设、文化精品生产、精神文明创建、文化事业和文化产业发展等方面的工作，都取得了可喜的成绩。特别是认真学习宣传贯彻党的十七大、省委七届三次全会和市委九届四次全会精神，积极组织参与推动解放思想大讨论活动，广泛开展以推动改革开放、实现科学发展、促进社会和谐为主要内容的主题宣传，为顺利推进保定改革发展稳定各项工作作出了贡献。市委宣传部连续第十二年被市委、市政府评为“工作实绩突出单位”。

【理论武装工作】 以县以上党委中心组为重点，紧密联系保定实际，通过举办理论辅导讲座，召开专题座谈研讨会，组织党的十七大精神宣讲团，开展“学习十七大精神，建设强市名城”知识竞赛，承办“新世纪·新河北·新成就”（保定展区）大型展览，深入开展“站在新起点、推动新发展”解放思想大讨论，帮助广大党员干部深刻理解科学发展观和构建社会主义和谐社会等一系列重大战略思想，深刻理解党的十七大、省委七届三次全会、市委九届四次全会精神，深刻理解保定市“科学发展、提速发展、和谐发展”的思路体系，全面把握科学发展观的科学内涵和精神实质，用党的最新理论成果武装头脑，指导实践，推动工作，增强贯彻落实科学发展观的自觉性和坚定性，为建设京南近海强市名城打下坚实思想基础。

【新闻宣传工作】 紧紧围绕市委、市政府工作大局，大力宣传经济、政治、社会、文化四大建设所取得的显著成绩和重要经验，认真组织策划了新能源及能源设备制造、汽车及零部件制造、食品加工、纺织服装等重大产业和以“热爱保定、建设保定、奉献保定”、“责任风暴、效能革命”、“驻联帮解促”、建设“京南近海强市名城”等为主题的新闻宣传活动，增强了宣传舆论工作实效性。认真落实《中共保定市委关于进一步加强新闻宣传工作的意见》，制定出台了对外新闻宣传工作的实施细则，完善了机制，整合了全市新闻资源，形成了全市对外宣传合力，使全市新闻宣传工作取得了突破性跨越。据不完全统计，2007年保定市在省以上新闻媒体刊发重要稿件3800篇（条），其中影响较大的报道有：《人民日报》头版头条“保定新能源产业初现活力”、报眼“保定擦亮‘华北明珠’白洋淀”，中央电视台《新闻调查》“保定新能源之路”专题、《新闻联播》的“河北保定巧做文章——一招走活三步棋”，《经济日报》头版头条“河北保定新型工业制造带动经济全面发展”、“河北保定发展清洁能源建设太阳能之城”，《光明日报》头版头条“保定万名干部投身新农村建设实践”，中央人民广播电台《中国之声》——“直播中国·走进保定”大型专题等在社会上产生强烈反响。有效地提高了全市宣传工作的影响力和服务发展的贡献率。配合全市招商活动，开展集中宣传活动。紧密结合河北香港经贸洽谈会、2007年中国（厦门）国际投资贸易洽谈会，在深圳、香港、沈阳、厦门等地组织了大规模的专题新闻发布会，扩大了保定的影响力和美誉度。认真做好境外媒体记者接待工作。认真落实国务院477号令，组织市、县、乡、村有关干部进行大规模培训160次，受训人员达21088人；实施精品“采访线工程”。认真落实信息灵通、责任目标考核、新闻发布会和境外记者接待人制度，为境外媒体记者采访主动做好服务。全年，接待境外记者采访18批，40多人次。保定市接待境外记者的六条做法得到了中央和省领导的肯定，中央外宣办在全国“采访线工程”建设负责人培训班上推介了保定的经验，省“奥采”简报六次推介保定市的做法。

【文化建设工作】 按照“课题式设计、工业式管理、工程式推进、台账式监督”的要求，扎实推进文化产业发展。编制建立文化产业项目库，组织全市文化资源普查和非物质文化遗产申报。保定市被首批列入非物质文化遗产保护的项目共71项，其中国家级的6项，省级的29项；与河北大学建立战略合作伙伴关系，签署了《保定市与河北大学共同推进文化产业发展合作协议》；制定了《关于推动动漫产业加快发展的实施意见》和《保定市动漫产业发展规划纲要（2007～2010年）》。保定市被国家新闻出版总署命名为“国家动漫产业基地”。认真谋划启动河北大学亿万泰韩国福乐影像株式会社“亚洲影像IT文化观光都市”等一批重大文化产业项目。组织参加第三届文化产业博览会。签约项目4个，金额达65.2亿元，被“文博会”组委会授予“优秀展示奖”。认真抓好文化精品生产。先后策划制作以保定地域文化为背景的电视剧、电视专题片、广播剧、戏剧作品近20部，在国内引起较大反响。加强文化市场管理。共组织文化市场综合整治活动6次、专项整治活动8次、全市文化市场综合联查1次，重点抓了网吧、出版物、演出市场、中小学校周边环境治理和打击淫秽色情网站工作，促进了全市文化市场繁荣稳定和健康发展。积极开展群众性文化活动。举办河北省第三届老年书画作品联展暨保定市老年书画研究会作品展；组织以“我与中国电谷共成长”为主题的大型游园活动、千名少儿书画笔会，“新一代”杯中国保定敬老健身节开幕式携手央视《激情广场》，举办“彩色周末”、“社区艺术节”、“地方优秀剧目展演”等有保定特色的文化活动，进一步活跃了城乡群众文化生活。

【新农村建设工作】 按照省委总体要求和市委、市政府的工作部署，扎实推进创建文明生态村工作。全市累计完成道路硬化1234.37公里，新增沼气池19979个，建卫生厕所19970个，建垃圾池（点）2250个，新建村民中心491个，组织农民参加政策、法律、科技等培训达24.67万人次。全年新建文明生态村491个。CCTV－2“金土地”栏目以保定市创建文明生态村成果为主要题材，拍摄了展示保定市魅力乡村的专题片“希望快车—保定站”；CCTV－7“聚集三农”栏目播发保定市创建文明生态村内容的消息10余条；坚持经常性地开展“科技、文化、卫生”三下乡活动，全年共组织规模不等、形式多样的集中行动340次，受益农民群众达175万人次。启动“专业技术人员进万村兴百业”活动，为农民群众办实事382件、开展科技培训147次。12月26日，中宣部等八部委在易县举行了全国“三下乡”集中示范活动暨全国今冬明春“三下乡”活动启动仪式。

【精神文明建设工作】 扎实开展创建文明小城镇（县城）、文明城区、文明城市竞赛活动。在机关，掀起“责任风暴”，推进“效能革命”，“争做人民满意公务员，创建文明机关”；在城区，“争做文明市民、创建文明城市”，“知荣辱、树新风、兴保定”；在农村，“争做新型农民、创建文明生态村”；在企业，“做诚信经营者、创建诚信企业”；在窗口单位，加强“星级”窗口建设，开展“三杯”竞赛，形成城乡共创文明的浓厚氛围。深入开展“迎奥运、讲文明、树新风”活动。组织“热爱保定、建设保定、奉献保定”大讨论；开展以“知荣辱、树新风”为主题的青少年爱国主义读书活动，保定市获全国组织特等奖；“百城万店无假货”示范街（店）和保定市首届道德十佳标兵、十佳先进单位、“十大道德模范”、30位“道德人物”评选取得良好效果；结合“百日行动暨拆违第二战役”，积极组织开展创建“绿色机关”、“绿色学校”、“绿色社区”、“绿色医院”等活动，促进全市整体文明程度和市民文明素质不断提高。切实加强思想政治工作。制定《保定市加强企业文化建设的实施意见》，组织开展思想政治建设专题调研活动，推出了一批先进典型。在“中外企业文化2007太原峰会”上，保定交通运输集团、保定供电公司、保定钞票纸厂被评为“全国企业文化建设先进单位”，保定移动通信公司党委书记、总经理陈国桢被评为“全国企业文化建设先进个人”。保定城乡建设集团在全省农民工思想政治工作现场经验交流会上作重点发言。不断深化爱国主义教育。充分利用国防教育日、八一建军节等重大节日，大力宣传《国防教育法》。举办了“保定市纪念建军80周年暨第二届国防教育门券展”、“保定市纪念建军80周年书画展”、“全民国防教育日少儿书法展”和保定市“国防杯”少儿书法现场大赛等，有力地提高了全社会的国防意识，为保定市夺取“双拥模范城”六连冠注入了新的活力。加强爱国主义教育基地建设，组织开展了晋察冀根据地创建70周年纪念活动，冉庄地道战遗址纪念馆的迁建工程和唐县白求恩柯棣华纪念馆改陈建设进展顺利。

【宣传干部队伍建设】 坚持党管干部、党管人才和德才兼备的原则，不断加强宣传文化系统领导班子和干部队伍建设，宣传干部的政治素质、思想素质和业务素质进一步提高。认真开展“为民、务实、清廉”主题教育、“驻联帮解促”和解放思想大讨论活动，着力解决宣传干部队伍在思想、作风、精神状态等方面存在的突出问题，“果断告别小富即满、小进即安，果断告别四平八稳、按部就班，果断告别心浮神惰、疲沓迟缓，果断告别感觉良好、不紧不慢；坚决做到心存忧患、寝食难安，紧张起来、一路追赶，只争朝夕、一往无前，精神抖擞、干劲冲天。”进一步提高宣传思想队伍的政治素质和业务能力，巩固党的先进性教育成果。完善考核激励机制，研究制定了《关于部机关处室及工作人员年度考核办法（试行）》、《关于县市区、市直单位精神文明和宣传思想工作年度考核办法（试行）》，建立科学、合理的绩效考评办法和激励约束机制，调动了宣传思想干部的积极性、主动性和创造性。市委宣传部被评为“先进基层党组织”、“行风建设先进单位”、“为民务实清廉教育先进单位”，获市级以上荣誉23项。全面实施“四个一批”人才培养工程，做好政工职称评定工作，组织完成了全市企事业单位政工专业人员业务培训和聘任审批工作，各级各类优秀人才培养力度不断加大。认真抓好调查研究和舆情信息工作，积极发挥“耳目”作用，推出一批有分量的调研成果，及时向上级报送大量舆情信息，被省委宣传部采用337篇、被中宣部采用200篇，被中央领导、中宣部领导批示15次，继续保持在全省、全国的先进位次。创办了《宣传动态日报》，共编发160期。建立了宣传系统办公自动化系统，在灵通信息、降低成本、提高效率方面发挥了较好作用。

领导班子成员

部长	司存喜
常务副部长	张刚强
副部长	王福友
	马光钦
	李成果
	王淑彦
对外宣传局局长	（空缺）
文明办主任	马光钦（兼）

（部门编辑：李会斌　杨胜利）

统战工作

【中共保定市委统战部】 中共保定市委统战部是市委主管统一战线工作的职能部门。主要职责是：联系各民主党派和无党派代表人士，搞好多党合作和政治协商；落实党的民族宗教政策，做好少数民族干部的培养和举荐；联系海外工商社团及代表人士做好台胞台属工作；做好党外人士的政治安排和实职安排；联系市工商联做好非公有制经济人士的思想政治工作；搞好统战理论宣传；贯彻落实中央、国务院对台工作的方针、政策，组织、指导、管理、协调全市对台工作；承办市委、市政府交办的其他事项。内设9个处（室）：办公室、研究室、一处（工商经济、党派处、知识分子处）、二处（民族宗教处）、三处（港、澳、台，海外联络处）、四处（干部处）、综合处、交往交流处、经贸处。

【2006年·概况】 2006年，以邓小平理论和“三个代表”重要思想为指导，坚持和落实科学发展观，全面贯彻党的十六届六中

全会和全国统战工作会议精神，高扬“树讲求”主旋律，围绕又快又好发展、和谐社会建设两大主题，在民主党派、民族宗教、经济统战、海外统战等工作中取得了新成绩。在民主党派工作方面。采取办班、外出考察等形式，加强各民主党派、工商联负责人邓小平理论和“三个代表”重要思想以及政党理论的学习，引导他们深化对参政党地位、性质的认识，进一步巩固和发展了同中国共产党团结合作的思想基础。组成了30多人的工作班子，编写了《保定市民主党派二十年》一书，60余万字，为加强民主党派的思想政治建设提供了珍贵史料。对民主党派、工商联换届工作作出周密安排，成立了领导机构，起草下发了换届文件及工作方案，明确了责任分工。对31名党派班子后备人选进行了广泛协商，取得了共识。对19名工商联班子后备人选进行了摸底。为党派、工商联换届奠定了坚实的人才基础。采取双月座谈会、大事要事座谈会、情况通报、行风评议等形式，认真落实中共与各民主党派的政治协商制度、政府有关部门与民主党派的对口联系制度以及特邀人员制度，为各民主党派参政议政、民主监督提供了广阔舞台。充分利用年初召开人大、政协全会的机会，开展更大范围的协商。各民主党派在“两会”上共提出提案议案226件，其中12件受到市级以上领导的重视和有关部门的采纳。新增补十届市政协委员13名，政协常委22名。新提拔党外县级人大副主任、政协副主席10名。同时，新物色党外后备干部8名，使县级党外后备干部人数达到100名。在民族宗教工作方面。利用广播、电视、报纸、培训、座谈等方式方法，开展以宗教政策法规和“八荣八耻”为主要内容的“争做好公民”宣教活动，强化了信教群众的守法意识。加强经济文化帮扶，为教徒聚居村办好事、实事213件，引进资金352万元，项目35个，提供科技信息5000余条，把信教群众引导到发展经济、促进社会进步上来。整顿规范管理宗教活动场所。帮助市“两会”解决经济纠纷1起，挽回经济损失50万元。加强天主教“两会”制度建设和机构建设，指导7县（市）完成了爱国会换届。依据《宗教事务条例》，协同有关部门取缔非法念佛堂1处，查处佛教行骗活动1起，妥善处置清真食品不清真事件1起，宗教场所的管理进一步规范。发挥网络优势，灵通信息，及时消除了《燕赵晚报大周刊》漫画事件对保定市的消极影响，超前预防了韩国基督教“万民教会”到河南传教带来的不利影响，维护了社会稳定。在海外统战工作方面。组织人员参加了“河北省农业产业化项目洽谈会”，谋划招商项目7个，投资总额14.55亿元；签约项目4个，投资额4.05亿元。走访外资企业6家；为外资企业办实事10件；协调台商经济纠纷9起，为台胞台属解决实际困难和问题28件；协调引进台资企业2家，总投资1200万元；协调台塑集团为本市贫困县捐建明德小学7所，捐款420万元；协助味群公司贷款2300万元；协调促成7个团（组）赴台经贸交流考察；接待台商来保考察团9个，考察保定市的超市、宾馆、食品、制造等行业。引进国际克里斯多夫防盲协会（CBM）37万元人民币，为1350例困难白内障患者实施手术；联系南京爱德基金会，为本市5所特教学校捐款25万元购置图书和教具。在经济统战工作方面。组织召开了“优秀中国特色社会主义事业建设者”表彰大会，对122名爱国、敬业、诚信、守法、贡献，热心公益事业的非公有制经济人士进行了表彰。深入开展了“光彩事业十、百、千活动”，全市非公有制经济人士实施扶贫项目8个，提供就业岗位6189个。在河北省民营企业思想政治工作经验交流暨表彰大会上，保定市有5名民营企业家受到表彰。

【调研宣传信息工作】 利用内部刊物搞好宣传，编发《保定统战》4期、《统战信息》24期、《台联简讯》16期、《台情参考》10期、《台办简讯》10期（包括《台属专刊》3期、《台协通讯》4期），上报统战信息300多条。利用市新闻媒体宣传，在市电台、报社发稿30多篇（条）。在全市开展了统一战线知识竞赛活动，进一步普及了统战知识，收到统一战线各界人士答题卡2万余份，并组队参加了省委统战部组织的竞赛。完成省委统战部2006年理论研究课题4个。

领导班子成员

部　　长　崔启慧
常务副部长　王二铁
副 部 长　高　旗　储建增
　　　　　董桂武

【2007年·概况】 2007年，在市委的正确领导下，以邓小平理论和“三个代表”重要思想为指导，全面贯彻落实科学发展观，充分调动统一战线各界人士的积极性、主动性和创造性，着力推进科学、提速、和谐发展，为全市的经济社会又好又快发展作出了新贡献。各民主党派市委领导班子实现政治交接，多党合作制度得到坚持和发扬。圆满完成了民主党派市级班子的换届，31名班子成员全部高票当选，为多党

合作和政治协商制度的坚持与完善奠定了组织基础。举办了民主党派、工商联负责人培训班。出台了《中共保定市委统战部关于协助民主党派市委开展“政治交接学习教育活动”实施方案》，积极协助民主党派搞好以坚持中国特色社会主义政治发展道路为主题的“政治交接学习教育活动”。召开各民主党派座谈会、报告会、协商会6次，各民主党派成员共提出提案议案161件。组织328名民建会员为山区贫困学生捐款54万元，使2007年考入大学本科的200余名贫困学生能够顺利完成学业。市民进发挥自身优势，与人事局联合举办了有170余家国有大中型企业及个体私营企业参加的大中专毕业生就业招聘会，2400余名应届毕业生进场求职，签约率达30%。出版了《保定市民主党派二十年》一书，填补了保定市党派史料文献工作的一项空白。保定市社会主义学院正式挂牌成立，为进一步加强保定市党外人士培训工作创造了条件。依法管理、健全机制，保持了民族宗教领域的持续稳定。把宗教工作列入各级党委政府的重要议事日程，明确了各级党委书记是宗教工作第一责任人。强化了基层工作队伍，在11个宗教工作重点乡（镇）设立宗教工作办公室。确保了天主教敏感期连续12年平稳度过。选派2名神甫参加全国“一会一团”组织为期一年的神职人员培训班。帮助各宗教团体制定了《宗教团体和宗教活动场所财务会计管理办法》等十一项管理办法，促进了各宗教团体的自我管理。召开了全市天主教工作重点县（市、区）统战部长、民宗局长会议。党外人士工作得到新发展。按照中发［2006］15号、冀发［2007］7号文件对党外人士的政策要求，对全市现任县级党外干部的年龄、任职情况进行了全面摸底，对掌握的百余名县级党外后备干部进行了筛选，为完成全市的县级人大、政府、政协换届，提供了充足的党外人才保障。提拔县级党外干部18名，25个县（市、区）人大、政府班子的党外副职一次配齐。25名党外副县（市、区）长呈现出年富力强、学历层次高的特点：35岁至45岁的22人，占88%，具有大学本科以上学历的23人，占92%，硕士研究生学历2人，占8%。推荐5名无党派知识分子为省知识分子联谊会理事，其中有3人当选为常务理事。完成了市工商联换届工作，为引导非公有制经济健康发展提供了组织保障。根据省、市关于工商联换届的政策要求，严格新一届工商联领导班子人选标准，经市委常委会研究同意，组织召开市工商联换届代表大会，市工商联新一届23名班子成员、保定市总商会9名班子成员均高票当选。

【全市统战工作会议】 6月12日召开。各县（市、区）委主管副书记、统战部长，市直有关部门负责人，市属大专院校、大型企业分管统战工作的副书记、统战部长共计130人参加会议。市委常委、秘书长、统战部长崔启慧主持会议并作了《发挥统一战线的优势和作用，为建设京南近海强市名城而奋斗》的讲话。市委副书记王会平到会并作了《围绕主题 把握重点 扎实做好新时期统战工作》的讲话。市委书记宋长瑞出席会议并讲话，他指出：1. 充分认识新时期统一战线工作的重大意义。2. 全面提升新时期统战工作整体水平。3. 紧紧把握新时期统一战线工作的重点和关键环节。4. 切实把统战工作作为各级党委的一件大事来抓。

【全市统战部长培训班】 6月13日举办。市委统战部长崔启慧做了动员讲话，各县（市、区）委统战部长、市属大中专院校和市属企业分管统战工作的领导参加了培训。

【全省天主教工作经验交流会】
由于保定市天主教工作成效明显，省宗教工作领导小组在保召开了全省天主教工作经验交流会，重点推广保定市的工作经验。市委副书记王会平和清苑县委书记石海林在会上做了典型经验发言，并参观了清苑县东闾村活跃信教群众文化生活等方面的成果。

【光彩事业活动】 在全市非公有制经济人士中广泛开展“光彩事业四个一”活动，非公有制经济人士响应号召踊跃参加，献爱心做贡献，据不完全统计，截至目前公益事业捐款达1460余万元，救助贫困生757人，帮扶贫困户857户、村54个；实施扶贫项目28个、总投资达5800万元，吸纳农村剩余劳动力5000多名。

【海外统战工作】 保持了与南京爱德基金会的联系，在连续5年引进捐款421万元、实施21个扶贫项目的基础上，2007年又联系引进捐款50.1万元，继续在市新视眼科、易县、唐县、安国、容城5家医院实施防盲复明项目，为1850名白内障贫困患者实施了复明手术。先后接待台商考察团5批、92人，组织赴台交流团组11个；走访“三胞”及外资企业50家（次）；为港澳台同胞及外资企业解决实际问题6件；走访台胞台属重点工作对象20户；引进建校资金720万元，其中台资和省配套资金各360万元，建明德小学8所。协调日籍华人竹内林书女士为易县坡仓小学捐助资金55万人民币，建教学楼一栋。组织台胞小学生参加《第八届世界华人小学生作文大赛》，共组稿6篇，获奖4篇，其中二等奖1篇，三等奖3篇。组织省台联第七次代表大会代表、理事的推选及审查工作。

【调研宣传信息工作】 党的十七大召开后，先后对机关和市各界人士举行的学习十七大精神座谈会进行了宣传报道。在市报社和电视台刊发稿80余篇（条）。对全年重点调研课题进行了分解，制定全市统战调研提纲，完成调研报告20篇，上报省委统战部9篇，超额完成全年任务。在部内编发《保定统战》4期，《统战信息》24期，收集信息500多条。上报省委统战部信息200多篇（条），在《河北统战动态》刊登70余篇，上报中央统战部5篇，在《中国统一战线》刊登3篇。

【驻联帮解促活动】 协调市移动公司出资96万元，为涞源县二十亩地村和王安镇黄台院村架设了4座信号发射台，解决了两村多年来信息不畅的问题；为小北关村捐赠图书4000册；为黄台院村安装自来水管道1000米；为五门村捐赠水泥5吨；为北台村捐赠煤和棉衣；协调徐水县供电局为雁门村架设动力线1200米，为蠡县杨马庄村修路，平整主要街道1000多米，清理垃圾30多立方米，引进生态菌肥科技项目一个。

领导班子成员

部　　长　崔启慧
常务副部长　王二铁
副 部 长　高　旗　董桂武
储建增

（部门编辑：魏金生）

农村工作

【中共保定市委农村工作委员会】

市委农村工作委员会是市委主管农业和农村工作的综合职能部门。在市委的领导下，对全市农业、农村工作实行全面领导，搞好宏观谋划、综合协调、政策研究、组织指导、督促检查。内设办公室、综合处、农村改革处、农村经济处、社会发展处、政策调研处、干部人事处、机关党委、监察室、机关事务所等10个处室。

【2006年·概况】 2006年全市农业和农村工作总体思路是：以邓小平理论和“三个代表”重要思想为指导，全面贯彻中央农村工作会议和省农业农村经济工作电视电话会议精神，树立和落实科学发展观，紧紧围绕社会主义新农村建设，认真落实各项支农惠农政策，深化农村改革，大力推进农业结构调整和农业产业化经营，加强农村基层民主政治建设，抢抓机遇，凝神聚力，攻坚克难，确保社会主义新农村建设开好局、起好步。重点抓了六方面的工作：一是认真贯彻落实中央一号文件和中央、省农村工作会议精神；二是扎实推进社会主义新农村建设；三是以项目建设为重点，提高农业产业化经营水平；四是突出重点，进一步把“草牛奶”工程做大做强；五是培育发展农民专业合作组织建设；六是积极推进农村基层民主政治建设。

【全市农村工作广播电视会议】

2月15日召开，会议的主要内容是总结2005年工作，对2006年全市农业农村工作进行了全面部署。市委常委、农工委书记李书信主持会议，副市长曹汝涛在会上讲话。会议通过了《保定市委、市政府关于认定市级农业产业化重点龙头企业的决定》，并对2005年度农业产业化经营先进单位、农村基层民主政治建设先进单位、农民专业合作组织先进单位进行了表彰。

【认真落实惠农政策】 按照中央一号文件要求，全面取消农业税，进一步加大良种补贴和农机具购置补贴支持力度。全市新增财力向“三农”倾斜，市级财政安排支农资金2744万元，增长36.5%；安排扶贫专款224万元，增长12%；安排500万元资金用于文明生态村创建，增长1.1%；安排农村合作医疗试点补助资金253万元。

【扎实推进新农村建设试点】

在全市实施了“五十乡和百村”示范工程，选择了56个乡（镇）和106个村作为全市新农村建设联系示范点。重点开展以“五新一好”（建设新村镇、发展新产业、培育新农民、组建新经济组织、塑造新风貌、创建好班子）为主要内容的新农村建设活动，积极探索多种模式推进新农村建设的有效方法。

【提高农业产业化经营水平】

全面实施“111”行动计划，全市共谋划实施千万元以上的重点项目210个，总投资79.2亿元。新认定市级龙头企业56家，市级龙头企业达到141家，省级龙头企业总数达到22家，总资产20.1亿元，年销售额25.1亿元。积极组织招商项目参加国家和省、市组织的各种形式的招商会、交易会、展销会、洽谈会，全市共完成农业产业化招商大项目20个，投资总额23.52亿元。其中国外合资合作项目3个，投资总额1.1亿元，吸引外资总额0.4亿元；省外项目17个，投资总额22.42亿元，引资总额11.39亿元。已签约项目数9个，投资总额7.57亿元，引资2.24亿元；初步达成合作意向的项目11个，投资总额15.95亿元，引资13.16元。

【做大做强“草牛奶”工程】 全面贯彻落实《省政府关于推进千万吨奶工程实施规划》和《保定市“草牛奶”工程实施意见》、《关于推进“草牛奶”工程发展的若干意见》、《扶持重点乳品龙头企业和生产基地的专项政策措施》，市财政划拨专款100万元，对奶业协会、重点乳制品企业、奶牛养殖基地、饲草生产企业及胚胎移植、疫病防治等进行重点扶持。全市奶牛存栏达到20.02万头，同比增长13.6%；鲜奶产量30.17万吨，同比增长16.5%，投资4.5亿元的伊利液态奶项目落户定州并成功投产。

【积极推进农村基层民主政治建设】 进一步健全村务公开制度，拓宽村务公开内容，规范公开时间和程序，狠抓公开阵地规范化建设，全市村务公开率继续保持在100%，群众满意率达到97%以上。全市共有6100多个村广泛开展了民主议政活动，累计有50多万人（次）参加，提各类意见、建议7万多条，采纳2万多条，取得了良好效果。

领导班子成员

农工委书记　李书信
常务副书记　刘会恩
副 书 记　孙贵杰　李国星
　　　　　霍　林
纪工委书记　樊铁男
助理调研员　段　军

【2007年·概况】 2007年全市农业和农村工作以邓小平理论和“三个代表”重要思想为指导，全面贯彻中央、省、市农村工作会议精神，坚持科学发展观，坚持统筹城乡发展方略，坚持“多予少取放活”方针，推进“三化”（农业产业化、农村工业化和城镇化）、“四村”（产业强村、文化兴村、生态建村、民主治村）、“四新”（新经济、新环境、新农民、新政策），进一步加快全市新农村建设步伐。

【全市农村工作会议】 3月15日，市委、市政府召开农村工作会议，学习贯彻落实中央一号文件和中央、省农村工作会议以及省农村综合改革会议精神，分析形势，安排部署2007年全市农业农村工作和农业综合改革任务。市委书记宋长瑞主持会议，市长于群在会上讲话，市委常委、常务副市长李谦安排部署农村综合改革工作，市委常委、农工委书记王惠欣部署全年农业农村重点工作。市委常委、组织部长焦新华，市人大常委会副主任李书信，市政协副主席赵敬章出席会议。会议还印发了《市委、市政府关于认真贯彻中央1号文件精神扎实做好2007年农业农村工作的意见（讨论稿）》、《保定市社会主义新农村建设“十一五”规划纲要（讨论稿）》。

【全面推进社会主义新农村建设】 按照中央新农村建设“二十字”方针要求，进一步搞好规划和部署，起草完成了《保定市新农村建设“十一五”规则纲要》。在全市选择了56个乡（镇）和106个经济基础强、班子基础牢、群众基础好的村作为全市新农村建设联系示范点。在全市范围内开展“1360”工程（每个县（市）打捆编制一个中心镇总体规划及所辖村的村庄规划；编制三个乡的总体规划和60个村庄规划），争取县域、乡镇和村庄规划的编制率分别达到35%和25%；2008年完成县（市）域城镇体系规划确定的中心镇总体规划及其镇域内规划编制，乡镇和村庄规划编制率均达到60%；2009年完成所有乡镇和村庄的规划编制，基本形成县域城镇体系规划、乡镇总体规划、村庄规划为主体的村镇规划体系，实现全市城乡规划全覆盖。

【开展“深入农村、服务农民”活动】 制定出台了《关于在全市开展“深入农村、服务农民”活动的实施意见》（保字［2007］33号），并召开全市大会进行了部署。同时与“驻联帮解促”活动相结合，在全市100多个部门推动职能延伸、服务延伸，并列入对各县（市、区）、各部门、各单位领导班子和领导干部年度考核的重要内容。为所驻村争取帮扶资金、物资折合6271万元，新上致富项目1333个，化解矛盾隐患3465起，帮助驻村维修和新建公路近1900公里，帮助打井2760眼，组织义诊877次，帮扶困难户8501户。

【积极推进农业产业化项目建设】 全面落实“111”行动计划，市、县两级共确定“111行动计划”项目247项，总投资96亿元，择优确定了市级10个农业产业化标志性项目。高碑店河北福满多食品有限公司建设项目和顺平汇源食品饮料有限公司年产15万吨果汁饮料项目被列为省级10个农业产业化标志性项目。

【扎实推进农村民主管理】 严格按照《村民委员会组织法》，全市农村普遍建立了“两会”组织，健全完善了“两会”制度，制定了实施细则，进一步规范了民主决策制度。建立健全了农村“三资”管理制度，全市所有的村都设立了民主理财小组，96%以上的村建立了集体资产、资源台账和规范管理的规章制度。全面推行了农村集体财务委托代理服务制，全市已有303个乡镇，4901个村实行了委托代理服务，分别占总数的93.8%和79%。

【乡镇干部培训】 从11月2日开始，在安新县白洋淀温泉宾馆对全市323个乡（镇）党委书记、主管新农村建设的副书记进行集中培训，培训共分4期，每期培训3天，每期160人。通过对基层干部进行中共十七大精神、农村基层民主政治建设、农业结构调整、农业产业化、发展农村经济、社会主义新农村建设、各项惠农政策和农村财务管理培训，进一步提高乡镇领导干部的政治素质和业务素质，增强做好新时期农业农村工作的能力和本领，提高依法办事、善于做群众工作的能力，进一步增强农村基层党组织的凝聚力和战斗力，推动全市“三农”工作的健康发展。

【积极推进“草牛奶”工程】 全年新认定10个市级标准化养殖小区，并给予每个小区1万元资金奖励。下大力扶持乳品加工龙头企业和奶农合作社建设，重点加强对伊利、蒙牛、新天香、永华、香格尔等乳制品企业的扶持，建设与乳品加工能力相匹配的稳固的优质奶源基地。全市市级标准化奶牛养殖小区达到45个，奶牛养殖小区（规模场）发展到180个。全市奶牛存栏达到24万头，同比增长13.6%，鲜奶年产量达58.5万吨，同比增长16.5%。乳制品规模企业24家，年加工能力69.2万吨。

领导班子成员

农工委书记	李书信（3月离任）
	王惠欣（3月任）
常务副书记	刘会恩
副书记	孙贵杰　李国星
	霍　林
纪工委书记	樊铁男
助理调研员	段　军

（部门编辑：梁会芬）

政策研究工作

【中共保定市委研究室】 是隶属于中共保定市委的决策参谋机构，其基本职能是围绕全市中心工作，通过调查研究和文稿起草，为市委领导决策服务。内设秘书处、综合处、经济处、政社处、内刊处5个处室和资料室、信研所2个科级事业单位。2006年被中央政策研究室评为“通联信息先进单位”，被省委研究室评为“全省党委系统优秀调研单位”，并获全省“优秀调研成果组织奖”。2007年被中央政策研究室评为“通联信息先进单位”，被省委研究室评为“全省党委系统优秀调研单位”。

【2006年·概况】 2006年市委研究室紧紧围绕市委中心工作和全市稳定与发展大局，集中力量开展调查研究，全年共完成各类文稿80余篇，其中起草领导讲话、市领导署名文章、市委文件等重要文稿20余篇，一次成功率达到70%以上；完成大型调研课题11个，成果转化率达80%以上，其中有省委、市委、市政府领导批示10篇，省以上刊发10篇。全年共完成《调研与决策》、《调查研究报告》各10期，文稿批示、采用率70%以上。此外，2006年市委研究室还圆满完成了市委决策咨询组的协调服务工作，全年参与、陪同咨询组调研14次，编发《咨询简报》14期。

【围绕市委决策进行调研】 2006年，市委研究室进一步贴近中心、贴近实际，坚持为市委决策服务。年初，由市委研究室牵头并会同市委办公厅围绕全市经济、稳定、党建、精神文明等方面拟定了全市17个重点调研课题，并分解到相关单位，有力地推动了全市各项工作的开展。2月，市委研究室承担起草了市委领导在全市优化环境加快发展大会上的讲话；4月，为建设和谐保定，研究室深入基层、深入调研，结合保定实际，为市委起草了建设和谐保定的《实施意见》和《市委关于维护社会稳定领导责任追究实施办法》；10～12月，为进一步做好“十一五”期间的工作，又分别起草了《中共保定市委2007年工作要点》和《保定市“十一五”规划实施意见》。以上这些文稿都直接形成了市委决策，对促进保定发展起到了重要作用。

【全市稳定工作研究】 2006年初，新一届市委、市政府领导上任后，从制约社会经济发展的问题入手，短时间内成功解决了多起影响保定发展的重大疑难事件，一举扭转了被动局面，促进了经济、社会各项事业的发展。保定市委研究室深入调研，总结撰写了题为《攻坚克难活跃全局》的经验报告。该报告得到了省委书记白克明的肯定性批示：保定的经验值得重视和推广，可考虑以简报形式印发各市。此后该文又分别被省委研究室《调研与呈阅》和省委办公厅《情况交流》刊登。7月，由市委研究室牵头，组成联合调查组，对我市失地农民的情况进行了调查，撰写了《关于失地农民生活保障的成功经验》的调查报告。报告共归纳提出了八种解决失地农民生活保障的办法，从实际出发，措施多样，可确保失地农民失地不失利、生活有保障，既推动了经济发展，又解决了社会稳定中现实和潜在的问题。该件还作为市委中心组理论学习材料进行了交流。下半年，为进一步做好稳定工作，市委研究室再次深入到市、县、乡政法部门，居民社区，基层派出所等地，对“打造平安保定”的情况进行了专题调研，撰写出《关于打造平安保定工作的调查报告》，该报告受到市委书记宋长瑞、市政法书记李剑方、副市长张广琦等多位领导的批示。在此报告的基础上，市委研究室又撰写了《关于构建和谐保定的思考》一文，分别在中央政策研究室《学习与研究》和河北省委研究室《河北发展》上刊登，为保定市的稳定工作作出了贡献。

【经济工作研究】 2006年市委研究室围绕经济工作，从多个角度开展了大量的调研活动，撰写的《关于推动我市旅游产业升级的调研报告》，在对全市旅游产业发展的优势与劣势进行对比分析后，按照建立大产业、构筑大市场、发展大旅游的思路，从五个方面提出了可操作性的建议。报告得到了主管领导的肯定性批示。撰写的《保持我市体育强市地位亟待解决的几个问题》一文，既对保定市体育事业的发展提出了合理地建议，又从三个方面阐述了体育产业化发展的途径。该文得到市主要领导的好评。汽车工业是保定市的主导产业，市委研究室深入调研，掌握了大量的数据和资料，通过系统的分析和研究，撰写了《关于保定汽车工业及零部件制造业发展的研究》一文，就如何做大做强汽车工业和零部件制造业，提出了具有战略性的五大举措。

【开展“学、树、保、促”百日主题教育活动】 10～12月，市委研究室积极参加全市“学树保促”百日主题教育活动。研究室起草的全市“学树保促”教育活动的部分文件和市委主要领导讲话，直接形成了市委决策。研究室内部的“学树保促”教育活动，采取办板报、邀请老革命现身说法、干部职工上台谈体会等多种形式，认真坚持批评与自我批评，积极开展较深入的思想斗争，实现了寓教于乐，“虚功”实做。市委研究室的做法分别被“学树保促”教育活动《简报》和《保定日报》刊登，受到好评。

领导班子成员

主　　任　彭玉臣

副 主 任　谢国庆　侯朝辉

【2007年·概况】 2007年市委研究室紧紧围绕市委中心工作和市领导决策要求，紧紧围绕经济社会发展的焦点问题和群众关注的热点难点问题，集中力量开展调查研究，全年共完成各类文稿100余篇，其中起草领导讲话、市领导署名文章、市委文件等重要文稿20余篇，一次成功率达到70%以上；完成大型调研课题7个，成果转化率达80%以上，其中有市委、市政府领导批示5篇，省以上刊发18篇。全年共完成《调研与决策》、《调查研究报告》各7期，重要文稿批示、采用率70%以上。圆满完成了市委决策咨询组的协调服务工作，编发《咨询简报》7期。此外，在全市开展的“驻联帮解促”活动中，市委研究室克服财力困难、人员极少的情况，派出一名县级干部和3名科级干部驻村入户搞帮扶，还累计投入扶贫帮困物资、资金共折合人民币10万余元，在年终评比中，市委研究室4名干部均被评为下乡工作队优秀队员。在2007年全市解放思想更新观念大讨论过程中，市委研究室从调研的观念、研究室的制度上等方面入手，深入学习、讨论，统一了思想，达成了共识，为更好地服务市委中心工作打下了坚实基础。

【围绕市委决策进行调研】 2007年，市委研究室以集中主要调研力量、围绕市委主要工作、服务好市委主要领导为宗旨，努力做好决策调研工作。年初，市委研究室站在全局高度，谋划了在全市开展以“建设京南近海强市名城”为主题的调研活动，拟定了涉及经济、稳定、党建、精神文明等方面的17个重点调研课题，并以市委办［2007］1号文件下发全市，推动了全市各项工作的开展，活跃了全市调研局面。2月，为进一步优化全市发展环境，全市开展了“掀起责任风暴、推进效能革命”活动，市委研究室及时撰写了市委书记宋长瑞的署名文章——《掀起责任风暴推进效能革命　促进发展环境的可持续优化》，在《河北发展》第三期刊发，在全省引起强烈反响，对宣传保定，发展保定起到了较好的作用。5月，结合市委书记宋长瑞来保后，对保定工作的定位和认识，市委研究室又撰写了《坚持科学发展　提速发展　和谐发展　全力打造“京南近海强市名城”》一文，在中央政策研究室《学习与研究》第五期刊发。6月，为落实河北省第七次党代会精神，市委研究室围绕市委提出的打造“京南近海强市名城”战略举指，撰写了《凝神聚力 激情创业 全力打造京南近海强市名城》一文，在河北省委研究室《河北发展》第五期刊发，并获全省研究室系统优秀论文评比一等奖。

【全市经济工作研究】 经济工作研究始终是市委研究室的重要研究工作。2007年3月，中共中央总书记胡锦涛在俄罗斯视察了作为“中国国家展”重要内容的河北保定长城汽车公司展台，并发表了重要讲话。随后中央、省委一些主要领导也先后对长城汽车公司进行了考察，为认真落实中央和省委领导的指示精神，为保定市汽车工业的发展，市委研究室深入调研，撰写了《大力发展民族工业 做强做大保定汽车》，进一步提出坚持科学发展观和科技创新，做大做强以长城汽车为龙头的汽车工业，真正实现打造“华北轻型汽车城”的战略目标。在此基础上，市委研究室又为市委书记宋长瑞撰写了《走开放式创新之路 振兴民族汽车工业》的署名文章，在《河北发展》第五期刊发。城市化率及其发展速度是衡量一个地方经济社会发展水平、发展后劲的重要指标，市委研究室于6月先后召集城建、规划等部门进行调研座谈，撰写了《抓住发展机遇 加快城市化步伐》的调查报告，分析了保定市城市化发展的制约因素，提出了具体的对策与建议，引起市委市政府领导的高度关注。9月，为帮助市主要领导掌握当前城乡规划中存在的成绩和问题，市委研究室利用一个月的时间走访了20多个县（市、区），撰写了《以科学规划引领城乡和谐发展的成功实践》。市委副书记、市长于群看后批示：这个材料写得很好！感谢市委研究室的同志。（1）请政府办公厅将这个材料一分为二，成绩和经验部分报省有关刊物争取刊用，问题和建议分解立项交规划局和各县（市）研究采纳解决；（2）此件以政府办公厅名义发各县（市、区）党政主要领导研阅；（3）争取10月开一次全市规划工作会议，来一次回头看，请几个县典型发言。我就以这个材料为主讲。请办公厅、规划局筹备。此报告推动了保定市城乡规划工作上了一个新台阶、进了一个新档次，在随后召开的全国规划工作会议上，于群市长作为全国唯一的地级市代表进行了典型发言。

【全市农村工作研究】 4月，市委研究室把提高农民收入作为解决好三农问题的突破点和切入点，通过大量的调研分析，就保定市创新农村科技服务体系撰写了《一条解决农民增收的新途径》的调查报告，该报告得到市委、市政府领导的肯定。6月，在对清苑县供销社改制情况调查后，撰写了《实施综合改革 创新服务方式 为建设社会主义新农村助力》一文。10月，就农作物秸秆综合利用问题进行调研后，市委研究室撰写了《搞好综合利用 发展秸秆经济》，在市委农工委《农村工作简报》上转发，对全市农作物综合利用工作具有很强的指导意义。11月，市委研究室、市委农工委、市农业局、市畜牧水产局和市林业局组成联合调查组，对保定市绿色、无公害农产品基地进行了调研，撰写了《关于我市打造绿色、无公害农产品基地的调查》。以上调查均得到市领导批示，进入了市委、市政府决策层。

领导班子成员

主　　任　彭玉臣

副 主 任　谢国庆　侯朝辉

（部门编辑：倪　剑）

保密工作

【保定市保密局】 保定市保密局是市委、市政府管理保密工作的部门。主要负责对党的保密工作方针政策、法律法规进行宣传；对保密工作法律法规贯彻落实情况进行执法检查；对国家秘密的确定工作进行指导、管理；经管涉密网络、涉密计算机的建设审批和管理；泄密案件查处。内设综合处、检查技术处。

【2006年·概况】 2006年，在市委、市政府的领导和省保密局的指导下，按照《中共保定市委保密委员会2006年工作要点》提出的总体要求，紧紧围绕市委、市政府的中心工作，强化职能、严格管理、突出党政机关和国防军工科研生产单位的保密管理工作、涉密信息系统的保密管理、重点涉密人员的保密管理三项重点工作，积极开展了宣传教育、保密管理、执法检查、发展保密技术等项工作，努力加强保密队伍和加强内部建设、充分发挥保密部门的职能作用，为构建“和谐保定”，服务和保障经济和社会全面发展作出了贡献。被评为全国先进保密工作集体。

【保密宣传教育工作】 根据省、市保密委员会工作要点提出的重点工作和省保密局《关于当前保密宣传教育工作的指导意见》的要求，确定了2006年保密宣传教育的整体思路：将保密宣传教育工作有机融入各项保密重点工作中，突出保密人员的教育与管理，加大保密技术知识培训力度，力求把保密宣传教育工作做深、做细、做实。通过宣传使得各级保密工作部门、保密工作者认真学习、准确理解、正确运用保密法律法规，充分发挥保密宣传教育工作的先导、引导、指导作用。开展了军工科研生产单位的保密宣传教育工作。保定市共有军工企业5家，其中有两家是2005年确定的，2006年新确定3家。年初，配合已经取得保密资质的两家军工单位，取得岗位资格证书的涉密人员进行了培训，结合有关保密法律法规、泄密案例分析、保密教育录像片对有关人员进行了再教育，使他们更新了保密知识、提高了做好保密工作的自觉性、增强了做好保密工作的能力。在2006年新确定的3家军工企业提出申请过程中，多次对保密有关工作进行周到细致的指导，对涉密人员进行了岗位资格培训，确保了确定工作的顺利进行。开展了党政机关干部的保密教育。结合《小心你的手机》、《刘兵、龙向京窃密案》两部保密教育片的播放工作对各级党政机关的涉密人员、特别是领导进行了一次保密知识的专题教育。在这次活动中，市五大班子领导及近百个市直部门观看了教育片，各县（市、区）四大班子，公、检、法及人武部主要领导，各乡镇、街道和县区直各部门一把手观看了保密教育片，据统计约有3000多人观看了教育片，其中厅处级以上领导干部近千人。在组织市委保密委全体成员观看后，市委常委、秘书长、保密委副主任崔启慧作了“居安思危　警钟长鸣”的讲话，同时，提出要有计划地在全市组织收看，特别是要组织要害部门、部门的领导干部和涉密人员观看。开展了保密技术人员的管理和教育。根据有关法律法规重新调整完善了讲义，重新制订了培训计划，充实计算机专业人员，对11个县、市，约700名计算机管理及操作人员进行了培训。开展了典型做好警示教育。对市交通战备办公室涉密计算机违反保密规定与国家互联网连接的情况进行了通报。在25个县（市、区）和近200个市直机关、企事业单位和驻保单位，认真学习市委保密委通报，一致要求要从这次事件中吸取教训，引以为戒。并认真开展了一次保密法律法规宣传教育活动，增强了广大党员干部，特别是涉密人员的保密意识，提高了遵守保密法规的自觉性，做到警钟长鸣。与保定市互联网协会共同举办“中华卫士杯网络安全保密知识竞赛”，全市共有近300个单位2000多人参加了竞赛活动。充分发挥党干校阵地作用，加强对重点人员的教育。抓住年初党校重新调整教学计划的时机，对保密授课进行调整。为了取得主动权，在每年召开一次的保密局、组织部、市委党校有关人员参加的协调会上研究党校保密教育有关事宜。向党校提供省保密局统一编印的党校授课教材，落实了党校授课人员。市、县换届工作后，根据换届选举人员变动较大的实际情况，主动与组织部、市委党校联系，对参加市委党校中长期培训班的副县级以上领导干部和县级后备干部进行了保密教育，同时，要求各县（市、区）保密局积极开展县级党校保密教育工作，据统计，各县（市、区）共计开办培训班63期，有一部分县上半年开办了两期科级干部培训班。据不完全统计，全年市、县两级党校接受保密教育的领导干部近6000人。充分利用三级刊报，宣传推动工作。首先是做好《保密工作》杂志的“学、用、订”工作。市局在开展“全面检查”工作中，把学刊、用刊、订刊情况作为一项重点内容，宣传刊物的重要作用。促进了此项工作的开展。阜平、徐水、涞源、安国等县、市还开展了以杂志刊登内容为主的答题活动。阜平大力度宣传，大力度征订，征订份数达77份，达万人均3.85份。其次是利用省、市两级简报宣传交流工作，年内上省简报15篇，印发市简报12期。

【保密管理工作】　加强系统档案规范化管理和信息工作。在省、市、县三级保密部门和档案部门的督促指导下，市保密局和25个县（市、区）档案升级工作到11月底全部完成。信息工作继续实行定期通报，定量考核，一票否决制度，县（市、区）、市直部门上报信息量明显加大，质量明显提高，及时、全面反映了各地各部门保密工作情况。做好围绕大局、服务中心的工作。市、县两级保密工作部门在辖区内开展的重大经济活动中都能主动服务，积极参与，起到了积极的防范作用。高碑店“箱包节”，满城“柿子节”，顺平“桃花节”，安新“荷花节”等。做好中高考及司法律师资格考试保密工作。按照国家、省局要求，对全市中高考保密工作做了严密部署，严格检查。配合省保密局、省考试院、省公安厅对市考试院、市司法局试卷保密室和有关印刷厂进行了检查。对司法考试进行了全程监督检查。确保了中高考及司法律师资格考试的顺利进行。继续做好定密日常管理工作。结合全市保密工作全面检查，对市直部门定密工作进行检查指导，进一步促进了定密工作的制度化、程序化、规范化。对全市国家秘密载体定点复制单位进行清理整顿。对两家整改后仍不合格的涿州煤田地质印刷厂、满城县机关文印部吊销了《许可证》。对定点复制单位的监督检查，已经列入日常保密管理范围，每年都要对有关单位进行检查。由于严格检查，严格标准，严格把关，定点单位的管理已步入规范化轨道。进一步加强要害部门、部位的管理工作。在上年确定要害部门、部位的基础上，2006 年又组织力量对“三书”的执行情况，规章制度的建立情况，各岗位责任制落实情况等进行了全面检查。严明了制度，严格了管理。配合有关部门做好密级鉴定工作。对市国家安全局提起的 8 份材料进行密级鉴定，其中绝密级 5 份，机密级 2 份，秘密级 1 份。对市直部门行政职权目录进行保密审查。认真做好域内军工企业保密资格审查认证工作。对已经认证的企业进一步加强检查指导。对保定乐凯集团申报二级军工企业保密资质、乐凯磁性材料公司申报三级军工企业资质进行审核，配合省认证委对 2 家企业进行认证。配合省认证办对保定五四二厂进行军工企业资质认证，均以高分通过认证。在认证过程中，对几家军工企业涉密计算机进行依法审批。加速内网建设。到目前，省、市、县实现了互联互通，设备和人员已经到位。为了规范内网管理，充分发挥内网的作用，制定了保定市保密局《关于〈河北省保密系统公务内网管理规定〉的实施细则》。对全市涉密人员手机使用情况进行了摸底登记。其中核心涉密人员 209 人、重要涉密人员 359 人、一般涉密人员 878 人，共计 1446 人。

【行政执法工作】　突出重点，严格执法，促进各项保密法律法规的贯彻落实。在全市开展了保密工作情况全面检查。按省保密局统一部署，会同公安、工商部门开展了党政机关周边环境保密大检查。泄密事件的查处工作。会同市安全局对保定市交通局交通战备办公室涉密计算机违规上网事件进行查处，对单位和有关责任人进行处理；配合省保密局、国家保密局对河北保定〇五印刷厂试卷泄密案进行处理和整改工作；对保定市民政局违规到非定点印刷摊点复印秘密级文件进行调查处理，令其单位进行全面整改，对有关责任人进行批评教育。在执法检查中，坚持“求严、求准、求真”的原则，严格坚持内容，严格检查程序，严肃执法态度；准确理解，准确把握，准确操作；真找问题，真整顿，维护了执法的严肃性。

【保密技术工作】　在全市开展互联网和公务外网保密检查工作。在全市开展了保密技术新产品、新设备保密检查工作。参与市政府办公厅信息系统、全市公安系统计算机网络保密知识培训，并派人授课。对 3 家申报乙级集成资质的单位进行初审。会同市国家安全局对全市涉密局域网开展专项检查。推进保密技术设备配置工作。推广配置网络检查工具 20 套，物理隔离卡 6 块，计算机干扰器 4 台。

【保密干部队伍建设】　结合全市“学树保促”百日主题教育活动，各级保密部门组织开展了对广大专兼职保密干部的政治思想教育、业务知识培训，进一步规范了岗位责任、规章制度、工作规范，使广大专兼职保密干部整体素质进一步提高，更加适应新形势的发展。

领导班子成员

局　　长　何建业

副 局 长　曹德生　杜振洲

【2007 年·概况】　2007 年，在市委、市政府的领导和省保密局的指导下，按照《中共保定市委保密委员会 2007 年工作要点》提出的总体要求，紧紧围绕市委、市政府的中心工作，强化职能、严格管理，突出保密要害部门部位管理、重点涉密人员教育和管理，涉密网络管理三项重点工作，积极开展了宣传教育、保密管理、执法检查、保密技术防范等项工作，努力加强保密队伍建设和机关内部建设，充分发挥了保密部门的职能作用，为构建“京南近海强市名城”，促进经济和社会全面发展，作出了贡献。

【保密宣传教育工作】　根据省、市保密委员会工作要点提出的重点工作和《河北省 2007 年保密法制宣传教育工作计划》的要求，确定了 2007 年保密宣传教育的整体思路：将保密宣传教育工作有机融入各项保密重点工作中，突出保密人员的教育与管理，加大保密技术知识培训力度，力求把保密宣传教育工作做深、做细、做实。通过宣传使得各级保密工作部门、保密工作者认真学习、准确理解、正确运用保密法律法规，充分发挥保密宣传教育工作的先导、引导、指导作用。全面部署年度保密法制宣传教育工作。为确保“五五”保密普法工作开好局、起好步，制定了《保定市 2007 年保密法制宣传教育工作计划》，明确了 2007 年宣传教育工作的方向、要求、任务。各县（市、区）、市直各部门也根据计划和工作实际起草了宣传教育工作年度计划并开展了形式多样的宣传教育活动。涞源、安国、阜平、满城、唐县、涿州开展了宣传月、宣传周、印发保密知识手册、制定领导干部保密警示桌牌等活动；市公安局、财政局、交通局在内网上结合业务宣传保密法律法规和保密基本知识。充分发挥党干校阵地作用，加强对重点人员的教育。抓住年初党校重新调整教学计划的时机，对保密授课进行调整。在原有保密教育基础上增加课时，丰富教学形式，充分利用多媒体教学手段，对领导干部进行更为直观的保密教育。同时，要求各县（市、区）保密局积极开展县级党校保密教育培训工作，据统计，各县（市、区）共计开办培训班62期，全年市、县两级党校接受保密教育的干部近6200人。着力抓好军工科研生产单位的保密宣传教育工作。保定市现有5家军工企业，还有两家正在审批过程中。年内，配合已经取得保密资质的5家军工单位，对取得岗位资格证书和正在军工认证审批过程中的企业涉密人员进行了培训，结合有关保密法律法规、泄密案例分析、保密教育录像片对有关人员进行了再教育，使他们更新了保密知识、提高了做好保密工作的自觉性、增强了做好保密工作的能力。注重抓好重点人员的管理和教育。根据有关法律法规重新调整完善了讲义，重新制定了培训计划，充实了计算机专业人员，在去年培训的基础上又对12个县（市、区），约1100名计算机管理及操作人员进行了培训。3月，还对全市新录用的49名公务员进行了保密培训教育。积极组织开展“全省保密知识竞赛”，全市共有近500个单位19960多人参加了竞赛活动。在全市范围内开展了保密理论研讨活动。在省保密局理论研讨论文题目的基础上，结合实际，确定了18个论文参考题目，主要目的是围绕探讨新形势下保密工作遇到的新情况、新问题，探索规律，把握趋势，实现理论创新，为保密工作深入发展打下坚实基础。从上交的部分论文看，确实体现了观点新、思路广、站位高的特点。利用三级刊报，宣传推动工作。首先是做好《保密工作》杂志的“学、用、订”工作。市局在年度考核工作中，把学刊、用刊、订刊情况作为一项重点内容，宣传刊物的重要作用。促进了《保密工作》杂志“学、用、订”的开展。阜平、徐水、涞源、安国等市还开展了以杂志刊登内容为主的答题活动。阜平大力度宣传，大力度征订，征订份数达94份，达万人均4.7份。其次是利用省、市两级简报，宣传交流工作。年内上省简报16篇，印发市简报12期。

【保密管理工作】 加强保密系统档案管理工作和信息工作。在2006年全市档案管理“一片红”的基础上，协调市、县两级档案部门，对市、县两级档案工作进行检查指导，力争尽快在原有基础上进一步规范，为上档升级做好准备。信息工作继续实行定期通报，定量考核，一票否决制度，县（市、区）、市直部门上报信息量明显加大，质量明显提高，及时、全面反映了各地各部门保密工作情况。努力做好围绕大局，服务中心的工作。市、县两级保密工作部门在辖区内开展的重大经济活动中都能主动服务，积极参与，起到积极的防范作用。如安国药材节、顺平桃花节、蠡县土产品交易会、阜平旅游项目推介会等。积极做好中高考及司法考试保密工作。按照国家、省保密局要求，对全市中高考保密工作做了严密部署，严格检查。配合省保密局、省考试院、省公安厅对市考试院、市司法局试卷保密室和有关印刷厂进行了检查。对司法考试进行了全程监督检查。确保了中高考及司法考试的顺利进行，期间未发生失泄密事件。继续做好定密日常管理工作。把保密工作与宣传、检查等工作结合起来，对各地各部门保密工作检查指导，保证了市定密工作制度健全、程序规范、责任落实到位，使保密工作走上了规范化、制度化的轨道。积极推进党政机关保密分类管理工作。按照省保密局的要求，在上年确定的要害部门、部位的基础上，对全市党政机关进行保密分类管理，做到了分类清楚，保密管理措施规范，保密管理制度健全。健全完善保密规章制度。做到了办文制度、会议制度、内部事务管理制度等基本制度健全，工作程序规范。其中对基础性、规律性、程序性的工作制定有工作流程，各过程、各岗位的职责明确。配合有关部门做好密级鉴定工作。对市直部门行政职权目录进行了保密审查，其中行政权力项目4000多项、政府权力360多项。认真做好域内军工企业保密资格审查认证工作。对已经取得认证的企业进一步加强检查指导。参与了省认证委对保定550厂、482厂的保密资格认证复查工作。积极推进涉及国家秘密信息系统分级保护管理工作。保密局配备了计算机专业技术人员和必要技术设备，具备了涉密信息系统审批能力。在保定550厂开展了涉密信息系统分级保护试点工作，并配合省保密局对保定550厂涉密网络系统进行了审批前的准备工作。完善系统内网建设。省、市、县实现了互连互通，设备和人员已经到位，并切断了公务内网与乡镇一级的连接。为完善、规范内网管理，发挥内网作用，进一步完善了保定市保密局《关于<河北省保密系统公务内网管理规定>的实施细则》。同时，还指导县（市、区）制定完善了各自的内网管理办法。在上年对全市涉密人员手机使用情况进行摸底登记的基础上，在培训涉密人员时，增加了手机保密防范技术知识内容，增强了他们的防范意识。

【保密行政执法工作】 保密行政执法检查是落实党的保密工作路线方针，推进工作的有效手段和途径。按省保密局统一部署，配合省保密局对市四大班子，法、检两院及所属办公厅室进行了保密技术检查。按省保密局统一部署和要求，对数码复印机、涉密笔记本电脑、移动存储介质和新技术产品保密管理工作进行检查。开展了集中清理取缔涉密交易的检查。开展了加强对绝密级文件管理的保密检查。开展了加强涉密载体保密管理杜绝涉密文件资料流失的检查。开展了对国家秘密载体定点复制单位的保密检查。

【保密技术工作】 制定并开始起步实施保密科学技术“十一五”发展规划。成立互联网信息检查组，开展经常性的保密技术检查工作，并于每月底向省保密局上报检查情况。对全市计算机操作人员进行计算机保密技术知识培训，培训1100多人，全部实现持证上岗。帮助两家新申请认证的华丰股份有限公司、三金股份有限公司做好认证准备，并对其涉密人员进行了保密培训。

【保密干部队伍建设】 围绕创造“第一等工作”的要求，各级保密部门组织开展了对广大专兼职保密干部的政治思想教育、业务知识培训，进一步规范了岗位职责、规章制度、工作规范，广大专兼职保密干部整体素质进一步提高，更加适应新形势的发展需要。

领导班子成员

局　　长　何建业

副 局 长　曹德生　杜振洲

（部门编辑：曹艳平）

社区工作

【保定市城市社区工作委员会办公室】 保定市城市社区工作委员会办公室成立于2001年6月，为副县级单位，挂靠市委办公厅。主要职责是贯彻落实中央、省关于社区建设的各项方针政策，负责全市社区建设的组织、协调、督导工作。设综合协调处、调研处、基层指导处。

【2006年·概况】 2006年，在市委、市政府的正确领导下，市社区办紧紧围绕全市中心工作，以创建和谐社区为总目标，以为民服务、让居民受益满意为标准，以抓重点、攻难点、务实创新为突破口，围绕加快创建精品社区、促进社区安全稳定、强化社区为民服务、营造健康发展氛围等关键环节，重点在“抓实事、见实效、上水平”上下功夫，推进社区建设整体又上了一个新水平，圆满完成了市委下达的全年任务目标。先后获“全国民政宣传工作先进集体”、“河北省文明单位”、“全省社区信息化建设工作先进单位”，被市委、市政府授予“维护社会稳定工作先进集体”、“城镇园林绿化先进单位”、“工作实绩突出单位”等荣誉称号。市长于群批示：“很好，值得表扬”。副市长李国英批示：“社区办今年狠抓七项重点工作，都有很大成效，其中5项受国家民政部的肯定，帮扶共建、和谐社区建设在全国推广，并把市委、市政府一些重点工作列入社区工作重点，强化了城市基础工作，应予充分肯定。”

【社区建设工作】 实现了年初制订的两项工作目标：一是社区建设工作继续保持全国领先水平。保定市在创建和谐社区上所体现的工作力度和采取的一系列举措，得到了国家民政部的充分肯定。2006年5月《中国社会报》大篇幅刊登了保定市全面推进和谐社区建设的指导性文章；5月，保定市在全国和谐社区建设高级论坛上专门做了经验介绍；6月，国家民政部领导对保定市建立的帮扶共建机制给予充分肯定，并编发工作简报，向全国推广；11月，在“2006中国信息化推进大会”上，保定市就社区信息化建设做了经验介绍。二是社区建设工作继续处于全省领先地位。10月，全省社区信息网络服务现场会在保定市召开，市社区办在会上介绍了经验。省民政厅副厅长王保珍指出：“保定市在社区信息化建设方面的成功经验，为全省社区信息化建设工作提供了可供借鉴的路子。”国家民政部、省民政厅对保定市社区建设“全省先进、全国示范”的水平给予了进一步的肯定。

【创建精品社区，提升社区建设水平】 继续全面推进精品社区建设，在原有68个已建成精品社区的基础上，又选择了71个基础工作较好、管理服务配套、居民参与广泛的社区，作为第二批精品社区示范点，加大投入与指导，先后组织召开了4次精品社区调度会和1次精品社区现场观摩会，通过抓典型促提高，抓创新求突破，进一步加快了精品社区建设步伐。通过政府补贴一部分、社会支持一部分、帮扶单位援助一部分、企业和开发商无偿提供一部分、社区自筹一部分"五个一部分"的办法多渠道筹措，2006年全市累计投入资金3088万元，使71个示范点全部达到了精品社区标准。6月初，国家民政部社区建设司司长詹成付和省民政厅领导专程考察了保定市东方家园、新一代、茗畅园、双胜街4个精品社区，对本市的工作给予了高度评价。2006年底，市社区办、市民政局联合开展了"社区工作创新奖"评选表彰活动，对各县（市、区）社区建设工作中特色突出，实效明显的十余项亮点和品牌工作予以表彰奖励。

【拓展社区服务领域，提高居民生活质量】 按照2006年4月国务院《关于加强和改进社区服务工作的意见》和市政府工作报告中发展社区服务的要求，从完善服务内容和服务功能着手，重点抓了五项服务：1. 大力开展社区特殊群体社会保障和再就业服务。一是加大创建"充分就业社区"工作力度，市区30个社区参加创建充分就业社区试点工作，15个社区达到了充分就业社区标准。二是挖掘社区就业资源，开发社区公益性岗位，初步统计，全年共发展社区就业实体324个，通过社区服务安置下岗失业人员13724人，其中"4050"人员3765人。同时，广泛开展就业技能培训，培训下岗人员近5000人，为维护社会稳定创造了有利的条件。三是健全企业离退休人员社会化管理服务体系建设。全市15.06万名企业退休人员中已实行社会化管理服务的人数为14.87万人，社会化管理率达到98.8%，其中直接纳入社区管理的企业退休人员为12.62万人，社区管理率达到83.8%。2. 积极推行"一站式""一门式"为民服务。在街道和社区建立社区居民事务受理服务中心、服务站，把关系老百姓切身利益的民政、计生、低保、家政等全部纳入"一站式""一门式"服务，并建立了"社区居民事务办结承诺制度"，做到小事不出社区，大事不出街道。全市共建立"一站式"、"一门式"社区服务大厅139个，年服务对象10万人，大大方便了居民生活。3. 逐步推进社区商业化服务。按照国家商务部的工作要求，选择条件成熟的社区为试点，积极调整商业布局，在社区大力增设超市、便利店、洗衣店等便民利民服务网点，提倡开展送货上门、送餐上门、修理上门的服务，为居民日常生活提供更加便捷的服务，收到了良好效果。5月，高新区茗畅园社区正式被国家商务部首批命名为全国"国家商业示范社区"，也成为全省社区商业服务第一家。4. 加快社区信息网络化服务。为了进一步拓展社区服务功能，提升社区管理和服务的能力与水平，经过近几年的不断探索和发展，总计投入560余万元，完成了社区服务网络平台建设。一是社区服务信息化。9月，市社区办、市民政局联合成立了保定市社区服务中心，建立了3123100服务热线呼叫平台，中心全天24小时为广大社区居民提供家政、家电维修等六大类36项服务信息，最大限度地满足了居民的需求和服务资源的需求。服务中心开业以来，为居民解决求助事项1200多件次，居民及企业从网站和呼叫热线获取服务信息量达1200多人次，通过回访，满意率达到99%以上。二是社区管理信息化。2006年，在市、区、街、居微机全面实现互联网宽带连接的基础上，完成了全市社区信息数据库的录入与上传工作。共录入各类数据80多万条，实现了公共信息互通和信息资源的共享。5. 做好"四百"为民排忧解难服务。全市社区继续深入开展了"进百家门、求百家计、解百家难、连百家心"活动。结合"八荣八耻"教育活动和学习谭竹青事迹活动，社区干部积极为居民群众办实事、办好事，及时解决社区群众的问题或将需求传达给各相关部门，全年共为居民办实事3326件，赢得了居民的广泛赞誉。

【推进平安社区创建，强化社区安全稳定】 按照"人防要加强、物防要巩固、技防要提高"的工作思路，统筹社区资源，大力加强社区治安防控体系建设，深入推进平安社区创建。1. 加大宣传、提高意识，壮大群防群治队伍。充分发挥各方面的积极作用，进一步完善了以社区民警为核心、物业管理为主体、专职治安巡逻队和群众义务巡逻队相结合、楼院长为基础、居民广泛参与的社区群防群治治安防范组织。一是通过精简机关人员实现警力下沉，达到了一区一警或一区多警的目标，并采取以优秀社区民警的姓名命名社区警务室的作法，调动社区民警工作积极性。每个社区居委会都建立了至少一支群众义务巡逻队，昼夜巡逻，全市达到近400余支。专业民警和群防群治相结合，形成了全天候、全方位的治安网络。2. 合力联动、增加投入，加强技防监控建设。根据当前群众的所需所盼，全面加强了社区治安技防建设，市社区办联合市综治办、市公安局、市规划局、市建设局、市房管局、市民政局七部门下发了《关于进一步加强社区监控报警设施建设的意见》，在市区成型小区中强力推广周界报警和电视监控系统，消除治安盲点。先后召开3次调度会和1次全市社区技防现场观摩会，示范带动，强力推进，扩大覆盖面。全市共计215个小区安装了技防监控系统，累计投入资金2500万元，全面提升了社区防控能力，在震慑犯罪分子的同时，做到了让居民出门放心、在家安心、生活舒心。3. 严格标准，营造声势，开展“最安全居住小区”评选活动。在全市社区广泛开展了创建安全居住小区活动。通过基层上报、居民评议、投票选举等程序进行评选，最终评选出“最安全居住小区”、“安全居住区”各10个。其中新市区新一代社区开展的“小区安全承诺制”，即物业公司向保险公司投保，因物业管理过失造成的盗抢等人身财产损失由保险公司负责赔偿的作法，作为一种社区安全稳定工作的延伸和补充，在全市、全省尚属首例，并将逐步推广。4. 建章立制、完善体系，畅通社区民意反映渠道。全市347个社区居委会全面建立了社区矛盾排查调处机制、社区社情民意反映机制和社区预警信息机制，在每个社区设立信息员，有条件的社区还建立了“心语室”、“恳谈室”和居民群众来访接待室，满足社区居民倾诉、交流的需要，把各种矛盾化解在基层。全年化解居民矛盾、排除上访隐患3200多件，民间纠纷调解率达到100%，调解成功率达到90%以上。

【繁荣社区文化建设，丰富居民文化生活】 一方面，不断加大社区文化队伍建设，广泛开展形式多样、内容丰富的文化活动。截至2006年底，全市社区文化队伍已发展到716支，人数超过2万人。全年全市各社区共开展各类文体活动801次，参与居民达45万人。另一方面，逐步打造社区文化品牌。继续开展了保定市第五届社区艺术节活动，本届社区艺术节以“展示社区风采，体现和谐文明，传播先进文化，倡导良好风尚”为主题，全市25个县（市、区）围绕主题活动共举办各种形式的演出137场，电影进社区活动160余场，参与居民近39万人次，为打造“实力保定”、“魅力保定”、“和谐保定”起到了积极推动作用。此外，保定市在全国社区文明风采书画摄影比赛中取得一金、二银、一铜、十缉册的优异成绩。

【建立社区共驻共建机制】 为了动员社会各界支持参与社区建设，按照中央提出的“资源共享，共驻共建”的原则，在广泛调研的基础上，市委、市政府专门出台文件，建立了市直部门、驻保单位及其县处级领导联系社区制度，每位领导干部联系1~2个社区，每年为社区办1~2件实事，并对建立对口联系共建长效机制建设提出了明确的要求。一年中，全市151个单位，不同程度的帮扶全市157个社区，从人力财力物力上对社区工作予以大力支持，形成了“同驻社区、共建社区、共创美好家园”的崭新局面。据统计，全市各部门帮扶社区共投入财力物力折合资金432万元。此外，为进一步减轻社区居委会负担，经与城市管理局、供电局等部门协商，对社区居委会用水给予每月减免5吨水费，用电按居民用电标准收费的优惠政策，进一步保证了社区公益活动的健康发展。

领导班子成员

主　任　王荷丽

副主任　潘　波

【2007年·概况】 2007年，在市委、市政府的正确领导下，社区建设工作以创建和谐社区为目标，以为民服务、让居民受益满意为标准，以创新工作机制、提升管理服务水平、更有效的发挥社区组织作用为着眼点，全面深化社区建设，实现了社区建设工作的新发展，得到了中央、省、市有关部门和领导的充分肯定。先后获全国“第四期万家图书室援建和万家社区读书活动组织奖”，“河北省老年远程教育工作先进单位”、“河北省和谐社区创建工作先进单位”，被市委、市政府授予“市维护社会稳定工作先进集体”、“人口和计划生育工作突出贡献奖”、“信访工作好单位”、“创建文明生态村先进单位”、“县级领导班子工作实绩突出单位”、“市城镇绿化先进单位”、“市区狗患集中整治表现突出单位”、“思想政治工作创新奖”、“城乡环境综合整治百日行动先进单位”等荣誉称号。省委书记张云川到北市区东方家园社区调研时，称赞市社区干部“你们凭着自己高度的责任心和满腔热情，把点点滴滴的小事做好，做到了老百姓的心里，创造了一流的成绩，这一点很值得我们学习”。国家民政部社区建设司司长詹成付来保考察时高度评价：“保定的社区建设，经验丰富、成效显著、特点突出：一是党政领导高度重视；二是有一个运转高效、协调有力、服务到位的工作机制；三是善于抓基础，工作思路不断创新，发展后劲足。”

【社区建设工作】 继续保持领先地位，实现了两项工作目标：一是社区建设工作继续保持全国领先水平。获全国“万家图书室援建和万家社区读书活动组织奖”，创建和谐社区多项工作举措得到国家民政部肯定和推广，中央电视台、《中国社会报》、河北电视台、《河北日报》等媒体专题报道。2007年，市社区信息化服务、社区商业化服务、社区文化教育三项工作均被列入全国示范，在商务部举办的全国家政服务业现场经验交流会上，市社区服务信息网络平台建设做典型经验介绍。全国社区远程教育启动仪式暨第一家社区学习中心在市东方家园社区揭牌。南市区、北市区、定州市、容城县、雄县被国家民政部确定为首批全国农村社区建设实验县（市、区）。二是社区建设工作继续处于全省领先示范。圆满完成全年制定的争创全省“和谐社区建设示范区（市）”目标，新市区、北市区、南市区、定州市、高碑店市被评为河北省和谐社区建设示范区（市）。保定市获2008年全国“和谐社区建设示范市”参选资格。

【创建精品社区，提升社区整体水平】 启动第三批精品社区建设，全年新建、改扩建精品社区70个，投入资金1797.8万元，新增办公服务面积近2万平方米，精品社区总数达到220个，并统一制作了形象标牌，社区管理服务平台更加完善。强力推进社区服务中心建设，新建、改扩建县（市、区）级社区服务中心21个，街道社区服务中心20个，新增服务面积11930平方米，累计投入资金1564多万元，彻底改变了区（市）、街道两级社区服务机构的落后面貌。省“和谐社区建设示范区（市）”检查组领导高度评价市社区服务中心（站）建设“效果很好、变化最大，成了社区建设中一道靓丽的风景线”。加大社区基础设施建设的政策保障力度，市社区办与市建设局、市规划局、市房管局、市民政局联合下发了《关于社区办公、服务和活动用房建设的有关规定》，明确了建设单位必须按照“每百户30平方米”的标准，为社区居委会无偿配置办公、服务和活动用房的规定，从根本上解决了社区基础设施建设难题。

【提升服务功能，群众生活更加便利】 大力推行社区公共服务。新建“一站式”“一门式”服务大厅138个，投入资金近400万元，实现了为民零距离服务；积极开展创建“充分就业社区”和“零就业家庭援助”工作，通过社区服务安置下岗失业人员1.2万余人，培训下岗人员近2万人，16.8万企业退休人员直接纳入了社区管理；加强社会保障和救助服务，各社区建立了社会保障工作站，全市低保人数已达10.2万人；发展社区卫生服务，创建甲级社区卫生服务机构30个，提高了社区卫生服务水平。全面拓展社区便民利民服务。积极推进商业化社区试点工作，开展送货上门、送餐上门、修理上门的“三上门”服务，全年新增超市、便利店、洗衣店等社区服务网点650个。深入开展“进百家门、求百家计、解百家难、连百家心”“四百”活动，全年解决居民关心的热点难点问题4780件。加快推进社区信息网络化服务。初步建立了集热线电话服务网、宽带服务网、数字电视服务网“三网”一体的社区信息服务网络。社区热线电话日均受理居民求助事项200多件次，社区服务网站日均点击率达到300多次，数字电视服务网已开通政务信息、有线电视费IC卡电子结算、电视远程教育、家庭娱乐和家政中介、互动彩票、交通违章等六项便民信息查询服务。兰园社区、保钞社区和大慈阁社区被省商务厅命名为“国家商业示范社区”。

【创建安全小区，稳定社区环境秩序】 加强技防设施建设，全年投入资金1606万元，在156个成型小区中安装了技防监控系统，其中监控探头1543个，周界报警设施212个，使全市安装技防监控系统的小区达到371个，大大提升了社区的治安防控能力。通过深入开展创建“最安全居住小区”活动，各级各部门及居民群众的安全防范意识明显增强，“小区安全承诺制”得到推广，社区民调组织以及“心语室”、“恳谈室”、“居民群众来访接待室”等民情沟通渠道更加完善，全年化解居民矛盾、排除上访隐患3386件，民间纠纷调解率达到100%，调解成功率达到90%以上。继续开展第二届“最安全居住小区”评选，通过基层上报、居民评议、投票选举等程序，最终评选出“最安全居住小区”、“安全居住小区”各10个，与上一年相比，上报数量更多、关注程度更高、参与范围更广。

【繁荣社区文化，丰富居民精神生活】 广泛开展具有社区特色、群众喜闻乐见的文体活动。市区建立了143所市民学校，设立了63所老人大学分校，推进了“学习型”社区创建。全年共举办各种大型社区文体活动950场，开展各种科普、法律、健康讲座1603次，受益居民40余万人。全市社区文化队伍已发展到838

支，人数超过3万人，常年参加体育锻炼的社区居民已达到居民总数的三分之一。积极培育社区居民健康向上的生活方式，努力改善社区环境。在全市社区开展了以节水、节电、节气、节油、节煤“五节约”为主题的节约型社区创建活动和“以德为邻、团结互助、情暖万家、共创文明”为主题的“帮一帮、让一让”活动。积极改善社区环境，结合本市“太阳能之城”建设，大力推广社区太阳能应用，投入资金300万元，完成了25个小区600盏路灯、景观灯的改造。开展了以“拆违”“清癣”“治犬”“打击非法传销”为重点的社区环境综合整治百日行动，清理非法广告8万余条，清运积存垃圾9.5千立方米，拆除违建2.2万平方米，取缔非法摊点1000多个，市区捕获违规犬2.58万只，办理免疫证、养犬证6633只，有效地维护了居民群众的切身利益。

【加强队伍建设，突出社区组织作用】　完善社区党建工作机制。继续开展帮扶共建社区活动，全市各部门帮扶社区共投入财力物力折合资金432万元，115名县级以上党员领导干部建立社区联系点156个，解决疑难问题600多个；进一步推行“双化双责”工作机制，全市共有24000多名党员自愿承担职责，18000多名党员认领了具体岗位，占社区党员总数的60%以上；深化创建党建示范社区活动，对31个社区进行了通报表彰并授予党建示范社区奖牌。落实社区工作者“两险”待遇。市社区办、市劳动局、民政局、财政局联合下发了《保定市社区工作者基本养老保险和基本医疗保险补助暂行办法》、《保定市社区工作者缴纳基本养老保险和基本医疗保险操作办法》等文件，完成了“两险”工作的摸底、测算、缴费等工作，成为全省唯一以市为单位统一解决社区工作者“两险”的地级市。同时，社区工作者月生活补贴提高至650元，大大调动了广大社区工作者的积极性。进一步加强社区志愿服务工作。积极筹备成立保定市社区志愿服务工作领导小组，建立健全组织机构，制定《保定市社区志愿者注册管理办法（试行）》，启动社区志愿者注册登记制度。对于强化社区志愿服务意识，提高社区志愿者管理和服务水平，促进社区志愿服务组织化、规范化、制度化建设具有重要意义。全市社区志愿者特色服务队已有500余支，社区志愿者人数近11万人。

领导班子成员

主　任　王荷丽

副主任　潘　波

（部门编辑：马晓天　张　蓓）

工委工作

【中共保定市直属机关工作委员会】　为市委派出机构，内设办公室、组织部、宣传部、市直纪工委、市直团工委、市直妇工委、市直武装部和市直机关工会。其中，市直纪工委、市直团工委、市直妇工委、市直武装部分别为市纪检委、团市委、市妇联、保定军分区派出单位，实行双重领导，以市直工委为主；市直机关工会为市总工会派驻单位。主要职责是统一领导市直机关党的工作和群团、民兵工作。

【2006年·概况】　2006年，市直工委在市委的正确领导下，以邓小平理论和“三个代表”重要思想为指导，全面落实科学发展观，扎实开展“学树保促”教育活动，紧紧围绕市委中心工作，全面加强机关党的思想、组织、作风和廉政建设，取得了明显成效，全年共有25项工作获得市级以上荣誉。被市委、市政府评为“实绩突出单位”。

加大对机关党员干部的教育力度，党员干部的素质得到进一步提高，评选推荐产生了70个市直机关文明单位和68个市级文明单位。举办了市直机关“纪念建党85周年暨长征胜利70周年文艺汇演”和历时一个多月的“保定日报杯”摄影作品邀请展。在市直机关组织开展“知荣辱、树新风、兴保定”活动，组织40个单位近10000名志愿者走进社区开展学雷锋活动。深入开展“绿色机关”创建活动，市直机关“绿色机关”单位达到25个。组织市直机关干部职工参加2006年“人保杯”保定市第五届新年长跑、老年健身节、“山花工程”大型演出、唱响“学树保促”《正气歌》大型文艺演出等活动，展现了市直机关干部职工昂扬向上、奋勇拼搏的精神风貌。切实抓好中心组理论学习，下发了《关于进一步做好理论学习督查考核工作通知》，及时推广7个单位好的做法和经验。评选出5个思想政治工作先进单位和10名思想政治先进工作者。完成市直机关企事业单位政工职称评审组卷工作。共编发《机关党建信息》23期，交流了机关党建的好经验、好做法。加大对机关党员干部的管理力度，党的基层组织建设得到进一步加强，以增强党性，发挥先锋模范作用为主要内容，市直机关92个单位12084名党员参加了民主评议，提高了评议质量。加大对机关党员干部的监督力度，党员干部勤政、廉政和反腐败意识得到进一步增强，在市直机关组织实施了科级干部任职前谈话制度，对部分单位的23名新任科级干部进行了任职前廉政谈话和诫勉谈话。春节期间，对易发的“五股歪风”和在廉洁自律方面易出现的问题进行了专项治理。对市直78个单位的2116名科级干部述廉评廉情况进行了总结。抓好党规党纪党风教育和廉政文化教育，组织开展了为期3个月的党章知识竞赛活动，促进了党章的学习和贯彻，推进了党风廉政建设。开展了廉政文化进机关活动，开展了“树荣辱观，唱正气歌”主题演唱活动，对部分单位的演唱节目进行了评审，组织5个单位参加了全市的演唱比赛。坚持原则，依法依纪办理案件，对市农业局、畜牧水产局两起违纪违法案件严格按党纪条规进行了处理。为加大案件查处力度，在市直机关特聘了15名案件查处协办员，提高了依法依纪办案能力。注重发挥群团组织作用，突出抓好特色活动，进一步调动了干部群众爱岗敬业的积极性。工会工作稳步推进，开展创建职工之家活动，对43个先进职工之家、143名优秀工会工作者进行了表彰。实实在在为职工办好事办实事，举办了工会干部培训班，根据“五必访”、“三知道”的要求，制定了具体的方案，体现了工会对职工的关怀。开展了“走千家、送万户、温暖送劳模”活动，为困难劳模发放了救济金，给全国劳模下发了春节慰问金。团的工作新颖活跃。开展了青年志愿者服务活动和青年文明号送温暖活动，受到了社区居民的欢迎。举行了以“传承五四精神、践行八荣八耻”为主题的优秀青年拓展训练营启动仪式，发出了树立社会主义荣辱观的倡议，展现了诚信友爱、充满活力的青年集体形象。妇女工作扎实有效。组织了以“弘扬四自、建功立业、城乡互动、促进发展”为主题的“三八”纪念活动和“八荣八耻从家庭做起”主题儿童绘画大赛、儿童思维能力挑战大赛等庆祝“六一”系列活动。不断拓展妇女工作空间，参加了第二届保定市“十大杰出母亲”评选活动和“节约型家庭”试点工作；继续推进“学习型家庭创建”活动，开展阅览室流动书库示范点工作。开展助学活动，组织兑现了王笑娟律师事务所向市一中宏志班捐献助学资金5000元。积极帮建文明生态村，帮助高碑店市和平办事处三丈铺村建立健全了各项规章制度。投资6000余元为该村建起了高标准的图书阅览室，购买图书2000余册，书橱4个。积极与市水利局协调，为该村解决机井配套设施资金5万元。

【动员市直机关党员干部投入“学树保促”教育活动】 将教育活动与创建“三型”机关活动有机结合，通过多种形式和载体，积极动员市直机关党员干部投身活动之中。抽出专人指导市直单位教育活动并收到实效。组织了专职党务干部封闭学习和培训，统一思想，增强了党务干部参与组织教育活动的主动性、针对性和实效性。

【创建“三型”机关活动向纵深发展】 把创建活动作为市直机关党建工作的主线，3月，市委办公厅转发了《关于深化创建“学习型、服务型、廉洁型”机关活动的实施意见》。为确保活动效果，加强督导，对76个单位活动开展情况进行了全面检查；规范管理，建立了创建活动台账；丰富内涵，下发《关于在市直机关深入开展社会主义荣辱观教育的通知》，把社会主义荣辱观教育作为创建“三型”机关活动的主要学习内容，下半年，又将创建活动与“学树保促”教育活动有机结合起来；培树典型，编发《活动简报》4期，推广了经验做法和典型事例。市委副书记李光耀批示：这项工作在市直开展得很广泛，很有成效。通过深化创建“三型”机关活动，机关干部的思想和业务素质明显提高，爱岗敬业精神明显增强，工作作风明显改变，机关效能建设明显加强。

【加大选树典型力度，创新表彰形式】 积极选树典型，评选推荐11个单位和5名个人为全市先进典型。在“两优一先”评选中，突出先进性，严格按照党组织三分之一、党员1%的评选比例，严肃认真、客观公正地选树身边的典型。创新表彰形式，以通报形式进行表彰，并在《保定日报》刊发了表彰通报和表彰名单。为营造欢庆建党85周年的浓厚氛围，使市直机关庆“七一”活动更加丰富多彩，“七一”前，市直工委为各单位下拨14.52万元的专项表彰经费。

【结缘工程向纵深发展】 两节期间，在市直机关开展了为困难群众“送温暖、献爱心”活动，68个单位28600多名干部职工捐款588686元，捐赠被褥、衣物15641件。市直机关68个单位实职科级干部给882户贫困户送去米面21220斤、食用油6300斤、过冬衣物1445件、学习用具120件、慰问金60510元等。市直机关98个单位走访慰问生活困难党员461人，发放慰问金（包括购买慰问品）13万元。

【加强党务干部队伍建设】 指

导3个任期届满的基层党组织搞好换届选举，对13个单位党组织班子成员进行调整和补充，调整和充实专兼职党务干部27名。举办了2期党务干部培训班，分别对81名专职书记、8名基层党支部书记和25名县直工委书记进行了集中封闭培训，提高党务干部做好本职工作的能力和水平。召开党建工作协作区工作交流会，围绕机关作风建设、创建“三型”机关等内容进行研讨，有效地推动了党建工作的健康开展。

【做好党员发展工作】 加大入党积极分子培训力度，举办了为期一周184名入党积极分子参加的培训班。全面推行了发展党员“公示制”、“票决制”和“预审制”，提高了发展党员工作的质量和水平。全年共发展新党员280名，预备党员转正282名。

【抓好市直机关效能建设】 组成三个暗访组，对市直45个重点单位和部门的上班秩序、效能建设、建章立制情况及执行情况进行了为期一周的明察暗访，及时发现解决了存在的问题。全年，共受理效能投诉电话12起，均按程序做了处理，针对个别案例到有关单位直接做了调查和取证。认真做好行风评议工作，参加了20多个单位的行风评议听证会，对34个单位的行风建设进行了评议。

【举办市直机关第七届运动会】 从8月24日开赛到9月17日结束，历时27天，市直机关82个单位的2873人次参加了17个单项、30个小项的比赛。本届运动会参赛单位和人数之多为历届运动会之首。9月17日举办了运动会开、闭幕式，市直机关4000余名干部职工接受了市领导的检阅，充分展示了机关干部职工昂扬向上、奋力拼搏的良好风貌。这次运动会组织严密有序、气氛隆重、热烈。通过运动会，市直广大机关干部职工振奋了精神，凝聚了力量，达到了预期的目的。

【为基层党员办实事、做好事】 为进一步解决一直以来在离退休党员管理方面存在的问题。印发了《关于做好离退休党员管理工作的通知》，对合理设置离退休干部党支部、按规定明确离退休干部党员的党组织隶属关系、切实做好离退休干部流动党员管理工作以及按规定做好离退休干部党员的党费收缴和管理工作提出了的具体意见，深受离退休党员的称赞和欢迎。积极对生活困难党员进行关怀救助，先后对劳动局、文化局等单位的12名特困党员发出困难党员补助金和慰问品11933元。在春节期间，专门拨出党费69500元对72个单位的461名困难党员进行救助，并通过各级基层党组织把党的温暖送到困难党员、老党员身边，用具体的行动使他们感受到党的关怀，也使全体党员受到了一次艰苦奋斗的教育。

领导班子成员

书　　记　赵志中
副 书 记　薛保友　王　洋
　　　　　吴月正
纪工委书记　刘惠聚（5月离任）

【2007年·概况】 2007年，市直工委在市委的正确领导下，以邓小平理论和“三个代表”重要思想为指导，坚持和树立科学发展观，认真学习贯彻党的十七大、省委七届三次全会和市委九届四次全会精神，围绕市委中心工作，创新工作思路和工作方法，大力加强了市直机关党的思想、作风、组织和制度建设，创造性地开展了一系列活动，取得了明显成效。被市委、市政府评为“实绩突出单位”。

深入学习宣传十七大精神，强化理论学习，党员干部整体素质得到进一步的提高。制定和下发了《2007年市直机关理论学习计划安排》，从学习目的、阅读书目、组织方式、专题研讨等方面，进行了统一布置和安排，保证了市直机关中心组学习的计划性和规范化。借解放思想大讨论活动契机，在《保定机关党建信息》上设立专栏，全面反映市直机关活动开展的好的做法和有益经验，有力推动理论学习向纵深开展。继续深化创建“三型”机关活动，为创建活动注入新的内涵，把全面落实掀起“责任风暴”，推进“效能革命”要求和市委《“文明保定、和谐保定”创建活动实施办法》作为创建工作的主要内容，在市直机关开展了“争做人民满意的公务员、创建文明机关”活动，调动机关干部的学习积极性，机关工作作风得到明显改善，爱岗敬业精神得到明显增强。为深入学习贯彻党的十七大精神，与市文明办联合举办了为期3个月的“保定市直机关公务员风采大赛”，市直38个单位的45名公务员参加了预赛、复赛和决赛，展现了市直机关公务员积极向上、团结和谐、生动活泼、多才多艺、充满活力的精神风貌。夯实党建基础，加大对机关党员干部的管理力度，基层党组织活力得到不断增强。督促指导15个基层党组织按要求和规定程序进行了换届选举，先后对14个单位党组织班子成员进行调整和补充，调整和充实专兼职党务干部84名。抓好党员队伍管理，按照市委“五查五看”的要求，组织开展了民主评议党员工作，市直机关93个单位12666名党员严格参加了评议，共评出优秀党员1956名。组织开展了“我为建设‘京南近海强市名城’做贡献”活动，组织引导党员干部在本职岗位充分发挥先锋模范作用。“七一”期间，对逐级评选出的10个红旗党组织、10名共产党员标兵、10名模范党务工作者、54个先进基层党组织、143名优秀共产党员、53优秀党务工作者，进行表彰，并在《保定日报》刊发了表彰通报和名单。为各单位下拨14万余元专项表彰经费，由基层自行进行表彰奖励。采取个别谈话，召开党员干部、离退休老党员座谈会，发放问卷调查表等形式开展了理想信念教育调研活动，摸清了党员干部的思想状况和理想信念教育状况。加大监督力度，推进“效能革命”，党员干部的廉政反腐意识得到不断增强。两节期间对20多个单位贯彻市纪委节日期间有关要求的情况进行了明察暗访，狠刹了“五股歪风”。配合市纪委、监察局对10个县（市、区）2002年至2006年党政纪处分的执行情况进行了检查。对市直50个单位的领导班子民主生活会情况进行了收集，对30多个单位进行了指导。严格受理效能投诉和各种违纪问题，全年受理效能投诉件26起，均依照有关程序做了转交和办理，直接督办案件6起，有效消除了群众的误解。坚决贯彻从严治党方针，认真依法依纪完成了对河北省高阳劳教所6起党员违法违纪问题和保定市体育局1起党员违法违纪问题的处理。注重发挥群团组织作用，突出抓好特色活动，进一步调动了干部群众爱岗敬业的积极性。活跃文化生活，工会工作稳步发展，4月组织了鼎棋比赛，10至12月开展了市直机关保龄球大奖赛及市直机关保龄球擂台赛，提高了机关党组织和工会组织的凝聚力，促进了全民健身活动的开展。在全国亿万职工迎奥运健身月活动中，被河北省总工会授予河北省先进单位称号。激发青年热情，团的工作全面推进，开展了“真情助困进万家，爱心奉献促和谐”活动和青年志愿服务活动，走访慰问特困户56户。开展了“让文明成为时尚”新世纪雷锋形象大讨论，组织青年志愿者参加了“扶老助残‘7+1’志愿服务活动”，对口帮扶孤寡老人和残疾人。加强青年文明号的管理，全年共创建市级“青年文明号”3个、市直机关级“青年文明号”8个。组织市直机关各级团组织广泛开展了素质拓展培训、爱国主义教育、演讲比赛、征文比赛、趣味运动会、参观学习、爱心助学、开通青年网页等多种形式的活动，以青年团员喜闻乐见的形式，激发青年热情，推动团的活动全面活跃。广泛开展活动，妇女组织建设水平全面提高。继续开展巾帼文明示范岗星创建，培育优秀典型，促进了妇女工作的全面提升。广泛开展多彩活动，围绕建设“京南近海强市名城”主题开展“三八”座谈联欢活动，“六一”节组织向市一中宏志班捐赠及联欢活动。组织“引导从家庭、学校、社会做起，关注未成年人心理健康，积极构建和谐家庭、和谐社会”系列活动。组织市直机关第二批流动书库示范点授牌及图书交接仪式。组织志愿者义务普法宣传咨询及义诊活动。与满城县妇联携手开展“城乡互动、拉手共建”主题活动。加大民兵组织整顿力度，市直机关民兵组织建设不断加强，对符合民兵预备役和服兵役人员逐个审查，在整组过程中不断加大工作力度，严格审查，逐级把关，确保了整组数据的准确和服兵役人员的质量。对68个所辖单位选好配齐了专、兼职人武干部74人，把懂军事、会管理、业务精的急需人才吸收到专武干部队伍中来，切实提高专武干部队伍的整体素质。

【学习宣传贯彻党的十七大精神】 一是在“保定机关党建网”上开设了《党的十七大专题报道》专栏，多角度反映十七大盛况和会议精神，共刊载市直机关学习宣传信息41篇。二是举办了“加快建设‘京南近海强市名城’，以实际行动迎接党的十七大胜利召开”征文活动，4350余人次参与了活动。通过网上投票与评委相结合的评分方式，评出获奖作品22篇。三是制定下发了《关于学习宣传贯彻十七大精神的通知》，对市直机关学习宣传贯彻十七大精神作出了具体部署，对17个单位的学习贯彻情况进行了督导检查。四是召开了市直机关党务干部、优秀共产党员学习党的十七大座谈会，《保定日报》、保定电视台等相关媒体进行了专题报导。市直机关各单位以领导干部理论学习中心组为重点，通过集中学习、报告会、座谈会、专题讲座、学习讨论会、专写心得体会、组织答题等形式，有计划、有步骤、多形式地组织全体党员干部的学习，营造了学习宣传贯彻十七大精神的浓厚氛围。

【完成“驻联帮解促”活动办公室工作】 工委抽调由一名副书记带队的6名同志全程参与了市“驻千村、联万户、帮民富、解民忧、促和谐”活动办公室工作。一是圆满完成了全市活动的督导检查工作。认真落实完善巡回督导制度，实施全方位、不间断、全天候督导，采取明查和暗访相结合的方式，跟踪问效，对督导工作中发现的问题及时进行处理和通报，促进了活动深入开展。二是收集、整理稿件400余篇，编发《活动简报》126期，起草领导讲话等综合材料16篇，多角度反映了“驻联帮解促”活动的动态、典型做法和经验，为活动开展提供了有益借鉴和正确指导。三是倾力搞帮扶。两人先后进驻两个县（市）四个村开展帮扶活动，按照“五个一”任务要求，从解决群众关注的热点难点问题入手，真心实意为群众排忧解难，力所能及地为群众办实事、做好事。

【参与全市解放思想大讨论活动的督查】 工委作为成员单位，派出一名副书记和两名科级干部负责活动的督导工作。严格按照市委的统一安排，认真落实全市大讨论活动的督导计划，认真抓好每一个阶段、每一个环节，解决好每一个问题，督导检查中做到规定环节不走样，每个阶段有创新，坚决防止搞形式、走过场，有效助推大讨论活动扎实有效地迅速开展起来。

【开通“保定机关党建网”】 经过精心筹备，开通了“保定机关党建网”［www. bdjgdjw. com］，设有时政要闻等12个栏目，把机关党建工作与网络技术有机结合，开辟了市直机关党建工作新的方式，增强了机关党建的辐射力和影响力，搭建了教育和管理市直机关党员的新平台。

【做好政工职务评审工作】 将保定日报社等8个单位政工职务评审工作纳入市直机关初级政职办的评审范围，完成了30名高级政工师的组卷工作、45名政工师的申报评审工作、52名助理政工师和17名政工员的评定工作。

【做好党员发展工作】 对市直机关205名入党积极分子进行了为期一周的集中培训，继续推行入党积极分子“双推双考”制度和发展党员“公示制”、“票决制”、“预审制”，按照党章和规定的标准和程序，积极稳妥地做好党员发展工作。全年共发展新党员282名，预备党员转正291名。

【健全党内关怀帮扶机制】 春节前发放困难补助金和慰问金10万余元，对市直机关469名生活困难党员和老党员进行帮扶救助；对市委研究室等单位6名生活困难党员进行帮扶救助，对市直机关5名老党员发放生活补贴，充分体现了党组织的温暖与关怀，逐步形成对市直机关党员帮扶救助的长效机制。

【开展“为民、务实、清廉”主题教育活动】 对市直23个单位学习《领导干部作风建设知识问答》和《行政机关公务员处分条例》测试活动进行了督导检查，并开展了相关知识竞赛活动。组织市直机关党风廉政建设先进个人事迹演讲会，推选出6名机关人员参加全市的党风廉政建设先进个人推选活动。协助市“为民、务实、清廉”主题教育活动领导小组办公室，组织了市直机关主题教育活动学习教育阶段情况汇报调度会，使活动显现出良好的成效。

【推动掀起“责任风暴”推进“效能革命”活动】 组成明察暗访组，对市直20个单位贯彻落实市委2.25大会精神情况进行了明察暗访，组织了阶段汇报调度会，对存在的问题进行了及时指正，有力促进了机关效能建设。

【组织“五四青年论坛”系列活动】 举办了为期三个月的“五四青年论坛”，先后开展了网上讨论交流、撰写心得体会、演讲比赛、征文比赛、主题论坛等活动。市直机关青年共撰写征文300余篇，举办不同层次的演讲比赛10余场。组织市财贸学校等中等职业学校开展了讨论、征文、演讲系列活动，约2000名青年学生参加了讨论会，120名青年学生撰写征文百余篇。

领导班子成员

书　　记　赵志中

副 书 记　薛保友　王　洋　吴月正

纪工委书记　（空缺）

（部门编辑：刘　波）

市委后勤工作

【中共保定市委机关事务管理局】 中共保定市委机关事务管理局是为市委机关提供后勤管理和服务保障工作的职能部门。是由市委办公厅管理的副县级事业单位。内设7个处（室）：办公室、财务处、车辆管理处、总务处、保卫处、经营管理处、生活服务处。主要职责：负责市委办公厅及市委有关部门的经费管理；负责市委机关国有固定资产的管理；负责市委办公厅机关车辆的管理和调配；负责市委机关大院的卫生、绿化、美化、水、电的管理和房屋维修使用；负责市委机关食堂、医务室的管理；负责市委机关的内部安全保卫工作。

【2006年·概况】 2006年，继续以“三服务”为根本宗旨，以

邓小平理论和“三个代表”重要思想为指导，认真贯彻落实科学发展观，讲政治、顾大局，解放思想，开拓创新，不断提高后勤管理水平和服务保障能力，保证了市委机关正常、高效运转。2006年被河北省省直机关事务管理局评为“河北省后勤工作实绩突出单位”。

【重点工作成效显著】 1. 解决了差补事业单位改全额事业单位问题；2. 筹资40万元，妥善处理了十几年未解决的原市直机关汽修厂工人的遗留问题；3. 按相关规定，完成了清理机关工作人员“吃空饷”工作；4. 重新铺设了市委机关大院8486平方米的柏油路面，更换了1350延长米的路牙砖，整修了院外1400平方米的便道彩砖；5. 在主楼广场建造了以大理石台面为底座的19.49米高的旗杆；6. 对主楼及西配楼593平方米的房顶进行了防水处理；7. 改扩建了食堂，增添了部分设施，改善了就餐环境。

【日常服务保障有力】 一是深入扎实开展“学树保促”百日主题教育活动，增强了班子的凝聚力和战斗力；二是高标准完成了局各类文件、会议纪要、总结、计划等文字材料的起草、上报和下发工作；三是加强大院绿化管理，除对原有花草、树木加强日常管护外，还新栽种了35棵大树，种植三叶草600平方米；保证领导办公室、会议室用花。节日期间，在大门口摆放花坛1.8万盆，增加了节日气氛；四是加强财务管理。坚持开源与节流并重，积极争取资金，狠抓内部管理，较好地保证了办公厅及管理局工作的正常运转；五是车辆服务保安全。牢固树立安全第一的思想，全年出车1.8万台次，安全行驶100余万公里无重大责任事故。六是提高防范意识，确保大院安全。健全大院综治机构，实行群防群治。健全了市委机关针对上访问题的处置办法，接待来访来客1万余人次，疏导上访人员上百起，疏导集体访90余起，印发了《市委机关车辆通行证》千余份，规范了院内车辆的停放；七是为提供供暖维修服务的一号宿舍区更换了部分管道和进户闸门，协助供热公司收取取暖费100余万元。

【创建节约型机关】 坚持以人为本、因地制宜、实事求是的原则，制定了切实可行的节约措施，真正把节约工作落到实处。一是加大宣传力度，在相关部位张贴节能警示标志，提高节能自觉性；二是控制电能消耗，抓好节电工作。各办公室、会议室做到无人时及时关灯，及时关闭空调、电脑、饮水机等用电设备，楼道开关换成触摸开关，机关大院内草坪灯、霓虹灯及各种彩灯除节假日外平时不开。通过实行上述措施，年可节约用电5万度左右；三是加强用水管理。每天专人不定时地巡查用水管道，避免跑冒滴漏。草坪用水使用喷灌；四是节约办公用品。从严从紧配备办公设备，办公用品采购实行政府定点采购，大宗采购实行招标。稿纸、信封由外采改为自印；五是降低公车消耗。严格公车配备标准，实行定点加油、定量供应，定点维修、修车小组评估等项制度，杜绝公车私用现象。经常检查各项措施的执行情况，奖优罚劣。

领导班子成员

局　长　孙俊华

副局长　齐学增　靳志余

　　　　尚玉河

【2007年·概况】 2007年，在市委及市委办公厅的领导下，管理局紧紧围绕市委中心工作，认真组织并完成了“推进责任风暴与效能革命”、“解放思想大讨论”等多项活动，坚定了理想信念，提高了责任和服务意识。通过加强业务培训，实行严格的岗位目标责任制，提高干部职工工作能力，保证了后勤管理和服务工作更加有序运转。2007年，被市委、市政府授予“维护社会稳定先进集体”，被省直机关事务管理局评为“河北省后勤工作先进集体”。

【重点工作成绩显著】 1. 投资近百万元粉刷了机关所有楼房及墙体，面积达22000多平方米，同时对部分楼道和办公室进行了粉刷。2. 将所有空调室外机进行了统一摆放，美观好看。3. 将市委提出的“建设京南近海强市名城”的目标口号，制成吸塑大字矗立于楼顶。4. 将二号楼前路面拓宽了9米多，将原有树木进行了移栽。5. 投资近3万元在院内修建了一座假山，使大院的环境更幽雅。6. 投资近30万元对机关的安防监控系统进行了改造，重点部位的视频监控点达到20个，红外报警点14个，完善了电子巡更系统。在大院外墙增设了100多延长米的铁丝网，加强了周边防范，大院的安防工作上了新台阶。7. 积极使用新能源，投资100余万元，将机关的庭院灯、草坪灯、部分霓虹灯改为太阳能供电，采用LED灯，大大节约了电费开支。

【日常服务有条不紊】 一是遵照市委统一安排，积极开展“驻联帮解促”活动，“推进责任风暴和效能革命”活动，以及解放思想大讨论活动等等，通过这些活动，坚定了干部职工的理想信念，弘扬了正气，提高了服务意识。二是实行严格的岗位目标责任制，加强制度建设，实施规范化管理。三是高标准完成了局各类文件、会议纪要、总结、计划等文字材料工作。四是加强业务培训，提高业务技能。现有的60多名职工中已有80%获得了技师技术职务，其中一人取得高级技师资格。五是加强大院绿化管理，做好日常管护。改耐阴、耐旱的过路黄和萱草替换三叶草，草坪更美，效果更好。大院绿化做到“三季有花，四季常绿”。六是加强财务管理。积极争取资金，狠抓内部管理，较好地保证了办公厅及管理局工作的正常运转。七是车辆服务保安全。加强对司机的安全行车教育，组织驾驶员学习3次。全年没有发生重大交通事故。成立了保定市委交通安全工作站，完成了车辆年审及驾驶员年检工作。八是加强大门口的管理，针对公车和私家车分别印发了不同的《市委机关车辆通行证》。加强对保安人员的管理。加强对重要部位的安全防范，确保机关大院安全。

领导班子成员

局　　长　孙俊华

副 局 长　齐学增　靳志余　尚玉河

（部门编辑：靳玉志）

老干部工作

【中共保定市委老干部局】 负责全市离退休干部（简称老干部）工作的专门机构，归口市委组织部管理。主要职能是贯彻落实中央、省、市有关老干部工作的方针、政策；按照有关规定做好离休干部的安置管理工作；检查指导各级各部门落实老干部的政治、生活待遇；配合有关部门组织老干部发挥作用并及时宣传推广老干部发挥作用的典型；指导全市老年教育工作；组织指导老干部开展健康有益的活动。内设办公室、宣传调研处、组织指导处、安置管理处4个处室，另设机关党委，辖市关心下一代工作委员会办公室、市老年大学、市老干部活动中心、市直机关第一干休所、第二干休所、第三干休所共6个事业单位。

【2006年·概况】 截至12月底，全市共有离退休干部62881人，其中离休干部8131人。

2006年，在市委、市政府的正确领导下，全市各级老干部工作部门以邓小平理论和“三个代表”重要思想为指导，深入贯彻落实党的十六届五中、六中全会精神，按照中央、省、市委的部署和全省老干部工作电视电话会议的要求，坚持以人为本、求真务实，迎难而上、积极进取，做了大量扎实有效的工作，在落实老干部“两个待遇”、发挥老干部作用等方面，取得了显著的成绩。局长司春明被中组部、人事部授予“全国先进老干部工作者”荣誉称号。

【全市老干部工作会议】 4月14日召开，市委副书记李光耀对全市老干部工作进行了总结部署，常务副市长李谦通报了离休干部“两费”有关情况，清苑、唐县、公安局、雄县介绍了做好老干部工作的经验和体会，涿州、定州、安国、新市区和市交通局的经验材料进行了书面交流。

【开展纪念长征胜利70周年活动】 为大力弘扬长征精神，组织开展了一系列活动。一是和市老年协会、市老龄委、市社区办、市民政局共同举办了纪念长征胜利70周年和中国共产党成立85周年党史知识竞赛，参加答卷的老年人达6000余人。二是和市老年书画研究会、竹林书社举办了三次纪念红军长征胜利70周年大型书画展。三是和老年协会、老龄委共同举办了纪念长征胜利70周年文艺演唱会。四是“八一”前夕，对全市老红军进行了慰问。

【进一步落实老干部生活待遇】 根据全市企（事）业单位的现实状况，积极协调解决老干部工作中的重点、难点问题。一是对市直困难企（事）业单位减免统筹基金所需的经费做了详细的测算和落实，保证了财政补贴资金的到位。二是按照冀劳社［2004］5号文件精神，对困难企（事）业单位离休干部进行分档补贴计415万，并追加131.2万，共涉及10个主管局、123户企（事）业单位、931名离休干部。同时，为进一步做好党政机关离休干部医药费管理工作，制发了《关于党政机关离休干部医药费实行微机管理的通知》（保劳社办［2006］193号），保障了离休干部医疗需求和享受优质医疗服务。

【关心下一代工作成效显著】 2006年，召开了两次全市关工委系统经验交流会和一次全市关工委系统办公室专职工作人员培训班。目前，全市参加关工委工作的离退休老同志共有7000余人，全年作革命理想传统报告4042场次，受听人数156.94万人次，帮教失足、后进青少年1102名。

【老干部活动阵地建设蓬勃发展】 全市共建有老年大学（老年学

校）153所，校舍建筑面积13723平方米，在校学员15000余名。老干部活动中心（室、站）283个，总建筑面积43589平方米，年内投资354.6万元，新增面积3410平方米。一年来，市老年大学先后组织举办了“纪念毛泽东《在延安文艺座谈会上的讲话》发表64周年”、“庆祝中国共产党成立85周年”、“保定市首届老年教育系统文艺汇演”等活动。市老年大学合唱团应邀赴京参加了庆祝中国合唱协会成立20周年展演，并代表我市参加“河北省纪念红军长征胜利七十周年职工歌咏大会”，荣获一等奖。

领导班子成员

局　　长　司春明

副 局 长　张世香　丁海山　许尔强

【2007年·概况】　截至12月底，全市共有离退休干部62977人，其中离休干部7609人。

2007年，全市各级老干部工作部门深入学习贯彻党的十七大精神，全面落实科学发展观，紧紧围绕市委中心工作，以构建和谐保定为主线，树立“老干部工作无小事”的观念，全心全意为老干部办实事、解难题，扎实工作，开拓创新，认真落实老干部政治、生活待遇，离退休干部党支部建设得到进一步加强，老干部作用得到了较好的发挥，老干部工作部门自身建设得到进一步加强，全市老干部工作取得了新的进展。

【深入学习贯彻党的十七大精神】

为学习宣传贯彻党的十七大精神，制定下发了《中共保定市委老干部局关于学习宣传贯彻党的十七大精神的实施意见》，对全市老干部学习宣传贯彻十七大精神作出了统筹安排。10月15日上午，全市老干部系统集中收看了十七大开幕式盛况。会后，各级老干部工作部门组织召开老干部座谈会，畅谈党的十六大以来国家取得的丰硕成果，并通过举办报告会、理论辅导、集体学习、理论考核等不同形式，进一步把学习引向深入。

【召开加强离退休党支部建设专题会议】　按照中组部《关于进一步加强和改进离退休干部党支部建设工作的意见》的文件精神，11月27日，召开了进一步加强和改进离退休干部党支部建设工作专题会议，25个县（市、区）和市直71个部门老干部局（处）长共110多人参加，传达了中组部在太原召开的全国贯彻落实中组发［2006］12号文件精神工作座谈会和省局“11·7”会议精神，安排部署了全市加强和改进离退休干部党支部建设工作。全市离退休干部党支部组织建设、制度建设、思想建设得到新的加强。

【举办河北省第三届老年书画联谊会】　6月3日至7日，举办了河北省第三届老年书画联谊会，全省11个市及省直单位100余名代表参加。中国老年书画研究会副会长吴玉玺，省老年书画研究会会长白石和市领导宋长瑞、李光耀、李定元、王庆明、焦新华、王万族出席了开幕式并剪彩。

【加强改制、破产企业离休干部管理服务】　11月12日，召开了市直改制破产企业管理服务工作协调会，11月15日召开市直改制破产企业管理服务工作进展汇报会。12月上旬，办理了7个主管局21个单位86名离休干部的上收管理服务手续，改制、破（停）产企（事）业单位离休干部的上收管理服务工作已顺利开展，已有17个县（市、区）完成了对企业离休干部的上收管理工作，834名企业离休干部上收安置到县老干部局管理。

【加强老干部活动阵地建设】

全市共有各级老年大学155所，在校人数15030人，校舍面积18000多平方米。各级年内投资83.6万元，新增老干部活动中心（室、站）面积1100平方米。保定市老年合唱团，代表保定市参加了由文化部主办的“永远的辉煌——第九届中国老年合唱节”，获二等奖。保定市老年大学及涿州、雄县、涞水、高阳、唐县老年大学被河北省老年教育办公室和河北省委老干部局评为“先进老年大学”。

【召开关心下一代工作现场经验交流会】　11月26日，市关工委在安国市召开了发挥“五老”作用，关心下一代工作现场经验交流会。市政协副主席、市关工委副主任王旭波主持会议，市委副书记、关工委主任李光耀到会并讲话。安国市关工委等5个单位作了大会发言，交流了工作经验。市关工委宣讲团被河北省委、省政府授予“先进集体”光荣称号。

领导班子成员

局　　长　张　健

副 局 长　丁海山　许尔强

（部门编辑：李卫科）

对台工作

【中共保定市委台湾工作办公室】

中共保定市委台湾工作办公室、保定市人民政府台湾事务办公室是市委、市政府对台工作的办事机构，主要职责是贯彻落实党中央、国务院对台方针、政策，坚持“和平统一，一国两制”基本方针，对全市对台工作实行“组织、指导、管理、协调”。内设综合处、经贸处、交流交往处3个处。

【2006年・概况】 2006年，努力践行邓小平理论和“三个代表”重要思想，深入贯彻“和平统一、一国两制”基本方针和胡锦涛总书记对台工作重要讲话精神，全面树立科学发展观，积极有效地开展对台经贸、交流、宣传、信息、调研工作，较好地完成了省、市下达的任务目标，取得了新成绩，被评为全省台办系统2006年度各项工作表现突出单位。

【对台宣传再上新台阶】 不断完善台办网站建设，充分发挥网络宣传快捷、实时、灵通等作用，及时调整网页版面及内容，提高网络宣传功能，宣传党的对台方针、政策，宣传保定的特色产业、投资环境、优惠政策。发挥常规宣传作用，制作入岛宣传品2287件，发表涉台宣传稿件、图片、影像资料200余篇。利用宣传刊物、文件、图片、稿件等向台商、台胞、台属宣传党的方针政策，宣传保定投资环境和特色产业，为保台间交流交往，完善“民心工程”作出新贡献。联络台湾媒体，邀请台湾东森电视台记者来保定市拍摄《清陵秘史》电视专题片，采访世界遗产清西陵守陵人后代，该片在岛内播出后引起了台湾民众的较大反响，收到了良好的宣传效果。紧扣台海局势变化，涉台教育形式多样。采集上报信息30余篇、编辑《台情参考》12期、《台办简讯》10期、《台协通讯》4期。召开台情报告会3场，涉台座谈会28次，出刊板报100余期，适时在党校和大中专院校中开展涉台教育，结合工作实际，有针对性地开展调研活动。

【加大招商引资力度】 着力开展对台招商引资工作，积极争取台资项目和资金。主动与大台商、大客户联络，谋划大项目。先后与运宝来有限公司董事局主席张辉武（台商）、北京启达乔泰咨询有限公司总经理李彦杰（台商）及台湾太平洋投资咨询有限公司加强了联系，建立了长期沟通管道，向他们介绍保定的经济发展情况和推介项目50多个，积极争取来保投资设厂。引荐台湾台塑集团捐资420万元建设“明德小学”7所。同时，促成4个团组赴台开展经贸交流考察。突出协调指导职能，积极为台资企业搞好服务。重点协调解决台企纠纷5起，较好地维护了台商、台资企业的合法权益，维护了保定对外开放的良好形象。同时，还妥善处理了斯蒂电子科技有限公司总经理罗嘉麟遇车祸受重伤的突发事件等。积极指导、科学管理，较好发挥台企协会的作用。组织台商、台资企业开展春节慰问贫困山区社会公益活动，向满城县白龙乡大坎下村发放慰问金12600元。及时、有效的沟通各台资企业，为企业提供经贸政策及法律、法规等信息，编发《台协通讯》刊物4期。台企协会会长、保定味群食品有限公司董事长王纪翔作为台资企业的代表，在2・28广播电视大会上做典型发言，展示了台资企业求效益、谋发展的良好精神风貌。

【拓展保台间交流交往】 注重上层交往，认真做好台湾重点人士的接待工作。先后接待了台湾陈诚文教基金会董事长陈履安、国民党中央委员李彦鸿女士等来保参观考察。利用资源优势，积极促进保台间的交往交流。拓宽工作思路，利用各种资源和优势，认真设计和调整本市对台交往交流工作项目规划，做好了“海峡两岸书画展”保定展区工作、台北校际交流协会“冀台职业教育交流团”、“冀台大学生研习营”活动、台湾青春达康文化事业股份有限公司陈光陆的来访等组织接待工作。全年接待来保交流台湾重点团组10个，组织赴台交流团组7个。加强台胞台属工作，深入贯彻“寄希望于台湾人民”的方针，“民心工程”取得新进展。结合两岸形势，充分发挥台胞台属联系网的重要作用，组织了各种形式的座谈、走访、联谊活动，及时与市政协台港澳侨委员会联合召开形势分析座谈会，统一了思想，凝聚了共识和鼓舞了人心。积极为台胞台属解难题、办实事，排忧解难，联系、走访台胞台属、涉台婚姻人员等重点工作对象20余户，共编印《台属专刊》4期，了解和沟通了各种信息，健全和加强了联系网络，增强了工作效果。

领导班子成员

主　　任　高　旗
副 主 任　赵彦平
副调研员　张　力

【2007年・概况】 2007年，学习贯彻党的十七大精神，高举中国特色社会主义伟大旗帜，努力践行邓小平理论、“三个代表”重要思想和科学发展观，深入贯彻“和平统一、一国两制”基本方针和胡锦涛总书记对台重要讲话精神，全力贯彻“寄希望于台湾人民”的方针，积极有效地开

展对台经贸、交流、宣传、信息、调研等工作，对台“民心工程”取得新进展，机关建设成效显著，圆满完成了省、市下达的年度各项任务目标。被评为全省台办系统2007年度各项工作突出单位。

【对台宣传教育效果明显】 完善台办网站建设，浓厚网络宣传氛围。充实网站内容，更换简讯、资料、图片等各类信息280余条（张）。调整网页设计5次，工作信息（资料、图片）增加30余条，媒体聚焦栏目新增内容近200条，使网络宣传与其他媒体宣传和涉台教育一样，发挥了重要的宣传作用。发挥多种媒体宣传作用，充分利用多种平面媒体，大力增强对台宣传效果。发挥报纸、刊物、书籍等多种平面媒体的宣传作用，运用宣传刊物、稿件、图片向来保台商、台胞宣传党的十七大精神及党的方针政策，宣传保定投资环境、人文优势和特色产业。全年在媒体上刊登、报道涉台宣传稿件、图片近800篇，制作入岛宣传品6287件。适时邀请中国新闻网、香港大公报等7家媒体12名记者来保采访，宣传报道保定市对台经贸、交流交往及深厚的文化底蕴。加强信息、调研和涉台干部培训，编写内部刊物，开展形式多样的涉台教育活动。加强信息工作力度，采集上报省台办及有关部门各类信息30余篇、编辑《台情参考》12期、《台办简讯》7期，召开台情报告会2场，涉台座谈会27次，出刊板报100余期，大中专院校涉台教育基本形成制度。根据国务院477号令及省台办文件精神，组织各县、市、区统战部长和台办主任进行了台湾记者来保接待培训，大大提高和锻炼了对台干部的工作能力。

【搞好台企协调管理及服务保障工作】 落实“项目年”要求和部署，对台招商引资工作成效显著。邀请了台湾裕隆集团、上海翔茂企业有限公司等重点台商团组5批、92人次来保考察参访。新增大成（博野）机械有限公司（独资）、涞水县凯特瓷业有限公司等台资企业3家，新增投资2023.3万美元。落实《台湾同胞投资保护法》要求，凸现服务、排忧解难，依法维护台商的合法权益。依据《台资企业国家开发行融资暂行办法》和华夏银行贷款政策，继上年成功为保定味群公司争取到2300万元台资企业贷款之后，又积极帮助台资企业广顺化纤有限公司争取贷款。深入贯彻落实《台湾同胞投资保护法》及中办发［2007］17号、冀台发［2007］27号文件要求，为台资企业协调解决经济纠纷6起，较好的维护了台商的合法权益，树立了保定良好的开放形象。扶贫济困，捐资助教，加强对台商、台企协会的指导与管理工作。组织保定台企协会、部分台商向顺平县燕子水村开展献爱心活动，捐赠款物2万余元。引导台塑集团捐资360万元和省配套资金360万元，建明德小学8所。指导台企协会，加强内部管理，积极参加全国台企联各种活动，经过多方努力，保定台企协会会长王纪翔，成为全国台企联常务理事。编辑内部刊物《台协通讯》3期，较好发挥了刊物的宣传、教育、引导、管理沟通作用。

【对台“民心工程”成效显著】 加强双向互动，积极促进保台间的交往交流。认真设计和调整本市对台交流交往项目规划，拓宽双向交流的渠道，大力弘扬民族文化，彰显地方特色，挖掘文化底蕴。先后接待了台湾高雄市、县基层妇女干部参访团、“冀台心·两岸情”台湾青年学生代表团等多个团组，其中接待来保教育、卫生等方面交流台湾团组11个，计24人次，组织赴台交流团组12个。突出对台工作特点，加强对台交流规范化建设和管理。规范全市对台交流项目的立项、审查和审批制度，对赴台交流项目强化管理，严格把关。对交流中出现的敏感问题，依据政策，严把政治关口，积极妥善地进行处理。及时与市纪委、市委组织部等六家单位联合转发了省六部门《关于不得擅自赴台及组织大陆人士绕道赴台旅游的通知》，文件下发至全市60多个单位。深入贯彻寄希望于台湾人民的工作方针，大力做好台胞台属工作，“民心工程”取得新进展。充分发挥台胞台属联系网络的重要作用，走访困难台胞、台属28户（人次），开展形式多样的联谊、座谈会56场（次），为台胞、台属办实事33件。编印《台属专刊》4期。

领导班子成员

主　　任　高　旗
副 主 任　赵彦平
　　　　　张　力

（部门编辑：马焕忠）

党史研究工作

【中共保定市委党史研究室】 中共保定市委党史研究室是中共保定市委主管党史征集、编纂、研究、宣传工作并对所辖县（市）党史部门进行业务指导的职能部门，正县级机构，直属市委领导，业务上受中共河北省委党史研究室指导。内设秘书处、编研处、宣教处、资料处4个处室。附设保定中共党史学会，负责联系、协调全市党史界的学术研究工作。

【2006年·概况】 2006年，中共保定市委党史研究室在市委的正确领导下，在省委党史研究室的大力指导下，高举邓小平理论和“三个代表”重要思想伟大旗帜，高扬“树正气、讲团结、求发展”主旋律，围绕市委大干“十一五”、奋战开局年的总体部署，结合全市开展的“学树保促”百日主题教育活动，抓住机遇，埋头苦干，干部群众的思想状态、精神状态、作风状态和工作状态都得到改进，党史征编研宣各项业务工作进展顺利并取得显著成绩，圆满完成了年度目标任务。1. 高质量地完成《中共保定地方史》（第二卷）（1949.10～1978.12）的编纂工作，此项工作走在了全省的前列。2. 完成社会主义时期保定党史人物资料征编工作的催办督导并进行了省室下达的社会主义时期党史人物资料的编写工作，完成4篇党史人物资料初稿的撰写。3. 开展了改革开放以来专题资料的征集、编写和研究工作。制定了征编方案，拟定了专题目录，计划利用几年时间分期分批完成。年内共查阅了9个专题的相关资料约60万字，复印资料1500余页，基本完成3个专题的撰写工作。4. 完成征编河北省民营企业发展史料和优秀民营企业家创业实录资料工作。5. 继续做好党史资料录入光盘工作。6. 高标准做好抗战时期保定市人口伤亡和财产损失课题调研工作。7. 围绕建党85周年和红军长征胜利70周年，开展了丰富多彩的纪念活动。一是与市委宣传部联合推出了《不朽的英雄》大型主题宣传活动。二是组织并参加了省委党史研究室“纪念中国共产党成立85周年学术研讨会”。三是主办了保定纪念中国共产党成立85周年大型历史图片展——《辉煌的历程》。四是与市委宣传部、保定日报社联合举办了保定市纪念中国共产党成立85周年“学习党史永葆先进性”知识竞赛。五是与《保定晚报》联手开辟“纪念建党85周年·古城红色档案”专栏。六是与市党史学会联合举办纪念建党85周年征文活动并召开保定市党史系统纪念建党85周年座谈会。8. 完成《中共河北年鉴》和《保定年鉴》的编纂上报工作。9. 继续做好党史信息工作。《党史简讯》全年出刊12期，刊发信息138条，并做到及时上报和发送。

在完成全年目标任务的同时，做好临时性工作：1. 按照省委党史研究室通知要求，及时整理、撰写了民主革命时期和社会主义时期地方党史人物研究的总体情况以及通知中涉及的本地党史人物的研究情况，并按时将全部资料报送省室。2. 为省委党史研究室编辑出版《英雄河北》一书征稿。3. 在《燕赵党旗红——中共河北地方组织的创建》系列讲座活动中，撰写了介绍马列主义在保定的传播、中共保定地方组织的建立及早期活动情况的文章。并于8月23日接受了河北电台的电话专访。4. 完成市组织史资料续编（2001年7月至2006年7月）党委系统相关资料的撰写和上报工作。5. 按照省委党史研究室有关要求，对《市场与调控——李鹏经济日记》一书初稿中涉及保定的相关内容进行了核实与查证，并将核查结果及时上报省室。6. 根据市领导的有关批示，为保定延安精神研究会校审了《永不忘却的历史》一书书稿，并撰写了关于该书的审稿专题报告。

【做好抗战时期保定市人口伤亡和财产损失课题调研】 开展抗战时期人口伤亡和财产损失课题调研，是党中央交办、中央党史研究室组织开展的一项重要的工作，受到市各级党政领导的高度重视。保定市成立了以市委常委、秘书长崔启慧为组长的抗战课题调研工作领导小组。按照中央和省委的通知精神，根据市课题调研领导小组的安排，2006年6月至2007年1月，在全市范围内开展抗战时期人口伤亡和财产损失课题调研工作。在工作中，市领导重视，精心组织，周密部署，认真实施，课题调研工作取得了良好成效。全市组成了市、县、乡三级调研机构，参加调研人员8497人。全市6270多个行政村，村村都有调研人员的足迹。为高质量完成好调研任务，全市各级党史部门和领导小组办公室克服人员少、时间紧的困难，自我加压，开拓创新，以高度负责的精神努力把各项工作任务落到实处。市领导小组办公室一手抓市本级调研，一手抓检查督导，先后制定下发实施意见、工作安排、各种通知、工作简报等30余件；20多次深入县（市、区）、乡（镇）、村解疑释惑，激励先进、鞭策后进。做到了自身调研和基层督导两不误、两促进，保障了全市调研工作按计划分步骤扎实推进。通过查档和到村入户走访，共查阅档案资料14053卷，复印65505页，扫描814页。查阅抗战期间及战后出版的书报刊物4368种。拍摄照片资料2459页，采访34277人，收集证言证词12070份。并于年底前完成人口伤亡和财产损失统计表的统计工作和有关专题的撰写任务。

【开展《不朽的英雄》主题宣传活动】 2006年，围绕建党85

周年和红军长征胜利70周年，市委党史研究室与市委宣传部联合推出了《不朽的英雄》大型主题宣传活动。配合纪念活动的开展，从保定地方党史中筛选出60名不同历史时期各具特色的英模人物，撰写简历，编配照片，做好了先期的准备工作。宣传活动于5月1日正式启动。报纸、电台、电视台等新闻媒体在固定版面和时段同时刊播，展现优秀党史人物光辉事迹和崇高精神，引导广大市民特别是青少年缅怀英烈、牢记历史，继承和发扬革命英雄的伟大品格和不朽风范，为建设“实力保定、魅力保定、和谐保定”提供了强大的精神动力，营造了良好的文化氛围。

【举办纪念中国共产党成立85周年党史图片展】 2006年，市委党史研究室举办了保定纪念中国共产党成立85周年大型历史图片展——《辉煌的历程》。党史研究室利用掌握大量照片资料的优势，从大纲撰写、图片筛选、版面设计、展板制作到展出，历经5个多月的时间。该展览运用翔实的历史史实，通过350余幅真实的历史图片，从多个角度展现了中共保定党组织带领保定人民在各个历史时期不畏艰险、英勇奋斗的光辉历程。

领导班子成员

主　　任　朱　赤
副 主 任　田凤霄(12月离任)
　　　　　苏金生(4月离任)
　　　　　卢金婷
　　　　　李　焱(4月任)
　　　　　郭敬洋(9月任)

【2007年·概况】 2007年，中共保定市委党史研究室在市委的直接领导和省委党史研究室的指导下，以邓小平理论和“三个代表”重要思想为指导，认真贯彻落实党的十六届五中、六中全会和十七大精神，全面落实科学发展观，打造资政和育人两个平台，贴近中心，服务现实，开拓创新，注重实效，充分发挥职能作用，圆满地完成了党史宣传教育、党史资料征编研等各项工作任务。1. 全面完成抗战时期保定市人口伤亡和财产损失课题调研成果的整理和上报工作。2. 着手编纂抗战时期保定市人口伤亡和财产损失课题调研资料丛书。3. 精心修订《中共保定地方史》(第二卷)(1949.10~1978.12)。4. 继续开展社会主义时期保定党史人物资料的征编工作。5. 继续征集、编写和研究保定市改革开放以来的专题资料。6. 进一步加强党史资料的管理工作。7. 围绕“二师学潮”75周年和高蠡暴动75周年，开展系列纪念活动。8. 按时完成《中共河北年鉴》的编纂上报工作。9. 稳步推进党史信息工作。

在完成上述年度目标任务的同时，还进一步强化责任意识，承担了中央、省、市等上级部门下达的各项临时性工作。一是完成《晋察冀根据地革命遗址通览》有关文稿及图片的编写工作。二是为省党史研究室编辑《耕耘与硕果》一书提供相关资料。三是积极开展新农村建设中先进典型的调研活动。四是精心审阅书稿《高蠡暴动》。五是完成《快速发展的河北——从十六大到十七大》一书中关于反映保定5年间工作概况和保定新能源建设、国防教育、双拥工作，以及白沟箱包特色产业发展、涿州借京强市战略等方面典型经验的征集、撰写和报送工作。六是进行了《根治海河系列丛书》的征编工作。根据省委党史研究室《根治海河系列丛书征编方案》的要求，对全市根治海河中形成的档案文献资料、图片资料和口述资料进行了广泛的征集和整理，并及时汇总上报省室。七是为中央党史研究室编纂《社会主义时期党史专题文集（1949－1978）》丛书提供相关资料并上报。

【完成《晋察冀根据地革命遗址通览》编写】 《晋察冀根据地革命遗址通览》是为纪念抗日战争全面爆发70周年，由省委党史研究室等6家单位联合编辑的《晋察冀革命史研究丛书》系列中一本重要的资料书。按照省委党史研究室的要求，完成了《晋察冀根据地革命遗址通览》一书保定内容的概述文章、分布图，以及各纪念地的79篇文稿和209幅照片的搜集、整理、撰写和上报工作。

领导班子成员

主　　任　朱　赤
副 主 任　卢金婷　李　焱
　　　　　郭敬洋

（部门编辑：杨永丽）

党校工作

【中共保定市委党校】 1994年底，保定地市合并，原地委党校、市委党校，地、市讲师团合并，组成中共保定市委党校，现校址位于保定市五四东路531号。党校为大专体制。现有在职教职工171人，离退休人员130人。在职人员中教师78人（教授8名，副教授39人），其中专职教师40名。领导班子为党委制。现实有校级领导成员5人，其中党委书记兼常务副校长1人，党委委员3人（副校长2人，教育长1人），助理调研员1人。校内设政经、法学、基础理论、科学社会主义、现代管理5个教研室和

15个行政处室。校址占地面积60余亩，建筑面积1.8万平方米，拥有教室27个、学员公寓236间，能同时满足300人住宿培训。保定市行政学院、保定市社区培训基地、保定市社会主义学院相继挂牌，成为保定市综合型干部教育培训的重要阵地。党校的六项基本任务：一是轮训各级党员领导干部；二是培训中青年党员领导干部；三是培训意识形态部门的领导干部和理论骨干；四是协同组织人事部门，对学员在校期间进行考核考察；五是围绕国际国内出现的新情况、新问题，开展科学研究；六是宣传马克思列宁主义、毛泽东思想，宣传建设有中国特色社会主义理论和党的路线、方针、政策。中共保定市委党校结合保定实际，主要进行了三个方面的教育培训：一是主体班次。即市委安排的培训班次，分县级干部进修班、优秀中青年干部（县级后备干部）培训班，乡镇党委书记、乡镇长及市、县（市、区）直科级干部轮训班、国家公务员培训班等。各类班次一般每年上半年和下半年各办一期。二是学历班次。分在职研究生班、本科班、大专班。截至2007年底，有在职研究生在校学员400多人。三是一些计划外班次。主要是市直有关部门及社会上有关单位组织的教育培训等。除了校内办班培训之外，党校每年还选派部分教师或应邀深入到党政机关、企事业单位、乡镇等宣讲中央、省、市委的大政方针政策，积极配合市委中心工作展开宣传教育、社会调研等活动，为全市发展提供智力支持，发挥党校阵地作用。

【2006年·概况】 2006年，市委党校围绕“创名师、出名品、建名校”和建设省内一流市级党校、市内一流市直单位的目标，不断解放思想，创新工作，实现了教学科研工作双促进、齐发展。行政后勤服务能力进一步增强，党建保障作用愈加突出，较好地完成了年初确定的各项目标任务。

【干部教育培训工作】 一是抓学习《条例》的培训。年初，中央颁布了《干部教育培训工作条例（试行）》后，全校组织教职工深入学习理解，领会精神实质，把握基本要求，并结合干部培训工作抓好贯彻落实。全年举办第八、九期优秀中青年干部培训班，第八、九期县级干部理论进修班，一期社区工作者培训班，5个班次共培训600多人次。完成了市委交办的干部教育培训任务。二是拓展思路抓招生。尝试推行联合办班、委托招生、系统内办班等多种方法和形式，保持了本专科和研究生办班招生的规模。其中本专科注册3237人，在职研究生录取198人，在全省同级党校中继续保持第一。函授招生工作被省函授院评为招生工作先进单位。三是严管理抓风气。主体班培训更加注重党性教育，每期主体班入学时，都认真进行入学教育，组建临时班委会、党支部、伙食委员会，明确纪律要求，引导学员实现自我教育、自我管理、自我提高。在办班过程中，加强学员党支部建设，寓党性教育于严格的组织生活和日常管理之中，激励学员加强党性锻炼。本专科班和研究生班按照中央党校和省委党校的要求，严格进行学历整顿，进一步端正办学指导思想，严肃考风考纪，提高学员的到课率，认真搞好学员毕业论文的指导和答辩工作，办学更加规范。

【巩固和强化教学中心地位】
一是课程设置不断完善。主体班培训紧紧围绕学习邓小平理论、“三个代表”重要思想，突出提高执政能力建设、建设社会主义和谐社会、构建社会主义新农村等内容，用马克思主义中国化的最新成果武装学员头脑，完善以“理论基础、世界眼光、战略思维、党性修养”为主要内容的教学布局。同时，根据不同班次和学员特点开设新专题，深刻解答学员普遍关心、关注的重大理论和现实问题以及社会热点、难点问题。白洋淀水污染事件发生后，及时组织主体班学员以“环保与发展”为主题，赴市排水总公司集体调研，加深学员对搞好经济和社会发展与环境保护的理解，提高领导干部的环保意识和科学决策水平，增强了教学的针对性和实效性。二是继续深化教学改革。根据县级班、中青班等不同培训对象，进行分类施教；推行教学方法、教学方式的改革，鼓励和要求教师运用现代化教学手段，提高教学效果；加大答疑式教学、讨论式教学、互动式教学的力度，调动学员的主动性和创造性；加大聘请市直机关学者型领导授课的力度，增强学员对全市经济和各项事业建设的了解；突出培训主题，进一步规范异地培训和调研；精心安排和部署学员讨论，并把学员讨论纳入考核内容，实现教学相长；继续实行结业证书颁发主管校领导审批制度，学员成绩不全或不及格不得结业，确保了培训的效果。三是执教能力有新的提高。继续采取学员评、课题组评和组织部门评相结合的方式，加大对教师教学的评估力度。鼓励和引导教师与自己的专业靠拢，在“专”字上下功夫，继续支持16名教研人员参加在职研究生学习，选派4名教师到北京等地学习，2人到乡镇挂职锻炼，确定的4个调研题目都在展开调研，多人被市委有关部门抽调帮助工作，接受实践的锻炼。各教研室也积极为提高教师素质、强化教学效果做了大量工作。全年函授近4000个学时，完成了主体班和函授班教学、阅卷、论文答辩等任务。

【巩固和强化科研工作】 一是科研成果不断丰富。全年公开出版著作4部，在省级以上报刊发表论文41篇，其中核心期刊3篇。4项成果获河北省社科奖和省党校系统科研奖，市级课题立项两项。二是科研目标更加明确。科研坚持"为提高教学质量服务，为社会实践服务，为党委和政府决策服务"方向，组织人员到唐县"宣讲、督导、调研"两个月，得到市领导好评。围绕市委、市政府中心工作进行调研，向市委、市政府提交建议文章4篇，撰写调研报告7篇，《党校调研》发行4期。坚持科研与教学紧密结合，多数教研成果都能在较短时间进课堂、上讲台，提升了教学水平和层次。

【改进校刊编辑和藏书建设】 校刊《理论与实践》紧扣时代脉搏，改进文风，贴近现实，贴近生活，增强了指导性和时效性。全年共出版4期，从文字编辑、版面设计到文章质量都得到了提升。《保定党校工作动态》对加强全市党校的联系、沟通和经验交流起到了重要作用。图书馆积极调整馆藏结构，科学布局，详细分门别类，增强了各种文献信息的可读性和实用性。全年订阅报纸30份，期刊150余份，完成《理论信息文摘》资料8期，报刊装订450余册，刊物400册，接待读者1600余人次。

【加强后勤服务保障工作】 一是综合管理和服务水平有较大提高。完善了综合楼的消防系统，在全校开展了消防知识讲座和实际操作演练；严格各种紧急情况下的应急预案，增强了快速反应和处置能力，严格值班检查和责任制度，较好地保障了全市领导干部在党校学习研讨、主体班培训、接待中心工作运行及全校以教学为中心的各项工作；完成了综合楼接待中心和临街餐厅等设施的委托经营工作。二是校园环境进一步改善。增强了部分教学设施和办公设备，提高了现代化办学、办公的水平；三是财务工作更加规范。进一步健全了财务制度，严格执行财务管理规定。加强预算管理和监控，搞好统筹安排。严格执行审批制度，及时为以教学为中心的各项工作提供经费保障。

领导班子成员

校　　长　李光耀
党委书记　任牧辛（7月离任）
　　　　　王炳林（7月任）
常务副校长　王炳林
副 校 长　耿素德　马艳玲
　　　　　郭晓辉
　　　　　张仲才（4月任）
教 育 长　李强勇
秘 书 长　王　纪

【2007年·概况】 2007年，在市委正确领导和省委党校指导下，市委党校以建设"三名"（创名师、出名品、建名校）"两一"（市内一流市直单位、省内一流市级党校）党校为目标，进一步解放思想、与时俱进，奋发图强、开拓创新，教学改革继续深入，科研水平不断提高，行政后勤服务能力进一步增强，党建保障作用愈加突出，完成各项工作任务。在全省党校系统被评为函授工作优秀分院、在职研究生工作优秀工作站；在"驻联帮结促"活动中，全年派出的6个工作队中有3个工作队被市评为先进工作队，5人（次）被评为优秀先进工作队员，市委党校被市委表彰为"驻联帮结促"活动先进单位；在"为民、务实、清廉"为主题的教育活动中，精心组织、认真安排，被市委评为实绩突出单位，一些做法被市"为民、务实、清廉"教育活动简报和"驻联帮结促"活动简报5次刊载，《保定日报》也进行了部分报道；在学习河北省第七届党代会精神建设沿海经济社会强省知识竞赛活动中获市委宣传部、市社科联优秀组织奖，在学习贯彻十七大精神、建设京南近海强市名城百题知识竞赛中获市委宣传部优秀组织奖。尤其是党的十七大召开后，许多教师应邀深入到党政机关、部队、企事业单位和乡镇，宣传讲解党的十七大精神60多（场）次，提高了干部群众对党的十七大精神学习理解的能力，发挥了党校主渠道、主阵地的作用。

【干部教育培训工作】 一是在主体班培训中创新举措、推行精细化管理。针对全市"驻联帮结促"干部下基层、上半年未办主体班的实际，及时适应市委的工作安排，调整工作部署，精心做好下半年主体班培训的各项准备工作。在主体班培训中，管理人员创新工作方法和培训流程，牢固树立"我就是党校"的窗口意识和"管理就是服务"的宗旨，把学员在校学习阶段的工作作为一场战役来组织，每个细节都有专人负责，努力为学员提供优质服务。同时，大力开展形式多样的党性教育活动，如在十七大召开期间举办"庆祝十七大胜利召开师生联欢会"等，进一步强化了党性教育的成效。全年共办培训班4期，其中县级干部理论进修班和中青年干部培训班各1期，新进班子领导任职培训班和“京南近海强市名城”研讨班各1期，完成了市委交给的干部教育培训任务。二是在本专科招生工作中创新思路、深挖潜力。在高校继续扩招、成人教育“门槛”降低、党政机关生源日渐枯竭的严峻形势下，充分利用招生“最后一年”的时机，精心组织、扩大宣传、创新思路、深入挖掘，采取多种行之有效的形式，实现了本专科招生工作稳中有升的良好势头，为保定经济和社会发展提供人才和智力支持作出了努力。在做好招生工作的同时，进一步规范教学管理，严肃考风考纪，强化学员到课率，办学工作受到省委党校函授学院的表彰。三是在职研究生教育中创新管理方法、树立品牌。为维护在职研究生教育的声誉，创新管理方法，从严治学、从严管理，坚持做到五个到位：招生宣传、录取到位，内部管理到位，教学运行到位，毕业论文写作、答辩组织到位，开辟第二课堂活动到位，确保在职研究生工作健康发展，为全市培养了一大批高素质的领导人才，教学和管理的品牌效应已经明显形成。

【改革创新教学工作】　一是坚持创新培训理念。在对沧州等省内四地市委党校主体班培训情况进行调研的基础上，结合中央、省市有关政策和自身实际，对主体班专题设置进行了深度改革和创新，共设置5个单元近60个专题，囊括了基础理论、政策理论、领导必备知识、经济热点和难点知识等内容，特别是涉及市情部分的专题有了重大突破，形成了更加合理、更加科学、更加严密、更加符合保定和学员实际的专题体系。在此基础上，首次采取由学员自主选择专题和授课教师的方式，在优秀中青年培训班教学计划的第二个单元，提供20多个专题供学员选择，大大提高了教学活动的针对性，教学效果显著增强，受到学员普遍欢迎。二是坚持创新培训机制。继续完善教学运行规程，建立健全了《学员讨论及发言提纲撰写规定》、《异地培训和社会调研有关规定》、《优秀中青年干部班学员结业调研报告答辩有关规定》等，把《主体班学员培训计划和教师讲课提纲——课程安排》辑印成册，建立了流程合理、规范顺畅的教育培训运行机制。三是坚持创新培训方法。根据主体班学员的不同对象，进行分类施教；积极推进教学方法、教学方式的改革创新，鼓励和要求教师运用现代化教学手段，提高课堂教学的效果；利用讲授式、研究式、案例式、模拟式、体验式等教学方法，激发了学员学习、研讨的积极性，提高了理论教学的实效。四是坚持创新师资配备。继续采取专题课竞标、试讲的方式选配主体班授课教师，强化“能者上”的激励机制；加大邀请省委党校、河北大学教授和市直部门领导授课的力度，加深学员对建设“沿海经济社会发展强省”和“建设京南近海强市名城”的发展思路的认识；继续坚持聘请市纪委领导进行反腐倡廉教育培训，增强学员拒腐防变的意识；邀请部队院校教授作“中国国防能力及台海问题”的专题报告，强化学员的国防观念。这些举措，构建了主体班教育培训的“大师资”网络，提高了党校干部教育培训的竞争力。五是坚持创新提高教师执教能力的有效途径。继续选派教师到相关高校深造、进修和到基层挂职、调研，提高教师的全面素质；制定教师外出讲课规定，加强对外宣讲管理工作，提高教师知名度；召开学习方永刚精神研讨会，树立教师爱岗敬业、创新求实、敢为人先的教学理念；对4名在主体班授课中表现优秀的教师进行通报表彰，在精神和物质上予以一定的奖励；在党的十七大召开后，及时选派25名教师到北京大学和省委党校参加培训，为参加市委十七大精神宣讲团和对外宣讲工作奠定了扎实的基础。

【改革创新科研工作】　一是改革科研工作制度。修订了《中共保定市委党校关于科研成果奖励的规定》、《中共保定市委党校学术委员会章程》，对学术委员会组成人员进行了调整，进一步明确了规定，理顺了关系；创造性开展工作，建立起保定市党校系统《人才库制度》，摸清了全市党校系统科研队伍的底数，为全市党校系统组织联合攻关、课题调研打下了坚实基础。二是改版创新新校刊。为突出科研工作为教学服务、为保定建设发展服务的功能，把校刊更名为《保定视界》，并进行多方面的改革创新，开设“特稿专论”、“策论燕赵”、“名城保定”、“党校风采”等栏目，以宽视野、多角度、新思维，站在保定看保定、跳出保定看保定、站在高处看保定，大力宣传和推介“保定中国电谷”、“中国保定制造”两张城市名片，进一步端正了为教学服务、为市委市政府服务的科研方向。在校刊的发行上也首次实现了文字版与电子版的同步。校刊第一期面世后反响强烈，其中《中国电谷——名城保定的新名片》受到了领导和读者的广泛关注，提高了保定和保定市委党校的知名度。三是推进精品工程建设。全年共发表文章50多篇，其中全国核心期刊发表论文6篇，省部级以上刊物发表28篇，5项成果获保定市第六届精神文明建设“五个一工程奖”，6项成果获保定市第八届社科成果奖，另有2项成果获省级以上奖励。完成了《白沟——小城镇建设的成功典范》、《保定市劳动就业和社会保障问题的调查与分析》、《关于清苑县高优社的调查报告》、《加快保定发展的对策分析》、《构建和谐社区民主法治是保障》等多篇调研报告，为有关部门提供了有价值的参考，其中部分调研成果选入主体班专题课，实现了科研成果进课堂、上讲台。四是加快图书阅览信息化建设的进程。投入7万余元，购置电脑、服务器、激光扫描仪等，建成标准化电子阅览室，教职工可随时浏览同方知网期刊数据库；投入3万多元，建立了图书馆综合管理系统，配备了书标、条形码和部分书架，基本实现了图书业务管理的信息化。在2007年6月全省党校图书数字化评估检查工作中，受到检查组好评。另外，完成报刊资料3000余册的整理、装订工作，实现了年初制定的目标。

【改革创新行政后勤工作】 一是转变工作作风。按照市委要求，结合实际，在全校实行定岗定责定目标定奖惩，进一步规范了岗位目标和岗位职责，实现了人人有事干、事事有人管的责任机制。在此基础上，以办公室、行政处为主的行政后勤人员积极转变观念，开拓工作思路，优化内部工作环境，进一步提高了工作效率，促进了工作落实，服务、协调作用得到进一步发挥。二是提高服务水平。对水、电、暖、中央空调设施进行维护保养，对教学楼电化教室部分设备进行更新换代，提高了教学保障和培训办班的能力。严格物资采购保管发放工作，倡导勤俭节约的校园新风。三是加强财务管理。认真执行财务管理工作各项规定，加大了对财务支出的管控力度。加强成本核算，严格把关，努力在增收节支上下功夫、做文章。同时，认真组织国有资产核查工作，进一步摸清了底数，加强了对全校国有资产的掌控。

领导班子成员

校　长	李光耀
党委书记 常务副校长	王炳林
副校长	张仲才
	魏振江（12月任）
教育长	李强勇
秘书长	王　纪

（部门编辑：李岳来）

保定市人民代表大会

【2006年保定市第十二届人民代表大会常务委员会组成人员】
主　　任　李定元
副 主 任　马国权　张知学
　　　　　章永福　李书信
　　　　　刘　飞　郑继庄
　　　　　梁书屏
秘 书 长　张子冬
常务副秘书长
　　　　　刘　勇
委　　员　王宝仓　王恒国
　　　　　王保利　王常在
　　　　　牛建波　刘　坡
　　　　　刘宝燕　刘胜利
　　　　　刘　域　孙义杰
　　　　　李小铁　刘志刚
　　　　　李春田　杨洪秀
　　　　　张卫星　张月忠
　　　　　张刚强　陈俊珍
　　　　　郑开军　姚国珍
　　　　　姚忠耿　贺宇良
　　　　　高银龙　高惠泉
　　　　　黄希平　缪淑娟
　　　　　甄振环　魏贵欣

副秘书长　柴庆和
　　　　　李继红（8月任）
　　　　　王志海（8月任）

【市人民代表大会专门委员会】
财政经济委员会
主任委员　张月忠
副主任委员　谷小兵
农村经济委员会
主任委员　李春田
副主任委员　李长海
城乡建设环境保护委员会
主任委员　（空缺）
副主任委员　房保光
法制委员会
主任委员　高惠泉
副主任委员　杨玉兰
教育科学文化卫生委员会
主任委员　刘宝燕
副主任委员　刘文中　魏风琴
内务司法委员会
主任委员　刘　域
副主任委员　张邯生
民族宗教侨务外事委员会
主任委员　刘　坡
副主任委员　储耀宏

【市人大常委会办事机构】
办公厅
研究室
主　　任　黄希平
副 主 任　温占芳（4月离任）
选举任免代表工作委员会
主　　任　王恒国（兼）
常务副主任　高银龙
副 主 任　董彦超
　　　　　唐建新（8月任）
财政经济工作委员会
主　　任　张月忠
副 主 任　谷小兵
　　　　　李栋梁（8月任）
农村经济工作委员会
主　　任　李春田
副 主 任　李长海
城乡建设环境保护工作委员会
主　　任　（空缺）
副 主 任　房保光
法制工作委员会
主　　任　高惠泉
副 主 任　李洪林　杨玉兰
教育科学文化卫生工作委员会
主　　任　刘宝燕
副 主 任　刘文中　魏风琴
内务司法工作委员会
主　　任　刘　域
副 主 任　张邯生
　　　　　庄　平（4月任）
民族宗教侨务外事工作委员会
主　　任　刘　坡
副 主 任　王　军　储耀宏

【市第十二届人民代表大会第四次会议】　1月11日至1月14日在百世开利会展中心举行，应出席会议代表649名，因事因病请假11名，实际出席638名。会议听取和审查了市人民政府代理市长于群关于保定市人民政府工作报告；审查和批准了保定市国民经济和社会发展第十一个五年规划纲要；审查和批准了保定市2005年国民经济和社会发展计划执行情况的报告与2006年国民经济和社会发展计划；审查了保定市2005年市本级预算及市总预算执行情况的报告和2006年市本级预算及市总预算草案，批准了2005年市本级预算执行情况的报告和2006年市本级预算；听取和审查了市人大常委会主任李定元关于保定市人民代表大会常务委员会工作报告；听取和审查了市中级人民法院院长耿国英关于保定市中级人民法院工作报告；听取和审查了市人民检察院检察长蔡春和关于保定市人民检察院工作报告。

【市十二届人大常委会历次会议】 2006年市十二届人大常委会共召开6次会议。

第十八次会议　3月16日在市人大常委会会议室举行。会议听取并审议了市政府关于保定市与巴拿马共和国圣地亚哥市缔结友好城市关系的报告，审议了相关决定草案；审议了《保定市人大常委会关于2006年度对部分市政府组成人员进行述职评议的实施方案》（草案）、《保定市人大常委会关于对部分执法单位开展执法工作评议的意见》（草案）、吕宝生等5位同志整改情况的书面报告；提请并审议了人事任免事项。会议采取电子表决器表决方式通过了《保定市人大常委会关于批准保定市与巴拿马共和国圣地亚哥市缔结友好城市关系的决定》、《保定市人大常委会关于2006年度对部分市政府组成人员进行述职评议的实施方案》、《保定市人大常委会关于对部分执法单位开展执法工作评议的意见》以及人事任免事项。

第十九次会议　4月27日在市人大常委会会议室举行。会议听取和审议了市政府关于贯彻实施《行政许可法》整改情况的报告并视察了市行政服务中心；听取和审议了市人民检察院关于法律监督工作情况的报告；采取投票方式确定了2006年度被评议的执法单位；会议通过了人事任免事项。

第二十次会议　6月28日至29日在市人大常委会会议室举行。会议对吕玉锦、闫玉疆、张莹、杨学德等4位市政府组成人员进行了述职评议；对市城市管理局、市工商行政管理局进行了执法工作评议；听取和审议了市政府关于保定市2005年市本级预算执行和其他财政收支的审计工作报告，市政府关于《职业教育法》贯彻执行情况的报告；听取了市政府关于解决群众“看病难、看病贵”问题有关情况的报告，关于全市第七届村委会换届选举工作情况的报告；审议了市政府关于拆除市区违法建设的议案并作出了相关决定；会议通过了有关人事任免事项。

第二十一次会议　8月30日在市人大常委会会议室举行。会议听取和审议了市政府关于市十二届人大四次会议期间代表建议办理情况的报告，关于保定市2006年上半年国民经济和社会发展计划执行情况的报告，关于保定市2006年上半年市本级预算及市总预算执行情况的报告；审议了市中级人民法院、市人民检察院关于市十二届人大四次会议期间代表建议办理情况的报告（书面）；听取了市政府关于社会保障情况的报告；审议通过了市人大常委会关于认真实施“五五”普法规划进一步加强法制宣传教育的决议；会议通过了有关人事任免事项。

第二十二次会议　10月25日至26日在市人大常委会会议室举行。应出席会议的常委会组成人员44人，实际出席44人。会议听取和审议了市劳动和社会保障局局长穆春林、市民政局局长朱贺星、市审计局局长焦冠军、市卫生局局长杨运杰4位市政府组成人员的述职报告；听取和审议了市旅游局、市地税局的执法工作报告；听取和审议了市政府关于《环境保护法》贯彻实施情况的报告，审议了市人大常委会《环境保护法》执法检查组执法检查情况的报告（书面）；听取和审议了市政府关于《食品卫生法》贯彻实施情况的报告，审议了市人大常委会《食品卫生法》执法检查组执法检查情况的报告（书面）；听取和审议了市政府关于《安全生产法》贯彻实施情况的报告，审议了市人大常委会《安全生产法》执法检查组执法检查情况的报告（书面）；听取了市政府关于解决“上学难、上学贵”问题有关情况的报告；听取和审议了市政府关于2005年市本级及全市决算的报告；听取和审议了市政府关于2006年市本级及全市预算调整方案的报告；审议了市发展和改革委员会主任吕玉锦、市物价局局长闫玉疆、市人事局局长张莹、市文化局局长杨学德4名被评议人员和市城市管理局、市工商行政管理局两个执法单位的整改报告（书面）；提请并审议了人事任免事项。会议采取无记名投票方式对穆春林、朱贺星、焦冠军、杨运杰4位市政府组成人员和市旅游局、市地税局两个执法单位进行了民主投票评议。会议还采取电子表决器方式表决通过了市政府关于《环境保护法》贯彻实施情况的报告、《食品卫生法》贯彻实施情况的报告和《安全生产法》贯彻实施情况的报告。会议还表决通过了市人大常委会关于2005年市本级及全市决算的决议和关于2006年市本级及全市预算调整方案的决议以及人事任免事项。

第二十三次会议　12月27日在市人大常委会会议室举行。会议听取了市政府关于发展农业农村经济增加农民收入情况的报告；听取了市政府关于市本级行政和事业单位债务情况的报告；听取了市政府关于2005年度市本级预算执行和其他财政收支的审计工作报告所列问题整改情况的报告；听取和审议了市中级人民法院2006年执行工作情况的报告；听取了市人大民侨委关于修订《保定市荣誉市民称号授予办法》（试行）的情况说明；审议了《保定市荣誉市民称号授予办法》修订案及相关决定草案；审议了市人大常委会选任委关于市十二届人大四次会议主席团交办的26件议案办理情况的书面报告；审议了市人大常委会选任委关于市十二届人大四次会议期间代表建议、批评和意见办理情况的书面报告；提请并审议了人事任免事项。会议采取电子表决器方式表决通过了市中级人民法院2006年执行工作情况的报告和市人大常委会关于修订《保定市荣誉市民称号授予办法》的决定。会议还通过了市人大常委会选任委关于市十二届人大四次会议主席团交办的26件议案办理情况的报告和关于市十二届人大四次会议期间代表建议、批评和意见办理情况的报告。会议还表决通过了人事任免事项。

【人大代表建议交办会】　2月5日上午，市人大常委会选任委组织召开了人大代表建议工作交办会议。市十二屆人大四次会议期间代表对全市各方面工作提出建议、批评和意见共168件，分别交由市委、市人大及"一府两院"有关职能部门办理。选任委全体人员参加了会议。

【市人大工作经验交流会】　8月15日至16日，市人大常委会在易县组织召开全市人大工作经验交流会。市人大常委会主任李定元，副主任马国权、张知学、章永福、李书信、刘飞、郑继庄、梁书屏，秘书长张子冬出席会议。部分市人大常委会委员，市人大常委会副秘书长，各委、办、室主任或副主任，各县（市、区）人大常委会负责人、办公室主任、文章作者以及市人大常委会机关工作人员等100余人参加了会议。

【执法检查、调研】　全年有计划、有重点地对环境保护法、行政许可法、安全生产法、食品卫生法、人民防空法、农业法、土地法、体育法、档案法、河北风景名胜区管理条例、河北省涉案资产价格鉴证条例等10余部法律法规实施情况开展执法检查和执法调研。

4月至9月，在市人大常委会的领导下，教科文卫委员会利用6个月的时间，在全市组织开展了《食品卫生法》执法检查活动。这次食品卫生法执法检查，分自查自纠、督查抽查、总结汇报三个阶段，采取听、查、议、访多种方法相互结合的形式，先后听取了市卫生局以及涞水、易县、南市区等13个县（市、区）人大关于此次执法检查开展情况的汇报和政府关于贯彻实施《食品卫生法》情况的汇报，实地检查13个食品生产加工企业、餐馆和学校食堂，比较深入地了解了保定市贯彻实施《食品卫生法》的情况。通过这次执法检查，进一步提高了社会各方面对食品卫生工作的重视程度，增强了广大人民群众的食品安全意识和自我保护意识，规范了食品卫生综合执法行为，加大了执法的力度和密度，促进了严格执法、公正执法、文明执法。

4月至10月，按照市人大常委会的工作部署，市人大常委会组织部分人大常委会委员、市人大代表，在全市范围内开展了环保执法检查工作。主要是检查市和各县（市、区）环保法律法规的宣传和执行情况和围绕大气、水、固体废弃物污染环境问题检查执法的效果和存在的问题。这次执法检查分为组织动员、自查自纠、重点检查、总结四个阶段，采取全面检查与重点检查相结合的方法，市、县（市、区）上下联动，统一组织，统一步骤。市执法检查领导小组还专门组织人员重点对市政府相关部门和15个县（市、区）进行了检查。通过这次执法检查，增强了各级政府和广大干部群众的法制观念和依法保护环境的意识，进一步完善和落实行政执法责任制、"两错"责任追究制，推动了环保法律法规的贯彻实施，改善了环境质量，加强了环境保护和管理，为推动保定市科学发展、提速发展、和谐发展起到了积极的促进作用。

5月16日至17日，市人大常委会组织部分人大常委会委员、市人大代表对保定市贯彻落实《河北省旅游条例》及旅游工作运行情况进行了调研。调研采取听取汇报、实地访察、提出建议等方法步骤，重点考察了本市旅游工作规划、旅游资源保护与开发、旅游业监督与管理等情况。为了提高调研的有效性，专门听取了市旅游文物局的专题汇报，并实地考察了易县后山、狼牙山红色旅游景区。

6月，配合省人大常委会法官法、检察官法执法检查组，在市人大常委会副主任郑继庄带领下，内务司法委员会组织部分驻本市全国、省、市人大代表对我市执行法官法、检察官法情况和开展旁听评议法院庭审情况进行了执法检查和视察。执法检查组先后听取了市中级法院、市检察院和新市区、高阳县“两院”的汇报，实地视察了新市区“两院”硬件建设情况，并召开了部分基层人大代表、村（居）委会主任、企业经理和人大机关工作者参加的座谈会。市中级法院院长耿国英、市检察院检察长蔡春和参加了汇报会。这次执法检查，对促进司法人员依法履行职务职责和在本市贯彻落实两法起到积极的推动作用。

8月23日至25日，按照《保定市人大常委会关于安全生产法执法检查的实施方案》的安排，市人大财经委组织部分常委对《安全生产法》执法情况进行了重点检查。执法检查领导组组长、市人大常委会副主任章永福带队，财经委主任张月忠、人大常委会委员孙义杰、魏贵欣、牛建波、岳素然参加了检查，市政府副秘书长康福生、市安监局局长崔洪春及有关负责人陪同检查。检查组在听取报告、召开座谈、问卷调查的基础上，分别对安全生产监管的重点行业，涉及高危化学品贮运、使用的企业：保定市区内风帆集团、天鹅化纤集团、高碑店顺新化工厂、东方森特有限公司（生产工业、医学用氧气），使用具有较强污染性原材料的白沟镇制包企业，及经整改后较规范的典型企业唐县黄石口矿区和保定亚新钢厂进行了实地检查，随机抽查了中石油保定区域的一个油库和一个加油站，就检查中发现的问题与有关部门和当地政府负责人现场交换了意见。财经委将进一步整理归纳执法检查的相关情况，向常委会提交翔实的报告。

8月28日至29日，为进一步推进《河北省清真食品管理条例》的贯彻落实，民侨委组织部分市人大常委会委员和专门委员会委员对保定市贯彻落实《条例》情况进行了执法调研。调研中，听取了市民宗局、市工商局、定州市政府和南市区政府贯彻《条例》情况的专题汇报，实地检查了定州伊利乳业有限公司在建项目和清真食品饭店，南市区清真寺街清真食品市场和府河市场。

9月，以省人大常委会委员鞠志强为组长的省人大常委会执法检查（视察）组一行4人，对保定市执行《警察法》情况进行了执法检查，对本市开展“打黑除恶”专项斗争情况进行了视察。内务司法委员会在市人大常委会副主任郑继庄带领下，组织部分人大代表配合省人大常委会对该法在本市的贯彻实施进行了执法检查和视察。通过检查视察，进一步促进了保定市《警察法》贯彻落实，促进了“打黑除恶”专项斗争深入开展，为构建和谐保定、稳定保定，保一方平安起到了较好的效果。

11月上旬，市人大农经委根据年初工作安排，对《动物防疫法》贯彻实施情况进行了执法调研活动。先后深入市畜牧局动物防疫站、南市区和望都县召开了基层执法人员、基层动物防疫人员和畜牧养殖大户参加的座谈会，实地察看了养殖场的动物防疫工作，并就调研情况同市畜牧局领导交换了意见。

【视察工作】 9月1日，市人大常委会组织部分省、市人大代表就《保定市人大常委会关于拆除违法建设的决定》落实情况对全市拆违工作进行了视察，先后察看了南二环、东二环、长城大街、永华北路、复兴路、恒祥大街、乐凯大街、天威路、朝阳大街、七一路两侧的拆违情况，并实地到岳庄、北关村、鲁岗辛庄、前屯等“拆违”现场进行了察看，听取了现场工作人员的汇报。市人大常委会主任李定元、市长于群、市人大常委会副主任马国权、副市长石小琢及市政府有关部门负责人参加了视察。

9月5日，教科文卫委员会组织部分市人大常委会委员对惠民医院和社区医疗卫生工作进行了视察。视察组听取了市卫生局相关工作的汇报，并对市第三中心医院、朝阳社区医疗服务中心、廉良社区医疗服务中心和向阳北路社区医疗服务站进行了实地视察。市人大常委会副主任刘飞参加了视察活动。

9月13日，市人大常委会副主任刘飞及19名常委会委员、市人大代表视察了民政工作。先后视察了保定市高开区茗畅园社区、保定市第一社会福利院、保定市第二休干所，并听取了市民政局关于民政工作情况的汇报。刘飞在讲话中指出，民政工作面广、难度大，许多工作是构建和谐社会的重要基础，市民政局付出了大量心血，精神状态好，工作好，为政府分了忧；同时强调：一要进一步加强社会救助工作，加大宣传力度，营造氛围，动员全社会力量参与。二要进一步加强基层民主政治建设，在深入研究当前社会形势的基础上，把工作做实、做细，务求实效。三是进一步加强社区建设，加大投入，宣传典型，拓宽社区服务渠道，建设和谐社区，夯实构建和谐社会的基础。

10月17日，市人大农经委组织19位市人大常委会委员和部分市人大代表，观察了南水北调保定段工程建设情况。市人大常委会主任李定元、副主任李书信、郑继庄、梁书屏参加了视察活动。视察组首先听取了市政府副市长李国英所作的南水北调工作情况汇报，然后深入南水北调工程漕河渡槽工程段和唐河倒虹吸工程段施工现场，视察了工程开工建设情况，最后在定州市召开座谈会，简要听取了定州、曲阳、满城三个县（市）政府关于南水北调工程征迁安置、创优建设环境的工作汇报，并就视察情况同市政府领导及有关单位负责人座谈交换了意见，市人大常委会分管副主任李书信做了总结性讲话。市政府副市长李国英表示将认真研究落实视察组的意见建议。

11月10日，市交通局邀请部分市人大常委会组成人员、人大代表和政协委员对张石高速公路建设情况进行视察。常委会组成人员、人大代表、政协委员至易县大北城高速互通、张石高速定兴段、徐水段、满城段施工现场进行了实地视察，并听取了市交通局关于市“三纵三横一环”高速公路规划和张石高速保定段建设情况的汇报。市人大常委会副主任郑继庄参加视察，对路网规划、创优环境、施工进度给予充分肯定，并就建设高质量工程、保证工程进度、加强廉政建设讲了意见。副市长曹汝涛陪同视察。

12月11日至13日，市人大常委会组织驻保全国人大代表和部分省、市人大代表进行了为期三天的人代会前视察。市人大常委会主任李定元，副主任马国权、张知学、章永福、李书信、刘飞、郑继庄参加了视察，市委常委、常务副市长李谦，市委常委、副市长石小琢，副市长张广琦、李国英陪同视察。12月11日上午9点，全体视察人员在华北电力大学接待中心集中听取了市“一府两院”及有关部门的汇报，会议由市人大常委会主任李定元主持。12月11日下午至13日上午，视察人员按照专题分组开展了实地视察。

【2007年保定市第十二届人民代表大会常务委员会组成人员】

主　　任　李定元
副 主 任　马国权　张知学
　　　　　章永福　李书信
　　　　　刘　飞　郑继庄
　　　　　梁书屏
秘 书 长　张子冬
常务副秘书长
　　　　　刘　勇
委　　员　王宝仓　王恒国
　　　　　王保利　王常在
　　　　　牛建波　刘　坡
　　　　　刘宝燕　刘胜利
　　　　　刘　域　孙义杰
　　　　　李小铁　刘志刚
　　　　　李春田　杨洪秀
　　　　　张卫星　张月忠
　　　　　张刚强　陈俊珍
　　　　　郑开军　姚国珍
　　　　　姚忠耿　贺宇良
　　　　　高银龙　高惠泉
　　　　　黄希平　缪淑娟
　　　　　薛振环　魏贵欣
副秘书长　柴庆和　李继红
　　　　　王志海

【市人民代表大会专门委员会】

财政经济委员会
主任委员　张月忠
副主任委员　谷小兵
农村经济委员会
主任委员　李春田
副主任委员　李长海
城乡建设环境保护委员会
主任委员　（空缺）
副主任委员　房保光
法制委员会
主任委员　高惠泉
副主任委员　杨玉兰
教育科学文化卫生委员会
主任委员　刘宝燕
副主任委员　刘文中　魏凤琴
内务司法委员会
主任委员　刘　域
副主任委员　张邯生
民族宗教侨务外事委员会
主任委员　刘　坡
副主任委员　储耀宏

【市人大常委会办事机构】

办公厅
研究室
主　　任　黄希平
副 主 任　（空缺）
选举任免代表工作委员会
主　　任　王恒国（兼）
常务副主任　高银龙
副 主 任　董彦超　唐建新
财政经济工作委员会
主　　任　张月忠
副 主 任　谷小兵　李栋梁
农村经济工作委员会
主　　任　李春田
副 主 任　李长海
城乡建设环境保护工作委员会
主　　任　（空缺）
副 主 任　房保光
法制工作委员会
主　　任　高惠泉
副 主 任　李洪林　杨玉兰
教育科学文化卫生工作委员会
主　　任　刘宝燕
副 主 任　刘文中　魏凤琴
内务司法工作委员会
主　　任　刘　域
副 主 任　张邯生　庄　平
民族宗教侨务外事工作委员会
主　　任　刘　坡
副 主 任　王　军　储耀宏

【市第十二届人民代表大会第五次会议】 2007年1月30日至2月1日在百世开利会展中心举行，应出席会议代表640名，因事因病请假70名，实际出席570名。会议以电子表决的方式，通过了关于保定市人民政府工作报告的决议；通过了关于保定市2006年国民经济和社会发展计划执行情况与2007年国民经济和社会发展计划的决议；通过了关于保定市2006年市本级预算及市总预算执行情况和2007年市本级预算及总预算的决议；通过了关于保定市十二届人民代表大会常务委员会工作报告的决议；通过了关于保定市中级人民法院工作报告的决议；通过了关于保定市人民检察院工作报告的决议。会议补选孙盘柱为保定市中级人民法院院长。

【市十二届人大常委会历次会议】 2007年市十二届人大常委会共召开5次会议。

第二十四次会议 1月12日在市人大常委会会议室举行。会议听取和批准了市十二届人大常委会代表资格审查委员会关于补选代表的代表资格审查报告；听取和审议了大会筹备处关于市十二届人大五次会议筹备工作情况的报告；通过了保定市人大常委会关于市十二届人大五次会议对市人大常委会和“一府两院”工作报告决议的表决办法（草案）；通过了市十二届人大五次会议议程、日程（草案）、主席团会议日程、主席团和秘书长名单（草案）、主席团常务主席名单（草案）、执行主席分组及常务主席主持主席团会议分工名单（草案）、副秘书长名单（草案）、议案审查委员会名单（草案）、关于提出和办理代表质询案的规定（草案）、关于提出和办理议案及代表建议、批评和意见的规定（草案）和列席和邀请人员名单；讨论通过了市人大常委会工作报告。会议采取电子表决器方式通过了保定市人大常委会关于召开市十二届人大五次会议的决定、保定市人大常委会关于接受王晓栋辞去河北省第十届人大代表职务请求的决定和人事任免事项。

第二十五次会议 4月26日在市人大常委会会议室举行。会议听取和审议了市政府关于新型农村合作医疗情况的工作报告；审议了穆春林、朱贺星、焦冠军、杨运杰4名被评议人员和市旅游局、地税局两个执法单位的整改报告（书面）。会议采取电子表决器方式表决通过了人事任免事项。

第二十六次会议 6月29日在市人大常委会会议室举行。会议听取和审议市政府关于保定市2006年市本级预算执行和其他财政收支的审计工作报告、市中级人民法院关于审判监督工作情况的报告和议市人大常委会《动物防疫法》执法检查组关于《动物防疫法》执法检查情况的报告。会议采取电子表决器方式表决通过了人事任免事项。

第二十七次会议 2007年8月29日在市人大常委会会议室举行。会议听取和审议了市政府关于物业管理条例执行情况的报告；听取和审议了市政府关于保定市2007年市本级预算及市总预算上半年执行情况的报告；听取和审议了市政府关于保定市2007年国民经济和社会发展计划上半年执行情况的报告。会议采取电子表决器方式表决通过了人事任免事项。

第二十八次会议 10月30日至31日在市人大常委会会议室举行。会议听取和审议了市政府关于市十二届人大五次会议代表建议办理情况的报告、市政府关于保定市扶贫开发工作情况的报告、市政府关于保定市2006年市本级及全市决算的报告、市政府关于保定市2007年市本级及全市预算调整方案的报告、市人民检察院关于渎职侵权检察工作情况的报告和市人大常委会《环境保护法》执法检查组执法检查情况的报告。会议还审议了市人民检察院关于市十二届人大五次会议代表建议办理情况的书面报告和市中级人民法院关于市十二届人大五次会议代表建议办理情况的书面报告和市政府关于《市人大常委会组成人员对市政府关于新型农村合作医疗情况工作报告的审议意见》的研究处理情况的书面报告。会议采取电子表决器方式表决通过了市人大常委会关于2006年市本级及全市决算的决议和市人大常委会关于2007年市本级及全市预算调整方案的决议。

【人大代表建议交办会】 2月13日上午，市人大常委会选任委组织召开了人大代表建议工作交办会议。在市十二届人大五次会议期间，人大代表提出的136件建议，分别交由市委、市人大及"一府两院"有关职能部门办理。市人大办公厅副秘书长柴庆和及选任委全体参加了会议。

【县乡人大换届】 根据宪法、选举法和地方组织法的有关规定，按照省委、省人大常委会的统一部署，在各级党委的领导和上级人大常委会的指导下，经过各选举机构的努力工作，保定市县、乡两级人大换届选举工作从2006年12月中旬开始，到2007年5月底全部结束，依法同步选举出县、乡两级人大代表，并先后召开了县、乡两级新的一届人民代表大会第一次会议，选举产生了新一届县、乡两级国家机关领导人员，圆满完成了换届选举的各项工作任务。全市25个县（市、区）人大代表换届选举，共登记选民7686167人，参加投票选民6977324人，参选率为90.78%。同时，25个县（市、区）的312个乡（镇）人大代表换届选举，共登记选民7013145人，参加投票选民6269284人，参选率为89.39%。当选的5109名新一届县级人大代表中，政党团体推荐当选的4764人，占93.25%；选民10人以上联名推荐当选的331人，占6.48%；另选他人当选14人，占0.27%。在新一届县级人大代表中，中共党员代表3759人，占73.58%；民主党派、无党派及社会各界人士占26.42%；妇女代表1026人，占20.08%；少数民族代表132人，占2.58%；大专以上学历的代表2921人，占29.48%；35岁以下的代表624人，占12.21%；连任代表2098，占41.06%。当选的18091名新一届乡（镇）人大代表中，政党团体推荐当选的16094人，占88.96%；选民10人以上联名推荐当选的1972人，占10.90%；另选他人当选25人，占0.14%。在新一届乡（镇）人大代表中，中共党员代表12955人，占71.62%；非中共党员代表占28.38%；妇女代表3826人，占21.15%；大专以上学历的代表4357人，占24.08%；35岁以下的代表2897人，占16.01%；连任代表7060人，占39.02%。新一届县、乡两级人大代表文化程度有较大提高，分别比上届提高11.87个百分点和9.5个百分点；新一届县级妇女代表和上届基本持平，新一届乡级妇女代表比例有所提高，比上届提高4.38个百分点。连任代表的比例超过三分之一，使县、乡两级人大工作尤其是代表工作的连续性进一步增强，体现了先进性、广泛性和代表性，为做好本届县、乡人大工作创造了有利条件。依法选举产生了新一届县（市、区）国家机关领导人员821名。在新一届县（市、区）人民代表大会第一次会议上，选出人大常委会主任25名，副主任98名，委员476名；其中女性129名，占21.68%；选出政府县（市、区）长25名，副县（市、区）长147名，其中女性30名，占17.44%；大专以上文化程度155名，占90.12%。依法选举产生了新一届乡（镇）国家机关领导人员1525名。在新一届乡（镇）人民代表大会第一次会议上，选出人大主席团主席312名，副主席278名，其中女性96名，占16.27%；选出乡（镇）长312名，副乡（镇）长623名，其中女性85名，占9.09%；大专以上文化程度535名，占57.22%。新一届地方领导班子，综合素质和整体水平都有所提高。在这次县、乡两级人大换届选举工作中，各级党委高度重视，突出重点，把握关键，把坚持党的领导、充分发扬民主与严格依法办事有机地统一起来，最大限度地激发和调动了广大人民群众依法行使民主权利的积极性，保障了换届选举工作的成功，有力地推进了地方民主政治和社会主义政治文明建设。

【县、市、区人大常委会主任培训会】 10月11日，市人大常委会举办县（市、区）人大常委会主任培训班，对各县（市、区）人大常委会主任和部分副主任进行培训，统一思想，提高素质，为进一步贯彻落实监督法、推进全市人大工作再上新水平奠定思想和工作基础。培训班邀请了多年从事人大理论研究工作的省人大常委会研究室主任高山、省人大常委会选任委副主任姚生泉，分别从人民代表大会制度、地方人大常委会职权、监督法和代表工作等方面做了讲座。培训结束后，市人大常委会主任李定元提出四点要求。一是要把握方向，坚持原则。做好人大工作，党的领导是根本，民主集中制是保障，群众路线是基础。二是要加强学习，提高素质。要把学习贯穿于人大常委会工作的始终，进一步提高政策理论水平和依法履职的能力。对即将召开的党的十七大要高度重视，提前部署，及早安排，在全市人大机关掀起学习十七大精神新高潮。三是要健全制度，规范工作。各级人大常委会作为监督法的执法主体，一定要用制度作保障，坚定不移地贯彻落实这部法律，以实际行动捍卫它的尊严。四是要点燃激情，有所作为。认清形势，只争朝夕，紧紧围绕党委工作的重点，政府工作的难点，群众反映的热点，依法行使职权，共同谱写全市人大工作民主和谐的新篇章。市人大常委会副主任梁书屏，秘书长张子冬及市人大常委会机关副县级以上干部参加了培训。

【执法检查】 全年，市人大常委会共对2部法律法规的执行情况进行了检查。

5月28日至31日，根据《保定市人大常委会动物防疫法执法检查方案》要求，市人大常委会动物防疫法执法检查组利用5天时间，对保定市贯彻执行动物防疫法律法规情况进行了执法检查。在市人大常委会副主任张知学、李书信带领下，检查组深入到定兴、涿州、安国、定州、望都等县（市）进行了实地考察，并与有关各方深入座谈，以

《中华人民共和国动物防疫法》、《河北省动物防疫条例》和2007年中央1号文件精神为依据，以加强和改进动物防疫执法工作，促进养殖业健康发展为重点，从动物疫病预防规划的制定和落实情况、动物防疫保障机制的建立情况、执法队伍建设和执法人员情况、动物源性食品安全监督情况等4个方面认真开展检查，并深入了解执法机关、地方政府和群众反映的其他突出问题，以期进一步推动动物防疫法律法规的贯彻落实。检查组组长、市人大常委会副主任李书信指出，通过这次检查，大家对全市的动物防疫情况有了一个较全面细致的了解，并准备起草执法检查报告，对动物防疫法律法规贯彻实施情况进行总体评价，提出法律法规实施中存在的主要问题及原因，并有针对性的提出改进执法工作的意见建议和对法律法规本身需要修改补充、解释的建议等。

9月6日，市人大常委会组织召开环境保护法执法检查动员会。市人大常委会主任李定元、副主任马国权参加了此次会议。根据市人大常委会环境保护执法检查实施方案要求，此次检查以环境保护法及相关法律法规为依据，重点检查县（市、区）对减排目标和环保法律法规的宣传、落实和执行情况以及水、大气、固体废物（重点是医疗垃圾）污染防治效果。会议要求，要高度重视环境保护执法检查工作，全面落实科学发展观，推动环保热点难点问题解决。受市政府委托，市环保局局长魏凤枝汇报了环境保护法贯彻落实情况。李定元指出，市人大常委会连续三年就环境保护法进行执法检查，这代表了人民的意志，体现了党委对环境保护工作的高度重视。上年以来，保定市环保执法力度非常大，取得了很大成绩。但是，环境保护工作任务依然艰巨。环保工作需要全党重视、全民动员，做好环保工作就是为大局服务，就是立党为公，执政为民。现在，从中央到地方，对环保工作都非常重视，这是贯彻落实科学发展观的需要，只有治理好环境，才能促进企业高起点起步，促进经济健康发展。同时，李定元要求，执法检查组要进一步细化检查方法步骤，把明察与暗访结合起来，发现问题，严格执法，全力推动环保执法工作取得新的进展。

【视察工作】 6月18日，内司委组织部分市人大代表对全市公安看守工作进行了视察。视察组一行实地察看了市看守所，听取了市公安局和市看守所的工作情况汇报。通过视察，代表们对本市的看守工作进行了肯定，对所存在的问题有了进一步的了解。代表们表示将会更加关注保定市的看守工作，为构建和谐保定尽好力、履好职。

7月13日上午，市人大常委会主任李定元、秘书长张子冬到高阳县斗洼村参加了民主议政日活动，对市人大帮建文明生态村项目落实情况进行视察，入户走访了部分贫困户、五保户，并送上慰问品。高阳县斗洼村是2007年市委确定由市人大常委会主任李定元和市人大机关重点帮建的文明生态村。市人大作为帮建单位对此非常重视。深入调查研究制定帮扶计划，采取多种措施积极协调市、县有关部门，帮助斗洼村完成了对主要街道的绿化，修建了一条长3200米、宽4米的环村道路，翻建村民中心，共14间房近2000多平方米。共争取帮扶资金5万元；争取市园林局支援价值2000多元的绿化苗木；市科技局无偿为村里安装了50多米的科技长廊并支援部分科技书籍。李定元在民主议政会上，听取了村负责人关于上半年工作和文明生态村创建情况的报告，与村民代表进行了座谈，气氛亲切、热烈。李定元对斗洼村今后的发展提出了重要建议和希望，受到了村“两委班子”和村民代表的热烈欢迎。高阳县委书记袁振江及县人大等有关部门负责人陪同。

7月25日，市人大部分常委会委员和人大代表，对保定市防汛工作进行了视察，市人大常委会主任李定元、副主任李书信参加了视察活动。视察组在听取了市防汛抗旱指挥部办公室关于全市防汛工作情况汇报后，由李书信带队到唐县卧佛寺水库、保定西大洋水库，实地检查了水库防洪蓄水等情况，并座谈交换了意见。市政府副市长李国英陪同参加了视察活动。李定元在听取汇报后指出，人大组织防汛视察活动，旨在进一步引起全社会对防汛工作的高度重视，扎扎实实把防汛各项工作抓紧抓好，推动全市防汛工作的顺利开展。从目前情况看，各级政府及有关部门，防汛前期准备工作做的充分细致，安排周全。但也要看到，保定市的防汛工作是在全市人民盼下雨、积极抗旱的形势下开展的，这就要求我们要引起重视，切实克服麻痹思想。一是要做到思想认识到位，立足于有大雨、有大汛来准备各项工作。二是要进一步健全和完善组织指挥系统，保证大汛来时，有指挥员，有战斗员，队伍拉得出，用得上。三是要把防汛各项措施、应急预案落实到位。物料储备要充足，交通运输工具调配等要及时，保证满足抗洪需要。四是要完善信息通讯系统，确保指挥调度信息畅通。总之，要通过努力，做到大汛来时，临危不乱，把损失减少到最低程度，保证人民群众的生命财产安全。要在做好防汛工作的同时，抓好抗旱工作，发挥好水库蓄水功能，合理调度用水，做到防汛抗旱两手抓。李书信在视察结束后的座谈交换意见会议上，向唐县政府、西大洋水库管理处的领导传达了李定元的讲话精神，并强调要努力做到“防大汛，不死人”，保证安全度汛。李国英代表市政府表示，市人大在防汛关键时期组织视察活动，是对市政府工作的大力帮助和支持，市政府将认真研究落实好李定元主任的讲话精神，努力做到防汛抗旱两手抓，尽职尽责，保证汛期安全。

8月21日，市人大常委会副主任梁书屏带领部分省人大代表到满城县龙居村卧龙山庄进行视察。视察期间，听取了省人大代表贾俊乔关于卧龙山庄及生态科技园发展情况的汇报并进行了实地参观。同时，就卧龙山庄生态科技园的进一步发展提出了意见和建议。市人大常委会选任委组织参加视察活动。

11月29日，市人大常委会组织部分市人大代表视察保定火车站工作。市人大常委会主任李定元，副主任马国权、张知学、章永福、李书信、刘飞、梁书屏，秘书长张子冬和部分常委会委员参加视察。

12月26日上午，为让全市广大群众过好2008年元旦、春节，保定市政府邀请市人大、市政协领导和部分人大代表、政协委员，同市政府有关部门一起，联合对两大节日的市场供应、商品质量、食品安全、消防安全情况进行了检查和座谈。市人大常委会副主任李书信和部分代表、委员在副市长高天民陪同下参加了此次活动。从检查情况看，本市双节市场货源供应充足、价格基本稳定、管理比较规范。李书信强调，“双节”期间市政府及有关部门要对食品安全格外重视。要保障货源充足、要严把市场准入关保证产品质量、要保持物价稳定、要保证群众购物便利、要防止安全事故的发生。高天民要求：要积极组织货源，保障供应；要诚信经营，为广大消费者提供优质高效的服务；要严格市场准入，规范经营行为；要严格执法，保障食品安全、消防安全；要规范执法行为，强化服务意识。

（部门编辑：米海舰　王明月）

保定市人民政府

【2006 年保定市人民政府市长、副市长】

市　　长　于　群
市委常委
常务副市长　李　谦
市委常委
副 市 长　石小琢
副 市 长　张广琦　贾体新
　　　　　高天民　曹汝涛
　　　　　李国英　李江舟

【2006 年保定市人民政府秘书长、副秘书长】

秘 书 长　郭　普
常务副秘书长　张英俊
副秘书长　刘　峰　董晓宇
　　　　　刘二虎　齐志明
　　　　　王立君　葛荣亚
　　　　　李洪刚

【2007 年保定市人民政府市长、副市长】

市　　长　于　群
市委常委
常务副市长　李　谦
市委常委
副 市 长　石小琢
副 市 长　贾体新　高天民
　　　　　曹汝涛　李国英
　　　　　李江舟

【2007 年保定市人民政府秘书长、副秘书长】

秘 书 长　郭　普
常务副秘书长　张英俊
副秘书长　刘　峰　董晓宇
　　　　　刘二虎　齐志明
　　　　　王立君　葛荣亚
　　　　　李洪刚

【市政府工作综述】　在河北省委、省政府和中共保定市委的正确领导下，高举中国特色社会主义伟大旗帜，全面落实科学发展观，牢牢把握发展机遇，解放思想，创新突破，开创了各项工作新局面。国民经济较快发展，综合实力稳步提高。2007 年生产总值完成 1373.4 亿元，比 2002 年增长 74.2%，年均增长 11.7%。粮食生产连续四年丰收，农业产业化水平不断提升。规模以上工业实现增加值和利税分别比 2002 年增长 1.7 倍和 2 倍。服务业稳定发展，社会消费品零售总额比 2002 年增长 79.9%。建成亿元以上项目 128 项，比上个五年增加 79 项；全社会固定资产投资五年累计 2548 亿元，是上个五年的 2.2 倍。全部财政收入 121.9 亿元，翻了一番多。各县（市、区）财政收入全部过亿。市科学发展综合水平进入全国 50 强。主导产业快速成长，发展支撑力明显增强。新能源和能源设备制造业迅猛发展。提出建设“中国电谷”两年来，新上天威英利三期、风电产业园、兵装天威产业园等一批投资数十亿元的大项目，新增企业 100 多家，销售收入和利税两年翻了近两番，成为全省最具增长潜力的重要产业。汽车工业实现新跨越。整车生产能力比五年前增长 2.2 倍，汽车出口连续五年全国第一。长城轿车资质得到国家批准，结束了河北不产轿车的历史，开启了市汽车工业的新时代。纺织服装业在整合升级中加快发展，销售收入比 2002 年翻了一番。食品工业增势强劲，引进了新希望、娃哈哈、汇源、伊利、蒙牛、康师傅、喜之郎等一批著名企业。文化产业快速起步，亚洲影像 IT 文化观光都市项目启动建设。旅游业经济效益居全省前列。定州煤化工、涿州新材料、博蠡橡胶等一批新的产业快速成长。“南车北电东纺西绿城文”产业格局正在形成。工业化率由 37.4% 提高到 40.6%，工业强市迈出坚实步伐。各项改革逐步深入，对外开放势头强劲。国企改革攻坚步伐明显加快。25户企业破产终结，天威、宝硕、天鹅等市属国企改革取得重大突破。分离企业办社会工作基本完成。金融生态环境逐步改善，市商业银行组建得到批准，农村信用社改革全面推进，中小企业信用担保体系初步建立。农村综合改革取得成效，农业税、特产税全部取消，集体林权制度改革进展顺利。粮食流通、财税等各项经济体制改革取得新进展。加快推进行政管理体制改革，建立了市行政服务中心，成立了城市管理行政执法局，理顺了文物管理体制，在全国率先推行城乡规划管理全覆盖，城乡公交一体化改革走在全国前列。加强了政府投资、专项资金、国资监管等制度建设，政府行政行为进一步规范。对外开放步伐加快。实际利用外资五年累计11.8亿美元，比上个五年增长51%。长城汽车、立中车轮、天威英利等6家企业上市。出口创汇年均增长46.1%。与世界500强和国内大集团战略合作日益紧密，引来了西门子、三菱和兵装、国电、中纺等一大批知名企业，为发展注入了强大活力。经济社会统筹推进，各项事业协调发展。在全国率先创建21个科技专家工作站，企业技术中心达到100余家。"两基"成果进一步巩固，普通教育、职业教育发展水平全省领先，高考本二以上上线人数连续5年全省第一，职教在校生由8万人扩大到18万人。保定师专和金专实现专升本。公共卫生服务体系进一步健全，城市社区卫生服务覆盖率达到95%，新型农村合作医疗覆盖所有县（市）。低生育水平保持稳定。精神文明创建活动深入开展，群众文化体育活动丰富多彩，竞技体育捷报频传，新增3名世界冠军、5名亚洲冠军。环境保护和生态建设力度加大，2007年二氧化硫、化学需氧量分别削减2%和3.8%。安全生产形势持续好转。产品质量和食品安全专项整治工作受到国家好评。依法信访深入推进。"打黑除恶"、"打抓破"等专项行动成效显著，两年来打掉犯罪团伙1920个，抓捕犯罪嫌疑人23804名，破获刑事案件72587起，社会治安形势进一步好转。民主法制、民族宗教、外事侨务、防震减灾、妇女儿童、老龄和残疾人、社区建设、双拥共建、民兵预备役等各项工作都取得新成绩。城乡面貌发生新变化，人民生活水平有新提高。五年累计投入300多亿元，实施了路网建设、园林绿化、旧城改造、太阳能之城、"三做"便民等一系列工程。新改扩建城市主次干道47条、便民小路168条，拆除违建180多万平方米。免费开放了植物园、竞秀公园和东风公园。建设了一批游园绿地，城市人均公共绿地从4.1平方米提高到8平方米。新建居民小区91个，人均住房由14.3平方米增加到27平方米。城市绿化、亮化、美化、净化、畅化水平有很大提高。新农村建设扎实起步，城镇建设和管理力度加大，新建了一批污水和垃圾处理等公共设施。所有乡镇和行政村都通了油（水泥）路，创建文明生态村2023个。高速公路、铁路、电厂电网、南水北调、大中型水库除险加固等基础设施建设步伐加快。坚持每年实施一批民心工程，五年财政共投入15亿元，为群众办实事195件。社会保障体系进一步健全。对零就业家庭实施了就业援助。累计新增就业35万人，下岗职工再就业18万人，城镇登记失业率控制在省定目标内。城乡居民最低生活和城镇低收入家庭住房保障制度不断完善。免除农村义务教育阶段104万名学生的学杂费，近万名贫困生得到"山花工程"资助。"结缘工程"深入实施。发放救灾款1.48亿元。37万贫困人口实现脱贫。15万水库移民后期扶持政策全面落实。2007年城镇居民人均可支配收入10925元，农民人均纯收入3974元，分别比2002年增长55.2%和41.6%。

市政府办公厅工作

【保定市人民政府办公厅】 市政府办公厅是市政府的办事机构，承担为市政府和市领导提供调研、文务、会务、协调、督查、政务和多种服务，保证市政府机关高效运转。内设25个职能处室，管理市政府机关事务管理局、市政府驻外办事处、保定宾馆。

【2006年·概况】 2006年，市政府办公厅领导班子在市委、市政府的正确领导下，坚持以科学发展观统揽全局，高扬"树正气、讲团结、求发展"主旋律，紧紧围绕"打基础、增后劲、求发展"，通过科学谋划推动科学发展、突出破解难题凝聚人心力量、关注民生民安促进社会和谐、注重改革创新狠抓工作落实，按照市长于群提出的"做人简单、做事务实"的要求，以开展"学、树、保、促"学习教育活动为契机，全厅上下团结一致，扎实工作，各项工作在原有工作较好的基础上，又取得了新进步。在谋划全局、文稿起草、攻坚克难等方面多次受到市委、市政府主要领导的表扬。1～3季度市政府办公厅在市直机关行风评议中

始终名列前茅，在依法规范管理市区经营性三轮车、“拆违”第一战役等工作中获集体二等功，先后有13人分别记个人二等功、三等功、嘉奖、通报表彰，获河北省2006年“年鉴编纂奖”、老干部工作先进集体、市直机关先进基层党组织、市级扶贫工作先进单位、全市精神文明先进单位等多项荣誉称号。

2006年市政府办公厅始终把加快发展作为一切工作的出发点和落脚点，坚持高起点、高站位、高质量，围绕市委、市政府中心工作和总体安排部署，认真贯彻“打基础、增后劲、求发展”的指导思想，突出抓经济、抓发展，重点夯实“一个基础”（县域经济）、强化“两大支撑”（保定制造和保定文化）。

在科学谋划方面，当大参谋。充分发挥参谋部的作用，围绕市委、市政府既定工作思路和大政方针，围绕实现保定更快更好地发展，组织力量展开深入系统的调查研究，主动谋划、超前谋划，确保做正确的事。谋划编制起草《“十一五”规划纲要》和《政府工作报告》。紧紧围绕市政府主要领导要求，深入基层调查了解情况，课题包括“三农”、新能源、区域协调发展、就业和社会保障、环境保护、体制改革和扩大开放等；参与组织有关部门、研究机构和各方面专家，对经济社会发展面临的若干重大问题开展专题研究；多次组织研讨会，邀请各阶层代表建言献策；为推动《报告》的落实，4次组织54个部门负责人对《报告》内容逐字逐句全面梳理，结合各县（市、区）和各市直部门上报的年度计划和工作要点确定具体落实事项，确保了目标的可行性。倾力打造“保定制造”和“保定文化”。围绕实现“南车、北电、东纺、西绿”的战略构想，主动搞好谋划。一是坚持“差别竞争、错位发展、双轮驱动、整合做大”的思路，围绕把保定市打造成“华北轻型汽车城”、建成“环京津、环渤海湾地区”全国最大的汽车及零部件生产出口集散地目标，积极谋划，推动落实。二是在广泛调研论证的基础上，牵头起草了《关于推进“中国电谷”建设发展规划》、《关于鼓励投资“中国电谷”若干规定》、《建设保定太阳能之城的实施意见》和《关于加快推进“中国电谷”建设的实施意见》等相关政策文件，努力把保定建设成“中国电谷”，建设成全省产业结构调整和经济增长的重要增长极。三是围绕加快纺织服装企业整合和上档升级，提高纺织服装产业的核心竞争力，积极搞好谋划。协调起草了《保定市纺织服装产业整合升级规划》和《关于加快纺织服装产业发展的若干意见》，全力打造“华北纺织服装加工产业基地”。四是围绕加快文化大市、旅游大市建设，分城市形象、文化产业、文化活动、文化旅游四条战线，积极深入调查研究，参与起草制定《保定建设文化大市规划纲要》等“一纲四目”文件，全力推进保定文化大市建设。积极推进城乡规划全覆盖。围绕城乡规划管理体制改革，协调组织有关部门广泛调研论证，借鉴外地经验，牵头起草制定了《关于加强城乡规划工作的决定》，在全国率先提出了城乡规划全覆盖理念及一套措施，为加快城乡建设发展提供了科学保障。同时，协调组织成立了保定市城乡建设规划委员会，积极推动城乡规划分级决策与审批，确保规划科学准确。

【成功组织一系列大型招商活动】

认真组织北京、天津、长春、沈阳、贵阳、宁波、无锡等大型招商活动，宣传了保定，扩大了招商，促进了对外贸易；成功组织“中国电谷”、汽车及零部件、纺织服装招商项目洽谈会和推介会；组织参加廊坊、香港、厦门投洽会和深圳高交会、东盟博览会、第九届廊坊农交会和北京第四届国际农交会；组织境外上市培训会，积极组织“外资到位促进月”活动；大力发展连锁经营，积极开发物流配送，实施电子商务，推进了沃尔玛、世纪财富广场等大型现代化商业设施建设。

【积极推进重点项目建设】　一是参与组织建立重点项目联席会议制度、重点项目建设效能监察制度、重点项目建设通报制度；二是完善项目建设政策支撑体系，制发投资体制改革实施意见等若干支持项目建设的政策规定；三是配合做好京石高速客运铁路、保定热电厂八期扩建、英利三期等国家省市重点项目推进工作，保沧高速公路实现了全线无障碍施工，张石高速公路完成了征迁工作；四是积极参与垃圾发电、汽车用工业乙醇项目等具有长远意义的生物质能项目的谋划推进；五是组织了市新农村项目建设领导机构，在汇源、伊利、蒙牛等农业项目建设中发挥了综合协调指导作用；六是大力推进王快水库、西大洋水库的除险加固工程。

【做好金融工作】　成立了市金融办。紧紧围绕市委、市政府经济、金融部署，从金融稳定和发展两个方面加强工作。一是推进金融机构改革改制工作。积极做好7家停业整顿城市信用社退出市场、蠡县18家农村信用社与农行脱钩、蠡县8家城市信用社改制、市信托投资公司转制工作，推动深化农村信用社改革，均取得一定进展；二是稳妥处置环南城市信用社，化解了环南社的兑付风险，制定了市城市信用社并购环南城市信用社的方案；三是组建城市商业银行工作已完成置换不良资产、增资扩股等关键性工作，为组建工作打下了基础；四是与国家开发银行的全面合作进入实质性阶段，开行即将开始对具体用款项目的评审，并将与保定市联合打造“中国电谷”；五是推动商业银行加大对保定市企业的资金投放力度，存贷差逐步加大的势头得到控制；六是积极组织企业上市工作。

【下大力推进县域经济发展】 围绕“强县兴市”战略，多次协调组织召开县（市、区）长座谈会议，督导各县（市、区）围绕“园区建设、民营经济、县城经济、农村工作”拿出过硬、管用的措施，并重点检查指导园区规模和特色、经营质量、县城规划、金融环境、村村通、劳务输出与培训等方面工作，及时总结经验，推动落实。

【抓好一批大事、要事、实事协调落实】 一是积极协调督促有关部门做好南水北调工程第一阶段征迁任务；二是组织实施白洋淀污染综合治理、依法取缔市区经营性三轮车、拆除市区违法建设第一战役、集中治理“狗患”等几场大规模的攻坚战役，取得阶段性胜利，改善了城市面貌，培育了新理念、新观念；三是协调各方面力量，加快粉煤灰场、殡仪馆和危化企业的搬迁工作；四是大力协调推进城建为民办实事和“三做方案”各项工作任务的落实；五是协调组织有关部门加强占道经营管理，有效解决城市脏乱差问题；六是积极协调城市供暖，排查化解矛盾隐患；七是下大力协调组织清理街头烧烤和秸秆焚烧污染；八是协调组织清理违法占地行为，严格土地执法；九是协调有关部门完成了200辆出租车扩容工作，长途客运中心站全面启用；十是加快理顺城市管理体制，积极探索研究城市管理长效机制。

【积极推进社会事业发展】 一是组织起草并修改完善了就业再就业、农民工参加基本医疗保险、实施零就业家庭就业再就业援助工程等方面的政策性文件；组织做好城镇职工养老保险和基本医疗保险的扩面工作。二是成功组织了河北省第三届戏剧演唱“燕赵红梅奖”大赛暨第五届“古城戏剧节”、第十一届古城书市、河北省文化艺术展、《古城大风歌》、“迎奥运游保定”新闻发布会、第十六届中国保定敬老健身节等一系列文化活动；协调有关部门完成了档案馆的搬迁，已正式向社会开放。三是协调有关部门规划教育资源整体布局；确保落实“两免一补”政策，全市7个贫困县义务教育阶段贫困生全部实现了“两免一补”，其余各县贫困学生资助面达到70%；深入开展“山花工程”，多次组织协调开展“山花工程”宣传、筹资活动，谋划开展了暑期“山花工程”志愿者行动。四是积极协调推进“惠民医院”和“惠民病床”的设立，深化农民健康工程和新型农村合作医疗试点工作，督促协调农村公共卫生服务体系建设，有效缓解了群众看病难、看病贵问题。五是认真协调做好计划生育工作，全市“奖、优、免、救、保、扶”六位一体利益导向机制建设进一步健全。六是积极推进“万村千乡市场工程”实施。

领导班子成员

纪 检 组 长　王伟华
助理调研员　白光明　张英琪
方志办主任　刘宝营

【2007年·概况】 2007年，市政府办公厅在市委、市政府的正确领导下，认真贯彻党的十七大精神，坚持以科学发展观统揽全局，按照建设“京南近海强市名城”战略目标，围绕“夯实基础、狠抓落实、提速发展”主题，以开展解放思想大讨论活动为契机，深入落实中央、省、市工作部署和要求，全厅上下团结一致，在落实中推进，在求实中提速，在解放思想中创新突破，各项工作取得了很大成绩，多次受到市委、市政府的通报表彰。先后获省政府系统承办工作优秀单位、省政府系统信息工作优胜单位、全省政府网站建设和内容保障工作先进单位、省接待工作先进单位、保定市帮建文明生态村工作先进单位、市直机关先进基层党组织、档案工作先进单位、全市老干部工作先进集体、市直机关“先进职工之家”等荣誉称号，10人分别记二、三等功奖励。

始终把加快发展作为一切工作的出发点和落脚点，坚持高起点、高站位、高质量、高效率，围绕市委、市政府中心工作和总体安排部署进行工作谋划，推动工作落实。围绕市委、市政府既定工作思路和大政方针，围绕实现保定更好更快发展，组织力量开展深入系统的调查研究，主动谋划、超前谋划，确保做正确的事。紧紧围绕“项目建设突破年”和“县域经济突破年”活动，参与制发了市委、市政府《关于开展“项目建设突破年”

活动的实施意见》和《关于开展“县域经济突破年”活动的实施意见》等文件，为推动重点项目建设创造了良好的条件；围绕打造“中国电谷”，牵头起草了《关于推进“中国电谷”建设发展规划》等相关政策文件；围绕打造“绿色食品加工供应基地”，牵头起草了《关于加快西部山区发展的指导意见》；参与起草了《保定市政府投资项目管理暂行办法》、《保定市人民政府关于进一步加强全市国有资产监督管理工作的通知》等一系列规范性文件，对推动实现保定科学发展、提速发展、和谐发展起到了重要的指导作用。紧紧抓住影响全局的难点问题和群众关注的热点问题，集中精力，打攻坚战，着力抓好一批大事、要事、实事的协调落实，取得明显成效。组织实施了拆除市区违法建设第二战役，对原燕赵大酒店烂尾楼进行了控制性爆破拆除；协调各方面力量，加快粉煤灰场、殡仪馆和危化企业的搬迁工作；大力协调推进城建为民办实事和“三做”方案各项工作任务的落实，初步实现了护城河还清，大规模开展了城乡环境“洁、美、绿、亮、序”百日综合整治行动，协调组织有关部门加强占道经营管理，有效解决城市脏乱差问题；积极协调城市供暖，排查化解矛盾隐患；协调组织清理违法占地行为，严格土地执法；加快理顺城市管理体制，成立了市城市管理行政执法局；开展环保综合整治行动，关停了400多家污染企业；着力解决融资瓶颈，强化金融支撑。积极推进城市信用社改制，申请筹建商业银行获得国家银监会批准；组织银企对接，全面推进与开行的合作，组建助困金融服务中心、推动企业上市融资；完成了7家停业整顿城市信用社退市工作，化解了地方金融风险；处置了大地公司非法集资案，受到市政府表扬和投资者好评。认真做好水库移民政策落实工作。完成了15.5万移民人口补助金兑现工作，确保了移民登记准确真实率、移民满意度、移民受扶持面三个百分之百和移民群体越级上访的零指标。积极参与组织了全国双拥模范城“六连冠”的争创工作，狠抓了农村义务兵家属优待金发放和自谋职业补助金落实等项工作，促进了双拥工作整体水平的提高，实现了全国双拥模范城“六连冠”。

【积极推进改革创新】 一是全面推行城乡规划管理全覆盖，积极推动城乡规划分级决策与审批，确保规划科学准确，全力组织实施“1360工程”；二是按照权责一致的原则，重新界定了市、区两级政府的城市管理职责，将绿化养护、环卫保洁等下放到区。三是组建了城市管理行政执法局，将涉及7个部门的行政处罚权横向归堆，强化了城市管理主体责任，弥补了管理漏洞。四是面向市场加快了市政公用事业改革，成立了市政公用事业建设集团，推进了燃气、供热、供排水、环卫和污水处理公司的改制；五是全力推进公交管理体制改革，将分设的市公交公司和保运集团合并，从体制上确立了城乡一体的大公交格局，新投放公交车100余辆，让全市人民真切感受到了改革的实效。六是全力做好国企改革工作。参与制定了《保定市国企改革攻坚年实施方案》、《保定市国企改革资金使用管理暂行办法》等规范性文件，按照“一企一策”的原则，全力做好涞钢、涞铜等列入政策性破产范围的国企改革工作；完成了国有粮食购销企业改革工作；重点处理好宝硕集团有关问题。七是大力推进农业改革。积极推进集体林权制度改革，已明晰产权1214万亩，确权发证1020万亩，被评为林权改革先进市；大力推进基层农技推广体系改革，25个县（市、区）改革方案已全部制定并上报省政府，走在了全省前列；以“两个体系，一个中心”建设为核心，大力推进县级供销社综合改革，辐射带动能力进一步增强。

【积极推进重点项目建设工作】 一是致力于打造国内外著名的“电字号”产业、技术、人才和信息聚集区，启动了占地25平方公里的“保定中国电谷”建设。全面启动了“太阳能之城”建设，努力让阳光照亮保定、温暖保定，让阳光融入生活、推动发展，中央电视台《新闻调查》栏目对此进行专题报道并七次重播，引起了较大社会反响。二是组织协调了投资8亿元的顺平汇源、投资7亿元的定州伊利、投资3.3亿元的高碑店康师傅项目的建成投产，投资7亿元的望都蒙牛项目年底投产，投资10亿元的喜之郎北方基地等项目也落户保定市。三是积极谋划推动了总投资60亿元的亚洲IT影像文化观光都市、投资10亿元的“新一代动漫产业孵化中心”。四是配合做好京石高速客运铁路、英利三期等国家、省市重点项目推进工作，保沧高速公路全线通车，全年高速公路建设共完成投资93.4亿元、建设里程425.2公里，农村公路建设项目完成投资5.6亿元、新改建农村公路1574.5公里。五是积极参与垃圾发电、汽车用工业乙醇项目等具有长远意义的生物质能项目的谋划推进；六是大力推进王快水库、西大洋水库的除险加固工程。七是投资6亿元建设污水二期工程。八是建立了重点项目“听看录帮考”工作机制，调动了各级抓项目的积极性，彻底扭转了以往大项目少、特别是生产性大项目少的落后局面。

【积极推进社会事业发展】 一是重点围绕新型农村合作医疗制度的实施、农村义务教育经费保障机制的落实，职业教育的发展和国家太阳能科技示范城市的申请等工作加强协调督导。二是协调有关部门规划教育资源整体布局；确保落实“两免一补”政策，全市7个贫困县义务教育阶段贫困生全部实现了“两免一补”；深入开展“山花工程”，多次组织协调开展宣传、筹资活动，谋划开展了暑期“山花工程”志愿者行动。三是积极协调推进“惠民医院”和“惠民病床”的设立，深化农民健康工程和新型农村合作医疗试点工作，督促协调农村公共卫生服务体系建设，有效缓解了群众看病难、看病贵问题。四是认真协调做好计生工作，全市“奖、优、免、救、保、扶”六位一体利益导向机制建设进一步健全。五是积极推进“万村千乡市场工程”实施，全年建设改造“农家店”800家。六是认真组织开展产品质量和食品专项整治工作，代表省接受了国务院验收组的检查，受到高度肯定。七是下大力整顿市场经济秩序，开展了食品、药品安全大检查，重点加强了对名牌和地产老字号食品的监管保护。

【大力推进招商合作】 积极实施了旗帜招商、园区招商、产业链招商和上市融资。组织参加香港、厦门、廊坊投洽会、深圳高交会、东盟博览会等大型经贸洽谈会，特别是成功举办了“保定中国电谷（香港）推介会”，受到省政府领导的高度赞扬，在香港引起轰动。与中国兵装、中国航天科工、国电、中国钢研等“国字号”企业结成了战略伙伴，与北京纺织控股、北京雪莲、南洋集团、伊利、蒙牛等国内大企业成功合作了一批项目，与清华大学、华北电力大学等科研院校签署了长期合作协议。促成了与省开行的合作，对市授信30亿元用于中国电谷建设。千方百计推动了天威英利YGE在美国纽交所主板上市，成为河北省第一家在美国纽交所主板上市的企业，先后募集资金5.19亿美元。长城汽车香港H股上市并实现增发，先后募集资金33亿多港元。凌云、立中、风帆也成功在国内外上市。大力发展连锁经营，积极开发物流配送，实施电子商务，推进了沃尔玛、世纪财富广场等大型现代化商业设施建设。

领导班子成员

纪检组长　王伟华
助理调研员　白光明　张英琪
方志办主任　刘宝营

（部门编辑：金达旺　张晓霞）

法制建设

【保定市人民政府法制办公室】 保定市人民政府法制办公室是市政府负责法制工作的工作部门，正县级行政单位。负责办理市政府规范性文件审核、行政执法监督检查、行政复议、行政执法人员培训、行政执法证件、罚没许可证件审核管理备案、规范性文件备案，法律、法规执行情况检查，市政府涉法咨询服务等工作。下设综合处、法规处、行政复议处、协调监督处。

【2006年·概况】 2006年，在市委、市政府和省政府法制办的正确领导下，以邓小平理论和“三个代表”重要思想为指导，全面落实科学发展观，深入贯彻落实《行政许可法》、国务院《全面推进依法行政实施纲要》（以下简称《纲要》）、国务院办公厅《关于推进行政执法责任制的若干意见》（以下简称《意见》）、河北省人民政府《全面推进依法行政五年规划》（以下简称《五年规划》）、保定市人民政府《全面推进依法行政五年规划》（以下简称《市五年规划》）和省、市政府法制工作会议精神。以抓好班子带好队伍为基础，坚持“风清、气正、阳光、公正”的工作原则，紧紧围绕全市推进依法行政的中心工作，开展了卓有成效的工作。

【提高文件审核质量】 按照市政府工作规则，市法制办对欲出台的规范性文件和市领导要求审查的其他文件进一步明确了审查标准，做到凡是与法律法规不一致的不发，凡是带有部门利益痕迹的不发，凡是不符合保定实际的不发，凡是条件不成熟的不发，坚决把住了质量关。审核工作中，一是坚持一切服从于法律、法规规定，做到超越法律规定的内容不放过，私自设立项目的不放过，从源头上卡住了乱审批、乱收费、乱罚款的行为；二是坚持层层审、层层把关。即科员、处长、主管领导、主任分级审查把关；三是站位高。以对市政府和领导高度负责的精神，对文件中存在的问题提出法律意见；四是进一步增强规范性文件审核的艺术技巧，灵活调整法律规定和社会现实需要的关系，在确保文件不违法的前提下，使其在实践中更便于操作和落实。在涉及全市经济社会发展以及股份公司股权分置改革、增资扩股、国企改革、产权转权以及政府与企业的合同、协议文本等方面，已审核各种文件150件。保障了优化发展环境的需要，进一步规范了政府行政行为。

【加强行政执法监督】 一是深入贯彻落实《行政许可法》，加强执法检查工作。2006年执法检查工作主要是围绕《行政许可法》的贯彻实施开展的。4月，市法制办与监察局联合下发了《关于进一步做好贯彻落实〈中华人民共和国行政许可法〉有关工作的通知》，对如何进一步加强《行政许可法》的贯彻实施提出了要求，对行政执法案卷的内容和装订标准提出了统一的要求和规范。10月21日至25日，按照省政府的统一部署，对部分县（市、区）和市政府各部门进行了检查。10月底，省政府检查组抽查了保定市行政许可法的贯彻落实情况，对保定市的工作给予了较高的评价。同时，市法制办还针对全市在贯彻落实《行政许可法》工作中存在的许可实施依据不一致、行政许可案卷管理不规范、部分单位行政许可用章不规范、实施行政许可的有些关系尚未理顺、具体操作人员对行政许可的掌握还不熟练等问题，多次组织有关人员进行巡回检查和指导，并结合省政府的检查，向市政府进行了书面报告，提出了可行性措施和建议，市政府主要领导批示："同意几点意见，进一步加大落实力度。"二是继续抓好执法责任制的落实。按照《意见》和省政府的要求，印发了《保定市落实行政执法责任制的实施方案》，要求各地、各部门在前一阶段工作的基础上，进一步对执法依据进行梳理，根据机构调整和法律修订的情况，对已经建立的责任制重新修订，把职责落实到每一个执法岗位。各地、各部门利用本部门网站、制作公示栏等方式进行了公示。三是进一步完善行政复议工作。为提高办案质量，对案件的受理、审查、决定、送达等各个程序，明确规定了有关要求，在坚持"一案四审"、"领导下访"等制度的落实上狠下功夫。全年共受理行政复议案件46件，审结36件。其中维持23件，撤销5件，终止8件，办案准确率达100%。同时，结合"三位一体"工作，积极探索拓宽行政复议途径和行政调解在行政复议工作的作用。对土地、工伤认定等8件行政复议案件进行了调解，使矛盾得到了化解，申请人申请了终止。四是加强制度建设。根据市领导的要求和保定市实际，按照行政执法和行政执法监督实际，通过调研、学习借鉴、征求意见、完善提高四个阶段的工作，出台了《保定市行政执法和行政执法监督管理暂行办法》，对行政执法监督的主体、内容、程序及相关责任等作出了规定，使省政府第10号令更具有可操作性。五是抓好培训，落实行政执法人员资格认定制度，进一步规范行政执法主体。为适应目前依法治国新形势的需要，针对行政执法机关执法工作中存在的问题，根据省、市全面推进依法行政领导小组和政府法制办公室的统一部署，经过精心准备，从5月23日至9月2日，对全市行政执法人员进行了行政执法资格培训考试。按照省政府要求，为搞好行政执法资格培训，制定周密培训计划。在尽量不影响工作又保证每个执法人员都能参加培训的前提下，按照各部门上报的人员数量，安排了29期培训班；精心挑选师资。为提高培训水平，聘请石东坡、宇文红、许双全、冯跃贞等4位河北省法学界知名专家、学者为执法人员授课；改革考试形式，采用了微机无纸化闭卷考试的方法。市政府54个行政执法部门和各县（市、区）受省垂直领导的行政执法部门，8000余人参加了培训，及格率达95%。达到了规模大、强度高、技术先进，考试成绩客观公正的要求和预期效果。六是积极推进行政执法体制改革。从上年开始，为市政府开展相对集中行政处罚权工作进行了调研，提出有参考价值的意见；积极指导涿州市开展相对集中行政处罚权工作。七是会同市财政局对行政执法部门的罚没许可证进行年检。通过对各执法部门的主体资格进行重新确认，使行政执法部门执法行为进一步规范。

【规范性文件备案监督】 按照《河北省规范性文件备案规定》、《保定市人大常委会规范性文件备案审查规定》的要求，市法制办一是积极向省政府和市人大备案市政府规范性文件。2006年向省政府和市人大报备规范性文件12件。与省政府法制办、市政府办公厅和市人大法制委加强协调和沟通，及时收集、整理资料，按时报备；二是加强督促和指导，对各县（市、区）和市政府有关部门报送的规范性文件，严格按照省政府第9号令的要求进行认真审查。2006年，有3件给予备案。

【发挥参谋助手和法律顾问作用】 一是适时提出合理化建议。在拆除违法建筑、房屋拆迁、出租车增加运力、涞钢涞铜破产、天威英利上市以及理顺现行行政执法体制等许多方面，都提出了合理化建议，并被市政府采纳；二是在重大涉法事项决策前，认真调查研究，并制定法律意见书；三是对公共利益涉及范围较广的事宜，充分听取职能部门、专家学者、社区代表、管理相对人等各个层面代表的意见和建议，扩大了群众知情权、参与权、监督权。如在企业破产、债权协议、城市土地分片地价、城市路线改造、热电厂生活区拆迁、出租车运力投放和规范人力三轮车管理等方面，组织、参与座谈会和听证会十多次。

领导班子成员

主　　任　孙新强

副 主 任　曲士平

【2007年·概况】　2007年，在市委、市政府和省政府法制办的正确领导下，以邓小平理论和“三个代表”重要思想为指导，全面落实科学发展观，深入贯彻落实国务院《全面推进依法行政实施纲要》（以下简称《纲要》）、国务院办公厅《关于推进行政执法责任制的若干意见》（以下简称《意见》）、河北省人民政府、保定市人民政府《全面推进依法行政五年规划》（以下简称《五年规划》）和省政府法制工作会议精神，以抓好班子带好队伍为基础，紧紧围绕推进依法行政的中心工作，开展了卓有成效的工作，取得了较好的成绩。

【规范性文件备案审查】　按照《河北省规范性文件备案规定》、《保定市人大常委会规范性文件备案审查规定》的要求，积极向省政府和市人大备案市政府规范性文件。2007年向省政府和市人大报备规范性文件16件。审查规范性文件26件，主要涉及企业改制、国资监管、劳动保障等。为了确保文件审查质量，以“四不发”为准则，即：凡是与法律法规不一致的不发，凡是带有部门利益痕迹的不发，凡是不符合保定实际的不发，凡是条件不成熟的不发。审核过程中，对于专业性较强的文件，注重与相关职能部门沟通；对公共利益涉及范围较广的事宜，充分听取职能部门、专家学者、社区代表、管理相对人等各个层面代表的意见和建议，扩大了群众知情权、参与权、监督权。确保了市政府规范性文件的合法性，从源头上保证了国家、集体和广大人民群众切身利益不受侵害。为进一步加强市政府部门规范性文件制定工作，提高各级各部门依法行政水平，确保市政府规范文件不出现违法行为，根据国家有关法律法规规定和《〈政府工作报告〉2007年工作落实方案》要求，结合保定实际，市法制办起草了《关于在市政府部门开展规范性文件前置审查试点工作的通知》和《关于在市政府部门建立法律顾问制度的意见》。规范性文件前置审查试点单位已经确定、法律顾问聘请、备案等工作等全面展开。

【行政复议】　为提高办案质量，对案件的受理、审查、决定、送达等各个程序，明确规定了有关要求，在坚持“一案四审”、“领导下访”等制度的落实上狠下功夫。依法受理行政复议案件55件，审结42件，其中维持28件，终止7件，撤销和撤销重做4件，变更1件，根据行政复议实施条例驳回申请2件。按照省市加强“三位一体”工作的要求和行政复议实施条例的规定，通过努力工作完成了行政复议任务，没有因行政复议工作不当而引发一起行政诉讼案件，维护了政府形象，彰显了法律的公正与权威。积极探索行政复议的新途径，为构建和谐社会做贡献。一是通过协调、调解处理的行政复议案件7件，收到了良好的社会效果；二是接待群众来访、咨询计127批次。其内容涉及劳资纠纷、医学鉴定、城市管理、企业改制、土地承包、交通事故认定等。三是积极探索行政复议调解工作的新方法，为规范行政复议调解工作，起草了行政复议调解工作程序。

【法律知识培训】　根据省法制办的统一部署，结合保定市行政执法工作实际，一是完成了全市近3万名公共法律知识考试合格的行政执法人员行政执法资格证的发放工作；二是完成了全市2万余名行政执法人员个人资料的信息采集工作，并及时审查上报到省法制办，新的行政执法证于年底前下发。

【贯彻落实行政许可法】　1. 做好有关证件的年度审核工作。一是完成了2007年度行政处罚许可证的年检审核；二是对《2007年行政事业性收费（基金）罚没项目目录》进行了审核修改。2. 对贯彻实施《行政许可法》情况进行了检查。根据省法制办统一安排，7月上旬，市法制办与市监察局组成6个检查组，对全市25个县（市、区）、45个市直部门的行政许可法贯彻执行情况进行了全面监督检查。7月下旬，迎接省政府检查组对保定市的抽查，省检查组对保定市的行政许可法贯彻执行情况给予了充分肯定。3. 开展了行政执法检查活动。为进一步规范行政执法行为，提高行政执法水平，落实《保定市行政执法监督管理办法》，根据《关于开展行政处罚案卷评查活动》（保市依法行政办1号）

的通知要求，10月中旬，市法制办组成3个检查组，对全市25个县（市、区）的58个行政执法部门和市直49个行政执法部门的389份处罚案卷进行了评查，总结了成绩，指出了问题，提出了建议。4．制发出台了有关制度。一是为继续推进行政执法责任制工作的落实，贯彻落实市委、市政府《关于维护社会稳定领导责任追究实施办法》的文件精神，依据有关法律、法规的规定，制定出台了《行政执法责任追究办法》。二是为落实全市深化“三位一体”调解工作会议精神，拟定了《关于行政调解社会矛盾纠纷的实施意见》，市政法委进行了转发。

领导班子成员

主　　任　孙新强

副 主 任　曲士平

（部门编辑：张开明　张荣新）

市政府后勤工作

【市政府机关事务管理局】 保定市人民政府机关事务管理局隶属市政府办公厅。副县级事业单位。内设办公室、总务处、房管处、财务处、经营处、车辆管理处、保卫处、综合管理处8个处室。主要职责是负责市政府办公厅及有关部门和单位的经费管理；负责市政府办公厅机关车辆的管理和调配；负责市政府1号机关院国有资产、办公用房、卫生、绿化、水、暖、电的管理和通讯保障及内部安全保卫工作；负责机关食堂、幼儿园的管理工作；负责市政府2、3号机关院和“五一饭店”办公楼的综合管理工作；负责市直机关5、6号宿舍区及阳光小区的物业管理工作。

【2006年·概况】 2006年各项工作继续坚持“谋实事、干实事、增实力”和“做大后勤、搞大服务、干大事业”的指导思想。在加强班子建设、加强干部队伍建设、加强职工队伍建设上下功夫。经过全局干部上下的一致努力，取得了显著成绩，被市委、市政府评为“保定市绿色机关”。

【重点工作】 年初确定的7件实事全部完成。一是加大市政府机关大院的生态环境治理力度，更新了环保树种和花草品种，生态环境又上了新的台阶，受到了省林业厅检查团的高度评价；二是大修了市政府2号机关院锅炉，更新了管道；三是完成了市政府玉兰会堂的加固工作；四是粉刷了市政府1号机关院1号办公大楼内廊；五是加大了阳光小区物业管理力度，管理日趋规范，绿化美化工作受到了省林业厅检查团的高度赞扬，尤其是在全市率先创建了无犬小区，被市社区建设工作指导委员会评为“保定市最安全居住小区”。省、市电视台、电台和报纸等多家媒体相继给予报道。六是完成了市政府3号楼室内装修工程；七是维修了市政府1、2号机关院线路、路灯。

【加强服务】 1．转换服务机制，充分提高干部职工切身利益，终止了食堂原承包者未到期的承包合同，由对外承包改为对内经营，确保了干部职工就餐饭菜可口、价格低廉，受到广大干部职工的一致好评。2．为开展好创建“绿色机关”活动，积极协调1号机关院各办公单位，召开办公室主任会议，下发活动方案，划分责任区域，多次组织大型卫生、安全联查，并下发通报，有效促进了机关大院各项指标达到联评标准。3．各类大、中型会议服务保障能力逐步加强。全年接待大型会议60余次，中型会议200余次。部分大型会议试行了有偿服务，增加了服务内容，提高了服务质量，确保了会议效果。4．完成了机关院内固定电话移机及线路维修工作，全年安装移机150余部，确保了通讯畅通；1、2号机关院报刊、信件收发工作，日平均3千余件，做到了准确无误。5．加大机关办公用房管理力度，整修1号机关院办公楼内卫生间20余间，安装了节水装置，杜绝了跑、冒、滴、漏现象；粉刷了2号机关院办公楼内、外墙4号办公楼外墙及楼道2700余平方米；2号机关院清理家属占用办公用房11间，重新规划了停车场，新建停车场200余平方米。6．坚持财务管理“量入为出，特事特办”原则，合理使用资金。全年追拨专项经费670万元；发放工资850万元，医保48万元，组织完成了在职及退休人员的体检工作。7．经费创收工作力度不断加大，效果明显。完成了局下达的承包任务，为弥补办公经费不足和干部职工发放福利作出了贡献。8．物业管理逐步纳入正轨。阳光小区换节能路灯75盏，全年为住户维修水、暖、电4700余人次，清运生活垃圾1800余车，更换供暖管道50余米，对45个楼梯门进行粉刷，增添了路标、路牌、导示牌，在所有的楼口安装活动路桩，同时对小区养狗的居民通过排查、劝解，解决了狗患问题，使阳光小区成为第一批无犬小区；为6号宿舍区住户上门维修水、电、暖等设施120余次，维修5、6号楼顶，做防水、找漏700余平方米，清理犬只20条，受到居民的赞成。9．严格执行公务用车“五条禁令”，坚持车辆“三检”制度，先后完成了200多台车辆年检，200多名驾驶员年度体检等项协调工作，保障全市大型活动用车100余次，清运垃圾用车120余次，全年安全行车150万公里，无重大责任事故。10. 加强安全防范，严格夜间值班、巡逻制度，机关院内全年未发生治安刑事案件；全力维护机关办公秩序，积极协调有关部门，对上访群众做了大量解释、疏导工作，全年共接待集体访290余起，个人访400余起，确保了机关正常办公。11. 优化教育教学质量，提高幼儿学习兴趣。二幼开展了英语教学和微机教学，配置了一系列虚拟光驱的学习软件，开设了美术、舞蹈等兴趣班，受到家长一致好评。

【力倡节约】 在抓创建节约型机关方面，总的要求是：“确立两个观念，做到一个确保”。两个观念，一个是“大节约观念”。办公厅和管理局分别制定了建设节约型机关方案，明确了目标、任务、措施和要求，号召部门参与、单位参与、人人参与，形成了合力抓节约的良好工作氛围，人人节约的意识增强了，行动也自觉了。另一个观念是“常节约观念”。从节约一度电、一滴水、一粒米、一分钱抓起，持之以恒抓节约，切实做到当家人要会当家，管家人要会管家。一个确保是，确保效果。在抓效果上，突出了严措施，用措施保证效果。一是工程费用节约明显。如施工主要材料由甲方购买，既保证了材料质量，又节约了资金；局验收小组核定工作量，避免了出入。二是车辆加油节约明显。对所属办公机动车辆实行定量加油，每月200公升，超用不补。三是办公经费节约明显。市政府、办公厅领导及所有处室的办公用品、电脑及耗材，均由办公室统一集中定点采购保障，比分散保障更为节约。四是绿化费节约明显。建有自己的温室和苗圃试验田，绿化班每年自育花草4万多盆，保障重大节日用花，每年节约4万多元。据估算，一年至少节约资金几十万元。

领导班子成员

局　　长　郭　普

副 局 长　卢进义　陈海滨

【2007年·概况】 2007年，在市委、市政府和市政府办公厅党组的正确领导下，积极围绕“谋实事、干实事、增实力”和“做大后勤、搞大服务、干大事业”的指导思想，局领导班子工作思路清、合力强、重责任、重实效，全局干部职工求真务实、真抓实干，敬业意识强，精神状态好，圆满完成各项工作目标。在省直机关事务管理局组织的三年综合考评中被评为先进集体，被市直工委评为“绿色机关”。2007年度完成10件实事。

【重点工作】 一是加大了市政府1号机关院绿化、美化工作力度，更换部分乔木树种及草坪，新栽麦冬4500平方米，修剪大树2000多株，使大院环境更加优美。二是更新改造了市政府1号机关院部分路面、路灯及地下水管道。三是完成新建机关食堂和食堂前广场的环境治理工作，机关就餐环境得到了明显改善。四是完成市政府2号机关院变压器增容及线路更新工作。五是规范并完善了阳光小区的物业管理工作，多次受到省市检查好评，并获得了多项荣誉。六是综合治理了市政府2号机关院环境，更换了电动大门，改造了大院围墙，粉刷了1号楼外墙，规划和修整了大院绿地，更换了部分树种，办公环境得到好的改善。七是维修了市政府1号机关院电视监控系统，进一步保障了机关安全。八是调整了机关大院部分办公用房，部分单位办公用房紧张状况得到了解决。九是完成了本局机关办公用房的调整和搬迁工作。

【综合服务】 1. 日常服务有序到位。一是办文力求简短精练、快捷及时。办会力求不出纰漏，确保效果，全年共组织各种会议269次，会场布置、设施保障、车辆疏导等服务及时准确到位。二是本着“从严计划、集中购买、保障重点、兼顾全局”的原则，随用随领办公用品，确保保障供应到位及时。三是环境卫生保持经常。20000平方米的路面做到了每天清扫，并及时清运垃圾，确保了各场所和设施清洁整齐卫生。四是完成了全局130人的在职和退休人员工资套改及调出调入人员的各种手续工作，办理完成职称申报和各种保险的缴纳审批工作以及工资、管理人员的年统计报表工作。五是报刊信件收发分送及时无误，全年收发报刊70万余件，信件1万多封，挂号汇款1万多件，特快专递7000余件，无任何差错。六是及时维护通讯设施和线路，确保线路通畅无间断。2. 财务工作严格把关。严格经费收支，坚持合理使用资金，做到专款专用，确保正常运转。全年写专项申请报告95份，申请追拨资金1337万元。以工资卡方式发放工资928万余元，现金方式发放资金90余万元，交纳公积金55万余元，医保资金46.5万元，以及离休人员医疗费专项经费开支279万元。3. 物业管理优质高效。一是对阳光小区内土地平整2500平方米，种树300棵，安装减速带12条，路桩30个，绿化提示牌20个，并对楼顶和楼内设施进行了整修。二是对市直机关5号宿舍区和五一办公楼供暖系统进行了检修，确保了正常供暖。三是对市直机关5号宿舍区的健身场所和大门进行了改造，维修水电暖2800余次，清运生活垃圾1300余车，种树30余棵，取暖费收缴率达95%。4. 严格管理公务用车。严格执行公务用车“五条禁令”和车辆“三检”制度，先后完成了200多辆公务用车的年检工作和180多名驾驶员的年度体检工作，并进行了安全驾驶宣传。为大型活动出车70余次，清运垃圾60多车。全年安全行车150万公里，无重大责任事故。5. 保卫工作扎实有效。一是加强出入市政府机关大院的管理力度，实行出入门登记检查制度。二是对重点部位进行重点防护，实行巡逻、值班制度，强化治安管理，杜绝了各类事故和刑事治安案件的发生。三是强化消防安全，全年共组织治安消防检查4次，及时消除各种消防安全隐患。四是加强车辆秩序管理，增设8个行车标志，划定停车位和行车线路，车辆秩序效果明显。五是全力做好信访接待工作，全年共接待上访710次，并协助有关部门作了深入细致的劝解、疏导工作。6. 幼教工作再创佳绩。两个幼儿园狠抓教师队伍管理和教学水平的提高，定期组织教师参加各种教育培训活动和观摩活动，不断更新观念、开阔视野。并大力实施素质教育，开设了英语、美术、舞蹈、电子琴等特色班，受到家长的一致好评。市直一幼创办了自己的门户网站，搭建起园内教师和幼儿家长相互交流沟通促进学生发展的平台，同时，不断提升办园层次，扩大社会影响，得到学生家长的一致好评。市直二幼一名教师获得省内优质课评比一等奖，六名教师参加全国幼儿教师英语观摩课评比均获得较好名次。参加全国少儿美术大赛，获集体三等奖。

领导班子成员

局　　长　郭　普

副 局 长　卢进义　陈海滨

（部门编辑：张素梅）

编制工作

【保定市机构编制委员会办公室】 保定市机构编制委员会办公室是保定市机构编制委员会的常设办事机构，在市机构编制委员会领导下负责全市行政管理体制和机构改革以及机构编制的日常管理工作，既是市委的工作机构，又是市政府的工作机构，列市委序列。

【2006年·概况】 2006年，在市委、市政府和市编委领导下，全市机构编制工作以党的十六届五中全会和省委第七次党代会精神为指针，以“学、树、保、促”活动为契机，认真贯彻落实科学发展观，紧紧围绕全市中心工作，继续深化行政管理体制改革，认真搞好县级政府机构改革和乡镇机构改革试点，大力进行事业单位清理整顿，精简财政供养人员，积极开展清理“吃空饷”和事业单位登记管理工作，全面推行机构编制管理证制度，完成了各项目标任务，多项业务工作在全省名列前茅，受到省编办表彰。

【行政管理体制改革】 根据上级改革精神，结合保定市实际，在深入调查研究的基础上，大力推进城乡规划、国土资源、旅游文物管理体制改革，通过改革切实促进全市经济社会的发展。市规划局更名以及职能调整，南市区、北市区、新市区和高新区城乡规划管理分局的设立，各县（市）组建城乡规划管理局等工作已经调整落实到位。市国土资源局新的“三定”规定已经下发。市旅游文物管理体制改革已经落实到位。另外，解决农口党政职能交叉和有关机构调整问题前期准备工作已基本完成。

【事业单位清理整顿】 在上年清理整顿的基础上，进一步加大了对全市事业单位清理整顿工作力度。市直完成了收尾工作，其中转制改企事业单位5个，合并事业单位2个，对职教中心等4所学校重新核定了机构编制，对部分事业单位规范了经费形式，25个县（市、区）2006年共撤销事业单位24个，合并221个，转企35个，规范经费形式149个，全市清理整顿工作全部完成。

【清理吃“空饷”】 根据中央编办和省编办《关于对吃“空饷”问题开展督促检查的通知》要求，认真开展了全市清理吃“空饷”工作。工作中，市编办认真筹划，精心组织，坚持原则，真查实清，共清查出吃“空饷”人员2862人，其中市直262人，各县（市、区）2600人，已处理2617人，收回资金68.91万元，实际减少财政供养人员371人，预计每年节约经费530万元，从而进一步强化了编制纪律，规范了机关事业单位人员管理，净化了财政供养队伍，促进了党风廉政建设，调动了广大干部职工的工作积极性。清理工作成效显著，全省排位第一，受到省委办公厅、省政府办公厅通报表扬。

【机构编制管理证制度】 为进一步加强机构编制管理，认真贯彻落实全省机构编制会议和省委办公厅、省政府办公厅《关于严格控制事业单位机构编制和人员增长的通知》精神，按照省编办《关于机构编制管理证有关问题的通知》要求，结合保定市事业单位清理整顿工作，适时开展了机构编制管理证制度工作。工作中，市编办克服了人员少、工作量大的实际困难，加班加点，采取分批分期、先易后难等办法，在全市各级机关和列入机构编制管理范围的各类事业单位中全部实行机构编制管理证制度，有力地促进了机构编制日常管理的规范化、制度化、科学化，实现了机构编制的动态化管理，提高了工作效率。截至2006年11月，全市共办理机构编制管理证12811个，其中机关2162个，事业单位10649个，共涉及机关、事业单位工作人员238753人。此项工作完成情况在全省名列前茅，受到省编办的好评。

【事业单位登记管理】 2006年1月1日至3月31日，保定市各级登记机关依法履行了事业单位2005年年度报告制度，发行了《实施细则》小册子及《事业单位改革与发展》一书。年检前，对全市登记管理人员进行了培训，印制下发了相关教材和全市统一的2005年年检财务报告书、自查报告书，规范了提交材料的制式及内容，并要求举办单位进行认真审查并作出承诺，保证材料的真实准确。市编办还分别在《保定日报》、《保定广播电视报》上发布了公告，明确要求法人事业单位按时依法年检，宣传了事业单位法人登记工作。市直共完成登记411个，年检合格282个，年检中废止证书129个，全年新登记16个，变更198个，注销20个；年检后，县（市、区）共登记5481个，注销203个，年检合格4988个，废止证书490个。

【党建工作】 进行了社会主义荣辱观教育；学习党章活动扎实、深入，获市直机关学习党章知识竞赛优秀组织奖；组织参加了由市直工委、市委办公厅、保定日报社、市摄影家协会举办的纪念建党85周年和长征胜利70周年摄影作品邀请赛，作品《党旗下》获优秀作品奖，并在河北省委党建网站刊发；按照市委要求，认真组织了“学、树、保、促”百日主题教育活动，开展了为期三周的集中学习，向86个市直单位和25个县（市、区）发放了《征求意见函》、《征求意见表》，联系实际认真进行了调查，召开专题民主生活会，取得了实效，市委教育活动《简报》先后3次介绍市编办的做法。2006年，市编办机关党支部被评为市直机关先进基层党组织。

领导班子成员

主　　任　张清田

副 主 任　吕继志　赵彦宗

【2007年·概况】 2007年，在市委、市政府和市编委领导下，认真学习党的十七大报告精神，积极参加“解放思想大讨论”活动，继续严格规范机构编制管理，建立健全监督检查工作制度，理顺了城市管理体制，积极稳妥地推进乡镇机构改革试点工作，全面完成了全年的各项责任目标，多项工作受到省和市的表彰。

【严格机构编制管理】 2007年，中办、国办印发了《关于进一步加强和完善机构编制管理严格控制机构编制的通知》，国务院颁布了《地方各级人民政府机构设置和编制管理条例》，对机构编制管理又提出新的更高要求，对此，市编办一是加大学习贯彻力度及培训工作；二是研究制定贯彻实施的具体办法，进一步制定和完善各项配套措施，确保贯彻落实取得实效。三是进一步完善、规范了机构编制管理办法，强化了机构编制宣传、业务培训和统计指导等工作。

【理顺城市管理体制】 根据保定市《政府工作报告》落实方案中关于“理顺城市管理体制”的要求，年初，市编办在深入调研的基础上，起草了《关于组建保定市城市管理行政执法局的方案》，受市政府办公厅委托，制定了《关于组建保定市城市管理行政执法局的移交方案》，并协调组织各相关单位，实施了具体交接。2月，向省编办呈报了《关于组建保定市城市管理行政执法局的请示》，11月，省法制办代省政府批准了保定市的《请示》。市城市管理行政执法局已正式挂牌，三定方案也已制定下发。

【乡镇机构改革试点】 根据省委、省政府以及省编办的安排部署，积极稳妥地开展了涞源县、徐水县和安国市的乡镇机构改革试点工作。按照因地制宜、精简效能、权责一致的原则，转变政府职能、精简机构人员、提高行政效率，建立行为规范、运转协调、公正透明、廉洁高效的基层行政管理体制和运行机制，改革方案已经省编办审议通过，待市委常委会议定报省审批后实施。

【事业单位法人年检】 根据《事业单位法人登记管理暂行条例》和《实施细则》，严格依法履行登记、变更、注销、年检等事项。截至2007年12月，全市法人事业单位共登记5693个，年检合格5161个，废止证书462个，注销64个。同时，加强了档案管理和监督检查工作，使全市事业单位法人登记管理有了很大进步。2007年，市编办和三个县获得了全省事业单位登记工作先进单位。

【监督检查工作制度】 加强制度建设是机构编制管理的根本。2007年，根据中央、省相关政策规定，市编办制定了《保定市编办督查督办工作制度》，对监督检查的指导思想、职责、任务、方法、内容、机构编制纪律、违规违纪责任追究和考核奖惩作出了明确规定。该制度的出台，填补了保定市监督检查工作制度方面的空白，为今后的监督检查更加有章可循，按章管理，更加有力的跟踪问效，及时监督到位提供了制度保障，使监督检查能够发挥出最大效力，更好地为全局工作服务。同时按照该制度，认真开展监督检查工作，针对个别地方违反机构编制规定的行为，发现一起，查处一起，绝不姑息。

【作风建设】 在这方面，市编办重点抓了基层组织建设和工作作风建设，结合掀起“责任风暴”、推进“效能革命”和“为民、务实、清廉”活动，尤其是下半年学习党的十七大精神和解放思想大讨论活动，在深入学习的基础上，统一全体机关干部职工思想，牢固树立执政为民，廉洁从政的要求，着力改变机关服务环境，在严格执行机构编制管理政策的同时，努力为全市各项工作，为各机关、事业单位做好服务，并多次通过征求县（市、区）编办、市直机关、事业单位以及社会各阶层人士的意见，进一步改进了工作作风。

领导班子成员

主　　任　张清田

副 主 任　吕继志　赵彦宗

（部门编辑：何华）

国有资产监督管理

【保定市人民政府国有资产监督管理委员会】 保定市人民政府国有资产监督管理委员会是根据国务院机构改革有关规定，于2004年1月组建的市政府直属机构。主要职责是在政府的授权下，管好、用好国有资产，防止国有资产流失，促进国有资产保值增值，监管范围重点是市属企业。机关内设17个职能处室。直属单位包括产权交易市场、信托投资有限公司、企事业单位法律顾问事务所3家事业单位和市发展投资有限公司。

市政府国资委履行出资人职责企业现有9家，包括天鹅化纤集团、交通运输集团、商达集团、建设集团、城市信用社、宝硕集团、天翔集团、田野集团、百世开利集团，其中宝硕集团和田野集团正在进行破产清算，天翔集团也即将进入破产程序。原履行出资人职责的天威集团于2007年以国有股权无偿划转方式由中国兵装集团实施了战略重组。

【2006年·概况】 2006年，在市委、市政府的正确领导下，市政府国资委认真贯彻全市国企改革和国资监管工作会议精神，全面落实中央、省、市国企改革和国资监管工作部署，以深入开展“学树保促”百日主题教育活动为契机，以改革、发展、稳定为主线，以打好国企改革攻坚战和完善国资监管法规体系为重点，围绕市区国企改革破产重组、市属国有大型企业国资监管、机关效能建设三条战线，统筹谋划、精心组织、周密部署、强化措施，严格政策界限，坚持依法有序规范操作，维护了职工利益，维护了企业稳定。提前两个月完成了《市政府工作报告》确定的任务目标，被市委、市政府授予2006年度实绩突出单位。

【打好国企改革攻坚战】 2006年，有10户国有工业企业宣告进入破产程序，3户完成市中级人民法院立案程序。列入市区第一批国有企业破产重组实施方案的其他32户企业，前期基础性工作也已逐步展开。制定了《保定市市区第一批国有企业破产重组工作实施方案》、《保定市国有企业破产职工安置办法》、《保定市国有企业破产职工安置办法及相关费用计算标准》和《保定市国企改革垫付资金筹措、支付及资产处置、资金回收的意见》等一系列规范性文件，为企业破产清算和职工安置提供了政策依据、操作平台和工作规范。

【完成市属上市公司股权分置改革】 根据国家、省统一部署，积极推进市属上市公司股权分置改革，截至2006年4月，先后完成了天威保变股份、天鹅股份、宝硕股份3家上市公司股权分置改革，成为全省第一个完成市属上市公司股权分置改革的设区市，天威保变股份成为全省唯一一家第二批股权分置改革试点单位。通过股权分置改革，使国有资产市值大幅增长，截至2006年10月，天威保变股份国有资产市值由分置前的6亿多元猛增至40多亿元。同时，促进了高成长性上市公司利用资本市场进行直接融资和并购重组。由于保定市圆满完成市属上市公司股权分置改革，使天威保变股份成为全国证券市场停发5年来，首家通过证券市场再融资的上市公司，融资额达6.1亿元。

【完成企业分离办社会职能工作】 按照中央、省统一部署，全力做好第二批中央企业分离办社会职能工作。第二批中央驻保11户企业的23个办社会机构，拟移交本市人员1130多人。为此专门研究出台了《第二批中央企业分离办社会工作实施意见》，经过调查摸底、测算核实、协调谈判、组织交接等多个环节，办社会机构的资产、人员、经费等各项基础数据，全部按期上报国家财政部。中国乐凯胶片集团公司、中国水利水电公司第五局等7家企业所属学校已顺利完成交接。其中乐凯胶片集团公司学校分离成为全国第二批分离办社会工作的第一家，受到国家、省的充分肯定，其分离经验成为各地学习样本。

【加强国有企业领导人管理和人才队伍建设】 制定了《保定市政府国资委出资人企业薪酬管理暂行办法》、《保定市政府国资委履行出资人职责企业领导班子和领导人员管理办法》、《保定市政府国资委履行出资人职责企业领导人员选拔任用暂行办法》。本着2006年构建基本框架、2007年完善提高的总体思路，建立起科学规范的企业领导班子管理体系。完成了《河北省人才发展蓝皮书》中关于保定市国有企业经营管理人才和专业技术人才发展情况的报告和市直属国企、驻保大企业等单位的高层次人才信息采集和汇总上报、第五批省管专家和保定市新世纪学术和技术带头人的推荐选拔等一系列工作，促进了全市人才队伍建设。

【规范国有资产产权管理】 2006年共完成市本级企业国有资产产权登记177户，占有国家资本219066.2万元，市本级以下473户，占有国家资本355385.9万元；市本级产权注销登记4户，注销国家资本165万元，市级以下产权注销43户，761.2万元；市本级产权变更登记15户，变更国家资本90752.7万元，市级以下产权变更登记8户，2510.1万元。完成5户企业改制企业清产核资。涉及总资产82859万元，总负债67247万元，企业申报资产损失10431万元，中介审计确认损失10301万元。

【加强国有企业经济运行分析】 制定下发了《关于建立保定市国有企业经济运行分析制度的通知》，完善了企业经济运行分析统计指标体系，实行经济运行定期分析制度。通过建立和实行财务统计分析调度制度，及时了解和掌握了企业国有资本及整体经济运行情况，有效地防范经营风险和财务风险。据财务决算汇总统计，全市国有资产总计为1990613万元，总负债1420145万元，所有者权益570468万元。

领导班子成员

主　　任	孙新强（6月离任）
主　　任 党委书记	张彦儒（6月任）
副 主 任	魏垣生　张玉鉴
	段喜录（5月任）
	申俊岭　肖明旺
副 书 记	李　强
	王鹏光（5月离任）
	顾振军（5月任）
纪委书记	李学智

【2007年·概况】 在市委、市政府的正确领导和省政府国资委的指导下，国资委紧紧围绕市委、市政府提出的建设“京南近海强市名城”的宏伟目标，全面落实科学发展观，强力推进国企改革和国资监管，各项工作都有长足发展，整体工作又上了新台阶。2007年，国资委所出资企业经营业绩呈现强劲增长势头，年末资产总额达188.3亿元，比上一年增加46.4亿元，增幅32.7%；所有者权益24.6亿元，同比增长22.1%；销售（营业）收入107.1亿元，同比增长34.7%；利润总额7.3亿元，同比翻了一番。国有经济的发展活力进一步增强，结构布局进一步优化，为实现全市经济的科学发展、提速发展、和谐发展发挥了有力的促进作用。

【加强督导，国企改革取得新突破】 为破除国有经济发展中的体制障碍，围绕市委、市政府确定的“国企改革攻坚年”，市政府国资委精心组织，加强协调督导，使全市国企改革取得了重大突破。一是扎实推进列入规划的45户企业的改制破产工作。截至2007年底，13户先行进入破产程序的企业有9户终结，4户进入资产处置和职工安置阶段。其他企业按照“市区结合、以区为主、自求平衡”的原则，也全部进入了破产改制程序，正在抓紧实施。二是市属国有工业企业改革取得了重大进展。宝硕集团破产清算已进入资产变现和职工安置阶段，并已完成第一批职工安置工作，宝硕股份重组工作正加紧推进；田野集团、先锋机械厂等“老大难”企业先后依法宣告破产，正在积极稳妥推进；天翔集团破产的前期准备工作已基本就绪；西大洋水电厂等企业改制程序已经终结。涞钢、涞铜、省农机集团保定分公司破产工作正在有序进行。三是各县（市、区）国有工业企业改革全面启动，并取得了重大进展，到2007年底，县属国有工业企业改革已基本完成。四是圆满完成了省定第二批中央企业分离办社会工作任务。9户中央企业与移交地政府签署了《移交备忘录》，移交中小学校15所。五是推进配套机制创新。充分发挥市发展投资公司融资平台作用，积极筹措国企改革资金，并筹建了破产企业退休等退职工服务中心，妥善解决了破产企业退休、等退职工移交问题。

【指导天威英利在境外上市】 市政府国资委会同有关部门，全力推进天威英利境外上市工作。到2007年6月1日完成三次私募，募集资金1.97亿美元。6月8日，天威英利YGE在美国纽约股票交易所成功上市，融资3.19亿美元。此项工作受到省政府的高度评价，并受到市委、市政府通报表彰。

【完成天威集团与中国兵装集团战略重组】 在市政府有关领导主持下，市政府国资委同中国兵装集团就重组天威集团、共建“保定·中国电谷”进行了多轮谈判协商。2007年9月，市政府与兵装集团正式签署了战略合作协议，共确定了27个投资项目，其中风电项目5个，光电项目8个，输变电项目13个，科研项目1个。“十一五”期间，兵装集团将在太阳能和风能领域投资150亿元，“十二五”期间将再投资150亿元。市政府国资委持有的天威集团国有股权已无偿划转给中国兵装集团，双方合作的后续工作正继续进行。在此项工作中，市政府国资委被市委、市政府授予有突出贡献的“先进单位”，并受到通报表彰。

【改革公交管理体制】 2007年上半年，市政府国资委对公交体制改革问题进行了深入调研。2007年7月，根据市政府公交体制改革会议精神和《保定市公交管理体制改革实施方案》要求，市政府国资委积极做好公交公司资产并入保运集团的清产核资、资产评估等各项工作，完成了公交公司与保运集团的机构整合，为构建保定市“一城三星”公交网络奠定了坚实基础。

【国资监管日趋规范】 一是进一步健全完善了国资监管制度体系。先后制发了《保定市企业国有资产监督管理办法》、《关于加强所出资企业财务风险防范管理的通知》、《关于在履行出资人职责企业中实行企业法律顾问制度的实施意见》等一系列规范性文件，推进了国资监管工作的制度化建设。二是进一步规范了国有产权管理。在深入调研全面掌握全市国有资本分布状况的基础上，进一步规范了产权登记制度和转让程序，实施了资产评估机构公开选聘、评估结果公示制度，形成了以产权界定、产权流转和产权保护为主要内容的企业国有产权管理制度体系框架。三是进一步强化了国有企业经济运行监管。完善了清产核资政策和不良资产核销分级审批意见，加强了国企改制、国资转让项目的清产核资财务审计工作，建立了所出资企业财务监督和国有资产统计工作体系，先后制定了财务预算管理办法、业绩考核办法、经济运行分析管理办法等一系列规定。四是积极探索加强国企负责人管理的有效途径。建立健全了企业负责人考核选任机制，并在做好国企经营者年薪制试点工作的基础上，研究制定了《履行出资人职责企业负责人薪酬管理暂行办法》，已经由市政府常务会研究通过执行。

领导班子成员

主任 党委书记	张彦儒
副主任	魏垣生
副主任 副书记	王东江（5月任）
	肖明旺(5月任副书记)
副主任	申俊岭
纪委书记	李学智
副主任	张玉鉴（1月离任）
	段喜录（1月离任）
副书记	李　强（1月离任）
	王鹏光（1月离任）
	顾振军（1月离任）

（部门编辑：韩红旗　杨　丽）

经济研究工作

【保定市人民政府研究室】 保定市人民政府研究室是承担市政府研究任务的办事机构，为市政府直属行政单位。内设办公室、综合处、工财处、农村处、社会处。主要任务是通过调查研究形成报告、方案、建议等，为市领导科学决策提供依据，参与市政府综合文件和主要领导的讲话及署名文章的撰写，同时负责全市政府系统调研工作的协调与指导，承办市政府机关刊物《政府决策参考》的编辑、发行。在2007年民主评议工作中，被评为“免排”两年单位。

【2006年·概况】 在市委、市政府的高度重视和省政府研究室的精心指导以及全市各部门的共同努力下，市政府研究室调研工

作坚持围绕中心、服务大局，加大工作力度，提高调研质量，促进成果转化，切实发挥了调研工作为科学、民主决策服务的重要作用，取得了显著成效。2006年，政府研究室确立了“围绕中心，瞄准难点，立足超前，操作可行”的总体工作思路，承担的工作任务和完成情况较上年都有长足进展。完成文稿27篇，超考核目标150%；其中省领导肯定性批示2篇，市领导肯定性和表扬性批示17篇，超考核目标120%。在已完成的文稿中：调研决策建议9篇，同比增长70%；肯定性与表扬性批示17篇，同比增长35%；影响政府重大决策的建议7篇，同比增长200%；进入政府决策程序的4篇，同比增长300%；落实执行的4篇，同比增长300%；在省级以上公开或内参发表的5篇，同比增长200%。同时编印发行《政府决策参考》6期，民主评议在参评的119个单位中，名列19位。

【业务工作】 突出体现三个方面：第一，市政府领导高度重视调查研究，调研工作主动性和实效性明显增强。6月7日，市长于群、常务副市长李谦对政府研究室的工作给予了充分肯定，指出：“从研究和论证的几个问题看，市政府研究室有能力，能够站在保定发展全局看问题。”同时提出了要从科学客观、理论实际、人力财力三个方面入手做好市政府研究工作。随着对新形势下调查研究工作重要性的认识不断深化，政府研究室在人员少、任务重的情况下，进一步加大了调研工作的主动性与力度。《深圳动漫产业的发展经验》一文不仅在省政府研究室《调研内参》上发表，并且受到了省委常委、宣传部长赵勇的批示和高度关注；《农村女儿户权益：一个需要重视的不稳定因素》的调研文章，受到了副省长孙士彬的充分肯定，并在国务院发展研究中心的《经济要参》上予以刊发；热点课题《莫让“邯郸事件”在我市上演》，不仅引起了市委、市政府、市人大3个“市一把手”的重视和批示，该文共受到了6个市委常委的重视和批示，并已进入政府决策程序。由于本室领导高度重视并加强了对热点、难点问题的针对性、对策性研究，调研文章的实效性明显增强，为市委、市政府领导了解动态、分析形势、发现问题、指导工作提供了及时、准确、全面的服务。

第二，调研服务于市政府中心工作，在促进科学决策方面发挥了积极作用。2006年，政府研究室以科学发展观为指导，围绕市政府中心工作，组织开展了大量的调研，对影响全市经济社会发展的10多个重大问题进行了专题研究，形成了一批分析透彻、视野开阔、指导性强的高质量的调研成果。如《征地要保障农民长期“心安”》（在《中国改革报》发表），《关于理顺我市城建管理体制的建议》（市长于群、常务副市长李谦交办），《保定市区国有企业改革的调查报告》，《惯性思维与惰性思维的种种表现》，《对建立我市行政服务长设机构的一点建议》，《做大做强驻津办事处的调查与建议》，《关于秸秆禁烧管理体制的调研与建议》，《关于保定市发展动漫产业的研究与建议》等研究成果，为市委、市政府制定和谋划全市工作提供了决策参考和理论依据，为出台新的政策提供了良好的调研服务。

第三，注重调研的体制、机制和方法创新，调研工作效率和水平明显提高。坚持以创新促发展，注重调研体制机制创新，改进调研方法，有力地推动了调研工作的开展。伴随着新一届政府领导班子的调整，研究室在市政府领导的直接关心指导下，重点在理顺创新机制，调整工作重心，提高调研成果质量三个方面做了一定的工作，收到了良好成效。一是将以往处室和个人自选的调研课题，改为全室协调攻关，重点保证市政府领导交办的调研任务的完成，同时对原来的奖惩机制进行了调整，在一定程度上调动了大家积极性。二是将以往调研的重点放在理论探讨上，调整到政府具体政策出台提供可操作的决策建议上，充分发挥研究室应有的职能，使研究室的工作从较“虚”转到了较“实”。三是在提高调研成果质量上下功夫，一年以来对重要课题坚持专人负责、处室讨论、领导把关，充分发挥集体智慧，大家从不同角度、不同层面开展调研，拓展了调研的宽度和深度，形成调研合力，最终形成高质量的调研成果，使调研成果有了明显提高，有多件成果受到领导口头或文字表扬，形成了良好的调查研究工作格局。

【机关建设】 抓班子，全室工作成效显著。在市政府领导的亲自关心和指导下，领导班子将精力全部集中在业务工作上，使全室的工作取得了显著的成效：一是研究室作为政府的工作部门之一，整体形象大幅提升。在市政府第六次全会上，十多年来首次受到市政府主要领导的公开表扬；二是工作局面有了根本性的好转。工作氛围、外部环境、办公条件以及必要的调研经费都有了改善或初步保证；三是代表工作成效的四大主要标志性指标实现了历史性的突破。这充分说明政府研究室领导班子在主要领导的带动下，以“三个代表”重要思想和科学发展观为指导，坚持“围绕中心，瞄准难点，立足超前，操作可行”的基本工作思路，谋创新、讲政治、顾大局、守纪律，完成和超额完成了市政府工作报告中分解的任务，班子的凝聚力、战斗力得到了进一步提升，领导班子运行的实际效果比较突出。

抓学习，严格纪律保效果。首先，把每周五上午确定为学习日，一把手亲自主持，严格学习制度，定好学习计划；强化学习管理，抓好考勤点名；加强监督检查，确保了学习内容、人员、效果的落实。其次，要求每位同志认真做好学习笔记，实事求是的写好心得体会。通过抓学习，使全室同志进一步增强了对党的先进性建设的认识，深化了对党的建设规律的认识。把保持共产党员先进性、践行社会主义荣辱观渗入自己的工作和生活，并以市委开展的“学树保促”活动为契机，促进各项工作的开展。

抓管理，履行职能促发展。为了鼓励多出调研精品，出台了切合实际的奖励措施，重奖得到领导批示和进入决策程序的调研文章作者。围绕市委市政府中心工作和市领导关心的热点、难点搞调研，到实地、查实情、说实话、献实策。一是建立健全决策听证咨询制度。凡事关全局的重大决策事项组织专门力量，深入调研，广泛征求意见，使每篇调研报告都符合国家的大政方针和人民群众根本利益。二是党建目标责任制。将机关建设纳入领导班子、领导干部目标管理。“一把手”是机关建设的第一责任人，分管领导是直接责任人，明确机关支部书记负责这项工作，形成责任明确、上下齐抓、层层落实的责任制。三是严格限时办结制。对需要办理的事项要马上办、限时办、热心办、办得好。尤其是市领导交办的有明确规定时限的，必须按规定时限办结，没有规定办理时限的要明确办理时限。

抓落实，帮扶济困见实效。积极开展文明生态村帮建活动、社区帮建工作和扶贫结缘工程。研究室既无行政职能，也无任何预算外收入，全年只有八千元办公经费，但仍然坚持党风无小事，时时处处严格要求自己。如办公用品配置集体研究，下基层调研从没有吃拿卡要的现象发生。一年以来为扶贫村筹划落实资金、协调项目，争取专项资金23万元，筹集了家具、电风扇、微机、医疗器械等总计4万元的扶贫物资，受到所在扶贫工作集团的大会表扬。

抓服务，机关运行有保障。同时，机关行政工作也紧紧围绕研究室中心工作。研究室在经费十分紧缺的情况下为每个处室配备了饮水机，业务处室更换了两台微机，进一步改善了办公条件，优化了工作环境；机关工会充分发挥群众组织的特点和优势，组织全室人员参加了市直第七届运动会，获得道德风尚奖；为保障在岗职工的身体健康，组织员工进行了体检；为活跃职工的文化生活，组织职工到秦皇岛祖山旅游，增进了同志之间的友谊，加强了团结协作。

领导班子成员

主　　任　张智惠

副 主 任　郑建华　王凤柱

　　　　　李树礼

纪检组长　彭彦岭

【2007年·概况】　市政府研究室在市委、市政府的正确领导下，认真履行职责，紧紧围绕中心工作深入开展调查研究，全年完成《保市调研》、《专报》、专项文件起草、发表文章50多篇，比上年多70%，其中调研报告、专报23篇，肯定性批示10篇，在质量也好于上年，一些重要文件、专报所提政策性建议进入了政府决策程序或已作为文件执行，同时出色地完成了市委、市政府交办的其他工作任务，为保定市经济社会发展作出了应有贡献。研究室于2006年提出，在工作中应反对“作假作秀”，这一观点对全市经济和社会发展中的数字水分问题，使市政府得以充分重视，并于2007年被市政府列入《政府工作报告》中的一项。

【完成《政府工作报告》工作落实方案承担任务】　《〈政府工作报告〉2007年工作落实方案》是政府各部门工作的重中之重。政府研究室承担的主要任务是：围绕“京南近海强市名城”的战略目标，对保定在京津冀都市圈及环渤海圈中的产业和功能定位、保定与沿海城市的关联与发展以及融入滨海新区的方法措施、保定三大支柱产业的发展壮大以及文化和动漫等战略性储备产业的谋划进行重点研究，对如何提高保定在环渤海圈中乃至全国全世界知名度进行重点研讨探索。为完成上述重点工作任务，研究室采取了“三明确”的办法：一是明确任务，把课题要求分解为若干个子课题，业务处分头承担；二是明确责任，明确主管领导和业务处室每个人应承担课题，推行效能革命和责任风暴；三是明确奖惩，制定具体措施，鼓励超额完成工作任务。

具体完成重点调查报告与政策建议如下：1.《关于发展中国电谷建议信的调查报告》，常务副市长李谦批示（2007年1月）；2.《保定城区供暖情况的调查与建议》，副市长石小琢批示（2007年3月）；3.《加快我市城中村改造的研究建议》，市长于群批示（2007年3月）；4.《在保定设立民营汽车产业综合改革实验区的政策建议》，市委书记宋长瑞、市长于群批示（2007年4月）；5.《保定建设京南近海强市名城必须解决的两个关键性问题》（2007年4月）；6.《保定市光伏产业发展研究》（2007年6月）；7.《保定市在曹妃甸建设中合作、配套战略性对策的研究》（2007年6月）；8.《关于我市纺织服装业可持续发展的对策建议》（2007年12月）。

在《〈政府工作报告〉2007年工作落实方案》中，研究室作为责任单位还承担三项任务：一是理顺城市管理体制，2月底按新体制试运行，6月底前基本理顺（第一责任单位为市编办、市城市管理综合执法局）；二是推进市、县、区管理体制改革与创新。成立课题研究组和协调领导小组，重点有"保定市县（市、区）管理体制综合改革与创新研究"、"保定市县（市、区）管理体制改革试点实施方案"、"市对区的体制设计，构建现代城市管理体制"、"培育次区域经济中心的机制、体制设计"4个调研课题（第一责任单位为市法制办）；三是市政府和河北农大共同组建新农村建设研究中心，开展项目研究与合作（第一责任单位为市发改委、河北农业大学）。

研究室积极配合有关单位，保证按要求完成工作任务。在有关部门牵头下，研究室积极配合，具体完成了以下工作任务：1.《走经营城市环境之路》（市长于群批示）；2.《部分省份"省管县"财政体制形式做法》（市长于群批示）；3.《改革政府管理体制　促进市区经济加快发展的建议》（常务副市长李谦批示）；4.《关于理顺城建管理体制的建议》（市委常委会材料）；5.6月18日参加市政府与河北农业大学共同组建的河北省农村建设研究中学成立揭牌仪式，同时按照中心安排担任中心下设"农村社会发展研究所"工作；6.推进市县区管理体制改革与创新的有关工作已获初步成果，形成了一批有参考价值的调研报告，保定市实施方案已经草拟完成。

【完成一批顶事管用的决策建议】　在完成《〈政府工作报告〉2007年工作落实方案》政府研究室承担的任务的同时，研究室还紧紧围绕市委、市政府的中心工作，围绕着全年业务目标，按照市长于群对调研工作提出的"科学客观，理论公正，可操作与超前"的要求，踏实调研，认真分析，完成了一批质量较高、操作性强，对政府决策顶事管用的调研成果。经过深入调查研究起草的《"两白一城"旅游资源整合开发利用初步方案》，有情况、有建议，市政府领导给予充分肯定，根据建议成立的市政府"两白一城"领导小组已经开始运作。研究室牵头起草的《保定市建筑业养老保险金统一管理办法》，经市政府研究出台后，不仅每年为建筑行业增收3亿多元保险金，还可在3年内为全市近3万建筑工人的陆续退休提供养老退休的资金保障。研究室完成的《关于破解中小企业融资难的建议》，抓住关键问题提出可操作性建议，常务副市长李谦给予充分肯定，批示"很有价值"。《对"加快市场建设实现退路进厅"的几点建议》受到副市长石小琢的重视，批示说："很好。此事我已做了七条批示，内容已有。请帮助抓好落实。应该受到表扬。"还编辑出版了市政府刊物《政府决策参考》6期，增刊2期，编辑出版了《外商投资企业在保定》一书。此外，有3篇调研报告被市政府办公厅《内情通报》刊用，有三篇调研成果被省政府《县域经济》专刊采用。

其他调研成果还有：1.《高阳县经济发展态势何以强劲》（常务副市长李谦批示）；2.《项目突破年的先行者——顺平定州望都吸引大项目的经验》（常务副市长李谦批示）；3.《清苑县农业排灌电网建设与改造工作的调查报告》（副市长李国英批示）；《清苑县供销社改制的调查》（副市长李国英批示）；《顺平县破解项目用地难题》；《抓产品　促项目　塑龙头——清苑县实现项目突破的新招数及其启发》；《保定发展服务外包产业的优势与对策》；《关于发挥民营经济在新农村建设中作用的思考》；《关于我市设立招商机构的研究与建议》；《一个深入农村服务农民的典型调查》。

【完成市委交办的各项任务】　2007年，按照市委统一部署，先后开展了"学树保促"、责任风暴和效能革命、为民务实清廉、学习十七大精神、解放思想大讨论等一系列主题教育活动，坚持以各项活动为载体，突出了抓班子带队伍这个主旋律。在抓班子带队伍中，以增强班子凝聚力、战斗力为突破，结合思想和工作实际，明确了班子成员必须遵守的五条规定：一是在确保自身政治坚定的前提下，保证分管处室工作人员政治合格、道德纯洁、明责守纪、情趣健康；二是围绕市委、市政府中心工作参与市政府重要决策和重大经济课题的研究，提出具有科学性、操作性的对策与建议，力争进入决策程序。对市领导交办的专项课题，一般在15天内有结果，重大课题最长一个月有反馈；三是带头深入一线调研，并在调研撰写的过程中能带动和培养所属人员业务能力的不断提高，确保每年独立撰写1~2篇有影响的调研成果；四是共同维护班子团结，保证班子决策的科学性、公平性与权威性。特别是在人员调整、财务收支、评先评优等一系列敏感问题上，要以对党的事业高度负责的政治责任感发表意见，建言献策，确保各项工作平稳、有序、健康发展；五是带头廉洁自律和树立良好形象，把“一岗双责”要求落到实处，在遵章守纪上以更高的标准影响和带动部属。为此，在多个主题教育活动中，班子成员敢于揭短亮丑，互相帮助，共同提高，班子的和谐度得到了明显的提升。班子带头，队伍上进，谋创新、讲政治、顾大局、守纪律成为主流，单位的凝聚力、战斗力得到了进一步提升。单位纪检组配合室党组，认真落实党风廉政建设责任制，扎实开展党风廉政建设和反腐败工作，狠抓学习，强化反腐倡廉宣传教育，树牢廉洁自律意识，防微杜渐，确保不出违法违纪问题。机关党支部积极抓好各项活动，带领单位党员提高思想觉悟、提高自身素质、提高谏言献策能力。机关行政工作紧紧围绕研究室中心工作，不误事不落趟，努力改善办公条件，优化了工作环境。机关工会充分发挥群众组织的特点和优势，组织职工外出考察，开阔了眼界，增长了见识。研究室抽调的“驻、联、帮、解、促”工作队成员都作出了突出贡献。2007年全室抽调和下派8人次分别参加了市委“学树保促”办公室、市委县（市、区）班子换届考察组、对口帮扶和“驻联帮解促”工作队，外派人员有的受到表扬，有的得到奖励。研究室帮扶顺平县大黄峪村，抓住该村几十年来致贫的根本原因做文章，提出了解决村民生产生活用水的问题，研究室的全体人员为水利工程积极捐款，平均每人捐款500元左右。通过协调市、县水利部门，筹措解决资金。总投资20多万元的引水工程已竣工，使该村生产生活用水得到了有效保障。同时，驻村队员还协助该村谋划制定经济发展中长期发展规划；协调省医院、人民医院，开展进村进户义诊活动。由于周林彬扶贫工作出色，获“河北省扶贫工作先进个人”。在全市统一开展的“驻联帮解促”活动中，研究室先后派出两批工作队员，分别承担了驻区团长和驻村队长的职务，工作中帮谋划、帮思想、帮硬件、帮增收、帮班子，组织了捐献、义诊、义务劳动等多种活动，研究室为驻村先后捐献微机4台、衣物500多件、书籍千余册、大米和食油各20份。王晶敬被评为全市优秀队员，王胜合所在的工作队被评为优秀工作队。

领导班子成员

主　　任　张智惠
副 主 任　陈　勇（1~6月）
　　　　　石永林（1~6月）
　　　　　郑建华　王凤柱
　　　　　李树礼（10~12月）
纪检组长　彭彦岭

（部门编辑：刘　兢）

外事侨务工作

【保定市人民政府外事办公室】 保定市人民政府外事办公室为市政府组成部门，是保定市外事侨务港澳工作的归口管理部门。内设秘书处、出国人员管理处、友好城市处（礼宾处）、涉外新闻处、侨务处。主要职责是贯彻执行外事侨务工作的方针政策和法律、法规、规章，研究制订本市外事侨务工作规章制度和工作规划，并负责组织实施；负责本市与国外友好城市交往活动的组织工作，指导全市民间对外交往；组织接待来保访问的国宾、党宾和其他重要外宾，指导本市外事礼宾接待工作；归口管理全市因公出国和赴港澳地区的工作，办理应邀来保的国外、港澳人员的签证通知函电，统筹安排市领导公务出访活动；组织、指导来保采访的外国记者接待工作，负责协调处理全市重大涉外事件；协助有关部门做好各项侨务政策的落实，负责归侨侨眷合法权益维护工作和对华侨华人、港澳同胞的宣传联络工作。

【2006年·概况】 2006年，在市委、市政府正确领导和省外办指导下，以践行“三个代表”重要思想，贯彻落实“2·28”大会精神，坚持科学发展观，构建和谐社会为主线，紧紧围绕建设服务政府、责任政府、法治政府的目标，积极开展社会主义荣辱观和“学理论、树正气、保稳定、促发展”百日主题教育活动，求真务实，开拓创新，积极为党和国家整体外交以及保定市经济建设和社会发展服务，较好地完成了2006年的工作任务目标。

全年共审核报批出国、赴港澳团组187批554人次（其中经贸团组11批、18人次；招商、洽谈项目团组55批、281人次；考察技术、设备及管理团组71批、122人次；建筑施工、安装调试及培训团组20批、48人次；参展、参会及学术交流团组30批、90人次）。邀请外国人11批19人次。

在出国（境）管理工作中，一是本着“严格把关、手续从简、速度从快、方便基层”的承办原则，工作效率和服务质量不断提高。坚持做到对有实质性任务的出访团组从宽，对内容不具体的团组从严；对经贸科技类团组从宽，对一般性考察团组从严；对专业技术人员从宽，对党政机关干部从严，2006年严格控制了无实质性内容和效果的论坛、研讨会、参观考察等出国（境）团组13批31人次，杜绝了任何形式的公费出国旅游。二是把完善审核报批机制作为出国管理工作的重点常抓不懈，在内部逐步建立、健全了动态管理、分工负责、制约促进、快捷运作的机构和机制。三是严格依据中央、省、市有关规定做好出国（境）管理的制度建设，根据市政府要求，结合保定市因公临时出访工作实际，征求相关部门意见，起草完成了《关于因公临时出国（境）出访的若干规定》，并以市委、市政府两个办公厅的名义下发。四是起草完成了《因公护照管理办法》，进一步加强护照的管理工作，对保定市今后因公护照管理工作提出了明确要求。

全年共接待各类团组26批299人次，派出各类团组7批45人次，其中接待国家有关部门、团体和省政府邀请的团组10批84人次，接待市政府邀请的团组5批126人次，接待友好城市团组7批61人次，其他团组3批28人次。完成保定市、日本米子市缔结友好城市15周年纪念活动。促成保定天威集团与美国华凯撒公司合作项目的顺利进行；协助长城、中兴汽车等重点企业进一步拓宽在南美洲和欧洲的销售市场；推进了亚洲开发银行白洋淀项目的进程。通过友城交往和礼宾接待，有力地推动了保定市对外开放向深层次、多领域、全方位发展，为保定市开展经贸招商活动，发展外向型经济创造了良好的机遇，对提高保定市知名度和提升保定市外事工作水平起到了一定的推动作用。同时，进一步开拓新的友好交往渠道，配合国家整体外交需要，完成保定市与巴拿马圣地亚哥市正式缔结为友好城市的准备工作。

在为保定市经济建设社会发展服务方面，突出重点，务求实效，一是利用对外联络渠道广的优势，争取国外、华侨华人、港澳同胞捐赠资金，为保定市办实事。经过不懈努力，促成中日易县太行山植树造林无偿援助520万日元项目；争取到了台湾慈心慈善事业基金会的捐款30余万元，省卫生厅配套资金70余万元，在涞水县明义乡和曲阳县晓林乡建设两所高标准的乡镇卫生院，建成后6万余人将得到更好的医疗保障；争取到香港汉荣书局石汉基捐赠给保定市徐水、高碑店、易县、涿州4个县级图书馆的图书8000册，总价值44万元港币；接收日本西条市明石昭彦助学基金捐赠10万日元，用于支持保定市贫困山区的教育事业；海港市、冰岛驻华大使馆的友好人士与唐县十几个贫困家庭的学生结为对子，并将资助这些贫困学生完成学业。二是按照保定市提出的优化环境，扩大开放，加快发展的要求，落实“走出去”战略，加大为保定市招商引资工作服务的力度。通过组团出访带项目，先后2次组织以保定市主要领导为团长的经贸代表团，率保定市大型企业负责人出访美国、古巴、德国、英国、西班牙等国，开展招商活动，与国际著名大企业进行广泛洽谈，签署了多项合作协议和意向书，取得了显著成果。达成项目（协议）投资总额29.2亿元人民币以上，完成出口贸易额约8亿元人民币。代表团出访期间，还与当地华侨华人进行了广泛接触，看望了英国河北同乡会的华侨华人代表，并拜会了驻英国大使馆的人员，向他们介绍了近年来家乡的发展变化，畅谈今后开展合作的方向，表达了欢迎广大海外客商来保定投资兴业、共促经济繁荣的良好愿望；组派以常务副市长李谦为团长的保定市代表团一行8人出访欧洲，参加了第21届欧洲太阳能能源大会暨展示会。保定市代表团此次参展是保定“中国电谷”招商引资系列活动的重要组成部分，对于“中国电谷”推介具有重要意义。代表团访问期间，详细了解了德国、法国等国家在发展新能源产业方面的先进经验和具体做法，积极推进与有关国家在太阳能光伏发电、风力发电、生物质能发电等方面的技术合作、项目合作与投资。保定天威英利公司与德国凤凰公司达成了长期合作协议，签订了今后五年中总量为175兆瓦的供货合同。组派以副市长石晓琢为团长的保定市城建考察代表团一行9人赴澳大利亚、新西兰考察城市建设、城市基础设施总体规划等市政建设项目，并与有关单位签署了在保定市开发建设数字化小区的项目协议，合同利用外资1000万美元。

在坚持依法行政，规范管理方面，一是强化因公出国（境）管理和邀请外国人来访工作，提高整体外事工作水平。在出国（境）审核、报批工作中，认真执行有关规定，既做到了热情服务，又严格把关，保证有实质性内容团组顺利成行。不断树立和增加“国门”意识，自觉把出国管理工作中的一言一行、一举一动，提高到讲政治的高度，提高到服务总体外交、严把“国门”的高度来规范自己的工作。做到了统一发邀，统一管理。二是严格涉外案件管理，保障对外交往的正常秩序。按照涉外案件处理的有关规定，以讲政治和高度负责的精神，组织协调处理了3起涉外案件。三是做好邀请、聘请外国技术人员就业工作，为保定市经济建设服务。2006年，会同有关部门为保定市长城汽车股份有限公司、三菱电机天威输变电设备有限公司、河北农业大学等单位聘请外国专家、技术人员18名，有力地推动保定市外向型经济发展步伐。四是做好邀请外国新闻媒体来保采访的接待工作。2006年是中奥建交和中奥友协成立35周年，奥地利联邦政府决定举办“中国年”活动，为配合党和国家整体外交政策，体现外事工作为经济建设服务宗旨，积极与相关部门协调、联系，邀请奥地利国家电视台等新闻媒体来保采访，介绍了保定市的自然条件和发展变化以及高新技术产业，表达了市委、市政府致力于优化环境、扩大开放、加快发展的决心和开展多项领域合作、促进共同发展的良好愿望，为保定市未来的发展搭建更为广阔的舞台。做好比利时Kanakna制片公司一行16人拍摄古莲花池的接待工作，随同来访的还有来自欧洲10多个国家的42名选手，进行了保定市名胜古迹、风土人情和传统文化的知识竞答，对宣传保定，提高保定知名度起到很好的促进作用。

在认真贯彻落实各项侨务政策，积极维护归侨、侨眷的合法权益方面，一是做好省人大副主任何少存带队的调研组对保定市外侨工作进行调研的接待工作。调研组对保定市《侨法》落实工作给予了充分肯定，并就进一步加大《侨法》宣传力度、将贫困归侨侨眷专项扶贫资金列入财政预算等问题向市委、市政府提出了建议；二是严格执行“四侨考生”升学照顾政策，规范加分审查、出证程序，增强服务意识，及时为保定市20名参加高考、中考的“四侨考生”办理了加分证明；三是做好信访接待工作，切实把归侨侨眷反映的热点、难点问题解决好。2006年共接待侨务来信、来访、来电咨询120多件次，基本做到了件件有着落、事事有回音，稳定了侨心，没有出现越级上访的问题；四是配合全市开展大型法制宣传活动2次，发放归侨侨眷权益保护法知识手册1400本，接待来访群众200余人次，较好地提供了侨务法律和政策咨询服务，在扩大侨法影响方面收到了较好的宣传效果；五是做好保定市散居在农村的贫困归侨侨眷统计工作。摸清了保定市散居在农村的贫困归侨侨眷底数，并将保定市贫困归侨侨眷基本情况汇总备案，建立起了贫困归侨侨眷数据库；六是完成了《保定市荣誉市民称号授予办法》、《保定市政府关于授予保定市荣誉市民称号的实施意见》的修订、报人大常委会审议工作；七是抓好《保定市侨情资源信息库》建设，将政治上有影响、社会上有地位、经济上有实力、技术上有专长的“四有”海外华侨华人的信息资料收录库中，针对保定的实际情况，以信息为载体，以引资引智为主线，以项目对接为抓手，重点招商，服务引商，亲情助商，力促项目落实。八是在春节期间开展向贫困归侨、侨眷“送温暖”活动，走访了14个县（市、区），慰问贫困归侨、侨眷86户230人，送去慰问品和生活困难补助金3万余元，中秋节、国庆节期间，走访慰问保定市贫困归侨侨眷15户、36人，送去月饼、水果等慰问品、慰问金1万余元，体现了党和政府的关心；九是鼓励贫困归侨自主创业，脱贫致富。向易县贫困越南归侨陆金焕一家开办的华侨旅社捐赠价值4000余元的床单、被罩、毛巾被，帮助他们解决家庭困难；十是根据容城县特困家庭陈素华的实际情况，资助其子张子萌每月100元学费直至高中毕业，以保证他能顺利完成学业；十一是试行给4名鳏寡孤独、严重残疾无生活能力和经济来源的特困归侨侨眷每人每月50元长期补助办法；十二是与涿州市共同出资2万余元对贫困归侨下岗职工和归侨子女20多人进行了电工、汽车修理、餐饮、电脑等再就业技能培训。

【外事往来】

1．2月16日，布隆迪驻华大使恩库仑齐扎·阿尔弗雷德一行5人来访，参观了保定市高开区新能源基地（惠腾、英利新能源公司），就能源设备制造领域的合作进行了洽谈。

2．2月18日，安哥拉驻华大使一行8人来访，参观了涿州天马集团，考察该公司2005年11月在该国承揽的总造价达1250万美元的两个工程建设项目的进展情况。

3．2月22日，阿根廷驻华

大使胡安·卡洛斯·莫雷里一行6人来访，参观了保定市风帆股份有限公司，就双方的商贸和技术合作事宜进行了洽谈。

4. 3月6日，冰岛大学高级企业经理培训班代表团一行40余人首次来访，参观了长城汽车公司，考察了保定市对外经贸的发展情况，与有关企业界人员就保定市产品出口北欧事宜进行了广泛、深入的探讨。

5. 3月10日，古巴驻华大使阿尔韦托·罗得里格斯·阿鲁菲一行11人来访，考察了长城汽车公司。长城汽车公司向古巴总统卡斯特罗赠送了一辆特制加长国宾用车。

6. 3月23日，澳大利亚昆士兰州能源部长约翰·迈克尔、华人议员蔡伟民一行13人来访，参观了英利新能源公司，就双方在太阳能资源开发利用领域的合作进行了洽谈。

7. 4月2~4日，加拿大驻沪领事、安大略省驻华首席代表宋毅军一行来访，参观了天威保变集团、英利新能源有限公司等单位，为进一步开展互利合作奠定了良好基础。

8. 4月12~19日，保定市白洋淀生态综合治理项目代表团赴菲律宾访问，与亚洲开发银行成功签署了白洋淀生态综合治理技术援助合同。

9. 5月24日~6月5日，以石副市长晓琢为团长的保定市城建考察代表团一行9人赴澳大利亚、新西兰考察城市建设、城市基础设施总体规划等市政建设项目，并与有关单位签署了在保定市开发建设数字化小区的项目协议，合同利用外资1000万美元。

10. 5月9~11日，联合国教科文组织地质专家团一行30余人来访，参加了涞水野三坡国家地质公园开园仪式，并对该公园申报为世界地质公园的相关事宜进行了详细的考察。

11. 6月3日，古巴政府部长、古巴驻华大使代表团一行13人来访，同长城汽车公司进行了业务洽谈，签署了13000辆购车合同。

12. 6月24~26日，科威特教育部代表团一行6人来访，就进口保定市河北长安汽车的420辆学校用车的进展情况，进行了沟通、洽谈。

13. 7月4~8日，德国爱温公司专家代表团一行6人来访，与高碑店市政府签署了在高碑店市合资兴建污水处理厂的协议书。

14. 7月31日，中国驻智利大使李长华和智利汽车客商一行来访，参观了长城汽车公司，就保定市汽车与智利厂商合作进入拉美市场事宜，进行了深入的协商，达成了重要共识。

15. 9月3~14日，以常务副市长李谦为团长的保定市代表团一行8人出访欧洲，参加了第21届欧洲太阳能能源大会暨展示会。

16. 9月15日，津巴布韦西马邵纳兰省长代表团一行14人来访，参观了三鹿乳业集团和长城汽车公司，就保定市长城汽车进入津巴布韦市场、在农业、畜牧业等领域开展交流与合作等事宜进行了深入的洽谈。

17. 10月13日，参加“水资源及水循环可持续利用国际学术研讨会”的日本、澳大利亚、塞拉利昂水利专家一行11人来访，考察了白洋淀的水资源情况及满城漕河渡槽施工现场，了解了白洋淀的水资源供给、排泄、污染情况以及南水北调工程进展的有关情况。

18. 10月23~24日，长野县日中友好协会代表团一行54人的来访，在易县举行了“中日民间绿化合作小渊基金项目——河北—长野友好纪念林”启动仪式，并进行了纪念植树活动。日方将连续六年、每年无偿捐赠520万日元用于易县的植树造林及绿化工作

19. 11月16~18日，日本米子市长野坂康夫率领代表团前来保定市参加两市缔结友好城市15周年纪念活动。

20. 为配合国家整体外交，以副市长曹汝涛为团长的保定市代表团，于11月25日~12月5日赴巴拿马，与巴拿马圣地亚哥市正式签署了缔结友好城市协议书。与圣地亚哥市结好为保定市开拓拉丁美洲市场开辟了一条新的对外交往渠道。

【保定市侨务工作对象基本情况】 保定市国内、国外侨务工作对象为105000人，总数居全省第一位。其中归国华侨592人，侨眷、侨属、港澳同胞眷属59900人，占全省的27%；他们大多集中在保定市区、高阳县、涿州市、清苑县、定州市内，其中高阳县被誉为河北省三个侨乡县之一。与保定市有亲属关系旅居在国外的华侨、华人及港澳同胞共有44450人（包括2300多名新移民），占全省的18%，他们主要分布在世界30个国家和地区。

领导班子成员

主　　任　刘志强
副 主 任　鹿建芳　刘国建
　　　　　冯　真
纪检组长　王惠娟

【2007年·概况】 2007年，在市委、市政府正确领导和省外办指导下，以践行“三个代表”重要思想，贯彻落实中央、省委外事工作会议和“掀起责任风暴推进效能革命优化发展环境”大会

精神，坚持科学发展观，构建和谐社会为主线，求真务实，开拓创新，积极为国家总体外交和保定市经济建设及社会发展服务，完成2007年工作任务目标。

全年共审核报批出国、赴港澳团组141批374人次（其中业务洽谈29批123人次；贸易洽谈团组20批46人次；考察团组56批、95人次；培训团组45批110人）。组织完成了市委书记宋长瑞、市长于群、常务副市长李谦等率领的重要团组的出访任务。邀请外国人33批55人次。

在出国（境）管理工作中，一是加强服务，提高服务质量。本着“严格把关、手续从简、速度从快、方便基层”的承办原则，工作效率和服务质量不断提高。二是严格依据中央、省、市有关出国管理规定，加强出国（境）管理的制度建设。三是坚持做到对有实质性任务的出访团组从宽，对内容不具体的团组从严；对经贸科技类团组从宽，对一般性考察团组从严；对专业技术人员从宽，对党政机关干部从严，2007年严格控制了无实质性内容出国（境）团组7批25人次。为加强制度建设，杜绝以学习考察、招商引资等名义公款旅游的不正之风，起草完成了《因公护照管理办法》、《关于做好因公出访人员外事纪律行前教育的通知》，进一步加强护照的管理工作，对保定市今后因公护照管理工作提出了明确要求。

全年共接待了来自中国香港特区、美国、日本、冰岛、以色列、匈牙利、纳米比亚、拉脱维亚等国家和地区的来访团组43批453人次。通过友城交往和礼宾接待，有力地推动了保定市对外开放向深层次、多领域、全方位发展，为保定市开展经贸招商活动，发展外向型经济创造了良好的机遇，对提高保定市知名度和提升外事工作水平起到了一定的推动作用。

强化责任意识，为建设“京南近海强市名城”和“中国电谷”服务。一是认真开展“掀起责任风暴，推进效能革命”活动，强化责任意识、落实责任目标，制定了《市外办2007年工作落实方案》，将全年任务目标层层分解，落实到人。二是将《保定市关于推进“中国电谷”建设发展规划》、《关于鼓励投资“中国电谷”建设若干规定》译制成中文与英文、日文、西班牙文、德文对照的宣传册，在保定市组团出访和接待来访团组时赠送给国外各界友好人士、华人华侨、港澳同胞，广泛宣传保定市发展“中国电谷”的各项举措。三是与市民宗局共同为天威英利新能源有限公司争取到国家关于对少数民族用品定点企业的贴息贷款2.53亿元，为天威英利三期建设提供了资金保障。四是完成天威英利新能源有限公司在美国挂牌上市和重点项目的洽谈签约任务。2007年5月，组派以常务副市长李谦为团长的代表团赴美国参加天威英利新能源有限公司上市路演。6月8日，以市长于群为团长，由保定天威集团董事长丁强、市外事办主任刘志强等组成的代表团一行8人出访美国和加拿大，参加了天威英利在美国纽交所挂牌上市仪式，同时完成与美国普利茅斯公司、美国S－LINE公司、美国华凯撒电力系统有限公司、加拿大BCTC公司等多个合作项目的洽谈、签约。此次出访任务的完成进一步促进了保定市重点企业的发展，扩大了保定市对外开放，充分体现了市外办服务经济的水平。五是选送两批业务骨干深入到天威英利新能源有限公司和中航惠腾风电设备有限公司等实地学习新能源科技知识，增加对太阳能、风能专业知识的储备，加深对新能源产业发展趋势的了解，更好地为“中国电谷”建设服务。

认真学习贯彻落实各级政府关于做好外国记者来保采访的接待工作的精神。明确了在外国记者来保采访接待工作中的职责分工、工作原则、工作程序、工作制度等。召开了全市外办主任会议，就北京奥运会及其筹备期间外国记者来保采访接待和管理工作进行了专题部署，提出了具体要求。

认真贯彻落实各项侨务政策，积极维护归侨、侨眷的合法权益。一是积极宣传贯彻侨法，认真落实侨务政策。二是加大侨务扶贫工作的投入，向保定市44户贫困、孤寡、重病归侨侨眷108人发放困难补助金2.6万余元。组织举办了保定市第二期归侨侨眷再就业技能培训班。三是做好信访接待工作，切实把归侨侨眷反映的热点、难点问题解决好。全年共接待归侨侨眷来信来访110余人次；四是“保定市荣誉市民”评选授予工作有序开展。完成了香港同胞成龙、杨受成、杨洪、田家炳等4人的授荣审核报批及授予工作。

认真贯彻落实省委外事工作会议精神，积极筹备市委外事工作会议。省委外事工作会议后，保定市立即组织学习传达，及时向市委、市政府主要领导汇报了中央外事工作会议及省委外事工作会议主要精神，并结合保定市实际，提出了保定市贯彻落实意见和建议。调整建立了市委外事工作领导小组及工作机构，并就新时期影响保定市外事侨务工作开展的制约因素和存在问题、目前外事机构设置及人员构成情况、对做好新时期外事侨务工作的意见和建议等，向25个县（市、区）下发调研提纲，广泛征求意见，为改进和加强保定市外事工作提供参考和依据。

【外事往来】

1. 1月7日，接待了美国亚太钢圈集团总裁一行5人的来访，安排考察了立中集团，并就进口立中轮毂一事，达成了协议。

2. 2月2日，接待了美国库恩兄弟公司董事长翰·D库恩一行4人的来访，就与保定市在风力发电领域的合作事宜，与保定市有关部门进行了深入的洽谈。

3. 2月3～12日，参与接待了联合国禁止化学武器公约组织代表团对保定市相关企业的核查工作。

4. 3月8～16日，6月3～12日，协助市政府接待了亚洲开发银行代表团一行10人的访问，就保定市的白洋淀治污项目，进行了考察、洽谈，并翻译了数千字的技术资料，有力地推进了该项目的进程。

5. 3月13日，接待了冰岛共和国新任驻华大使贡纳尔·斯诺里·贡纳尔松和冰岛大学MBA代表团一行40余人的来访，安排参观了天威英利和长城汽车两家公司，就双方开展经贸合作达成了共识。

6. 4月15～17日，接待了澳大利亚南澳大利亚州政府副州长傅柯文一行和该州汽车商贸代表团一行23人的来访，安排考察了长城汽车和中兴汽车公司，就双方今后的合作进行了深入的洽谈。

7. 4月18～25日，以市委书记宋长瑞为团长的保定市代表团访问了欧洲和友好城市冰岛海港市，为宣传保定市电谷建设和促进双方在新能源以及其他领域的交流与合作起到了积极的促进作用。

8. 4月18日，接待了乌干达驻华大使查尔斯·玛迪玻·瓦基杜琐的来访。中非商会保定分会向乌干达捐赠了价值20万元人民币的多酶核酸。

9. 4月19～23日，接待了美国前总统理查德·尼克松的胞弟、美国华盛顿尼克松国际集团主席爱德华·尼克松一行的来访。访问期间，为格林帕沃（保定）有限公司投资1400万元人民币的太阳能综合利用并网发电示范电站举行了奠基仪式。

10. 4月27日，国防大学防务学院外军高级军官培训代表团一行128人来访，参观了长城汽车公司和冉庄地道战遗址。

11. 5月9日，接待了芬兰皮奥库奥市长一行7人来访，参观了高开区和英利新能源公司，并就双方的合作进行了洽谈。

12. 2007年5月，组派以常务副市长李谦为团长的代表团赴美参加天威英利新能源有限公司上市路演。

13. 5月25日，定州市政府接待了拉脱维亚中小城市代表团一行23人的来访。

14. 6月3～8日，协助第一中心医院接待了济生会西条病院代表团一行的来访，双方就重新派遣第一中心医院医务人员到西条病院研修事宜达成了协议。日方还向中方赠送了价值人民币20余万元的新型电子内窥镜。

15. 6月8日，市长于群率团出访美国和加拿大，参加天威英利在美国纽交所挂牌上市仪式，同时完成多个合作项目的洽谈、签约。

15. 8月8日，以色列驻华大使海逸达博士一行来访，参观了长城汽车有限公司，就进口保定市汽车事宜进行了洽谈。

16. 9月15日，协助商务局接待了约旦商务部长、大使代表团一行7人，与保定市洽谈经贸合作，并参观考察了中兴汽车有限公司。

17. 9月24日，纳米比亚霍马斯省省长代表团一行5人来访，参观了容城津海集团和徐水东方造纸有限公司。

18. 9月24日，匈牙利佩斯州州长代表团一行8人来访，参观了长城汽车有限公司。

19. 10月8～15日，接待米子市摄影家代表团一行13人来访，在保定市举办了摄影作品展览。

20. 10月23日，比利时东佛兰德省长德耐斯一行来访，访问了高开区，就双方在新能源领域的交流与合作进行了洽谈。

21. 11月10～16日，孟加拉地方政府代表团一行访问保定市，考察、学习了保定市的行政管理、农业发展、医疗体系等领域的状况和发展经验。

22. 11月21～23日，荷兰王国南荷兰省副省长一行27日访问保定市，常务副省长付志方与代表团签署了两省经贸合作备忘录。

23. 12月25～26日，外交部长助理李辉率领欧亚11国驻华大使以及国际组织代表访问保定市，考察了保定市经济建设和社会发展的有关情况。

【保定市侨务工作对象基本情况】

保定市国内、国外侨务工作对象为105000人，总数居全省第一位。其中归国华侨592人，侨眷、侨属、港澳同胞眷属59900人，占全省的27%；他们大多集中在保定市区、高阳县、涿州市、清苑县、定州市内，其中高阳县被誉为河北省三个侨乡县之一。与保定市有亲属关系旅居在国外的华侨、华人及港澳同胞共有

44450人（包括2300多名新移民），占全省的18%，主要分布在世界30个国家和地区。

领导班子成员

主　　任　刘志强
副 主 任　鹿建芳　刘国建
　　　　　冯　真
纪检组长　王惠娟

（部门编辑：杜红平）

民族宗教工作

【保定市民族宗教事务局】　市民族宗教事务局是保定市政府主管全市民族宗教工作的职能部门。主要职能是贯彻执行党的民族宗教政策，依法对民族宗教事务进行管理，发展少数民族的教育、经济、文化、科技、体育、卫生等各项事业，维护少数民族、宗教团体的合法权益，促进民族团结、宗教和睦与社会和谐。市民族宗教事务局为正县级行政机关，内设6个处室：办公室、政策法规宣传处、民族处、经济处、宗教一处、宗教二处。

【2006年·概况】　2006年，市民宗局在市委、市政府的正确领导下，以邓小平理论和“三个代表”重要思想为指导，认真贯彻落实党的十六届五中、六中全会精神，以科学发展观为统领，紧紧围绕市委、政府中心工作，紧紧抓住贯彻中央民族工作会议精神和国务院《宗教事务条例》这条主线，民族工作以团结进步为主线，发展民族经济为重点，宗教工作以维护稳定为主线，依法管理为重点，开拓进取，奋力拼搏，促进了全市民族经济的发展，维护了民族宗教方面的稳定，为构建“和谐保定”、“实力保定”作出了贡献。被省民宗厅评为“民族宗教工作先进单位”，被市委、市政府评为“维护稳定工作先进单位”。

【依法管理宗教事务】　加强对《宗教事务条例》和国家宗教局第2号令以及民族宗教政策业务培训。2006年，共举办民宗干部培训班3期，县民宗局长和民宗干部培训班1期，市局全体干部培训班1期，举办宗教教职人员培训班7期，举办五大宗教负责人爱国主义教育培训班1期，并在白洋淀举行了爱国主义教育基地挂牌仪式，省民宗厅厅长张宝岩参加挂牌仪式。以深入贯彻落实国务院《宗教事务条例》为主线，以抵御境外利用宗教渗透为重点，着力加强爱国宗教团体建设，着力提高依法管理宗教事务水平。对全市所有宗教活动场所进行了全面的调查摸底，按照登记换证的具体要求、操作程序和标准，对合格的宗教场所332个进行了登记换证，取缔了10个非法场所。

【积极做好民族工作】　民族工作以贯彻落实中央民族工作会议和省第五次民族团结进步表彰大会精神为主线，着力促进民族地方经济发展，着力推进民族法制建设，着力维护民族团结进步事业。代市委、市政府起草了《关于落实冀发［2005］20号文件精神，加强民族工作促进少数民族经济社会发展的意见》以保发［2006］11号文件下发。2006年共收集了少数民族村专项资金的项目申请20个，经市县两级筛选上报项目13个，总投资920.7万元，申请省厅支持少数民族发展扶贫项目资金439万元。召开了第五次全市民族团结进步表彰大会，对全市各条战线上对民族团结进步工作作出突出贡献的30个单位和36个先进个人进行了表彰。组团参加了在张家口举办的全省第七届少数民族传统体育运动会，取得了金牌总数第一、奖牌总数第一、团体总分第一的好成绩，被省民宗厅、省体育局授予“优秀组织奖”、“道德风尚奖”。

【维护社会稳定工作】　认真抓好“4·13”、“五月朝圣”、“开斋节”、“12·12”、“12·21”、“圣诞平安夜”等敏感日的稳控工作，确保全年平稳度过，连续11年保持了宗教方面形势的稳定。

【努力加强机关建设】　2006年以来，市民宗局狠抓了政治理论学习。组织机关干部认真学习了党的十六届六中全会精神，胡锦涛总书记重要讲话等文件，牢记“八荣八耻”，践行全心全意为人民服务的宗旨。深入开展“学树保促”活动，按照市委规定动作，扎实推进，通过查摆问题，制定整改方案，认真落实整改措施，使“学树保促”活动取得了明显成效，领导班子核心领导作用明显增强。狠抓党风廉政建设，牢固树立了勤政、廉政的工作作风和全心全意为少数民族和信教群众服务的思想。组织全体干部职工参观了平津战役纪念馆、周邓纪念馆、中国革命军事博物馆，观看了纪念红军长征胜利70周年图片展，观看了四渡赤水录像片，对机关干部进行了一场深刻的爱国主义教育，极大地激发了全局干部职工做好民族宗教工作的热情。

领导班子成员

局　　长　李同聚
副 局 长　平克军　李丰歧
　　　　　马文福
纪检组长　李世友

【2007年·概况】 2007年，市民宗局在市委、市政府的正确领导下，以邓小平理论和“三个代表”重要思想为指导，全面落实科学发展观，认真贯彻党的十七大和省、市委党代会精神，以基层民族宗教工作为重点，依法管理民族宗教事务，以各项教育活动为载体，加强机关队伍建设。通过全局齐心协力，完成年度各项工作目标。全省宗教工作经验交流会保定市顺利召开，市民宗局被国家人事部、国家宗教局授予“全国宗教工作先进集体”荣誉称号，获取此荣誉的河北省仅此一家。

【加强法规宣传培训，健全制度建设】 广泛宣传党和国家民族宗教政策法规，进一步规范民族宗教工作，坚持“三手抓”不放松，即抓培训，抓规范，抓普及，使党和国家的各项民族宗教政策法规深入人心，进入宗教场所，积极开展“五五”普法活动，全年共举办了9期民族宗教政策法规学习培训班，培训人员700多人，重点学习了国务院《宗教事务条例》、国宗局2、3、4号令和修订后的《河北省宗教事务条例》，制定了宗教团体和宗教活动场所消防、防疫、财务会计、固定资产等十一项管理办法，对300个宗教活动场所进行了规范化管理，已完成了296个场所的换证、资料整理、数据录入工作。规范了宗教团体工作沟通制度，年终，市民宗局召开了五大宗教团体工作汇报会，在全省宗教系统是一大创举，连续进行了五年。通过五大宗教团体负责人对各自全年宗教工作的汇报，体现了党对宗教工作的坚强领导，加强了宗教团体对政府依法管理宗教事务的认同感，激发了全市宗教界投身经济社会建设的热情。规范了行政许可项目，对目前实施的4项行政许可项目，制定了审批流程和操作程序，积极发挥行政服务窗口作用，认真受理和规范全市民族宗教行政许可项目。为便于民族宗教干部学习和掌握民族宗教基本知识和政策法规，市民宗局组织人员编写了19万字的《民族宗教工作实用手册》，全书分为宗教篇、民族篇、附录三部分，对普及民族宗教知识，具有很强的工作指导和可操作性。

【加强民族团结，促进经济发展】 2007年，市民宗局全面贯彻党的民族工作政策，促进各民族共同繁荣进步。工作的重点是着眼基层，服务基层，主要完成了“三大实事”，妥善处理了“四件难事”，解决了社会矛盾，维护了民族团结和社会稳定。一是围绕社会主义新农村建设，做好少数民族专项资金申报工作。在完成了2006年度少数民族基本情况统计工作的基础上，通过深入调研，经市县两级筛选上报项目13个，申请省厅支持少数民族发展资金156万元已全部拨付到位，涉及全市11个县（市、区）17个少数民族乡村，16个项目建设，其中6个民族村基础设施建设投入62万元，修路15公里，打深水井2眼，建蓄水池4个，解决了少数民族群众行路、饮水和种养殖等方面的问题。二是申请国家贴息贷款，扶持民族用品定点生产企业经济发展。通过积极协调与运作，国家民委、财政部、中国人民银行等三部委批准了保定天威英利新能源有限公司、河北丽华制帽集团有限公司、河北高碑店豆豆食品（集团）有限公司、保定津海服装有限公司、河北古城香业集团股份有限公司、河北鑫华新锅炉制造有限公司、河北一川胶带集团有限公司等7家企业为国家民族用品定点生产企业，贴息贷款金额达3.45亿元，7家企业年可享受国家优惠900万元，为本市的经济发展赢得了极大的政策和资金支持。三是注重民族传统体育活动，积极组织参加民运会。市民宗局协调市体育局、南市区回民中学等单位组队参加了在石家庄进行的全国第八届少数民族传统体育运动会选拔赛，并为河北省代表团提供了摔跤、射弩两个项目的教练和运动员参加全国第八届少数民族传统体育运动会，均取得了较好成绩。2007年，市民宗局依据《河北省清真食品管理条例》，围绕清真食品安全，着眼民族突发事件，科学制订预案，依法依章，妥善处理了4起影响民族团结的事件，保证了全市民族方面的持续稳定。

【维护社会稳定工作】 市民宗局牢固树立“民族宗教无小事”的观念，认真做好民族宗教领域的稳控工作，保持了各民族的团结和宗教形势的稳定。重点保证了“4·13”“5·24”“12·12”“12·21”和“圣诞平安夜”等敏感期的平稳过渡，实现了连续12年宗教形势稳定的良好局面。全省宗教工作经验交流会顺利在保定市召开，市民宗局还被国家人事部、国宗局授予“全国宗教工作先进集体”荣誉称号。

【加强机关建设】 2007年，市民宗局以各项教育活动为载体，强化职能目标，强化责任意识，强化机制创新，努力争创“三型”机关，机关建设取得了很大进步。结合市委、市政府开展的掀起“责任风暴”推进“效能革命”和“驻联帮解促”活动，坚持开展“两请两访”活动，请下乡干部谈体会，做到真正了解民情；请理论专家辅导，做到熟悉政策法规；访民族村，做到密切与少数民族群众的联系；访宗教重点村，做到密切与信教群众的联系。通过开展各项活动，增长了机关工作人员的见识，增强了机关工作人员的工作实践能力，极大地提高了民族宗教工作质量。

领导班子成员

局　　长　李同聚

副 局 长　平克军　李丰歧

　　　　　马文福　李正如

纪检组长　李世友

（部门编辑：邓宏翎）

信访工作

【保定市信访局】　隶属市委、市政府领导，县级行政单位。内设办公室、综合信息处、来访接待处、来信办理处、办案处。

【2006年·概况】　2006年，全市信访工作按照“畅通渠道、解决问题、规范秩序”的总体要求，扎实开展信访工作，制定了《保定市维护社会稳定领导责任追究实施办法》，破解了保沧高速公路占地、取缔市区上万辆三轮车、市区150多万平方米违法建设的拆除等一系列重大信访难题，有效地遏制了越级集体访的大量发生，信访工作取得了明显成效和新的进步。市信访局被市委、市政府评为“工作实绩突出单位”、“维护稳定工作先进集体”。

领导班子成员

局　　长　槐建国

副 局 长　张茂林　肖余利

　　　　　王再兴　杨东升

【2007年·概况】　2007年，全市各级各部门以科学发展观为指导，认真贯彻落实党的十六届六中全会精神，大力开展信访稳定“百日攻坚”专项行动，全力化解各种社会矛盾纠纷，信访工作取得突出成效。在第六次全国信访工作会议上，市信访局获“全国信访系统先进单位”。

【开展“驻联帮解促”活动】
从2007年年初开始，市委、市政府发动市、县、乡近两万名干部，利用一年时间，分两批，在全市所有6200多个村，开展“驻千村、联万户、帮民富、解民忧、促和谐”活动。驻村工作组把排查化解矛盾纠纷，促进农村和谐稳定作为重要着眼点和核心内容，按照市委书记宋长瑞提出的“知情在先、料变在先、预防在先、处置在先”的要求，深入细致地开展工作，及时化解矛盾、解决问题，做到小事不出村、大事不出乡、矛盾不上交，最大限度地把问题解决在当地，减少了上访和越级上访的发生。活动中，共化解矛盾纠纷6500多起，解决上访问题3425件，到市以上的农村信访同比下降26.2%。

【开展信访稳定“事要解决”百日攻坚专项行动】　自9月中旬开始，在全市开展了信访稳定“事要解决”百日攻坚专项行动。主要做法：1. 加大领导力度，特殊时期采取超常举措。十七大期间，市委、市政府专门成立了稳定信访特别领导小组，市委副书记任组长，对全市稳定安全信访工作统一指挥、协调、调度。同时，建立了十七大期间维护稳定工作市级领导“三包”责任制：一是包系统责任制。二是包地域责任制。三是包重点案件责任制。2. 排查梳理问题，建立“事要解决”台账。全市统一行动，对2007年以来发生的到县级以上的群体上访案件、非正常进京上访和排查出来的矛盾纠纷，进行全面梳理，凡是没有达到“案结事了、息诉罢访”要求的，一律拉出名单。3. 明确工作责任，集中精力解决问题。对排查梳理出来的信访稳定问题，逐件落实“四明确”（明确县级包案领导、包案责任单位、办理责任人、具体解决时限），集中力量、集中时间，攻坚克难，切实把问题解决在当地，把上访群众稳定在当地。具体做到四个到位：对群众的合理诉求，依法按政策及时解决到位；对暂时不具备解决条件的问题，解疑释惑疏导到位；对生产生活困难的信访群众，关心帮助扶持到位；对坚持无理或过高要求的上访人，依法教育稳控到位。4. 加强督办调度，严格实行责任追究。全市组建了26个督导组，每个组分包1个县（市、区）和3个市直单位，具体负责对492个挂账案件具体进行督办。通过开展这次行动，从源头上超前化解了一大批信访突出问题和矛盾纠纷，实现了十七大期间“确保不发生进京集体访和有影响的非正常进京上访”的既定目标，并为做好特殊时期的信访稳定工作积累了宝贵经验：一是做好特殊时期的信访稳定工作，前提在于党委政府的高度重视和坚强领导；二是做好特殊时期的信访稳定工作，关键在于抓住重点把握主动；三是做好特殊时期的信访稳定工作，根本在于解决问题；四是做好特殊时期信访稳定工作，保障在于制定严格的责任追究机制。

领导班子成员

局　　长　槐建国

副 局 长　肖余利　王再兴

　　　　　杨东升

（部门编辑：王再兴）

档案工作

【保定市档案局】 保定市档案局（馆）是市政府直属事业机构，实行局、馆合一，一套机构，两个牌子。内设办公室、政策法规处、业务指导处、保管利用处、科研教育处、征编处。主要职能是依法对全市档案事业实行统筹规划和宏观管理，负责集中统一管理市直机关的重要档案资料及档案信息资源的开发利用工作。

【保定市档案馆晋升省一级馆】 2006年初，市政府将国家档案馆晋升省一级先进馆列入《2006年政府工作报告落实方案》之中，并对此实行跟踪督察。经过一年的努力工作，市档案馆完成了扩建、加固改造，建筑面积由原来的2600平方米增加到4100平方米，荷载由每平方米500公斤增加到800公斤，安装了档案密集架、自动消防、自动温湿度巡测和安全监控设备等。2006年10月29日，河北省档案局考评组对保定市国家档案馆4个方面54项内容逐项认真考评，以98.9分的高分晋升为省一级先进馆。市档案馆晋升省一级馆不仅标志着其“四位一体”功能有了显著提高，同时还为保定市创建全国文明城市争取到相应的分值，为保定建设文化大市作出了贡献。

【县级档案馆建设取得好成绩】 2006年、2007年县级档案馆建设取得令人可喜的局面，并且发展势头良好。市委办、市政府办下发了《关于进一步加强县级档案馆建设的通知》，对档案馆的建筑面积、设施设备、丰富和优化馆藏资源、档案信息化建设等提出明确而具体的要求，引起了各县（市、区）委、政府的重视。定兴县、安国市将档案馆建设纳入当地“十一五”规划。定州市决定将档案馆建设作为该市文化建设的重要组成部分，在古中山文化景区建设10000平方米，具有“四位一体”功能的开放式全国一流的县级档案馆。涞水县在新盖的办公楼中划拨给档案馆1000平方米，拨款15万元安装了密集架。安新县档案馆由原来的300平方米增加到1500平方米。容城县委、县政府决定建设3000平方米的新馆。全市26个档案馆总面积达到2.6万平方米，同比增长近20%，密集架增加1000多组，档案保管条件得到根本改善。

【办好保定历史图片展】 市档案馆保存着18.5万卷（册）档案资料，照片2万余张，这些档案资料和照片记录着保定发展的历程，是对广大人民群众进行爱国主义教育的直观教材，市档案馆因此被市委、市政府命名为爱国主义教育基地。市档案馆从馆藏的2万多张照片和征集到的5000张照片中精选出461张，举办了“岁月印迹，历史见证——保定历史图片展”，展览分为历史沧桑、光辉历程、励精图治、亲切关怀、文教兴市、再现繁荣、古城新貌、历史名人等8个部分。2006年10月30日，省档案局、市政府和市政协有关领导为展览揭牌。当天，部分市直机关干部和河北大学管理学院档案学系师生共100多人参观了展览。之后的两年来，共有数千人次参观展览。

【档案业务建设更加扎实】 制定了《保定市机关、团体、事业单位档案工作年度检查标准》，每年按标准检查立档单位的档案工作。市、县直部门的归档合格率保持在90%以上。认真加强对企业档案工作的业务指导，市档案局做好民营企业档案工作的经验材料在全国民营企业档案工作座谈会上进行了交流。加强对重点建设项目档案工作的督导和验收。市委办、市政府办印发了《关于切实加强重大活动档案管理工作的通知》，市档案局认真抓好落实。不断加强档案法治建设，开展档案执法检查，查处了一些违犯《档案法》的案件，提高了社会依法保护和利用档案的意识。

【档案编研科教宣传取得新成绩】 档案局（馆）编纂的《保定市档案馆指南》正式出版；50万字的《保定大事记》（续编1986—2006年）基本定稿。为推动全市档案编研工作，组织了全市档案编研成果评审活动，共评出46项优秀档案编研成果。2006年、2007年两年共有6项档案科研成果上报省档案局立项。600余人参加了岗位培训。2007年11月22日，为纪念保定解放59周年，市电视台通过拍摄市档案馆举办的《保定历史图片展》和采访观众向社会进行宣传。应有关部门邀请，市档案局将《保定历史图片展》搬到市博物馆展出，受到领导和社会各界好评。保定市有多篇文章获河北省档案宣传“五个一工程”奖。

【推进“家庭建档工程”】 为提高档案服务机制的创新，把档案工作往深里做、往实里做，将10万家庭建档的任务按照辖区人口数量和经济文化发展水平分解到25个县（市、区）。主动争取社区、民政局、工青妇部门的支持与配合，通过召开动员会、座谈会、举办培训班，通过报纸和电视台宣传等活动方式和手段推进家庭建档工作的深入开展。截至2007年底已有3万多户开始建立家庭档案。

【档案征集工作】 全市共接收入馆6万多卷、22516件档案、照片147张、会计档案67卷、资料7500册，向老干部征集档案资料30册，手稿一部，丰富了馆藏，优化了馆藏结构。

【为文明生态村建设和林改服务】 市委、市政府对生态文明村档案工作非常重视，建设300个文明生态村规范档案室的任务列入《保定市2007年政府工作报告落实方案》之中。市档案局认真抓好落实，印发了《关于进一步加强文明生态村档案工作的通知》，制定了标准，将建设300个文明生态村规范档案室的任务分解到25个县（市、区），建立台账，并且每月进行调度，召开现场会。截至2007年底，全市已建成规范文明生态村档案室323个，超额完成了市政府下达的目标任务。市、县档案局主动与林业部门配合，积极抓好林权改革中的档案工作，制定了林权改革档案管理办法，认真落实林权改革中的档案管理制度，共建立林业确权档案87791件，保证了林改档案的齐全完整和林改工作的顺利进行。此项工作受到省档案局和国家档案局的称赞。

领导班子成员

局　　长　许平洲
副 局 长　崔彤启　张维清
纪检组长　王　旭
助理调研员　辛书田

（部门编辑：李润泉）

开发区工作

【保定国家高新技术产业开发区】 保定国家高新区1992年11月9日经国务院批准建立，是全国54家国家级高新技术产业开发区之一。总体规划控制（开发）面积12平方公里，包括中心科技园、东区大学城、西区工业园，托管花庄、曹庄两村。

保定国家高新区党工委、管委会是市委、市政府派出机构，行使市级经济管理权限，对高新区统一管理。机构设置有办公室（党政合一）、财政局、劳动人事局、党群工作部、经济发展局、规划建设局、国土资源分局、招商合作局、社区公益局等9个一级局室和东区管委会、西区管委会、政策法规局、纪检监察室等4个二级局室。

【2006年·概况】 2006年实现工业销售收入92亿元，同比增长68%。完成工业增加值22亿元，同比增长26%。完成财政收入7.55亿元，同比增长41%。完成出口创汇3.57亿美元，同比增长200%。实际利用外资完成1.3亿美元，同比增长487%；利用省外资金2.4亿元。全社会固定资产完成20亿元，同比增长21%。

【中国电谷建设】 2006年，保定市委、市政府提出在新能源设备产业基地的基础上建设“中国电谷”发展战略，积极开展宣传推介、项目建设等工作，取得了较好成绩。“中国电谷”建设成为高新区二次创业的主题。

2006年，编制了中国电谷发展规划和启动方案；获得了3000多亩可开发用地，与大唐保定热电厂签署储灰场搬迁协议，获得2200亩国有土地的开发权；与国家开发银行达成战略合作，联合建立中小型科技企业投资服务平台，解决“中国电谷”建设融资需求；与华北电力大学达成战略合作协议，共同建设大学科技园，支持“中国电谷”建设；推进英利三期、惠腾三期、华翼叶片等重点项目建设，壮大“中国电谷”建设必要的产业支撑；启动中国电谷大厦兆瓦级电站上网工程等太阳能示范工程建设，出台鼓励公共设施建设采用太阳能产品优惠政策；完成了中国电谷知识产权保护和注册。“中国电谷”建设已成为保定“十一五”期间经济结构调整和新的经济增长极的支撑力量。

【主导产业发展】 2006年，保定国家新能源与能源设备产业基地，实现产品销售收入100亿元，同比增长67%；出口创汇2.23亿元，同比增长282%。

一是核心产业实现跨越式发展。天威英利公司二期项目全面投产，投资30亿元天威英利三期扩产项目开工建设，项目全部竣工后可新增销售收入150亿元。公司2006年实现销售收入20亿元，同比增长273%；利润3.2亿元，同比增长220%；出口创汇1.82亿美元，同比增长258%。公司海外上市工作进展顺利。惠腾公司三期主体完工，建成投产后可新增产能15亿元。公司2006年实现销售收入5亿元，同比增长346%；利润1.16亿元，同比增长214%，2007年签订订单32亿元。

二是产业链条快速拓展。风电产业除中航惠腾外，拥有15名院士作为技术支撑的华翼叶片研发中心生产基地项目建设基本完成，惠腾叶片配套工业园已具备生产条件；国产化率超过70%的惠德公司首台兆瓦级风电机组风场运行良好，各项指标均达设计要求，部分指标优于国外同类产品；国内唯一拥有风电控制和逆变系统技术的中科院科诺伟业公司已开始在高新区投资建设。光电产业除英利三期外，投资4.5亿元的风帆太阳能电池项目已开始设备订购。另外，由天威集团与日本三菱合资建设的高压开关项目正抓紧建设；清华智宜锂离子电池项目已建成投产，具备1.2亿元的产能。

【招商引资】 按照“资源整合、功能叠加”理念，在高新区驻京办先后建立了中国风能协会理事长办公室、美国大达拉斯商会、美国美腾公司驻京办事处、美国洛克威尔市驻京代表处，启动了中国风能杂志社、中国风能信息中心、中国风能网站，积极开展招商平台建设工作。重点围绕新能源设备产业开展特色招商，2006年，新注册外资项目12项，实际利用外资完成1.3亿美元，占保定市总量的73.4%，实际进区内资14亿元。天威英利新能源有限公司依靠产业优势及良好的国际信誉，成功引入了摩根士丹利、德意志银行、贝恩资本等国际战略投资者，为企业跨越式发展提供了必要条件。保定天威集团与世界500强企业日本三菱合作建设总投资达2930万美元的高压开关项目。

【投资环境】 出资120万元重奖创新创业突出贡献企业家及纳税大户，全力营造创新创业、诚信纳税的良好环境；实行工商上门年检，依托数字工商、创新监管方式，加强市场巡查，强化食品、药品监管，全力提高服务水平；开辟“中国电谷”高级人才招聘会，设立严格准入制度，采用全新招聘方式。

【出口创汇】 全年完成出口创汇3.57亿美元，同比增长84%。出口产品主要包括机电、新能源、软件设备产品等，主要销往欧美主要发达国家约30多家。

【高新技术产业】 全区共认定高新技术企业160家。高新技术产品245项，共有国家级技术中心5家，国家级研发中心3家，省级技术中心8家，高新区技术研发中心25家。高新技术企业产值达到172.2亿元，占全区工业总产值82%。天河电子被评为中国首批中小企业100强企业（河北仅有石家庄、保定共两家企业入围）。

【集约用地】 清除市污水处理厂污泥池，建设大功率风电叶片生产基地，出资支持保定热电厂技改，整理2000多亩储灰场土地用于风电产业园建设，在彻底解决市区污染难题的同时，有效盘活了国有建设用地；对进区项目进行严格筛选，重点支持符合产业政策的高新技术产业项目，坚决杜绝可能造成环境污染及不符合产业发展方向的项目进区；制定严格的用地政策，要求进区工业项目的投资强度不得低于160万元/亩，极大地提高了用地投资强度和土地产出效率。投资建设10万平方米标准厂房，在基本具备办公和生产条件后，向条件成熟的中小企业出租或出售。

【节能降耗】 结合自身产业特点，不断推进集约发展工作，大力发展循环经济，积极转变经济增长方式，依靠科技进步及提高企业自主创新能力加强节能降耗工作。2006年，万元产值耗电、万元产值综合能耗、万元工业增加值综合能耗都较上年有所降低。

【品牌建设】 保定高新区全力支持区内品牌建设工作，取得了较好成绩。保定高新区被国家商务部、科技部批准首批18家之一的“国家科技兴贸出口创新基地”；河北康达有限公司生产的“枪手”牌气雾杀虫剂被国家质检总局授予2006年度“中国名牌产品”称号；河北宝硕管材有限公司等6个单位分别被评为河北省质量效益型先进企业、河北省服务质量奖、河北省名牌产品及河北省优质产品等荣誉或称号；天威英利公司、风帆股份公司被授予2006～2008年度“河北省出口名牌”称号；中航惠腾公司、保定兰格恒流泵公司被授予“2006年度外商投资先进技术企业”称号。

【和谐发展】 2006年，保定高新区认真落实科学发展观，积极开展“树、讲、求”活动，全力建设和谐社会，不断健全社区、农村及企业党建工作，丰富基层文化生活。开展了省、市、区三级文明单位评选推荐活动，涌现出6家市级文明单位，2家省级文明单位。组织国税、地税、工商等8部门开展首届“十佳诚信企业”评选活动，努力营造良好的诚实守信环境。高新区被保定市委评为“全市稳定示范县（区）”、廉政建设被保定市纪委评为“实绩突出”单位，茗畅园社区获得“全国商业示范社区称号”（全国50家，河北2家），劳动人事仲裁率达100%。

领导班子成员

党工委

书　　记　赵洪涛
副 书 记　马学禄
　　　　　佟维力（7月任）
　　　　　苑景华　苏占国

委　　员　孙国山　苏利杰
　　　　　杜秉鹿　陈素英
　　　　　杨洪光
　　　　　刘宇明（挂职）
　　　　　马铁里
委　　员
纪工委书记　闵忠保
管委会
主　　任　马学禄
副 主 任　佟维力（7月任）
　　　　　苑景华　孙国山
　　　　　苏利杰　杜秉鹿
　　　　　陈素英　杨洪光
　　　　　刘宇明（挂职）

【2007年·概况】 2007年实现主营业务收入122.05亿元，同比增长62.8%；工业增加值完成31.99亿元，同比增长64.2%；完成现价工业总产值123.88亿元，同比增长60.9%；完成财政收入9.2亿元，同比增长31%；完成出口创汇5.58亿美元，同比增长126.1%；实际利用外资完成1.23亿美元；全社会固定资产投资完成23.6亿元，同比增长18%。

【中国电谷建设】 全面完成了2006年9月28日向市委常委扩大会议所作的《关于启动中国电谷建设若干问题的汇报》提出的九条战略任务。使中国电谷建设本质上形成了国家意志，中国电谷品牌在全国影响力大幅扩展，保定国家高新区“中国电谷”已成为国内可再生能源产业最密集的地区。

2007年，中国电谷实现工业销售收入160亿元，同比增长42.9%，占全区总量的54.6%；实现利税17亿元，同比增长65%；出口创汇完成4.3亿美元，同比增长95.5%，占全区总量的53.8%。

龙头企业强势发展。天威英利规模快速扩张。英利三期项目第一阶段100兆瓦全面投产，实现产能翻番，第二阶段400兆瓦全面开工建设，预计2008年底全部投产，年销售收入可达150亿元。天威英利YGE成功登陆美国纽交所，募集资金3.19亿美元，成为河北第一家在美国主版上市企业。2007年天威英利实现销售收入40亿元，同比增长100%。中航惠腾公司国内领军地位进一步巩固。投资6亿元的河北省重点项目中航惠腾三期全面投产，实现年产兆瓦级叶片1000副的能力。惠腾叶片配套工业园建设迅速，2008年初可实现原材料的本地化生产。国内上市工作已经启动。2007年实现销售收入15亿元，同比增长263%，占全国叶片产量的90%。

产业链条不断完善。在光电领域，以天威英利光伏产业为龙头，迅速聚集了光伏LED企业40余家，专业化的光伏LED行业协会正在筹建中。在风电领域，风电整机、叶片、控制系统及相关配套产业组成较为完备的风电产业链条，拥有风电设备及相关企业20余家。中国电谷风电设备产业园开工建设，项目总投资11亿元，达产后年产值可实现100亿元。总投资27亿元的兵装天威风电产业园开工建设。

【高新技术产业】 高新区共认定高新技术企业165家，高新技术产品265项，高新技术产品产值占全市高新技术产品产值的91%；2007年经认定的在册软件企业53家，软件产品461项，分别占河北省的27%左右。

到2007年底，保定高新区共实施国家级火炬计划项目23项，占河北省的24%；培养国家863计划项目7项；获国家部委产业化专业化支持项目17项；实施国家科技型中小企业技术创新基金资助项目28项，占河北省的30%；河北省创新基金资助项目59项，占河北省的20%。实施省火炬计划项目12项，实施国家专利项目580项；参加国家标准制订80项，行业标准制订94项。2007年高新技术产品产值达260亿元，占高新区总产值83%。

【合作与支持】 战略合作实现重大突破。中国兵器装备集团公司对中国电谷实施战略投资，以天威集团为平台，进入光伏发电和风力发电行业，“十一五”在高新区投资150亿元，“十二五”以前协议投资300亿元；中国国电电力公司与中国电谷签订战略合作协议。首个年产值80亿元的800台风电整机项目年底投产；国家开发银行与保定市政府、高新区签订了共同建设中国电谷战略合作协议。首期贷款额5.5亿元已陆续投入项目建设。

国家政策平台建设成果显著。2007年11月12日，被国家科技部认定为全国唯一的“可再生能源产业化基地”、“太阳能综合应用科技示范城市”；2007年12月28日，被国家科技部国际合作司认定为“国际科技合作基地”。

国际技术合作工作有效推进。华翼风电叶片公司与荷兰CTC公司联合研制的2MW级风电叶片正式下线、国电联合动力公司与德国艾尔顿公司联合研制的1.5兆瓦风电整机已有3台正式下线、天威风电公司与英国GH联合研制的1.5兆瓦级风电整机已完成整机组装，惠德公司与德国弗兰德公司联合研制的兆瓦级风电整机已批量投产，其中已有10台整机出口美国。

上级领导及新闻媒体支持与关注。全国政协、科技部、发改委、国务院参事室领导先后到高新区调研，省委书记张云川、省长郭庚茂、常务副省长付志方，科技部领导吴泽忠、曹健林等省部级领导先后到高新区指导工作。省长郭庚茂参加“保定·中国电谷”（香港）推介会。市长于群以新能源市长的身份接受凤凰卫视专访，中央电视台《新闻联播》、《新闻调查》，《人民日报》，《经济日报》，中央人民广播电台，《半月谈》，《河北日报》等国内主流媒体对中国电谷进行了全方位、多角度、连续跟踪报道。舆论的关注与宣传，提升了保定新能源产业形象，树立了新的发展品牌。

【**人才体系建设**】　为解决人才发展瓶颈问题，高新区与华北电力大学达成战略合作关系，国内首个专业从事可再生能源科研人才培养的华电可再生能源学院于2007年7月15日成立并开始招生。与中国风能协会联合建立了亚洲风能培训中心，为中国风能专业培养高级管理人才。在技术工人培养方面，高新区联合企业与保定市20余家职业技术学校，成立了国内首个新能源专业职业教育集团。

【**创新体系建设**】　2007年认定及复审高新技术企业68家，高新技术产品168项；帮助企业申报国家专利项目125项，指导企业参加国家或行业标准制定15项，帮助企业向上级各部门申报各类政策性资金支持项目40项，资金额3800万元。3兆瓦海上风机项目通过科技部和省科技厅评审，将列入国家科技支撑计划。华翼叶片研发中心正在申请河北省重点实验室，被国家科技部批准设立国家可再生能源产业化基地、国际科技合作基地。完成中国电谷风电产业联盟方案，正争取成为河北省级联盟。

【**太阳能之城建设**】　投资670.46万元用于太阳能之城建设，共完成5条道路、7个小区、2个工业园区、2个广场、5组交通指示灯的太阳能产品的建设和改造。建设集五星级酒店与1.5兆瓦太阳能光伏电站于一体综合性现代化建筑——中国电谷大厦，在世界上首次以太阳能电池组建替代传统的玻璃幕墙，建成后将成为国内装机容量最大的太阳能光伏并网发电系统。国内首座90千瓦太阳能发电综合利用并网示范电站奠基。建设太阳能照明产品试验街及太阳能产品展厅。引入高杆灯LED灯对传统主路照明进行改造。改造后的LED高杆灯每盏年约节电52414度，减少二氧化碳排放量54.51吨。建设太阳能交通指示示范精品工程，通过先行示范，支持保定市在全市范围应用，覆盖率已达70%。建立电子商务网站、太阳能之城建设专家库，筹建国家级电池检测中心，出台保定市太阳能综合应用地方标准以及建筑领域太阳能综合利用标准，积极谋划建立新能源产业基金。

【**稳定与安全生产**】　坚持“一岗双责”，健全维护稳定安全工作责任制，维护稳定、综合治理责任制和稳定安全预警信息组织机制得到贯彻，强化安全生产责任机制。试行企业安全自查报告制度，抓试点企业，推“看板式”管理模式。进一步规范企事业单位出租生产经营场所安全管理工作，继续开展“责任管理、岗位确认、安全承诺”工作。加强对重大危险源单位的监控管理，组织实施了企业安全互查试点工作。广泛开展学校、社区安全教育活动。危化企业外迁工作取得阶段性进展。全年未发生重大安全生产事故，保证高新区经济社会健康、快速发展。新世纪花园社区被评为全国“平安家庭”创建活动优秀示范社区。

【**品牌建设**】　大力实施名牌战略，推动企业管理水平、产品质量水平和自主创新能力不断提高，优势企业的产品质量达到国内外先进水平。2007年，保定天威集团有限公司（电力变压器）、河北宝硕股份有限公司创业塑料分公司（农用塑料大棚膜）获得中国名牌产品；河北胜达永强新型建材公司（PVC建筑型材）获得国家免检产品；生力（保定）啤酒有限公司（蓝星啤酒）、乐凯胶片集团公司（彩色胶卷、彩色相纸）获得河北省名牌产品；中航惠腾风电设备有限公司、保定合力达应用化学有限公司获得河北省质量效益型企业。

【**和谐发展**】　深化开展“解放思想大讨论”、“学树保促”主题教育活动，在全区机关工作和广大干部中推进“效能革命”和“责任风暴”，促进经济社会健康、快速发展。将解放思想大讨论活动直接开到企业，深入英利公司、惠腾公司等企业解决发展难题，推进企业战略发展与扩张。新建7家基层党建示范点单位，圆满完成中央组织部在规模以上非公有制企业组建党组织联系点工作。完成5个机关党委、47个党支部换届工作。深入开展“驻千村、联万户、帮民富、解民忧、促和谐”活动，引导农民群众转变观念，支持中国电谷建设，共享发展成果。

领导班子成员

党工委

书　　记　赵洪涛

第一副书记　韩占山(3月任)

副　书　记　马学禄　佟维力
　　　　　　苑景华　苏占国
委　　　员　孙国山　苏利杰
　　　　　　杜秉鹿　陈素英
　　　　　　杨洪光
　　　　　　刘宇明（挂职）
　　　　　　马铁里
委　　　员
纪工委书记　闵忠保

管委会

主　　　任　马学禄
第一副主任　韩占山(4月任)
副　主　任　佟维力　苑景华
　　　　　　孙国山　苏利杰
　　　　　　杜秉鹿　陈素英
　　　　　　杨洪光
　　　　　　刘宇明（挂职）

（部门编辑：周林伟　赵东超）

无线电管理工作

【河北省信息产业厅保定无线电管理分局】　河北省信息产业厅保定无线电管理分局为河北省信息产业厅的派出机构，正处级单位，实行省信息产业厅和所在市政府双重领导，负责全市的无线电管理工作。下设综合科、业务科、监督检查科、监测站。

【2006年·概况】　2006年，无线电管理工作紧紧围绕“加强管理、保护资源、保障安全、健康发展”的工作方针，认真贯彻《中华人民共和国无线电管理条例》和《河北省无线电管理规定》，按照依法行政、规范程序、把握重点、搞好服务的工作思路，不断加大无线电管理工作力度。认真落实省厅局2006年工作要点赋予的各项工作。全局干部职工团结协作、恪尽职守、不怕困难、扎实工作，为全市无线电事业的健康发展作出了贡献。

全年分局共审批频率3个，审批台站46座，撤销频率7个，撤销台站60座；核发电台执照330张，换发电台执照2张。在2006年的台站数据清查登记过程中，监测时间达到了31天，372个小时。全年共检测业余台127部，测试基站等设备90座，出具电测报告18份，分局的基础技术建设投资额达到了49.4万元，已完成市区两个新选站址的购置与装修工作。

【寻呼频率、台站清理】　根据省局《关于开展无线寻呼频率、台站清理工作的通知》（冀无地〔2006〕25号）文件精神，分局于4月11日开始对辖区内曾经使用的寻呼频率及设台单位的有关信息整理后交监测站进行监听，对监测站反馈回来的信息予以逐个频率点的反复排查，对存在的问题进行协调，按时向省局上报清理结果。在清理过程中，分局还对部分寻呼单位的业务重点、运行现状进行了了解。

【无线电台站数据清理登记工作】　根据国家无线电管理局和省局要求，分局将无线电台站数据清理登记工作作为今年工作的重中之重，按照“深入宣传，协调配合，把握重点，分类指导，确保质量”的工作思路，克服困难，加班加点，认真细致，按时完成了清理任务。6月22日，省局召开台站数据清理登记工作部署与培训会议后，分局立即成立了专项工作领导小组，召开会议，制定计划，周密部署，强调要把台站数据清理登记工作作为全年工作的重中之重。7月18日在《保定晚报》头版刊登了通告；7月21日，下发了《关于开展无线电台站数据清理登记工作的通知》（以下简称“通知”）。8月3日上午，召开了保定市无线电台站专项治理工作会议，省局副局长袁俭、市政府副市长曹汝涛等出席了会议并讲话。参加会议的有各电信运营商、较大设台单位和无线电运动协会等企、事业单位的主管领导，共计80余人。《保定日报》、《保定晚报》、保定电视台、保定广播电台等多家新闻媒体全程采访报道了这次会议。这次会议有力地推动了全市台站数据清理登记工作的深入展开。大部分设台单位都在规定的8月底完成了自查工作，录入了数据，上报了表格。为了提高工作效率、确保数据的准确，做到不反复、不走过场，分局工作人员携带HP8920综测仪和分局购置的便携式频率计，现场对设备进行频率、功率的检测。在进行现场核查的同时，还对固定台站的天线及设备拍摄了上千幅资料照片，并及时进行了筛选、整理、分类、命名，制作了800余幅无线电台站设备电子图像文档，方便了业务管理工作。

【执法检查、干扰协调及违章查处工作】　为加强无线电台站的监管工作，维护空中电波秩序，保障2008年奥运会的通信安全，以国家有关清查无线电台站精神为指导，按照年度工作计划，分局对出现的违章行为进行及时查处。在实际工作中，执法突出两个重点：一是依法办事，严格执法程序，认真履行职责；二是在执法中注意宣传无线电管理法律法规，提高设台用户的守法意识，从根本上防止违章现象的发生。截至12月底，分局重点进行了执法检查4次、干扰协调8次及违章查处11次。其中几次较大的干扰协调、查处违章有：（1）2006年3月初，分局接到举报，称满城县广播电视局擅自在满城县抱阳山上设置了一个调频广播电台，台呼为“综艺之声”，频率104.1MHz。通过监听、现场查处、了解，此设备是容城县广播电视局放到满城机房进行工作的。根据这一情况，分局勒令容城县广播电视局拆除了抱阳山上的设备。(2) 2006年3月底，分局接到举报，称博野县广电局擅自将模拟MMDS设备更换成了数字MMDS设备。经调查，局长承认擅自更换了数字MMDS设备的事实。经请示省局，分局对博野县广电局给予警告，并令其补办变更手续。(3) 在全省无线电台站清理核查过程中，分局对北京周边的涿州、高碑店、白沟几个县（市）、镇的大型宾馆、超市、大企业等单位进行了检查，共走访了14个单位，共发放核查文件、责令申报通知书等材料40余份，查出违章台站70余部，督促没有申报无线电台站的单位及个人积极配合核查，及时上报，近早纳入管理。

【科学审批数字MMDS台站】 由于数字MMDS节目具有利用无线数字手段达到有线电视节目质量的优势，近年来全市数字MMDS发展势头比较迅猛。为了解决各县老百姓看电视难的问题，各县广播电视局也都在积极筹划此项工作。为此，分局积极引导，严格审批。为了更好地利用有限资源、合理分配频段，解决频段有限和人民需求旺盛的矛盾，分局总揽全局、科学规划，进行了多次会议研究、实地考察和电磁环境测试，做到了以电测环境为依据、以地形需要为依据、以总体布局为依据。最终分局只受理了3个县的广播电视局的申请。在初审阶段，分局要求设台单位进行市场分析、提交调查报告、作出按时全额缴纳频占费的承诺，从而保证了频占费缴纳工作的顺利进行。根据MMDS频段频率资源有限、易产生同频干扰等特点，分局通过调研，提出了改变极化方式、变全向天线为定向天线、限制电波覆盖区域等有效方案，成功解决了两个相邻县同时设置数字MMDS的问题，为今后审批MMDS台站积累了宝贵的经验。分局受理的3个县已经省局审批设置了MMDS台站，待台站验收后核发电台执照。

【收取频率占用费】 全年分局共收取2006年度无线电频率占用费1425385元。为切实做好收费工作，分局高度重视，提前着手，认真核对收费预算，保证了收费计划的准确性。在省局规定的时间内，分局及时在报纸刊登了收取频率占用费的公告，以挂号信的形式向设台用户发放了《核收频率占用费通知单》。分局对未按时缴费的设台用户，采取了下发催费通知单、电话、到设台单位上门等多种方式进行催费。保定市地域广大，设台用户比较分散，任务比较繁重。收费人员不畏酷暑，克服困难，连续奋战，累计行程2万余公里。在收费的同时，分局还向设台用户宣传有关的无线电管理法律法规，解释无线电管理收费规定。在不懈的努力下，分局较为圆满地完成了全年收费任务。

【固定站建设】 分局按照省局要求，已经完成了市区两个固定监测站的购房、装修工作，涿州市区固定站选址也已经基本达成意向。下一步的铁塔建设安装工作正在部署过程中。2006年4月、7月间，分局先后两次开展了对固定站监测系统、搬移式系统、车载移动监测系统运行试验工作，以及后续开展的对HR－7II车载式监测系统试运行工作。通过开展监测系统试运行工作，更进一步掌握了系统的操作使用规程，了解了系统运行的工作状态，摸清了系统在运行中出现的问题，并按要求及时上报了试运行报告。

【无线电台站频率监测】 分局按照开展无线电台站频率核查工作计划安排，监测站对辖区各县城区频率占用情况进行监测，在8月至11月，监测时间达到了31天，372个小时，监测区域11个县（市、区），行程3000多公里，频谱图723分，电测报告5份。

【档案晋升省一级】 2006年7月，分局档案工作晋升为省一级。经过整理，分局共存档案1963件，其中文书档案162卷、1101件（永久6卷49件、长期97卷598件、短期90卷456件），业务档案76卷；会计档案286卷（会计账本20本、会计凭证196本、会计报表82本）此外声像档案85张；资料258册。由于准备充分、组织到位，最终通过省一级验收。

领导班子成员

局　　长　宋宗勋

副 局 长　吴庆华　赵　强

【2007年·概况】 2007年，分局无线电管理工作在省厅、局和当地政府的正确领导下，坚持以“三个代表”重要思想和构建和谐社会理念为指导，紧紧围绕“加强管理、保护资源、保障安全、健康发展”的工作方针，认真贯彻《中华人民共和国无线电管理条例》和《河北省无线电管理规定》，按照依法行政、规范程序、把握重点、搞好服务的工

作思路，不断加大无线电管理工作力度。在深入学习贯彻“十七大”精神、开展思想解放大讨论活动、加强廉政建设的基础上，认真落实了省厅局2007年工作要点赋予的各项工作。

本年度共审批频率5个，审批台站57座；撤销频率12个，撤销台站78座；共发放电台执照221张。分局重点进行了执法检查8次、干扰协调6次及违章查处5次。2007年度实际收取无线电频率占用费60.8万元，基本完成了收费任务。

【上年无线电台站数据清理登记工作收尾】 在上年无线电台站数据清理登记工作中，由于时间紧、任务重，且部分遗留问题需上报省局，请示研究处理办法，部分台站没有及时补办设台手续。2007年年初通过分局领导及各科站沟通、研究，需请示省局的上报请示，大部分遗留问题得到了解决，部分台站补办了设台手续，纳入了无线电管理。

【协助省局举办业务培训班】 3月19日至24日，省局在保定举办了2007年全省第一期业务培训班。此次培训是由省局主办，保定分局协办，省局领导、机关以及各分局主管业务工作人员共计40余人参加了培训。省局局长邵建华到会并做了动员讲话，副局长袁俭全程参加了培训并对培训工作进行了总结讲评。培训班邀请了国家无线电办公室频率规划处副处长常若艇，对学习贯彻新版《无线电频率划分规定》作了专题辅导；大唐公司和保定电信分公司对TD—SCDMA系统及网络试验情况进行了介绍，参加培训的人员还参观了基站、天线等设备；北京金蜂公司介绍了新研发的全数字对讲机。省局两个业务处对2007年的重点工作进行了说明。6个分局就台站数据清理登记工作和日常业务管理介绍了经验。省市业务干部还围绕业务工作进行了讨论，相互借鉴经验和办法。通过此次培训，锻炼了分局全体工作人员的组织和配合能力，为分局组织大型培训工作积累了经验。

【完成台站数据清理登记检查组来保检查】 国家无线电监测中心频谱工程处处长黄标、卫星处工程师曾繁声，及沪、闽、浙、赣、粤五省市无线电管理机构人员，组成的国家无线电台站数据清理登记工作检查组，于11月14日至15日，在省局副局长边兆宏和相关处室人员陪同下，到保定市检查了无线电台站数据清理登记工作，随机抽查了台站数据库资料，并利用监测车分别对广播电视、800MHz集群、70MHz、450MHz、900MHz等频段的无线电信号进行了监测和确认，对随机抽取的无线电基站坐标等主要技术参数进行了现场核对。通过听取分局的工作汇报和对数据库台站数据的查验，检查组对省局和保定分局的台站数据清理登记工作给予了充分肯定和好评。此次由国家组织的台站数据检查，是地方无线电管理机构成立以来的第一次。检查组临时抽取分局代表全省分局接受国家的检查。分局领导高度重视、周密部署，业务科及相关科站准备充分、密切配合，全体工作人员加班加点、行动迅速，最终顺利通过了检查组的各项检查及验收。

【执法检查、干扰协调及违章查处工作】 为加强无线电台站的监管工作，维护空中电波秩序，保障2008年奥运会的通信安全，按照年度工作计划，分局对出现的违章行为进行及时查处。在实际工作中，分局执法突出两个重点：一是依法办事，严格执法程序，认真履行职责；二是在执法中注意宣传无线电管理法律法规，提高设台用户的守法意识，从根本上防止违章现象的发生。截至年底，分局重点进行了执法检查8次、干扰协调6次及违章查处5次。其中较大干扰协调和违章查处有：中国铁通石家庄铁道通信中心保定车间的关于列车调度系统受到了不明语音信号的干扰；多家单位未经允许擅自在白石山山顶设置了中继台；安新县设置的MMDS基站发射信号的恶意干扰；高碑店、徐水的两所学校安装干扰器干扰正常移动通信。此外，完成了全国考试的考场无线电通信监测工作。

【收取频率占用费】 本年度，分局共收取2007年度无线电频率占用费60.8万元，基本完成收费任务。为切实做好收费工作，分局高度重视，提前着手，认真核对收费预算，保证了收费计划的准确性。在省局规定的时间内，分局及时在报纸刊登了收取频率占用费的公告，以挂号信的形式向设台用户发放了《核收频率占用费通知单》。分局对未按时缴费的设台用户，采取了下发催费通知单、电话、到设台单位上门等多种方式进行催费。催费过程中，门难进，脸难看，费难收的情况时有发生。保定市地域广大，设台用户比较分散，任务比较繁重。收费人员累计行程2万余公里，在收费的同时，分局还向设台用户宣传有关的无线电管理法律法规，解释无线电管理收费规定。在不懈的努力下，分局较为圆满地完成了全年收费任务。

【无线电频谱监测月报工作】 2007年4月起，分局无线电监测站按照省局文件精神要求，开始进行无线电频谱月报工作，监测站对辖区各县城区频率占用情况进行监测，截至12月，累计监测时间达到了2130.5个小时

【固定资产全面清查】 2007年，分局根据《河北省信息产业厅关于开展行政事业单位资产清查工作的通知》精神，按照省厅要求，本着“统一政策”“统一方法”“统一步骤”“统一要求”和分级实施、加强领导的原则，以2006年12月31日为资产清查工作基准日，重新对各项资产进行了全面的清理、核对和查实。对固定资产逐一进行实物盘点，对各项基本账务进行了全面核对。由于各科站紧密配合，勤抓落实，按期圆满完成资产清查各项工作，保证了工作成果真实、可靠，有关数据准确无误，做到账账、账实相符，并以此为契机加强了财务的管理工作。此次资产清查工作共清理出107台（件）闲置需要报废的固定资产，总价共计1368682.09元。

领导班子成员

局　　长　宋宗勋

副 局 长　吴庆华　赵　强

（部门编辑：赵　强　张天骄）

驻外办事处工作

【保定市人民政府驻北京联络处】 驻地在北京市丰台区丽泽路三路居167号。内设接待处、信息处、经贸处、办公室。主要工作职责是以“繁荣首都，振兴保定”为宗旨。立足首都，利用首都的各种优势，为保定的改革与经济建设服务；同时积极为首都服务，维护首都的政治稳定和社会安定，参与首都的经济建设，促进首都的社会发展。

【2006年·概况】 2006年，驻京联络处在市委、市政府和市政府办公厅的正确领导下，坚持以邓小平理论和“三个代表”重要思想为指导，牢牢抓住发展这个党执政兴国的第一要务，坚持用发展统一思想，用事业凝聚力量，团结带领全体干部职工，按照“振兴保定，服务首都”的总体工作思路，开拓进取，扎实工作，在自身建设、政务联络、稳定协调、招商引资、信息上报、接待服务等方面均取得了新进展。

【完成职能业务目标】 2006年，市下达联络处职能业务目标共五项，已全部按要求完成或超额完成。1. 政务联络工作。充分发挥联络处在北京人熟、情况熟、信息多、渠道广、与有关部委和领导联系便利的优势，完成了市委、市政府主要领导与中央部委、北京市有关部门领导的政务联络任务10项。其中有配合市商务局在北京饭店成功组织保定籍在京同乡新春联谊会协助市直有关部门和有关县市在人民大会堂成功举办了几次大型招商活动，包括雄县中国温泉之乡命名仪式，高碑店鑫华锅炉制造有限公司新技术成果发布会，“迎奥运游保定”大型新闻发布会等。2. 稳定协调工作。对于这项工作，联络处领导高度重视，干部职工始终把维护保定的荣誉和形象及首都政治稳定和社会安定作为联络处压倒一切的重要工作。一是领导重视。人员到位，明确专门班子、专门人员具体负责稳定协调工作程序规范，做到了信访事件处置有记录，处置结果有反馈，信访动态季总结。二是加大了对新的《信访条例》的宣传解释力度，耐心做好进京群众的思想疏导工作，引导群众依法有序上访。三是强化信访网络机制建设。与中办、国办信访局，中纪委、总政治部、公安部、国土资源部、建设部等部委信访接待部门以及北京市各公安分局保持了经常性的接触和联系，与保定市各级信访部门加强了沟通，形成了三位一体、渠道畅通、快速反应的信访事件处置机制，对涉及保定的进京访人员和上访事件做了快接送、快处理、不记账。四是加大了节假日、敏感期、重点区域值班力度。实行领导带班，24小时不空岗的信访值班制度。值班期间主动到重点区域、重点场所巡查，发现问题及时沟通情况，化解矛盾。妥善处置集体访和处理突发事件。

【联络项目工作】 为推进保定市招商引资工作，驻京联络处分析了北京2008年奥运会给北京周边地区会带来哪些商机及项目合作，加强了同北京市委、市政府及有关企事业单位的联系，先后为保定市各县（市、区）推介项目12个，其中香港客商投资的“望都生物柴油项目”、中科院引资并提供技术支持的“涿州污水处理厂”项目都已启动，前期基础建设已初具规模，首钢西曼汽车制造公司搬迁项目已进入实质性洽商阶段。

【政务信息工作】 全年紧紧围绕市领导关注的关系首都改革发展稳定大局的热点、难点问题，有针对性地报送信息。上报信息改变过去拿过来报上去旧的工作模式，突出了分析性、建议性，体现了“参谋型”信息特色。全年共编发信息100期，信息采用率达10%左右，为市委、市政府

领导了解北京情况，推进科学决策起到了积极作用。

【接待服务工作】 完成市领导在京多项公务活动；协助保定市来京公务人员处理多起突发性事件，并为来京开展公务、考察、联谊、就医等活动的机关工作人员提供了舒适、舒心的食宿服务。

领导班子成员

主　任　王天义

书　记　张积熙

成　员　李花心

（部门编辑：刘光）

【2007 年·概况】 2007 年，驻京联络处在市委、市政府和市政府办公厅的正确领导下，深入贯彻邓小平理论、“三个代表”重要思想和科学发展观，认真学习党的十七大、省委七届三次全会和市委九届四次全会精神，紧紧围绕市委、市政府提出的建设“京南近海强市名城”的宏伟目标，抓住北京实施“新北京、新奥运”战略构想的机遇，结合保定“南车北电东纺西绿城文”经济发展战略格局，充分发挥驻京联络处的桥梁、纽带和窗口作用。开展多领域、多层次、全方位的经济、科技、文化交流活动，积极宣传保定、服务保定。各项工作坚持求实、务实、落实，在政务联络、招商引资、信访稳定、信息搜集、接待服务及自身建设等方面都取得了新进展，完成了市委、市政府下达的年度考核目标和市委、市政府领导交办的各项工作任务。

【政务联络工作】 充分发挥联络处的优势，利用在北京人熟、地熟、情况熟、信息多、渠道广、与有关部委和领导联系便利条件，全年完成了市委、市政府主要领导与中央部委、北京市有关部门领导的政务联络任务 10 项。特别是市委书记宋长瑞在北京开会期间和常务副省长付志方到北京时的相关政务联络工作的完成，受到表扬。

【项目联络工作】 为推进保定市经济工作又好又快发展，认真分析了奥运会前将给北京周边地区会带来哪些商机及项目合作机会，加强了同国家各部委、北京市委、市政府及有关企事业单位的联系，先后为保定市各县（市、区）推介引进项目 11 个。主要有：1. 为高碑店引进的由保定“隆基泰和”房地产开发有限公司与北京“养加加”饮料有限公司合资兴建的生产果浆及果汁的项目，于 2007 年 7 月双方达成合作协议，已进入设备安装调试阶段。该项目总投资 3.5 亿元，其中引进内资 1.8 亿元。投产后，销售收入可达 7 亿元，年实现利润 8000 万元，上缴税金 3500 万元，具有较高的经济效益。该项目可以带动 1000 户农民致富，还可以带动区域内的包装、运输、物流等相关产业的发展，同时为当地劳动力创造了就业机会，具有较好的社会效益。2. 为落实京南近海强市名城发展战略，提高保定的知名度，主动联系北京电视台《数说北京》栏目组，到涿州采访调查，编辑并拍摄《涿州买房记》、《涿州相亲记》、《涿州奇遇记》三个电视短剧，于 2007 年 8～9 月在北京电视台五套节目中播出。3. 澳大利亚外商向涞水投资 600 万美元（基建 300 万美元、设备 300 万美元），生产休闲食品项目洽谈。4. 北京景山教育投资集团与易县“京易职业技术学校”联合办学，已达成意向。5. 中企国际建设集团与涿州市政府就“旧城改造”项目洽谈。6. 经济协作处年初确定的六个项目，引进北京新亚澳针织品有限公司到涿州落户，已生产引进北京上善投资公司、北京东方金伯亿投资公司到涿州与豪门房地产开发公司合作参与城中村及老城区改造项目，已建立办公机构，签订了开发合同联系北京印度国大投资集团到涿州投资开发旅游度假村项目，签订了意向书；联系中铁集团涿州分公司到高碑店投资绿化造林系统工程，在洽谈促办北京首钢西曼汽车集团大型货车及汽车配件生产基地迁涿州办厂，在洽谈；通过国家商贸部进出口公司拟邀请美国芝加哥商总会部分企业家来华赴保定洽谈汽车配件生产合作项目，可随时组团。

【稳定协调工作】 一是领导重视。人员到位，明确一名班子成员专门具体负责稳定协调工作程序规范，做到了信访事件处置有记录，处置结果有反馈，信访动态有总结。二是法规意识强。加大了对新的《信访条例》的宣传解释力度，耐心做好进京群众的思想疏导工作，引导群众依法有序上访。三是措施得力。强化信访网络机制建设，与中办、国办信访局，中纪委、总政治部、公安部、国土资源部、建设部等部委信访接待部门以及北京市各公安分局保持了经常性的接触和联系，与保定市各级信访部门加强了沟通，形成了三位一体、渠道畅通、快速反应的信访事件处置机制。四是重点突出。加大了节假日、敏感期、重点区域值班力度，实行领导带班，24 小时不空岗的信访值班制度。妥善处置集体访和处理突发事件。

（四）政务信息工作。全年紧紧围绕市领导关注的有关经济、改革、发展、稳定大局的热点、难点问题，有针对性地报送信息。特别是注重搜集、整理、编辑国家各部委的有关新政策、新规定、新经验。在上报信息的过程中突出了分析性、建议性，体现了“参谋型”信息特色。全年共编发信息100期，信息采用率达10%左右，为市委、市政府领导了解各种新情况，科学决策提供了参考依据，起到了积极作用。

【接待服务工作】 完成市领导在京多项公务活动；协助保定市来京公务人员处理多起突发性事件，并为来京开展公务、考察、联谊、就医等活动的各界人士，提供了舒适、舒心的食宿服务。为37位老领导、老同志解决医疗救治的实际困难，多次为保定人民群众提供法律援助。

领导班子成员

主　任　王天义

书　记　张积熙

副主任　李花心　张立洲

（部门编辑：张立洲）

【保定市人民政府驻天津办事处】 保定市人民政府驻天津办事处是保定市人民政府在天津的窗口。主要有政务接待、经济协作、招商引资、信息工作四大职能。内设办公室、经协处、经贸处、接待处。

【2006年·概况】 2006年，驻津办在市委、市政府的领导下，以天津滨海新区的迅速崛起为契机，工作稳步推进。完成各项任务目标。驻津办被市政府评为信息工作“优胜单位”，被天津市政府评为经济协作“双向服务先进单位”，被各省（区）政府驻津办机关党委评为“先进党支部”。

【经协工作由虚向实转变】 按照京津冀一体化的发展趋势，及时转变工作思路，重点围绕环渤海和京津冀发展战略，做了大量富有成效的工作。其中积极协调康师傅控股有限公司与高碑店市委、市政府就土地问题做了大量工作，留住了该公司在高碑店的投资项目，现已顺利投产；1月完成天津·保定籍同乡新春联谊会的承办工作；3月联系中海油基地集团新事业小组赴保定高新区考察，就新能源方面达成合作意向；6月，就在天津滨海新区“响锣湾商务区”投资零地价事宜，积极向政府汇报并带领乐凯集团、浪拜迪公司咨询政策、实地考察；8月，完成了保定市委书记、市长带队的各县（市、区）、市直有关部门党政一把手参加的考察团到天津滨海新区参观考察的协调组织工作；帮助保定市亚南建筑机械有限公司在津拓展业务；陪同原天津市人大副主任吴振，原天津市政协主席刘晋峰回保定、蠡县、安新考察，并就保定房地产开发达成初步意向；11月，联系协调容城县委、县政府考察团一行40人到天津市滨海新区参观考察；克服重重困难，通过天津市经协办促成在保定生产生物制燃料乙醇项目，保定市政府与天津市经协办已正式签约；帮助保定市工业学校、宏光计算机学校解决毕业生在津就业问题；帮助易县政府联系天津开发区劳动人事局搞联合办学，在易县职业技术学校初步形成了订单式培养学生的教育模式，为天津开发区各大企业定向培养技术工人，不仅做了扶贫工作，而且解决了当地的劳务输出问题；紧紧围绕保定加快建设“中国电谷”，到天津开发区实地考察了风力发电企业，并将宣传、服务于建设保定“中国电谷”作为2007年的重点工作。

【信息工作由微观向宏观转变】 鉴于能展示办事处工作的层面极少的问题，积极在为政府提供信息服务上下功夫，站在区域经济一体化的高度，实现了由微观信息向宏观信息的转变。紧紧围绕以天津滨海新区为代表的环渤海经济圈，为保定融入区域经济一体化收集、挖掘有价值的宏观信息。全年共向市政府上报信息109期，采发率近20%，上报市长专报两期，工作调研一期，在《政府决策参考》杂志上发表调研文章一期。同比上年都有大幅度提高，信息工作在市直同类单位排名第一。

领导班子成员

主　　任　李保旗

副 主 任　牛兴元

【2007年·概况】 2007年是驻津办的深化改革保稳定年。在市委市政府的帮助支持下，以十七大精神为指针，全面落实科学发展观，按照年初制定的工作目标，各处室紧密配合，各项工作在实践中求突破，在探索中求深化，工作稳步开展，取得了一定成绩。驻津办被市委、市政府评为信息工作“先进单位”和“优胜单位”。被天津市经协办评为“双向服务先进单位”，被河北省政府驻津办机关党委评为“先进党支部”，同时发展了三名党员。

【深化服务职能，加强经协工作】 经协工作改变工作方法，深化服务职能，除了通过政府渠道，加强了经协工作的广度和深度。克服重重困难和阻力，促成了容城县燃料乙醇汽油生产并在津销售的项目，并与天津市经协办签订了协作书；对协调促成康师傅控股有限公司在高碑店投资建厂的项目。2007年以来继续加大服务力度，积极做好有关项目建设的协调服务工作，主动帮助解决投资生产过程中的问题，使经协工作逐步由事先服务向全程服务转变；积极联系保定企业在天津拓展业务：联系协调河北华信审计事务所到天津开办审计师事务所，扩大了两地经济业务往来与合作；联系保定市东方中药厂，就在天津扩大“东乐膏”产品市场与天津市有关方面达成初步意向；积极为保定各中等及高等院校毕业生、保定籍军转战士及干部在津就业提供帮助。

【抓机遇，服务保定市中心工作】 紧紧抓住“天津滨海新区在改革开放和自主创新中的主要作用”这一契机，围绕本市中心工作，落实市委、市政府科学发展、提速发展、和谐发展，加快推进“中国电谷”建设，加快发展新能源产业的重大战略部署做工作。1. 项目推介力度加大、重点突出。（1）4月18日至22日，以副市长高天民为团长的保定市代表团到津参加“中国·天津第十四届商品交易投资洽谈会”。会上，积极配合本市以新能源产业的“保定·中国电谷”展位为主题在“津洽会”上亮相。借此平台，充分展示了保定市的实力和良好投资环境，进一步宣传推介保定，提高了保定知名度；（2）在驻津办的努力下，5月28日天津滨海新区汉沽第五中学、天津驻军某师与保定世纪星光新能源科技有限公司达成了使用太阳能产品的协议。保定市太阳能产品在学校、部队营房的使用，在滨海新区起到很好的推广示范作用；（3）7月18日至19日，副市长高天民率领市政府办公厅、发改委、海关、质检局、驻津办等有关部门应邀到津参加天津电子口岸与物流信息平台开通仪式。天津电子口岸与物流信息平台开通，为区域合作搭建了综合服务平台，由此实现了更加高效、便捷的通关服务，有力促进了区域经济有好又快发展。（4）7月19日，促成保定市政府与天津港集团关于《建设保定无水港合作意向书》在天津万丽泰达酒店正式签署。2. 高层互访积极活跃、效果显著。（1）副市长高天民率领市政府办公厅、发改委等部门于7月19日至20日到天津市宝坻区参观，实地考察了宝坻经济开发区、宝坻温泉城等，与宝坻区政府领导进行了座谈、交流，听取了有关开发建设的经验介绍。双方领导就保、宝两地加强全面合作达成了广泛共识。（2）10月17日，天汽集团总经理林引、常务副总经理陈先平等保定到市长城汽车股份有限公司参观考察。在保期间，考察团同市汽车办、商务局等相关部门领导就建立和加强与本市汽车工业的合作和发展进行了深入的交流，达成了优势互补、携手共赢、共谋发展的合作意向。（3）天津市红桥区政协主席黄禄衡、红桥区法院院长赵俊祥、前园工业开发区书记周长明等分别到本市北市区、顺平、易县、涞水、满城、安国市等地参观考察，就双方在经济、文化、旅游等方面的内容同当地领导进行了深入交流和探讨，并对进一步加强两地今后的合作达成了广泛的共识。

【拓宽信息渠道，为领导决策服务】 信息工作坚持“把握大局，突出重点，服务决策”的方针，以反馈实用性、针对性较强的具有天津及滨海新区开发开放特色信息为重点，较好地为市领导决策提供了信息服务，市政府采发办事处信息15条，工作调研1期，市长批示信息3期，信息采发率大大提高，《保定发展服务外包产业的优势与对策》一文被《政府决策参考》刊发，驻津办信息工作在市直同类单位排名第一。借助天津市经协办创立的“工作动态联络机制”平台，加强了同兄弟省市驻津办交流并充分宣传了保定，一名同志被天津市经协办评为优秀信息员。

领导班子成员

主　　任　李保旗

副 主 任　牛兴元（5月离任）

（部门编辑：韩瑞洁　康　军）

政协保定市委员会

【综述】 政协保定市委员会是中国人民政治协商会议的地方委员会之一，在中共保定市委的领导和河北省政协的指导下开展工作。主要职能是政治协商与民主监督，组织参加本会的各党派、团体和各族各界人士参政议政。政协保定市委员会设置32个委员界别，2003年十届一次会议时安排委员668名。后经增补，到2007年十届五次会议时，委员总数768名。

政协机关设办公厅、研究室、经济科技委员会、社会法制委员会、文教体卫委员会、学习宣传委员会、提案委员会、台港澳侨委员会、文史资料委员会、人口资源环境委员会、机关党委11个县级工作机构，接受政协党组的领导。2006年、2007年，市政协机关连续两年被评为全市工作实绩突出单位、帮建文明生态村工作先进单位、全省政协系统宣传工作先进单位。2006年，市政协机关还被省政协评为社情民意工作先进单位；2007年，市政协机关被评为全市联系共建社区先进单位、被省政协评为政协联络站先进单位，两项文史工作获省文史工作优秀成果奖等。

【市政协第十届委员会常务委员会组成人员】

主席　王庆明

副主席

李　森(2007年2月离任)
王旭波
张广琦(2007年2月当选)
孙建恒　王万族
赵敬章　华筑信
张国立　徐铁麟
赵桂良　闫立英

秘书长

卜宪章

常务委员　(以姓氏笔画为序)

于文芳　万进儒
马　河　王长占
王文利　王文杰
王玉祥　王宏伟
王宏剑　王建辉
王炳刚　王保国
王俊茹　王景涛
王增平　田双喜
田峻岩　田福生
冯鹤菁　邢志清
邢彦学　师蕴珩
朱振荣　任新娟
安永福　安增敏
刘文力(2007年2月免)
刘廷乐　刘亚伦
齐立伟　刘志宏
刘利忠　刘建军
许红琳　孙树贵
阴国福　闫克军
严又生　杨文阁
杨秉文　杨坤龙
杨建国　杨学举
杨金凌　杨敏生
李　才　李　娟
李　晔　李旭辉
李连才　李和明
李明凯　李赶顺
吴剑松　吴素清
吴新立
宋永信(2007年2月免)
宋献丰　张力云
张元录　张庆红
张来永　张志民
张志华　张金山
张树欣　陈立洪
陈伯良　陈国桢
陈贵林　陈振怀
邵永琴　周文琪
郑明慧　郑淑琴
赵红军　赵陆军
赵志英　赵志国
赵清华　赵德昂
郝春海　姚克荣
宫娜景　聂祖华
贾春顺　柴振群
高秀恩　高瑞启
郭运通　曹志刚
黄宪臣　常铁宁

崔和平　康　敬
康章奎　葛长青
董桂武　程宝山
曾　刚　谢淑英
臧建政　潘德世
薛兰会　冀学明
王红艳(2006 年 1 月当选)
王英辉(2006 年 1 月当选)
王振声(2006 年 1 月当选，2007 年 2 月免)
王　谦(2006 年 1 月当选)
田惠民(2006 年 1 月当选)
任牧辛(2006 年 1 月当选)
刘国旗(2006 年 1 月当选)
张双才(2006 年 1 月当选)
张东利(2006 年 1 月当选)
李战贵(2006 年 1 月当选)
杜亦大(2006 年 1 月当选)
苏长山(2006 年 1 月当选)
周连生(2006 年 1 月当选)
周耕田(2006 年 1 月当选)
苗连生(2006 年 1 月当选)
郝延刚(2006 年 1 月当选)
唐东浩(2006 年 1 月当选)
崔彦宏(2006 年 1 月当选)
梁连起(2006 年 1 月当选)
释真广(2006 年 1 月当选)
穆　强(2006 年 1 月当选)
魏建国(2006 年 1 月当选)
王二铁(2007 年 2 月当选)
赵志中(2007 年 2 月当选)
司春明(2007 年 2 月当选)
张希瑾(2007 年 2 月当选)
郑维康(2007 年 2 月当选)
穆春林(2007 年 2 月当选)
张庆增(2007 年 2 月当选)
杨学德(2007 年 2 月当选)
刘振昌(2007 年 2 月当选)
任增瑞(2007 年 2 月当选)
龙苏梅(2007 年 2 月当选)
王胜利(2007 年 2 月当选)
臧瑞平(2007 年 2 月当选)
范艳艳(2007 年 2 月当选)
杨文远(2007 年 2 月当选)
齐占敖(2007 年 2 月当选)
赵春海(2007 年 2 月当选)

【2006 年·概况】 2006 年，市政协在上级政协指导和中共保定市委领导下，以邓小平理论、“三个代表”重要思想和科学发展观为指导，认真学习党的十六届五中、六中全会精神，深入贯彻《中共中央关于加强人民政协工作的意见》，紧紧围绕全市经济社会发展与构建“和谐保定”两大任务，认真履行政治协商、民主监督、参政议政三大职能，全面落实市政协十届四次全会的任务要求，各项工作取得了新的成绩。

【市政协十届四次会议】 政协保定市第十届委员会第四次会议于 2006 年 1 月 9 日至 13 日在保定百世开利会展中心举行。会议应到委员 738 名，实到 603 名。市委、市人大、市政府、军分区领导和政协历届老领导应邀出席了大会开幕式、闭幕式。市委副书记王会平在开幕式上代表市委讲话。讲话指出：在“十五”期间，全市各级政协组织紧紧围绕发展稳定大局，紧密团结各民主党派、工商联、各人民团体和各族各界人士，以饱满的政治热情，积极的创新意识，务实的工作作风，认真履行政治协商、民主监督、参政议政职能，在服务经济建设，维护社会稳定，推进民主政治建设等方面做了大量卓有成效的工作，发挥了积极作用。中共保定市委八届七次全体（扩大）会议暨全市经济工作会议，通过了关于“十一五”规划的《建议》和构建“和谐保定”的《实施意见》，明确了今后五年的发展方向、总体思路和保障措施，对于统一全市人民思想，开好“两会”，动员一切力量积极投入“十一五”更快更好发展和和谐保定建设，具有重要的指导意义。为此讲了三点意见：一、认真抓好“十一五”规划的制定实施，促进全市经济社会更快更好发展，是党执政兴国的第一要务，也是全市人民的共同任务；二、深入开展平安建设，积极构建“和谐保定”，是巩固党的执政地位的基础工程，也是全市人民强烈祈盼的民心工程；三、大力支持政协工作的“三化”建设，充分发挥政协的职能作用，是提高党的执政能力的需要，也是推进全市民主政治建设进程的需要。

市政协党组书记、主席王庆明代表市政协第九届委员会常务委员会作工作报告。报告对过去一年的工作做了回顾，并对就做好新一年工作明确任务。一、重点围绕产业结构战略性调整，经济增长方式转变和人才战略的实施，深入调查研究，积极建言献策，在推动全市经济社会更快更好发展上取得新成绩；二、重点围绕规范施政行为，畅通民意诉求渠道和激发社会亲和力，发挥政协优势，广泛凝聚力量，在服务“和谐保定”建设上作出新贡献；三、重点围绕政协工作“三化”建设，委员队伍建设和政协机关建设，坚持与时俱进，不断探索创新，在提高我市政协履行职能能力上迈出新步伐。随后，市政协副主席王万族代表政协第九届常务委员会作提案工作报告。

与会委员列席了市十二届人大四次会议，听取并讨论了代市长于群所作的政府工作报告，协商讨论了保定市国民经济和社会发展第十一个五年规划纲要（草案）及其他重要报告；审议了市政协主席王庆明所作的市政协常委会工作报告和副主席王万族所作的提案工作报告；增选了 22 名政协常委；通过了市政协十届四次会议政治决议和提案审查情况的报告等，圆满完成了各项议程。

会议期间，来自全市各族各界、各条战线的700多名政协委员，聚集一堂，共商保定发展大计，畅谈保定市政协工作和民主政治建设未来，提出了许多建设性意见和建议。会议始终充满着民主、求实、团结、鼓劲的热烈气氛。

【2006年常委会议】 2006年，市政协十届常委会共召开4次会议。

市政协十届十四次会议于1月12日在市政协十届四次会议期间召开，会议听取了大会秘书处对委员讨论情况的综合汇报，以及市委领导就有关人事情况所作的说明，审议通过政协保定市第十届委员会第四次会议选举办法（草案）、监票人和总监票人建议名单（草案）、政治决议（草案）、政协保定市第十届委员会第四次会议关于常委会工作报告的决议（草案）、常委会提案工作报告的决议（草案）、提案审查情况的报告（草案）。

市政协十届十五次常委会议于5月24日召开，会议审议通过了《关于进一步加强我市人才工作的建议案》，决定了有关人事事项，增补了部分市政协委员。

市政协十届十六次常委会于9月7日至8日在安新县召开，会期两天。与会常委通过收看辅导录像的形式集中学习了《中共中央关于加强人民政协工作的意见》，审议通过了市政协《关于落实科学发展观，强化污染整治，努力建设环境友好型社会的建议案》（草案），还审议通过了人事事项。

市政协十届十七次常委会于12月28日召开。会议审议通过关于召开市政协十届五次会议的决定（草案）、会议日程（草案）、市政协《提案工作条例》（草案），讨论了常委会工作报告、提案工作报告，审议了市政协十届五次会议议程（草案），书面听取了市政府《关于市政协十届四次会议以来政协提案办理情况的通报》，决定了有关人事事项，增补了部分市政协委员。

【为保定振兴献计献策】 市政协围绕全市经济社会发展的突出问题，深入调查研究，积极建言献策。推动“人才强市”战略实施。提升人才和劳动者素质，是确保保定市经济社会发展的智力支撑。组织部分委员和专家学者，深入企业、学校调查研究，与有关职能部门、高校负责人座谈论证，解剖典型，反复探讨，经市政协十届五次常委会审议，形成《关于进一步加强我市人才工作的建议案》，从破除思想障碍、完善使用机制、优化人才环境、搭建聚集平台、构建现代教育培训体系、加大对人才工作领导力度等六个方面提出20余条建议。市委、市政府对此《建议案》高度重视，并在“人才强市”战略实施中予以采纳。促进主导产业强势发展。组织20多名委员，深入产业园区，剖析重点企业，广泛征询业内专家意见，在掌握大量第一手资料的基础上，召开了促进本市汽车及零部件，新能源及输变电设备制造等主导产业强势发展专题协商座谈会，就提高自主创新能力，加快整合配套、延长产业链条、加强行业管理、优化发展环境等方面提出了11条建议，为市委、市政府制定完善“中国电谷”、汽车产业发展规划提供了决策参考。围绕农民增收建言。着眼于农业产业化和农民增收，先后进行了农民合作经济组织和农业科技推广体系专题调研，向市委、市政府提出了以加工销售企业或专家工作站为依托，深入探索农民专业合作社的实现形式及其运行机制，不断提高农业生产组织化程度的建议，并在省政协九届十七次常委会上作了大会发言。此外，还配合全国政协对保定市社会主义新农村建设进行了调研，组织部分常委、委员对本市高速公路建设、南水北调重点工程进行视察。有关党派和界别委员也就融入天津滨海新区、专业市场建设、“走出去”战略、民营企业融资、小城镇规划等工作，提出了大量建设性的意见和建议。

【为推动文化大市建设出力】 市政协紧紧围绕全市文化建设的重大部署，积极贡献才智，促进繁荣发展．为文化大市建设献策。在市委、市政府制定“建设文化大市规划纲要”过程中，市政协积极组织有关界别委员进行了深入调研，重点就淮军公所、清河道署等重点文物的保护和开发利用；高洛古乐、清苑哈哈腔等非物质文化遗产的抢救和挖掘整理；加大城区绿化美化和护城河还清力度，提升城市文化品位；制定文化产业扶持政策，加快文化、旅游产业发展；扩大对外文化交流合作与宣传。叫响“魅力保定”等提出了意见和建议。认真做好文史资料工作。为了编印《保定历史文化画册》，深入发掘和广泛宣传保定深厚的历史文化精髓，收集了记录保定历史风貌的老照片1000余幅；为了编纂《省会在保定》文史资料专辑，整理了一批老同志的回忆文章；就名人故居保护状况进行了系列调研；还配合有关方面举办了“保定历史文化图片展览”。促进文教体卫事业发展。文教体卫事业是建设文化大市的重要内容。组织委员视察了本市部分文艺演出单位，就推进文化经营体制改革提出建议；视察了本市非物质文化遗产保护工作，就优秀民间艺术的传承与发展提出建议；视察了保定师专新校区建设，就保定市高等教育发展提出建议。还配合省政协对本市新型农村合作医疗制度实施情况进行了视察。此外，有关党派团体和界别委员也针对城乡医疗资源配置失衡、边远乡村学校师资匮乏、体育专业人才流失严重等问题，以多种形式提出意见。

【促“和谐保定”建设】 市政协紧紧围绕“和谐保定”建设的目标要求，充分发挥优势，积极贡献力量。高度关注民生。环境污染不仅影响经济社会的可持续发展，而且严重危及群众的生产生活，是诱发社会矛盾的重要因素。为此，市政府确定了环境保护的调研专题，组织力量，实地考察，深入论证，多方听取群众意见，经市政协十届十六次常委会讨论通过，形成了《关于强化污染整治，努力建设环境友好型社会的建议案》，有针对性地提出了强化环保意识、明确环保责任、建设环保设施、严格排放标准、推广循环利用技术、打造生态宜居环境等意见和建议。市委、市政府对《建议案》高度重视，责成有关部门分解落实。有关界别委员还围绕失地农民的社会保障、灵活就业者的养老保险、看病难看病贵、房价增长过快、公共食品安全、禽流感防控等提出了大量的意见和建议。充分反映民意。针对市民反映强烈的物业管理问题，组织部分委员进行调研，先后召开了房屋业主、房地产开发单位、房管部门及物业管理协会成员多个座谈会，视察了部分住宅小区，针对存在问题，提出了严格房屋维修基金的收缴管理使用制度、完善小区公共服务配套设施、规范水电气暖供应和计量收费工作、深入开展平安社区建设等建议，向市委、市政府报送了《调研报告》。政协提案是委员反映民意的重要形式，上一年共收到提案921件，立案281件，市政协采取分类督办、集中调度、考核通报等措施，进一步提高了提案办理质量，促进了一些群众关注问题的解决。广大委员还通过大会发言、小组视察、反映社情民意等多种渠道，就公正文明执法、提高“一站式”审批效率、预防青少年犯罪、优化城市水环境、改革户籍管理制度、依法治理狗患等热点问题及时反映群众意愿和呼声。营造亲和氛围。增强社会亲和力是构建“和谐保定”的民心基础，也是政协组织的一大优势。一年来，围绕全市关注的“三轮车治理”，“拆除违法建筑”等攻坚战役，组织委员视察，广泛宣传群众，讲解政策，增信释疑，有力配合了全市重点工作。组织界别委员多次开展了科技、卫生、文化、法律“四下乡”活动，深受群众欢迎。市政协办公厅牵头开展的集团帮扶工作，得到了省市扶贫部门的肯定。还对台资企业发展情况进行视察，就密切与台胞的联系、加大对台招商和服务保障力度提出建议。针对陈水扁的台独言行，适时召开“反独促统”座谈会，进一步统一了各界人士的认识，激发了热爱祖国、建设家乡的热情。

【加强自身建设，创新政协工作】 市政协紧紧围绕加强自身建设的关键环节，积极探索，务求实效。深入开展学习型政协创建活动。《中共中央关于加强人民政协工作的意见》是指导新世纪新阶段人民政协事业发展的纲领性文件，市政协把对《意见》的深入学习作为提高政协队伍整体素质的重要措施。市政协主席会议、常委会议进行了专题学习研讨，分片对县（市、区）政协主席及界别小组组长进行了辅导培训，组织部分省市政协委员收听收看了全国政协副秘书长卞晋平的辅导报告，向全体市政协委员和机关干部发放了专题《学习读本》。市政协理论研究会以学习《意见》精神为主题，进行了理论研讨，共收集论文47篇，编印了《理论与实践》专辑。同时，全年在保定日报开办《政协聚焦》专版17期，在保定电视台开办《政协之窗》专栏24期，重建了“保定政协”网站，有些稿件还在《人民政协报》、《乡音》等省及以上报刊发表，为广泛宣传政协理论和委员业绩，不断深化学习型政协创建活动发挥了积极作用。稳步推进政协工作“三化”进程。加强“三化”建设，是做好政协工作的制度保证。市政协经过广泛征求各民主党派和县（市、区）政协的意见，对政治协商、民主监督、参政议政的内容、形式和程序，政协意见建议的办理与答复，做好政协工作的保障机制等方面，进行了深入研究探讨，向市委提出了进一步加强政协工作“三化”建设的意见和建议。还结合政协工作实践，重点对常委会、专委会以及党派团体的内部协商机制进行了调整和规范，对专题调研、委员视察、提案督办的工作程序进行了探索和改进，并及时修订了市政协《提案工作条例》。同时，还进一步加大了对各县（市，区）政协“三化”建设的指导力度。继续开展“两争两为”活动。2005年以来，在以“争创先进小组、争当优秀委员，为保定发展做贡献，为人民政协添光彩”为主要内容的“两争两为”活动中，进一步规范了小组管理，逐步形成了小组长负责制、专委会对口联系制、常委分工督导制、年终总结评比制的管理体制，使小组活动更具活力，委员主体作用得到了充分发挥。认真抓好政协机关建设。市政协围绕“学习型、调研型、参谋型，服务型”机关建设目标，进一步完善规章制度，规范工作程序，切实加强了机关管理。根据市委安排，在政协机关认真开展了“学树保促”百日主题教育活动，按照“六对照、六查摆”的要求，以“围绕大局讲责任、抵制歪风讲原则、联系各界讲团结，履行职能讲贡献”为重点，广泛征求市政协各参加单位、各县（市、区）政协和部分政协常委的意见，有针对性地制定整改措施，进一步树立了正气，提高了机关工作效率和服务水平。

【市政协机构及成员】

常务副秘书长　杨坤龙
副秘书长　田峻岩(12月免)
　　张金山
　　张　旭(9月任)
研究室
主　任　田峻岩(兼)(12月免)
副主任　田丽娟(7月免)
　　张云彩
　　王　健(9月任)
经济科技委员会
主　任　康　敬(4月免)
　　龙苏梅(4月任)
副主任　赵立柱
文教体卫委员会
主　任　崔和平
副主任　(空缺)
社会法制委员会
主　任　臧建政(9月免)
副主任　赵建民
学习宣传委员会
主　任　田福生(9月免)
　　范艳艳(9月任)
副主任　(空缺)
提案委员会
主　任　刘廷乐
副主任　范艳艳(9月免)
　　李荣月(9月任)
台港澳侨委员会
主　任　曾　刚
副主任　王庚申(9月任)
文史资料委员会
主　任　张力云(4月免)
　　王胜利(4月任)
副主任　(空缺)
人口资源环境委员会
主　任　刘文力(4月免)
　　臧瑞平(4月任)
副主任　张　剑(4月免)
机关党委
书　记　卜宪章(5月任)
副书记　杜金榜

【2007年·概况】　2007年，市政协在上级政协的指导和中共保定市委的领导下，以邓小平理论和“三个代表”重要思想为指导，以科学发展观为统领，深入贯彻党的十六届六中全会和十七大精神，牢牢把握团结和民主两大主题，围绕中心，服务大局，认真履行政治协商、民主监督、参政议政职能，着力促进全市经济社会的科学发展，提速发展，和谐发展，努力维护社会和谐稳定，为合力打造“京南近海强市名城”作出了积极贡献。

【市政协十届五次会议】　政协保定市第十届委员会第五次会议于2007年1月29日至2月1日在百世开利会展中心举行。会议应到委员768名，实到611名。市委副书记王会平在大会开幕式上讲话，讲话提出：2007年是全面落实科学发展观、深入实施“十一五”规划的关键一年。中共保定市委九届一次全会暨全市经济工作会议，进一步确定了“科学发展、提速发展、和谐发展”的鲜明主题和建设“京南近海强市名城”的战略目标。实现这一目标，任务艰巨，责任重大，需要全市人民同心同德、发愤图强，更需要各级政协组织和广大政协委员认真履行职能，充分发挥作用。一、以科学发展观为统领，认真履行政协职能，为促进科学发展、提速发展，和谐发展作出新贡献；二、高举团结和民主两大旗帜，充分发挥政协优势，为构建“和谐保定”作出新贡献；三、认真贯彻《中共中央关于加强人民政协工作的意见》，努力提高政协工作水平，为我市民主政治建设作出新贡献。会议听取了政协主席王庆明代表市政协第十届委员会常务委员会做的工作报告。随后，市政协副主席王万族作提案工作报告。

会议期间，委员们听取并讨论了于群市长所作的政府工作报告；协商讨论了保定市2006年国民经济和社会发展计划执行情况与2007年国民经济和社会发展计划（草案）及其他重要报告；审议通过了市政协主席王庆明代表市政协常委会所作的工作报告和副主席王万族所作的提案工作报告；在充分酝酿和民主协商的基础上，选举张广琦为政协保定市第十届委员会副主席，增补了17名政协常委，会议还通过了其他人事事项；通过了市政协十届五次会议政治决议和其他决议，以及提案审查情况报告。会议期间，来自全市各族各界的700多名政协委员，以高度的政治责任感和历史使命感，认真履行委员职责，积极建言献策，充分展现了广大政协委员的参政议政热情和良好的精神风貌。

【2007年常委会议】　2007年，

市政协十届常委会召开4次会议。

市政协十届十八次常委会于1月31日在市政协十届四次会议期间召开，会议听取了大会秘书处对委员讨论情况的综合汇报，以及市委领导对有关人事情况所作的说明，审议通过了政协保定市第十届委员会第五次会议选举办法（草案）、监票人和总监票人建议名单（草案）、政治决议（草案）和其他几项决议（草案）。

市政协十届十九次常委会于6月6日召开，会议审议通过了市政协《关于加快发展县域经济的几点思考和建议》（草案），通过了有关人事事项。

市政协十届二十次常委会于9月6日召开，会议审议通过了市政协《关于推进我市社会主义新农村建设几个重要问题的建议案》（草案）。

市政协十届二十一次常委会于11月21日召开，会议听取了中共十七大代表、市一中校长田烈同志作十七大精神的报告，常委们作了学习体会交流，对2006–2007年度的先进委员活动小组、优秀政协委员进行表彰。

【为全市经济社会发展献计出力】一年来，市政协坚持以科学发展观为指导，在深入调查研究的基础上，努力提高建言议政质量，为促进全市经济社会更好更快发展献计出力。加快保定发展，县域经济是战略支撑。2007年3月至4月，市政协围绕制约本市县域经济提质提速发展的突出问题，由市政协主席王庆明和副主席张广琦、孙建恒、赵敬章、张国立、赵桂良分别带领6个调研组，组织政协委员、常委、党派人士、专家学者，机关干部40余人，分别深入到13个县（市、区）和30多个大中小企业，听取了市政府有关部门的情况介绍，先后召开各类座谈会、研讨会30余次，经市政协十届十九次常委会审议，形成了《关于加快发展县域经济的几点思考和建议》的建议案，就县域经济的理性定位、区域规划、产业布局、宏观指导、破解瓶颈问题、加强企业家队伍建设等提出了意见和建议，受到了市委、市政府的高度重视。市委书记宋长瑞、市长于群分别作出批示，市政府办公厅以《内情通报》的形式，将“建议案”全文印发各县（市、区）政府和市政府有关部门，将24条具体建议立项分解，交42个责任单位研究落实，还对落实情况进行了两次督查、两次通报，并及时向市政协作了反馈。

加快保定发展，城乡统筹是必经途径。2007年上半年，市政协紧紧围绕推进保定市社会主义新农村建设这一专题，由市政协主席王庆明总体负责，副主席王旭波、王万族、华筑信，徐铁麟、闫立英分别带队，组织部分政协常委、委员和专家学者，分5个调研小组，在认真学习中央和省、市委有关文件精神的基础上，先后到12个县（市、区）、20多个乡镇、30多个行政村进行深入调研。经市政协十届二十次常委会审议，形成了《关于推进我市社会主义新农村建设几个重要问题的建议案》，从大力发展农村生产力、进一步完善农村乡镇上层建筑、深化调整农村生产关系改革、关注农民群众生活、发展基层民主政治、加强农村社会治安综合治理等六个方面提出了建议。市长于群批示：“此件很有价值，也很有操作性，发各县（市、区）政府研办。”市政府督察室对建议案的采纳落实情况进行了立项督查。

加快保定发展，文化建设是重要驱动。市政协积极创新工作思路，与中央电视台合作拍摄了反映保定历史文化的七集系列专题片《走遍中国·走进保定》。这项工作得到了市政府、市政协主要领导的高度重视和大力支持，被列为保定市文化建设的一项重点工程，并且被评为全省政协文史资料优秀成果一等奖。该专题片在中央电视台中文国际频道播出后，受到社会各界的广泛关注，对促进全市旅游业和文化产业的快速健康发展，塑造保定良好的投资环境和人文环境，起到了巨大推动作用。市政协还组织界别委员就文化基础设施建设、文化体制改革以及“河北动漫产业基地”的培育发展进行了视察考察。

此外，各专门委员会、委员活动小组也充分发挥界别优势，紧紧围绕全市经济社会发展，重点就国企改革、农产品深加工、现代物流发展、旅游资源整合开发、打造职业教育名市、在融入环渤海经济圈进程中驻外办事处的职能定位等开展调研视察，提出了大量有针对性的对策建议。

【为构建“和谐保定”献计出力】一年来，市政协充分发挥最广泛爱国统一战线组织的作用，突出团结和民主两大主题，坚持把维护团结稳定作为义不容辞的责任，为促进“和谐保定”建设做了大量工作。

构建“和谐保定”，必须畅通民意诉求。提案是委员反映民意的重要形式，市政协2007年共收到提案308件，立案296件，市政协采取分类督办、集中交办、考核通报等措施，进一步提高了提案办理质量。为了进一步拓展社情民意的反映渠道，市政协在原有工作基础上，又开通了委员“民情热线”，组织政协委员利用专线电话、专用信函、电子信箱等途径，及时反映民意诉求，市政协机关还建立了相应的民情热线报送反馈机制。

构建"和谐保定"，必须优化政务环境。市政协充分发挥民主监督的职能优势，围绕全市开展的"效能革命"和"责任风暴"，针对无责可负、有责不负、失责不究和不作为、虚作为、乱作为的突出问题，组织委员对一些行政管理部门，执法执纪部门的工作开展了视察评议，采取现场评议和计票评价的办法，提出了监督意见，并向市委、市政府报送视察评议报告，促进了全市政务环境的进一步优化。还对政务公开工作中存在的问题进行了调研，对重点服务行业和窗口单位的行风建设进行了评议，各部门从政协委员中聘请的特约监督员也发挥了很好的监督作用。

构建"和谐保定"，必须促进社会公平。市政协高度关注就业再就业和社会保障，西部山区扶贫开发、重大疫情防控、公正司法、社会治安等问题。市政协组织委员重点就民营企业就业人员养老保险、下岗失业和零就业家庭救助、新型农村合作医疗、促进义务教育公平、人口与计划生育利益导向机制的运行情况、维护台胞台属和侨胞侨属合法权益等，进行了专题调研视察，广大政协委员也自觉承担起社会工作者的责任，带头倡导和谐理念，弘扬和谐文化，践行社会主义核心价值体系，积极参与和谐创建活动、扶贫济困活动、"专业技术人员进万村兴百业"活动、科技卫生文化法律"四下乡"活动，以各种形式为"和谐保定"建设作出了积极贡献。

【加强自身建设，提高工作水平】

一年来，市政协积极适应新形势、新任务的要求，坚持把加强自身建设作为政协工作的重要基础，卓有成效地提升了市政协工作水平。

切实加强"学习型政协组织"建设。市政协按照《关于创建学习型政协组织的意见》，认真组织政协各参加单位、广大政协委员和机关干部，采取集中学习、辅导培训、理论研讨、外出考察等多种形式，重点学习了邓小平理论、"三个代表"重要思想、科学发展观、和谐社会建设理论和《中共中央关于加强人民政协工作的意见》。党的十七大召开后，市政协主席会议、常委会议对十七大精神进行了专题学习，机关干部开展了系列讲座，向全体市政协委员下发了通知，全市政协系统迅速掀起了学习贯彻热潮。

切实加强委员队伍建设。重点在四个方面实现了突破，一是继续深化"两争两为"活动，于2006年11月对20个先进委员活动小组和128名优秀政协委员进行了隆重表彰。二是针对经济发展焦点、社会关注热点，与保定电视台联合举办了一期界别"委员论坛"。三是以委员小组为单位，以有关场所为依托，陆续建立了一批"委员活动室"。四是继续办好《保定日报》"政协聚焦"专版，保定电视台"政协之窗"专栏，并在"保定政协"网站开辟了"委员建言"栏目。

切实加强政协工作"三化"建设。市政协继续加强政协履行职能制度化、规范化，程序化建设，2007年重点在政协议政建言成果的转化机制上进行了积极探索和规范，如对市政协常委会建议案的办理结果，建立了有关方面向市政协常委会通报制度；对专委会调研视察报告、委员小组专题建议、民情热线专报的办理情况，健全了对相关部门的跟踪督办制度；对委员提案的办理工作，进一步完善了年初集中交办、年中评议调度、年末联合考核的全程督办机制。此外，市政协还对本届政协"三化"建设成果进行了系统总结，辑印了《政协保定市第十届委员会重要资料汇编》上下册，分别定名为"五年回眸"和"议政之声"。

切实加强政协机关建设。政协机关在进一步巩固"学树保促"教育活动成果的基础上，又按照市委的统一部署，深入扎实地开展了"站在新起点、推动新发展"和解放思想大讨论，促进机关工作作风、精神状态、服务意识有了进一步转变，服务质量、工作效率有了进一步提高。市政协机关2007年先后派出两批14名同志参加了全市"驻千村、联万户、帮民富、解民忧、促和谐"活动，分别为所驻村办了大量实事好事，多个工作队集体和多名工作队员受到了市委表彰。市政协办公厅作为保定市第六帮扶集团牵头单位。主动协调集团的23家单位，筹集款物折合人民币190多万元，对口帮扶涞水县27个贫困村，取得了明显成效，受到了国务院扶贫办和省、市领导的充分肯定。并在全市扶贫工作会议上做了典型发言。

【市政协机构及成员】

常务副秘书长　杨坤龙
副 秘 书 长　张金山　张　旭
研究室
主　　　任　（空缺）
副　主　任　张云彩
　　　　　　王　健
经济科技委员会
主　　　任　龙苏梅
副　主　任　赵立柱
文教体卫委员会
主　　　任　崔和平

政协保定市委员会

副　主　任　（空缺）
社会法制委员会
主　　任　马会杰（6月任）
副　主　任　赵建民
学习宣传委员会
主　　任　范艳艳
副　主　任　（空缺）
提案委员会
主　　任　刘廷乐
副　主　任　李荣月
台港澳侨委员会
主　　任　曾　刚
副　主　任　王庚申
文史资料委员会
主　　任　王胜利
副　主　任　（空缺）
人口资源环境委员会
主　　任　臧瑞平
副　主　任　（空缺）
机关党委
书　　记　卜宪章（兼）
副　书　记　杜金榜

（部门编辑：刘　丽　王　波）

纪检·监察

【中共保定市纪律检查委员会、保定市监察局】 中共保定市纪律检查委员会、保定市监察局履行党的纪律检查和行政监察两项职能，在市委、市政府和中共河北省纪委、省监察厅的领导下开展工作。内设21个室（处），即：办公室、监察综合室、第一纪检监察室、第二纪检监察室、第三纪检监察室、第四纪检监察室、第五纪检监察室、审计室、干部管理室、案件审理室、党风廉政建设室、纠风室、执法监察室、行政效能监察室、政策法规研究室、信访室、宣传教育室、干部培训中心、信息中心、机关党委、老干部处。

【2006年·概况】 2006年，全市各级纪检监察机关在市委、市政府和省纪委、省监察厅的正确领导下，按照中纪委、省纪委全会部署和要求，坚持围绕中心，服务大局，坚持标本兼治、综合治理、惩防并举、注重预防的战略方针，全面履行党章赋予的职责，积极协助党委抓好党风廉政建设，认真组织协调反腐败工作，着力加强惩治和预防腐败体系建设，狠抓党风廉政建设责任制的落实，全市反腐倡廉工作取得了新的明显成效，63项工作受到中纪委、省纪委的表彰和肯定，在省纪委考核排队的工作中，查办案件、纪检监察信访、执法监察、效能建设、纠风、民主评议等工作名列全省第一，市纪委、监察局连续十二年被市委、市政府评为"实绩突出单位"。

【领导干部廉洁自律工作】 1．领导干部廉洁从政行为进一步规范。按照中纪委、省纪委部署，狠抓领导干部廉洁自律各项规定的落实，组织全市8933名领导干部进行了述职述廉。对领导干部重大事项报告规定执行情况进行监督检查，21名县级领导干部报告了个人重大事项。各级纪委负责人同下级党政主要负责人谈话1371人次、领导干部任前廉政谈话1837人次、诫勉谈话283人次。对全市副县以上领导干部用车进行了登记、审核、清理，纠正违规配备、使用小汽车301台。坚决禁止各种奢侈浪费行为，全年共压缩各类会议和庆典活动543次。在党委换届期间，制定了《关于在党委换届工作中严肃组织人事纪律的通知》，对各级党委和领导干部在换届中的工作纪律作出明确规定，并抽调纪检监察干部800多人次，对各级党委换届实施全程监督，为换届工作的顺利进行提供了坚强的政治和纪律保障。2．农村基层党风廉政建设成效明显。加强对乡村党员干部廉洁自律两个《若干规定》执行情况的监督检查，严肃查处农村干部违纪违法案件，进一步规范了农村基层干部从政行为。积极推行农村财务委托代理服务制度，进一步规范了乡村财务管理。加强村级纪检小组建设，完善监督职能，初步形成了县乡村三级互动的基层纪检组织网络。在全市培树了100个"两委"班子好、群众基础好、落实廉洁自律规定好、经济发展好、乡村民风好的"五好"农村基层党风廉政建设示范村，以点带面，促进了全市农村基层党风廉政建设整体水平的提高。5月，在中纪委深圳农村基层党风廉政建设座谈会上，保定市作了典型发言，得到了中纪委副书记刘锡荣的充分肯定。

【查办案件工作】 始终坚持把查办案件作为重中之重，把查处大要案和危害经济环境、损害群众利益的案件作为办案重点，强化办案措施，改进考核办法，加大办案力度，查办案件工作继续保持强劲势头。强化案件考核。在全市继续实行案件“七法”考核办法，即党员监察对象比例法、查处比例法、重大典型案件与立案案件总数比例法、经济案件比例法、信访举报比较法、综合因素比较法、违法违纪办案“一票”否决法等，充分调动各级纪检监察机关查办案件的积极性，做到了有案必查。整合办案力量。结合换届，及时充实和调整了市、县两级反腐败协调小组。坚持执纪执法机关联合办案制度，由市纪委牵头，组织公、检、法以及审计等部门，每月召开一次案件通报调度会，协调联动，有效提高了突破大案要案能力。严格依纪依法办案。严格执行中纪委、省纪委依纪依法办案各项规定，先后两次修订完善《关于使用“两规”“两指”的有关规定》，制定了《关于严格办案程序的暂行规定》，进一步强化了依纪依法办案、文明办案和安全办案。全市各级纪检监察机关全年共立案查处各类违纪违法案件 2104 件，其中大要案 596 件，给予党政纪处分 1895 人；市纪委直查案件 121 件，查处涉及县级领导干部的案件 27 件。通过查办案件，为国家挽回直接经济损失 3886.22 万元。全市各级纪检监察机关办案总数和市纪委直查案件数连续六年在全省名列第一。同时，办案质量进一步提高，信访举报、案件审理工作进一步规范。

【执法监察和纠风专项治理工作】 牵头组织和配合有关部门，重点开展了环境保护、拖欠工程款、土地招拍挂和土地征用补偿、安全生产、建设工程项目招投标、清理党政机关工作人员和国有企业负责人投资入股非煤矿山生产经营、城镇房屋拆迁、商业贿赂、专项资金使用等专项治理。依法关停了新市区、满城县违法排污企业 218 家；清偿拖欠工程款 12.55 亿元，占拖欠总额的 98.15%；督促落实土地征用补偿费 9.95 亿元；集中力量先后开展了五次安全生产专项检查，排除和纠正安全生产隐患 150 多个；清理党政机关工作人员和国有企业负责人投资入股非煤矿山生产经营 97 人，涉及资金 5508.9 万元；成立了治理商业贿赂领导小组，建立了联席会议、案件协查联办、案件月报告和责任追究四项制度，共查处商业贿赂案件 80 件；制定出台了《关于专项资金监督及违规违纪处理办法》，抓住工程立项、资金拨付、项目实施、竣工验收、决算结算等关键环节进行重点审计，共清理各类专项资金 31.2 亿元。同时，按照市委、市政府的统一部署，全程介入拆除市区违法建设、三轮车清理等大规模整治行动。坚持损害群众利益的案件必查，工作不负责任的领导干部必究，严厉查处损害群众利益的案件，对 215 人进行了党政纪处分，切实维护了群众利益。

【治本抓源头工作】 1. 对权力运行的制约和监督不断强化。进一步深化了权力公开透明运行工作，建立了“三全四联一中心”工作机制，所有机关全面推开、各类权力全部公开、权力运行全程公开，市、县、乡、村四级联动，着力加强市、县两级行政服务中心建设。市本级行政服务中心于 2 月正式运行，设便民厅、便企厅、投资厅、综合厅、公共资源交易厅、保密事项审批厅 6 个大厅，47 个部门 509 项审批服务项目进入市行政服务中心集中办理，全年累计受理各类事项 16.4 万件（项），办结率达 99.8%。经过对办事流程的核定，办结时间比法定时间整体提速 29.86%。通过对 2 万多名群众书面测评，满意率达 98.7%。省委书记白克明在视察保定市行政服务中心时给予充分肯定，省、市人大代表、政协委员和老干部也多次到中心视察，都给予了高度评价。12 个县（市）建立了行政服务中心，172 个乡镇建立了便民服务站，有条件的村全部建立了便民服务点，初步形成了上下联动的行政服务网络。2. 党风廉政宣传教育工作不断创新。各级纪委与组织、宣传、文化、新闻等部门协调联动，整合优势，大宣教格局进一步完善。结合保定实际，建立了集课堂教育、警示教育、法纪规范、文化熏陶、大众传媒引导为一体，与廉政网络教育相结合的“五维一网”宣传教育机制，丰富了内容，活跃了形式。市、县、乡三级层层开展“纪委书记讲党章”活动，近 30 万党员参加学习党章知识竞赛，组织“我的社会主义荣辱观”演讲比赛 100 多场次。广泛开展廉政文化进机关、进学校、进农村等“十进”活动，组织创作文艺作品 2500 余部，文艺演出 300 多场次，举办了形式多样的廉政文化成果展览，开展了“万人同唱廉政歌”活动和“廉政文化大篷车进农村”活动，进一步营造了“以廉为荣、以贪为耻”的浓厚氛围。在 4 月全省纪检监察宣教工作座谈会和市委组织的县域经济研讨班上，进行了廉政文艺汇报演出，省委副书记、纪委书记张毅，以及观看演出的其他省市领导给予了很高的评价。

【优化环境工作】 1. 围绕优化经济发展环境的措施不断强化。

进一步加强了优化环境投诉中心、行政效能监察中心、优化环境政策咨询服务中心建设。坚持重心下移抓基层，上下延伸建网络，对行政许可事项、重大项目建设等工作，实行了目标化、规范化、经常化管理，完善了投诉处理、监督检查、责任追究机制，对21名不作为、乱作为人员实行了下岗处理。2. 民主评议工作不断深化。在坚持“五制”“三全”，即评议代表“轮换制”、参评单位“全员制”、优秀单位“免排制”、后进单位“诫勉制”、评议结果“运用多元制”以及全年评议、全程公开、全面体现群众意志的基础上，进一步做到质询随时、答复限时、登统及时、信息公布准时，大大增强了评议效果，全市政务环境得到进一步优化。3. 信访工作扎实有效。下大力开展领导干部下基层接访活动，深入开展乡镇信访创优达标活动，加强乡镇信访服务中心建设，形成了以乡镇为重心，向上与市、县对接，向下延伸到村的信访问题防控网络。坚持一般信访件要回报、比较重要信访件要情况、重要信访件要结果以及各类形式的督办督察制度，定人员、定职责、定任务、定时限、领导包案的“四定一包”责任制度，双向责任追究制度，重大、复杂、疑难问题信访听证制度，建立了纪检监察信访突发案件快速反应机制，大量信访问题在基层得到及时解决，一批“缠访”、“闹访”、“老大难访”问题得到有效处理。全市连续七年没有发生到中纪委、省纪委集体访，单个访数量也明显减少。

【纪检监察机关自身建设】 市纪委常委会高度重视理论学习，自觉用“三个代表”重要思想和科学发展观指导工作实践，认真坚持民主集中制原则，严格执行常委会工作规则，带头执行廉洁自律各项规定，自觉接受全委会和各级党组织、广大党员干部的监督。结合党委换届，把一批政治合格、公道正派、年富力强、热爱纪检监察工作、业绩突出的干部选进了各级纪委领导班子，领导班子整体素质明显提高。全市纪检监察系统深入开展“做党的忠诚卫士，当群众的贴心人”主题实践活动、“学树保促”百日主题教育活动，纪检监察干部队伍政治理论素质进一步提高，工作热情进一步激发，热爱保定、建设保定、奉献保定的自觉性和主动性明显增强。

【中共保定市纪委七次全会】 2月10日召开。全会的主要任务是传达贯彻省纪委七次全会精神，总结2005年全市党风廉政建设和反腐败工作，研究部署2006年全市党风廉政建设和反腐败工作任务，表彰2005年度全市纪检监察系统实绩突出单位、先进单位、单项工作先进单位和先进个人。市委副书记、市纪委书记李光耀代表市纪委常委会作工作报告。市纪委副书记、监察局长王振声主持会议。市人大常委会主任、市政协主席、市委常委、市政府副市长、市法检两长出席会议，各县（市、区）委书记，市直各单位主要负责人，市纪委委员，不是市纪委委员的各县（市、区）纪委书记，市直各单位纪检组长（纪委书记）、监察室主任，各纪工委书记，未设纪检监察机构的市直单位分管副职，市属企业、驻保单位、大专院校党委书记和纪委书记，各县（市、区）监察局长参加了会议。

【全市纪检监察工作会议】 8月29日在涞源县召开。会议的主要任务是，传达贯彻全省纪检监察机关负责人汇报座谈会精神，总结2006年以来全市党风廉政建设和反腐败工作，研究部署下半年党风廉政建设和反腐败工作任务，确保中央、省、市纪委全会部署的各项工作任务圆满完成。市委副书记、市纪委书记李光耀在会上讲话。市纪委监察局领导班子成员、正县级检查员，各县（市、区）纪委书记、监察局长，市直工委纪工委、农工委纪工委、高新区纪工委、温泉城纪工委书记，市纪委各室（处）主任（处长）等共计90余人参加了会议。

【中共保定市纪委一次全会】 7月28日召开。会议的主要任务是选举产生保定市新一届纪律检查委员会。出席会议的有市纪委委员39名。会议批准李光耀任市纪律检查委员会书记，批准陈英杰、刘伟音、孔祥琨为市纪律检查委员会副书记。

领导班子成员

书　记　李光耀
副书记　王振声(7月离任副书记，9月离任监察局长)
　　　　陈英杰（7月任）
　　　　马士乐（7月离任）
　　　　刘伟音
　　　　赵俊民(7月任正县级调研员)
　　　　孔祥琨
常　委　王宪刚(兼监察局副局长)
　　　　钱君杰(兼监察局副局长)
　　　　庞海林　刘兰柱
　　　　刘娜丽　赵　华

【2007年·概况】 2007年，全市各级纪检监察机关认真履行党章赋予的职责，积极协助党委抓好党风廉政建设，认真组织协调

反腐败工作，扎实推进惩治和预防腐败体系建设，在坚决惩治腐败的同时，更加注重治本，更加注重预防，更加注重制度建设，拓展从源头上防治腐败工作领域，全市党风廉政建设和反腐败工作取得了新的明显成效，68项次工作受到中纪委、省纪委和市委、市政府的表彰和肯定，在省纪委考核排队的工作中，查办案件、信访、执法监察、效能建设、纠风、宣传教育等多项工作名列前茅，市纪委、监察局连续十三年被市委、市政府评为“实绩突出单位”。

【领导干部作风建设】 按照省委、市委的统一要求和部署，围绕领导干部思想作风、学风、工作作风、领导作风、生活作风等方面存在的突出问题，在全市党员干部中集中开展了“为民、务实、清廉”主题教育活动。主题教育活动采取专题调研、召开学习研讨会、专题民主生活会等方式，认真解决党员干部在落实科学发展观、贯彻民主集中制、履行职能、维护群众利益等方面存在的突出问题，市县两级共查摆出6类8000多条问题，制定整改措施9000余条，大部分问题得到较好纠正和解决。组织全市2000多名领导干部，走访2600户贫困户和特困职工，送款物达80余万元，推动了领导干部作风的进一步转变。通过开展主题教育活动，全市领导干部作风建设得到加强，干事、创业、为民的氛围进一步浓厚，省主题教育活动督导组到我市检查时，给予了充分肯定。大力加强纪检监察机关自身建设，举办机关“七一”表彰大会，对5名党风廉政先进个人、17名优秀党员等进行大力宣传，弘扬正气，鼓舞干劲。结合换届，调整充实了各级纪委领导班子。积极探索县级纪检监察派驻机构改革，定州、易县、南市区按时完成了试点任务。不断加大干部培训力度，先后培训纪检监察干部9批2000余人次，进一步提升了纪检监察干部队伍整体水平。

【预防腐败工作】 1. 预防腐败工作稳步推进。结合保定市实际，制定了《关于进一步加大预防腐败力度的工作方案》，并以市委的名义下发，作为保定市推进预防腐败工作的重要依据。设立了全市预防腐败工作协调联席会议办公室，加强对预防腐败工作的组织协调和检查督导，全力抓好任务落实。下发了《工作进度表》和《责任分工表》，将预防腐败工作细化为28项具体事项，落实到全市20个单位和部门，逐项明确完成时间和工作措施，确保了预防腐败工作扎实推进。2. 对行政权力运行的监督和制约不断强化。对政府及其部门权力运行的监管力度不断加大。参与制定了《关于对行政权力运行实施有效制约和监督的意见》，以市政府文件下发，逐步建立和完善用制度管权、管人、管事的有效机制，进一步转变政府职能，提高行政效能。市本级行政审批制度改革取得新成效。认真开展行政审批事项复查复审活动，对行政权力清理、职权目录编制和流程图制定情况进行“回头看”，对4193项行政权力进行了再次审核，对保留的许可事项进行了评估论证。市本级全年共取消和调整行政审批事项22项，已累计取消1141项，削减率达74.53%。行政服务中心建设进一步加强。对市行政服务中心审批及服务事项进行充实调整，制定了《关于市房管局房地产交易中心、市公安局车辆管理大厅和市建设局建筑市场招投标中心纳入中心统一监管运行的意见》，对分厅的名称、职责及管理做了相应规定。市本级行政服务中心全年共受理各类审批和服务事项16万余件项，办结率达99.9%。政府投资项目监管力度进一步加大。先后参与制定了《保定市政府投资项目管理办法》、《保定市市级专项资金预算管理办法》、《保定市人民政府债务管理暂行办法》、《关于进一步加强全市国有资产监督管理工作的通知》等四个文件，有效规范了政府投资行为。3. 纪检监察宣传教育工作不断创新。在全市范围内集中开展了党纪政纪法规学习教育和“两个务必”教育，发放各种学习资料1万余册（套），1800余名县处级领导干部、15万名党员干部参加了党纪政纪法规知识测试。深入开展廉政文化进机关、进学校、进农村等“十进”活动，举办了多种形式的廉政文化成果展览，先后在高阳、唐县、阜平、易县、南市区建立了5个廉政教育基地，评选出满城、清苑、保定烟厂、市工商局、涿州市永安社区等5个示范点。组织全市2000多名领导干部，开展了“四访一听”警示教育活动，共走访2600户贫困户和特困职工，送款物达80余万元。组织话剧《警钟》在全市进行巡演，并应文化部邀请，赴北京进行汇报演出，受到文化部领导高度评价。

【查办案件工作】 坚持把查办案件作为重中之重，把查处大要案和危害经济环境、损害群众利益的案件作为办案重点，不断强化办案措施，加大办案力度，查办案件工作继续保持强劲势头。特别是不断加大案件考核力度，进一步完善了《县市区查办案件考核办法》，制定出台了《市直单位查办案件考核暂行办法》，有力推动了办案工作的开展，全市各级纪检监察机关共立案查处各类违纪违法案件2125件，给予党政纪处分2001人，市纪委直查案件111件。通过查办案件，为国家挽回直接经济损失4518.64万元。全市各级纪检监察机关办案总数和市纪委直查案件数连续七年在全省名列前茅。案件审理工作进一步规范，办案质量不断提高。认真做好纪检监察信访工作，积极解决群众反映的问题，全市各级纪检监察机关共受理群众来信来访4260件（次），一些重大、复杂、疑难信访问题得到有效解决，全市纪检监察信访连续八年没有发生到中纪委、省纪委集体访，单个访数量也明显减少，确保了社会安全稳定，有效发挥了“护城河”作用。在全省纪检监察信访举报工作座谈会上，保定市介绍了经验。

【领导干部廉洁自律工作】 1. 领导干部廉洁从政行为进一步规范。组织161名县级、4800名科级领导干部进行了述职述廉。开展函询以及诫勉谈话、廉政谈话、同下级党政机关负责人谈话共1628人次，185名领导干部进行了个人重大事项报告。狠刹吃喝玩乐歪风，国庆节期间组织人员进行了暗访。制定出台了《关于加强行政事业单位公务用车配备使用管理的意见》，进一步规范了领导干部公务用车的配备、使用和管理，对全市领导干部公务用车情况进行了清理登记，对存在的问题进行了纠正。认真清理和纠正违规修建机关办公楼等方面的问题，对有关责任人进行了严肃处理。认真贯彻中纪委《关于严格禁止利用职务上的便利谋取不正当利益的若干规定》，共有7人（其中县级干部1人）主动向组织报告违反《规定》的行为，占全省总数的三分之一，涉及违纪金额8.1万元。2. 农村基层党风廉政建设成效明显。积极推行基层党务公开制度。认真贯彻落实中办、国办《关于加强农村基层党风廉政建设的意见》和省《实施意见》，积极推行基层党务公开，将基层党组织履行职责和党员发挥作用情况细化为若干小项，定期组织党员群众进行评议，公开评议结果，接受群众监督，有效解决了农村干部暗箱操作、群众监督渠道不畅等问题。强化各级党委政府抓基层工作的责任。针对一些地方和部门工作职责不清、落实不力等问题，研究制定了责任追究办法，先后对履行职责不到位、在基层工作中存在严重问题的9名乡镇党委主要领导、主管领导和2名县直部门负责人，分别给予了免职和党内警告处分，并在全市进行了通报。认真开展县、乡、村三级党委（支部）书记述职述廉活动。在述职的同时，逐级向上级党委述廉，上级党委对下级党组织履行职责情况作出评价的同时，也要对当地党风廉政建设情况作出评价。

【执法监察和纠风专项治理工作】 牵头组织和配合有关部门，重点开展了商业贿赂、矿山开采、专项资金、土地招拍挂出让、教育收费、环境保护等专项治理。全年共查处商业贿赂案件65起，涉及金额864.63万元，《中国纪检监察报》对保定市做法给予了报道；组织开展集中整顿矿产资源管理秩序“双百日”活动，发现并纠正各类问题95个，收缴违纪资金102万元；专项资金综合治理工作力度不断加大，共查处问题资金2.21亿元，已纠正1.36亿元；配合省纪委对保定市国有土地使用权出让进行调研，对10起违法占地问题进行了处理；继续加大治理教育乱收费工作力度，会同教育部门制定了《保定市义务教育阶段和高中阶段招生办法》，积极推进教育经费保障机制改革，进一步规范办学和收费行为；针对公路“三乱”问题，在全市开展了19次集中检查行动，进一步巩固了治理成果；配合有关部门，对安全生产、环境保护、食品安全、非法传销、危化企业搬迁、房地产市场、非法用工等进行集中整治，成效显著，多次受到市委、市政府的表扬和肯定，还被市政府评为安全生产监督管理先进单位。

【优化环境工作】 1. 机关效能建设进一步加强。把机关效能建设作为优化政务环境的有效手段，不断加大工作力度，坚持以责任促效能，抓住明责、查责、追责三个环节，强化责任落实，促进了各项工作提质提效。明责。按照职权统一、权责一致原则，明确责任主体、责任内容、责任要求，市本级173个党政机关、人民团体和具有行政管理职能的单位全部制定了岗位责任书，形成了无缝隙责任链条和责任闭合环路。查责。在“明察”的同时，突出“暗访”，突出“全程检查”，进一步加大明察暗访力度，实行落实事项月报告制度，明确规定各有关部门每月以简要文字形式，上报落实事项进展情况和完成情况，强化动态监督、过程监管。追责。建立了严格的责任处理机制，采取及时处理、集中处理、逐级处理、公开处理等多种形式，不断加大责任追究力度。特别是按照市委、市政府掀起“责任风暴”推进“效能革命”的要求，先后组织开展了3次大规模暗访活动，播放了优化环境暗访录像片，全年先后对362名干部进行了责任追究，其中县级干部25人，科级干部107人，其他干部230人。并召开新闻发布会，对典型案件公开曝光，在全社会引起广泛反响。在全省机关效能建设暨民主评议工作经验交流电视电话会上，保定市做了典型发言。省委常委、省纪委书记臧胜业来保调研时，对机关效能建设工作给予了充分肯定。2. 民主评议不断深化。进一步完善了民主评议日常工作档案，对与群众联系密切的窗口单位，实行动态化跟踪监督。进一步完善了有关部门解决群众反映问题的协调联动机制，对群众反映的问题，做到边评议边整改，以整改促提高。特别是坚持质询随时、答复限时、登统及时、信息公布准时，进一步增强了评议效果，《人民日报》对保定市的做法进行了报道。

【中共保定市纪委二次全会】 2月7日召开。全会的主要任务是，以邓小平理论和“三个代表”重要思想为指导，全面落实科学发展观，学习贯彻中纪委七次全会、省纪委二次全会、市委九届二次全会暨全市经济工作会议精神，总结2006年全市党风廉政建设和反腐败工作，研究部署2007年全市党风廉政建设和反腐败工作任务。市委副书记、市纪委书记李光耀代表市纪委常委会作了工作报告。市纪委副书记刘伟音主持会议。市人大常委会主任、市政协主席、市委常委、市政府副市长、市法院院长、市检察院检察长出席会议，市直各单位党委（党组）书记，市纪委委员，市直各单位纪检组长（纪委书记）、监察室主任，市属企业、驻保单位、大专院校党委书记和纪委书记，各纪工委书记，各县（市、区）监察局长参加了会议。

【全市纪检监察工作会议】 8月23日在安新县召开。会议的主要任务是，传达贯彻全省纪检监察工作座谈会精神，对年初以来的党风廉政建设和反腐败工作进行总结，研究部署下半年工作任务，进一步推进全市党风廉政建设和反腐败斗争，确保中央和省、市纪委全会部署的各项工作任务圆满完成。市委副书记、市纪委书记李光耀在会上讲话。市纪委监察局领导班子成员，各县市区纪委书记、监察局长，各纪工委书记，市纪委各室（处）主任（处长）共计80余人参加了会议。

领导班子成员

书　记　李光耀

副书记　陈英杰(4月兼任监察局长)

刘伟音　孔祥琨

常　委　王宪刚(兼监察局副局长，3月离任)

钱君杰(兼监察局副局长)

庞海林　刘兰柱

刘娜丽　赵　华

（部门编辑：王庆新）

民主党派·工商联

民革保定市委

【中国国民党革命委员会保定市委员会】 （以下简称“民革保定市委”）隶属民革河北省委。截至2007年年底，全市民革党员325人，其中高级职称64人，中级职称106人；民革市委下属9个支部，分别是来自河大、农大、机关、教育、卫生、法律、科技、经济、直属支部的中高级知识分子；保定民革现有省人大代表1人（常委），省政协委员2人，市人大代表3人（常委2人），市政协委员23人（常委4人），区政协委员14人。

【2006年·概况】 1. 加强思想建设，认真开展政治理论学习。2006年3月，组织60多名民革党员参加全国“两会”精神座谈会；3月，民革市委召开主委会，学习保定市“2·28”优化环境发展大会有关精神；8月，安排布置全体党员学习《江泽民文选》。此外，先后组织全体党员学习《中共中央关于加强人民政协工作的意见》、保定市“十一五”规划、胡锦涛的“七一”讲话，尤其是关于社会主义荣辱观及“八荣八耻”的重要论述，学习党史、党章，领会其思想精髓。机关工作是民革市委联系党员的枢纽。2006年市委不断完善和改进机关工作，办公室全年完成会议材料12篇，编写工作简报4起，信息、简讯21篇，调研报告2篇，在《河北民革》发表简讯4篇。

2. 积极履行参政党职能，做好参政议政、民主监督工作。2006年，市委会向各级人大、政协提出提案26件，被市采纳提案3件、省采纳提案1件。由民革市委提交的政协十届四次全会集体题案《优化发展环境、加快我市经济发展》提案作为重点提案，受到中共保定市委的高度重视，市委主要领导作出批示。民革市委被评为提案先进单位。

3. 加强组织建设，做好新党员培训工作。2006年组织工作进展顺利，发展新党员19人，平均年龄36岁，均具有大专以上学历，其中2人具有高级职称，为民革组织注入了新的生机和活力。举办新党员培训班，来自全市教育、法律、机关、卫生等行业的46名新党员及积极分子参加了培训，学员们系统地学习了民革党章、两个五号文件，了解了民革成立的时代背景及发挥的历史作用。

4. 全力完成好《保定市民主党派二十年》、《保定民革50年》的编写出版工作。由中共保定市委统战部牵头编写的《保定市民主党派二十年》是保定市民主党派建设和发展史上的一件大事，民革保定市委高度重视此项工作，多次召开主委办公会、支部主委会认真倾听党员们的意见，反复修改，严格校对，到年底，书稿已通过统战部审核。2006年是保定民革成立50周年，为了记述这50年的光辉历程，弘扬中国共产党领导的多党合作事业，民革市委印制了《保定民革50年》画册以示纪念，为后人留下一段珍贵的历史资料。

5. 多方运作办好民革中央社会主义新农村建设研讨会。5月，由民革中央、河北农业大学、中华爱国工程联合会、中国农民大学联合主办的“推进社会主义新农村建设研讨会”在保召开。这次会议参会人员有民革系统29个省级组织的57名代表、全国9所农业大学、部分县乡代表共140人。全国人大副委员长、民革中央主席何鲁丽，全国政协副主席、民革中央常务副主席周铁农莅临会议。保定民革负责此次会议的协办工作，通过方方面面的沟通运作，详尽妥善的安排与布置，保障了会议圆满举行。这次会议在保定召开，充分体现了民革中央对地方组织的高度信任，对宣传保定、介绍保定，扩大历史文化名城保定的知名度起到了积极的推动作用。会议结束后，民革中央领导对会议接待、会务安排情况非常满意，对中共保定市委、保定民革、中共涿州市委在这次会议中所作的大量工作表示充分肯定。

6. 加强支部工作，活跃组织生活，帮困扶贫，展现党员风采。4月，民革法律支部与经济支部一起为扶贫点涞源县塔崖驿乡送去扶贫物资，并与当地县、乡领导共商脱贫之计；7月，卫生支部到西柏坡参观，纪念中共成立75周年；8月，经济支部与科技支部共同开展健身习武活动，活跃了组织生活，促进了支部之间的沟通，反响良好；9月，中教总支组织成员到贫困山区唐县百花村为贫困学生送去大量有民革党员购买的新课本、文具等学习用品，并到白求恩、柯棣华纪念馆进行博爱精神及爱国主义教育；5月26至29日，民革保定市委部分支部主委在驻会副主委姚忠耿的带领下，赴秦皇岛民革、唐山民革就组织工作、支部建设进行调研。

7. 争先评优工作继续开展，党员建功立业成效显著。民革河大总支被评为民革中央2006年参政议政先进集体。民革河北大学支部现有党员26名，具有高级职称者16人，在保定市政协十届四次会议上，华筑信所作的《优化发展环境，加快我市经济发展》和李金善所作的《挖掘历史文化资源，加快我市文化产业建设的对策与建议》的大会发言，引起了积极反响；民革中教总支成员魏希亮论文获市级二等奖；王国英被评为省级劳模，所著论文获市级三等奖；民革机关支部刘林虎委员关注百姓生活，号称“提案大王”，媒体多次报道过他的事迹，并获得保定市优秀政协委员、民革省委先进党员、省优秀参政议政员、优秀社情民意联络员等荣誉称号；顾宏革是保定市新世纪学术技术带头人，论文在国家、省多次获一、二等奖，主持国家级和省级课题共三项；民革法律支部自2004年成立以来做了大量卓有成效的工作，主动开展与其他支部间的横向联系，促进了支部之间、党员之间的团结，增强了组织的凝聚力；民革农大支部自换届以来，发展了具有博士学位、教授级的年轻党员2人，支部全体党员在本职工作中勤奋工作，在各种刊物上发表论文共计20多篇；民革卫生支部的党员在各自的岗位上无私奉献，作出了成绩：刘桂香获2006年市总工会职工爱企业标兵，市科技进步三等奖，崔凤英获2006年市级优秀护士。经济支部党员王保利多年来致富不忘回报社会，常年资助福利院老人、儿童，鉴于他的突出事迹，中共保定市委授予他2006年“保定市十大杰出青年”，党员杨秉文在北京国际长城武术节获“武林贡献奖”；经济支部党员刘月成安置下岗待业人员800余人，因业绩突出当选为保定保险行业副会长。

领导班子成员

主任委员　华筑信

副主任委员　王来保　甄树青　李小亭　姚忠耿　赵志国

【2007年·概况】 1. 深入开展理论学习，着力加强成员思想政治教育。2007年会市委分别组织党员学习中共中央5号文件；十七大召开后，组织党员学习十七大文件；学习河北省委七届三次全会精神。积极响应民革中央、省委安排部署的“坚持走社会主义道路，搞好政治交接”学教活动，召集骨干成员就政治交接活动开展座谈，畅谈学习体会，并在市委简报上开辟政治交接专栏，刊登体会文章，组织成员交流学习，巩固学习成果。

2. 落实科学发展观，参政议政、民主监督取得阶段性成效。(1) 参政议政方面。保定民革现有全国政协委员1人，省人大代表1人，省政协委员1人，市人大代表3人，市政协委员23人，区政协委员19人，其中省人大常委1人、省政协常委1人、市人大常委2人，市政协常委4人。2007年“两会”期间，民革成员共提出各类建议、提案30件。在河北省政协常委会上，华筑信的发言《提高水资源承载能力，支撑沿海经济社会发展强省目标的实现》引起积极反响，受到有关部门的高度重视；8月，市委会派专人赴江苏调研，实地了解“城市失地农民亟待解决的几个问题”，并形成报告，于年底提交“两会”；11月，机关分别组织支部成员就保定市交通管理中存在的问题及民营企业发展中亟待解决的问题开展调研，分析原因，提出解决方案。(2) 民主监督方面。市民革姚忠耿、刘林虎、张凌然、赵晓青被聘为保定市纪检委特邀纪检监察员；刘林虎被聘为保定市审计局审计监督员；刘桂香被聘为保定市民主评议监督员。

3. 优化组织结构，稳步推进自身建设。(1) 自身建设。2007年1月5日，保定民革第十一次代表大会召开，出席代表81人。通过民主选举，以主委李小亭为首的一批优秀的中青年党员走上了领导岗位，使民革市委班子得到进一步优化和充实，整体素质和功能进一步增强，为会的发展奠定了良好的组织基础。新一届市委会确定了内设机构及责任分工，组织、学习工作委员会主任：姚忠耿；经济与社会工作委员会主任：赵志国；调研、参政议政工作委员会主任：李金善；宣传、祖国统一工作委员会：主任：王炳刚。（2）组织发展。组织工作进展顺利，发展新党员29人，平均年龄36岁，均具有大专以上学历，其中具有中级以上职称20人，女性成员10人，为民革组织注入了新的生机和活力。（3）民革党员展风采。2007年，广大党员立足本职、发挥优势、在各自的工作岗位上作出了优异的成绩。副主委王炳刚获市优秀政协委员称号；魏希亮获省医学科研二等奖；李新于10月代表民革市委参加省民革组织的纪念民革成立60周年演讲比赛获二等奖；王国英获省中小学师德素质修养论文奖。

4. 改进工作方法，宣传工作取得新进展。2007年，市委会在市级刊物发表文章10篇，电视报道1次，在民革省委刊物上发稿8篇。历时五年的《保定市民主党派二十年》一书于11月正式出版，这是保定市民主党派政治生活中的一件大事，对学习贯彻中共十七大精神具有重要的现实意义，为加强党派组织建设，提高广大成员思想素质提供了重要的学习资料。

5. 发挥自身优势，积极做好社会服务工作。上半年，市委会充分发挥人才资源的优势，开展了一系列社会服务工作。4月，民革经济支部为易县贫困山区送去扶贫物资，并与当地县、乡领导共商脱贫之计；7月，保定市民主党派到扶贫点易县西杏花村开展扶贫活动，民革成员提供了价值4000余元的药品。民革成员中部分经济界人士富而思源，回报社会。8月，成员杨满堂代表“利达塑业”向南市区教育局及顺平县中学各捐款20万元，用于希望工程、扶助贫困学生等社会救助活动；12月，成员王保利代表国际俱乐部向高阳县敬老院捐助30万元。

6. 开展丰富多彩的活动，不断增强会的凝聚力。7月4日至6日，民革保定市委在直隶总督署举办纪念抗战70周年书画摄影展，展出成员书画作品60余件，这些作品充分表达出民革成员纪念抗战历史、弘扬民族正气、希望祖国强盛的爱国热忱和全人类企盼和平、共护和平的良好愿望，在社会上引起了较大反响。12月28日，民革市委举办纪念民革成立60周年座谈会，各支部参会人员分别从不同的视角回顾了60年来民革走过的光辉历程和保定民革组织所取得的突出成就，纷纷表示要继承民革老一辈领导人“爱国革命，不断进步”的精神，将民革的优良传统发扬光大。

7. 参加省民革第十次代表大会。5月29日至30日，民革河北省委第十次代表大会在石家庄召开，保定市民革有12位成员作为与会代表参加了会议。大会选举产生了第十届民革河北省委员会。保定市民革主委李小亭当选民革河北省第七届委员会副主委、省委常委，副主委姚忠耿、赵志国、李金善、王炳刚当选民革河北省第十届委员会委员；李小亭同时被选为民革中央十一大代表。

领导班子成员

主任委员　李小亭
副主任委员　姚忠耿　赵志国
　　　　　　李金善　王炳刚

（部门编辑：张凌然）

民盟保定市委

【中国民主同盟保定市委员会】（以下简称“市民盟”）隶属民盟河北省委。民盟市委机关为县级行政单位。2006年全市有民盟盟员589人，其中高级职称364人，中级职称184人；文化教育工作者332人，科技工作者63人，医药卫生界人士107人，企业、法律、管理等方面人士49人、机关团体38人；平均年龄54岁。直辖4个总支委员会，17个支部。全市盟员中有1人为全国人大代表，1人为省人大代表，3人为市人大代表，7人为区（县）人大代表；4人为省政协委员，34人为市政协委员，33人为县（区）政协委员。2007年全市有民盟盟员618人，其中高级职称375人，中级职称200人；文化教育工作者345人，科技工作者64人，医药卫生界人士115人，企业、法律、管理等方面人士54人、机关团体40人；平均年龄54岁。直辖4个总支委员会，18个支部。全市盟员中有1人为全国人大代表，1人为省人大代表，3人为市人大代表，13人为区（县）人大代表；4人为省政协委员，34人为市政协委员，48人为县（区）政协委员。

【2006年·概况】 2006年，民盟保定市委认真学习贯彻落实中共十六大、十六届四中、五中、六中全会、中共中央《关于进一

步加强中国共产党领导的多党合作和政治协商制度建设的意见》、中共中央关于进一步加强人民政协工作的意见》以及第二十次全国统战工作会议精神，贯彻落实科学发展观，努力加强自身建设，紧紧围绕中共保定市委、市政府的中心工作，切实履行参政党职能，为保定市经济社会又快又好发展作出了应有的贡献。

1. 参政议政。紧紧围绕中共保定市委市政府的中心工作以及人民群众普遍关心的社会热点和难点问题，组织盟员以及盟员所联系的专家学者，认真开展了多种形式的专题调研。在市政协十届四次全会上，盟市委向全会提交了6件集体提案，大会发言2件，盟员政协委员个人或联名提案16件，所提意见和建议均已被市委、市政府及其相关部门在实际工作中予以采纳。民盟市委所作《当前我市农村教育存在的几个问题和建议》的发言，受到了中共保定市委、市政府的高度重视，中共保定市委主要领导当即作出批示。保定市教育局对此非常重视，认为提案中所提出的问题和建议，站位高、看得准、非常诚恳。并召开专题会议进行研究，逐条分析，结合教育工作实际，制定了具体措施，同时形成《关于落实民盟保定市委〈当前我市农村教育存在的几个问题和建议〉的情况报告》。加强与市政协的联系，开展了“人才强市战略”和“环境污染治理”调研。注重发挥盟组织整体优势以及盟员所联系专家学者的优势，组织开展了加强保定市绿色畜禽产品生产基地建设、加强省、市文化建设、完善全市中小学生心理健康网建设、健全省、市社保体系建设、抢抓“环渤海”战略机遇加快保定发展等调研。

2. 加强思想建设，建设一支适应新世纪新阶段要求的高素质参政党队伍。牢牢抓住思想建设这个根本，不断提高盟员政治理论水平和政治敏感性。组织召开“学习领会中共十六届六中全会精神”、“中发［2005］、［2006］两个5号文件精神”、“学习《江泽民文选》”、“学习胡锦涛总书记关于社会主义荣辱观的重要论述”、“学习胡锦涛总书记在庆祝建党85周年大会上的重要讲话”、“学习全国‘两会’精神”、“学习第20次全国统战工作会议精神”座谈会；组织召开“学习中台办国台办授权就陈水扁决定终止‘国统会’运作和‘国统纲领’适用发表的声明以及各民主党派工商联领导人的谈话”座谈会；参加“纪念中国工农红军长征胜利70周年展览”活动。

3. 加强领导班子建设。班子成员坚持政治理论学习，参加盟省委举办的“各市专职负责人学习中发［2005］5号文件培训班”、“学习《江泽民文选》理论研讨会”以及由中共保定市委统战部组织的民主党派工作考察交流活动，努力提高自身政治素质和领导水平。领导班子成员积极参加各自所联系基层支部的组织活动。坚持民主集中制原则，凝聚力、战斗力不断增强。

4. 基层组织建设进一步加强。盟市委认真贯彻落实盟中央、盟省委基层组织工作会议精神，参加盟省委在承德召开的民盟河北省基层组织建设暨经验交流会并做了典型发言，组织召开由各基层总支、支部负责人、盟务骨干30多人参加的基层组织工作会议，交流了基层建设经验，拓展了工作思路，进一步明确了基层组织建设的重要作用、主要工作任务以及当前工作重点和努力方向。积极争取中共保定市委统战部和盟员所在单位党委（统战部）的支持和帮助，建立了民盟华北电力大学支部；按学校、地域集中就近的原则，将中学总支划分为4支部；在原有经济支部的基础上，调整充实金融、法律、经济、管理等方面盟员，成立了民盟综合总支，基层组织班子中的年轻盟员得到进一步充实，基层组织设置更加合理。

5. 机关制度化、规范化建设进一步增强。机关干部得到充实。机关干部注重自身政治理论学习，积极撰写理论研讨论文，有2篇入选盟省委《学习江泽民文选》论文集。全年完成4期《保定盟讯》的编辑、分发工作。编辑完成《保定民盟五十年》画册和《保定市民主党派二十年》民盟部分的编写工作。加强盟市委与民盟中央、民盟省委以及兄弟市盟的联系。先后多次接待了民盟中央、民盟省委以及兄弟市盟领导的考察调研和交流，主委张知学带队到民盟中央汇报工作，受到了全国政协副主席、民盟中央常务副主席张梅颖等领导的亲切接见。利用有纪念意义的节日组织召开座谈会、茶话会，走访慰问盟内老领导和盟务骨干，盟员生病住院，及时探望慰问，送去盟组织的关怀。

6. 发挥优势，为全市经济社会发展做好事、做实事。盟市委积极配合盟省委组织召开了民盟中央、民盟省委、河北农大、广宗县人民政府等参加的研讨会，基本形成河北农大对广宗县帮扶工作协议。积极与涞源县塔崖驿乡开展对口帮扶活动。组织开展“科技、卫生、法律”三下乡活动20多次。发放卫生保健资料600余份，医疗法律咨询400余人次。盟员张志国参加献爱心活动，为涿州市桃园办事处半壁店村捐款2万元。民盟涿州支部民营企业家盟员发挥民营企业在建设社会主义新农村中的作用，积极回报社会，参与光彩事业等慈善活动，促进社会和谐发展。组织盟员专家董玉京、安永福、刘利忠等，为涞源县政府捐赠价值2万多元的科技图书，向满城县神星中学捐赠课桌椅100余套。

领导班子成员

主任委员　张知学

副主任委员　李雁鸣　邢彦学

　　　　　　李博文　贾春顺

【2007年·概况】　1月6日，中国民主同盟保定市第十次代表大会举行。会议听取审议了民盟保定市第九届委员会工作报告，高票选出了民盟保定市第十届委员会委员30人和民盟市委新一届领导班子，讨论通过了民盟保定市第十次代表大会决议，完成盟市委换届任务。2007年，民盟保定市委深入开展政治交接学习教育活动，努力加强自身建设，认真学习中共十七大精神、中共中央《关于进一步加强中国共产党领导的多党合作和政治协商制度建设的意见》、《中共中央关于进一步加强人民政协工作的意见》和民盟十大精神，紧紧围绕中共保定市委、市政府的中心工作，切实履行参政党职能，为推动全市科学发展，促进社会和谐作出了应有的贡献。

1. 深入开展政治交接主题学习教育活动，加强思想建设。(1) 按照民盟中央关于开展政治交接主题学习教育活动的要求和民盟省委的部署，结合保定民盟实际，盟市委及时采取措施，以政治交接学习教育活动统领各项盟务工作。组建民盟市委学习教育活动领导小组和工作小组，先后出台了《民盟保定市委关于认真学习贯彻〈民盟中央关于开展政治交接主题学习实践活动的意见〉的实施意见》和《民盟保定市委关于开展政治交接主题学习实践活动的实施方案》。盟市委先后3次专门召开主委办公会议和多次学习教育协调会，及时总结上一阶段成果研究部署下一阶段活动的开展。9月21日召开保定民盟政治交接学习教育活动动员大会，盟市委领导班子成员、市委委员、各基层支部委员、各级人大代表、政协委员中的盟员以及盟务活动积极分子120多人参加。保定电视台对这次大会做了新闻报道。盟市委认真收集整理了相关学习材料和理论文章，编印政治交接学教活动专刊4期。盟市委领导积极参加盟省委政治交接学习教育活动培训班、市委统战部组织的“政治交接学习教育活动”座谈会，赴井冈山、延安、重庆等地学习交流等活动，思想觉悟和认识得到了进一步的升华。以学教活动为契机，组织盟员深入学习中发两个5号文件、胡锦涛总书记“6·25”重要讲话和民盟十大精神，学习盟章、盟史，提高认识、不断深化对参政党性质、地位和作用的认识。组织盟员参加政治交接学教活动报告会、全国“两会”精神报告会，收看保定市“掀起责任风暴、推进效能革命、优化发展环境大会”实况转播及召开座谈会，举办庆“三八”座谈会、纪念中国共产党成立86周年、庆祝香港回归十周年座谈会，教师节座谈会、重阳节座谈会等活动，提高认识、把思想统一到党中央精神上来，不断增进盟员对所肩负的历史责任和使命的认知。7月28日至29日，盟市委举办2007年盟员学习班，通过学习班，教育引导盟员一定要倍加珍惜历史，倍加爱惜民盟，发扬光大民盟的优良传统，努力加强自身建设，深入贯彻科学发展观，认真履行民主监督、参政议政职能，为做好盟务工作打下良好基础。组织新一届区（县）人大、政协委员人选进行个别谈话和学习培训，教育他们如何做合格的人民代表和政协委员，鼓励他们积极参加盟务活动和社会活动，切实发挥民主监督参政议政的职能。(2) 认真学习领会中共十七大精神。盟市委积极组织机关干部及全市盟员收听收看十七大开幕式及相关报道；并把学习好、领会好、宣传好、贯彻落实好十七大报告精神作为盟市委当前和今后一个时期的一项重要政治任务来抓；及时下发学习通知。10月24日，盟市委组织召开学习十七大精神座谈会，学习了“中共中央致各民主党派中央和工商联的感谢信”，盟员们从教育、人才培养、科技创新、民生等不同角度谈了学习体会。

2. 发挥盟员主体作用，加强调研，努力提高参政议政能力和水平，提案质量和数量显著提高。在市政协第十届五次会议上，盟员市政协委员积极参加会议，确保到会率，认真履行职能，盟市委作了题为《关于完善我市农业技术推广体系的几点建议》（中共保定市委书记宋长瑞做了批示：此发言有决策参考价值。请国英同志、农业局阅研，现代农业离不开农技推广。）等大会发言2件和书面发言1件，提出集体提案9件，盟员个人或联名提案32件。提案均得到了市政府相关部门的明确答复，有的已在实际工作中被采纳。重视与政府对口联系单位和提案承办单位的经常性联系，参加保定市教育工作会议，组织5次有盟员参加的提案答复征求意见座谈会，对市农业局、市畜牧水产局、市文物管理局、市教育局、市卫生局的民盟集体提案进行答复，使盟员更多掌握保定市市情。盟员政协委员还积极参加市政协“专题调研月”活动，深入县、村、民营企业实地调研，深入剖析制约县域经济发展和社会主义新农村建设中的深层次问题，为合力推进全市的经济发展、提速发展、和谐发展提出了一系列有针对性、科学性的意见和建议。加强统战理论研究。盟市委组织开展了“中国社会主义的政治制度”和“民主党派为构建社会主义和谐社会出力”调研，进一步提高了盟员政治素质和理论研究的水平。盟市委还积极参加市纪检委举办的机关效能建设和行政效能监察调研座谈会，并以《关于开展机关效能建设的几点思考和建议》为题作了发言。关注民生。组织盟员参加市政府向社会各界征集2008年为民办实事工作意见和建议的活动，提出了有关教育问题、规范巩固拆违成果、老年公寓建设、平安和谐社区建设、马路市场问题、新建小区的配套设施建设等22件建议，提交市委市政府决策参考。积极参加市委、市政府及有关部门召开的情况通报会、座谈会、《政府工作报告》征求意见会、人事安排协商会、行风评议和考察视察活动50多次，提出许多合理化意见和建议。2007年，盟市委获市政协“2006～2007年度政协先进委员活动小组”“信息宣传工作先进单位”。加强盟的自身建设。积极参加市委统战部在涞源县举办的民主党派、工商联负责人培训班。坚持民主集中制，全年召开6次主委会议，2次全委会议。利用节假日走访省、市盟老领导，交流思想，汇报工作，了解传统，虚心求教。

3. 组织发展稳步推进，自身建设不断加强。2007年新发展盟员32人，其中博士4人、硕士5人，高级职称14人、中级职称16人，平均年龄37岁。一批政治素质好、知识层次高、代表性强的中青年知识分子加入了民盟组织。按照《盟章》及民盟中央、民盟省委《关于加强基层组织建设的意见》的精神，建立了民盟保定市第一中心医院支部。党盟关系更加和谐，基层组织活动更加丰富。河大党委为民盟总支拨专项组织活动经费，华电党委邀请民盟华电支部负责人参加座谈会，市二院党委领导每年参加民盟支部的年终总结会，中共涿州市委领导多次参加民盟支部活动，中学各支部、直属和综合总支多次联合组织的学习考察、健身和联谊活动，促进了盟员们岗位工作的开展，增强了盟组织的感召力、凝聚力和活力。综合总支刊物《盟声》也正式创刊。农大总支、畜牧所支部、植保所支部、市第一中心医院支部积极参加盟市委组织开展的科技卫生“三下乡”活动，保定学院和金融学院支部围绕学校发展开展专题调研等。加强机关建设，提高干部素质。加强机关干部的政治理论学习，研究制订了机关工作“三个制度”，即工作日志制度、学习例会制度、岗位负责制度，进一步提高了机关工作人员办文、办事能力。组织机关干部参加各类培训班，不断提高机关干部的业务综合素质。历时半年，重新整理了全市盟员的盟籍档案，通过详细核实，进一步更新了盟员基本情况，制作出了最新版本的盟员基本情况登记表和盟员通讯录。

4. 发挥盟组织整体优势，为社会做好事、做实事。鼓励、支持盟员积极参与社会主义新农村建设。盟市委组织盟员专家学者刘树欣、孙建设、董玉京、安永福、秦安臣对盟员张志国创办的“京郊花卉交易市场及珍稀植物引种繁育基地”生态农业观光园进行实地考察，从种养殖、园区建设、功能定位等方面提出了宝贵意见和建议。盟市委组织盟员深入基层，分别到涞源县西杏花村、易县龙岗镇北河村、容城县南河照村开展扶贫帮困义诊活动，上门走访慰问村特困户，义诊群众500多人次，赠送价值1000余元的药品、1400余元的米面等生活用品、有线广播建设援助资金12000元。为满城、阜平等地贫困学校捐赠书籍5000余本、桌椅200余套。为办好河北省第六届农民运动会，涿州支部盟员踊跃捐款共计55万元。积极参加“博爱一日捐”“送温暖、献爱心”等活动。

领导班子成员

主任委员　李和明

副主任委员　李雁鸣　邢彦学　李博文　贾春顺　张小莉

（部门编辑：刘澎涛　杨　宁）

民建保定市委

【中国民主建国会保定市委员会】（以下简称“民建市委”）隶属民建河北省委，为县级行政单位，内设办公室。民建市委有市委委员23人。2006年下设14个支部。会员450人，其中经济界347人，占会员总数的77%。具有高级职称的114人，中级职称的202人，全市会员中有省人大代表3人，省政协委员4人，省政协常委1人，市人大代表6人，市人大常委1人，市政协委员28人，市政协常委12人，市政协副主席1人，区人大代表3人，区人大副主任1人，区政协委员31人，区政协常委8人，区政协副主席1人。2007年民建市委有市委委员25人。下设3个总支和14个支部。会员470人，其中经济界347人，占会员总数的77%。具有高级职称的117人，中级职称的208人，全市会员中有省人大代表3人，省政协委员3人，省政协常委2人，市人大代表6人，市人大常委1人，市政协委员30人，市政协常委12人，市政协副主席1人，区人大代表5人，区人大副主任2名，区政协委员27名，其中常委9名。

【2006年·概况】 1. 积极参政议政，建言献策。民建市委高度重视提案工作，全年，民建市委向十届四次政协会议递交提案30件，其中集体提案7件，个人提案23件。提案《对我市新能源产业的几点建议》、《关于加快落实公交优先政策的建议》、《关于市政管理与强化治理以塑和谐保定之形象》和《关于调整河北农大西校区公交路线的建议》得到市领导的批示。民建市委的集体提案还得到了市财政局、市建设局、市农业局等部门的答复。省政协九届四次会议采纳了民建市委提交的《保定市失地农民社会保障对策研究》作为提案。这些提案对河北省和保定市的社会、经济发展起到了良好效果。民建保定市委获民建河北省委2006年度集体提案工作先进单位称号。王延杰撰写的《按照全面落实科学发展观构建和谐社会的要求进一步调整和优化我国财政支出结构》获民建河北省委2006年度集体提案优秀奖；李赶顺撰写的《关于河北省粮食主产区农民增收根本出路的建议》获民建河北省委2006年度集体提案优秀奖。积极开展调研，参照民建省委2006年调研课题，制订了调研计划，并落实到具体会员，出了一大批成果，如张双才的《关于我省民营经济发展的建议》、黄鹏章的《河北省汽车工业的现状、问题与对策》、张新科的《保定市"十一五"工业经济发展战略研究》等调研报告。在2006年河北省委统战部的调研课题中，马四虎撰写的《城市民族工作探析》受到有关部门好评。白红敏撰写的《文化是企业的常青血液》在民建省委企业委员会2006年年会上得到与会人员的一致称赞。全年上报社情民意20件，内容涉及社会各个方面，如《关于建立白洋淀长效补水机制的建议》、《关注城市近郊泔水猪及相关问题》、《关于保障劳动者合法权益的问题及建议》等上报民建省委并被有关部门采纳。

2. 加强自身建设。一是组织学习，加强思想建设。民建市委购买了《江泽民文选》及学习辅导材料，组织会员认真学习，主委陈伯良作了《宝贵的历史经验科学的行动指南》的会议发言，对学习《江泽民文选》的重要性以及结合学习进一步加强参政党建设的重要性做了详细的表述。民建市委还组织会员认真学习统战知识，印发了统战知识答卷，推荐选拔了优秀参赛队员与民革、民盟一起组成党派代表队参加市委统战部组织的答题比赛获得三等奖。8月8日，民建市委举办了2006年新会员培训班，对新会员进行爱国、爱党、爱社会主义教育。民建保定市委撰写的《制度建设是加强参政党建设的重要保证》获民建中央2006年度理论研究成果评比优秀成果二等奖；二是加强组织建设。民建保定市委十届八次委员（扩大）会上，通过了进行支部调整的方案，即将原新市区、南市区和北市区三区4个大支部划分为10个支部，保持3个院校支部和老年支部不变。市会支部总数增加到14个。全年发展新会员22名。

3. 开展社会服务工作。组织会员在"山花工程"募捐和希望小学捐款活动中，捐款1万余元。此外，会员每年都捐出2万～3万元资助"春蕾工程"中的贫困儿童。在开展社会主义荣辱观教育活动中，南市区新华支部购买了米面粮油专程赴安国、定州、易县、高碑店四县（市）开展慰问老红军活动，以缅怀老红军出生入死捍卫中国革命胜利之情和增强社会主义荣辱观学习效果。民建会员企业家还通过举办各类职业培训学校，培训农村劳动力和下岗工人200余人。在民建会员企业中安置就业700余人。企业为维护保定市社会稳定作出应有的贡献。

领导班子成员

主任委员　陈伯良
副主任委员　张建勋　梁　山
　　　　　　董金皋　吴剑松

【2007年·概况】 1. 顺利完成换届工作。1月7日至8日，召开民建保定市第十一次代表大会。选举产生十一届委员会委员25名。选举产生新一届主委、副主委、秘书长。主委闫立英，副主委梁山、董金皋、吴剑松、王雁飞（驻会），王雁飞兼秘书长。

2. 深入开展政治交接主题学习教育活动，不断加强思想建设。围绕深入开展政治交接主题学习教育活动的要求，制定《民建保定市委政治交接学习教育活动实施方案》。组织召开五次全委（扩大）会，积极参加市委统战部组织的市民主党派、工商联负责人培训班、"政治交接主题学习实践活动"座谈会，赴延安、重庆参观学习等活动，重温历史、加强交流、学习先进经验。组织会员学习《中共中央关于进一步加强中国共产党领导的多党合作和政治协商制度建设的意见》、《中共中央关于进一步加强人民政协工作的意见》和胡锦涛总书记6月25日在中央党校省部级干部进修班的重要讲话等，提高认识、不断增进会员对所肩负的历史责任和使命的认知。组织领导班子成员、市委委员和基层组织负责人参加民主党派政治交接主题报告会、全国“两会”精神报告会，举办“学习十七大精神，搞好政治交接学习教育活动”培训班。

3. 认真履行参政议政、民主监督职能。在市政协十届五次会议上，递交提案14件，其中集体提案4件，委员个人提案10件。《打造“中国电谷“几个突出问题的思考与建议》提案作为大会发言，得到市委书记宋长瑞批示。《应尽快解决军校街管理混乱现象》的提案得到了5个部门的答复并迅速进行了整改。会员陈伯良、姚克荣被评为市政协2006~2007年度“两争两为”优秀政协委员。民建保定市委被民建省委评为“2006年集体提案工作先进单位”。王延杰撰写的《按照全面落实科学发展观构建和谐社会的要求进一步调整和优化我国财政支出结构》获2006年度民建省委集体提案优秀奖并被民建中央采用；李赶顺撰写的《关于河北省粮食主产区农民增收根本出路的建议》获2006年度民建省委集体提案优秀奖。2人被评为2006年度民建省委提案工作先进个人。全年报送社情民意27件，被采纳4件。黄鹏章教授被聘为河北省委省政府参事室首批参事。

4. 开展社会服务工作，为民办实事。捐资助学，回馈社会。为把“致富思源、富而思进”融入以人为本的科学发展观中，积极回报社会。市会确立了全年社会服务工作的重点是捐助“山花工程”救助贫困学生。8月24日，在保定市人民广场举行了“山花工程”捐助对接仪式，民建企业家会员代表亲手将募集的53万余元捐助金送到受助学生手中。市长于群、市委副书记李光耀、市人大主任李定元、市政协主席王庆明、市委秘书长、统战部长崔启慧，市政府秘书长郭普到会为会员代表颁发纪念牌，于群代表市委、市政府对民建市会这一活动给予高度评价。9月4日，市会又带领部分企业家会员到顺平县蒲阳镇、满城县白龙乡回访被资助大学生。这次活动在社会各界反响很大，为保定民建及民主党派赢得极高的声誉。扶贫帮困送温暖。市委会将唐县大洋庄村作为长期扶贫联络点加以扶持。先后三次组织会员赴唐县大洋乡大洋庄进行考察调研、组织农业专家学者传授蓝狐养殖技术、送去变压器、水泵、电缆线、电脑等价值5万余元的物品。此外还先后到涞源县西杏花村、阜平县盘龙台村、五尧乡乌马庄村、颉庄乡郎庄村等开展扶贫帮困义诊和农业科技咨询活动。发放技术资料，赠送药品、书籍、广播设备、钢材等价值8万余元。

5. 努力提高自身建设。积极稳妥地做好组织发展工作。民建市委在“注重质量，注意数量”的方针指导下，积极慎重地发展经济界代表性人士入会。全年发展26名新会员，研究生以上学历5人，大学学历10人，大专学历9人；具有中高级以上职称的12人。为了便于联系区委、区政府工作，接受地方党委的领导，经市委会研究决定，设立南市区、北市区、新市区3个总支部委员会并负责组织协调原按行政区设立的10个支部委员会工作，从而进一步调动了会员积极性，加强了基层组织建设。组织专委会开展活动。在原7个专门委员会的基础上又增加了医疗专门委员会，调整后的专门委员会生机勃勃，纷纷开展各项活动。妇女委员会召开了庆三八妇女节座谈会。企业工作委员会组织委员赴宁波、温州、天津等地进行考察，参加“中华思源工程扶贫基金会”成立大会和民建中央举办的“2007中国非公有制经济发展论坛”。通过这些活动，增添了企业家会员爱党、爱国、爱民、爱会热情，开阔了企业家会员的视野，增强了企业家会员之间的交流，为今后企业发展提供了新的思路。加强制度建设，坚持民主集中制。市会制定了《市委委员分工制度》和《市委委员联系专业委员会制度》，再次强调要充分发挥民建保定市委集体领导的作用。全年召开了五次全委（扩大）会，就保定民建的工作思路、组织建设、参政议政、社会服务等进行讨论决策，使每一项工作的开展都融入了市委委员和会员的意志。机关工作制度化、规范化。组织市会机关在学习成思危主席的《论机关建设》的基础上，明确职责，进一步完善了机关各种制度，做到各项工作有计划的开展并实现标准化、制度化管理。市会全年以开展政治交接活动、“山花工程”捐资助学活动、学习十七大精神等为内容下发各种[保建字]工作文件20份，使机关工作的开展有章可循，更加制度化、规范化。宣传工作有了新气象，被《团结报》等全国、省、市级新闻媒体采用稿件27篇；民建市委被评为民建河北省宣传报道工作优秀组织奖。《保定市民主党派二十年》一书已正式出版。这是民主党派成立以来的第一部著作。它不仅是记载了民主党派的光辉历史，而且还对党派今后工作具有重要的指导意义。

会员在各方面都有突出表现，苗连生被评为“2007年度河北十大新闻人物”之一；许来渠被评为“全国十佳孝贤”；王坤获得中央电视台第三届全国京剧戏迷票友电视大赛金奖；白红敏、胡雪梅被评选为省“光彩之星”。

领导班子成员

主任委员　闫立英

副主任委员　梁　山　董金皋　吴剑松　王雁飞（驻会）

（部门编辑：刘　琳）

民进保定市委

【中国民主促进会保定市委员会】（以下简称“民进市委”）隶属中国民主促进会河北省委员会。民进市委机关为县级行政单位，内设办公室，下设学习宣传、组织建设、参政议政、社会服务四个专门委员会，1个总支部委员会，19个基层支部。到2006年底共有会员466人，其中具有中高级职称的会员有435人，全国人大代表1人，省人大代表1人、省政协委员4人（常委2人）、市人大代表6人（常委1人）、市政协委员25人（副主席1人、常委6人）。主要职责是政治协商、民主监督、参政议政。到2007年底共有会员487人，其中具有中高级职称的会员有455人，全国人大代表1人、省人大代表1人、省政协委员4人（常委2人）、市人大代表6人（常委1人）、市政协委员27人（副主席1人、常委5人）。主要职责是政治协商、民主监督、参政议政。

【2006年·概况】　1. 思想建设。民进市委组织会员认真学习全国、省、市重要文件精神，下发了《学习贯彻胡锦涛总书记关于树立社会主义荣辱观重要讲话精神的通知》、《学习贯彻全国“两会”精神》及《江泽民文选》等16个学习通知；组织会员参加中共保定市委统战部组织的统战知识竞答并获二等奖；编印会刊《保定民进》4期，开设了多个栏目，以翔实的内容、丰富的稿件及时报道了参政议政、社会服务等会务活动，促进了会员间的交流。向中央、省、市等各级刊物、网络、媒体投稿近50篇，35篇被刊载；机关干部参加中共保定市委统战部组织的参观“伟大壮举、光辉历程”纪念中国工农红军长征胜利70周年展览。

2. 参政议政。民进各级人大代表、政协委员在“两会”期间提出提案、建议40余件；在市政协十届四次全会上做了《我市禽流感防控工作亟待加强》的大会发言，得到中共保定市委书记的批示；组织会员对保定市污水处理及废水再利用、西部山区旅游资源开发和节约用水等方面的问题进行实地调研；组织会员为“迎接党代会，我为河北科学发展、和谐发展献一计”活动建言献策，共上报意见建议48件；在市委委员支部主任会议上，邀请市政协副秘书长就如何写好“两会”发言、提案、议案做辅导报告；全年参加中共保定市委、市政府、市政协召开的各类协商会共计50余次；民进市委被民进河北省委授予“信息工作先进单位”荣誉称号。

3. 组织建设。全年共发展会员24人，平均年龄37岁，其中教育界12人，中高级职称21人；全体基层支部完成了换届工作，选举出新一届支部领导成员；年中，举办了新会员培训班并组织培训班成员赴民进中央机关和会史展览进行参观学习；组织召开了宣传通讯员会议，对各级宣传通讯员进行培训；利用纪念日、节假日对离退休老会员、部分会员以不同形式进行走访慰问；编纂、修改、校对《保定市民主党派二十年》一书中的民进章节；民进市委机关通过公开招考，录用机关干部两名；会员中获国家级奖励7人次、省级奖励11人次、市级奖励30人次、区级奖励28人次。

4. 社会服务。组织文艺界会员赴保定社会福利院进行慰问演出，新闻媒体对此事进行了报道；联合中共保定市委统战部、市教育局等多家单位，共同举办了“关注弱视儿童、共建和谐保定”爱心捐助健康快车大型公益活动，新闻媒体对此事了多次报道；赴定兴县南留村慰问贫困户张振生，送去扶贫款和慰问品；组织城乡学生“手拉手”互助活动，带70名满城东赵庄小学师生前往军校广场和竞秀公园参观，并举行捐资助学仪式，捐赠了5000元的物资；积极响应民主党派组织的“送温暖、献爱心”活动，会员及机关捐款共计1900余元，衣物500余件。

领导班子成员

主任委员　张国立

副主任委员　赵得昂　刘胜利　张　云　张利平

【2007年·概况】　1月8日至9日，召开了中国民主促进会保定市第五次代表大会，会议选举产生了民进保定市第十一届委员会。会议听取和审议了民进保定市第十届委员会工作报告；推选产生了出席民进河北省第七次代表大

代表；审议通过了民进保定市第五次代表大会决议。

1. 思想建设。换届后，成立学习宣传专委会并召开专题会议；民进中央为在各级领导班子集体完成新老交替的同时巩固多党合作的政治基础和组织基础，于年初在全会开展了以“坚持走中国特色政治发展道路”为主题的政治交接学习教育活动。民进市委在会内下发调查问卷300份，制定了《实施方案》，编印了《学习读本》，在会刊《保定民进》上开辟学习专栏，召开了题为“坚持走中国特色政治发展道路，建设高素质保定民进”的市委委员、支部主任培训班，民进市委协助民进河北省委在保定举办“民进河北省市领导政治交接学习班”，全国人大常委、民进中央副主席王佐书应邀作了“关于中国民主党派政治交接”的报告，民进市委委员、支部主任列席会议，民进市委作为政治交接学习教育活动的先进典型向民进中央常务副主席严隽琪做了汇报，民进中央、民进河北省委领导对保定民进的工作给予了高度评价；组织学习各级重要文件精神，下发学习通知27个，特别对中共十七大进行了学习，为基层支部购买了十七大学习读本，在会刊《保定民进》上开辟了学习十七大专栏；全年共编印会刊《保定民进》7期，向中央、省、市等各级刊物、网络、媒体投稿近60篇，51篇被刊载，被市政协评为宣传报道先进单位。

2. 参政议政。换届后，成立参政议政专委会并分别于年初、年终召开参政议政委员会议商讨、确定调研课题，成立教育、农业、医疗、经济、文化与城市建设5个专项课题调研组，并赴满城、安新等县（市、区）进行专项调研，与当地相关部门进行座谈，获取调研数据及内容；各级“两会”共提出议案、提案、建议60余件，在市政协十届四次全会上作了《缓解水资源危机，推进我市节水型社会建设步伐》的大会发言，得到中共保定市委书记的批示；民进界别政协活动小组被市政协评选为先进委员活动小组，4名政协委员被评为优秀政协委员；围绕《保定市人民政府关于征求2008年为民办实事工作意见和建议的函》内容向广大会员征集相关意见和建议，上报40余条；全年共报送信息60余条；参加中共保定市委、市政府、市政协召开的各类协商会共计50余次。

3. 组织建设。全年共发展会员23人，平均年龄38岁，其中教育界14人，中高级职称20人；换届后，新一届主委会成员深入基层支部参与支部活动，并与支部所在单位中共党委领导进行卓有成效的沟通；制作下发市委委员、支部主任任命书，下发《支部工作手册》；换届后，成立组织建设专委会并召开专题会议，讨论通过了《本届组织建设委员会工作职责》；利用纪念日、节假日对离退休老会员、部分会员以不同形式进行走访慰问，如：三八妇女节举办“现代职场形象设计讲座”、重阳节召开离退休老会员“喜庆十七大话政治交接座谈会”、暑期组织全体会员赴唐县大石峪考察活动；组织会员参与民进中央组织的征求对《会章》修改的意见活动，上报修改意见19条；每周一召开机关工作会议，总结部署一周工作；机关干部赴民进石家庄市委会进行交流学习；会员中获国家级奖励4人次、省级奖励11人次、市级奖励17人次、区级奖励14人次。

4. 社会服务。换届后，成立了社会服务专委会并召开专题会议；联合保定市人事局人才市场举办了大中专毕业生大型招聘会，170余家企业到场招聘，2400余名大中专毕业生前来应聘，签订就业协议率达30%，中共保定市委、市人大、市政府、市政协主要领导出席大会，河北电视台、保定市各大媒体对此次活动进行了追踪报道；确定满城县坨南乡为智力帮扶对象，6月，筹办召开了与满城县坨南乡的结对帮扶启动仪式，为坨南乡明德小学赠送了价值万元的教学用具；促成明德小学与市中华路小学15对学生结成“手拉手”伙伴，暑期组织15对“手拉手”学生在市中华路小学进行了为期一周的参观联谊活动、向15名学生捐赠了校服、年底组织庆新年、叙友情联谊活动；组织优秀教师和林果专家为坨南乡师生和果农做了示范课和为期一周的林木种植知识讲座；12月组织会内林业专家带领优秀林果专业学生赴满城县坨南乡进行了为期5天的果树科技帮扶活动，为近百名村民举办了果树冬季管理和果树主要品种的冬季修剪培训班；组织相关人员赴满城县坨南乡就2008年进一步深入开展帮扶活动的项目及合作领域等问题进行了座谈；参加了由市民主党派组成的扶贫慰问团，到涞源县西杏花村开展扶贫帮困活动，发放了价值600元的药品，对村民进行了义诊，送上了价值2000余元的慰问品，安装了价值万余元的基础通信设施，一定程度上改善了村民的生活条件和居住环境。

领导班子成员

主任委员　张国立
副主任委员　赵得昂（1月离任）
　　刘胜利（1月离任）
　　张　云（1月离任）
　　张利平
　　杨　俊（1月任）

杨敏生（1月任）
王连群（1月任）
（部门编辑：白艳平　柯　岩）

农工党保定市委

【中国农工民主党保定市委员会】（以下简称“农工党保定市委”）隶属于农工党河北省委员会，市委机关为县级行政单位。2006年有委员15人，下设2个总支委员会，11个支部委员会，党员228人，其中医药卫生界162人，占党员总数的71.1%，具有高级职称者106人，占党员总数的46.5%。2007年有委员19人，下设2个总支委员会，11个支部委员会，党员248人，其中医药卫生界181人，占党员总数的72.9%，具有高级职称者116人，占党员总数的46.8%。

【2006年·概况】　1. 思想建设。农工党保定市委专门召开市委扩大会议，组织市委委员和支部基层组织负责人认真学习中共十六届六中全会《关于构建社会主义和谐社会若干重大问题的决定》，还将主要内容刊登在《保定农工简讯》上，号召各基层组织和广大成员在各自的工作岗位上建功立业，做好参政议政、民主监督、社会服务等工作，为构建社会主义和谐社会贡献力量。农工党市委还向各基层组织下发了《关于深入学习〈江泽民文选〉的通知》，要求各基层组织积极组织党员深入学习《江泽民文选》，认真学习江泽民同志的理论观点和战略思想，学习他科学运用马克思主义的立场、观点、方法研究和解决实际问题的求实态度和创新精神。根据中共保定市委统战部的统一部署，农工党市委于2006年2月开始，加大了对编写《保定市民主党派20年》的工作力度，由孙建恒主委亲自挂帅，专门成立了该书的编写班子，召开了主委办公会议，邀请老领导王春元、王菘生、马连生等人对该书的编写工作提出了具体的修改意见。经多次反复修改，达10余万字的《保定市民主党派二十年》农工党部分内容已基本定稿。此外，一年中，编写市委《工作简报》12期，《保定农工简讯》4期，工作信息100余条。

2. 参政议政。在全市农工党员中有各级人大代表4人，其中省人大代表1人，市人大代表3人；各级政协委员34人，其中省政协常委1人、委员2人，市政协委员主席1人、常委5人、委员13人，区政协委员12人，担任各个行业监督员、监察员的有10人。在市政协十届四次全会上，农工党提出了《坚持“以人为本”着力解决群众看病难看病贵问题》的集体提案，并由孙建恒主委代表农工党市委作了《坚持“以人为本”着力解决群众看病难看病贵问题》的大会发言，引起市领导的高度重视。此外，19名农工党员中的市政协委员共提出个人提案15件。农工党员在“迎接党代会，我为河北科学发展、和谐发展献一计”活动中，结合保定经济社会发展和各项工作实际，围绕“全面落实科学发展观，构建和谐河北”积极献计献策，提出了许多具有前瞻性、针对性、建设性的意见和建议。

3. 组织建设。农工党保定市委在组织建设上始终考虑民主党派自身的特点，按照组织建设规范化的要求，认真贯彻落实《中国农工民主党章程》的有关规定，认真贯彻《关于民主党派组织发展若干问题座谈会纪要》和《各民主党派中央关于加强自身建设若干问题座谈会纪要》精神，根据《中国农工民主党组织发展工作规程》和《中国农工民主党基层组织工作条例》指导组织建设各项工作的开展。农工党市委于7月29日在恒兴医院组织举办了2004～2005年度新党员培训班，共有20多名新党员参加培训。培训班邀请中共保定市委统战部副部长储建增和农工党市委原老领导王崧生讲授了“统一战线及民主党派工作基本理论”和农工党发展史。8月，农工党保定市委组织部分市委委员和基层组织主要负责人到内蒙古自治区学习参观考察。

4. 社会服务。1月，容城县南张镇卫生院被农工党中央定为定点帮扶乡镇卫生院，并举行了定点帮扶挂牌仪式和医疗用品捐赠仪式。农工党中央社会服务部部长焦平生代表农工党中央将定点帮扶牌匾及价值40万元的医疗用品赠与南张镇卫生院。孙建恒主委在捐赠仪式上代表农工党市委讲话。参加捐赠仪式的还有农工党河北省委副主委李寿龄、中共保定市委统战部副部长储建增、容城县及市卫生局领导。捐赠仪式结束后，农工党保定市委组织部分医疗专家在南张镇乡镇卫生院对当地群众进行了义诊活动。7月，农工党保定市委再次组织部分医疗卫生专家由主委孙建恒、副主委张卫星带队到农工党中央定点帮扶单位——容城县南张镇乡镇卫生院开展义诊活动。2006年农工党市委委员、保定市恒兴中西医结合医院院长闫萍带领医学专家，深入农村基层37次，到贫困山区和革命老区为广大群众义务免费诊查，并赠送价值5000元的药品和2000元的食品。9月，号召全院职工发起了“伸出友爱之手，点亮希望之灯”为贫困学生献爱心募捐活动，全院共为贫困学生捐款6500余元。

领导班子成员

主 任 委 员　孙建恒
副主任委员　张卫星　尹博英
　　　　　　李　娟

【2007年·概况】 1. 思想建设。农工党市委根据农工党河北省委和中共保定市委的统一部署，积极在全体党员中开展政治思想建设。认真学习、贯彻胡锦涛总书记6·25讲话，组织全体党员和机关工作人员采取各种形式收听收看十七大，主委孙建恒和副主委张卫星结合农工党自身特点，分别撰写了学习十七大报告的感想。专门召开六届六次市委会，集中学习中国共产党第十七次代表大会相关精神，还向各基层组织下发《农工党保定市委关于学习贯彻中共十七大精神的通知》，要求各基层组织认真组织全体农工党员学习贯彻十七精神，要把参政议政、民主监督等履行参政党职能统一到实践十七大目标任务上来，为保定市全面建设小康社会作出新的更大贡献。民主党派各级组织在陆续圆满完成换届任务，顺利实现了新老交替后，决定集中两年左右的时间，开展以坚持走中国特色政治发展道路为主题的政治交接学习教育活动。农工党市委严格按照要求，成立学习教育活动领导小组。向基层组织发出通知，将学习教育活动重点内容、步骤安排、主要要求等进行了布置。召开两次市委会，进行政治交接学习教育活动动员及培训，农工党市委还在印发4期《农工保定简讯》之外，专门编印了4期《“政治交接学习教育活动”系列专刊》。由市委统战部牵头、联合各民主党派编写的《保定市民主党派二十年》顺利出版，这部书整合了保定市民主党派20年来发展的资料。

2. 参政议政。在全市农工党员中有各级人大代表3人，其中省人大代表1人，市人大代表2人；各级政协委员31人，其中省政协常委1人、委员1人，市政协委员主席1人、常委6人、委员13人，区政协委员9人，在市政协十届五次全会上，由主委孙建恒代表农工党市委作了《做大做强县域经济，推进新农村建设步伐》的大会发言，引起有关部门的高度重视。此外，20名农工党员中的市政协委员共提出个人提案17件，另有两项大会书面发言。穆强、王红艳、陈振怀还被评为2006～2007年度优秀政协委员。农工党市委按照农工党河北省委会要求，在全市各基层组织和全体党员中开展“我为建设沿海经济社会发展强省献计策”和“我为建设沿海经济社会发展强省作贡献”活动，紧密联系河北省和保定市经济社会发展情况，提出许多具有较强的前瞻性、建设性和操作性的意见和建议。

3. 组织建设。1月11日，中国农工民主党保定市第六次代表大会在保定市华侨宾馆召开。中共保定市委副书记王会平，农工党河北省委副主委徐英、王宝山，市委常委、秘书长、统战部长崔启慧，市政协副主席赵敬章，农工党省委组织部部长张咸宇，市委统战部常务副部长王二铁，副部长董桂武、储建增等领导出席会议，市各民主党派、工商联、侨联的领导河北大学、河北农业大学统战部的领导也到会祝贺。会议听取和审议了孙建恒代表农工党保定市第五届委员会所做的工作报告。大会采取无记名投票方式选举产生了农工党保定市第六届委员会。在随后的六届一次市委委员会议上，选举产生主任委员孙建恒；副主任委员张卫星、尹博英、李娟、李晔；秘书长李英霞。农工党市委领导班子成员分别参加了由中共保定市委统战部和农工党河北省委举办的民主党派负责人培训班，进一步增强了做好民主党派领导工作的使命感和责任感，增强了领导班子的政治素质和领导水平。农工党市委于2月举办迎春联欢会，包括主委孙建恒，副主委尹博英、李娟、李晔，秘书长李英霞在内的87名农工党员参加联欢会；分别于6月、9月组织市委委员赴山东、山西参观学习考察；10月组织70余名农工党员赴衡水参观考察。农工党市委还开展了为当年80岁老党员祝寿活动，已为5名老党员进行了祝寿。全年共发展了20名新党员。

4. 社会服务。农工党市委参加了由保定市6个民主党派组成的扶贫慰问团来到涞源县西杏花村开展扶贫帮困活动。农工党保定市委邀请了河北大学附属医院、市第二医院、儿童医院等多位著名医学专家为村民义务就诊，共有130多人次接受了服务，免费赠送药品150余件。慰问团领导在当地村干部的带领下上门走访了村内的贫困户为他们送上了米、面、药品等慰问品。此外，农工党市委还多次组织下乡义诊活动，约500多人免费接受了诊治，投入扶贫资金上千元。在农工党中央2005～2006年度社会服务工作先进集体、先进个人评选表彰中，市第二医院支委会获中国农工民主党2005～2006年度全国社会服务工作先进集体称号，农工党市委委员、恒兴医院院长闫萍获中国农工民主党2005～2006年度全国社会服务工作突出贡献奖。

领导班子成员

主 任 委 员　孙建恒
副主任委员　张卫星　尹博英

李　娟　李　晔
（部门编辑：赵　涛）

九三学社保定市委

【九三学社保定市委员会】（以下简称“九三市委”）九三学社保定市委员会隶属九三学社河北省委，社市委机关为县级行政单位，内设办公室。市委会有委员22人，2006年下设2个基层委员会，13个支社。2007年下设2个基层委员会，14个支社。主要职能是参政议政、政治协商。2006年有社员525人。2007年有社员543人。

【2006年·概况】　1. 加强组织建设。全年共召开主委会4次，委员会4次。本年度共发展新社员16名，其中博士2名，硕士4名，本科10名，高级职称7名，中级职称9名，平均年龄37岁。

2. 参政议政、建言献策。本年度社市委领导参加市委、市政府召开的通报会、政府工作报告征求意见会、人大政协人事安排征求意见会等25人次。九三界别的政协委员们积极参加市政协各委员会的活动20多人次。市政协十届四次会议上共提提案22件，其中题为《关于融入天津滨海新区发展战略的建议》发言（集体提案）引起市委、市政府的高度重视，市委书记、市长、常务副市长、主管工业副市长分别做了批示。市发改委牵头组织人员先后三次赴津、京进行沟通联系，并及时组织市农工委等近十个部门召开专题座谈会，通过了《关于加强与天津滨海新区经济技术合作的初步意见》。《意见》决定成立领导小组，明确单位职责，制定了互访互动和研讨机制；将驻津办事处迁至新区，组建“保定大厦”。《意见》还决定将“融入新区发展战略”追列入保定市“十一五”发展规划。市宣传媒体亦确定开展“建设新区、延伸新区，发展保定”专题宣传活动。

3. 科技扶贫、服务社会。（1）4月20日，九三学社科技基层委员会科二支社在主委徐铁麟的带领下，以“建设社会主义新农村”为专题对徐水县进行调研。（2）4月22、23日，副主委李宝柱、秘书长阎增爱带领科一支社内科、外科、骨科、心脏血管等专家、医师18人，深入到阜平县平阳镇中心医院开展义诊活动，诊治病人118人次，还不失时机地对农村和基层医务人员进行业务培训，受到老区人民好评。（3）5月22日，主委徐铁麟带领科技、卫生、司法界别社员到顺平县河口乡河口村开展“三下乡”活动。（4）7月11日至16日，主委徐铁麟按照市政协常委会要求，对“加大我市环境污染防治力度问题”进行调研，负责调研第二组全部活动。历时8天，先后召开三个专题座谈会，重点考察了高阳、满城两个县，实地考察了护城河、白洋淀和多个相关企业，向市委、市政府提交了调研报告。（5）7月29日、30日保定三医院及传染病医院部分社员在副主委缪淑娟、秘书长阎增爱带领下，到涞水县北义安乡南义安村进行了走访调研。

4. 树立形象，宣传九三。全年共编印《保定社讯》4期，近7万字，编写修改《保定市民主党派二十年》（九三部分）20万字，向各类报刊、杂志和内部刊物投稿50篇，其中在省级以上刊物发表12篇。在2006年9月九三中央举办的首届“九三论坛”上，农大基层委员会的刘占国教授和窦铁岭教授分别提交了论文并应邀出席会议。

领导班子成员

主任委员　徐铁麟
副主任委员　缪淑娟　李宝柱
　　　　　　许　皞　严又生

（部门编辑：王　烨）

【2007年·概况】　1. 加强组织建设。全年共召开主委会4次，委员会4次。全年共发展社员18名，本科以上16名，高级职称11名，中级职称7名，平均年龄39岁。新社员学历层次高，参与社会性强，热爱九三，为九三学社输入了新鲜血液，增加了生机与活力。为进一步提高市委机关工作效率，缓解人员紧张，6月底录用一名机关工作人员。1月12日，九三学社保定市第十三次代表大会召开，大会听取并审议了徐铁麟代表社市委第九届委员会所作的工作报告；选举产生了十届委员会委员23名；选举了出席九三省委第六次代表大会的代表；召开了十届一次主委会，选举许皞为主委，阎增爱、赵清华、张志桐、杜兵建为副主委，任命武伟明为秘书长。

2. 参政议政、建言献策。本年度社市委领导参加市委、市政府召开的通报会、政府工作报告征求意见会、人大政协人事安排征求意见会等25人次。全社有4人兼任行风评议监督员和质检特约监督员，参加行风评议、民主测评等各类活动20人次。九三界别的政协委员积极参加政协各委员会的活动20余人次。在政协保定市“两争两为”活动中，九三政协委员活动小组被评为“先进委员活动小组”，有3人获先进个人。保定市各区政协、人大相继在2007年5月完成换届，经统计，全社有区政协委员9名，区人大代表1名；涿州市政协委员10人，其中1人当选为涿州市政协副主席，3人当选为涿州市政协常委；高碑店市政协委员5人，其中1人当选为高碑店市政协常委。年初的市政协十届五次会议上，社市委共提提案27件，其中集体提案5件，个人提案22件。其中社市委以《系统塑造保定形象 提升保定城市品牌价值》为题作了大会发言，受到市领导的高度重视。社员刘勃向市政协提交的《关于我市农村养猪问题》的社情民意引起了市委、市政府的高度重视，市委书记宋长瑞、市长于群、市政协主席王庆明和有关主管领导分别作出批示，从源头上解决了市场猪肉价格上涨过快的问题。

3. 科技扶贫、服务社会。(1) 4月23日，社市委牵头组织6个民主党派机关干部和医务界专家赴扶贫点进行扶贫义诊。在这次活动中，共向村里困难户免费发放价值1400元的米、面等生活必需品，共接义诊150余人次，发放药品价值1000余元。(2) 11月4日，社市委组织了“第十九届国际科学与和平周”活动。社市委副主委阎增爱、赵清华、张志桐带领内科、骨科、儿科、妇产科和耳鼻喉科等20余名医务界专家以及河北大学蘑菇种植专家到望都县固店镇参加活动。此次活动共接义诊200余人次，骨科主任张志桐还亲自做了两个手术。阎增爱、赵清华、王谦等深入到田间地头对蘑菇的栽培技术、病虫害防治进行指导，并结合当地特色向镇领导提出了进一步创新发展蘑菇种植经济的建议。(3) 12月4日为全国法制宣传日，社市委组织有律师资格的社员在人民广场开展了法律咨询活动。社市委领导及机关人员和社员10余人参加了这次活动。此次活动受到广大群众的热烈欢迎和广泛关注。在2个多小时的咨询活动中，接待咨询群众30余名。

4. 树立形象，宣传九三。全年共编印《保定社讯》4期，近7万字

领导班子成员

主任委员：许　皞

副主任委员　阎增爱　赵清华

张志桐　杜兵建

（部门编辑：王　东）

保定市工商联

【保定市工商业联合会】 保定市工商业联合会是中国共产党领导下的由全市工商界组成的人民团体和商会组织，是党和政府联系非公有制经济人士的桥梁纽带，是政府管理非公有制经济的助手，具有统战性、经济性、民间性相统一的特征。机关为正县级单位，内设办公室、组宣部、经济部、联络部4个部室及企业服务中心（正科级事业单位）。

【2006年·概况】 一年来在中共保定市委、市政府领导下，以邓小平理论、“三个代表”重要思想和科学发展观为指导，围绕全市中心工作，积极参政议政，抓好组织建设，强化为非公有制经济发展服务，推进光彩事业，提高机关建设水平，促进非公有制经济健康发展，非公有制经济人士健康成长，充分发挥自身优势，不断开拓工作新领域，为建设“京南近海强市名城”，保定又好又快发展、强市兴县富民，构建“和谐保定”作出应有的贡献。

【积极参政议政，调研成果丰硕】 围绕优环境、促发展，全系统共撰写各类调研材料40余篇，撰写了《2005年保定市民营经济发展报告》。向省、市、县人大、政协提交议案、提案215份；其中在市政协十届四次会议上的发言材料《加快专业市场建设，完善专业市场功能，充分发挥专业市场对全市区域特色经济的推动作用》，针对保定市区域特色经济的现状及问题，提出促进专业市场强势发展的可行建议，得到市领导重视，根据责任权限责成有关部门分析、解决问题，落到实处。在省工商联参政议政暨调研工作经验交流会上，涿州市工商联的调研材料获一等奖，市工商联、满城县工商联调研材料获二等奖，清苑县、新市区、安国市、高阳县工商联调研材料获三等奖。

【加强组织建设】 年初召开了十四届五次执委会议，听取、审议并通过了执委会工作报告，通过了有关人事任免事项，表彰了2005年度先进县（市、区）工商联。年内全系统组织成立各级行业商会、基层组织15个，吸收会员1080名，不断充实壮大了积极分子队伍。与市委统战部联合开展了“保定市优秀中国特色社会主义事业建设者”评选表彰活动，122名民营企业家获殊荣。向全国工商联推荐“为全面建设小康社会做贡献”先进单位1个，先进个人2名。组织全体人员及三区工商联干部和市区部分民营企业家赴北京参观了纪念红军长征胜利70周年展，以实际行动深化“学树保促”教育成果，做好非公有制经济人士的思想政治工作。

【推进光彩事业，造福一方百姓】 一是据不完全统计，全市工商

联系统共组织非公有制经济人士为救灾、扶贫、助教、修路等社会公益事业捐款、捐物共计折合人民币838.97万元，资助、救助贫困失学儿童70人，安置下岗职工1067人。二是为山区小学生争取到2万元教育扶贫款。三是按照市委文件要求，积极做好帮扶贫困村工作。为顺平县安阳乡刘各庄村争取到11万修路资金，修街道公路6条2500多米，落实扶贫款8万元，用于周转棚建设，使该村走上了脱贫致富奔小康之路。四是积极开展帮建文明生态村活动。为涿州市半壁店村聘请专家教授辅导讲课，制定了切实可行的帮建计划，拓展了销售渠道，组织单一的农户走公司加农户的道路，逐步实现规模经营。五是结合光彩事业“十、百、千”工程，积极参加社会主义新农村建设。

【加强服务，经济联络卓有成效】

一是为进一步拓展工商联为企业服务的新途径和新方法，牵线由中国民生人寿保险公司与部分民企共同组建了河北民生商会保险代理有限公司。二是加强与省内外工商联的联系，组织相关人员对成都市工商联、重庆市南岸区工商联进行了商务考察并建立友好关系；三是深入企业调查分析，向各县（市、区）的非公有制经济代表人士和民营企业家发放调查问卷280余份；四是结合省工商联开展的“绿野阳光民营企业家培训工程”，组织保定市有较大影响力、较高社会地位的300余名民营企业家赴清华大学进行培训。

领导班子成员

党组书记　崔启慧
会　　长　赵桂良
副 会 长　李西斌　王宝仓
　　　　　李俊山　袁大炳
　　　　　杨文革　杨宏兴
　　　　　王　凤　魏建军
　　　　　王　超　杨金庆
　　　　　李建新　李晓恩
　　　　　孙树贵　康玉柱
　　　　　成　燕　邵永琴
　　　　　臧立根　邓海平
　　　　　魏少军　郭运通
秘 书 长　胡铁成

【2007年·概况】 一年来在中国共产党保定市委、市政府领导下，以邓小平理论、“三个代表”重要思想和科学发展观为指导，围绕全市中心工作，积极参政议政，抓好组织建设，强化为非公有制经济发展服务，推进光彩事业，提高机关建设水平，促进非公有制经济健康发展，非公有制经济人士健康成长，充分发挥自身优势，不断开拓工作新领域，为建设“京南近海强市名城”，保定又好又快发展、强市兴县富民，构建“和谐保定”作出应有的贡献。

【积极参政议政，调研成果丰硕】

围绕优环境、促发展，全系统共撰写各类调研材料20余篇，撰写了《2006年保定市民营经济发展报告》。向省、市、县人大、政协提交议案、提案252份；在各县（市、区）人大、政协换届期间，积极推荐安排人大代表和政协委员728名，为参政议政共商经济发展奠定了基础。在市政协十届五次会议上，工商联领导作了《关于我市民营企业参与新农村建设的几点建议》的发言，得到领导重视。组织两个督导组分别对25个县（市、区）就工商联系统行业组织建设情况、光彩事业“四个一”开展情况、信息报表上报情况等六个方面的工作展开全面的督导检查，抓好落实。

【加强组织建设】 2007年3月8日组织召开了保定市工商联第十五次（市总商会第四次）会员代表大会，选举产生新一届领导班子，完成了换届任务。召开了执委会议，表彰了2006年度先进县（市、区）工商联，审议通过了执委会工作报告、有关人事任免事项。经市工商联努力，组织成立了保定市工商联浙江商会、保定工商联女民营企业家商会，并适时召开了成立大会。涿州市工商联成立了女企业家商会、温州商会，定州市工商联成立了铸造业、钢网业、体育器材等8个行业商会；安国市工商联成立了祁州药业商会、药华贸易商会；容城市工商联成立了毛绒玩具行业协会和拉链行业协会。一年来成立行业商会、基层组织26个，发展会员2564名。

【推进光彩事业，造福一方百姓】

据不完全统计，全市工商联系统共组织非公有制经济人士为救灾、扶贫、助教、修路等社会公益事业捐款、捐物共计折合人民币4075.2万元，资助、救助贫困失学儿童1650人，安置下岗职工3699人，培训农民工2200人次。为山区小学生争取到16万元教育扶贫款，支持阜平、顺平、望都三所光彩小学的二期建设。全面贯彻落实省光彩事业“十、百、千”活动要求和全市统战工作会议精神，结合保定市正在开展的“山花工程”、“驻联帮解促”活动、新农村建设和扶贫工作，在全市会员企业中深入开展“光彩事业四个一活动”，成效显著。完成了对重点扶贫村顺平县安阳乡刘各庄村的扶贫任务，在开展帮建文明生态村和“驻联帮解促”活动中，因工作显著，被市委、市政府授予2006年度帮建文明生态村工作先进单位，驻涿州豆庄乡后屯田村工作队被评为先进工作队，并有2人被评为先进个人。市工商联被评为市扶贫先进单位。

【加强服务，经济联络卓有成效】 一是协调全联争取为会员企业子目蓄电池有限公司协调了项目扶贫贷款3000万元额度，为扩大蓄电池生产、太阳能发展创造良好条件；二是协调并接待了北京河北商会执行会长王克剑等一行来保进行的再生资源环保项目实地考察，与顺平县、涞水县主管项目县长进行了洽谈，就与中国农科院战略合作协议签署问题进行了探讨；三是有效协调了市法院解决广西工商联与有关企业之间的经济纠纷；四是组织参加了中国中西部地区经贸投资洽谈会；五是联合总工会、劳动和社会保障局举办了“民营企业招聘周”的大型招聘活动。进入劳动力市场招聘的单位共627家，提供空岗信息6182个，签订就业意向人数2853人，其中下岗人员284人，进城务工人员201人，大学毕业生1197人，签订职业培训人数38人。

【加强机关自身建设】 一是按照省、市委要求，深入开展了“解放思想大讨论”、“学树保促”、“掀起责任风暴、推进效能革命”和“为民、务实、清廉”等一系列主题教育活动。二是建立健全了机关规章制度。进一步规范了各部门的工作职责、程序和标准，加强管理，提高效率，树立机关良好形象。力争通过制度创新，逐步形成用制度管权、按制度办事、靠制度管人的长效机制。三是协调并组织举办了有市政协、市委统战部、民主党派、侨联、台办、中小企业局，三区统战部、工商联等相关部门领导干部及市、区工商联部分不驻会企业家副会长参加的联谊活动，增进了友谊，加强了交流，促进了合作，为以后更好地服务非公有制经济、促进全市经济发展奠定了基础。

领导班子成员
（2007年1月1日～3月8日）

党组书记　崔启慧
会　　长　赵桂良
副 会 长　李西斌　王宝仓
　　　　　李俊山　袁大炳
　　　　　杨文革　杨宏兴
　　　　　王　凤　魏建军
　　　　　王　超　杨金庆
　　　　　李建新　李晓恩
　　　　　孙树贵　康玉柱
　　　　　成　燕　邵永琴
　　　　　臧立根　邓海平
　　　　　魏少军　郭运通
秘 书 长　胡铁成

领导班子成员
（2007年3月8日～12月31日）

党组书记　董桂武
会　　长　赵桂良
副 会 长　董桂武　李西斌
　　　　　王宝仓　杨建平
　　　　　葛大壮　魏建军
　　　　　王　凤　王　超
　　　　　李晓恩　张振堂
　　　　　梁连起　孙树贵
　　　　　臧立根　杨建忠
　　　　　康玉柱　李小社
　　　　　魏少军　杨东升
　　　　　成　燕　李春波
　　　　　董跃中
秘 书 长　胡铁成
会　　长　赵桂良
副 会 长　袁大炳　李建新
　　　　　杨金庆　杨文革
　　　　　郭运通　梁　伟
　　　　　孙占启　李　鹏
秘 书 长　胡铁成

（部门编辑：胡铁成　王立祥）

群 众 团 体

工 会

【保定市总工会】 保定市总工会是市委联系广大职工的桥梁和纽带，是会员和职工利益的代表者和维护者，基本职责是维护职工合法权益。内设办公室（挂研究室牌子）、组织部、宣教文体部、经济技术部（挂保定市职工技术协会办公室牌子）、法律工作部、财务部、女职工部、民主管理部、老干部处（与机关党委合署办公）等9个行政部室，另设生活保障劳动保护工作部、劳动福利事业管理部、经费审查委员会办公室等3个事业编制、行使机关职能的部室，以及教育工会（副县级机构）、建设农林水工会、财贸金融轻纺工会、煤炭石油医药电子工会、市直机关工会、机械冶金建材工会等6个产业工会。下设工人文化宫、第二工人文化宫、职二培训中心等3个直属事业单位。2006年，市总工会被中华全国总工会评为全国工会促进再就业行动先进单位；被河北省总工会评为河北省劳动争议调解工作先进组织、河北省工会经济技术创新工作先进集体、河北省工会职工技协工作先进集体、河北省工会劳动保护工作先进集体、河北省工会“四五”普法先进单位。2007年，市总工会被中华全国总工会评为工会财务工作先进单位；被河北省总工会评为河北省工会干部教育培训工作先进集体、省工会新闻宣传工作先进单位、河北省工会宣教工作先进单位。2006年、2007年连续两年被市委、市政府评为实绩突出单位，另有20余项工作受到市表彰。

【2006年·概况】 2006年全市共有基层工会7794个，会员93.33万人，在市委和省总的正确领导下，全市各级工会坚持走中国特色社会主义工会发展道路，贯彻“组织起来，切实维权”工作方针，抓重点、攻难点、创亮点，整体工作呈现出蓬勃发展的良好态势。

【职工群众性经济技术创新活动】 各级工会认真落实市总《关于团结动员广大职工为实现“十一五”规划和构建和谐保定建功立业的决议》，组织动员广大职工深入开展建功立业活动。服务全市主导产业和重点项目建设，组织开展“学技术、争一流、创效益、做贡献”竞赛活动，1320家企业、50多万职工参加了各种形式的劳动竞赛、合理化建议、技术创新活动，实施较大合理化建议4.25万条，实现较大职工技术创新成果1180项，创经济效益5.6亿元，进一步发挥了广大职工的主力军作用。

【职工素质工程】 广泛开展职工技术练兵活动，37万名职工参加了各种形式的岗位练兵和技能比赛，4.2万名技术工人提高了一个技能等级，有效地提高职工队伍的技术素质和劳动技能。对5.7万名职工进行安全生产知识电视培训，435家企业的22.4万名职工参加“安康杯”竞赛活动，187家企业推行“一法三卡”制度，在遏止安全生产事故方面发挥了积极作用。

【民主管理工作】 在建筑系统开展“进城务工人员专项集体合同”试点工作，丰富了集体合同工作1+X模式内容，被省总评为工作创新奖。国有、集体企业全部建立了职代会制度，实行厂务公开，签订了集体合同，并不断规范提高；改制企业全部坚持职代会和厂务公开制度，重新签订了集体合同；非公有制企业中，有6190家建立了职代会制度，6328家实行厂务公开，6625家签订了集体合同；县以上劳动关系三方会议制度进一步完善，并逐步向乡镇街道延伸。继续推动落实国家“劳动合同三年行动计划”，帮助和指导62.9万名职工签订了劳动合同。

【困难职工帮扶和下岗人员再就业工作】 将万家福特困职工救助超市由1家增加到4家，为市区符合投保条件的1214名特困职工购买了团体意外伤害保险，对临时遇到重大困难的11名特困职工发放帮扶资金3.1万元，筹集资金40多万元对128名寒门学子给予一次性资助。在元旦、春节、五一、十一、中秋等重大节日期间共为市属1242名特困职工发放价值63万元的救济款物，为县级和直属工会下拨帮扶专项资金52万元。全市工会职介机构介绍安置4100人次，提供技能培训4658人次，通过各种渠道安置2930人次，分别完成全年任务的101.9%、102.4%、104.6%，市区内特困职工从1326名减少到1242名，市总工会职介所被全总评为“促进再就业行动先进单位”，被河北省评为保定市唯一的“放心职介所”。

【农民工合法权益维护工作】 联合市直有关部门开展第二届“双十佳”评选和以“六送”（送法律、送文化、送健康、送温情、送岗位、送技能）为主要内容的“维护农民工权益，发挥农民工作用”宣传月活动。坚持为农民工办实事，全年为农民工发放慰问金、慰问品23.48万元，减免医疗费用20.8万元，送科技文化书籍7.3万册，提供法律服务1.1万人次，提供职业介绍1120人次，培训农民工2100人次。

【职工法律援助工作】 积极参与劳动争议调处工作，建立劳动争议调解委员会6480个，调解劳动争议案件472件，为职工争取工资、养老金、医疗保险等101万元；积极为困难职工提供法律援助，提供法律咨询763次，代理诉讼96件，减免代理费用5.1万元；认真落实“12351”职工维权热线联动机制，接待职工来信来访116件，其中98%的问题得到妥善解决，维护了全市职工队伍的稳定。

【工会基层组织建设工作】 按照“抓覆盖、打基础、增活力”的总体要求，以非公企业、重点行业建会和农民工入会为重点，全力加强工会基层组织建设。巩固和完善了建会长效机制，与市委组织部联合下发《关于加强非公有制经济组织“党建带动工建、工建服务党建”工作的意见》，各县（市、区）委都制定了实施意见，组织部门与工会组织初步形成资源共享、组织共建、工作共抓的工作格局，涌现出清苑县选派党建工建指导员、蠡县由乡镇党委组织员兼任工会主席等先进典型。

领导班子成员

主　　席	刘　飞
党组书记 常务副主席	张希瑾
副 主 席	岳素然　宫娜景 王松元

【2007年·概况】 2007年全市共有基层工会8382个，会员105.53万人，在市委和省总工会的正确领导下，全市各级工会认真落实“组织起来，切实维权”方针，牢固树立中国特色社会主义工会维权观，充分发挥组织、引导、服务和维护四个方面的作用，各项重点工作都取得新进展。

【职工群众性经济技术创新活动】 各级工会充分发挥劳动模范和先进人物的骨干作用，引导、组织广大职工积极投身企业生产建设，进一步提高广大职工的积极性，主力军作用得到进一步发挥。提出实施合理化建议3.1万条，实现较大创新成果1156项。联合市发改委在38项已开工市、县重点项目开展“比科学管理、比成本控制、比生产质量、比发展进度、比技术创新、比安全生产，创最佳效益”为主要内容的“六比一创”劳动竞赛，促进建成了一批精品工程。

【职工素质工程】 深入开展“创建学习型组织、争做知识型职工”活动，广泛开展技能比赛、岗位练兵、技术比武等职工技术创新活动，全市18.6万名职工参加技能培训，13.8万名职工参加岗位练兵，7.2万名职工参加安全生产知识电视培训活动，1610家企业、25万人参加安康杯竞赛，235家企业建立“一法三卡”制度，1715家企业签订劳动安全卫生专项集体合同。

【劳模工作】 评选表彰全市2004～2006年度259名劳动模范、80个先进集体和67个先进单位，推荐评选出5个“全国五一劳动奖状、奖章”、6个“河北省五一奖状、奖章”；协同宣传部门在《保定日报》等媒体开辟劳模专题宣传栏目，广泛宣传劳模事迹，大力弘扬劳模精神。

【劳动关系和谐企业创建活动】 劳动关系和谐企业创建活动覆盖面达到82%，涉及职工60余万人，涌现出全国模范劳动关系和谐企业1个，AAA级劳动关系和谐企业23个，AA级劳动关系和谐企业166个，A级劳动关系和谐企业323个，较好地发挥了示范带动作用。

【民主管理工作】 帮助和指导63万名职工签订了劳动合同，集体合同覆盖率达到95%，新增开展工资集体协商309家，新增签订专项集体合同520家。职工民主管理制度进一步规范，建会企业职代会建制率达到65%，厂务公开融入企业管理机制的比例达92%，6775家非公有制企业建立职代会制度，7178家企业建立厂务公开制度。积极参与国企改革，认真履行维护职工合法权益的基本职责，在实行破产的17家企业中，全部坚持政策公开、坚持职代会制度、坚持以人为本、坚持固本强基，市总工会关于国企改革的做法刊登在10月11日全总办公厅《要情摘报》上，中共中央政治局委员、全国人大副委员长、全国总工会主席王兆国批示：保定市总工会参与国企改革做到“四个坚持”的做法很好。

【困难职工帮扶工作】 市总工会以“温暖过冬、共建和谐”为主题，深入开展“两节”送温暖活动，全市共慰问困难企业27个，慰问困难职工3674户，发放救济款物95.76万元。各级工会多方筹集资金40余万元，对符合条件的118名寒门学子给予一次性资助，积极开展再就业援助行动，为下岗失业人员提供职介服务3756人次、技能培训4832人次、安置2641人次。向农民工送技术、送岗位、送温情、送法律成效显著，为农民工提供就业岗位2546个，培训农民工3567人次，为农民工放电影110多场次，慰问款物20多万元，提供法律服务1000多人次，为农民工追缴拖欠工资25.4万元；参与全市小砖窑、小煤窑拉网式排查，纠正了一批不规范用工行为。

【工会会员重大疾病医疗互助活动】 市总工会认真贯彻落实《河北省总工会关于在全省开展工会会员重大疾病医疗互助活动的通知》（冀工发［2007］38号文）在充分发挥市二医院、市三医院等医疗救助定点医院作用的基础上，启动了工会会员重大疾病医疗互助活动，工会会员每人每天交纳0.16元的互助金，当遇到规定的8种大病时，可得到1.6万至2.1万元的补助。

【工会基层组织建设工作】 出台《保定市村工会联合会规范标准（试行）》，在雄县黄湾村召开村级工会建设现场会，全市有2500多个行政村建立工会组织，农民工会员达到40多万人。全面开展外资企业建会活动，制定了外商投资及连锁经营企业组建工会实施方案，建立“分包”责任制，对率先在全市实现连锁经营企业建会的给予奖励，推动外资企业的建会工作，累计有304家外商投资企业建立工会组织，其中2家麦当劳、10家肯德基、3家加州牛肉面门店全部建立工会委员会。

领导班子成员

主　　席	刘　飞（5月离任）
党组书记 常务副主席	张希瑾
副 主 席	岳素然　宫娜景 王松元 阎立明（5月任）

（部门编辑：王继军　赵　琳）

共青团

【中国共产主义青年团保定市委员会】 是中共保定市委领导下的先进青年的群众组织，机关设办公室、组织部、宣传部、青工部、青农部、学少部、统战部机关党总支部和青少年宫、青年服务站两个事业单位。

【2006年·概况】 2006年，团市委在市委和团省委的正确领导下，坚持以“三个代表”重要思想为指导，认真贯彻落实省第七次党代会和市第九次党代会精神，坚持以青少年思想政治工作为要务，以品牌活动为特色，以组织建设为保障，以服务青年创业为重点，紧紧围绕市委、市政府的中心工作和建设“京南近海强市名城”的宏伟目标，不断激发全市300万团员青年热爱保定、建设保定、奉献保定的满腔热情，共青团的各项工作取得了丰硕成果。2006年，团市委先后被评为河北青年创业行动优秀组织单位、全省共青团系统四级在线先进单位、少先队工作考核先进市级少工委、市帮建文明生态村先进单位、民主评议先进单位、工作实绩突出单位、少先队工作工程奖、先进基层党总支等。

【青年文明工程】 认真贯彻中央下发的8号文件和16号文件，充分尊重未成年人的主体地位，适应未成年人的身心特点，倡导平等的教育理念。强化法制教育，全面提升青少年法律意识。在抓好“四五”普法教育的基础上，深入宣传《未成年人保护法》、《预防未成年人犯罪法》等法律法规，全面提高青少年法律素质和法律意识，努力营造有利于青少年成长的良好社会环境，提高青少年法制教育工作的社会影响力。强化维权岗创建，构筑青少年维权网络。以优秀“青少年维权岗”创建工作为重点，构建维权网络，切实为青少年提供维权服务。开展评选和表彰保定市优秀“青少年维权岗”活动，推荐省级优秀“青少年维权岗”集体3个。开展创建保定市青少年健康成长“阳光社区”主题活动。试点评选和命名了易县南环路等4个保定市青少年健康成长“阳光社区”。全面开通12355保定市青少年维权热线，热线覆盖保定市25个县（市、区）。强化组织领导，预防青少年违法犯罪工作健康开展。分别组织召开了全市预防青少年违法犯罪领导小组会议和工作会议，进一步明确各级各部门责任，建立了督导考核机制，此项工作被市委、市政府列入重要议事日程，并作为全市综治考核目标体系的重要组成部分。

【共青团阵地建设】 以“一带一”工程为抓手，加强落后团支部建设。下发了《关于整治松散瘫痪农村团支部的通知》，转发了团省委、省委组织部《关于推优工作的若干规定》，开展了“五四红旗团委、团支部”三级联创工作，要求所有申报省、市级先进集体和单位都要与一个落后的乡、村团支部结成帮扶对子，并填写结对帮扶卡报组织部备案，以便更好地督导和掌握各单位的落实情况。全市已有237个先进集体和237个团建较薄弱的团组织结成帮扶对子，已经使23个农村瘫痪团支部、92个薄弱团支部得到转化。抓好品牌工作，不断丰富中学生团校建设的形势和内涵。10月，省委常委、省总工会主席藏胜业到保定市调研共青团工作时，对全市的中学生团校工作给予了高度评价，团省委将保定市团校建设典型经验和做法在全省共青团系统加以推广。

【青年就业创业工程】 积极开展青春创业行动，认真贯彻落实中央、省、市促进大中专毕业生就业工作会议精神，举办“青春创业行动”春季大型招聘会，参加本次招聘会的用工单位共240家，应聘者3212人，求职登记1285人。扎实开展青春创业培训，组织青春创业SYB教育推介大会，向1000名参会学生进行了创业培训，受到与会学生的热烈欢迎。疏通融资渠道，提高青年创业成功率。协调城市信用社，利用青春创业基金贷款为全市青年创业提供了56万元的资金支持，使20余名创业青年步入“小老板”行列。深入实施青工技能振兴行动。结合创建青年安全生产示范岗，在全市企业普遍开展了“质量安全百日竞赛”活动。开展以提高企业经济效益为中心，以促进企业技术进步和提高产品质量为目的“五小”活动。

【青年服务工程】 建立健全招募、培训、使用、检查、奖励等方面制度，使志愿者服务活动制度化、规范化。2006年，保定市完成志愿者注册3.2万余人，注册志愿者人数已超过10万名。开展学雷锋志愿服务月活动，组织6000多名志愿者走进社区，宣讲省、市十一五规划，提供卫生保健、法律咨询，宣传市2.28大会精神等等，发放各种宣传资料2万余份。开展绿色家园你我同行——绿色环保志愿服务活动。与市环保局共同确定竞秀公园为保定市绿色环保志愿服务基地，组织绿色环保志愿服务活动20余次，推进大学生志愿者健康行动计划，于10月11日在华北电力大学接待中心举行了“2006年河北省大学生志愿者健康行动计划保定座谈会暨出征仪式”。开展青年文明号检查月活动，采取自查、行业间互查互看等方式，促进了青年文明号创建工作进一步规范。保定青年“青春携手——百村千户沼气池援建计划”多方筹集资金共计41万元，为22个行政村的380个贫困户援建沼气池，受到了各级政府和基层群众的欢迎。积极开展“保护母亲河”活动，在《保定日报》向全市广大青少年发出倡议书，号召广大青少年树立环保意识，增强珍惜水土资源、保护生态环境、保护美好家园的自觉性和责任感。举行保定市“青春携手——共护生态家园活动”启动仪式，此次活动被省保护母亲河领导小组评为“河北省保护母亲河行动优秀活动项目”。举行了“河北省城镇水土保持生态建设火炬接力行动”，发放关于水土保持的宣传材料和倡议书10000多份，促进城镇建设和自然环境的和谐发展。组织开展“三下乡”社会实践活动，组织各个高校积极围绕“服务和谐社会建设、提高思想政治素质”这一主题，组织学生走出校园小课堂，在实践中接受教育、长才干、做贡献。

【青少年成才工程】 加强青少年培训。一是组织“寻找荣与辱六一大行动”活动，使少年儿童牢记“八荣八耻”重要内容。二是积极组织保定市少先队工作者和辅导员参加4月在全国举办的《少先队辅导员工作纲要（试行）》远程培训暨各地贯彻落实《少先队辅导员工作纲要（试行）》网络会议。邀请中国青年政治学院院长陆士祯、《辅导员》杂志社总编柯英等人员分别对社会主义荣辱观教育、出迎证章活动的实施方法、开展少先队文化建设的意义和方法、内容等进行现场讲解。三是与市教育局共同举行了保定市“十八岁成人宣誓仪式”，并于全国一百座城市一起同时启动了“迈入青春门，走好成人路”主题教育活动。加强对团干部的培训。举办2006年度全市基层团干部培训班。邀请团中央组织部领导及市委党校的教授讲授团的知识，组织了4批约35人次的基层团干部到北京、上海、北戴河、深圳等团中央培训基地进行了培训。加强对青联委员的培训。组织青联委员参加清华大学“总裁培训班”学习，学习国家顶级管理课程，开阔思路，激发灵感，提升企业核心竞争力。组织清华大学培训班的学员们参与了“明瑞杯”登泰山比赛活动，保定青联的两个代表队分别获得了冠军和季军。组织青联委员赴山西参加“晋商文化与民企的第二次创业”论坛，使委员们对晋商文化有了更加深刻的了解，增长了知识，眼界更加开阔，同时对自身的企业发展也找到了更加有益的思路。

【青少年宫工作】 2006年，青少年宫在完善内部硬件建设的同时，培训规模逐步增长。广泛开展科技、文化、艺术、体育培训，除美术、书法、舞蹈、声乐、器乐、民乐等传统项目外，加强了相声小品、拉丁舞、主持朗诵、航模、剑桥少儿英语、兴趣数学、兴趣写作等项目的招生与培训力度，年龄层次从4岁到初高中生。社会活动蓬勃开展，突显了校外学习活动主阵地的作用。7月10日至12日，青少年宫小荷花电视艺术合唱团应邀参加了香港国际青少年国际合唱节，并获铜奖。2006年，青少年宫有几百名学员在全国和省市级各类大赛中获奖。8月，保定青少年宫被共青团河北省委、河北省青少年宫协会评为“河北省先进青少年宫”。

【青联工作】 加大“十大杰出青年”评选力度，选树一批代表不同行业和领域、体现时代特色的优秀青年典型。积极做好评选工作，在上年青年联合会成功换届的基础上，12月底，团市委召开保定市青联十一届二次常委（扩大）会议，共增补青联委员131名。成功举行了杰出青年联合会成立圣典晚会，对本届十大杰出青年进行隆重表彰，扩大青年联合会和杰出青年的社会影响力和号召力。春节前夕，青联组织了“青春暖流真情关爱”留保百余名贫困大学生除夕家宴，切实关心和服务没有回家过年的贫困大学生。3月，应中华交流协会的邀请，以书记张泽峰为团长的保定代表团赴新加坡、澳门、香港、台湾等地，就文教、财贸、教育等方面进行友好访问。7至8月间，张泽峰带领各部室负责人前往邯郸、邢台、衡水、唐山、张家口等地，就共青团工作进行交流和学习。2006年台湾育乐中心执行团、柏林禅寺方丈明海一行、美国青年政治代表团等先后来保，就青年工作开展交流，进一步加强双方的合作，为今后的来往和更深层次的交流奠定了良好基础。

领导班子成员

书　　记　张泽峰
副 书 记　刘志刚　许红琳

【2007年·概况】 2007年，团市委在市委、市政府的正确领导下，在团中央、团省委各级领导的关心指导下，坚持以邓小平理论和“三个代表”重要思想为指导，深入贯彻落实党的十七大、省委七届二次全会、团省委十二届五次全会和市委九届二次全会暨全市经济工作会议精神，充分发挥共青团组织在服务青年、凝聚青年、团结青年方面的重要作用，以建设“京南近海强市名城”为目标，以科学发展、提速发展、和谐发展为主线，不断激发全市团员青年热爱保定、建设保定、奉献保定的满腔热情，团的各项事业取得了长足进展。团市委先后获“保定市科技周活动先进集体”、“中国少年儿童平安行动优秀组织奖”、“大中学生三下乡社会实践优秀组织奖”、“我与祖国共奋进主题教育实践活动优秀组织单位”、“全国青年中心建设先进集体”、“河北省服务农村青年成才奖先进集体”等荣誉称号。

【以十七大精神为统领，提升保定青年理想信念】 成立了“学习贯彻十七大，永远跟党走”学习教育活动领导小组，制作了“学习贯彻十七大，永远跟党走”为主题的宣传栏。同时充分发挥团市委网站青年舆论阵地的优势，开设一批专栏、专题，大力宣传党的十七大深远的历史意义和重大的现实意义，宣传十七大的精神实质和十七大对共青团事业的改革与发展作出的战略决策及提出的重要工作任务；组织开展了“学习贯彻十七大各界青年代表座谈会”、“永远跟党走，争做新一代”、“党代表与青年学子面对面”、“学习贯彻十七大英模报告会”等活动，进一步把广大青年的思想统一到党的十七大精神上来，坚定了跟党走中国特色社会主义道路的信念。以建党86周年、香港回归10周年、“五四”运动88周年大中小学生入队、入团、入党和18岁成人教育活动等契机，深入开展理想信念教育，广泛开展了“我与祖国共奋进”、“心向阳光爱我家乡”、“消防教育进校园”、“感恩教育”、“平安行动”、“青春和谐奉献”等主题教育活动，引导全市广大少先队员、团员青年进一步增强了民族自豪感、自尊心和自信心，树立了与时代发展和祖国需要相适应的思想观念、价值取向和行为方式。通过“保定市新长征突击手”、“保定市杰出岗位能手”、“保定市杰出青年卫士”、“十佳、百优大学生”、“十佳自强自立大学生”、“杰出（优秀）青年教师”、“十佳少先队员、辅导员”的评选及表彰活动，推出和宣传了一批青年榜样，受到社会各界的广泛关注，在青少年中产生强烈反响。开展了先进事迹巡回报告活动，举办了“杰出青年进校园”、“杰出青年走进直播间”活动，邀请全国十大杰出农民、高阳硕丰农场总经理李满常，巨力集团总裁杨建国等杰出青年代表与大中学生、社会青年就学习、创业、成长等话题进行交流和沟通，做深入的情感交流，进一步发挥了青年榜样对当代青少年的典型示范和激励带动作用。

【扎实推进团自身建设】 坚持党建带团建，深化创建“五四红旗团委”、“团支部”活动，逐步形成了县、乡、村三级团组织层层创建、整体联动的良好态势，有力促进了基层团的组织建设，活跃了基层团的工作；评选表彰了60个“五四红旗团委”、60个“五四红旗团支部（总支）”；组织召开了共青团保定市代表会议，按照有关规定选举产生全市参加共青团河北省十三大代表80名；不断拓展非公有制经济组织团建领域，采取多种形式加强非公有制经济组织的建团力度，积极主动与非公有制企业联系建团事宜，有重点、有步骤地减少了团的工作“空白点”，提高了非公有制经济组织的建团率；选树70个党建带团建先进典型，使100个松散、瘫痪农村团支部得到转化。加大在农村、学校、街道等区域发展团员的力度，2007年全市共发展新团员5万名；在坚持做好团员教育和管理工作的基础上，进一步理顺团员的组织关系，督促各级团组织对团员重新登记造册，减少团员的流失率。进一步抓好中学生团校巩固提高工作，创建命名保定市合格中学生团校30个；积极稳妥地开展推优工作，通过各级团组织与党组织联系沟通，壮大了入党积极分子队伍，向党组织推荐了一批优秀团员，全市各级团组织全年推优数680人。指导各级团组织进一步加大团干部的培训力度，通过各种形式培训基层团干部800多人次。选派机关2名政治、业务素质高的干部分别到福建团省委统战部、团中央宣传部全国青少年宫协会挂职锻炼。青年中心建设取得成效。采取社会化运作的方式，在金玉兰社区、力高社区、西苑南社区、兰园社区等建立13个社区青年中心，并在社区青年中心的带领下建成青少年体育、读书俱乐部；完善农村青年中心理事会制、会员制等相关制度，推出一批各具特色的青年中心建设模式。2007年，全市建成各具特色的农村青年中心22家，雄县黄湾村青年中心被团中央评为“全国示范性青年中心”。青联、学联和少先队组织的作用进一步发挥。先后组织了“‘卓正国际酒店杯’2007保定市首届时尚婚庆博览会”、“三友·七匹狼杯迎奥运体育大会”等重大活动。以实施《关于加强少先队辅导员队伍建设的若干意见》为切入点，进一步提升少先队辅导员队伍综合素质，少先队组织建设得到巩固。信息化建设在团的整体工作中发挥了积极的作用。对保定青年网站进行了改版和升级，做好管理和维护工作，拓宽信息来源，团组织的吸引力和影响力不断提高。组织开展县（市、区）网络人员及机关人员计算机、网络知识培训。积极做好机关下发文件、领导讲话、机关信息、县（市、区）团委信息的网站上传工作。

【服务青少年成长成材】 青年志愿者工作新增亮点。年内完成志愿者注册3万余名；组织志愿者开展学雷锋活动月，向社区捐助书籍5000余册，发放了各种宣传资料2万余份；10月1日，利用国庆节期间在全市广泛开展“非常假期·国庆感恩”——保定市青年志愿者“7+1”志愿服务活动。积极面向社会招募700名社会各界志愿者，对接帮扶100名孤寡老人及残疾人，社会反响很大，《人民日报》、《中国青年报》、《河北日报》、新华网等媒体进行了报导；积极配合省奥运会志愿者招募工作，选拔出全市46名志愿者进入决赛。青少年权益工作全面发展。6月1日新《未成年人保护法》开始实施之际，组织志愿者深入学校、社区等基层大力宣传新法律法规，全面提高青少年法律素质和法律意识；深入开展创建“优秀青少年维权岗”活动，完成省级以上优秀青少年维权岗年度认定23个，新推荐省级“青少年维权岗”4个，评选市级青少年维权岗60个。积极做好12355青少年维权热线工作，全年共接听投诉、咨询电话70余个，95%以上的问题在工作人员的电话解答、说明后得到处理。青年就业创业覆盖面扩大。2007年，全市各级团组织举办培训班17期，培训2700余人次；积极推进大学生就业工作，努力为大中专毕业生和用工单位牵线搭桥，成功举办第二届“金春”保定大型招聘洽谈会，共有3500余人通过招聘找到了自己满意的工作。加强农村青年知识技能培训，畅通就业信息，使7300余名农村青年实现了就业转移。青年文明号活动继续深化。全年共创建市级青年文明号62个。以奥运会为契机，开展了“魅力保定·青春同行——青年文明号助力迎奥运、游保定”系列活动，组织评选保定青少年最喜爱的景区（景点）及导游员大赛。加强景区青年文明号诚信建设，积极为保定旅游业贡献力量。社会教育活动蓬勃开展。青少年宫全年招生达12000多人次，举办了“智慧中华”大型古今益智玩具暨优秀少儿图书展、保定市首届青少年钢琴艺术大赛、“为梦想喝彩”保定市首届残疾少儿才艺大赛等活动。特困群体得到真情帮扶。

组织开展“让回家的路不再遥远——2007艺术的保定之十人·百幅摄影作品义展义卖”活动，所得2万余元资助河北大学家境贫寒且品学兼优的学生春节回家与亲人团聚；开展“送温暖”活动，发动青联委员筹集善款5万元，资助了本市品学兼优的贫困中学生100名；开展流浪儿童救助活动，协调民政部门建立流浪儿童救助站。

【服务主导产业，投身经济建设】 积极服务“中国电谷”建设。开展“我与中国电谷共成长”为主题系列活动，组织少年儿童参观天威英利、中航惠腾等企业，成功举办了“我与中国电谷共成长，共建和谐美好新家园”万人签名活动；邀请高新技术产业开发区主任马学禄为全市青联委员、青年企业家、驻保高校等团员青年作“中国电谷”报告；市青少年宫组织小记者就“中国电谷”建设书面采访了市长于群，向全市各级团组织、团员青年下发了于群市长的采访记录。开展“生命伙伴——爱心在传递”系列活动，为保定市中国电谷大厦的建设者们送去了棉衣棉被，支持和鼓励他们为中国电谷建设多做贡献。积极参与社会主义新农村建设。全年共创建农村青年科技示范基地12个，选树全国农村青年创业致富带头人标兵1名，全国农村青年创业致富带头人3名，河北省杰出青年星火带头人3名，河北省青年星火带头人12名，39人被评选为“咱们村的好青年”。大力实施青工技能振兴计划。联合相关单位召开了“青工技能振兴计划”推进会，举办了工具钳工、维修电工、计算机网络管理、烹饪技术、建筑业5个工种的青年职业技能大赛，同时，积极组队参加了三次全省性的青年职业技能大赛，分别获得多媒体制作组竞赛第二、第五、第六名，电脑第五名的好成绩。不断深化青年岗位能手活动。围绕全市汽车、制造、纺织、新能源等支柱型产业，及打造“中国保定制造”和“保定中国电谷”产业名片，组织开展青年岗位能手评选活动，进一步培养青年创业型人才，提升企业青工技能素质，用强大的青年人力资源助推保定经济的快速发展。10名青年被评选为市级杰出岗位能手，30名青年获市级优秀青年岗位能手称号。

社会实践活动丰富活跃。组织暑期“三下乡”社会实践活动，围绕“青春奉献新农村，微笑服务促和谐”这一主题，广泛开展了形势政策演讲、科技支农、企业帮扶、文艺演出、法律援助、医疗服务等活动；开展“学习十七大、同心迎奥运、争做节能减排先锋”系列活动，编印了《全民节能减排手册》5万册并发放到基层。努力扩大青年外事交流。

7月14日至17日，接待了台湾青少年代表团一行76人来本市访问、参观和交流。11月中旬，组织以市青联副主席、保定康诚房地产开发有限公司董事长成燕为领队的青联委员一行5人赴美国、加拿大进行友好访问，向国外学习了计算机在现代化建筑中的应用、新型节能住宅等领域中的先进科学技术，开拓视野，并与访问城市的青年组织建立友好合作关系，实现了保定青年工作历史上对美国、加拿大的首次出访。

领导班子成员

书　记　张泽峰（4月离任）
副书记　刘志刚(5月主持工作)
　　　　许红琳

（部门编辑：王晓明）

妇　联

【保定市妇女联合会】 保定市妇联是中共保定市委领导下的群众团体，正县级单位。内设办公室、组织联络部、宣传部、城乡工作部、权益部、儿童工作部6个部室，另内设机关党总支、市政府妇女儿童工作委员会办公室（以下简称妇儿工委办）。下属事业单位原“保定市妇女再就业咨询服务中心”更名为“保定市妇女儿童活动中心”。妇联的主要职能是代表和维护妇女合法权益，促进男女平等。

【2006年·概况】 保定市妇联在市委、市政府正确领导下，以“三个代表”重要思想和科学发展观为指导，紧紧围绕保定“科学发展、提速发展、和谐发展”和建设“京南近海强市名城”的战略目标，突出重点，扎实工作，完成了年初确定的各项任务目标。全国人大副委员长、全国妇联主席顾秀莲出席本市第四届大专班开学典礼，亲自授予保定市“全国妇女培训基地”牌匾。市妇联获“全国维护妇女儿童权益贡献奖”、“全国家庭助廉教育读书优秀组织奖”等13项荣誉。被市委、市政府评为实绩突出单位、民主评议工作优秀单位。

【树立正确政绩观，落实党风廉政建设责任制】 深入基层，了解广大妇女的需求，完成了调研任务。坚持中心组学习制度，按要求写读书笔记，围绕市委、市政府中心工作，谋求新形势下妇女事业的新发展，加强对妇女工作的理性思考，理论水平和决策水平进一步提高。突出优化行政服务环境，落实优化发展的各项措施，建立和完善“党要管党，从严治党”等8项制度，坚持民主集中制，认真贯彻执行《干部任用条例》，严格履行干部选拔任用程序，重大问题集体研究决定。继续深化民主评议活动，着力加强机关效能建设。

【以能力建设为重点，创新基层妇联组织建设机制】 一是为提高广大妇女参政能力，大力推行农村妇代会换届直选工作，采取层层培训、狠抓试点等有效措施，通过竞选演讲、民主投票、公开选举等形式，让农村妇女推选出有文化、有技术、能带领妇女群众致富的女能人担任妇代会主任。在108个村搞了农村妇代会直选试点工作，提高了妇代会班子的整体素质，使村级妇女组织进一步健全。二是以第七届村委会换届选举为契机，积极推进女性参政。对参与村委会成员、妇代会成员竞选的300多名妇女进行竞职培训，有200名妇女当选为村支书、村主任，妇女进两委比例达到62%，在全省排位名列第二。同时，进一步加大女干部推荐力度，女党代表、女人大代表、女政协委员分别增加到20%、23.4%、20.6%，市、县、乡党政领导班子均配备了女干部，完成了妇女发展规划中女性参政指标。三是以新农村建设为主题，组织新上任的女村支书、村主任到华西村参观学习，使参训人员转变观念，开拓思路，普遍提高了谋划发展和带领村民建设新农村的能力。全年各级妇联举办培训班216期，培训妇联干部1.2万人次，整体素质明显提高，为做好全市妇女工作奠定了坚实的基础。四是与市委、县委组织部门联合公开招选了部分县妇联主席，指导县级妇联的换届工作，使县级妇联领导班子结构更加优化。通过开展“先进妇联组织创评活动”，进一步提高了基层妇联组织的整体水平。

【统筹城乡妇女发展，提高妇女参与发展能力】 一是实施“万名妇女培训工程”。通过开办前三届女状元大专班的工作实践，使市妇联创出了一条建设社会主义新农村，将巨大的人力资源转化为人才资源，用知识脱贫带动经济致富，培养新型女农民的新途径，培养出一大批专业技能型、经营管理型、市场营销型农村妇女人才，大专班毕业学员70%以上建起养殖场、科技园区或深加工企业，不仅发挥了示范作用，还吸纳部分农村剩余劳动力和下岗职工就业，成为新农村建设的领头雁。2006年，继续扩大规模，提高标准，使第四届大专班招生人数增加到350名，其中部分中专生、本科生毕业后又来大专班学习专业技术。顾秀莲出席第四届大专班开学典礼，评价保定的做法“提升了农村妇女科技服务层次，促进了农村妇女人才培养，在全国属首创”。亲自授予保定市“全国妇女培训基地”牌匾，并将保定市开办女状元大专班的经验在全国推广。上述工作得到市委主要领导的肯定，亲自看望大专班学员，并作为工作交流刊登在《市委工作通讯》上。中央电视台、新华社、《中国妇女报》、《河北日报》等各大新闻媒体对保定市开办女状元大专班情况进行了报道，外省市许多妇女要求来保参加学习，女状元大专班真正成为农民致富的基地、妇女成才的摇篮。在开办女状元大专班的同时，各级妇联因地制宜，采取骨干培训、参观培训等方式，培训妇女10万人次，引导农村妇女大力发展现代农业，推动产业结构调整。继续开展“巾帼文明生态庭院”创建活动，实现农业生产无害化、庭院经济高效化、农户家居清洁化。争取全国妇联“京津风沙源治理项目”款15万元，建造400亩巾帼生态林基地，采取林粮间作、林棉间作技术，设置了8项科学实验项目，由于科学管理，生态林长势良好，为治理京津环境提供了科学数据。适应农村经济发展与女能手队伍建设的需要，成立保定市“双学双比”女能手协会，组织50名河北农大专家教授与女能手、经济专家与女企业家签订了科技帮扶协议，为农村妇女搭建了科技致富的平台。二是配合党委政府，积极推进妇女就业再就业。加强对城镇女职工劳动技能和就业创业能力培训，共办各种培训班120期，使广大妇女普遍提高了竞争能力。不断深化“巾帼建功”竞赛活动，将“行业特色杯”、“巾帼文明岗”创评活动拓展到卫生、教育、交通等行业，引导企业女职工转变发展观念，焕发劳动热情。卫生系统举办了“巾帼天使杯”竞赛活动表彰大会，教育系统开展了女教师风采展示活动，各行各业涌现出一批思想过硬、技术拔尖的行业明星和巾帼示范岗，提高了工作效率，促进了行业文明。积极配合市委、市政府抓好妇女再就业工作，设置妇女就业登记窗口，优先推荐，优先安置。鼓励妇女灵活就业和自主创业，规范家政服务工作，打造工作品牌，培训200余名家政服务员并推荐就业，其中有50多名月嫂服务于家庭，深受用户欢迎，11人被评为省“优秀家政服务员”，通过多种渠道帮助2600多名下岗女工实现再就业。

【以家庭为阵地，深化思想道德教育】 各级妇联充分发挥在家庭领域的工作优势，积极探索新形势下家庭教育的新途径。实施“母亲素质教育工程”，开办了“阳光母亲课堂”，举办百场家教报告会，开展“争做合格家长，培养合格人才”的“双合格”活动。在媒体开办家教专栏，开通咨询热线，把科学家教知识送到农村和社区，提升了广大母亲的家教水平。加强社会主义荣辱观教育，市妇联下发了《关于在全市广大妇女中开展社会主义荣辱观教育的通知》，在市电视台录制“八荣八耻”谈话节目，开展“知荣辱、树新风、争做合格小公民活动”。采取发倡议书、召开座谈会等形式，使荣辱观进家庭、进社区、进机关、进学校，提高了家庭成员和儿童的思想道德水平。

【明确主题，开展特色家庭创建活动】 广泛动员全市妇女参与和谐家庭、和谐社会建设，开展“以学树德、以善扶德、以孝积德、以廉倡德”活动。创建学习型家庭，选树近百户全国、省、市学习型家庭标兵，动员家庭从点滴入手建设资源节约型、环境友好型社会。实施“孝心工程”，举办三届最佳孝顺儿女和“十大杰出母亲”评选表彰活动，产生了一批在古城广泛传扬的先进典型。深化家庭助廉教育工作，市妇联获“全国家庭助廉教育读书优秀组织奖”。

【扶贫济困，关怀弱势群体】 市妇联跑部进厅，争取外援，为弱势妇女儿童群体解决实际困难，助学工作被纳入市委、市政府十项民心工程为群众办的45件实事之中。一是发动各级妇联，进村入户，对全市年人均收入625元以下的家庭进行摸底调查，建档立卡，采取“三联一融”（与机关事业单位、企业、国外联合，融合各方资金）的办法，争取国内外助学款120万元，建立香港慈辉佛教助学基金，开展“关爱儿童关注未来阳光救助”系列活动，举办现场救助大会，救助贫困儿童4630名。二是“六一”期间社会各界捐资50万元慰问少年儿童。三是争取社会资金22万元，为顺平县扶贫村修建长2000米，宽3.5米，厚20厘米的水泥路，修建3座石桥，为该村小学捐赠电脑11台，修建1500米的饮水管道，加大蓄水容量，彻底解决了74户260余人吃水难的问题。四是协调引进香港资金，向阜平县困难群众发放棉衣、棉被等生活用品，价值11万元。五是向涞源县捐助生活用品价值14.4万元；捐资50万元，打机井9眼。实施“结缘工程”，为困难群众送温暖、献爱心。六是组织科以上干部为城乡特困家庭送面粉1000公斤，食用油200公斤，衣物300多件，慰问款2000元。七是建立保定市妇女维权解困资金20万元，救助近300名孤寡老人、单亲家庭和因侵权造成贫困的妇女儿童。八是救助保定师专、河北大学的困难学生。九是将保障妇女儿童健康纳入扶贫助困的工作范围，争取引进中国妇女发展基金会“母亲健康快车”项目，为保定市捐赠两辆面包车，筛查先天性心脏病儿童和白内障患者500多名，已为30多名妇女儿童进行了减免手术费治疗。十是组织1万名妇女加入女性安康团体保险，有效地维护了妇女儿童的健康权益。全年争取各种救助款300多万元，资助了一大批困难妇女儿童。

【维护妇女权益，落实男女平等基本国策】 一是将《妇女权益保障法》纳入全市“五五”普法规划，开展三八维权周活动，提高妇女法律素质。认真接待妇女信访，全年处理信访210多件，未出现一起越级访。深化妇女维权行动，密切关注农村留守儿童的学习健康状况、农村妇女土地权益保护问题，主动提供更加有效的维权服务。举办制止家庭暴力培训班，市政法委主要领导到会讲话，使基层执法人员对家庭暴力有了新认识，为创建平安家庭、平安社会奠定良好的基础。成立“110家庭暴力报警中心”，营造预防和制止家庭暴力的社会氛围。充分发挥维权协调组的作用，查处典型侵权案件，市妇联获“全国维护妇女儿童权益贡献奖”。二是“三八”节期间，以

"维权、和谐、平等、发展"为主题，举行庆"三八"为"十一五"规划做贡献动员大会，展示出全市各行各业妇女在构建和谐社会中的风采和魅力，各界妇女代表共计1000余人参加。三是将宣传贯彻男女平等基本国策作为宣传工作的重点，在各级报刊开办专栏，在市电视台播发《贯彻男女平等基本国策，为构建和谐社会做贡献》的公益广告，将男女平等基本国策纳入市委党校培训课程。举办"男女平等基本国策报告会"，全国人大常委会副委员长、全国妇联主席顾秀莲做报告，全市近千名党政干部、妇女群众参加。市委主要领导主持会议，并表态要按照国策要求培养选拔女干部，提高女性参政比例，各级领导干部对男女平等基本国策有了认识，收到良好的社会效果。四是各级妇联充分发挥大众传媒在促进妇女进步与发展中的作用，大力宣传妇女工作的典型，在市级以上新闻媒体刊播稿件421篇。表彰了一大批"三八"红旗集体和各类先进妇女典型，向社会广泛宣传了各界妇女在建设社会主义新农村，构建和谐社会中发挥的生力军作用。

【推动妇女儿童发展规划的宣传与实施】 召开全市妇女儿童工作会议，总结了上一个五年的妇女儿童工作，对今后全市妇女儿童工作作出部署。市长于群讲话，对全市妇女儿童工作提出指导性意见。保定市、涿州、安新代表河北省接受了国务院妇儿工委中期评估督导，国务院妇儿工委对本市实施两个规划情况给予肯定，使市妇联进一步明确以后开展工作的重点，有针对性地向各级政府及职能部门提出了对策、建议，强化了各级政府实施"两个规划"的主体意识和责任意识，对全市妇女儿童事业发展起到了积极的推动作用。

领导班子成员

党组书记 主　　席	姚秀珍
副 主 席	李援朝　张树欣 张荣芳　韩　雅

【2007年·概况】 按照市委的工作部署，全市各级妇联坚持以邓小平理论和"三个代表"重要思想为指导，全面落实科学发展观，深入学习贯彻党的十七大和省委七届三次全会精神，紧紧围绕全市建设"京南近海强市名城"的战略目标，干事创业，奋发有为，组织带领广大妇女为全市经济社会发展作出了积极贡献。全国妇联副主席赵少华、省妇联主席曹素英对本市女状元大专班、妇女维权工作情况进行调研，给予充分肯定。市妇联获全国先进妇联组织、全国家教工作先进集体等全国、省、市各项荣誉16项，被市委、市政府评为实绩突出单位。

【召开庆"三八"推进京南近海强市名城建设大会】 为激发各行各业妇女奋斗热情，举办保定市各界妇女庆"三八"推进京南近海强市名城建设大会。会上，市妇联发出倡议，市四大班子领导出席，市委副书记李光耀在会上讲话，极大地鼓舞了全市广大妇女参与发展的奋斗热情。各级妇联把学习贯彻十七大精神作为首要政治任务，以十七大精神为指导，围绕中心、服务大局，充分发挥职能作用，扎实开展各项工作。

【提高水平，女状元大专班有新成效】 为加快农村妇女人力资源向人才资源转化，使她们真正成为有文化、懂技术、会经营的新型女农民，市妇联重点研究如何将大专班提高层次、再上水平，使之成为新农村建设的主力军。对大专班办学情况进行认真总结回顾，对运作模式、机制、作用等方面从理论角度进行分析研究，在《河北发展》刊出《培育新型女农民的有效途径》论文，向全省推广，省内其他地市学习保定做法，相继建起大专班。市妇联开办女状元大专班的经验，得到上级妇联和市委、市政府主要领导的肯定。6月，市委书记宋长瑞到农大看望大专班学员，给予高度评价：找准新农村建设的切入点，是实实在在为群众办的好事。514名学员拿到省教委颁发的结业证书，70%以上建立了自己的示范基地，成为农村科技致富的带头人。

【创新机制，"双学双比"工作有新提高】 一是组织"双学双比"成员单位开展特色培训。涉农部门依托项目资源优势，开展"万名科技人员进百村"活动，发放技术资料26533份，受益妇女20万人。二是实施劳动力转移工程。以培训为抓手，加快妇女劳动力由传统农业型向专业型、技术型转变。三是搭建致富平台。召开了"双学双比"女能手协会第二次年会，会上，女能手交流了致富经验，聆听了女性创业报告。通过农业新知识新技术推广、项目推介、现场观摩等多种形式，促进了会员之间的合作，提高了应对大市场的能力。

【创新业绩，"巾帼建功"活动有新气象】 激励职业妇女立足岗位创新业。在各窗口行业，开展以学知识、强素质、展技能、树形象为载体的行业特色杯竞赛，涌现出一大批技术能手、岗位标兵。保运集团郭娜陆地航空班参加了在全国妇联举办的2007年“时代巾帼”“三八”晚会，在中央电视台展示了保定优秀女性的风采。

【促和谐保稳定，依法维权有新局面】 积极宣传贯彻《妇女权益保障法》等法律法规，开展法制大讲堂宣传培训活动，举办200多人参加的“保定市救助贫困儿童暨《未成年人保护法》培训班”，在全市设立32个省市妇女法制宣传教育示范点，创建妇女维权岗、组建维权志愿者队伍，为妇女提供了方便快捷的法律服务和法律援助；开通流动妇女儿童维权绿色通道，保障外来务工妇女劳动就业、子女入学等权益；深化“平安家庭”创建活动，举办制止家庭暴力培训班，有效地预防和制止了家庭暴力；完善四级信访网络，全年接待信访200多件，电话咨询1000多人次，经过妇联协调解决，未发生一起群体上访和越级上访；充分发挥市维权协调组的协调议事功能，查处典型侵权案件200多件；筹措妇女维权解困资金30万元，对587名因侵权造成贫困的妇女儿童进行救助，发放资金13.9万元，有力地维护了妇女权益。

【开拓创新，母亲素质教育工程有新发展】 大力实施母亲素质教育工程，拓展家教工作载体。充分发挥妇联组织优势，做好牵头协调工作。培育家教龙头机构，组建家教队伍。争取企业支持资金27万元，用于母亲素质教育工程，开办了69场家教报告会，使8万名父母、隔辈老人掌握了科学家教理念和家教方法，为培养合格的下一代打下坚实的根基。

【关注民生，帮扶工作实现新突破】 帮助困难群众排忧解难。市妇联从妇女群众最关心、最直接、最现实的利益出发，密切关注民生，倾力服务群众，全年共筹集资金413万元，全部用于帮助困难群体。据不完全统计，有近百家企业和上千名个人通过妇联救助弱势群体。一是救助贫困女童。与企业联合开展“关爱儿童，关注未来阳光救助活动”，举行救助大会17场次，发放救助款20万元，救助孤儿1000名。通过与企业合作、社会各界广泛支持，共争取国内外资金73万元，建立2个春蕾女童班，救助贫困儿童2300人次。二是帮助下岗失业妇女就业创业。进一步发挥妇女再就业服务中心培训作用，举办家政、月嫂培训班32期，培训妇女1600人，建立了一支稳定的家政服务员队伍。三是关注女性健康。跑部进厅，积极争取妇女工作项目，先后取得全球基金艾滋病培训项目和全国妇女发展基金会项目，举办农村妇女骨干培训班，培训妇女200余人，赠予保定市两台价值80多万元的宫颈癌检查仪器，为妇女提供健康体检。组织1万名妇女加入女性安康保险，妇女健康水平进一步提高。四是救助残疾妇女儿童。向全国妇联争取美国轮椅项目，将250辆价值25万元的轮椅发放给特困残疾人，全国妇联领导出席捐赠仪式，市政协副主席徐铁麟在讲话中给予高度评价：充分发挥了党和政府联系妇女群众的桥梁和纽带作用。五是扎实开展“驻联帮解促”活动。市妇联党组高度重视，每名县级干部分包一名下乡工作队员，协调工作，解决问题。在驻联帮解促活动中，驻村工作队员克服困难，争取扶贫项目，谋划发展规划，转化后进支部，活跃文化生活，帮助村民致富。协调打井、修路、建校、助学、肿瘤筛查等多个帮扶项目。春节前，香港慈辉佛教基金会又捐款10万元，通过市妇联为涞源、唐县两县的1000户贫困户购买米、面等生活用品。全年，共落实帮扶资金200余万元，3个工作队被评为先进工作队，4名同志被评为优秀工作队员，1名领导干部被评为扶贫开发先进个人，市妇联被省扶贫开发领导小组办公室评为扶贫工作先进集体，被市委、市政府评为“驻联帮解促”活动先进单位。

【开展特色家庭创建活动】 围绕以学树德、以美扬德、以善积德、以廉倡德，开展了形式多样的文明家庭创建活动，市妇联表彰了百户“和谐家庭”，授予58个单位“文明家庭优秀创建活动组织奖”。开展了四大特色家庭创建：一是深入开展学习型家庭创建活动。评选了30户学习型家庭标兵，涌现出一批全国、省文明家庭标兵户。二是深入开展美德型家庭创建活动。开展了第二届十大杰出（优秀）母亲评选活动，评选出美德母亲、冠军母亲、教子成材母亲、成就母亲，市委常委、宣传部长司存喜出席表彰大会并讲话，肯定此项活动为弘扬家庭美德，促进和谐社会建设发挥了重要作用。实施“孝心工程”，开展了第四届介明杯最佳孝顺儿女评选活动，在全社会大力弘扬孝亲敬老的传统美德。三是深入开展廉洁型家庭创建活动。举办启动仪式，在全市推广了清苑县举办乡镇科局党政一把手家属培训班、举办廉洁家庭大讲堂、签订助廉家庭承诺书的经验和做法，被省委研究室通报表扬。四是深入开展节约型家庭创建活动。在全市广大妇女中开展“节能减排进家庭、进社区活动”，评选节水家庭100户。开展了“迎奥运、讲文明、树新风”活动。组织乒乓球队代表河北省参加了由全国妇联、国家体育总局共同举办的第三届全国亿万妇女健身活动展示大赛活动，获团体总分第八名。落实妇女儿童规划，优化发展环境，妇女事业进一步健康发展。

【强化措施，落实“两个规划”】 1. 抓好妇女儿童发展规划的宣传与实施。一是广泛宣传马克思主义妇女观，使男女平等基本国策和儿童优先原则深入人心，大力宣传优秀妇女典型和妇女工作，全年，在市级以上新闻媒体刊播稿件281篇，其中国家级9篇，省级33篇，市级241篇。取得了两个突破：上专版专题有突破；上大报头条有突破。主席姚秀珍撰写的《培育新型女农民的有效途径》论文和办公室副主任李静主编的《保定抗日巾帼英模》一书分别获保定市第八届社会科学优秀成果二、三等奖。二是举办保定市分性别统计数据库培训班，市、县直妇儿工委成员单位联络员及妇儿工委办公室工作人员80余人参加培训，提高了参训人员对建立分性别统计数据库工作重要性的认识，掌握了相关业务知识。三是开展儿童保护机构调查，为推动全市儿童保护体系和网络进一步完善提供了重要依据。通过实施政府所分配的工作任务，妇联干部逐步锻炼成为工作上的多面手和符合当代社会需求的复合型干部。2. 关爱儿童，开展慰问活动。开展幸福家庭健康宝宝预防出生缺陷启动仪式和知识竞赛答题活动，推动了优生优育优教知识的普及。由市妇儿工委牵头，组织妇联、教育局等单位，为山区的孩子送去10000元慰问金和价值5000元的体育用品。“六一”期间，市妇儿工委组织5个成员单位共捐出慰问款物价值15万元。3. 推动女性参政。从妇女人才库中推荐67名优秀妇女参选全国、省人大代表、政协委员候选人。在县、乡党委换届工作中，向市委组织部推荐优秀科级女干部57名，其中有34名科级女干部提拔为副县级领导干部，在提拔任用的104名副县级干部中，女性占33%，全市副县以上女领导干部达到228名。继续采取妇代会直选的工作方法，鼓励妇代会主任竞选两委班子成员，进两委的比例达到62%。推荐4名女村官参加河北省优秀女村干部评选，2人当选，扩大了女村干部的影响力。

【加强班子和队伍的凝聚力和战斗力】 1. 强化市、县两级妇联班子建设。认真坚持民主集中制原则，重要事项集体决策，齐心协力干好工作，营造了团结和谐干事业、聚精会神谋发展的良好氛围。主动参与县级妇联班子的选配，一批年富力强的妇女干部走上妇联主席岗位，活跃了基层妇女工作。深入学习贯彻十七大精神，坚持理论中心组学习制度，集中学习半个月，5名县级干部写读书笔记336篇，调查报告5篇，体会文章18篇。严格落实党风廉政建设责任制，继续深化民主评议工作，开展“为民、务实、清廉”和解放思想大讨论主题教育活动，进一步转变了领导干部队伍作风。2. 优化发展环境，推进效能建设。贯彻全市掀起责任风暴、推进效能革命优化发展环境大会精神，制定了标准化责任目标体系、专项责任目标体系和提质提速目标体系及实施意见。印发《保定市妇联2007年度目标管理考核方案》，制定岗位目标责任书，逐级签订责任状。实行阶段督导，明察暗访，认真进行自查自纠，认真整改，进一步强化各级妇联的责任意识，进一步提高行政效能。3. 加强基层组织建设。为优化基层妇代会班子结构，提高战斗力，积极实施农村妇代会直选，重点抓了定州市试点工作，全市有433个村妇代会完成了换届直选。对基层妇联组织和干部队伍情况进行摸底调查，针对存在的问题进行深入分析，提出了可行性解决方案。开展“先进妇联组织创评活动”，提高了基层妇联组织的工作水平。市妇联被评为全国先进妇联组织，5个县、乡被评为省级先进妇联组织，12名妇联干部被评为全国、省级优秀妇联干部。4. 着力加强妇联干部队伍建设。举办了百名妇女干部参加的“学习贯彻十七大精神妇女干部培训班”。组织县级领导干部参加中央党校的培训学习。各级妇联举办妇联干部初任培训、上岗培训、竞职培训等各种类型的培训班423期，培训妇联干部12690人次，使各级妇联干部的政治素质明显提高，执政为民、廉洁从政的风气明显进步。

领导班子成员

党组书记
主　　席　姚秀珍

副 主 席　张树欣　张荣芳
　　　　　韩　雅

（部门编辑：李　静）

侨　联

【保定市归国华侨联合会】 保定市侨联是中国共产党领导的由全市归侨、侨眷组成的人民团体，是党和政府联系广大归侨、侨眷和海外侨胞的桥梁和纽带。主要职责是贯彻侨法，维护侨益，充分调动广大归侨侨眷的积极性，为保定市的对外开放和经济建设服务。内设办公室、宣联处。

【2006年·概况】 2006年保定市侨联围绕"科学发展、提速发展、和谐发展"主题，深入开展"学树保促"教育活动，认真履行四项基本职能（参政议政、维护侨益、海外联谊和群众工作），取得了令人满意的成绩，在河北省侨联工作综合评比中，被评为工作成绩突出单位。

【开展"学树保促"教育活动】 根据市委的统一部署，市侨联结合实际，按照规定动作，坚持以学习理论为先导，以查摆整改为动力，以促进工作为目的，认真扎实地开展了"学树保促"百日主题教育活动，共征求意见和建议30多条。通过教育活动的开展，领导班子和干部队伍的思想进一步统一，理想信念和宗旨观念进一步强化，工作作风进一步转变，凝聚力和战斗力进一步增强。

【宣传贯彻《侨法》积极参政议政】 深入社区宣传《侨法》，发放《侨法》宣传资料2000余份。认真贯彻侨法，共接待侨界群众来信、来访、来电咨询80多件次。同时，注重加强与侨界人大代表、政协委员联系与沟通，及时通报全市社会经济和侨情发展的新情况、新问题，帮助收集整理侨界普遍关心的热点和难点问题，为他们书写提案、议案提供素材。2006年"两会"期间，侨界人大代表、政协委员共上交提案、议案30余件，展示了保定市侨界参政议政的水平。

【开展群众工作，增强服务能力】 首先，开展了"访侨家门、知侨家情、解侨家忧、暖侨家心"活动。与市外侨办联合走访慰问近百户归侨侨眷，送去慰问品、困难补助金共计27000元。第二，开展"沟通·合作·健康·和谐"主题活动。组织归侨、侨眷开展象棋、羽毛球比赛等丰富多彩的联谊活动，活跃侨界，促进沟通，增进友谊。第三，做好帮建社区和文明生态村工作。深入南关大街社区和文明生态村了解情况，签订帮扶协议，向社区赠送惠普激光打印机一台，为文明生态村捐赠2000元。

【培育侨务资源，服务经济建设】 建立海外人才信息库，收录260名海外人才和40多个海外侨团。邀请国内外客商参加在廊坊举行的"5.18"国际商务节，与海外企业家考察团、韩国企业家考察团等团组人士沟通交流，积极宣传保定，增进海外客商对保定的了解，为实现合作与共同发展奠定了良好基础。同时，引导侨资侨属企业健康发展，通过牵线搭桥，促成一名侨联委员与美国华商之间的合作。

领导班子成员

主　　席　张友良

党组副书记　柏宝娣

【2007年·概况】 2007年保定市侨联以"聚侨心、促和谐活动年"为主线，围绕年初制定的"为侨界群众办好的八件实事"，扎实工作，取得了较好的成绩，在河北省侨联工作综合评比中，被评为工作成绩突出单位。

【发挥侨界优势，服务经济社会】 一是以网络为平台，拓展对外联络空间。重新改版侨联网站，增设"魅力保定"专栏，扩大对外宣传。二是"请进来，走出去"，为招商引资、招贤引智牵线搭桥。2007年，市侨联机关和委员们分别接待了新西兰侨领、旅德上海华人华侨总会考察团共30批150人次，促成医疗设施配置、职业技能培训等合作意向10个，引进资金5000万元。三是开展"驻联帮解促"活动，为社会主义新农村建设服务。筹集资金近7万元，为帮扶村修建了一条村内马路，并在马路两旁种植460多棵一级垂杨柳；联系侨界医务专家携带各种医疗设备分别到三个帮扶村开展义诊送药活动，接待群众咨询1000余人次，诊治800人次，免费赠送药品8000余元，发放卫生保健宣传资料2400余份，受到村民的一致好评；联系华侨宾馆为燕子水村小学捐赠桌椅板凳，改善了学校的教学环境。

【维护华侨利益，为构建和谐社会出力】 1. 宣传《侨法》，维护侨益。利用召开侨代会、深入侨资侨属企业和帮扶社区调研等多种形式宣传《侨法》，开展《侨法》宣传"五进"活动，使《侨法》宣传"进机关、进企业、进单位、进社区、进家庭"；2. 开展"和谐侨界，温暖侨心"为主题的扶侨帮困活动。对于侨界空巢老人，免费为他们提供住房保洁等家政服务；对于贫困、重病老归侨家庭，开展走访慰问活动，2007年与市侨办共走访慰问困难归侨侨眷95户158人，发放慰问品和困难补助金3.2万元。并邀请侨界医务专家为老归侨讲授《老化与抗老化》保健知识，增强保健意识；对于侨界下岗青年，一方面要求他们转变择业观念，鼓励他们自主创业，另一方面与市侨办举办了"归侨侨眷再就业技能培训班"，25名待业归侨侨眷参加了7个项目的免费培训。3. 以"归侨侨眷之家"为载体，开展丰富多彩的联谊活动。“七一”前夕，举办了“保定市侨界庆香港回归祖国十周年”演唱会，全市归侨侨眷、港澳同胞100多人欢聚一堂，共庆一国两制引导下香港回归10周年的繁华盛世，收到很好效果。

【召开保定市第八次侨代会】 经侨联党组申请和市委常委会研究同意，2007年9月20日，保定市第八次归侨侨眷代表大会在华侨宾馆召开。出席第八次侨代会的正式代表159名，列席嘉宾代表20名。会议选举产生了保定市侨联第八届委员会，由57名委员组成，其中海外委员6名。17人当选市侨联常委，其中主席1名，副主席4名。新一届委员会的产生，为侨联工作注入了新的活力，增强了侨联组织的凝聚力和战斗力。

领导班子成员

主　　席　张友良
党组副书记　柏宝娣
副 主 席　李玉华

（部门编辑：柏宝娣　林　薇）

社 科 联

【保定市社会科学界联合会】 保定市社会科学界联合会（简称保定市社科联），是中共保定市委领导下从事理论研究和理论宣传的学术性人民团体，是保定市社会科学界各学会、协会、研究会的联合组织，负责对全市社会科学学会、协会、研究会进行业务指导、管理、组织、协调，是党和政府密切联系社会科学工作者的桥梁和纽带，正县级全额拨款事业单位。自2005年3月17日，中共保定市委讲师团挂牌在社科联，合署办公。增加干部理论教育和形势政策教育的工作职能。

【2006年·概况】 2006年在市委、市政府领导下，在省社科联、省委讲师团和市委宣传部指导下，在全体工作人员的共同努力下，团结一致、拼搏奋进，圆满完成年初确定的工作目标，并在多方面有所超额和突破，取得了明显的工作成绩和良好的社会效果。获“河北省社科联系统优秀社团”等多项省、市级荣誉称号。

【重视理论研究，标志性研究成果丰硕】 一是完成国家社科基金项目一项。课题成果《社会主义道德建设的理论与实践》2006年7月由中央组织部党建读物出版社出版，中国军网将其作为军人道德规范学习教材。二是承担的《保持先进性教育活动成功经验的哲学思考》研究课题，在河北省“保持共产党员先进性教育活动与党的先进性建设”理论研讨会上，作为保定市唯一入选成果参加研讨。同时获全市征文一等奖，市委、市政府颁发证书。三是撰写《保定市人才报告》。在充分的调研和多方协调的基础上，经过几个月的努力，圆满完成了工作任务，受到了相关领导的好评。四是积极配合《河北社会科学年鉴·2007》撰写工作。五是积极支持文化大市建设。

【加强社科队伍建设，提高学会管理水平】 一是建立了“保定市哲学社会科学人才库”。入库人员达226人。这是繁荣发展哲学社会科学事业的一项基础工程，也是社科队伍建设的一个里程碑。二是加强学会管理。本着让学会在“适应”中谋生存，在“改革”中找出路，在“提高”中求发展的原则，增强学会生机和活力，在“人才兴会、学术兴会、活动兴会”上进行了探索，收到了一定成效。正式成立保定市古钱币研究会，积极筹备成立古文字研究会。召开“2006年度先进社团和个人表彰会”。三是深入开展科普活动。5月20日，在市人民广场组织所属社团参加了“2006年科技活动周”。共制作展牌、条幅10块（条），发放科学发展观、构建社会主义和谐社会等内容的宣传彩页1万多份，使社科知识得到了普及与宣传，取得了很好的效果。

【开展理论宣传服务，各项活动丰富多彩】 1．围绕树立社会主义荣辱观开展“知荣辱、倡正风、作表率”主题实践活动。3月21日，组织召开了“市社科理论界社会主义荣辱观座谈会”，深入理解树立社会主义荣辱观的重大意义、深刻内涵和基本要求。3月25日，《保定日报》头版以《引领社会风尚的一面旗帜》全文发表了座谈纪要。3月30日，组织所属诗词楹联协会、杂文学会、摄像艺术协会等诗人、作家、专家学者到狼牙山革命纪念馆、东西水村以及被全省文明生态创建先进村燕子村采风考察，进一步推动社科联系统“知荣辱、倡正风、作表率”主题实践活动的开展。《保定日报》4月6日刊登了活动消息，4月18日《保定日报》副刊部专版刊发了采风活动的诗词、文章。“五一”期间，与市风景园林学会、市文明办及莲池书院、竹林书画社等十几个单位举行了“热爱伟大祖国、热爱保定名城、热爱竞秀公园、永做文明市民”笔会及签名活动，宣传社会主义荣辱观，弘扬文明。《河北日报》、《燕赵都市报》、河北精神文明网、《保定日报》等多家媒体都进行了宣传报道。2. 开展纪念建党85周年活动。为把庆祝活动开展出特色，充分表达人民群众对党85岁生日的真诚祝福，组织全市诗词名家撰写人们喜读乐看的诗词以示纪念。6月27日，在《保定日报》副刊部开辟专版，刊登了诗词作品，在全市产生了广泛良好的反响。3. 召开"学习胡锦涛总书记'七一'讲话精神"座谈会。7月2日上午，组织召开全市社科界学习胡锦涛"在纪念建党八十五周年暨保持共产党员先进性教育活动总结大会上的讲话"精神座谈会。《保定日报》7月10日理论版专版发表了座谈会纪要，学习宣传工作走到了全市前列。4. 在全市社科系统开展学习宣传《江泽民文选》活动。《江泽民文选》出版发行后，向所属各学会发出通知，进行学习活动安排部署。要求各学会结合学科和专业特点，坚持"三三四"原则，认真学习原著，深刻领会胡锦涛在学习《江泽民文选》报告会上的重要讲话，迅速掀起广泛、深入的学习活动。《保定日报》9月7日"要闻"版、河北社科网、河北省干部理论教育网进行了报道。5. 形式多样地开展纪念红军长征胜利70周年活动。一是组织全市著名诗词名家撰写诗词，9月19日，《保定日报》副刊专版刊登。二是10月24日组织机关干部赴京学习参观"纪念中国工农红军长征胜利70周年展览"。6. 围绕十六届六中全会《决定》召开学习座谈。10月23日，组织召开"学习十六届六中全会精神、深化'学树保促'活动"座谈会。11月2日，《保定日报》在"要闻"版先刊发了座谈会消息，11月13日，全文刊登了座谈纪要，使十六届六中全会的学习活动走在了全市前列。

【拓展和巩固社科理论阵地】 遵循"围绕工作大局，提供决策参考，展示社科风采，服务三个文明"的办刊宗旨，对主办的《保定社会科学》刊物进行了一定程度的改版，反映良好，使这块社科工作的阵地更加巩固。为充分利用互联网络优势，更好地为全市社科工作者服务，为领导部门提供决策信息服务，为学会工作服务，经过筹建，年初开通了机关互联网站，对于更好地实现与学会的网上对接，创新学会组织和管理方式，提高工作效率，扩大宣传覆盖面，拓展社科阵地起到了很好的作用。

领导班子成员

主　　席　王福友（兼）
副 主 席　张秀贤　孙彦君

【2007年·概况】 2007年，市社科联大力开展党的创新理论研究与宣传，大力宣讲十七大、省委、市委全会精神，坚持抓好全市社科团体管理工作，在全年抽调出2名人员的情况下，超额完成了全年的工作任务，得到了省、市有关领导的肯定。获"全国先进社科联"、"河北省第三届社科普及周先进单位"、"河北省讲师团系统先进集体"、"河北省社科联系统优秀社团"等多项全国、省、市级荣誉称号。

【社科理论研究成果丰硕】 一是围绕党的十七大、和谐保定建设、文化大市建设以及"解放思想"大讨论活动等撰写理论文章，在《人民日报》等国家、省、市级报刊发表理论文章、调研报告约80多篇，其中《改进作风促发展》、《人民公仆是一种崇高的称谓》、《伟大革命与必由之路》等理论文章，先后在《人民日报》理论版思想纵横专栏发表，在全市乃至全国引起了良好反响。《人民日报》3月2日理论版"编读金桥"专栏专门发表了人民网网友对《改进作风促发展》一文的评介文章，对该文予以充分的好评。二是围绕十七大等及时召开座谈会、理论研讨会，对重大理论政策进行阐释。联合组织召开了"保定市社会各界学习贯彻十七大精神座谈会"，十七大代表、保定一中校长田烈等近20名各界代表参加座谈。组织召开"社科理论界学习十七大报告座谈会"。河北广播电台等播发了座谈发言。联合举办"深入学习胡锦涛总书记6·25重要讲话精神座谈研讨会"，《保定日报》理论版专版刊发座谈会纪要。召开"学习十七大精神暨纪念十月革命90周年理论研讨会"。联合举办了纪念毛泽东《在延安文艺座谈会上的讲话》发表65周年理论研讨会。三是积极组织参加省部门组织的征文活动和理论研讨会等。

【社科普及活动扎实深入】 一是举办了大规模集中科普活动。5月19日上午，组织所属学会在人民广场开展了大型科普集中宣传活动，宣传近年来各项工作的开展情况及取得的成绩，围绕广大群众关心的热点问题进行现场社科咨询。二是举办了保定市"青春·奉献·和谐"大学生演讲比赛。省社科联副主席曹保刚、河北大学党委副书记刘金勇及市直有关部门主要领导出席决赛现场，给予高度好评。保定电视台连续三天播放比赛现场录像，在社会上引起了强烈反响。三是举办了"学习省第七次党代会精神，建设沿海经济社会发展强省知识竞赛"活动。收到参赛答卷43896份，在全省评出的100名省级个人优秀奖中，保定市占71名。组队参加了全省电视知识竞赛，取得了优异成绩。获全省“优秀组织奖”。四是完成了“开滦杯·影响中国历史进程的河北名人”在保定市的组织评选工作。在全省选出的10人中，保定市占4名，获全省优秀组织奖。五是组织开展了“我眼中的燕赵和谐美”有奖作品征集活动，并参加全省的有奖征集。在全省获奖总数中，保定市作者一、二、三等奖的获奖比率分别占到40%、40%和54%。六是围绕重大节日、纪念日开展形式多样的宣传活动。与有关单位联合举办“中华文人第二届全国书画名家邀请展”。共收到来自全国各地及美国、日本的书画作品近3000幅。举办了纪念建军80周年书法展。七是努力办好《保定社会科学》刊物和“保定社科网”，不断加强和巩固科普阵地。

【干部理论教育成效显著】 一是联合成立市委十七大精神宣讲团，深度推进全市十七大精神学习贯彻活动。社科联副主席张秀贤先后到博野、满城等县向四大班子和科级以上干部深入宣讲十七大精神。通过参加所到县的座谈会和走访调研，同社区与企业的基层干部群众面对面进行交流，现场答疑解惑。《保定日报》、保定电视台连续对宣讲情况进行报道。二是面向基层进行理论教育和形势政策教育。12月5日下午，社科联领导到保定学院作了题为《站在新起点，谋求大作为》的报告。学院党委副书记苏宗印、副院长何秉群出席报告会。应邀到长城学院、市烟草公司、人寿保险公司、北市区等市直部门和社区进行理论教育和形势政策宣讲。三是发挥离退休老干部政策理论水平高的优势，组织热心宣传的离退休老干部，建立起了政治理论和时事政策业余宣讲队，到高校、社区、部队等单位开展宣讲。据统计，在全市开展200余场，反响强烈，效果良好。

【创新社科评奖与课题规划工作】 组织进行了保定市第八届社科优秀成果评奖工作，工作中主要呈现出三个创新亮点。一是多种形式宣传发动，在报纸、网站上刊登评奖办公室主要负责人答记者问，面向全市进行说明，下发文件，电话重点通知等，收审成果再创新高。二是进一步明确了评审规则与程序，各位评委严格按规定操作，使评奖工作更加公平、公正。三是首次将优秀获奖成果辑印出版，方便学术交流，促进成果转化，受到市领导的高度重视，市委书记宋长瑞题词，市委常委、宣传部长司存喜作序。市级课题规划工作坚持引导和推动广大社科理论工作者向应用研究转化，成效显著。一是在面向全市多渠道征集选题的基础上，紧紧围绕事关保定经济社会发展的重大理论和实践问题发布课题指南。二是制定导向鲜明的立项评审参考标准。经过课题申报、专家评审等几个环节，《保定市文化产业发展战略研究》、《“保定中国电谷”发展战略研究》等85个研究项目获准立项。三是针对应用对策研究不便发表的情况，改变了课题结项参考标准，将领导批示和部门工作采纳的成果纳入了结项范围。既做到了立项重引导，又保证了结项重实效。

【社团管理工作有序开展】 一是坚持不懈搞好社团日常管理工作。通过走访、召开联席会议、学会秘书长协调会、指导学会做好年检、帮助学会更换组织代码证等多种形式，密切与所属社团的联系，调动大家的工作积极性与主动性。二是指导各社团积极开展调查研究等，促进各社团更好地为部门工作和领导决策服务。三是组织各社团发挥各自优势，开展形式多样的社科宣传。四是组织各社团开展丰富多彩的社科活动。

领导班子成员

主　　席　王福友（兼）

副 主 席　张秀贤　孙彦君

（部门编辑：高继承）

文　联

【保定市文学艺术界联合会】 保定市文学艺术界联合会是中国共产党领导下的人民团体，是市委、市政府联系广大文学、艺术工作者的桥梁和纽带，是全市各文艺家协会和各县（市、区）文联和企业（产业）文联的联合组织。内设办公室、组联部、辅导部、艺术精品开发处。下属3个科级事业单位：保定市文学研究室、保定市文联文化艺术培训部、《青少年文学》杂志社。另下辖10个文艺家协会：作家协会、书法家协会、美术家协会、戏剧家协会、音乐家协会、曲艺家协会、摄影家协会、民间文艺家协会、影视家协会和舞蹈家协会。

【2006年·概况】 2006年，文联紧紧围绕“十一五”规划和《保定市建设文化大市规划纲要（2005～2010）》，紧紧围绕市委、市政府的中心工作，紧紧围绕社会主义新农村建设，认真履行联络、协调、服务的职能，积极团结和带领广大文艺工作者，广泛开展各项文学艺术创作、文艺交流活动，全面促进文艺事业发展与繁荣，努力提高保定市的整体

文化品位和社会影响力，完成市委、市政府下达的年度目标任务，为创建“和谐保定、魅力保定、实力保定”发挥作用。

【文艺活动丰富多彩、形式多样】 为庆祝建国57周年和长征胜利70周年，举办了“保定市首届书法美术精品展”，展出了保定市在历届全国、省专业展赛中获奖作者的作品200余件，全面展示了保定市书画艺术家的风采和辉煌成就；举办了以纪念建党85周年暨长征胜利70周年为主题的摄影作品展，展出摄影作品105幅；7月至12月，举办了“和谐颂”首届中华文人书画名家邀请展暨“沃豪杯”全国书画作品大奖赛；9月，为配合市委、市政府“迎奥运·游保定”新闻发布会，完成邀请阎肃、田华、杜志国等保定籍知名人士出席新闻发布会的任务；在“七一”、“八一”、“十一”前后，组织作家、艺术家3次深入到革命老区进行采风，重走英雄路，讴歌新时代，缅怀革命历史，开拓创作思路，书写了反映时代风貌、人民喜闻乐见的艺术作品20多部（篇）。

【文艺精品创作成绩突出】 全年共有60多部（件）文学、书法、美术、摄影等文艺作品获全国及省以上一、二、三等奖，发展各类会员160多名，推选省级以上会员42名。作协：出版小说集36部，诗歌、散文集18部。书协：全年有10人次参加了全国书画家作品展并获奖。吴占良作为主要撰稿人编纂出版了《燕赵文艺史话·书法卷》。美协：全年有8人次获“全国第三届中国美协会员中国画精品展”优秀作品奖。民协：定州子位吹歌代表队获中国民间文艺山花奖吹歌大赛“中国民间文艺山花奖特别奖”，子位吹歌传人张占民获“吹歌大王”称号。摄协：有17幅作品入选“河北省第十八届摄影展览”，见弓的《人像》获银牌奖，秦德禄等14人获优秀奖。另有6人8幅摄影作品在省以上专业展赛中获奖。音协：《问水乡》获2006年河北省新农村建设音乐作品征集一等奖、《俊俏新村》获二等奖，《一首不老的歌》获中国音乐家协会《歌曲》杂志编辑部“晨钟奖”。曲协：崔彦君创作的《打工幼儿园》获中央电视台“春晚”小品类节目一等奖。戏剧家协会：谢美生等8人获河北省戏剧论文一等奖，张晓阳创作的现代戏《赵秀兰》获河北省文化厅“大戏奖”；李玉梅获河北省第三届戏剧红梅奖大赛特别荣誉奖，另有8人获荣誉奖、红梅大奖和金奖。

【丰富农村精神文化生活】 2006年，文联为普及文学艺术知识，提高农民生活情趣，活跃农村文化生活，精心组织了12次展览、研讨会、文友会和培训班。筹办了“保定市首届文明生态村风采大赛”活动。在“十一”期间，承办了“保定市首届农民书法美术摄影展览”；3至10月，先后4次组织艺术家、30多人次到蠡县刘铭庄“晚霞书画社”和雄县“雄州书画院”，共建单位北市区任庄、东良村、灵雨寺社区及革命老区，进行了文艺知识传授、赠送书画艺术作品和墙体艺术宣传书画绘制等活动；9月19日，在满城举办了由全市70多名中青年作家、学员参加的“农村题材文学创作讲习班”；充分利用网络资源，在“保定在线”上开辟了“保定文学原创”版块，有力地推动了基层文学创作队伍建设。

【履行“联络、协调、服务”职能】 文联采取有效措施，加强自身建设，提高服务水平，认真履行职能，为文艺工作者安心、静心、专心创作提供了周到的服务。先后举办了任牧辛作品研讨会、柏学军小说创作研讨会、楚昆喜作品定稿会和田禾小小说作品研讨会；6月，为支持徐水县“文友读书会”，组织了“散文创作座谈会”；8月，为促进文学创作经验交流和给文学爱好者提供学习机会，倡议发起了“保定市文友会”文学沙龙活动；指导和帮助已有19年历史的清苑县民间文学社团“四季风文学社”，出版了《四季的合唱》作品集；指导民间艺术家协会进行“全省百城新风大调查”和《中国民间故事全书》编纂活动；指导各县举办了16次各类文学艺术展览和创作活动。协调有关出版社为文艺家们出版发行个人作品专辑30多部（集）。

【《青少年文学》杂志社】 在完成全年《青少年文学》杂志24期的编辑、出版、发行任务的同时举办了全国第三届“雄鹰杯”青少年文艺作品大奖赛，编辑出版了青少年优秀作品选《芳草地》丛书，收入文学作品320篇。

领导班子成员

主　　席　郑维康
书　　记　李桂琼
副 主 席　刘素娥

【2007年·概况】 2007年，保定市文联充分发挥党和政府联系文艺家的桥梁和纽带作用，团结凝聚广大文艺家，按照“规范机关、创新文化、放活协会、拓展产业”的新思路，坚持“二为”方向、“双百”方针、“三贴近”原则和胡锦涛“四个一切”的要求，以“为民务实清廉”和“解

放思想大讨论”教育活动为动力，紧紧围绕“京南近海强市名城”建设，倾力构建和谐文化、社会主义先进文化，完成市委、市政府下达的年度目标任务，为文化大市、文化强市建设发挥了促进作用。全年共有70多部（件）文学、书法、美术、摄影等文艺作品获全国及省以上一、二、三等奖，发展各类会员170多名，推选省级以上会员75名。

【文学创作成绩突出】　全年共出版长篇小说集8部，中篇小说5篇，短篇小说20篇，诗歌、散文集5部。创作出版了长篇报告文学《林仲平—金融大亨崛起之谜》（刘素娥著）、长篇小说《裸露的土地》（刘素娥著）、《天之骄子》（史春霞著）和《情有独钟》（王亚楚著），贾瑞增出版了文集《人生悟语》，创作中篇小说并在《保定晚报》连载的《奥运传奇人物——温敬铭》（刘素娥著）及“荷花淀”系列丛书均收到社会的好评。其中刘素娥的《堂哥想娶亲》（中篇小说）获《中国作家》杂志年度三等奖。完成了文艺评论报奖和报送全国优秀儿童文学奖参评工作，并顺利完成了换届工作。发现和培养了一批80后文学新人，被省作协确定了9位“联系作家”，全年吸收市级会员60名，推选省级会员30名。策划出版了“荷花淀”系列丛书，提升了保定文学在全省的地位。

【协会工作有声有色】　各协会充分发挥主观能动性，积极开展各类文学艺术活动，有力促进了保定市文学艺术事业繁荣与发展。书协：组织参加“河北省优秀会员作品展”、“河北省反邪教书法展”等活动10余次，承担了“河北省迎九届国展作品点评会”，先后有25人在省以上展览获奖，推选2人加入中国书法家协会。美协：举办各类画展6次；组织太行采风活动2次。吸收市级会员8名，推选11人加入省美协。摄协：举办了2007迎新春摄影展览、“生态保定·美好家园”环境摄影大赛、百姓眼中的保定摄影展、中日友好摄影展、反邪教摄影展等展览活动。军旅摄影家秦德禄出版了金戈铁马、大漠雄风主题画册《万岁军》。王兴叶、王燕兵、邢冰洁3人获省“燕赵群星奖”。推选25名省级会员，2人加入中国摄协。音协：组织召开了赵云红、尹五立个人音乐会，歌曲《拴不住的月亮》被评为2007年度中国音协晨钟奖；《永远跟党走》参加了北京军区文艺汇演，受到军区专家组的赞扬。吸收了10名市级会员。舞协：组织了保定首届“小小舞蹈家”大赛、庆“六一”儿童文艺晚会等活动，活跃和提高了保定市儿童文化生活。剧协：完成了协会换届工作，组织参加全国戏曲“红梅大奖赛”，王红丽等4人获金奖；参加省戏剧“百花奖”评选活动，张晓阳获编剧一等奖，蒋兴国获导演一等奖，王红丽等8人获表演一等奖。推选3人加入省剧协，1人加入中国剧协。曲协：创作了大量反映保定市现实生活题材的相声、小品、快板、鼓曲、故事等作品，组织参加天津京东大鼓赛，鼓曲获三等奖。民协：组织40余名会员编写出版了《保定地区庙会文化与民俗辑录》一书，完成了《城市新风调查》调研文章，涞水、清苑等5个县市完成了《中国民间故事全书》编辑工作。有1人加入省民协。

【文艺活动丰富多彩】　先后组织召开了“2007年迎春诗会”、《荷花淀》复刊座谈会、贾瑞增文集《人生悟语》作品研讨会、王亚楚《情有独钟》作品研讨会、袁风岐《棉花盛开》电视剧作品研讨会、“申跃中、刘建东谈创作报告会”等学术研讨会、文学讲座、文学采风、笔会和文友会30余场次；举办了“愿回家的路不再遥远——十人·百幅摄影作品义展·义卖”摄影名家讲座会、“纪念毛泽东《在延安文艺座谈会上的讲话》发表65周年暨保定市文联书画院成立书画展”、“生态保定、美好家园”全市环境摄影大赛、庆“六一”保定市“小小舞蹈家”大赛、纪念毛泽东《在延安文艺座谈会上的讲话》发表65周年文学讲座、“中国最美的枣乡”网络评选、王笑祖水粉艺术写生展、“百姓眼中的保定”摄影展、庆祝保定市摄影家协会和日本米子市写真协会艺术交流20周年（1987年至2007年）中日友好摄影展等活动18余次。

【完成“三下乡”任务】　全年先后组织了120多位艺术家深入农村，服务农民，把文学和艺术送下乡。12月，组织4人书画家下乡小分队，为易县农家书写春联400多幅，得到了基层的广泛赞誉。

【期刊编印工作】　完成《青少年文学》杂志24期的编辑出版发行；顺利完成《荷花淀》复刊和全年6期的编辑出版工作。

领导班子成员

主　　席　郑维康
书　　记　李桂琼
副 主 席　刘素娥

（部门编辑：李永清　陈　伟）

军　事

保定军分区

【2006年·概况】　2006年，在省军区党委和市委、市政府的领导下，军分区坚持以邓小平理论、“三个代表”重要思想和科学发展观为指导，着眼加强党的先进性建设，坚持求真务实，大胆改革创新，圆满完成了各项工作任务。学习贯彻党的创新理论深入扎实，牢固确立了科学发展观在国防后备力量建设中的指导地位；围绕落实“六个进一步”要求，深入开展学习贯彻党章活动，广大党员先进性意识得到进一步增强；强化诫勉谈话制度，不断加大党内监督力度，全区风气建设成果得到进一步巩固，《解放军报》和北京军区《党风党纪简讯》转发了军分区的做法；反“台独”军事斗争准备步伐加快，参加北京军区组织的“攻坚—2006”研练取得圆满成功，参演课目科技含量高、实战价值高、演示效果好，被河北省委、省政府表彰为参加“攻坚—2006”研究性研练先进单位；战备训练扎实有效，“双应”能力明显提高，对顺平山火、阜平煤焦油泄漏等突发事件反应迅速、组织有力；正规化建设得到加强，基础设施建设又上了一个大台阶；后勤保障更加有力，资金集中支付改革不断完善，在北京军区监察工作座谈会上介绍了经验；党管武装工作成效明显，一些重点难点问题得到妥善解决。主要工作有以下八个方面：

（一）深入抓了科学发展观的学习贯彻，思想政治建设坚强有力。一年来，军分区党委高度重视，把抓好科学发展观的学习贯彻作为深入贯彻“三个代表”重要思想的重大举措，作为加强党委机关思想作风和能力素质建设的基础性工程，作为完成年度工作任务的重要保证，坚持在抓深入、抓转化、抓拓展上下功夫。按照省军区《关于深入学习贯彻科学发展观的意见》要求，以总政和省军区政治部编发的“四本书”为基本教材，编印下发了《树立和落实科学发展观基本常识学习题》，采取理论测试、撰写体会文章、查阅学习笔记的方式，对全区学习掌握科学发展观情况进行检查和考核，使大家进一步加深了对科学发展观内涵和精神实质的理解。上半年，组织召开了以提高贯彻落实科学发展观能力为主题的民主生活会，明确了紧紧围绕一条主线（学好创新理论）、突出五个重点（党委班子建设、信息化建设、首都防空演习、社会主义新农村建设、基础设施建设）的工作思路，有力地推动了各项工作的协调发展。着眼落实北京军区民兵预备役政治工作会议精神，积极构建“六位一体”民兵思想政治教育新模式。容城县人武部被北京军区评为民兵预备役政治工作先进单位。

（二）高标准参加“攻坚—2006”研练活动，参演课目取得圆满成功。按照两级军区赋予的“空浮爆炸拦阻网”攻关课题，成立了由市委、市政府、军分区共同组成的演习工作领导小组。军分区司令部和涞水县人武部组成攻关小组，具体负责对科目的研究论证、成果梳理、实验和参加演练等任务，军分区政治部和后勤部负责演习期间的政治工作和后勤保障工作。参演分队特别是涞水县、高碑店市民兵分队上下一心、团结协作、严格训练、顽强拼搏，为完成演习任务作出了突出贡献。演练课目在参演的6个单位空浮演练中，取得了科技含量最高、拦阻能力最强、演练效果最好的优异成绩，课目申报了军队科技进步奖，涞水县人武部荣立了集体三等功。

（三）狠抓战备训练工作，反“台独”军事斗争准备扎实推进。一是信息化建设不断加强。按照省军区《2006年信息化工作指示》，不断加强综合集成建设，构建了以军分区机关为信息中心，辐射到各人武部，与外线物理隔离的专线信息化网络，提高了网络的整体运行质量，同时25个人武部也都制作完成了本单位的网页。二是战备训练扎实推进。狠抓首长机关训练，组织进行军事理论集中辅导和“红星一号”机上作业，在省军区2006年度战役集训和年度军事训练考核中取得优异成绩。认真抓了民兵训练，圆满完成了省军区赋予的年度训练任务，训练优良率达到98%。安新县、高阳县人武部圆满完成了两级军区赋予的新《大纲》试训任务。民兵应对突发事件的能力明显增强，特别是阜平县人武部组织民兵预备役人员，在完成“6·12”大沙河煤焦油泄漏抗污任务中成绩突出，军分区党委下发了关于开展向阜平县人武部学习活动的通报。三是民兵整组有效落实。坚持以落实新编制、新任务为中心，狠抓了民兵基层组织规范化建设和民兵队伍系统集成建设。军分区组成9个工作组，对落实情况进行了检查督导，确保了整组工作的质量。四是国防动员机制逐步完善。全面落实两级军区国防动员委员会第四次全体会议精神，召开了保定市国防动员委员会第四次会议，认真组织学习“双应一体化”经验，不断加强基础设施和野战化建设，整体战备水平明显提升。五是征兵任务圆满完成。紧紧围绕确保新兵质量，突出抓好宣传发动、审查把关、依法征兵、廉洁征兵四个环节，特别是在河北省召开廉洁征兵工作电视电话会议后，军分区党委及时召开了常委会，对廉洁征兵进行了专题研究和讨论，强调要把廉洁征兵作为今年征兵工作的重点突出出来，狠刹了征兵中的不正之风，切实维护了军队的良好形象，圆满完成了新兵征集任务。

（四）大力推进先进性建设，党委班子和干部队伍建设明显加强。在党委班子建设上，认真学习贯彻胡锦涛总书记关于加强党的先进性建设的重大战略思想，坚持在增强党委班子先进性建设上下功夫、求实效。按照科学发展观的要求，下大力抓了重点帮建工作，和省军区一起对南市区人武部进行了重点帮建，南市区人武部被北京军区评为人才培养先进单位，在省军区基层建设交流会上介绍了经验。在干部队伍建设上，军分区对17名团级单位主官进行了离任经济责任审计，同时对4个有工程建设项目的人武部进行了检查，有效地预防了违规违纪问题。深入开展“双代”活动，组织两批共16名同志到基层代职锻炼，14名同志到机关代职培训，全区干部队伍的整体素质得到进一步提高。

（五）牢固树立安全发展的理念，正规化建设又迈上一个大台阶。组织召开了集中整治假冒军车号牌教育动员大会，加大了车辆管理力度，进一步规范了军车运行秩序。深入开展了“条令学习月”活动和机关作风纪律整顿。扎实开展了创建“平安营院”活动，对重要部位、重点人员进行了排查，消除了安全隐患。一年来，军分区没有发生任何安全事故和刑事案件。12月下旬，利用4天时间，军分区首长机关带各人武部主官对全区25个人武部进行了正规化建设大联查，达到了相互学习、相互促进的目的。

（六）着力增强综合保障能力，后勤建设和改革进步明显。深入贯彻两级军区关于加强党委理财的决定，坚持党委把关定向，机制规范理财，进一步提高了经费保障效益。继续深化和完善资金集中支付改革，协调市财政局制定下发了《关于将县（市、区）人武部代管经费纳入军分区单一账户集中支付的通知》，顺畅了经费保障渠道，受到了总部和两级军区财务部门的充分肯定。创建节约型军营活动扎实有效，在省军区现场观摩会上介绍了经验。

（七）着眼解决重点难点问题，党管武装工作成效显著。在年初召开的市委议军、党管武装暨人武部党委第一书记述职会议上，重点研究了党管武装、建设社会主义新农村、复转军人安置等工作。为圆满完成参加“攻坚—2006”研练任务，市委、市政府给予了大力支持，拨付专项资金185万元，有力地保障了攻关及演习工作的顺利开展。为提高抢险救灾应急能力，市政府拨款60万元为军分区购买了越野指挥车辆。为抓好信息化建设，地方党委、政府继续大力支持，将技术人员纳入专武干部编制，专门负责网络维护与管理，为信息化建设的顺利进行提供了有力的人才和技术支持。

（八）服务保定经济社会发展大局，为建设社会主义新农村做贡献活动成绩突出。为贯彻落实省军区指示要求，军分区党委高度重视，多方协调，成立了军地建设社会主义新农村活动领导小组，制定下发了实施意见，确立了重点帮建的25个示范村和100个辐射点，制作了示意图。在年初双拥工作会议的基础上，以保障38集团军参加“攻坚—2006”研练为契机，组织召开了军地协调联席会议，研究部署具体问题。特别是市四大班子和军分区领导专程为参演部队送去了价值20万元的慰问金和慰问品，极大地鼓舞了部队士气。同时广大官兵也积极开展为驻地建设做贡献活动，进一步营造了双拥共建的良好氛围。1月5日，组织召开了全市争创全国双拥模范城“六连冠”动员大会，对新年度的双拥工作进行了专题部署，为实现争创全国双拥模范城“六连冠”的目标奠定了坚实基础。

领导班子成员

司令员	王亚光
政治委员	李志华
副司令员	常铁宁
副政治委员	李海涛
参谋长	江永亮
政治部主任	李国伦(8月离)
	李大忠(8月任)
后勤部部长	丁建民
副参谋长	赵明放
政治部副主任	甄连宝

【2007年·概况】 2007年，军分区党委在省军区党委和市委、市政府的正确领导下，坚持以邓小平理论和“三个代表”重要思想为指导，深入贯彻落实科学发展观，紧紧围绕学习贯彻十七大精神这条主线，以如期完成反“台独”应急作战准备为牵引，坚持求真务实，大胆改革创新，狠抓了各项工作的落实。思想政治建设坚强有力，学习贯彻十七大精神深入扎实，高标准迎接了中央军委徐才厚副主席到军分区的视察调研，并对军分区的工作给予充分肯定；“六位一体”思想政治教育新模式初见成效，应急应战政治工作实案化建设稳步推进；反“台独”应急作战准备不断深入，民兵整组工作扎实有效，军事训练水平进一步提升。双拥共建成绩突出，荣获全国双拥模范城“六连冠”。具体讲，主要有七个方面：

（一）紧紧围绕学习贯彻党的十七大精神这条主线，思想政治建设坚强有力。军分区党委坚持把学习贯彻党的十七大精神作为头等大事和首要政治任务。一是突出抓了党的十七大精神的学习贯彻。十七大召开前，组织全区深入学习领会胡锦涛主席“6·25”和“8·1”两篇重要讲话精神，按照总政和两级军区统一部署，扎实开展了“赞颂新成就、履行新使命、迎接十七大”主题教育活动，军分区领导围绕专题进行了辅导讲课，省军区转发了该做法。广泛开展“赞辉煌成就、颂党的恩情”征文活动，组织开展了“我为军旗添光彩”演讲比赛，南市区举办了保定市首届“军旗猎猎戎马情”当代中国名画家作品展。7月24日，中央军委徐才厚副主席带军办、总政机关同志，到军分区召开了座谈会，就贯彻落实科学发展观，特别是学习贯彻胡锦涛主席“6·25”重要讲话的情况进行专题调研并给予了很高评价。十七大闭幕后，召开党委全会对学习贯彻十七大精神进行了安排部署。军分区编印下发了《学习十七大精神问答题》和《十七大报告学习辅导百问》。二是认真抓了“六位一体”思想政治教育新模式的构建。召开了全市构建“六位一体”思想政治教育新模式协调会，市委宣传部、军分区政治部联合下发了具体实施方案，建立了“保定市国防教育网站”，在保定电台、电视台、日报社相继开办了《国防在线》、《国防时空》、《后备军风采》栏目。“六位一体”民兵预备役思想政治教育得到有效落实和推广。三是下大力抓了应急应战政治工作实案化建设。省军区沧州现场观摩会结束后，军分区党委高度重视，及时召开常委会，认真进行传达学习和研究讨论，制定了实施方案，召开了动员部署会。组织各人武部政工科长进行了集训，抽调机关和人武部精干人员组成编写组，利用两个月时间，加班加点编写了预案，并对机关和25个县（市、区）人武部的政治工作预案进行了统一装订和编号，做到了专人负责、专机使用、专柜存放、专盘存储。10月，依据政治工作实案化检查评估标准，对部分县（市、区）人武部进行了检查验收。

（二）紧贴使命课题抓训练强战备，反“台独”应急作战准备深入扎实。一是整组工作扎实有效。按照参动〔2006〕110号文件要求，将全市基干民兵整合为作战、勤务保障、应急和其他队伍四大类。在新市区、清苑县、徐水县和定兴县召开了民兵整组现场会，军分区代表省军区在北京军区进行了成果交流，整组纪实片受到了一致好评。二是训练质量得到提升。着眼提高广大干部军事素质，组织参谋人员以手工标图和计算机二级知识为主要内容，进行了为期两周的业务集训，在省军区2007年度战役集训和年度军事训练考核中取得优异成绩。年底，组织领导机关和人武部干部战士共200人进行了冬季适应性训练。中央电视台军事频道、保定电视台和《中国国防报》、《战友报》进行了专题报道。三是国防动员建设得到加强。完成人民武装动员、政治动员、科技动员、经济动员、信息动员、人防、交战、国防教育等8种、35个类别、360多张表格的数据采集工作，较为准确地掌握了全市国防动员潜力底数，受到省国动委的充分肯定。四是征兵任务完成圆满。为确保新兵质量，突出抓了宣传发动、体检政审、审批定兵等环节，认真落实廉洁征兵等政策规定，狠刹征兵中的不正之风，维护了军队的良好形象，圆满完成了新兵征集任务。

（三）突出抓好能力建设和先进性建设，党委班子和干部队伍的整体水平不断提升。年初，围绕“加强党委班子能力建设和先进性建设、增强领导干部事业心责任感”主题，师团两级先后召开党委民主生活会，深入查找班子存在的问题和不足，开展批评与自我批评，制定改进措施，党委班子的创造力、凝聚力和战斗力得到增强。南市区、安新县人武部党委被省军区表彰为先进党委。军分区后勤部被省军区评为指导基层建设先进机关，徐水县人武部荣立三等功，南市区、定州市、安新县、阜平县、高阳县人武部被省军区评为先进人武部。

（四）牢固确立安全发展理念，从严治军工作深入扎实。坚持深化条令条例贯彻落实，狠抓作风纪律教育整顿，突出重大安全隐患预防，全区安全形势良好，四个秩序正规，实现了“三无”目标。一是安全管理坚持经常。成立了安全委员会，开展了“条令学习月”活动和团以上领导机关、司机队伍作风纪律教育整顿，两次召开安全形势分析会，三次派出工作组对全区经常性工作进行检查督导。特别是十七大期间，专门派出工作组赴各单位蹲点指导安全管理工作。二是5号文件落实严格。深入贯彻军委〔2007〕5号文件精神，扎实开展安全保密教育，全区投资20余万元购置了保密设备，安装了报警器，对398台电脑进行了清查。三是装备管理安全有效。圆满完成了学生军训改制用枪向省军区修械所运送、学生用枪的运回，枪械、高炮营装备、应急维稳装备从衡水库向市民装库的运送任务。全年民兵训练共动用武器，请领、运输、保管、使用等环节组织严密，程序规范，管理严格，没有出现任何问题。定兴县、清苑县人武部被省军区评为管理教育工作先进单位。

（五）全面提升综合保障能力，后勤建设和改革稳步推进。4月份，组成2个检查组，对涿州市、南市区、易县、博野县、雄县、阜平县6个人武部离任主官进行经济责任审计；5月份，专门抽出4天时间，对人武部后勤科长、报账员和干休所会计、出纳进行集中培训；6月份，对全区29个团级单位，特别是开设银行账户的军分区机关和4个干休所，进行资金安全管理专项检查。

（六）着力解决重点难点问题，党管武装工作有了明显突破。市委、市政府对军分区建设给予了大力支持，市政府拨付资金180万元，对民兵武器装备仓库进行改造。军委徐才厚副主席在军分区视察期间，对市委书记、军分区党委第一书记宋长瑞同志给予了充分表扬，宋长瑞同志还被评为“2007年全国国防后备力量建设十大新闻人物”。

（七）创造性开展双拥共建活动，为构建和谐保定做贡献活动成绩突出。充分发挥桥梁纽带作用，发动民兵、协调驻军，积极参加维护稳定、抢险救灾、扶贫帮困等活动，为建设“京南近海强市名城”作出了突出贡献。共建成军民共建“示范村”、“辐射点”89个；协建社区图书室15个，村级图书室35个，为驻地群众义诊300多人次，赠送药品价值13万余元；先后出动兵力2万人（次），动用车辆、机械300多台（次）。组织广大干部、战士和职工开展了“献爱心、送温暖”、“博爱一日捐”活动，共捐款30余万元。在全国双拥模范城评比中，军分区、人武部做了大量扎实有效的工作，检查团对双拥工作给予了充分肯定，评价本市“起点高，标准高，要求高”，由原来在全省排名第7位跃升到第3位，《中国国防报》头版头条报道了本市双拥工作的典型事迹。

积极参加平安建设活动，探索建立了组织领导、矛盾化解、治安防控、对敌斗争、应急处突五个体系，有力地推动了军地平安建设发展。顺平县依托地方建立了军警民联防体系，定州、高阳、容城人武部和第三干休所被河北省评为平安建设先进单位。

领导班子成员

司令员　王亚光
政治委员　李志华
副司令员　常铁宁(3月离)
副政治委员　李海涛
参谋长　江永亮
政治部主任　李大忠
后勤部部长　丁建民
副参谋长　赵明放
政治部副主任　甄连宝

（部门编辑：张　强）

人民防空

【保定市人民防空办公室】　保定市人民防空办公室是市国防动员委员会常设办事机构，是人民防空工作的主管部门，隶属市政府、军分区和省人民防空办公室领导，内设5个处室：秘书处、工程处、指挥通信处、人事宣传处、财务处，下辖市人防通信站、平战结合管理站、人防工程维护队3个事业单位及票证印刷厂、人防开发总公司两个直属企业。

【2006年·概况】 2006年，全市人防工作在市委、市政府、军分区和上级人防部门的正确领导下，坚持以邓小平理论和“三个代表”重要思想为指导，全面落实科学发展观，认真贯彻《人民防空法》，圆满完成了各项工作任务。荣获“河北省人防系统有限目标管理一等奖”、人防工程建设管理、法制建设、财务管理先进单位、人防工程平战结合一等奖，涿州市、清苑县、定州市、雄县、高碑店市人防办被评为全省县级人防工作先进单位。

【人防工程建设】 依法落实防空地下室建设规定，全市共批建人防工程项目206个，批建人防工程面积15.4万平方米，竣工验收工程项目45个，验收面积5.7万平方米，收取易地建设费1881万元。加强了人防工程质量监督工作，对人防工程实行全程质量跟踪监控，保定站被省人防办评为“人防工程质监工作”先进典型。根据城市建设总体规划要求，组织力量着手进行人防工程建设规划编制工作，完成了规划纲要的编制。对2003～2006年的竣工工程、在建工程的档案进行了细致规范梳理。对全市人防工程进行了全面普查，对重点工程进行了堵漏、清淤等，完成了10.37万平方米公用工程的维护管理。

【人防工程平战结合管理】 市区工程利用面积达17.6万平方米，年创产值（营业额）7500万元，上缴税金310万元，实现利润450万元，收取工程使用费160万元，安排就业人员2500人。县（市）人防工程平战结合管理工作也取得了新的突破，高碑店市、清苑县的人员掩蔽工程已开始发挥平战结合作用。

【人防指挥通信建设】 修订完善了全市防空袭预案，12个县（市）防空袭预案也修订完成。全市人防专业队完成了整组训练。投资15万元实现了与保定军分区综合信息网连接。安装了12部军用电话，无线移动电话也接入军网。完成了市区电子地图的升级和数据更新。进一步加强了人防通信警报建设和管理工作，市区投资65万元进行了警报建设，新安装了18台大功率电声警报器和无线统控设备，音响覆盖率达98%以上，并全部实现了无线统控。9月24日，市区成功实施了第六次防空警报试鸣，6个县（市）也分别组织了警报试鸣。

【人防宣传教育】 组织25个县（市、区）联合举办了“纪念《人民防空法》颁布十周年”宣传周活动。充分利用报刊、电视、广播、通信网络等媒体进行宣传，在电视台播放新闻8条、电视专题片2部，发放宣传短信1万余条，在报刊刊稿42篇。完成了1所党校（行政学院），78所初级中学（2.8万名在校生），29个办事处，142所高中等院校，95家大中型企业的防空知识教育。

【财务筹资与管理工作】 进一步理顺了人防筹资渠道，依法加大了政策性收费力度，落实市财政预算拨款61.7万元，向社会收取人防工程建设费212.8万元。加强了财务管理、严格执行财经纪律。认真开展了财务工作大检查，帮助县级人防办建立完善了财务管理制度。按规定对人防国有资产进行了清理、评估、登记等。

【人防法制建设】 加强了执法队伍正规化建设，组织全体干部职工进行了法制培训，对所有执法人员进行了业务考核。认真查处结建工作中的违法违纪现象，建立了违法案件资料库，对26个单位进行了人防执法，其中立案的有16个，通过执法追回欠款32.1万元。认真开展了人防行政执法监督管理工作，配合市人大对所属安国市、涞水县、易县、定兴县、容城县、高阳县、蠡县、博野县、曲阳县、阜平县等10个县（市）的人防执法情况进行了全面检查。

领导班子成员

主　　任　李铁柱

副 主 任　张子泉　冯亚非

纪检组长　段林虎

【2007年·概况】 2007年，全市人防工作牢固树立科学发展观，紧紧围绕反“台独”军事斗争人防应急准备需要，大力加强人民防空应急体系建设，圆满完成了各项工作任务。被评为河北省人防系统有限目标管理先进单位、人防工程建设管理、机关“准军事化”建设、宣传教育、财务管理、人防工程平战结合先进单位，涿州市、清苑县、定州市、高碑店市、雄县人防办被评为全省县级人防工作先进单位。

【人防工程建设】 加大了人防指挥场所建设力度，认真组织市级人防指挥中心建设前期准备工作，投资完善了后方指挥所设备设施。全面做好结建审批工作，共批建防空地下室项目167个，批建面积、收取易地建设费同比增长为51.5%、13.9%，完成各类人防工程验收6.5万平方米。完成了已建人防工程普查建档工作，建立工程档案资料338卷，对平战结合工程制定了可行的平战转换方案。根据全市城市建设规划，编制了人防工程建设规划初稿。完成人防工程拆迁补建项目3个。加强人防工程质量监督工作，在监面积达到23万平方米，纠正重大违法施工5起，挽回经济损失135万元。

【人防工程平战结合管理】 已建工程利用面积达到175917平方米，年创产值（营业额）8208万元，上缴税金342万元，实现利润482万元，收取人防工程使用费182万元，安排就业人员2510人。

【人防指挥通信建设】 成立了市级人民防空指挥部，明确了人员编成及职责任务，所辖26个县（市、区）组建了县（市、区）级人民防空指挥部，市区街道办事处（乡镇）、重要目标单位也成立了人民防空指挥组。按照实战化标准对本市人民防空应急行动方案进行了重新修订。组织人员参加了全省代号RF－2007的城市人民防空指挥研究性演练，取得良好效果。扩大完善了人防专业队，并进行了整组训练。市区及8个县（市）制定了重要目标防护方案，完成了国防动员潜力调查任务。加强了人防数据库建设，完善了人防指挥网络功能，在4个县建立了对空观察哨，对全市防空警报器进行了维护管理，实施了防空袭警报试鸣。制定了疏散地域基地建设五年规划。

【人防宣传教育】 加强了人防宣传报道工作，在市级以上报刊杂志刊稿57篇，在广播电台发布新闻5篇，电视台播发新闻2篇，专题片1部。对“一办法一条例”进行了集中宣传，与法宣办联合组织了“一办法一条例”答题活动。完成了1所党校（行政学院），78所初级中学（2.8万名在校生），29个办事处，142所高中等院校，95家大中型企业的防空知识教育。县级人防宣传教育工作逐步加强，有11个县（市、区）开设了“人民防空”网站。

【财务筹资与管理工作】 全年收取人防工程建设费223万元，落实地方财政预算拨款80.4万元，收取易地建设费2406万元。加强对人防资金使用的监督检查，完善各项财务管理制度。

【人防法制建设】 认真贯彻落实《河北省实施〈人民防空法〉办法》和《河北省人民防空工程维护与使用管理条例》。成功组织了人防法规宣讲报告会，加强法制教育，组织全体干部职工进行了法制培训。认真查处结建工作中的违法违纪现象，共催缴拖欠易地建设费单位66个，追回欠款57.82万元；催验工程建成后长期不进行防护专业验收单位31个；办结案件1起，追回欠款100万元；认真查处未批先建工程，涉费553.6万元。对各县（市、区）贯彻落实人防法规情况进行了检查。

领导班子成员

主　　任　李铁柱
副 主 任　张子泉　冯亚非
纪检组长　段林虎

（部门编辑：赵　颖）

国防教育

【保定市国防教育办公室】 保定市国防教育办公室于1989年成立，是市国防动员委员会常设办事机构，是保定市国防教育工作的主管部门，隶属市委宣传部、军分区政治部领导，办公室设在保定军分区，副县级行政单位。

【2006年·概况】 2006年全市的国防教育工作坚持以“三个代表”重要思想为指导，深入贯彻落实科学发展观，依据《中华人民共和国国防教育法》、《全民国防教育大纲》、《河北省国防教育条例》行使职责，开展了全民国防教育工作。为进一步增强全市人民的国防观念，提高全民素质，推进保定更快更好发展，建设社会主义和谐社会作出了贡献。2006年度被评为全省国防教育工作先进单位。

【举办全市国防教育主任培训班】 3月12日～14日，在涞水县举办了全市国防教育主任培训班。这是国防教育系统成立以来的第一次全市集中培训，旨在提高全市国防教育战线工作人员的政治水平和业务素质。

【保定市国防教育展室开展】 4月1日，保定市国防教育展室在清苑县冉庄“侵华日军冀中罪行展”院内开展，这是市国防教育办公室布置的永久展室。展出珍贵历史图片400余张，为本市的爱国主义教育、国防教育增添了新窗口。

【印发《全民国防教育大纲》读本】 为了加强国防教育工作，提高全民国防观念，市国防教育办公室印刷《全民国防教育大纲》读本1.7万册，下发基层单位。

【举办庆八一军民鱼水情画展】 为纪念中国人民解放军建军79周年，7月29日，在直隶总督署举办了本市画家村长先生的个人画展，所展100幅作品全部捐赠给部队基层连队。

【拍摄国防教育专题片】 为使全市的国防教育工作走上经常化、正规化、科学化轨道，国防办拍摄了《保定市国防教育回顾与展望》电视专题片。这是省内第一部国防教育专题片。

【农民王全喜获全国国防教育先进个人】 在全国召开的国防教育先进表彰大会上，本市代表冉庄农民、“侵华日军冀中罪行展”负责人王全喜获国家级国防教育先进个人。

领导班子成员

主　　任　郭树林

【2007年·概况】 2007年全市国防教育工作，按照全民参与、长期坚持、讲求实效的方针，突出重点，依法施教，探索形成了领导干部率先垂范，军、地部门齐抓共管，上下左右联动，全民参与普及，整体推进新的工作思路与工作格局，实现了全民国防教育工作新的突破，进一步增强了广大干部群众的国防观念。

【召开全市国防教育工作表彰大会】 2007年1月18～19日，召开了全市国防教育工作表彰大会，这是本市国防教育办公室成立18年来的第一次全市性表彰大会，会上表彰了王鹿鸣等5人国防教育工作突出贡献奖、10个国防教育工作先进个人、10个国防教育先进单位。

【保定国防教育网站正式开通】 为加强全民国防教育工作，更好的利用现代化传播手段，3月20日，保定市国防教育网站正式开通运行，这是省内第一家国防教育网站。网站设国防知识、国防法律法规、各地国防教育动态、保定国防教育基地等8个专栏。

【举办国防教育知识竞赛】 为纪念中国人民解放军建军80周年，举办了国防教育知识竞赛活动，全市共发放试卷11万份，评出了120名获奖个人。

【举办第二届国防教育门券展】 7月13日，在市博物馆举办了第二届国防教育门券展，此次展出本市门券收藏家1200枚历史门券，展览采取图文并茂的形式，用门券说历史，用门券讲英雄。省、市领导和群众代表300多人参加了开展仪式。

【举办庆八一书法展】 7月13日，在军校纪念馆举办了“庆八一军地书法展”，共展出军地书法家280幅作品。

【举办第7个全民国防教育日活动】 为了加强对青少年的国防教育，创新国防教育方式，9月15日，在人民广场举办了青少年书法现场表演活动，庆祝第7个“全民国防教育日”。由300多名青少年组成的书法方队，手持毛笔书写爱国家、爱军队、爱人民等内容的作品。

领导班子成员

主　　任　郭树林

（部门编辑：国教办）

武警保定支队

【2006年·概况】 武警保定市支队下设6个大队，1个教导队，36个中队。主要担负看守、看押、守卫、机关警卫四类固定勤务和处置突发事件及押运、押解、拘捕、追捕、警卫等临时勤务。固定勤务目标30处，分别是保定、太行、冀中3个监狱、23个县（市）看守所、保定钞票纸厂、五四三印刷厂、广电总局七八三台、1个军械库。

2006年，保定市支队坚持以科学发展观为指导，按照“强班子、抓基层、谋发展、保稳定”的总体工作思路，紧密结合支队建设实际，狠抓部队安全稳定、正规化水平提升、各项设施改造和党委班子建设，思想政治建设明显增强，中心任务完成圆满，部队管理教育水平、基层全面建设水平、后勤综合保障能力进一步提高，部队整体建设水平取得了较大进步和提高。

【四次完成押犯转移武装押解任务】 四次重大临时勤务，支队党委高度重视，及时召开会议，周密制定安全保卫方案，专门成立以副支队长或参谋长任组长，司令部机关干部和基层主官为成员的武装押解领导小组。圆满完成押解任务。

【学习贯彻《基层思想政治教育十项制度》经验被推广】 支队贯彻落实《基层思想政治教育十项制度》，推进思想政治教育制度化、规范化，取得了较好的成效。经验做法被总部《政工简讯》学习与参考专刊（第20期）摘转推广。

【成功举办武警部队军械干部集训现场观摩会】 3月23日，武警部队三级军械干部集训现场观摩会在支队教导队召开，武警部队的领导出席会议，各总队、机动师、指挥部和总部直属仓库分管军械工作的领导和军械管理干部等参加了会议。与会人员观摩了教导队和定兴县中队，支队军械管理的成功经验得到总部首长和与会人员的充分肯定。

【成功扑灭顺平龙潭湖特大山火】 3月24日13时，保定市顺平县龙潭湖森林保护区发生特大山火。支队接到市森林防火联合指挥部的火情通报后，徐国俊副支队长、杨镇勇参谋长带领144名官兵，迅速出动，提前1小时到达指定地域，作为部队救火第一梯队，全力投入救火战斗。王亚兵支队长、张玉业政委多次亲临救火第一线视察火情，现场指导。广大官兵克服了沟壑坎坷、荆棘密布的困难，翻山越岭跋涉6、7公里崎岖山道，及时奔赴火情地域紧急投入救火战斗。面对山高风急火势变幻莫测的危险，官兵坚持轻伤不下火线，奋不顾身，挥洒血汗，铸就忠诚。转战60多公里，经过31个小时的连续奋战，成功扑救了神南乡官银堂村、娘娘宫村、卓地沟村以及窝窝陀山峰以南的全部火线。确保了人民生命财产的安全，受到当地群众的高度称赞。

【召开第一次武警代表会议】 9月27日，支队召开合并组建以来第一次武警代表会议。会议听取和审议支队工作报告，征求官兵对支队建设的意见和建议，研究加强部队全面建设的措施，进一步统一思想，振奋精神，群策群力，推动部队建设又快又好地向前发展。

【召开武警执勤目标隐患治理工作会议】 12月28日下午，保定市隆重召开了武警执勤目标隐患治理工作会议。总队领导和市领导出席了会议，市直机关有关领导，各县（市）政委法书记、主管副县（市）长、公安局局长、财政局局长、各执勤目标单位主管领导和支队部门副职以上领导及全体机关干部，大、中队主官等参加了会议。会议组织观看支队拍摄的执勤隐患录像片，支队领导代表总队党委机关对保定市委、市政府多年来对武警部队建设的关心支持表示感谢，要求保定市支队全体官兵坚决服从市委、市政府领导，尊重公安干警，爱护广大人民群众，爱岗敬业，忠于职守，为保定市的社会稳定和经济发展作出更大的贡献。

领导班子成员

支队长	王亚兵
第一政治委员	吴桐林（兼，8月离）
	张峰（兼，9月任）
政治委员	张玉业
副支队长	徐国俊 张志刚
	徐孟勤
副政治委员	韩永彬
参谋长	杨镇勇（6月晋）
政治部主任	梁宝池
后勤部部长	付军国

【2007年·概况】 2007年，支队以科学发展观为指导，坚持从严强班子，扎实抓基层，科学谋发展，精心保稳定，狠抓思想政治建设，官兵的理想信念更加坚定，狠抓基层党组织建设，“三个能力”显著增强，狠抓执勤质量提升，中心任务完成圆满，狠抓正规化建设质量提升，部队秩序进一步规范，狠抓后勤规范化管理，综合保障能力不断提高，狠抓作风转变，党委班子建设水平明显提升，部队全面建设呈现安全发展、稳步上升的良好态势。

【成功制止押犯企图冲监逃跑事件】 2月9日15时40分，冀中监狱一名押犯快速冲向监门，企图逃跑，担负监门看押任务的七中队监门主哨哨兵樊永廷，立即警告制止，领班员唐治立即关闭大门，监门副哨哨兵于明明迅速报警，同时与另一哨兵王运波占领大门外有利地形，并更换实弹匣，在带勤干部排长郭建威的组织下，加强监门警戒。中队接警后，迅速按方案行动，加强目标警戒，控制监狱大门，严密监视事态发展。当该犯冲至内警戒线处（距监门约15米）时，哨兵樊永廷与监狱外管值班干警协同将该犯抓获。

【新兵教育报告会】 2月26日，首届中国十大杰出青年卫士、副支队长张志刚，结合自己在本职岗位上践行忠诚卫士誓言的亲身经历，给新训官兵上一堂别开生面的教育课；6名优秀新训干部骨干代表分别讲述自己在部队的成长经历、奋斗历程和亲身感受，并同战士们进行面对面交流。

【成功处置一名杀人犯劫持人质事件】 3月21日11时10分，支队接到徐水县中队报告：一名杀人犯用双管猎枪劫持自己妻子，要挟与省厅领导和报社记者对话，县局请求武警配合处置行动。王亚兵支队长、张志刚副支队长第一时间赶赴现场，分析案情，考察地形，周密部署。在政策攻心未果的情况下果断处置，精心挑选4名官兵，与徐水县公安干警密切配合，成功抓获罪犯1名，缴获双管猎枪1支，子弹6发，自制手枪1支，子弹5发。参战官兵不费一枪一弹，圆满完成处置任务。

【看守目标执勤隐患治理调度会暨武警中队四项设施建设现场会】 7月27日，支队与市委、市政府联合召开“看守目标执勤隐患治理调度会暨武警中队四项设施建设现场会”，总队领导和市领导、支队领导出席了会议，各县（市）政法委书记，政府主管副县（市）长，公安局局长，看守所所长，武警大、中队长，市政府办公厅、市委政法委、市公安局相关处室负责人共计145人参加会议。通过现场会的召开，进一步统一思想、明确标准，推进支队执勤隐患治理和四项设施建设尽快达标配套。

【军事工作现场观摩会】 8月14日，支队在涿州、定兴中队召开军事工作现场观摩会，各大队军政主官、中队长以及机关科长以上人员共计78人参加。与会人员听取中队正规化建设的经验介绍，现场观摩中队作战勤务值班室、电视会议室、荣誉室、俱乐部等相关信息化建设成果。通过现场会，进一步规范执勤、训练、管理和保密工作秩序，全面提高基层主官组织实施军事工作的方法、程序、内容和标准，各级标准意识、规范意识明显提高。

【各类临时勤务】 先后担负保定市2007年春节晚会、教师节庆祝表彰大会、公安部“9·20”工作会议、保定市政府与中国兵器集团“重组天威集团共建保定中国电谷”签字仪式、保定市第六届运动会开幕式、“纺乡之夜”大型文艺演出等重要会议、重大活动的现场警卫勤务16起，派出兵力500余人次；担负“1·22”涉黑涉枪案件、何涛涉黑案、费继东故意杀人案、乔新涉黑涉枪案等重大案件公审公判途中武装押解勤务10余起，出动兵力300余人次；元旦、春节、五一、十一等重大节日，支队派出官兵在繁华街区、重要地段等场所担负武装巡逻勤务，出动兵力2000余人次，协助公安干警处理社会治安案件50余起、做好人好事200余人次，受到驻地政府和群众的一致好评。

领导班子成员

支队长	王亚兵
第一政治委员	张峰（兼）
政治委员	张玉业
副支队长	徐国俊 张志刚 徐孟勤 秦志强
副政治委员	韩永彬 郭群（3月任）
参谋长	徐国俊（兼）
政治部主任	韩永彬（兼）
后勤部部长	付军国

（部门编辑：钱继善）

政　法

政法工作

【中共保定市委政法委员会】 中共保定市委政法委员会是市委领导、管理政法工作的职能部门，负责指导、协调、督促和检查全市政法工作和社会治安综合治理工作，部署阶段性政法、综合治理及社会稳定工作任务，协调政法各部门的关系，督办重大疑难案件，协助市委及组织部门管理政法机关的领导班子和领导干部。与社会治安综合治理委员会办公室合署办公。内设办公室、政治部（组织干部处、教育培训处、教育法纪处）、研究室、执法监督处、综合治理处（稳定办）、矛盾纠纷排查调处办公室、火车站综合治理办公室（事业编）。

【2006年·概况】 2006年，市委政法委始终把维护全市大局稳定作为头等大事和第一责任，充分发挥参谋部、协调部、指挥部和作战部作用，开拓创新，攻坚克难，狠抓落实，为创建稳定有序的社会环境和公正高效的法治环境发挥了积极作用。一是大力实施“护城河”工程，超前谋划，及时调度，确保了元旦、春节、“五一”、“十一”和三级“两会”、党的十六届六中全会、中非合作论坛、省第七次党代会等重要节庆日以及党和国家重大政治活动期间的安全稳定。二是深入开展严打整治斗争，先后部署打黑除恶和“打、抓、破”专项行动，遏制了刑事犯罪高发势头。三是以治安防控体系建设为龙头，促进和提升平安创建工作，年内又命名表彰8个平安县（市、区）、37个平安社区，使全市平安县（市、区）达到17个。四是加强社会治安科技防范，重点向社区推广技防设施，年底已有157个小区安装了技防设施，在打击和预防犯罪方面发挥了积极作用。五是构建“三位一体”排调机制，强化人民调解、司法调解、行政调解，全社会共同参与矛盾纠纷排查化解工作，消除了大量不稳定因素。六是加强执法规范化建设，对建立执法档案、开展执法质量考评进行积极探索，政法系统执法工作制度体系进一步健全。七是以社会主义法治理念教育活动为统领，狠抓政法队伍规范管理，干警整体素质得到新的提升。坚持从严治警，不定期进行警示教育，查处干警违法违纪案件19起27人。266个集体、327名个人获市以上表彰奖励。八是加强铁路护路工作，保证了京广、京原线安全畅通。年底被市委、市政府评为工作实绩突出单位。

【稳定政法信访工作会议】 2月14、15日在百世开利会展中心举行。吴桐林主持会议，市领导王会平、崔启慧、郑继庄、张广琦、李森、耿国英、蔡春和出席，参加会议的有各县（市、区）主管稳定政法信访工作的副书记，政法委书记、常务副书记，公检法司四长，防范办主任，信访局长，安监局长，综治办主任；市政法委员会委员，市综治委委员，市维护稳定领导小组成员单位负责同志；稳定战线各部门及有关市直部门、市属以上企事业单位领导干部，共计760人。会上表彰了2005年度综合治理工作、信访工作、防范和处理邪教工作、“平安社区”和“平安县（市、区）”创建工作、科技强警工作、政法系统“七个十佳”、铁路护路、涉法涉诉信访工作以及校园周边社会治安综合治理工作先进单位和先进个人；市公安局、检察院、法院、司法局、信访局分别对本系统2005年度工作进行点评；吴桐林对全市政法工作和涉法涉诉信访工作进行点评；王会平代表市综治委与各县（市、区）综治委签订《2006年度社会治安综合治理工作责任状》，同时安排部署2006年稳定政法信访工作任务。

【表彰政法系统七个“十佳”】 为全面加强政法队伍建设，树立典型，弘扬正气，推动全市政法稳定工作的深入开展，组织开展了全市政法系统七个“十佳”评选活动。经层层推荐选拔、公示，确定了“十大杰出干警”、“最佳正职”、“最佳副职”、“十佳贤内助”、“十大名牌处室”、“十大精品案件”、“十大精品案卷”名单，于2月14日予以通报表彰。

【社会主义法治理念教育培训班】 8月23至25日在涞水县举办，对市直政法领导班子成员，各县（市、区）委主管副书记、政法委书记、常务副书记，公检法司“四长”进行集中封闭培训。市领导王会平、李剑方、郑继庄、耿国英、蔡春和、张峰分别授课。培训班围绕依法治国、执法为民、公平正义、服务大局、党的领导五个专题，联系政法工作和政法队伍建设实际，就如何端正指导思想、转变执法观念、改进工作方法、树立良好形象等问题进行了学习和探讨。通过培训，进一步加深了各级政法领导干部对社会主义法治理念教育重要性的认识，增强了理论学习的紧迫感和自觉性，提高了运用社会主义法治理念分析和解决问题的能力。

【“打、抓、破”专项行动】 针对刑事案件高发、积案多、逃犯多等治安形势，市委、市政府决定从8月1日至12月31日，在全市范围内开展“打现行、抓逃犯、破积案“专项行动。全市共破获各类刑事案件22990起，其中现行案件7805起，积案4617起；抓获犯罪嫌疑人7001人，其中“两抢一盗”犯罪嫌疑人968人；抓获网上逃犯3668人；打掉犯罪团伙556个，抓获涉案人员2214名。政法各部门密切配合，共刑事拘留4556人，逮捕3830人，起诉5718人，劳教178人，一审判决1634人。“打抓破”专项行动的开展，有力震慑了犯罪，遏制了刑事犯罪高发势头。

【稳定综治工作年度考核】 市综治委从12月中旬开始，对25个县（市、区）和90个重点单位进行检查考核（徐水县被省综治委“一票否决”，不列入考核范围）。考核内容包括落实责任制维护社会政治稳定、“打黑除恶”和“打抓破”专项行动、基层基础工作、“三位一体”调解体系建设、科技强警、社会主义法治理念教育活动、社会治安防控体系建设、政法综治队伍建设、工作经费保障和公众安全感等11项主要内容。25个县（市、区）中，高碑店市等11个县（市、区）被评定为“好”的档次，蠡县等14个县（市、区）被评定为“较好”档次；90个市直重点单位中，民政局等46个单位被评定为“好”的档次，工商局等31个单位被评定为‘较好“档次，市场服务中心等13个单位被评定为’一般”档次。

领导班子成员

书　记　吴桐林（7月离任）
　　　　李剑方（7月任）
副书记　刘晓坤（常务副书记）
　　　　时　群
　　　　张敬东
　　　　段荣才（12月离任）
　　　　高　山
　　　　曹彦杰（市综治办副主任）

市社会治安综合治理委员会办公室领导成员

主　任　时　群（政法委副书记兼）
副主任　曹彦杰

【2007年·概况】 2007年，市委政法委认真贯彻落实科学发展观，围绕市委建设“京南近海强市名城”工作目标，牢牢把握新形势下维护稳定工作的特点，深入开展严打整治专项斗争，狠抓社会治安综合治理，加大平安县（市、区）建设力度，深化“三位一体”大调解工作和社会主义法治理念教育，大力加强政法队伍建设，坚决维护社会公平正义，确保了社会治安持续稳定，为实现全市经济社会又好又快发展，构建和谐保定创造了良好的社会环境和法治环境。被省委政法委评为全省维护稳定工作先进单位，执法监督、铁路护路等多项工作得到市委的高度评价。

【全市稳定政法信访工作会议】 1月24日召开，李剑方主持会议。宋长瑞、王会平、崔启慧等市领导以及市法、检两长出席会议。各县（市、区）委书记和分管稳定政法信访工作的副书记、副县（市、区）长，政法委书记，统战部长，信访局长，防范办主任，综治办主任，公、检、法、司四长，民宗局长，安监局长；市直各部门主要领导，市属以上企、事业单位主要领导，军分区领导，市各人民团体主要领导参加会议。会议总结2006年工作，分析当前形势，部署2007年任务。同时，市委、市政府表彰了2006年度全市维护社会稳定工作先进集体、先进个人和“打抓破”专项行动先进单位；清苑、容城、定州3个县（市）和市公安局介绍了经验。

【圆满完成“十七大”安全保卫工作】 在党的“十七大”召开期间，充分发挥护城河作用，超前谋划，周密部署，成立特别领导小组，及时启动“三级防线”，详细分解任务，明确责任，确保稳定事项件件有部门抓，事事有人管，严查重点隐患，严守重点阵地，严控重点人员，严把进京关口，进京上访、进京非正常上访实现了零指标，确保了50万伏超高压进京输电线路、陕京输气管道、京广京原铁路、107国道和京深高速公路的绝对安全，实现了市委提出的“四个确保”的要求。

【打黑除恶专项斗争】 从6月份开始，按照省委政法委的统一部署，结合本市实际，开展了为期5个月的打黑除恶专项斗争。全市政法机关集中兵力，广泛发动，以打现行、抓逃犯、破命案为重点，通过采取挂账督办、提级侦办、集中抓逃等方式，对黑恶势力坚持露头就打，取得了阶段性成果，共破获各类刑事案件20667起，抓获犯罪嫌疑人7150人。全市破案绝对数、系列案件侦破绝对数、抓逃绝对数、网上逃犯抓捕数、打击处理增长比六项指标均在全省名列前茅，社会治安形势明显好转。

【处理涉法涉诉信访案件】 以息诉罢访为目标，以“百日攻坚”专项行动为载体，建立了领导包案和对新访案件责任倒查制度，从源头上防止和减少了涉法涉诉案件的发生。年内新发涉法涉诉案件40件（同比下降55%），连同中央政法委、省委政法委交办的涉法涉诉案件全部办结，“十一”和“十七大”召开期间实现了涉法涉诉非正常进京访“零指标”，在全省处理涉法涉诉经验交流会上做了典型发言。

【建立“三位一体”调解工作机制】 按照省委政法委关于在全省建立“三位一体”调解（人民调解、行政调解、司法调解）机制的要求，本市认真组织实施，年内全市25个县（市、区）和32个市直部门均成立了“三位一体”调解工作组织机构，配备了专门工作人员，建立县级调中心25个，市直部门调解中心32个，乡级调解中心1002个，村级调解中心6621个。各级调解中心共调处化解各类矛盾纠纷24205件，其中，人民调解5452件，行政调解3442件，司法调解15311件，为构建和谐社会和维护本市稳定奠定了扎实基础。

【科技强警再上新台阶】 市委、市政府将2007年确定为科技强警年。年初，市委政法委与高碑店市等9个县（市）签订科技强警工作责任状，明确目标，细化量化任务。到年底，全市各级各部门已累计投入社会治安科技防范和科技强警工作资金近亿元，吸引社会资金3000多万元。全市公安机关完成了三、四级网线路置换升级改造工作，市公安局完成了110指挥中心扩容及升级工作，建成了DNA实验室和指纹检验实验室，新建了科技含量一流的国保大楼。全市检察系统26个单位全部实现讯问犯罪嫌疑人录音录像同步，市县两级检察机关网络终端与省检察院指挥中心联网，形成了三级检察机关同步监控调度、协调联动、协调办案的高效办案模式，科技强警工作取得了丰硕成果。

【稳定综治工作年度考核】 市综治委从2007年12月中旬开始，按照自评、实地检查、提供情况、综合评定、奖惩等步骤，对各县（市、区）、市直综治重点考核单位进行检查考核。考核主要内容包括落实责任制、维护社会政治稳定、严打整治和“打黑除恶”专项行动、基层基础工作和治安防控体系建设、科技强警、政法综治队伍建设、依法信访、公众安全感和重大案件、事件、事故情况等12项。容城县等19个县（市、区）被评定为“好”的档次，涿州市等7个县（市）被评定为“较好”档次。市纪委等51个部门和单位被评定为“好”的档次，市总工会等47个部门和单位被评定为“较好”档次，市教育局等8个部门和单位被评定为“一般”档次。

领导班子成员

书　记　李剑方
副书记　刘晓坤（常务副书记）
　　　　时　群　张敬东
　　　　高　山
　　　　曹彦杰（市综治办副主任）

市社会治安综合治理委员会办公室领导成员

主　任　时　群（市委政法委副书记兼）
副主任　曹彦杰

（部门编辑：李素文）

公 安

【保定市公安局】 保定市公安局是保定市人民政府主管全市公安工作的职能部门（正县级单位），业务上受河北省公安厅监督和指导，担负着领导指挥和组织协调全市公安工作任务。保定公安局内设20个职能处（室）、22个直属单位，管辖22个县（市）公安局。

【2006年·概况】 2006年，全市公安机关在市委、市政府和省公安厅的正确领导下，以"三个代表"重要思想统揽公安工作全局，以构建和谐保定为总目标，以"抓基层、打基础、苦练基本功"为主线，以"打现行、抓逃犯、破积案"为重点，创新工作思路，完善工作举措，公安工作各条战线都取得了明显成效，营造了和谐稳定的社会环境和安定有序的生活环境，促进了全市经济社会健康快速发展。

【以"打抓破"专项行动为载体，严打各类刑事犯罪活动】 全市公安机关深入开展了"打现行、抓逃犯、破积案"专项行动，取得了显著成效。专项行动中，共破获各类刑事案件22990起，抓获犯罪嫌疑人7001名，抓获网上逃犯3668名。一是围绕重点打现行，全力侦破大要案。按照"打现行是重点，遏制发案是目的"的工作思路，共破获现行案件14919起，抓获犯罪嫌疑人3922名。成功破获了安新县特大绑架案、河北大学女学生被抢劫轮奸案等一批重大案件。二是围绕热点打击"两抢一盗"。市、县两级都成立了打击"两抢一盗"专业队、夜控队，实施精确打击，共破获"两抢一盗"案件15288起，抓获犯罪嫌疑人2948名。三是围绕焦点强力推进"打黑除恶"、"命案侦破"。坚持除恶务尽，相继打掉了定州安凯杰、北市区乔新、唐县何涛、蠡县李更新4个黑社会性质犯罪组织和48个恶势力犯罪团伙，抓获黑恶犯罪嫌疑人432名，破案585起；坚持缜密侦查，共破获各类命案145起，其中命案积案57起，现行命案88起。2006年11月12日～13日，定州市连续发生两起杀人案件，在参战民警不懈努力下，不到两天的时间，案件告破。四是围绕难点聚力攻坚抓逃犯。通过加大宣传工作力度，印发、张贴《敦促逃犯投案自首的通告》，营造了浓厚的专项行动社会氛围，到目前全市已有900名逃犯主动到公安机关投案自首。市、县两级都成立了专业追逃小分队，开展了出租房屋和流动人口普查登记会战等措施，抓获各类网上逃犯3668名，破获积案6073起。五是严打涉农涉电犯罪。切实加大了对农村地区发生较多的抢劫、伤害、盗窃农电线缆等严重危害农民群众人身、财产安全和电力设施的刑事犯罪活动打击力度，破获涉农涉电案件3156起，打掉犯罪团伙187个，抓获犯罪嫌疑人644名。同时，为确保打击质量，先后两次组织开展了案件核查，不仅核查案件数量，更注重核查案件质量，既防止了大抓大放问题的发生，也杜绝了因执法问题引发的涉法信访案件。专项行动中，主动与政法各部门沟通，加快办案进度，快捕快诉，全市共刑事拘留4556人，逮捕3830人，起诉5718人，劳教178人。

【以"点线块"治安防控体系建设为重点，全面提升社会治安防控能力】 全市公安机关以"点线块"治安防控体系建设为重点，全面提升社会治安防控能力。一是实行"点线块"治安防控体系。在市区建立了"点线块"治安防控体系，整合市区派出所和交、巡警805名警力，形成巡警控点、交警控线、派出所民警控块，全天候24小时不失控的打防控体系。体系建立以来，市区可防性案件与去年同比下降8.6%，群众安全感普遍增强。二是提高科技防范能力。全市公安机关大力推进科技强警，不断向科技要警力、向科技要战斗力，提高了公安工作科技含量。全市已经建成科技防控小区215个，安装红外线报警系统653个、电视监控探头11243个。全市767家20张床位以上的宾馆、旅店安装了旅店业信息比对查询系统，174家娱乐服务场所安装了电子监控系统，网监支队实现了对网络阵地的实时监控。三是深化防范基础建设。积极探索实施社区警务和驻村警务，实现一区一警。建立巡防队37支1622人，经护队、校卫队528支6212人，专门保卫组织1326个，专兼职保卫干部6510人，培训保安人员4500余名，重点单位保卫组织组建率达到93%。

【以"三基"工程建设为抓手，全面加强基层基础工作】 全市公安机关按照"做精机关、做实一线、做强基层"的工作思路，精简机关，充实基层，取得了显著成效。一是坚持重心下移，做强基层。积极争取党委、政府支持，获得财政支持4815.5万元。不断推动警力下沉，已有360余名机关民警下沉到基层一线工作；新录警的56名大学生全部充实到基层所队，招录了102名文职人员到非执法岗位工作，替换具有执法资格的民警到一线工作。市区共配备社区民警400名，基层一线实有警力占到总警力的92.6%。为223名基层所队长落实了科级待遇，极大地促进了民警工作热情。227个派出所完成了统一外观标识工作，773个执法单位、4900名民警建立了执法档案。二是坚持夯实基础，打牢根基。严密了常住人口、流动人口、重点人口和“社会人”的管理，强化了特种行业、娱乐服务场所、治安复杂场所、危爆物品管理和互联网、刑事阵地控制；充实、扩大了8个基础资源信息库库容，开展了违法犯罪信息采集会战，共录入案件信息14527条，提取犯罪嫌疑人指纹信息13565条，现场提取指纹365枚，破案31起。三是素质强警，苦练基本功。以“三懂四会”为基本目标，大力开展政治练兵、业务练兵和体能练兵，建立了集中轮训、岗位练兵、实战练兵、单兵比武相结合的练兵模式，组织1600余名“三所三队”领导进行了轮训，法制、治安系统举办了8期实用法律法规培训班，广大民警的综合素质得到明显提高，全市公安机关的凝聚力、战斗力、公信力明显提升。

【以优化服务为目标，大力强化公安管理工作】 全市各级公安机关坚持综合治理方针，不间断开展各类治安隐患排查工作，强化交通、消防、户政等窗口单位工作，公安机关管理服务水平进一步增强。一是强化交通管理。全市交警部门以创建“平安畅通县区”和“决战70天”等活动为载体，大力整治交通秩序，共查处各类交通违法行为41.8万余例，交通事故、死亡人数、受伤人数、经济损失数同比下降27.2%、19.3%、25.9%和35.5%。二是强化消防管理。消防部门严格消防审批程序，加强消防监督规范化建设，大力开展消防安全大检查，共检查单位7589个，督促整改7211处火灾隐患，下发各类法律文书4879份，扑救火灾876起，防止了重特大火灾事故发生。三是强化人口管理。通过开展集中清查出租房屋和流动人口会战，共清查出租房屋10375户，内部单位1687家，清查流动人口62597人，从中破案432起，查处治安案件269件，抓获犯罪嫌疑人303人。四是强化危爆物品管理。为9家民爆物品仓库全部建立了档案，安装了监控探头。深入开展了治爆缉枪、民爆器材、剧毒物品和烟花爆竹专项整治工作，共发现整改隐患680处，收缴销毁枪支311支、雷管17.1万枚、烟花爆竹193万余响。五是强化特种行业管理。共有174家娱乐场所安装了监控探头，对15426家公共娱乐场所、1327家汽车维修企业、528家二手手机收售点实施专项整治，共停业整顿113家，处罚321家，取缔86家，有效净化了全市治安环境。六是强化服务职能。组织全市企业、农业、文教、卫生等系统80名代表，召开征求意见座谈会，下发了《全面优化行政服务环境的48条意见》、《公安机关服务社会主义新农村建设的意见》等文件。市局外事、危爆、交警等7个窗口单位全部进驻保定市行政服务大厅，共接待群众19.1万人次，办理各种事件13.8万件，受理各种咨询业务5.3万人次，展示了公安机关的良好形象。

【以全面提高队伍素质为根本，大力加强公安队伍建设】 全市公安机关采取多种有效措施，聚合力、鼓士气、树正气，不断提高公安队伍战斗力，促进了公安队伍的健康发展，先后有107个集体、428名个人荣立一、二、三等功。以提高执政能力为重点，大力加强各级领导班子建设。采取集中学习、专题辅导、座谈讨论等形式，深入开展《党章》、《江泽民文选》学习活动，各级领导干部的党性修养、理论水平明显提高。在全局大力倡导“和、合、荷”三风，弘扬贡献面前论英雄的精神，在全局营造了实干兴局的浓厚氛围。出台了《党支部管理细则》、《加强党员经常性教育的实施意见》，进一步规范了党内组织生活。经过层层把关，评选出5个“红旗党组织”、30个“先进基层党组织”，100名“优秀共产党员”，在全局树立了模范标杆。制定了《进一步加强公安队伍党风廉政建设的意见》，各级领导干部逐级签订了党风廉政建设责任书，对副县级以上领导干部公务用车登记造册，进一步加强管理。全市公安机关坚持“正规化建设以基层所队为重点，基层基础建设以正规化为方向”，下大力度夯实公安基础。按照先易后难、逐步实现的原则，制定出台了《关于提高市区基层民警待遇的暂行办法》、《关于规范市区民警加班工资发放的暂行办法》，积极争取市委、市政府和有关部门的支持，提高基层政治、经济待遇，形成“人往基层走、钱往基层花”的工作氛围。为民警统一购买了人身意外保险。以“三懂四会”为目标，开展了广泛深入的练兵活动，全年，共举办各类培训班147期，培训民警10116人次，队伍整体素质得到明显提升。在全市公安机关基层执法单位设置纪检监察员662名，将执法监督的视角延伸到了执法活动的第一线。对各项行政审批权力及权力来源、依据、程序和责任逐项进行了登记清理，制定了职权目录清单和流程图清单，增强了执法透明度。

领导班子成员

党委书记 公安局长	张　峰
党委副书记 常务副局长	王星亮
党委副书记 副局长	王洛武
党委副书记 副局长	王　启
党委委员 副局长	王百顺
党委委员 副局长	吴　宪
党委委员 副局长 纪委书记	焦志刚
党委委员 副局长 交警支队长	田维志
党委委员 副局长 刑警支队长	安增奇
党委委员 政治部主任	张五进
党委委员	刘铁英

【2007年·概况】　2007年，全市公安机关在市委、市政府和省公安厅的正确领导下，以党的十七大安全保卫工作为主线，深入开展严打整治斗争，强力推进“三基”工程建设，全面加强和改进公安工作。坚持立警为公，执法为民，不断创新工作思路，完善工作举措，各项公安工作和公安队伍建设取得了明显成效，为促进全市经济又好又快发展提供了有力保障。

【严打整治工作赢得新胜利】
全市公安机关坚持严打方针不动摇，突出打击重点，加大打击力度，挤压犯罪空间，深化打击效果，继续保持对各类违法犯罪的主动进攻态势，将打击锋芒始终对准严重威胁群众安全感的黑恶势力犯罪、严重暴力犯罪、多发性侵财犯罪。相继组织开展了“霹雳”、“收缴”、“洗楼”行动，6至10月，按照省委、省政府和市委、市政府统一部署，开展了声势浩大的严打整治专项斗争。斗争中，全市公安机关共侦破各类刑事案件29560起，打掉各类犯罪团伙968个，抓获犯罪嫌疑人9723名，抓捕逃犯3998名。全年严打工作主要突出了五个方面。一是瞄准重点打现行。组织开展了“猎鼠行动”，重点打击“两抢一盗”等多发性侵财犯罪。共破获各类现行案件16186起。二是强力攻坚破命案。抽调30名破案能手和3名“燕赵名探”组成了专家组一线指导。全年共侦破各类命案229起，其中侦破年内现行命案190起，命案侦破率达到94%，比2006年提高4个百分点，并成功侦破命案积案39起。三是重拳出击打黑恶。全市共打掉涉黑涉恶犯罪团伙128个。四是多措并举抓逃犯。采取“重点抓捕、网上比对、特情贴靠、政策招降、技侦追逃”等多种措施，共抓回各类网上逃犯5795名，其中命案逃犯158名。五是齐抓共管打传销。深入组织开展了为期四个月的打击传销专项行动。行动中，共取缔传销窝点2197个，遣散传销人员47873名，查获A级传销人员13名，查获B级传销人员32名，治安拘留传销人员258名，刑事拘留传销人员299名，破获传销治安案件187起，破获传销刑事案件200起。市区传销类报警由行动前的日均30起下降到日均不足1起。全年先后侦破各类经济犯罪案件196起，挽回损失9000余万元。

【社会治安防控工作取得新进展】
全市公安机关坚持“打防结合，预防为主”的工作方针，在认真分析、反复研究的基础上，深化细化工作措施，强力推进社会治安防控体系建设，取得了明显成效。一是严密社会面控制。继续在市区、城关镇健全完善“点线块”治安防控体系，加大社会面巡逻力度。组织开展了4次打击“两抢一砸”专项行动，遏制了“两抢一砸”案件多发势头。《全国公安机关基层基础建设工作简报》转发了本市构建“点线块”防控体系的经验做法。二是严守重点阵地。加大了供水、供气、供电等重点单位部位的巡逻守护力度，重点加强了陕京输气管道、50万伏超高压线路、南水北调工程和铁路线的看护。在十七大保卫期间启动了“三道防线”，充分发挥了环京治安检查站职能，严把进京关口。三是严查重点隐患。深入开展了“防爆炸、防枪击、防破坏、防滋事、防事故”专项行动和危害公共安全隐患大排查行动。全年共排查涉爆重点人420名、重点单位288家，收缴炸药90296公斤、雷管126893枚、导火索118746米、枪支259支、子弹54636发；共检查重点内部单位3520个，排查隐患1630处，下发隐患整改通知书950份。四是解决信访难题。开展了“清欠会战”和“事要解决”百日攻坚专项行动。加强解决涉法涉诉信访案件长效机制建设，上级交办的194起涉法涉诉信访案件，办结息诉192起。

【公安行政管理工作实现新跨越】
全市公安机关从户口登记、证照办理等事关人民群众切身利益的工作入手，不断推出新的便民、利民、惠民措施，强化交通、消防、出入境、户政等窗口单位工作，公安机关管理服务水平进一步增强。一是优化户籍管理。8月6日，全市公安机关正式启用标准版人口管理系统办公，实行户口网上审批、网上迁移，实现了群众迁移户口一站式办结。将临时身份证制证权下放到各县（市、区），方便群众办理。主动为注册资金在500万元人民币以上、具有自主产权集体宿舍的企业办理集体户口。全年共采集上传二代证制证信息195万余条，超额完成省定全年采集任务。二是推进交通管理。深入开展“平安畅通县区”创建活动，设置报警牌865处、减速梯452处、事故黑点标志291处、弯道提示牌136处。在全市352个乡镇、街道办事处和大型企业设立了交通安全管理工作站，6247个行政村、331个社区全部明确了交通安全员。7月6日，省政府在本市召开了全省创建平安畅通县区活动现场会，推广了这一经验。全年交通事故、死亡、受伤人数、经济损失分别比2006年下降1.96%、0.79%、2.4%和0.72%。三是强化消防管理。消防部门坚持急事急办，快事快办，共办理工程审核845项，工程验收464项。大力开展消防安全大检查，检查单位15862个，发现20623处火灾隐患，督促整改19851处火灾隐患，下发法律文书3774份，扑救火灾483起，抢救财产价值3.59亿元。全年没有发生重特大火灾事故，火灾事故起数、死亡、受伤人数、经济损失分别比2006年下降39%、66.7%、12.5%和11.3%。四是改进出入境管理。制定了《出入境管理部门群众投诉接待办法》，起用了群众评议系统，提出了“认真办、热心办、急事急办、特事特办”标准，进一步简化了办证手续，缩短办证时间。全年共制发护照16685本，比2006年增加9.5%。市局、涿州、高碑店市出入境管理部门已经达到“省级文明窗口”标准。五是深化接处警服务。对市区110报警服务台进行大规模升级改造，实现了通信调度指挥、GPS卫星定位等11项功能。11月10日，市局正式启动110、119、122“三台合一”工作机制，使群众报警更方便快捷。

【“三基”工程建设迈出新步伐】

全市公安机关按照公安部党委的统一部署和要求，狠抓“三基”工程建设，增强了基层实力、夯实了基础工作、提高了广大民警的政治、业务素质和执法水平，有效地促进了公安工作和公安队伍建设。按照“力量往基层使、工作往实里干”的基本要求，强力推进“三基”工程建设。一是精简机关。将新录警的全部人员分配到基层所队，一次性清理临时工182人。市区中心派出所警力达到20人以上，责任区刑警队警力达到15人以上。二是加大投入。全市公安机关新增汽车195辆，662个基层所队都联通了公安网，联网计算机达3340台。先后为技侦支队新增办公用房1000余平方米，调配增加警力24名，新购置了700余万元的技术装备。投资800余万元建成了DNA实验室和痕迹检验实验室，配备了最先进的DNA测序仪、莱卡比较显微镜、全波段物证照相系统等新式设备。投资120余万元为巡警特警支队配置了15套背负式防暴喷雾驱散器和一辆特警专用防暴装甲车。各县（市、区）刑警大队全部配置了制式现场勘查车。三是推行实效警务。在市区部分派出所试行了社区警务队、治安工作队和综合信息室“两队一室”机制改革。创新社区和农村警务体制，进一步推动社区农村警务战略，提升社区和农村实有人口管理水平。共配备社区、驻村民警1119名。四是素质强警。开展了以基本法律知识考试、执法办案卷宗考评和信访工作考查活动为主要内容的“三考”活动，共有6110名民警参加了基本法律知识考试，平均分达到了90分以上。在刑侦、治安、国保、交警、巡警等13个主要警种中开展了“法律法规一口清”练兵竞赛活动。组织全市派出所所长、指导员、刑警中队长进行了为期10天的集中轮训，基层民警素质得到了明显提高。

【队伍正规化建设创出新局面】

全市公安机关狠抓领导班子建设和公安队伍建设，坚持政治建警、依法治警、从严治警、从优待警，全力为公安工作的发展进步提供动力支持和组织保障。通过建立《标准化责任目标体系》、《专项责任目标体系》、《提质提速责任目标体系》，将责任层层分解，切实做到任务到岗，责任到人。进一步明确各级领导干部的职责分工，形成责权统一的工作格局，领导班子的合力作用得到有效发挥。建立了案件责任倒查制度，完善了执法质量平时考评机制，实行涉法涉诉上访工作分析讲评制度，组织开展“三考”法律业务知识考试活动。在全市举办了警务实战技能、查缉战术、特技驾驶教官培训班，对全市公安机关105名骨干进行了培训。组织开展了派出所所长、指导员任职资格培训考核工作，考试优秀率达96%。中国人民公安大学、中国刑事警察学院、河北公安警察职业学院等院校相继在市公安局建立了实践教学基地。全年，全市公安机关共涌现出9个国家级和87个省级先进个人和集体，共有5人荣立个人一等功，6人荣立个人二等功，112人荣立集体和个人三等功。围绕“人才强局”这个发展战略，深化干部人事制度改革，完善单位干部人事分类管理体制，健全以品德、能力和业绩为重点的人才评价、选拔任用和激励保障机制。与卫生部门及各医院联合建立了民警快速救治“绿色通道”，保证因公负伤及突发疾病的民警能够在第一时间得到有效救治。

领导班子成员

党委书记 公安局长	张　峰
党委副书记 常务副局长	王星亮
党委副书记 副局长	安增奇
党委委员 副局长	王百顺
党委委员 副局长	吴　宪
党委委员 副局长 交警支队长	田维志
党委委员 副局长 刑警支队长	李振平
党委委员 政治部主任	张五进
党委委员 纪委书记	李金萍
党委委员 指挥中心<办公室>主任	杨东川
党委委员 涿州市公安局长	李栋梁

（部门编辑：李　斌）

检　察

【保定市人民检察院】　保定市人民检察院受中共保定市委和河北省人民检察院双重领导，是国家的法律监督机关。内设机构17个，下辖25个县（市区）人民检察院。

【2006年·概况】　2006年，全市检察机关以邓小平理论、“三个代表”重要思想和科学发展观为指导，认真贯彻落实市委、省检察院工作部署和市十二届人大四次会议决议，紧紧围绕全市改革发展稳定大局，努力实践“强化法律监督、维护公平正义”检察工作主题，各项检察工作都取得了新进展。

全市检察机关共有124个集体、168名个人受到最高人民检察院和省市表彰。其中，市检察院被最高人民检察院评为“集中处理涉检信访专项活动”先进集体；1个基层检察院被评为全国先进检察院；5个基层检察院被评为省级先进检察院；1名检察人员被最高人民检察院授予荣誉称号；市检察院被评为省级“文明单位”；省检察院为市检察院记集体二等功。

【维护社会稳定工作】　与侦查机关、审判机关紧密配合，积极开展了以严厉打击刑事犯罪为重点的各项工作。认真履行批捕、公诉职能。全市检察机关严把事实关、证据关、程序关和适用法律关，审查批准逮捕3533件5795人，审查提起公诉3624件5730人，批准逮捕和提起公诉案件的数量同比分别增长29.3%和23.7%。市县两级检察机关精心组织、提前介入、引导侦查，深入开展“打黑除恶”专项斗争，从严从快批捕、起诉了定州安凯杰、雄县李响等恶势力集团犯罪案件，有力地打击和震慑了刑事犯罪。加强诉讼环节的法律监督。监督侦查机关应当立案而不立案292件387人，经审查批准逮捕、提起公诉后，审判机关作出生效有罪判决226件305人。追捕漏犯77人。追诉漏犯70人。审判监督有了加强。提请省检察院刑事抗诉10件，市检察院支持基层检察院抗诉18件。积极处理涉检信访案件。着眼于维护社会稳定和当事人合法权益，四次组织市县两级“检察长集中联合接访”活动，共接待来访群众2895人，涉检信访案件116件全部得到妥善解决，息诉停访率达到90%以上。20个基层检察院无进京涉检信访，5个基层检察院无赴省涉检信访。

【查办职务犯罪案件工作】　全市检察机关以人民群众关心、党委政府关切、社会舆论关注的领域为重点，认真查办了职务犯罪案件。全年共查办贪污、贿赂职务犯罪案件148件209人。其中大案、要案102件153人；贪污、贿赂5万元以上、挪用公款10万元以上大案63件，贪污、贿赂10万元以上、挪用公款50万元以上重大案件23件，贪污、贿赂50万元以上、挪用公款100万元以上特大案件13件。为国家和集体挽回直接经济损失1.5亿元。市检察院反贪局侦查终结的航空证券保定营业部原经理范建华等涉嫌贪污、挪用公款案，涉案金额高达6亿多元，是近年来本市发生的涉案金额最大的案件。查办了商业贿赂案件28件36人，有效地遏制了商业贿赂蔓延的势头。查办渎职、侵权职务犯罪案件67件112人，促进了依法行政、严格执法。强化执法办案的监督制约，认真落实了人民监督员制度。人民监督员对检察机关立案查办的40起案件进行了监督。建立了干警执法档案。筹建了案件管理中心。加强了办案警务区建设。实行了检察机关讯问职务犯罪嫌疑人全程同步录音录像，全市检察机关规范办案、文明办案的水平进一步提高。

【把履行检察职能与服务大局结合起来】 在查办案件过程中，为了维护发案单位的正常工作、生产秩序，与发案单位领导、纪检监察部门保持经常联系；在初查阶段尽量不开警车，不着警服或制式检察服；侦查终结后，及时提出检察建议，把发案造成的负面影响降到了最低限度。对于在推进改革中受到误解或非议的领导干部，在处理过程中严格依法、区别对待，旗帜鲜明地保护改革者、解脱无辜者、挽救过错者，为勇于改革创新的领导干部提供了法律层面的支持和保障。

把职务犯罪预防，作为检察机关服务全市工作大局的重要途径和有效方式，加强了职务犯罪预防工作调研，加大了全方位预防的力度。突出职务犯罪预防的重点，制定了《保定检察机关加强重点工程建设中预防职务犯罪工作的实施意见》，向市委、市政府提出了治理商业贿赂、预防职务犯罪的检察建议。与省高速公路管理局、市水调办协调，先后在易县、涿州召开了南水北调工程、高速公路建设工程预防职务犯罪汇报调度会，总结交流了经验，签订了联手预防职务犯罪责任状。职务犯罪预防工作取得了明显成效。

高度重视服务社会主义新农村建设工作，总结推广了四个基层检察院的工作经验，三次对这项工作进行了调度。严厉打击严重影响农村社会治安、危害农业生产的刑事犯罪活动，维护了农村的社会稳定和农民群众的合法权益。以“送法进村”为切入点，强化了职务犯罪预防，促进了农村民主法治建设。认真做好对口定点帮扶村的工作，帮扶村的面貌发生了比较大的变化。

【加强领导班子和检察队伍建设】 认真开展社会主义法治理念教育和“学树保促”主题教育活动。按照“五个强化”的要求，即强化理论学习、强化团结和谐、强化法律监督、强化清正廉洁、强化服务奉献，加强了领导班子建设。着力提高干警队伍的能力素质。实施“人才强检”战略，深入开展“创建学习型检察院、争做学者型检察官”活动。举办各类培训班22期，培训检察人员2387人次；组织136名检察人员参加学历教育；组织112名检察人员进行了全国司法考试前的集中强化培训，全市检察机关有33名检察人员顺利通过国家司法考试，通过人数、通过率均列全省第一。大力加强基层基础工作。市检察院被最高人民检察院授予“全国基层检察院建设组织奖”。市检察院和25个基层检察院“两房”（专业技术用房和办案用房）建设，在市县两级党委、政府的大力支持下，于去年底全部完成，提前两年达到了最高人民检察院“两房”建设的标准。建成了全市检察信息网络，实现了省、市、县三级联网。市检察院和15个基层检察院安装了办案、办公软件，全市检察机关的信息化建设取得突破性进展。

领导班子成员

检察长	蔡春和
副检察长	孙元芳　赵大明 罗继生　王蓬蓬
纪检组长	陈　威(4月离任) 刘章栓(4月任)
政治部主任	张　华
反贪局长	齐占敖
反贪局副局长	郭建新　彭少勇

【2007年·概况】 2007年全市检察机关在省检察院和市委的领导下，坚持以邓小平理论、“三个代表”重要思想和科学发展观为指导，紧紧围绕构建和谐保定为目标，全面履行法律监督职能，努力为全市社会稳定和经济发展服务，检察业务和检察改革以及班子队伍建设都取得了新成绩，出现了新亮点。安新县检察院被评为全国先进检察院；易县、新市区、定州检察院驻看守所检察室被评为“全国检察机关派驻监管场所一级规范化检察室”，安军旗同志被授予“中国十大杰出检察官”，安新、新市区、高阳、定州、曲阳5个基层院被评为省级先进检察院；54个集体、115名个人受到省、市级表彰。

【积极参与平安保定建设】 维护社会稳定，是检察工作的重中之重。四项主要工作：一是认真履行批捕、公诉职能，严厉打击严重刑事犯罪，促进了社会稳定。全市共受理提请批准逮捕案件5312件9056人，较上年上升42.7%和48.1%。纠正漏捕48件94人。受理公安机关和自侦部门移送审查起诉6189件11202人，较上年上升57%，经审查提起公诉5749件10104人；较上年上升58%。坚持提前介入，引导侦查，共参加重大案件讨论580件1356人，提前介入参加现场勘察12件46人。二是积极服务社会主义新农村建设。严厉打击了严重影响农村社会治安、危害农业生产的刑事犯罪活动，严肃查办了“涉农”的贪污贿赂、侵权渎职等职务犯罪案件，维护了农村的社会稳定，保护了农民的合法权益。认真做好对口定点帮扶的工作，促进帮扶村的经济发展。以“送法进村”为切入点，强化职务犯罪预防，促进了农村民主法治建设。三是认真处理涉检信访案件，防止在检察环节发生影响社会稳定的问题。认真抓“两节”、“两会”安全稳定工作，认真组织“国庆节”“十七大”期间的信访稳定排查工作，对上访隐患进行了“拉网式”排查，对98件可能出现上访隐患案件，解决在了当地，防止了发生越级访、集体访的问题，实现了无进京涉检信访。四是狠抓了办案安全。专门就确保办案安全进行了安排部署，适时加强了督导检查，没有发现影响社会稳定和检察机关形象的问题。

【严肃查办职务犯罪案件】 坚持“系统抓，抓系统”的成功做法，突出办案重点；围绕提高大要案比例，缩小撤案和不起诉案件比例，杜绝无罪判决案件发生，稳定办案数量，提高办案质量；加快科技强侦步伐，提高自侦办案的科技含量。全市共立案查办贪污贿赂等职务犯罪案件150件205人，查办大案要案112件，大案要案比例达75%，超省院下达的全年大案要案目标任务数15%；侦查终结129件184人，立案结案率达97%；提起公诉118件166人，立案公诉率81%，超省院下达的全年公诉目标任务数的1%；法院作出有罪判决100件156人，立案有罪判决率76%，超省院下达的全年判决目标任务数的16%；其中，判处实刑人数27件42人，判处实刑的比例为27%。查办商业贿赂案件36人，查办科级及县处级以上领导干部31人。为国家挽回经济损失1200多万元。

全市查办渎职、侵权职务犯罪共立案98人，完成省院下达的年度立案目标122%，已侦查终结88人，移交公诉80人，完成省院年度公诉目标120%，法院生效有罪判决44人，完成省院年度生效判决目标110%。在查办案件中，坚持开展一案一建议和送达纠正违法通知书活动，使监督工作贯穿整个办案过程，全市共查处司法人员犯罪38人，行政执法人员犯罪21人，有效地规范司法行为和行政行为。

坚持监督关口前移，狠抓预防职务犯罪工作。加强了对南水北调、保阜高速公路、廊涿高速公路等重点工程中的预防职务犯罪工作。积极筹建预防职务犯罪协会建设。

【加强对各个诉讼环节的检察监督】 ——侦查监督工作，监督立案286件378人，其中监督公安机关应当立案而不立案的238件316人，监督公安机关不应当立案而立案的32件40人，建议自侦部门立案的15件22人。立案监督案件批准逮捕208件272人，起诉193件243人，判决159件217人，其中判处刑期10年以上的17件23人，判决无期徒刑2人，死刑2人。

——审判监督工作，提请省院抗诉9件，省院撤回5件。全市两级公诉部门共发出纠正违法通知书且已纠正323件，追诉漏犯153人，死刑临场监督25人。

——民事、行政诉讼监督工作，受理抗诉和提请抗诉案件184件，市院审查案件184件，审查后作出抗诉决定109件，不抗诉决定33件；办理提请省院抗诉案件32件，经审查有10件案件决定不提请抗诉。法院再审案件，改判56件，再审调解28件，合计改变原判决84件，再审维持原判14件。抗诉改判率为83%。

——刑罚执行监督工作，对29个监管场所办理的3128名减刑、假释和61名保外就医、暂予监外执行人员进行了复查。纠正脱管罪犯140人、纠正漏管罪犯570人，建议执行机关依法进行了收监7人。查处了定州看守所副所长张某某、史某某、狱医李某某徇私舞弊暂予监外执行案。有力地促进了严格执法，维护了社会稳定。

【扎实推进检察改革】 一是加强信息化建设。制定了《保定市人民检察院办公自动化工作实施方案》、《保定市人民检察院检察信息网运行管理办法（试行）》和《关于通过政法三级网发布公文的暂行办法》。明确了保定检察信息网是检察机关信息工作现代化的基本条件，也是检察机关实现办公自动化的主体工程；重点做好了保定市院网页制作工作，丰富网页内容，加大网页信息量；拓宽网络传输渠道，将市院的大量通知、文件和各类文字材料通过网络进行传输。市院通过三级政法网络视频会议终端机与警务区连接，连通省院指挥中心平台和警务区监控室，达到远程指挥调度案件，实现在传输画面、声音的同时，也可显示和传输各种文字信息资料，在市院办理案件全程同步录音录像时，省院也可同步监控调度，实现了两级检察机关协调联动、协同办案的高效办案模式。二是市院建立了案件管理中心。并在安新、高阳、涿州、北市区及市院侦监、公诉、反贪、渎检等相关部门进行尝试，初步建立以规范执法活动和提高案件质量为重点内容，以工作流程管理和绩效量化考核为基本方式，以信息化管理为重要手段，以标准化为主要途径，通过对所有业务部门办理的案件进行流程管理、环节管理和绩效管理，从宏观上、程序上掌控案件办理信息，加强执法监督，把握案件的质与量；通过案件动态分析，及时发现、上报重大及带有倾向性问题的情况，为领导作出决策或制定相应政策提供参考性意见。三是推行被告人认罪普通案件简化审理和简易程序的适用工作。按照高检院《关于普通程序审理“被告人认罪案件”的若干意见》和《关于适用简易程序审理公诉案件的若干意见》，被告人认罪案件适用简化审理的案件1025件，占17.9%，其中检察机关建议适用997件；适用简易程序的案件1124件，占20%，其中检察机关建议适用1008件。通过该项改革的实施，大大节约了司法资源，提高了诉讼效率。四是全面实行讯问职务犯罪嫌疑人全程同步录音录像工作。全市26个单位全部实行同步录音录像工作，实行同步录音录像办理的案件共计207人，其中反贪办案154人（贿赂犯罪案件36人），渎职侵权犯罪案件53人，录制时间长1732小时。审判环节使用同步录音录像资料34次，被法院采信的也是34次。比较好地规范了办案行为，提高了办案质量。五是人民监督员制度进一步完善。人民监督员共对检察机关立案查办的12起案件进行了监督，召开人民监督员座谈会、邀请人民监督员检查工作50余次；发慰问信和征求意见函60余封；赠送学习资料30余份。

【加强班子和队伍建设】 1.“五个带头”，加强班子建设。一是带头学习。二是带头落实各项纪律和规章制度。三是带头履行职责，讲究工作方法和领导艺术。四是带头树立大局意识。五是带头廉洁自律。通过“五个带头”树立了班子成员在干警心目的良好形象。2. 转变作风，加强作风建设。一是开展作风纪律整顿活动，转变机关作风。二是以“为民、务实、清廉”活动为契机，转变党员干部的工作作风。三以竞争上岗、换届调整为契机，进一步优化检察干部队伍。5月基层院检察长进行了调整，一批政治坚定、业务能力强、综合素质高的干部提拔到基层院当检察长，部分基层院检察长进行了换届调整，调整面达44%。6月市院进行了中层竞争上岗，有14名中层副职提拔为正职，23名干警提拔为中层副职。3. 强化举措，加强素质建设。一是坚持不懈地认真抓了班子队伍的思想政治教育。二是从培养人才入手，积极鼓励干警参加司法考试和高层学历教育。有22名干警通过司法考试，113名检察干警参加了四级高级检察官晋升培训，有60名干警取得了本科学历，3名完成研究生课程学习。三是把信息、宣传、调研工作作为提高全员素质、扩大检察宣传、树立检察形象的重要工作来抓，实行信息、调研、宣传工作量化责任制，责任到科室，量化到个人，形成全员动手、层层落实的良好氛围；4. 多措并举，加强保障建设。坚持“开源节流”的方针和服务检察工作的正确方向，破难关、抓落实，充分利用有利时机和条件，主动争取有关方面的理解与支持，认真抓好市院机关食堂的管理，克服困难，创造条件，解决干警的福利待遇。认真抓好车辆管理，保障办公、办案用车，认真做好经费保障，进一步改善检察机关办公办案条件，进一步推进检察信息化建设，促进了各项检察工作的整体推进、协调发展。

领导班子成员

检察长　蔡春和
副检察长　孙元芳　赵大明
　王　启　罗继生
　王蓬蓬
纪检组长　刘章栓
政治部主任　张　华
反贪局副局长　郭建新　彭少勇

（部门编辑：戳察志）

审　判

【保定市中级人民法院】 保定市中级人民法院在市委领导、市人大监督下，主管全市的审判工作，业务上受河北省高级人民法院的监督和指导，审理法定管辖的第一审案件；基层人民法院移送审判的第一审案件；对基层人民法院的判决、裁定上诉、抗诉案件；以及对本院发生法律效力的判决、裁定、调解提起的再审案件；执行本院受理的第一审案件；监督和指导基层人民法院的审判工作。保定市有25个县（市、区）人民法院，162个人民法庭。中院机关内设机构28个。

【2006年·概况】 2006年，全市两级法院共审、执结各类案件44915件，结案标的额15.9亿元。其中，中院审、执结各类案件2891件，结案率91.9%；基层法院审、执结案件42024件，结案率96.4%。一是严厉打击刑事犯罪，全力维护社会稳定。中院共审结各类刑事案件935件，判处罪犯1402人；基层法院审结刑事案件4117件，判处罪犯5474人。对2982名在押犯，依法予以减刑、假释。二是依法审理民商事、行政案件，促进经济社会协调发展。中院共审结各类民商事案件1723件，解决争议标额的4.5亿元；基层法院审结民商事案件23747件，解决争议标的额11.4亿元。中院共审结各类行政案件85件，国家赔偿案件6件，决定赔偿金额17万元；基层

法院审结行政案件213件，审查办理非诉行政案件553件。三是大力加强执行工作，努力缓解“执行难”。针对“执行难”问题，全市法院开展了为期一年的清理执行积案专项活动。两级法院协调联动，创新举措，坚持和解执行与强制执行相结合，共执结案件14441件，执行标的额6.9亿元，结案数量同比增加71.6%，其中，和解结案4353件，执行和解率30.1%。

【以司法为民为宗旨，强化工作措施，提升司法服务水平】 一是着眼定纷止争、案结事了，积极参与“三位一体”大调解。中院制定了《全市法院参与人民调解、行政调解、司法调解“三位一体”调解工作体系的实施意见》，多次组织调解经验交流和观摩活动，培树法官调解理念，提高调解技能。司法调解从单一的民商事案件，扩大到刑事自诉案件、刑事附带民事案件，以及行政案件的协调和执行案件的和解。一年来，全市民商事案件调解率达到61.1%，同比上升12.1个百分点，高出全省平均水平3.8个百分点。易县西陵法庭庭长樊德生，八年调解案件917件，调解率98%，执结率99%。樊德生被评为“2006感动河北十大年度人物”。为促进司法调解与人民调解、行政调解的有机衔接，两级法院加强对民调组织的业务指导和与行政机关的协调配合，培训民调人员2000余人，指导民调组织化解矛盾纠纷5000多件。二是着眼有访必接、依法纠错，努力解决群众关注的申诉难和申请再审难问题。实行首办负责、院长接待、诚信约期和申诉听证等制度，耐心接待和办理群众来访，及时解决问题。中院共接待群众来信来访1693件（次），信访总量同比下降26.5%，进京访数量由全省第三位下降到第六位。认真做好“判后答疑”，由原主办法官对申诉人的疑问进行详尽解释。经过法官答疑，大多数申诉人表示服判息诉。坚持实事求是，依法纠错的原则，不断加强和改进审判监督工作，审结再审案件159件，纠正实体有错误或程序有问题的案件51件。三是着眼当事人诉讼方便，打得起官司，认真落实各项司法为民措施。改善了立案大厅的接待服务条件，实行“一站式”服务，积极为当事人提供诉前指导，避免和减少当事人的诉讼风险。指导基层法院建立人民法庭直接立案、巡回审理和预约开庭制度，方便农村当事人诉讼。加强社会弱势群体的司法保护，对追索农民工工资，抚育、抚养、赡养费，交通、工伤事故赔偿费案件，以及孤寡、伤残、低保人员起诉的案件，做到快立、快审、快结、快执，并一律减、免诉讼费。全市法院共减、免诉讼费195万元，审、执结社会弱势群体诉讼案件2712件。

【以公平正义为目标，加强制度建设，严格规范司法行为】 一是深化“规范司法行为，促进司法公正”专项整改活动，加强审判规范化建设。根据市人大旁听评议庭审反馈意见，制定了庭审整改方案，组织观摩庭审二十余次，规范法官在庭审中的法言法语和行为举止。制定了《裁判文书规范》，对文书格式、语言表达、辩法析理等严格要求，力求做到裁判公、说理明。规范执行行为，对执行款物的查封、扣押、评估、拍卖程序实行严格管理，防止执行权力滥用。二是全面实施执法质量考核评议体系，健全内部监督约束机制。从办案质量、效率、廉政、信访等八个方面设定69项指标，明确工作职责，每季度对基层法院和本院法官进行考核，建立基层法院、本院庭室和法官个人的执法档案，作为奖优罚劣、评先选优的主要依据。抽调16名资深法官作为案件质量评查员，对已结案件一案一评。全年纠正存在问题的案件35件，两名法官被调离审判岗位。执法质量考评工作得到省、市政法委和市委主管领导的充分肯定。三是主动接受人大监督，努力做好法院工作。认真贯彻《监督法》，自觉接受人大及其常委会的监督。市十二届人大四次会议后，积极走访人大代表，主动邀请代表视察法院，通过召开座谈会、旁听评议庭审、汇报专项工作以及寄送《法院信息》、书信等方式，认真听取代表的意见和建议，及时整改存在的问题。进一步健全和完善了人大交办事项登记、督办制度，对人大督办案件和代表建议、批评和意见，实行院长、庭长、主办人层层负责制。人大代表的建议、批评和意见全部按期办结回复；25件督办案件，已办结23件。

【以教育管理为手段，加强司法能力建设，提高法官队伍整体素质】 一是深入开展“学、树、保、促”百日主题教育活动，狠抓领导班子建设。高扬“树正气、讲团结、求发展”主旋律，以转变作风为关键，以树立正气为导向，努力提高领导干部的政治敏锐性和责任感。坚持实干兴院，全市法院形成了多办案、快办案、办好案的良好氛围，一线法官年人均结案56.1件，超全省人均11.5件。二是扎实开展社会主义法治理念教育，狠抓法官队伍建设。2006年是全市法院“改进作风、树立形象年”。广大法官认真学习，深刻查摆，着重解决了司法为民宗旨观念不牢、公正与效率意识不强等八类突出问题，树立社会主义法治理念并指导审判。在教育活动中，注重培养和树立先进典型。全市法院有18个集体、45名个人受到省级以上表彰。中院被最高人民法院评为全国司法技术工作先进单位，民一庭审判员曹文均荣膺“全国优秀人民法官”称号。同时，加大“两错”责任追究力度，严肃查处违法违纪案件。全市法院有11名法官和工作人员受到查处。

【认真落实中央《决定》，狠抓基层基础建设】 认真贯彻中共中央《关于进一步加强人民法院、人民检察院工作的决定》，着力加强司法能力建设和物质装备建设，两级法院用于“两庭”及物质装备建设的资金达到1269万元，新建和改扩建人民法庭15个，基层基础工作取得成效。

领导班子成员

院长	耿国英
副院长	李毅 苑三国 刘文钧 靳晓光 刘玉婷
纪检组长	张增立
政治部主任	殷文胜

【2007年·概况】 2007年，两级法院收案48862件，结案47841件，结案率为97.91%，居全省第一位，为促进全市经济发展，构建和谐社会提供了有力的司法保障。一是依法惩处刑事犯罪，全力维护社会稳定。全市法院共收各类刑事案件7086件，审结6992件，结案率为98.7%。按照省、市委的统一部署，两级法院开展了严打整治和打黑除恶的专项斗争，震慑了犯罪，教育了群众。乔新黑社会性质组织一案被最高人民法院作为“打黑除恶”的典型案例在全国推广。2007年中院被评为省、市两级政法系统严打整治先进单位，刑事审判工作被评为全国法院系统先进集体。二是妥善调处民商事案件，促进社会和谐发展。2007年共收民商事案件案28858件，审结28450件，结案率为98.6%。在审理婚姻、宅基、继承、人身损害赔偿等案件中，加大调解工作力度，调解结案18132件，调解率63.7%。中院成立了破产案件专门合议庭，依法审理了宝硕、涞钢、涞铜等23件破产案件，受到了省法院、市委、市政府的好评。中院知识产权审判工作被评为全国法院系统先进集体。三是发挥行政审判职能，有效化解行政争议。2007年共收行政案件案271件，审结268件，结案率为98.9%。审判中，积极探索行政案件的管辖和处理机制，扩展行政案件的解决途径，强化协调力度，15.3%的案件当事人撤回诉讼。依法处理群体性重大敏感案件，保护了行政管理相对人的合法权益，促进了依法行政。四是加强和改进执行工作，实现债权人合法权益。2007年共执结11371件，执结率为95.8%。两级法院开展了“百日执行会战”和农民工工资专项执行活动，执结了一批积案，依法维护了债权人的合法权益。

【围绕“公正与效率”主题，提升审判效率和质量】 一是提高办案效率，清理消化积案。为解决案件的久拖不决、久拖不执，收案多、结案率低，几千件积案和没有在帐的“抽屉案”等问题，两级法院立足挖掘内部潜力，充分调动人的积极因素，一切向办案倾斜，一切为办案服务。实行立案、排期、交费一条龙服务。建立案件管理的长效机制，中院制定了两级法院《岗位目标量化考核办法》，有力调动了法官办案的积极性，由过去超审限严重为无超审限案，由过去结案率全省落后为全省名列前茅。二是提高审判质量，确保司法公正。中院理顺了民事和刑事一、二审办案分工，与省高院、基层院上下对口。收回了法警队的办案权，委托鉴定、评估拍卖统一由技术室实施。严格实行案件质量评查，所办案件必须经评查室评查后才能统计结案，实现了由被动纠错到主动纠错的转变。两级法院定期召开发还、改判案件剖析会，邀请人大代表、政协委员参加，面对面剖析具体案例，公开论证办案上存在的问题，增强法官审判质量意识。两级法院开展了法律文书评比活动，中院编辑了《法官基本技能——裁判文书制作》专题册子，规范了法律文书制作。在省委政法委委托省统计局所做的《全省政法机关人民群众满意度调查》中，从2006年全省法院系统的第十位跃居第三位，满意度位居全市政法系统之首。

【扭转信访被动局面，营造和谐法制环境】 为解决涉诉信访量多，在全省排名落后的问题，两级法院一手抓信访老案处理，力争逐件解决，一手抓源头治理，防止新信访的发生。按照谁主管谁负责、谁主办谁负责的原则，敞开信访渠道，全员接访。实行判后答疑，解释判决法律依据和理由。充分发挥审判监督职责，坚持有错必纠，2007年，两级法院对生效判决提起再审168件，纠正错误89件。涉诉信访总量同比下降31%，省委政法委以《保定中院多措并举、标本兼治、从源头上解决涉诉信访问题》为题，刊发《工作简报》，在全省政法系统进行推广。中院信访接待督办室被评为全国法院系统涉诉信访工作先进集体，中院被评为全国政法系统信访工作先进单位。

【大力加强队伍建设，维护法院良好形象】 一是加强领导自身建设，提升班子凝聚力。班子成员以身作则，发挥示范表率作用，班子成员带头讲课，带头开庭，带头处理棘手案件，带头秉公执法。坚持民主集中制，实行集体领导与个人分工负责相统一。落实“一岗双责”，加大对下协管力度，及时督导解决基层存在的问题，赢得了干警的拥护和信任，提高了集体决策能力和领导水平。二是加强党风廉政建设，提升拒腐防变能力。坚持预防、惩处并重机制，立足抓苗头，立足抓教育，立足把问题解决在萌芽状态，层层签订廉政责任状，建立干警廉政档案。三是加强队伍制度建设，提升法官综合实力。在开展职业道德教育、社会主义法治理念教育和“司法公正树形象”等活动的同时，加强干警业务培训。制定了《法院系统“责任风暴、效能革命”实施细则》、《岗位目标量化考核办法》、《招待费使用规定》等十五项管理措施，变人管人为制度管人，有效调动了干警工作的积极性。在全市政法系统岗位练兵竞赛中，中院夺得总成绩第一，并获优胜奖。队伍建设促进了工作开展，2007年中院自地市合并以来首次被省法院给予“集体嘉奖”的奖励。

领导班子成员

院　　长　耿国英(2月离任)
　　　　　孙盘柱(2月任)
副 院 长　李　毅　苑三国
　　　　　刘文钧　靳晓光
　　　　　刘玉婷
纪检组长　张增立(2月离任)
　　　　　徐占军(2月任)
政治部主任　殷文胜

（部门编辑：晋层山）

司法行政

【保定市司法局】 保定市司法局是保定市人民政府主管全市司法行政工作的职能部门，业务上受河北省司法厅指导，是担负组织、指导、协调、部署普法依法治理、民间矛盾纠纷调解、安置帮教、法学教育、法律服务、法律保障、法律援助、司法鉴定等工作的行政执法机关。市局机关内设14个处室，下辖25个县（市、区）司法局。

【2006年·概况】 2006年，全市司法行政机关在全省率先启动了“五五”普法工作，以开展“法律进乡村”活动为载体，做好基层“两委”干部民主法制培训和“民主法治示范村”创建工作；以开展“法律进校园”活动为载体，抓好中小学法制副校长和法制课教师培训工作；以开展“法律进企业”活动为载体，面向中小企业经营者，开展法律宣传教育活动；以开展“法律进社区”活动为载体，开展“百日集中宣传”活动。以维护基层社会稳定为首任，大力加强司法行政基层基础建设，以努力构建“三位一体”大调解体系为龙头，以强化安置帮教、社区矫正为两翼，不断强化司法所建设，提升基层司法行政能力和工作水平。全市共排查调处民间矛盾纠纷9311件，调处成功9284件，调处成功率为99.7%，防止民转刑30件，劝阻集体访51件，防止群众械斗34起，为营造和谐稳定的社会环境作出了贡献。全年共接收刑释解教人员1042名，其中刑释976名，解教66名，安置率达到95.8%，帮教率达到96%，重新违法犯罪率控制在3%以下。逐级强化组织机构和工作网络建设，5月，在全市开展了社区矫正工作集中宣传活动，制定完善了社区矫正工作职责等12项规章制度，为每名矫正对象建立了档案。到5月底，各县（市、区）已基本建立健全了法律援助工作站，共建立法律援助工作站339个，市、县、乡三级法律援助网络基本建立，并充分发挥了法律援助职能作用。全年各级法援中心共办理法律援助案件580件，接待群众各类法律援助咨询900余人次，充分发挥了党和政府与人民群众的连心桥作用。全市29家司法鉴定中心、325名执业司法鉴定人，共完成鉴定业务4251例，96%以上被办案机关所采信，为社会稳定和经济发展作出了积极贡献。始终把思想政治建设放在队伍建设的首位，开展“学树保促”、“社会主义法治理念”等项活动，努力建立一支政治坚定、纪律严明、业务精通、作风优良的司法行政队伍，树立了司法行政队伍良好的新形象。

【在全省率先启动“五五”普法工作】 8月22日，在全省范围内率先召开了“四五”普法总结表彰暨“五五”普法动员大会。会议传达学习了全省法制宣传教育工作会议精神，总结了全市“四五”普法工作经验，表彰了“四五”普法先进集体和个人，对实施“五五”普法规划进行了动员部署。同时，8月1日至31日在全市范围内开展了“五五”普法启动宣传月活动。8月29日集中宣传日当天在军校广场联合举办了主题为“全面启动五五普法，努力打造法治城市”大型宣传活动和“法制广场”的启动仪式。市直、企业、学校、三区270多个单位和部门1.8万余人走进广场、走上街头进行法律宣传，接受群众法律咨询。

【认真做好全市各级干部法律知识学习工作】 以“法律进机关”为载体，以组织培训和讲座为手段、考试考核为保证，区分不同级别和类别，按照统一安排，相对集中时间，看录像与组织讨论相结合的方式，分别由主管部门具体抓好公务员法制培训。市司法局联合市委组织部、宣传部负责制定下发了《关于举办全市县级干部法律知识短期培训班的方案》，聘请专家学者主讲，并刻录光盘，下发到各县（市、区）、市直部门、驻保单位。据统计，共讲课102期，发放光盘120盘，培训1100余人。

【积极开展“法律进乡村”活动】 为配合第七届村民委员会换届选举，以开展“法律进农村”活动为载体，在全市农村开展了大规模的集中法律宣传活动。活动从2月开展至4月底结束，采取分级组织、集中培训、巡回宣讲的方式，对全市农村“两委”干部进行了一次专题培训。截至目前，市、县（市、区）共组织“两委”干部培训55期。同时，认真总结“民主法治示范村”创建工作经验，其做法在全省“四五”总结表彰暨“五五”普法启动大会上，作了重点经验介绍。5月份，对“民主法治示范村”创建工作加大督导检查力度，确保了创建工作顺利进行。涿州、高碑店、涞水等县（市）结合社会主义新农村建设召开了专门会议，研究部署了创建工作，促进了活动有效开展。

【软硬件兼顾，加强司法所建设】 在继续实施司法所建设三年规划的基础上，抓住国家投入基层司法所建设专项资金的大好时机，多次与发改委、财政局沟通，加大了基础设施建设力度，为全市23个县（市、区）的97个司法所争取专项资金582万元，司法所办公用房改扩建工作全部展开。同时，以加强司法所硬件建设为契机，认真抓好司法所规范化建设，一是在规范印章、程序、制度、文书的基础上，对全市人民调解标准进行了统一规范。二是针对全市未垂直管理的13个县（市、区）司法所，努力落实司法行政专项编制和垂直管理工作，争取落实司法所长副科待遇，并积极争取各县（市、区）党委、政府支持，保障人民调解工作的指导和表彰经费。三是继续推进联系点工作的落实，在省厅确定本市14个县（市、区）司法所作为联系点的基础上，对其余11个县（市、区）又做了安排，明确局领导和后备干部重点帮扶，各组通过实地调研，适时督导，有力地推动了基层司法所整体工作。

【进一步完善安置帮教工作体制】 强化市、县、乡、村四级安置帮教组织网络化，组建以司法所和基层调解组织及人员为主体，吸收部分离退休老干部、老党员、老模范参加的安置帮教组织，实现了社会、家庭、调委会三位一体的帮教体制，在全市范围内形成了上下贯通、纵横交错、运行有序覆盖创设的帮教网络。到目前，全市共建有四级安置帮教组织6861个，初步形成了安置帮教工作层层有人抓、环环有人管运作有序的帮教网络，达到了各负其责、齐抓共管、多方参与、形式多样、纵横到边的安置帮教网络体系。同时，注重加强与监狱、劳教所的沟通与衔接，及时对刑释解教人员进行登记建档，并实行微机化管理。

【社区矫正工作有序开展】 为保证社区矫正工作落到实处，加强社区矫正工作的领导。一是逐级强化组织机构和工作网络建设，在将徐水县列为试点县后，市、徐水县分别成立了市综治办、公、检、法、司等13个单位为成员的社区矫正领导小组，徐水县各乡（镇）、城区办也成立相应机构。二是于5月份，在全市开展了社区矫正工作集中宣传活动，制发宣传提纲发放到社区矫正各成员单位，利用标语和板报在社区宣传，给每名社区矫正对象发放明白纸，并在各县（市、区）电视台开展了专题节目。三是为使社区矫正工作逐步走向规范化，制定了完善了社区矫正工作职责等12项规章制度，为每名矫正对象建立了档案。四是召开了全市社区矫正领导小组及办公室成员工作会议，制定下发了《实施办法》，进一步明确了各成员单位的工作任务、目标和职责。另外积极开展了“三见”、“三谈”、“四必访”活动，真正做到了及时发现苗头，有效的解决问题，现社区矫正人员无一人脱管和失控。

【市、县、乡三级法律援助网络基本建立】 根据省法律援助工作会议的精神和省厅《实施方案》的部署，结合保定实际进行了细化分解，从软件、硬件建设方面进行了量化，明确了责任。从今年3月至5月底，下发了在《全市乡（街道）司法所建立健全法律援助工作站的实施意见》，到5月底，各县（市、区）已基本建立健全了法律援助工作站，共建立法律援助工作站339个。定州、唐县、阜平、满城、定兴、高阳、清苑、南市区、新市区等10个县（市、区）还探索了乡村、社区延伸的工作，并与当地妇联、残联、工会等社团组织建立了法律援助联络站。到目前，市、县、乡三级法律援助网络基本建立，并充分发挥了法律援助职能作用。

领导班子成员

局　　长　张庆增

副 局 长　孟彤霞　宋三聪

　　　　　刘占博　郝春海

纪检组长　王小洪

政治部主任　杨海明

【**2007年·概况**】　2007年以来，全市司法行政机关组织开展全市“法律八进”活动。明确了8个典型的单位为典型示范单位，将南市区作为“法律进社区”的示范典型在全市进行了推广．在广泛征求有关部门意见的基础上，草拟了《关于领导干部任前法律知识考试实施办法》。采取以会代训的形式，对县（市、区）3000多名普法骨干进行了培训。开展了五次大规模民间矛盾纠纷排查调处活动。共排查出民间矛盾纠纷3241件，已调处成功3184件，调解成功率98．2%，防止民间纠纷激化13件，劝阻集体访21件，防止群体性械斗19起。继续推进司法所基础设施建设进度。切实加强司法所的组织建设、业务建设、队伍建设和基础设施建设，夯实维稳的基础。全面安排部署全市社区矫正工作，4月24日，召开了社区矫正工作现场会。全市律师共办理各类法律事务21400件，接待咨询群众3000余人。全市共办理公证8210件，收费801460元，其中涉外3070件，民事3406件，经济1712件，涉台22件。法律援助中心在市妇联、市共青团、市残联、市老干部局、市劳动和社会保障局建立法律援助工作站。共办理各类法律援助案件172件，接待当事人4888人次，来电、信5297次。各鉴定中心完成鉴定业务2446例，90%被办案机关采用。为社会稳定经济发展作出贡献。认真做好了律师函授和政法函大的日常教学管理工作以及国家司法考试工作。

【**强力推进“法律八进”活动**】　按照年度工作重点和“八进”方案安排，进行了各类试点培育工作。各县（市、区）、各单位也相应分层次进行了试点培育工作。目前，全市共有试点312个，基本涵盖了各行各业。在此基础上，主要推出法制文艺宣传工作进乡村、送法制宣传资料到乡村、以案示法到乡村、法制讲座和法律咨询到乡村、法律援助到乡村、人民调解到乡村、综合治理到乡村、民主法制建设到乡村等八项措施，以确保“八进活动”落实到实处。

【**突出抓好领导干部及普法骨干培训**】　全市组织了县级干部、中小企业经营管理人员培训。共培训县级干部1100余人，企业经营管理人员4800余人。重点对县级干部进行了3个专题的教育培训，内容为科学执政、民主执政、依法执政。各地、各单位依托县级干部培训，积极组织科以下干部收看光盘，扩大了教育面，收到了良好的效果。1月，对25个县（市、区）的司法局主管副局长、普法主任、宣教股股长进行了集中培训。4月，对全市市直部门的20名法规处处长进行了培训。

【**开展奥运法制集中宣传月活动**】　从2007年9月10日至10月10日为全市奥运法制集中宣传月。9月28日，市委宣传部、司法局、体育局、教育局、法制办在军校广场联合举办了主题为“喜迎奥运，与法同行”大型集中宣传活动。

在活动日期间，三区、市直各部门、社会各界近万名干部、群众和学生在百米巨型条幅上进行了签字，在广场中心组织了奥运法制文艺演出，市直、企业、学校、三区200多个单位1.1万人在广场进行了法律咨询和宣传。移动、联通、网通公司向全市播发“喜迎奥运　与法同行”短信信息100多万条。

当日，各县市也同时开展规模宏大的法制宣传活动。据不完全统计，全市有2700个部门和单位，4.7万名法制宣传和行政执法人员，到活动现场进行法律宣传、法律咨询和群众接访工作，发放宣传资料130万余份，现场咨询近1万人。

【**突出衔接环节，加强安置帮教工作**】　组织各县（市、区）安置帮教办公室及各级帮教组织，对2004年至2006年度刑释人员进行了全面调查摸底，并查找存在的问题，提出了改进措施，进一步加强了刑释解教人员的衔接工作，防止脱管和失控现象发生。在此基础上，进一步强化了安置和帮教工作，从而有效减少了重新违法犯罪。据统计，2004年至今，共接收刑释解教人员6166名，其中刑释4169名，解教1997名，安置率达到81%，帮教率达到93%，重新违法犯罪85名，占释解人员总数的0.013%，大大低于5%的控制标准。

【**积极做好社区矫正工作**】　组织召开了全市社区矫正工作会议，

总结推广徐水县试点工作经验，全面安排部署全市社区矫正工作。紧密结合“关于核查纠正监外执行罪犯脱管、漏管专项行动”，做到了本市五种罪犯底数清，脱管、漏管情况清。在此基础上，先后建立和推广了“五书、十表、一案、一录”等衔接登记制度，仔细做好矫正对象的衔接登记工作；落实了“监督管理五项制度”，严格矫正对象的监督管理；完善了“考核奖惩三项措施”，认真做好矫正对象的矫正转化。

全市社区矫正工作组织网络、规章制度健全，衔接文书、矫正记录齐全，矫正对象底数清楚，社区矫正工作进入了正常运作程序。目前，全市25个县（市、区）全部启动了社区矫正工作，共建立社区矫正工作站319个，有专职工作人员850人。社区矫正志愿者1668人，接收社区服刑人员3525人，已解除社区矫正人员142人。

【进一步加大法律援助工作力度】 进一步加大了法律援助机构建设力度，在市及25个县（市、区）全部成立了“四有”标准（有编制、有人员、有办公场地、有经费）的法律援助中心的基础上，在市直有关部门和驻保监狱建立了法律援助工作站，进一步扩大了援助范围。继续强化软件建设，建立健全了法律援助办案等六项制度，开展了以“法律援助献爱心”为主题的进农村、进社区大规模宣传活动。认真开展了法律援助工作，指派符合条件的法律援助案件486件，接待群众法律援助咨询870多人次，“12348”共接受电话咨询15888多人次，接待来访8956多人次。

领导班子成员

局　　长　张庆增
副 局 长　孟彤霞　宋三聪
　　　　　刘占博　郝春海
　　　　　师蕴珩
纪检组长　王小洪
政治部主任　杨海明

（部门编辑：冀文渊）

综合管理

宏观经济管理

【保定市发展和改革委员会】 保定市发展和改革委员会为综合研究拟定经济和社会发展政策、指导总体经济体制改革的市政府组成部门。负责研究提出全市国民经济和社会发展战略目标和重大方针政策，组织编制全市国民经济和社会发展中、长期规划和年度发展计划，研究分析经济形势和发展情况，全市经济体制改革和对外开放的重大问题，产业结构战略性调整和升级，区域经济和城镇化发展等方面的工作，承办市政府交办的其他事项。内设26个职能处（室）：办公室、人事教育处、政策法规处、发展规划处、国民经济综合处、经济体制改革处、固定资产投资处、产业政策处、外资利用处、地区经济处、农村经济处、交通能源处、经贸服务业处、高技术产业处、环境和资源综合利用处、社会发展处、就业和收入分配处、财政金融处、经济技术协作处、汽车办公室、重点建设领导小组办公室、重点建设项目稽查特派员办公室、机关党委、纪检监察室、老干部处、保定市工业经济促进局。6个事业单位：保定市交通能源办公室、保定市建设投资公司、保定市支援油田建设办公室、保定市黄金冶金矿山管理办公室、保定市能源监测站、保定市散装水泥办公室。另外，归口管理农业区划办公室。

【2006年·概况】 2006年，在市委、市政府的正确领导下，市发改委认真贯彻党的十六届五中全会、省委六届九次全会及市委八届七次全会精神，紧紧围绕“研究大规划、制定大计划、当好大参谋、抓好大项目、办好大事情”五大职能和“政治求硬、业务求精、思想求宽、工作求实、作风求廉、为人求诚”六项要求，谋划新思路，力求新突破，圆满完成了年度工作目标和市委、市政府交办的各项任务。在经贸服务、能源、交通运输、电力迎峰度夏、社会事业、高新技术、汽车零部件、禁化武等项工作中受到省发改委表彰，获先进单位；在基层党建、档案管理、政务督查、提案、信息等工作中受到市级表彰，获先进单位。在市直机关第七届运动会上取得团体总分第五名的好成绩，分获道德风尚奖及优秀队列奖。

2006年，结构调整成效显著。规模以上工业增加值完成268.7亿元，增长17.6%。支柱产业发展势头强劲。其中，汽车及零部件制造业：整车销售28万辆，全行业销售收入200亿元，分别增长30.2%和27.7%；汽车出口突破5万辆。新能源及能源设备制造业：销售收入、工业增加值、出口和实现利税分别达到90亿元、18亿元、2.3亿元和8亿元，同比分别增长50%、12.5%、296.6%和65.6%。纺织服装业：规模以上企业销售收入、工业增加值和实现利税分别达到155亿元、45亿元和11.5亿元，分别增长28%、26%和36%。重点项目建设进展顺利。总投资1330亿元的100个亿元以上重点建设项目进展顺利，其中，72个在建项目完成投资93.6亿元，占年计划的107%；新增列的23项市重点项目完成投资1.64亿元，占年计划的134%；69个省重点项目完成投资78.2亿元，占年计划的107.3%。天威英利二期、高阳宏润抗菌面料二、三期，立中集团铝合金轮毂等20个重点项目竣工或部分竣工投产，开始发挥效益。“10项民心工程”50件实事已全部完成。除此之外，市民关注多年久拖未决的电厂储灰场搬迁正式启动，既可改善市区环境，又可解决2300多亩项目用地。县域经济支撑作用有所增强。农业生产形势较好。粮食播种面积和总产分别完成1278.5万亩和488.4万吨，超额完成全年任务。全市肉、蛋、奶分别完成71.5万吨、45万吨、45万吨，均完成年计划。结构调整顺利推进。优质专用小麦和蔬菜播种面积均超额完成全年目标，优势农产品区域化种植标准化覆盖率达到80%；全市芦笋、麻山药、中药材、花卉等新兴特色产业种植面积达59.9万亩，成为农民增收新亮点。产业化经营水平进一步提升。省级以上龙头企业达到23家，市龙头企业达到141家。新农村建设扎实起步。新建、改造农村公路1384公里，村村通客车面达到98%；新建沼气池5.04万户。县域工业较快增长。县域工业增加值占全市规模以上工业的比重达到66.4%。建成成型工业园区16个，产业聚集区20多个。各项惠农政策落实到位。全面取消了农业税；粮食直补2.46亿元，受益农民达898.85万人；发放农机补贴630万元。服务业发展步伐加快，城乡市场同步发展。城市消费品零售额增长14.2%，县及县以下消费品零售额分别增长17%和13.5%；住宿餐饮业发展较快，增长17%，居各行业之首；受食品和居住价格上涨影响，居民消费价格总水平上涨2.2%。旅游业发展步伐加快。共接待国内游客1850万人次，创收97.05亿元，分别增长8.5%和13.7%；接待国际游客7.2万人次，创收1857.64万美元，分别增长15.9%和12.7%。金融运行总体平稳。银行存款余额1434.85亿元，贷款余额614.38亿元，分别比年初增长18%和16%。改革开放稳步推进。第一批45户国企改革破产工作全部启动；天威股份等3家上市公司股权分置改革完成；国有粮食购销企业产权制度改革、国有企业分离办社会和主辅分离工作全部完成；扩权强县政策进一步落实，第二批扩权县及重点镇筛选工作开始启动；县乡财政管理体制改革试点县已按新体制运行，其他各县正在加快改革步伐；集体林业产权制度改革第一阶段完成；成立市金融证券工作领导小组和办公室，加大对金融工作的协调指导力度；城市信用社增资扩股工作顺利完成；市行政服务中心正式启动，全年受理各类审批服务事项163657件，办结率达98.86%。先后在日韩和沈阳、长春等地召开了汽车及零部件招商推介会，在香港、北京、天津等地进行了专题招商活动，签约外资合作项目44项，协议利用外资3亿多美元；味群食品公司进入境外上市辅导期，天威英利正抓紧海外上市前的准备。经济与社会、资源、环境协调发展。高阳宏润、浪拜迪电气等5家技术中心被评为市级企业技术中心；到2006年末，本市国家级企业技术中心达到5家，省级16家。建立了市文化产业项目库，谋划项目139个，总投资136亿元。在首都人民大会堂成功举办旅游推介会；“印象·保定白洋淀”项目已完成前期筹备工作；在京、石成功举办了保定书画展；高考本科二批以上上线16294人，获全省“四连冠”；高中毛入学率达到74%，中等职业学校招生人数达到6.3万人；市女子职业中专教学楼完工并投入使用，市聋哑学校主体工程已完成；全面启动“山花工程”助学行动，募集资金1200多万元，资助贫困学生6679名；7个贫困县义务教育阶段贫困生全部实现“两免一补”。全市21个疾病预防控制中心项目已全部投入使用；69所乡镇卫生院改造完成；开展“农民健康保健工程”，在全国率先设立了81个农民健康“流动医院”；四个试点县（市）参加新型农村合作医疗达125万人，参合率72%；全市国有二级以上医疗机构全部开设了“惠民病床”、“惠民门诊”，建立了社会无主病人医疗救助定点医院、惠民医院。城镇新增就业5.6万人，安置下岗职工再就业2.7万人；基本养老保险参保36.8万人，城镇居民基本医疗保险参保65万人，城镇失业保险参保51.4万人，市区最低生活保障标准由156元提高到190元，共保障10.2万人；建立灾情信息管理制度，全面实行了灾民救助卡制度；部分县（市）完成农村低保护面工作，保障达8.97万人；市劳动就业服务中心开工建设，市第二社会福利院主体工程已完工。全市造林30.6万亩，封山育林40万亩，义务植树1580万株；白洋淀污染综合治理取得显著成效，淀区水质明显改善；利用亚行贷款的白洋淀综合治理工程前期工作进展顺利；全市11个污水处理厂建设加快，其中清苑和安新污水处理厂已投入运行；启动2350余家危险化学品企业整治搬迁；大气环境质量提升，全年二级以上天数301天。

【全面落实科学发展观】 （一）进一步细化“十一五”规划，加强对县（市、区）规划和各专项规划的指导。《保定市国民经济和社会发展第十一个五年规划纲要》在保定市十二届人大四次会议上获得高票通过，并在《保定日报》向全市人民公布。重点在

“三农”、基础设施、资源开发、环境保护、科教文卫、社会保障等公共事业和水、土地等资源的保护以及战略性支柱产业等政府履行公共职责及确需政府扶持和引导的领域，提出编制47项专项规划。先后到满城县、阜平县、唐县、容城县、雄县、高阳县等地对县域“十一五”规划进行帮助指导。（二）加强对区域发展的统筹协调和分类指导。完成了《保定西部山区发展指导意见》（草案）、《一线制造业走廊发展规划》（草案）、《东部纺织和服装业整合规划方案》（草案）、《保定市“一城三星”一体化发展战略规划框架》，使全市区域布局更加清晰，发展重点更加明确，为“十一五”以及更长时期的发展打下良好的基础。（三）加大对重点领域的规划指导。有针对性地进行专题谋划，制定《抢抓新一轮产业转移机遇的实施意见》、《保定市2006年经济体制改革工作指导意见》、《把保定市融入天津滨海新区建设之中实施方案》、《保定市产业结构调整指导目录》等一系列规划、方案、政策、措施，充分发挥了市委、市政府的参谋助手作用。（四）按照市委、市政府“做人简单，做事务实”的要求，对《〈政府工作报告〉2006年落实方案》所承担的目标任务按领导分工和各处室职能进行了分解。明确责任领导、第一责任处室人员、责任处室人员和确保完成时限，建立督查台账和工作目标进度台账，定期督办，每月向主任会议提交督办报告，收到良好效果。

【加强重大项目管理，推进重大项目建设】 （一）搞好项目谋划和筛选。大中选大、好中选优，筛选总投资1330多亿元的超亿元市重点项目100项，并以保办字［2006］40号文件下发，对市重点项目进行目标责任分解，以各位市领导、各县（市、区）主要领导为负责人，采取分级管理，层层抓落实，确保重点建设项目的有序进行。（二）抓好重点项目推进和协调。制定《关于加快推进2006年重点项目工作的指导意见》，共召开项目调度会、协调会13次，多次到天威英利三期、电厂八期、金专新校区、立中集团等项目单位了解情况、协调问题，有效地推动了项目疑难问题的解决。同时，还采取邀请省重点办领导来项目单位考察调研、带领项目单位或单独到省汇报情况等多种形式，向省推介本市项目，争取省支持。（三）抓好基地园区的申报与争取，加快工业园区建设步伐。根据全省项目建设重点抓好“大项目、大基地、大园区、大产业”的思路，积极申报、争列省重点基地园区，先后上报了保定汽车及零部件制造基地、新能源及能源设备产业基地、纺织服装加工基地、涿州嘉功工业园等四个基地园区项目，年内得到省初步确定。在重点推进长城汽车工业园、北市区民营科技园、容城大河服装工业园、高阳纺织工业城工业园、雄县革塑工业园等16个工业园区建设并进行分类指导的同时，组成三个督导组分赴各县（市、区）对各县（市、区）工业园区建设工作进行督导。研究制订《保定市工业园区发展指导意见》（征求意见稿），从园区规划原则、园区发展要素、园区建设措施、园区支持政策等多方面对各县（市、区）工业园区建设进行统筹规划、规范、引导和扶持。

【加大结构调整力度，打造五大支柱产业】 （一）壮大汽车及零部件的实力，打造“华北轻型汽车城”。在巩固和发展整车产业优势的同时，重点加大汽车零部件工业的发展力度，制订出台支持地产车销售的扶持政策和进一步落实汽车工业优惠政策。开展形式多样的招商引资活动。先后组织企业参加了中国河北汽车及零部件博览会、第三届中国华东（苏州）国际汽车展览会以及深圳国际车展等专业会展，取得良好效果，受到省发改委通报表彰。两次赴韩国、日本进行汽车零部件引资等商务活动，并在长春、沈阳、贵阳三市成功组织召开了2006“华北轻型汽车城”保定投资环境推介会，播放《保定汽车产业专题宣传片》，发布总投资172亿元的汽车零部件招商项目46项。全力打造“华北轻型汽车城”，本市汽车零部件工业基地项目建设工作进展顺利。（二）加快新能源及能源设备制造业发展，打造“中国电谷”，与高新区共同完成了《新能源与能源设备制造业专项规划》、《关于大力发展新能源与能源设备产业基地建设的若干意见》。代政府起草了《市政府与华北电力大学建设“中国电谷”的战略合作协议》及实施方案，组织风帆太阳能电池项目、英利年产50万MW太阳能电池扩产工程两个新能源高技术产业化项目申报国家发改委，华翼风电研发中心申报省工程中心。为使其早日列入国家新能源基地，邀请国家新兴产业司、省发改委主管同志来保考察。并与高新区共同起草了《关于支持新能源与能源设备产业基地发展的若干意见》，相关内容以《关于鼓励投资“中国电谷”建设的若干规定》发布，用以推进“中国电谷”建设。（三）推进纺织服装业整合升级，打造纺织服装基地，做大做强纺织服装业。组织召开2006年保定纺织服装产业高峰论坛，邀请中国纺织科学院、中国纺织工业协会、中国商业联合会等7位业内专家，就纺织服装产业发展前景及本市纺织服装产业发展进行了咨询和诊断，全市纺织服装企业经理、厂长300余人参加了论坛会。对高阳、蠡县、容城等纺织服务产业特色县，就纺织服装特色产业和园区建设情况进行专题调研，提出加快纺织服装业发展的指导意见和纺织和服装业整合升级规划。在调研学习的基础上进一步完善"整合规划方案"。

【搞好监测、调度、分析，确保经济工作平稳运行】 继续实行和完善经济运行监测体系和定期分析、预警制度。围绕全市工作重点，合理安排全年国民经济和社会发展计划，对GDP、投资、工业增加值、利用外资、农民人均纯收入、城镇人均可支配收入等指标进行分解下达。分别对月度、季度、上半年全市经济运行情况进行跟踪分析，提出各时间段的经济形势分析报告，及时为市领导决策提供依据，当好参谋。进一步完善对利税前100户重点企业的监测预警机制、经济运行引导服务机制、银企间沟通协调机制和长效服务扶持机制。对30户重点企业生产经营中需用政府协调解决的要素供应、政策环境等方面的突出问题，进行归类梳理，提出针对性的建议措施，启动联席会议加以解决。大力加快电网建设，解决电网供应"卡脖子"现象，同时继续推行电力需求侧管理，确保经济工作的平稳运行。

【抓好改革开放，为经济发展增添动力和活力】 统筹指导全市经济体制改革工作，完成《保定市2006年经济体制改革工作指导意见》，对全市经济体制改革八个方面的重点工作做了较细致的安排，并以保市政办［2006］8号文下发。精心运作专项改革，积极协调市政府及有关部门的专项改革方案，牵头研究与协调了《加快供销社改革与发展实施意见》、《关于强化国资监管及深化国企改革的实施意见》等改革方案的制定。积极做好第二批"扩权强县"和"扩权强镇"工作。

【深化投资体制改革，完善项目审批大厅运作】 积极完善本市固定资产投资项目核准、备案、审批管理办法，为项目单位提供直观、便捷、高效服务。起草制定了市行政服务中心的运行程序。市行政服务中心正式挂牌运行以来，本着"一切权力公开透明运行；便民便企，提高效率；提高效能，确保实效，加快运转"的原则，提出了"落实制度、营造和谐、全力打造服务型窗口"的工作思路。认真履行职责，在硬件建设、软件完善、制度建立、机制创新等方面做了大量工作，规范运作，自觉接受监督，做到了让群众满意，让社会满意，为本市优化环境发挥了积极作用。受理各类咨询服务3000多人次，受到了中心和客户的多次表扬，市委、市政府以保字［2006］28号文给予通报表彰。

【组织招商活动，进一步扩大对外开放】 积极谋划筛选项目，组织参加"3·26"河北（香港）、"5·18"东北亚暨环渤海（廊坊）和"9·8"（厦门）等几次大的投资贸易洽谈招商活动，共签约项目42项，总投资37611.55万美元，协议外资25680.27万美元。对合同引资1000万美元、500万美元、100万美元以上的全部签约项目分别进行了调度，逐项分解落实到有关县（市区）、市直部门和项目单位，抓好项目落实和资金到位，及时协助企业，解决项目建设中存在的问题。

【加大资金争取力度，推进各个领域协调发展】 继续加大跑省进京力度，积极争取国家、省对项目与资金的支持，一大批项目进入国家和省计划盘子。（一）为促进西部山区贫困人口的脱贫，全年争取和下达以工代赈项目投资2644万元，其中中央以工代赈资金1668万元，涉及165个贫困村。（二）加强农村基础设施建设的投入，争取国债投资农村饮水安全项目三批，总投资3139万元，国债资金1418万元，可解决8.6万人的饮水安全。为涞水、容城争取节水灌溉项目，总投资319.76万元，国债资金和省预算内资金各100万元，对14299亩农田实施节水改造。（三）通过和国土部门共同与上级沟通、汇报和争取，为近59个项目落实用地8582亩，其中，省重点项目23项，落实用地5582亩。（四）积极向金融部门推介项目，为项目和金融机构牵线搭桥，争取各金融机构提前介入，先后为企业争取建设资金10亿多元。（五）为宝硕集团PVC树脂、药都集团中药提取等2个项目申请2006年度省工业挖革改贴息资金600万元，同时积极为天威英利新能源有限公司多晶硅太阳能、立中车轮有限公司铝合金轮毂等6个项目申请2007年度省工业挖革改贴息资金。（六）为加快全市农村卫生、教育、计划生育等基础设施建设和加大对职业教育的支持，共申报3类88个社会事业项目，总投资6437万元，其中申请省、国家两级资金4123万元，有力地促进了全市各项社会事业的发展。（七）为河北玄武建材有限公司（易县）年产2.5亿块新型建材灰砖项目争取到省环保节能资金150万元。（八）为农村公路改造项目争取国债资金5680万元，农村公路改造项目568公里，对于174个行政村的道路改善作了有益工作。（九）指导和调度各县（市、区）供水、污水处理、垃圾处理、公检法司等基础设施项目加快工作进度，积极筛选一批有资金缺口和符合条件的项目报国家和省支持。已争取并落实国家和省预算资金3512万元。

【加强班子队伍建设】 （一）深化政治理论学习，采取集中学习和个人自学相结合的方法，进一步强化立党为公、执政为民的政治思想理念，使班子成员的政治敏锐性和鉴别力不断提高。结合“学、树、保、促”百日主题教育活动的开展，强化领导班子各成员的党性教育。全力维护团结，把思想政治建设的切入点放在提高领导班子的凝聚力和战斗力上。强化领导班子“一把手”执行民主集中制的表率作用。在班子成员中形成互相尊重，互相谅解，互相支持，互相提醒，大事讲原则、小事讲风格的良好局面。（二）建立健全各项制度，用科学的发展观决策和处理工作中出现的各种问题，领导班子驾驭全局能力得到充分体现。一是落实党内民主生活会制度。二是落实班子议事制度。三是一把手站位高远，注重大局，宽宏大度，作风民主，善于从大局出发观察和思考问题，善于倾听各方面意见特别是不同意见，善于做好团结协调工作，充分发挥了班子的积极性、创造性。（三）积极开展争创“学习型、服务型、廉洁型”机关活动，制定《关于深化创建“三型”机关活动实施方案》，出台不接受基层企业宴请、工作日中午不准喝酒、不准参与赌博、不准酒后驾车、不准迟到早退“五不准”纪律。领导干部带头，全委上下重学习、优服务、清正廉洁蔚然成风。（四）积极开展“学树保促”百日主题教育活动，使领导干部和全体党员强化政治意识，增强纪律观念，转变工作作风，焕发工作激情，更好地为全市经济建设服好务。

【深入开展政风行风建设】 制定《民主评议政风行风建设工作实施方案》、《政风行风建设公开承诺》，公开监督电话。对全市发改系统开展政风行风建设情况进行指导检查。将《民主评议政风行风建设工作实施方案》发至各县，以指导工作；通过调研及电话的形式，对全市县（市、区）发改局政风行风建设工作进行督导。

【积极开展治理商业贿赂工作】 制定《治理商业贿赂专项工作实施方案》，成立由党组书记、主任吕玉锦任组长的委治理商业贿赂工作领导小组。加强政务公开，实行权力公开透明运行，从源头上防治商业贿赂。通过公布投诉、举报电话，设立举报箱等形式。把开展治理商业贿赂专项工作作为全年反腐倡廉的工作重点，作为党风廉政建设责任制的重要内容。

【推进权力公开透明运行工作】 委党组专题召开会议，重新调整了由党组书记、主任吕玉锦任组长，纪检组长孙振军及有关副主任为小组成员的本委行政权力公开透明领导小组，研究制定《全面开展行政权力公开透明运行工作实施方案》，并把开展行政权力公开透明运行工作纳入党风廉政建设责任制和政风行风建设的重要内容。全面搞好权力清理。共清理出行政权力45项。认真编制内容详细、职责明晰的行政职权目录。为每一项行政职权制定行政权力运行流程图。

【农业区划工作】 （一）完成了社会主义新农村建设的三项基础调查工作。一是农业资源及粮食综合生产能力调查。二是农户庭院经济调查。三是村内道路硬化和自来水铺设情况调查。制定印刷四套1232份调查表，编写了调查工作的要求和说明，发至各县（市、区）区划办。全市各县（市、区）共调查308个村9240户，获得20多万多个调查数据，保证了全市调查工作的质量和精度，为社会主义新农村建设提供了有力的科学依据。（二）积极探索，继续开展农业资源持续高效利用试验示范工作，进行了一些新的尝试和探索，一是试验、示范与国家扶贫项目相结合；二是加大老试点的宣传力度，扩大成果的推广范围；三是注重社会资源开发利用和市场开拓。在推动农业产业结构调整，提高农业资源利用率，增强农民科技意识，增加农民收入等方面发挥了较大作用。

领导班子成员

党组书记
主　　任　吕玉锦
副 主 任　苑丰平　王向明
　　　　　闫　强（5月免）
　　　　　汪立柱　曹继东
　　　　　孙志强　杨国庆
　　　　　郭　岩　刘建国
　　　　　李建领　杨　军
　　　　　王建华　康　青
纪检组长　孙振军
调 研 员　张金忠（4月免，保留

正县级待遇)
闫　强（5月任）
副调研员　王志军　尹绪龙
李文恒（9月任）
二线副调研员
胡　昕

【2007年·概况】　2007年，在市委、市政府的正确领导下，市发改委认真贯彻落实党的十六大和十六大五中、六中全会和省七次党代会以及党的十七大文件精神，紧紧围绕“研究大规划、制定大计划、当好大参谋、抓好大项目、办好大事情”五大职能和“政治求硬、业务求精、思想求宽、工作求实、作风求廉、为人求诚”六项要求，谋划新思路，力求新突破，圆满完成了年度工作目标和市委、市政府交办的各项任务。接待国际禁止化学武器核查工作获得省政府通报表彰；荣获省档案管理优秀单位；在经贸服务、能源、交通运输、电力迎峰度夏、禁化武、清洁生产审核、行风评议等项工作中受到省发改委表彰，获先进单位；在基层党建、政务督查、提案、信息、档案管理等项工作中受到市级表彰，获先进单位。

2007年，结构调整成效显著。规模以上工业增加值完成320.5亿元，增长18.9%；实现利税124.9亿元，增长34.4%。汽车及零部件、新能源及能源设备、纺织服装三大战略支撑产业加快发展，全年完成总产值600亿元，同比增长34.9%，占全市规模以上工业的比重为43.8%，对全市工业的贡献率达52.5%，拉动全市工业增长14.5个百分点；实现利税55.5亿元，占全市规模以上工业的比重为44.4%，同比增长46.8%。其中，汽车及零部件制造业：整车销售36万辆，全行业销售收入260亿元，分别增长29%和30%；汽车出口8万辆。新能源及能源设备制造业：销售收入、出口和实现利税分别达到175亿元、5.3亿美元和21.8亿元，同比分别增长54%、130%和113%。纺织服装业：全行业销售收入、实现利税分别达到398亿元和29.5亿元，分别增长13%和11.5%。重点项目建设进展顺利。“项目建设突破年”活动成效明显。100项市重点项目完成投资174亿元，82项省重点项目完成投资150.8亿元，300项“项目建设突破年”项目完成投资228.9亿元，分别完成年计划的180%、161%和122.8%。其中，长城20万辆轿车生产线竣工投产，保定汽车零部件工业园3个项目正在顺利推进；投资27亿元的兵装天威风电产业园开工，天威英利三期第一阶段100兆瓦生产线等一批项目竣工投产；与北京纺织控股公司的战略合作进一步深入，高阳宏润与北京雪莲、容城奥森与北京铜牛等一批重点合作项目相继签约或开工建设；对26家纺织服装企业进行了整合；汇源果汁七条生产线建成投产，康师傅方便面一期和望都蒙牛液态奶竣工；保沧高速竣工通车，热电厂八期竣工，国华定洲电厂二期提前开工建设，进度加快。“18项民心工程”（89件实事）共完成86件。县域经济支撑作用有所增强。农业生产形势较好。粮食播种面积、单产、总产分别较上年增加12.1万亩、8.5公斤/亩和15.6万吨，实现粮食面积、单产、总产“三增长”。肉类总产67万吨，水产品总产4.6万吨，同比分别下降7%和9%，禽蛋总产39.5万吨，奶类总产60.8万吨，同比分别增长4%和37%。结构调整顺利推进。全市区域种植基地达到55个，面积250万亩，占全市耕地总面积的20%左右；芦笋、麻山药、中药材、食用菌、花卉等新兴特色种植面积达到230万亩。产业化经营水平进一步提升。141家市级龙头企业销售收入77.9亿元，利税8.3亿元。农民专业合作经济组织快速发展，全市各类农民专业合作经济组织达到928家，会员达41.54万人，带动农户89.3万多户，约占全市总农户的38.8%。新农村建设取得长足进展。解决了130个村、9万人的饮水安全问题。新增节水灌溉面积14.93万亩。完成水土流失综合治理210平方公里。新建、改造农村公路1574.5公里，新增通油路村219个。新建沼气池4.85万户。县域工业较快增长。县域工业增加值占全市规模以上工业的比重达到88.7%。组建工业园区38个，企业入园411家，在建项目161项，投资规模86.3亿元。民营经济进一步壮大。全市新增规模以上民营企业100家，其中亿元以上企业10家，建成创业基地26个；全市民营经济增加值974.9亿元，同比增长20%；民营经济占全市经济总量达到71%。各项惠农政策落实到位。发放良种补贴2600万元，农机补贴1150万元，粮食直补8146万元，农资综合直补19911万元。服务业发展步伐加快。城市消费品零售额增长15.3%，县及县以下消费品零售额分别增长16.6%和14.9%。住宿餐饮业增长20.1%。市场建设加快。纺织品批发市场建成开业，无公害便民市场完成改造验收，乐凯南大街便民市场已竣工。市区新、改扩建市场6个，其中新建市场2个，改造升级4个。旅游业发展步伐加快。共接待国内游客1980.24万人次，增长7%，创收93.13亿元，降低4%；接待国际游客

7.49万人次，创收1969.3万美元，分别增长4%和6%。金融运行总体平稳。银行存款余额1624.8亿元，贷款余额693.4亿元，分别比年初增加172.8亿元和75.5亿元。改革开放打开新局面。国企改革继续深入。宝硕破产重整顺利推进，田野、先锋依法宣告破产，涞钢、涞铜等企业进入破产改制程序，市区属第一批45户企业9户破产终结。行政管理体制改革取得新进展。出台了政府投资项目、专项资金管理、政府债务管理、国资监管等文件，进一步规范了行政行为。农村信用社改革稳步实施，城市商业银行组建得到批准。财政、农村综合改革以及集体林权、畜牧防疫、农技服务体系等各项改革都取得新成绩。对外开放取得突破性进展。天威英利集团YGE在美国纽交所上市共融资5.16亿美元，长城汽车H股在香港增发融资16亿多港元。引进了神华集团、兵装集团、钢研科技集团等一批“央”字号大企业和国内外500强企业。引进省外资金98.7亿元，增长17.2%，引进省外技术568项，人才5920人。经济与社会、资源、环境协调发展。科技工作。长城汽车集团技术中心被批准为国家技术中心，保定螺旋桨制造厂和河北长城电极有限公司技术中心被批准为省级技术中心。到2007年末，全市国家级企业技术中心达到5家，省级23家。规模以上高新技术产业增加值完成103亿元，增长20%。文化教育工作。完成农村中小学危房改造9.3万平方米；高考本科二批以上上线20243人，连续5年保持全省第一；高中毛入学率达74%，中等职业学校招生人数达6.7万人；筹措3832万元资助贫困家庭大中专学生6.4万多人；为41万人次贫困中小学生免费发放了教科书，为1.5万人次贫困寄宿生补助了生活费；市特教中心建成投入使用。本市被命名为国家动漫产业发展（保定）基地；对全市非物质文化遗产建立了初步档案和数据库；组织申报第二批非物质文化遗产保护项目，共认定国家级非物质文化遗产6项，省级29项，市级36项；文华大厦完成招商工作，将投入运营；完成了西部山区200个自然村广播电视“村村通”工程；体育事业取得新进步。在十二届省运会上获团体总分、奖牌总数第二，金牌总数第三；全国第六届城运动会共取得2金3银4铜。卫生事业。新型农村合作医疗以县为单位覆盖率达到88%，全市新型农村合作医疗参合农民662万人，参合率达到74.8%，全年共补偿122.97万人次，补偿费用1.63亿元。成功为300名残疾白内障患者免费实施了复明手术。改扩建乡镇卫生院完成5所，96所正在顺利推进。为市区5.4万名60岁以上老人免费进行健康体检。全市111个“惠民门诊”优惠金额达29.3万元。600张“惠民病床”优惠金额达89.96万元。为农村168.7万名已婚育龄妇女提供生殖健康免费检查。加强食品安全检查，重点检查了小饭桌、馒头加工户和食品及食品制品等。就业和社会保障工作。全年新增就业5.5万人，下岗再就业2.85万人，安置特困对象8012人，登记失业率为4.1%，控制在目标之内。城镇参加基本养老保险39.2万人，参加医疗保险78.1万人，城镇低保达到10万人，做到了应保尽保。加强清理“双拖欠”，累计为近6万名农民工追讨工资2.14亿元。安全稳定。安全生产形势持续好转。产品质量和食品安全专项整治工作成效明显。“打黑除恶”、“打抓破”等专项行动成效显著，社会治安形势进一步好转。节能减排和资源环境。万元生产总值综合能耗由1.164吨标准煤降到1.113吨标准煤，降低4.4%；万元工业增加值用水量由76.08立方米降到67.8立方米，降低10%；主要污染物化学需氧量和二氧化硫排放量分别由7.104万吨和9.052万吨降到6.834万吨和8.871万吨，分别降低3.8%和2%。关停小造纸、小印染、小冶炼等污染企业400多家，关停了大唐保定电厂1、2、3号机组和涞源电厂共11.2万千瓦小火电机组，从源头控制了高耗能、高污染行业过快增长。义务植树1450万株，造林510.1万亩。耕地保有量79.15万公顷，与上年持平。“引黄济淀”1亿多立方米；白洋淀流域生态系统综合管理与环境保护项目进展顺利；市污水处理厂二期扩建暨配套污水管网工程投入运行，市区日污水集中处理能力提高1倍，达到32万立方米，城市污水集中处理率提高到85%以上。7家县（市）城（镇）污水处理厂建成运行，3家在建。大气环境质量提升，市区全年二级以上天数达到305天。倾力打造“太阳能之城”。市区交通信号灯太阳能改造98个路口，占交警系统的100%；市区13条路段安装太阳能路灯475基，占总数的6.3%；人民广场、军校广场、植物园等8处园林、绿地新建、改建各种太阳能灯1958基，完成总面积的79%；市区84个居民小区完成太阳能光电、光热改造，占总数的41.2%；白洋淀、清西陵等13处旅游景区完成太阳能应用改造。

【全面落实科学发展观】 （一）进一步细化“十一五”规划，完成“十一五”规划汇编工作。编辑完成《保定市“十一五”规划纲要》全册，有助于指导“十一五”期间各项工作的落实及对外宣传和交流。拟定《〈保定市国民经济和社会发展第十一个五年规划纲要〉主要目标和任务分工方案》。将《保定市国民经济和社会发展第十一个五年规划纲要》提出的约束性指标、重大工程和重点项目、重大改革任务、重大政策任务、重要规划任务等主要目标和任务工作，按职责分工分解落实到各县（市、区）、各部门。（二）加强对区域发展的统筹协调和分类指导。分别起草了《保定市西部地区发展指导意见》和《关于建立区域经济交流协调机制初步意见》，用于指导全市区域经济发展工作。着手开展“一城三星”一体化发展课题研究和规划编制工作，使全市区域布局更加清晰，发展重点更加明确，为“十一五”以及更长时期的发展打下良好的基础。本市在西部地区开展的功能区划工作，受到省政府、国务院的关注，信息在“国务院专报”刊发。（三）加大对重点领域的规划指导。充分发挥市委、市政府的参谋助手作用，有针对性地进行专题谋划，完成了《保定市“十一五”期间突发公共事件应急体系建设规划》、《保定市“一线”制造业走廊发展规划》、《保定市政府投资项目管理暂行办法》、《保定市“太阳能之城”建设实施意见》、《保定市社区服务设施、流浪未成年人救助保护设施和儿童福利设施建设项目建议方案》、《“十一五”城镇污水处理及再生利用设施发展规划》、《“十一五”期间县级农村基层计划生育服务设施建设方案》、《保定市人民政府关于扶持贫困老区建设的实施意见》、《保定市扶贫资金整合使用的意见》、《关于白洋淀区发展与生态环境保护的实施意见》、《保定市节能减排综合性实施方案》、《保定市产业调整指导目录》、《保定市城镇体系规划（2006—2020年）》、《保定市淘汰落后水泥产能实施方案》、《关于加快保定市食品工业发展实施意见》等一系列规划的研究编制工作。（四）认真贯彻落实全市“掀起责任风暴，推进效能革命，优化发展环境”大会精神，对《〈政府工作报告〉2007年落实方案》所承担的目标任务按领导分工和各处室职能进行了分解。明确责任领导、第一责任处室人员、责任处室人员和确保完成时限，建立督查台账和工作目标进度台账，对落实情况全面跟踪督办，并及时向市政府督察室反馈。

【加强管理，推进项目建设】

（一）扎实开展“项目建设突破年”活动。一是成立“项目建设突破年”活动指挥部，市委书记宋长瑞、市长于群亲自担任“项目建设突破年”活动指挥部政委和指挥长，加强了组织领导力度。二是制定《关于开展“项目建设突破年”活动的实施意见》。提出2007年开展“项目建设突破年”活动的指导思想、目标任务和保障措施。三是按照确立“3+4”产业定位、构筑“南车北电东纺西绿城文”发展格局、实现建设“京南近海强市名城”目标，结合各县（市、区）产业基础和优势，谋划“项目建设突破年”项目300项，总投资1950亿元，当年计划投资186.3亿元。四是制定保定市《关于建立2007年“项目建设突破年”项目建设责任制的安排意见》，以300项作为实施责任制范围，以市、县（市、区）、市政府部门、大企业集团领导为责任主体并明确其主要责任，充分调动了各方面的积极性。（二）精心组织重点项目“听看录帮考”活动。5月份于群市长深入20个县（市、区），在调研的基础上，对县（市）提供的项目建设中存在的问题，进行立项分解，跟踪督办、限期落实。一是起草《关于建立重点项目“听、看、录、帮、考”工作机制的实施意见》。二是对各县（市、区）上报项目进行认真筛选，确定50多个生产性项目作为检查对象，针对项目建设过程中存在的问题，提前开展工作，提高市领导现场办公效率。三是参与制作了保定市《重点项目“听看录帮考”活动纪实》电视片。（三）积极争取省重点项目。全力做好向省重点办汇报情况，邀请省重点办领导来保调研考察，争取多列省重点项目。本市列入省第一批、第二批重点项目共82项，总投资1163.4亿元，当年计划投资93.6亿元。在全省名列第三名。（四）狠抓重点产业支撑项目建设。一是狠抓第一批重点产业支撑项目的推进。加大对天威集团输变电成套设备及太阳能光伏电池项目等三个省第一批重点产业支撑项目的协调、调度和督导力度，及时协调解决项目建设中存在的困难和问题，加快项目建设进度；加强与土地、规划、财政等部门的沟通，确保省重点产业支撑项目建设责任书中有关支持政策的落实。二是狠抓第二批省重点产业支撑项目的申报和争列。一方面加强与省发改委等部门的沟通和协调，一方面加强对有关县（市、区）及有关企业的服务和指导。目前，本市长城汽车股份有限公司40万辆乘用车及零部件生产能力扩产项目、乐凯胶片集团综合改扩建工程、河北奥威服饰集团（股份）有限公司服装产业整合提升优化升级、河北旭阳集团（邢台、定州）煤化工等4个项目被列为第二批省重点产业支撑项目。截至年底，全市省重点产业支撑项目总数已达7个，占全省的四分之一强（全省第一批和第二批重点产业支撑项目共26个），市委书记宋长瑞、市长于群、常务副市长李谦等市领导对本委工作给予了高度评价并提出了书面表扬。（五）协调解决好瓶颈制约问题。制订《保定市重点建设项目筛选办法（试行）》，全年共为74个项目安排解决农用地转用指标8407亩。积极参与银企对接活动，向银行推介29个重点建设项目，融资30亿元。（六）构建良好的建设环境。一是制订“保定市重点建设项目直通卡”，为推进重点项目建设创造良好条件。二是制订“关于2007年重点项目效能建设的实施方案”，建立健全了重点项目效能建设的保障措施。三是组织接待省重点项目检查组，代表市政府向省检查组汇报省重点项目建设情况。四是配合组织部起草《保定市项目考核办法》。

【重点推进，加快工业园区建设步伐】 在重点推进“中国电谷”、长城汽车工业园、保定工业园区、容城大河服装工业园、高阳纺织工业城工业园、雄县革塑工业园等工业园区的建设并进行分类指导的同时，要求各县（市、区）年底前必须建成1至2个工业园区。5月份组成四个督导组对此项工作进行督导检查并提出针对性的措施；对《保定市工业园区发展指导意见》作进一步的修改和完善，从园区规划原则、园区发展要素、园区建设措施、园区支持政策等多方面对各县（市、区）工业园区建设进行统筹规划、规范、引导和扶持。各县（市、区）工业园区建设进展势头良好，有30多个工业园区初具规模，另有10多个正在规划建设中，“中国电谷”迅猛发展，电谷中的风电设备产业园于3月14日奠基，风电产业园第一批10个总投资7.6亿元的项目正式开工建设，长城汽车零部件工业基地也于3月21日隆重奠基；投资40多亿元的风帆工业园正在积极编制发展规划，投资60多亿元的动漫产业基地规划已基本完成，正在组织专家进行论证。

【加大结构调整力度，打造支柱产业】 （一）壮大汽车及零部件的实力，打造“华北轻型汽车城”。继续落实汽车产业扶持政策。对风帆股份有限公司新型免维护铅酸蓄电池和汽车用电池技改扩能项目、中兴田野客车公司的驰野2400散件项目、立中车轮制造公司的新增200万只铝合金轮毂项目等三家汽车零部件企业兑现了2004年度汽车零部件新上项目技改奖励基金，市政府共返还税费总额合计122.7万元。大力支持地产车销售，积极协调纪检、财政、采购等相关部门，狠抓各项条款的落实，一年来共销售各种地产车200余辆，有力地推动了地产汽车企业的快速发展。积极推进产业结构调整。推动优势区域汽车产业加快结构性调整，引导企业加快产品结构调整，推进汽车企业间的资产重组，积极推动天马、大迪、新凯等汽车企业建立新型汽车集团，充分利用国家政策，扩大生产规模。目前，新凯、天马、大迪汽车集团已全部注册完成。组织长城、长安、中兴等全市重点整车企业利用上海大型车展活动开展招商活动；组织长安、中兴、龙帝首创轮胎等企业赴泰国进行专题招商活动，初步达成了在保定投资5～10亿元建设汽车线束、座椅、车架等零部件项目的合作意向。参与组织汽车企业重大活动，指导长城公司先后携最新车型强势参加北京、上海两次国际车展，均取得了圆满成功。积极推进中兴汽车公司与美国ZXNA公司的合作，同时完成了在墨西哥建厂的准备工作。汽车零部件基地建设稳步推进，本市成功列入第二批国家汽车及零部件出口基地，成为第二批国家汽车及零部件出口城市，为此本委汽车办被市政府通报表彰。全市重点汽车及零部件在建项目建设顺利进行。长城汽车20万辆乘用车项目启动，标志着河北省第一家轿车生产企业在保定诞生。（二）积极协调服务，培育扶植高技术特色产业发展，打造“中国电谷”。按照全市发展战略，把加快新能源产业基地建设作为全年的重点工作。就争列国家新能源产业基地工作积极向国家发改委进行了专题汇报。同时加快特色产业太阳能电池、风电叶片项目建设。天威英利三期、惠腾三期项目进展顺利，天威英利三期第一阶段100MW硅片、电池、组建生产线全面投产，累计完成投资79000万元。为推动中国电谷建设，按照市委、市政府战略部署，分别与中国钢研科技集团公司、中国兵器装备集团公司签署了合作协议。3月，保定·中国电谷风电设备产业园正式开工建设，首期项目占地1200多亩，共计11个项目，总投资11亿元，投产后预计年实现产值73亿元，实现利税7亿元。（三）推进纺织服装业整合升级，打造纺织服装基地，做大做强纺织服装业。参与组织了“河北省家用纺织品行业结构调整产业升级主题会”，得到中国纺织行业协会、中国家用纺织品协会的高度重视和大力支持。组织召开了“全市纺织服装行业发展观摩调度会”，指出下一步的工作重点，对促进本市纺织服装产业的发展具有指导意义。

【搞好监测、调度、分析，确保经济工作平稳运行】 继续实行和完善经济运行监测体系和定期分析、预警制度。围绕全市工作重点，合理安排全年国民经济和社会发展计划，对国民生产总值、单位生产总值能耗、固定资产投资、工业增加值、利用外资、城镇人均可支配收入等指标进行分解下达。分别对季度全市经济运行情况进行跟踪分析，提出经济形势分析报告，及时为市领导决策提供依据，当好参谋。对30户重点企业生产经营中需要政府协调解决的要素供应、政策环境等方面的突出问题，进行归类梳理，提出针对性的建议措施，启动联席会议加以解决。大力加快电网建设，促进电网建设新机制的落实，同时继续推行电力需求侧管理，确保经济工作的平稳运行。

【搞好资源综合利用，抓好节能降耗工作】 依托“中国电谷”，倾力打造“太阳能之城”建设。配合市政府，组织召开了全市“太阳能之城”建设动员大会，并起草《保定市“太阳能之城”建设实施意见》等相关文件。组织起草并下发《保定市太阳能光伏发电应用系统规范要求的通知》，采取多种形式推广太阳能，与建设局联合下发《关于在建筑领域推广应用太阳能光伏LED照明技术的通知》，对推广“太阳能之城”建设向纵深发展起到积极的推动作用。突出抓好冶金、建材、化工、电力、纺织等重点行业降耗。加强对以上重点行业节能降耗调度，启动能源审计和能源规划编制，目前已在9家企业开展，在5个园区和5个企业开展循环经济试点。

【抓好改革开放工作，为经济发展增添动力和活力】 统筹指导全市经济体制改革工作，完成了《保定市2007年经济体制改革重点工作指导意见》，对全市经济体制改革六个方面的重点工作做了较细致的安排，提出明确的目标任务、具体要求及责任部门，使全市改革有规划、有目标、有落实，体现了重点突出，做到整体推进。对本市三个扩权县（市）进行跟踪调研，及时协调解决扩权强县政策在具体实施中出现的问题，引导扩权县（市）用足用好政策，促进本地经济更快更好发展。积极推进“扩权强镇”试点改革。经过多方调研，完成了《扩大部分镇管理权限》报市政府。继续深化投资体制改革。在规范政府投资项目管理的同时，进一步完善行政服务中心管理制度，规范企业投资项目管理程序，提出下放企业投资项目审批权限的意见，在去年出台的固定资产投资项目核准、备案管理办法的基础上，将县发改部门的审批权限由3000万元上升到5000万元。此次下放企业审批权限，提高了县发改部门工作的积极性，对减少审批环节、降低行政成本，提高工作效率起到积极地推动作用。委驻行政服务中心窗口从优化本市投资环境的高度出发，大力提质提速，工作取得突出成绩。窗口累计办理各类项目250项，总投资335.6亿元。通过认真执行本市制定的投资体制改革相关政策，严格把关，提质高效，行政服务中心受到项目单位的高度赞扬。

【积极组织招商，扩大对外开放，搞好经济技术合作】 （一）组织参加了“3·26”河北（香港）投资贸易洽谈会、“5·18”东北亚暨环渤海（廊坊）国际商务会、“9·8”厦门投洽会等几次大的招商活动，取得一定效果。对几次大型招商活动中签约项目的落实情况、外资到位情况、在建项目进展情况进行摸底、调度、检查，重点对合同引资1000万美元以上的外资重点项目，逐项分解落实到有关县（市区）、市直部门和项目单位，抓好项目落实和资金到位。（二）利用国际金融组织贷款项目取得积极进展。白洋淀流域生态系统综合管理与环境保护项目进展顺利，已列入国家发改委2007年对外贷款谈判签约计划和2007年河北省第一批重点建设项目计划（新开工项目）。组织了高碑店、定州拟利用亚行贷款实施小城镇综合治理项目，亚行已完成项目识别考察。（三）利用外资工作有新突破。GEF（全球环境基金）赠款350万美元的包括白洋淀禽鸟保护及栖息地建设项目及涞水县褐马鸡保护基地建设项目，技术援助已正式启动，6月底完成。指导雄县地热综合利用项目积极运作CDM（清洁发展机制）项目，有望引资100～200万美元。（四）积极搞好区域经济合作，抓住机遇，融入天津滨海新区建设。多次与天津市发改委、天津市政府经济协作办公室就两地经济技术合作与交流进行接触，在天津开展形式多样的招商活动：①在天津国际展览中心保定展位隆重推出“中国电谷”；②与天津发改委商谈在保定设立金融分支机构事宜。③先后与天津发改委和交通委洽谈保霸铁路及筹建“无水港”事宜。④参加天津滨海新区重大项目推介和政策说明会。通过一系列活动，进一步促进了本市与环渤海地区的经济合作与交流，为双方的共同发展奠定了良好基础。

【加大资金争取力度，搞好协调服务，推进各个领域协调发展】（一）积极争取国债资金和省资源节约专项资金。为高阳宏润新型面料有限公司中水回用项目，争取国债资金330万元。为定州旭阳焦化公司、徐水巨力索具有限公司、涞源奥宇有限公司争取省节能专项资金350万元。（二）积极筛选一批有资金缺口和符合条件的城市基础设施、基层公检法司办公用房项目报国家和省支持，共争取国家、省资金支持6741万元。（三）抓住省对重点项目给予贷款贴息的有利时机，为立中集团新增200万只铝合金轮毂项目争取省工业技革改贴息资金300万元。（四）积极申报惠德风电设备公司1.0兆瓦风电整机产业化、天威英利50MW太阳能电池产业化、乐凯集团公司TAC膜产业化等3个项目列入省专项资金补助计划，补助资金300万元；国家补助乐凯集团公司TAC膜产业化项目1500万元列入计划；天威英利新能源公司50MW多晶硅太阳能产业化项目补助资金300万元到位。（五）积极申报国家重点流域水污防治项目计划，争取国债资金2070万元。（六）为加快全市农村文化、卫生、教育、红色旅游、计划生育等基础设施建设，积极争取上级资金支持，已申报7大类173个项目，争取资金4622万元。（七）着力抓好农村项目建设。在农村饮水安全、农业产业化、农村小水电、国家级贫困县以工代赈、农业基础设施建设等方面共争取国家、省农村和农业建设资金10065万元，其中已到位8395万元。

【围绕经济建设，加强机关内部建设】（一）周密安排，创新思路，深入开展创建“三型”机关活动。立足于建立学习的长效机制，明确学习目的，牢固树立与时俱进、终身学习的学习理念，不断提高理论素质和工作能力，增强抓好工作落实的内在动力。狠抓政务公开，实行“阳光行政”，所有审批项目全部在行政服务中心内办结。本着“标本兼治、综合治理、惩防并举、注重预防”的原则，在廉政教育上下功夫，在机关积极营造以廉为荣，以贪为耻的浓厚氛围。本委创建“三型”机关活动得到了市直机关创建“三型”机关活动督导检查组的充分肯定。（二）突出重点，强化措施，不断加强基层党组织和全体党员的思想建设、作风建设、组织建设。一是把深入学习贯彻党的十七大精神作为一项重要任务抓紧抓实。二是开展党员岗位先锋评选活动。制定活动方案，按照政治坚定、业务精通、爱岗敬业、勇于创新、实绩突出等标准，评选党员岗位先锋。通过评选，评出了正气、评出了干劲、评出了热情，全委各项工作呈现勃勃生机。三是认真搞好民主评议党员活动，本委有2人被评为市直机关优秀共产党员、1人被评为市直机关优秀党务工作者，本委机关党委被市直工委授予先进基层党组织荣誉称号。（三）认真贯彻落实全市“掀起责任风暴，推进效能革命，优化发展环境”大会精神。制定本委《掀起“责任风暴”推进效能革命学习落实方案》，按照市委、市政府统一部署，建立效能建设提质提速目标体系、标准化目标体系和专项责任目标体系“三个体系”，分别把目标任务落实到人、落实到事。对全市重大项目建设工作制定了项目建设目标责任制度、重大项目“代办制”和“领办制”、工作例会制度、联席会议制度、项目通报制度、项目档案管理制度、奖励、考核和督导等制度。（四）积极开展治理商业贿赂工作。制定《关于深入开展治理商业贿赂工作的实施意见》，建立健全长效机制。加强政务公开，实行权力公开透明运行，规范行政审批事项，转变职能，规范行政行为，从源头上防治商业贿赂。通过公布投诉、举报电话，设立举报箱等形式，拓宽举报渠道。把开展治理商业贿赂专项工作作为今年反腐倡廉的工作重点和党风廉政建设责任制的重要内容。（五）大力推进行政权力公开透明运行工作。重新调整本委政务公开暨行政权力公开透明运行工作领导小组成员，制定了《2007年深入开展行政权力公开透明运行工作的实施方案》。并组织全委对行政权力清理、职权目录编制和流程图制定情况进行“回头看”。对行政权力清理、职权目录和流程图编制情况的复查复审，力争实现清理结果全面、真实、合法，职权目录清晰、科学、准确，流程图规范、简明、实用，覆盖权力运行全过程。委领导对汇总后的行政职权目录逐一审核，严格把关，确保本委行政职权准确无误。

【农业区划工作】（一）特色农产品示范县筛选。按照省提出的规模大、市场大、效益高、具品牌优势等四方面因素认真调研，充分分析论证，上报调研报告。从清苑县黄金梨、唐县食用菌、徐水县西红柿、阜平县大枣、甲鱼、易县磨盘柿、高阳县棉花、望都县辣椒、蠡县麻山药等众多典型中，选择了蠡县麻山药上报省办，其余作为备用方案储备。

（二）社会主义新农村建设经验调研。按省农业区划办的要求，在各县区划办上报总结的基础上，认真汇总分析，从总体情况、主要发展模式、好的经验和做法、存在问题和需要采取的政策措施等方面入手，写出总结报告，按时上报到省区划办。（三）农业功能区划工作。在各县完成国家和省农业功能区划两套调查表，绘制农业功能分区、能源作物分布、农业景观、文化及其分布等三张图，完成农业商品性生产，农村富余劳力、耕地占用及其分布等七项专题调研报告的基础上，绘制完成了《保定市农业功能区划图》和《保定市农业功能区划分区图绘制说明》。在保持乡镇完整的情况下，把保定市划分为“农产品供给”、“生活保障”、“生态调节”、“文化传承和休闲”四个功能区。

领导班子成员

党组书记 主　　任	吕玉锦
副 主 任	苑丰平　王向明
	汪立柱　曹继东
	孙志强　杨国庆
	郭　岩（1月免）
	刘建国　李建领
	杨　军　王建华
	康　青
纪检组长	孙振军
调 研 员	闫　强
	郭　岩（1月任）
副调研员	王志军　尹绪龙
	李文恒
二线副调研员	
	胡　昕（12月退休）

（部门编辑：王向明　赵志刚　安艳红）

统计管理

【保定市统计局】　保定市统计局是主管全市统计和国民经济核算工作的市政府工作部门，业务上受河北省统计局和市政府双重领导。保定市统计局设10个职能处室。全局干部职工137名。主要职责是：（一）拟定保定市统计工作规章；制定统计改革、统计现代化建设规划和统计调查计划；组织领导和监督检查市内各县（市、区）、各部门统计和国民经济核算工作，监督检查统计法律法规实施情况。（二）贯彻执行国家、省国民经济核算体系、统计指标体系和基本统计制度；管理全市各项核算制度；制定地方统计调查标准和统计调查制度；组织管理、审批各县（市、区）、各部门统计调查项目（包括社会和涉外）、调查计划、调查方案；组织全市统计登记工作。（三）组织完成国家、省部署和普查任务；研究提出重大市情市力普查和抽样调查计划，并组织实施；组织各县（市、区）、各部门社会经济调查，汇总、整理全市基本统计资料；对国民经济、科技进步和社会发展等情况进行统计分析、统计预测和统计监督，向市委、市政府及有关部门提供统计信息和咨询建议。（四）统一核定、管理、公布、出版全市性基本统计资料，定期向社会公众发布全市国民经济和社会情况统计信息。（五）管理全市统计信息自动化系统和统计数据库体系；管理全市统计数据库网络。（六）组织管理统计人员持证上岗，协助组织管理统计专业技术资格考试和专业技术职务评聘工作。（七）承办市委、市政府交办的其他事项。

【2006年·概况】　2006年，在市委、市政府和上级统计部门的正确领导下，全市统计系统广大干部职工发扬勤奋工作、无私奉献精神，较好地完成了农业普查宣传、培训以及登记等重大普查、调查工作。全市统计各项事业蓬勃发展，为服务全市经济社会又好又快发展和构建和谐保定作出了积极贡献。

【重大普查、调查工作】　农业普查工作扎实推进。按照全省统一部署，在全市各级政府和统计部门的精心组织下，农业普查工作有序开展。各级都成立了普查机构，制订了普查各环节的质量控制措施，明确了责任分工和工作标准。全市选配并培训普查工作人员5万多名，落实普查经费400多万元。采取多种形式，广泛开展了普查宣传工作，并在全省率先开展了普查表试填试点工作，有效地推动了县（市、区）工作的开展。精心组织，共召开全市大型会议11次，组织对县（市、区）工作督导三次，在普查登记的关键时期，以于群市长的名义，给各县（市、区）政府主要领导发出了公开信，各级主管领导也纷纷深入普查一线，加强普查工作指导，看望慰问基层普查人员，有效推动了普查登记工作的顺利进行。国务院、省先后派出督导组，到保定市进行普查工作督查和指导，涿州、定州、徐水、定兴、安国、高阳、博野、望都先后代表本市接受了上级部门的检查，保定市的普查工作多次得到上级领导的肯定。按照全省统一部署，圆满完成了全市1%人口抽样调查工作。保定市的调查工作和清苑、阜平、北市区、徐水、易县、顺平、涿州、定州8个县（市、区）被评为国家级先进集体，受到国务院1%人口抽样调查小组的表彰，58名同志荣获国家、省1%人口抽样先进个人荣誉称号。

【统计咨询服务工作成效显著】 市、县两级统计部门，不断强化对经济运行的监测和预测，积极主动开展经济形势分析，为推动全市经济又好又快发展提供了大量决策依据，牢固确立了统计的权威地位和作用。市统计局被市委、市政府领导批示的统计分析达11篇。其中“排位后移原因何在——2006年上半年本市与省内其他市对比分析”一文得到市委、市政府主要领导批示，并作为有全市各级、各部门、大中型企业、驻保高校党、政主要领导参加的全市理论学习中心组学习会专题材料印发。积极探索建立经济社会发展统计监测评价体系，提升服务层次。研究制订了《县域经济发展监测评价绩效办法》，满足市委、市政府科学考评县域经济发展的需要。建立了城市化发展统计监测评价体系，完善了民营经济、项目建设、服务业等监测评价体系，统计监测评价体系更趋完善。积极拓展服务领域，满足各级领导和社会各界信息需求。按期发布《县（市、区）主要指标完成情况的通报》资料，定期为市委、政府主要领导提供全市月度经济情况统计专报和主要经济指标全省排位情况专报，给市四大班子领导和社会各界提供《保定经济动态》，及时发布统计公报等资料，满足各级领导和社会公众对统计信息资料的需求。

【统计方法改革】 按照服务地方发展的要求，不断充实统计内容。一是建立完善了服务业统计体系，实现了服务业统计数据和国民经济核算数据的全面接轨。二是启动了GDP核算改革工作，对工业、农业、建筑业、贸易业、服务业等相关专业指标数据，实行下管一级。由核算专业统一协调各专业数据和各县（市、区）的数据，确保了市、县两级数据的基本衔接。三是初步建立了能源统计体系，完成了全市能源平衡表的编制工作，建立了能源考核通报制度。四是完成了对经济普查年度数据的修订工作，完善了市、县数据的历史衔接。五是启动了人口和劳动力调查工作。六是完善了按照价格指数缩减法计算工业增加值发展速度工作。七是开展了城乡划分调查，高质量地完成了城乡属性认定和新城乡划分代码编制工作。八是加强名录库建设维护，健全统计数据评估制度，开展统计数据质量抽查。九是在调查队管理体制改革方面做了一些基础性工作，为改革顺利推进做了一些必要的准备。

【统计法制建设】 深入贯彻实施《统计法》，各县（市、区）以全国农业普查、“12·4”全国法制宣传日等重大活动为契机，通过多种形式，大张旗鼓地开展统计法制宣传教育活动，产生了良好社会效应。市、县两级统计部门开展了统计执法检查活动，查处了一批典型案件，全市共立案62件，结案54件，对一些违法单位进行了通报批评，有效的震慑了统计违法行为，为统计工作正常开展创造了条件。10月，组织开展了全市统计集中执法检查活动，涞源、容城、博野、清苑、定兴、定州、涞水等县（市），措施有力，效果明显。市局组成了6个检查组，对25个县（市、区）进行了重点抽查，促进了全市统计工作环境的改善。

【统计基础建设】 强化了统计基础工作建设。重点抓了全市统计系统网络建设，容城、高阳、易县等10个原来没有实现统计机构单设的县，全部实现了机构单设，市局对部分对新单设的县的统计部门给予了必要的支持，保证了这些县工作的正常开展。全市312个乡镇，基础工作得到加强，在硬件设施和工作环境上也有了一定程度的改善。抓了基层工作规范提高。按照《河北省乡镇统计工作规范》要求，在全市开展了基础工作和数据质量检查，各县、区全部进行了自查，6月初，市局又对部分县、区，进行了重点检查，有效地促进了基层统计数据质量的提高。大力推进基层基础工作规范化建设，制订了基层工作规范性有关规定，召开了全市农村统计工作会议，各县、区之间就搞好农村统计工作进行了经验交流，徐水、满城、博野、高碑店作为本市基层基础工作先进代表得到省表彰。

【统计信息化建设】 全市统计系统加快推进信息化建设工程，进一步完善统计信息网络体系。市、县全部实现了系统联网，网络更加完善，信息资源共享范围进一步扩大。计算机联网直报工作进一步拓展，提高了工作效率，减少了工作负担。统计信息网络安全措施进一步健全，网络安全技术培训和管理工作得到加强。全市计算手段更加先进。市局对所有的计算机设备进行了大幅更新，购置计算机等设备50余台，达到了人手一机，计算手段和硬件设备实现突破性提高。系统信息网络建设不断改进和提高，对系统网络进行了投资改善，信息传输和交流更加便捷，统计手段更加先进。

【统计队伍建设】 按照市委统一部署，全市各级统计部门认真开展“学树保促”主题教育活动和“八荣八耻”社会主义荣辱观教育，广泛开展了统计干部持证上岗、继续教育等各种业务培训工作，各级统计部门班子的凝聚力，战斗力和驾驭全局的能力得到增强，广大统计干部队伍的政治素质，业务素质得到提高，为更好的服务全市经济建设奠定了坚实的基础。党风廉政建设得到加强。各县（市、区）认真总结部署党风廉政工作，健全领导班子党风廉政工作责任制，党风廉政建设和反腐败工作更加有效，进一步形成风清气正的良好环境。坚持以人为本，在全系统大力弘扬统计精神，创建和谐统计。广泛开展各种文体活动，最大限度的提高干部职工的文化生活，改善干部的生活工作条件，统计文化建设深入人心，在全局形成了和谐健康，蓬勃向上的良好局面。

领导班子成员

局长 党组书记	单光辉	
副局长	李凤江	梁瑞萍
	魏朝晖	闫国成
	李长根	
纪检组长	牛力学	
调研员	陈永华	魏朝晖
副调研员	何树新	贺新平

【2007年·概况】 2007年，全市广大统计干部职工在市委、市政府和上级统计部门的正确领导下，以科学发展观为统领，紧紧围绕市委、市政府工作中心，强化统计服务、扎实推进统计改革，圆满完成了各项任务目标，统计工作较好地满足了政府和其他各方面的统计信息需求，得到了社会各界的认可，统计各项改革和发展取得了新进展，为全市经济社会发展及构建和谐保定作出了积极的贡献。在全省先进单位、先进专业评比中，市统计局荣获全省综合评比二等奖，有18个专业获省局表彰。

【重大普查、调查工作】 农业普查工作取得圆满成功。经过全市5万余名普查工作人员的不懈努力，完成了普查登记工作。开展了普查质量抽查工作，对普查登记事后质量进行了严格的把关。克服各种困难，圆满完成了普查数据处理工作。在整个普查期间，国务院先后两次，省先后5次派出督导检查组，对保定市进行普查工作督查和检查，涿州、定州、徐水、定兴、南市区先后代表保定市接受上级部门的检查，普查工作多次得到上级领导的肯定。全市有56家单位获国务院农普领导小组的表彰，180多名同志荣获国家级农业普查先进个人称号。圆满完成了各种专项调查任务。按照全省统一部署，完成了人口和劳动力调查、群众安全感调查、工业企业创新调查等各项调查工作。与市卫生局联合进行了医德医风调查。妇女儿童监测统计工作进一步规范和加强。创新调查工作被评为省工业企业及高新技术企业创新调查工作先进集体。

【统计体制改革】 按照国家统计局及省统计局的总体部署，完成了调查队领导班子和内部干部的考察、任命工作。在改革过程中，确保了工作稳定，人员稳定。县级调查队全部完成了重新组建，统计体制改革取得重大进展。能源统计改革取得突破。市统计局能源处正式成立，初步建立了能源统计体系，完成了全市能源平衡表的编制工作，建立了能源考核通报制度。各县（市、区）能源统计力量不同程度得到加强，能源统计工作取得新进展。

【统计咨询服务工作】 一是定期开展经济分析和预测，跟踪全市经济运行态势。建立了城市化发展监测体系，完善民营经济、项目建设、服务业等统计监测评价体系，统计咨询服务工作越来越受到各级领导的高度关注。二是积极参与全市经济综合考核。建立了《县域经济发展综合评价体系》，并经市委同意，对各县（市、区）经济工作进行了综合评价。参与全市《百强乡镇评选方案》中经济工作部分的评价办法的制订，建立了完整的考核方案。三是参与谋划市政府《重点项目“听、看、录、帮、考”工作机制的实施意见》的制订，并参与对各县（市、区）重点项目建设情况进行审查考核评价及录制工作。四是提供《设区市领导班子换届考察》统计数据和资料及各县（市、区）相关经济社会发展主要数据。

【统计方法制度改革】 强化了数据监管力度。改进GDP核算工作，对工业、农业、建筑业、贸易业实施了下管一级，加强和改进了GDP核算工作的组织领导，按照“核算综合协调、专业分工负责”的原则，组织开展了全市GDP核算业务工作，对各县（区）GDP数据联审，对主要专业数据下管一级，有效地提高了数据质量。完善了贸易统计制度，开展个体户抽样调查工作。实施了新开工项目认证统计制度，推进重点贸易企业联网直报，稳定实施大中型工业企业联网直报并轨，加强了基本单位名录库建设。劳动统计范围从目前的城镇单位扩大到全部私营企业，编制了私营企业工资统计数据处理系统，为私营企业工资统计工作的顺利开展奠定了基础。

【统计法制建设】 加强了统计普法宣传力度。以“12·4”全国法制宣传日等重大活动为契机，通过多种形式广泛开展了统计法制宣传工作。执法力度不断加大。2007年，市、县两级统计部门共检查270余个单位，立案查处统计违法案件43件，结案43件，罚款处罚12件，通报批评31件，有效保障了统计工作的正常秩序，优化了统计工作的环境，维护了统计法的严肃性。

【统计信息化建设】 加快推进市、县、乡三级联网建设的步伐。在组织模式上提出市、县、乡三级联网工作“一把手”工程，经过市、县共同努力，全系统信息化建设迈出新步伐，全市已完成三级联网的县已经达到18个，统计的影响力进一步扩大，信息资源可以更广泛的实现可利用性。

【统计队伍建设】 坚持以人为本，注重对干部的培养和使用，强化了对统计干部的管理和业务培训工作。一大批年轻同志被充实到重要岗位，统计力量得到加强。在全系统大力弘扬统计精神，把促进统计干部队伍的全面发展与统计事业的整体发展联系起来，逐步形成有利于统计优秀人才脱颖而出的新机制，激活统计人员的积极性、主动性和创造性。

领导班子成员

局长、党组书记 单光辉
调查队队长、局党组副书记 梁瑞萍
副局长 李凤江 闫国成 李长根
纪检组长 牛力学
调研员 陈永华 魏朝晖
副调研员 何树新 贺新平

（部门编辑：葛向东 温薇）

安全生产监督管理

【保定市安全生产监督管理局】

保定市安全生产监督管理局是保定市人民政府组成部门，其职能是对全市安全生产负责综合监督管理和对矿山、危险化学品、烟花爆竹等行业安全生产实施监督管理。承担着市安全生产委员会办公室的日常工作，市安监局内设10个职能处室和机关党委、纪检监察室、工会，下设安全生产监察支队和矿山安全生产服务中心。

【2006年·概况】 2006年，在市委、市政府的正确领导下，全市认真贯彻落实党中央、国务院和省委、省政府关于安全生产工作的一系列指示精神，坚持“安全第一，预防为主，综合治理”的方针，牢固树立“科学发展观”和“安全发展”的理念，按照省政府签订的《安全生产目标管理责任书》及有关安全生产工作部署，以“安全生产落实年”为载体，以“双基”（基层、基础）建设为重点，全面落实安全生产责任制，大力组织开展“三项活动”（“无重大事故县（市、区）、无重大隐患乡镇、无违章操作企业活动”、“创建安全村、安全社区、安全企业活动”、“企业安全生产规范化管理达标活动”），不断深化专项整治，强化日常监督管理，加快建立长效机制，推动全市安全生产工作向经常化、制度化、规范化方向发展，实现了安全生产形势的进一步稳定好转。2006年，本市共发生各类事故1553起，死亡311人，受伤970人，直接经济损失1489.5万元。与上年同期相比，事故起数减少171起，下降9.9%；死亡人数减少94人，下降23.2%；受伤人数减少279人，下降22.3%；直接经济损失减少196.5万元，下降11.7%。

【强化责任，抓好责任体系建设】 年初，市政府主要领导与25个县（市、区）政府和高开区、温泉城管委会以及28个职能部门（单位）主要负责人签订了《安全生产目标管理责任书》，把安全生产控制指标分解到各县（市、区）、有关部门，把安全生产工作作为重点内容列入了全市整体工作考核。市政府确定了2006年为“安全生产落实年”，制定了《全市安全生产落实年实施方案》，将安全生产年度目标任务逐项进行了分解，明确责任部门、督办部门和完成时限，建立了月调度、季通报、年终考核制度。

【强化治本，抓好“双基”建设】 继续组织开展了“三项活动”：一是无重大事故县（市、区）、无重大隐患乡镇、无违章操作企业活动；二是创建安全村、安全社区、安全企业活动；三是企业安全生产规范化管理达标活动。进一步完善了分片、分线、分点的事故预防机制，开始推行“分层分类”监管和“检查表”制度；在巩固乡镇安全生产规范化管理达标成果的基础上，在50%的村庄、社区开展了“安全村、安全社区”创建活动；有8000多家企业通过了市、县安全生产规范化管理达标验收。安全基层、基础工作进一步得到了加强。

【强化措施，抓好日常监管】在日常监管中，紧紧盯住重大危险源、重点单位、重要部位不放松，对26处省、市挂号的重点事故隐患进行了集中整治；在1702处重大危险源落实了“五个一”措施（明确一个监管部门、指定一个部门负责人、配备一个安全专业技术人员、建立一套防范措施、制定一份应急预案），实行了挂牌监管和月巡查制度；对30处危险化学品和31处非煤矿山重点企业实行了重点监控，向16家烟花爆竹生产企业和5家地方煤矿派驻了安全监督员；市安委会组织25个市直部门分包25个县（市、区）和高开区、温泉城，对安全生产的重点工作落实情况进行了经常性的监督检查。在元旦、春节、两会、五一、汛期、十一等特殊时期和阶段，组织开展了全方位的安全生产大检查，对重点行业和领域组织专业技术力量开展了专项检查。通过上述工作和措施，使一大批事故隐患得到了及时治理。

【强化重点，抓好专项整治】一是危险化学品整治：开展了全市危险化学品普查，对2353家生产、运输和经营危险化学品的企业进行了登记建档，对1040家危险化学品从业单位进行了安全评价。制定了《保定市危险化学品企业整治搬迁规划》，逐步展开对23家危化企业的整治搬迁工作。二是煤矿整治：积极改善安全条件，投资136万元对5个国有煤矿的安全设施进行了改造，对5个国有煤矿停产整顿期间的安全管理进行了全方位、全时监控，对从业人员进行了全员培训，提前完成了省下达的25处小煤矿的关闭任务。三是非煤矿山整治：重点组织开展了打击非法开采、矿产资源整合、安全质量标准化，对涞源、唐县、阜平三个县和涞源铜矿等八个重点矿区进行了集中整治，加强了对地下矿山安全出口、提升系统、采空区和尾矿库的治理与监控，关闭取缔了136个证照不全和不符合安全生产条件的矿点，完成了唐县黄石口矿区、涞源白石口京源矿区的整合，列入市整合的132个矿点，已基本整合完毕；查处非法开采341处，对108处地质灾害部位进行了挂牌警示，实行了重点监控，非煤矿山安全生产秩序有了进一步的好转。四是烟花爆竹整治：加强了对16家烟花爆竹生产企业的日常监控，对23家烟花爆竹经营库和310处常设经销点进行了反复检查，从10月份开始，在全市组织开展了大规模的打击烟花爆竹非法生产经营专项行动。

【强化保障，抓好相关政策的落实】 一是严格落实安全生产行政许可制度。有2968家高危行业企业办理了安全生产（经营）许可证。其中：危险化学品1730、烟花爆竹349家、民爆器材11家，建筑施工434家、非煤矿山287家、尾矿库152家、煤矿5家。二是严格落实“三同时”制度。对94家非煤矿山企业进行了设计审查。三是严格落实经济保障措施。开始对危险化学品、烟花爆竹、民爆器材、煤矿、非煤矿山、建筑施工六大高危行业企业征收安全生产风险抵押金，在企业全面推行了工伤保险制度。

【强化主体责任，抓好“安全生产双百日承诺”行动】 按照省统一安排部署，市政府召开了全市“安全生产双百日承诺”行动动员大会，组织25个市直部门分包各县（市、区）对行动的开展情况进行了督导检查，市安委办组织对16家驻保省属以上企事业单位签订承诺书情况进行了督查。2006年，全市共有12416家企事业单位签订了《双百日行动承诺书》。

【强化应急救援，抓好应急救援体系建设】 成立了市安全生产应急救援办公室，对市、县、乡三级政府和重点部门、重点企业的应急援预案进行了修订和完善，制定了《保定市安全生产应急救援体系建设实施方案》，开始着手建立以消防支队为依托的市危险化学品专业应急救援队，督促重点部门和企业开展了应急救援演练。特别是11月2日，全市建设系统组织的建筑施工重大事故综合应急救援演练，规格高、规模大、参与单位和人员多，取得了良好的效果。

领导班子成员

局　　长　崔洪春
副 局 长　刘义和　周福生
　　　　　刘　军　白宏伟
　　　　　李铁庆
纪检组长　孟贤会

【2007年·概况】 2007年，认真贯彻落实党中央、国务院和省委、省政府关于安全生产工作的部署要求，紧紧围绕《河北省安全生产目标管理责任书》确定的年度目标任务，按照“实现一个目标（继续保持全市事故起数和死亡人数双下降，遏制重大事故，杜绝特大以上事故），落实两个责任（企业安全生产主体责任、政府安全生产监管主体责任），强化两手抓（一手抓当前，采取断然措施，深化高危行业专项整治，着力解决现实存在的重大矛盾和隐患问题；一手抓长远，多措并举，着力治本，推进长效机制建设，实现可持续安全）”的总体思路，采取超常措施，强力

推进工作，确保了全市安全生产形势的总体稳定。2007年，本市共发生各类事故1294起，死亡328人（比省下达的控制指标少104人，占75.9%），受伤981人，经济损失1507.6万元。与上年相比，事故起数减少505起，下降28%；死亡人数减少41人，下降11%；受伤人数减少144人，下降12.8%；经济损失减少275.4万元，下降15.5%。

【完善安全生产责任体系】 一是明确责任。年初，市政府将安全生产八大目标任务写入了《政府工作报告落实方案》，于群市长与25个县（市、区）政府和高开区、温泉城管委会以及28个职能部门的主要负责人签订了《安全生产目标管理责任书》，把省下达到本市的安全生产事故控制指标分解到各县（市、区）和有关部门。各县（市、区）将各项工作目标和控制指标进行了分解并逐级签订了《安全生产目标管理责任书》。同时，还制定了《保定市2007年安全生产重点工作责任目标落实方案》，将年度安全生产重点工作进行了细化，明确了责任单位、督办部门和完成时限。二是落实责任。对全市安全生产监管工作实施了网格化管理，制定出台了《保定市安全生产责任网格化管理暂行规定》，对市县乡三级政府、市政府有关部门、各生产经营单位承担的安全生产责任进行了明确，对监管网络建设、监管分工、监管要求、责任目标考核等作出了具体的规定。同时，市安监局还制定了《保定市安监局2007年安全生产重点工作责任目标落实方案》，将各处室及每一位工作人员所承担安全生产工作责任进行了细化分解，实现责任目标化、目标任务化、任务事项化、事项具体化，并实行了周检查、月调度、季通报制度，严格督导落实，提高了监管效能。三是考核责任。建立了日常考评和年终考核相结合、市安委办考评与有关部门评价相结合、专项考核与共性考评相结合的责任目标考核制度，推行了部门分包县（市、区）进行月巡查的日常督查和考评制度，有力地促进了安全生产各项工作的落实。四是追究责任。配合《保定市安全生产责任网格化管理暂行规定》，出台了《保定市安全生产行政责任追究办法（试行）》。立足事前防范，对乡镇以上人民政府和负有安全生产监督管理职责的部门（机构）及其工作人员，企事业单位中由国家行政机关任命的人员，在重大危险源监控、重点行业和领域监管、重点隐患整治和日常安全生产监督管理工作中，不履行或不正确履行安全生产监督管理职责的行为，明确了具体的行政责任追究办法，进一步强化了安全生产监管责任的落实。

【强力推进安全生产承诺工作】 一是全力抓好“三项制度”建设。根据全省“双百日承诺行动”总体部署，组织了各行业406名专家组成审核组，对相关企事业单位安全生产责任制、规章制度和操作规程进行了审核，建立了全市安全生产电子管理台账。二是强化“双百日承诺行动”跟踪督察。组织协调26个市直部门，采取每个部门分包一个县（市、区）的形式，对“双百日承诺”行动进展情况每月进行一次巡查。同时，多次组织督导检查组，深入到企业、车间、班组和一线岗位，对生产经营单位“三项制度”建设进行具体的帮扶指导，对各县（市、区）“三项制度”建设进行了督察指导和调研，对103家生产经营单位进行了全面细致的检查和解剖，确保了“双百日承诺行动”各阶段工作任务的顺利完成。三是精心组织“安全生产承诺”工作。10月份，全省“法人代表安全生产双百日承诺”行动转变为“法人代表安全生产承诺制度”后，全市立即行动，迅速作出安排部署，印发了“法人代表安全生产承诺制度”工作方案。市安委办组织31个督查组对承诺书签订和企事业单位内部承诺制度落实情况进行了专项督查。截至年底，全市共有11873家企事业单位签订了《安全生产承诺书》。

【全面排查整改事故隐患】 一是认真组织开展隐患排查治理专项行动。市安监局按照国务院、省安委办关于在重点行业和领域开展安全生产隐患排查治理专项行动的有关要求，制定了《保定市在重点行业和领域开展安全生产隐患排查治理专项行动实施方案》，对隐患排查治理专项行动进行了专题部署，通过排查整治隐患，全面规范了生产经营单位的安全管理，强化了安全生产基础。二是认真开展隐患排查治理“回头看”工作。按照省安委办《关于进一步做好安全生产隐患排查治理专项行动“回头看”活动的通知》要求，全市组织对规模以下中小企业、隐患排查为零的企业和近期发生较大以上事故的企业进行“补课”，进一步巩固隐患排查治理专项行动成果。此次行动中，全市有9529家重点企事业单位完成了自查自改工作，共查处安全隐患11747条，整改11526条，整改率为98.1%，落实整改资金1660.78万元。三是强化重点隐患整改力度。在全面排查和认真梳理的基础上，市安委会制定下发了《全市第三批重点隐患整改责任分工意见》，对非煤矿山、道路交通、特种设备等行业存在的139处重点隐患进行集中整改，明确了隐患整改的第一责任单位、整改要求、完成时限和督办部门。四是全力推进危化企业搬迁工作。对城区安全距离不足的危化企业进行搬迁，是2007年保定市实施的“18项民心工程”之一。一年来，按照“分级分类、落实责任、逐一调度、分类指导”的工作方针，认真制定了《关于落实〈保定市危化企业整治搬迁规划〉督导方案》，先后组织对29家搬迁企业进行了8次专项督导检查，12次召开现场调度会和部门协调会，研究解决企业搬迁中遇到的各种问题，通过采取对责任单位下达督办卡、电话督办、组织有关部门现场督办、找企业负责人当面督办等多种形式，加大督办力度，全力推进。截至年底，列入年度搬迁规划的17家加油站完成实质搬迁10家，5家实施了阻隔防爆技术改造，关停2家；另外12家企业已完成选址或主体搬迁工作。同时，根据工作实际，增加了保定化学试剂厂和宝丰硝化棉厂列入2007年度搬迁计划，并已完成搬迁，消除了存在的重大隐患。

【不断深化安全生产专项整治】

煤矿：先后组织开展了水害防治检查、一通三防检查、火工品检查、禁用设备和工艺检查等专项检查；对证照到期和改制矿井及时下达了停产指令，加大了对曲阳灵山、涞水、涞源4家煤矿停产维修期间的监管，实行市月查、县周查和定期汇报调度制度，派出驻矿人员实施24小监管，严防私自开工生产；完成了对阜平县炭灰铺煤矿基建验收，经报省煤监局批准已开工生产。非煤矿山：组织开展了地下矿山机械通风、冶金行业、汛期安全三次专项检查，共查出安全隐患6349处，下达整改指令1274份，责令停产停业整顿56家。对辖区内563家尾矿库进行了逐一排查，查处隐患552条，整改480条。关闭取缔非法采矿点397个，拆除厂房（工棚）570余间，扣押非法采矿设备1766台（套），炸毁硐口72个，立案查处32起，行政拘留14人，刑事拘留19人。对正在整改的企业，由各县派专人驻矿督察，严防死守，确保不出问题。危险化学品：共检查企业10327家次，查出隐患23986项，完成整改23624项，其余隐患全部制定了整改计划，并采取了相应的安全措施。烟花爆竹：对23家批发企业、16家生产企业和337家常设经营网点进行了多次专项检查，查出隐患215处，下达整改指令书121份，处罚决定书30份，对6家隐患严重的企业实施了停业整顿；对23家烟花爆竹批发企业储存设施和管理工作进行了全面整治规范，投入整改资金1037万元，整改库房67栋。查处非法储存、运输烟花爆竹案件17起，捣毁非法生产窝点4个和非法销售、储存窝点12个，收缴鞭炮成品237万响，半成品26万余个，原材料395公斤。对烟花爆竹非法生产活动组织了拉网式的排查，共入户排查187.4万户，签订“三不”保证书162.7万份。职业危害：按照国家安监总局、省安监局的统一部署要求，在重点行业和领域组织开展了“职业危险申报”工作，制定了具体实施方案，整理了15万多字的申报参考资料，组织将申报规定制成告知书下发到相关生产经营单位，并派人深入25个县（市、区）对2300多家企业申报人员进行了具体指导，此项工作走在了全省的前列。

【组织开展“三大集中行动”】

一是组织开展了集中整顿矿产资源管理秩序双百日集中行动。由市委牵头，对9个山区县矿产资源秩序进行了规模空前，声势浩大的集中整治，对国家机关工作人员投资入股非煤矿山生产经营活动进行了清理，共涉及97人，撤资3375.6万元。组织有关部门对越层越界、乱采滥挖等非法行为进行了严厉打击，全市矿山资源秩序有了明显好转，矿山安全生产事故得到了有效遏制。二是组织开展了安全生产整治攻坚集中行动。为确保“十一”黄金周和“十七大”期间的安全生产形势的稳定，组织开展了以“迎盛会、保安全”为主题的“安全生产整治攻坚集中行动”，对各类安全隐患进行了拉网式排查，采取市直部门包县，县级领导包重点企业的方式，层层落实工作责任，强化督导检查。同时，采取了34项特殊措施，对存在重大安全隐患和不具备安全生产条件的单位一律停产整顿，并指定专人负责，严格落实安全监控措施。行动期间，共排查企事业单位16565个，查出隐患21179处，整改19452处，限期整改1362处，关停企业365家，为“十七大”的胜利召开创造了良好的安全生产环境。三是组织开展了冬季安全生产大检查和“两大两除”安全生产百日集中行动。为认真落实省委张云川书记关于承德市兴隆县铁矿冒顶事故批示精神，针对冬季安全生产工作特点，在全市开展“大排查、除盲点，大整治、除隐患”安全生产百日集中行动，强化了春节和“两会”期间的安全监控。

【强化日常检查和重点监控】一是强化重大危险源和重点企业监控。对1289处重大危险源，按照“五个一”的监控措施，落实市、县两级相关部门分包责任制，保证每一个重大危险源都有一个监管责任部门，实行部门主管领导负责制度和月巡查制度，严格落实值班和应急措施，使这些重大危险源始终处于有效的监控之下。将存在重大安全风险或隐患的29处非煤矿山、35个危化企业作为监控重点，实行了县级部门月巡查、市级部门季度督察制度；对16家烟花爆竹生产企业、5家煤矿严格实行驻厂安全监督员制度，并组织危化、矿山等监察人员，采取明察暗访的方式，进行不间断地监督检查，死盯死守，对隐患整改情况反复跟踪督办，严防重特大事故发生。二是适时开展安全生产大检查和专项检查。先后组织开展了春节、“两会”、“五一”黄金周和县级政府换届期间、汛期、“十一”、冬季安全等7次全市性安全生产大检查，对煤矿、非煤矿山、烟花爆竹、危险化学品、人员密集场所消防、特种设备等重点领域，组织安全专业技术人员进行了不间断的专项检查。三是进一步规范日常安全检查行为。推行了《安全检查手册》和《安全检查表》制度，制作了《安全生产监督检查情况登记表》，对每次检查的程序和内容进行了明确的规定。同时，在生产经营单位中，逐级、逐岗位推行《安全自查表》，规范企业日常检查行为，确保日常安全检查全面、系统、扎实的进行。

【强化应急救援体系建设】一是建立健全应急救援机构队伍。市安监局成立了保定市安全生产应急救援指挥中心和应急救援办公室。同时，市政府拨款188万元，依托市公安消防支队特勤大队成立了市危险化学品专业应急救援指挥中心和应急救援队。为规范安全生产应急救援体系建设，市安监局明确了应急救援体系建设“十有”的标准。目前，涿州、满城、定州、唐县等县（市）和市建设、卫生、交通海事等部门成立了安全生产应急救援办公室。根据本市高危行业特点，组建了8支市级专业应急救援队伍，其中矿山应急救援中队2个，危险化学品应急救援中队3个，建筑施工、城市燃气、水上搜救应急救援队各1个，建立了危险化学品应急救援培训演习基地。二是进一步完善了应急预案体系。制定完善了《保定市安全生产事故灾难应急预案》、《保定市危险化学品事故灾难应急预案》、《保定市烟花爆竹事故灾难应急预案》、《保定市煤矿事故灾难应急预案》、《保定市非煤矿山事故灾难应急预案》和《保定市尾矿库事故灾难应急预案》。对各县（市、区）和有关部门的17类125份安全生产应急预案进行了修订完善。组织力量对1250家生产经营单位安全生产应急预案进行了检查，高危行业企业应急预案覆盖率达到100%。三是积极开展应急救援工作。强化了应急救援演练，市、县两级共进行应急演练8500多次，78000多人参加了演练。随着全市安全生产应急救援体系建设的不断深入，为安全生产事故的应急抢险工作提供了保障。2007年，本市成功处置了2起危险化学品运输车侧翻事故和涞源县乌龙沟冀豫铅锌矿一氧化碳中毒事故，最大限度的减少了人民生产命财产损失。

【组织开展安全生产执法年活动】

一是周密组织。根据全省“安全生产行政执法年”总体部署，制订出台了《保定市安全生产行政执法年工作方案》。努力推动联合执法机制建设，在一些县级安监局探索建立了公安派出所，形成合力，齐抓共管。特别是针对打“三非”、防“三超”、反“三违”和非煤矿山安全生产秩序整顿、危化企业搬迁等重点工作，组织多部门采取联合执法行动，有效地解决了一些历史遗留下来的重大隐患问题。二是规范运作。制定了保定市安全生产监察支队《行政执法程序规则》、《行政执法过错责任追究办法》，规范安全生产执法程序和行为；在全省率先成立了安全生产执法案审委员会，年内组织开展了行政执法案卷评审工作，共抽查案卷246份，对存在的适用法律不正确、处罚证据不严谨、执法文书填写不规范等问题进行了纠正，推进了安全生产行政执法工作的制度化、规范化和科学化。三是严格执法。2007年，全市安监系统进一步加大了执法工作力度，组织集中执法行动3次，共立案1141起，结案1074起，结案率达到94%以上，实施经济处罚1296.20万元，同比增长115%。责令停产停业整顿544家，取缔非法生产企业353家，关闭企业99家，为保持全市安全生产形势总体稳定发挥了重要作用。对2007年全市发生的20起工矿商贸企业安全生产事故，严格按照“四不放过”原则进行了处理，目前已结案17起，按时结案率为100%，共有8名责任人受到追究。

【落实安全生产保障政策】一是严格落实安全生产行政许可制度。2007年，共有2494家高危行业企业办理了安全生产（经营）许可证。其中：危险化学品企业641家、烟花爆竹企业1913家、非煤矿山企业39家、煤矿1家。二是稳步推进经济保障政策落实。市安监局成立了安全生产风险抵押金办公室，各县（市、区）成立了安全生产风险抵押金管理机构，配备专职人员。出台了《关于企业安全生产风险抵押金管理工作有关问题的意见》和《关于建立安全生产风险抵押金管理联动机制的意见》，对安全生产风险抵押金账户的设立、存储范围、存储标准、分级管理及使用的审批权限等问题作出了统一明确的规定。2007年全市共有742个企业存储了安全生产风险抵押金，存储金额为4656.95万元。三是大力实施科技兴安战略。在全市重点推广了“中深孔爆破、HAN阻隔防爆和强磁整体堵漏”三项新技术，运用科技力量，提升企业的本质安全水平。截至年底，全市已有50家露天矿山采用了中深孔爆破技术。12月份，组织了阻隔防爆技术的可行性论证和现场观摩活动，确认了在加油站及其他易燃易爆场所采用阻隔防爆技术的可行性，并在市区的5家加油站先行试点。同时，对液氯生产、使用企业的强磁整体堵漏技术进行了两次可行性论证，其推广工作正在有序展开。

领导班子成员

局　　长　王宪刚
副 局 长　刘义和　周福生
　　　　　刘　军　白宏伟
　　　　　李铁庆
纪检组长　孟贤会

（部门编辑：田永清）

人事管理

【保定市人事局】　是市政府下设的综合管理全市人事工作、推进人事改革的职能部门。担负着人才引进、开发、交流，公务员录用、聘用、调配，培训教育、专业技术人员管理、工资福利、非师范类大中专毕业生就业指导和机关事业单位人员岗位结构调整等工作任务。下设10个职能处室：办公室、综合计划处、录用聘用调配处、考核任免奖惩处、培训教育处、工资福利处、专业技术人员管理处、职称管理处、工人培训考核处、军官转业安置处。4个事业单位：人才交流服务中心、人事考务中心、自主择业军转干部管理中心和转业军官培训中心。

【2006年·概况】　2006年，是“十一五”规划开局之年，是《公务员法》贯彻实施第一年。一年来，在省人事厅的具体指导下，在市委、市政府的正确领导下，在全市人事系统广大干部职工的共同努力下，市人事局严格按照市委、市政府“围绕中心，服务大局”的要求，以《公务员法》贯彻实施为切入点，以“双百工程”为载体，以创新创优人事人才环境为突破口，以服务经济社会发展为落脚点，聚心集力，开拓进取，圆满完成了年度工作任务。其中，公务员管理及招录、事业单位人事制度改革、军转干部安置、专业技术人员管理等12项工作得到省厅的充分肯定。

【学习宣传《公务员法》氛围浓厚】　2006年是《公务员法》实施的第一年，为了抓好此项工作，年初就制定下发了《关于认真学习贯彻〈中华人民共和国公务员法〉的通知》，要求全市人事系统在先学一步，深学一层的基础上，要通过采取专题讲座，知识竞赛等形式，深刻领会其精神实质。同时要利用各种媒体强化舆论声势，做到家喻户晓，人人皆知。在认真学习领会的基础上，市局还严格按省要求，在市水利局、望都县进行了公务员模拟登记试点，取得了较好的效果。

【军转安置任务圆满完成】　2006年，全市共接收军转干部862名，其中计划分配784名，自主择业78名，随调随迁家属44名。在计划分配的784名转业干部中，正团职18名，副团职50名，营职249名，连排职331名，技术干部136名（其中，市区接收军转干部579名，正团18名，副团40名，营职186名，连排228名，技干107名）。接收安置任务居全省第二，安置工作十分艰巨。为了高标准完成好省下达的军转安置任务，坚持了“一个导向、六个公开”的安置原则，从严把关，规范操作，于10月底完成了军转安置任务，达到了用人单位、部队、转业干部“三满意”，得到了省军转办、市委及军分区领导的充分肯定。

【公务员招录稳妥顺利】　坚持“公开、平等、竞争、择优”的招录原则，科学制定招录方案，在招录领导小组的领导下，严格组织、缜密部署，严把报名、笔试、面试、体检、公示等各个关口，做到招录有方案，阶段有总结，特别是面试工作全部实行异地交流考官，确保面试工作的公平、公正，并坚持及时向领导请示汇报，没有发生任何问题，确保五次招录（选调）工作圆满完成，受到有关领导、考生和社会的好评。到10月底共完成了市直公务员招录、人民警察招录、政府办公厅、研究室、法制办公务员选调等五次招录工作，招录（选调）公务员89名，其中招录市直机关公务员49名，人民警察26名（县级7名），从选调生中公开选调公务员14名。由于组织严密，社会认可度高，被省人事厅表彰为“全省公务员招录工作先进单位”。

【“双百工程”成效明显】 遵照市委八届七次全会、市人大十二届四次会议政府工作报告和“2·28”大会精神，市局将为企业做好人才服务作为部门职能与全市经济建设、社会发展的结合点，谋划和开展了“百企调研”、“百校走访”活动、建立保定市企业人才需求档案和保定市人才外库。一是深入开展“百企调研”，广泛了解企业的需求。于3月16日，在《保定日报》及“人事人才”网站发表了《保定市人事局给全市工商企业的公开信》。3月下旬开始，分10个组，由县（局）级领导带队，用近一个月的时间对市区及各县（市）的110家工商企业进行了调研。共征求意见30余条，摸清各企业的人才需求情况（共需78个专业4565余名专业技术人才）。二是积极进行“百校走访”，广泛采集人才信息。6月份，由局领导带队，分成5个组，分赴东北（哈尔滨、大连、长春、沈阳）、西北（新疆、太原、兰州、西安）、华中（武汉、长沙）、西南（成都、重庆）等地的有关高校和人事部门进行了走访考察。共与30所高校签订了《人才资源开发合作协议书》，同时，还与6所高校签订了《毕业生就业基地建设合作协议书》。共采集高层次人才信息1098人（专家学者），带回科技（项目）成果信息1739项，为建立本市人才外库打下了基础。此项创新性工作不仅得到省厅及市领导的充分肯定，也得到社会各界的一致好评。

领导班子成员

党组书记 局长	张　莹
副局长	张清田
	陈克祥（4月任）
	刘英才　李彦英
	颜雨田
纪检组长	石俊奇
调研员	孙庆喜
	剧晓哲（5月任）
助理调研员	梁学军
	陶连海（1月任）
外国专家局局长	付爱国

【2007年·概况】 在市委、市政府的正确领导下，在省人事厅的具体指导下，本局紧紧围绕为打造“京南近海强市名城”提供人才支撑和智力保障，聚心集力，开拓进取，圆满完成年度工作任务。其中，公务员招录、事业单位人事制度改革、培训教育、军转安置、“双百工程”、政风行风建设等多项工作得到省市各级领导的好评。

【全市政府系统公务员登记工作稳妥推进】 自公务员登记工作开展以来，严格按照中央和省里的部署及要求，严密组织，迅速落实，规范操作，科学实施，全力做好公务员登记工作。全市按照规定可以直接登记的公务员登记审批工作已基本完成。具体情况是：全市政府系统行政编制20944人，实有19093人。在职人员登记16628人，提前离岗提前退休登记3245人，暂缓登记2465人。

【事业单位人事制度改革圆满完成】 按照积极稳妥，全面推进、适时检查督导的工作思路，集中精力推行以人员聘用制度为主要内容的事业单位人事制度改革工作。截至6月底，全市事业单位人事制度改革按市政府要求时限提前2个月完成。

【军转安置工作公正透明】 全年，全市共接收军转干部488名，其中计划分配441名，自主择业47名，随调随迁家属32名。在计划分配的441名转业干部中，团职49名，营职180名，连排职139名，技术干部73名。接收安置任务居全省第二。具体分配情况：中省属单位49名（占总数的11%）；党政机关183名（占总数的41%，主要安置在缺编单位）；政法部门176名（占总数的40%，列入中央政法专项编制）；事业单位35名（占总数的8%）。实现了转业干部、接收单位、部队三满意的预期目标，圆满完成了全年的军转安置任务。

【工资制度改革扎实推进】 按照“河北省公务员工资制度改革实施办法”，从2006年7月1日起，国家公务员实施了新的工资制度。根据有关政策规定，对履行了登记的公务员实施了工资套改。此项工作从2006年12月29日全面展开，全市已有45310名机关工作人员进行了工资套改，占总人数的90%，其中市直有6023人进行了工资套改，占市直工作人员总人数的93.9%。认真做好事业单位工作人员收入分配制度改革。按照“河北省事业单位工作人员收入分配制度改革实施办法”从2006年7月1日起，事业单位实施绩效工资制度的改革，实行了岗位绩效工资制度。按照收入分配制度改革的实施办法，对事业单位工作人员进行了工资套改。截至年底，全市事业单位199245名工作人员的岗位工资和薪级工资的套改已经完成。

【“双百工程”效果显著】 按照“双百工程”的总体安排，4月上旬，由局领导带队，分成6个组，分赴东北、西北、华中、西南、华东、华北等地的有关35所高校和人事部门进行了走访考察。共带回《高校毕业生就业意向征询表》345份，《人才智力资源开发合作协议》22份，《科研成果推广项目》3561项，涉及汽车、新能源、纺织服装三大战略支撑产业199项，涉及食品加工、电子信息、现代物流、文化旅游四大成长性产业145项，其他类3217项。同时，积极谋划推进与清华大学人才与科研战略合作。在“双百工程”走访高校过程中，积极促成了与清华大学就人才与科研战略合作。此举，市主要领导均作了重要批示，给予了高度关注。8月24日，清华大学领导率团专程访问考察本市，双方高层领导进行了合作会谈，市政府也召开了专题会议，研究部署与清华大学合作的有关事项，并形成《市政府办公厅<关于推进与清华大学在人才等方面战略合作专题会议纪要>》（[2007]保市府办131号）下发各部门。起草并征求了相关部门意见，形成《保定市人民政府、清华大学<人才、技术、科研开发合作协议书>》，为本市与清华大学开展人才、科研合作打下了坚实的基础。

领导班子成员

党组书记
局长　张莹
副局长　张清田　陈克祥
刘英才　李彦英
颜雨田
纪检组长　石俊奇
调研员　剧晓哲
助理调研员　梁学军　陶连海
外国专家局局长
付爱国

（部门编辑：李荣耀　伍昌汉）

劳动和社会保障工作

【保定市劳动和社会保障局】 是市政府管理全市劳动和社会保障工作的职能部门，辖办公室、人事处、法规监察处、养老保险处、医疗保险处、就业处（失业保险处）、仲裁处、职业培训处、规划财务与工资处、农村社会保险处等10个职能处室和机关党委、纪检监察室两个党务部门及保定市就业服务局、小额担保贷款中心、社会保险事业管理所、机关事业单位养老保险所、医疗保险基金管理中心、劳动保障监察支队、职业教研与鉴定指导中心、信息中心、高级技工学校等9个事业单位。

【2006年·概况】 在市委、市政府的正确领导下，紧紧围绕年初制定的工作目标，按照“求实、务实、落实”的总要求，狠抓贯彻落实，加强调查研究，深入扎实推动各项工作的开展，实现了“十一五”劳动保障工作的良好开局。被市委、市政府评为工作实绩突出单位。

【就业再就业工作成效明显】 继续把就业再就业工作放在突出位置，认真贯彻落实新的就业再就业扶持政策，不断加大资金投入力度，强化公共就业服务，改善农民工就业环境，有力地推动了城乡就业。2006年全市城镇新增就业56081人、安置下岗失业人员39151人、农村劳动力向非农产业转移21.6万人，劳务输出新增13.4万人，下岗失业人员再就业培训20156人次，农村劳动力转移培训9.64万人，均已提前完成或超额完成目标任务。城镇登记失业率4.03%，控制在4.6%以内。国有企业下岗职工再就业延长3年的扶持政策已全面落实。22个县（市、区）县级劳动就业服务中心的建设已完成，市、县、街道、社区及有条件的乡镇劳动服务机构均已实现微机联网。作为全市2006年“十大民心工程”之一的劳动就业服务中心，经过一年多的筹建，于11月22日正式开工建设。

【全面启动“零就业家庭”就业再就业援助工程】 以市政府名义出台了《关于实施零就业家庭就业再就业援助工程的意见》，提出实现“两个零”工作目标：首先是实现近期“归零”，要求在2007年春节前每个零就业家庭至少1人实现就业，让现有城镇零就业家庭数“归零”；其次是做到“动态为零”，对今后新出现的零就业家庭，发现一户，援助一户，确保3个月内至少一人实现就业再就业，确保长期“动态为零”。

【社会保险覆盖面不断扩大】 着重把社会保障体系建设的重点放在着力解决群众关心的热点难点问题上。积极调整企业养老金待遇，先后三次为企业离退休人员增发养老金和各种补贴，从8月份起，统一调整了全市企业退休人员养老金标准，调整后，人月均养老金增加180元左右，达到736元/月；通过多渠道多手段把更多不同的社会群体纳入到社会保障范围内，使本市的劳动保障体系更加健全。全年实现各项社会保险新增扩面12.98万人，其中企业养老保险2.3万、机关事业单位养老保险0.2万人、失业保险1.52万人、工伤保险2.25万人、医疗保险6.2万、农村养老保险0.51万人。非公有制企业和灵活就业人员基本医疗基本养老保险参保率与2005年相比均上升10%，完成目标的100%。

【构建和谐劳动关系】 通过推行劳动合同制度，加强劳动保障执法监察，规范企业劳动用工行为，严厉打击各种侵害劳动者权益的违法行为，有效地维护了劳动者权益。全年，共检查用人单位8806户，涉及职工60.7万人，追回拖欠劳动者工资2271.5万元，涉及人数2.24万人，查处36户企业非法使用童工47人，群众举报专查结案率91.2%，非国有企业劳动合同签订率达74.9%，劳动保障年检覆盖面达到75%，私营企业60%；接待和处理信访4401件，涉及职工18248人，受理劳动争议案件3968起，已结案3776起，结案率达到95%，公开审理劳动争议案件60件。

【加强高技能人才培养】 按照市政府提出的建设“职教名市”的要求，努力创优培训环境、加快培养步伐，为技能人才成长搭建平台。一方面加强对全市技校和民办培训学校的管理，提高办学层次和质量，以市场为导向，以就业为目标，培养紧俏人才。另一方面调动企业岗位技能培训积极性，选择经济效益好的6个国有大中型企业为试点，带动全市企业职工培训工作，全年完成企业职工岗位培训和继续教育完成16.1万人，完成目标的100%。

【贯彻新政策取得新突破】 按照全市“调研落实月”活动的部署，深入各县（市、区）、企业、社区，调查了解职工群众劳动保障方面需要解决的重点难点问题，结合本市实际情况，相继制定出台了多项劳动保障新政策，把更多的人纳入全市劳动保障体系。一是严格贯彻落实就业再就业政策。在中央、省对再就业扶持政策进行调整补充的基础上，制定出符合本市实际情况的实施意见和配套文件，为今后的就业再就业工作提供了有力的政策保障。二是建立起本市失地农民养老保险制度。以市政府名义制发《保定市关于建立被征地农民基本养老保险制度的实施意见》，使全市的农村养老保险工作取得重大突破。三是以市政府名义出台《保定市市本级全额事业单位基本养老保险社会统筹暂行办法》，启动了市本级全额事业单位基本养老保险工作，加快机关事业单位养老保险制度改革，为人才有序流动创造便利条件。

领导班子成员

局　　长　穆春林

副 局 长　田爱军　王忠选　王俊魁　孙福君

纪检组长　姚学玲

助理调研员　张普霖　王小莉　张建英

【2007年·概况】 2007年，在市委、市政府的正确领导下，以开展“掀起责任风暴、推进效能革命、优化发展环境”活动为契机，紧紧围绕建设京南近海强市名城总目标，按照年初制定的工作重点，不断改进工作，创新措施，推动全市劳动保障工作顺利开展，各项目标任务全面完成或超额完成，就业再就业、社会保障、职业培训、维护劳动者权益等工作取得显著成绩。

【全面发展就业再就业工作】 全市城镇新增就业6.81万人，下岗失业人员再就业3.3万人，困难对象再就业1.14万人，分别完成全年计划的126%、122%、220%。城镇登记失业率4.05%，比全年目标低0.45个百分点。一是城乡就业援助成效显著。实施城乡技能就业扶助计划，从城镇“零就业家庭”和农村特困家庭中招收符合条件的资助生免费上技师学院，并且毕业后推荐就业，第一批招收的250名资助生已顺利进入河北省技师学院就读。从根本上帮助这些家庭摆脱困境，真正实现了“一人就业、全家脱贫”，社会反响良好。开展免费创业培训，提高创业者创业能力，大力支持以创业促就业。全年对3002人实施创业培训，使5350人实现就业。创业培训工作位居全省首位。二是公共就业服务水平不断提高。被列为全市“十大民心工程”之一的保定市劳动就业服务中心，经过一年多的建设，“中心”的主体和外装修工程已基本完成。市就业服务局就业再就业服务大厅积极规范服务行为、不断推行便民利民服务，被劳动和社会保障部评选为全国劳动保障系统优质服务窗口单位。

【“零就业家庭”就业再就业援助工程取得重大突破】 2006年11月份，本市率先在全省启动了“零就业家庭”就业再就业援助工程。通过统一工作程序、入户摸清底数、大力开发就业岗位、多层次援助等措施，积极安置零就业家庭成员。经过一年来的多方努力，4638户零就业家庭一户不落的全部实现了“归零”，安置“零就业家庭”成员5346人，并已将“零就业家庭”的援助工作顺利向社区平台交接，“零就业家庭”就业再就业援助长效机制逐步完善，“零就业家庭”的生产生活得到了有效的改善，赢得了社会各界的好评和赞誉。

【社会保障体系建设取得新进展】2007年全市城镇养老、医疗、失业、工伤和生育五大保险参保人数分别达到了64.8万人、78.1万人、51.4万人、43.4万人和30.02万人，社会保险覆盖面不断扩大，越来越多的职工群众纳入到社会保障体系中。一是机关事业单位养老保险成绩显著。全市机关事业单位养老保险参保人数达到8.72万人，职工参保人数达到6.99万人，大幅超额完成全年任务目标，均为全省第一。机关事业单位养老保险制度改革进程加快，向县级延伸，全市已有15个县（市、区）启动了全额事业单位养老保险制度。二是各项社会保险待遇得到全面落实。为全市16.4万名企业离退休人员发放养老金17.3亿元。2007年调待，本市企业退休人员养老金月人均增加125.6元。为13472名失业人员发放失业保险金3379万元。为1359名职工及家属支付工伤待遇1684.8万元。三是城镇基本医疗保险和生育保险取得新进展。为城镇居民医疗保险的启动做足准备工作。积极申请成为全省城镇居民医疗保险试点，成立了相应的城镇居民医疗保险联席会议及联席会议办公室，并组织力量，对市区居民医疗保险参保等情况进行摸底调查，起草制定《保定市城镇居民基本医疗保险试行办法（草案）》，为本市城镇基本医疗保险的顺利启动夯实了基础。以市政府名义下发了《保定市城镇职工生育保险暂行办法》，扩大了参保人员范畴，提高了生育保险待遇享受标准。四是社保基金监督检查效果明显。组织对全市各级五项社保基金以及农保基金进行了全面的自查联查，对发现的问题限期整改。配合审计部门完成了全市五项社保基金、农保基金和三项专项资金审计。通过联查、审计，大部分违规使用的基金、资金得到纠正。

【维护企业和劳动者合法权益】一是劳动关系总体和谐。劳动合同制度实施三年行动计划全面推进，签订集体合同2586份，覆盖职工28.97万人。对18户国有企业改制职工安置方案进行了审核，涉及职工1.6万人、安置资金1.3亿元。二是积极化解矛盾，维护社会稳定。全年共受理劳动争议仲裁案件1950件，接待群众来信来访7524人次，妥善处理群体访32批次，排查调处矛盾纠纷343件。劳动仲裁机构实体化建设取得新的进展，全年新增2家仲裁院。三是劳动保障监察力度不断加大。全市不断探索监察工作有效形式，实行跨区域执法、日常监察与专项监察相结合等方法，有效维护了劳动保障法律法规的权威。在全市组织开展了清理拖欠农民工工资、整顿劳动力市场秩序、规范用工行为等多次专项检查，有力地保护了劳动者权益，尤其是山西“黑砖窑”事件发生后，本市立即作出部署，会同工商、公安等有关部门组织开展了以“小砖窑、小煤矿、小矿山、小作坊”四小企业为重点的专项检查行动，查处非法用工，打击违法犯罪，用工环境明显改善。

【技能人才培养培训和职业教育快速发展】按照市政府提出的建设“人才强市”的要求，努力创优培训环境、加快培养步伐，积极开展职业培训和技能鉴定工作，为技能人才成长搭建平台。一是加强对全市技校和民办培训学校的管理，提高办学层次和质量，以市场为导向，以就业为目标，培养紧俏人才。全年培养新技师1020人，全市技校招生11018人，完成招生目标的184%。二是积极组织、参加各项人才选拔活动，为高技能人才的培养营造良好环境。会同市委组织部策划开展“高技能人才助力中国电谷、叫响保定制造”系列活动。与教育局共同组织了“2007年保定市中等职业学校学生职业技能比赛”，并组建代表队参加第二届全国技工院校技能大赛河北赛区选拔赛，取得优异成绩，涌现出一大批优秀的技能人才。三是建立完善高技能人才岗位使用和表彰激励机制，激发高技能人才的活力。对42名“保定市技术能手”进行了表彰奖励。四是职业技能鉴定工作稳步推进。全年完成技能鉴定4.55万人，超额完成目标任务。

【积极宣传劳动保障法律法规】全市劳动保障系统认真组织学习《劳动合同法》、《就业促进法》、《劳动争议调解仲裁法》三部劳动保障法律、通过采取组织培训，开展知识竞赛、“三进三送”、电视访谈等多种形式的活动，进行强势宣传、普及法律知识，在电视台录制相关节目10余期。在全省《劳动合同法》、《就业促进法》两法电视知识大赛中，本市取得了三等奖的好成绩。

【开通12333便民服务热线】2007年5月21日，本市12333劳动保障电话咨询服务热线正式开通。作为劳动保障信息化建设的重要组成部分，热线采取拨入、外拨、传真、短信等方式，免费为社会公众提供劳动保障政策信息发布和咨询、社保账户查询、就业信息发布、投诉举报受理等服务，实行24小时全天候开通。截至12月底，共接听受理各类咨询电话1553个，其中人工接听1479个，回复语音留言74个，切实方便了广大群众咨询了解劳动保障政策。

领导班子成员

局　　长　穆春林
副 局 长　田爱军　王忠选
　　　　　王俊魁　孙福君
调 研 员　姚学玲
副调研员　张普森　王小莉
　　　　　张建英

（部门编辑：孟照胜　郝　斌）

国土资源管理

【保定市国土资源局】 保定市国土资源局是保定市人民政府国土资源行政执法部门。依照《中华人民共和国土地管理法》、《中华人民共和国矿产资源法》和《中华人民共和国测绘法》规定，承担全市土地、矿产资源、测绘的管理和监督工作。内设办公室、政策法规处、人事教育处、财务审计处、规划科技处、耕地保护处、地籍处、土地利用处、矿产开发管理处、地质勘查处、地环科技处、执法监察处、测绘管理处、机关党委、纪检室、工会等16个处室。辖土地储备中心、土地开发公司、地产管理办公室、国土资源执法监察支队、国土资源规划测量所、地价评估中心、国土资源信息中心等7个事业单位。

【2006年·概况】 2006年是“十一五”规划开局之年，全市国土资源系统在市委、市政府和省厅的正确领导下，坚持以科学发展观为统领，全面落实党的十六届六中全会、省七次党代会、市党代会、全省国土资源工作会议和全市领导干部大会等一系列会议精神，紧扣更快、更好发展和构建和谐社会的两大主题，严格管理，提高效能，与时俱进，开拓创新，圆满、超额完成了年初市委、市政府和省厅下达的各项目标任务，国土资源各项工作取得了新的突破。年内，被市委、市政府评为“工作实绩突出单位”；被省厅评为“工作实绩突出单位”；被市委、市政府授予“行风建设先进单位”；被国土资源部授予“2001～2005”年国土资源管理系统法制宣传教育先进集体”称号；被省厅授予“四五普法”先进单位；被市委评为06年度先进基层党组织；被市委、市政府授予拆违先进单位，荣获集体三等功；被市直工委授予绿色机关称号等。

【重点项目建设】 重点解决了“中国电谷”风力发电机组、保定汽车零部件生产基地、河北软件学院产学研基地以及张石高速等一大批省、市重点项目用地问题，有力地支持了全市经济社会发展。全年共申报农用地转用指标32896亩，占全省指标（105750亩）的31.1%，列全省第一。其中：申请使用省指标项目23个，面积5089亩，占省预留指标46920亩的10.8%；使用省留高速公路指标22034亩，占省留高速公路指标27555亩的80%；省下达本市的3555亩的农转指标全部得到落实，共安排项目52个；本市3个扩权县共使用指标2218亩。

【基本农田保护工作】 2006年，本市申报省南水北调中线工程土地开发整理项目23个，总规模47461.1亩，新增耕地19550.7亩，总投资6793.5万元。安排市投资开发整理项目12个，总规模28142.4亩，新增耕地4494.7亩，总投资3750万元，核定市投资1615万元。安排占补平衡项目22个，总规模25403亩，新增耕地12904.2亩，总投资4664.8万元，新增耕地5315.3亩，总投资2792.1万元。实现了全市耕地总量动态平衡。

【集约用地】 2006年，共利用闲置低效土地360亩，解决了保定恒达纸包装公司、大众实业有限公司等20余个项目；报批土地置换复垦立项15个，面积1809亩，解决建设用地1735.5亩。共申报土地整理（折抵）项目6个，总面积12841.8亩，新增耕地面积2526.4亩，折抵建设用地指标1515.8亩。

【土地利用】 2006年，市本级共审查报批土地使用权117宗，面积3120亩，总价款14亿元，实现政府收益（上缴财政）5.16亿元，是财政下达任务1.1亿元的4.7倍，是上年全年土地纯收益2.6亿元的1.98倍；同时，土地二级市场活跃发展，核准土地使用权转让38宗，面积1226亩，转让总价款2.47亿元，为国家创税近1000万元；收购储备土地874亩，超额完成了年内800亩的储备任务。

【矿政工作】 对省厅委托的23宗探矿权进行了出让，其中7宗探矿权进行了公开拍卖，共取得价款201.6万元。共出让采矿权69个，收取采矿权出让价款330.25万元，收取矿产资源补偿费200万元。

【执法监察工作】 下发了《国土资源违法案件查处考核目标》，针对各县（市、区）存在的突出问题提出不同的要求，实行分类指导。积极参加在市区开展的“拆违”活动，向市政府提交了《市区清理处理违法用地实施方案》，并在拆违第一战役中被市委、市政府评为先进单位。按照国土资源部和监察部要求，在全市开展了严肃查处各类土地违法案件活动，对10起典型违法案件在媒体公开曝光处理。2006年全市共立案查处各类土地违法案件1032件，已结案767件，罚款648.53万元，收回土地881亩，拆除违法建筑16.82万平方米，有力地维护了土地市场秩序。

【整顿和规范矿业秩序工作】 按照国家、省《关于全面整顿和规范矿产资源开发秩序的通知》精神，重点开展了“治乱”工作。完成了“一矿一卡”、“一勘查项目一卡”的清查，重新填制清查卡642份；全面开展了以查处无证勘查开采、越界开采、以采代探、乱采滥挖等违法违规行为为重点的专项整治活动，共查处违法违规案件300多起，罚款200余万元。稳步推进矿产资源整合工作，在省厅明确本市整合的三个重点矿区中，乌龙沟、镰巴岭两个矿区已整合完毕，大湾矿区整合工作进入了评估阶段。市整合范围的32个矿区也全部整合完毕。加大了重点隐患矿区的监管力度，建立健全了安全生产目标责任制，通过不懈努力，本市已连续多年未发生国土资源职责范围内的矿山安全生产事件。

【地质灾害防治工作】 起草了《2006年保定市地质灾害防治方案》，健全完善了专家咨询组、应急抢险突击队等防灾组织体系和防灾责任制等工作制度体系，提高防灾减灾能力。在汛期，局领导分片包干对重点县进行突击检查，对全市317处地质灾害隐患点逐一核查，确保了安全度汛。省厅周明厅长到本市检查防汛工作时，对本局工作给予了充分肯定。

【地籍工作】 市区地籍调查工作取得重大进展，两个作业单位试验区的地籍测图部分已经全部完成，其他街坊市区地籍测图和权属调查工作正在稳步推进，为下年全面完成市区地籍调查奠定了基础；土地登记规范化建设成效明显，以政府办公厅名义印发了《关于依法规范市区国有土地登记工作的通知》，同时启用了更加规范的土地登记申请表、审批表；土地利用更新调查成果显著，25个县（市、区）中，已有13个县通过国土资源部确认，11个县通过省厅验收，在全省处于领先地位

【测绘管理】 启动了本市的地籍测绘和地形测量工作，完成了市区平面控制网和高程控制网的布设并已通过省质检站验收，并已向社会提供使用；整顿和规范了地图市场秩序；完成了测绘资质年度注册工作；启动了最新现势性强的《保定市城区图》编制工作，已完成初稿。

【信访工作】 实行了信访稳定工作例会制和局领导分县包干责任制，同时积极开展了“三位一体”社会纠纷排查调处活动，引导群众走行政调解的路子，有效维护了社会稳定。全系统共接待来访6313次，11439人，受理来信来电20989次，其中市局来访598次，1166人，来信来电785次，部省要结果案件30件，办结率100%，市要结果案件42件，办结率95%，信访复查案件68件，已全部按期出具处理意见。

【政风行风】 开展了专项资金综合治理、治理商业贿赂及土地招拍挂执法检查工作。完善和深化了行政权力公开透明运行工作，对职权目录重新进行了清理，审核出8类79项权力，并制定了权力运行流程图。在完善和深化局机关公开透明工作同时，突出抓了各县（市、区）局和各直属事业单位的行政权力公开透明工作，启动了涿州、定州、安国三个扩权县和易县、定兴等五个试点县的电子政务建设，8个县已全部投入试运行。在政风行风建设方面，提出了“不出事、争优秀、全覆盖、上台阶”的工作方针，实行了政风行风建设奖惩制，并纳入年度目标考核范围，全系统政风行风进一步好转。

【党风廉政】 认真学习贯彻《中国共产党党内监督条例（试行）》和《中国共产党纪律处分条例》，认真开展和落实党风廉政建设及反腐败工作的各项任务，局领导干部带头执行党风廉政建设责任制，把加强自身的思想作风建设、勤政廉政建设和推进全系统政风行风建设进一步好转结合起来，增强了党风廉政建设的自觉性和主动性，维护了国土资源队伍的形象。

【基层国土资源所建设】 年内共投入160万元，为全市29个国土资源所改善了软硬件办公环境。并于9月中旬对全系统220名国土资源所所长分两期进行了法律法规和业务培训，推动了基层国土资源管理工作上台阶、上水平。

领导班子成员

局　　长　张德义
副 局 长　刘　杰　曹福印
　　　　　刘新社　张彦杰
　　　　　张民立　王志彬
纪检组长　蔡建会

【2007 年·概况】 2007 年，全市国土资源系统在市委、市政府和省国土资源厅的正确领导下，紧紧围绕“建设京南近海强市名城”这一主题，严格管理，提高效能，与时俱进，开拓创新，高标准、超额完成了年初省厅和市委、市政府下达的目标任务，各项工作取得了新的突破。年内，被市委、市政府评为“工作实绩突出单位”；被省厅和市委、市政府授予“行风建设优秀单位”；被市政府授予“南水北调征迁安置工作先进集体”（记集体二等功）；被市委、市政府授予集中治理整顿矿产资源管理秩序“双百日”活动先进单位等。7 月 22 日至 25 日，全省国土资源所规范化建设现场经验交流会在本市召开，市局及定兴、易县局分别在会上作了典型发言。本市的国土资源所规范化建设工作，得到了省厅领导充分肯定，并在全省推广。

【重点项目建设】 2007 年是本市“项目建设突破年”，在国家加强宏观调控，严格控制建设用地总量的形势下，经过不懈努力，全市共使用新增建设用地 46500 亩，同比增长 46.5%，占全省下达计划指标的三分之一，列全省 11 个地市之首，其中项目建设用地 14900 亩，同比增长 43.1%，重点保障了汽车及零部件、中国电谷、纺织服装加工等三大支柱产业项目建设用地，最大限度地支持了经济社会快速发展。

【基本农田保护工作】 为进一步做好耕地保护工作，市政府与 25 个县（市、区）政府全面签订了《土地管理目标责任书》，明确了责任人、考核内容、标准和奖惩办法，加大了耕地保护巡查力度，确保了全市 79.15 万公顷（1187.25 万亩）耕地保有量不减少。2007 年共完成开发整理项目 24 个，总规模 54438 亩，新增耕地 16016.26 亩，超额完成目标任务。同时，严格落实基本农田保护制度，建立并完善了基本农田资料档案，保护面积全部落实到地块。其中，高碑店市被国家列入全国基本农田保护示范区。望都、清苑县局荣获省土地开发整理先进单位。

【集约用地】 提前完成全市“空心村”、“砖瓦窑”和工矿废弃地、闲置土地的摸底调查工作，三项可利用面积共计 47948.47 亩，全市实际利用面积 4010 亩，为本市项目建设提供了有力地后备资源保障。在此基础上，积极推进土地置换工作，全市通过土地置换办法解决项目用地 2095 亩。

【土地利用】 进一步加大土地市场建设力度，完成了城市基准地价更新工作，年内市本级完成土地出让金入库 5.26 亿元。积极抓好土地的收购储备工作，收购储备土地 554.166 亩。

【矿政工作】 完善了矿业权市场建设，编制完成了 60 宗探矿权设置方案，为下一步采矿权、探矿权的“招、拍、挂”出让工作奠定了坚实的基础；完成了 2007 年度矿山储量动态监督管理工作；加强了矿产资源补偿费征缴力度，全市入缴国库 252.3 万元，涞源、唐县、高碑店局在矿产资源补偿费征收方面成效明显。

【执法监察工作】 集中开展了查处土地违法违规案件专项行动、“百日行动”和卫片执法监察工作，拆除了一批违反土地利用总体规划的违法用地建筑物。对 10 起土地违法案件进行了公开曝光。在市区范围内开展了卫片执法监察工作，对 156 件违法案件进行了行政处罚。

【整顿和规范矿业秩序工作】 圆满完成了集中治理整顿矿产资源管理秩序“双百日”活动，查处无证采矿案件 87 件，无证勘查案件 15 件，越层越界案件 6 件，对违法采矿均按照“三不留，一毁闭”的标准，切实关闭到位。本市整顿和规范矿产资源管理秩序成果得到了省厅肯定。完成了“一矿一卡”、“一勘查项目一卡”的清查，对违法采矿均按照“三不留，一毁闭”的标准，切实关闭到位。矿产资源整合工作稳步推进，全部完成乌龙沟、镰巴岭矿区整合工作，换发了采矿许可证，大湾矿区完成方案编制、储量核实、资产评估等工作。

【地质灾害防治工作】 健全了防灾组织体系，制定了应急预案，更新完善了地质灾害群测群防网络系统。在汛期，本局领导分片包干对全市 300 余个地质灾害隐患点重点督查，确保了安全度汛。高度重视安全生产工作，对重点隐患矿区加大监管力度，实行领导分县包干责任制，全年未发生国土资源职责范围内的重大安全生产事故。

【地籍工作】 对三区原发《国有土地使用证》，统一换发为市政府颁发的《国有土地使用证》；启动了全市第二次土地大调查，实施方案、培训方案和市本级调查经费预算草案编制均已完成；进一步强化了专项资金管理工作，做到了专款专用，省审计厅对本市土地出让及开发整理资金审计后，给予了充分肯定。

【测绘管理】 组织编写了基础测绘“十一五”规划；按时完成了测绘单位的年度注册；严格执行国家基础测绘成果使用许可制度，年内没有发生测绘成果损失和泄密事故。加强测绘市场和地图市场管理，及时发现并查处各类测绘违法案件5起，结案率100%。涿州、易县、高碑店、定州局被评为省测绘管理先进单位。

【信访工作】 2007年，共受理群众来信来电8927件，接待群众来访4071次、8622人，按照“四明确”的要求，解决了一批矛盾纠纷，赢得了群众的认可，确保了“两会”、“十七大”期间社会稳定和谐，全年未发生重大群体访事件。满城局推行的国土信访110、顺平局实行的信访工作量化考核制度，均受到当地群众好评。

【依法行政】 扎实做好行政复议、行政诉讼工作，全年收到行政复议申请26件，均已办结。全面推行了政务公开，行政权力公开透明运行工作做到了科学化、规范化、制度化。定兴局被省厅评为“依法行政示范单位”，市局和满城、望都、定州局被省厅评为“依法行政先进单位”。

【党风廉政】 广泛开展了“掀起责任风暴、推进效能革命”和“为民、务实、清廉”教育活动，增强了党风廉政建设的自觉性和主动性。在政风行风建设方面，通过全系统干部职工的共同努力，市局实现了年初制定的政风行风工作“保优秀进免排”的目标，全市共有22个县（市、区）局被评为政风行风优秀单位，其中定兴、曲阳等20个县（市、区）局连续两年以上进入优秀行列。

【基层国土资源所建设】 投入资金370万元，加大国土资源所信息化建设，全市已有40个国土资源所为标准化建设达标单位。

【电子政务建设】 对17个县局进行了政务审批系统培训，其中8个试点县局实现了局域网办公，对规定的13项行政审批事项，实行了网上联动审批试运行。市局行政审批网上运行被市委、市政府确定为示范单位，并通过了省政府检查验收。

领导班子成员

局　　长　张德义
副 局 长　刘　杰　曹福印
　　　　　刘新社　张彦杰
　　　　　张民立　王志彬
纪检组长　蔡建会

（部门编辑：彭玉英　刘宝利）

物价管理

【保定市物价局】 保定市物价局隶属保定市人民政府领导，是主管全市物价工作的职能部门。内设办公室（同时挂组织人事处牌子）、价格政策协调处、商品价格管理处、价格信息监测处、国家机关及公益事业收费管理处、公用事业价格及经营收费管理处、局机关党委7个职能处室。下属事业单位4个：保定市物价局监督检查分局、保定市价格成本调查分队、保定市涉案物品价格鉴证中心、保定市收费许可证审验服务中心。全局实有干部职工117人，其中局机关43人，下属事业单位74人。

【2006·概况】 2006年市物价局在市委、市政府和省物价局的正确领导下，认真贯彻落实全省价格工作会议和全市经济工作会议精神，以保持全市价格总水平基本稳定为重要目标，不断加强价格调控，深化价格改革，整顿价费秩序，积极推进服务新农村建设和价格诚信建设，大力开展价格服务进万家活动，促进了经济社会的全面协调可持续发展，开创了全市价格工作的新局面。特别是开展“学、树、保、促”活动以来，局党组制定了详细的活动方案，多次召开会议进行研究部署，进一步树立了正气、端正了工作态度、明确了责任、鼓舞了干劲，全局上下凝聚了人心、形成了合力，有力地推进了政府工作目标的提前落实，高标准完成了目标任务。本市物价工作在全省名列前茅，被市委、市政府评为“工作实绩突出单位”。

【加强价格调控和监管，确保价格总水平基本稳定】 一是认真执行宏观调控的政策措施。在推进价格改革、解决价格矛盾的过程中，坚决避免提价集中和涨价幅度过大的情况，切实把物价上涨幅度控制在预期调控目标之内。如在煤、电价格上涨、调价压力增大的情况下，经过多方协调和努力，决定暂不调整市区冬季供热价格。既减轻了居民负担，又有效地控制了价格上涨。二是积极改进燃气价格管理模式，防止价格过度上涨。适应石油产品价格逐步与国际接轨、价格持续上涨的形势，改变了液化气销售价格管理办法，即由国家定价改为国家指导价，实行了采购价顺加固定综合费用的作价办法。规定进货价格上涨8%后方可备案上调，从而既较好地解决了企业经营难题，又保障了气源供应和价格的基本稳定。三是规范药品价格管理。配合省局完成了全市9125种药品招标采购价格的制定工作，先后对五批1400个品种的药品进行了降价，平均降幅达到32%，缓解了药品价格虚高的现象。制定了《保定市医疗机构自制药物制剂价格管理办法》，进一步规范了制剂价格管理。强化价格监测工作。四是进一步完善了价格异常波动应急处理机制，确保反应迅速、措施有效、干预有力。1~10月份全市居民消费价格总指数同比为101.56，确保了全市价格总水平的基本稳定，实现了全年不超过3%的控价目标。

【着力加强网站建设，推动监测工作上档晋级】 一是新建了信息微机室。为更好地发挥物价网站服务社会大众的作用，在局党组的高度重视和大力支持下，保定物价网站于6月开始改版，经过精心筹备，于9月1日全新开通。新版网站在增加诸多版块、充实价费信息量的同时，新建了“三农服务信息网”和“物价党建网”2个子版块，开通了涵盖全市25个县（市、区）和全局11个处室共计36个子站的物价网络群。新的物价网以服务社会、搭建系统工作交流平台为宗旨，以服务性能强、视觉效果好、可操作性强的全新面貌突出展现了良好的物价风采和部门形象，收到了很好的社会效果。目前网站点击率已突破11万人次。二是坚持居民生活必需品的周采价和月分析制度，并列入了市政府考核目标，加大了价格形势分析和预测力度，密切监视跟踪苗头性、倾向性市场价格问题，撰写上报了158篇价格信息监测分析报告。三是实行定期发布市场价格信息制度，正确引导群众消费和心理预期。坚持在电台、电视台、物价网站、日报和晚报上，每周发布与人民群众关系密切的商品和服务价格，每月发布市场价格动态分析，不定期走进电台直播间与广大听众直接进行交流，与广大人民群众一起分析物价形势。共计在电视台公布价格37期；在电台播报价格25期，走进直播间4次；在《保定晚报》发布粮、油、肉、蛋、菜价格36期，发布月度价格走势分析及预测8期。

【严格整顿规范价费秩序，努力减轻企业和群众负担】 一是积极落实下岗失业再就业各项收费优惠政策。将涉及12个部门的41项优惠政策及时部署到各执行执收部门，并加强了督导检查。仅工商、税务为下岗失业职工再就业减免工本费、登记费和管理费就达107万余元。二是认真审核清理收费项目及标准。共取消了教育、农业等8个部门的违规收费项目，涉及金额600余万元。三是在全省率先制定了《民办教育收费管理实施细则》，进一步规范了民办教育的收费行为。四是在全省范围内率先探索了解决群众“看病难、看病贵”问题的新途径。在世纪协和医院和现代女子医院实行了部分项目“单病种手术一费制”，到目前已在60余个医疗项目中实行了“手术一费制”，惠及患者500余人。为解决医院过度用药、过度检查等问题进行了有益尝试。五是采取多种措施维护出租车市场的秩序稳定。制定了新的收费政策，减半收取养路费、计价器检测费；降低尾气检测费标准；取消工商管理费；降低出租车集约化服务费标准。据此，出租车业主每月可减少支出128.42元。六是通过明确中小学教育用电由非居民生活电价改为居民生活电价执行，年可减轻教育负担700万元。同时解决了村委会用电、农村吃水用电、农村个体医疗诊所用电多年价格历史遗留问题。

【推进“价格服务进万家”活动，促进社会和谐】 本着为基层、为企业、为群众做好价格服务，切实维护他们利益的原则，深入开展了“价格服务进万家”活动。在成立专门领导小组和精心制定活动方案的基础上，“价格服务进万家”活动全面开展，并取得了初步成效。(1)“价格服务进社区”。市局利用一个月的时间，除按省局新的要求对市区内已挂牌公示的163个物业小区进行巩固完善外，重点开展并圆满完成了16个新建小区的价格服务工作。各县（市）也按市局要求认真部署，积极行动，基本完成了公示牌的普及推广工作。目前，市区和部分县（市）社区公示率已达90%以上。(2)“价格服务进农户”。在全市320个集贸市场悬挂了《保定市涉农价费公示牌》，公示项目和标准是全省统一公示牌的2倍。在此基础上，认真组织了全市涉农公示制度执行情况抽查，对公示牌丢失损坏现象采取了补救措施。目前，涉农收费公示普及率达到95%以上。(3)“价格服务进景区”。经过认真筹备，于“五一”前夕专门组织召开了全市规范旅游市场价格秩序现场会，对“价格服务进景”工作做了具体部署。在“五一”黄金周前，全市旅游景区基本实现了“公示牌制作统一化、公示范围拓展化、公示内容规范化、督促落实日常化”，明码标价率达100%。(4)“价格服务进企业”。目前正在进行物价员名单统计、备案建册等基础性工作。

【加强价格监督检查，创造良好的价格秩序】 一是围绕服务新农村建设，开展了涉农收费和农业生产资料价格专项检查，切实保护农民利益。全市共出动349人，分成91个检查组，查处违法案件243件，查处违法金额278万元，制裁金额253万元。省局督导验收后给予了高度评价。二是围绕社会反映强烈的热点行业，认真开展了电力、教育、医疗、就业、成品油等价格和收费大检查，缓解了群众上学贵、看病贵、就业难问题，进一步减轻了社会负担，维护了正常的市场价格秩序。三是大力开展反价格欺诈专项检查，打造保定诚信守法市场。该项工作不但是省局部署的任务，而且也列入了市政府的工作目标。对此局党组格外重视，多次专门研究反价格欺诈工作的思路、措施。首先向全市物价系统及有关企业下发了《关于开展打击价格欺诈专项检查的通知》，对检查的组织、内容、形式进行了周密部署；其次组织召开了由市级主要媒体参加的打击价格欺诈新闻发布会，公布了价格欺诈的十种表现形式，同时向全市商业企业发出了价格诚信倡议书；第三集中力量对全市商业企业进行了拉网式检查，对典型的案件进行了公开曝光。如在查处京海超市时，发现其销售服装存在虚假打折现象，及时通过电视台进行了曝光，在市区各大商业企业中震动较大，消费者拍手称快。在全省打击价格欺诈、加强诚信建设经验交流大会上，保定商场代表本市的商家做了典型发言。四是围绕打造旅游保定、诚信保定、文明保定，开展了系列节日市场专项价格检查。重点对沿街门店、餐饮服务、旅游景点、交通票价进行了检查，进一步规范了节日期间的市场价格秩序。五是深入开展创建“价格诚信示范单位”活动。在巩固完善餐饮业消费结算清单的基础上，又在市区和四大旅游县的餐饮业开展了“价格诚信单位”的评选活动。经过严格评选，首批28家餐饮企业获此殊荣。高天民副市长出席授牌仪式并做了重要讲话。标志着本市价格诚信建设又向前迈进了一大步。六是扩大明码标价普及率，落实政府下达的工作目标。实行了明码标价工作与专项检查捆绑责任制，分片包干、分县包干、责任到人、一包到底。到目前，已真正实现了市政府提出的明码标价城市达到90%以上、乡村达到80%以上的工作目标。七是提高价格举报工作质量，充分发挥窗口作用。坚持“五抓”，即抓宣传发动、抓制度落实、抓处罚结果的落实、抓工作方法的创新。价格举报工作始终遵循认真受理、耐心解释、严肃查处、及时反馈的原则，主动化解矛盾，为百姓排忧解难，维护群众利益。共受理查处违法案件568件，解答政策咨询505件，退还用户65.5万元。截至12月底，全市共查处各类价格违法案1372件，实施经济制裁1682万元，退还用户201万元。

【加强农村价格工作，为新农村建设服务】 一是加强了农资价格监管。在全省率先采取了控制中间环节，批次审批定价的管理措施，到目前，共审批156批次，稳定了农资价格，防止了过度上涨。二是在全市物价系统专题开展了新农村建设情况摸底调查工作，掌握了全市新农村建设基本情况，剖析了影响新农村建设的因素，提出了加快新农村建设步伐的建议，为市委、市政府提供了决策依据。三是发挥系统优势，利用现代通讯手段，全力做好农产品价格信息和成本调查服务工作，为农村致富、农民增收、农业发展提供了较好的信息服务平台。首次建立了保定“三农”价格信息服务网，及时发布农产品价格政策、市场行情、成本资料信息。同时，与农业局联合，在全省率先开通了农产品价格信息手机短信服务。围绕“三农”问题，做了大量的调查研究工作，结合农民收支结构、农业种植结构和农产品成本变化情况，解剖了农民增收带来的新问题，提出了许多合理化建议。共撰写调研报告16篇，有6篇分别被《河北日报》和市政研部门采用。四是进一步完善了农村价格监督网络建设。根据全市农村义务价费监督员的变动情况，及时组织各县调整档案资料，进行了业务培训，确保了农村价格监督检查的正常开展，为维护农民合法权益提供了有力保证。五是加大对侵农案件的查处力度。通过曝光典型案件，震慑了价格违法者。如对安国市向阳中心小学侵害农村学生家长利益一案，进行了严肃查处，并通过保定日报、保定晚报予以曝光，维护了学生家长的利益。

【狠抓价格基础工作，提高服务工作水平】 一是进一步规范了成本监审行为。认真贯彻落实国家发改委42号令，研究建立了8项成本监审工作制度，按规定时间和程序，高质量地完成了17个定调价项目的成本监审工作。二是进一步做好价格认证工作。在工作形势复杂和十分困难的情况下，千方百计维护价格鉴证主司涉案资产鉴证业务的权威性，加强了价格认证和价格鉴证工作的规范化建设，进一步增强了服务工作的透明度，注重业务培训，提高队伍整体素质。共开展涉案价格鉴证业务178件，鉴证标的总额5985万元；肇事车辆评损2521辆次，物损评估24起，评损总额1375万元；开展价格认证17件，认证总额2.3亿元。三是进一步加大物价工作宣传力度。建立健全了价格宣传的工作制度。加强了与各种媒体的沟通联系，根据新时期物价工作的要求，结合经济生活中出现的价格热点问题，确定宣传重点和主题，开展多种形式的宣传和咨询解释工作，争取社会对物价工作的理解和支持。如针对百姓反映强烈的供热、水、电、医疗、教育等价费问题，经充分准备，在冬季供暖到来之前，由闫局长带队，走进保定电视台《政府与民生》栏目，与居民代表面对面沟通，现场解答群众关心的问题。节目播出后产生了很大反响，受到了普遍欢迎。群众认为，物价局体察民情、贴近百姓。年内，本局在国家级、省级和市级各种媒体共计刊稿190多篇。进一步扩大了影响，提高了知名度。

领导班子成员

局　　长　闫玉疆
副 局 长　吕跃民
　　　　　曹大水（6月任）
　　　　　齐力军
纪检组长　左建立

【2007年·概况】 2007年，本局在省物价局和市委、市政府的正确领导下，紧紧围绕省局下达的工作任务，以促进经济社会和谐发展为宗旨，以开展“物价工作为民生”活动为主线，认真解决群众关注的价费热点和难点问题，千方百计稳定副食品价格，扎实奋进，开拓进取，转变作风，提质提速，各项工作都取得了显著成效。全省物价工作会议后，局党组及时确定了“以‘物价工作为民生’活动总揽全局，确保各项工作取得实效”的总体工作思路，把开展“物价工作为民生”活动作为物价工作的重中之重和“品牌工程”来抓。在年初召开的全市物价工作会议上，对全市物价系统开展“物价工作为民生”活动进行了全面部署和工作动员。新春伊始，局党组召开了局党组扩大会，专题深入研究这项工作，成立了以局党组书记、局长闫玉疆同志为组长的“物价工作为民生活动领导小组”，办公室设在协调处。为使这项活动稳步扎实地开展，本着注重可操作性和服务百姓、贴近民生的原则，精心研究制定了《全市开展“物价工作为民生”活动的实施方案》。《方案》确定了“严把一个关口”、“实施一个工程”、和“开展五项活动”等一系列具体措施，即：严把民生价格决策关口；实施民生价费阳光工程；开展执政为民的主题教育、专项宣传、价费政策的现场咨询服务、惠及农民的增收减负和民生价费的定期成本监审等五项活动。为强化工作监督，市局还将“物价工作为民生”活动目标层层分解，制定了《‘物价工作为民生’活动责任落实方案》，做到了目标明确、责任到人、定期考核。各县（市、区）物价部门也都根据市局的《实施方案》，制定出了符合本地实际的具体措施，各项工作都在有条不紊地开展。为了掌握活动进度，协调活动内容，明确活动方向，7月份，市局召开了全市“物价工作为民生”局长座谈会。通过市、县两级物价部门的共同努力，本市在加强医药价格监管缓解群众看病贵、规范农村电价减轻农民负担、落实中央政策免收农村义务教育阶段学杂费、发挥职能作用提升服务水平等方面取得了实质性进展，此项活动呈现出了行动快、措施多、形式新、效果好的特点。

【加强价格监控，努力缓解价格总水平上涨的压力】 从4月底5月初开始，以猪肉为代表的副食品价格出现了大幅上涨的趋势。对此，我们及时采取了五项措施加以应对。一是成立了副食品价格监控领导小组。由闫玉疆局长任组长，统一组织领导全市的副食品价格监控工作。各县（市、区）物价局也成立相应组织并立即开展工作。二是停止出台新的政府调价措施，年内不再出台除国家安排以外的地方政府调价项目。三是加强价格监测预警。按照国家发展改革委和省局的相关要求，市县两级物价部门认真做好主要副食品价格日监测和生猪生产、屠宰和猪肉销售情况调查工作，密切关注粮食、食用植物油、肉禽蛋奶等市场供求、销售数量、商品库存和价格走势。全市物价系统从8月16日起恢复价格异动时期的“一日一报，特事即报”的工作制度。监测预警系统由零售环节扩展到批发和生产环节，直报点增加到110个。四是认真开展主要食品价格及相关收费专项检查。迅速集中人力、物力，对食品生产、批发和零售企业进行拉网式检查，严肃查处价格串通、哄抬价格、价格欺诈等不正当价格行为。通过这次行动进一步探索了对放开价格监管的新路子，积累了经验，完善了职能。到8月底，全市的猪肉等副食品价格得到有效遏制。

【强化医药价格监管，大胆探索

缓解群众“看病贵”的新途径】 近几年，随着医疗行业技术条件的提高，实际的诊疗费用也有大幅上涨，部分群众就医看病受到了严重影响，因病致贫、因病返贫、有病不治的现象有所增加。对此百姓意见很大，社会反映强烈。因此，大力加强医疗和药品价格监管，努力缓解群众“看病难、看病贵”的问题，已是摆在各级政府和相关部门面前的一项刻不容缓的任务。经过大量细致的调查研究，广泛征求卫生主管部门和医疗机构的意见，代市政府起草了《关于加强医药价格管理、规范价格行为的五项意见》，实行医疗机构同病种医疗费用水平定期公开制度、实行部分常用药品价格定期公开制度、医疗机构实行住院患者一日清单制度和实行医疗服务和药品价格定期督导制度实行营利性医院价格备案制度等五项措施，受到了市政府领导的充分肯定和高度重视，并以市政府名义印发了文件，召开了由各县（市、区）政府主管领导、物价局长、卫生局长、各医疗机构、药品经营企业负责人等300余人参加的“全市医药价格监管工作会议”，进行了专题动员和部署。对此，保定各大媒体均做了报道。会后，全市25个县（市、区）均以政府名义下发文件并召开了专门会议，贯彻落实会议精神。为了把此项工作做深做细做实，我局围绕推行五项制度做了大量深入细致的工作。一是再次召集医疗机构和药品经营单位主管物价工作的负责人及工作人员，对五项制度的具体实施进行了讲解，并当场登记具体责任人和联系方式，发放调查表格和填报说明，做到严格管理，精细服务。二是深入医疗机构和药品经营单位，指导医疗收费和药品价格公示，要求药店明码标价，落实住院患者一日清单，催报调查表，并严格审核把关。三是先后三次（6月、8月、10月）定期将各医疗机构23项同病种的医疗费用，各医疗机构和药品经营企业20种常用口服药品在保定晚报、保定广播电视报、保定物价网公布。

【规范农村电价行为，让广大农民切身受益】 针对农村电价政策性强、涉及面广、矛盾集中的特点，为整顿和规范农村电价行为，切实维护广大农民的权益，以价格公示为切入点，制定出台了《保定市物价局关于加强农村电价管理、规范电价行为的公告》。《公告》进一步明确了农村各类用电价格和国家的各项电价政策，为广大农民明白消费提供了一个明确的政策依据。《公告》下发后，各县（市）物价部门和电力部门在全市6445个行政村张贴2万余份，张贴覆盖面达100%。并利用各种媒体进行了广泛宣传，深受广大农民的欢迎。为总结工作经验，我们还邀请保定电视台记者一同下乡进村拍摄了规范农村电价专题片，并在保定电视台播放，大大增加了电价政策的透明度。农民普遍反映：过去电力部门要多少给多少，交电费拖延，如今用上了明白电，知道电价标准和电价政策，对违规电价就可以拒缴或举报。据统计，整顿规范农村电价工作开展以来，农村电价举报几乎为零。《经济日报》9月26日刊登了本局的做法，省物价局《河北物价》第3期做了介绍，保定电视台4月6日在《直播保定》栏目中给予了全面报道。

【深化资源环境价格改革，推进“资源节约型、环境友好型”社会建设】 深化水资源费改革，加快污水处理产业化进程。根据国家和省有关规定以及本市实际情况，我们结合水价调整，进一步深化水资源费的改革，调整了市、县两级水资源费标准；及时制定和调整污水处理费标准，使其逐步达到保本微利水平。已有多家污水处理厂立项，清苑、白沟、高阳、阜平等地的污水处理费正在审批过程中，徐水、定兴、满城等县也在组织前期工作。加快推行垃圾处理收费制度，完善环保收费政策。为了尽快在我市推行垃圾处理收费制度，我们进行了大量的调研和论证工作，并根据河北省人民政府冀政（2007）92号文件精神，起草了《保定市征收垃圾处理费的意见》。下一步我们将按照合理补偿垃圾处理成本、保证企业合理盈利的原则，尽快完成城市生活垃圾处理费标准的制定工作，为垃圾处理产业化做好准备。积极疏导热力价格矛盾，推进供热价格改革。热力价格关系企业生产和居民生活，我们始终作为一项重点工作来抓。由于煤炭价格的上涨，导致热力生产企业亏损，为了疏导供热价格矛盾，我们多次深入企业调查，多方了解情况，广泛征求意见，反复研究测算，完成了热力出厂价格的初步方案。6月底以前完成了供热企业情况调查、相关政策的搜集整理、与有关部门的座谈等工作，7月召开了供暖价格调整听证会，调价的前期准备工作也基本完成，并为《全省热力价格管理办法》的落实及供热价格的改革奠定了基础。由于省政府常务会决定年内不在出台除国家安排以外的地方调价项目，当年的供暖价格调整未能如期出台。

【普及教育收费公示，保障中央和省的惠农政策落实到位】 为确保国务院及省关于实行农村义务教育经费保障机制的相关政策和规定落到实处，我们结合保定实际，提出了具体的贯彻意见，于春节前下发了紧急通知。市局由主管局长带队，组织相关人员，于3月中旬开始，抽查督导了15个县（市、区）的执行情况，并和部分县、市教育局及学校的领导进行了座谈，实际检查了部分学校的公示情况，并对存在的一些问题进行了纠正。涞水县物价局统一监制了“实行农村义务教育经费保障机制改革的中小学收费公示牌”95块，与县文教局联合发放明白纸35000张，还与乡镇政府、村委会联合张贴宣传画300幅。为总结经验，市局及时印发通知，将涞水县的工作措施向全市进行了推广，并结合涉农价费检查，对全市中小学收费公示工作进行了全面检查。全市总体落实情况良好，全市共涉及小学2902所，初中555所，农民年可减轻教育负担总计3.3亿元。我们还加强了幼儿教育收费管理，根据有关法律法规和有关规定，在广泛听取意见的基础上，修订了《保定市幼儿教育收费管理暂行办法》，使全市幼儿教育收费更加规范合理。

【发挥职能作用，提升价格服务水平】 进一步完善了“三农价格信息服务网”。我局通过保定物价网站面向农民发布涉农价费信息、农资价格、农产品价格、农业技术信息、农业种植、养殖信息等共计570余条，为农民合理调整种植结构、促进农业增产增收起到了积极作用。为最大限度地满足广大农民群众查询致富信息的愿望，我们又开通了手机价格信息服务项目。面向我市农村编辑发送涉农价费信息、市场供求信息245条，惠及农民33万户。同时开辟网上《群众呼声》栏目，及时回复群众咨询问题。自本栏目开通以来，共回复群众网上咨询价费问题180余次，得到了网民的一致好评和肯定。由于回复及时细致，很多网民还在网上留下了感谢留言。进一步完善了价费信息电子地图查询系统，在物价网站上把各种价费政策公布给群众。目前我们共登录了42个收费系统632个单位的6000余条价费标准。

【强化价格监督检查，减轻企业和群众负担】 根据国家和省的统一部署，在全市范围内组织开展了农业生产资料价格和涉农收费专项检查工作。全市共抽调306人，组成86个检查组，对农村中小学、国土资源局、民政局、城建局、广电局、畜牧局等16个行业进行了重点检查。开展涉企收费专项检查，优化企业发展环境。与市监察局联合多次召开协调会，并成立了涉企收费专项检查领导小组。由各分局长带队，组成3个大组进点，对市直26个行业和部门进行专项检查。开展成品油价格检查，稳定成品油市场价格秩序。根据省局的委托，对中石化、中石油、涿州中石油产品销售有限公司、徐水中石油销售公司进行了检查，共查出成品油批发企业不执行国家规定的批零差率销售柴油、成品油销售企业价外加价收取仓储费等问题。开展了房地产价格和收费检查，整顿房地产市场价格秩序。组成先遣调查组，对房管部门在房屋建设、交易过程中的各种收费行为、建设部门的所有收费、国土资源部门的所有收费、房地产开发企业的各种价格违法行为进行了先期摸底。集中时间先后开展了电力价格、医疗药品价格和教育收费专项大检查。举报工作做到了认真受理、耐心解释、严肃查处、及时反馈。全市共受理查处价格违法案件1525起，没收非法所得127.34万元，退还当事人138.72万元，受理价格举报920起，没有发生一起违法行政行为，没有出现一起行政复议案件。维护了人民群众的合法权益，促进了经济的发展和社会的和谐稳定。

【推进行风评议工作，加强物价队伍建设】 继续下大力抓了全市物价干部队伍的廉政建设和作风建设，坚持不断的对干部职工进行正确的世界观、人生观、价值观教育，牢固树立了为人民管好价的敬业精神。在全体党员和干部中开展了“为民、务实、清廉”教育活动，在定价批费、行政处罚、监督检查、价格鉴证以及其他具体工作中，切实做到了依法行政，廉洁高效，严格执行价格法律法规和法定的行政程序，严格按照价格管理权限办事。根据市委的统一部署，在全市物价系统掀起了“责任风暴”、推进了“效能革命”，在全局迅速形成了强化责任、失责必究、罚则必严的强大声势，使人人讲责任、层层明责任、全员抓落实成为自觉行动，真正实现了由管理型机关向服务型机关的转变。民主评议行风工作，把着力点放在改进工作方法，转变工作作风，提高工作效率，优化服务质量上来，坚持纠、评、建相统一，把解决群众反映突出的价格热点难点问题作为一条主线，始终坚持把征求群众意见、接受群众监督、维护群众利益贯穿于民主评议的全过程，积极采取了调查、走访、座谈、问卷等多种方式，充分利用电台行风热线、行风监督电话、保定市价格信息电子地图查询系统等各种渠道，听民声、访民意，了解广大群众的呼声和意愿。先后5次走进保定电台直播间，听取群众意见，现场解答群众提问和咨询；多次与人大、政府、政协等有关部门座谈讨论，听取他们对物价部门的意见和建议。围绕行政权力公开透明运行工作，对所拥有的权力进行梳理归类，改革了定价机制，完善了工作制度，全面推行了首问负责制、岗位责任制、服务承诺制、政务公示制、限时办结制、失职追究制、AB岗工作制等7项制度，进一步简化了办事程序，提高了办事效率，提升了部门形象。

领导班子成员

局　　长　闫玉疆

副 局 长　吕跃民　曹大水

　　　　　齐力军

纪检组长　左建立

（部门编辑：赵俊华　佟国庆）

工商行政管理

【保定市工商行政管理局】　保定市工商行政管理局隶属河北省工商行政管理局领导，是监管市场和行政执法的职能部门。2006年，下辖涿州市工商局、徐水县工商局、新市区工商局等26个县（市、区）局，内设办公室、人教处、信息中心、注册分局等20个行政处室及事业单位。

【2006年·概况】　2006年，在省工商局和市委、市政府的正确领导下，全市工商系统认真贯彻落实科学发展观，按照“抓班子、带队伍、保稳定、促发展”的总体要求，坚持市场监管和服务发展两手抓，加强基层建设与创新监管机制两手硬，以务实的作风和创新的精神着力推进各项工作落实，圆满完成了全年各项工作任务，取得了显著成绩。市局被省工商局、省人事厅评为“全省工商系统先进集体”。

【整顿和规范市场经济秩序】

认真贯彻标本兼治、重在治本的方针，组织开展各类专项整治，规范市场秩序，维护公平竞争，促进社会和谐。全系统共查处各类经济违法案件33219起，收缴罚没款6075万元。一是加强食品安全监管。健全了食品安全监管网络，普遍推行了食品准入、市场巡查、食品监测、不合格食品退市、食品安全信息公示、食品经营企业信用分类监管和食品安全责任追究等项制度，配置了食品快速检测箱，先后组织开展了“食品安全执法月”活动、“一县一品”专项整治和节日市场专项整治，共抽检各类食品1269个批次、建立食品安全经营“示范店”300余家、取缔无照经营784户、捣毁假窝点12个、查处制假售假案件302起，食品经营店索证索票率城市达到了95%、农村达到了65%。二是大力治理商业贿赂。制定了《打击商业贿赂工作指导性意见》，明确了重点整治领域、案件查办制度和适用法律原则。全系统共立案查办商业贿赂案件85起，结案31起，收缴罚没款93.5万元。同时，加大了对行业垄断和商业欺诈的打击力度，查处公用企事业单位违法经营案件10余起。三是严厉打击虚假仿冒行为。加大注册商标专用权保护力度，强化广告监管，查处各类商标侵权案件175起、一般违法案件217起，收缴商标标识3.2万套（件）；监测广告发布3136条，实施停止发布523条，行政告诫100多次；以医疗、药品、保健食品广告为重点，查办各类虚假违法广告案件179起。四是坚决取缔传销活动。制定出台了《保定市打击传销工作行动方案》和《处置传销突发事件应急预案》，坚持打防并举、露头就打、综合治理的方针，取缔“拉人头”式的传销窝点146个，遣散各类传销人员6503人。

【促进各类市场主体健康发展】

以贯彻执行新修订的《公司法》和《公司登记管理条例》为契机，研究制定了《关于鼓励支持个体私营经济发展的若干意见》，实施了“一审一核”登记制度改革，加强了对经济发展的支持引导。截至年底，全市实有个体工商户14.78万户，从业人员44.36万人，注册资金42.52亿元；私营企业22708户，从业人员36.88万人，注册资本180.4亿元；外商投资企业516户，投资总额163125万美元，注册资本100572万美元；内资企业18550户，注册资本332亿元。在企业年检中，全系统改进工作作风，推行上门年检、巡回年检。内资、外资、私营企业和个体工商户年检验照率分别达96.2%、100%、71%和79%。

【支持和服务“三农”建设】

一是开展合同帮扶工程。制定示范文本8种，检查涉农合同2586份，调解涉农合同纠纷728起，查处涉农合同欺诈违约案件13起。先后指导4273家农户进行订单签约12897份，合同金额达1.4亿元。二是发展规范农村经纪人。制定了《保定市农村经纪人发展实施意见》，大力培育、发展和规范农村经纪人队伍。全市发展农村经纪人由年初的14349人增长到51517人，500万元以上的经纪大户由35家增长到297家，经纪额由32.7亿元增长到86.2亿元。同时，先后组织1125名农村经纪人外出签约，共签订合同1313份，合同金额59.8亿元。三是开展红盾护农行动。全系统共抽查各类农资1490个批次，查办各类农资案件1830起，查扣假劣肥料16万公斤、农药899公斤、假冒种子13.5万公斤，为农民避免经济损失700余万元，有力了维护了农资市场秩序和广大农民的根本利益。

【实现监管手段信息化】 进一步完善了市场监管预警指挥系统，发布监管预警23期，其中红色预警9期、黄色预警14期，增强了市场监管调控能力；推广应用了企业信用分类监管系统，完成了15047户企业的基本信息及年检资料的微机录入、分级工作；启用了财务管理系统、食品安全监管系统和综合业务管理系统；组织了微机技能培训，全系统3000多人参加了微机技能培训和统一考试，促进了学网用网；完成了市、县局视频会议室线路改造和综合调试。

【争创驰名、著名商标】 帮助企业办理商标注册申请638件，办理商标续展、变更、转让、使用许可137件。重点指导有特色、有潜力、有知名度的特色产品争创驰名和著名商标。经过深入发动，认真指导，精心运作，"宝硕"、"启发"和亚大塑料制品有限公司的"CP"商标分别于年初和下半年被认定为中国驰名商标，全市驰名商标总数达9件，居全省之首。

【完善12315执法体系】 在实现省、市、县、所四级联网的基础上，完成了软件升级，横向扩展到了各级执法及业务科室，并开通了短信受理平台和网上受理平台，加强了申诉举报受理工作。全年，12315指挥中心共发布消费提示、消费警示153期，受理消费者申诉2677件、举报3189件、建议8010件、咨询12.9万人次，为消费者挽回经济损失287万元。进一步加强"一会两站"建设。新增建消协分会44个、"两站"154个，全市"一会两站"总数分别达397个和5868个。年内，共受理消费者投诉4002件，为消费者挽回经济损失170余万元。

【规范行政执法行为】 一是强化法制培训，重点开展了公司法专题研讨，组织200多名执法人员分别参加了省、市政府法制办组织的综合法律知识培训。二是严格规范执法主体，清理收缴执法证件217个。三是加强案卷检查和案件核审，核审案件1007起，受理行政复议9起，其中当事人撤回2起，维持7起。四是开展了"规范执法行为，推进依法行政"专项活动，进一步健全了行政执法责任制。

领导班子成员

局　　长　杨建平
副 局 长　梁长顺　郭久森
　　　　　谷庆池
　　　　　李俊山（5月改任调研员）
纪检组长　张瑞清（12月改任副局长）
　　　　　翟中申（12月任）
副调研员　田占军（12月任）

【2007年·概况】 2007年，在省工商局和市委、市政府的领导下，全市工商系统以科学发展观为统领，按照国家工商总局"四个统一"和省工商局构建"三型工商"的总体要求，坚持以有为求占位，以监管树权威，以改革促突破，以管理强素质，尽职尽责加强市场监管，尽心尽力支持经济发展，全市工商事业呈现出良好的发展势头，各项工作取得了新成绩。在文明执法、集中整治传销、扫黄打非等项工作上，市局受到了省工商局、保定市委、市政府的表彰。

【加强食品安全监管】 认真贯彻落实各级党委和政府的重大决策和部署，把流通领域产品质量和食品安全专项整治作为全市工商系统压倒一切的重大任务来抓，围绕两个百分之百和一个彻底解决的任务目标，精心谋划，履职尽责，攻坚克难，狠抓落实，专项整治工作取得了明显成效。建立食品生产经营者"一户一卡"经济户口档案10801个，限期整改和帮助办理食品经营主体资格手续1133户，取缔无照经营498户。投资15万元，印制发放《食品生产加工记录簿》、《食品进货台账》、《食品销售台账》和《食品销售追溯凭证》40419册，引导食品经营者建立健全了索证索票和进销台账制度。在专项执法检查中，检查食品经营企业和个体户66408户（次），检查食品批发市场、食品集贸市场3278个（次），整治重点区域424处，收缴注水肉、超期变质、病死猪肉2480公斤，加大了对农村小食杂店、小摊点、小作坊、小市场的巡查和监管力度，查处各类食品违法案件113起，违法总值20余万元，收缴罚没款15万元，查获假冒伪劣食品2.7万公斤。同时，大力实施食品规范经营"千百十工程"，确定了1005个农村食品规范经营示范店、100个商场、超市食品规范经营示范店和10个食品规范经营市场，并向国家总局推荐上报了105个农村食品规范经营示范店。食品安全专项整治顺利接受了省政府和省工商局的检查验收。

【开展红盾护农行动】 一是实行市、县、所、驻场员四级联动，强化各级责任，加大监管力度；二是在落实“两账两票”、“一卡一书”制度的同时，在农资商品集中销售的企业和市场，实行驻场员和密报员制度，共设立密报员2475名；三是加强了对重点区域，特别是高阳庞口农机配件城、定州农资一条街、农大科技市场、利民科技市场的监管。四是加强农资商品质量检测，抽检农药36个批次、肥料455个批次、柴油113个批次。五是严厉查处涉农大案要案，共查办涉农案件4399起，案值5200多万元，收缴罚没款490万元，为农民避免经济损失4700多万元。六是认真开展诚信农资企业评定工作，评选诚信农资企业76家，规范了农资市场。红盾护农工作受到省局通报表彰。

【取缔无照经营行为】 一是坚持标本兼治、打防结合、分类监管、综合治理的原则，从建立组织、完善制度、明确责任入手，建立了“政府牵头、工商为主、部门配合、综合治理”的整治无照经营工作机制，明确了各职能部门的职责。二是加大宣传力度。以《无照经营查处取缔办法》为重点，全市共进行电视宣传75次，出动宣传车325台次，悬挂宣传条幅106条，印发宣传材料35000份，营造了强大的舆论攻势。三是突出工作重点。明确了餐饮、食品加工、危险化学品、公共安全的娱乐场所等六大重点行业，城市街道、集贸（专业）市场、城乡结合部、学校周边等重点区域，组织力量对全市种类经营主体进行了调查摸底，分类造册，形成了动态监管库。四是理顺工作机制，建立了职能部门信息通报制度、片区监管责任制度、督导检查制度，对重大问题及时向当地政府报告。五是打扶结合，查处一批，规范一批。区分不同情况，采取疏导、规范、处罚、取缔等措施，鼓励合法经营，打击无照行为。全市共清理无照经营15010户，引导办理营业执照6625户，取缔1733户。查办无照经营案件485起，案值441万元，收缴罚没款86万元。

【实施名牌兴市战略】 一是加强商标法规宣传。以纪念“4·26”世界知识产权日为契机，组织全市31家驰名、著名商标企业参加了省局举办的商标战略高层论坛，并在市级媒体发布保护商标专用权公益广告200条次，设立咨询点26个，发放商标法规宣传资料13000多份。二是制定商标发展规划。对全市3000多户企业进行全面梳理，将100户企业作为重点帮扶对象，确定了五年内争创100件著名或驰名商标的工作目标。三是深入企业具体指导。先后深入10多个县（市）、30多家企业，进行宣传发动，指导企业准备申报材料，完善申报手续。四是跑省进京强化协调。为企业提供跟踪办理服务，先后上报国家工商总局申请认定中国驰名商标手续2户（巨力、洙达），向省工商局推荐申报河北省著名商标29件，续延申请省著名商标14件。同时，加大指导工作力度，河北华夏实业有限公司（涿州）“永乐及图”商标成功通过中国驰名商标的司法认定，使我市驰名商标总数达10件，居全省首位。

【严厉打击传销活动】 作为打击传销工作的牵头部门，统筹谋划，积极协调，认真负责，与公安等部门联合成立专职打传巡查队，组织了3次大规模清理行动，捣毁传销窝点2563个，教育、驱散涉嫌传销人员69000多人次，解救被骗人员2045人，行政拘留200人，刑事拘留213人，判决27人。同时，开展了无传销社区建设活动，并将打击传销纳入社会治安综合治理和基层平安建设工作中，规模化、公开化的传销活动得到了遏制，传销猖獗的势头被有效控制，有力地维护了社会稳定，得到了国家、省、市有关领导的充分肯定和表扬。

【支持各类企业发展】 认真执行国家产业政策和省、市“十一五”规划，对不符合科学发展观要求的企业，坚决不予核准，对抽逃资金等违规行为予以严厉打击。积极参与煤矿、非煤矿山、危险化学品、烟花爆竹、民爆器材等整治行动，促进了安全生产。全市共登记企业41253户（含私营企业），注册资本7297898万元；个体工商户153305户，从业人员36.9万人、注册资金614619万元；外资法人企业484户，分支机构829户，投资总额169130万美元、注册资本97234万美元，其中外方认缴58799万美元。完成个体工商户验照111267户，验照率达75%；年检内资企业32030户，年检率达80%；外资企业年检率达80.42%。利用登记注册基础数据，编写了《保定市产业结构与投资信息分析报告》，为经济决策和招商引资提供了重要依据。

【加强商标广告管理】 一是加大注册商标专用权保护力度，以各类专卖店、商标印制企业为重点，严厉打击商标侵权假冒行为，共查处商标侵权案件185起，一般违法案件285起，收缴罚没款

260万元。二是加强广告监管。采取市场巡查、监测通报、告诫督导、责令停止发布、取消广告经营资格等有效措施，加强了对广告业主、广告公司、广告媒体的监管。三是严厉整治虚假违法广告。建立健全了整治虚假违法广告联席会议制度，加大了对医疗、保健品、药品、化妆品等重点广告的监管力度，查处各类虚假违法广告案件185起，收缴罚没款150万元。四是开展打击“傍名牌”仿冒专项执法行动，准确运用法律法规，查处“傍名牌”仿冒案件744起，案值564万元，收缴罚没款230万元。

【基层工商所达标升格】 按照省局基层工商所机构设置调整工作部署和《工商所达标验收实施方案》精神，各级进一步完善基层基础设施，健全各项规章制度，落实属地管理，完善网格化监管机制，大力推进信息化建设，全面加强基层队伍管理，提高人员综合素质，全力推进基层工作上档进位，第一批129个基层工商所顺利通过了检查验收，达标率达96%，成功实现了省局确定的工商所机构升格、改设分局（副科）的战略部署。

【整合行政执法资源】 本着市场监管与执法办案相对分离、执法办案相对集中的原则，撤销了市场分局、经检大队、稽查大队、建管大队和车站检查站，6月12日，市局正式组建了河北省工商行政管理局经济检查总队保定市支队，各县（市、区）局也相继成立了经济检查大队，明确了监管职能，落实了人员编制，配备了执法装备，理顺了工作关系。高效运转、协调联动的经检办案新机制初步形成，为构建市场准入、市场监管、执法办案三线为主的工商监管新模式奠定了基础。

领导班子成员

局　　长　杨建平
副 局 长　梁长顺　郭久森
　　　　　谷庆池　张瑞清
　　　　　苑丙成（2月任）
纪检组长　翟中申
调 研 员　李俊山（8月退二线）
副调研员　田占军

（部门编辑：杨永红）

审计管理

【保定市审计局】 保定市审计局主要职责是对本级政府各部门和地方人民政府及其各部门的财政收支、国有金融机构和企事业单位组织的财政收支的真实、合法、效益进行审计监督，对党政领导干部、国有及国有控股企业领导人的经济责任进行审计。设有办公室、法制处、人教处、财政审计处、金融审计处、行政事业审计处、经贸审计处、农业与资源环保审计处、社会保障审计处、固定资产投资审计处、外资运用审计处、经济责任审计处、机关党委、监察室、内审处15个职能处室。下设2个事业单位，经济责任审计办公室、基建审计中心。2006年，共有干部职工87人（含下属）。

【2006年·概况】 2006年，在市委、市政府和上级审计机关的正确领导下，以邓小平理论和“三个代表”重要思想为指导，以科学发展观为统领，大力加强了审计质量建设和审计队伍建设，紧紧围绕全市经济建设的中心开展审计监督。全年共审计单位500个，查出各种违规资金4.4亿元，管理不规范资金12.5亿元。对于审计出的问题，依法进行了处理，督促被审计单位进行了认真整改。通过审计，上交财政2046万元，提交审计工作报告、信息等专题材料875篇，被上级采用批示483篇（次）。向纪检监察部门及司法机关移送事项（案件）3件。《中国审计报》等新闻媒体48次报道了本局的工作，审计工作得到市委、市政府的充分肯定。

【财政审计】 揭示了部分项目预算执行违反规定，部分县级财政收入不实等问题。本局代政府向市人大常委会做了审计工作报告，年底又向市人大常委会作了关于审计发现问题整改情况的报告。对高阳县等8个县（市、区）的财政决算审计，重点查出和揭示了部分县级政府收入不实等问题，并对产生这些问题的原因进行了深入的分析，提出了相应的意见和建议。市人大常委会和有关单位部门对审计成果给予充分肯定，对审计工作给予了高度评价。

【专项资金审计】 根据省审计厅的统一部署和市专项资金治理领导小组的要求，对8项涉农专项资金进行了审计，审计资金总额14.19亿元，查出违规资金1.1亿元，归还原渠道资金91万元，促进资金到位3280万元，揭示了挤占挪用，滞留、改变项目计划、虚报冒领等8个方面的问题，提出整改意见和建议556条，审计结果引起了市领导的高度重视，根据市领导的指示，牵头组织了对各单位专项资金审计发现问题的整改，并代市政府向上级机关提交了整改报告。在专项资金审计工作中，查处并移交了一批违法案件及线索。

【经济责任审计】 受市委委托，全年对98名党政领导干部和企业领导人员的任期经济责任情况进行了审计，制定并实行了《保定市管干部任期经济责任审计实施办法》，加强了对权力的监督和制约，促进了廉政建设，为考核任用干部提供了依据。开展了任中审计13个，实现了审计监督关口的前移。在经济责任审计中，对发现的问题进行了认真分析，提出了加强管理的意见和建议。

【国有企业审计】 对全市企业审计对象进行了调查，掌握了企业审计范围。组织力量，对保定天威电气设备结构有限公司、天威顺达变压器有限公司的财务收支和经济效益情况进行了审计，促进改善了经营管理、对保定信用社股份有限公司2005年度资金负债及损益情况进行了全面审计，提出了相应的意见和建议。

【重点项目资金审计】 对全市农村电网改造项目进行了竣工决算审计，审计资金总额6.28亿元。对县级政府社会保障资金筹集管理和使用情况进行了重点审计，查出了部分社保资金未设财政专户等问题。对全市住房公积金的归集、管理和使用情况进行了审计，查出了违规挪用和发放住房公积金贷款的问题，提出了加强住房公积金的管理意见和建议。对结核病控制等世界银行国际金融组织援（贷）款项目进行了审计，揭示了项目管理不严等问题。对保定市等14所市区医疗机构进行了审计，查出了药品超标准加价、超范围收费等问题，对全市检察院单位2005年度财政、财务收支情况进行了审计，规范了财政财务管理。

【完成政府交办审计任务】 根据市领导指示，抽调全局及社会审计力量，对宝硕集团的资产、负债和损益情况进行了审计评估，对宝硕集团53个分、子公司以及驻外企业进行了审计清查，审计结果向市委常委会作了汇报，审计工作受到市委充分肯定。

【开展政府部门债务情况审计】 根据市政府常务会议决定要求，对市本级政府负债情况进行了专项审计调查，共涉及229户市本级财政预算管理单位，通过调查，摸清了债务总体和结构分类情况，揭示了存在的主要问题，提出了加强债务管理的对策和建议。审计结果向市委常委会和市人大常委会作了汇报，受到市委、市人大常委会的肯定。

【抓干部队伍建设】 为提高审计干部综合素质，全市审计机关开展了创建学习型机关活动，加大了教育培训力度，市局有针对性的组织开展了各类专业培训和计算机应用培训。到年底，局机关已有10名审计干部具有高级审计师资格。

【推进信息化建设】 成立了审计信息化领导小组，建立了信息化建设运行机制，市局开办了审计内部网络和外部网络，与25个县（市、区）实现了专线连接，全市审计系统更新配置电脑58台（其中笔记本电脑35台），有25个审计项目应用了计算机软件，提高了工作效率。

【提高审计质量和执法水平】 在审计系统继续开展了“严谨细致、提高质量”为主题的质量年活动，对全市审计机关的审计质量进行了四次检查和评比，实施了审计项目工作规程，细化了审计程序，规范了执法行为，坚持审计复核和审计业务会议制度，促进了审计行政权力的公开透明运行。加强了法制管理和教育，组织了“12·4”法制宣传日系列活动，对全系统进行了“五五”普法安排部署，市审计局被市政府法制办评为“法制工作先进单位”。

【加强审计行风建设】 坚持强化廉政教育，不断强化措施，打造过硬的审计行风，坚决落实关于廉政建设的各项规定，实行层次管理，一级抓一级，层层负责，一岗双责制度。实行了审前公示制度，审计回访制度，实行审计人员工作日不准饮酒的规定，为强化外部监督召开了审计监督员座谈会和行风评议代表质询会，认真听取审计监督员和行风评议代表对审计工作的意见和建议，受到好评。在行风评议活动中，市局被市委、市政府评为优秀单位，获进步奖。

【创建和谐机关】 加强了机关建设，完善了各项规章制度，加强了离退休老干部工作，制定并严格落实了《离退休老干部工作规程》，受到老同志们的欢迎。加强了妇女组织建设，市局机关妇委会被评为“先进妇女组织”。加强了机关财务工作，市局被评为“财政决算工作先进单位”。着力解决了机关后勤管理的部分遗留问题和现实问题，严格落实了审计干部年休假制度。组织了全市审计单位职工运动会，选拔出的队员在全国审计系统运动会上取得了好成绩，2006年，市局先后有信息宣传工作、档案工作、保密工作、文明生态创建工作、机关效能建设工作、文明执法工作、承办等多项工作受到了上级单位或有关部门的表彰，有18人次被有关部门评为各类先进、市局被市委、市政府评为工作实绩突出单位，机关建设取得了新成绩。

领导班子成员

局　　长 党组书记	焦冠军
副局长 党组副书记	罗　凯
副局长	温丽娜 范国庆（10月任） 李晓锋　陈仕强
纪检组长	朱春友
总审计师	温丽娜（兼）

【2007年·概况】 2007年，在市委、市政府和上级审计机关的正确领导下，以邓小平理论和“三个代表”重要思想为指导，以科学发展观为统领，加强了审计质量、审计队伍和廉政建设，紧紧围绕全市经济建设的中心开展审计监督。全年共审计单位597个，查出各种违规资金8.82亿元，管理不规范资金12.5亿元。对于审计出的问题，依法进行了处理，督促被审计单位进行了认真整改。通过审计，上交财政2398万元，共提交审计工作报告、信息等专题材料848篇，被上级采用批示372篇（次）。向纪检监察部门及司法机关移送事项（案件）4件。《中国审计报》等新闻媒体87次报道了本局的工作，审计工作得到市委、市政府的充分肯定。

【财政审计】 对30个单位财政预决算审计，重点对市本级财政预算执行情况、地方税务局税收征管情况进行了审计，对易县等8个县（市、区）的财政决算进行了审计，重点查出和揭示了部分县级政府收入不实等问题，并对产生这些问题的原因进行了深入的分析，提出了相应的意见和建议，审计报告通过新闻媒体，向社会进行了公开，市人大常委会对审计工作给予充分肯定。监察机关对预算执行审计中发现的问题进行了责任追究，对相应责任人分别给予了党纪政纪处理。

【专项资金审计】 2007年的十项专项资金审计，涉及社会保障、教育、卫生、土地、城市建设等部门。共审计资金859048.25万元。其中中小学“两免一补”补助经费8402万元，农村卫生基础设施改造8920万元，农村合作医疗19753.43万元，城镇医疗保险139223.93万元，民政抚恤金31978万元，土地开发整理235373.55万元（不包括三个区和市本级），城市道路建设项目4911万元、大型公益型建设项目（保定市聋哑学校教学楼工程）2137万元。通过审计，为国家节约建设资金624.18万元。审计中共提出整改意见和建议756条。有关部门和单位对审计查出的问题和意见建议十分重视，对存在问题认真进行了整改，增强了财经法纪观念，规范了资金行为。审计结果表明，此次审计所涉及的各项专项资金，在收支、管理和使用方面基本符合相关法律、法规、规章和其他规范性文件的规定。这次审计和以前年度审计结果相比，无论在资金的管理上，还是在资金的使用上都有一定改善。挤占挪用等违规现象有所减少，违纪金额所占比率明显下降，专项资金运行更加安全，管理日趋科学规范。

【经济责任审计】 2007年是地方政府的换届年，经济责任审计的任务很重。我们严格落实《保定市管干部任期经济责任审计实施办法》，从审计对象范围、委托程序、审计事项的实施、审计结果报告的呈送、审计结果的运用等5个关键环节对经济责任审计工作进行规范，加强了对权力运行的监督与制约，促进了领导干部依法行政、依法理财。全市审计机关共对52名县级领导干部和205名县以下领导干部的任期经济责任情况进行了审计。审计结果引起了市领导的高度重视，多次作出重要批示。有关部门依据审计结果和领导批示，对相关责任人进行了诫勉谈话和责任追究。市局开展县级领导干部经济责任审计的做法在全省经济责任审计研讨会上作了发言，受到与会者好评。

【抓干部队伍建设】 为提高审计干部综合素质，全市审计机关继续深入开展了创建学习型机关活动，加大了教育培训力度，市局有针对性的组织开展了各类专业培训和计算机应用培训。到年底，局机关已有12名审计干部具有高级审计师资格。

【推进信息化建设】 成立了审计信息化领导小组，建立了信息化建设运行机制，市局开办了审计内部网络和外部网络，与25个县（市、区）实现了专线连接资源共享，全市审计系统更新配置电脑65台（其中笔记本电脑37台），有30个审计项目应用了计算机软件，提高了工作效率。

【提高审计质量和执法水平】 在审计系统深入开展了“审计质量提高年”活动，对全市审计机关的审计质量进行了四次检查和评比，实施了审计项目工作规程，细化了审计程序，规范了执法行为，坚持审计复核和审计业务会议制度，促进了审计行政权力的公开透明运行。加强了法制管理和教育，组织了“12·4”法制宣传日系列活动，认真落实“五五”普法计划安排，市审计局被市政府法制办评为“法制工作先进单位”。

【加强审计行风建设】 坚持强化廉政教育，不断强化措施，打造过硬的审计行风，坚决落实关于廉政建设的各项规定，实行层次管理，一级抓一级，层层负责，一岗双责制度。实行了审前公示制度，审计回访制度，实行审计人员工作日不准饮酒的规定，为强化外部监督召开了审计监督员座谈会和行风评议代表质询会，认真听取审计监督员和行风评议代表对审计工作的意见和建议，受到好评。在行风评议活动中，市局被市委、市政府评为先进单位。

【创建和谐机关】 加强了机关建设，完善了各项规章制度，加强了离退休老干部工作，严格落实了《离退休老干部工作规程》，受到老同志们的欢迎。加强了妇女组织建设，市局机关妇委会被评为“先进妇女组织”。加强了机关财务工作，市局被评为“财政决算工作先进单位”。着力解决了机关后勤管理的部分遗留问题和现实问题，严格落实了审计干部年休假制度。2007年，市局先后有信息宣传工作、档案工作、保密工作、文明生态创建工作、共建社区工作、驻联帮解促工作、承办等多项工作受到了上级单位或有关部门的表彰，有22人次被有关部门评为先进，市局被市委、市政府评为工作实绩突出单位。

领导班子成员

局长、党组书记 焦冠军

副局长、党组副书记 罗凯

副局长 温丽娜 范国庆 李晓锋 陈仕强

纪检组长 朱春友

总审计师 温丽娜（兼）

（部门编辑：张清立）

技术监督

【保定市质量技术监督局】 保定市质量技术监督局是市政府主管标准化、计量、质量管理、质量监督、食品生产加工环节监管和特种设备安全监察等工作的职能部门，履行综合管理和行政执法两大职能，下辖6个区分局和22个县（市）局。下设5个直属事业单位：保定市产品质量监督检验所、保定市计量测试所、保定市纤维检验所、保定市特种设备监督检验所、保定市标准化所。市局机关内设13个职能处（室、队）：办公室、计划财务科学技术处、政策法规宣传教育处、人事劳动处、监察室（机关党委）、电子监管网推进办公室、质量处、标准化处、计量处、食品安全监督管理处、特种设备安全监察处、监督处、稽查队。全系统干部职工2600多名（含离、退人员），其中在职公务员669人，专业技术人员443人，高中级工程师120人。

【2006年·概况】 2006年保定市质量技术监督局在市委、市政府和省局的正确领导下，坚持科学的发展观，树立正确的政绩观，以深入开展“学、树、保、促”百日主题教育活动为契机，紧密围绕市委、市政府中心工作，服务科学发展、提速发展、和谐发展大局，忠实履行职责。以“保稳定，抓行风，促发展”为主线，全面忠实地贯彻落实市委、市政府和省局党组的各项决策部署，真抓实干，开拓进取，奋力拼搏，扎实工作，较好地完成了市委、市政府交给的各项任务，质量工作为我市经济发展进一步作出新贡献，标准化工作得到深入开展，计量工作进一步推进，认证认可工作取得新成果，食品安全监管工作进一步强化，特种设备安全监察工作进一步巩固，质量监督和打假治劣力度进一步加大，电子监管网建设工作得到新推进。

【组织企业争创政府质量奖项】 经精心组织推荐，本市的河北康达有限公司生产的“枪手牌”气雾剂、华北铝业有限公司生产的“银花牌”铝箔、河北立中有色金属集团有限公司生产的“AOEM牌”铸造铝合金锭3项产品获得“中国名牌产品”称号，在全省并列第一，为我市荣获中国名牌产品最多的一年。5家企业荣获国家免检称号，22项产品荣获省名牌，13项产品荣获省优质产品称号，为叫响“保定制造”，扩大我市企业和产品的知名度，促进产品结构的优化和升级发挥了积极作用。

【帮助企业加强质量管理】 指导26个企业开展质量管理工作，促使企业转变观念，加强企业内部的标准、计量、认证认可等基础性工作。积极鼓励企业推行《卓越绩效评价准则》标准，提高企业质量管理水平。保定供电公司获2006年度全国实施卓越绩效模式先进特别奖；保定供电公司河北建设集团有限公司获2006年度全国实施卓越绩效模式先进企业；保定天威变电气股份有限公司、河北建设集团有限公司获2006年河北省实施卓越绩效模式先进企业称号。

【企业标准化工作】 全市全年完成企业产品标准备案430项，完成采用国际标准认可项目20项，采用国际标准标志备案9项，采用国际标准产品产值达到2.6亿元人民币，出口创汇5500万元，为保证本市新产品品质、提高市场竞争能力奠定了坚实基础，为本市的经济发展作出了应有的贡献。制定了河北省地方标准《洗浴业服务质量规范》、《餐饮服务规范》、《会议服务规范》、《培训服务规范》。通过帮助该企业编制企业标准体系表，建立企业标准体系，保定天威保变电气股份有限公司成为本市第一家被列入国家标准委标准化良好行为企业试点项目企业。

【农业标准化工作】 制修订市级农业地方标准10项，使本市市级农业地方标准总数达到了98个，进一步完善了本市的农业标准体系。全市在建示范区达到82个，容城县国家级无公害绿芦笋标准化示范区和高碑店国家级无公害胡萝卜标准化示范区顺利通过国家标准委验收组的验收。由国家级、省级、市级、县级示范项目构成的“宝塔形”示范体系已基本建立。

【加大民生计量工作力度】 建立加油机计量信息监管网，严密监控加油机的运行。在全市组织开展矿山、粮食、棉花收购、加工、销售等环节在用计量器具的监督检查，共检查粮食销售企业827家，计量器具1700台件。检查大型医疗机构的计量器具20家，对存在计量违法的5家医疗机构进行了处罚，维护了消费者合法权益。

【落实食品区域监管责任制】 制定《保定市质监系统食品突发事件应急预案》、《保定市质监系统食品安全工作考核办法》，为全市食品质量安全监管工作提供了制度保障。以区域监管责任区划为基础，将全市划分为143个食品监管责任区，明确区域监管责任人和每个食品企业的监管责任人，确保食品监管各项措施落实到位。

【食品安全专项整治】 相继组织开展小麦粉、乳粉、液体奶、饮用水等产品的监督检查和夏季食品专项整治、两节食品整治工作，全系统共检查食品生产企业2300家，加工小作坊3120家，集贸市场及经销单位2800家，查处各类食品违法案件530起，端掉食品制假售假窝点27个，查获劣质食品总值148.37万元。严厉打击了食品生产加工过程中的不法行为，维护了群众利益。

【特种设备隐患整治】 全市26个安全监察机构配备安全监察人员135人，录入15491台设备，数据库内容逐步完善，为监察机构、检验机构数据共享奠定了基础。全市安全大检查共出动18173人次，检查单位6132个。检查设备9897台件，整治隐患1307处。整治危化企业254家，气瓶充装单位129家，造纸企业244家。对“摩天环车”大型游乐设施进行了逐一事故隐患排查。深入开展了“土锅炉”“土压力容器”的整治工作，通过专项整治整治隐患445处。特别是在“五一”、“十一”和“安全生产月”期间，对索道、游乐设施及人员密集场所的特种设备进行了拉网式检查，确保了游乐设施的安全运行。

【开展再生塑料产品专项整治行动】 对所辖区域内所有塑料制品生产企业进行了检查。共出动执法人员1200人次，查处“三无”再生塑料管材案件21起，责令停产整顿生产企业14家。对再生塑料产品生产集中的雄县进行了重点整顿，对32家存在问题较为严重的企业责令停产整顿，对无标准生产和标识不合格的40家企业下达了限期整改通知书。对使用再生颗粒为生产原料的企业，制定企业标准，限定产品使用范围，严格标识标注，落实检验制度。有效提升了再生塑料产品质量水平。

【打假力度进一步加大】 全系统共出动执法人员82020人次，车辆14800台次，检查生产加工企业、经营单位17800家，整顿治理区域性产品6大类15种产品，查处各类违法案件11824起，端掉制假售假窝点53个，移送司法部门3人次，查获假冒伪劣产品总值3503余万元。

【技术机构建设】 市质检所在全省地市级质检所中第一个通过中国合格评定国家认可委员会的国家实验室认可，共有212种产品得到确认，涉及食品、化工、家具、门窗、轻工等领域，其中食品122种，其他类90种。通过国家实验室认可标志着该所的检测能力能够与国际检测能力接轨，所出具的检验报告，可以得到包括美国、英国、法国在内的36个国家和地区认可。经过调查研究，建立机动车雷达测速仪省级检定项目，保障了群众的行车安全和交警部门的公正执法。填补了河北省此项检定的空白。

领导班子成员

局　　长　李振林
副 局 长　黄和平　张志明
　　　　　赵禄勋
纪检组长　周立雄

调 研 员　高志海
副调研员　李宝城

【2007年·概况】 2007年，在市委、市政府和省局的正确领导下，坚定不移地贯彻落实科学发展观，牢固树立争先创优意识，努力突出重点，抓好亮点，按照“抓发展、保稳定、促行风”的总体思路，全面贯彻落实市委、市政府和省局的各项决策部署，忠实履行各项职能，为建设京南近海强市名城作出了应有贡献，对全市经济社会发展的贡献度和有效性不断增强。全市质监系统2600多名干部职工团结一心、全力以赴、攻坚克难，全面完成产品质量和食品安全专项整治各项任务。切实做到了“四个坚持，四个提高”：坚持以服务地方经济建设为中心，工作有效性不断提高；坚持以履行监管职能为重点，服务和谐社会建设的能力不断提高；坚持以内强素质、外树形象为要求，自身建设水平得到进一步提高；坚持以事业发展为主线，自身实力水平得到不断提高。

【产品质量和食品安全专项整治】 8月底至12月底的专项整治行动中，质监系统圆满完成市政府下达的11个专项、14个100%目标中的4个专项、5个100%目标任务的同时，还承担了市政府专项整治领导小组办公室工作，19个县（市、区）局承担了当地政府领导小组办公室的任务。在专项整治行动中质监部门充分发挥了主力军作用和领导小组办公室的参谋助手、综合协调作用。全省现场会在保定召开，“休克激活、集中托管、龙头带动、聚合发展”四种小作坊监管模式在全省推广，全市专项整治工作顺利通过省政府验收，并代表省政府“无过错一次通过”国务院验收组验收。

【“质量兴市，名牌兴企”再出新成果】 1．获得中国名牌数量创历年新高。共有保定天威集团有限公司生产的BTW牌电力变压器、保定天鹅股份有限公司生产的天鹅牌粘胶长丝、河北华夏实业有限公司生产的永乐牌粘胶带以及河北宝硕股份有限公司创业塑料分公司生产的宝硕牌农用塑料大棚膜4项产品荣获中国名牌产品称号，为本市获得最多的一年。20项产品荣获省名牌产品称号，12项产品获得省优质产品称号，3项产品获得国家免检。2．积极推进工业标准化工作。制定《再生硬聚氯乙烯（PVC－U）无压埋地排污、排水用管材》省级地方标准，并通过审定，该标准在本省属首次制定。完成采用国际标准认可项目20项，采用国际标准标志备案11项。采用国际标准产品产值达到3.6亿元人民币，出口创汇5500万元，有效促进了本市经济发展。3．积极做好标准信息和条代码工作。全系统完成代码电子档案扫描177178份，共办理代码申办6591家，换证5288家，年检14164家，进一步推进本市商务信息化水平。4．加大能源计量工作力度。落实各县级局贸易结算用电能表强制检定的监管职能，推动“授权—核查检定”形式的实现，目前本市电能表强制检定工作已全部落实。市县两级成立了能源计量工作领导机构和计量服务队，对14家年耗5万吨标准煤以上的用能单位进行监督检查，引导企业加强能源计量管理，提升了本市企业节能、降耗和质量管理、基础技术工作水平。

【农业标准化示范区建设】 徐水县西红柿、蠡县麻山药和安新县养鸭3个国家级无公害标准化示范区顺利通过验收。“宝塔形”示范区体系日益完善。通过示范区建设，取得良好效果，促进了农业增效、农民增收。

【区域产品质量整治取得新进展】 制定《保定市2007年区域性产品专项整治实施方案》和《保定市区域性产品生产企业必备条件考核要求（试行）》，有力推进了整治工作的开展。层层签订《区域性产品整顿责任书》，落实区域性产品监管责任制，建立了各县级局一把手亲自挂帅，每个企业落实到具体人的全方位责任体系。全系统开展了纺织印染、塑料制品、小冶炼等多次专项整顿行动。组织毛绒玩具专项治理，端掉了一批“黑心娃娃”加工点，促进了毛绒玩具行业健康发展。在“小冶炼”的专项整治活动中，累计拆除锅炉37个，变压器37台，清理原材料300余吨，依法传唤业主5人，追究刑事责任3人，吊销法兰盘企业营业执照4家。

【食品安全监管】 稳步推进食品市场准入工作，受理食品生产企业申请728家，完成食品生产企业现场核查728家，发放食品生产许可证812个。严格食品添加剂备案管理。规范了企业添加剂的使用行为，全市食品加工企业添加剂备案率达到100%。加强对食品小作坊的监管，制定了《食品小作坊监管实施细则》。深入开展食品双打活动，查处各类食品违法案件765起。成立了“保定市食品质量安全检验中心”，培训食品检验人员228人次，为全市食品安全工作提供了技术支持。制定《食品小作坊监管实施细则》，着重对食品生产加工小作坊的厂区、生产车间、技术标准、产品质量检验、产品召回等12项内容提出了明确要求，使小作坊监管真正做到有章可依。

【特种设备安全监察】 加大了现场监督检查力度，全市共检查10946台（件）设备，整治2051处隐患。在现场监督检查过程中，逐步开展了特种设备年审工作，共年审432个单位，年审926台特种设备。开展了承压汽车罐车充装站、起重机械、危化企业、承压类特种设备超限运行专项整治。制定并实行了检验报告和现场检查工作质量抽查制度，每月通报质量抽查情况，提高了检验工作质量和检验报告质量，落实了技术把关责任。全年检验锅炉4461台，压力容器4075台，电梯1498部，起重机械1888台，厂内机动车辆635辆，压力管道22.8公里，确保了特种设备安全运行。全年全市特种设备未发生重、特大事故，有效维护了特种设备安全。

【电子监管网推进工作】 成立电子监管网推进委员会及办公室，市局与各县级局签订了责任状，制定下发了考核办法，实行"一票否决"。我市有356家企业入网，激活上市企业达到347家，有160余家企业使用个性标，共印制各种标贴2626.8万枚。培育典型企业11家，培育重点企业75家。

【严厉打击制假售假违法行为】 以组织开展食品、建材、农资等专项整治为重点，深入推进打假治劣工作。全系统共出动执法人员34800人次，车辆10800台次，检查生产加工企业、经营单位9459家，查处各类违法案件3256起，端掉制假售假窝点23个，移送司法部门3人。组织开展农资打假活动查处各类农资违法案件83起，查获假冒伪劣农资总货值72万元。在建材市场整治活动中，查获假冒劣质建材产品货值89.38万元。促进了市场秩序的进一步规范，有力维护了消费者和合法企业利益。

领导班子成员

局　　长　李振林
副 局 长　黄和平
　　　　　张志明(5月任调研员)
　　　　　赵禄勋
　　　　　焦书建（4月任）
　　　　　李宝方（5月任）
纪检组长　周立雄
副调研员　宋书合（5月任）

（部门编辑：赵　颖）

食品药品管理

【保定市食品药品监督管理局】 保定市食品药品监督管理局为河北省食品药品监督管理局直属机构。在保定市政府的领导下对食品、保健品、化妆品进行综合监督、组织协调和依法组织开展对重大事故查处。在省食品药品监督管理局领导下对药品（包括中药材、中药饮片、中成药、化学原料药及其制剂、抗生素、生化药品、生物制品、诊断药品、放射药品、麻醉药品、毒性药品、精神药品、医疗器械、卫生材料、直接接触药品包装材料和容器等）的研究、生产、流通、使用进行行政监督和技术监督。内设办公室、食品安全协调处、食品安全监察处、药品注册与安全监管处、药品市场监督处、医疗器械处、药品稽查处、人事教育处、财务装备处、法规处、机关党委、纪检监察室等12个处（室）。保定市药品检验所为该局直属单位。

【2006年·概况】 2006年，全市食品药品监管系统干部职工以邓小平理论和"三个代表"重要思想为指导，坚持用科学的发展观统领食品药品监管工作全局，把确保人民群众饮食用药安全作为一切工作的着眼点和落脚点。按照"建一流班子，带一流队伍，创一流业绩，争一流强局"的总体目标，寓监管于发展之中，规范之中，维权之中，统一思想，凝心聚力，规范发展，各项工作都取得了显著成绩。安国中药材专业市场发展开始走向繁荣兴盛，全市人民的饮食用药安全得到有效保障，药械市场整顿规范和打假治劣成效显著，治理商业贿赂和党风廉政建设实现新加强，构建和谐大家庭氛围良好，先后被河北省和保定市评为"打假工作先进单位"、"整顿市场秩序工作先进单位"、"消费者维权工作先进单位"，被市委、市政府授予"法制宣传教育先进集体"，于群市长称赞"市食品药品监督管理局的工作是服务型政府的具体体现"。

【创新监管理念，安国中药材专业市场重现繁荣】 创新思维，对地产中药材实施科学管理，促使安国市形成了走中药材"种植集约化，加工规范化，销售合法化"产业化发展思路。会同安国市政府推进安国中药材交易大厅企业化改制工作。拟定《河北省地产中药材初加工管理办法（草案）》，经省政府批准并委托省食品药品监督管理局印发了《关于产地中药材初加工有关问题的通知》，为安国药农从事中药材初加工和经营提供了便利和保障。动员全国人大代表、药都集团总经理李晓恩联合其他代表提交了

《关于完善中药饮片管理措施的建议》议案，被列为国家食品药品监管局2006年重点办理的建议案。邀请国家食品药品监督管理局惠鲁生副局长、北京市药监局长冯国安来安国考察，放开了安国中药材进入北京市场的经营限制，每年为安国增加了20～30亿元的销售收入。安国中药材专业市场呈现出前所未有的规范发展、健康发展、繁荣发展的势头，交易大厅的摊位数由原来的701户增加到1578户；坐商门店由原来的160户增加到370户，红参小区办理营业执照门店由零增加到86户；办理《营业执照》的药材加工户由零增至508户；经营品种达到3000多种，日吞吐量由原来的每天100多吨增加到300多吨，总体增量在40%以上。

【药械市场专项整治成效显著】 深入开展打假治劣专项斗争，先后开展了零售药店专项整治、药品分类管理专项治理、橡胶避孕套市场专项检查等行动，成功查处了假六味地黄丸案、假人血白蛋白案、假立芷雪案等94起货值较大的违法案件，有力地震慑了违法犯罪分子的嚣张气焰。积极应对并妥善处置了“齐二药”和“欣弗”等药品突发事件，市县两级执法人员按照辖区责任制和部门分工要求进行拉网式排查，检查覆盖面达到100%，就地查封、扣押齐齐哈尔第二制药有限公司产品9个品种，48924盒，342818支；对企业库存的1364瓶“欣弗”药品进行暂控，对已售出的药品紧急召回，有效保障了全市人民用药安全。

【监管制度体系进一步完善】 从建立健全监管的各项规章制度入手，靠制度约束人，靠制度规范事。一是建立认证跟踪检查制度。组织实施认证追踪检查，共检查批发企业107家，零售连锁8家，零售药店118家，生产企业25家。对违规生产、经营的60家企业依法进行了处理。认真开展医院药品质量管理年活动，对16家（次）医院药房的违法行为进行了立案查处。进一步规范了药品的生产、经营、使用行为。二是建立规范经营长效机制。建立不良行为记录台账制度。对年内媒体曝光的企业；一次检查出现两种以上假劣药品、季度出现两次以上假劣药品的企业和经营企业超范围经营并超经营方式经营的企业列入企业不良行为记录台账，实施重点监管。三是建立定期考核制度。制定了《日常监督检查评定表》，对药品、医疗器械经营企业、医疗机构的人员机构、设施设备、仓储条件、管理制度、药品购进销售等各个环节进行考核，对企业印章和销售人员进行备案登记，加强销售发票管理。

【县级食品药品监督管理局挂牌组建工作进展顺利】 根据省编办规定，在县级药品监督管理局基础上组建食品药品监督管理局。通过积极协调同地方政府的关系，在办公场地、食品安全综合监管经费等方面得到大力支持。完成了22个县级食品药品监督管理局的挂牌工作，为有力开展食品监管工作奠定了坚实的基础。

【食品安全综合监管制度逐步完善】 一是创新食品安全综合监管形式，积极协调、指导博野县政府，在全省率先成立了由县食药监管局牵头的“食品安全综合稽查队”，建立“食品安全综合稽查制度”，为有效解决多头监管造成的制约食品安全综合监管工作深入开展的瓶颈问题开辟了新路。二是整合食品检验检测资源，在全省率先成立了由市政府主管秘书长为主任的“保定市食品检验检测协调领导联席会议”，规定了工作职责、要求，实现检验人员、设备、信息共享，提高食品安全技术保障力打下了坚实的组织和制度基础。三是制定并出台了《保定市食品安全体系建设方案》、《保定市重大食品安全事故应急预案》等制度，初步建立起食品安全日常监管体系、食品安全信息体系、食品安全信用体系、食品安全检验检测体系、食品安全标准化体系、食品安全预警应急处理体系、食品安全目标责任考核和责任追究体系等“七大体系”，权威、高效、统一的食品安全监管体系基本形成。

【食品安全专项整治工作扎实开展】 先后组织工商、质检等部门开展了春节、元旦期间食品安全专项检查、3·15期间食品安全专项检查、春季食品安全专项整治和“五一”期间食品安全专项整治等一系列活动，全市各职能部门共出动执法、宣传车辆25430余台次，人员3万余人次，排查食品生产、经营、餐饮企业21000余家，查处违法案件116起，勒令停业整顿12家，查封取缔无照窝点42处，进一步净化了食品市场，规范了食品市场秩序，确保了人民群众饮食安全。

【果断应对含苏丹红“红心”鸭蛋事件】 含苏丹红“红心”鸭蛋事件被媒体曝光以后，在市政府的统一领导下，及时组织质检、畜牧等相关部门深入安新，对禽蛋加工户、养殖户、经营户以及饲料加工户进行全面调查，对有问题的鸭蛋查封扣押并送有关部门进行检验。同时，举一反三，组织工商、畜牧等部门在全市范围内展开拉网式排查，及时在《保定日报》等新闻媒体全面、客观地进行了报道，稳定了市民的情绪，较好地维护了社会稳定。

【党风廉政建设开创新局面】 开展了集中性党风廉政教育活动，对全系统工作人员和个人接受管理相对人现金、有价证券和贵重礼金，违规从事药械生产、经营、失职渎职，单位私设“小金库”等8个方面的问题进行了自查自纠和组织调查处理，取得扎实效果。实行权力公开透明运行，取消行政许可事项3项，确定了6项。凡属应该公开的政务类、党务类都进行了公开，主动接受群众监督，实行“阳光行政”，杜绝了“暗箱操作”。

【治理商业贿赂工作在两条战线扎实推进】 组织召开了全系统党风廉政建设暨治贿工作会议，研究制定了《关于开展治理药械生产经营企业商业贿赂专项工作实施方案》。在治理企业商业贿赂战线上，开展了药械生产经营企业代表抵制商业贿赂联合签名活动，针对企业存在的思想疑虑，组织召开座谈会，宣传政策，讲清意义，划清界限，推动了治贿工作的深入开展。在机关战线上，所有在岗人员都进行了自查自纠并作出公开承诺，在局网站和论坛开辟了“治理商业贿赂”专栏，鼓励大家积极参与。建立了投诉举报制度，工作报告制度，办公室联席会制度和调研制度，局领导建立了自己的联系点，深入基层，调查研究，解决问题，总结经验，共撰写治贿调研文章8篇，有力地推动了治贿工作的开展。

【干部队伍建设实现新加强】 实行岗位目标责任制，充分发挥干部职工的积极性。局领导实行分片包县责任制，明确责任处室，明确工作任务，明确具体措施，把县（市）局的工作成效同干部的实绩考核挂钩，进一步增强了工作的责任感。围绕工作目标对各工作建立起规范的工作流程，以定人员、定岗位、定职责，定时间的“四定”为基础，把全年的各项工作任务分解到每个科室，落实到每个干部，使每个干部职工既有目标又有压力。建立工作调度机制，每月一调度，使每个干部职工的工作积极性得到充分发挥，形成了人心思干、人心思齐的良好氛围。

【机关建设实现新突破】 克服经费紧张的困难，多方筹措资金，办公场地喜迁新址，使用面积由原来的750平方米，提高到1800平方米。在机关内部建起了食堂，成立了红白理事会。机关干部遇有婚丧嫁娶事宜，大家一起帮忙，充分体现出大家庭的温暖。开展了“节约型机关”创建活动。对机关车辆、电话费用实行包干管理的办法，从“节省一度电、一张纸、一升油、一元钱”做起，从自我做起，从身边做起，使每个人都养成艰苦奋斗，厉行节约，勤俭办事的良好行为规范。

领导班子成员

党组书记 局　　长	徐顺通
党组成员 副 局 长	黄军来　杨进考
	管景斌　常顺礼
党组成员 纪检组长	王振祥
副调研员	张会亭
	赵　彤（8月任）
	曹根来（8月任）

【2007年·概况】 2007年，在市委、市政府和省局的正确领导下，以科学发展观总揽食品药品监管工作全局，以践行科学监管理念、创新发展思路贯穿监管工作始终。围绕“四个一流”的工作目标，在狠抓制度落实上下功夫，在创新监管方式上下功夫，在党风廉政建设上下功夫，在基础设施建设上下功夫，各项工作都取得了优异成绩。食品安全综合监管体系日臻完善，机制创新取得突破性进展；药械市场整顿规范和打假治劣成效明显，较好地完成了保障全市人民的饮食用药安全的目标；党风廉政建设、政风行风建设、机关效能建设均迈出了可喜步伐，办公环境实现了根本性的改善。连续五年被省政府和省局评为“打假工作先进单位”、连续两年被省、市整规办授予“整顿规范市场秩序先进单位”，机关党委连续两年被评为“先进基层党组织”。

【开展药械市场专项整治，打假治劣取得突出成绩】 根据全国、全省药品安全专项整治会议精神，在全市范围内掀起整规风暴。明确重点查处的十种违法违规行为、重点监控的四类区域、重点监督检查的五种单位和人员、重点检查的七类品种。先后开展了中药材、中药饮片专项检查，狂犬病疫苗专项检查，药师不在岗专项检查等专项行动，通过对重点领域、重点部位、重点品种的监督检查，发现假劣药16个品种，有效净化群众用药环境。同时，加大大案要案查办力度，严惩制假售假违法犯罪分子，保持对制假售假的违法行为的高压态势。共查处包括假冒北京同仁堂制药有限公司生产的“六味地黄丸”系列案等案值万元以上的违法案件25起；查处无注册证化验设备28台（件）；无注册证临床诊断试剂46个品种；违规从非法渠道购进二手CT机4台；擅自增加适用范围的理疗设备27台件。

【着眼源头治理，增强防范意识，打造放心消费的用药环境】 从源头抓起，重点把好药械生产、医疗机构使用、消费者购买三个关口，增强企业、医疗机构、消费者三个安全意识，全力构建安全健康的用药用械环境。对辖区内药品和医疗器械生产单位做到了横向到边、纵向到底的全覆盖检查，实现了监督检查覆盖面100%、监督整改到位100%目标。将医疗机构作为日常监管的重点之一，结合医疗机构药房达标工作，对县区级以上医疗机构逐家进行指导和监督检查，对基层卫生院未达标单位，提出整改意见，限期整改。在保证药房达标的同时，又对医疗机构的药品购进、储存、保管和使用等环节进行了监督检查和指导，规范了医疗机构药品购进、储存和使用，确保了药品质量，全面提升了医院药品质量管理的规范化、标准化、制度化水平。

【强化企业“第一责任人意识”，全力推进诚信体系建设，打造和谐诚信的市场环境】 一是建立健全药械经营企业和销售人员诚信体系。与67家生产企业、100家批发企业、2097家零售企业签订了《药品生产经营诚信责任状》，进一步强化了企业第一责任人意识。对全市2180名销售人员按照规定进行了相关的培训，考试不合格者取消销售员资格，同时上网向社会公示。建立了药品销售人员个人诚信档案，凡是进入我市从事药械销售的人员，一旦被查出违法从事药械经营活动，即被记入药品销售人员个人诚信档案，列入“药品销售人员黑名单”，停止其从事药品经营活动的资格。二是启动“药品流通实时监控系统”。通过对涉药企业进、销、存基本数据的全程实时掌控实现对药品流通过程的实时动态监控。全市55家法人企业，安国市41家中药饮片法人企业，4家综合法人企业全部加入该系统，基本实现了对药品经营企业的全覆盖、全时空、全过程的网络监管。三是严格实施备案制度。对进入我辖区内经营的生产企业和销售人员严格审查备案，全年共受理备案1000余人（次），保证了违法违规行为的可追溯性。四是落实“黑名单制度”，对存在严重问题的企业和个人决不手软。吊销存在严重问题的药品经营企业的《药品经营许可证》2家，缴销《药品经营许可证》28家，并按照《药品管理法》规定将6人驱逐出医药行业，10年内不得从事药品生产、经营活动。五是强力推行“假一赔十”特别规定。为维护人民群众安全用药的合法权益，让人民群众切实感受到专项整治的力度及效果，在全市范围内强力推行药品“假一赔十”特别规定，消费者凡在我市药品经营、使用单位买到假药，将获得十倍赔偿。

【坚持以监督促规范，以引导促发展，营造规范有序的企业发展环境】 以严格监督促进企业规范。督导帮助河北长天药业有限公司质量管理体系上档升级，由原来的三级质量监督网扩展到五级监督网，质量控制点达到254个，此做法得到省食品药品监督管理局的肯定，长天集团被列为河北省专项整治样板企业。积极协调帮助紫薇山药厂、福美神盾、康能公司、乐凯胶片公司等8家企业解决存在的标准修订、规格变动、设施改造等疑难问题27个。同时以政策引导做大做强医药产业。在安国市规划中药产业聚居区一个，占地1100亩。已进驻并开工建设的医药企业有6家，总投资5.1亿元。制定并完善中药材白芷、枸杞、栝蒌等种植标准14项，产地初加工中药材标准138项，填补了中药材种植和产地初加工药材标准空白。现在安国市已建立地道中药材标准化基地共1.3万亩，在建国家级标准化示范区2个，已建省、市级标准化示范区4个，极大地带动了安国和我省药业向高效、高品质方向发展，为弘扬传统中药文化作出了贡献。

【创新监管机制　积极探索食品安全综合监管模式】 继续完善食品安全综合执法制度，制定了行之有效的“两制四书五统一”监管方法，作为食品安全监管的总抓手，使食品安全监管步入规范化、制度化的轨道。该做法得到了省政府主要领导和主管领导的肯定，并在石家庄和保定进行试点，逐步完善推广。以涞源县为试点，在药品监督管理网络的基础上，建立健全了县、乡（镇、办事处）、村三级食品、药品、医疗器械综合监管网络，在各乡（镇）人民政府、城区办事处组建成立了18个食品药品监督管理工作站，在每个行政村各聘请了1名食品药品监督员，密切监视本村食品门店、药店、诊所经营和使用假冒伪劣食品药品的违法行为，发现问题及时上报，有效加强了对农村食品安全的监管。

【实施食品放心工程，食品生产经营秩序得到进一步规范】 先后组织开展了元旦、春节，3·15

维权期间，“五一”、“十一”黄金周以及夏季食品安全专项检查等整治活动。重点对安新薰鱼、鸭蛋；徐水驴肉、白酒；高碑店豆制品；容城糕点、阜平蜜饯等特色食品进行了专项整治。全年共检查食品经营户16207户（次），检查食品加工企业4973家，商场、超市299个，学校食堂、餐饮企业8105家，农家饭经营单位311家，集贸市场448个，养殖场251家，检查超市、名酒经营店、饭店等酒类商品经营单位104家，查处无证照食品加工摊点487个，取缔无证经营户60家，查获劣质食品6895.5公斤，无证肉制品1242公斤。在省政府组织的食品放心工程综合评价工作中，检查组对我市的食品放心工作给予了“六个特点”和全省“四个第一”的高度评价。

【坚持以人为本，加强党风廉政建设和干部队伍建设】 围绕加强党员干部作风建设，开展了“为民、务实、清廉”主题教育活动。组织机关干部和各县（市）局一把手到警示教育基地——保定监狱听服刑人员现身说法。开展了评选党风廉政建设先进个人和优秀共产党员活动。通过一系列党风廉政教育活动，进一步增强了党员干部特别是领导干部的廉洁从政意识。同时，把加强干部队伍的思想建设放在首位，认真组织了十七大精神和科学发展观的学习教育，不断拓宽干部培训范围，创新培训方式。创办了清华大学——河北省医药行业中国特色管理课程高级研修班，培养高层次的专业人才。一把手带头，领导班子成员亲自授课，对全系统300余名公务员分两批进行了生动、务实的培训，充分体现了“一流班子”的表率作用，推动了“一流队伍”素质的提升，为“创一流业绩、争一流强局”打下了坚实的基础。

【深化“和谐之家”创建活动 加强系统形象建设】 成立了机关合唱队和男子篮球队，举办了全系统首届乒乓球大赛，参加了市直机关党风廉政建设先进个人演讲比赛、市直机关保龄球比赛和公务员风采大赛，并取得了较好成绩。开展“生日送温馨”活动。为过生日的干部职工送上一份精美的生日蛋糕和局长亲笔签名的“生日贺信”。举办“迎新春文艺联欢会”、复转军人及家属茶话会、优秀党员表彰大会等丰富多彩的文化活动，进一步增强了凝聚力和向心力，激发了争创“一流强局”的热情。

领导班子成员

党组书记 局　　长	徐顺通
党组成员 副 局 长	黄军来　杨进考
	李光平（12月任）
	管景斌（10月离任）
	常顺礼
党组成员 纪检组长	王振祥（6月离任）
	李光平（7月任，12月转任副局长）
副调研员	张会亭
	赵　彤（7月离任）
	曹根来

（部门编辑：臧清芙）

农　　业

综　　述

【2006 年 · 综述】 2006 年全市农业系统认真贯彻落实中央 1 号文件和中央、省经济会议精神，按照中央、省、市农业农村工作会议的具体部署，坚持以社会主义新农村建设为总揽，围绕“粮食增产、农业增效、农民增收”目标，牢牢把握推进农业结构调整，稳定提高农业综合生产能力，扎实推进社会主义新农村建设，突出重点，强化举措，各项工作取得显著成效。全市粮食播种面积、总产均居河北省前列；小麦、玉米为市两大骨干粮食作物，播种面积、总产在粮食生产中的比重常年保持在 86.2%、90.5% 以上；人均占有粮食量稳定在 420 公斤以上，高于全国、全省平均水平。2006 年，全市播种农作物 1778.55 万亩，比上年增加 6.81 万亩，全年粮食面积、单产、总产与上年相比呈“三增”趋势。播种粮食作物 1287.5 万亩，比上年增加 15.13 万亩，增 1.2%；平均亩产 379.73 公斤，比上年增 9.2 公斤，增 2.48%；粮食总产达到 488.92 万吨，比上年增加 17.5 万吨，增 3.7%。全市夏粮播种面积 567.49 万亩，比上年增加 14.13 万亩，亩产 374.79 公斤，总产 212.69 万吨，其中小麦面积 550.89 万亩，比上年增加 13.97 万亩，平均亩产 376.1 公斤，总产 207.21 万吨；秋粮播种面积 720 万亩，比上年增加 1 万亩，亩产 383.65 公斤，比上年增加 16.24 公斤，总产 276.23 万吨，比上年增加 12.06 万吨，其中玉米面积 605.88 万亩，比上年增加 3.77 万亩，平均亩产 403.67 公斤，总产 244.56 万吨。杂粮面积 130.73 万亩，平均亩产 284.16 公斤，总产 37.15 万吨。棉花生产呈“两减一增”趋势，棉花播种面积 47.92 万亩，比上年减少 3.67 万亩，平均亩产 63.65 公斤，比上年增加 2.2 公斤，总产 3.05 万吨，比上年减少 0.12 万吨。油料生产呈“二增一减”趋势，油料播种面积 122.9 万亩，比上年略减，平均单产 228.89 公斤，比上年增加 4.23 公斤，油料总产 28.13 万吨，比上年增加 0.12 万吨。瓜菜播种 265.06 万亩，平均亩产 3420 公斤，总产 906.48 万吨，其中蔬菜 238.6 万亩，总产 792.4 万吨；设施蔬菜面积 122.47 万亩，其中日光温室和大中棚 85.2（67.4）万亩。2006 年粮经比为 72.4：27.6。2006 年全市农林牧渔业总产值 363.07 亿元，其中农业产值 216.64 亿元，占总产值的 59.67%。农民人均纯收入 3686 元。全年共争取部、省级五大类十八个农业项目资金 9425.09 万元（部级资金 7111.12 万元、省级资金 1487.27 万元），较上年增长 11%。

【2007 年 · 综述】 2007 年全市农业系统认真贯彻落实各级党委、政府关于农业农村工作的重大决策和工作部署，以建设现代农业、推进新农村建设为首要任务，以促进农民增收为基本目标，狠抓各项重点工作和关键举措的落实，农业生产获得丰收，农民收入较快增长，农业改革稳步推进，各项重点工作取得新进展，全市农业继续保持了良好的发展态势。粮食生产连续四年丰收，总产突破 100 亿斤。2007 年全市农作物总播种面积 1784.72 万亩，比上年增加 6.38 万亩，其中粮食播种面积 1299.59 万亩，比上年增加 12.1 万亩，粮食总产达到 504.59 万吨，比上年增加 17.66 万吨，平均亩产 389.8 公

斤，比上年增加10.1公斤/亩，实现面积、总产、单产“三增”目标，玉米单产创历史最高水平。大宗经济作物生产保持稳定。全市棉花播种面积47.68万亩，同比减少0.24万亩，平均单产70.3公斤，较去年增加6.6公斤/亩，总产3.35万吨，较去年增加0.3万吨；油料播种面积117.61万亩，同比减少3.3万亩，平均亩产236.4公斤，同比增加5.2公斤/亩，总产27.8万吨，比上年减少0.15万吨；瓜菜种植面积244.43万亩（其中设施蔬菜面积达到85.4万亩），总产875.51万吨（其中蔬菜总产781.29万吨），生产效益明显提高。今年全市农业系统共争取各类农业项目资金11187.1万元，较上年增长18.7%。

种植业

【保定市农业局】 保定市农业局是主管全市农业与农村经济发展的市政府工作部门。内设办公室、劳动人事处、计划财务处、农业处、科技教育处、农村合作经济管理处、农机管理处、市场信息处8个职能处（室）、16个局属事业单位。

2006年全系统干部职工855人，专业技术人员224人，其中正高职11人，副高职58人，中职94人，初职以下61人；技术工人167人，其中技师30人，高级工53人，中级工26人，初级工58人。2006年共有27项工作受到农业部、省政府、省农业厅和市委、市政府表彰。

2007年全系统干部职工707人，专业技术人员188人，其中正高职11人，副高职57人，中职75人，初职以下45人；技术工人117人，其中技师27人，高级工50人，中级工26人，初级工14人。2007年市有25项工作受到农业部、省政府、省农业厅和市委、市政府的表彰。其中“红小豆保9326—16推广”获保定市科技进步二等奖，保9326—16红小豆新品种和冀审棉花新品种丰抗棉1号的选育及应用在2007年国家科技发明博览会上分别获银奖和铜奖；清苑县被农业部评为全国粮食生产先进县；保定市代表全省接受国家农产品质量安全专项整治验收“无过错一次通过”，受到省厅表彰；市两个批发市场在农业部开展的“定点农资批发市场”创建活动中通过验收，也是全省唯一通过的两个市场。

【2006年·概况】 按照市委、市政府确定的“一牧二菜三林果”农业结构调整总体思路，以品种特色化、基地规模化、生产标准化、产品品牌化、经营产业化、服务科技化为努力方向，扎实推进农业结构调整。一是以“21111”调整计划为切入点，积极推进《保定市优势农产品区域布局规划》的实施。初步形成了沿107国道优质专用粮食和无公害蔬菜产区，蠡县、高阳、安新等优质棉花产区，西部山区和东部黑龙岗地区小杂粮优势产业带。2006年全市收获优质专用小麦330.8万亩；收获优质专用玉米491.8万亩；完成棉花播种面积47.92万亩，总产2.88万吨，分别比上年减少3.67万亩、0.29万吨，棉花的脱绒包衣率达到98%；全市蔬菜播种面积达到238.6万亩，总产792.4万吨，其中中棚以上设施蔬菜面积达到85.2万亩，实现产值78.9亿元。二是不断壮大区域特色产业。全市55个区域特色种植基地面积达到250万亩，占全市耕地总面积的20%左右，17个“河北农业特产之乡”面积达到197万亩，多数特产之乡已成为县域经济的重要支柱。全市芦笋、麻山药、中药材、花卉等新兴特色产业种植面积达到59.9万亩，成为农民增收新亮点。继续深入实施“科教兴农”战略，加快农业新技术推广普及步伐，依靠科技促进农业经济增长方式的转变，推动农业、农村经济快速发展。一是创新农业科技服务体系建设。17个“农业科技电波入户”示范县更加注重与农业信息网、农民培训的有机结合，加强声像资源的搜集与交流，突出栏目的科学性、实用性、新颖性和趣味性。共开播农业简讯、市场动态、科技之窗、农事指导、农情信息、农村政策法规等档目50多个，共制作播放农业节目1100多期。全年市有8部作品、55人获河北省农业科教电视“兴农杯”奖。年内新建农业科技进村服务站130个，累计达到1135个。二是加大对农民的培训力度。全年共完成农民培训60万人次，其中阳光工程农业科技培训3000人。三是充分发挥农业信息网络功能。年内与移动公司共同开发了手机短信信息平台，进一步拓展了农业信息服务渠道，为生产者、经营者和消费者提供及时、准确的信息服务，全年通过信息网络发布农业信息3.6万多条，有力地促进了农民增产、增收。

【农业循环经济迅速发展】 围绕节本增效和资源综合利用，大力发展生态农业，推进农业循环经济快速发展。一是大力推进农村沼气建设，全年新建农村户用沼气池52590户，全市农村户用沼气池保有量达到28万户，每年为农户增收节支5700多万元。进一步完善了沼气物业服务体系，提高沼气池的使用率，全市共有沼气建设专业施工队481个，施工技术人员2481人，其中881人取得国家沼气生产工职业资格证书。二是大力推广“三节”技术（节水、节肥、节药），全市推广旱作农业综合配套技术139.3万亩，累计建设集雨设施16171个，总蓄水容量达107.45万方；全市完成测土配方施肥面积212万亩，免费测试土样14000多个，发放施肥建议卡12.1万张，节本增效达1060多万元；以小麦“一喷多防”为重点的病虫害综防技术得到有力推广，全市防治各类病虫草害4594.78万亩次，重大病虫害防治覆盖率高达98%以上。三是大力推广秸秆综合利用技术，全市完成小麦秸秆还田320万亩，完成玉米秸秆还田325.35万亩，通过秸秆还田、秸秆堆沤、食用菌转化、青贮等措施，秸秆综合利用率达到75.8%。

【农产品质量安全水平明显提高】 紧紧围绕“农产品质量安全绿色行动”，大力推进无公害标准化生产，不断加强基地管理，加快产品认证，从生产源头抓起，全力提高农产品质量安全水平。一是宣传《农产品质量安全法》。全市各级农业部门充分利用报纸、广播、电视、网络、手机短信、科技下乡等多种形式，广泛宣传。全市农业系统共举办农产品质量安全法学习班45期；印制各类农产品质量安全法宣传品50万份；通过农业手机短信向广大群众发送农产品质量安全信息820余条；利用电视等媒体举办农产品质量安全节目70期（次）。二是推行标准化生产。以定州、徐水、博野、望都、清苑、满城、容城、定兴等国家级、省级无公害蔬菜生产示范基地县、蔬菜生产大县和无公害农产品产地为重点，以农业标准化示范村创建活动为突破口，严格技术规程的落实，规范农民的生产行为，全面提高市无公害农产品标准化生产的普及率。全年推广无公害农产品标准化生产面积130.28万亩。对到期的21个无公害生产基地进行了严格复审，取消了7个不符合条件的基地资质；新增无公害农产品生产基地3个，累计认定无公害农产品生产基48个，面积达到4.5万亩，新增8个认证产品，累计完成无公害农产品认证48个。三是加强质量检测。全市两个市级农产品质量监督检测中心、17个县级速测站实行了定期农产品抽样检测制度，2006年5、9月在全市范围内开展了蔬菜生产质量安全检查月活动，并先后3次集中对无公害农产品生产基地、大型超市和蔬菜批发市场进行了严格的抽检，全市共抽测农产品样品540个，农药残留合格率达到96.8%。

【依法护农成效显著】 按照“多予、少取、放活”的方针，进一步加大惠农、支农力度，把各项政策落实到位，充分发挥政策调控保障功能，通过落实党在农村的各项政策，充分保护和调动广大农民的积极性。一是落实好各项惠农政策。今年全市共落实良种、农机具购置补贴资金2980万元，比上年增加470万元；其中国家级和省级优质专用小麦、专用玉米良种资金2350万元，补贴面积235万亩，分别比上年增加150万元、15万亩；部级和省级农机具购置补贴资金630万元，比上年增加320万元，共补贴机具1291台。二是落实党在农村的基本政策。加大减轻农民负担监管力度，全市共减少面向农民不合理收费1620万元；5次走进市广播电台“行风热线”，解答农民关心的热点、难点问题；全年处理涉及农民土地承包、宅基地审批、征地补偿上访案件232起，有效维护了农村稳定；在全市广泛推行农村财务委托代理制，全市推行农村财务委托代理服务制试点乡镇达到184个，已开展委托管理工作的村达2761个。同时，结合2006年村委会换届选举，对农村干部进行了离任审计。全市共审计换届村2092个，审计金额达4.85亿元，有效地规范了村级财产管理。三是加大农资市场监管力度。不断加大对农资市场的监管力度，集中开展了春季、秋季农资市场专项整顿活动，全市共出动执法人员5478人次，检查经营企业和门市部4536个，查获假劣农药1905公斤假劣种子，有效地净化了农资市场，切实维护了农民的合法权益和民主权利。

领导班子成员

局　长	吕　先	
副局长	王贺鹏	郑继陆
	梁建永	辛喜增
	张凤洋	
总农艺师	刘洪勋	
纪检组长	杜长安	
副调研员	董大壮	陈殿恒
	翁树文	

【2007年·概况】 在稳定发展粮食生产的基础上，按照品种特色化、基地规模化、生产标准化的要求，不断深化种植业结构调整，提高种植效益。一是优化区域布局。根据《保定市优势农产品区域布局规划》，全力实施“21111”调整计划，主要农产品优势产业带基本形成，全市发展优质专用小麦380.6万亩、优质玉米548.7万亩、优质杂粮101.1万亩，全市主要农作物良种覆盖

率达到95%以上。二是发展区域特色产业。充分利用区域优势资源，积极培育特色主导产业，以“河北农业特产之乡”为重点的特色产业规模进一步扩大。三是培育新兴特色产业。芦笋、麻山药、中药材、食用菌、花卉等新兴特色产业快速发展，种植面积达到79万亩，成为农民增收的新亮点。

按照“两头抓市场、中间抓基地”（即产前抓监管、产后抓检测、产中抓服务）的工作思路，紧紧围绕“食品质量安全专项整治行动”，以发展无公害农产品生产为切入点，从生产源头抓起，全力打造农产品品牌。一是加强农资市场监管。坚持把农产品源头控制作为农产品质量安全的第一道关口，严厉打击查处了违法生产、销售和使用甲胺磷等五种高毒农药，违规生产、经营假劣农资的行为。全市共出动执法人员7540人次，检查企业2354个，整顿市场77个次，查获假劣农资17.76万公斤。二是加强检测体系建设。建立和完善了市、县、市场（基地）三级农产品质量安全检测体系，全市建成市、县两级农产品质检中心（站）20个，实行了定期农产品抽样检测制度，市检测中心共抽检蔬菜样品387个，农药残留合格率达98.2%。三是全面普及标准化生产技术。以推进农业标准化生产为手段，积极推进无公害农产品产地认定和产品认证，全市共推广无公害农产品标准化生产面积125.7万亩，无公害环评面积累计达到211.68万亩，认定无公害农产品生产基地51个，面积71.1万亩，认证无公害农产品和绿色食品51个。

围绕“节本增效”和资源综合利用，大力推进农业循环经济发展。一是实施生态家园富民工程。与生态文明村建设相结合，全市新建农村户用沼气池4.85万户，新增节能能力1019.30万吨标煤。全市农村户用沼气池保有量达到29.85万座，年产沼气2537.2万立方米，年节能44.8万吨标煤，全市年实现经济效益3.88亿元，受益人口达119万。同时积极推广“三沼”综合利用，发展沼液喂猪5万多头、沼液浸种3000多亩、沼渣沼液施肥6万多亩。二是实施农村太阳能利用工程。2007年全市乡（镇）及农村新增太阳能热水器4.69万平方米、农村户用太阳房0.56万平方米、太阳能校舍4.4万平方米、太阳灶704台。三是实施测土配方施肥工程。全市12个县市实施了测土配方施肥项目，免费为农民检测土样15000多个，制订合理施肥方案42个，推广测土配方施肥技术254万亩，实现节本增效6000多万元。四是实施秸秆综合利用工程。推广小麦（玉米）秸秆机械直接粉碎还田669.2万亩、秸秆压块饲料12万亩、秸秆青贮50万亩、利用秸秆生产食用菌2.6万亩，全市秸秆综合利用率达到75%以上。

【农业科技支撑能力进一步增强】 大力实施“科技兴农”战略，积极搭建为民增收的科技服务平台，不断提升科技服务保障能力。一是以农业信息网络为媒体，拓展为农服务新途径。与保定移动公司合作启动了“农信通”工程，实现了农业科技服务与农民增收的有效对接。全市农业信息网站栏目达到了400个，信息量15万条，访问量900多万次；农业手机短信用户达到75万人，农业专家热线话务访问量8000余次。二是实施农业科技电波入户工程，拓宽农业科技培训渠道。全市18个“农业科技电波入户”示范县共开播农业栏目50多个，制作播放农业节目2000多期次，实现了科技直接传播到户，课堂办到农民家中；新建农业科技进村服务站340个，全市累计达到1302个；全市共举办农业科技集中培训2000多场次，完成新型农民实用技术培训60万人次。三是依托农业专家顾问组，加强农业科技指导。充分发挥粮食、蔬菜、测土配方施肥等专家顾问组作用，在农业生产的关键时期和环节，30余次组织专家进行田间考察，及时提出管理意见，并通过报纸、电视、信息网络、手机短信、印发技术明白纸等方式进行宣传，指导农民搞好农作物田间管理。四是加快农业科技成果转化步伐，不断提高农业科技含量。加强粮食优质专用新品种的引进、示范、推广，推进品种更新换代，重点解决粮食主导品种不突出和品种“多乱杂”问题，目前已建设安新、清苑两个国家级小麦良种繁育基地，阜平国家级马铃薯良种繁育基地，安国种子区域试验站，全市农作物良种覆盖率达95%以上，良种推广在粮食增产的科技贡献率达30%以上，年内推广玉米增密和玉米晚收技术547.7万亩，总增产玉米约5亿斤；推广小麦晚播技术424.3万亩，预计节水5500万立方米，节约浇水成本2640万元。

【农业系统改革取得初步成效】 种子管理体制改革、国有农场改革、基层农技推广体系改革、农业综合执法改革是农业部门2007年面临的四项重大改革任务，为扎实推进各项改革，按照中央、省市有关改革的文件精神，结合保定实际，把握工作重点，完善工作思路，加强部门协调，加大工作力度，妥善处理改革中出现的问题，农业系统改革工作进展顺利。基层农技推广体系改革，各县（市、区）全部制定了改革实施方案，并经市审核上报省政府，省级审核通过了各县（市、区）的实施方案。种子管理体制改革，市涉及的18家种子单位的种子生产经营职能工作已完全剥离。农业综合执法改革，22个县市都建立了农业综合执法机构，占县（市、区）总数的88%，其中17个县市的执法机构经编办批准成立。国有农场改革，市县两级4个国有农场的政企、政事已经完全分离，全部完成省市确定的改革任务目标。

【切实维护农民的合法权益】 始终把落实好党在农村的政策作为解决“三农”问题的重要保障，增强惠农、强农力度，营造良好的农民增收环境。一是努力扩大惠农政策覆盖面。年内全市共争取省以上良种补贴资金2600万元，覆盖20个县（市）的202个乡镇53.19万农户；争取省以上农机具购置补贴资金1560万元，覆盖21个县（市）2200农户，补贴购置农机具2490台（套）。二是规范农村土地承包管理。以稳定完善农村土地承包关系为重点，依法处理和协调化解农民土地承包纠纷案件158起，积极维护农民土地权益和合法权益。三是加强农民负担监管。结合农村税费改革，以落实“四项制度”、规范“一事一议”和筹资筹劳为重点，认真开展了涉农负担专项治理，共查处涉农违规收费320万元，有效防止了农民负担反弹。进一步健全完善了农民负担监督卡制度，村村建立了公示牌，并建立集市公示牌1248个。四是全面推行农村会计委托代理服务制。全市303个乡镇推行农村会计委托代理服务制，占乡镇总数的93%，其中实行电算化管理的乡镇达130个，推行农村会计委托代理服务制村5203个，占村总数的84%；农村财会人员持证上岗率达到90%；同时加强农村财务审计，积极化解乡村债务，加强农村集体资产和农村财务管理。

领导班子成员

局　　长	吕　先
副 局 长	王贺鹏　郑继陆
	辛喜增　张凤洋
总农艺师	刘洪勋
纪检组长	杜长安
调 研 员	梁建永
副调研员	董大壮　陈殿恒
	翁树文　张来永

（部门编辑：张志刚）

林　业

【保定市林业局】 保定市林业局是保定市人民政府主管全市林业工作的职能部门，负责全市林业发展规划的制定和组织实施，负责国家林业方针、政策及法律法规的组织实施和监督检查，负责组织指导全市造林绿化工作，负责全市的森林资源和野生动物资源的保护管理及监测工作，负责全市林业科研及技术推广工作。局内部设办公室、植树造林处、果树蚕桑花卉管理处、森林资源管理处、发展计划与资金管理处、森林公安局、林业工程项目综合办公室7个职能处室，局直属单位12个。

【2006年·概况】 在市委、市政府的正确领导和上级主管部门的有力支持下，通过贯彻落实党的十六届五中、六中全会精神，毫不动摇地扎实推进市委、市政府《关于加快林业发展，建设林业强市的决定》“三步走”战略，以科学发展观统揽林业工作全局，坚持走项目立林、科教兴林、依法治林、产业富林的路子，圆满完成了《政府工作报告》赋予的各项任务目标，实现了全市“十一五”林业规划开局起步的良好开端。

【2006年各项任务落实及目标完成情况】 按照《政府工作报告》的要求，经多次酝酿编制了《保定市“十一五”林业规划》，对其他相关内容进行了认真分析研究，整合了14项涉林重点工作，并将其分解成28件事项，成立了以局长刘振昌为总负责人的实施工作领导小组，下发红头文件对完成时限、责任领导、责任处室及责任人进行了明确，做到了事事有人抓，件件有着落，为各项工作落实创造了有利条件。

【林业生态建设】 通过多渠道融合资金1.2亿元，共完成造林30.6万亩，占任务的102%；完成新封山育林40万亩，占任务的100%；完成义务植树1580万株，占任务的105%；环城镇（乡村）绿化植树310万株，全市551个生态文明村绿化植树156万株；新育苗木5万亩。全市森林覆盖率已达到21%。

【林业产业化建设】 果品业：已形成以苹果、梨、桃、柿子、红枣、核桃六大果品为主的优质果品基地，总面积达到252.3万亩，全市果品总产达到100.145万吨。年内新发展优质果品基地15万亩。全市果品基地全部通过环评，在年内推动无公害果品生产基地认定30万亩的基础上，全市已有60%通过了检测认定，全市林业标准化体系初步完善。通过在曲阳、阜平、唐县重点红枣产区推广枣树“树开心、枝拉平”树体改造技术（推广面积2万亩）和在定州、顺平、阜平三市县实施果品提质增效项目，进一步提高了苹果、梨、红枣等大宗果品市场的占有率。全市果品专业市场已达170多个，销售企业452个，年消耗果品21万吨，11家具有出口创汇能力的果品销售加工企业，年贮藏能力达到8800吨，其加工品出口创汇2000多万美元，果品在主产区占群众总收入的70%以上，成为当地经济的支柱产业。全市果品及相关产业产值达到23亿多元；林板业：以易县亚林、唐县沐森、宏峰和汇银四家规模大、效益高的企业为主体，全市近900家木材加工企业，年加工锯材14万立方米，生产各种板材110万立方米，木质家具近30万套，实现产值10亿多元；花卉业：随着人们物质文化水平的不断提高，对花卉的需求日趋广泛，加之毗邻京津的区位优势，全市花卉苗木的种植面积发展到10万亩，年产值4亿多元，已成为林业新的经济增长点，同时涌现出金萨干花、昌利鲜切花等重点出口产品。全市林果总产值达到53亿元。

【资源管理与保护】 通过加强林地林权管理和规范森林资源行政执法行为，全市林木采伐总量控制在5万立方米，大大低于省下达的15.6万立方米指标；通过强化征占用林地管理，严格执行征占用林地审核审批制度，对南水北调、保沧高速、张石高速、涿廊高速公路工程征占林地项目依法进行了审批，共审批林地500多公顷，有力支援了国家和省重点工程建设；针对春季干旱少雨，气候恶劣的不利因素，由于措施得力，降低了火灾的发生，全年共发生森林火灾42起，过火面积418.7公顷，受灾森林面积23.5公顷，森林火灾受害率控制在0.05‰以内。除顺平“3·23火灾”造成1死4伤的严重后果，给全市的森林防火工作带来一定影响外，全市未发生其他重特大森林火灾；森林病虫害防治工作普遍得到加强，全市森林病虫害发生面积32万亩，防治面积27万亩，防治率84%。特别是把对美国白蛾的监控、查、防作为森防工作的重中之重来抓，增设监控点60个，增加监控人员120人，有效控制了美国白蛾在涿州、高碑店、定兴、安新四市县的活动。

【年度工作亮点】 保定市在全省林业系统取得了一流的工作实绩，集中体现在三个会议在保定市召开：一是全国退耕还林后续政策研讨会，会议充分肯定了保定市近几年来退耕还林工作的成绩。市作为全省唯一一个市被推荐为全国五个退耕还林先进市的表彰。二是全省营养杯造林现场会，对保定市在干旱地区造林模式及技术进行推广，先后有石家庄、邢台等市到保定市参观。三是全省林权制度改革试点工作现场会，有力推动了全省的林权制度改革工作，为明年整体推进林权制度改革奠定了基础，保定市被评为全省林改工作先进市。

领导班子成员

局　　长　刘振昌
副 局 长　荀志惠　卢富强
　　　　　史京勋　曹听尔
　　　　　王立加
纪检组长　臧思良
森林公安局局长
　　　　　李忠琦（党组成员）
森林公安局政委
　　　　　李金萍
二线调研员　王金山
副调研员　田景梅　许培忠

【2007年·概况】 2007年，以科学发展观统揽林业工作全局，以“构筑三大生态屏障，建设两大产业基地”为目标，紧紧围绕全省林业局长会议精神和《政府工作报告》相关任务目标，结合本部门工作实际，顽强拼搏，较好地完成了全年的工作任务。（1）完成义务植树1450万株，新育苗5万亩，造林完成50.1万亩（含封山），完成涞水、涞源、易县、唐县、曲阳、阜平、顺平、满城8个山区县万（千）亩封山育林示范区建设。（2）阜平10万亩大枣示范区二期工程建设，已完成投资2933万元，开发荒山2万亩，已栽植80万株，树体改造完成3万亩，辐射面积达9万亩。（3）全市共发生森林火灾36起，受害森林面积2.867公顷，森林受害率为0.0085‰，控制在了0.3‰以内，确保了和北京接壤地区的安全。（4）完成无公害果品生产基地认定20.1万亩，无公害果品认证已完成186个样品。（5）果桑处、科技处、技术站和9个果树重点县的技术干部及果农共计2986人参加了果树管理网络会议；全市组织开展技术培训2460次，培训果农11万人次，发放技术资料30多万份。积极开展三下乡活动，组织全市200多名林业技术人员进万村兴百业，深入农村帮民致富，有力促进了新农村建设。（6）集体林权制度改革中，明晰产权面积1213.99万亩，确权发证1019.99万亩，完成了省政府确定的今年集体林权制度改革任务。

【谋划发展，强力宣传】 组织召开了全市林业宣传工作培训座谈会，下发了《全市林业宣传工作指导意见》，积极组织协调各县市区抓好宣传报道工作，全市共编发综合信息78期，拍摄了

《走进绿色保定》林业专题片，重点在植树造林、防火、综合执法、林权制度改革、病虫害防治等方面加大宣传力度，为林业事业的发展创造了良好的舆论氛围，使林业在建设生态文明中的地位更加突出。

【生态建设成效显著】 紧紧围绕构筑“三大生态屏障”、“两大产业基地”和建设林荫型、景观型、生态型森林城市为目标，以三北防护林、退耕还林、生态文明村建设、农田防护林网建设、太行山绿化、通道绿化、环城镇乡村绿化等骨干生态工程为依托，实现了造林绿化四个突破：一是在组织发动上有新突破。工程造林、社会造林、义务植树这“三驾马车”共同拉动林业发展。二是在造林时空上有新突破。变春季造林为春季、雨季、秋冬三季造林。三是在造林宣传上有新突破。广泛开展造林宣传，加大培训力度，全市共举办培训班300多场次，培训5万多人，发放明白纸20多万份，利用电视台、电台和报刊等媒体宣传植树造林专题1000多次。积极向群众宣传林业政策，引导群众积极参与植树造林。四是在造林指导上有新突破。充分发挥森林生态效益、经济效益、社会效益三大功能，指导多林种、多树种、多结构，块状混交、带状混交、针阔混交等混交林的建设。

【林业产业稳步推进】 一是果品结构调整进展顺利。在优势果品向优势区域集中的基础上，大力推广“树落头、枝拉平、开心型”等树体改造和树形改良技术，全年全市新发展果树（改造）面积8.5万亩；新建或改造果品标准化出口创汇基地40.1万亩，出口果品创汇5130万美元，完成浇水面积140万亩，施肥面积达到186万亩；已按计划全部完成年度任务，已提前着手明年的工作准备。二是加强项目管理，果品产业化进程加快。按照《河北省2007年度果树结构调整项目申报指南》的精神，认真筛选了10个项目上报，其中阜平、曲阳、涞水、易县申报的项目被省林业局和财政局批准，可得到200万元省财政资金支持。此外，还对高碑店市同兴农林畜牧有限公司、蠡县河北百丰农产品开发有限公司、清苑光辉果品标准化示范园、定州东丈大树高接换头标准化示范园建设的指导；顺平桃、易县柿子首批列入了省级“一县一业一园”示范区，果品标准化、林业标准化技术的推广，起到了较好的示范带动作用，2007年农产品交易会，市选送的易县磨盘柿和百丰公司的红梨双双被授予“果王”称号，顺平苹果和蠡县梨入选奥运果品。三是服务果农，加强指导。配合省局积极组织了。四是技术推广工作得到加强。按照16推任务目标要求，无公害果品质量监督、检测体系继续完善。

【资源管理及保护工作得到加强】

在森林资源管理上，实行了严格的依法审批制度，大力推行依法治林、依法管林。一是实行了严格的林木采伐管理。按照《河北省林木采伐管理办法》和国家林业局《关于违反森林资源管理规定造成森林资源破坏的责任追究制度》的规定，严格了林木采伐审批程序，实行伐前设计、伐前公示、规范发证、伐中监督、伐后验收五个环节的管理制度。二是抓住木材运输管理环节。按照《森林法》、《条例》、《办法》和《河北省木材经营加工运输管理办法》的规定，加强对全市7个木材检查站经常性的管理和监督，制定了《木材检查站工作制度》；推行了工作人员“三禁止”（禁止买卖木材运输证，禁止非发证人员签发运输证，禁止乱收费、索贿受贿、徇私舞弊以及玩忽职守），有效控制了违法违纪现象的发生。三是维护林业的地位，强化征占用林地管理。为控制林地资源非法流失，从维护生态安全、保护森林资源的大局出发，在全市开展了森林资源管理“六查”活动，通过“六查”进一步规范了资源管理行政行为，切实做到了“四个确保”，确保不突破年度森林采伐限额和生产计划或违规核发林木采伐许可证，确保每件行政审批的依据、程序、必备材料和档案规范、合法、健全，确保木材检查站管理和执法依法依规履行职责，杜绝“公路三乱”，确保森林资源和野生动物资源得到依法有效保护和利用。按照“关口前移、做好服务”的要求，强化行政服务大庭的工作力度，为基层和用地单位提供优质服务。四是加强森林防火工作。面临春季干旱少雨，气候恶劣的不利因素，通过严格禁止野外用火，严密监控重点林区，建立重大森林火灾预警机制等有效措施，减少了火灾的发生率。山区9县森林防火专业扑火队伍建设已全部完成；五是加强森林病虫害的防治。市森林病虫害发生71.5万亩（林木病虫害发生30.57万亩，果树病虫害发生40.93万亩），共计防治作业63.52万亩次，其中林木病虫害防治26.32万亩次，美国白蛾防治3.08万亩次，杨树病虫害防治19万亩次，松毛虫0.68万亩，刺槐尺蠖0.6万亩次、双条杉天牛0.54万亩次，其他病虫鼠（兔）害2.42万亩次。果树病虫害防治作业面积37.2万亩次。由于监测预报准确，组织防治及时，措施得力，森林病虫害成灾率控制在4.8‰以内，无公害防治率达83%，测报准确率达78%，种苗产地检疫率96%。在禽流感疫情发生时期，市又把防止禽流感疫病在人与野生动物之间相互传播作为野生动物保护的一项重要工作来抓，控制了以野生动物为载体传播禽流感现象的发生。

【综合执法力度加大】 一是加强学习，提高执法队伍的整体素质。针对林业综合执法力量薄弱的和办案经费不足的情况，新招录8名同志充实公安队伍，通过捆绑使用执法力量，强化异地办案和全员培训练兵，提高了队伍整体素质。二是加大涉林案件的查处和打击力度。结合全省"绿盾二号"行动，全市同时制定了行动方案，公布了10起重点督办案件，全市共查处各类案件190起，侦破刑事案件3起，打掉犯罪团伙2个，出动执法人员1000余人次，一大批毁林开矿案件到有效查处。三是加大督导力度，认真督办解决群众上访案件。共接待群众来信来访案件20余起，已督导高阳、涞水等相关县对省局督办的案件做了进一步的处理。四是坚持依法治林、依法行政。加强对森林资源管理和执法人员的监督，采取重点检查、定期抽查、阶段联查、个别审查的方式加强对林政管理执法人员的依法监督。对符合和具备执法人员资格进行审查，已办理《执法证》35人。有效保证了森林资源管理的依法行政。

【集体林权制度改革任务基本完成】 市政府将集体林权制度改革工作列为2007年政府A类责任目标和市领导挂牌督办的78项大事、要事之一。按照省林改实施方案的要求，为全面完成林改工作任务目标，全市上下共同努力，较好地完成全年的林改工作任务。一是领导重视，强化举措，分步实施。年初，全省集体林业产权制度改革电视电话会议之后，市随即召开了全市集体林业产权制度改革电视电话会进行安排部署并进行了全面的动员部署。印发了《保定市集体林业产权制度改革方案》。并按照省林改实施方案的时间、目标、任务要求，分别制定了符合当地实际的实施方案。二是加强督导，明确责任。全市在林改领导小组领导下，成立了8个林改督导小组，并建立了分阶段督导，按时书面汇报的督导制度；实行纵向到底、横向到边、责任到人林改督导制度；全市县、乡、村三级全部签订了责任状。三是加强队伍建设，确保人员、资金、设备到位。今年全市落实林改专职人员200余人，配备先进的办公设备，设立了专门的林改办公室，落实林改经费200余万元，先后组织林改会议11次，起草撰写文件60件，编辑林改信息29期，接待来信来访16起。四是科学编制规划，严格评审论证，确保了任务完成。组织召开了全市"编制林地保护利用规划"和"森林资源二类调查数据应用"技术培训会，取得良好效果，据统计，全市规划林地1463.03万亩，占全市土地面积的44.55%。在去年完成雄县、易县林权主体改革的基础上，全面启动了23个县（市、区）的林改工作。

部门领导班子

局　　长　刘振昌
副 局 长　荀志惠　卢富强
　　　　　曹昕尔　王立加
　　　　　陈　飞
纪检组长　臧思良
森林公安局局长
　　　　　李忠琦（党组成员）
森林公安局政委
　　　　　李金萍（上半年）
　　　　　张建华（下半年）
调 研 员　王金山　史京勋
副调研员　许培忠
助理调研员　田景梅

（部门编辑：甄壮平）

畜牧水产业

【保定市畜牧水产局】 保定市畜牧水产局是保定市人民政府主管全市畜牧水产业的直属事业机构。其主要职责是：贯彻国家畜牧水产法律法规并监督执行。拟定并落实全市畜牧水产业发展规划、政策；负责全市重大畜牧水产业建设项目的立项、初审和申报工作。制定全市畜牧水产业科技普及、培训、技术引进、推广规划和年度计划，并监督实施；组织科研课题的技术攻关和科研成果的推广应用。制定全市畜牧水产养殖品种繁育和改良规划；指导生产、繁育和推广畜牧水产良种工作。负责全市动物防疫、检疫、医政、药政、药检和动物卫生监督工作。负责全市草地资源保护、建设、开发、利用的组织实施工作，制定草地资源、农作物秸秆资源开发的中长期规划及年度计划，指导全市草原防火工作。负责《中华人民共和国动物防疫法》、《中华人民共和国畜牧法》、《中华人民共和国草原法》、《中华人民共和国渔业法》、《中华人民共和国野生动物保护法》《中华人民共和国水污染防治法》、《中华人民共和国传染病防治法》、《中华人民共和国农产品质量安全法》、《国务院种畜禽管理条例》、《国务院兽药管理条例》、《国务院饲料和饲料添加剂管理条例》、《国务院水生野生动物保护法》、《国务院病原微生物实验室生物安全管理条例》、《河北省动物防疫条例》、《河北省种畜禽管理条例》、《河北省渔业管理条例》、《河北省渔业船舶检验条例》、《农业部动物检疫管理办法》等8部法律、9部法规和40多项规章的监督执行。承办市政府交办的其他事项。

【2006年·概况】 2006年是"十一五"规划的开局之年。在市委、市政府的正确领导下，全市各级畜牧水产部门按照既定思路和目标，以科学发展观总揽全局，积极应对工作中的新情况、新问题，发扬求真务实、克难攻坚的精神，密切配合，扎实推进，重点突破，较好地完成了白洋淀死鱼处置、"红心蛋"排查、"黑心肉"检查等急难险重工作，有效遏制了动物疫情和市场波动造成的冲击，全市畜牧水产业继续保持了健康平稳的发展态势。

【推进"草、牛、奶"工程，优化产业结构】 按照"稳定发展猪鸡，大力发展牛羊，突出发展奶牛"的总体思路，积极推进产业结构调整。尤其是稳步推进"草牛奶"工程，奶业继续保持持续快速发展。全市奶牛存栏近20万头，鲜奶产量44.68万吨；奶牛养殖小区和规模场180个，其中标准化奶牛养殖小区41个；鲜奶加工能力达80万吨。在保持奶业强势发展的同时，各地发挥产业、资源和区位优势，产业布局、产业结构、产品结构和品种结构进一步优化，特别是龙头企业发展较快，目前全市建成有一定规模和辐射带动作用的龙头企业58家，其中年销售额500元以上的龙头企业28家，龙头企业总产值16亿元。全市畜牧水产业逐步由原始鲜活产品出售向初级加工产品和精深加工产品出售转变，整体效益进一步提高。

【扩大标准化生产面，提高产品质量与效益】 坚持整体推进，重点突破的原则，全面实施标准化生产，产品质量安全水平不断提升。积极组织申请无公害产地认定和产品认证。加大对通过认定、认证企业的监管。全市生猪、肉鸡、蛋鸡、肉牛、肉羊、奶牛等主要规模养殖品种的标准化生产覆盖率已达80%。建立了18个标准化示范区（场），严格按标准规范组织生产，在推进全市养殖业标准化生产过程中发挥了重要的示范带动作用。

【有效防控重大动物疫病，实现全年"零"疫情】 2006年，全市继续深入贯彻"密切配合，依靠科学、依法防治，群防群控、果断处置"的基本方针，认真落实动物防疫双轨目标责任制，切实落实各项综合防控措施。严格落实免疫、检疫、消毒、无害化处理等各项防控措施，确保养殖业健康发展和人民群众的生命健康安全。推行程序免疫、常年补针、定期检测，严格执行免疫档案和免疫标识制度。全市全年领取牲畜口蹄疫苗1372万毫升、高致病性禽流感疫苗11659万羽份、鸡新城疫疫苗19668万羽份、布鲁氏菌病疫苗133.2头份、狂犬病疫苗18.5头份。全市共免疫猪880万头、牛80.4万头、羊253万只、禽8890万只、犬18万条，通过对2.46万份口蹄疫抗体血样和3.78万份禽流感抗体血样的免疫效果检测，总合格率达到了92%。全年两次集中免疫均顺利通过省畜牧兽医局的检查验收。先后两次代表河北省接受了农业部检查，农业部领导对保定市的防疫工作给予了充分肯定和高度评价。

【强化种畜禽管理，加快良种推广步伐】 认真学习宣传《畜牧法》，严格执行种畜禽场分级标准和鉴定验收办法。不断加强对种畜禽生产经营活动的监管，依法整顿种畜禽经营秩序。对12个符合条件的种畜禽场进行了验收，新发（换）证9个。全市实现规范化管理种猪场22个、种禽场19个、种羊场12个。旺盛敏达、徐水大午、望都威特等种畜禽企业继续扩大规模。改良站点建设继续强化，人员培训全面加强。充分发挥奶牛冻精补贴项目的带动作用，巩固主渠道供应，供种能力进一步提高。

【加大饲料兽药监管力度，提高产品质量和数量】 加强饲料和兽药生产、经营、使用等环节的监督管理，提高饲料、兽药质量。开展了"农资打假集中行动"和"兽药市场专项整治行动"，严厉打击制售假劣饲料、兽药、饲料添加剂的违法行为，确保了不发生动物源性食品安全事故。实施了"饲料和兽药安全工程"，对饲料、饲料添加剂和兽药生产企业的监测力度加大。开展了"瘦肉精"专项执法检查，抽样检出率为零；饲料产品质量抽检合格率达到94%。全年集中开展饲料和兽药市场专项整治活动各2次，查处和没收假劣饲料、兽药和生物制品46个品种400余件，总价值3万多元。积极推动饲料企业资源整合，饲料产品结构继续优化，浓缩饲料和添加剂预混饲料加快发展，满足了全市畜牧业发展需要。继续推行"一头奶牛半亩草"、"合同种植就地转化"等模式，优质牧草种植面积达到1.15万亩。

【开展渔业资源增殖放流，恢复白洋淀渔业生态】 上年年初，白洋淀发生大面积污染死鱼事件，市局及时派出专业技术人员前往安新，积极协同安新县做好受灾群众的思想工作，搞好渔民损失的评估测算，为上级部门妥善处理这次事件提供了帮助。为尽快恢复白洋淀渔业资源和生态环境，努力争取省水产局的支持，在白洋淀及其上游水库实施了渔业资源增殖放流，放流河蟹苗375公斤（约7000万只）。目前放流河蟹平均规格达30克，成活率约15%，白洋淀渔业生产和渔业生态逐步得到恢复。

领导班子成员

局　　长　姜明慧
副 局 长　贾志清　刘学军
　　　　　王金禄　李学忠
总工程师　赵东岗
纪检组长　曹纪民

【2007年·概况】 2007年，在市委、市政府的正确领导下，畜牧水产局党组一班人以十七大精神为指导，全面落实科学发展观，认真履行职责，团结带领全市畜牧水产系统干部职工、科技人员和广大群众，克服各种困难，出色地完成了工作任务，精神文明建设、优化环境、行风建设、稳定工作、政务公开等工作开创了新的局面，动物产品质量安全管理、项目管理、办公室工作、技术推广工作、奶业发展、兽医药政管理等工作在全省处于领先地位，受到了农业厅的表彰。

【畜牧水产业总产值占大农业比重突破40%】 全市2007年完成肉类总产67万吨，禽蛋总产39.5万吨，鲜奶总产60.85万吨，水产品总产4.5万吨。牛存栏47.94万头，其中，奶牛存栏23.83万头，同比增长19.87%；牛出栏33.33万头，生猪存栏381万头，出栏623.69万头，羊存栏235.98万只，出栏255.67万只，家禽存栏4427.75万只，出栏5592.65万只。全市的畜牧业产值达167个亿，增幅达30%，畜牧业产值占大农业总产值的比重首次突破40%。加上渔业产值，这个比重增加到了41%，真正成为大农业第一主导产业。

【产业结构继续优化】 根据全市不同的资源条件和优势，选择适宜的养殖品种，做大做强，增强了本地产品的竞争能力。徐水、高阳、南市区的奶牛业；易县、定州、徐水、高碑店的生猪业；清苑的养鸡业；阜平的中华鳖；涞源的虹鳟鱼等，均发展到了一定的规模，成了当地的特色产业。全市优势产品产业区内畜产品产量占全市总产量的68%。在调整品种结构方面，把乳业作为重点产业来抓，实施“草、牛、奶”工程，抓住伊利集团建设定州市乳品加工基地投产和蒙牛集团望都乳品加工基地开工建设的有利条件和契机，扩大养殖规模。全市新建标准化奶牛示范养殖场和奶牛养殖小区6个，存栏50头以上规模养殖场和奶牛小区发展到了244个（其中奶牛小区122个）。在抓产品结构调整中，树立品牌意识，通过培育和扶持畜产品加工龙头企业发展，逐步将畜产品由原始鲜活产品出售向初级加工产品和精深加工产品出售转变，全市有一定规模和对产业具有辐射作用、年销售额500元以上的龙头企业30家，其中年销售额超亿元的龙头企业4家，省级龙头企业5家，国家级龙头企业1家，龙头企业产值达16亿元，培育出“莲池”牌（熟肉）、“唐尧”（羊肉）、“天香”（乳制品系列）“山泉黄”（中华鳖）等一批优质名牌产品，提高了产品附加值和整体效益，产业化率达到43%。

【生产方式逐步转变】 积极协调财政、土地等部门，加大政策资金、养殖用地和信贷支持，引导社会资金投入畜禽养殖场和养殖小区建设，扶持养殖户扩大养殖规模。通过发放明白纸、制定乡规民约等手段，引导散养户改变畜禽混养、人畜混住的落后方式，由分散养殖向适度规模养殖转变。按照《规模养殖场和养殖小区的规模标准和备案程序》，在规模养殖场设立标识编码，建立养殖档案，规范和引导畜禽规模养殖。按照国务院、农业部的要求，开始进行养殖业污染源普查工作。通过积极运作，市政府于北京爱伊斯爱地公司签订了战略合作协议，保定市成为该公司实施养殖业清洁生产机制的全国重点地区和中国北方试点地区。

【生猪补贴政策得到较好落实】 针对生猪及猪肉价格大幅度上涨的情况，国务院制定了扶持生猪生产的政策措施，其中主要内容就是对生猪生产给予资金补贴，为把国家惠农政策落到实处，全市畜牧水产系统干部职工做了大量工作，保证这些政策及时、公开、透明地落实到位。到2007年底，全市35.2万头能繁母猪落实了每头50元的补贴；对符合条件的26.64万头能繁母猪给予了政策性保险；对1个扩繁场和52个标准化规模养殖场按照政策进行了扶持。全市共计得到国家政策性资金6500多万元，有力地支持了市养猪业的发展。

【加强品种改良】 搞好畜禽水产品种引进和推广，不断提高良种覆盖率。加强奶牛冻精补贴项目的管理，认真落实奶牛冻精补贴政策，积极争取资金，扩大良种补贴的范围和数量，促进良种的利用和推广，提高良种覆盖率。完善各代次种畜禽场、涞源虹鳟鱼良种场建设，健全配种改良站点，提高了供种能力。

【推进无公害认定认证】 以围绕京津市场的畜牧水产优势产区、优势产品为重点，加快无公害动物产品产地认定和产品认证步伐，2007年，申报产地认定企业31个，产品认证企业20个，其中1个通过了产品认证，其他均已上报待验。验收后，全市通过省级认定、认证的企业将分别达到120多家和20多家；对已通过认定、认证的企业，加大后续监管力度，发现问题及时处理，确保产品质量。

【重大动物疫病防治继续强化】 结合“3341工程”建设，继续贯彻“加强领导、密切配合，依靠科学、依法防治，群防群控、果断处置”的方针，全面提升兽医工作水平，有力、有序、有效地做好重大动物疫病防控工作，继续保持了全市全年无大疫。各地切实落实重大动物疫病防治资金、疫苗、物资等储备制度，实行分级分类储备，加强储备物资的动态管理，应急物资采购、市场调控与调运机制更加完善。加强布病、狂犬病等人畜共患病防控。全市继续保持了无重大动物疫情发生。

【启动两个“中心”工作】 市动物疫病预防控制中心在全市率先通过了GSP达标验收。春秋两季集中强制免疫期间，“中心”共购入高致病性猪蓝耳病疫苗501万ml、O型和O—亚Ⅰ型口蹄疫苗1220万ml、猪瘟疫苗580万头份、禽流感疫苗4700万羽份。全市口蹄疫的免疫注射猪617万头、牛67万头、羊300万只，全部达到了应免数的100%；禽流感免疫共注射鸡7850万只、鸭370.7万只、鹅130万只，全部达到了应免数的100%；蓝耳病和猪瘟免疫分别注射猪308.56万头，也达到了应免数的100%。与此同时，市还加强了新城疫和布鲁氏菌病的免疫，其免疫密度也都达到了部省要求。牲畜耳标佩戴率、免疫证填写率达到100%，并建立了规范的免疫档案。

市动物产品检验检测中心在尚未确定机构编制及人员的情况下，先行开展了检验检测工作。全年共计完成兽药送样60个、检测猪肉样品69个样品，检测鸡肝氯霉素147个样品；药残检测6批次，216个样品、“瘦肉精”含量检测5批次，1097个样品，均超额完成了省局、市政府下达的年度检测任务。此外，检测中心还完成了11批次，共计20个样品的委托检测，协助完成了农业部、省局在保定市的采样工作，包括：协助农业部渔业环境及水产品质检中心（天津）完成在市府河市场的水产品抽样工作。共抽样品21个；协助农业部畜禽产品质量安全监督检验测试中心（济南）完成在市府河市场的畜产品抽样工作。共抽样品15个，其中，猪肉样品8个，猪肝样品3个，鸡肉样品4个。

【白洋淀及其上游水域增殖放流】 为尽快恢复白洋淀的水域生态环境及渔业资源，在省局的大力支持下，保定市在白洋淀实施了渔业资源增殖放流。共放流河蟹苗255.5公斤，约3700万只；黄颡鱼苗70万尾；鲢、鳙、草鱼种8550公斤。同时，利用赔偿资金放流鲢、鳙、草、鲤、鲫鱼种7.5万公斤，计110余万尾；放流扣蟹1050公斤，约12万只。在西大洋水库放流池沼公鱼卵3.5亿粒、花白鲢鱼种5500公斤、鲤鱼种500余公斤；在易县安格庄水库放流鲢、鳙鱼种2万公斤，池沼公鱼卵1.5亿粒。增殖放流活动对渔业资源的恢复和渔业生态环境的修复起到了良好作用，促进了城市水源地的水域环境的保护及净化。编制并发布实施了《保定市养殖水域滩涂规划》，“中华鳖优势产业带”、“西北部山区冷水资源产业带”得到了快速发展。全市温棚养殖中华鳖面积达1600余亩，比上年新增500余亩。在涞源、阜平、曲阳等县大力实施冷水鱼养殖，全市冷水鱼养殖企业发展到32个，流水养殖面积达到300余亩。位于曲阳县北雅握的曲阳县鲟鱼养殖场，计划投资1400余万元，占地130亩，已经生产了3批鲟鱼苗种，带动起周边十几个养殖户发展鲟鱼养殖。在积极发展特色渔业养殖的同时，利用旅游业蓬勃发展的有利时机，因地制宜地大力发展休闲渔业和观光渔业，延伸旅游业链条，做好水文章，增强产业活力，新开辟垂钓园6处，面积380亩。全市休闲垂钓园已达20余个，总面积1100余亩。

领导班子成员

局　　长　姜明慧
副 局 长　贾志清　刘学军
　　　　　王金禄　李学忠
总工程师　赵东岗
纪检组长　曹纪民

（部门编辑：季晓明　邓登友）

农业机械

【2006年·概况】 2006年，全市农机总动力1009.57万千瓦，农业机械原值53.64亿元，净值37.55亿元，大中型拖拉机17383台，小型拖拉机15.58万台，联合收割机11840台，排灌用柴油机14.15万台。大中拖配套机具2.85万部，小拖配套机具16.48万部，其中耕作机械有：机引犁8.36万台，旋耕机2.23万台，播种机4.79万台，秸秆粉碎还田机10976台。排灌机械有农用水泵18.55万台，节水灌溉类机械556套。植保机械有机动喷雾（粉）机6439台，畜牧机械1.24万台，农副产品加工作业机械3.1万台，农用运输车（含三轮运输车、四轮运输车、农用载重汽车）33.12万辆。全市机耕面积616079公顷，占实际总耕地面积的73%；机械播种面积696988公顷，其中机播小麦348797公顷，机播玉米345193公顷，机械收获面积352861公顷，其中机收小麦346232公顷，占小麦收获面积的94.7%。机械化秸秆还田面积430254公顷，其中玉米秸秆还田216920公顷，小麦秸秆还田213334公顷。机械化青贮秸秆101.9万吨，机械化秸秆压块8.255万吨。农机作业实际耗用柴油46万吨。赴河南等地参加跨区作业的小麦联合收割机3100余台，跨区机收小麦10.67万公顷，作业收入5150万元。2006年，全市共落实部、省、市级农机购置补贴资金680万元，有19个县被列入补贴范围。共补贴购置机具1331台，其中：大中型拖拉机312台，玉米收获机78台，耕作机械348台，种植机械171台，收获机械422台。2006年，保定市农业局被全国跨区机收工作领导小组评为“全国农机跨区作业先进单位”。

【2007年·概况】 2007年，全市农机总动力1024.77万千瓦，农业机械原值55.11亿元，净值38.58亿元，大中型拖拉机18205台，小型拖拉机15.46万台，联合收割机12206台，排灌用柴油机13.79万台，农用水泵18.88万台，节水灌溉类机械634套。大中拖配套机具3.04万部，小拖配套机具16.75万部，其中耕作机械有：机引犁7.74万台，旋耕机2.3万台，播种机4.85万台，秸秆粉碎还田机1.19万台。植保机械有机动喷雾（粉）机6647台，畜牧机械1.31万台，农副产品加工作业机械3.1万台，农用运输车（含三轮运输车、四轮运输车、农用载重汽车）34.51万辆。全市完成机耕618060公顷，占实际总耕地面积的81%；机播746937公顷，其中机播小麦356224公顷，占小麦播种面积的96.2%，机播玉米350190公顷，占玉米播种面积的82.17%；机收381781公顷，其中机收小麦348780公顷，占小麦收获面积的94.22%。机械化秸秆还田面积446334公顷，其中玉米秸秆还田221534公顷，占玉米收获面积的51.98%，小麦秸秆还田224800公顷，占小麦收获面积的60.72%。机械化青贮秸秆105万吨，机械化秸秆压块9.57万吨。农机作业实际耗用柴油46万吨。参加赴河南等地跨区作业的小麦联合收割机3300余台，跨区机收小麦11万公顷，作业收入6000万元。2007年，共有21个县（市）享受部、省、市三级农机购置补贴资金1610万元。补贴购置各类农业机械2490台（套），其中拖拉机495台，玉米联合收获机246台，玉米秸秆粉碎还田机550台，小麦玉米播种机363台，旋耕机504台，深耕犁4台，青饲料收获机12台，铡草机12台，秸秆切碎机4台，节水精播机300台，受惠农户共2200余户。2007年，保定市农业局被河北省农业厅评为全省“农机工作先进单位”、被省机收小麦工作领导小组评为“小麦机收和跨区作业先进单位”。

（部门编辑：王晓朴）

中 小 企 业

中小企业

【保定市中小企业局】 保定市中小企业局是市政府主管中小企业、民营经济的职能部门，承担全市民营经济规划、协调、监督、服务职能。局机关设有办公室、政策法规处、规划统计处、产业与科技处、改革与发展处、经济合作（教育培训）处、纪检监察室7个职能处室。

【2006年·概况】 2006年在市委市政府正确领导和支持下，市中小企业局认真贯彻省、市经济工作会议精神，大力实施“催生、助长、扶强”战略，进一步优化发展环境，统一思想，扎实工作，开拓创新，有力地促进了全市民营经济持续、协调、快速发展。全市民营经济完成增加值816.1亿元，同比增长20%，上缴税金41.1亿元，同比增长19.9%。预计全年全市民营经济实现增加值达到910亿元，同比增长20%，税金44亿元，同比增长19%，达到了近年来最好的发展水平。主要呈现出四个特点：一是规模以上工业发展增势强劲。全市规模以上民营工业企业1094家，1～11月份完成增加值144.5亿元，同比增长44.8%，增速高于民营经济平均增速24.8个百分点，增加值占全部民营经济总量的17.8%，比上年同期提高5个百分点。二是主导行业发展拉动有力。以汽车及零部件制造为代表的机械加工业、纺织服装业、皮革皮毛羽绒及其制造业、纸塑制品及其包装业、建材矿产业等主导行业，完成增加值211.6亿元，同比增长31.0%，高于民营经济平均增幅7.8个百分点。其中皮革皮毛羽绒及其制造业同比增长61.8%；以汽车及零部件制造为代表的机械加工业同比增长39.7%；纺织服装业同比增长31.9%；建材矿产业同比增长25.5%，主导行业拉动着民营经济的发展。三是出口创汇企业发展加快。预计全年出口创汇额148亿元，同比增长38%。民营企业出口交货值同比增长38.1%，超过上年同期增速8.6个百分点。从民营出口产品结构看，高新技术产品出口增长快，出口额高出平均增速13个百分点；机电产品和服装仍为主要出口产品，出口额占出口总量58.2%。四是发展后劲明显增强。到目前，全市民营企业完成固定资产投资109.4亿元，同比增长23.2%；在建500万元以上项目348个，千万元以上的319个，项目计划总投资352亿元。项目建成后，将拉动民营经济增长10个百分点以上。2006年被省中小企业局评为“综合工作先进单位”。

【优化发展环境，加大政策支持力度】 为了促进市中小企业快速发展，把加大政策支持和加强技术指导作为一项重要工作。一是起草制定了《保定市鼓励支持民营资本参与公用事业基础设施建设的实施意见》。从民营资本准入原则、领域、形式和途径、保障措施等方面，提出了11条开创性政策措施。二是起草制定了《保定市关于促进中小企业改革的激励办法》。在深化国有、集体中小企业改革，破除体制和政策障碍，推动产权主体多元化，优化国有资本配置，加快经济结构调整等方面，提出了36条政策措施。三是起草制定了《保定市关于对民营企业资金、技术、用地支持的若干意见》。在加大财政、信贷、担保支持力度，加强银保企合作、鼓励多渠道融资、支持民营企业自主创新、支持民营企业用地等方面，提出了22条政策措施。四是经过大量分析和专家论证，编制了《保定市民营经济“十一五”发展规划》。系统回顾了“十五”期间市民营经济的发展情况，提出了“十一五”期间发展目标，谋划了重点工作措施。

【加强担保体系建设，改善融资环境】 破解融资难问题，改善融资工作环境是中小企业局力求突破的一项重要工作。通过组织各银行和部分担保机构赴外地考察学习，召开座谈会议，分析了现状，找到了差距，改进了措施。先后起草了《关于对深圳、杭州、宁波三市中小企业融资情况的考察报告》，制定了《关于加强银保合作的意见》，参与起草了《市政府政府关于优化金融生态环境的实施意见》，向市政府提交了《关于增加中小企业专项发展资金的报告》，为改善中小企业融资环境奠定了基础。针对担保体系建设还专门成立信用担保督导咨询组，定期督导调度，提供政策咨询。多渠道筹资扩大担保机构资本金，提高担保能力。全市担保机构达到34家，担保资本金总额达到5.4亿元，形成了25亿元融资担保能力，提前两个月完成了全年5亿元的任务。去年，新增担保资本金1.8亿元，为中小企业解决融资贷款担保融资2亿元，使中小企业融资难的问题得到了一定缓解。

【推动创业基地建设】 按照市《政府工作报告》中提出“年内每个县（市、区）都要建立一个创业辅导基地”的要求，制定了《保定市创业辅导基地建设的指导意见》，提出了“高起点规划、高水平设计、高标准建设和逐个推动、逐个基地达标验收”的要求。组织了创业辅导基地建设培训；参观和学习邯郸等先进地区创业基地的做法；开展了蠡县、高阳、容城、高新区等一批示范创业基地的观摩与交流。协调政府有关部门共同解决创业辅导基地建设中遇到的难题，并加强了日常督导。全市正在建设的创业基地已经达到26个（省级1个、市级2个、县级23个）。已完成建筑面积25.8万平方米，吸纳入驻企业596家，安置就业1.5万人，取得了初步成效。

【推动人才队伍工作】 通过政府引导，从企业自身入手，通过多种形式努力提高民营企业内在素质。一是制定培训计划。制定了人才引进、培养、出口创汇指导计划；起草了《2006年保定市民营经济人才工作实施意见》；撰写了《河北省人才发展蓝皮书》——保定区域篇人才工作专题报告材料之一保定市民营经济人才部分；起草了《关于“十一五”期间全面培训、普遍提升民营企业家队伍素质的实施办法》；起草了《关于在民营企业中开展“百名专家扶百企”活动的意见》。二是抓了培训基地建设。全市已组建14家中小企业教育培训基地，提前超额完成市政府要求组建10个教育培训基地的任务。三是多形式开展培训活动。组织部分企业家参加了在清华大学举办的河北省民营企业技术创新管理高级研修班、成长型企业管理者培训班、创业辅导培训班、金融知识培训班；组织了保定市中小企业高峰论坛、保定市民营企业经营管理沙盘模拟对抗赛。全年累积培训各类人员34万人，其中市、县直接培训1.8万人。

【加快产业集群建设】 产业集群是市民营经济的优势，也是县域经济的支撑。在认真贯彻落实《河北省人民政府关于加快中小企业产业集群发展的指导意见》的基础上，着力抓规划、建平台、促服务，推动了全市中小企业产业集群的快速发展。起草了《保定市关于进一步促进产业集群发展的意见》。请河北大学经济管理学院专家对县（市、区）产业集群编制规划进行了具体指导，完成市产业集群规划编制任务。其中有三个产业集群项目受到省级扶持，8家省重点产业集群都建立了“一会三中心”，市中小企业专项资金也对产业集群技术改扩建项目给予了倾斜。形成“生产分工较明确，产生效益较突出，生产成本降低较明显”的特点，促进了产业集群的健康发展。

【扶持发展，促进企业加快成长】 按照省政府重点扶持成长型民营企业工作会议精神要求，进一步完善和规范了成长型企业评定标准。对市级重点扶持成长型企业进行调整和重新认定，从被初选中的217家符合基本条件的企业中，按照突出产业政策、注重发展、公开公正、扶持特色、把握平衡的“五条原则”，进行了严格筛选，最后评选出了市100家成长型企业。建立健全了市县二级领导和部门帮扶责任制，有力促进了成长型企业发展。100家成长型企业完成增加值和税金同比分别增长31.9%、30.8%，均超出全市平均水平10个百分点以上。

【抓维权，优化民营经济发展环境】 一是会同司法局、总工会开展了“金色阳光行动”，指导各县（市、区）建立和完善了中小企业法律服务体系。二是为使企业更好地了解运用政策，组织专门力量，收集编印了《民营经济政策法规实用手册》，印发各县（市、区）局及1000户企业。三是通过与市监察局协调，对全市365家维权减负监测单位进行了部分调整，增添了一批成长型企业，实施挂牌保护，使企业维权工作更具针对性和实效性。四是开展了“送法进企”活动，成立了由律师事务所、税务事务所、会计事务所参与的法律服务团到部分企业进行巡回服务，帮助企业解决法律、税务、财务等方面的难题。

领导班子成员

党组书记 局长	葛大壮
党组成员 副局长	胡家生　张军衔 许西岭
纪检组长	魏海英
助理调研员	刘福根　许学普

【2007年·概况】 2007年，在省局的领导和支持下，市局按照省、市经济工作会议精神及部署，围绕全市民营经济“催生、助长、扶强”发展战略，大力推进“两大工程”（企业成长扶持工程、企业素质提升工程）的实施，强化了服务措施，加大了服务力度，创新了服务方式，促进了民营经济发展，实现了中小企业总量、质量、结构、效益全方位的突破，达到了近年来最好的发展水平。到9月底，全市增加值完成709.4亿元，同比增长19.4%；上缴税金37.5亿元，同比增长19.2%。预计全年全市民营经济实现增加值973亿元，同比增长20%，税金53亿元，同比增长17%。

【改善融资环境，效果明显提高】

代市政府起草并由市政府印发了《关于推进中小企业融资工作的意见》，就加强信贷管理、广辟融资渠道、加快担保体系建设、降低融资成本等方面制订了17条具体措施，并就加强融资工作领导提出6条具体意见，指导性较强，受到了各方面欢迎。为促进中小企业项目融资，与金融办、人行共同组织了全市首届银企合作洽谈会，170家企业和7家金融单位参加，签订合作协议57份，总金额19.98亿元。受到了于群市长高度赞扬，指示要形成制度，不断完善，长期组织。代市政府起草了《保定市加强中小企业信用担保体系建设的意见》，已经下发全市。另外，对市担保机构业务开展情况进行了摸底调查，加大了对其督导检查力度。全市担保机构达到36个，担保资本金达到6.5亿元，形成了35.5亿元的担保能力。

【推进创业基地建设，步伐明显加快】 为进一步加强创业基地建设，通过积极争取，把创业基地建设任务列入了《市政府工作报告落实方案》，把部门工作变为了全市性工作，凝聚了力量。根据创业辅导基地建设要求，结合基地建设的实际情况，向县（市、区）下达了创业基地建设的任务目标和建设标准，并且不间断地进行了督导、检查。10～11月，对26个创业基地逐个进行了考核验收。到年底，全市创业基地建设和改造标准厂房56.47万平方米，新增入驻企业512家，增加从业人员1.1万人。同以前比，创业基地的建设标准提高了，服务功能增多了，入驻企业数量增加了，已经扩展到融资担保、政务代理、信息咨询、创业指导、技术支持、人员培训、法律援助等范围，为促进市全民创业发挥了积极作用。

【扶持成长型企业发展，影响明显扩大】 市民营经济领导小组制订了《关于认定百家成长型企业的决定》，对市级100家成长型企业进行了再筛选，在此基础上，全面开展了“双帮扶”活动：一方面政府部门与企业结对帮扶。通过协调，确定了发改委、农业局、林业局、建设局、科技局等47个政府部门与成长型企业对口帮扶，明确了帮扶任务和目标。另一方面组织专家教授与企业一对一帮扶。和市委组织部一起，从华北电力大学、河北大学等驻保院校及科研单位聘请了132名专家，根据企业提出的人才需求情况，发挥专家教授特长，签订帮扶协议。6月，召开了全市扶持企业成长工作会议暨“百名专家扶百企”启动仪式，发布了百家成长型企业名单及一对一帮扶方案，专家教授与受扶企业签订了帮扶协议；表彰了“2006年度最具成长性中小企业经营者”和“2006年度中小企业创业标兵”。和市委组织部组成联合检查组，对帮扶情况进行了全面跟踪检查。这项活动，受到了成长型企业的普遍欢迎。

【加快产业集群建设，质量明显提高】 一是借力推动。连续两年把发展产业集群工作列入《市政府工作报告落实方案》，并作为政府大事要事督导的内容之一，增强了各级各部门的责任意识，有效推动了产业集群的健康快速发展。二是完善规划，组织营业收入20亿元以上产业集群制订发展规划，并以规划为指导，通过项目的谋划与实施做大做强产业集群。三是加大支持。利用市财政资金加大对产业集群的扶持，指导雄县塑胶、博野橡胶、徐水吊索具等产业集群，建立完善了公共服务平台，增强了集群内企业研发能力，提高了辐射功能。四是督导调度。采取会议调度、跟踪指导、专项考核等措施，形成了上下齐抓、部门联动的工作机制。目前，市产业集群的发展，已经形成“生产分工较明确，产生效益较突出，生产成本降低较明显”的特点，促进了产业集群的健康发展。

【推动人才队伍工作，作用明显增强】 一是起草了《关于“十一五”期间全面培训、普遍提升民营企业家队伍素质的实施办法》，就“十一五”期间，企业家素质提升作了全面谋划。二是推动协调市政府与清华大学信息学院签订了《成长型民营企业人才培训合作协议》，组织了三批成长型企业经营考赴清华大学参加高级企业经营管理研修班的学习。承办了市政府和省局组织的“河北中小企业发展名家讲坛——保定行”和“高阳行”活动，共组织了近800多家企业的1000多名代表参加了这两项活动。三是与河北大学工商学院共同承办了“河北省中小企业高校毕业生人才招聘会”，市参会企业166家，提供就业岗位3120个，达成就业意向2140个。在市局积极运作下，省局、河北大学、保定市政府三方共同签订了《每年在河北大学举办一次企业人才招聘会的合作协议》。四是加快人才教育培训基地建设。扩大培训区域辐射率，提高培训质量。去年，新建清华远程教育培训基地19家，全市配置安装清华远程教育培训系统已达35家。全市教育培训基地已达到28家，累计培训经营者1100人次，培训企业职工近36万人。

【加强信用评价体系建设，范围明显拓宽】 为搞好企业信用建设，市调整了评价委员会领导力量，提升了规格，评委会主任由局长升格为主管副市长，进一步加强了对市企业信用建设工作的指导。编制了《全市中小企业信用建设规划》，建立了信用信息数据库和企业档案库，实现了企业信用信息网上查询，加强了对企业的信用信息管理，扩大了信用建设评价范围。信用评价工作原来只在规模以上企业中进行，已经向中小企业、中介机构、职业经理人等范围拓展延伸。经过企业申报、县级初评、媒体公示、部门审核，市117户企业被评定为省级信用优良企业，88名企业经理被评为省“企业诚信经理”。

领导班子成员

党组书记 局长	葛大壮
党组成员 副局长	胡家生　张军衔 许西岭
纪检组长	魏海英
助理调研员	许学普

工　　　业

综　述

【2006年·综述】　（一）全市规模以上工业基本情况

2006年，全市规模以上工业企业共1306家，职工328028人，全年工业总产值1118.6亿元；主营业务收入1075.2亿元；累计完成现价增加值275.4亿元，可比价增速17.6%；实现利税97.3亿元，同比增长20.6%；实现利润58.2亿元，同比增长26.3%；综合经济效益指数120%，同比提高了4.9个百分点。各项主要经济指标都超额完成年度任务目标。

工业在全市的比重十分显著。2006年保定市国内生产总值达到1185.4亿元，增长10.4%，其中第一产业增加值205.16亿元，占17.3%；第二产业增加值585.24亿元，占49.4%；第三产业增加值395亿元，占33.3%。

（二）规模工业在省内排位

2006年保定市规模以上工业完成增加值275.4亿元，居全省第5位，占全省（3816亿元）的7.2%，可比价格增速为17.6%，居全省第9位，低于全省平均增速（19.8%）2.2个百分点；实现利税97.3亿元，居省第6位，占全省（1465.4亿元）的6.6%，同比增长20.6%，居省第9位，低于全省平均增速（26.7%）6.1个百分点；实现利润58.2亿元，居省第6位，占全省（888.1亿元）的6.6%，同比增长26.7%，低于全省平均增速（30.4%）3.7个百分点，居省第8位。

（三）工业行业

工业结构以加工制造业为主，门类较齐全，拥有机械、化工、纺织、轻工、电子、医药、冶金、食品、煤炭等十几个门类，37个行业，3000多种产品。2006年主要行业情况如下：

1. 制造业。主要包括交通运输设备制造业、纺织服装业、电气机械及器材制造业、农副食品加工制造业、造纸及纸制品业、化学原料及化学制品制造业、医药制造业、橡胶制品业、塑料制品业、非金属矿物制品业、有色金属冶炼及压延加工业、金属制品业、通用设备制造业、专用设备制造业等，共完成现价总产值为967.5亿元，占规模工业的85.3%；增加值234.9亿元，占规模工业的85.3%；产品销售收入923亿元，占规模工业的85.8%；实现利税63.9亿元，占规模工业的65.7%。

（1）交通运输设备制造业。共完成现价总产值172.4亿元；增加值33.4亿元；产品销售收入164.3亿元；实现利税15.8亿元。其中汽车制造企业36家，完成现价总产值169.5亿元，占制造业的17.5%；增加值32.3亿元，占制造业的13.8%；产品销售收入161.3亿元，占制造业的17.5%；实现利税15亿元，占制造业的23.5%。

（2）纺织服装业。共完成现价总产值149.9亿元，占制造业的15.5%；增加值40亿元，占制造业的17%；产品销售收入134.8亿元，占制造业的14.6%；实现利税10.4亿元，占制造业的16.2%。

（3）电气机械及器材制造业。共完成现价总产值129.2亿元，占制造业的13.4%；增加值23.9亿元，占制造业的10.2%；产品销售收入132.1亿元，占制造业的14.3%；实现利税11.7亿元，占制造业的18.3%。

（4）通用设备制造业。共完成现价总产值58.3亿元，占制造业的6%；增加值19.1亿元，占制造业的8.1%；产品销售收入56.1亿元，占制造业的6.1%；实现利税9.4亿元，占制造业的14.7%。

（5）造纸及纸制品业。共完成现价总产值50.2亿元，占制造业的5.2%；增加值15.4亿元，占制造业的6.6%；产品销售收入50.6亿元，占制造业的5.5%；实现利税5.2亿元，占制造业的8.1%。

（6）化学原料及化学制品制造业。共完成现价总产值42.9亿元，占制造业的4.4%；增加值12.3亿元，占制造业的5.2%；产品销售收入37.7亿元，占制造业的4.1%；实现利税3.6亿元，占制造业的5.6%。

（7）农副食品加工制造业。共完成现价总产值51.7亿元，占制造业的5.3%；增加值18.1亿元，占制造业的7.7%；产品销售收入48.6亿元，占制造业的5.3%；实现利税9.1亿元，占制造业的1.4%。

（8）医药等其他制造业。共完成现价总产值313.4亿元；增加值72.7亿元；产品销售收入298.8亿元；实现利税-1.3亿元。

2. 电力、燃气及水的生产和供应业。包括电力、热力的生产和供应业，燃气生产和供应业，水的生产和供应业。共56家规模以上企业，完成现价总产值130.7亿元；增加值34.5亿元；产品销售收入132.7亿元；实现利税14.8亿元。

其中，电力、热力的生产和供应业完成现价总产值125.4亿元，增加值32.9亿元，占规模工业的11.9%；产品销售收入127.8亿元，占规模工业的11.9%；实现利税14.5亿元，占规模工业的14.9%。

3. 采矿业。采矿业包括煤炭开采和洗选业、黑色金属矿采选业、有色金属矿采选业、非金属矿采选业，完成现价总产值为20.5亿元；增加值6.1亿元，占规模工业的2.2%；产品销售收入19.5亿元，占规模工业的1.8%；实现利税2.8亿元，占规模工业的2.9%。

【2007年·综述】 （一）全市规模以上工业基本情况

2007年末，全市规模以上工业企业共1322家，职工322668人，全年主营业务收入1316.4亿元，可比价增速26.5%；累计完成现价增加值320.5亿元，可比价增速18.9%；实现利税124.9亿元；实现利润77.2亿元；综合经济效益指数179.8%，同比增长19.3%。各项主要经济指标都超额完成年度任务目标。

工业在全市的比重十分显著。2007年保定市国内生产总值达到1373.4亿元，其中第一产业增加值237亿元，占17.3%；第二产业增加值663.2亿元，占48.3%；第三产业增加值473.3亿元，占34.5%。

（二）规模工业在省内排位

2007年保定市规模以上工业完成增加值320.5亿元，居全省第5位，占全省（4625.6亿元）的6.9%，可比价格增速为18.9%，居全省第7位，与全省平均增速持平；实现利税124.9亿元，居省第6位，占全省（1966.5亿元）的6.4%；实现利润77.2亿元，居省第6位，占全省（1248.1亿元）的6.2%。

（三）工业行业

工业结构以加工制造业为主，门类较齐全，目前拥有机械、化工、纺织、轻工、电子、医药、冶金、食品、煤炭等十几个门类，37个行业，3000多种产品。2007年主要行业情况如下：

1. 制造业。主要包括交通运输设备制造业、纺织服装业、电气机械及器材制造业、农副食品加工制造业、造纸及纸制品业、化学原料及化学制品制造业、医药制造业、橡胶制品业、塑料制品业、非金属矿物制品业、有色金属冶炼及压延加工业、金属制品业、通用设备制造业、专用设备制造业等，共完成现价总产值为1205.4亿元，占规模工业的87.9%；增加值304.6亿元，占规模工业的88%；产品销售收入1174.1亿元，占规模工业的87.6%；实现利税111.2亿元，占规模工业的87.6%。

（1）交通运输设备制造业。共完成现价总产值222.7亿元；增加值47.8亿元；产品销售收入214.4亿元；实现利税20.7亿元。其中，汽车制造企业完成现价总产值219.5亿元，占制造业的18.2%；增加值46.6亿元，占制造业的15.3%；产品销售收入211.2亿元，占制造业的20%；实现利税19.5亿元，占制造业的17.5%。

（2）纺织服装业。共完成现价总产值162.5亿元，占制造业的13.5%；增加值48亿元，占制造业的15.8%；产品销售收入144.6亿元，占制造业的12.3%；实现利税8.6亿元，占制造业的7.7%。

（3）电气机械及器材制造业。共完成现价总产值194.7亿元，占制造业的16.2%；增加值34.8亿元，占制造业的11.4%；产品销售收入205.5亿元，占制造业的17.5%；实现利税19.5亿元，占制造业的17.5%。

（4）通用、专用设备制造业。共完成现价总产值101.9亿元，占制造业的8.5%；增加值32.8亿元，占制造业的10.8%；

产品销售收入99.4亿元，占制造业的8.5%；实现利税15.4亿元，占制造业的13.8%。

（5）造纸及纸制品业。共完成现价总产值74.2亿元，占制造业的6.2%；增加值26.6亿元，占制造业的8.7%；产品销售收入71.7亿元，占制造业的6.1%；实现利税8.5亿元，占制造业的7.6%。

（6）化学原料及化学制品制造业。共完成现价总产值47亿元，占制造业的3.9%；增加值13.4亿元，占制造业的4.4%；产品销售收入42.6亿元，占制造业的3.6%；实现利税4亿元，占制造业的3.4%。

（7）农副食品加工制造业。共完成现价总产值70.8亿元，占制造业的5.9%；增加值22.8亿元，占制造业的7.5%；产品销售收入67亿元，占制造业的5.7%；实现利税12.2亿元，占制造业的10.9%。

（8）金属冶炼及压延加工、金属制品业。共完成现价总产值168.5亿元，占制造业的13.8%；增加值29.8亿元，占制造业的9.8%；产品销售收入166.4亿元，占制造业的14.2%；实现利税7.8亿元，占制造业的7%。

（9）橡胶塑料制品业。共完成现价总产值79.9亿元，占制造业的6.6%；增加值25.1亿元，占制造业的8.2%；产品销售收入76.9亿元，占制造业的6.5%；实现利税5.4亿元，占制造业的4.9%。

（10）其他制造业。共完成现价总产值73.2亿元；占制造业的6%；增加值19.5亿元，占制造业的6.4%；产品销售收入66.4亿元，占制造业的5.6%；实现利税7.5亿元，占制造业的6.7%。

2. 电力、燃气及水的生产和供应业。包括电力、热力的生产和供应业，燃气生产和供应业，水的生产和供应业。共完成现价总产值144亿元；增加值35.5亿元，占规模工业的10.5%；产品销售收入145.6亿元，占规模工业的11%；实现利税13.8亿元，占规模工业的11%。

其中，电力、热力的生产和供应业完成现价总产值138.8亿元；增加值33.5亿元；产品销售收入140.5亿元；实现利税13.5亿元。

3. 采矿业。采矿业包括煤炭开采和洗选业、黑色金属矿采选业、有色金属矿采选业、非金属矿采选业，完成现价总产值为21.2亿元；增加值6亿元，占规模工业的1.7%；产品销售收入20.5亿元，占规模工业的1.5%；实现利税1.9亿元，占规模工业的1.5%。

工业运行

【保定市工业经济促进局】 是保定市人民政府负责工业经济运行的宏观调控部门。负责全市工业产业化促进和工业经济运行调节；分析全市工业发展形势，研究拟订全市工业发展战略、行业规划；组织工业项目前期工作，安排大中型及市管以上工业项目；负责电力行业管理、协调调度和行政执法。内设六个职能处室。分别为：综合运行处、工业处、电力处、行业协调一处、行业协调二处、行业协调三处。此外，还承担着市减轻企业负担、三电、春运、治理整顿小水泥、煤炭流通秩序整顿等领导小组办公室工作。

【2006年·概况】 2006年，在市委、市政府的正确领导下，工业经济促进局以科学发展观为指导，认真贯彻落实上级有关工作会议精神，以促进工业经济提速发展为出发点和落脚点，克服土地、资金、环保等制约要素影响，创新思维，抢抓机遇，扎实苦干，促进了市工业经济科学发展、提速发展、和谐发展，工业经济实现了高效、稳步、快速发展，在“十一五”开局之年开了好头，为建设“京南近海强市名城”作出了新贡献。

按照市委、市政府关于“强化四大支撑”（主导产业、重点项目、县域经济、科教人才），建设“五大基地”（汽车及零部件生产、新能源及能源设备制造、纺织服装、技术创新及科技成果转化、绿色农副产品加工供应）的总体设想，狠抓工业项目建设。全年实施投资千万元以上工业项目513项，同比增长11%，计划总投资868亿元，同比增长25%，其中竣工项目108项，在建项目266项，前期谋划项目139项，新开工项目172项。全年完成投资120亿元，同比增长20%。工业经济在全市经济社会中的主导和带动作用愈加显著。一是全力以赴，争列省重点产业支撑项目。围绕市重点产业，精心筛选了15个总投资470多亿元的项目上报省。多次汇报申列省重大产业支撑项目有关情况，多次邀请省工业发展运行局领导到市天威集团、宏润公司、长安公司、乐凯集团、高开区新能源基地等单位实地考察，经过不懈努力，市天威集团超高压输变电成套设备和清洁能源设备制造、宏润公司新型面料、定州长安基地等三个项目列入全省第一批重点产业支撑项目，入选省重点项目列全省第一位，占全省的十分之三。另有长城公司40万辆整车项目和乐凯集团涂布材料项目获得了省发改委的首肯，有希望列入省第二批重点产业支撑项目。此项工作受到了市领导的表扬，市政府为此专门增发一期信息快报提出表扬；二是在广泛征求重点企业、特色经济县（市、区）和行业发展专家意见的基础上，制定了《保定市工业“十一五”规划》（草案），完成了建设京石高速公路一线经济发展中间隆起带、辐射“东、西两区”的《保定市“一线”制造业走廊发展规划》（草案）的编制工作；三是注重从产业政策上引导项目，谋划实施了天威集团超高压输变电成套设备和清洁能源设备制造、宏润公司新型面料等一批立市、立县的大项目、好项目。从项目管理上通过建立调度制度，加强督导检查，全力推进项目进程。年内，在建项目投资28.41亿元的长城三期工程已累计完成投资7.6亿元，投资4.4亿元的定州伊利乳业有限公司日处理1200吨鲜奶项目已完成投资3.7亿元。新开工项目中投资6.6亿元的宏润三期工程已完成投资1亿多元，投资5亿元的中国航天集团321工程已完成投资1.5亿元；四是积极帮助企业谋划项目，拓展项目空间，协调解决项目建设中遇到的问题。同时进一步简化审批程序，缩短审批时间，加快审批进度。为宝硕集团PVC树脂、药都集团中药提取等2个项目申请2006年度省工业挖革改贴息资金600万元，同时积极为天威英利新能源有限公司多晶硅太阳能、立中车轮有限公司铝合金轮毂等6个项目申请2007年度省工业挖革改贴息资金。五是研究制订了《保定市工业园区发展指导意见》（征求意见稿），从园区规划原则、园区发展要素、园区建设措施、园区支持政策等多方面对各县（市、区）工业园区建设进行统筹规划、规范、引导和扶持。重点推进了长城汽车工业园、容城大河服装工业园、白沟工业园、高阳纺织工业城工业园等16个工业园区的建设。各县（市、区）基本都建成了1～2个工业聚集区，全市现有工业聚集区35个，另有20多个工业聚集区正在抓紧规划。

【抓运行调度，促进存量效益最大化】 一是抓监测分析，确保工业经济平稳运行。重点是建立健全制度，即坚持工业经济运行月通报、季分析制度，工业经济运行成员单位联席会议制度，工业经济运行调研及督导制度，工业经济运行通报制度和重大突发事件的监控报告制度。对全市规模以上企业特别是对30户重点骨干企业生产经营中需政府协调解决的要素供应、政策环境等方面的突出问题，及时进行归类分析，针对相关问题，向市政府建议启动联席会议进行解决；二是抓调度督导，确保任务目标完成。每季度都分别召开全市工业增长的15户重点企业和影响增长的15户重点企业的专项调度会。同时还先后两次组织了7个专门调研督导组，深入各县（市、区）和重点企业，集中对工业经济任务完成情况进行调研督导。8月份在涞源召开了全市工业经济运行调度会，促进了全市工业经济健康持续发展，确保了全市工业经济顺利实现全年任务目标；三是抓要素保障，解决工业经济运行中的实际问题。认真组织协调解决春运和暑期企业运输保障问题。对高开区供汽增加指标及居民用汽价格等问题，多次召集有关单位负责人，进行协调论证，提出了可行的解决方案。召集有关单位对电厂“八七”用热气管道衔接问题进行了协调。

【抓电力协调，保证电力需求】 一是精心组织，突出重点，做好电力错峰避峰和用电需求侧工作。全力控制高峰负荷，切实搞好电力保障，确保重点单位和重点企业用电；二是明确责任，建立电力事故应急机制，确保电力设施安全稳定运行；三是加快电网建设，解决电网供应“卡脖子”现象，对在建的电网建设工程加强调度，及时协调解决存在的问题，争取了项目早建设、早投运；四是组织开展了保定辖区内电力线下树障清理工作。

【打造“中国华北纺织服装产业基地”】 围绕打造百里纺织服装产业带，做大做强市纺织服装产业，坚持多措并举，强力推进。一是抽调人员，组建市纺织服装办公室，迅速进入角色开展工作；二是宣传造势，强力启动。筹备、组织召开了“06’保定纺织服装工业发展高峰论坛会议，并进行了大范围、多角度的宣传报道；三是筹备、组织市5个县（市、区）的主管领导及30多家纺织服装企业负责人赴浙江、江苏5市进行考察和推介，并于9月18日至21日在宁波、无锡两地成功举办了“华北纺织服装产业基地”保定投资环境推介会，与纺织服装产业发达地区企业进行了广泛接触，探讨了合作的渠道，会上还签约了7个合作项目，总投资额6.58亿元。效果明显，得到市政府领导的充分肯定；四是在广泛调研和征求专家、企业家、学者等意见的基础上完成了《保定市加快纺织服装产业发展的若干意见》和《保定市纺织服装产业整合升级规划》草案的编制工作，为保定市纺织服装产业的快速发展奠定了良好基础；五是积极与北京纺织集团总公司联系沟通，承接其产业转移并将保定作为首选合作基地。

【抓行业指导，促进工业经济全面发展】 在强力推进市“三大支撑产业”的同时，认真做好行业发展工作。一是努力做好“十一五”专项规划工作。先后完成了输变电、冶金、建材、化工、轻工、纺织和服装、食品、医药八个专项规划的编制工作；二是认真研究行业政策，促进行业快速发展。及时掌握国家产业发展政策和行业指导目录，用最新、最及时的信息指导行业发展方向和重点；三是认真谋划行业协会筹备工作，按照市领导要求，为建立健全相关行业协会做了必要准备。

【抓协调服务，为企业发展排忧解难】 为确保旭阳焦化、长安汽车、长城汽车三期项目顺利实施，多次赴北京、石家庄协调项目进展中存在的问题，使项目得以顺利实施。先后协调解决了天威集团与中兴汽车股权、宝硕集团正常运行汽（油、资金）保障、保定烟厂历史遗留担保贷款和欠税、乐凯集团周边单位用地、乐凯集团康科特种薄膜及乐凯集团和天鹅集团合资项目尽早开工建设、天鹅集团使用大唐保定电厂电（蒸汽）价格等制约企业发展的问题。同时，组织力量对调度、调研中发现的问题，积极协调有关部门加以解决。一年来，市政府督办和企业反映的绝大多数问题都得到及时妥善解决，受到了企业的好评和市政府的肯定。

抓环境优化，切实减轻企业负担。按照国家、省减负部门要求，对影响市工业发展环境的举报案件与市纠风办成员单位一起进行了查处。

在完成上述工作的同时，圆满完成了市政府交办的各项工作任务。一是完成了禁止化学武器履约的各项工作，受到国家、省及北片协作组的好评；二是同保定电视台联合创办了《保定工业》电视栏目，全方位宣传报道保定企业、工业发展情况，为叫响“保定制造”打造信息平台；三是负责“山花工程”筹资工作。筹集到社会各界捐款、捐物折合人民币共计843万元，市在此基础上，建立了“保定教育发展基金”；四是组织筹备举办了保定市第三届“企业家节”，营造了全社会关心企业家、支持企业发展的良好氛围；五是组织保定重点企业在上海中国工业博览会和宁波纺织博览会上参展；六是积极组织调研。组织力量对安国药业、博野蠡县橡胶行业、蠡县特色工业园区和宝硕集团工业生产经济情况进行了调研和分析，提出了下一步工作的指导性意见和建议；七是组织银企对接。成功促成了招商银行深圳分行与长城汽车股份有限公司、天威集团、风帆股份有限公司的合作意向；八是完成了煤炭经营资格审查工作。按照《煤炭经营资格证书》的审核申报要求，受理煤炭经营申请人的申报，对材料进行审查，对经营现场进行检查验收并报省申批，使煤炭经营企业取得《证书》。九是借助国际品牌优势，提升市产品品位。成功促成了世界著名品牌“H·C·ANDERSEN 安徒生”落户白沟。

【2006年全市十大纳税工业企业】 保定卷烟厂、中国石油集团东方地球物理勘探有限责任公司、河北国华定洲发电有限责任公司、长城汽车集团公司、保定供电公司、保定天威集团有限公司、河北奥威实业集团有限公司、河北长安汽车有限公司、保定钞票纸厂、河北凌云工业集团公司。

领导班子成员

局　　长　苑丰平
副 局 长　汪立柱　孙志强
总调度长　梁志勇

【2007年·概况】 2007年，在市委、市政府的正确领导下，工业经济促进局认真落实科学发展观和可持续发展战略，紧紧围绕建设“京南近海强市名城”战略目标，按照“3+4”产业定位和“南车北电东纺西绿城文”产业发展格局，突出工业在全市经济中的主导地位，坚持“两手抓”（一手抓项目，一手抓运行）和“两提高”（提高指导发展的能力，提高服务企业的能力），全市工业经济保持了良好的发展态势。

工业投资增幅明显，发展后劲增强。全年实施投资千万元以上的工业项目510项，计划总投资1100亿元，其中竣工项目85项，在建项目269项；前期项目156项，计划总投资700亿元，全年完成投资130亿元。一是狠抓第一批重点产业支撑项目的推进。加大对天威集团输变电成套设备及太阳能光伏电池项目等三个省第一批重点产业支撑项目的协调、调度和督导力度，及时协调解决存在的困难和问题。二是狠抓第二批省重点产业支撑项目的申报和争列。长城汽车股份有限公司40万辆乘用车及零部件生产能力扩产项目、乐凯胶片集团综合改扩建工程、河北奥威服饰集团（股份）有限公司服装产业整合提升优化升级、河北旭阳集团（邢台、定州）煤化工等4个项目被列为第二批省重点产业支撑项目，占全省的四分之一，项目数在全省11个设区市中高居榜首，占全省的四分之一强。市领导对此给予了高度评价和表扬。三是强力推进园区建设。重点推进中国电谷、长城汽车工业园、保定工业园区、容城大河服装工业园、高阳纺织工业城工业园、雄县革塑等工业园区的建设。园区建设进展势头良好，有30多个工业园区已初具规模，另有10多个正在规划建设中，“中国电谷”迅猛发展，电谷中的风电设备产业园于3月14日奠基，第一批10个总投资7.6亿元的项目正式开工建设；长城汽车零部件工业基地于3月21日隆重奠基；投资40多亿元的风帆工业园积极编制发展规划；投资50多亿元的动漫产业基地规划已基本完成，正在组织专家进行论证。

运行调度成效显著。一是坚持月通报、季分析制度，预测工业经济发展的走势。二是“抓两头带中间”强化工业经济分析调度，适时召集对全市工业经济影响较大的30户重点企业召开分析调度会。三是做好电力保障工作。一方面，抓好安全生产，确保电网安全稳定运行；加快电网建设，促进电网建设新机制的落实。另一方面，突出重点，确保重点单位和重点企业用电；进一步加强和完善用电计划管理，确保电力有序供应，完善限电方案和事故应急预案，把因电力供应紧张可能造成的影响和损失降到最低限度。四是密切关注水、电、气的生产供应，做好日常调度工作，搞好供热衔接。重点协调解决了大唐保定热电厂“八期”引入供热管线的供热衔接及入冬以来电煤协调供应等工作。五是开展企业减负工作，通过单位自查、市减负办检查、举报重点查等多种方式强化查处工作，进一步净化了企业生产经营环境。六是做好春运工作，协调解决问题，圆满完成了春运工作。

精心规划，科学发展。一方面，结合《保定市工业“十一五”发展规划》和市工业经济发展运行实际，出台了《2007年全市工业经济发展运行指导要点》，提出了市工业经济发展运行纲要。另一方面，精心谋划、科学论证，高标准完成了《保定市“一线”制造业走廊发展规划》（草案）的编制工作。确定了按照北接首都、南连省会，融入环渤海和参与国际竞争与合作的要求，选择有较好基础、较好市场前景、产业关联度大的制造行业率先发展的发展思路，打造以汽车及零部件制造、新能源及能源装备制造、食品加工为支柱，以化学工业、新型建材、信息产品制造等其他制造业为依托的一线地区“一谷、两带、三大集群”（“中国电谷”；汽车及零部件制造产业带、食品加工产业带；化学工业产业集群、信息产品制造和软件开发产业集群、新型建材产业集群）的制造业发展走廊。该规划顺利通过了市政府常务会和市委常委会，并于5月10正式下发到各部门和各有关企业，为市“一线”制造业企业指明了发展方向，描绘了宏伟的蓝图。

【行业管理成效显著】 一是加快建设绿色食品加工供应基地建设。对全市各县、市、区食品工业发展情况进行了调查研究，起草了食品工业发展的调研报告（初稿），为进一步搞好市食品工业的发展做了扎实的基础工作。同时重点抓好新增投资5亿元的顺平汇源果品加工扩建项目和投资3.3亿元的高碑店康师傅方便面等项目建设。二是编制了保定市煤化工发展规划，已提交省发改委，旭阳、田原两家煤化工项目列入《河北省煤化工“十一”发展规划》。三是按国家发改委23号文精神，对全市农药企业进行规范整治，配合省发改委完成农药生产批准证书的换发证和两家新建农药企业核准的准备工作。四是圆满完成了联合国国际禁化武组织对市加合精细化工有限公司的核查工作。两次接待任务，均受到国际禁化武组织、国家代表、省禁化武办的好评，省政府给予通报表扬。帮助指导河北新兴化工有限公司做好接受国际核查的准备工作，完成了附表四化学品特别许可考核准备工作。

【纺织服装产业整合升级步伐加快】 一是明确提出了打造“华北纺织服装产业基地”的产业定位和构建“一带四城”“十园”多龙头的产业格局。二是起草了保定市纺织服装产业整合升级实施方案；三是与北京纺织控股有限公司签订了推进北京时装之都和推进保定华北服装加工基地建设战略合作协议。四是一批重点项目相继签约、落户保定市。宏润公司与北京雪莲公司签署了投资3.6亿元的建设现代化针织服装生产基地项目的合作协议；北京铜牛集团与奥森服装公司合作项目12月28日在北京正式签约。依棉集团与中纺集团正在进行项目合作的交流、洽谈。五是挂图督导了相关县纺织产业带的公路建设，四个城、十个纺织产业园的建设。六是筹建、成立了保定市纺织服装行业协会。

【节能减排取得阶段性进展】 认真贯彻国家节能减排的方针政策。按照河北省发改委的总体安排，督导各县（市、区）和有关部门对水泥、钢铁、化工等企业进行进行了摸底，初步掌握了产业结构现状。为下一步做好节能减排工作打下了坚实基础。

【积极为企业服务】 先后为烟厂、毛纺厂、化纤厂、依棉、乐凯等十几强协调解决生产运行中的难题。特别是在大唐保定电厂电煤紧张时期，局抽调精干力量，组成专门班子，跑部进省，积极协调煤源，调配车辆，圆满解决了生产隐患。按照市领导要求，积极协调启发集团环保问题及与蠡县辛兴村之间的土地纠纷案件。

积极开展企业治乱减负工作。根据上级指示精神，减负办组织力量，制定措施，召开有关部门座谈会，派出调查组，走访执收执罚部门和收费站，核阅收费依据、项目和收费站设立有关文件，摸清本地区“以收定支”、“收支挂钩”和公路、城市道路收费站设置清理及企业参加培训情况，治理“三乱”现象，为企业减轻不合理负担。

按照省要求，积极为煤炭经营企业审核申报《煤炭经营资格证书》。受理煤炭经营申请人的申报，对材料进行审查，对经营现场进行检查验收并报省申批，使符合条件的煤炭经营企业取得《证书》。

【积极推介保定和保定工业产品】 一方面，请进来。通过纺织服装特色县（市）开展会展活动宣传保定和保定工业产品。蠡县于8月28日举办了兔皮产品交易会，高碑店白沟于9月26日~30日举办了白沟国际箱包节，高阳县于9月28日~30日举办了第二届纺织精品推介会。另一方面，走出去。通过参加国际、国内工业博览会宣传保定和保定工业产品。10月27~30日、11月5~10日市局组织60余家相关企业组成保定展团先后参加了“2007年中国国际工业博览会（上海）”和“2007年中国·石家庄纺织服装博览会”，市展团在河北展区企业最多，展品最引人注目，展示了市装备制造业技术水平和保定“中国电谷”、“华北纺织服装产业基地”建设风貌，有多个项目达成了协议或意向，受到了国家和省领导的高度评价。特别是惠腾公司的HT24型叶片荣获“2007年（第七届）中国国际工业博览会”铜奖，取得了圆满的成功。

【探索工业经济发展激励和约束机制】 为促进保定工业又好又快发展，通过强化目标考核，制定考核奖励办法，探索建立健全工业经济目标考核体系，形成工业经济发展的激励和约束机制。完成了《在全市工业企业中开展争创百强和纳税超亿元企业活动方案》的起草，并经市政府常务会议研究通过开始实施，旨在通过对各县（市、区）工业经济目标的考核，提高政府对工业经济的调控、指导和协调、服务力度，在全市进一步掀起解放思想、赶超先进、快速发展的热潮。

【2007年全市十大纳税工业企业】 长城汽车股份有限公司、石家庄卷烟厂保定卷烟分厂、河北国华定洲发电有限责任公司、保定供电公司、保定钞票纸厂、中国石油集团东方地球物理勘探有限责任公司、保定天威集团有限公司、涞源县奥宇钢铁有限公司、大唐保定热电厂、河北旭阳焦化有限公司。

领导班子成员

局　　长　苑丰平

副 局 长　汪立柱　孙志强

总调度长　梁志勇

（部门编辑：赵怀山）

部分企业简介

保定天鹅化纤集团有限公司

保定天鹅化纤集团有限公司地处保定市西郊工业区，是我国1957年兴建的第一座大型纤维联合企业，下辖2家分公司，1家A股上市公司，6家全资子公司、2家参股子公司，总资产32.73亿元，是河北省大型企业集团之一。

公司主要生产半连续纺和连续纺粘胶长丝、氨纶、浆粕、化学纤维油剂等产品，研发制造化纤机械、通用机械设备，并提供工程服务，同时经营自产产品及技术的进出口业务以及绣花线、印刷商贸等生产经营业务。公司化纤年生产能力23200吨，棉浆粕年生产能力47000吨、化学纤维油剂年生产能力7000吨。其中粘胶长丝年生产能力22000吨，是世界上最大的粘胶长丝生产厂家之一。

公司实施产品质量战略，以“让用户满意——‘天鹅人’永恒的追求”为质量方针，“国际一流，国内领先”为质量目标，主导产品“天鹅”牌粘胶人造丝赢得国内外用户的赞誉，“天鹅”商标被国家工商行政管理局认定为中国驰名商标，公司技术开发中心被认定为国家级企业技术中心。2007年9月公司生产的“天鹅”牌粘胶长丝被国家质量监督检验检疫总局评为中国名牌产品，“天鹅”牌粘胶人造丝畅销国内20多个省、市、自治区、香港特区的上千家丝织厂，出口到韩国、日本、土耳其、意大利、加拿大等十几个国家和地区。

以离子液体为溶剂的再生纤维素纤维制备项目是公司与中国科学院化学研究所联合开发的“再生纤维素纤维的清洁生产新工艺开发”项目，2006年被列入国家科技支撑计划重大项目，并得到200万元国家专项资金支持。目前，已进入设备选型调研阶段。公司率先在国内纺制出了具有天然抗菌性的汉麻粘胶长丝，填补了国内空白。荧光增白粘胶长丝项目进入中试阶段。热敏变色纤维、着色丝色浆的应用试验、海绵的制作进入试验阶段。

保定天鹅化纤集团认真贯彻落实科学发展观，高度重视节能减排工作，从投资数千万元的节能降耗及环境治理项目的建设，到杜绝设备管路跑冒滴漏的细节管理，建立了节能减排长效机制。截至2007年12月，吨丝综合能耗比2005年降低15%，万元工业增加值能耗比2005年降低40%，企业竞争力显著增强。

集团公司的进步离不开技术更新和新技术应用，公司注重改造与生产紧密结合，调动科技人员的积极性，深挖潜力，在项目的立项、实施上体现节能投资优先的原则。大力推广变频改造技术，组织完成了一纺、二纺、三纺纺丝机变频调整改造项目，改造后年节电145万度，节约资金80万元；组织完成了大厂空压站、三纺空压站空压机变频控制改造，节电30万度，增加效益16.5万元。动力一分厂组织实施了照明设施节能改造工程，通过普及节能灯、加装照明节能器、照明开关等一系列措施，每年节约电费100多万元，取得显著经济效益。2007年，公司投资近3000万元对原废水处理厂进行了改扩建。改扩建后的废水处理厂采用物化与生化相结合的处理工艺，根据清浊分流、分质处理，既提高了水的综合利用效率，也减少了废水排放，完全符合国家的环保标准。

2006年公司新的领导集体坚持“生存、积累、发展”三步走战略，当年实现集团减亏、股份盈利经营目标，2007年又一举实现集团公司整体盈利奋斗目标，两年迈出两大步。

保定钞票纸厂

保定钞票纸厂位于保定市西北郊，始建于1956年，是国家“一五”期间的重点工程项目，新中国第一家专业钞票纸厂。该厂隶属于中国印钞造币总公司，是我国钞票纸、高级防伪纸的主要供应商，也是我国钞票纸新工艺、新技术、新材料的研发基地。2007年底，该厂占地75万平方米，建筑面积40万平方米，拥有固定资产12.92亿元；拥有职工2600余人，专业技术人员513人，其中高级技术职称98人，中级技术职称264人。

该厂以“成为世界一流的防伪纸生产企业”为愿景，秉承“忠诚印制，追求第一”的行业理念，弘扬“厚积薄发、自强不息”的企业精神，在多年的生产经营中形成了“诚信、敬业、稳健、创新”的企业核心价值观。2006~2007年，该厂以科学发展观为指导，依托质量、职业健康安全、环境管理体系，科学谋划，落实安全、质量隐患排查治理制度，稳定生产；强化基础管理，推行精确管理；加大创新力度，推动科技进步；加强企业文化建设，提高综合执行力；使企业在生产、安全、质量、效益、管理水平等多个方面创造了历史最高水平。2006~2007年累计实现销售收入24.2亿元，利润4.4亿元，利税合计6.7亿元。

近年来，该厂积极推行钞票纸“绿色工艺”，倡导“清洁生产”，通过强化管理，持续改进造纸工艺、开展技术引进和实施技术创新，建设资源节约型和环境友好型企业。采用自主研发的棉浆横管连蒸工艺和钞票纸中性造纸工艺取代传统工艺，实现了全过程无氯的“绿色生产”；建立实施ISO14001环境管理体系，提高员工的环境意识。2005年，该厂荣获“国家环境友好企业”称号。2007年4月24日，该厂污水处理技改工程通过国家竣工验收；同年7月，通过“国家环境友好企业”复审。至2007年底，该厂环保设施投资达8688万元，日处理污水能力4万吨，外排水质达到国家二级排放标准。

该厂坚持“主业为主，多元经营”的方针。2006~2007年，适应行业物资供应体制改革需要，增强服务意识，圆满完成钞票纸生产任务，并承担了三个出口产品的生产任务；此外，根据市场需求，开发生产了特制晒图原纸、电脑支票纸、水彩画纸、防涂改纸、证券纸、高级防伪纸等非主业产品。

在质量管理方面，该厂立足预防，突出重点，增强质量管理的超前性和预防性，钞票纸质量连续两年取得印制行业第一位。以ISO9000体系为主线，按照“PDCA”管理原则，实行闭环管理；本着“突出质量责任，加大奖惩力度”的原则，制定《严重纸病漏选管理考核办法》；开展质量风险评估制度，找出质量风险点并制定相应的控制措施；以顾客关注作为质量控制重点，针对产生问题的原因控制到点，责任落实到人。

在安全管理方面，该厂以OHSAS18000和安全性评价体系为主线，构筑人防、物防、技防三位一体的防范体系，实现安全“四无”目标。开展职工身边无事故等一系列安全教育活动，提高职工的安全意识；制（修）订《安全生产责任制》等规章制度，健全安全管理制度；2006年9月，成立内保督查队，加强对生产过程的监管和产品押运的防护；开展安全生产隐患排查治理专项活动，对生产过程中的劳动安全和产品安全危险源进行辨识，明确风险，制定管控措施。

自建厂以来，该厂坚持实施“科技兴厂”战略，始终把技术创新和技术改造作为提高企业核心竞争力的中心工作，积极研发具有世界先进水平、拥有自主知识产权的核心技术，特别是防伪技术和专有技术。该厂设有制浆造纸研究所，为国家级技术中心——中国印钞造币总公司技术中心的直属研发机构。2006～2007年，该厂承担开发的行业级科研项目有10项，其中2个项目已经通过专家鉴定；两年来共取得9项国家专利，其中发明专利8项，实用新型专利1项；该厂荣获“印制行业科技先进单位”称号。

树立精确管理的思路，努力向科学、高效、精细、准确的管理方式转变，进一步提升综合执行力。在实现质量、职业健康安全、环境管理体系一体化管理后，2006年实施滚动审核，增强了体系审核的有效性，促进了企业管理工作的规范化；在生产现场推行6S管理，通过持续的“整理、整顿、清扫、清洁、素养、安全”活动，提升员工的素质和精神风貌，推进现场基础管理工作的精确化；2006年编制《职位说明书》，2007年10月正式运行，共编制职位说明书7类432份；2007年，按照“目标管理，量化考核”的原则，建立绩效目标考核体系，促进了绩效管理工作的精确化；开展“强化管理年”活动，从制度建设、查找薄弱环节、管理创新等方面，提出20个强化项目，制定整改措施，明确时间进度及责任人，进一步强化企业管理工作。

坚持“造纸育人并举，三个文明共进”的方针，以提升企业形象、提高职工素质为重点，积极建设具有保钞特色的企业文化。发布《文明单位创建实施计划（2006－2008）》，确定了创建工作目标、要求、实施计划及保障措施；以50周年厂庆为契机，出版纪念文集《自强不息写忠诚》，制作纪念画册《流金岁月》和专题录像片《岁月如歌》，传承提炼企业优秀文化传统；结合印制行业特点，建设具有企业特色的质量文化、安全文化、廉政文化等子文化体系。

保定钞票纸厂以可靠的信誉、优良的品质、诚信的经营得到了社会的认可，获得了“国家环境友好企业”、“中国文化管理先进单位”、“中国企业精神文明管理先进单位”、“河北省文明单位”、“河北省先进集体”、“河北省五一劳动奖状”、“河北省环境保护先进企业”、“河北省环境保护模范企业”、“河北省劳动关系和谐企业”、“河北省百强工业企业”、“河北省工业企业最佳形象单位”、“河北省园林式单位”等荣誉称号。

水利·电力

水　利

【保定市水利局】　保定市水利局为市政府组成部门。其主要职责是负责全市防汛抗旱、水利水电建设、农田灌溉、水利工程管理、全市水利水电工程规划设计、山区水土保持、水政水资源管理、水库移民的生产生活、群众饮水安全、水行政执法等项工作。内设办公室、水利水保处、工程管理处、财务处、劳动人事处、规划计划处、水政处、纪检监察室、机关党委等九个处室。

【2006年·概况】　2006年，保定市水利局坚持以科学发展观为统领，努力发扬“献身、负责、求实”的水利行业精神，创优环境、创新举措，超前谋划、狠抓落实，拼搏进取、攻坚克难，实现了全市水利事业的持续快速发展。全部完成或超额完成各项水利工作任务目标。全年共获得“全国‘十五’农村水电电气化县建设先进集体”等市以上集体奖51项。

严密组织、细化措施，夺取2006年防汛抗旱工作的全面胜利，连续四年被省水利厅授予“全省防汛抗旱工作先进单位”荣誉称号。一是严格建立制度，砸死防汛责任。严格落实以行政首长负责制为核心的“五种责任制”和各级领导包库、包河、包蓄滞洪区制度，对重点工程、重点部位、危险地段和薄弱环节，逐项明确市、县、乡、村四级责任人，为防汛工作的深入开展提供了坚强的组织保证。二是修订完善防洪预案，开展防汛检查、抢险演习。组织专家修订完善了各类防洪预案，切实增强了指挥决策的针对性和预见性。由局领导带队，分成8个组，开展了3次拉网式防汛工作大检查，消除各类隐患50余处。在大清河流域防汛抢险演习中，严密组织，科学调度，对涉保演习项目逐一进行了落实，演习取得了圆满成功，得到了省防指的高度评价。三是备足防汛物资，建好抢险队伍。对市、县现存物资、号料物资的品种、规格、数量进行了详细地检查清点核销，并增储了价值百万元的物资。在全市成立了26支直属抢险队，并建立了“群”、“专”结合、军民联防的快速抢险应急队伍。全市有编制、有名册的快速抢险队199支、1.8万人，常备队950支、9.5万人，后备队14万人。四是建设保安工程，提高防洪能力。争时间、抢速度，在汛前圆满完成了总投资622万元的22项应急度汛工程。同时，整修加固堤防83公里，整修开挖疏浚河渠56公里，整修加固水库11座，清除尾矿渣28万立方米，清运采砂成品料35万立方米，清除树障56亩，有效提高了保定市的防洪保安能力。五是努力向全面抗旱转变，千方百计保障农业生产的正常进行。狠抓抗旱预案的编制，保定市和22个县（市）全部编制了抗旱预案，市区编制了应急供水预案。对全市24个引蓄回灌小区进行了大规模的清淤整修。及时印发了15期墒情简报和旱情信息，建立健全了22支抗旱服务组织，为农村群众科学抗旱提供了全面指导。西大洋水库、王快水库和安格庄水库春灌、秋灌、冬灌共放水18625万立方米，有效保证了农业增产、农民增收。抢抓机遇、大上项目，继续保持了水利工程建设投入的强劲势头。全年共争取水利工程建设资金3亿多元，谋划实施了以西大洋水库、瀑河水库除险加固，白洋淀蓄滞洪区安全建设（安新县城防洪堤）应急一期等为重点的一批水利工程项目。西大洋水库和瀑河水库除险加固工程按计划圆满完成了年度建设任务，其他工程项目已全部完成。通过工程的实施，大大提高了保定市抵御洪涝灾害的能力。重点进行农村饮水安全项目建设。全年投入建设资金2453万元，新建村镇供水工程104处，日供水能力3.4万吨。解决了136个村、10.14万人的饮水安全问题，分别完成年任务的105%、119%，有效改善了当地群众的生活质量。在项目推进过程中，坚持规划先行、先急后缓、先重后轻、集中连片的原则，市、县两级全部编制完成了农村饮水安全工程规划，并优先解决高氟水、苦咸水、污染水地区及山区群众的饮水安全问题。大力推进农村水利基础设施建设。2006年以来，全市共争取筹集资金2.2亿元，完成各类农田水利建设项目1.1万项，发展固定式节水防渗设施101万米，新增节水灌溉面积16.6万亩（完成年任务的166），恢复和改善灌溉面积52万亩（完成年任务的104%），年增节水能力1305万立方米，实现了农业灌溉用水的零增长。在全省农田水利基本建设“海河杯”竞赛活动中，保定市名列前茅，易县、安国、雄县分获一、二等奖，易县还荣获了“全国农田水利基本建设先进县”称号。

【以水土保持综合治理为重点，加快山区生态建设的步伐】 以国家、省水土保持重点工程为依托，以水土保持监督执法为保障，强力推进了水土保持综合治理工作。在重点实施总投资1900万元的王快水库周边国家水土保持重点工程和西大洋水库上游国家防治面源污染水土保持试点工程的同时，又争取到总投资3600万元的涞源、涞水、易县3个省级水土保持重点县项目，全省只确定了7个山区县，保定市占了3个。并编报了总投资1200万元的“河北省易县清西陵水土保持科技示范园”项目。同时，保定市还被省增列为第二批省级水土保持生态建设示范城镇，全省有5个地级市被列入范围。在工程建设的推动下，全年共完成水土流失综合治理面积240.41平方公里，占年初确定治理任务的120%，完成“两费”征收123万元。

【积极开展农村水电建设】 “十五”期间总投资1.3亿元的涞源、唐县、阜平、易县等4个国家级农村水电电气化县的建设已全部完成，并顺利通过了验收。总投资8400万元的阜平吴王口、牛角台，涞源龙家庄、龙门、六十道沟，易县胶东沟口（续建）等6座水电站的开发建设，已得到省发改委批复。总投资2300万元的涞源国家级小水电代燃料试点县工作已全面展开，全省只有4个县被国务院确定为全国第二批小水电代燃料试点县。在全省水利系统率先开展了水电厂改制工作。12月28日，保定市西大洋水电有限公司正式挂牌成立，这是河北省水电行业中第一家成功改制的国有企业。

【以建设“节水型社会”为目标，不断加大水资源管理工作力度】 在编制完成《保定市水资源管理专项规划》的基础上，以建设节水型社会为目标，采取有力措施，加大了对水资源的管理力度。一是水资源有偿使用制度、计划用水制度得到认真落实。全年市区共征收水资源费和南水北调建设资金3600万元。及时向全市1134个用水单位下达了计划用水指标，并建立了计划用水管理台账。二是进一步加强了对自备井的管理。严格查处新凿自备井和违章取水等行为。组织力量对辖区465个用水单位进行了大规模普查，查处违法取水单位13家、非法打井5家、破坏计量设施案件3起。三是充分发挥了水资源管理部门的服务功能。完成了13个用水企业的水平衡测试，对10个用水单位进行了节水评估。同时，为用水单位安装、维修、更换水表73块。四是加大对各县（市）水资源管理工作的指导力度。五是重点推进了节水型社会建设试点县工作。高阳、博野两个县的节水型社会试点工作已经全面展开，并取得了显著效果。同时，完成了《保定市“十一五”节水型社会建设规划》的编制工作。六是掀起学习水法律法规、节约与保护好水资源的宣传高潮。

【以创建全省“依法行政示范单位”为契机，加快水利系统依法行政的进程】 市水利局是省政府确定的全省“依法行政示范单位”。年初，召开全市水利系统“依法行政示范单位”创建动员大会，明确以市局创建为主体，延伸到局属各单位、各县（市、区）水利部门的总体思路。创建活动开展以来，取得了明显效果，全市水利系统依法行政工作整体水平得到了大幅度提高，全年没有发生一起不作为、乱作为案件。年内，市局直接受理查处水事违法案件16起，帮助指导县（市、区）水利部门查处水事违法案件17起，调处大的水事纠纷5起，对行政执法人员开展了3次大规模的集中培训，编印《法律法规汇编》4000套，220名行政执法人员取得了执法资格证书。市局先后被评为全省水利系统和全市

"四五普法"先进集体。

【水利科技取得重大突破】 大力推进水利科技工作，在研项目取得了重大突破，引起科研院校、国家有关部委、省市有关部门的高度关注。中国科学院、北京林业大学、河北农业大学、省水文水资源勘测局、省水利科学研究院、省林业科学研究院、省水利技术试验推广中心等单位先后与保定开展了项目合作与交流，仅崇陵试验基地就投资达200多万元，进行水土保持综合研究。承担的"河北省山区土地石漠化综合防治技术研究"项目，经过技术人员3年的努力，在全国范围内首次提出确定了我国北方山区石漠化土地调查分级标准，并成功找到了一条治理、开发和利用石漠化土地的新途径。该项目荣获2006年度"河北省山区创业奖"，市水保试验站成为全省水利系统唯一一个获奖的市级科研单位。

领导班子成员

党委书记 局长	全殿元
党委委员 副局长	顾新平（5月离）
	郑宝贵　张海波
	宋彦斌
	朴丽芬（7月任）
副局长	吴剑松
党委委员 纪委书记	回志刚
党委委员 总工程师	朴丽芬（7月离）
	郝记栓（7月任）

（部门编辑：马　杰　孟祥红）

【2007年·概况】 2007年，在市委、市政府的正确领导和省水利厅的大力支持下，全市水利系统广大党员、干部、职工按照"以改革保稳定、以项目促发展、以管理促和谐"的总体思路，努力发扬"献身、负责、求实"的水利行业精神，精诚团结、克服困难、群策群力、勤奋工作，圆满地完成各项工作任务，全市农村水利基础设施得到进一步夯实、水利工程管理体系得到进一步完善、水利执法工作得到进一步加强、山区水保、农村水电事业得到进一步发展，充分发挥了水利部门的职能作用，实现了水利事业的持续健康快速发展，为全市经济社会可持续发展作出了新的贡献。

精心准备，科学把握，防汛抗旱工作取得全面胜利。2007年，连续五年被省水利厅授予"全省防汛抗旱工作先进单位"荣誉称号。一是建设保安工程，提高防洪除涝能力。筹措1亿元对市区黄花沟进行综合整修，对一亩泉和护城河清淤疏浚；筹措5000万元整修加固堤防82公里，清除树障380亩，清除河道内尾矿渣15万立方米，清运采砂成品料46万立方米，有效提高了市区防洪保安能力。投资540万元的21项应急度汛工程、岁修工程已完成初验工作。同时，各县（市）也积极自筹资金大搞防洪保安工程建设，高阳县、安新县、定兴县、高碑店市、涿州市自筹资金980万元用于撤退路建设，现已全面竣工。二是修订完善各类防洪预案。对全市10座大中型水库、5座主要行洪河道、3个蓄滞洪区专项防洪、抗旱预案及保定市区、定州市、安国市、高碑店市、涿州市的城市防洪预案进行了修订，并编制了白沟河、潴龙河、唐河、陈村分洪道的21个河道内村庄人员转移预案和南水北调工程沿途9县（市）左岸排水涉险群众转移预案。三是认真进行防汛检查、积极开展抢险演习。组织6个检查组，开展了两轮拉网式防汛督导检查，并对全市84座小型水库进行逐一摸底调查，消除各类隐患近百项。对各县（市、区）、重点防汛乡镇进行培训，组织山区县进行山洪灾害易发区群众转移安置实战演习，并组织顺平、清苑等县（市）进行了抗洪抢险演习，取得了良好效果。四是备足防汛物资，建好抢险队伍，完善通讯设施。对物资进行检查清点核销，并新增储了价值百万元的防汛物资。全市成立了26支直属抢险队，并建立了"群""专"结合、军民联防的快速抢险应急队伍。开通了保定至天津海委微波干线和两个局域网络，连通了省防指，形成了一定规模的防汛指挥调度体系，同时，全市25个县（市、区）及6座大中型水库均配备了卫星定位电话，确保通讯通畅。与气象局、水文局共同研制开发了雨情水情资源共享软件，为快速准确上报雨情水情提供了可靠保证。五是努力实现全面抗旱，确保农业生产正常进行。召开专门会议，对全市抗旱工作进行精心部署，狠抓抗旱预案的编制，保定市和22个县（市）全部编制了抗旱预案，市区编制了应急供水预案。对全市24个引蓄回灌小区进行了大规模的清淤整修。及时印发了18期墒情简报和旱情信息。针对水库蓄水情况，从王快、西大洋、安格庄三大水库放水7200万立方米，抗旱浇地约18万亩。加大力度，抢抓机遇，水利工程建设掀起新高潮。全年共争取水利工程建设资金3亿多元，实施了一批重点水利工程项目的建设。西大洋水库除险加固工程正按计划实施，正常溢洪道开挖及主坝填筑项目、主坝帷幕灌浆、溢洪道重建混凝土工程、电气设备及金属结构制作安装已经全部完成，泄洪洞加固工程正在进行，累计完成投资13580万元。瀑河水库除险加固工程坝后护砌、排水沟整修及观测设施、输水洞加固、溢洪道整修均已完成，累计完成投资2226万元。南拒马河兰沟洼进口改建、丁香口险工、新盖房分洪道北涞河险工、杨村险工二期工程已经完工，共完成投资1037万元。这些工程的顺利实施，大大提高了保定市抵御洪涝灾害的能力。认真谋划，稳扎稳打，农村水利基础设施建设实现新突破。2007年，共争取中央资金4173万元，省级资金985万元，新增节水灌溉面积14.93万亩，恢复和改善灌溉面积51.3万亩，分别完成市委、市政府下达任务的149%、103%，年增节水能力1060.5万立方米。完成了清苑、徐水、安国、顺平、定州、雄县、望都7个县（市）的省级节水项目和易县国家级节水示范项目；易水、唐河灌区的续建配套和节水改造主体工程；高碑店市联村集中供水试点工程；涞源、易县省级集雨项目；安国、雄县、徐水、高阳、新市区等5个县（市、区）的小型农田水利项目建设。在全省农田水利基本建设“海河杯”竞赛活动中，易县、安国、清苑荣获先进县（市）称号，其中，易县荣获一等奖，安国、清苑荣获二等奖。理清思路，常抓不懈，水土保持综合治理工作再上新台阶。2007年，共完成水土流失综合治理面积210平方公里，超额完成市政府下达任务的5%。阜平县王快水库周边国家水土保持重点工程顺利通过了水利部、海委、省厅验收，完成水土流失治理面积20平方公里，完成国补资金200万元、省配套资金80万元。2005年启动的西大洋水库上游国家防治面源污染水土保持试点工程已经全部完工，完成水土流失治理面积26平方公里，完成省补资金70万元。2006年启动的易县、涞水、涞源3个省级水土保持重点县项目顺利通过省厅年度联查，并在全省7个重点县排名中，分别取得了第一、第三、第五的好成绩。大力推进水利科技工作，继续加大科技合作力度，在研项目取得了长足发展，有力地推动了全市水利科技的发展。先后有日本、澳大利亚、挪威等国家院士专家来保定市考察，并与中科院、武汉大学、北京示范大学等院校开展联合实验平台建设。通过平台建设沟通国内外科技合作交流的渠道，引进一流人才，扩大试验规模、扩展研究领域、锻炼科技队伍，提升科技水平。完成了948项目“美国优良水土保持植物香豌豆引种试验示范”的年度试验任务，与中科院合作完成了国家自然科学基金项目“华北石质山区植被对水文过程的影响机制研究”，顺利通过了国家基金委的课题验收。在水利部立项的《河北省太行山山前平原节水高效示范区》项目已经结题。

【农村饮水安全工作取得新成果】

解决农村饮水安全问题，是市委、市政府2007年十八项民心工程之一。全年共完成农村饮水安全项目总投资3715万元，解决了130个村、8.8万人的饮水安全问题，完成市委、市政府任务的102%，有效改善了当地群众的生活质量。根据省厅农村饮水安全县级总体规划编制会议精神，坚持规划先行、先急后缓、先重后轻、集中连片的原则，组织各县编制完成了县级实施计划。容城县被确定为全国农村饮水安全示范县，国家将投入资金5000多万元，从2007年开始用三年时间解决11.83万人的饮水安全问题。

【加大对水资源的管理力度】

认真落实计划用水管理。联合市发改委对市区及各县（市）下达了用水计划，对800个计划用水单位更换了计划用水、节约用水统计报表，对06年度与07年度上半年全市用水和超计划用水单位进行了统计，完成了对全市1532个计划用水户年度指标、任务的核定与下达工作，并完成水平衡测试7家、用水评估49家。进一步加大关闭自备井力度。对全市100多家特种行业用水单位进行了大普查，为89家特行单位办理了《特种行业用水登记证》，向22家水事违法单位下达了《责令改正违法行为通知书》，向8家擅自打井取水单位下达封井通知，共签订封井协议书23件。圆满完成水资源费征收任务。全年市区共征收水资源费和污水处理费2739万元、南水北调建设基金2130万元，超额完成了年初制定的双目标责任任务指标。重点推动各县（市）建设节水型社会步伐。组织召开了节水型社会建设现场观摩会，推进节水型社会试点县建设。博野县被列入省级节水型社会建设试点。同时，完成了“十一五”节水型社会规划编制工作，并指导各县（市）编写完成“十一五”节水规划和水资源开发利用规划。严格取水许可制度。全年开展了三次取水许可实施情况大检查，以对31家建设项目进行了水资源论证，重点针对各县（市）IC卡水表安装进行了督导检查。各县（市）已安装IC卡水表3000余块。积极开展“世界水日”、“中国水周”、城市节水宣传周等宣传活动，在全市25个县（市、区）和相关单位、各基层社区、各级妇女组织中开展了创建“模范节水社区、模范节水家庭”活动。

【农村水电建设迈出新步伐】 2007年，市小水电建设取得了很大突破。易县、唐县、涞源县、阜平县被国务院批准列入“十一五”期间全国水电农村电气化县，规划建设水电站12座，新增装机1.3万千瓦，总投资1.08亿元。涞源县龙门水电站和阜平县不老台水电站已全面开工建设。易县、唐县、涞源县、阜平县采取民营独资和股份制的形式，多方位、多渠道筹措资金，已建设小水电站7座。其中，易县胶东沟口、涞源县六十道沟、唐县倒马关、阜平县东漕岭将于近期投产发电；易县琵琶台、阜平县大湾、唐县南盘水电站环评报告书已由省环保局批复；涞源县桑园水电站环评工作正在进行。在连续11年干旱少雨的情况下，通过科学调度水量，优化机组运行，2007年，顺利完成了省厅下达的6000万千瓦时发电任务。

【大中型水库移民后期扶持政策落实工作取得新成效】 实现了“确保政策兑现、确保资金安全、确保社会稳定”的预定目标，在全省取得了“四项第一”，移民人口核定登记第一，库区发展规划编制第一，后扶资金兑现第一和移民人口进京赴省上访倒排第一（零上访率）。一是制订方案。结合实际情况，制定了《保定市大中型水库移民后期扶持政策实施办法》、《保定市大中型水库农村移民后期扶持人口核定登记实施细则》。二是核定扶持人数。以政策为准绳，以户籍档案为依据，以群众监督作保障，扶持人数力争做到一个不少、一个不多，并多次张榜公示，对公示情况进行督导检查。联合市监察局对人口核定结果联合抽查结果表明：市移民工作把握政策严格、人口核定准确、程序公开透明。三是完成政策兑现。对后扶资金实行专账管理、专户储存、专人负责，为每一名移民建立档案，设立账户，严格按照每人每年600元的标准，采取“一人一卡”的形式直接兑现到每一名移民手中，对于金融机构不能覆盖的偏远山区移民主管部门直接上门兑现现金。共兑现后扶资金9700万元。四是做好规划编制工作。召开移民专题会议26次。编制完成了《后期扶持规划》、《库区和移民安置区基础设施建设和经济发展规划》，制定了《保定市大中型水库农村移民后期扶持人口检查核减工作试行办法》，受到了省移民主管部门的认可和表扬，并作为典型在河北水利工程网上予以公布。五是妥善处理各种矛盾。加强宣传教育，做好移民信访工作，不断完善预警机制建设，继续实行接访首问负责制度，切实解决热点、难点问题。

领导班子成员

党委书记 局长	金殿元（6月免）
副书记 纪委书记	申志刚（5月离）
	王兰芬（5月任）
党委委员 副局长	郑宝贵　张海波
	宋彦斌　朴丽芬
副局长	吴剑松
党委委员 总工程师	郝记栓
党委委员	申志刚

（部门编辑：马　杰　蒋晓丽）

【保定市南水北调办公室】 保定市南水北调办公室为保定市南水北调工程建设委员会的办事机构，是保定市人民政府负责指导、协调、督促、检查辖区内南水北调工作的职能部门。内设综合处、计划财务处、设计环境处、征迁安置处、建设管理处五处。主要职能为：1. 贯彻执行国家、省有关南水北调工程建设的有关政策、管理办法和决定；负责市南水北调工程建设委员会全体会议及办公会议的准备工作，督促、检查会议决定事项的落实；就本市南水北调工作的重大问题与有关县（市）政府和市直有关部门进行协调。2. 负责指导、协调、督促、检查辖区内南水北调中线干线工程征地拆迁和失地农民生产、生活安置工作。配合国家、省南水北调建设管理单位开展中线干线工程保定段有关的建设管理工作。3. 负责组织保定市南水北调配套工程的规划、可研、初设等前期工作和配套工程的建设管理。参与研究协调保定市南水北调配套工程筹资方案。

【2006年·概况】 2006年，在市委、市政府和局党委的正确领导下，在上级主管部门的大力支持和指导下，保定市南水北调办公室面对特殊时期，特殊任务，团结一心、振奋精神，开拓奋进，创造性的开展工作，各项任务都取得了突破性进展，南水北调事业始终保持着强劲的发展势头。取得了中线干线主体工程征迁安置首批任务圆满完成；配套工程前期工作重大进展；难点问题得以破解；建设管理工作平稳和谐；财务管理工作安全到位；沿线社会保持稳定；机关建设进一步强化等多项成果，为南水北调中线京石段应急供水工程建设的顺利开展，提供了坚强的支撑与保障。得到了市委、市政府，省委、省政府和国调办的高度评价。

【圆满完成首批征迁安置工作】 南水北调工程穿越保定9个县（市），34个乡（镇），152个村，境内全长169.7公里。工程占迁涉及永久占地3.7万亩，临时用地5.1万亩；生产生活安置人口3.2万人；拆迁房屋面积13.9万平方米；迁建恢复输电线路120.7公里，通信线路64.1公里，广播电视线路1.3公里，各类管道79.1公里。征迁规模之大、时间之紧、涉及面之广、标准要求之高、任务之艰巨，在全市建设史上都是史无前例的。面对严峻的形势和紧迫的任务，市委、市政府、局党委对南水北调工作高度重视，倾心倾力，广泛发动，强势开展南水北调一次性征迁安置工作。市委、市政府把南水北调征迁安置工作作为重要的政治任务，多次召开市委常委扩大会议、市政府常务会议和南水北调工程建委会专题会议，研究征迁安置工作。市政府主要领导经常到现场指导调研，解决实际问题。调水办全办上下超前做好扎实的基础工作，牢牢把握工作主动权，夜以继日地战斗在一线。结合实际确定了科学的包干方案，编写了南水北调中线京石段应急供水工程《征迁安置资金兑付方案编制技术大纲》，对各县（市）上报的资金兑付方案进行了认真的审查，为保定段征迁安置补偿资金兑付提供了科学严密的工作依据。按照省政府提出的“确保农民合法权益、确保资金安全、确保工程建设顺利进行、确保沿线社会稳定”的要求，把维护群众合法权益放在了首位，以严格并正确执行征迁政策为着力点，以控制并规范征迁工作程序为抓手，在征迁安置全过程中不折不扣地贯彻执行了占迁实物核查政策、征迁安置政策、迁建恢复政策、资金管理政策和监督监管政策，做到了公开、公平、公正，达到了群众满意放心。不仅杜绝了搭车、挤占、挪用征迁资金现象的发生，而且预防了因工作时限紧迫、基层情况复杂、急于求成心切而盲目采取过激行动或自作主张改变征迁安置政策事件的发生，维护了全线社会稳定的大局。2006年5月底全市12项控制性工程用地全部按时交付使用，6月底圆满完成首批征迁安置任务，11月底，专项设施迁建任务全部完成，实现了省政府确定的工作目标，走在了全省前列，得到了国务院南水北调办，省委、省政府的高度赞赏。

【关注民生，服务百姓，破解重点难点问题】 为了将工程建设对沿线交通、灌溉、防洪、水保等方面带来的影响程度降到最低，做了大量艰苦的协调和争取工作。在国家严格限制交叉建筑物的背景下，经过有理、有力、有节的反映，全市96座交通桥全部按照要求对桥梁规模、引道布设做了修改，与全市交通现状及近期规划做了很好的衔接。经过历时两年艰难的争取，最终落实保定市农村生产桥84座，基本满足了沿线群众生产生活现实需要。交通桥、生产桥规模、数量的落实，降低了因修建南水北调工程对西部山区县经济社会发展的影响，为其长远发展预留了空间，奠定了基础。另外，灌溉系统恢复工程、弃土弃渣区水土保持工程、临时占地整改与复垦工作也都进行了布置。面对工程建设中大量出现的群众饮水困难、施工震动、粉尘、噪音、爆破影响等一系列问题，想方设法，采取多种措施，千方百计予以解决，既破解了问题，又推动了工程建设，保持了社会稳定。

【配套工程前期工作积极有序，为整体推进配套工程各项工作奠定坚实基础】 1. 在市委、市政府和局党委的正确领导下，经过市、县两级调水部门历时4年的努力，于2006年编制完成了《保定市南水北调配套工程规划》，经保定市九届三次市委常委（扩大）会议审议通过后纳入了《河北省南水北调配套工程规划》。《保定市南水北调配套工程规划》科学描绘了全市“一纵三横两库”的供水体系，确定了对全市水资源实行补偿调节、西水东调、引水济市、穿府补淀的水资源联合调度方案，为合理利用引江水和当地水，促进保定可持续发展奠定了理论基础。2. 按照省南水北调办公室确定的配套工程前期工作总体安排，着力推进了南水北调配套工程一期项目的可行性研究工作。于2006年上半年完成了配套工程建设目标输水管线测量工作。测量成果顺利通过了专家组的正式验收，测绘产品最终被评为优级品，为全省配套工程可研测量工作起到了先锋模范作用。3. 按照省配套工程第一步建设项目前期工作计划中提出的编制单项工程可行性研究报告的要求，组织编写了南水北调配套工程第一步建设项目工作大纲，上报了省办，并与市水利水电勘测设计院签订了《建设工程勘察合同》。4. 按照省统一安排，组织开展了可行性研究阶段全市境内廊坊干渠的占迁实物指标调查工作，保证了调查成果的准确性、合理性，满足了可行性研究阶段对实物指标调查的深度和精度要求，为下一步工作的顺利开展奠定了基础。5. 为做好引江水与当地水联合调度，妥善解决新建工程与原有工程切换相关问题，与河北农业大学城乡建设学院合作开展了《城市供水南水北调江水切换对现有供水设施的影响及对策》课题研究。与此同时，按照市政府的要求，与水利局有关处室共同开展了市区水环境构建方案的编制工作，为两库联通和南水北调工程建成后，从根本上改善市区水环境拿出了合理方案。

领导班子成员

副　主　任　朴丽芬

【2007 年·概况】　在全办掀起“责任风暴”、“效能革命”，完善各项管理制度，规范工作秩序，使机关工作效能进一步强化。建立健全科学规范的监督约束机制，形成了全办上下精神状态积极向上，作风严谨高效，工作扎实深入的良好局面。2007 年 4 月办公室被市政府授予集体二等功，其中个人二等功 2 人，三等功 5 人，嘉奖 19 人。

【征迁安置后续工作稳步推进，确保主体工程建设需要】　按照市委、市政府的统一部署和省南水北调办公室的工作安排，积极开展了后续永久征地、连接路规划、临时用地整改与复垦、灌溉系统恢复、专项设施迁建等工作。截至 2007 年底，全市共完成京石段永久征地 3.61 万亩，临时占地征用 2.5 万亩，安置搬迁人口 3.2 万人，拆迁房屋面积 9.3 万平方米，各类专项设施迁建 430 余处，累计完成征迁兑付资金 16.63 亿元，确保了主体工程建设用地需要。为了最大限度减少因修建南水北调工程对沿线群众生产生活产生的长远影响，重点解决了弃土弃渣和取土场临时占地方案优化工作。优化后的方案，不仅减少了对沿线群众生产生活的影响，得到了群众的认可，而且有效地保护了耕地，特别是基本农田，起到了集约节约的作用。随着工程建设进展，先期开工项目及取土场临时占地的陆续交回，全面启动了全市临时占地复垦工作，市建委会印发了《南水北调中线京石段应急供水工程保定段临时占地复垦工作实施意见》，对全市临时占地复垦工作进行了详细的安排部署。

【创新机制，大力协调，施工环境明显改善，重点工程进展顺利】　1. 根据南水北调线性工程的特点及体制、机制现状，经多方协调，力促参建各方建立起了一套县政府负责，调水办组织，建管单位参加的施工环境协调机制，以及公安部门、调水部门协同作战的治安和环境保障机制，有效解决了现场大量问题，依法维护了群众合法权益，保持了沿线社会稳定，为工程建设营造了更加和谐的社会环境，有效地推动了工程建设的顺利进行。2. 承担的沙河干渠连接段工程建设管理任务，克服了灌渠放水、汛期施工等多方面困难，在地方政府与有关单位的大力支持和协调配合下，2007 年底，连接段建设任务如期完成，不仅具备了将王快水库应急调往北京的条件，更重要的是满足了向西大洋水库应急调水的需要，为保障保定市百万市民饮水安全作出了贡献。

【程序严格，科学规范，资金运行安全到位】　2007 年 3 月～5 月，国家审计署京津冀和沈阳两个特派办对全市南水北调工程征迁安置、环境协调及配套工程前期工作资金进行了全面审计。两个特派办对全市的财务基础工作、资金管理工作均给予了充分肯定，审计工作的开展进一步促进了财务管理工作向规范化、科学化迈进。截至 2007 年，向各有关县（市）政府、有关单位拨付资金 17.1 亿元，拨付准确率 100%。

【强势宣传，营造氛围，为工程建设创造了良好的社会环境】以《保定南水北调》简报、专报为依托，加以适时的工作进展情况汇报和专题报告，主动向领导宣传南水北调的体制、机制、相关政策和工作进展情况，赢得领导的重视和支持。与各新闻媒体协作联合开展南水北调专项宣传活动，赢得社会各界广泛支持。在保定日报社设立了南水北调专栏，刊发专栏 25 期，专版 3 期，详细介绍了南水北调工程建设的重大意义、建设管理体制及相关政策、支持工程建设的必要性和重要性、南水北调工程建设的实时动态、先进人物事迹等等。《中国水利报》、《河北日报》、《河北经济日报》、《保定日报》、《保定晚报》、《莲池周刊》等各类报刊发表南水北调实时报道 10 余篇，采写报社专栏、专题等新闻稿件 20 余篇；在保定电视台开辟专栏，播放电视专题节目 14 期，播放南水北调公益广告 2 个月。与公安部门联合开展了安全保卫和建设环境维护宣传活动。公安干警和南水北调办负责人向群众现身说法，现场化解矛盾，解决问题。针对群众工作量大、面广、具体的特点，组织干部进村入户、调查走访、现场办公，做好群众工作。向各县（市）印发《关于加强南水北调宣传工作的通知》，建立健全了信息宣传组织网络，组织各有关县（市）利用集市、集中宣传活动。

领导班子成员

副　主　任　朴丽芬

（部门编辑：耿子鑫　张　震）

【西大洋水库】　西大洋水库地处海河流域大清河系南支唐河的出山口处，控制唐河全部山区流域面积 4420 平方公里，现有防洪标准为 2000 年一遇。总库容 11.37 亿立方米，为大（Ⅰ）型水库。唐河发源于山西省浑源县抢风岭，河道全长273公里，经定州市、望都县、清苑县入白洋淀。枢纽工程由一座主坝（全长1799.55米）、4座副坝（全长2794.3米）、正常溢洪道、固定口门式非常溢洪道、泄洪洞、输水洞及电站组成。配套工程有总干渠一条长40.78公里，干支、斗渠共417条，总长523.70公里，建有闸、涵、桥、泵站、水电站等各类建筑物2938座。

【西大洋水库管理处】 西大洋水库管理处位于唐县境内。主要任务是防汛、工程管理、水源地管理、城市供水、工业供水及农业灌溉。内设党委办公室、行政办公室、监察室、工程管理科、财务科、机电科、派出所、老干部组、综合经营科、水源地办公室、水政大队11个科室及灌区管理中心。

【2006年·概况】 2006年是西大洋水库项目管理的丰收年，工程投入创历史最高，工程建设顺利进行。

为保证西大洋水库除险加固工程项目的顺利实施，管理处领导班子和加固工程建设处一起积极谋划，多方协调，克服困难，优化施工环境，做了大量艰苦细致的协调工作。一年来，先后召开协调会30余次，接待群众来访700多人次，有效地化解了矛盾。工程施工秩序井然，工程进度及质量得到了保证。截至2006年年底已完成8个标段的招标工作，合同总金额达1.299亿元。其中溢洪道开挖及主坝129.2米以下填筑工程已完成，溢洪道闸墩除宽缝外已按计划浇筑完毕。闸门及启闭机制造亦在进行中，4扇工作闸门已运至工地。主坝129.2米高程以上填筑及六轴坡副坝填筑工程已经开工。到年底已完成工程量：砼5.86万立方米；土石方开挖49万立方米；土石方回填42.3万立方米；闸门及启闭机制造500吨；完成投资7200万元。按进度、保质、保量地完成年度施工任务。

唐河灌区更新改造项目进展顺利。为加快渠道工程建设，管理处进一步加大了灌区工程更新改造步伐，积极跑项目，引资金。在完成水利部批付的一期工程600万元投资后，经过多方努力，今年又争取灌区续建配套工程投资600万元。随着灌区更新改造工程项目的逐步实施，将从根本上改变渠道工程老化状况，为灌区发展注入新的活力。合理调整农业用水，节水灌溉取得明显成效。2006年是连续干旱的第十个年头，全年入库水量0.96亿立方米，最大入库流量为1.45立方米/秒，年平均入库流量62.86立方米/秒，年最高库水位125.12米，最低库水位121.21米。最大库容1.5456亿立方米。2006年水资源日益匮乏，供求矛盾非常突出，为保城市供水大局，5月24日，市政府主管农业水利副秘书长、市环保局局长、唐县主管水利副县长及河北大学、河北农大调研组来库就农业灌溉后将会出现的水质问题召开了专家论证会。为妥善处理好城市供水和农业灌溉的关系，西大洋水库管理处及时调整灌溉管理指导思想，把节水作为灌溉管理的重点，从严格管理入手，打破常规，精打细算，组织人员深入农村调查研究，推行了“大水量、快速度、短期限”的灌溉办法。年灌溉次数由计划的四水减少到二水，全年渠首引水5207万立方米，灌溉面积6.3万亩，累计灌溉12万亩次，最大限度地减少了农业水量，有效防止了水质恶化，维护了水源洁净，确保了市民饮水安全。水源地保护成果得到巩固。西大洋水库认真贯彻市委、市政府关于西大洋水源地建设和保护的指示精神，坚持垂直管理和网络管理相结合，坚持以法管水和群管群治相结合的管理方式，形成了职责分明，运转协调的长效管理体系。为保证自然鱼类的繁殖，春天，管理处投资10万元，在库区投放池召公鱼卵7100盘，花白鲢等鱼苗1万斤。4月至5月底在唐河通天河入库口上下1.5公里划为禁渔区，设置人工草巢（草把）1万个。取得很好的效果，年产鲜鱼约300吨，直接效益达120多万元。不但保护了水质，还增加了移民收入。2006年向保定市安全供水0.628亿立方米，有效缓解了保定市水资源紧缺状况，产生了巨大的经济效益和社会效益。向国华定洲电厂年供水0.1453亿立方米。全年水质稳定保持在二级水平。

针对水库渠道工程日益老化的现状，积极做好工程维护工作，按防洪保安及工程规范要求，做好大坝观测工作，并把观测资料及时分析整编和归档。对重点部位进行了砌石、灌浆处理，及时消除了工程隐患，确保了工程完好和安全度汛。管理处先后4次组织有关科室对大坝、总干渠工程建筑物进行了检查，对发现的问题现场制定整改方案，限期进行修复和处理。针对水库汛期施工现状，完善和修订了防洪预案，明确责任，严格操作规程及应急措施。健全了防洪组织，实行行政首长负责制，建立了24小时轮流值班制度，确保了安全度汛。省市级领导来库检查工作，对防汛工作给予了充分肯定。

领导班子成员

主　　任　李士贤(7月12日任)

副 主 任　韩同振　刘建国

纪检书记　石占乐

【2007年·概况】　西大洋水库认真贯彻市委、市政府关于西大洋水源地建设和保护的指示精神，严格按照“四保”（保安全生产、保水质、保防汛、保施工）的要求，整顿了“两个秩序”（水面秩序和陆地秩序），采取了一系列的措施，动员了一切可以动员的力量，广泛宣传法律法规。为增强区域预警的时效性，在水库周边村庄已经聘请了12名水质保护协理员的基础上又在水库上游通天河、无名河、唐河广大区域增设了7名信息员。今年春天放养花白鲢1.1万斤，放养池召公鱼卵3.6亿粒，对净化水质起到了很好的效果。管理处继续坚持垂直管理和网络管理相结合、坚持以法管水和群管群治相结合管理方针，使水质长年稳定保持在地表水二类水平。2007年向保定市安全供水0.6798亿立方米，有效缓解了保定市水资源紧缺状况，产生了巨大的经济效益和社会效益。向国华定洲电厂年供水0.1334亿立方米。

截至2007年年底，完成正常溢洪道开挖及主坝129.2米高程以下填筑工程。完成溢洪道重建工程中土建工程部分、液压启闭机、闸门及电气设备安装。完成了泄洪洞进口启闭机室加固土建工程及启闭机、闸门安装等工程。泄洪洞出口启闭机室土建工程正在施工；出口弧形闸门已运至工地，正在安装。主坝填筑工程129.2米高程以上及六轴坡副坝填筑工程完成了石碴爆破32万立方米，坝体填筑30.9万立方米。主坝帷幕灌浆工程已灌浆3266米，检查孔钻孔1133米。

2007年是连续干旱的第十个年头，全年入库水量1.1445亿立方米，最大入库流量为14.05立方米/秒，年平均入库流量3.263立方米/秒，年最高库水位124.30米，最低库水位120.85米。最大库容1.4465亿立方米。2007年水资源日益匮乏，供求矛盾非常突出，管理处及时调整灌溉管理的指导思想，把节水作为灌溉管理的重点，组织人员深入农村调查研究，确定最佳灌溉时机，集中供水，推行总干配水和支斗渠量水制度，实行以量计征的用水管理办法。年内只灌溉2次，渠首引水量3628万立方米，灌溉面积8.7万亩次。最大限度地减少了农业用水量，有效防止了水质恶化，维护了水源洁净，确保了市民饮水安全。针对水库渠道工程日益老化的现状，积极做好工程维护工作，按防洪保安及工程规范要求，做好大坝观测工作，并把观测资料及时分析整编和归档。对重点部位进行了砌石、灌浆处理，及时消除了工程隐患，确保了工程完好和安全度汛。汛前管理处先后4次组织有关科室对大坝、总干渠工程建筑物进行了检查，对发现的问题现场制定整改方案，限期进行修复和处理。根据施工情况进一步完善和修订了防洪预案，明确责任，严格操作规程及应急措施。健全了防洪组织，实行以行政首长负责制为核心的责任制，成立了防汛办公室，坚持防汛值班制度，确保了安全度汛。省市级领导来库检查工作，对防汛工作给予了充分肯定。

领导班子成员

主　　任　李士贤
副 主 任　韩同振　刘建国
　　　　　刘宏楼（6月任）
纪检书记　石占乐（5月退二线）

（部门编辑：孙永刚　刘　欣）

【王快水库】　王快水库位于海河流域大清河系南支沙河上游，坝址在曲阳县，控制流域面积3770平方公里，总库容13.89亿立方米，兴利库容6.52亿立方米，是一座以防洪为主兼灌溉、发电的大（1）型水利枢纽工程。水库下属的沙河灌区，设计灌溉面积130.6万亩，有效灌溉面积76万亩，近年实灌面积35万亩左右，包括保定市的曲阳、定州、安国、博野、蠡县和沧州市的肃宁、河间等县、市。

【王快水库管理处】　王快水库管理处为副县级差补事业单位，归口保定市水利局领导。管理处内设党办、政办、财务、人事、工管等12个科室；下设曲阳一、二、三、定州、安国、博野、蠡县等七个基层管理所，共有干部职工425人。

【2006年·概况】　顾全大局，抓好放水。2005年是干旱枯水年，到2006年3月水库可利用水量仅2.35亿立方米。为使宝贵的水资源发挥较大的社会和经济效益，水库制定了“科学调控，优化配置，满足本市，余水东送”的供水思路。3月16日接市政府紧急通知，水库提闸给白洋淀补水，全处职工顾大局，识大体，科学调度，护渠把口，尽职尽责，安全送水，奋战25天，圆满完成了给白洋淀补水4000万立方米的任务，使白洋淀这颗华北明珠重发光彩。同时秋灌冬灌并一水，保证了农民用水，维护了粮食安全。

全力以赴，打造生态库区。2006年水库把绿化荒山，打造生态库区作为一项主要工作严抓细管。累计投入工日2万余个，投资10万元建成引水上山浇树工程，布设地下水管2万余米，购置柴油发电机5台，水泵6台，栽种树木7万余株，和前两年栽种的松树，侧柏连成了一体。

按照新工程的规范要求，完善了防洪预案，对上游18个测水点——检查维修，加大了水库大坝及闸门等工程设施的管护力度，创新工作，改半月一调试为周二运行日，从6月1日起，各类人员按照要求，全部到岗到位，各负共责，使防汛更规范化、制度化、责任化、安全化。

领导班子成员

主　　任　张大鹏
副 主 任　蔡翔涛　韩国敏
　　　　　刘正龙

【2007年·概况】 坚持科学调控，确保安全度汛。2007年多次召开各类座谈会、形势分析会、洪水预测会、技术培训会、立是早，狠抓实，完善防洪预案，检修防汛设施，健全防汛组织，强化值班责任，确保了安全度汛。

采取有力措施，打造生态库区。王快水库作为2008年北京奥运和保定市备用水源地，确保水质安全是库区职工义不容辞的职责和历史重任，保证水库水洁净、安全、达标、不污染，成为工作重中之重。一是治源治本，绿化库区，2007年又投入10万元，栽种树木近万株；二是建立长效机制，组建了30人的水政执法大队，成立了百余人参加的村民管理组织；三是强化宣传力度，下发明白卡、通知、通告千余份，设立警示牌上千块，出动宣传车二十余次，进村入乡宣传，利用电台发布通告；四是封闭式管理，严禁旅游、垂钓、游泳、非法捕捞，坚决取缔网箱养鱼，执法大队人员24小时水面巡逻，使水库3亿多立方米的水清澈透绿，达标达质。

强化责任意识，抓好供水管理，2007年供水的难题是水少、天旱，要求用水户多，管理处及时和河间市沟通，废止供水协议，多次做曲阳乡村群众工作，两水并一水，达到了节约用水增加效益的目的。给西大洋水库应急供水是2007年另一个供水焦点。水库接到上级指标后，积极行动，对8.3公里的渠道勘测、施工。对20多公里的通水渠道分段把守，昼夜管护，确保4000万立方米补水任务的完成。

立足基础建设，做实工程修护。2007年是王快水库的工程建设年。投资6000余万元的南水北调沙河干渠联结段工程紧张施工；300万元的灌区第四期节水改造项目也相继开工；给西大洋补水的8.3公里干渠渠道维修，管理处兵分三路，积极参与，上下协调，多方疏通，确保了三项工程的顺利实施。

领导班子成员

主　　任　张大鹏
副 主 任　蔡翔涛　韩国敏
　　　　　刘正龙

（部门编辑：荀进昌　蔡贵胜）

【安格庄水库】 安格庄水库位于易县境内，中易水河上游，是一座以防洪灌溉为主，兼顾发电、养殖、旅游等综合利用的大型水利枢纽工程。1958年6月动工兴建，1960年6月基本竣工并投入使用。1970年至1972年对工程进行了加固续建，使工程设施进一步完善，设计防洪标准为百年一遇洪水，2001年至2002年对水库进行了除险加固，摘掉了病险水库的帽子，防洪标准从百年一遇提高到千年一遇，相关配套设施更加完善。水库主要工程由大坝、溢洪道、输水洞、发电厂、紫荆关引水渠五大部分组成，总库容3.09亿立方米，调洪库容1.78亿立方米，兴利库容1.12亿立方米，设计灌溉面积45万亩，年发电量3147万千瓦时，水库控制流域面积476平方公里，占中易水河流域面积的42.5%，占山区面积的93.3%。

安格庄水库灌区部分位于保定市中部，主要工程在易县境内，属大清河系，水源为安格庄水库。流域面积528平方公里，设计灌溉面积39万亩，有效灌溉面积28万亩，灌溉收益范围涉及易县、定兴、徐水县的15个乡镇。总人口约36万。现有工程：渠首引水枢纽工程一处，总干渠长16.7公里，一干渠长20.8公里、二干渠长20.8公里，三干渠长11.7公里。二干渠的排水干渠长20公里，共有支渠29条。2001年至2002年对部分渠段进行了节水改造，全长3941米，总投资18.3345万元。

【安格庄水库管理处】 安格庄水库管理处为副县级差额补贴事业单位，归属保定市水利局领导。2006年7月原房涞涿灌区管理处归属于安格庄水库管理处。管理处内设党委办公室、行政办公室、工程管理科、财务科、人事劳资科、灌溉科、水政科、综合科及裴山、高村、向阳、太合庄、横岐、南尚乐6个管理所。

【2006年·概况】 2006年，安格庄水库管理处按照市委、市政府的整体工作部署，在市水利局的领导下，针对本单位的实际，同心同德、齐心协力，各项工作有了很大进步。做好灌溉放水工作：3月，安格庄水库管理处联合召开了有关乡镇领导参加的灌溉工作座谈会，就灌溉工作的发展方向、充分利用好宝贵的水资源、如何合理收费、遏制灌溉面积的缩减等问题进行了研讨。年内三次放水，都严格按照“高度重视、计划周密、科学调度、落实责任”十六字方针，处领导亲

自带队，组织精干力量到一线调度指挥，鼓舞了职工的士气，调动了积极性，全年共浇地40多天。在安格庄水库蓄水不太多的情况下，为保华北明珠，3月份为白洋淀洋补水3214万立方米。加强工程管理，确保安全度汛：在工程管理上，力求做到科学、细致、严格。为确保大坝及其他工程设施的安全运行，技术人员对工程进行了不间断的严密的观测检查。防汛准备工作抓得早，抓得细，抓得实，做到未雨绸缪，防患于未然，一是严格检查。4、5月份，处领导、防汛委员、工程技术人员对大坝、溢洪道、输水洞、所有闸门启闭设施、备用电源等进行了检查和试运行。查出的问题就地安排部署、限期处理解决。6月上旬，对供电线路进行了检修、清理了树障，对防汛物料进行了清点，造册登记。二是严格执行责任制，按照防汛会议的部署，谁分管谁负责，责任落实到人，签订责任状。三是严格落实防汛值班制度，保证了防汛值班24小时不断岗，为信息及时准确传达提供了可靠保障。防汛工作圆满完成任务。汛前发动全处干部职工大搞植树造林，历时一个多月，栽种杨、柳、槐树3000多棵，平整土地、美化环境，栽种花卉植物700多平方米。

领导班子成员

党委书记 主　　任	贾亮君
党委委员 副 主 任	任嘉祥　李锁成
	李　玉

【2007年·概况】　2007年，安格庄水库管理处按照市委、市政府的整体工作部署，在市水利局的领导下，针对本单位的实际，同心同德、齐心协力，各项工作有了很大进步，圆满完成了全年的各项工作任务。2007年3月9日，水库管理处召开党委会，对部分科级干部进行岗位调整，成立水政执法一大队。2007年3月，安格庄水库选区依照人大代表的法定选举程序，完成了县人大代表的选举工作，管理处主任贾亮君同志当选为县人大代表。2007年6月29日，市政府常务副市长李谦同志到安格庄水库检查防汛工作。市领导、市水利局、市防办和易县有关负责同志在水库各防汛委员陪同下仔细查看了溢洪道、主坝等设施，并对150KW备用发电机进行了试运行。水库各防汛委员签订了“安格庄水库防汛岗位责任书”。2007年7月16日，省、市政协委员到安格庄水库检查防汛工作。2007年10月11日，国家水利部、海河流域管理委员会、省水利厅的领导由市局领导陪同来安格庄水库检查大坝除险加固工程情况。

领导班子成员

党委书记 主　　任	贾亮君
党委委员 副 主 任	任嘉祥　李锁成
	李　玉

（部门编辑：冯亚辉）

【龙门水库】　龙门水库位于大清河系漕河中游保定市满城县白龙乡东龙门村，是漕河流域中唯一的一座大型水库。1958年2月开始兴建，1959年11月至1960年6月扩建成大型水库，控制流域面积470平方公里，总库容1.18亿立方米，是一座以防洪为主，兼有灌溉、养殖等综合用途的大（Ⅱ）型水利枢纽工程。2004年除险加固工程完成后，该水利枢纽工程包括主坝一座，长539米，最大坝高40.5米，付坝四座全长2237米，除十八坡付坝高程为131米外，其他坝顶高程均为131.7米，泄洪闸全长96米，设8孔闸门，堰顶高程为120米，净宽80米，百年一遇洪水设计，两千年一遇洪水校核。控制流域面积470平方千米，总库容1.267亿立方米。

【龙门水库管理处】　龙门水库管理处位于保定市满城县白龙乡东龙门村，隶属于保定市水利局，为副县级差额事业单位。内设办公室、工程科、渠道科、多种经营科、财务科、治安派出所、水政监察大队、渔政站和纪检监察室等科室，在职职工66人。

【2006年·概况】　完成工情视频系统（主坝、泄洪闸、沙江付坝）的建设施工，共投资5万元，等待验收；龙门水库洪水调度系统施工建设，总投资40万元，主要内容有：局域网络系统建设、GMS卫星云图接收系统建设、洪水调度软件设计开发、防雷系统（室外防雷）建设等四部分；完善了防汛指挥调度体系，提高了洪水调度的先进性、准确性、科学性；上报了《关于申报省二级水利工程管理单位的申报材料》，自定为省二级，等待验收；完成了《龙门灌区“十一五”改造规划》，正待审批；实行了全员聘任制，按规定签订了聘用合同，体制改革工作基本完成，待验收。

领导班子成员

党委书记 主　　任	贾爱成
副 主 任	李军良
	穆文才

【2007年·概况】　完成了2006年7月实施的事业单位收入分配制度改革，上报审批了在职和离退休人员工资制度改革审批方案

表；完成全年的坝体位移和水位观测工作；闸门管理、洪水调度系统和卫星云图系统经过试运行并已进行验收；按照省水利厅关于工程管理达标的要求，汛前完成主坝排水沟、反滤池和沙江付坝排水沟的整修清理，清除了坝坡上的荆条和杂草，对坝坡浮石进行了复位和清理，安全度汛后对工程管理达标所需材料进行整理和完善。

领导班子成员

党委书记 主任　贾爱成

副主任　李军良

　　　　穆文才

（部门编辑：安玉兰）

电　力

【**保定供电公司**】　保定供电公司是隶属河北省电力公司的国家特大型供电企业，担负着保定市区和22个县（市）的电力供应、销售任务，220千伏、110千伏和35千伏及10千伏以下电压等级的电网规划、建设、运行和维护等任务，并维护华北电网公司在保定境内的500KV线路。2006年公司调整了职能机构设置，按部室制设置为“14部2室1会”共17个部门，基层单位设11个。2007年公司新增加一部室离退休工作部。现有员工2014人。

【**2006年·概况**】　截至2006年底，保定供电公司共拥有35KV及以上变电站87座，其中220KV变电站14座，主变容量399万千伏安，110KV变电站72座，主变容量459.8万千伏安，35KV变电站1座，主变容量0.4万千伏安，35KV及以上输电线路182条，其中220KV线路38条1169.34千米，110KV线路139条1917.01千米，35KV线路5条64.21千米，维护华北电网公司500KV线路5条，共633.39千米。售电量完成141.66亿千瓦时，同比增长10.90%。负荷率完成80.22%，线损率完成4.22%。安全生产实现了三个“百日安全长周期”，未发生被考核事故。交纳利税2.01亿元。多经企业－吉达电力集团有限责任公司全年实现销售收入6.36亿元，实现净利润2624.6万元，公司党委被省公司授予“先进党委”称号，公司领导班子被省公司授予“四好班子”，被市委市政府授予“实绩突出领导班子”称号。公司被省委省政府命名为“省级文明单位”，荣获“河北省AAA级劳动关系和谐企业”、“全国实施卓越绩效模式先进企业特别奖”、“全国厂务公开先进单位”和“中国电力行业企业文化建设工作先进单位”称号。

【**安全生产**】　牢固树立科学全面的安全观，大力实施本质安全化工程，深入开展安全大检查活动，圆满完成春季预试和迎峰度夏工作，保持了安全生产的稳定局面。完善常规监督、专项监督、事故监察相结合的安全监督体系，建立反事故斗争常态机制，健全各类专项应急预案，推进职业健康安全管理体系建设，安全生产持续改进的管理机制逐步形成。加强现场作业标准化建设，现场管理不断加强。克服重重困难，清除线下树障100余万棵，解决了线下树这一多年来威胁电网安全运行的老大难问题。完善各项生产管理标准体系，规范、深化了生产基础管理。强化设备分析和隐患排查与治理，提高了设备安全运行水平。年内公司系统没有发生考核事故，实现“三个百日长周期”。

【**电网建设**】　落实政府出台的《关于加快保定“十一五”电网建设的实施意见》，转变电网发展方式，坚持主网、城网、农网协调发展，修编了“十一五”电网规划、城网规划和农网规划，建立“全局抓基建、促基建、保基建”的工作机制，电网建设投资完成10.26亿元，220千伏变电站建设完成1座，在建2座，投运变电容量360兆伏安；110千伏变电站建设完成7座，增容、扩建6座，在建13座，投运变电容量680兆伏安；投运220千伏线路29千米，110千伏线路193千米；完成配网建设项目23项。白石山、安国220千伏输变电工程获得国家电网公司优质工程。

【**优质服务**】　秉承“四个服务”，落实“三个十条”，健全和完善优质服务常态运行机制，制定《优质服务和行风建设业绩考核实施细则》，员工“真诚服务，共谋发展”的意识进一步增强。深入开展“情系客户、阳光服务”、“服务进万家”等大型宣传活动，定期组织召开各种形式的客户座谈会，企业整体形象进一步提升。坚持“首问负责制”，优化业扩报装流程，开通95598短信功能，制定紧急故障抢修应急预案，服务质量进一步提高。承诺兑现率达到100%，客户满意率达到98.13%，城市供电可靠率99.74%，农网供电可靠率99.672%。连续十一年保持了“便民利民杯”。

【**科技强网**】　成立科技信息部，制定公司“十一五”科技发展规划与信息化发展规划，出台科技项目与信息化工作管理办法，加强了科技、信息工作的统一规范管理。加大科技投入力度，完成13项科技项目，完成2个集控站和20个110千伏变电站无人值班改造，6个科技项目获得省公司科技进步奖。信息化建设步伐加快，信息网络覆盖率由38.8%上升为99%。“SG186”示范信息工程建设稳步推进，实现了视频会议、信息网络“县县通”。物流管理、生产系统等8个应用系统上线运行。科技信息对安全、效益和效率贡献率明显提升。

【农电管理】　全面深化农电企业代管，实施归口管理与专业管理相结合的管理模式。县供电公司自筹资金2.04亿元用于电网建设改造。启动“井井通电、户户持卡”工程，实现通电机井5915眼，抄表到井1.4万眼，IC卡收费1.06万眼；加快农村电气化建设，建设完成17个农村电气化村和388个标准化安全用电村，进一步提高了农网的供电能力。深入开展同业对标创一流和农网标准化达标工作，清苑被评为国网公司可靠性标杆单位，高阳被评为省公司综合管理标杆单位，安新、高碑店通过省公司一流验收。165座35千伏变电站、200条35千伏线路、782条10千伏线路和11523个低压台区达到了省公司标准化要求。

公司领导班子成员

经　　理　张明文
党委书记　王立民
纪委书记　陈明新
副 经 理　荆　宇　唐　勇
　　　　　闫晓丁
纪委书记　孙　浩
总工程师　宋天民
总会计师　刘海涛
吉达电力建设集团有限责任公司
总经理　　贾革新

【2007年·概况】　截至2007年底，保定供电公司拥有110千伏及以上变电站99座，变电总容量11045兆伏安，其中220千伏变电站18座，主变容量5490兆伏安，110千伏变电站81座，主变容量5555兆伏安。维护110千伏及以上输电线路210条4254.67千米，其中500千伏线路6条714千米，220千伏线路46条1336.85千米，110千伏线路158条2204.82千米。2007年售电量完成155.8亿千瓦时，同比增长9.98%；线损率完成3.94%；最高负荷达到286.4万千瓦；交纳税金4.3亿元。公司党委被省公司授予“先进党委”称号，公司领导班子被省公司授予“四好班子”，被市委市政府授予“实绩突出领导班子”称号。公司先后荣获省公司安全生产先进单位、省级“文明单位”、全国电力行业实施卓越绩效管理模式先进企业特别奖、全国电力行业用户满意企业、全国实施用户满意工程先进单位、全国厂务公开民主管理先进单位、全国企业文化建设优秀单位等称号。

【安全生产】　全面推进职业安全健康管理体系建设，深入开展安全生产和优质服务“百问百查”活动，自我纠错机制和持续改进机制初步形成。建立市、县两级安全总监体系，监督和保障机制进一步完善。促成市政府和22个县（市）出台了《处置电网大面积停电事件应急预案》，安全生产应急管理体系进一步健全。大力推行生产运行标准化建设并取得明显成效。督促重要客户配备自备应急电源，配备率从60%提高到95%。积极推广就地护电经验，护电管理水平进一步提高。安全生产实现了三个“百日安全长周期”。

【电网建设】　认真落实市政府电网建设新型责任机制、《保定市电网建设征地（占地）及拆迁工作实施办法》等政策文件，共完成电网建设投资16.1亿元。新建和扩建220千伏变电站5座，新增变电容量150万千伏安，新增线路5条154.61公里。新建和扩建110千伏变电站14座，新增变电容量96万千伏安，新增线路15条324.8公里。满城220千伏输变电工程获得国网公司优质工程和河北省“安济”杯奖。全年改造完成26座无人值班站，建成2个远程工作站、2个集控中心，电网装备水平和设备健康水平明显提高。全年完成配网项目31项，配网“卡脖子”问题得到较大缓解。

【经营管理】　全面推进预算管理，大力推行财务标准化建设，规范业绩指标管理流程，完善绩效考核管理体系，深化同业对标结果的运用，同业对标、绩效管理、业绩考核三位一体的管理体系初步建成。深入开展效能监察和审计工作，完成用电抄核收、大修技改等6项效能监察，完成审计项目43个。转变营销理念，较好完成供电北转南工作，建设电气化小区试点，加强高损线路治理，缩短业扩报装时限，

【改革创新】　建立了建账、查账、算账工作落实机制。优化生产组织机构，平稳实现了生产运行与检修分开。着力进行多经改革，完成了整合重组，吉达公司实现收入9.58亿元，实现净利润5205万元。

【农电管理】　规范了县级供电企业组织机构。深入开展同业对标创一流工作。清苑、雄县进入国网公司一流县级供电企业行列，

曲阳、涿州达到省公司一流县级供电企业标准。加快新农村电气化建设，完成1个县、10个乡、245个村的新农村电气化建设。完成农业排灌改造“井井通电”1.26万眼、“户户持卡”1.2万眼，提前一年实现全市“井井通电”。

【优质服务】 初步建立城乡供电一体化服务体系。主动服务市重点建设项目，及时保证“中国电谷”、长城汽车等重点项目的电力供应。积极推进“折卡代扣电费”交费方式，开通24小时自助售电缴费业务，在河北南网首家开通邮政网点柜台现金售电业务，交费难问题得到进一步缓解。加快“一户一表”改造，共完成户表改造5万户。

【科技应用】 建成了高压试验大厅，自主研发了“上下杆塔防人体坠落装置”，积极推进超声波探伤等技术，机刨石施工工艺在电网建设中采用并被省公司推广。加快推进“SG186”工程，完成电网实时数据管理分析系统、IP视频会议系统、短信平台等重要应用系统的建设，实现了保定信息的县县联通，22个县供电公司全部建成电力信息网站。

公司领导班子成员

经　　理　张明文
党委书记　王立民
副 经 理　荆　宇　唐　勇
　　　　　闫晓丁　宋天民
纪委书记　孙　浩
工会主席　任玉池
总会计师　刘海涛
总工程师　张继刚
吉达电力建设集团有限责任公司
总经理　　贾革新

（部门编辑：杨丽亚）

交通·邮政·通信

公路交通

【保定市交通局】 保定市交通局是市政府主管全市公路、水路的重要职能部门，担负着交通建设、规费征收、运政管理、运输生产等任务，管辖全市22个县（市）的交通业务工作。内设处室10个，行政编制55名，下辖事业单位42个、企业10个，共有干部职工10076人。2006年被市委、市政府评为执法类优秀单位，连续两年免排，2007年被交通部评为全国交通行业精神文明建设先进集体，被市委、市政府荣记集体二等功，全系统涌现出国家级精神文明先进单位1个，省级文明单位21个，市级文明单位26个。

【2006年·概况】 全年公路建设完成投资37.67亿元，其中高速公路建设27.1亿元；农村公路建设完成投资6.2亿元，新建改建1736.7公里，553个行政村通油路；一般干线公路完成投资2.28亿元；公路养护完成投资2.09亿元，完成干线公路大修169公里、中修245.1公里、桥梁维修加固18座，全市路网通行能力进一步提高。全年完成规费征收14.28亿元，其中完成汽车养路费80777.4万元、拖拉机养路费5026.3万元、通行费45979.2万元、运管费5406万元、客票附加费2427.2万元、货运附加费3177.8万元，圆满完成了年度任务。全年完成公路运输客运量7575万人、客运周转量709228万人公里、货运量7386万吨、货运周转量706701万吨公里，较好地满足了社会需求；村村通客车工程完成简易站105个、候车亭360个、汽车站牌900个，三级城乡客运网络初步形成，城乡客运能力有所提高。截至年底，全市公路通车总里程达到16667公里，其中国道5条844公里，省道26条1550公里，农村公路14273公里，公路网密度为75.4公里/百平方公里，形成了以保定市为中心向外辐射，以高速公路为龙头，干线公路为骨架，县乡公路为支脉，四通八达、纵横交错的公路网络，通行能力大幅度提高，行车环境明显改善。

【保阜高速公路开工奠基】 保阜高速公路主线全长147.28公里，概算投资114.67亿元，由保定市交通局做业主，途径满城、顺平、唐县、曲阳、阜平5县。于2006年11月30日举行奠基仪式，预计2011年竣工通车。保阜高速公路是国家和省高速路网的重要组成部分，东与保沧高速对接，西与忻阜高速相连，建成后，将形成我市东出西联的交通大动脉，实现我市及西部内陆地区与东南沿海的快速贯通；同时也是山西晋中地区前往京津的快捷通道和京津地区去往五台山的观光走廊，对建设“沿海经济社会发展强省”和“京南近海强市名城”具有重要意义。

【出租汽车实现平稳扩容】 整顿取缔“三轮车”客运市场后，为满足市民日益增长的出行需求，为方便居民出行，本着执政为民、依法办事、公开公平公正的原则，在遵循市场规律的前提下，以出租车扩容为突破口，组建了瑞丰、永信、天翔3家实行公司经营的出租客运公司，成功投放200辆伊兰特出租车，使出租客运业向规模化、集约化、规范化方向持续、稳定、健康发展。5月9日，在人民广场举行了新建出租汽车客运公司成立暨运营首发式，标志着我市出租行业扩容投放运力工作取得圆满成功，是我市对出租行业进行改革创新、创新机制所迈出的重要一步，也是市政府为民办好事、办实事的又一重要举措。

【谋划“三纵三横一环”布局】 结合国家高速公路7918网和河北省“五纵六横七条线”高速路网规划，谋划了保定市高速公路“三纵三横一环”的网络布局，规划里程956公里。一纵大庆至广州保定段，二纵北京至石家庄高速保定段，三纵张家口至石家庄高速曲阳至涞水段；一横北京密云至涿州高速及张石高速涞水至张家口界段，二横保定至天津高速及山东荣成至内蒙乌海高速保定段，三横保定至沧州高速及保定至阜平高速；通过张石、保阜、保沧、荣乌高速的建设和现有京石高速的衔接，形成保定市环城高速公路。到2010年，保定市公里通车总里程将达到2万公里，其中高速公路通车里程将达到956公里，公路网密度达到90公里/百平方公里，实现与北京、天津、石家庄、沧州、五台山100分钟经济圈，实现东出西联、南北通衢的高速交通网络，真正成为京南近海高速交通枢纽港。

【实施“村村通客车”工程】 为方便群众出行，市交通局大力实施“村村通客车”工程。积极争取各县（市）政府的大力支持，因地制宜，想方设法解决建站资金问题，克服征地困难，确保了村村通客车的顺利进行，今年共完成简易站105个，候车亭360个，汽车站牌900个，使农村客运获得快速发展；其中定州市507个行政村全部实现了“村村通”客车，彻底解决了农民进城难的状况。

【定魏线定州至石家庄界段改建工程竣工通车】 定魏线定州至石家庄段改建工程，建设规模25.59公里，按平原区二级公路标准改建，设计行车速度80公里/小时，路基宽12米，路面宽11.4米，设特大桥1座设计荷载为公路—Ⅰ级，概算总投资7706万元，为省市合建项目，于2004年开工建设，2006年底建成通车。

【保涞线涞源至走马驿段扩建工程竣工通车】 保涞线涞源至走马驿段扩建工程，建设规模27.8公里，全线采用双向两车道山重区二级公路标准，设计行车速度为40公里/小时，路基宽9.0米，路面宽8.5米，桥梁设计汽车荷载为公路—Ⅱ级，全线共设置中桥5座，小桥8座，涵洞86道，估算总投资1.15亿元，为省市合建项目，于2006年5月开工，2006年年底建成通车。

领导班子成员

党委书记 局长	李正群
党委副书记 副局长	杜小铁
党委委员 副局长	李泉海
	栗章庆（4月20日免去党委委员、任正调研员）
	李福德 刘英杰
	张树林
党委委员 纪检书记	方永明
党委委员 总工程师	吴刊峰

【2007年·概况】 2007年交通建设计划投资100.8亿元，实际完成102.5亿元，占年计划的101.7%，其中高速公路建设完成投资93.4亿元，在建高速公路425.2公里，是我市历史上建设规模最辉煌的时期。农村公路建设完成投资5.6亿元，建设里程1584公里，占年计划的125%，实现了全市村村通油路的历史性宏伟目标。公路养护完成投资2.8亿元，完成干线公路大中修220公里，场站建设完成投资0.7亿元，全市路网通达能力进一步提高。全年完成汽车养路费78427万元、拖拉机养路费4795.3万元、通行费53568.7万元、运管费5722万元、客票附加费2277万元、货运附加费3459万元，分别占年计划的110.9%、112%、127.2%、104.2%、125.3%、117%，规费征收连创历史新高。全年完成公路运输客运量8582万人、客运周转量850572万人公里、完成货运量8486万吨、货运周转量788164万吨公里，分别为年计划113%、119%、114%、111.5%，圆满完成了客货运输和应急保障任务；全市开通农村班线808条，投放农村客车3376部，行政村通车率达到90%；全市域外客运线路393条，通达16省（市），综合运输体系基本确定。截至2007年年底，全市公路通车总里程达到16830公里，其中干线公路32条、2456公里，农村公路14374公里，在建高速公路425.2公里，公路网密度为76.1公里/百平方公里，形成以高速公路为依托，干线公路为骨架，农村公路为支脉，东出西联、南北通衢交通运输新格局，为强市兴县富民提供重要的交通支撑。

【实现公交管理体制改革】 发展城市公共交通，城乡公交客运一体化。经市人民政府批准，市公交总公司并入保定交通运输集团，成为保运集团具有独立法人资格的国有全资子公司，公交行业管理由市交通局负责，在全省首先实现由交通部门管理城市公交。公交管理体制改革将按照“城乡统筹、理顺关系、完善机制、规模经营、经营扶持、优先发展”的总体思路，通过加强政府管理职能，整合现有公交资源，扩大公交市场份额，优化公交经营模式，调整公交路网布局，改善公交车辆档次，提升公交服务质量，构建方便、快捷、畅达、服务优质的公交网络，计划在今后二至三年内，建立起保定市城区到清苑、满城、徐水三县城区和市区周围重点旅游景区的公交网络，整合公交和三县运营资源，实现“一城三星”公交一体化目标。

【保沧高速公路竣工通车】 保沧高速公路是省“五纵六横七条线”高速公路网的重要组成部分，西起满城县107国道，与保阜高速公路相连；向东经南市区、清苑县、高阳县、蠡县、任丘市、河间市、献县，在沧县境内与石黄高速公路相接，路线全长122.5公里，工程概算总投资48.2亿元。保沧高速公路的建成，缩短了保定以西地区和由保定直至沧州的广大区域与黄骅港之间的时空距离，对于加强区域间联系、改善投资环境、打造新经济增长、拉动经济社会发展具有重要意义。

【出租汽车GPS指挥中心启动】 为提升城市形象和出租车管理水平，提高出租汽车运营效率，更好地服务于广大出租汽车从业者，方便市民出行，投资100多万元成立保定市出租汽车GPS指挥中心。该中心自2006年6月开始施工，10月建成，2007年1月对全市新增200辆伊兰特出租车进行安装调试，并于2007年4月6日正式启用。GPS中心具有防盗、防劫、报警、方位查询、轨道记录等六项主要功能。该中心的启用，标志着市出租汽车客运行业向规范化、集约化、信息化、科学化管理迈出了重要一步。

【基本实现村村通油路】 全市农村公路建设计划竣工489项，总投资53217.5万元，建设总里程1397.1公里。到11月底，全市已实际完成农村公路建设投资5.6亿元，建设里程1574.5公里（计划内完成1372.1公里，通达工程162.9公里，自筹39.5公里），其中县级公路42.6公里，乡级公路160.1公里，村级公路1362.9公里，解决通油路行政村544个，其中新增通油路的行政村218个，全市基本实现了村村通油路（水泥）路。至此，2004年初全面启动“村村通”公路工程，经过四年的建设，共完成总投资22.4亿元，新建公路8252公里，新修通油（水泥）公路的行政村达2585个，全市农村公路通车总里程达到14274公里，所有行政村全部通油（水泥）路，基本实现乡村公路村村通。

【交通融资工作取得新突破】 市局道开中心与国家开发银行等八家银行签订张石高速公路124.99亿元银团贷款合同，期限18年。银团贷款是市融资方式的一次创新，一次性解决了工程建设巨额资金需求，节约了财务成本，为项目建设顺利实施提供了资金保障。

领导班子成员

党委书记 局长	李正群
党委副书记 副局长	杜小铁
党委委员 副局长	李泉海
	李福德（1月9日免去党委委员、任正调研员）
	刘英杰　张树林
党委委员 纪检书记	方永明
党委委员 总工程师	吴刊峰

（部门编辑：郝　琰）

公路运输

【河北保定交通运输集团】

【2006年·概况】 2006年，共完成周转量225835千吨公里，营业收入45175万元，实现利税1608万元，分别比上年度增长了17%、23.85%和25%。2006年，集团公司管理机制运行正常，企业内部管理工作扎实，安全“四率”指标继续得到有效控制，精神文明建设得到进一步加强，企业政治形势稳定，发展势头良好。

【开展“学树保促”教育活动】 自10月8日开始的“学树保促”百日主题教育活动，是市委作出的决策。集团公司按照市委统一部署，完成了动员、查摆整改和总结验收三个阶段的规定动作。参加此次教育活动县处级干部11名，中层领导干部133名。公司领导班子本着坚持群众路线，开门查摆整改的原则，广泛征求意见，设立征求意见箱23个，发动征求意见表48份，经过汇总梳理，征求到群众肯定意见6条，意见和建议28条，并反馈到每个班子成员。各基层单位采取发放征求意见表、召开座谈会方式，征求到肯定意见54条，意见和建议206条。在征求意见和自我查摆的基础上，集团公司召开领导班子专题民主生活会，开展了批评和自我批评，实事求是对班子和个人作出评价，并针对班子个人存在的突出问题，制定了7条整改措施。集团公司“学树保促”百日主题教育活动，得到市委检查组的肯定和表扬，实现一次验收合格。

【市客运车辆全部进站统一管理】 保定客运中心站于2005年12月26日正式启用，市内南北两站客车全部迁入实行统一进站管理。2006年7月28日，江城汽车站、市公共4条近郊线路迁入客运中心站发车，二次迁站工作完成。11月28日，位于西小庄的汽车南站蠡县方面的客车又顺利迁入中心站混编发车。至此，保定市所有客运车辆终于全部进站，纳入了统一管理正常轨道。各种成分车辆统一进站混编发车后，出现了站外支客、站外上人，大厅揽客，随意降价，不按规定线路行驶的现象。集团公司及时制定了《进出站营运客车管理规定》，发出了《致进站司乘站务人员的公开信》、《致旅客的公开信》，逐车签订《进站营运客车协议书》，成立了客运稽查大队，对各项违规行为全面布控，综合治理，保证了客运市场良好的运营秩序。

【强化客运服务质量】 集团公司制定并实施了《关于建立企业监管和宣传教育长效机制的办法》，运输部先后8次组织大规模的联查活动，查处违章违纪。各基层单位按照《道条》、《客规》的要求，从查处倒客、卖客、兜客、串线经营等违法行为入手，全面规范司乘、站务人员服务行为，狠抓客运服务质量的提高。九公司在创建和巩固“保运快客”品牌的基础上，以点带面，提高司乘人员的服务意识，以优质服务求效益。采取重新安排运行班次、调整包车价格，大干黄金周全力抓收入，在原材料上堵漏降耗等措施，一举实现扭亏增盈。稽查大队采取明查暗访等手段，成功取缔水头、玉环班线设的站外站，收回补偿款11.53万元，客运中心站增收47万元，增加站务设施共5万余元。保定总站严格按《客规》要求，完善服务设施，维护站务秩序，保证车辆秩序井然，站务人员工作程序规范，文明服务，保持良好的精神风貌。三公司结合定州至石家庄、定州至保定两条文明班线创建活动，坚持每月12日质量分析例会制度，对各部门存在问题及不合格项及时给予纠正，对顾客满意率调查不断改进，努力提高旅客满意度。

【齐抓共管强化安全生产】 落实“安全第一，预防为主”，齐抓共管强化安全生产，取得了显著成绩，有效地将安全“四率”指标，控制在部颁一级客运经营资质企业的标准范围之内，同时呈逐年显著下降趋势。四率分别为：事故率0.7起/百万车公里、伤人率0.5人/百万车公里、亡人率0.07人/百万车公里、经损率1.9万元/百万车公里；与上两年同期四率相比，事故率下降40%，伤人率下降6%，亡人率下降33%，经损率在赔偿标准逐年大幅度提高的情况下持平。与部颁一级客运资质标准相比，事故率降低77%，伤人率降低69%，亡人率降低72%，经损率降低46%。

【完善汽车站服务功能】 按照国家交通部颁布的《汽车客运站级别划分和建设要求》新标准，省交通厅于2005年对全省汽车站重新进行了一次站级核定。保定汽车总站和定州汽车站顺利通过一级客运站审核，其余16个县站均被评定为二级客运站。站务公司作为集团公司的站务管理部门，以站级核定为突破口，不断完善和加强了汽车站的服务功能。集团公司用于新建、改扩建汽车站工程支出227万元，用于站务设施设备支出70万元，16个县级站全部进行了站场改造，拆除临建，恢复了汽车站功能，完善售票厅、调度室、行包托运、重点旅客候车处等设施的功能，实行微机售票，安装电子显示屏，购置残疾人服务设施，完善定时告示设备，配备统一服装和站务标志牌，同时建立健全各项规章制度、岗位职责及工作标准。

【开展文明创建活动】 保定总站郭娜陆地航空班以“一看、二笑、三听、四做”的服务方法，按照航空服务标准为旅客服务，深受社会各界的欢迎，先后荣获了“全国巾帼文明岗”、“河北省巾帼文明岗”、同时荣获河北省“五一劳动奖章”。集团公司党政工进行了大张旗鼓表彰，全体干部职工以她们为榜样，开展文明创建活动，塑造“党员先锋岗”、“文明服务岗”、“巾帼文明岗”，努力提升文明形象。开展活动以来，集团公司在保持原有5条文明线路、29部文明客车、4个文明车站的基础上，保定总站和五公司又获市级文明单位。集团公司团委积极组织广大团员青年开展创造“青年文明号”活动，明确标准，严格考评，使企业声誉、服务质量都得到了显著提升。在保定汽车总站“小红帽服务组”和九公司“保运快客乘务组”继续保持市级、省级“青年文明号”荣誉称号的基础上，集团公司去年又添殊荣，保定汽车总站

"彩虹服务队"申报并被批准荣获市级"青年文明号"荣誉称号。

【青年志愿者服务进社区】 3月5日，保运集团所属驻保单位的广大团员、青年志愿者走入社区，服务社区。在北国商城西侧大慈阁社区，一面面鲜红的团旗，条幅迎风招展，市区各大企事业单位院校、医院、机关团体等部门的青年志愿者们聚集在一起，提供富有特色的便民服务和专业知识解答。保运集团的青年志愿者50余人佩戴标志、绶带，忙碌穿梭在其中，提供的服务项目有：测身高体重、量血压、修自行车，提供开水、客运咨询等。前来接受服务、咨询问题的群众络绎不绝，大家热情高涨，测体重，送开水，积极答疑解惑，受到了附近居民和过往行人的一致好评。

【活跃职工生活】 4月下旬，集团公司受省交通工会、交通体协委托，选派了六名选手参加了河北省第三届职工运动会"大众体育"项目的角逐，并获得一金、两银、三铜的好成绩，为全省交通系统获得总分第一作出了努力。6月份工会组织开展了一年一度的"保运杯"职工乒乓球比赛，参加比赛的职工上百人，同时各单位均有领导班子成员上场较量，体现了团队精神，又拉近了干群关系，活跃了职工队伍。

【组织业务技术大练兵】 10月，保定市举办"中冀杯"汽车维修技能大赛，共52个代表队，156名选手参赛，修理公司谢景旗等三名修理工荣获第一、三、五名，总分第一和商务用车团体第三名，七公司邸晓云同志获得个人赛第二名，七公司荣获团体第三名。

【质量管理活动成绩突出】 集团公司的质量管理活动取得优异成绩。保定总站郭娜陆地航空班QC小组、一公司天津班线QC小组、五公司降低车辆运行成本QC小组荣获"2006年度全国优秀质量管理小组"称号，集团公司被授予"河北省"QC小组活动突出单位，董事长周志忠同志荣获"河北省QC小组活动卓越领导者"称号，受到省交通厅通报表彰，并专门发来贺电以示祝贺。

附：2006年荣誉称号

1. 保运集团被市委宣传部授予"思想政治工作先进单位"。

2. 被省国资委评为2006年度全省国有企业"四创"活动项目一等奖。

3. 保运集团党委被市委评为"基层组织建设先进单位"。

4. 保运集团荣获"河北省QC小组活动实绩突出单位"。

5. 保运集团荣获"2006年度社会治安综合治理工作先进集体"称号。

6. 保运集团荣获"保定市五星级安全单位"称号。

7. 保定汽车总站荣获"2006年度河北省交通系统先进集体"称号。

8. 保定汽车总站"小红帽"服务队、九公司"保运快客"乘务组获省级"青年文明号"荣誉称号。保定汽车总站"彩虹"服务队获市级青年文明号称号。

9. 董事长周志忠荣获"河北省QC小组活动卓越领导者"称号。

10. 董事长周志忠荣获"河北省优秀企业家"称号。

11. 党委书记张生荣获"河北省交通系统支持工会工作的党政领导"称号。

12. 总经理王陵江荣获"河北省优秀企业管理者"称号。

13. 纪检委书记张学忠荣获保定市纪检监察系统"先进个人"。

14. 工会女工主任许卫亚荣获河北省"巾帼建功"明星荣誉称号。

15. 一公司驾驶员秦洪舰荣获2006年河北省交通系统劳动模范。

16. 企业规划管理部经理王冀荣获2006年河北省交通系统劳动模范。

17. 党工部部长马满仓荣获"河北省交通系统优秀思想政治工作者"称号。

领导班子成员

董事长	周志忠	
党委书记	张　生	
总经理	王陵江	
副董事长	魏成华	解绍平
	肖荣彦	
纪检书记	张学忠	
工会主席	侯泉禄	
副总经理	李　力	陈晓芹
	张　宇	

【2007年·概况】 2007年，集团公司实现客货周转量203538千吨公里，收入总额69104万元，与上年同期相比增加23929万元；上交利税2121万元，与上年同期相比增加514万元。2007年保定市在全省率先实施公交管理体制改革，保运集团大家庭又喜添公交公司新成员，标志着保定市"公交一体化"目标的初步实现。集团公司内部管理工作扎实，安全生产措施、职责落实到位，"四率"指标继续得到有效控制，管理机制高效灵活，精神文明建设进一步加强，企业政治形势稳定，生产经营实现全面协调可持续发展。

【开展"为民务实清廉"主题教

育活动】 7月，保运集团在全体党员干部中开展“为民务实清廉”主题教育活动，成立了领导小组，下设办公室。本着开门查摆整改的原则，从“贯彻落实科学发展观，贯彻民主集中制，履行职能，维护群众利益、组织纪律、生活作风”等6个方面广泛征求民主意见。职工群众本着认真负责的态度，共提出意见和建议292条，经过汇总梳理为68条。在征求意见和自我查摆的基础上，集团公司召开领导班子改进作风建设分析会，针对班子个人存在的问题，开展了批评和自我批评，并制定了8条整改措施。

【推进公交管理体制改革】 为统一优化调配客运资源，保障人民群众快捷方便出行，保定市委、市政府出台了《保定市公交管理体制改革实施方案》，将城市公交正式纳入交通行业管理范畴，实现“一城一交”的总体布局。集团公司和公交公司成立了班车普查小组，车辆采购小组和资产合并小组。对现有运行在市区内的车辆全部进行了一次详细普查。此次普查的重点是对车辆技术状况和尾气排放情况进行摸查，分类排队，按排查结果由技术人员提出治理方案：(1) 对接近报废年限，尾气严重超标，治理无望的车辆，予以全部更新。(2) 突击抢修一批治理有望的车辆，争取达到尾气排放标准。(3) 制定新的车机务管理办法，严格遵守车辆进出场检验制度，要求做到对每辆车都逐日检验，以提高车辆的完好率，杜绝车辆带病行驶。(4) 规范燃油购进渠道，保证燃油标号质量，以减少排污，净化城市空气。(5) 制定驾驶员爱车例保奖惩制度，以提高驾驶员爱车意识，延长车辆使用寿命。通过详细普查，集团公司掌握了第一手资料，对全市公交车辆的车机务状况有了一个基本的了解。保定市公交现有车辆474部，近期到报废年限以及排污严重无修复价值的车辆近100部。对此，集团公司决定对部分公交线车辆进行更新，将更新下来的完好车辆补充到其他线路，将无修复价值排污严重的车辆予以报废。由保运集团和公交公司车机务、财务、运营等部门负责同志为成员的车辆采购小组加快进度，结合实际，对车辆更新改造包括车辆的选型、标台数、采购程序、招标办法等，都进行了认真考察及研讨。确定投资2000余万元，购置新车70部，协调宇通客车公司专门安排一条流水线，加班加点终于按时保质保量完成。确保9月21日更新到位。9月22日，保定市政府隆重举行“保定市公交新车投放暨无车日活动仪式”，市长于群同志剪彩并作了重要讲话，称70部公交新车投放运营是保定市公交体制改革的成果，并对在如此短的时间内及时更新到位给予了高度评价和表扬。为保证公交公司在公交体制改革期间，资金正常流动，客运生产稳定进行，保运集团为市公交公司担保800万元贷款项目。同时，为确保更新车辆尽快投入运营，保运集团已注入100万元资金，用于采购刷卡机、投币机等。资产合并小组按照于群市长讲话精神，在确保国有资产不流失、改革过程依法依规规范操作前提下，拟定了落实方案，起草了《关于落实保定市公交体制改革实施方案的请示》，报请市政府国资委批准。

【强化行车安全管理】 集团公司利用先进科技手段，采用GPS定位技术和行车记录仪，实时记录并传输车辆所在位置、行驶路线、速度等情况，强化实时跟踪管理，降车速保安全，有效地控制安全“四率”指标。同时利用GPS监控网络，对运营车辆实行全程服务质量跟踪监控，有效地预防兜客、卖客、站外揽客等违法经营行为的发生，规范了客运市场秩序。目前集团公司已在600余部车上安装了GPS系统，并正在其他车辆上继续安装。

【实施工资制度改革】 8月，集团公司积极推行以岗位工资为主体的基本工资制度，实行异岗异薪、一岗多薪的工资分配形式，适当拉开不同岗位的收入差距，提高关键岗位和有突出贡献人员的收入水平，积极探索按劳动、技术、知识、管理等生产要素参与分配的办法。针对一线承包人员尤其是司、乘、修人员工资基数不易确定的状况，劳人部多次深入基层单位广泛调研，而后对采集来的数据进行了大量测算，制定出工资制度改革实施方案和“五险一金”基数的调整办法。

【财务结算中心正式启用】 4月18日，集团公司财务结算中心正式启用。该结算中心占地面积约200平方米，驻保单位一、五、九公司和客运中心站的报单票据结算业务全部集中在结算中心统一办理，面向司乘人员进行银行柜式办公，并装有高科技录像监控设施，实行透明式管理方法。财务结算中心启用后，提高了财务票据结算人员的工作效率，方便了司乘人员的报单结算，集团公司财务管理制度更加完善。

【推行公务车改革】 为提高办事效率，杜绝公务车使用中的浪费现象，集团公司组织专门人员进行研究测算，拟定了《公务车改革试行方案》。经集团公司职工代表和股东代表大会通过，报请市政府国资委批准，于4月1日正式推行公务车改革，收到了明显效果。一是公务车使用、管理、控制更严，各单位普遍建立了台账和用车报批制度。二是用车档次更趋实用，有的单位上缴原高档车后，为解决稽查和办公用车购买了夏利、北斗星等低油耗车型，减少了运行成本。三是原领导用车个人购买后消耗明显降低，绝大多数购车领导的消耗指标都在节支状态。据统计，公务车改革实行后的5至10月份，消耗费用为62.3万元，仅为上年同期的二分之一，达到了车改的预期目的。

【打造服务品牌】 各单位结合实际，开展“做诚信经营者，创诚信企业”活动和创建“青年文明号”活动，并以“引领文明，服务奥运”为主题，推动文明行业建设。创建文明活动的开展，增强了企业知名度和良好的社会效益，许多先进典型脱颖而出。保定汽车总站“小红帽”服务组、九公司“保运快客”乘务组，连续多年保持了省级“青年文明号”称号，保定总站“彩虹服务队”、一公司“太阳花女子乘务组”荣获市级“青年文明号”称号。保定汽车总站郭娜陆地航空班以微笑服务，荣获河北省和全国“三八巾帼文明岗”殊荣，3月8日和6月30日分别在央视一套和保定市十大道德模范表彰会上一展风采。在典型示范的推动下，据不完全统计，全年涌现出拾金不昧典型事例40余起，收到表扬信件3000余封（条），锦旗镜匾40余面（块），保定汽车总站郭娜、五公司李春敏被评为全市十大道德模范。12月，集团公司被市国资委授予“诚信企业称号”，还荣获了“全国企业文化建设优秀单位”。

【实现城市公交线路市区全覆盖】 公交公司制订了《公交线路开辟、调整方案》，公交线路向死角、盲区拓展、延伸。开辟了30路和15路两条新线路，增加设置了16个站点，填补了新建小区、新建高校分区和城乡结合部空白。调整和延伸了21路、35路、106路、102路、30路、26路、33路七条线路走向，着力缓解市区线路重复过多，边缘地区覆盖不足的矛盾，使公交线路设置更加体现方便与快捷，提高公交吸引力。

【扶贫解困，促进和谐】 集团公司利用春节、中秋节、“八一”建军节等节日，走访慰问离休老干部，职工特困户，军转干部181人（户），投入慰问金6万余元，发挥了暖人心，稳人心的作用。一公司职工贾曌杰因病手术，急需用款，为解燃眉之急，集团公司号召广大干部员工奉献爱心，只一周时间就捐款74838元。九公司保养场职工李凯家中突遭变故，急需扶助，九公司干部员工伸出友爱之手，为其捐款19710元。集团公司还组织“博爱一日捐”活动，为市红十字会捐款61705元。响应市“送温暖，献爱心”社会捐助活动，共捐款4万余元；棉衣棉被2千余件。

【注重大局，服务社会】 派出两批5名干部参与市“驻、联、帮、解、促”活动，分别完成了对阜平县平石头村、容城县龚庄村、河北庄村、定州市帅村、寨里村帮扶创建文明生态村任务，投资13万元改善了帮扶村的文明生态环境，受到了市委市政府的好评，荣获“帮建文明生态村”先进单位，帮扶队长高殿军被评为市先进个人，四公司高山受到当地县政府表彰。三公司专门抽出副书记赵志远同志到大鹿乡寨里和帅村任工作组组长，解民忧，帮民富，得到定州市委、市政府的充分肯定，保定电视台、定州日报、定州电视台先后给予了表彰，为企业争得了荣誉。

【丰富职工文化活动】 5月，集团公司在唐县举办“保运杯”职工乒乓球比赛，七公司热情编排演出了自己创作的文艺节目，燃放焰火。县政府及县交通、运管、稽征等单位的领导参加了开幕式。各队之间展开了激烈的比拼，展示了广大员工的精神风貌。10月，工会组织举办了职工象棋比赛，活跃了职工生活。另派队参加省交通厅举办的“迎奥运”首届职工运动会，经过拼搏努力，获得了11金、7银、3铜，并以大众体育项目总分第一、全部项目总分第二的优异成绩，为集团公司争得了荣誉。

【质量管理活动成绩优异】 集团公司推进QC小组活动的开展，取得优异成绩。保定汽车总站郭娜陆地航空班QC小组、五公司客运管理QC小组、九公司降低违规率QC小组荣获全国优秀质量管理小组国优称号；七公司唐县汽车站QC小组、稽查大队QC小组、三公司QC小组荣获全国交通行业优秀质量管理小组部优、省优称号。集团公司被省交通厅授予“QC小组活动实绩突出单位”。

【荣登“全国交通企业100强”】 4月22日，“全国交通企业100强”评比揭晓，保运集团综合排名第七十一。集团公司凭借国家一级客运资质、二级货运资质，“站省市道路运输联合会”会长单位，以及39家分公司、11家子公司、2家一级客运站、20家二级客运站，在岗职工6000余名，各类客、货汽车2800余部，客运线路800余条，日发班次2600余个，日输送旅客10万多人次的综合实力，在全国道路运输企业中排名第二十二，长途客运专项全国排名第三。

附：2007年荣誉称号

1. 保运集团被市国资委评为“诚信企业”；

2. 2007年11月，保运集团被中国企业文化研究会评为“全国企业文化建设优秀单位”；

3. 被省国资委评为2007年度全省国有企业“四创”活动项目三等奖；

4. 被市委、市政府授予“帮建文明生态村先进单位”称号；

5. 保运集团被市职称办评为2007年度“政工职评工作先进单位”；

6. 保定汽车总站“小红帽”服务队、九公司“保运快客”乘务组获省级“青年文明号”荣誉称号；保定汽车总站“彩虹”服务队、一公司“太阳花”女子乘务组获市级“青年文明号”称号。

7. 公交总公司4路线、3065号车组和3082号车组获省级“青年文明号”称号；公交总公司票务管理中心IC卡班、修理厂保养二班、4045号车组、101路线获市级“青年文明号”称号。

8. 党委书记张生荣获“保定市综合治理工作先进个人”称号；

9. 党委书记张生荣获“保定市维护社会稳定先进个人”称号；

10. 总经理王陵江荣获“河北省优秀企业家”称号；

11. 保定汽车总站售票一班获“全国五一劳动奖章”；

12. 保定汽车总站“郭娜陆地航空班”获全国妇联“三八红旗集体”荣誉称号；郭娜获“省五一劳动奖章”。

领导班子成员

董事长　周志忠
党委书记　张　生
总经理　王陵江
副董事长　魏成华　解绍平　肖荣彦
纪检书记　张学忠
工会主席　侯泉禄
副总经理　李　力　陈晓芹　张　宇

（部门编辑：门金斗）

邮　政

【保定市邮政局】 保定市邮政局于1998年11月正式挂牌成立，下辖22个县（市）局，市局机关设综合办公室、人事教育部、经营运行部、计划财务部、监督监察部、工会。

【2006年·概况】 2006年，全市邮政业务总量完成49588万元，同比增长20.60%。保定局举办了“首届邮政文化艺术节”，活动历时6个月，共有来自22个县（市）局和市局20个科室的1800多人次参加。年内，保定局先后被授予“河北省五一劳动奖状”、“河北省先进基层党组织”、“河北省AAA级劳动关系和谐企业”等荣誉称号。全市省级文明单位达到11个，全市邮政系统全部跨入文明单位行列。

【强化企业管理】 通过优化管理流程和资源的合理配置，加强人力资源管理、财务管理和安全管理等各项基础性管理工作，使企业员工素质和企业经济运行质量得到提升。围绕规范化服务、创“优+”服务等活动，组织开展了包括邮政营业、报刊零售、代理保险、县局投递等在内的72期培训班，参加培训职工达到2415人次，全年培训率达到52%。加强财务管理，增收节支，提高收入质量，加强资金和资产管理，提高资金使用效率，并完善企业内控制度，建立健全收入稽核制度，加强量收系统的应用力度，全面开展清产核资工作，推进公务用车的改革。审计、行业管理和法律事务工作、储汇稽查、纪检监察和服务监督检查的加大工作力度，发挥专门监督机构的作用，规范各种经济运作行为，企业发展环境不断优化。

【科技兴邮】 加大资金投入力度，对基础设施和网络能力实施大规模的建设，努力扩大信息技术在邮政生产、管理等各领域的应用范围，加快科技向生产力转化的步伐，邮政通信生产管理体系逐步向信息化、网络化和自动化的方向迈进。通过设备更新、装修改造提高邮政网点的现代化水平。截至年底建成三农服务站1901处，增加储蓄营业台席102个，新增电子化支局99个，安装ATM机24台，对175个农村自办支局所进行了简单装修；加快新应用软件和业务管理系统的应用，提高内部作业效率和流程优化，先后完成代收交通罚款系统、电费存折扣费系统、电子化支局系统、报刊发行系统、集邮信息处理系统、商务汇款管理以及办公自动化系统上线等工作，实现了全局系统内通话和会议电话功能。

领导班子成员

党委书记
局　　长　王凤起
副局长　李怀忠　马福增

党委副书记
纪检委书记　宋　君
工会主席

【2007年·概况】　2007年，全局累计完成邮政业务总量60879万元，同比增长22.8%。开展局务公开、民主管理、合理化建议、"创建学习型组织，争当知识型职工"、"青年文明号"、为困难职工送温暖和丰富多彩的文体活动，增强了企业的凝聚力。通过职代会提案72件，提出合理化建议190条，经采纳实施68条，创经济效益41.2万元。荣获全国通信行业用户满意单位、"AAA级河北省劳动关系和谐企业"、保定市工作实绩突出单位、企业先进基层党组织、思想政治先进单位、便民利民杯竞赛优胜单位等荣誉称号，全市邮政系统省级文明单位达到12个，市级9个，县级2个，全市邮政系统全部跨入文明单位行列。

【新业务与项目营销拓宽邮政服务渠道】　速递专业先后开办了"保险单"、"驾驶人超期体检被注销驾驶证恢复"、"道路交通人员从业资格证"等寄递业务；代收货款业务与二十余家客户签订协议；储蓄短信业务扣费户数达54261户，居全省前列；函件专业成功开发了建行贺卡式对账单业务；物流专业重新开办烟草配送业务。年内，成功开展"传递情感、邮政倾心"、"清皇陵建筑邮票首发"、"邮政杯"书信文化大赛、"欢乐童年"个性化邮票和商贸市场、医疗市场、校园市场、贺卡、形象年册、交话费赠化肥、交话费赠邮册等一系列项目营销活动。其中安新三台支局、高碑店白沟支局服务农村商贸市场的做法，受到上级领导充分肯定。

【完善管理机制】　财务管理方面，加强成本预算管理，对县（市）局实行现金预算控制，每月按预算数核拨生产资金，超计划部分不予拨付。在市局各生产科室配备了收入稽核员，对所有收入进行稽查核对，按月汇总上报。在实施速递损益核算的基础上，对报刊专业也实行了市县一体化核算，县（市）局直接到市局报账，收入由市局统一计列。取消了市局各生产科室的银行账户，将全部资金纳入到企业财务账内核算。人力资源管理方面，上半年，对22个县（市）局和市局13个生产科室的领导班子进行了全面考核。全年共举办保险业务、邮政营业系统操作、储汇业务、机要业务等52期培训班，培训员工3200人次，培训率达61%。安全管理方面，认真落实"一把手"负责制，层层签订了综合治理、消防安全及安全生产目标管理责任书。加强安全防范设施建设。截至目前，全局已安装电视监控设备187套，110联网报警系统267套，储蓄网点防弹玻璃169个，标准全防弹运钞车65辆，均已达到应装总数的100%，全局169个储蓄网点和24个金库主要防护部位的基础设施已达标，防暴枪、制式防弹衣、防弹头盔等安全用具也已基本配齐。

【加大科技应用和基础建设】完成了营业系统与网运系统互联互通工程、小额质押贷款系统及外币储蓄系统上线、报刊电子分发系统、ATM/POS前置全国统版工作、电子汇兑全国大集中等全国工程项目，完成了县局速递投递反馈信息系统切换、县局代收电费系统等多项软件安装工作，完成全市远程教育系统设备、县局报刊分发终端等安装工作，完成储蓄服务器上收省中心工作，全市169个网点共计606个台席全部切换到省中心服务器。通过多方筹资，采取租赁、置换等方式，新增储蓄网点10个，新增电子化支局21个，新增收费网点12个，安装ATM机20台。新增储蓄台席72个，新增电子化台席33个。加大投递网建设力度，市局新增投递局3个，实现了报刊邮件分拣直分到段。

领导班子成员

党委书记 局　　长	王凤起
副 局 长	李怀忠　马福增
党委副书记 纪检委书记 工会主席	宋　君

（部门编辑：张春芳）

网　通

【中国网通（集团）有限公司保定市分公司】　中国网通（集团）有限公司保定市分公司，是在原河北省保定市邮电局的基础上，经过邮电分营、电信重组、改制上市等变革，由河北省电信公司保定市分公司更名而来，是以经营固定电话业务、小灵通业务、宽带上网业务、多媒体通信和信息服务等增值业务为主的宽带通信和多媒体服务提供商。公司在竭诚为全市人民提供通信服务的同时，还肩负着党政军专用通信、应急通信、普遍服务等重要任务。公司辖市分公司本部和22个县（市）分公司等23个分支机构，市分公司本部设有综合部、市场经营部、网络运维部、计划建设部、财务部、人力资源部等23个部门。公司共有各类从业人员4291人。

【2006年·概况】 2006年，公司提出战略转型目标：力争用3~5年的时间，把公司建设成为“宽带通信和多媒体服务提供商”，即“客户综合信息产品功能制造者、信息内容服务的聚集和传递者、基础和应用平台的搭建者、产业价值链的整合者、一揽子解决方案的提供者”。在全省率先实施客户满意度保障计划，圆满完成各项目标任务。截至年底，公司拥有固定电话程控交换机230万门、无线市话设备90万门、计算机互联网端口26万个，固定电话、无线市话、宽带客户规模均居全省第三位。顺利通过ISO 9001质量管理体系、ISO 14001环境管理体系、OHSAS 18000职业健康安全管理体系等三套认证体系的"三标一体"认证，获得了“河北省用户满意服务企业”、“河北省消费者信得过单位”等荣誉称号，并连续10届20年保持了“省级文明单位”的荣誉。

【推进信息化建设】 依托网络实力，为客户量身定做个性化的行业解决方案。完成了市电子政务网的网络基础建设，公安网、政法网、金融网、税务网、医保网、农业信息网、校园网的建设也初具规模，政府形象悦铃、大客户企业悦铃实现规模应用。同时，紧密契合社会需求，推出了信息内容服务、宽视界、电话导航、信息魅力、宽频空间等多项信息化新产品，使本地电话客户总数突破200万，宽带客户总数超过50万户。

【提高服务质量】 建立客户满意度保障机制，在全省率先实施客户满意度保障计划，聘请第三方公司全面开展客户满意度调查，全方位了解客户意见和需求；实施无盘工作站项目，县城以上营业终端设备全部更新，推出“营业一台清”服务模式，逐步推广预约限时服务，自主研发“信息采集分析系统”，在全省率先建成“客服系统知识库”，有效提升了一线服务能力和服务形象；建立“金色俱乐部”服务品牌，吸收加盟合作商115家，会员6500人，规模居全省首位；整合了180、112等服务职能的“10060客户服务热线”实现营业全业务受理功能，并实现了“即时评价”功能，客户满意率达到99%以上。2006年，公司获得保定市通信运营商中唯一一个河北省消费者协会“3·15荣誉奖”，东风西路营业厅获得“全国‘三八’红旗集体”光荣称号，10060客户服务组被国资委评为“中央企业学习型红旗班组”，高碑店市分公司白沟营业部继续保持了国家级“青年文明号”荣誉，大客户营销中心被中国网通集团授予“大客户服务优秀团队”称号。

【打造优质通信网络】 规范通信工程管理，圆满完成年度建设任务，新增交换设备1万门，调配交换资源1.7万门；新建小灵通基站587个，增加室内覆盖30万平方米；新增XDSL设备4.2万线，全网综合通信实力进一步增强。持续开展网络优化工作，重点实施宽带网络优化等项目，互联网总出口带宽由年初的5G增加到10G，客户上网速度慢问题得到缓解；自主开发综合运营分析系统、应急项目管理系统等，开展“小灵通基站障碍查修”劳动竞赛，在全省评比中获得第二名，进一步改善了网络运行质量。全年各项网络运行和业务支撑指标都达到或超过上级要求，传输网障碍处理有效率达到100%，长途交换网网络接通率97.85%，IP客户接入认证平均响应时间2.75秒，大客户业务响应及时率、电路开通及时率和故障恢复及时率均为100%，长途交换网网络接通率、电话障碍修复及时率继续保持全省首位。

领导班子成员

总经理 党委书记	崔杰
副总经理	许卫国　黄立新 师学林　周惠
党委副书记 纪检委书记	黄立新
工会主席 调研员	张国造

【中国网通（集团）有限公司保定市分公司】 中国网通（集团）有限公司保定市分公司是以经营固定电话、小灵通、数据通信、国际业务和网元出租等基础电信业务、增值电信业务和系统集成、信息应用、信息内容服务等产品为主的大型骨干电信企业，是保定市境内规模最大的宽带通信和多媒体服务提供商，同时肩负着党政军专用通信、应急通信、普遍服务等重要任务。公司辖市分公司本部和22个县（市）分公司等23个分支机构，市分公司本部设有综合部、人力资源部、财务部、综合信息产品部、市场经营部、网络运营部等28个部门。公司共有各类从业人员4348人，以营业厅、社区经理、10060客服热线和网上营业厅等多种渠道为客户提供快捷方便的服务。

【2007年·概况】 2007年，继续推广各类信息化产品，积极打造“数字保定”，顺利实现“预约上门服务”、“市话详单查询服务”、“同城移机不改号服务”三项服务承诺，完成了党的十七大、“嫦娥一号”发射与运行等30余

项重要通信保障任务。截至年底，公司拥有固定电话程控交换机180万门、无线市话设备90万门、计算机互联网端口33万个，固定电话、无线市话、宽带客户规模均居全省第三位。2007年，获得“河北省AAA级劳动关系和谐企业”荣誉称号，客户服务中心被集团公司评为“星级服务窗口”；并连续10届20年保持了“省级文明单位”的荣誉，连续5年保持保定市“思想政治工作先进单位”、“综合治理先进单位”和“五星级安全单位”荣誉，连续3年保持“保定市行风评议优秀单位”荣誉。

【新技术新业务准广】 全面推进政府信息化，实施党务网、政务网整合工程，全面完成公安四级网、法院三级网等重点建设项目；“信息魅力”宽带商务在25个县（市、区）应用，全市每年可节约办公开支约70万元；“宽视界”远程监控业务得到市委、市政府领导的高度认可，建成“平安保定”试点19个，工地、校园和生活小区监控点近百个。大力推进企业信息化，配合市信息产业局在全省首家举办县（市、区）和中小企业信息化培训，并在高碑店白沟建成综合信息产品试点基地，积极为客户提供一揽子信息化解决方案，优化全市通信服务环境。稳步推进农村信息化，加速农村党员远程教育网建设，构建白沟城乡电子商务信息平台，开展送信息下乡活动，建设以清苑为代表的县级信息化村，帮助农民通过互联网发布本地特色产品信息，促进我市特色经济的快速发展。积极推进家庭信息化，继续推广亲情1+、大众电话等组合产品，进一步提高优惠幅度，让客户更实惠、更便捷地使用各类网通业务。

【创新服务举措】 将市区全部营业厅并入客户服务中心实行统一管理，积极构建全方位服务、标准化营销、链条式管理的新型组织架构，建成综合营销服务体系。进一步提高服务标准，顺利实现“预约上门服务”、“市话详单查询服务”、“同城移机不改号服务”等三项服务承诺。继续深化“客户零距离”服务工程，加强营业厅“星级服务”品牌建设，启用10060“宽带专家坐席”和“信息魅力专家坐席”，提高服务水平。在全省率先开展客户认知度调查活动，查找服务工作的“短板”并及时改进，有效提高了客户满意度。拓展银行等电子化代收费渠道，推进农村POS机代收费点建设，为客户提供更加便利快捷的服务。公司客户服务中心被集团公司评为“星级服务窗口”。

【提升网络通信能力】 投资1.7亿元完成了一系列网络建设项目，新增小灵通设备1.5万门，新增“宽视界”监控容量5000路，新增互联网端口7.4万个，建成了全省最大的市级宽带出口，市区各小区和平原县各村全部可以提供宽带上网服务，山区80%以上的村庄也已具备上网能力。开展障碍抢修劳动竞赛，努力提高维护工作效率，固话障碍修复及时率达到99.30%，宽带电话障碍修复及时率达到99.23%，综合指标居全省首位。完成了党的十七大、“嫦娥一号”发射与运行、全市“2·28”大会、白沟国际箱包节等30余项重要通信保障任务，以安全、可靠的网络确保了通信畅通。实施“节能创效”项目，启动高能耗交换机退网、高耗能机房和空调改造等工作，通过技术革新、科学管理，全年压缩用电5%以上；实施“光进铜退”项目，项目完工后，客户能够享受到更高速率、更高质量的上网服务，网络的安全性、稳定性也将进一步增强。

【勇担社会责任】 协助公安机关加大对盗割通信电缆行为的打击力度，全年共协助破案220起，挽回经济损失316万元。同时，公司继续高度关注社会公益事业，赞助“山花工程”，为大学生提供假期实践机会，服务“希望工程爱心行动”、“全市道德模范人物评选”、“优秀旅游景点评选”等重大活动，与市妇联联合开办“e网情深”网络会所，并先后投资23万元，帮助蠡县马家佐村、唐县双峰峪村、徐水县城北村等6个自然村硬化街道、安装路灯、打饮水井，解决交通、饮水等生活不便。

【打造和谐企业】 实施“员工满意工程”，为员工办好八件实事；自筹资金，重点解决276个农村支局的取暖、洗澡等“六难”问题；以中共党员“促、增、求”活动为主线，广泛开展劳动竞赛活动，增强了员工的凝聚力和向心力。3月，公司获得“河北省AAA级劳动关系和谐企业”荣誉称号。

领导班子成员

总经理
党委书记　崔　杰
副总经理　黄立新　李　军
　　　　　师学林　刘长山
党委副书记
纪检委书记　李　军
工会主席
调研员　张国造

（部门编辑：任卫华）

移动通信

【中国移动通信集团河北有限公司保定分公司】 内设综合部、人力资源部、财务部、市场经营部、网络部、党群工作部等6个部室。下设22个县分公司和市区营销中心等23个县级分公司单位。

【2006年·概况】 2006年，公司“以科学发展观统领全局，牢牢盯住发展不放松；强化存量，优化增量，创新服务，拓展业务；完善制度，强化执行；做实渠道、网络、企业文化三个战略支撑；开展‘五好团队’等活动，保持了企业稳定、持续、高速的发展，实现了企业自主变革新跨越的战略，公司实现了连续第四年的高速发展。全年新增通话客户数再创历史新高；业务收入持续增长；市场占有率稳步提升；市场的主导地位继续增强；团队管理水平和员工队伍整体素质进一步提高。网络运行质量指标稳步提升，退服小区数量减少。先后获得了全国五一劳动奖状、省级文明单位等多项国家、省、市级荣誉称号。一些做法和经验，多次在集团公司进行交流和发言。作为“学、树、保、促”学习教育活动的先进单位，在总结大会上做了典型发言。12月启动了“感谢保定”大型系列回馈活动。

【发展企业文化】 发展企业文化，树立危机意识，寻求思想观念上的突破和飞跃。“世界一流企业”的发展目标，公司企业文化的理念体系，为公司的思维方式，为公司团队共同的价值观，为做每件工作的标准。公司管理的全新模式，就是以价值观来衡量是非，以文化的改造来解决企业沉淀的问题。坚持行动第一，完善第二的原则。全员竞争上岗、绩效考核、绩效管理等改革措施。以内部网、小报、心路历程等刊物，弘扬企业精神。

领导班子成员

总经理 党委书记	陈国桢
副总经理	李民　乔辉
党委副书记 纪检书记	刘廷臣

【中国移动通信集团河北有限公司保定分公司】 隶属中国移动通信集团河北有限公司，内设6个部室。下设22个县分公司和市区营销中心等23个县级分公司单位。

【2007年·概况】 2007年公司坚持“正德厚生，臻于至善”的核心价值观，以“专业、专家、科学、人本”为治企理念，“以天下之至诚而尽己之性、尽人之性、尽物之性”。经营第二代（GSM）移动数字电话（139、138、137、136、135、134、150、151、158、159）；第三代移动通信（TD－SCDMA）（157、188）；移动数据业务（短信、彩信、MO手机上网、随意行、无线音乐、手机报、手机证券、手机钱包、彩铃、无线音乐俱乐部、无线音乐搜索、来电提醒、手机地图、手机导航、手机电视、手机动漫、百宝箱、号簿管家、手机邮箱、12580综合信息服务门户等）、无线宽带（WLan）、移动终端（手机销售、短信终端、无线POS、IP公话、农信机）等业务。截至年底，拥有客户500万户，列全省11个地市客户数量第一。

【开展“感谢保定”系列活动】 内容包括“欢乐新农村”、“旅游助力”、“平原全覆盖”、“村村通”、“送温暖”、“万人就业”等，活动完成投资6.5亿元。在解决了6200多个行政村信号覆盖的基础上，将信号覆盖标准提高到30户以上自然村，增建基站280个，直放站1000多个，解决了15万人通信难的问题，整体改善了保定地区的信号覆盖质量，为偏远山区架起了一条致富的信息高速路。“欢乐新农村”聘请农业专家开展讲座，免费发送农业信息大力推广科学种养殖技术，并为6000多个村免费安装了村务公开栏。公司在活动开展过程中结合实际情况不断增加新的活动内容，如“六一”关爱弱势儿童、“七一”慰问老党员、“八一”慰问部队老干部等，所有活动均涉及保定22个县（市）地区，得到了市委、市政府、各县县委、县政府的大力支持以及广大客户的高度赞扬。

【为全国十个3G先行城市之一】 保定移动作为全国十个3G先行城市（北京、上海、天津、广州、沈阳、深圳、厦门、青岛、秦皇岛、保定），在国家工信部、集团公司的统一布置下于2008年7月11日正式启用了TD－SCDMA第三代移动通信业务，并开始第二期TD网络建设。保定移动客户在不久的将来可全面享受第三代移动服务。

领导班子成员

总经理 党委书记	杜海锋
副总经理	李民　王忠武
党委副书记 纪检书记	刘廷臣

（部门编辑：李祺伟）

联合通信

【中国联通保定分公司】

【2006 年·概况】 细分市场，对产品、价格、渠道、佣金等进行差异化设计，以灵活多变的市场策略来吸引渠道和发展用户，并在不同区域，根据自身特色进行差异化经营，提高经营单位的创新能力，摆脱传统单一的运作模式，紧抓市场增长点，通过渠道渗透、不同产品组合，吸引和发展潜在用户。

启动各自办营业厅的销售职能，针对各经营单位的片区经理进行了调整，建立起直销队伍，为公司核心产品的销售做好了准备。

数据与互联网业务发展中分种类制订不同发展策略，并加强自有渠道建设，业务发展势头较好；在行业用户中发展专线业务，开通了保定市工商局三级网等业务，启动了“一网连通”业务；在 IP 业务推广中，开展“G 网卡与 17910 卡捆绑销售”、“税分兑 17910 卡”等活动。

以客户为主导，加大网上用户经营，利用综合业务优势提高用户粘着度，有效延长用户在网时长。提升整体服务水平，以提高客户服务水平、为用户提供人性化、差异化服务为基础，利用高端用户维护系统开展在网维系，提高用户在网稳定性；发挥综合业务优势，广泛开展行业应用活动，有效提高了用户的粘着度。在实际工作中以“掌握增值业务技能、推动主营业务发展”为指针，强化优势业务渗透率，提高重点业务突破率，使各项增值业务均实现了稳步增长。同时，将行业应用工作作为重点，开发了保定交警支队、高碑店交通局等星图用户，与国泰君安合作推广手机股市业务，并针对农业新时空、出租车市场等进行拓展，寻找到了新的业务增长点。

加快网络建设速度，建设与优化相结合，为用户提供最佳通信服务。合理利用有限建设资金，开展了 GSM 网 11 期工程和 C 网三期三阶段工程建设，基础网络支撑能力得到加强。落实各项日常网络维护要求，加强维护人员和代维单位的管理，并开展了掉站时长管理、基站电费管理的专题实践，均取得了重要成果。做好网络优化工作，加大话务数据分析，不断修正现网参数值，提升网络指标，并专门组织开展了天线优化专题行动、高话务区域网络质量优化专题研究等，通过对现网资源地合理调配，提高了双网无线网络质量。

加强公司基础管理，推进员工队伍建设，提升整体发展水平。展开内控建设工作，完善公司内部管理制度，分解、确认内控流程，并与各单位签订了内控全面达标责任状，确保各个风险点都有明确的责任单位、责任人。本年度通过了总部和普华的内控检查和测试工作，促进了管理提升水平和实效。对市分公司组织机构、管理制度等进行适当调整，科学划分经营与服务、职能与业务，实现经营和维护工作的体系化管理，提高了管理体制的科学性和有效性。健全内部员工考核评价体系，在公司总体效绩考核办法的架构下，出台了阶段性考核及单项考核，将 KPI 指标与日常绩效有机结合，提升员工职业生涯设计工作的有效性；实施创新激励机制，营造积极向上的工作氛围，保定联通在全公司范围内开展了“业务劳动竞赛”、“岗位技能大练兵”等活动；开展企业民主建设，实行总经理接待日制度，组织召开了第三届职代会，为员工谏言广开门路，要求领导干部带头下基层解决实际问题，将“三贴近”活动落到实处。

截至年底有市级“青年文明号”单位 13 个，省级“青年文明号”单位 5 个、首届保定青年五四奖章 1 枚。

领导班子成员

总 经 理　唐爱民

副总经理　王泽军　吴　燕

【2007 年·概况】 2007 年，先后组织开展了“双达标业务竞赛”、“千村百店”工程建设等，新建业务直销点近千个，提升业务渗透率的同时，服务触角得到了进一步延伸到，极大地方便了用户使用。发挥掌中宽带、如意邮箱等增值业务优势，坚持以行业应用带动集团业务发展，成功为一批优质行业单位量身打造服务方案，为当地企业的信息化发展提供了重要动力。

保定联通在营业前台实施员工业务考核、日常服务、营销业绩三结合的管理方式，激发前台服务人员工作热情，健全争创“青年文明号”长效机制，现有市级“青年文明号”单位 17 个，其中省级“青年文明号”单位 6 个。加大力度改善后台系统功能，抓系统稳定性，建立经营数据提供体系、健全计费监控体系，并对在网用户群体进行分类，应用用户维护系统，扩大了客户维护范围，确保了用户使用的稳定性。

加大网络建设，完成了 G12、13 期工程建设，涉及基站近千个，创造了公司有史以来多项基站建设纪录。开展各项日常网络维护和优化工作，不断修正现网参数，提升网络指标，并专门组织开展了天线优化专题行动、高话务区域网络质量优化专题研究等，全年网络综合指标在全省排在前列。

开展内控建设工作，认真分解、确认内控流程，出台、修改了多项管理流程，明确相关部门的管理职责及分工，营造良好的内部工作环境。完善全面预算和工程建设计划管理，强调资金安全检查，按照省份要求完善了各经营单位的资金管理考核，最大限度降低资金风险。

领导班子成员

总 经 理 刘 波

副总经理 王泽军 吴 燕 马治中

（部门编辑：尚爱丽）

城建·环保

城乡规划

【保定市城乡规划管理局】 2006年4月14日原市规划局更名为市城乡规划管理局。其主要职能是：组织编制全市城乡规划并实施管理，负责对各县（市）规划局的业务指导和监督管理。局内设9个职能处（室）：办公室、人事教育处、总工程师办公室（规委会办公室）、县乡规划管理处、城区规划管理处、建设规划管理处、市政规划管理处、规划监察处，下设南市区、北市区、新市区、高新区4个直属规划分局，下属4个基层单位：市规划编制研究中心、市城建档案馆、市规划设计研究院、市城乡建筑设计院，行业管理单位1个：市建筑设计院。

【2006年·概况】 2006年，组织完成了《城市总体规划纲要》；完成了22个县（市）县城总体规划修编及市区内中鲁岗、西廉良、韩村、史庄、西鲁岗、北关、小营坊、东金庄等8个城中村的改造规划审批；制定了《“一城三星”基础设施共享方案》；启动了市区与清苑、满城、徐水三县连接部分的水、电、暖、气等基础设施建设；完成了把原四大中心用地作为“中国电谷”的用地规划编制；配合铁路设计部门及市发改委完成线路初步规划选线，并组织编制完成车站周边基础设施和用地布局规划方案；制定了《市区交通总体规划》；配合完成了七一路、朝阳路、东风路街道整治方案编制；配合完成了主次干道3条、社区支路6条、4个交叉路口改造的施工设计和规划方案；配合完成了4.7公里河道环境治理拆迁及投资测算；配合高新区及电厂完成了粉煤灰场迁址位置的选定；配合供热指挥部完成恒祥大街、阳光大街、朝阳大街路由调整和集中供热工程新增供热面积100万平方米的前期选线、资料提供等工作；完成了8块游园绿地广场选址；配合完成了三区各新建2个一类水冲公厕的选址工作；配合完成了10个垃圾站的选址工作；完成了市粮油批发市场规划设计方案审批；配合完成了3个便民市场选址工作；完成了10万平方米经济适用住房及廉租住房选址、规划方案审批；完成了市第二社会福利院扩建工程、市劳动就业服务中心、市高级技工学校综合教育楼、市聋哑学校、市职业教育中心（女子职业中专教学楼）、文华大厦电影娱乐城等建筑审批；完成了高开区新建一所全日制标准化小学选址初步方案；完成市第三医院病房楼建筑单体设计审批和项目先期开槽手续的办理；完成了沃尔玛购物广场选址；配合完成了《保定市商业网点规划》编制；完成了长城新厂区西侧等产业用地的控规初步方案，汽车配件工业园总规调整、初选址和年产30万套汽车橡胶件、年产20万辆份汽车冲压件、年产25万套汽车灯具等三个项目的选址意见书、总图审批、用地规划许可证等手续；对14条主要道路全长150公里的地形图进行了修补测，组织完成了14条街道违建拆除后的整治规划设计，对1225处违法建设进行了现场核实、确认，提出了规划意见；配合定州、安国、涿州、高碑店市研究制定《关于建设区域中等城市的实施方案》。2006年被省建设厅评为“全省城市规划管理先进单位”、“全省建设系统纪检监察工作先进单位”、“全省建设系统法制工作先进单位”，被市委、政府授予“集体二等功”、“保定市城镇

园林绿化先进单位”、“社区建设共驻共建先进单位”。

【全市城乡规划工作会议】 4月18日召开。各县（市、区）书记、县（市、区）长，主管副县（市、区）长、建设（规划）局长，市直单位、市属以上企业单位领导，街道办事处书记、主任，主城区城中村乡（镇）书记、乡长，村书记、村主任等共计800余人参加。国家建设部规划司司长唐凯和省建设厅厅长朱正举应邀参加了大会并讲话。市长于群作了关于“深化改革，加强管理，努力实现城乡规划全覆盖”的讲话，宣读了市委、市政府《关于加强城乡规划工作的决定》，市委常委、市委秘书长崔启慧主持了会议。会议拉开了市实施城乡规划一体化，启动城乡规划管理体制重大改革的序幕。

【落实市委、市政府《关于加强城乡规划工作的决定》】 编印了《全市城乡规划工作会议材料汇编》，认真学习市委、市政府《关于加强城乡规划工作的决定》，组织中层以上干部集中封闭学习和讨论，进行对照检查，亮问题、明态度、举措施，印发了《全市城乡规划工作会议学习体会汇编》，出台了《关于加强城市规划与建筑设计方案征集工作的规定》、《城乡规划实施情况监督和检查办法》、《关于规划管理人才培养、引进和使用办法》和《关于加强市区规划区村庄住宅规划建设管理的规定》，制定了《关于塑造城市文化形象的实施意见》，编印了《城乡规划专管员业务知识读本》，出台了《规划法规和业务培训办法》，起草了《招拍挂出让土地规划管理规定》，制定了《保定市城乡规划管理局业务工作手册》；制定了《〈关于加强城乡规划工作的决定〉工作落实方案》，并按要求逐步抓好落实。

【四区规划分局成立】 9月26日，南市区、北市区、新市区、高新区城乡规划分局宣告成立，人、财、物由市城乡规划管理局统一垂直管理。市领导为分局成立揭牌。

【全市规划局长培训班】 11月19日至11月28日，在天津大学建筑学院联合举办了“保定市县（市、区）规划局长培训班”。所属26个县（市、区）的城乡规划管理局长及市局部分中层干部参加了全封闭学习。培训期间，天津大学建筑学院的9名专家教授分别就《城市规划概论》、《城市总体规划》、《控制性详细规划》、《修建性详细规划》、《住宅设计原理》、《城市景观》、《城市园林绿地规划》、《城市道路系统规划》、《城市基础设施规划》、《乡镇村规划》、《规划法规与管理》等11个方面的规划理论基础知识进行了讲授。结合保定市县（市）规划管理实际，由市局领导向大家专题介绍和讲述了《规划体系建设》和《规划审批业务知识》的内容。全体学员还参观了天津市开发区、滨海新区和梅江居住区的规划建设情况。

领导班子成员

局　　长　倪贺营
副 局 长　陈　谦　范跃进
　　　　　张鹤楼
纪检组长　刘少青
总工程师　王宝玉

【2007年·概况】 组织完成了保定市总体规划编制调整工作和总体城市形象设计编制；提前完成“中国电谷”空间规划编制工作和大王店保定制造产业园区规划；围绕“水、古、亮”，组织编制完成了市区水系建设规划和防洪堤两侧土地综合利用规划初步方案，提前完成了裕华路历史风貌控制规划编制和西大街历史文化一条街景观整治规划，编制了《保定市太阳能应用发展规划要点研究报告》，出台了《关于在城市规划建设中综合利用太阳能能源的实施意见》；提前完成了阳光屋顶工程规划并实施；完成了世纪财富广场年内开工建设、万博广场、燕赵大酒店烂尾楼相关设计方案以及保定市太行山水泥厂搬迁规划；完成了以“洁美亮绿序”为重点的市容环境综合整治百日行动相关整治规划任务组织完成了“对各县（市、区）生产性重点项目建设需协调解决问题”关于市区危化企业搬迁、清苑县与保定市区交界处隔离带问题论证、满城县与高新区“中国电谷”跨行政区划规划统筹论证及对东二环380亩储备地项目开发论证；协调组织完成了“河北保定工业园区”二期控规编制成果、“热电联产供热规划”中东北、西北两个热电场规划选址论证等重点规划工作；配合完成了拆违第二战役、汽车零部件生产基地建设、京郑铁路客运专线、城中村改造、河道还清，3条主次干道、四个交叉路口、10条社区支路、15条便民小路改造，公厕、垃圾台站及游园绿地等相关规划工作任务；围绕掀起责任风暴，推进效能革命，优化发展环境，组织完成了目标体系，开展了“为民、务实、清廉”主题教育，学习“山东经验”，建立问责制，注重应急管理和大事报告制度，注重加强党风廉政建设，进一步加强了效能建设，建设部监察部城乡规划效能监察调研组来保调研检查给予了充分肯定，市“深化体制改革，推进效能建

设”的情况，建设部、监察部向全国转发。2007年被省建设厅评为“全省城市规划管理先进单位”、“全省建设系统纪检监察工作先进单位”、“全省村镇建设先进单位”、“全省建设系统行政执法先进单位”，被市委、政府评为“市派帮建文明生态村工作先进单位”、“信息工作优胜单位”、“市长专线电话和市长短信平台先进单位”、“市建设系统纪检监察工作先进单位”。

【成立市规划编制研究中心】根据市委、市政府要求，通过面向社会公开招聘，招聘了14名相关专业的大学毕业生组建了规划编研中心。

【“1360”工程】 每个县（市）重点选定一个中心镇，打捆制定镇总体规划及所辖村的村庄规划，实现该镇域内规划全覆盖；每个县（市）再编制3个乡（镇）的总体规划和60个村庄规划。

【五策运行机制】 市县两级逐步建立健全了城乡规划委员会制度，在规划事项决策运行机制上，通过实行“部门问策、专家议策、社会征策、规委决策、阳光亮策”，并实行重大事项规委会“票决制”，保证了规划决策的民主性和科学性。

领导班子成员

局　　长　倪贺营

副 局 长　陈　谦　范跃进

　　　　　张鹤楼

总工程师　王宝玉

（部门编辑：范建敏）

【保定市规划设计研究院】 保定市规划设计研究院为市属副县级事业单位，归口为保定市城乡规划管理局，主要职能为城乡规划研究及规划设计、市政工程研究与设计、城市测绘与工程测量。设计资质为城市规划甲级、市政设计乙级、城市测绘乙级、工程咨询甲级，其中城市规划设计是全市唯一具有甲级资质的设计单位。规划院现有职工70人，其中正高工1人，高级工程师17人，工程师29人，专业技术人员57人。注册规划师12人，一级注册结构师2人，注册工程咨询师10人。

【2006年·概况】 2006年，保定市政府为了给广大群众创造良好的生活环境，本着“全面布置，突出重点，先易后难，分步推进”的基本思路，开展了拆除市区违法建设的工作。该院在这次“拆违”工作中，对全市14条城市主干道进行了深入调查，从街道到建筑进行详细的分类研究，本着规划先行的原则，编制了《保定市14条路“拆违”环境整治规划》，对整个“拆违”工作起到了重要的指导作用，并取得了良好实施效果。本年度院完成的政府工程项目主要有：（1）《保定市商业网点规划》（2）《保定市14条路“拆违”环境整治规划》（3）《保定市区22个村庄改造详细规划》（4）《保定市“一城三星”基础设施协调规划》（5）太行路、富昌路、瑞祥大街城市主干道施工图设计；（6）南河坡、一亩泉河路等6条城市支路施工图设计；（7）朝阳~百花等四个交叉口施工图设计；（8）东风路地道桥、天威路地道桥等五座地道桥整修工程；（9）保定市17条便民小路设计。

作为保定市规划设计研究院，该院肩负着给政府提供城市改造项目前期谋化和决策依据的研究任务。为了给政府当好参谋，2006年该院按照市政府和规划局的有关要求，开展了大量的项目和课题研究，如《保定市区污水规划深化研究》、《2006年市区道路规划建设思路》、《保定市英利三期综合管廊研究》、《保定市城中村改造研究》、《保定市村镇规划技术导则》、《保定市高速铁路站场选址及周围用地研究》等。在开展的每一个研究项目中，院设计人员始终遵循市委、市政府在规划会议上提出的“以人为本，坚持科学发展观”的规划理念，深入调查，细致分析，反复论证，编制研究成果，给政府决策提供了科学的依据。《北二环地道桥引道工程》、《清水河桥新建工程》获省优二等奖，《保定市百花路地道桥雨水泵站》、《红旗桥改道工程》获省优三等奖。

该院拥有微机100余台，测绘仪器包括GPS各种卫星定位仪在内20余套，各种复印扫描设备10余台。具有多种先进正版设计软件，全院建立了先进的网络系统，计算机出图率100%。

领导班子成员

院　　长　姜　健

书　　记　张　敏

副 院 长　郭志奇　孙燕明

　　　　　周志强

总　　工　王志仓

【2007年·概况】 为了完成三年实现城乡规划全覆盖的政府目标，市政府2007年重点实施了“1360”工程，为配合政府工程的圆满完成，作为规划研究院，该院发挥人才和技术上的优势，编制了《村庄规划编制导则》以指导全市村庄规划的编制工作。

2007年，认真组成“1360”工程规划编制项目组，精心组织测量，精心编制规划，高标准高质量地完成了雄县、定兴、易县、涞源等12个县30多个镇的总体规划和180多个村庄规划，并通过专家评审。

本年度完成的政府工程项目主要有：（1）《保定市水系建设规划》；（2）《保定市农贸市场专项规划》；（3）《保定市永华大街、向阳路等四条道路拆违环境整治规划》；（4）《保定市东风路、七一路等六条街道景观整治及夜景亮化设计》；（5）《保定市大王店产业园区总体规划》；（6）《保定市电谷一期控制性详细规划》；（7）《保定市21条路广告牌匾整治规划》；（8）《防洪堤两侧土地利用综合规划》；（9）《保定市近期道路建设规划研究》；（10）《东风路朝阳大街综合整治施工图设计》；（11）《向阳北大街、富江路、玉兰大街、瑞祥大街四条城市次干道施工图设计》；（12）《商场南巷、军学胡同等九条城市支路施工图设计》；（13）《东二环与七一路等四个交叉口改造施工图设计》；（14）《三丰路地道桥等四座桥梁装饰整治施工图设计》；（15）《双洞子泵站新建工程施工图设计》；（16）《保定市电谷区片地形图测量》；（17）《保定市区部分道路管网测量》。作为保定市规划设计研究院，该院肩负着给政府提供城市改造项目前期谋化和决策依据的研究任务。为了给政府当好参谋，2007年该院按照市政府和规划局的有关要求，开展了大量的项目和课题研究，如该院编制的《保定市广告牌匾设计导则》，作为市设置广告牌匾的审批依据。

该院继前两年在全省甲级规划院获奖项目排名第二之后，2007年又有大量项目获得国家、省、市奖项。《冉庄地道战遗址基础项目建议书（代可研）》获河北省优秀工程咨询成果奖二等奖；《保定乐凯大街扩建工程可行性研究报告》获河北省优秀工程咨询成果奖三等奖；《保定市陵园桥施工图设计》、《保定市恒祥大街地道桥引道施工图设计》获得保定市优秀工程勘查设计一等奖；《保定市北二环雨水泵站施工图设计》获得保定市优秀工程勘查设计二等奖。

领导班子成员

院　　长　姜　健
书　　记　张　敏
副 院 长　郭志奇　孙燕明　周志强
总　　工　王志仓

（部门编辑：王雅芳）

【保定市建筑设计院】 保定市建筑设计院，始建于1952年7月，是河北省成立最早的建筑设计单位之一，具有国家建设部颁发的建筑工程设计甲级资质证书、工程勘察甲级资质证书、建筑行业人防设计乙级资质证书及市政公用行业（道路）设计乙级资质证书，河北省建设厅颁发的施工图审查甲级资质证书、工程监理乙级、咨询丙级、规划丙级及招标代理乙级等资质证书。

保定市建筑设计院的机构设置有四个综合设计所、建筑经济所、勘察处、北京办事处、保定天平建设监理有限公司、保定全祥工程设计咨询事务所、保定建园建设工程招标有限公司和保定世元工程建设咨询有限责任公司。集建筑工程设计规划、地质勘察、工程预算、工程监理、建筑施工图审查、招标代理为一体。现有职工190人，各类专业技术人员165名，其中教授级高级工程师3名，高级工程师47名，工程师48名。国家一级注册建筑师7名，国家一级注册结构工程师20名，国家注册监理工程师17名，注册岩土工程师7名，国家注册咨询师4名。注册造价工程师4名，国家注册设备师12名。

【2006年·概况】 2006年，在市委市政府的正确领导下，在全院干部职工的共同努力下，从加大经营工作的力度入手，积极探索新的经营模式，各项工作均取得了突破性进展，产值与2005年同期相比增长47%。2006年优秀工程项目10项。其中国家优质工程1项，省优秀设计6项，省优秀勘察2项，市优秀设计9项。（1）保定电信枢纽大厦扩建工程，获2006年度国家优质工程银质奖。（2）保定市第一中心医院病房楼，获2006年度保定市优一等奖，省优二等奖。（3）河北农业大学C座教学楼，获2006年度市优一等奖，省优二等奖。（4）河北省第六人民医院新建病房楼，获2006年度市优二等奖，省优三等奖。（5）保定京海房地产开发公司丽都广场，获2006年度市优二等奖，省优三等奖。（6）保定市女子中专教学楼，获2006年度市优三等奖。（7）阳光佳苑二期工程岩土工程勘察，获2006年度市优一等奖，省二等奖。（8）华北电力大学九号、十号教学楼岩土工程勘察，获2006年度市优二等奖，省三等奖。另外，还有两项2005年度省优项目在2006年度补评。（9）保定电信枢纽大厦扩建工程，获省优二等奖。（10）河北大学研究生逸夫楼，获省优二等奖。在中央电视台组织的全国新农村住宅方案设计竞赛活动中，腾云和韩军的方案分获第二名和第四名。腾云所做的方案为北方片第一名，并在保定市清苑县冉庄实施，建成使用，得到住户的好评。

【规范管理、加强项目管理工作】 2006年的一项工作重点就是加强项目管理工作，强调项目管理在生产运行中的重要作用。1. 新景家园二期工程，院里成立项目组，从各所抽调技术人员共同参与；2. 河北科技大学工程，院里组织技术总负责人；3. 新一代C区，由两个所组成项目组，制定总负责人及各专业总负责人，跨所合作项目；4. 风能大厦工程，从两个所抽调设计人员组成项目组，首先由院里协调组成项目班子，制定质量计划书，各部门协调作战，共同参与，较好的在短时间内完成了任务。上述几种形式的运作，从最终效益讲，产品的交付满足了我院的各项质量计划的要求，起到了应有的作用。

领导班子成员

院　　长　陆　峰
书　　记　贾国禄
副 院 长　贾东明　李轶凡
　　　　　张国龙　王海鹰

【2007年·概况】 2007年，面对激烈的市场竞争，以创新为手段，以市场为核心，以服务为宗旨，实行程序化、规范化管理。在市委、市政府及上级领导的关怀支持下，通过全院职工的共同努力，2007年的工作取得了优异的成绩。2007年度获省市优秀勘察、设计、监理项目10项，其中省优4项，市优一等奖2项，二等奖3项，三等奖3项，表扬奖1项。(1) 保定学府花园住宅小区监理获省优"安济杯"奖。(2) 保定市特殊教育中心获省优秀设计二等奖。(3) 保定市第二中心医院新建病房楼获省优秀设计三等奖。(4) 中央司法警官学院会堂获省优秀设计三等奖。(5) 涿州电信局生产楼获市优秀设计二等奖。(6) 康诚香槟小镇岩土工程获市优秀勘察二等奖。(7) 中央司法警官学院警体馆获市优秀设计三等奖。(8) 中国人民解放军66393部队军史馆获市优秀设计三等奖。(9) 保定高新区小学获市优秀设计三等奖。(10) 保定岁丰汽车贸易服务公司广州丰田4S店获市表扬奖。在河北新农村住宅方案设计竞赛活动中，腾云所做的方案获一等奖，崔秀强等8人获二等奖，韩军等7人获三等奖。

【提高质量管理工作】 切实加强技术保障工作。院技术质量部通过统一技术措施，做好工程评审、验证、跟踪、回访，组织工程报优，论文评选，参加技术交流会，进行专业技术培训，做好技术创新等措施，使院专业技术人员水平明显提高，院总体技术实力显著增强，设计质量得到有效保障。11月，开展"质量在我手中、用户在我心中"的"质量月"活动。这次活动主要在质量管理体系覆盖部门中开展，主要包括技术培训，施工图质量抽查、勘察、监理工作检查、邀请外部审图机构座谈等。"质量月"系列活动的开展，使院专业技术人员的技术水平得到明显提升，责任心明显增强，提高了社会信誉。

领导班子成员

院　　长　陆　峰
书　　记　贾国禄
副 院 长　贾东明　李轶凡
　　　　　张国龙　王海鹰

（部门编辑：郝兵杰）

城乡建设

【保定市建设局】 是负责全市建设行政管理的政府工作部门。负责综合协调、监督、管理和指导全市城乡建设工作。编制78人，内设15个处（室），辖15个事业单位和13个企业单位（大部分已改为股份制）。主要负责贯彻执行国家、省、市有关城乡建设工作的法规、方针、政策，研究拟定全市城市建设、工程建设、村镇建设、建筑业、住宅与房地产业、勘察设计咨询业及县（市）市政公用事业的有关政策及发展规划，并指导实施和进行行业管理。管理、监督全市建筑活动；规范建筑市场，监督、管理建筑市场准入、工程招投标、工程咨询、工程监理、工程质量、工程稽查和安全；组织或参与重大工程质量事故的调查处理；负责工程质量的审核与评定及对工程质量纠纷的仲裁。监督指导全市各类工程建设标准、定额的实施；对工程造价实施管理，研究拟定全市工程建设标准定额和工程造价管理的规章制度，会同有关部门制定、发布工程建设地方标准和建设系统各行业的工程标准化、经济定额、产品标准，并组织实施和监督。负责全市市容环境卫生工作；负责市区建筑垃圾（工程渣土）清运与管理，生活垃圾、医疗垃圾和粪便的无害化处置；对各县（市、区）环卫工作进行行业指导。负责建筑安装、建筑装饰的行业管理，包括对建筑安装、建筑装饰企业的资质管理；监督检查工程质量及施工安全。参与制定城镇国土规划和区域规划；负责城建科学研究工作和支援铁路建设工作；会同文物管理部门对历史文化古迹进行保护和管理；负责拟定各类房屋建筑及其附属设施和城市市政设施建设工程的抗震设计规范；综合管理全市建设工程抗震设防工作；指导城市地下空间开发和利用工作。研究拟定本市建设事业的发展规划、产业政策；会同有关部门编制城建资金使用计划、资金筹措及监督使用。负责城建监察的管理工作；负责城市供热行业、城区河道建设和防洪堤建设维护管理工作；主管全市风景名胜区工作；负责城区内的防汛工作。指导全市住宅与房地产业行业管理；负责本市房地产开发经营活动的监督管理工作，推动住宅产业化；监督指导全市经济适用住房建设；参与城镇土地使用权有偿出让工作。指导全市乡镇和村庄的规划、建设与管理，推动村镇建设的改革与发展。负责全市建筑工程勘察设计工作，规范勘察设计市场；拟定建设系统科技发展规划、计划和技术经济政策，组织科技论证、开发和成果的推广应用；拟定和实施建设系统行业人才培养规划；组织管理建设系统专业经济技术职称的评定工作。负责建设系统的法制宣传教育工作；指导和监督建设行政执法工作。负责城市建设档案及建设信息管理工作。受市政府委托负责管理房屋拆迁及安置工作。

【2006年·概况】 2006年，在市委、市政府的领导下，市建设局围绕全市总体部署，将各项工作做细、做深、做实，圆满完成了任务目标。全年完成建筑业总产值220亿元，安全生产、文明施工总体水平继续位于全省先进行列。进一步规范了建筑、房地产、建材、勘察设计等四个市场行为。完成了河道综合整治、社区支路改造、住宅开发、城中村市场化改造、垃圾转运站建设、集中供热等重点工程建设任务。市容环境卫生水平进一步提高，城市管理常抓不懈，村镇建设取得了长足进展。因工作实绩突出，被市委、市政府评为2006年度实绩突出单位。

【完成九项重点工作任务】 按照市政府工作部署，完成了房地产业专项规划、城市化专项规划、小城镇消防规划、加快发展小城镇建设的具体实施意见四个规划的编制。

清理户外广告、牌匾，加强规范管理。于当年4月初接管户外广告管理工作，采取措施整治、规范，起草上报了《关于进一步加强市区户外广告管理建议的报告》、《保定市户外广告管理办法》，查处非法户外广告4000多平方米，拆除塔牌3座约2224平方米，拆除3条路40处不规范的门头牌匾，对市区17条道路2000余块内容不健康的户外广告重点进行了整治。

投资1175万元，提前4个半月时间，完成社区支路改造2862米，其中瑞雪巷（铁路医院路）230米、张家场路142米、东进巷297米、一亩泉河路770米、北河坡路543米、南河坡路880米。同时对那些拆迁遗留的残墙断壁、破旧围墙进行了整治，使其与新修的道路相协调。

启动6个城中村改造工程，南市区舢舫头村，高层住宅主体完工；马家疃村完成拆迁量的80%。北市区张庄村3.2万平方米拆迁安置楼竣工，开发部分完成拆迁量的90%；城苑村山水华庭B区完成拆迁量的70%，C区完成拆迁量的85%。新市区鲁岗辛庄4万平方米安置楼主体完工；郝庄村二期实施拆迁。

整治七一路、朝阳路、东风路等主要道路两侧环境，完成粉刷8.18万平方米，修补围墙抹灰7850平方米，硬化450平方米，清运垃圾1.5万立方米。

完成河道综合治理7.1公里，清淤及清运建筑垃圾20万立方米。其中候河完成1.1公里，一亩泉河西防洪堤以东治理及西防洪堤以西至西外环清淤、护坡完成6公里。

新建建华路建华小区、恒祥北大街华冠庄园、李庄路世纪华庭、利民路天马小区、瑞祥北大街、东金庄6个垃圾台站。

新增集中供热面积130万平方米，新建12个热力站、13条供热支线，超额完成任务。

完成住宅开发84万平方米，超额完成4万平方米。

【加强建筑业管理】 加强资质管理工作，提高从业人员素质，实行现场考核制度，持证上岗率达到了100%。实施“走出去”战略，立足北京，拓展外埠市场占有率，努力向建筑业强市迈进，完成建筑业总产值220亿元，增加值72亿元，同比增长12%和30%，两项指标在全省各市中继续保持领先位置。强化安全生产许可证制度，抓好源头管理，认真落实国家、省、市安全生产工作会议精神，细化建筑安全目标，强化监督，安全监督覆盖率和安全达标覆盖率均达到了100%。成功组织了首次建设工程安全生产事故应急救援演练，为增强应对突发事件的能力提供了经验。

【规范建设市场秩序】 改革招投标监管方式，应招标工程和应公开招标工程招标率均达到了100%。监督市区建筑工程1121个计640万平方米，覆盖率达99%，竣工工程质量合格率达到100%。对市建筑工地建材产品进行了抽检。在市区范围内开展了为期一个月时间的工程质量巡查，发出整改通知32份。同时，规范了市工程造价咨询单位的市场行为。该局在市行政服务中心人员，主动为行政相对人服务，及时办理审批事项，受到了好评。

搞好房地产市场管理工作。

省建设厅房地产经营行为专项检查组对安国市及市城区房地产市场进行检查。成功举办了为期四天的保定市第二届春季房产展示会。名仕佳苑一期项目手续、工程完工，部分住户入住；二期项目5栋主楼外装工程基本完成，并通过相关部门验收。史庄街项目拆迁户返迁基本完成。七中返迁楼项目主体工程完工。先后三次组织供暖协调会，继续对2006年冬季供暖工作进行协调处理，解决了55个小区140万平方米的供暖问题。

加强勘察设计市场管理，审查施工图68项、勘察报告46项，建筑面积207万平方米，查出少报建筑面积6716平方米，补交配套费40余万元。通过图纸审查，发现违反国家强制性条文上千条，其中严重违反条文的42条，存在安全隐患的约30处，发现的问题及时得到了解决，消除了工程隐患。

建设市场稽查大队强化“执法监管两覆盖”，全面整顿规范“四大市场”，有效遏制违法行为的发生。在市区内共查出违法违规的工程项目92个，涉及单体工程220个，总建筑面积203万平方米，工程总造价20亿元。同时，配合全市“拆违”工作，以办理“9·19”违法建设专案为契机，对全市24个城中村违法建设项目进行了集中查处，取得了新突破，

【圆满完成2006年清欠任务】 清偿拖欠工程款12.55亿元，占拖欠总额的98.15%，高出国务院规定的95%清欠任务比例3.15个百分点。其中政府投资工程拖欠6.87亿元全部清偿完毕。为6万余名农民工追讨拖欠工资约2.136亿元。

【推进墙改建筑节能工作】 全市累计建成节能建筑300万平方米，可实现年节能3.168万吨标煤；全市新型墙材生产能力折合标砖40多亿块，新型墙材占墙材总量的比例为55%，可实现年生产节能约24.8万吨标煤，年节地6600亩。年利用粉煤灰、煤矸石等工业废渣8万吨；全市新墙材应用率70%（其中市区新墙材应用率达100%）；市区建筑节能备案率达100%，建筑节能执行率达100%，县域建筑节能备案率达80%，建筑节能执行率达60%；全市黏土实心砖企业从2000年800多家减少至439家，产量从66亿块降至32亿块，实现腾地3万多亩、节煤44.2万吨。

【城建拆迁工作依法进行】 共审批路网建设和旧城改造项目7个，动迁居民1120户，动迁单位14个，拆除房屋建筑面积7.67万平方米；全年受理房屋拆迁纠纷19起，召开调解会46次，下达裁决书6份，处理违章拆迁2起，召开行政强制听证会1次；接待群众来访236人次，受理热线电话384个，办理行政复议和行政诉讼各1起。

【推动城镇建设管理工作】 把抓规划、抓基础设施建设、认真执行“一书两证”制度、搞好村镇容貌综合整治工作、推动城市化进程作为村镇建设工作的重点，对6个省级、14个市级扶持的重点镇严格规划编调程序，发挥规划调控作用。加强村镇建设市场管理，利用两个月时间开展村镇建设工程检查，查处了各类违法建设行为。

文明生态住宅建设以典型推进，与中央电视台合作举办了“点亮空间——2006全国家居设计电视大赛（农村住宅建筑设计比赛）”，保定市建筑设计院一套二层农民住宅获奖方案，在冉庄村建成，赠与革命家庭后代，起到了样板示范作用。

在各县（市）开展了城镇建设容貌综合整治“星城杯”竞赛活动，在各县（市）城区及部分建制镇，采取保持三个县接力方式对城镇容貌综合整治情况进行了联查。通过联查既观摩交流，达到了找差距，互相学习借鉴的目的。还成功组织了全省重点镇观摩暨城市化工作座谈会和全市2006年“燕赵杯”迎检工作。

【完成城市科学研究重点课题】 起草完成了《保定市城市化“十一五”规划》课题，共同完成了《保定市小城镇消防“十一五”规划》。完成了《保定市区有保留价值的优秀建筑和构筑物调查研究》专项课题，该课题在市尚属首次。

【加大抗震防灾管理力度】 坚持“预防为主、平震结合、常备不懈”的方针，依法行政、加强协作，逐步实现了抗震防灾管理工作的全过程、多层次、多方面地开展，提高了全市抗御地震灾害的能力，成为河北省乃至全国抗震工作的典范。共抽查复审了182个单位300多项新建工程施工图，审出问题200多项；在新建工程主体抗震措施专项检查工作中，共完成520多项工程的主体抗震措施专项检查工作，检查出问题约250多项；完成53个单位93栋66万平方米的抗震能力检测工作以及11个工程的抗震鉴定工作。

【城建档案管理工作稳步推进】 落实全年工作目标、争创一流工作业绩，“GIS地下综合管网信

息管理系统”有了突破性进展；“城建档案检索数据”录入工作顺利结束；做好基础工作，共接待业务咨询人员133人次，接收工民建档案134个单位工程，办理竣工档案认可121个单位工程，组织整理121个单位工程的竣工档案4247卷（册），做到了无积压。

【重视城区防汛管理工作】 以“城区防汛、河道治理、讲规矩、保稳定、树形象”为工作重点，积极开展防汛工作，完善了应急预案，储备了充足的防汛物资，并对影响行洪的河道进行了清淤清障。同时加强河道保洁维护工作，现防洪堤内各主要河道排沥通畅，水面清整美观。

【抓好城市管理和环境卫生工作】 完成了“拆违”前期准备工作，重点对“拆违第一战役”阶段的14条主要街道进行了细致摸查，积极推动拆违工作顺利开展，共拆除违法建筑151.4万平方米。

集中治理占道经营，清理各类占道经营摊点6000余个，清理条幅（灯笼）1300个，查处违章庆典550处，使市区31条主要街道违章占道经营的反弹问题得到根本控制，次干道、小街巷、乡村路、农贸市场、便民市场、便民网点、建华路和裕华东路“两站”的违章得到有效治理，市区店外经营、店外作业现象明显减少，游园广场的环境得到进一步净化，露天烧烤行为得到有效控制。

整治小广告工作效果显著。共清洗小广告14万余处，捣毁非法喷涂、张贴窝点3个，抓获喷涂办证人员20余人，查扣办证用的印章20余个、印版2副，自行车、写号笔、墨水等30余件。查扣非法宣传品、张贴物11.2万多份。

查处建筑垃圾扬撒遗漏、封闭不严等违章车辆446台次。处理生活垃圾22.61万吨、医疗垃圾460吨，清运工程渣土5.36万立方米。坚持环卫检查评比制度，共组织互查、抽查35次。完成了市容环卫各项突击整治任务。

领导班子成员

局长 党委书记	李英泽	
调研员	刘宝成	
副局长	张建宗	刘晓白
	董长东	刘　虹
	葛新民	刘长水
	马士伟	
总工程师	辛　勇	
纪检书记	张锐勇	
助理调研员	钱新光	欧玉卿
	张朝怀	

【2007年·概况】 2007年，在市委、市政府的领导下，市建设局围绕全市总体部署，将各项工作做细、做深、做实，圆满完成了任务目标。全年完成建筑业总产值255亿元，安全生产、文明施工总体水平继续位于全省先进行列。进一步规范了建筑、房地产、建材、勘察设计等四个市场行为。完成了住宅开发、生活小区太阳能改造等重点工程建设任务。城镇建设取得了长足进展。被国家建设部、人事部评为全国劳动模范先进集体。

【完成三项重点工作任务】 两次组织推广应用论证会，出台了相关规定，要求集中供热水系统与建筑统一规划，同步设计、施工、验收和使用。在新一代C区等实施了应用试点建设并积极推广，46个小区和单位安装了集中供热水411吨热水系统，2086台热水器。

推动生活小区太阳能改造，完成了盛景园、天鹅小区等35个小区的太阳能光电照明改造，安装了LED灯约1200盏，市区生活小区完成太阳能改造40%。

继续解决古莲池改造遗留问题。莲池管理所在莲池周边改造项目中涉及社会人员集资款346.2万元，已全部退还集资人；114户拆迁返迁户已返迁，古莲池改造主要遗留问题解决完毕。

【加强建筑业管理】 完成建筑业总产值255亿元，增加值72亿元，同比增长9%和6%，两项指标在全省各市中继续保持领先位置。发展外向型经济，外出施工人数达到26万人，同比增长7%。强化安全生产，抓好源头管理，全年未发生重大伤亡事故。建筑业社会保障费劳动保险费管理工作取得突破性进展。

【规范建设市场秩序】 加强建筑市场管理，办理建设工程报建项目104个，建筑面积323万平方米，工程投资41亿元；监理备案104个，建筑面积217万平方米，工程投资20亿元；施工许可99项，建筑面积323万平方米，工程投资37亿元。

加强建设工程交易中心建设，完善工程量清单招标与合理低价中标制度，专项治理虚假招标，完成建设工程施工招标和监理招标工程196个，总建筑面积395万平方米，总造价33亿元，应招标工程和应公开招标工程招标率均达到了100%。

加强工程质量管理，监督市区在建工程2924个1860万平方米。通过全市范围的检查、抽查以及日常的巡回监督、检查，使工程质量有了明显提高，全年未发生重大质量事故，先后获得古城杯工程26项，省安济杯工程20项，河北大学附属医院综合楼工程获得了国家鲁班奖。

狠抓安全生产工作，通过落实安全生产责任制，强化安全质量标准化，完善应急救援体系，加强安全费用管理，开展“安全生产行政执法年”活动，加强安全备案管理开展安全生产专项整治等方式，遏制了重、特大事故的发生。安全监督覆盖率和安全达标覆盖率均达到了100%。

在市项目审批大厅对重大投资项目实行绿色通道审批程序，优先审批，提供优质服务。同时项目审批例会制度的建立促进了大厅工作，提高了审批效率，受到建设单位的欢迎。

整顿房地产市场，规范房地产市场秩序，同时完成住宅开发80万平方米。

加强勘察设计市场管理，依法审查，共审查施工图108项、勘察报告70项，建筑面积185万平方米，查出少报建筑面积4500平方米，补交配套费20余万元。在施工图纸审查中，及时发现违反国家强制性标准的问题并给予解决，消除了工程安全隐患。

稽查大队不断创新稽查方式、方法，大力推行3S数字执法稽查，共检查市区内在建工程项目214个，涉及单体工程739个，总建筑面积586万平方米，工程总造价52亿元。共查出存在违法违规行为的工程项目83个，涉及单体工程215个，总建筑面积144万平方米，工程总造价13亿元。

【圆满完成2007年清欠任务】 清欠办加大力度，巩固清欠成果，累计清欠拖欠工程款12.77亿元，占拖欠总额的99.9%，其中政府投资工程和房地产开发项目已全部清偿完毕。为近6万余名农民工追讨拖欠工资约2.14亿元。

【积极推进建筑节能工作】 全市黏土实心砖产量减少3亿块标砖，递减10%，综合利用粉煤灰100多万吨。加大稽查力度，共检查在建项目204个，总建筑面积251万平方米，覆盖率100%，对25项违规工程进行了处理。加大科研力度，3项科研项目在省内获奖，建设部节能65%示范工程格林漫都小区建设顺利竣工。根据省领导的指示精神，在全国率先提出建设“建筑节能示范城”的目标，起草了保定市建设节能示范城实施方案，并上报以市政府名义印发实行。

【城建拆迁工作依法进行】 加强依法审批拆迁项目管理，审房屋拆迁项目8个，动迁居民和单位979户，拆除房屋建筑面积6.9万平方米，监管补偿安置资金1200万元。同时注重妥善处理拆迁纠纷，保护了拆迁当事人特别是被拆迁人的合法权益。

【推动城镇建设管理工作】 加强全市燃气行业的安全生产管理，对各县市47家燃气企业、4家供热企业实施了资质年检，同时开展了安全隐患排查，查封了6家液化气站。加强园林绿化企业资质管理，对22家企业及104个项目经理进行了年检。强化市政企业管理，对各县（市）16家市政企业资质和165个市政企业项目经理进行了年检。起草了强化城市公共供水水质管理通知和保定市城市供水水质管理实施细则，加强城市公共供水水质管理。完成了新天地百货大楼楼体亮化工作。

继续组织了城镇容貌综合整治暨“星城杯”竞赛活动。向省建设厅上报了望都樊家村、涿州挟河村、易县柴厂村、涞水大台村为社会主义新农村建设试点。加强历史文化村镇保护，冉庄被评为河北省第一批历史文化名村，已上报参加国家级评选。组织参加河北新农村民居建筑设计大赛，市有20套设计方案进入了河北省100优。开展城市化统计监测，完成了全市312个乡镇、6000余个村庄的基础数据的统计汇总工作。下发了在村镇建设领域推广太阳能应用技术的通知，要求在重点镇、试点村先行推广。

在今年全市“驻联帮解促”活动中，局系统16名同志深入调研，分别为四个村制定切实可行的帮扶计划，采取多种渠道筹措资金近200万元，建设局直接帮扶80万元资金，扎扎实实为村民送温暖、献爱心、办实事，受到村民的高度赞扬，赢得了市“驻联帮解促”活动办公室的充分肯定。

【完成城市科学研究重点课题】 重点进行课题研究，会同相关单位完成加快城中村改造的研究及建议和保定城区供暖情况的调查与建议两个课题。

【加大抗震防灾管理力度】 完成了426项工程的抗震设计审查备案项目，对其中的281项新建工程施工图进行了抽查复审，审出问题80多个。完成了211个工程项目主体抗震措施专项检查，查出问题约56项，全部进行了整改。

【重视城区防汛管理工作】 完善了应急预案，储备充足的防汛物资，并结合百日行动活动对影响行洪的河道进行了清淤清障。

【科教工作取得新突破】 申报

2007年建设科技项目9个，其中3S建设市场稽查管理系统被列为建设部重点科研项目；共有10个项目获2007年河北省建设科技进步奖；申报全国建筑业新技术应用示范工程4个，其中保定市的电谷大厦作为省重点申报项目。

领导班子成员

局长 党委书记	李英泽
调研员	刘宝成
副局长	张建宗　刘晓白 董长东　刘　虹 葛新民　刘长水 马士伟
总工程师	辛　勇
纪检书记	张锐勇
助理调研员	钱新光　欧玉卿 张朝怀

（部门编辑：陈冠群）

市政公用事业

【保定市城市管理局】 保定市城市管理局为市政府直属工作部门。主要负责城区道路桥梁、供水、节水、排水治污、燃气、路灯、公共交通等市政公用设施的建设、维护与管理。设办公室、组干处、计财处、劳动人事处、市政处、公用事业处、客运处、科技处、监察室、法规处等13个处（室）。下辖8个基层单位。其中事业单位5个：市政维护管理处、路灯管理处、市排水总公司、市燃气总公司、市节约用水办公室；国有企业2个：市供水总公司、市公共交通总公司；股份制公司1个：市政公用工程建设监理有限公司。

【2006年·概况】 2006年，城市管理局在市委、市政府的正确领导下，在市人大、市政协监督指导下，认真学习贯彻党的十六届六中全会和市“2·29”大会精神，以“建设京南近海强市名城”为目标，坚持各项工作“往细里做，往精致里做，往群众身边做”的总体要求，坚持“高起点谋划、高标准设计、高质量建设、高效益管理”的工作方针，以市区路网建设统揽全局，以城市基础设施建设与管理为重点，发扬勇于攻坚、连续作战的作风，集中精力，形成合力，竭尽全力，圆满并超额完成了全年各项预定工作，共完成市政公用基础设施新建改造资金投入35324万元。其中：道路桥涵设施投入19000万元、排水设施投入5440万元、供水设施投入2044万元、燃气设施投入3305万元、公共交通设施投入2535万元、路灯设施投入3000万元。全年新增市政道路4.5公里，面积18.49万平方米（含便道面积3.87万平方米）。供水8016万吨，水质综合合格率达99.95%。排水管道总长583公里，管道疏通率100%，全年处理污水4400万立方米，处理后排放水质均优于国家标准。安全供应天然气4490.61万立方米，液化气8024.94吨。路灯线路总长度1300公里，路灯总数21000盏，路灯亮灯率98%以上。新增城市节水能力100万立方米，工业用水重复利用率超过78%，城市万元产值取水量降至36立方米。新增车辆48台，更换公交车辆34台，开辟新线路4条，全年营运里程达2500万混合公里，安全运送乘客7000万人次，为全市社会、经济发展作出了突出贡献。

【超额完成路网工程建设】 2006年市区路网工程是市委、市政府为民办十件实事之首。城市管理局承担了4条主次干道、4大路口及17条小街巷道改造、金专路新建、7条主干道维护和5座桥梁整饰等任务。在此基础上，城市管理局又自加压力，增加了徐庄路、开北路的工程建设，工程总投资达19000万元。2006年道路桥梁的建设与改造任务时间紧，任务重，拆迁难度大，工程标准高，涉及范围广，施工受扰大。城市管理局干部职工发扬顽强拼搏，连续作战的作风，努力创造一切有利条件，加班加点，日夜奋战，严保工艺流程，严保工程质量，除徐庄路、开北路工程为跨年度工程外，其他各项任务均提前完成，为增强城区的通行能力作出了重要贡献。

【提高城市供水服务水平】 为了让市民喝上放心水，城市管理局认真履行水质监测职能，全年共完成市区管网水日常检测1417次，原水及出厂水全分析74次，地表水厂工艺水检测20次，西大洋水库原水水质分析29次，定期在新闻媒体上发布水质公告，让百姓喝上放心水。针对一些老街区供水管网陈旧老化，跑冒滴漏严重的问题，下大力量对老旧供水管网进行改造，完成了31条路段的各类老旧供水管道改造，总长度达18729米。在此基础上，完成新建供水工程67项，铺设DN50以下供水管线43349米、DN50以上供水管线30311米，新立户表5041块，临时水表63块，一户一表改造5030户，有力地保障了城市生产生活用水的需要。

【推进污水处理厂二期建设】 污水处理厂二期是省重点工程、市民心工程。为确保工程保质保量完成，早日发挥其保护环境的巨大功效，按照市领导要求，城市管理局以超常规应急模式，重新制定了工作计划、倒排工期、细化目标、加班加点、昼夜奋战，完成了98%的厂外管网铺设，75%的厂内工程土建任务，签订完成大部分设备供货合同，并陆续到货安装，为2007年投入试运行奠定了坚实基础。

为确保城区排水治污这一新陈代谢大出口的正常运行，城市管理局对所属排水管道进行了全面检查与维护，疏通管道600余公里，清掏检查井、收水井19750座，清运污泥1785立方米，管道疏通率100%。全年泵站累计运行28236小时，提升雨污水3812万立方米，两座污水处理厂保持24小时不间断运行，共处达标理污水4439万立方米。

按照市防汛工作会议精神和城区防洪预案的要求，面对今年降水量大，主汛期提前、个别泵站施工尚未完成等严峻形势，城市管理局多次组织召开防汛工作专题会议，研究、部署防汛工作，抢抓时间，赶在汛期到来之前，完成了四个闸门，天威路与长城大街路口、五四路排水管道和化纤明渠等主要排水设施的改造，有力的提升了城区排涝能力。

2006年3月，白洋淀出现大面积污染事件，针对此次事件，城市管理局按照市有关会议精神，紧急部署，积极行动，及时在府河架设临时泵站，将60余万立方米府河水提升到污水库。两座污水处理厂克服进水水质超标、水量不稳定、设备老化等困难，严格处理工艺，严密监视各个工艺环节，严把达标排放不放松，大大减轻了府河对下游白洋淀水体的威胁。

为解决市水资源严重短缺的问题，提高城市水资源的重复利用率，城市管理局积极谋划建设鲁岗污水深度处理再生利用工程，该工程项目已通过由河北省工程咨询研究院组织的项目《初步设计》评审，为工程全面展开创造了良好的条件。

【超额完成天然气扩户任务】

城区燃气供应工作是城市管理局重要工作之一。为了让更多市民早日用上清洁、环保、热效高的天然气，城市管理局以“安全生产，扩大营销、增加效益、提高服务质量”为目标，紧紧围绕“安全、优质、不间断供气”的工作中心，克服气价攀升、市场萎缩、气源紧张等不利因素，通过挖潜增效，开拓市场，大力扩展供气范围，新铺燃气管道12.266公里，提前超额完成全年8000户的扩户计划，实际完成11732户。投资500万元兴建了市首座压缩天然气加气站母站，每日能满足400多辆各类机动车用气，为调整市能源使用结构，优化城市空气环境作出了新贡献。

【路灯照明亮化，营造城区璀璨夜空】 2006年，城市管理局承担了多项路灯新建与改造任务，其中改善路灯照明、主干道路灯增补、次干道路灯新建或改造和小街巷亮化等工程任务量大，难度高。面对如此多的工作任务，路灯管理处干部职工集中精力，科学谋划，明确分工，负责到人，克服施工路段不断交、架设地形复杂、拆迁施工受阻等诸多困难，抢工期，抢进度，完成了7条主干道路灯增补，4条次干道路灯新建或改造，对57条小街巷进行亮化，提前并超额完成了预定目标。随着城市路灯建设的不断扩大，路灯维护工作更加繁重、分散、零碎，大部在小街巷，与市民群众切身利益关系紧密。为给市民夜间出行提供便利条件，路灯管理处干部职工以群众利益无小事为理念，积极地投入到市区各路段路灯的检测维修工作中，全年共维修路灯3535盏，更换灯泡9380只，更换镇流器747只，处理基站事故110起，处理各类线路故障220余处，给市民夜间出行提供了一个灯光璀璨的美丽夜空。

【更新公交车辆，打造精品线路】

城市公共交通客运是城市管理局重要工作之一。公交总公司全体干部职工在公司历史遗留问题多、成品油价格上涨、新客运站启用需要调整多条运营线路的压力下，发扬迎难而上，开拓进取，努力拼搏的精神，以优质服务为龙头，以安全生产为保证，以创收降本为核心，深化企业改革，加强基础管理，加快线路优化发展，提升服务环境。全年完成行驶里程2500万公里，客运量7000万人次，购置新车82台，大大超额完成了政府下达的更新39台车辆的任务指标。开辟新线路4条。为配合东二环客运中心启用，调整公交线路，调整人员配置，作出了大量牺牲和努力，为方便市民出行作出了重要贡献。

为了进一步给市民营造一个良好的出行环境，全面落实《国务院办公厅转发建设部等部门关于优先发展城市公共交通意见的通知》、《河北省优先发展城市公共交通的实施意见》精神，按照市委、市政府要求，城市管理局结合市区具体情况，针对“公交优先”这一课题进行了全面调研，多方征求相关部门的意见，几经完善，编写出《保定市优先发展城市公共交通的实施意见》（讨论稿），呈报政府。该方案的制定完成标志着市公交发展将掀开崭新的一页。

【为城市可持续发展节约每一滴

水】 2006年，城市管理局节水工作困难与挑战同在，机遇与发展并存。在困难面前不怨天尤人、不等不靠、不灰心丧气，而是奋力拼搏，发扬克服困难、真抓实干的精神，以实现城市水资源可持续利用为己任，较好地完成了节水工作各项任务。全年指导企业完成节水技改工程，新增节水能力100万立方米以上；工业用水重复利用率超过78%，城市万元产值取水量降到36立方米，为城市水资源的有效利用作出了新贡献。

【推进“一城三星”市政设施连接工程】 为早日实现市“一城三星”大都市格局，城市管理局努力完成市区与清苑、满城、徐水三县连接部分的市政公用基础设施建设任务。市区天然气、供水管道均铺至三县连接部分区域，具备了向三县连接部分区域内用户供水、供气的条件。城区排水管网沿保满路延伸至了满城境内，收集该县部分工业污水进入鲁岗污水处理厂进行达标处理，为“一城三星”总体规划的早日实现作出了积极贡献。

【依托社会服务承诺，加强行风建设】 城市管理局担负的职责与市民生产、生活息息相关。为此，该局本着“立党为公、执政为民”的指导思想，不断转变工作作风，真正践诺“为人民服务”的工作方针。加强优服电话管理，严格服务标准，为市民企业提供更加便利的办事条件。建立健全专兼职的服务机构，将行风建设列入班子重要议事日程，每季度召开专题会议，分析整改在行风建设中存在的薄弱环节。出台了《局2006年行风建设和优质服务工作实施方案》和《关于进一步优化政务和社会环境的决定》。严格执行优质服务标准，做到五有：次次有记录，事事有着落，件件有回音，项项有跟踪，条条有考核；“五不”：遇事项繁杂不忙乱，遇来语生硬不急躁，遇无理取闹不指责，遇督调受阻不退却，遇承担责任不推脱；“三能”：责内事项能立即受理，责任交叉事项能主动配合，责外事项能尽快转告。“三无”：无因单位（部门、个人）过错责任造成市民（职工）越级集体上访，无因单位（部门、个人）过错责任出现媒体跟踪曝光报道，无因单位（部门、个人）过错责任受到上级公开点名批评。不断完善尾数号码为“111”的局系统优服电话网络。坚持24小时值班，热情受理市民群众“三来”（来电、来函、来访）。在热情接待“三来”的基础上，以“百、千、万”活动为契机，深入群众和企事业单位积极开展“三去”活动（电话主动打出去、信函主动发出去、人员主动派出去）。全年共走进直播间100次，组织551人次走访民主评议监督员、社区、企事业，问卷调查1287人次，征集建议、意见，经逐条进行疏理、归纳，全部进行整改，达到了有效宣传，改善城市管理工作的目的，受到省、市领导和市民群众的广泛赞誉。

领导班子成员

党组书记 局长	刘海锁
调研员	张秀军
副局长	梅建中　薛　凯 杜　伟　张文泽
总工程师	王建勇
助理调研员	李　哲

【保定市市政公用事业建设集团】

保定市市政公用事业建设集团，主要负责城区道路、桥梁、路灯、供水、排水、污水处理、燃气等市政公用设施的建设和管理。内设办公室、组干处、计财处、市政处、劳动人事处、公用事业处、科技处、监察室、法宣处等12个处（室）。下辖6个基层单位，其中事业单位4个：市政维护管理处、路灯管理处、市排水总公司、市燃气总公司；国有企业1个：市供水总公司；股份制公司1个：市政公用工程建设监理有限公司。

【2007年·概况】 2007年，市政公用事业集团以党的十七大精神为指导，在市委、市政府的正确领导下，以“建设京南近海强市名城”为目标，坚持各项工作“往细里做，往精致里做，往群众身边做”的总体要求，高起点谋划、高标准设计、高质量建设、高效益管理，以市区路网建设统揽全局，以城市基础设施建设与管理为重点，发扬敢于攻坚，连续作战的作风，集中精力，竭尽全力，圆满并超额完成了全年各项的预定工作目标。2007年全年共完成市政公用基础设施建设和改造投资18350万元，其中道路桥涵设施投入6900万元、供水设施投入1037万元、燃气设施投入3475万元、排水设施投入5388万元、路灯设施投入1550多万元。全年修建市政道路9.26公里，面积32.54万平方米（含便道面积5.52万平方米）。优质供水8333万立方米，安全供应天然气5161万立方米、液化气8556吨。排水管道总长度达到664公里，管道疏通率达100%，全年处理污水4700万立方米，处理后排放水质均优于国家标准。路灯线路总长度达1400公里，路灯总数达22000盏，路灯亮灯率达98%以上，为保障全市社会、经济发展作出了新贡献。

【开好局，起好步，围绕中心抓服务】 2007年是市政公用事业建设集团成立的第一年，为使干部职工充分认识成立集团的重大意义，集团党委及时稳定干部职工思想情绪，做好集团角色转换，找准定位，开拓思路，提出了以“三个务必保持”（务必保持清醒的头脑；务必保持团结向上、思想稳定、干劲十足的精神状态；务必保持真抓实干、求真务实的良好作风）为统揽，以“一个基础（优质服务）、六条主线（安全稳定、民心工程、智能建设、深化改革、基层党建、风行建设）”为工作思路，把工作定位在“以服务求生存、以服务求发展、以服务要行风、以服务要环境效益、以服务要社会效益、以服务要经济效益”上，认真贯彻落实市委、市政府掀起“责任风暴”、推进“效能革命”、优化发展环境活动，积极开展了“落实风暴”、作风纪律教育整顿和“一个心中，两个围绕”大讨论（市民群众在我心中，围绕市民群众想、围绕市民群众做）等一系列活动，大力弘扬“讲诚信、重服务、求质量、创一流、树形象”的精神，在较短的时间内凝聚了人心，振奋精神，开创了市政公用事业建设管理的新局面。

【完成市公交总公司与市节约用水管理办公室移交】 按照市委、市政府决定，市政公用事业建设集团成立后要将原隶属城市管理局的市公交总公司整建制移交市国资委监管，城市供水管理办公室（市节水办）移交市水务局管理。这两个基层单位的移交工作涉及的人员多、财物多、事项多。为确保移交工作平稳顺利进行，集团成立了专门机构进行处理，不推不靠，迎难而上，从大局着想，不遗留问题。在相关单位的积极配合下，两家单位的移交工作平稳、顺利、按期完成。

【市区道路桥梁建设维护争创一流】 2007年的市区道路、桥梁建设和维护工作点多、面广、难度大，市政公用事业建设集团按照市政府提出的“科学、快速、节约、美观”的总体要求，发扬善于克难，甘于奉献的精神。提前超额完成了开北路、徐庄路新建，玉兰大街、瑞祥大街、富江路翻修改建，保石路地道桥、三丰路地道桥、永华南桥、青年桥的栏杆挡墙整修，三丰路、天威路、盛兴西路的水泥路面胀缝处理，长城北大街、向阳大街、利民街、天威路、复兴路的道路裂缝修复，东二环与裕华路、长城大街与五四路、东二环与七一路、天威路与建华大街4个路口改造等多项道路建设维护任务，改善了道路状况，提高了城市道路的通行能力。

【污水处理厂二期工程投入试运行】 污水处理厂二期工程是省、市重点工程，市政公用事业集团按照于群市长提出的“加快进度、科学施工、确保质量、生态环保”的建设要求，攻坚克难，保质保量地完成了工程建设任务，厂区土建工程全部完成，铺设厂外污水管网102公里，厂区设备全部安装调试完成，具备了试运行条件。10月26日，市政府在工程现场举行了竣工试运行启动仪式，市四大班子领导、市直各部门、各县（市、区）领导和市民群众代表参加了仪式。该工程的运行启动，标志着全市日污水集中处理能力由16万立方米提高到32万立方米，城市污水集中处理服务面积由50.35平方公里扩展到88.2平方公里，城市污水集中处理率由不足60%提高到85%以上，对改善市区生态环境，促进市节能减排和白洋淀生态保护发挥重要作用。

【市区河道综合整治工程初见成效】 该工程是2007年实施的一项环境治理重点工程，通过污水截流、雨污分流、河道护砌、河道清淤、引进新水源及景观建设等措施，完成对一亩泉河下游（乐凯大街桥至八中桥）和西、北、东护城河（八中桥至刘守庙桥）的河道清淤，清除了两侧护坡的杂草和垃圾，截流了沿岸的20余处排污口，连接并疏通了鲁岗污水处理厂至乐凯大街一亩泉河桥的引水管道，于9月28日提前3个多月完成引水工程。先后两次投放鱼苗1万余尾，提高一亩泉河下游河段环境质量，使市区河道景观得到了一定程度的改观，为广大市民提供了一个舒适的生活空间。

【完善市区排水设施，年度防汛落实到位】 为了不断提升城区防汛排涝能力，市政公用事业集团下大力对城区排水设施进行维修与改造。全年共维修、更换收水井2947套、检查井188套，更新改造了文明桥、建国桥、米家堤和广济桥的泵站，改造了火车站双洞子和东风路的积水点，新建雨水泵站一座，对三丰路雨水泵站实施了雨污分流，提高了市区排涝能力。为确保城区汛期安全，市政公用事业集团按照“安全第一、常备不懈、以防为主、全力抢险”的防汛工作方针和城区防洪预案要求，针对近年降水量大、主汛期提前、个别泵站施工尚未完成等严峻形势，认真研究、缜密部署城区防汛排涝工作，成立了防汛工作领导小组，落实了防汛工作分工责任制，制定完善了《2007年防汛工作实施方案》、《防汛抢险应急预案》和《防汛值班制度》，组建了180人的防汛抢险突击队，加强了防汛物资储备，认真组织干部职工思想教育，真正树立“防大涝、抗大汛”的防范意识，并按照集团预案组织了防汛演练。在夏季几次大的降雨过程中，集团领导靠前指挥，全体抢险人员第一时间出动，紧急应战，全力排涝，基本实现了中雨无积水、大雨及时排放的预期目标，保障了城市基础设施和人民群众生命、财产安全，受到了市委、市政府及广大市民群众的广泛好评。

【供水管网和户表改造工程稳步推进】 按照自愿申请、周密组织、稳步实施的原则，大力推进老城区供水管道改造。完成了五四路、瑞祥大街、商城南巷等街道供水管道改造1534米和花椒园小区、光华小区和市政维护处城苑宿舍、金庄宿舍等老住宅小区供水管网改造962米。实施供水一户一表改造5112户，进一步降低了老城区和老住宅小区的供水管网漏失率，提升了供水服务工作管理水平。

【超额完成天然气扩户工作】 为了让更多市民尽快用上热能高、清洁环保的天然气，市政公用事业集团以居民户为扩户重点，积极开展工业用户、公福用户和燃气锅炉用户的推广与改造，多途径、多渠道的发展用户，年内累计新增天然气用户10317户，超额完成了市政府下达的1万户扩户任务目标。

【“太阳能之城”建设任务完成】 市政公用事业集团积极落实全市“太阳能之城”动员大会精神，以路灯改造为重点，全力加快太阳能推广应用步伐，共安装五四路、东风路部分路段的太阳能路灯60基，提前8个月完成了市政府规定的建设任务。在此基础上，还结合路桥改造，在瑞祥大街、太行路、开北路、小集南街、复兴路地道桥、永华桥和三丰路地道桥的部分路段安装太阳能路灯230基，污水处理厂二期厂区全部采用光、风、电互补的节能路灯，为市太阳能推广利用进行了有益的尝试。

【路口高杆灯安装进展顺利】 在提前2个月完成南二环与朝阳大街路口等4大路口的9基高杆灯的基础上，市政公用事业集团结合市区路网改造，另为东二环与七一路口等5个路口安装高杆灯14基，全部在国庆节前亮灯投入使用。新式钢质高杆灯设计新颖，样式美观，达到了白天观景、夜间照明的效果。

【综合整治市容环境】 市政公用事业集团紧紧围绕《市容环境综合整治百日行动实施方案》，按照打造城市“洁、美、绿、亮、序”和“治脏、治乱、提神”的要求，全面展开市政公用设施“洗脸工程”，坚持综合整治与行风建设相结合、突击整治与长效管理相结合，明确责任，加强管理，严抓落实，创新工作，在全面排查的基础上，维修市区破损路面5329平方米、路缘石8705延长米、便道砖11562平方米，整治路灯设施598处、供水设施517处、燃气设施359个、排水设施3236套，修整粉刷路灯杆2388棵，疏通排水管道128公里，清运污泥800立方米，清理沥青路面野广告3553平方米。为打造具有古城特色的夜景照明，市政公用事业集团集思广益，创新举措，在东风路（阳光大街至向阳大街段）、朝阳大街（七一路至东风路段）安装行道树投光灯704盏，悬挂彩色串灯5970条，为东风路、七一路、五四路和恒祥大街的4座地道桥安装动感彩灯带3720米，将古城夜景装扮的更加绚丽多彩。

领导班子成员

集团党委书记 总　经　理	李治安	
副　局　长	梅建中	薛　凯
	杜　伟	张文泽
总 工 程 师	王建勇	
助理调研员	李　哲	

（部门编辑：左　东）

房产管理

【保定市住房保障和房产管理局】 保定市住房保障和房产管理局是市人民政府领导的、具有行政职能的直属事业机构，是市政府推进落实住房制度改革、组织经济适用房建设、物业管理和房产行政管理的职能部门。内设14个处（室），局属事业单位3个。

【2006年·概况】 2006年，围绕市委、市政府经济工作总体部署，认真履行管理职能，积极推进市房管房改工作，使房地产业呈健康快速发展的态势。1．改善群众住房条件，解决最低收入家庭住房困难，资助现住房人均建筑面积12平方米以下城镇最低收入家庭的任务目标提前7个月圆满完成，为全市357户符合要求的最低收入家庭发放了共计49万元的保障款。2．市区居民生活小区物业管理覆盖率达到60%的任务目标提前3个月完成。市区住宅总建筑面积1958.01万平方米中，有

1193.21万平方米实行了物业管理。3.30%的县（市）和市局本级达到房地产交易与权属登记规范化管理标准。4．房地产市场秩序明显好转。组织召开了两次《整顿和规范了房地产市场秩序》工作会议。11月上旬对各县（市）整顿和规范了房地产市场秩序情况、执行国家及省市房地产调控政策情况等进行了检查。房产执法监察队对市区房产中介服务机构进行情况摸底和检查，查处了一些违规开发企业和中介企业，保障了房地产市场正常秩序。5．公房出售和发放购房补贴。审批办理成本价出售公房手续71单位（1405户、10.67万平方米）；办理单位集资建房出售手续16个单位（2321户、25.1万平方米）；审批办理由标准价规范成本价手续70个单位（453户、2.58万平方米）。审批购房补贴4个单位（464人，2.80万平方米，补贴经额614.04万元）。6．行政审批工作取得了明显成效。截至11月底，共受理行政审批事项193件。其中，房改售房127件；物业资质33件；房屋安全鉴定6件，收费10780元；单位集资建房6件，1861套；购房补贴6件；前期物业合同备案17件。以上受理事项全部在办理时限内办结。7．房地产市场日趋活跃。截至10月底，共办理房产交易手续12118起，交易面积117.7万平方米，交易金额19.78亿元，同比增长51.34%；创利税5500万元，同比增长35%。产权处共缮证22034个，查档出证13212卷。各项工作比去年同比增长了2.8个百分点。8．直管公房的产权、产籍、产业管理力度进一步加大。共办理公房异动手续1280户，共收取有偿转让费77.28万元。完成房租收缴总额1109.27万元。维修公房平房289.5间；楼房119栋，截至10月底完成工作量350万元。9．逐步完善了专项维修基金的管理制度。市住房维修基金的使用管理，基本形成了法制化、系统化和科学化的管理模式。全年共归集维修基金11652万元，使用维修基金131万元。全市的房地产管理和住房制度改革工作跃上了一个新台阶，圆满完成了年度目标任务。

【落实房地产调控政策，保证房地产市场稳定】 认真贯彻落实国家、省、市有关房地产调控政策，制定相关调控措施，督促企业严格落实。国家调控房地产市场的政策出台后，为保证交易市场的稳定和发展，采取措施，依法完善相关调控政策，积极宣传和引导消费者的置业理念，使房地产市场在稳中发展。局办公室起草了《加强调控，促进我市房地产市场健康发展的意见》上报市政府，为政府决策提供了有力的依据。市场处进一步完善商品房预售合同网上登记备案，把加强商品房预售后期监管作为预售管理的重点，要求开发企业自觉规范销售行为，规范售楼现场，规范房地产广告发布行为。同时，在《保定日报》、《保定晚报》上刊登了关于加强预售合同网上登记备案的通告，并对各开发企业落实情况进行了检查，11月中旬对开发企业预售合同网上登记备案系统的操作人员进行了培训。从制度上促进了房地产市场正规有序。

【整顿和规范地产市场秩序】 为加大整顿规范房地产市场秩序的力度，切实建立良好的房地产市场秩序，组织召开了两次整顿和规范了房地产市场秩序工作会议。11月上旬对各县（市）整顿和规范房地产市场秩序情况、执行国家及省市房地产调控政策情况等进行了检查。为强化职能，成立了房产执法监察队，对市区房产中介服务机构进行情况摸底和检查，查处了一些违规开发企业和中介企业，较好地保障了房地产市场正常秩序。

【规范交易行为，完善“一条龙”服务体系】 认真贯彻建设部关于房地产交易和权属登记规范化管理的要求，在本级完成了“一体化”服务体系的基础上，重点抓了县（市）的房地产交易与权属登记规范化管理工作，完成了对唐县、清苑、安国等7个县（市）市房地产管理部门申报全省房地产交易与权属登记规范化管理单位的摸底考核工作，交易行为进一步规范，房屋交易、抵押、登记发证程序的“一条龙”服务体系充分发挥作用。

领导班子成员

党委书记
局　　长　李治安
房改办主任
副 局 长　赵爱国　吴全乐
　　　　　任喜峰
纪委书记　高峰山

【2007年·概况】 2007年，市住房保障和房产管理系统紧紧围绕市委、市政府中心工作，全面优化发展环境，严格依法行政，认真履行房管的公共服务职能，积极推进全市住房保障、房地产管理和房改工作，房地产业呈现健康快速发展的良好态势，重点工作圆满完成，职能建设及作用发挥跃上了一个新台阶。

【法规制度建设得到加强】 一是加大法规制度出台力度。全年共出台市发规范性文件3个，局发规范性文件10余个，为做好住房保障和房产管理工作提供了法制保障。二是加强执法人员培训，提高依法行政能力。完成全局155名人员的培训并全部获得了《行政执法资格证》。除此之外，还根据新法律法规的出台，适时组织培训，从而不断提高行政执法人员依法行政的能力。三是大力推进行政执法责任制工作。市局作为国家建设部行政执法责任制重点联系单位，按照建设部、省建设厅的要求，进一步完善了行政执法责任制9项制度，编印下发了《行政执法责任制手册》（草案）200余册，向省建设厅上报局《围绕重点抓落实，大力推进行政执法责任制工作》经验材料，被列入《全省法制工作经验汇编》并推广。

【强化职能建设，加大住房保障力度】 国务院［2007］24号和省政府［2007］95号文件下发后，市局根据保定实际，先后制定印发了《经济适用住房销售管理暂行办法》、《关于解决保定市区城镇低收入家庭困难的实施方案》和《关于完善城市住房保障制度解决低收入家庭住房问题的实施意见》。1. 经济适用住房建设情况：（1）2006年开工的15.49万平方米的经济适用住房已经封顶，1610套经济适用住房开始入住申请、公示，排序工作。（2）2007年政府批准集资建房竣工30.22万平方米，2759套，可以解决2759户职工住房。2. 最低收入家庭住房保障情况：2007年为人均住房建筑面积15平方米以下低保家庭814户、2300人提供了住房保障补贴，发放补贴款78.7万元。达到了应保尽保要求。

【促进房地产市场秩序根本好转】 2007年是局行政审批中心进入市行政审批服务中心的第二年，实现了行政审批服务中心受理和局职能处室审批的有机结合，行政审批工作程序步入了正规，杜绝了在市行政审批服务中心外受理审批的现象。局行政审批人员，严格审查各项申报项目，严格按程序办理。全年共受理行政审批事项223件。其中房改售房131件；购房补贴11件；前期物业合同备案14件；物业服务企业资质审批48件；房屋安全鉴定3件；房地产评估机构资质核准3件；租赁住房补贴备案3件；租金核减审批3件；单位集资建房5件；经济适用住房建设初审2件。以上受理事项全部在办理时限内办结。局房地产交易中心作为市行政服务大厅的分厅，严格按大厅的有关政策办理，在保证质量的情况下，不断简化程序，采取多种便民措施。全年共办理房产交易手续1124起，交易面积117.12万平方米，同比增长－19.17%；交易金额21.53亿元，同比增长－14.15%。全年办理公房异动手续1372户，其中办理过户801户，收取有偿转让费91.5万元。完成房租收缴实收总额1049.82万元。收回历欠224万元，收租率89%。全年完成维修工作量463余万元。

【信息化建设取得实质性进展】 年内完成与省建设厅的协同办公网的联通，与市政府公务内网的联通，局系统办公系统开始正式运行。房地产信息系统建设完成方案设计，系统硬件建设已基本完成。实现市、县两级联网，推进全市房管系统办公自动化工作已纳入计划，并正在逐步铺开。

【物业管理工作日趋规范】 制定2007年市区物业管理覆盖率的工作目标分解方案，认真组织逐项落实。市区居民住宅小区物业管理覆盖率达到65.01%。依据国务院《物业管理条例》、建设部《前期物业管理招标投标管理暂行办法》等相关文件，制定了《保定市物业管理专家库专业人员管理暂行规定》、《保定市物业管理专家库专业人员资格评审委员会议事规则》，下发《保定市房产管理局关于贯彻<前期物业管理招标投标管理暂行办法>的通知》等规范性文件，成立保定市物业管理专家库专业人员资格评审委员会，完成首批保定市物业管理专家库专业人员的评选。物业管理招投标工作已全面展开。公共维修资金制度得到进一步的落实。认真贯彻有关政策法规，把维护好广大业主的切身利益和社会稳定作为工作的出发点和落脚点，专项维修资金的管理制度得到了进一步完善，形成了法制化、系统化和科学化的管理模式。全年共归集维修资金1000余万元，使用维修资金130万元。

领导班子成员

党委书记
局　　长　冯韶华
房改办主任
副 局 长　赵爱国　吴全乐
　　　　　任喜峰
党委副书记
纪委书记　赵五生

（部门编辑：谷建章）

住房公积金管理

【保定市住房公积金管理中心】 保定市住房公积金管理中心成立于2002年12月27日，为直属市政府的正县级事业单位。内设15个处室及部门，下辖四个市区营业网点及22个县（市）分支机构。负责管理全市、区及22个县（市）46万职工住房公积金的归集、使用、核算、保值和住房公积金个人住房贷款等工作。

主要职责是：编制、执行住房公积金的归集、使用计划及编制计划执行情况的报告；负责记载职工住房公积金的缴存、提取、使用等情况；审批住房公积金的提取、使用；负责住房公积金的核算；负责住房公积金的保值和归还；审批职工个人住房公积金贷款，并保证信贷资金的安全；起草住房公积金年度报告，经住房公积金管委会批准后，向社会公示；依据《住房公积金管理条例》规定，对不依法缴交单位进行处罚；承办住房公积金管委会决定的其他事项。

【2006年·概况】 2006年，在市委、市政府的正确领导下，坚持以科学发展观为指导，按照“管委会决策，中心运作，银行专户存储，财政监督”的原则，认真履行《条例》赋予的职能，以“健全制度、强化管理、严肃纪律、高度统一”为工作准则，以理顺机构、创新管理机制为突破口，以推进归、贷业务为主线，把强化服务，往细里做、往精致里做、往群众身边做，圆满完成了全年工作任务目标。积极促进和推动全市住房公积金管理的健康发展。截至2006年底，全市新建制单位356个，新增缴存职工3.7万人。共为3273个单位，36.52万人缴存了住房公积金，覆盖率为61.89%。住房公积金累计归集32.59亿元，归集余额20.76亿元；累计发放住房公积金贷款6.9亿元，为8343户职工家庭改善住房条件提供了资金支持，当年实现住房公积金增值收益1324万元。2006年被评为“全省住房公积金管理先进单位”。

【召开第三次管委会】 2006年4月20日保定市住房公积金管委会第三次全体会议圆满召开，会议讨论通过了《保定市住房公积金管理中心2005年工作报告》，审议通过了《2004年保定市住房公积金财务收支决算》、《2005年保定市住房公积金财务收支预算》、《2005年保定市住房公积金财务收支决算》、《2006年保定市住房公积金财务收支预算》、《保定市住房公积金职工个人贷款管理办法》、《保定市住房公积金归集管理暂行办法》、《保定市住房公积金管理中心年度目标考核奖惩办法》、《关于重新确定住房公积金银行专户的请示》、《关于建设信息网络（二期）项目的请示》、《关于解决县（市）分支机构办公用房的请示》，并调整了管委会部分委员。

【理顺县（市）机构】 为落实《国务院关于进一步加强住房公积金管理的通知》要求，解决县（市）机构和建制两大难题，于6月28日组织召开了由主管县（市、区）长参加的全市住房公积金管理工作会议，进行全面部署。9月27日市长办公会议对住房公积金资金安全、县（市）建立制度、理顺机构等重点工作都提出了明确指示。至此，全市所属22个县（市）全部完成资金移交，由中心统一管理，实现了“统一制度、统一核算、统一管理”的工作目标。此项工作走在了全省的前列，受到省监督办领导的表扬。

【创新归、贷管理模式】 为适应新形势，中心一直把创新发展作为保证公积金事业持续健康发展的重要任务来抓。一是创新归集模式，采取直接归集住房公积金的模式，改变了以委托银行归集住房公积金为市住房公积金归集的管理模式。同时，修订了《保定市住房公积金归集管理暂行办法》和《保定市住房公积金提取管理暂行办法》，进一步规范了住房公积金归集管理。二是为在创新中求发展，借鉴外地经验，创优服务，创新模式，提高住房公积金使用率。三是进一步完善审贷制度，强化贷后管理，有效控制资金风险，使贷款逾期率始终控制在规定范围之内。重新修订《保定市住房公积金职工个人贷款管理办法》，修改职工个人住房借款合同、委托协议书，进一步规范职工个人贷款管理工作程序和业务流程。

【网络系统日趋完善】 努力加快信息化建设步伐，公积金管理网络初具规模，系统日趋完善。一是完成了22个县（市）业务网络互联，实现了“四个统一”（即：统一操作平台，统一业务流程，统一数据管理，统一业务监管）。二是为进一步提高信息化程度，中心研究拟订了信息网络二期项目建设计划。三是制定实施了网络安全管理规定，实现了网络安全、设备维护、微机配备的规范化管理，达到全省一流水平。

领导班子成员

党组书记
主　　任　王勇山

党组成员
副 主 任　赵惠民　李保成
　　　　　穆希君
党组成员
纪检书记　李长江
党组成员
总会计师　许金琸

【2007年·概况】 2007年以"落实制度、强化安全、提高素质、创优服务"为工作重点，以推进归、贷业务为主线，全面开展规范管理年活动，紧扣目标，狠抓落实，各项指标均实现突破性进展，圆满完成了全年任务目标。截至2007年底，全市新建制单位1029个，新增缴存职工9.6万人。共为4302个单位，46.12万人缴存了住房公积金，覆盖率为78.16%。住房公积金累计归集50.1亿元（包括石油物探），归集余额27.99亿元；累计发放住房公积金贷款11.15亿元，为11848户职工家庭改善住房条件提供了资金支持，当年实现住房公积金增值收益2301万元。2007年被评为全省住房公积金管理系统业务管理考核先进单位。获建设系统政风行风建设先进单位、建设系统精神文明建设工作先进单位等15项奖项。

【规范管理年活动成效明显】根据市委、市政府提出的开展"各项工作落实年"活动精神，为提升管理水平，中心开展了"规范管理年"活动。重点围绕机关管理、县（市）财务管理、贷支管理、制度落实、行风建设、窗口创优等六个方面进行了规范。通过强化管理意识，规范管理行为，完善管理制度，建立规范统一的管理机制，使队伍整体业务素质，财务、归、贷和机关管理水平、服务质量明显改观，初步形成法制化、规范化、制度化。

【县（市）建制实现突破性进展】积极运作，克服困难，县（市）机构调整和财政供养人员建制工作实现突破性进展。一是在去年机构基本理顺的基础上，对县（市）全面实行垂直管理，实行"四统一"。并于2月13日由市编办正式下发文件，明确26个县（市）的编制和职能，至此，全市住房公积金机构调整工作全面到位，并于4月23日顺利通过省督导组检查验收，得到省政府督导组的充分肯定。二是加大督导力度，积极协调，全市22个县（市）全部为财政供养人员建立了住房公积金制度，在全省带了好头。此项工作得到了省主管部门的肯定和表彰，并在2007年6月26日全省住房公积金工作座谈会上作为先进典型介绍经验。

【公积金制度覆盖率大幅提高】中心立足宣传开路，积极推进住房公积金归集扩面工作。一是加大宣传力度。2007年利用《住房公积金管理条例》颁布八周年之际，在市内繁华区组织宣传车、大鼓队等大张旗鼓地宣传公积金政策，发放宣传材料10000多份，各县（市）也相继开展了形式多样的宣传活动。同时，为加大宣传力度，在《保定晚报》开创了公积金专版，使公积金政策逐步家喻户晓，深入人心，取得了良好的社会效应。二是规范归集、支取业务流程。针对归集模式的创新，进一步完善了归集、支取业务流程，提高了其规范性、科学性、可操作性，进一步分清了职责，明确了目标。2007年共新增缴存单位1029个，新增缴交人数9.6万，覆盖率提高到了78.16%。三是加大执法力度。通过对市区200人以上应建未建、应缴欠缴单位进行执法检查，全市正常缴存单位由年初的3273户增加到4302户。

【公积金贷款业务快速发展】以扩大规模、提高住房公积金使用率为主线，以借鉴外地经验，创优服务，创新模式为重点，保持了贷款业务的快速增长。一是通过召开座谈会的形式加强了对受托银行、开发企业的协调，找准了制约发展的症结，提高了办结效率。二是通过改进服务方式，简化审批流程，主动服务上门，提高服务效率，为广大职工提供方便快捷服务。三是先后到秦皇岛、郑州等城市外学经验的基础上，在中行高新区支行开办了贷款网点，更好地方便了群众。同时，引进竞争机制，两个网点将分别下达任务，激发工作热情，促进贷款业务的发展。四是全市22个县（市）均已签署委贷协议开办贷款业务，2007年县（市）发放贷款1.54亿元，较去年增长140%，有效地促进了县域经济的发展。在扩大贷款规模的同时，进一步强化风险管理，通过严格贷款业务审批程序、操作流程，建立实施贷款调查、审查、审批和贷后跟踪管理制度，建立贷款发放和资金转账专人网上盯办的风险预警机制，使全年逾期率始终控制在1.5‰以内。

【调优结构增值收益大幅提高】为提高存储收益，在银行存款利率倒挂的情况下，不断加大资金盘活力度，优化资金存储格局，打破了银行转存定期不超1年的联盟，实现收益最大化。同时加强住房公积金资金使用规范管理，形成"事前申报审批、事中网上监督和事后跟踪备案制的管理模式"，有效地防范了资金风险。

【采取四项措施加强行风建设】

一是走出去广泛征求群众意见。领导带队先后走访50多个机关、企事业单位进行广泛宣传政策，积极听取群众意见，努力改进工作，召开座谈会和大型咨询宣传会，向社会公开承诺一次办结和告知。二是聘请监督员请进来座谈。组织社会各界人员来中心进行指导，虚心听取建议。三是发送《征求意见函》5000余份广泛征求意见。四是严格查处和追究有关人员不作为乱作为责任，提高全体干部职工遵规守纪意识。在2007年全市民主评议测评中，获全市民主评议先进单位和年度进步奖。

领导班子成员

党组书记 主　　任	王勇山
党组成员 副 主 任	李文利　赵惠民
	李保成　穆希君
党组成员 纪检书记	李长江
党组成员 总会计师	许金璋

环境保护

【2006年·环境质量】

一、水环境质量

（一）地下水

一亩泉14#、农大、电化厂、尚庄、南奇水文站共5眼井，水质全部达标，其中一亩泉14#为保定市一亩泉水源地供水井，其余为自备井。

（二）地表水

河流。4条河流，15个断面。唐河、潴龙河水质优，水质均为Ⅱ类，好于功能区划要求。府河水质重度污染，主要污染物为氨氮、生化需氧量、化学需氧量。造成污染主要原因：一是没有清洁水源；二是府河市区南部污水管网不完善，大量生活污水及部分工业废水不能接入城市污水处理厂而直排府河。拒马河的涞源、紫荆关断面水质均达到或好于功能区划要求，码头断面未达到功能区划Ⅲ类要求，水质为劣Ⅴ类、重度污染。码头断面为北京来水，水质极不稳定，时有超标。

水库。王快、安格庄水库水质为Ⅱ类，水质优。龙门水库由于蓄水量太少，接近死库容，污染物浓缩造成高锰酸钾指数超标0.02，水质为Ⅲ类，水质良，未能达到功能区划要求。保定市地表水饮用水源地西大洋水库水质优，达到功能区划要求。

白洋淀。监测点位9个，同为国控、省控点位。即：Ⅴ类区的鸪丁淀，Ⅳ类区的南刘庄，Ⅲ类区的烧车淀、王家寨、枣林庄、圈头、采蒲台、端村、光淀张庄。监测结果：采蒲台、端村水质为Ⅳ类，枣林庄、圈头水质为Ⅴ类，其余点位水质为劣Ⅴ类，均未达到功能区划要求。

二、城市空气环境质量

空气质量达标天数为300天，较2005年减少了8天。可吸入颗粒物、二氧化硫年日均值超标。同2005年相比，除可吸入颗粒物与上年持平外，二氧化氮及降尘浓度下降，二氧化硫浓度增加，空气综合污染指数由2005年的3.28上升至2006年的3.35；如果仅以二氧化硫、可吸入颗粒物、二氧化氮三项作为评价项目，2006年空气综合污染指数为2.44，比2005年上升0.1。

三、城市声环境质量

保定市功能区噪声1、2、3、4类昼、夜间等效声级均达到国家标准。与2005年相比，除2类区昼、夜间噪声等效声级上升0.3分贝外，其他各个类区昼间和夜间等效声级均下降，下降幅度在0.1～0.5分贝之间。区域环境噪声、道路交通噪声、功能区噪声都处于降低和稳定达标状态。

【区域特异性水环境问题】

一、白洋淀死鱼事件

2006年2月至3月，白洋淀发生大面积死鱼事件后，引起社会各界广泛关注，国家环保总局和农业部专家及河北省政府迅速组成调查组赶赴现场对死鱼事件进行调查。保定市环保局在事发同时启动了应急预案，监测站从2006年3月17日起对入淀河流及淀区开展了应急监测，监测点位有南刘庄、烧车淀、王家寨、光淀张庄、椅子圈、椅子圈西、采蒲台、端村、圈头、枣林庄、府河望亭、府河焦庄、漕河（刘口）、瀑河（汉阳桥）、孝义河（蒲口）、南拒马河（新盖房）。开始时每天监测一次，4月11日后，每周监测两次，至5月中旬恢复为常规监测。监测站将监测结果以《白洋淀应急监测水质状况专报》的形式上报，共报出了27期。

最终调查结果显示，发生该事件的主要原因在于水体污染较重，水中溶解氧过低，从而导致鱼类窒息。造成白洋淀水体污染主要有4个原因：一是周边及上游各县（市）城镇污水处理厂建设严重滞后，大量未经处理的工业和生活污水进入白洋淀；二是满城县造纸工业污水排放量明显增加，且不能稳定达标；三是白洋淀水位常年偏低，且当年补水较晚；四是养鱼密度大，缺乏科学规划，实际养鱼户远远超过经行政许可的养殖量。

死鱼事件发生后，保定市政府通过采取补水（王快和安格庄两座水库向白洋淀补水5000万立方米）、截污、控污等一系列措施，使入淀污染物总量得到有效控制，水中原有污染物得到稀释，水质逐步好转。2006年5月的常规监测结果表明，水质已明显好转。由于干旱少雨，6月以后水位一直在7米以下，蓄水量不足1亿立方米。至11月以后，白洋淀水位低于6.5米，处于干淀水位。

经国务院批准，2006年11月24日，开始实施了“引黄济淀”。至12月9日，补水开始进入白洋淀淀区内。市环保局及时组织监测站相关人员于12月9日起对入淀水质进行了跟踪监测。重点监测了入淀口（位于任丘境内的大树刘庄村）和淀区内的采蒲台。补水开始时，每天监测一次，监测项目为：PH、化学需氧量、高锰酸盐指数、氨氮、总磷、溶解氧、色度、电导率8项。“引黄济淀”输水线路全长397公里，补水的前端是沿途河道水，水质较差，劣于Ⅴ类。12月17日后入淀水质好转并趋于稳定，除高锰酸盐指数偶有超标为Ⅳ水质外，基本达到Ⅲ类水质标准，监测频次改为2~3天监测一次，12月23日后改为每旬监测一次。“引黄济淀”于2007年3月5日结束，补水后的白洋淀水质明显改善，已有部分水域水质接近或好于地表水Ⅲ类标准。

二、大沙河煤焦油污染事件

2006年6月12日下午5时左右，在山西省繁峙县神堂堡乡大寨口路段，一辆装有80吨煤焦油的罐车由于严重超载，侧翻于公路东侧路面，造成约60吨煤焦油泄漏于公路路面及国道东侧的大寨口大沙河河道内，由于未能及时处置，泄漏后部分煤焦油顺着路旁边沟，进入水体流入大沙河上游。6月13日上午10时多受污染的河水已越过两省交界处，到达保定市阜平县境内。阜平县环保局接到群众举报后，立即向保定市环保局报告。

接到报告后，市环保局立即启动应急预案，市环保监测站对可能受影响的地表水、地下水、底质和土壤及时开展了应急监测。监测结果与评价：6月13日上午受煤焦油污染河水进入阜平县境内，主要污染物挥发酚超标600倍，石油类和多环芳烃超标。经采取筑坝拦水、挖坑蓄水、活性炭吸附、草帘吸油等措施，减缓污染物下泄速度，净化消除污染物，经约10天时间，大沙河水质全面达标。污染物带前锋最多到达距县城约15公里的百亩台处，未对阜平县城生活饮用水源地和王快水库造成影响。

【2007年·环境质量】

一、水环境质量

（一）地下水

市区地下水常规监测，一亩泉14#、电化厂、南奇水文站和尚庄共4眼井，水质全部达标，其中一亩泉14#为保定市地下饮用水源地供水井。监测项目共25项，即PH、总硬度、溶解性总固体、氨氮、高锰酸盐指数、挥发酚、硝酸盐氮、严硝酸盐氮、氯化物、硫酸盐、氟化物、氰化物、六价铬、总大肠菌群、浊度、石油类、阴离子表面活性剂、铁、锰、铜、锌、砷、汞、镉、铅。根据2006年水利部门进行的普查监测结果，从中选取了7眼有问题的自备井进行重点监测，7眼自备井分别位于保定市粮食局储备库、宝凯电器有限公司电镀分公司（原保定电镀厂）、保定东明树脂化工有限公司、保定裕北物业管理公司砖厂、保定油漆厂、保定市第一医院、保定市交警支队车管所。对上述各井，于3月、5月、7月、11月各监测一次，监测项目同常规地下水监测。经监测，保定市第一医院井水各项指标与该市常规监测地下水结果一致，可达到相关标准要求，其余各井水质中总硬度较高，超标或接近标准限值。宝凯电器有限公司电镀分公司井水六价铬浓度超标，主要原因是该公司长期进行电镀生产，特别是早期污染防治措施不到位，对地下水造成一定影响。

2007年，首次开展了县城饮用水源地水质监测。各县（市）城除阜平县以地表水为饮用水源外，其余均以地下水为饮用水源。按照《地下水环境监测技术规范》规定，通过对各县（市）供水井部分项目（PH、总硬度、氯化物、高锰酸盐指数、硝酸盐、亚硝酸盐氮、氨氮、氟化物、六价格、硫酸盐共10项）进行监测表明，水质良好，基本未受到污染。但雄县的两眼监测井亚硝酸盐氮偏高，接近标准值，可能是由于当地地下水亚硝酸盐氮的背景值高，徐水县工商银行和涿州市县府街小学两眼井总硬度偏高，可能是封井不好，有浅层水进入。阜平县以大沙河的地表水作为县城饮用水源，通过常年例行监测，其水质一直保持地表水Ⅱ类标准，符合供水水源地水质要求。

（二）地表水

常规监测河流水质。2007年常规监测5条河流（唐河、潴龙河、拒马河、府河、滋河），共15个断面。监测项目共25项，即流量、水温、PH、溶解氧、高锰酸盐指数、化学需氧量、五日生化需氧量、氨氮、总氮、总磷、铜、锌、氟化物、硒、砷、汞、镉、六价铬、铅、氰化物、挥发酚、石油类、阴离子表面活性剂、硫化物、粪大肠菌群。监测结果：唐河、潴龙河在水库上游河段水质优，均好于Ⅲ类水质；拒马河上游山区干流水质优，下游自落宝滩断面断流，支流琉璃河北京入境水质重度污染，主要超标污染指标有总氮、氨氮、生化需氧量等。由于没有清洁水源补给，府河污染较重，所设3个监测断面水质均为重度污染，首要污染物为氨氮，其他超标污染指标有总磷、化学需氧量等，表现出生活污染特征。府河干流从人民公园到出市口焦庄断面一段污染最重，下游汇入银定庄污水处理厂出水后水质有所改善。滋河由石家庄进入保定市定州、安国，化学需氧量浓度在116～816毫克/升之间，氨氮浓度在39.1～184毫克/升之间，水质极差，对保定市定州、安国沿岸村庄造成严重影响。

四大水库。2007年对保定市西大洋、王快、安格庄、龙门共4个水库进行了监测。监测项目：水温、PH、溶解氧、高锰酸盐指数、化学需氧量、五日生化需氧量、氨氮、总氮、总磷、铜、锌、氟化物、硒、砷、汞、镉、六价铬、铅、氰化物、挥发酚、石油类、阴离子表面活性剂、硫化物、粪大肠菌群、透明度、叶绿素a共26项。结果表明，西大洋、王快、安格庄水库水质为Ⅱ类，水质优。龙门水库由于蓄水太少，春季已低于死库容，至秋季已基本干涸，总氮、总磷、高锰酸盐指数等超标，未能达到功能区划Ⅱ类水质要求。

白洋淀及入淀河流。白洋淀共设9个监测点位。从全年监测结果平均值来看，采蒲台、端村水质为Ⅳ类，属轻度污染；烧车淀、光淀张庄、枣林庄、圈头和王家寨水质为Ⅴ类；南刘庄水质为劣Ⅴ类。主要污染物为总氮、总磷、氨氮等。与2006年相比，水质明显好转，全年未发生污染事故。府河、漕河、瀑河、孝义河等入淀河流主要污染物浓度明显降低，特别是入淀水量大大减少，漕河、瀑河、孝义河三条河全年基本无水入淀，府河入淀口南刘庄化学需氧量浓度一直在45mg/L以下。

二、城市空气环境质量

2007年保定市环境空气质量达到或好于国家二级标准的天数为305天，比上年增加了5天。空气质量达标率为83.3%。可吸入颗粒物、二氧化硫、二氧化氮年均浓度分别为：0.107mg/m^3、0.059mg/m^3、0.032mg/m^3，综合污染指数为2.45。二氧化硫、二氧化氮年均浓度达到二级，可吸入颗粒物超二级标准0.08倍。同上年相比，综合污染指数、可吸入颗粒物年均值基本持平，二氧化硫年均值降低了8%，二氧化氮年均值升高了39%。降尘年均值为20.68吨/平方公里月，超过二级标准3.3%，比上年升高了17.4%。全年降水PH值在5.72～7.55之间，未出现酸雨。

三、城市声环境质量

保定市1、2、3、4类区昼、夜间噪声均达到相应功能区划标准。区域环境噪声年均昼间等效声级为54.9分贝，达标率为87.6%。道路交通噪声年均昼间等效声级为67.0分贝，达标率为100%。

【保定市环境保护局】 保定市环境保护局是市政府对全市辖区环境状况实施统一监督管理的行政执法部门。内设9个处室：办公室、人事处、纪检监察室、机关党委办公室、综合计划处、污染控制处、项目管理处、自然保护处、宣教法规处；下辖3个科级事业单位（环境保护监测站、环境监察大队、环境保护研究所）。

【2006年·概况】 2006年，保定市环保系统坚持以科学发展观为指导，以改善环境质量、保护群众健康为出发点，以白洋淀污染综合整治和环保专项行动为抓手，面对一次次突发事件，团结奋进，扎实苦干，狠抓各项工作落实，较好地完成了年度各项目标任务。白洋淀污染综合治理取得阶段性成果。白洋淀死鱼事件发生后，迅速采取“截污、控污、清污、补水”等紧急措施，对白洋淀污染进行综合治理，经过近4个多月的集中整治，迅速扭转了被动局面。期间，果断关停了218家向河流排放工业废水的企业。西大洋水库饮用水源地保护得到强化。积极争取市财政专项资金60万元，建设西大洋水库水质在线监测自动站。同时，针对唐河、通天河等入库河流沿岸选矿企业多，易发生污染事故的问题，加大环境监管力度，及时关停污染治理设施不完善、存在污染隐患的企业，保证唐河、通天河水质稳定，确保了西大洋水库水质安全。市区大气环境质量继续稳步提升。大力开展以砍烟筒、扒锅炉为重点的黑烟治理，淘汰4吨/时以下燃烧锅炉78台，完成年度任务的130%。加强工业污染源管理，对热电厂贮灰场实施搬迁并停用旧机组。狠抓农作物秸秆禁烧，机动车尾气、建筑工地施工扬尘治理和取缔露天烧烤等工作，全方位治理城市大气环境。市区二级以上达标天数300天，超额完成年度指标。环境监管规范化制度化水平明显提高。出台了《推进依法行政实施纲要五年规划》、《环境保护现场检查制度》和《环保行政处罚自由裁量权适用规则》等制度规范；严格建设项目环保审批、排污许可证发放和排污费征收，审批项目168个，拒批项目5个，

验收项目65个，“三同时”执行率100%，并依法征收排污费610万元，超额完成了任务（全年收费任务450万元）。

【环保专项行动成效显著】 积极开展了饮用水源安全隐患、工业园区环境违法问题和建设项目环境违法三个环保专项行动，并结合实际扩展到危险固体废物、铁选、冶炼等12个重点领域。全市共出动人员8623人次，检查企业1346家次，处罚违法企业89家，限期整改企业56家，停产治理33家，取缔“十五小”、“新五小”及不符合国家产业政策的落后工艺项目28家，县级挂牌督办的100个案件，也均按时完成了整改要求，对环境违法行为起到了有力地震慑作用。

【环保创建活动开展活跃】 大力支持优秀企业申报国家级环境友好企业，保定钞票纸厂、天威英利顺利通过国家环保总局验收。积极组织清洁生产审核，培训了100余名清洁生产审核员，选择了20多家重点企业进行试点。广泛开展环境宣传教育，评选出近200家“五绿单位”。创建国家环保模范城市和生态市建设工作相继启动，起草完成了《保定市创建国家环保模范城市工作方案》，草拟了《关于开展生态市创建工作的实施意见》，并对做好生态市、生态县建设规划编制工作和加快“环境优美小城镇”创建工作提出了明确要求。

领导班子成员

党组书记　颜世民
局　　长　颜世民(8月30日离任)
　　　　　魏凤枝(8月30日任)
副 局 长　魏凤枝(8月30日离任)
　　　　　王庆玲(6月7日离任)
　　　　　赵晋民　朱宇光
纪检组长　鲁红朝

【2007年·概况】 2007年，保定市环保系统围绕推进科学发展、建设资源节约型、环境友好型社会，按照“十一五”减排年度计划和《保定市2007年环境保护目标管理责任书》的要求，以污染减排为主线，认真抓好污染防治，强化环境执法，解决突出环境问题，改善环境质量，维护群众环境权益，较好地完成了各项工作任务。全市化学需氧量、二氧化硫两项主要污染物指标实现了双下降。2007年，保定市市区空气质量二级达标天数共计305天，较2006年增加5天。白洋淀水质与2006年相比明显好转，Ⅲ类水质区COD下降31.3%，氨氮下降78.2%，全年未发生污染事故。2007年全市各类集中式饮用水源全部达标，确保了人民群众的饮水安全。加快环境保护“四大体系”即污染监控、科技支撑、资金投入和公众参与体系建设，2007年累计投入1500多万元用于环境监测、监察标准化建设，先后有5个县级环境监测站、15个监察大队实现了对标；所有入淀河流水质、跨界断面定期监测、敏感时期实现24小时监测；重点企业安装了62台在线监测设备。强化环境应急工作，河北宝硕股份有限公司糖醇分公司、保定天鹅股份有限公司等7家重点危化企业制定应急措施、建设应急设施、配备应急人员、完善应急装备。市级应急处置能力增强，成功处置了易县102国道丁烷罐车、徐水硫酸罐车翻车泄漏等四起突发污染事故。

【环保专项行动扎实有效】 坚持狠抓危害群众健康的突出环境问题，继续开展“严肃查处违法排污企业，保障群众健康专项行动”，严厉查处环境违法行为，环保、监察、工商等多部门联合执法，协调联动，检查企业（摊点）3964家次，取缔违法摊点732家，关停整改企业890家，处罚企业575家，依法拘留违法企业法人代表13人，先后对22家存在严重环境问题的企业实施市级挂牌督办。高度重视环境信访工作，及时查处群众反映的环境问题，保定市的环境信访工作，在全省环境监察工作会议上，作为先进单位介绍了经验。严格落实建设项目环保审批和“三同时”验收制度，以全省“三同时”管理和验收专项行动为契机，对“十五”期间全市审批的5000多个建设项目进行了严肃认真清理，共查出130多个违法项目。对未批先建的，依法责令停止建设，限期补办环保审批手续；对超期试生产项目下达了限期办理环境保护竣工验收的通知，并对26家企业进行了处罚。

【环保系列创建成效明显】 按照《河北生态省建设规划纲要》要求，组织专家编制了《保定市生态功能区划》，并于2007年4月6日在市政府第72次常务会议上通过。完成了《保定市生态市规划》编制，涿州市、定州市、安国市三个扩权县完成了生态县创建规划的编制和报审工作，安新生态县创建规划编制工作通过了省级评审。易县创建国家级生态示范区工作顺利通过验收。全市有51个单位被评为市级绿色单位，河北保定师范学校附属小学被授予国家级绿色学校称号，保定市立中车轮制造有限公司上报了省环境友好企业申报材料，安新县安新镇创建省级环境优美小城镇工作通过省级验收。积极开展清洁生产审核工作，共完成31

家企业的清洁生产审核，实现节水约600多万吨，节电500多万度，削减烟尘排放量1800多吨，节约资金3000多万元。

领导班子成员

党组书记　颜世民
局　　长　魏凤枝
副 局 长　赵晋民　朱宇光
纪检组长　鲁红朝

园林绿化

【园林绿化管理局】 保定市园林绿管理局是保定市人民政府直属的具有行政职能的正县级事业单位，负责全市绿化、规划、养护、管理、依法施政。局机关设5个处室：办公室、组织人事处、计划财务处、建设管理处、城镇绿化处。下属单位18个：规划设计所、园林技校、医务室、动物园派出所、竞秀公园派出所、绿化工程管理处、基建工程处、动物园、竞秀公园、东风公园、滨河公园、植物园、一亩泉河游园、军校广场、红旗苗圃、第二苗圃、服务公司、电影院。

【2006年·概况】 2006年，园林局以党的十六届五中全会精神和“三个代表”重要思想为指导，紧紧围绕京南近海强市名城建设，积极发挥职能作用，全面完成了省、市下达的各项任务目标：社会绿化总计植树184.1万株，其中市区65.9万株，县（市）城镇175.5万株。建成游园绿地5块，总面积4.55公顷。市区建成区绿地面积增加到3141公顷，绿地率达到31.41%；公共绿地面积增加到799.75公顷；人均公共绿地达到7.6平方米；绿化覆盖面积增加到3650公顷，绿化覆盖率达到36.50%。分别获得保定市文明单位、工作实绩突出单位、安全生产突出单位、提案承办工作优秀单位、档案工作先进单位等称号。被省建设厅授予城市建设管理先进单位、公用事业服务先进单位、财务管理先进单位等称号。被省委、省政府命名为“文明单位”。

【发动全民搞绿化】 先后2次召开春季和秋冬季全市城镇植树绿化动员大会。参加会议的有各县（市）区长、主管副书记，各县（市）区林业、城建、文教局长及市直各部门负责人共1100人。市四大班子领导出席会议。把3月份列为城市绿化宣传月。3月12日第28个植树节和11月10日秋冬植树日，23位市四大班子领导和2000多名机关干部带头参加义务植树活动。园林局与市“两办”督察室和四区密切协同，每日、每周进行抽查通报，在“两报”、“两台”公开曝光，确保全年植树任务圆满完成。

【积极兴建游园绿地】 5块绿地分别为：阳光小区东侧绿地、美术中学草场、七一路与恒祥大街交口绿地、七一路与朝阳北大街交口绿地、东风路与阳光北大街绿地。总投资500余万元，总面积542.7公顷。

【五路口树木移植】 配合市区路网改造，完成了朝阳大街与百花路、五四路、七一路和乐凯大街与七一路、阳光大街与东风路交口等5个路口的植物材料移植任务。共移植20厘米以上大乔木493株，灌木134株，模纹色带4600平方米，露地花卉295平方米。并对朝阳南大街、五四路、阳光大街3条道路绿化带进行了改造，清除多余土方2.07万立方米，起挖、栽植模纹53万株、草坪9.1万平方米，新增月季、沙地柏、蔷薇和美人蕉等多种观花植物5.25万株。

【四大道路绿化】 1. 北二环总长8.1公里、总面积16万平方米的绿化任务，共计种植乔木16949株、花灌木34639株、模纹45686平方米、草坪100960平方米；2. 乐凯大街总长7.8公里、总面积10万平方米，总计种植乔木4905株、花灌木5349株、模纹67219平方米、草坪33756平方米；3. 李庄路长1205米、面积7232平方米；4. 复兴西路长1400米、面积14000平方米。

【两园开放】 竞秀、东风两个公园于4月1日提前实现免费开放，拆除围墙600米，新建周边绿化带400平方米改修大门和危桥各一座，成为市两大更加贴近市民百姓的健身休闲性公园。

【植物园续建】 投资100万元，完成引进名、优、稀、特植物59个品种3373株。提前完成上古文化苑的“授时台”建设，并于“十一”向市民开放。

【大沙河排污抢险】 6月12日傍晚，接到市抢险指挥部下达的指令后，局长卜根旺和副局长李丙发连夜带领36名得力骨干和12辆大吨位水车，紧急出发，奔赴阜平境内发生的煤焦油泄露大沙河排污抢险现场。经过15个昼夜连续鏖战，突击转移12万多吨煤焦油重度污染水，对夺取整个排污抢险战役的胜利起到了决定性作用。凯旋归来后，于群市长亲自给抢险队员披红戴花，于市长高度评价园林局是支“招之即来、来之能战、首战用我、用我必胜”的过硬队伍，为夺取大沙河排污抢险胜利立了头功。

领导班子成员

党委书记 局　　长	卜根旺
副 局 长	刘文斌　吴义军 唐述全　李炳发 许亚平
纪委书记	刘彦昌
总工程师	王　宇
助理调研员	王彦童

【2007年·概况】 2007年，市园林局认真贯彻落实党的十七大精神，以生态文明建设理论为指导，以建设中国北方独具特色的园林式、生态型、现代化宜居城市和“京南近海强市名城”为目标，积极带领广大干部职工奋力拼搏，开拓进取，引领全市城镇园林绿化阔步前行。到年底，保定市城市建成区绿化覆盖面积增至3811公顷，公共绿地面积增至848.64公顷，“三率”指标分别达到37%、31.81%和人均8平方米，取得了“河北省城市绿化先进城市”荣誉称号，并获奖金20万元。各县（市）城镇园林绿化也取得重大突破，涿州市被评为“省级园林城市”。由于工作成绩突出，先后评为全省建设系统先进单位、全省建设系统公用事业服务先进单位、全省城市管理先进单位和全省建设系统纪检监察工作先进单位。局长卜根旺评为全国建设系统先进工作者（享受省级劳动模范待遇）。军校广场评为全国建设系统先锋号单位。另外还被评为全市城乡环境整治百日行动突出单位、创建生态文明村先进单位、驻联帮解促优秀工作队、党委系统督察工作先进集体、党委、政府系统信息工作先进集体、退役士兵安置工作先进单位、五四红旗团委及绿色机关。

【春季和秋冬季植树】 全年累计完成全民义务植树195.8万株，占省下达任务的117.4%。其中保定市区74.4万株。完成全年任务的114.5%，县（市）城镇121.4万株，完成全年任务的120.9%。

【新建游园绿地】 除完成市委、市政府《民心工程》交办的6块，包括同心广场、北二环与朝阳大街交口西北角绿地、北二环与朝阳大街交口东北角绿地、文明桥东北侧绿地、省印路绿地和东风路平和园，共6块，总面积4.9公顷。还自我加压超额完成北关绿地和改造墩子楼绿地各1块。

【大树移植】 先后完成了东二环与七一路、东二环与裕华路、天威路与建华路、长城大街与五四路4个交口的树木移植。共移植胸径20厘米以上大树121株，灌木12198株，分别移栽到各公园广场。

【绿地照明用上太阳能】 七一路两侧绿地、东风公园、竞秀公园、植物园、双拥广场、人民广场、火车站广场、军校广场等共安装太阳能灯1905盏，在全国率先实现绿地照明用上太阳能，《中国建设报》、《河北日报》等多家报刊予以报道。

【局属道路绿化】 完成了太行路、富昌路、瑞祥大街3条新建路段长4.42公里的绿化带种植任务，新增绿地面积2.87公顷。完成了局属17条道路、8大公园、广场及23个小游园的绿化补植任务，共补植乔木2040株、灌木37万株。

【公园建设与改造】 植物园与2月11日正式免费开放。投资200万元对东风公园、竞秀公园基础设施进行改造。东风公园西侧护城河、公园路、喷灌改建以及竞秀公园危桥改造和两园太阳能安装全部完成。完成了植物园尧帝纪念苑及服务中心装修和园内公厕新建改造工程。

【两节摆花及菊展】 于国庆节期间举办了第十五届金秋菊展，参展作品达200多个品种5万余盆。“五一”、“十一”两节还组织局属和社会单位摆放鲜花170万盆。并分别在军校和人民2个广场搭建了大型立体花坛。

【道路绿地新建与改造】 一是投资355.8万元，完成太行路（乐凯大街－朝阳大街）、富昌路（乐凯大街－向阳路）、向阳大街（天威路－三丰路）、瑞祥大街（天鹅路－复兴路）、建华大街（裕华路－百花路）、裕华东路（东二环以北）等7个路段绿化新植任务，完成朝阳大街、五四路等改造总长度达10.35公里，总面积达5.68公顷的新建与改造。二是投资205万元，对朝阳大街、北二环、东风路3条重点道路绿化带进行综合整治改造，总计清运废土4000立方米，更新草坪2.7万平方米，倒栽模纹8万株，种植模纹28万株。改造分车带2300米，新植大叶黄叶、金叶女贞16万株，设置花钵110个。9月23日前全部完成了东风路、朝阳路36块23000万平方米绿地改造。市环境综合整治活动领导小组对此给予充分肯定，通报表扬园林局通过4条样板街样的整体绿化美化和燕赵岗四面延伸34个重点样板工程的高标准整治建设进一步成片集中展现了整体城市的风貌。

领导班子成员

党委书记 局　　长	卜根旺

副局长　刘文斌　吴义军
　　　　唐述全　李炳发
　　　　许亚平
纪委书记　刘彦昌
总工程师　王　宇
助理调研员　王彦童

（部门编辑：赵彦昌　赵树民）

城市管理

【保定市城市管理行政执法局】

保定市城市管理行政执法局于2007年2月26日开始组建，是按照市委、政府对城市管理体制作出重大改革的要求进行的。2007年11月3日省政府正式批复，11月16日，在人民广场举行授牌仪式，市四大班子领导和各县（市、区）的党政一把手及相对集中的部门共1000多人参加。保定市城市管理行政执法局是主管全市城市管理行政执法的市政府工作部门。负责综合协调、监督、管理和指导全市城市管理综合执法以及市容环境卫生管理工作。主要职责：1. 宣传贯彻国家和省、市有关城市管理的政策和法规，拟定和实施市城市管理有关规定。2. 拟定和实施城市管理长期规划和年度计划，组织全市性的城市管理综合整治和检查评比。3. 负责全市市容环境卫生方面的行政管理和市区内环境卫生方面的行政审批、行政许可等工作以及对市容环境卫生设施、设备、经费和管理。4. 负责对全市所辖各县（市、区）的城市管理行政执法工作的指导、检查、监督。5. 受理市民和单位有关城市管理方面的投诉和举报，查处违反有关城市管理法规的行为，检查落实"门前三包"等市容环境卫生责任制是。6. 集中行使市容环境卫生管理方面、城市规划管理方面、市政管理方面、园林绿化方面、环境保护方面、工商行政管理方面、公安交通管理7个方面的行政处罚权。7. 承办省、市人民政府决定调整的城市管理领域的其他职责。保定市行政执法局机关设办公室、政治处、计划财务处、规划监察处、督察处、环境卫生管理处、政策法规处、指挥中心、市容亮化管理处、综合业务指导处10个处室，下设直属大队、一大队、二大队、三大队、四大队、规划监察大队、车站综合治理办公室、无害化处理场、警察支队等9个所属单位。

【2007年·概况】　2007年，局边组建、边工作，勇挑重担，拆除市区违法建设第二战役圆满完成，市城乡环境综合整治百日行动取得明显成效，文明执法理念深入人心，占道经营基本遏制，高校和企业周边环境得到净化，有效治理露天烧烤，空气质量得到改善，建立城市管理"110"指挥中心，办事效率明显提高，规范便民修车摊点，市容市貌进一步整洁。主要工作：1. 抓班子、带队伍，形象建设得到提升。局党组明确了"夯基础、起好步、求突破、上水平、树形象、强队伍"和"形象建设提高年，城市管理水平突破年"的工作思路。2. 提前完成我市两项重点工作。（1）拆违工作。历经6个多月的艰苦努力，超额完成预定拆除市区违法建设30万平方米（建筑面积）的任务，市区共拆除违法建设311840平方米，占第二战役目标任务的103.9%（2）城乡环境综合整治百日行动。以"治脏、治乱、提神"为指导，以"洁、美、亮、绿、序"为目标，开展了城乡环境综合整治百日行动。实现了"观念提升、亮点凸现、标准提高、投资多样"的四突破。3. 顺利完成《政府工作报告》承担任务。4. 强力推进文明执法，提高行政执法水平。5. 贴近群众实际，构建和谐城管。

【完成"拆违"第二战役任务】

4月29日，全市召开动员大会后，迅速利用五一长假时间制定细化方案。5月9日上午，组织全体干部队员召开"市容环境综合整治百日行动和'拆违第二战役'"工作部署和再动员大会。刘铁英局长做了动员讲话。

按照《市容环境综合整治百日行动实施方案》和《"拆违"第二战役实施方案》制定了实施细则和分工明细表，将工作任务细化。执法局对户外广告、占道经营、市区基础设施、环境卫生、交通秩序、环境污染、河道治理等七个方面及拆违第二战役的办公室、执法督导、安全稳定等工作任务，进一步明确了完成标准、完成时限、责任人。对哪一项工作由哪个部门哪个人负责，做好工作的每一个步骤、环节，完成标准、完成时限，督察办法等都作出了具体的规定。制作了百日综合整治行动进度图和拆违第二战役进度图，将工作任务挂图上墙，完成一项核销一项，保证每项工作都落到实处。

在百日综合整治行动和拆违第二战役中即是战斗员又是指挥员，局党组在动员会上要求，广大干部队员要树立政治意识、大局意识、责任意识，站在全市的高度，扎实深入、狠抓落实，发扬特别能吃苦、特别能战斗的优良作风，在干好日常担负的工作任务的同时，积极进行组织、发动、协调、督导，履行好"两个办公室"的职责，实现了超计划，零事故、零上访、零强拆的目标，圆满完成工作任务。

【城乡环境综合整治抓出特色】 以打造城市“洁、美、绿、亮、序”和“治脏、治乱、提神”为根本，迅速将综合整治的八项任务，细化为26项具体内容，精心组织，扎实推进，使整治工作取得了显著成果，城市环境容貌得到明显改观。

期间，清运各类积存垃圾88567立方米，清除各类野广告37万余处，平整地面38000余延米，清整河道4万余延米，查处交通违法行为32570余例、扬撒遗漏车辆1913辆，取缔占道经营、店外经营14000余处，维修道路13000余平方米，粉刷灯杆2415根，疏通排水管道117千米，粉刷树木5000余株，补植树木6300余株。

“亮化”方面，实现了191个单体建筑物的亮化，在东风路、朝阳大街行道树上安装射灯700余盏，完成了对人民广场、军校广场等游园绿地太阳能照明的新建和改造。“美化”方面，完成了140处护栏、200处建筑物的粉刷，国庆节期间在市区摆放鲜花100万盆，完成了涉及10大类、100余项的“庆国庆、迎十七大”献礼工程。“绿化”方面，种植乔木、灌木近30万株，改造绿地3.4万平方米，新植绿地2.3万平方米，对8个公园广场、23个小游园进行了绿化补植。

【开展野广告专项治理活动】 7月，市城市管理综合执法局开展了“野广告专项治理活动”。在加强对市区主要街道野广告清刷工作的同时，不断从源头加大对制造贩卖假证件，张贴、喷涂野广告人员的打击力度。抓获制造贩卖假证件，张贴、喷涂野广告号码人员18人。其中被依法劳动教养1人，治安拘留13人，教育释放3人，移交违法人员工作单位处理1人，清刷野广告39000余条、粉刷墙面2300余平方米，从源头打击了野广告反弹的势头，对制造贩卖假证件及张贴喷涂野广告的行为起到了震慑作用。

由于这些人员大多深夜出没，善于伪装，隐藏极深，抓获难度大。为此，执法局根据这些人员的出没特点，实施24小时不间断管理，并重点加强了对夜间的管理。广大城管队员和城管治安警察大队干警，克服了炎热、疲倦、蚊虫叮咬等困难，加班加点，连续奋战，在重点地段、重点部位墩坑守候的同时，加大对市区内的主要街道进行巡回管理力度。7月6日，城管治安警察支队干警在五四路河北大学附近抓获一名张贴野广告人员，并以此为线索，捣毁一制造贩卖假证件窝点，查获假印章5枚，假发票、假资格证、假行车本、假驾驶本、假工作证、假身份证等97本，未张贴的野广告20000余份，抓获违法嫌疑人4名。之后，城管队员和城管治安警察支队干警再接再厉，连续奋战10几个昼夜，分别在东风路、恒祥大街、乐凯南大街、金台酒店等地抓获张贴、喷涂人员13人，有效打击了制造、买卖假证件，张贴喷涂野广告的违法行为。

【查处制造贩卖假证件窝点】 4月12日，市城市管理行政执法局城管警察支队将正在制造假证件的窝点查处，有效打击了制造贩卖假证件的违法行为。

行政执法局在加强对野广告清刷和张贴喷涂人员查处的同时，从源头入手，加大了对制造贩卖假证件的打击力度。城管警察支队民警根据线索，终于摸清了底数，找到了制造贩卖假证件的窝点。于4月12日下午13时，在满城县丹青电脑工作室，将三名正在制作假证件的人员抓获。并收缴电脑、复印机等到制假工具13件，收缴包括保定市政府、市教育局、市交通局、交警支队车管所、河北省职称改革委员会、河北省委党校、河北工学院、河北省自学考试院、保定金融高等专科学校、保定市委党校等到部门和学校的印章16枚，未出售的假驾驶证、假行车本、假行政执法证、假文凭等20多种各类证件近300个。

【加强学校、企业周边环境管理】 行政执法局多次召开会议进行专题研究，根据企业和校园周边违章行为的特点，明确责任，细化任务，将任务逐项分解落实到每一位管理队员身上。完善检查监督制度，不断强化措施，狠抓落实，扎扎实实开展好治理工作。

执法队员多次走访了长城、天鹅集团等企业和河大、农大、华北电力等学校。征询对高校和企业周边综合整治的意见，表示进一步加强联系，加大整治力度，为学校和企业创造一个良好的环境。在各单位对执法局多次征询意见表示感谢，对执法局的管理工作给予了充分肯定，对执法局雷厉风行的工作作风，优质的服务，良好的治理效果表示非常满意。

【环境卫生管理工作不断完善】 环境卫生整治，充分发挥环境卫生行政主管部门的作用抓反复，抓反弹。五月份来，采取明查与暗访相结合的方式，组织四区环卫部门明查29次，暗查11次。先后开展突击整治12次，有效地改善了环境卫生状况；社会融资，购置新型果皮箱750个，分别摆放在四条样板街，给城市增添了一道亮丽的风景线；新建有三座台站主体竣工，6座垃圾台站改造已完成。

【生活垃圾无害化处理】 无害化处理场认真贯彻国家建设部提出的垃圾处理“无害化、减量化、资源化”的总目标，进一步严格生产处理工艺，坚持分层、分区作业，做到覆盖及时，消杀经常，生产运行稳步走向正轨，生活垃圾无害化处理率达到100%。截至10月底，共接纳清运车辆82522车次，处理生活垃圾25.95万吨。

【医废处置中心正式投入运行】 5月31日，行政执法局在医疗废弃物处置中心召开医废新设备启用发布会。行政执法局医疗废弃物处置中心正式投入运营，设计日处理能力为5吨，完全有能力处理全市产生的医疗废弃物，这将为保护环境、防止医废被“二次利用”，维护广大群众身体健康发挥重要作用。

改造后的医废处置设备采用国内先进的热解气化、高温燃烧处理工艺和自动控制燃烧温度的技术，在烟气排放指标完全达到国家《危险废物焚烧污染控制标准》要求的同时，每月节约用水3000吨。达到了运行费用低、处理能力强、安全、稳定、节能、减排的要求。医废处置中心与全市58家产生医疗废弃物的单位签订了《医废处置合同》。

领导班子成员

党组书记
局长 刘铁英

市公安局党委委员
党组副书记
副局长 马士伟

（部门编辑：于海霞）

商　　贸

贸　易

【保定市商务局】 保定市商务局是主管全市国内外贸易和国际经济技术合作的市政府工作部门。内设职能处室24个：办公室、人事教育处、政策法规处、规划财务处、国际经贸关系处、商业改革发展处、市场体系建设处、对外贸易处、市场运行调节处、外国投资管理处、对外经济管理处、机电产品进出口处、科技发展和技术贸易处、进出口公平贸易和产业损害调查处、信息化处、投资服务处、保定市整顿和规范市场经济秩序领导小组办公室、纪检监察室、老干部处、信访办公室、机关党委、工会委员会、妇女工作委员会、共青团委员会。设有酒类监督管理局、畜禽定点屠宰办公室、调味品稽查队、贸促会等4个事业单位。

【2006年·概况】 2006年，全年外贸进出口总额20.8亿美元，同比增长50.7%，高出全省35.4个百分点，高出全国26.9个百分点。其中出口完成16.3亿美元，是省预期目标的128.2%，同比增长48.0%，高出全省30.5个百分点，高出全国20.8个百分点，总量和增速分别位居全省第四和第二；进口完成4.6亿美元，同比增长61.1%，高出全省50.5个百分点，高出全国41.1个百分点。全市实际利用外资完成1.8亿美元，同比增长37.4%，其中外商直接投资1.7亿美元，同比增长65.2%，总量和增速分居全省第5和第1位。对外工程承包合同新增6.1亿美元，工程承包额完成3.5亿美元，同比增长65.7%，位居全省前列，落实采集合同额同比增长95.6%。对外劳务输出1400人次；全市社会消费品零售总额实现438.9亿元，同比增长14.0%。

【"万村千乡市场工程"取得新进展】 全市已有16个县（市）进入了试点，试点县（市）比例已达到72.7%。全年建设改造规范化农家店913家，初步改善了农村消费不方便、不实惠、不安全的现状。

【招商引资成果丰硕】 成功组织参加了香港、廊坊、厦门、南宁等国家、省重大经贸洽谈活动。围绕"中国电谷"和汽车及零部件、纺织服装等主导产业，分别在北京、长春、沈阳、贵阳、宁波、无锡等地举办了专项投资环境推介会。组织了四个商务考察团组，赴美国、西欧、澳洲、俄罗斯等开展商务交流活动。全年共签约外资合作项目44项，其中利用外资0.1亿美元以上项目10项，总投资3.7亿美元，协议外资2.3亿美元。同时，把境外上市融资作为利用外资的重要方式，首次在境外组织了"保定（香港）境外上市培训会"，并组织10多家企业赴新加坡、日本、韩国等证券交易所参观考察，收到良好效果。

【自主品牌建设成果显著】 积极推动自主创新，推进"科工贸一体化"和加工贸易向深加工、高附加值方向发展。通过政策引导、积极申报和争取，天威英利等12家企业入围"河北省出口名牌"，长城、中兴和北奥特种车三家企业被国家商务部和发改委授予国家汽车出口基地企业，保定高新技术产业开发区被国家商务部、科技部命名为国家科技兴贸出口创新基地。

【内贸流通业稳步发展】 城乡市场体系建设实现新突破。经广泛调研，多方论证，制定出台了市《关于促进流通业发展的实施意见》，完成了《商业网点规划》的编制。经推荐争取，市茗畅园社区被列为国家级商业示范区；组织参加西安全国餐博会，玉兰香保定会馆共获商务部、组委会、中国饭店协会和中国烹饪协会奖16项，推进了市餐饮企业上档升级；组织参加省自主品牌建设活动，刘伶醉酒、槐茂酱菜被国家商务部列入首批“中华老字号”。乐凯、长城、安国药业等11家企业被确定为河北省自主品牌建设年度重点培育企业。

领导班子成员

局　　长　王庆龙
党委书记　王捍东
副 局 长　孟荣才　李宝成
　　　　　梁保生　李志远
纪委书记　杨兰山

【2007年·概况】 2007年，全市外贸进出口完成31.4亿美元，同比增长50.9%。其中出口24.2亿美元，同比增长48.9%，分别高出全省和全国16.3和23.2个百分点，总量和增速均居全省第3位。进口7.2亿美元，同比增长57.9%。全市实际利用外资完成3.9亿美元，同比增长117.1%，总量和增速分别位居全省第3位和第1位，完成省下达我市任务目标的214.2%。利用外资质量和水平明显提高。对外工程承包额完成4.5亿美元，居全省第一位。全市社会消费品零售总额实现507.3亿元，同比增长15.0%。

【招商洽谈成效显著】 香港和厦门投洽会共签约项目33项，协议引资8.2亿美元。两次中国电谷推介会，均受到省政府领导高度赞扬，局和有关人员受到市政府通报表彰。制作的《中国·保定》多媒体宣传片获全省评比第一名；南宁第四届中国——东盟博览会的组织工作，受到省商务厅通报表彰；廊坊“2007东北亚暨环渤海国际商务节”，市获“河北省重点园区展组织奖”。

【企业境外上市融资成为引资新亮点】 5月，长城汽车在香港增发H股融资16亿多港币。6月，天威英利YGE在美国纽交所主板上市融资5.4亿美元，市商务局及有关人员受到市政府通报表彰。

【与世界500强合作取得新进展】 促成易县水电站出让、沃尔玛购物广场、望都益海粮油食品有限公司、SIVACON配电技术及低电压产品等4个与世界500强的合作项目；筛选、谋划了总投资52.6亿美元的与世界500强合作项目65项，并编印成册。目前，市与世界500强合作的企业达到了14家。

【优化外贸出口结构】 高新技术产品和机电产品出口快速增长，“两高一资”产品出口得到有效控制。机电产品出口14.8亿美元，同比增长89.6%，出口额已占到全市出口总额的61.1%，占全省的28.9%，居全省第一位；汽车整车出口8万辆，保持全国第一。高新技术产品出口6.1亿美元，占全省的60.5%，增速达151.7%，有力地支持了企业发展和结构调整。“两高一资”产品出口从2007年6月份13.1%的增长速度降到年末的-3.1%。市优化进出口产品结构、转变外贸增长方式效果显著，外贸对全市经济的拉动作用明显增强。

【出口基地和品牌建设成绩斐然】 9月，第二批“国家汽车及零部件出口基地”申报工作启动后，组织申报材料，并顺利通过国家专家答辩，成为全国12个“国家汽车及零部件出口基地”之一。基地申报工作受到市政府的通报表彰。容城服装、高阳纺织、白沟箱包等十几个省级特色产品出口基地建设也取得了显著成效；继乐凯胶片、英利新能源、风帆蓄电池、长城汽车等12家企业产品获首届“河北省出口名牌”后，长城汽车又获商务部“最具市场竞争力品牌”荣誉。

【“万村千乡市场工程”和“双百市场工程”进展顺利】 全年共建设、改造“农家店”808家。全市建店总数已达到2263个，试点企业23个，试点县（市）比例达到91.0%；河北昌利集团公司已被商务部批准列入“双百市场工程”项目承办单位。工农路蔬菜果品批发市场、三丰路果品批发市场和顺平县狼山果菜市场被确定为省级标准化农产品批发市场候选市场。这两项“民心工程”，收到了实实在在的“农民得实惠、企业得市场、政府得民心”的社会效果。

【餐饮服务业上档升级】 在年初举办的“河北省2006冀菜饮食文化展演大赛”上，组织了全市规模最大的代表团参赛，共获得150多个奖项，名列全省前茅。保定会馆、奇芳阁、慧泽园、金筷子等4家企业进入河北餐饮企业30强。保定会馆被中国饭店协会确定为“中国冀菜研发基地”，并获“2006年度河北最具市场竞争力企业”称号。

【“减债脱困工程”取得实质性进展】 “减债脱困工程”是改革

开放30年来国家第一次出台对国有流通企业的优惠政策。我们紧紧抓住了这次机遇，取得了商务部、商务厅和市领导的支持及有关部门的配合，市被列为全省四个试点城市之一。经过调研、谈判，用不到1亿的资金，解决了35个企业多年来形成的近12亿元的债务难题。对于促进国有流通企业改革、盘活存量资产、增强企业发展活力起到了决定性的作用。

领导班子成员

局　　长　王庆龙
党委书记　王捍东
副 局 长　孟荣才　李宝成
　　　　　梁保生　李志远
党委副书记兼纪委书记
　　　　　王丙申

（部门编辑：齐　军　平晓芳）

海　关

【中华人民共和国保定海关】 隶属石家庄海关，于1999年6月正式对外开办业务，依法对保定市（包括22个县）内进出境的运输工具、货物实施监管，征收关税和其他税、费，查缉走私，并编制海关统计和办理其他海关业务。保定海关内设办公室、人事政工科、财务科、征统科、监管和技术科、加工贸易监管科、稽查科七个科室。

【2006年·概况】 2006年，保定海关以税收工作为“轴心”，坚持综合治税，加强现场监管，努力拓展业务量，加大服务力度，着力提高实际征管能力，确保税款应收尽收，全年征收税款9012万元，圆满完成税收任务。依法做好减免税工作，全年共办理减免税证明238份，共审批货值0.75亿美元，减免税款1.49亿元人民币。共计办理进出口货物补税8票，税收合计30.9万元。保定海关被授予保定市青年文明号、保定市市直工委先进基层党组织等荣誉称号。

【海关监管能力进一步提高】 年内共接收进出口报关单1200余份，监管货运量6.72万吨，较去年同比增长50%。为加快通关速度，保定海关实行24小时通关服务及预约验货等制度，从进口报关开始，每一项流程都严守操作时限，同时加大了现场查验力度。对企业申报重量、申报品名等都作了进一步规范，对重点、敏感商品、首次进口商品、新注册企业进口商品做到必验，杜绝了企业违法、违规行为。

【强化加工贸易监管】 截至年底共办理加工贸易手册459份，备案金额1.53亿美元，保税金额4285.32万美元，手册备案金额和保税金额分别较去年增长35.64%和41.26%。在业务量快速增长的情况下，加工贸易监管部门严把备案审批关，在备案环节及早发现问题。加强中期核查，对监管中薄弱环节及时调整，杜绝了逾期未核手册的产生。在核销环节就企业不按时报核、进出口金额倒挂、高报单耗等问题进行重点整治，实行手册催核制度。

【加强稽查和风险管理】 按“常规稽查与专项稽查相结合，以规范企业行为促进综合治税”的工作思路开展了稽查工作，共稽查企业3家。全年通过初评AA类管理企业10家，A类管理企业36家，上调管理类别企业6家，下调管理类别企业3家，规范了企业管理。利用风险管理平台开展分析监控，平台使用率及平台应用的深度广度明显提高。发挥风险平台的作用，加强了风险核查处置工作，全年办理风险核查处置单6份。通过风险处置堵塞了税收征管漏洞，规范了业务操作，提高了海关执法水平，规范了企业行为。

【打击走私能力增强】 年内缉私科共受理案件6起，立案调查案件6起，调查终结案件7起，案值774.48万元，涉税118.29万元，罚没收入31.45万元，补税14.52万元。

【促进当地经济发展】 采取节假日业务值班、预约报关、网上支付、加工贸易联网监管等措施，提高通关速度，为企业节约大量的时间、人力、物力资源，降低了企业的经营成本。辖区内的纳税大户，如亚大塑料、乐凯股份和赛赛尔俊峰等公司通过网上支付税款合计2167.5万元，与去年相比增速迅猛。为顺应环渤海区域经济一体化的要求，积极推进“属地申报，口岸验放”的区域通关改革。扩大了推广范围，通过试点企业的示范作用，更多的企业认识到区域通关高效便捷和物流成本低的好处，享受到新模式的便利。为促进地方经济发展，围绕市政府提出的建设汽车及零部件、新能源及能源设备、纺织服装三大主导产业格局，加强了海关统计分析工作，为地方政府提供税收分析、商品进出口形势等综合统计资料，发挥了前瞻预警和辅助决策的作用。

【提高队伍整体水平】 落实海关总署及石家庄海关的部署和要求，全面启动了准军事化海关纪律部队建设工作，先后开展了军事化训练、规范内务秩序、落实监管现场内部设施设置、关员语言规范化建设、深化行风建设和政务公开等主要工作。11 月，海关总署及石家庄海关领导先后对军事化训练、内务规范及理论知识学习情况进行了检查验收，均对保定海关的准军事化建设工作给予了肯定和好评。

领导班子成员

关　　长　李德山
副 关 长　王学义

【2007 年·概况】 2007 年，坚持科学征管和综合治税，加强税收征管工作，全年征收关税 2319 万元，增值税 6533 万元，合计征收税款 8852 万元。保定海关被授予保定市市直工委先进基层党组织、保定市直机关五四红旗团组织等荣誉称号，保定海关工会被授予“先进职工之家”称号。

【完善综合治税格局】 加强岗位间联系配合，提高通关效率。通关环节报关员和关员分别签注单证流转时间和业务办结时间，并精确到分钟，以督促关员提高工作效率。查验环节做到对未布控查验报关单随到随转。查验岗位与接单征税岗位做到及时沟通交流，避免由于沟通不畅造成报关单延误。对涉及审价、归类等报关单及时征收差额保证金放行。

【促进加工贸易转型升级】 全年共备案新手册 375 份，核销手册 409 份。备案总金额 4．93 亿美元，较 2006 年同比增长 221．77%；保税金额 1．03 亿美元，同比增长 140．76%；内销征税 979．54 万元人民币，同比增长 180．24%。年内商务部、海关总署联合下发 44 号公告，调整加工贸易限制类商品目录，对保定市部分传统出口产品的影响较大。保定海关一方面及时向有关企业宣传最新政策规定，使企业避免因国家产业政策调整而产生涉外经营风险，另一方面积极鼓励传统加工贸易业务向高新技术、高附加值、低能耗、低污染产业转型升级。同时，筛选内控机制完善、计算机管理水平高的加工贸易企业推进加工贸易联网监管。

【加强稽查和企业管理】 贯彻落实全国海关稽查工作会议精神，开展常规稽查、专项稽查和验证式稽查，共稽查企业 9 家，完成总关下达的年度稽查任务。全年共注册企业 213 家，并在注册过程中对可能产生海关监管风险的企业进行了教育，促使企业树立守法经营意识，并相应采取了调研、实地核查等措施，防止了企业违规行为的发生。按照要求完成了两次企业分类管理初评工作，共审核企业 93 家，调整 15 家企业管理类别，支持了守法经营的大中型企业的便利通关。

【促进地方经济发展】 落实石家庄海关出台的服务促进建设沿海经济社会发展强省的十项举措，围绕保定市建设京南近海强市名城的总体目标，为地方经济社会发展服务，取得了良好效果。全年共办理减免税项目备案 44 个，办理减免税证明 500 份，较 2006 年同比增长 143．9%，审批减免税金额 2．23 亿美元，同比增长 93．91%，减免税款合计 3．51 亿元人民币，同比增长 180．8%。

【加大政策宣讲力度】 开展为期两个半月的“加工贸易业务宣传月活动”。此次活动按照皮革、化工、电子、服务等类别共筛选重点企业 40 余家，开展了“点对点”上门服务，全面介绍有关加工贸易业务的法律法规，帮助企业用足用好国家进出口优惠政策，并鼓励企业加工贸易业务向高新技术、高附加值、低能耗、低污染产业转型升级。根据国家减免税政策相继作出重大调整的实际情况，连续开展一系列的培训工作，分别对辖区内的内资企业、三资企业、外资企业和科研单位组织了四次大规模培训，使企业尽快熟知有关政策，同时新就政策出台后对企业可能产生的影响进行了分析，提醒企业及时做好应对措施，以保障企业的合法权益。关领导带头做好企业调研工作，多次带队深入走访企业，结合十项服务举措，送政策法规上门。

【营造便捷通关环境】 采取节假日业务值班、预约报关、加工贸易联网监管等措施，提高通关效率，为企业节约大量的时间、人力、物力资源。为亚大塑料制品有限公司开通网上税费支付业务并批准成立了公用型保税仓库，为河北亚大汽车塑料有限公司申请开通区域通关模式，为天威英利新能源有限公司实现加工贸易联网监管，使辖区内更多的企业享受到了网上支付税费、区域通关模式和加工贸易联网监管带来的便利，营造守法便利、统一规范、快捷高效的通关环境。截至年底已有 4 家企业开通网上税费支付业务，5 家企业开通了区域通关模式，3 家企业参加加工贸易联网监管。

领导班子成员

关　　长　关伟仁
副 关 长　赵世民

（部门编辑：董　微）

粮油购销

【保定市粮食局】 是保定市人民政府负责全市粮食流通管理了职能部门。内设办公室、党办室、人事劳资处、购销调控处、仓储基建处、行业发展处、财务审计处、纪检监察室、监督检查处、工会、妇委会、老干部处12个处室，工作人员46人。下辖5个事业单位，12个直属企业。

【2006年·概况】 2006年，国有粮食企业累计完成粮食购销总量164.7万吨，超额完成了市政府下达的100万吨任务目标。全市国有粮食购销企业统算实现利润147.7万元。粮食仓储科学保粮率达到90%以上，“四无粮仓”合格率达95%以上。

【国有粮食购销企业改革】 全市国有粮食购销企业由改革初期的372家，缩减到176家，其中改为国有独资34家、国有控股74家、国有参股24家、其他改制形式44家。筹措改革资金2.55亿元，共离岗分流职工13178人，其中内部退养2531人、解除劳动关系10647人。剥离新增政策性亏损挂账6.8亿元。

【粮食产业化经营】 谋划粮食产业化龙头项目15个，其中在建项目8个，预计项目建设总投资2.73亿元，建立了粮食产业化龙头企业项目库。实施集团化经营，重点扶持了定州、望都、唐县、清苑、容城、定兴6个县（市）粮食集团，全年集团化经营量达到79.8万吨，占全市经营总量的48%，实现利润315万元。

【强化行政职能】 市、县两级粮食局建立专职粮食执法机构5个、兼职粮食执法机构18个，培训粮食监督检查人员246名、质检人员220名，建立了189人的粮食执法队伍。

【粮食收购审批】 到年底，全市各类粮食经营主体已发展到1080家，其中非国有经营主体898家，农村粮食经纪人队伍发展到近3000人，形成了粮食多元化经营格局。

【职工生活保障】 全年累计协调解决公益性岗位114个、申请机关公益岗位一次性救助资金1.5万元；慰问特困职工46人、发放慰问金、补助金共计1.51万元，帮助4名特困职工解决了子女上学问题，帮助31名困难职工办理了特困证，为军转干部争取解困资金55万余元。争取各种资金30多万元，争取“减一补一”指标2个，为企业减负50多万元。

【接待信访工作】 全年共处理上访案件46件、群众来信18封，接待群众来访400余人次，累计反映问题600多个，领导干部全年累计下访200多人次，召开各种形式信访调度排查会议32次，化解各类案件28件，完成信访督办案件8件、复查案件2件，解决各类问题400多个，全年没有发生越级集体上访事件。

领导班子成员

局长 书记	张文兴	
副局长	王海良	安增民
	丁进忠	王成娟
纪检书记	李建华	

【2007年·概况】 2007年，全市入统粮食企业累计完成粮食购销总量128万吨，占市政府下达任务目标的128%，其中集团化经营量达到35万吨。市国有粮食购销企业全年统算实现利润119万元。加强社会粮食流通统计工作，开展全市社会粮食供需平衡调查、粮食库存检查工作，对粮食市场价格实行了周报监测，及时为领导决策提供了粮情数据和预警信息。按《保定市粮食应急预案》要求，确定市级粮食应急加工企业、储运企业、供应企业，督促6个县（市）出台了粮食应急预案。全系统实行“一岗双责”和“一票否决”制，每月一调度，一季一排查，集中开展了两次大规模安全生产、安全储粮检查，并进行了粮食质量安全专项整治，全市科学储粮率达到96.9%、“一符四无”库站达到99%。做好防汛工作，确保粮食安全度汛，全年没有发生任何安全责任事故。

【粮食企业改革】 全市39家国有独资、83家国有控股粮食企业完善建立了规范的法人治理结构，实行档案管理。对5家市直企业、50家粮食附营企业进行了改制。选择3个企业先行试点，全市10家国有独资粮食企业规范化管理工作全部达标并顺利通过省局验收。

【粮食产业】 聘请专家教授，组织全市粮食局长、企业法人、业务骨干等308人进行了粮食产业化经营培训，为粮食产业化发展奠定基础。谋划粮食产业化经营项目14个，投资总额3.33亿元，其中投资2000万元以上的项目6个。重点扶持了华龙面粉、豆豆集团、博通饼干、涿州贡米、俏馔馒头5家粮油知名品牌，建立了品牌档案。以放心粮油配送为主，试点改造了10家集成品粮油、熟食加工、便民超市三位一体的城市放心粮油店。全市粮食订单面积已达15.9万亩，订单数量达26.9万吨。

【仓储基础设施】 第二粮库整体搬迁新建仓容2.5万吨各项手续完备，开工前期工作就绪；市局直属库新建仓容1.2万吨已投入使用；粮油批发市场建设内外装修基本完工，并积极招商进行了运营准备。

【粮食调控】 全市共确定托市收购收储企业4个、收购企业68个、储存企业42个，共托市收购小麦14万吨，抛售托市小麦10万吨，稳定了市场粮价，保护了农民利益。

【强化行政职能】 加大粮食流通管理法规宣传力度，发放宣传资料10000多份。建立了专职粮食执法机构14个、兼职粮食执法机构9个，建立专门执法队9个，粮食执法队伍已达246人。加强执法检查工作，共核查粮食收购许可证501个，依据有关规定取缔35个；加强了粮食库存监管，共检查粮食库存586716吨。

【粮食收购审批】 到年底，全市各类粮食经营主体已发展到1080家，其中非国有经营主体898家，农村粮食经纪人发展到1092户，形成了粮食多元化经营格局。

【信访接待工作】 全年接待上访职工680人次，处理信件13封，召开信访协调会32次，解决实际问题58个，化解不稳定因素126件。

【职工生活保障工作】 全年帮助零就业家庭和下岗职工76人进行了再就业，协调公益性岗位373个，慰问特困职工46人，争取特困补助指标32个，协调减免企业养老保险410万元，并协调解决了企业职工退休等问题。做好军转干部思想工作，申报解困资金51万元，68名军转干部思想生活稳定。

领导班子成员

局　　长
书　　记　张文兴
副 局 长　王海良　安增民
　　　　　丁进忠　王成娟
纪检书记　李建华

（部门编辑：刘永华）

供销合作

【保定市供销合作社】 保定市供销合作社是保定市供销合作经济的管理、监督、协调、服务部门，业务上接受河北省供销合作社指导。机关内设办公室、党办室、组织人事处、合作指导处、财务审计处、政策研究室、监察室、安全统筹处、盐业管理办公室、烟花爆竹管理办公室10个处（室）。实有人员48人，所辖22个县（市）联合社，23个市社直属公司，153个专业合作社，66家协会。

【2006年·概况】 截至年底，全系统固定资产原值3.54亿元，其中市直1.38亿元；流动资产10.25亿元，其中市直3.57亿元；负债13.70亿元，其中市直5亿元；总资产15.13亿元，其中市直5.15亿元。全年商品购进完成26.29亿元，同比增长9.02%；商品销售完成28.68亿元，同比增长9.83%；实现利润70万元，同比上升9.34%。

【县级社改革】 4月，以市委的名义召开了由政府有关职能部门参加的全市深化供销合作社改革与发展电视电话会议，出台《关于进一步推进供销合作社改革与发展的实施意见》。为实施县级社综合改革，市社组织7个试点县（市）社，6月到安徽省六安市裕安区供销社，就其近年来创新发展的先进经验进行考察学习，在结合系统实际加以借鉴的基础上，形成《关于推进县级社综合改革的实施意见》，确立了全市县（市）级供销社综合改革的指导思想、基本原则、工作目标、工作重点和措施。同时指导各县（市）社进一步完善了具体《实施方案》。

【加快流通强化基础】 以农资、农副产品、日用消费品为重点，以参与“万村千乡”市场工程为契机，对资产和企业实施整合改造、项目开发、合作加盟、改革改制等，继续加强龙头企业、乡镇超市和村级服务站建设，开展连锁配送运营。截至12月底，全系统共发展网络龙头企业65家；改扩建乡镇超市86家；自办、联办、职工领办村级综合服务站1320个。7月6日，市农资连锁网络启动暨配送中心大会召开，市直农资总公司与15个县（市）社经营网络对接，全系统农资经营重新联合发展。“供销社主办、社会化参与、多元化投资、市场化运作”，发展村镇社区综合服务中心，目前已建成17个。高碑店市供销社在新城、杨漫撒建设两个社区综合服务中心，完善基础设施，购置相关器材，前期累计投资50多万元，形成包括生产生活资料供应、农机具维修、医疗、健身、餐饮、娱乐等多种服务内容的综合功能，9月底，两中心投入使用。

【推进农业产业化经营】 全系统依托组织、业务、资产等优势，实现与农民的利益联结，截至年底，专业合作社和协会已分别发展到153个和66个，吸收农民及涉农企业4740户、股金253.3万元，实现为农增收2602万元。组建技术服务型、市场营销型的特色农副产品合作社13个、养殖委员会2个。全市各级供销社已全部完成了“农村专业合作经济组织联合会”的注册，并成立了日常办事机构。

【改制创新】 以破产、分立、合并、重组等方式，募股增资，理顺产权关系，建立现代企业制度为目标的社有企业和基层社。截至12月底，全系统已改制社有企业135家，基层社76家，改制面分别占到52%和30%。安国市社根据资产负债和经营情况，申请29家企业和基层社依法破产，现已终结28家，重组9家经营单位。清苑县社在资产审计、评估、测算以及股份设置的基础上，注册5000万元，9月成立由县社控股，包括棉麻公司、清华旅社、工业品公司、金桥农资配送中心等9家企业的“源丰商贸集团有限公司”，建立新的法人治理结构和决策、执行制度，开启了整合社有资源，立足产权联结，建设一体化现代流通网络的一页。

【维护消费者利益】 市社农资总公司规范科技市场，举办各类培训班、编辑信息快报。3月，与市科协联合历时1个月，到9个县（市）乡镇、农村开展科技下乡活动，发放植保资料2万份。另在满城、蠡县建立科技示范田，聘请专家现场讲解、指导果树栽培和农作物种植技术。安新、涿州等县（市）社为农民开展免费测土配方施肥，加强新肥、新药、新技术的推广，促进了农业生产的低投入、高产出。

领导班子成员

书记 主任	任增瑞
副主任	高英俊　陈光耀 段根栓
纪检书记	张国华

【保定市供销合作社】 实有人员52人，所辖22个县（市）联合社，23个市社直属公司，37家农民专业社。

【2007年·概况】 截至年底，全系统固定资产原值3.58亿元，其中市直1.88亿元；流动资产10.01亿元，其中市直3.34亿元；负债14.01亿元，其中市直5.34亿元；总资产15.34亿元，其中市直5.55亿元。全年商品购进完成28.02亿元，同比增长6.58%；商品销售完成30.38亿元，同比增长5.91%；实现利润82万元，同比上升17.14%。

【农村现代流通服务网络建设】 印发《保定市供销合作社关于推进‘三进工程’的实施意见》，依“四大网络”特点，打造“店面亮丽、线条清晰、标识统一、服务规范”的农村现代流通服务网络。农资网络抓完善提高。以市、县农资配送中心为基础，发展直营、加盟合作网点，把销售终端延伸至基层社和农村服务站。全系统已建成市级及区域性配送中心31个，农资连锁直营、加盟店2200个，网络覆盖率达70%。完善日用消费品网络抓配送功能。利用“万村千乡”市场工程和基层社改造，对系统内外的现有网点进行改造、整合、提升、利用，建成县级配送中心21个，直营店492个，加盟店2161个，加强与系统内外配送企业联合与合作，配送功能不断提高。农副产品网络抓龙头。培育系统内农副产品网络龙头20个，购销网点339个，培育种植基地5200多亩，带动农户64000户，实现助农增收1600多万元；再生资源网络抓起步。已建龙头企业5个，整合回收网点19个。

【发展农民合作经济组织】 全市22个县级供销社建立了“农民合作经济组织联合会”，全市“农和联”组织共吸收会员1850个。6月，印发了《关于组建农和联区域分会的实施意见》，根据区域经济产业特点，成立了三个分别为（东部）平原经济作物分会、（高速公路沿线）蔬菜产业分会和（西部）山区土特产品产业分会的区域分会，各分会配备了专门人员、设备和办公场地。典型引路，开展创办“十佳惠民专业社活动”。10月，涞水县三家到工商局注册后的保定市首批农民专业社挂牌成立，已有37家农民专业社挂牌成立，另有一批专业社正在办理注册手续。搭建信息平台，丰富“农合联”内涵。市社开通了“保定农村合作经济网”。全市22个县级社均开通了网站，且与市社网站实现对接，信息内容及时更新，做到网上信息共享。新型农民专业合作社发挥的作用正在凸显。高碑店市新城鑫益农胡萝卜蔬菜专业合作社在该县“农合联”的帮助下提升科技实力，建起了胡萝卜交易市场及冷储能力达200吨的冷库，带动了当地三乡两镇、13000多农户的蔬菜种植，年交易量达7000吨，助农增收160多万元。

【推进县级社综合改革】 分解责任目标，实行分包责任制。将年初各县（市）社县级社综合改革目标任务分解量化，实行市社领导和处室分包责任制，定期或不定期督导检查，并将此制度作为一项长效机制，常年分包，年终落实奖惩。“抓两头，促中间”，促进各县社共同发展。召开“解难题、拓思路、促发展”座谈会，好中差县社发展步子明显加快。截至年底，全市系统已有三分之二企业进行了改制，市社直属企业农资总公司和副食果品总公司顺利完成改制工作。各县组建了资产管理集团或资产管理中心，社有企业资产得到优化，资产质量明显好转。定州市社投资1千多万元的三个大项目正在筹建当中；安新县社拟综合开发县社办公楼及大院；高阳县社筹资近千万元扩建盐业公司、鞭炮库及超市。易县西山北供销社整体开发建成商业一条街，社有资产增值数百万元。涞源县社筹建2.3万平方米的商业广场。满城县社2家基层社焕然一新。

【维护市场流通秩序】 净化盐业市场、打击私盐贩销，市供销社联合公安部门联合下发了《关于组织开展盐业市场秩序整治专项行动方案》。与有关职能部门配合，遏制了私盐贩销现象，盐业供应指标逐步上升，年底能圆满完成任务。加强烟花爆竹经营管理，维护流通秩序，市政府以内部明传形式下发了《关于进一步加强烟花爆竹安全经营管理的通知》，确定了供销社继续实行统一经营，归口管理的经营管理机制。维护市社系统农资经营主渠道地位，各县（市）社积极争取政府支持，由供销社对商户经营农资加强管理，开展打击制售假冒伪劣农资、送科技下乡活动，维护农资市场流通秩序，扩大农资销售覆盖率。

领导班子成员

书　　记
主　　任　杜永昌（5月任）
副 主 任　高英俊　陈光耀
　　　　　段根栓
纪检书记　张国华

（部门编辑：张卫萍）

烟草专卖

【保定市烟草专卖局（河北省烟草公司保定分公司）】 成立于1984年12月，下辖19个县级局，包括：曲阳、安国、安新、定兴、阜平、博野、满城、蠡县、易县、顺平、徐水、涞水、高阳、唐县、容城、涞源、高碑店、清苑、望都；3个稽查大队，包括：定州、涿州、雄县；21个卷烟营销部；1个卷烟经理部（定州）。市局机关机构设置：办公室、企业管理办公室、纪检监察室、人事劳资科、财务科、专卖科、营销中心、信息中心、物流中心、政工科、安保科、法规科、审计科、行政科、市区管理办公室、保定金叶卷烟经营部16个科室（部门）。

【2006年·概况】 2006年，克服低档烟货源紧张、新品培育上量缓慢等困难，加强市场调研和品牌培育，优化有效货源的组织调入，提高卷烟品牌集中度，规范业务流程，保持卷烟市场的购销平衡。卷烟总销量继续保持了平稳增长，全年累计销售卷烟30.56万箱，经济效益平稳提升，纯销售收入为22.97亿元，实现利润2.55亿元，实现利税3.19亿元，经济运行平稳健康发展。全市烟草商业系统共捐赠公共福利事业4.7万元，支持生态文明村建设29.75万元，扶贫救困8.9万元，支持科教卫生事业10万元。

【内部监管】 一把手负总责，建立健全组织领导机构，制定《实施方案》，加强检查督导与考核，做到思想认识到位、宣传督导到位、问题查摆整改到位、制度建设到位，规范经营的主动性和自觉性明显增强，对专卖内管12个方面以及同级审计12类61项问题，逐项进行整改。建章立制，规范化管理。以加强行业全面监管为目标，围绕专卖管理、同级审计、投资管理和权力运行四个方面的重点内容，经过系统地修订完善，编制了包括14个方面169项内容的《企业制度汇编》，涵盖制度规定、工作流程、监督制约、考核奖惩等经营管理的每项工作、每个环节，形成有制度、有落实、有监督、有考核、有奖惩的制度监管体系，为实现规范经营管理提供依据。严格落实考核奖惩。结合行业改革发展中经营管理的新特点，完善三级考核体制，建立健全考核制度机制，使考核科学化、制度化、层次化；细化管理考核内容，增加对专卖管理、财务管理、网络建设、党风廉政建设等管理指标所占的分值比重；在日常考核和年度考核中，加强基础管理工作细节及过程的痕迹化考核力度，为各项经营管理指标的顺利完成提供保障。

【惩治卷烟市场不法分子】 全年共出动专项打假3905人次，查处各类案件2503起，查扣各类违规卷烟7047.2件，捣毁制假售假窝点23个，拘留16人，逮捕20人，判刑18人。特别是我们成功破获的“4.27”特大贩运销售假烟网络案，涉案卷烟23112.43件，涉案价值达6800万元，涉案人员45人，卷烟制假售假得到有效遏制。

领导班子成员

党组书记 局长	张书林
党组副书记 经理	金永存
党组成员 副经理	屈文立
党组成员 副局长	范造来
党组成员 纪检组长	耿拴羊

【保定市烟草专卖局（河北省烟草公司保定市公司）】 成立于1984年12月，隶属河北省烟草专卖局、中国烟草总公司河北省公司，一套人马、两块牌子，是集烟草专卖执法和卷烟经营为一体的政企合一单位。下辖19个县级局，包括：曲阳、安国、安新、定兴、阜平、博野、满城、蠡县、易县、顺平、徐水、涞水、高阳、唐县、容城、涞源、高碑店、清苑、望都；3个稽查大队，包括：定州、涿州、雄县；21个卷烟营销部；1个卷烟经理部（定州）。市局机关机构设置：办公室、企业管理办公室、人事劳资科、法规科、监察科、思想政治工作科、安全保卫科、服务中心、专卖监督管理科、营销中心、物流中心、信息中心、审计科、财务科、金叶营销部15个职能科室（部门）。

【2007年·概况】 2007年，卷烟总销量稳中有升，累计销售31.35万箱；低档烟销量比较平稳，累计销售16.99万箱；经济效益保持增长势头，纯销售收入为26.27亿元，实现利税4.825亿元；实现利润3.8亿元，各项经济指标再创历史最高水平。全市烟草商业系统共捐赠扶贫送温暖支出509910元，捐资助教21830元，生态文明村等其他类捐赠35870元

【打假打非成果显著】 在保持卷烟"打假打非"高压态势的同时，将"破网"工作列入年度重点考核指标，发挥公检法烟四部门联合办案机制作用，加大人财物的投入，全力保证了"4·03""3·18""8·21"等制售假烟网络案件的成功侦破。全年共查处案件1263起，20万元以上案件8起，查扣违法违规卷烟4637件，查获制假机械15台，判刑21人，破获了两个部级、一个省级督办案件，尤其是"4·03"跨国售假网络案件的成功侦破，严厉震慑了卷烟不法分子。"3·15"共销毁假冒卷烟11816件，制假烟丝、烟叶42吨，价值2400万元，产生了极强的社会影响。

【完成体制改革】 进行了母子公司体制改革，完成了资产划转工作，进一步理顺产权关系，"河北省烟草公司保定分公司"更名为"河北省烟草公司保定市公司"；全面启动ISO9000贯标工作，为提升经营管理水平奠定基础，推进全市行业规范化、制度化管理进程；实现了办公自动化、固定资产管理软件、网建跨区域访销、视频会议系统搭建等多个项目的推广实施，提升了现代化办公的能力和水平；理顺劳动关系，提升工作效率，提高了全员的整体素质；完成职业健康安全管理体系认证，修订和完善了各项规章制度，建立了安全运行程序，加大制度落实和隐患排查力度，提升了全员安全稳定责任意识；启动企业文化建设工作，"和创"文化体系初步形成，为和谐保烟建设提供强大的精神动力和智力支持；完成物流项目土地购置及证件过户手续，物流项目的整体实施奠进入实质性阶段。

领导班子成员

党组书记 局长	张书林
党组副书记 经理	王春怀
党组成员 副经理	屈文立
党组成员 纪检组长	耿拴羊
党组成员 副局长	谈家俊

（部门编辑：季体新）

石油购销

【中国石油化工股份有限公司河北保定石油分公司】

【2006年·概况】 2006年，全年完成纯销量48.53万吨，完成年计划的99.79%，同比增长7.8%。其中：销售汽油14.27万吨、柴油32.38万吨、润滑油0.81万吨。实现销售收入228992万元，同比增长25%；实现毛利15525万元，同比增长40.3%。平均吨油毛利319.9元，同比增加74.21元。实现报表利润7704万元，同比增长747.5%。

【强化调度创新经营】 资源采调力度加大，物流运行进一步优化，合理安排批发、直销、零售不同市场资源的投放比例，较好地控制了柴油销售节奏。全年共购进汽、煤、柴油473042吨，直销批发完成9.41万吨，同比增长81.97%；零售完成37.33万吨，同比增长0.4%。通过"油中感谢"积分增值服务、购加油卡充值赠保险等活动，日充值额、日持卡加油量均有了较大幅度增加，全年售卡28225张，充值22497.7万元，持卡消费19624.9万元。

【扎实管理力求精细】 在总额

控制的基础上，科学预算分配各部门、专业机构的各项费用，量化到最小的责任主体，按照“定额包干、归口使用、按月报销、月度控制、不能突破”的原则运行，由归口部门建立和登记相关台账，定期核对，共同把关，增强了费用预算的刚性。对销售资金流程进行了全方位再造，规范了手续传递，加强了资金监控。加大了加油站督查力度，规范了督查台账，实施逐日督导制，发现问题，及时整改。建立了新的安全管理体系，层层签订了《安全生产责任书》、《安全防事故责任状》和《安全承诺书》。严格落实施工安全管理制度及出入库制度、巡检制度和新职工上岗三级安全教育制度，做好油库、加油站安全评价。深入开展安全检查，加强安全教育，开展了“百日安全无事故竞赛”、“安全知识竞赛”、“安全生产月”活动，进行了安全培训。加强数质量监督检查，规范库存盘点和损益核销，严把油品入库关，确保每一批次的油品各项监测指标全部合格入库。

【扎实稳妥推进改革】 制定了《劳动用工管理办法》、《劳动用工监督检查管理办法》，对员工招聘、使用、辞退以及培训等方面的管理和工作程序做了明确规定，使用工管理逐步规范。以2005年实际销售量为依据，将135座加油站列入小站改革的范围，采取临时歇业、出租、退租、委托管理四种方式完成了小站改革。

【营造和谐促进稳定】 加强基层党组织的力量，发挥广大党团员的先锋模范作用，通过“知企情，达共识”形势任务教育、“基础管理显身手，节支降费作模范”、“相聚团旗下，岗位展风采”等多项主题活动，将活动触角延伸到各个领域和全体员工，增强党团组织凝聚力。为100座加油站配备电磁炉，解决了一线员工的吃饭问题；对15名生活特别困难的职工，给予了救助；配备漫步机等健身器械，完善了离退休人员活动室和职工健身场所；开展与协解人员的谈心走访活动，对协解特困人员开展了“一对一”扶贫济困活动，充分体现了企业的人文关怀，增强了企业的凝聚力。按照谁主管谁负责的原则，建立了领导干部责任制，实施分片包干，通过严格把握政策界限，真心实意帮助解决实际问题，努力维护了企业和社会稳定。

领导班子成员

经　　理　赵文勇
书　　记　郎占山
副 经 理　张书平　车正乐
　　　　　谢连君

【2007年·概况】 2007年，全年累计完成纯销量459519吨，完成年计划的93%。其中：销售汽油140253吨、柴油311611吨、润滑油6361吨、燃料油783吨、煤油511吨。实现销售收入229649万元，实现主营业务毛利20148万元，平均吨油毛利438.45元，实现报表利润8978万元。

【经营工作平稳运行】 面对持续紧张造成的困难，注重关系协调，加强催调力度，全年完成进货472786吨，基本保障了市场供给，较好地履行了政治责任和社会责任。在零售方面，积极开展优质服务活动，加大了零售考核权重。全年零售轻油366999吨，完成计划的94%，其中汽油134192吨柴油232797吨、煤油10吨。特别是高标号汽油和IC卡销售增幅明显，高标号汽油完成95404吨，同比增幅15.59%；销售IC卡27582张，充值36459万元，单卡充值1.32万元，IC加油51902吨，占全部零售量的14.14%。在直销批发方面，兼顾本土和外埠两个市场，实施抓大户，保重点，全年新增客户30个，实现销量89330吨，完成计划的93%。在润滑油方面，积极调控营销工作，采取加油站与门市部同价销售、加大润滑油奖惩考核等措施，销售润滑油9856吨，完成计划的99.11%，增幅11%。在非油品业务方面，加强管理，理顺手续，通过对加油站闲置房屋、场地及配套设备的出租和清收历史遗留租金，实现收入395500元，完成计划的219.72%。

【基础管理日渐加强】 开展不同层面的业务培训，开展了以“学职责、学流程、学规范”为主要内容的“三学”活动和作风纪律整顿，推行“五清”工作法。用3个月时间开展“三清三查”活动，重点对企业各类资产资金、各种管理账目、各种传递手续和机关、专业机构、经营管理一线各岗位职责履行情况、公司各种规章制度贯彻执行情况进行了清理检查，整改了管理上的漏洞和工作中的不足，做到“高度重视，周密部署，扎实推进，务求实效”。细化委派会计日监控、ME定期重点检查和财务核算部五日监控制度；对各专业线条及部门可控费用项目实施定额包干管理，合理控制，刚性执行；加强加油站现场管理督查，完善安全管理体系，开展设备安全自查和隐患治理。

【改革工作继续深化】 调整各

类人员收入比例关系和各专业部门的月切块薪酬，缩小市区与县区员工的奖金分配差距。完成了保定弘大公司、工程公司、润滑油加工厂、雄县两个多经实体注销工作，注销市级存续公司工商营业执照，完成体制转换。

【和谐稳定取得进步】 全系统开展学习十七大精神和以“学法律、知荣辱、爱企业”“聚人心、促和谐、爱企业、铸辉煌”为主题的教育活动，通过“上一堂课、送一本书、组织一次观光旅游、搞一次拓展训练、开展一次谈心”，融洽了党群干群关系，促进了各项工作的协调与开展。体现企业人文关怀，落实一线员工法定节假日加班工资待遇。为协解人员办理了失业保险，委托华洋劳务公司为愿意参加保险的临时工缴纳了养老保险、失业保险和工伤保险。开展“扶贫济困献爱心”活动，各层面564名员工共捐款28689元，从帮困救助金中拨款42895元，走访慰问部分老干部、特困人员和部分协解人员。春节，投入17.765万元，为全系统2135名在册员工发放了礼品。为188名女工及家属办理了平安女性安康保险续保，为全系统18周岁以下独生子女发放小礼品。开展“中保石油杯”乒乓球比赛和拔河比赛等活动。

领导班子成员

经　　理　赵文勇
书　　记　郎占山
副 经 理　张书平　车正乐
　　　　　谢连君

（部门编辑：李社军）

集贸市场

【保定市市场建设服务中心】 是市政府直属正县级事业机构，是全市各类市场的主管部门，编制71人，为全额拨款单位，主要职责是：负责制定全市市场布局规划、市场建设，组织市场论证，负责市场登记工作；负责对所辖市场经营活动的日常管理，调解市场纠纷，管理市场物业，提供有偿服务，收取设施租赁费；配合有关执法部门或有关执法部门委托，对市场经营者违法违章问题进行查处；负责所辖市场的防火、防盗工作，配合公安、消防等部门，对市场的日常安全和消防设施管理使用达标情况进行规范和检查；负责市场培育开发，引进现代化商业业态，推动市场上档升级；组织各类庙会、商品交易会；负责市场统计与分析；组织市场检查评比、验收；指导各县（市）市场建设服务机构的业务工作；发挥好市场管理协会的作用，进一步规范全市各类市场健康有序发展；承办市委、市政府交办的其他事项。内设办公室、党办室、监察室、人事教育处、财务审计处、市场建设处、市场管理处、市场稽查处等8个处室，下辖2个直属经营处、3个区市场建设服务中心及保定市三绿无公害蔬菜有限公司。2个直属经营处为东风桥经营处、工农路经营处，3个区市场建设服务中心即南市区中心、北市区中心、新市区中心。直接经营和管理东风桥市场、工农路蔬菜果品批发市场、府河市场、建华路批发市场、化纤市场、中华社区便民市场、农大西市场、五号区、先锋街等60多个市场。

【2006年·概况】 2006年全市各类商品市场发展到910个，市场年成交额450亿元，其中市区市场年成交额34亿元，市场成交额超亿元市场35个，超10亿元市场5个，国家级文明市场6个，全国百强市场保定市6个，占全省总数的三分之一强。全省“三十大”市场保定市有7个，河北百强市场保定市有20个，均处领先地位。形成了以专业市场和特色市场为依托，以城乡一体化市场为纽带，以区域特色经济为龙头的特色市场新格局，涌现出定州蔬菜、白沟市场、安国药材、高阳纺织、容城服装、雄县古玩、工农路蔬菜果品批发、鑫丰建材、大自然建材、曲阳雕刻等大型综合性市场。

【围绕发展抓项目】 着重抓了定州中山新天地市场、高碑店海龙建材城、顺平商业街综合市场、阜平东城浦大枣市场、雄县雄洲市场二期、保定无公害农产品市场等6个投资千万元以上大市场项目的建设。截至10月，全市新建市场19个，改扩建市场18个，总投资4.1亿元，市场总数达927个，成交额410亿。市中心承担了市委、市政府为民所办实事之一的便民市场、市场改造上挡升级、便民网点、农副产品信息检测中心等民心工程建设任务。投资60万元建设工农路农副产品市场信息检测中心。投资150万元对化纤市场上档升级改造。投资1000万元建设新市场街无公害农产品便民市场。投资800余万元改造建华路批发市场。完成建华路批发市场重大火灾隐患整改；安国东方药城、白沟国际箱包城升级改造。

【规范市场管理】 市中心共下市场检查58个工作日，组织市场联合检查8次，召开市场管理工作专题会12次，对市场管理中存在的环境不整、卫生不净、日常性的管理差等问题进行了纠正。出动车辆2000台次，人员3000人次，对市区300多条小街巷乱摆摊点、占道经营的违章商贩进行了综合治理，对河北农大、河北大学、华电、职工大学、钞票厂、风帆集团、化纤集团等周边环境进行了综合治理，取缔占道经营326户，查扣各种经营工具215件。小街小巷占道经营得到治理。

领导班子成员

党委书记 主任	陈永华
副主任	贾海江　孙宽军 张亚辉　曹路祥
纪委书记	马增凯

【2007年·概况】 2007年全市各类商品市场发展到920余个，市场建设服务系统采取多种筹资形式，投入市场建设资金2.5亿元，全市新改建市场18个，其中市区投入资金1.2亿元，新改扩建市场8个，改造升级3个，市场年成交额480亿元，其中市区市场成交额40亿元；全市市场年成交额超亿元市场36个，超10亿元市场6个，国家级文明市场6个，全国百强市场3个，省级百强市场19个。安国药材、高阳纺织、庞口农机配件、白沟箱包、留史皮毛、曲阳雕刻、定州蔬菜、保定工农路、阜平大枣、满城草莓等在全国有一定影响的大型专业批发市场。

【现场解答群众疑问】 由市中心班子成员轮流带队，走进行风热线直播间，现场解答群众提问16个。搞问卷调查，在市区30多个市场发放问卷2000份，对各市场出现的问题进行集体会诊，督导其按期整改。

【加强市场管理】 索证索票严把食品准入关。所属市场对肉、禽、熟肉制品，海鲜等食品，散装食品尤其早夜市销售的熟食制品开展为期一个月的专项治理活动，严格落实上市食品登统制，日巡查制，防止劣质和过期变质食品流入市场。督导经营者必须在界定的范围内按照分行划市的要求，诚信经营，守法经营，文明经营，市管员实行定岗定位，定职责等管理方法，疏导市场交通，保证交通顺畅。

【做好承办工作】 成立了落实承办工作领导小组，由党委书记、主任陈永华亲自挂帅，分管副主任孙宪军具体负责，小组成员由市中心办公室主任、区中心主任、机关外室有关负责人组成，各基层单位都成立了相应组织，加强组织领导，明确专人具体落实承办工作。完成全年承办的2件人大建议和5件政协提案工作的承办任务，按照办结率，走访率，答复函规范化率，代表、委员满意率均达到了100%。

【配合全市“拆违”工作】 在完成本单位“拆违”任务同时，配合全市“拆违”工作的开展。实行了“来一个，安置一个，来一个留住一个，来一个致富一个，来一个让市委、市政府放心一个”的优惠政策。到“拆违”经营户家中，发放优先进入市场安置通知书，并把联系电话公布于众，截至年底，府河、五一九、自立、化纤、总装、东风桥等35个市场，都优先安置了“拆违”经营户。

【谋划市场项目建设】 筹集20多万元资金委托市规划设计研究院编制保定市场发展规划，制定了“十一五”科学完善的市场发展规划，采取辐射半径500米或每3000户居民一个便民市场，或相对集中居民小区一个小型便民市场的原则布局，同时大型企业、大专院校等人口集中的特殊地域配套一个小型便民市场，形成网络化布局小型便民市场格局。进一步改造老市场，实现现有市场的上档升级，合并小市场，启动“空壳”市场，整合市场资源，发挥各类市场的综合效益，经市政府批准纳入保定城市总体规划付诸实施。推进投资千万元以上的工农路市场综合商业楼、曲阳国际石材市场、定州西城蔬菜批发市场、容城桥南市场二期工程等市场项目的建设，做好启动招商工作。对省印路市场、蠡县麻山药市场等升级改造。市区内科学规划，合理布局，按照优化环境、方便市民、疏堵结合的要求，建设管理规范的便民市场、网点，使零散摊点、游动商贩入场；加大农村集贸市场的退路进场力度，解决集贸市场占道经营堵塞交通问题。工农路蔬菜果品批发市场改造升级。建设综合商业楼，总投资1150万元，建筑面积为13149平方米，为3层商业楼2栋11336平方米，该项目建成后真正实现工农路市场上档升级，建设调料销售专区为上下两层，计划总投资500万元，总建筑面积24000平方米，建成后将填补我市没有大的调料市场的空白。省印路便民市场改造，将破旧的市场大棚改造为轻钢结构全封闭市场，建筑面积2080平方米，投资150万元。

领导班子成员

党委书记 主任	陈永华
副主任	贾海江　孙宽军 张亚辉　曹路祥

纪委书记　马增凯

（部门编辑：帅金城）

商　检

【保定出入境检验检疫局】　隶属河北出入境检验检疫局，是国家质检总局在保定设立的涉外行政执法机构。内设9个科室。

【2006年·概况】　2006年，全年共检验检疫出入境货物18980批，货值11.35亿美元（其中出境货物17788批，货值9.71亿美元，入境货物1192批，货值1.64亿美元），同比批次增长22.1%，货值增长37.1%。共检出不合格入境货物9批，货值425.8万美元，不合格出境货物161批，货值540.1万美元。追查逃漏检入境货物30批，货值1240万美元，有效保证了辖区出入境货物质量安全。共出具各类单证31694份，其中签发普惠制原产地证书6092份，一般原产地证书1374份，为企业直接享受出口免税2198万美元。完成检验检疫收费1358万元，同比增长39%。

【探索改进新检验监管模式】　对规模较大的出口企业，采取体系管理与过程控制相结合的检验监管办法，如在出口汽车检验监管中，建立《汽车外购零部件检验监管登记制度》、《汽车整车装配质量控制制度》、《贴牌商标符合性监查制度》和《右舵车检验监管制度》。汽车外购零部件检验监管登记和汽车整车装配质量控制制度，将零部件生产企业和汽车制造企业的生产力量、管理力量和检验力量充分调动并有机地结合起来，从“源头”开始保证零部件的使用质量，在生产过程中确保整车的装配质量，提高汽车整车和成套散件的可靠性，以保证出口产品最终检验符合标准要求；贴牌商标符合性监查制度既保证了出口汽车在知识产权方面不受侵害和侵权，又保证了出口汽车符合召回制度的要求；右舵车检验监管制度使得这种有针对性出口的车辆检验得到保证。对天威保变股份公司出口免验产品的检验监管，制定了天威保变出口变压器日常监管制度，定期到企业进行检查和落实，做到生产过程监督和最终检验监督，从而真正使免验产品成为放心产品。

对风险较大但诚信度较高的出口企业，在部分企业试行了监督检验的管理模式，如对保定味群食品有限公司出口产品的检验监管上，采用这种模式，拟对风险进行细致评估和上报。对风险较低且出口量较大的企业，全面推行分类管理，如在服装出口的检验监管上，实施分类管理。截至年底，纳入一类管理的服装出口企业共有14家，二类管理企业10家，另有部分三类管理企业正在向二类过度。对出口洗净羊毛的检验监管，采取实施过程检验的验放模式加以管理；对出口金属丝生产企业的检验监管，采取过程监管+抽批检验的验放模式。对规模较小且有潜力的出口企业，采取帮助建立和完善质控体系，加强技术指导，组织管理人员培训等措施。如在手拉葫芦的检验监管上，规模较小的，建立质量管理体系，鼓励提高产品质量扩大出口。对具备生产规模、管理模式达标且产品质量能够得到保证的，提高企业管理类别，并作为样板企业带动其他企业。不同的管理模式和保障措施，既保证了规模较大、诚信度较高的企业发展，又对风险较低、规模较小的企业有所控制。对敏感出口产品的检验监管，保持着高度警觉，上半年，辖区有6家肠衣出口企业因污水排放不达标而被当地政府查封，商检局配合地方政府对环境保护采取措施，加强对查封企业的日常监管，逐厂核对库存量，严禁在查封期间不按卫生注册规范生产，向企业下发《关于进一步加强出口肠衣卫生安全管理工作的通知》，严把原料收购关，完善了原料基地备案登记工作，对原料分批次进行药残检测，在企业的生产加工和原料储备环节实施了有效控制，切实体现了敏感产品源头控制的有效性。出口韩国的中药材，自上年9月韩国食品医药安全厅对208种中药材采取新的二氧化硫限量标准后，就被保定局列为辖区敏感出口产品，对有限量要求的出口中药材采取了批批取样检测的办法，截至年底，将136批、货值60万美元的拟出口的不合格中药材挡在了国门之内，确保了出口产品质量安全。

【加强注册登记企业监督管理】　为确保出入境产品质量安全，按照省局统一部署，保定局组织首季质量安全活动。采取监管部门互查、重点抽查和双向检查的方法，重点检查了日常监管密度较疏的卫生注册登记企业，在检查企业管理能力和产品安全质量的同时，对本局工作人员的服务态度、工作效能、廉洁自律等情况也随机征求了意见。选择不同商品、不同管理层次的企业，按照人员素质、自检设备、原辅料控制、生产工艺、质控标准、环境设施、质量记录和实验室检测能力等逐一进行了检查，发现问题后及时提出整改意见，跟踪反馈整改结果。对检验检疫和监督管理工作中发现的具体问题，组织召开局长办公会议、业务工作协调会议，研究处理了40余项质量安全活动检查中发现的问题，共纠正较为严重的问题5个，一般性问题36个，提升了企业的产品质量和管理水平。

对"两证"企业的监督管理，改变轻监管、重检验的观念，肯定一批有诚信、产品质量好的企业；帮助一批有发展前景、经过短期整改能提高的企业；取消个别产品档次低、管理不到位、长年不出口的企业。对风险较高的70余家出口生产企业进行了监督管理检查，报请省局批准后对15家不符合规定的企业做了卫生注册登记证书自动失效处理；对6家企业的卫生注册登记证书进行了注销；完善46家食品生产企业的检验监管档案；完成28家卫生注册企业的复查、换证、扩项审核工作；监督改造6家肠衣出口企业的物流设施；将9家企业列入电子监管试点单位，帮助17家出口食品生产企业完善了杀菌温度自动监控和自动记录系统。对21家"快速核放"企业、1家出口免验企业和79家实施分类管理的一二类企业进行有效监管，对17家普通包装企业实施分级管理。

【实施检验检疫把关】 加强实验室建设。组织实验室管理人员、实验室检测人员能力培训，开展特殊岗位技能培训，实现了人与设备的最佳结合。提升综合实验室检测能力，在认可范围内不断积累试验数据，先后参加省局技术中心及其他认可实验室间比对实验32项次，参数涉及食品中铅、砷等有害元素含量，速冻产品中农药残留、苏丹红残量，动植物产品中一般理化指标和微生物卫生指标测定。提高大型仪器设备的利用率，全年，保定局综合实验室共完成委托检测2832个样品，出具检测报告4161份，无一差错，为检验检疫准确执法提供了科学依据。开展科研制标工作，研究论证本局科研投标项目，参与国家局"出口植物性中药材农药、重金属和漂白剂残留本底检测、评估及对策研究"等课题研究，提供了2815个样品和196种中药材二氧化硫残留检测数据及技术材料。

领导班子成员

局　　长　刘福昌
纪检组长　尚友朋
副 局 长　徐国栋　顾　刚

【2007年·概况】 2007年，全年共检验检疫出入境货物20693批，货值15.09亿美元，同比批次增长9.03%，货值增长32.95%（其中出境货物19432批，货值12.76亿美元，同比分别增长9.2%和31.4%；入境货物1261批，货值2.33亿美元，同比分别增长5.8%和42%）。共检出不合格出入境货物112批，货值384.8万美元，分别采取了退货、索赔等处理措施，有效保证了出入境产品质量与安全。共签发各类单证31639份，其中普惠制产地证书6176份，一般原产地证1341份，为企业直接享受出口减免关税3541万美元。完成检验检疫规费收入1701.48万元，同比增长22.69%。

【执法把关】 保定辖区开展进出口贸易企业430余家，涉及的出口产品数量多、品种杂，自年初开展产品质量与食品安全专项整治行动。共检出不合格出境货物88批，货值102.2万美元，不合格入境货物24批，货值282.6万美元；检出不合格实验室样品153个，占全部送检样品的4.95%。将华源辣业一批含苏丹红辣椒粉堵在了国门之内。共立案处理三起违规事件，对相关责任企业处以共16.24万元罚款，对4家出口生产企业进行了停产整顿。

【监督管理】 加大对进出口企业的日常监督管理，逐步将监督管理工作重心前移，加强源头管理，推动原料基地建设，指导企业建立和完善质量控制体系、产品追溯体系，提高自控自检能力，建立不合格产品召回制度，提高售后服务水平，切实保证产品质量与食品安全为该年监管工作重点。

专项整治，召开八次出口企业宣贯会、座谈会，解决企业出口产品在安全质量控制上的一些难题，要求企业树立第一责任人责任意识，加强内部管理和质控体系建设。加快原料基地和溯源体系建立，从产品源头进行监管。建立并完善原料进厂、入库、加工、出口等关键环节的记录和标识，开展原料基地备案制度，要求企业建立合格供方名录档案，帮扶拥有真正自主原料基地的企业，做好原料来源地疫情疫病和用药情况调查。6月20日在容城县召开了保定市推广农产品基地建设现场会。对企业质量保证体系运行有效性的监管。依企业情况，定期进行监督审查，对产品的关键控制点、高风险部位和重要环节实施有效监管，确保质量管理体系有效运行，保证产品质量得到有效控制。对30家卫生注册登记企业和10家出口产品注册登记企业进行换证复查；对新提出申请的6家卫生注册登记企业和2家出口商品注册登记企业进行审查；依国家局20号令，对6家卫生注册登记企业证书进行了失效处理；在风险分析的基础上，对3家卫生注册登记企业进行了证书合并；办理入境3C免办证书25份。

【专项整治活动】 开展产品质量与食品安全专项整治行动。对辖区进出口企业进行全面排查，已排查辖区进出口企业430家，签订承诺书430份，建立生产企业质量档案379家，51家经营性企业的质量档案也已完成。如期完成“五个100%”工作要求。对辖区内出口重点产品例如汽车、食品、手拉葫芦、辣椒、肠衣、中药材以及食品农产品基地等进行了重点排查。指导企业购置自检自控仪器设备，建立企业实验室，加快建设保定局手拉葫芦实验室，扩大保定局实验室综合承检能力，提高监管水平。规范企业质量记录，增强质量记录的有效性。例如，对出口食品厂的厂检单，按照产品的不同种类进行了规范，统一印制记录表格，统一规范生产企业报检资料。对出口中药材企业，除要求在厂检单中注明相关生产信息外，还必须注明每种中药材的品名、拉丁学名、产地、包装种类、包装数量、单包净重等信息，以便现场查验。帮助企业建立原料追溯体系，推广“公司+基地+标准化”模式，加强源头控制。对于追溯制度不完善、不合格产品追溯源头不明确的，将依据相关法规对该企业实施暂停受理出口报检、进行专项整治的处罚，直至追溯体系建立有效为止。

引导企业提高规模，提升档次，逐步摆脱小作坊的生产管理模式，向规范化、规模化方向发展。例如，在促进出口中药材加工企业发展上，鼓励和扶持植物提取物等技术含量高、附加值高的深加工产品发展。

此次活动，保定局共上报简报七期，专项整治信息25篇，向省局工作组提供调研报告三篇。

【机关管理】 完成河北局试点工作计划要求的行政执法依据梳理和行政执法文件的编写等。10月，保定局机关内部ISO9000质量体系通过CQC委派评审专家的年度监督审核，标志保定局ISO9000体系日趋成熟。综合实验室通过中国合格评定国家认可委员会的定期监督及扩充项目评审，实验室认可检测项目已达到54个标准，131个参数。

领导班子成员

局　　长　刘福昌

纪检组长　尚友朋

副 局 长　徐国栋　顾　刚

（部门编辑：陈　柏）

财政·税务

财　政

【保定市财政局】　保定市财政局是主管全市财政收支、财税政策、国有资本金基础工作的市政府工作部门。内设办公室、人事教育处、预算处、财政监督处、国库处、税收政策管理处、行政政法处、教科文处、社会保障处、农业处、经济建设处、涉外处、企业财务管理处、综合处、农税处、会计处、法规处等17个职能处室，另设机关党委、监察室、老干部处，辖市农业综合开发办公室和收费管理局两个副县级事业单位（2005年2月，市收费管理局更名为市非税收入管理局），辖预算编审中心、财政集中支付中心、政府采购办公室、政府采购服务中心、财政信息管理中心、控制社会集团购买力办公室、市直契税征收管理所、财经稽查办公室、工交企业驻厂员处、涉外企业驻厂员处、施工企业驻厂员处等11个科级事业单位。

【2006年·概况】　在市委、市政府的正确领导下，我们按照局党组提出的“求实务实落实，立足新起点，实现新发展，打造新平台”的目标要求，加强征管促进收入稳健增长，用活政策支持增长方式转变，优化结构推进和谐社会建设，改革创新促进各项事业发展，圆满完成了全年目标任务，重点工作实现了创新提高。

【财政收支保持平稳较快增长，财政实力进一步增强】　按省新的统计口径，全市完成全部财政收入99.8亿元，增长16.3%。完成地方一般预算收入43.1亿元，增长12.3%。全市财政总支出123.7亿元，增长21.5%，其中，一般预算支出103.7亿元，增长20.4%。通过科学调度资金，积极争取上级支持，着力解决制约经济发展、影响稳定社会、关系人民群众切身利益的突出问题和难点难题，为市委、市政府年初确定的重点工作提供了财力保障，确保了财政的平稳运行，实现了“十一五”的良好开局。

【利用财政手段，促进经济更快更好发展】　围绕培育壮大“三大战略支撑产业”（汽车及零部件、新能源及能源设备制造、纺织服装），叫响“保定制造”的发展思路，积极优化投入结构，调整支持重点，通过多项扶持措施，支持了汽车、新能源和纺织等领域的重大关键技术攻关、引进技术的创新、高新技术的应用和先进技术的推广，促进了产业结构调整和增长方式转变；支持了中小企业创业基地、平台式服务机构和技术研发中心建设，完善了中小企业服务体系，初步改善了中小企业融资环境。

【加大支农力度，推进社会主义新农村建设】　一是通过建立农业投入稳定增长机制，积极支持农业基础设施和生态环境建设，促进了公共财政向农村倾斜，基础设施向农村延伸，社会保障向农村覆盖。二是认真落实各项惠农政策。农业税实现了零负担，兑付粮食直补和综合直补资金24715万元，落实国家良种补贴2450万元、农机具购置补贴579万元。三是全市投入农业综合开发资金9226万元，改造中低产田13.3万亩，被评为全省土地治理先进市；实施产业化经营项目7个，项目和资金总量居全省首位。投入扶贫资金6174万元，实施以周转棚、周转畜及移民搬迁为重点的扶贫开发，支持了贫困农民脱贫致富。四是投入600万元，全力支持文明生态村建设。

【优化支出结构，支持各项社会事业发展，促进“和谐保定”建设】 一是认真落实“两免一补”政策，减免了18万名贫困生的学杂费，给21万名贫困家庭学生免费发放了教科书，补助了5800名贫困寄宿生的生活费。投入4460万元，支持新型农村合作医疗改革试点，参合农民125万人，30.6万人次得到合作医疗基金补偿4074.8万元。投入5060万元，支持了“迎奥运、游保定”大型宣传活动等。投入1480万元，实施育龄妇女免费手术和农村已婚育龄妇女免费检查；逐步建立了农村计划生育家庭奖励扶助制度。二是投入城建资金84083万元，支持了市区基础设施建设、“拆违”工程等，解决了多年来遗留的西康庄垃圾场问题。投入1733万元，支持了白洋淀湿地污水处理工程、白洋淀流域生态系统综合管理与环境保护利用亚行贷款项目的前期准备、阜平大沙河污染防控等项目；投入3520万元，促进了我市“菜篮子”、“米袋子”工程建设。

【坚持为民理财，倾力解决事关群众切身利益的难点问题】 一是筹集社会保障资金207137万元，保障了15.3万名企业离退休人员按时领到了养老金，1.2万名失业人员按时领到了失业金，19万名城乡低保对象享受到了政府的低保补助。二是积极实施“民心工程”。投入1339万元，提高了市区低保标准；初步建立了失地农民养老保险制度；为市区人均住房低于12平方米的357户居民，提供住房保障补助；支持了惠民病床的设立和收治无主流浪病人；补助困难企事业单位的523名离休干部参加医药费统筹；补助181户特困企事业单位1171名离退休干部和建国前老工人加发一个月生活费和误餐费。三是增加稳定投入，全力维护社会稳定。

【深化改革，财政运行机制日趋完善，科学理财水平不断提高】 一是政府收支分类改革顺利推进，部门预算编制进一步细化、规范化，支出标准公开，增强了预算编制的公开性和透明度。对城镇低保、农村中小学校舍维修改造、财政扶贫三类资金引入项目支出绩效评价机制。二是国库集中支付改革进展顺利，依托市级电子政务网络，建立了财政支付城域网，网上支付系统全面使用。三是政府采购规模和范围进一步扩大，程序进一步规范。全市完成采购额57639万元，节约资金8214万元。四是财政监督和法制建设取得新进展。代市政府起草并于2006年10月1日起执行的《保定市财政监督办法》和《关于规范企业检查实行自由裁量权基准制的暂行办法》，组织开展了对全市农业8类专项资金和全市118个重点单位会计信息质量的专项检查；市本级聘请了200名非税收入协管员，监督指导非税收入征缴工作。

【加强队伍建设，良好的社会形象得到巩固】 深入开展了“学树保促”活动，修订完善了两本《手册》、组织了多种形式的业务培训、举办了丰富多彩的文体活动，增强了队伍的凝聚力和战斗力，行风评议取得了经济管理类优秀单位的好成绩（24个县市区第一，1个第二），荣获“全国财政系统先进集体”。

领导班子成员

局长	吕宝生
副局长	康爱民　陈树存 张宗社　李照力
纪检组长	翟彦更
调研员 农开办主任	崔义祥
非税收入管理局局长	赵留强
调研员	康凤琴
助理调研员	姜　扬

【2007年·概况】 2007年，全局承担市委、市政府下达的职能业务目标共4大类，19项，其中，6项超额完成，3项提前完成，10项圆满完成。自加压力，积极谋划并圆满完成了37项突破性工作，受到市委、市政府的充分肯定。2007年，共获得24项市级以上集体荣誉，连续12年被市委、市政府评为实绩突出单位，连续5年获行风评议第一。

【组织收入，财政实力不断增强】 认真落实收入预算，层层分解任务目标，财税部门密切配合，齐心合力、协调联动。以挖潜、堵漏增收为突破口，抓薄弱环节、抓零散税收、抓漏征漏管户、抓有增长潜力的税种，加强对重点税种、重点行业和重点企业的动态监控，促进了收入持续稳定增长。2007年，全市全部财政收入完成121.9亿元，占调整预算的103.1%（占年初任务的110.6%），增长22.2%。全市地方一般预算收入完成51.5亿元，占调整预算的102.5%（占年初任务的107.9%），增长19.6%。

【科学安排调度，重点支出得到较好保障】 认真贯彻《预算法》及有关规章制度，严格执行预算，合理调度资金，确保了公教人员工资的正常发放、党政机关正常运转和重点项目的支出需要，做到了应支尽支，快捷高效，预算支出进度为近年来最快的。据快报统计，全市财政支出完成142.3亿元，按省厅考核口径计算，财政支出进度97.8%。大力支持新农村建设。年初预算安排支农专款增加205万元，增长14%，达到1671万元，已全部下达。积极支持国企改革。年初预算安排企业改革和发展资金2500万元，比上年增长25%，已全部下达。提前完成粮食直补、综合直补，资金发放率100%。全市共发放直补资金38093万元，惠及全市325个乡镇的225万户种粮农民，受益农民895万人。设立了中央特设专户和地方财政资金专户，并已将31167.7万元农村义务教育保障经费拨付到位。全市22个县（市）实现了新型农村合作医疗试点工作全覆盖。全市参合农民662万人，参合率74.79%。中央、省、市、县财政补助资金和参合农民个人缴费均已全部到位。

【深入探索，财政改革稳步推进】 市本级部门预算编制与集中支付、政府采购预算编制全面对接，增强了可操作性。国库集中支付改革县级全面展开试点工作。市本级实现了与人行国库和代理银行的联网，市级所有一级预算单位全部实行网上支付。为确保涉及民生资金、维护稳定资金、重点项目资金及时拨付到位，本着急事急办、特事特办的原则，我局制定了《财政资金拨付“绿色通道”管理暂行办法》。政府采购改革进一步深化，采购类别已发展到货物、工程、服务三大类42个类别，实现了网上采购，加强了专家库建设。积极推进农村综合改革，完成省定目标任务。乡镇机构改革、县乡财政体制改革、农村义务教育体制改革、乡村级债务的清理化解，均完成省定目标任务。市本级一级预算单位已全部实行“国库单一账户体系零余额清算方式”的改革。

【强化财政监督，专项资金检查扎实有效】 对12个县（市）义务兵补贴、7个县（市）新型农村合作医疗补助、计划生育专项资金等进行了检查，对资金管理和使用中存在的问题进行了规范和处理。研究起草了《保定市太阳能之城建设专项资金管理办法》，加强对太阳能之城建设专项资金筹集、使用和管理的监督。出台了《保定市财政局行政处罚监督管理办法》；以财政局名义制发了《关于印发规范企业检查实行自由裁量权基准制的暂行办法》，加强对财政执法行为的监管。

【创建“六型机关”，机关建设呈现新风貌】 采取多种形式，不断把学习引向深入。做到与思想实际、上级要求、总结全年工作、圆满完成全年各项工作目标、研究谋划明年重点工作五个结合，努力做到学习内容、时间、人员、效果“四落实”。强化了目标管理和责任落实，将承担的《市政府工作报告》和“18项民心工程”涉及财政落实的事项进行了责任分解，汇编成《2007年工作落实方案》，实现年度工作任务到岗、责任到人，形成了“纵向到底，横向到边，上下联动”的责任机制和抓落实机制；修订了机关工作人员《行为规范手册》和《依法理财手册》，用制度规范管理；开展了岗位练兵、全员培训活动；深化行风建设，积极推进权力公开透明运行；开展了看“南车北电”、进企业感受发展、下乡村访贫问苦等一系列教育活动，又增强了干部职工的凝聚力；实行人性化管理，组织了乒乓球、羽毛球比赛等一系列文体活动，机关秩序井然，充满着生机和活力。

领导班子成员

局长	吕宝生
副局长	康爱民　陈树存 张宗社　李照力
纪检组长	翟彦更
调研员 农开办主任	崔义祥
非税收入管理局局长	赵留强
调研员	康凤琴
助理调研员	姜　扬

（部门编辑：张志伟）

国家税务

【保定市国家税务局】 保定市国家税务局坐落在保定市朝阳北大街866号，成立于1995年，是主管全市国家税收工作的行政机构，实行垂直领导的管理体制。现内设14个职能科室，1个直属机构，3个事业单位，下辖26个县（市、区）局。主要负责增值税、消费税、企业所得税、外商投资企业和外国企业所得税、车辆购置税、储蓄存款利息个人所得税、出口货物退税等中央税和中央地方共享税的征收管理工作。

【2006年·概况】 保定市国家税务局以邓小平理论和“三个代表”重要思想为指导，全面落实科学发展观，坚持聚财为国、执法为民的宗旨，坚持依法组织税收收入，坚持实施科技兴税战略，坚持依法规范税务机关和税务人员的税收执法行为，依法规范纳税人的纳税行为，坚持科学化、

精细化管理，有效地发挥了税收调节经济和调节分配的作用，为推动保定市经济社会发展和社会进步作出了积极贡献。

【税收计划执行情况】 2006年，保定市国税局共组织税收收入56.07亿元，同比增长17.6%，增收8.4亿元。完成车辆购置税38615万元，占年计划的128.7%，同比增长27.9%。

【税收特点】 一是税收收入继续保持较快增长。在连续两年税收收入快速增长、收入基数抬高的情况下，全市税收收入依然实现了17.6%的增幅，超过全市GDP增幅7个百分点以上。但较2004年、2005年税收收入增幅有所下降，分别下降10.9和3.1个百分点，且低于全省平均增幅0.3个百分点。二是增值税收入对收入增长拉动作用明显，个人所得税收入呈稳步增长态势，消费税等其他税种收入增长缓慢甚至出现负增长。2006年，全市增值税收入同比增收8.5亿元，同比增长24%，直接拉动税收收入增长17.9个百分点，是税收收入增长的主要因素。由于城镇居民收入和储蓄存款余额的持续增长，个人存款利息所得税收入同比增收0.58亿元，拉动税收收入增长1.2个百分点。消费税收入受上年清欠额较大影响，同比减收0.28亿元。企业所得税收入由于重点企业减收，同比减收0.09亿元。涉外企业所得税收入受上年清欠和所得税抵免等因素影响，同比减收0.33亿元。三是受地域经济和税源状况影响，各征收单位收入增幅差距较大，收入增幅最高与最低相差156.5个百分点。市区缺少大的税收增长点，为确保完成政府任务目标，市区全年调库额达到2.03亿元，占全市调库额的61.1%，尽管如此，全年四区完成税收收入23.5亿元，也仅占全市总收入的41.9%，仍分别较2004年、2005年下降8和1.5个百分点，市区收入占全市收入比重进一步下降。四是私营企业、股份公司、涉外企业收入快速增长，三类型企业收入达到39.5亿元，占全部收入的70.4%，成为全市收入增长的主要拉动力；国有企业和集体企业收入则出现不同程度下滑。五是重点税源行业临时性增减因素比较明显。由于专案查处和四类企业检查整顿，有色金属行业增值税收入增收1个亿，增长70.4%；汽车行业受消费税政策调整及产销量增长拉动，入库两税同比增收1.75亿元，增长88.8%；卷烟行业由于上年清欠额较大，入库两税同比减收1.26亿元，下降25%。消费市场繁荣活跃，全年商业增值税同比增收1.08亿元，增长23.6%。

【税源分析】 2006年国税收入保持良好的发展态势，是全省国民经济持续快速增长的直接体现，也是税务部门加强征管和税收政策因素共同作用的结果。据初步测算，2006年经济增长拉动全市税收收入同比增收7.4亿元，占全部收入增量的88.1%，成为收入增长的主要动力。政策性增收、征管因素和免抵调库因素增收占了较小比重。

【税收征管】 保定市国税局按照“征管工作抓精细”的指导思想，把征管基础建设作为全年工作的重中之重，紧紧围绕税源管理这个征管工作的关键要害开展一系列工作。借助换发税务登记证的契机全面清理漏征漏管户，通过清理新办税务登记3117户，在全省系统率先完成43141户换证工作，户籍控管得到明显加强；着力深化税收管理员制度，重点抓好工作载体、制度和考核标准的三个统一，推广使用了管理员手册，细化了涵盖6类128项指标的管理员工作要求，管理员的工作标准和工作流程更加规范有序；积极开展税收分析，初步建立起包括百余项指标的税源监控分析体系；完善纳税评估机制，建立了以管理员分户评估为重点、上下联动的纳税评估工作格局。市局主要侧重宏观分析与监控，建立和完善评估指标体系，定期发布行业税负预警峰值。基层征收单位和管理员具体负责所辖纳税人的分行业和按户评估，并逐步对相关指标及预警参数进行细化；严格对198户企业落实欠税公告制度，联合技术监督局对834个加油站使用税控装置进行监督检查，在4个单位试行了分类管理，加强个体定额管理户管理，日常征管趋于精细；规范注册税务师行业管理，启用人才库管理系统，深化征管信息系统数据应用，对5万条错误数据进行了核实处理，加强征管质量考核，征管质量考核自9月份连续4个月保持第一。通过全系统的不懈努力，征管基础建设朝着科学化、精细化管理方向稳步迈进。

【税收执法】 保定市国税局把完善执法检查制度、深入开展执法检查和执法监察、严格落实“两制”作为提高执法水平的关键，采取严厉措施纠正执法过错行为，执法检查和执法监察工作得到了省局的充分肯定。制定了《税收执法责任制检查考核办法》，将7个执法项目划分为15个执法岗位、380余个执法权限，并通过实地检查等多种形式加强督导落实，使执法行为得到了有效规范。组织骨干力量对10个单位开展了执法检查，发现征收管理、税务稽查等五大类280多个问题，查补税款3166万元。对8个单位开展了执法监察，发现执法环节存在的8类164个问题。同时，进一步加大执法过错责任追究力度，全年共追究执法过错责任人员1606人次，追究金额21.41万元，与2005年相比，追究人次增长了9倍，追究金额增长了31倍，超过了以往五年追究人次和金额的总和。

【试点工作】 2006年，保定市国税局为了更好地将各项重点工作全面落实到位，确立并实施了“各项工作抓典型”的工作方法。市局经研究确定了能级管理、纳税评估、干部培训、基层规范化建设、税收管理员网络平台、深化税收管理员制度、信息化综合应用、深化“两制”等八个方面的典型试点。一年来，各试点单位在上级局的领导和指导下，积极创新，主动工作，各项试点工作取得了初步成效，并有5个试点已经在全系统进行了推广应用。在能级管理试点中，徐水县国税局经过反复调研，不断改进，逐步完善，摸索出了一套适合基层单位的干部能级激励机制。在纳税评估试点中，新市区国税局不断完善纳税评估体系、规范纳税评估流程，使纳税评估工作取得了明显成效。一方面通过评估查补税款242万元，另一方面通过评估还发现了鑫兴电焊条厂虚假海关完税凭证骗抵税款案、德信达虚假运输发票案等涉税案件。在干部培训试点中，北市区国税局通过在线考试系统创新学习手段，积极开展多层次、全方位、方式灵活的教育培训工作，使广大干部的业务知识和征管技能都有了较大程度的提高，全局绝大多数45岁以上干部已能够熟练运用征管信息系统查询数据、处理业务，并在市局组织的全员业务考试中夺得第一。在税收管理员试点中，南市区国税局开发出了税收管理员网络管理平台，以信息化手段对税收管理全过程实施监控。望都县国税局完善了税收管理员手册，加强了对管理员的工作过程控制。除此之外，基层规范化建设、综合信息应用、深化“两制”三个试点工作也分别在涿州市、高新区、满城县国税局进行了试点并积累了一定的经验，有望在进一步完善的基础上于明年在全系统全面推广。

【干部队伍建设】 保定市国税局坚持以人为本，以强化各级班子建设、队伍素质建设、作风建设和文明建设为重点，积极开展各种活动，使班子建设和干部队伍建设得到进一步加强。一是深入开展“三实”活动。制订了实施方案，明确了时间安排，加强了考核督导，使各级领导班子和领导干部围绕税收中心工作积极开展调研，深入基层了解情况，结合实际解决问题，事业心、责任感明显增强。二是认真开展巡视工作。在省局对市局党组巡视之后，市局抽调相关人员利用两个月的时间，对基层9个县（市、区）局党组进行了巡视，发现问题及时指出，进一步增强了班子民主团结、求真务实，真抓实干的工作作风。三是认真组织了“学树保促”百日主题教育活动。从10月9日开始组织开展了“学、树、促、保”百日主题教育活动。在班子认真组织学习的同时，积极征求干部群众对班子的意见，并认真进行整改，征求到意见建议共计6个方面89条。局党组责成教育活动办公室对意见建议进行分解，把责任落实到分管领导和有关处室，确保件件有回音，事事有着落。四是全面开展岗位技能培训和业务学习考试。紧紧围绕税收业务知识和岗位工作技能等重点内容，通过采取全员学习、干部培训、全员考试等一系列措施，使国税队伍整体素质、工作能力有了明显提高。五是扎实开展精神文明创建活动。在系统内广泛开展了“文明单位”、“青年文明号”、“最佳办税服务厅”、“标杆税务所”、“优秀税务工作者”等争创活动，同时加强动态管理，落实奖励措施。市局和16个县（市、区）局被省委、省政府命名为省级文明单位。共有23个单位被命名为国家级、省级和市级青年文明号。市局和所辖26个县（市、区）局在2005年度保定市精神文明建设委员会开展的文明执法杯竞赛中再获殊荣，全系统连续4年保持了优胜单位第一名的称号，实现满堂红。并有多名同志获得省局和市委、市政府“青年卫士”、“杰出青年”、“青年岗位能手”等各种荣誉称号。

【党风廉政建设】 在行风评议工作连续五年名列第一，并获得免评三年的资格后，针对今年再次参评的形势，保定市国税局进一步加大工作力度，切实加强党风廉政建设，积极深化纳税服务。4月初，市局利用税收宣传月活动邀请100家企业代表召开座谈会，通报税收政策，征求企业意见，并对收集到的14条意见建议全部进行了认真整改。7月份，开展了行风建设自查自纠活动，对干部执法、服务、廉洁自律等方面发现的问题进行了严格的整改市局。9月份，在专项治理社会监督员的协助、监督下开展了违纪行为专项整治活动，对15个县（市、区）局的31个基层税务分局（所）进行了明察暗访，进一步增强了广大干部严格执法和廉洁从税的自觉性。同时，市局和部分县（市、区）局还通过召开由行风评议代表和部分纳税人参加的行风建设汇报会、咨询听证会等形式，虚心问计，加强整改，赢得了当地党委、政府及社会各界的广泛认可。全系统行风建设再次荣获执法系列第一名，连续六年获此殊荣。

领导班子成员

党组书记 局　　长	杨树民
副 局 长	郭福霖　郑炳玉 张志宏 刘孟延（挂职）
纪检组长	于国荣
总会计师	王山岭
总经济师	张惠敏

【2007年·概况】 2007年，全局以邓小平理论和“三个代表”重要思想为指导，全面落实科学发展观，强化税源管理，确保税收收入稳步增长。全面夯实征管基础，加强督导检查，确保税收政策、规定落实到位。规范执法服务，坚持依法组织税收收入，依法规范纳税人的纳税行为，税收秩序明显好转。坚持科学化、精细化管理，有效地发挥了税收调节经济和调节分配的作用。

【强化税源管理，税收收入稳步增长】 一是科学建立税源分类管理体系。对蠡县皮毛、高阳纺织、满城造纸、西部山区县的矿山开采等20个县、13个重点行业的纳税人进行科学分类、集中管理。研究制定了《实施纳税人分类管理的工作意见》，对软件产品、水泥产品、医药零售业和煤炭铁精粉经销企业制定了管理办法。各县（市、区）局制定并实施了单行业分类管理办法33个，强化并规范了这些行业的管理，提高了精细化管理水平。二是扩大重点税源监控范围，监控企业户数由上年的340户增加到570户，监控企业入库税收占全市总收入的70%以上。三是加强收入调度分析。定时召开税收收入分析会。对全市7户年纳税亿元以上企业按季进行分析，了解和掌握企业经营变动情况、税收增减变化情况及全年税收预计完成情况，加大了任务调度的力度，牢牢把握住了组织收入工作的主动权。2007年全系统共组织税收收入74.18亿元，占省局考核计划的109.9%，同比增长23.8%；占市政府考核计划的111%，超收6.84亿元，同比增长23.2%；完成车辆购置税5.1亿元，占年计划的122.4%，同比增长31.8%。

【突出管理主线，全面夯实征管基础】 2007年以省局业务督导为契机，以建立、完善日常管理制度和信息系统为支撑，以落实协调联动机制为切入点，不断强化落实机制和手段，使征管基础得到初步夯实。一是以省局督导整改管理不足。认真配合省局开展的业务督导，依据督导手册认真进行了自查。省局督导组利用3个月时间深入到26个县（市、区）局和部分税务所进行业务督导，检查各项政策、规定的落实执行情况，确保税收政策、规定落实到位。坚持按照督导手册各项工作标准主动整改，密切配合督导工作，以点上的问题促面上的工作。在督导组的建议下，召开房地产企业政策辅导暨自查动员会，强化房地产行业管理；针对督导组提出的13类65项整改建议，在及时整改的基础上，认真组织了整改“回头看”，充分借助了省局督导力量对全市系统管理水平进行了有力推进。二是以规范管理深化日常征管。严格落实了管理员交流、主协管、领导联系户和管户等制度，进行了管理员平台试点，管理员制度得到进一步深化。南市区国税局管理员平台试点取得良好成效，被列为全省六个管理员平台建设试点单位之一；大力加强户籍管理，规范了税务登记流程，组织清理漏征漏管8000余户，纳税人户籍静态管理和动态管理明显加强；制定并落实了《征管资料档案管理实施办法》，档案管理更趋规范；同时，还加强了与有关职能部门的信息交换、开展了纳税信用等级评定、落实了欠税公告制度、强化了个体和集贸市场管理，基础性征管工作有效加强。三是强化信息数据应用。建立了征管信息数据应用指标体系和工作制度，确定了征管质量考核、数据质量监控、数据深化应用三大类近300项重点监控指标，初步构建了征管信息数据体系；利用征管信息数据应用三项指标信息开展数据分析，查找税收管理薄弱环节，为协调联动和其他税务管理工作提供数据支持。利用信息系统提取相关数据导入微观税收分析和预警系统，为确定偏离行业税负预警值的疑点企业提供依据。建立了数据核查工作长效机制，加强了对日常工作的数据监控和应用，征管数据质量在省局考核中名列前茅。四是以四方联动凝聚管理合力。在加强组织领导的基础上，建立联动制度，及时召开联席会议，具体落实联动职责。通过宏观税负测算和税收弹性比较等方法，对190个行业进行了税收分析，发布重点关注行业39个，查找疑点企业924户。为配合协调联动机制的实施，开发了微观税收分析与预警软件，为发现评估线索提供了科学依据。

在认真完成省局评估任务的同时，结合实际积极开展项目评估，先后对铁矿、煤炭和铁精粉经销、肠衣及机动车销售等12个行业立项，评估企业4728户，补缴税款（含滞纳金及罚款）1.22亿元。并根据评估中发现的问题及时完善行业管理制度和措施，达到了“评估一个行业，规范一个行业”的目的。协调联动中移交稽查30户，并对联动中发现的过错行为进行了责任追究。为推进协调联动机制的更有效运行，在高新区国税局进行了协调联动工作平台试点并于2008年向全市系统推行。

【加强督导检查，确保政策执行到位】 为提高工作效能，减轻基层负担，对执法检查、执法监察、内部财务审计、班子巡视等项工作进行整合，组成一个检查组对基层开展联合巡视检查。并采取年初分解工作报告、每季召开局长例会、每月公布本月工作完成情况和下月工作安排等方式，对工作事项全程跟踪，限期办结，强化了工作落实。同时，以强化税种管理和落实优惠政策为重点，加强了“四小票”管理，重点加强了废旧物资行业的监控，70户企业被取消免税资格；对127户企业开展了消费税政策落实情况专项检查；积极学习、贯彻、宣传新的所得税法，完成6510户企业的所得税汇算清缴工作，清缴面达100%；为37户企业减免所得税2880万元；出口退税方面，强化了征退税部门衔接，共办理出口退（免）税12.9亿元，比上年增长44%；加强亏损涉外企业管理，对112户企业调增应纳所得税税额605万元，使涉外企业亏损面由上年的48%降低到38%。加强发票管理，建立并通过普通发票稽核比对机制，对13528户企业的22万份发票进行了比对，补缴税款（含罚款）441万元，6户企业移交稽查；加大了对农副产品收购发票的监控力度，发票控管力度明显加大，减少了问题的发生。

【规范执法服务，税收秩序明显好转】 把严格税收执法和规范纳税服务作为相互促进的有机统一体，做到执法和服务的协调同步发展。一是深入开展专项整治。按照总局和省局的部署，组织300多名骨干力量利用一年的时间，对蠡县皮毛行业进行了税收专项整治，共查出应补缴税款1.5亿元，已入库6207万元，向公安机关移送企业48户，抓获犯罪嫌疑人15名。对移动通讯、金融保险等8个行业233户企业开展了税收专项检查，查补税款（含罚款）4142万元，税收秩序得到有效整治。二是大力规范执法行为。全面推广运行了税收执法岗责保障系统，为基层执法人员准确、规范、明白执法提供了有力保障。对8个县（市、区）局开展了执法检查和执法监察，查出共性问题20项，查补税款358.5万元，共追究执法过错责任人员1631人次，追究面达64.75%，经济惩戒金额19.3万元，追究重大执法过错70人次，1人被免职，3人受到行政撤职等处分。三是切实优化纳税服务。认真落实“两个减负”，取消基层报表29张，学习记录及工作日志9本（项），减轻了基层的负担；规范办税服务厅工作流程，按照便民高效的原则进行了业务重组，规范和统一窗口设置，深化“一窗式”管理和“一站式”服务，落实了各项服务措施。并对部分岗位的权限及文书流转进行了调整；积极开展涉税文书网上审批试点工作，取消并行文书12种、台账6种，减轻了纳税人负担；开通了门户网站，为纳税人提供了集政策发布、意见反馈、软件下载、通知公告于一体的服务平台。建立了短信平台，向纳税人发布各类提醒短信近40万条，提升了纳税服务水平。

【完善各项制度，班子建设全面加强】 以深入开展解放思想大讨论为契机，多渠道征求各方面意见3类35条，认真梳理整改，各级班子政治意识、大局意识、奉献意识明显加强。注重加强班子作风建设，修订了《党组议事规则》，落实了领导干部述职述廉、重大事项报告和个人收入申报制度，并在各级领导干部中深入开展查实情、解实题、求实效活动，明确了每名班子成员的分包单位、纳税大户联系点和下基层的时间，着力解决基层或纳税人反映集中的问题，各级领导干部掌握实情和解决实际问题的能力不断增强。加强领导调研工作，明确市局班子成员抽出3个月的时间到基层调研，县（市、区）局班子成员抽出4个月的时间到基层指导工作。落实了民主集中制和党组议事规则，对8个县（市、区）局领导班子开展了巡视检查，增强了班子的凝聚力和战斗力。

【加强教育培训，队伍素质稳步提高】 积极构建大教育工作格局，不断加大教育投入力度，全年共投入309万元用于教育培训工作。组织了包括县（市、区）局局长在内的四类岗位的培训和全体干部参加的春训活动。先后组织分类、分层、分岗培训29期，培训干部5226人次；搭建了网络教育培训系统，加载电子教材、教学课件、专题讲座等68类，网络习题近5万道，组织在线考试29次，参加人员达1560人次；大力开展岗位技能达标活动，制定了税收管理员等“三员”岗位技能标准和计算机实际操作技能认定标准，并采取结对帮学等方法，强化岗位技能培训效果，全局的计算机技能达标一级通过率达100%。全系统大专以上学历达到了94%，在省局组织的“六员”考试中，及格率达到了99.9%。同时，大力加强廉政建设，对20个县（市、区）局47个窗口单位进行了明察暗访，对14名违纪人员给予批评教育和经济惩戒；加强行风建设，召开了特邀监察员座谈会和行风建设汇报会，现场观摩，征求意见，赢得了各级党委、政府及社会各界的广泛认可，全系统行风建设连续7年获得评议第一名。

【规范机关基层，整体建设全面提升】 全系统积极开展税务文化建设，制定下发了《税务文化建设实施方案》和《税务文化建设三年规划》，明确了工作目标、具体措施和工作标准，进一步增强了工作计划的针对性和可操作性，并对首批开展的8个试点单位加强了指导。经过省局年终检查验收取得了较好地成绩。建立完善了机关岗责体系，实行工作项目领导分包责任制、机关处室与基层单位责任挂钩等多项制度，充分发挥了制度的激励、制约和促进作用。对现有管理制度进行了梳理和整合，完善并建立了十多项新的管理制度，各项建设日趋规范。保定市局在河北省精神文明委员会等五厅局首次联合组织的绿色机关评选中，市局被授予“河北省绿色机关”荣誉称号。广泛开展精神文明创建活动，全系统连续6年获文明执法杯“满堂红”；涿州办税服务厅荣获全国“巾帼文明岗”称号，全系统重获认定国家级“青年文明号”1个，省级“青年文明号”13个，市级“青年文明号”11个；1人获全国税务系统精神文明建设先进工作者称号，2人被保定团市委评为保定市十大优秀（杰出）青年卫士。保定市局在全省国税系统2007年效能考核验收中，取得先进单位荣誉，位居全省系统第二名。

领导班子成员

党组书记 局　　长	杨树民
副 局 长	郭福霖　郑炳玉 张志宏 刘孟延（挂职）
纪检组长	于国荣
总会计师	王山岭
总经济师	张惠敏

（部门编辑：刘明文）

地方税务

【保定市地方税务局】 保定市地方税务局是负责保定市地方税收征收管理的职能部门，受河北省地方税务局和保定市人民政府双重管理，以垂直管理为主。市局机关内设14个处室（中心）：办公室、人事处、教育处、监察室、机关党委、征管法规处、计划会计处、税政一处、税政二处、税政三处、后勤服务中心、信息中心、发票管理中心、干部培训中心。直属单位5个：稽查局、直属一分局、直属二分局、直属三分局、涉外分局。管辖26个县（市、区）地方税务局。共有干部职工2450人。

【2006年·概况】 2006年是“十一五”规划的第一年，全市地税系统在省局和市委、市政府的正确领导下，以“三个代表”重要思想为指导，以科学发展观统领地税工作全局，紧紧围绕“四化两提高”总体工作思路，继续深入开展管理年活动，团结协作，务实创新，圆满完成了以组织收入为中心的各项工作任务。2006年市局荣获了全国文明单位，在全市“文明执法杯”竞赛中我局连续第10次荣获第一；民主评议行风活动在连续“免排”2年的基础上再次进入优秀行列；市局及9个基层单位被省委、省政府命名为“文明单位”，其中3个单位被评为“免评”单位。2名同志分别获得“保定市杰出青年”和“保定市优秀青年”称号；2名同志被评为“杰出青年卫士”，5名同志被评为“优秀青年卫士”。

【税费收入持续稳定增长】 全年共组织各项收入430890万元，其中税收258306万元，同比增长13.17%，社保费150940万元，同比增长28.34%。在组织收入中，一是强化重点税源监控。市局对年纳税50万元、县（市）区局对年纳税10万元以上的重点税源直接监控，重点税源占到了税收总量的80%。二是强化了分行业、单税种管理。对查账征收的13户房地产企业、45户建安企业的所得税征收方式进行了逐户鉴定；对105户运输业自开票纳税人进行了年审认定，三大行业税收同比增收11685万元。所得税方面，积极推进汇缴改革，加强了对重点企业辅导。积极推广个人所得税软件，逐步向实现全员全额管理迈进。营业税方面，加强了对重点项目跟踪监控，强化了“二手房”交易税收管理，完善了减免税审批制度，全年营业税同比增长25%。同时采取有力措施，促进了土地增值税、车船税、城建税、烟叶税等小税种的增收。三是强化了社保费征管。全市新增3个“征缴一体化”单位，累计清理欠费近2亿元。四是采取有效举措，加强了涉外税收管理，全市共完成涉外税收21306万元，同比增长14%。

【干部队伍建设不断加强】 一是强化了领导班子建设。通过深入调研，制定了民主集中制建设整改方案。市局在全省地税系统领导班子民主集中制建设研讨会上，做了典型发言，民主集中制建设水平得到了有力提升。严格落实干部选拔任用工作条例，全系统共提职任用科级干部32人，科级非领导干部14人，交流调整科级干部18人，同时选派6名干部北京市地税局挂职锻炼。二是进一步强化了干部队伍建设。采取多种形式开展《公务员法》培训，认真做好公务员登记，大力开展干部队伍教育培训，37名同志参加了河北大学的MPA学习，全年共组织各类培训班13期，633人次参加了培训。

【税收管理质量大力提高】 一是在全市范围内换发税务登记证52152户，清理漏征漏管户203户，补缴税款、滞纳金14.29万元。二是举办了3期新《规程》培训，培训人员850人，开展考试18次，干部业务素质明显提高。三是制定了《税收管理员职责及考核办法》等一系列制度，明确了责任和权限，提高了管理质量；科学调整征管力量，全市直接从事税源管理的人员1191人，占执法人员的59%，从事重点税源管理的人员253人，占税源管理力量的21.2%；加强了纳税评估，全市共评估企业79户，组织约谈61户，移交稽查4户，补缴税款93.37万元，加收滞纳金1413.31元。四是积极推行发票管理软件，以票控税实现税收7296万元；实行“发票双奖”的饮食、服务、建筑安装等行业，税收同比增长23%；分情况开展了发票全面检查、专项检查和突击检查，查获2起贩卖、使用假发票案件，缴获各类假发票60余本。五是积极开展网上报税试点工作，网上申报企业2516户，签订电子缴费协议户数2244户，网上申报税款33240万元，网上划转税款16691万元。六是全系统微机配备率达到117.38%，较上年提高了11个百分点。更新、升级、开发了税收征管应用系统等8个软件。联通了货物运输业代开点网络2个，举办相关业务计算机培训班20期，强化了数据分析，为税收决策提供了科学依据。

【税收执法进一步强化】 一是制定了《分级分类稽查办法》，确定了稽查对象，严格稽查权限，形成了分级分类稽查新机制。认真落实首查责任制和审理提前介入制，全年稽查入库税款12380万元，同比增长7652万元，增长幅度为161.8%。二是对公开透明的项目、时限、形式、程序进行了规范，行政权力公开透明运行工作得到进一步深化。三是认真开展执法过错追究，全系统共追究2092人次，其中经济处理1443人次，扣发奖金津贴总额37145元，批评教育1713人次，书面检查163人次，通报批评206人次。全市审理重大税务案件45件，其中维持初审意见43件，发回复查1件，改变处理1件，入库税金、滞纳金、罚款共计346万元。四是积极配合市人大作好税收执法评议，通过全体人大代表现场打分，我局得到了86.36分的高满意度，被市人大评为优秀等次。

【税收服务更加优化】 一是认真落实税收优惠政策，共为174户企业减免企业所得税5800万元；审批企业财产损失9户，金额946万元；核准2户企业国产设备投资抵免企业所得税252万元，全市累计为从事个体经营的下岗失业人员减免各项税收578.3万元，免收税务登记工本费2.3万元，受益下岗失业人员1779人。二是进一步完善公开办税、首问负责、纳税提醒、纳税咨询、限时办结、“一窗式”等服务制度；积极推广多元化的税款缴纳方式；“12366”纳税服务热线全年共处理话务12827件，得到了社会各界和纳税人广泛好评。三是与新闻媒体合作大力开展情系“三农”山区行、“送法进矿”、“税法入高校”等一系列活动，全市有近10万人次接受了税法宣传，纳税人的纳税意识明显提高。

【廉政建设再创佳绩】 我局以荣获全国文明单位为契机，按照建设廉洁、勤政、务实、高效机关的要求，深入开展廉政建设。一是加强理论学习。深入开展了以“八荣八耻”为主要内容的社会主义荣辱观教育，“学理论、树正气、保稳定、促发展”百日主题教育等活动，认真学习贯彻党的十六届六中全会精神，党员的党性观念明显增强，队伍整体素质不断提高。二是在“结缘工程”与“衣食父母观”教育中，我局全心全意为群众办实事，办好事。对51户需要帮助的特困户进行了走访慰问，为他们送去了生活必需品。为对口帮建的文明生态村－高碑店市方官镇龙虎庄投资5万元，修补路2000米，安装路灯32盏，修建村两室3间，沼气池5个，进一步增强了党员干部与人民群众的血肉联系，改进了机关作风，赢得了社会各界的广泛称赞。

领导班子成员

局　　长　赵春海

副 局 长　马领桂　周　纪

　　　　　赵树朋　张景然

纪检组长　顾建明

总会计师　杨宗信

【2007年·概况】　在市委、市政府和省地税局的正确领导下，以“三个代表”重要思想为指导，深入学习贯彻党的十七大精神，牢固树立科学发展观，紧紧围绕以组织收入为中心的“四化两提高”总体目标，全力推进地税事业实现整体跨越，完善制度、夯实基础、狠抓落实，较好地发挥了地税部门职能作用，圆满地完成了以组织收入为中心的各项工作任务。市局被中央文明委命名为“全国文明单位”，在全市“文明执法杯”竞赛中再次获得第一名，在民主评议行风活动中连续6年进入优秀行列。8个县级局被省人事厅和省地税局联合命名为“先进集体”，2个县级地税局被省地税局命名为“2006年度政治思想工作先进单位”，8个基层单位被省委、省政府命名为“文明单位”，17个基层税务所被团省委命名为省级“青年文明号”。

【税费收入持续稳定增长】　全市共组织各项收入535741万元，同比增长24.33%，其中税收收入实现331356万元，同比增长28.28%，社保费实现179744万元，增长19.08%。在组织收入中，一是结合各单位实际情况，科学合理分配落实税收计划，实行收入月报和税收分析，确保均衡入库。二是大力清查漏征漏管户，对27643户差异信息进行了核查、清理，与国税、工商等部门召开联席会议20余次，取得登记信息14640条，追征税款81.23万元。三是狠抓重点税源监控。市、县局分别对年纳税50万元、10万元以上的企业直接监控，监控纳税人占纳税总户数的3.6%，税收占到了80%。四是规范社保费征管。对缴费单位进行分类认定，建立了215户重点费源档案，新增两个征缴一体化单位，清理欠费6992万元。五是加大了稽查力度。全市共查补入库税款、罚款、滞纳金共计16627万元，同比增加4616万元，增长37.29%。

【干部队伍建设得到加强】　一是以“八个良好作风”为主题，加强了领导干部的思想政治工作。认真学习领会党的十七大精神，进一步牢固树立了科学发展观，深入开展“为民、务实、清廉”主题教育、“五个一”主题实践、争创星级单位、优秀支部、优秀党员、“杰出青年卫士”等多种活动，和谐文明，务实创新等良好风气在系统蔚然成风。二是狠抓了业务培训，组织了各类培训9期，1151人参加了省局统一部署的税收管理岗位考试，及格率为98.96%。三是深入开展了机关效能建设，通过建立5项工作体系，明确考核责任，强化监督检查，严格责任追究，进一步提高了机关效能。四是进一步深化干部人事机构改革。提职任用县（区）局科级干部15人，交流调整23人。完成了涉外分局的撤并和市局征管处、法规处、计统处、财装处的设立和人员调整。对26个基层单位、144名分局长的进行了推荐、考察和任命。

【税收管理质量进一步强化】　一是完善制度，夯实基础。开展了新版《业务规程》培训，实现了新旧《规程》的良好衔接。二是优化征管机构，全市20个单位设置重点税源管理机构30个，全市管理机构由181个压缩调整至124个。三是纳税评估工作扎实推进。全市共对633户纳税人进行了案头分析，发现有疑点的纳税人475户，组织约谈336户，移送稽查10户，补正、查补税款622万元。四是认真开展税收分析，全市税收预测误差率控制在了5%以内。五是加强了分行业，分税种的管理。房地产、建筑安装、交通运输、采掘业四大行业税收实现快速增长。所得税方面：做好新企业所得税政策辅导；积极推动中介机构参与75户企业的汇算清缴，提高了汇缴质量。全市共有1421名年所得12万元以上的纳税人进行了自行申报，缴纳税款6580.4万元，228人进行了补税，补交税款339.1万元。营业税方面：认真落实减免税管理办法，对重点项目跟踪监控，对自开票纳税人进行了年审，加强了土地增值税、印花税、资源税的征管，各税收入实现了持续稳定增长。六是发票管理有了新进展。全年共审核比对不符合规定的货运发票760份，实现税收13500万元，同比增长31.3%。实行“发票双奖”的饮食服务建安等行业实现税收46000万元，同比增长26.2%。查处假发票案件7起、假发票6005份，涉票金额81.33万元。七是信息化建设再上新台阶。举办各类培训20期，培训人员1200余次，对货运税控系统、微机定税等10余个软件进行了升级更新，建立了数据定期发布、分析制度。

【税收执法水平进一步提高】

一是认真落实执法岗位职责和追究情况网上公开。执法监控的过错为4906条，较去年75632条有了大幅减少。二是积极开展税收执法检查。全年责任追究3413人次，经济处理1742人次，罚款22399元，批评教育2210人次，书面检查637人次，全员执法责任心有了明显提高。三是做好重大税务案件审理工作。充分发挥重大税务案件审理委员会的职能作用，抓重大案件，确保审理程序得当，适用法律准确，资料齐全。全市共审理案件33件，其中维持初审意见27件，入库税金263万元，罚款97万元。

【税收服务进一步优化】 一是大力开展税收宣传。与新闻单位合作开辟了税法宣传阵地，举办了“地税杯有奖征文”比赛，开展了税法进农村、入高校等活动，受到了广大纳税人的欢迎。二是全面落实各项税收优惠政策。审批减免所得税24户，减免税金额1172万元，审批财产损失3户，金额23.3万元。两户企业技术改造国产设备投资抵免企业所得税1754万元。三是积极拓展纳税服务领域。全市实现网上报税企业8915户，占全市查账征收企业的64%，网上申报税款79838万元，占全部税收收入的24.1%；实现委托银行代缴的户数为14363户，委托银行代缴税款6357万元。四是12366服务热线工作扎实有效。全年处理热线话务量总计15885个，自动语音受理12926件，涉税事项答复准确率100%，纳税人满意率100%，话务质量在省局暗访中得到表扬。

【行风、党风廉政建设再上新台阶】 严格落实党风廉政建设责任制和领导干部重大事项报告、收入申报、礼品登记等各项廉政制度。加强了行政权力公开透明运行，对职权目录和流程图进行了规范，维护了干部群众和纳税人的知情权。继续做好行风建设和民主评议，积极建立完善行风建设和民主评议工作的长效机制。针对规范执法、公开办税、有责不负、失责不究、推诿扯皮等问题，组织了纳税人评议地税干部活动，对21个基层单位进行了明察暗访，对320名代表发出征求意见书，登门拜访评议代表千余人次，提升了地税部门在社会上的满意度，赢得了纳税人及社会各界的一致好评。

领导班子成员

局　　长　赵春海(11月免职)
　　　　　马志华(11月主持工作)

副 局 长　周　纪　赵树朋
　　　　　张景然

纪检组长　顾建明

总会计师　杨宗信

（部门编辑：赵亚民）

金融·保险

金　融

【2006年金融运行】　截至2006年年末，保定全辖各项存款达1449.72亿元，比年初增加221.44亿元，存款年增速为18%，同比增长4个百分点；全辖各项贷款为616.62亿元，比年初增加贷款85.13亿元，贷款年增速为16%，同比增长9.3个百分点。全年累计现金收入4117亿元，累计现金支出4217.7亿元，收支相抵净投放现金100.7亿元。

【2006年金融调控】　人行保定市中心支行认真履行央行职责，综合运用多种调控手段，努力做好金融调控工作，确保了当地金融的平稳运行。

1. 充分发挥好货币信贷政策的窗口指导作用，疏通货币政策渠道，支持地方经济发展。一是引导辖内各金融机构调整信贷结构，加大对县域经济、基础设施建设等贷款支持力度，严格控制信贷资金流向盲目投资、低水平重复建设的行业。二是关注县域经济金融形势，协调各涉农金融机构针对全市农业发展重点，适时加大贷款投放力度，不断改善对“三农”的金融服务，促进农村建设。截至2006年12月底，保定市各金融机构农业贷款余额191.13亿元，同比增加9.96亿元，增长了5.5%。三是引导推动各商业银行开办下岗失业小额担保贷款业务和国家助学贷款、生源地助学贷款业务。截至2006年12月底，辖区各金融机构下岗失业人员小额担保贷款余额达到1085万元，担保基金代偿金额为76.5万元，贷款不良率为5.97%，此项工作在河北省名列前茅；辖区各金融机构生源地国家助学贷款余额为2075.7万元，当年发放1261人次，金额702.7万元。四是制定了《保定市银保合作指导意见》，召开了辖区银保合作座谈会，研究拓宽中小企业融资渠道，支持地方经济发展。五是搭建了房地产信息交流沟通平台，建立了保定市房地产金融联席会议制度及消费信贷和房地产金融重点分析监测制度。

2. 做好维护地方金融安全与稳定工作，支持辖区金融企业改革顺利进行。①加强存款准备金管理。督促辖区各金融机构及时调存准备金，对动用法定存款准备金的机构加强日常监测，保证专款专用；严格按审批程序和权限，批准辖区2家城市信用社动用存款准备金558万元，防范了辖区支付风险，维护了金融稳定；督促有历史遗留问题的蠡县北大街城市信用社把欠缴的160多万元准备金全部补齐；结合新会计核算系统上线后的实际工作情况，制定了辖区《法人金融机构法定存款准备金日常管理操作规程》，防止出现日终金融机构存款准备金账户余额不足的现象，该项工作被石家庄中支货币信贷处作为先进经验予以广泛推介。②积极稳妥地推进农村信用社改革。严格按照国家关于农村信用社改革的各项政策要求，加强对农村信用社改革的实时监测和日常考核工作，及时了解进展情况，督促其完善法人治理结构和内部经营机制，并对其增资扩股、清收不良贷款的真实性、合规性进行重点检查，确保农村信用社改革的顺利进行。全年抽查了辖区7个县51家农村信用社，抽查面超过30%，对发现的问题及时整改。③密切关注辖区部分城市信用社、农村信用社的改制和停业整顿城市信用社“退市”工作。对辖区环南城市信用社并入城市信用社，城市信用社改制为商业银行，蠡县8家城市信用社改为农村信用社、19家农村信用社与蠡县农行脱钩、7家已停业整顿城市信用社退出市场等金融改革情况密切关注，及时掌握工作情况、动态。截至2006年12月底，蠡县、雄县、曲阳三县停业整顿信用社的“退市”准备工作已取得阶段性成果。④反洗钱工作协调机制建立，反洗钱工作深入开展。一是人行与市政府金融证券办公室联合组织召开了“保定市反洗钱工作处（县）际联席会议”，辖区各金融机构、公检法、财政、税务、海关等27个单位主管领导参加了会议，明确了各与会单位的职责分工，建立了联席会议制度，为保证反洗钱工作的深入开展奠定了良好的基础。二是加大了反洗钱宣传工作力度。三是对辖区工商银行、邮政储汇局开展了反洗钱工作检查，对存在的问题提出了整改意见，并对部分违规单位进行了处罚。四是加大反洗钱工作的调研力度，针对基层行工作中遇到的实际困难，撰写调研报告、文章上报上级行。

【2006年金融监管】 2006年，保定银监分局按照省银监分局工作部署，以常规性工作抓质量为重点，以提高监管工作有效性为中心，以处置高风险金融机构风险为突破口，不断强化监管工作，努力提高各项工作水平，促进了银行业金融机构安全稳健高效运行，支持和促进了地方经济平稳较快发展。

1. 将蠡县8家城市信用社转制为农村信用社。2006年末，蠡县8家社风险处置取得阶段性成果，一是成立了筹备组，督促蠡县政府成立了蠡县农村信用合作联社筹备组，具体负责蠡县8家社的行业管理以及组建统一法人工作。二是开展了清产核资，在蠡县深化农村信用社改革领导小组的领导下，由蠡县农村信用合作联社筹备组组织实施了清产核资工作。三是完成了增资扩股，在蠡县政府的大力支持下，全县范围内开展了增资扩股，共募集股金2142.6万元。四是推进清收不良贷款工作，成立了清收不良贷款领导小组，分片包社开展清非工作，共清收不良贷款2741.2万元。五是蠡县政府承诺弥补亏损到位600万元。蠡县8家社以2005年底数字测算，考虑置换因素已经达到了组建统一法人标准。六是敦促地方政府逐级向省政府报告，协调省联社尽快将转制后的蠡县8家农村信用社交由省联社管理，以有利于管理的连续性和有利于享受到国家扶持和各项优惠政策。

2. 启动了蠡县18家农村信用社与农行蠡县支行“脱钩”工作。一是认真落实上级文件精神，组织摸底调查。二是组织了对以息转本差额的核查认定工作。前后两次组织蠡县农村信用社、农行蠡县支行对以息转本形式拆借资金差额进行了核查认定，核查认定情况报送省局。三是参加了省金融办在保定组织召开的蠡县农村信用社与农行脱钩专题协调会，对协调会提出的八条意见进行了研究，并依据协调会要求，提出了建议报省银监局。

3. 通过组织并购化解环南城市信用社风险。针对保定市城市信用社并购环南城市信用社中的难点问题以及并购的操作程序进行了认真分析和研究，向保定市政府进行了专题汇报，促请市政府召开会议落实并购工作。同时，协调单一法人城市信用社制定了并购方案，并购方案经单一法人城市信用社董事会会议研究同意后，上报市政府。经市长办公会研究，同意了并购方案。2006年10月8日，河北银监局批复同意了该并购方案。

4. 妥善解决多年遗留问题，积极推动保定市单一法人保定城市信用社组建城市商业银行。一是解决了保定市城市信用社分支机构多年遗留的“无证”问题，于2006年3月6日为保定市城市信用社下属分支机构换发了金融许可证。二是积极推动单一法人城市信用社资产置换和增资扩股。经河北银监局批复于2006年10月10日完成了增资扩股、修改章程及变更注册资本工作，共增资扩股11080万元。增资扩股完成后，注册资本为17198万元，资本充足率达到11.3%，抗风险能力进一步增强。三是推动单一法人城市信用社筹建城市商业银行。按照省局要求，对照筹建城市商业银行的条件，保定银监分局组织人员对保定市城市信用社截至2006年9月底的情况进行了现场全面检查，对检查出的问题与不足逐项制定处置措施，积极督促保定市城市信用社开展了城市商业银行筹建工作。

5. 促进了保定信托投资公司的转制工作。一是积极向市政府提交《关于尽快落实保定信托投资公司转制工作的报告》。二是制定了《保定信托投资公司转制工作方案》，对转制工作的组织领导、目标、要求、程序、步骤、时间提出要求。三是牵头召开了由市国资委、市财政局、信托投资公司负责人参加的转制协调会，对信托投资公司转制的工作步骤提出要求。

6. 停业整顿城市信用社的“退市”工作取得实质进展。于2006年6月和12月，分两批完成了对全辖7家城市信用社“退市”的相关报批工作。

【2006年金融服务】 1. 顺利完成小额支付系统和支票影像交换系统的推广上线工作。一是加强领导。分别成立了上线工作领导小组，一把手任组长，主管行领导任副组长，有关科室科长为成员，切实加强对这两项工作的领导。二是协调联动。有关科室加强合作、密切配合，克服网点多、任务重、时间紧等困难，从设备配置、人员培训等各方面充分做好准备。三是扎实模拟。各科室严格按规定的时间和程序模拟操作，对发现的问题及时找出原因和解决办法。四是小额支付系统、支票影像交换系统顺利上线。辖区小额支付系统和支票影像交换系统分别于3月27日、12月18日正式上线运行，没有出现任何问题。

2. 加强国库、会计规范化管理，努力提高服务水平。一是加强会计、国库业务检查。中支对辖区会计联行、同城票据交换等工作进行了全面检查，针对存在的问题提出了整改意见；同时，组织了全辖国库资金安全检查和国库制度执行情况、统计分析业务情况检查，对查出的问题进行了汇总，制定了解决方案，形成了专题报告。二是认真协助石家庄中心支行检查组开展会计联行、同城票据交换工作的检查。三是支付结算业务安全无差错。截至2006年12月底，中支营业部发送支付往账689亿元，接收支付来账856亿元，总计13278笔，没有出现任何差错，保证了资金安全。四是认真做好国库各项基础工作。准确及时地办理了各级预算收入的收纳、划分、报解和国债的发行兑付等工作，确保了预算收入准确入库和各项拨款及时拨付。

3. 加强金融统计和征信工作力度。一是夯实基础，确保统计工作质量。保定中支将提高辖区统计工作水平作为重要基础工作来抓，对有关制度、操作规程进行了健全和完善，并加大了监督检查工作力度，抽调全辖统计人员组成14个检查组，对农村信用社系统的金融统计业务进行了检查。二是做好贷款卡发放和年审工作。截至2006年12月底，共发放贷款卡26424张，其中实发卡9287张、配卡2197张、虚拟卡14940张；年审企业贷款卡1634户。三是加大征信工作宣传力度。召开了辖区征信工作宣传动员会，对各金融机构布置了征信任务，下发了宣传资料。

4. 加强金融债权管理，营造良好的社会信用环境，优化金融生态环境，确保银行资金安全。一是协助市政府制定并出台了《关于优化金融生态环境的实施意见》（保市政［2006］169号），从建设优良社会信用环境、创造良好司法环境、建立优质高效中介服务环境、打造有力行政环境、完善金融服务功能、提高金融服务水平等方面入手，促进全市良好金融生态环境的形成。二是结合金融安全区的创建，配合当地政府打造诚信环境，与银行、工商、司法等部门紧密协调，把好企业改制关，有效遏制企业的逃废银行债务行为，营造良好的社会信用环境。截至2006年12月底，为保定市16户企业发放了《保定市金融机构债权保全情况调查表》，为12户企业出具了《金融债权保全证明》，落实贷款本息698万元，有力地维护了金融债权。同时，加强与金融机构的联系，对银行信贷登记咨询系统查询结果和“调查表”不符的，坚决不予办理有关改制手续，防止企业借改制之机逃废银行债务。

【2006年外汇管理】 保定外汇管理分局改进外汇管理与服务水平，做好进出口核销、外债管理、外汇统计等各项工作，为涉外企业创造和谐的金融环境。一是做好进、出口核销管理。全年累计办理进口付汇3.7亿美元，同比增长57%，进口付汇核销率达121%；办理到货核销4.24亿美元，同比增长37%；出口收汇16.39亿美元，同比增长40.5%，出口收汇核销率99.8%。二是严格办理外资、外债项目审查、核准工作。全年受理外汇登记67份，金额1.6亿美元；办理新外债登记8笔，金额0.97亿美元；对长城汽车的境外投资7000万美元进行了资金来源审核，及时帮助企业完成上报批准工作。三是准确、及时完成国际收支统计申报及外汇统计工作。2006年，保定市涉外收入17.5亿美元，同比增加6.5亿美元；涉外支出4.1亿美元，同比增加1.4亿美元；国际收支顺差13.4亿美元，同比增加7.8亿美元。四是配合财政税务部门，做好出口退税、贴息及对出口企业考核工作，使出口企业及时享受到国家的各种出口优惠政策。五是加强外汇业务培训。组织辖区10家县（市）支局主管局长和业务人员参加了外汇业务培训班，提高了辖区外汇管理人员的素质。六是加强外汇核查和检查。对中国银行安国支行等18家外汇指定银行进行了现场核查；对辖内部分外汇指定银行和12家涉外企业进行了非贸易外汇业务专项检查；对工、农、中、建4家外汇指定银行2005年度的外汇业务进行了全面检查；对辖区外商投资企业进行了全面年检。七是加强外汇政策调整宣传。召开了辖区经常项目政策调整通报会，对辖区各外汇指定银行、11家有代表性的进出口企

业、保险公司、证券公司的主管业务经理及相关业务人员进行了政策宣传，倾听社会各界对此次经常项目调整的反响，并进行了现场答疑，取得了预期效果。八是制定了《保定外汇管理工作质量标准创新工作实施方案》，得到了省局领导的充分肯定，被评为省局创新工作成果奖，并在全省人民银行系统现场会上推广。

【中国人民银行保定市中心支行】 中国人民银行保定市中心支行是中国人民银行总行的派出机构，负责维护本辖区的金融稳定，宣传、贯彻中央银行的货币政策，承办相关金融业务。

【2006 年人行工作概况】 保定中支按照天津分行党委的各项工作部署，以“三个代表”重要思想为指导，坚持用科学的发展观统领全局，围绕“履职到位、争先进位”的基本工作目标，切实加强内部管理，转变工作作风，正确执行国家各项货币信贷政策，支持社会主义新农村建设，加强和改进外汇管理，提高了辖区金融服务水平，改善了地方金融生态环境，支持了地方经济的发展。

【执行国家货币政策，支持地方经济发展】 1. 加强经济金融运行情况的监测和分析。一是和当地政府金融证券办公室联合组织召开各季度经济金融形势分析会，除各金融机构参加会议外，主管市领导及有关政府部门也参加了会议，扩大了分析会的影响范围，增强了影响力；二是建立保定市房地产金融联席会议制度及消费信贷和房地产金融重点分析监测制度，搭建了房地产信息交流沟通平台。

2. 提高“窗口指导”的有效性，推动国家货币信贷政策的落实。一是引导辖内各金融机构调整信贷结构，加大对县域经济、基础设施建设等贷款支持力度，严格控制信贷资金流向盲目投资、低水平重复建设的行业。二是关注县域经济金融形势，协调各涉农金融机构针对全市农业发展重点，适时加大贷款投放力度，不断改善对“三农”的金融服务，促进社会主义新农村建设。三是引导推动各商业银行开办下岗失业小额担保贷款业务和国家助学贷款、生源地助学贷款业务。截至 2006 年 11 月底，辖区各金融机构下岗失业人员小额担保贷款余额已达 1280 万元，并扩大了发放规模比例，由原来的 1∶1 扩大为 1∶3。四是召开辖区房地产联席会议、银保合作座谈会，研究拓宽中小企业融资渠道，支持地方经济发展。

3. 发挥好信息调研为上级行服务、为地方政府经济决策服务的作用。通过行领导带头深入基层调研，对全辖的调研工作起到了促进作用，收到了良好效果。1～11 月，全行的政务信息被上级行、省委、省政府及市委、市政府采用总计 86 篇，其中《粮食直补政策执行中的问题应引起关注》被温家宝总理批示，《“垃圾”贷款卡亟待清理》被总行领导批示，《应依靠财政、金融资金对接来推助新农村建设》、《保定市六方面因素影响汽车出口持续增长》两篇调研分别被河北省常务副省长郭庚茂和副省长付双健批示。《银保合作乏力影响中小企业担保发展》、《在支持新农村建设中县域金融资源的配置弱化问题应予以关注》两篇调研被保定市主要领导批示。前三季度，人民银行保定市中心支行的信息调研工作在天津分行排名第二，当地市政府排名第一，有关信息调研工作的经验被专题转发。信息调研工作较好地发挥了为上级行决策服务、为地方经济发展服务的作用。

【维护地方金融安全与稳定，支持金融企业改革】 1. 加强存款准备金管理。督促辖区各金融机构及时调存准备金，对动用法定存款准备金的机构加强日常监测，保证专款专用；严格按审批程序和权限，批准辖区 2 家城市信用社动用存款准备金 558 万元，防范了辖区支付风险，维护了金融稳定；督促有历史遗留问题的蠡县北大街城市信用社把欠缴的 160 多万元准备金全部补齐；结合新会计核算系统上线后的实际工作情况，制定了辖区《法人金融机构法定存款准备金日常管理操作规程》，防止出现“日终”金融机构存款准备金账户余额不足的现象。

2. 积极稳妥地推进农村信用社改革。严格按照国家关于农村信用社改革的各项政策要求，加强对农村信用社改革的实时监测和日常考核工作，及时了解进展情况，督促其完善法人治理结构和内部经营机制，并对其增资扩股、清收不良贷款的真实合规性进行重点检查，确保农村信用社改革的顺利进行。1～11 月，保定中支抽查辖区 7 个县 51 家农村信用社，抽查面超过 30%，对发现的问题要求其及时整改。

3. 密切关注辖区部分城市信用社、农村信用社的改制和停业整顿城市信用社“退市”工作。对辖区环南城市信用社并入城市信用社，城市信用社改制为商业银行，蠡县 8 家城市信用社改为农村信用社、19 家农村信用社与蠡县农行脱钩、7 家已停业整顿城市信用社退出市场等金融改革情况密切关注，及时掌握工作情况、动态。截至2006年11月底，蠡县、雄县、曲阳三县停业整顿信用社的退市工作已取得阶段性成果，为下一步顺利退市奠定了良好基础。

4. 反洗钱工作协调机制建立，反洗钱工作深入开展。一是中支与市政府金融证券办公室联合组织召开了“保定市反洗钱工作处（县）际联席会议”，辖区各金融机构、公检法、财政、税务、海关等27个单位主管领导参加了会议，明确了各与会单位的职责分工，建立了联席会议制度，指定了各单位专门联络员，为保证反洗钱工作的深入开展奠定了良好的基础。二是加大了反洗钱宣传工作力度。三是对辖区工商银行、邮政储汇局开展了反洗钱工作检查，对存在的问题提出了整改意见，并对部分违规单位进行了处罚。四是加大反洗钱工作的调研力度，针对基层行工作中遇到的实际困难，形成调研文章上报上级行。

【改进金融服务，优化金融生态环境】 1. 周密组织，精心安排，顺利完成小额支付系统和支票影像交换系统的推广上线工作。分别成立了上线工作领导小组，切实加强对这两项工作的领导。二是协调联动。有关科室加强合作、密切配合，克服网点多、任务重、时间紧等困难，从设备配置、人员培训等各方面充分做好准备。三是扎实模拟。各科室严格按规定的时间和程序模拟操作，对发现的问题及时找出原因和解决办法。四是小额支付系统顺利上线，支票影像交换系统上线准备工作顺利完成。在上级行的统一部署下，辖区小额支付系统和支票影像交换系统于3月和12月正式上线运行，没有出现任何问题。

2. 加强国库、会计规范化管理，努力提高服务水平。一是加强会计、国库业务检查。中支对辖区会计联行、同城票据交换等工作进行了全面检查，针对存在的问题提出了整改意见；同时，组织了全辖国库资金安全检查和国库制度执行情况、统计分析业务情况检查，对查出的问题进行了汇总，制定了解决方案，形成了专题报告。二是认真协助石家庄中心支行检查组开展的会计联行、同城票据交换工作的检查。三是支付结算业务安全无差错。截至2006年11月底，中支营业部发送支付往账4789笔，金额689亿元，接收支付来账6542笔，金额738亿元，没有出现任何差错，保证了资金安全。四是认真做好国库各项基础工作。准确及时地办理了各级预算收入的收纳、划分、报解和国债的发行兑付等工作，确保了预算收入准确入库和各项拨款及时拨付。

3. 改进外汇管理与服务水平，做好进出口核销、外债管理、外汇统计等各项工作，为涉外企业创造和谐的金融环境。一是做好进、出口核销管理。截至2006年11月底，全市累计办理进口付汇3.3亿美元，同比增长51%，核销率101%；办理到货核销3.32亿美元，同比增长17%。二是严格按政策对投资、外债项目审核办理。1～11月，受理外汇登记61份，金额8870.9万美元；办理新外债登记7笔，金额1907万美元；对长城汽车的境外投资7000万美元进行了资金来源审核，及时帮助企业完成上报批准工作。三是国际收支统计申报及外汇统计工作准确及时。1～11月，保定市涉外收入14.4亿美元，同比增加3.4亿美元；涉外支出3.6亿美元，同比增加0.9亿美元；国际收支顺差10.8亿美元，同比增加0.9亿美元。四是配合财政税务部门，做好出口退税、贴息及对出口企业考核工作，使出口企业及时享受到国家的各种出口优惠政策。五是加强外汇业务培训。组织辖区10家县（市）支局主管局长和业务人员参加了外汇业务培训班，提高了辖区外汇管理及办理人员的素质。六是加强外汇核查和检查。对中国银行安国支行等18家外汇指定银行进行了现场核查；对辖内部分外汇指定银行和12家涉外企业进行了非贸易外汇业务专项检查；对工、农、中、建4家外汇指定银行2005年度的外汇业务进行了全面检查；对辖区外商投资企业全部进行了年检。

4. 加强金融统计和征信工作力度。一是夯实基础，确保统计工作质量。金融统计数据的准确、及时影响到国家经济金融决策的效率和质量，保定中支将提高辖区统计工作水平作为重要基础工作来抓，对有关制度、操作规程进行了健全和完善，并加大了监督检查工作力度，抽调全辖统计人员组成14个检查组，对农村信用社系统的金融统计业务进行了检查。二是做好贷款卡发放和年审工作。截至2006年11月底，共发放贷款卡26424张，其中实发卡9287张、配卡2197张、虚拟卡14940张；年审企业贷款卡1634户。三是加大征信工作宣传力度。召开了辖区征信工作宣传动员会，对各金融机构布置了征信任务，下发了宣传资料。

5. 推进保定市跨区域票据交换工作。召开了同城票据交换工作协调会议，成立了保定市跨区域同城票据交换工作领导小组及办公室。同时，派会计、营业部、科技科等部门的业务骨干专程到同城票据交换工作先进的兄弟中支进行了参观学习，推进跨区域票据交换工作进一步开展。

6. 加强金融债权管理，营造良好的社会信用环境，优化金融生态环境，确保银行资金安全。一是协助市政府制定并出台了《关于优化金融生态环境的实施意见》（保市政〔2006〕169号），从建设优良社会信用环境、创造良好司法环境、建立优质高效中介服务环境、打造有力行政环境、完善金融服务功能、提高金融服务水平等方面入手，促进全市良好金融生态环境的形成。二是结合金融安全区的创建，配合当地政府打造诚信环境，和银行、工商、司法等部门紧密协调，把好企业改制关，有效遏制企业的逃废银行债务行为，营造良好的社会信用环境。截至2006年11月底，为保定市46户企业发放了《保定市金融机构债权保全情况调查表》，为42户企业出具了《金融债权保全证明》，落实贷款本息1280万元，有力地维护了金融债权。同时，加强与金融机构的联系，对银行信贷登记咨询系统查询结集和“调查表”不符的，坚决不予办理有关改制手续，防止企业借改制逃废银行债务。

领导班子成员

党委书记 行长	李　庆
副行长	张冀平　蒋新巧 霍东升
纪委书记	邸建忠
工会主任	宋云利
稽查	王国萍
监管员	李建设

【**2007年金融运行**】　截至2007年年末，全辖各项存款余额达1624.76亿元，比年初增加172.77亿元，同比少增48.67亿元；存款年增速为11.9%，同比下降6.1个百分点。全辖各项贷款余额为693.37亿元，比年初增加贷款75.48亿元，同比少增9.65亿元；贷款年增速为12.2%，同比下降3.8个百分点。全年累计现金收入4654.34亿元，累计现金支出4748.18亿元，收支相抵净投放现金93.85亿元。

【**2007年金融调控**】　1. 发挥货币政策的“窗口指导”作用，支持地方经济又好又快发展。

①按照宏观调控政策要求，引导辖内各金融机构调整信贷结构，优化资金配置，严格控制信贷投向。3月，人行保定市中支和市政府金融办联合组织了首次“银企洽谈会”，当地金融机构和170多家中小企业参会。会上，有127家企业与银行达成合作意向，57家企业与金融机构当场签订了意向书，金额19.98亿元。

②关注县域经济金融形势，协调各涉农金融机构针对全市农业发展重点，适时加大贷款投放力度。6月，人行牵头，与市政府有关部门联合制定、出台了《关于金融支持现代化农业的指导意见》、《关于解决农民工工资问题的实施办法》、《关于加强和改善保定市农民工金融服务工作的指导意见》三项惠农政策，有效改善了对“三农”的金融服务，有力促进了全市新农村建设。截至2007年年底，保定市涉农贷款余额175亿元，占全部贷款余额的25.3%。

③引导推动各商业银行开办下岗失业小额担保贷款业务和国家助学贷款、生源地助学贷款业务。截至2007年年底，全市发放助学贷款4378万元，有6577名贫困学生得到资助；发放下岗失业小额贷款5321万元，直接扶持2936名下岗失业人员重新就业，创造新的就业岗位8641个。本行的做法被天津分行充分肯定并以加编者按形式在全辖区转发。

2. 全力维护地方金融稳定，推动辖区金融改革顺利进行。

①加强存款准备金管理。按照总行要求，督促辖区各金融机构连续10次及时上调存款准备金，密切关注存款准备金率调整对辖区金融机构资金流动性的影响，加强动态反馈，防范风险。为加大对法人金融机构法定存款准备金的监测考核力度，方便检查存款准备金的执行情况，制定了《中国人民银行保定市中心支行法人金融机构存款准备金现场检查方案》。该检查方案被石家庄中支以正式文件在全省推广。

②认真做好利率管理工作。国家先后6次利率政策出台后，积极做好政策的传导和宣传解释工作，及时反馈政策实施效应；进一步加强利率定价管理，有效防范和化解金融风险，积极探讨完善利率定价管理制度；做好对民族贸易和民族用品生产贷款优惠利率监测工作，使优惠利率政策执行到位。

③严格专项票据兑付考核，积极稳妥地推进农村信用社改革。中支和辖县支行认真做好农村信用社日常监测和考核工作，发现问题，及时提出建议，督促整改。密切关注各社重要指标变化，对重点、难点和疑点问题加强分析，及时上报上级行及当地政府。加强与政府、银监部门的沟通、协调，合理安排兑付前现场检查和兑付审核，严格按照程序申请兑付，监测兑付后特种存款存入情况。2007年，保定市22家申请央行票据的农村信用社已全部进入兑付期。至年末，共有21家联社经过自评提出兑付申请。经过三批兑付考核，共有8家联社通过总行复核，获得票据资金，占辖区票据到期联社的36%，获得票据资金13.76亿元，占全辖专

项票据总额的44%。严格监督兑付后的农村信用社，按照总行要求存入央行特种存款账户6.92亿元，占兑付资金总额的50.28%，达到了特种存款缴存比例不低于50%的要求。

④强化金融稳定再贷款管理。积极寻求法律依据，最大限度保全人民银行资产。原保定地区信托投资公司1993年前在市人行的贷款至2007年仍未归还，为保全贷款，市人行通过咨询律师、查阅资料、进行工商登记核实，确保了诉讼时效。同时，密切关注其改制进展情况，采取查看开户情况、查阅财务报表等方法，对其资产进行摸底调查，力争将人民银行的资产损失降到最低点。此外，积极做好辖区停业整顿社的调查、拨款工作。起草《关于环城东路城市信用社拨付再贷款的建议》，先后3次审核红星、环东城市信用社拨款申请及有关资料，及时下发《再贷款拨款通知》。

⑤认真做好资产清理工作。根据有关文件精神，对本行自办经济实体、金银专项贷款、融资中心待处理资产进行了认真清理，并将涉及的5个项目移交汇达资产托管有限责任公司。做好停业整顿信用社储蓄存款审核兑付工作。共审核兑付个人储蓄存款4笔，金额5585.65元。

⑥加强对金融稳定重大事项的监测。针对辖区高阳、容城联社违规、违纪贷款案件情况，密切关注辖内金融机构经营风险状况，及时了解掌握联社资金头寸状况及事态发展情况，从防范化解系统性风险入手，采取各种行之有效措施，使高阳联社平稳渡过了危险期，确保了辖内金融稳定。密切关注大地担保公司非法集资事件。及时与银监局、金融办取得联系，协助政府有关部门，认真研究处理意见，维护金融稳定。

【2007年金融监管】 1. 案件防控与专项治理工作。保定分局将辖区金融机构的案件防控及专项治理作为重中之重的工作，确定了“分局党委负总责，一把手亲自抓，分管领导具体负责，机关各部门、各监管办事处全员参与”的工作思路，取得了较好的工作实绩。

①银行业金融机构案件防控工作。按省局部署在辖内全面开展了案件防控“四项行动”。通过“矫治行动”的开展，及时发现和处理了银行业金融机构个别员工挪用企业资金、机构负责人与他人合办企业、员工为他人提供担保、员工个人贷款等问题。在开展“对缝行动”过程中，督导银行业金融机构从内部制度的全面性、制度的责任对接和法律效力及外部合同的合法性等三方面对各项制度进行了全面审查。对审查发现的岗位责任不完全对接及合同签订责任划分不清事项，及时进行了合理处置。通过开展“补漏行动”，督促银行业金融机构从外部合同、内部规章制度、重要岗位及关键环节等四方面进行了全面审查，使银行业金融机构在制度制定、人员管理、合同签订等方面得以完善和补充。在“整肃行动”中，督促银行业金融机构按要求从违章、违规、违法行为三种类型，共计十二个方面进行了全面审查，使一些违章违规违法行为得以及时处理和纠正，为银行业案件防控长效机制建设奠定了坚实的基础。

②专项治理工作。在农行邯郸分行金库案件发生后，保定分局党委对银行业金融机构的金库安全管理给予高度重视，并责成分局督导组和各监管办事处对全辖银行业金融机构基层网点金库安全管理进行了全面现场督导、检查。对检查发现的20余类违规问题和风险隐患，向全市银行业金融机构进行了通报，督促其进行及时整改。保定银监分局在银行业金融机构金库安全风险排查和案件防控及专项治理督导工作中的做法得到省局肯定，并在《河北银行业监管简报》第38期、第52期分别以《保定银监分局认真组织银行业金融机构金库管理安全排查工作》、《保定银监分局采取措施确保案件督导工作扎实推进》为题进行了刊载。

③农村信用社系统案件防范与处置工作。针对农村信用社系统管理相对薄弱的情况，局领导一直十分重视其案件的防范与治理工作。2007年，通过检查与信用社自查的方式，发现案件4起，及时予以了上报并按相关规程和法规规定对责任人进行了严肃处理。

2. 防范和化解地方金融风险工作。

①认真督办保定市城市信用社组建商业银行工作。一是对城市信用社组建商业银行达标情况进行分析，积极向市政府上报城市信用社组建商业银行情况报告及工作建议。二是督促其对资产置换情况进行自查，并进一步完善资产置换工作，达到上级监管要求。三是配合省局检查组对保定市城市信用社增资扩股及资产置换工作进行现场检查，督促保定市城市信用社就检查组发现的问题及时进行整改。四是督促保定市城市信用社开展好清产核资工作。2007年12月，银监会下发文件，正式批准保定市城市信用社筹建商业银行。

②积极配合市政府做好“停业整顿社”退市清算工作。通过

积极向市政府汇报沟通、召开专题会议、现场督导等方式解决退市中的问题，督促清算组加快工作进度。雄县“中心”、蠡县“兴吾”、曲阳“昌盛”三家停业整顿城市信用社按照相关规定完成了退市工作程序，于2007年9月办理了工商登记注销、上报清算工作报告，实现了平稳彻底退市。市区四家“停业整顿社”经多方筹集资金，已妥善安置了信用社职工，兑付了经甄别确认的储蓄存款、个体工商户存款等个人性质存款，托管了剩余资产，于2007年12月完成了退市工作。

③积极推进保定信托投资公司的转制工作。多次与保定市国资委联系，督促其加快保定信托投资公司退市工作，并向省局上报保定信托投资公司转制进展情况报告及报表。

【**2007年金融服务**】 1. 加强支付清算体系建设，拓展业务服务功能。全辖自上而下强化领导，精心组织，密切协作，攻坚克难，确保了人民币银行结算账户“二期”管理系统、联网核查公民身份信息系统、支付管理信息系统的推广运行，以及支票影像系统升级换版工作的顺利开展。促进了支付清算体系的日益完善。

2. 加强国库、会计规范化管理，努力提高服务水平。①对辖区各支行会计核算岗位实行异地轮岗，对中支国库科、营业室实行了岗位轮换，对会计核算内控管理情况、会计核算、同城票据交换、ABS系统安全管理等相关业务进行了检查，堵塞了风险漏洞，提高了全辖的会计核算质量。②配合财政部驻黑龙江省财政监察专员办事处，对本行2005、2006两年的预算执行和财产财务管理情况进行了全面检查。③支付结算业务安全无差错。发挥了现代化支付系统的高效、快捷的优势，为地方经济发展提供了优质的支付结算服务平台。④认真做好国库各项基础工作。准确及时地办理了各级预算收入的收纳、划分、报解和国债的发行兑付等工作，确保了预算收入准确入库和各项拨款及时拨付。2007年全市共完成各级预算收入168亿元，拨款支出219亿元，预算收入退库17亿元。⑤认真执行国库与财政、税务、海关等征收机关对账签证制度，按日、按旬、按月、按季、按科目与各级征收机关进行账务核对，真正达到“六相符”。

3. 加强金融统计和征信工作。①认真抓好金融统计、服务业统计、工业景气调查、企业间商品交易价格调查等基础工作，确保各种金融统计资料的及时、准确、完整。②积极配合上级行做好“金融统计数据集中”工作，对“数据集中后”出现的问题，及时反馈。③做好贷款卡发放和年审工作。截至2007年年底，共发放贷款卡32243张，年审企业2025家。④加大征信工作宣传力度。组织辖内各金融机构，到市区繁华地段开展了征信知识宣传咨询活动，发放宣传材料2000余份，接受群众咨询数百人次。⑤积极推进信贷市场信用评级试点工作。完成了对辖内农村信用联社信用评级样本企业的推荐工作，同时，对信用评级市场加强监督管理，保证企业信用评级工作稳步健康发展。⑥积极推进中小企业信用信息采集工作。人行与中小企业局、国税局、地税局、工商局、质量技术监督局和各金融机构协调联动，全年累计建立中小企业信用档案4802户。

4. 加强金融债权管理，优化金融生态环境，确保银行资金安全。协助市政府贯彻执行《关于优化金融生态环境的实施意见》，从建设优良社会信用环境、创造良好司法环境、建立高效中介服务环境、打造有力行政环境、提高金融服务水平等方面入手，推进金融生态环境建设；结合金融安全区的创建，市县两级配合当地政府打造诚信环境，和银行、工商、司法等部门紧密协调，把好企业改制关，有效遏制企业的逃废银行债务行为，对银行信贷登记咨询系统查询结果和“调查表”不符的，坚决不予办理有关改制手续，防止企业借改制逃废银行债务。

【**2007年外汇管理**】 1. 做好进、出口核销管理。2007年全市累计办理进口付汇5.73亿美元，同比增长51%；出口收汇24.45亿美元，同比增长20.15%；办理核销21.06亿美元，同比增长28.91%。

2. 认真做好外汇、外债管理工作。按照“优化投资环境、规避外汇风险、严格执行政策、积极办理业务”的原则，加强外资外汇管理，同时做好外债登记工作。①当年办理外债登记16笔，金额2.5亿美元。至2007年年底，全市外债余额5.1亿美元，同比增长71.4%。②积极协助长城汽车股份公司在香港主板股票市场完成增发股票工作，及时帮助企业办理发股前、发股后及境内外外资股专用账户处理手续。③帮助天威英利新能源公司完成在美国纽交所上市的有关审批手续，受到了保定市政府的通报表彰。

3. 国际收支工作。①准确及时完成国际收支统计申报及外汇统计工作。②配合财政税务部门，做好出口退税、贴息及对出口企业考核工作，使出口企业及时享受到国家的各种出口优惠政策。③对480家外商投资企业进行了年检，年检率100%。④对涉汇企业进行了国际收支统计申报现场核查。⑤对出口逾期未核销企业、国际收支逾期申报企业进行了处理。⑥加快工作创新步伐。组织开发了“保定市国际收支统计申报——银企直通车系统”，被省局领导批示，完成的《个人结售汇业务现场核查规程》，得到省局认可，制定的《特殊目的公司定期报告制度》，接受了省局的考察验收。

【2007年人行工作】

【发挥“窗口指导”作用，支持地方经济】 1. 加强经济金融运行情况的监测和分析。积极协同市政府金融办组织召开季度经济金融形势分析会，主管市领导及有关政府部门和各金融机构一道，深入分析全市经济金融运行中面临的热点、难点问题，提出解决办法，增强分析会的影响力。搞好金融监测分析，加强货币政策执行情况反馈。建立了保定市金融经济档案，对主要经济金融指标、重大金融信息实行动态监测，及时准确把握辖区经济金融形势。同时，对辖区的货币政策贯彻落实情况和实施效果，加强跟踪反馈，按时向上级行、市政府报送，为政府决策发挥了重要作用。到2007年年底，全市金融机构各项存款余额（本外币合计）1624.8亿元，比年初增加172.8亿元，增长19.6%；各项贷款余额（本外币合计）693.4亿元，比年初增加75.5亿元，增长12.2%。全辖年累计现金收入465.4亿元，支出474.8亿元，年累计净投放93.8亿元。

2. 发挥“窗口指导”作用，强化货币政策的传导和实施。引导辖内各金融机构调整信贷结构，优化资金配置，按照宏观调控政策要求，严格控制信贷投向。和市政府金融办联合组织了首次“银企洽谈会”，与会的170多家中小企业中，有127家与银行达成合作意向，57家与金融机构当场签订了意向书，金额19.98亿元；关注县域经济金融形势，协调各涉农金融机构针对全市农业发展重点，适时加大贷款投放力度。和市政府有关部门联合，牵头制定并出台了《关于金融支持现代化农业的指导意见》、《关于解决农民工工资问题的实施办法》、《关于加强和改善保定市农民工金融服务工作的指导意见》，有效改善对“三农”的金融服务，有力促进新农村建设。截至2007年年底，全市涉农贷款余额175亿元，占全部贷款余额的25.3%；引导推动各商业银行开办下岗失业小额担保贷款业务和国家助学贷款、生源地助学贷款业务。截至2007年年底，全市发放助学贷款4378万元，有6577名贫困学生得到资助；发放下岗失业小额贷款5321万元，直接扶持2936名下岗失业人员重新就业，创造新的就业岗位8641个。其做法被天津分行加编者按转发。

3. 提升工作质量，依托信息调研为上级行和地方党委、政府提供决策服务。年初修订了《信息调研工作奖励办法》，进一步完善工作机制，整合信息资源，加大奖惩力度，提升工作层次。各级领导坚持亲自选题、安排调查、审定报告，发挥了示范带头作用，从中支到各支行上下互动，逐步形成了“大调研”格局。2007年中支的政务信息被中办、国办、上级行及省、市党委、政府采用138篇，其中有2篇被中办、国办采用，有2篇被总行领导批示，在天津分行、石家庄中心支行和市政府的考核中均取得了较好成绩。行领导调研被天津分行采用6篇，成为天津分行辖区采用最多的地市中支之一。《保定中支依托信息调研服务地方政府决策》的经验被天津分行加编者按转发。同时，各业务科室的专业信息被上级行对口部门的采用量有也较大增幅，有50多篇调研文章在各种报刊杂志上发表。

【维护金融稳定，推动金融改革】

1. 加强存款准备金管理。按照总行要求，督促辖区各金融机构连续10次及时上调存款准备金，密切关注存款准备金率调整对辖区金融机构资金流动性的影响，加强动态反馈，防范风险。为加大对法人金融机构法定存款准备金的监测考核力度，方便检查存款准备金的执行情况，制定了《中国人民银行保定市中心支行法人金融机构存款准备金现场检查方案》，检查方案囊括了人民银行分支机构对存款准备金的日常监测、考核、管理及法人金融机构存款准备金的执行情况等。该检查方案被石家庄中支以正式文件在全省推广。

2. 认真做好利率管理工作。国家先后6次利率政策出台后，积极做好政策的传导和宣传解释工作，及时反馈政策实施效应；进一步加强利率定价管理，有效防范和化解金融风险，积极探讨完善利率定价管理制度；做好对民族贸易和民族用品生产贷款优惠利率监测工作，使优惠利率政策执行到位。

3. 严格专项票据兑付考核，积极稳妥地推进农村信用社改革。中支和各支行认真做好农村信用社日常监测和考核工作，全面了解农村信用社法人治理、内控制度、三会召开等情况，并通过台账监测、现场检查等方式，掌握全辖农信社的经营、不良贷款清收进展、置换资产处置情况，发现问题，及时提出建议，督促整改。密切关注各社重要指标变化，对重点、难点和可疑点加强分析，及时上报上级行及当地政府。加强与政府、银监部门的沟通、协调，合理安排兑付前现场检查和兑付审核，严格按照程序申请兑付，监测兑付后特种存款存入情况。2007年，全市22家申请央行票据的农村信用社已全部进入兑付期，到年末，共有21家联社经过自评提出兑付申请。经过三批兑付考核，共有8家联社通过总行复核，获得票据资金，占辖区票据到期联社的36%，获得票据资金13.76亿元，占全辖专项票据总额的44%；严格监督兑付后的农村信用社，按照总行要求存入央行特种存款账户6.92亿元，占兑付资金总额的50.28%，达到了特种存款缴存比例不低于50%的要求。

4. 强化金融稳定再贷款管理。积极寻求法律依据，最大限度保全人民银行资产。原保定地区信托投资公司1993年前向本行贷款未还，为保证诉讼时效，本行通过咨询律师、查阅资料、进行工商登记核实，确保了诉讼时效。同时密切关注其改制进展情况，采取查看开户情况、查阅财务报表等方法，对其资产进行摸底调查，力争将人民银行的资产损失降到最低点。做好辖区停业整顿社的调查、拨款工作。起草《关于环城东路城市信用社拨付再贷款的建议》，先后3次审核红星、环东城市信用社拨款申请及有关资料，及时下发《再贷款拨款通知》。

5. 认真做好资产清理工作。根据有关文件精神，对本行自办经济实体、金银专项贷款、融资中心待处理资产进行了认真清理，并将涉及的5个项目移交汇达资产托管有限责任公司。做好停业整顿信用社储蓄存款审核兑付工作。共审核兑付个人储蓄存款4笔，金额5585.65元。

6. 加强对金融稳定重大事项的监测。针对辖区高阳、容城联社违规、违纪贷款案件情况，密切关注辖内金融机构经营风险状况，及时了解掌握联社资金头寸状况及事态发展情况，从防范化解系统性风险入手，采取各种行之有效措施，使高阳联社平稳度过了危险期，确保了辖内金融稳定。密切关注大地担保公司非法集资事件。及时与银监局、金融办取得联系，协助政府有关部门，认真研究处理意见，维护金融稳定。

7. 开展反洗钱业务专项检查，推进反洗钱工作深入开展。相继完善了11项反洗钱工作制度，集中精力，对辖区建行、中行、城乡两社、人保财险、人寿保险、航空证券、财达证券等金融机构的反洗钱工作进行了现场检查。针对一些机构制度执行不到位，可疑交易报送不规范等问题，责令其限期整改。并召集问题较突出的中行和城乡两社相关高管人员进行了集体谈话，提出了具体的工作要求。把反洗钱工作逐步纳入了规范化。

【优化金融生态环境，提高金融服务水平】

1. 加强支付清算体系建设，拓展业务服务功能。全辖自上而下强化领导，精心组织，密切协作，攻坚克难，确保了人民币银行结算账户管理系统（二期）、联网核查公民身份信息系统、支付管理信息系统的推广运行，以及支票影像系统升级换版工作的顺利开展。促进了支付清算体系的日益完善。

2. 加强国库、会计规范化管理，努力提高服务水平。对辖区各支行会计核算岗位实行异地轮岗，对中支国库科、营业室实行了岗位轮换，对会计核算内控管理情况、会计核算、同城票据交换、ABS系统安全管理等相关业务进行了检查，堵塞了风险漏洞，提高了全辖的会计核算质量；配合财政部驻黑龙江省财政监察专员办事处对本行2005、2006两年的预算执行和财产财务管理情况进行了全面检查；支付结算业务安全无差错。发挥了现代化支付系统的高效、快捷的优势，为地方经济发展提供了优质的支付结算服务平台；认真做好国库各项基础工作，准确及时地办理了各级预算收入的收纳、划分、报解和国债的发行兑付等工作，确保了预算收入准确入库和各项拨款及时拨付。2007年全市共完成各级预算收入168亿元，拨款支出219亿元，预算收入退库17亿元；认真执行国库与财政、税务、海关等征收机关对账签证制度，按日、按旬、按月、按季、按科目与各级征收机关进行账务核对，真正达到“六相符”。

3. 改进外汇管理与服务，为涉外企业创造和谐的金融环境。做好进、出口核销管理。2007年全市累计办理进口付汇5.73亿美元，同比增长51%，出口收汇24.45亿美元，同比增长20.15%，办理核销21.06亿美元，同比增长28.91%；按照“优化投资环境、规避外汇风险、严格执行政策、积极办理业务”的原则，加强外资外汇管理，同时做好外债登记工作，到2007年年底，全市外债余额5.1亿美元，同比增长71.4%，办理外债登记16笔，金额2.5亿美元；积极协助长城汽车股份公司在香港主板股票市场完成增发股票工作，及时帮助企业办理发股前、发股后及境内外外资股专用账户处理手续，帮助天威英利新能源公司完成在美国纽交所上市的有关审批手续，受到了保定市政府的通报表彰；国际收支统计申报及外汇统计工作准确及时；配合财政税务部门，做好出口退税、贴息及对出口企业考核工作，使出口企业及时享受到国家的各种出口优惠政策；对480家外商投资企业进行了年检，年检率100%；对涉汇企业进行了国际收支统计申报现场核查，对出口逾期未核销企业、国际收支逾期申报企业进行了处理；加快工作创新步伐。组织开发了“保定市国际收支统计申报——银企直通车系统”，被省局副局长李小秋批示，完成的《个人结售汇业务现场核查规程》，得到省局认可，制定的《特殊目的公司定期报告制度》，接受了省局的考察验收。

4. 加强金融统计和征信工作。认真抓好金融统计、服务业统计、工业景气调查、企业间商品交易价格调查等基础工作，确保各种金融统计资料的及时、准确、完整；积极配合上级行做好“金融统计数据集中”工作，对“数据集中后”出现的问题，及时反馈；做好贷款卡发放和年审工作，截至2007年年底，共发放贷款卡32243张，年审企业2025家；加大征信工作宣传力度，组织辖内各金融机构，到市区繁华地段开展了征信知识宣传咨询活动，发放宣传材料2000余份，接受群众咨询数百人次；积极推进信贷市场信用评级试点工作，完成了辖内农村信用联社信用评级样本企业的推荐工作，同时对信用评级市场加强监督管理，保证企业信用评级工作稳步健康发展；积极推进中小企业信用信息采集工作，与中小企业局、国税局、地税局、工商局、质量技术监督局和各金融机构协调联动，到年底，累计纳入中小企业信用档案4802户。

5. 加强金融债权管理，优化金融生态环境，确保银行资金安全。协助市政府贯彻执行《关于优化金融生态环境的实施意见》，从建设优良社会信用环境、创造良好司法环境、建立高效中介服务环境、打造有力行政环境、提高金融服务水平等方面入手，推进金融生态环境建设；结合金融安全区的创建，市县两级配合当地政府打造诚信环境，和银行、工商、司法等部门紧密协调，把好企业改制关，有效遏制企业的逃废银行债务行为，对银行信贷登记咨询系统查询结果和“调查表”不符的，坚决不予办理有关改制手续，防止企业借改制逃废银行债务。

领导班子成员

党委书记 行　　长	李　庆
副 行 长	蒋新巧　霍东升
	宋云利（12月任）
纪委书记	张东生（12月任）
工会主任	李建设（12月任）
正处级 调研员	王国萍
	张冀平（12月任）

（部门编辑：薛冀峰）

【中国银行保定分行】 中国银行保定分行是隶属于中国银行河北省分行的二级分行。下辖12个县（市）支行、6个市区支行，全系统员工近千人。办理人民币存款、贷款、结算、票据贴现、代理发行兑付政府债券、代理收付款项业务；外汇存贷款、外币兑换、国际结算、结售汇、外汇票据的承兑、贴现以及资信调查、咨询、见证和人民银行批准的其他业务，是功能齐全的现代化股份制商业银行。

【2006年·概况】 2006年，坚持“以人为本，更新观念，建立机制，科学发展，强化质量，突出效益”的指导思想，经营运行形势良好，储蓄存款和国际结算业务量创历史最高纪录。12月底，人民币存款余额141亿元，新增21亿元，人民币储蓄存款增长14.4亿元，人民币公司贷款余额42亿元，增长5.7亿元，零售贷款余额13.8亿元，国际结算业务累计办理11.7亿美元，完成省行任务的123.61%。

【加强成本核算，理性发展对公存款】 一是积极发挥新产品的带动作用，推动存款持续增长。开办对公理财业务，筛选重点客户作为目标客户，逐户量身订制理财方案，使客户的收益水平提高1倍以上。重点营销大型、优质网银客户。制定了对公网上银行业务考核办法，开展“赢春行动”、“网银宣传月”活动，使客户使用率由年初的30%提高到70%。全面加强同业合作。优先筛选了实力较强的人保、平保、太保财险公司作为合作伙伴。开展了财险代理竞赛，一季度就完成省行全年任务。抓住金融机构存款利率调整时机，争揽同业存款。

【加快网点转型，带动储蓄存款增长】 一是继续推行岗位客户经理制，完善网点绩效考核办法，开展了个人金融业务综合收益竞赛，突出考核“人均”收益，从只注重抓储蓄存款向全面开展个人金融综合业务方向发展。二是积极推进网点战略转型。在全辖网点实行主副班工作制，使柜台由简单化、无差别服务继续向精细化、差异化服务转变；加强网点对重点客户的维护力度；整合网点资源，撤并低产、低效网点。

【加快发展优质资产】 一是优化授信客户结构，提高授信资产质量。重点跟进交通、电力等支撑行业，积极稳妥地发展中小企业授信，支持产品有市场、行业发展前景好、贷款收回有保障、经营者管理能力强、诚信度高的中、小企业。二是多措并举，大力发展零售贷款业务。认真分析零售贷款市场，明确住房贷款作为发展重点。开展营销竞赛活动，定期通报进度，奖优罚劣，调动了各行营销积极性。积极发展二手房贷款业务，继续拓宽与中介公司的合作范围，共发放二手房贷款9000万元。三是积极稳妥发展票据业务。加强市场调研，进一步扩大了优质客户群。认真分析市场，使贴现利率保持在较高水平，增加了利息收入。

【转变增长方式，促进中间业务发展力度】 一是加大营销力度，做强国际结算业务。对大客户的进出口情况进行跟踪，提供优质服务。积极营销新客户，努力增加优质客户群。大力发展业务新品种，增加了中行收益，为企业规避了风险。二是加快银行卡市场拓展步伐，在重点节日和不同时段举办多种刷卡抽奖和有奖消费活动，实现发卡和收益双增长。增加新业务品种，在全省率先安装POS电话，实现了代缴话费、黄金宝交易等功能。三是构建理财服务网络，制定理财中心客户经理绩效考核办法，全行三级理财服务网络初步形成。

【适应股改上市形势，推进各项改革】 一是坚持"按需设岗、以岗定人、双聘双选、人岗匹配"的原则，顺利完成了全辖专业技术和技能操作职位的聘任。二是对公司金融机构业务板块的主要业务品种新旧流程进行统一梳理，编制了业务流程图，并对相关业务流程提出改进建议。三是积极推进IT蓝图建设，做好信息采集补录数据清理工作。

【完善内控体系，夯实发展基础】 一是强化授信管理，做到"两个加强、两个严把、三个落实"，努力防范和化解风险。二是加强科学管理，完善内控机制建设。每季召开内控委员会全体会议，组织全辖首次全面业务大检查，提高了风险防范水平。开展了"查找风险点，我是一道关"活动；组织机关员工参观预防职务犯罪成果展暨廉政书画展；出台《违反定期必查制度处罚办法》，强化了各级领导的职责意识。加大对基层机构负责人和关键岗位人员的管控力度，落实了储蓄网点负责人的代职、交流制度。三是强化安全保卫工作，抓好营业网点录像监控检查，开展了安全保卫业务学习测试活动；继续开展领导家访活动。四是加强网络安全检查，在全辖开展了计算机安全大检查，在省行获得好评。

【抓好企业文化建设，提高核心竞争力】 一是加强领导，健全组织。分行成立了企业文化核心价值领导小组，制订实施意见。分行和部分支行还成立了青年研讨小组。二是步步推进，全员发动。明确活动每个阶段的学习内容、重点。分行组织了全辖培训班，开展企业文化问卷调查。召开不同层面的专题研讨会，征集130篇论文，积极开展辩论活动，增强员工的归属感和使命感，激发了员工的积极性和创造性。三是组织多种形式的文体娱乐活动，增强员工的团队意识，弘扬昂扬向上的主旋律。

【加强教育培训，提高员工素质】 按照"规划统一、分级培训、分级管理"的原则，按经营管理类、客户经理类和员工业务培训三个层面分别制定了员工教育培训方案，按进度完成了各项教育培训参训和教学任务，全年共参加省行举办的各类业务脱产培训班94期，举办各类培训班312期，参加培训人数覆盖到全体员工。

【构建大服务格局，树立中行品牌】 一是在全辖开展"文明、优质、规范"服务百日竞赛活动，加大检查频率，对违反规定的进行经济处罚，使服务工作进一步规范化。二是出台《中国银行保定分行违反文明优质服务的处罚办法》和《客户管理部门文明优质服务内容和标准》。三是树先进，发挥典型示范作用。为配合百日竞赛活动，在全辖开展了"爱岗敬业成就未来"服务标兵演讲活动。四是加强技术练兵。举行了业务技能比赛和培训班，并在经费紧张的情况下建立了电教室。在全省业务技能比赛中，获得了团体第三名、个人单项第一名的好成绩。

领导班子成员

行　　长　张贺明
副 行 长　王铁柱　张东坡
　　　　　王　红　初　涛
　　　　　张拥军（1月挂职）

【2007年·概况】 2007年，中行坚持"以人为本、提升素质；管理达标、服务优质；内控严密、运营安全；科学发展、突出效益"的工作方针，加快转变经营机制和增长方式，进一步完善风险管理和内部控制，着力加强

领导班子建设和队伍建设，扎实推进各项工作，主要业务实现协调、稳健发展，取得了较好的经营业绩。12月底，人民币存款余额154.2亿元，新增13.2亿元，人民币企业存款增长7.4亿元，完成省行任务的113.2%；人民币储蓄存款增长5.9亿元；人民币公司贷款余额52.9亿元，增长9.1亿元，完成省行任务的187.7%；零售贷款余额12.1亿元。国际结算业务累计办理12.8亿美元，同比增长1.1亿美元。

【调整业务结构，实现协调稳健发展】 公司金融业务一是重点支持优质客户，瞄准大市场，紧盯大项目。全年授信的近90%投向了交通、电力、公共设施等本市重点行业，有力支持了保定市经济的发展。筛选和扶植了一批实力强、信誉高、产品有市场、生产经营有效益、发展前景好的中小企业客户。加强与农联社、城市信用社等金融同业的全面合作，积极推介各项新产品，通过互补性的业务，满足客户的业务需求。积极拓展实现网银市场。重点加大对集团客户、系统客户和行业客户的营销推广力度。同时狠抓中小企业营销，促进了客户结算方式的转变。二是大力发展住房贷款业务。稳固和扩大二手房合作伙伴，加强双方的合作关系。逐步缩减个人汽车消费贷款业务，在风险可控的条件下，稳健发展营运车贷款业务。加快网点转型步伐，积极稳妥地推进网点标准化建设和管理达标试点工作。制订了网点规划建设三年规划，明确了ABC三类网点的比例和营业网点建设与管理的基本目标。全力推行网点八人配置、六人当班、按日倒班”的营业模式，11月底，全部网点达到了八人配置。

中间业务一是发挥传统优势，做大做强国际结算业务。积极做好重点企业的维护和挖潜，提升在中行的市场份额。积极走访县域企业，宣传新产品。积极营销新客户，努力增加优质客户群。同时不放松对中小客户的营销，吸引了一批有发展潜力的企业。二是加快各条线中间业务发展。加快基金销售从推销型向营销型的转变。大力发展结售汇业务，增加了办理外汇业务的网点。积极做好奥运门票和奥运特许商店工作，指定了5家门票代售网点，设专人、专柜为客户服务。加大理财贵宾卡发卡力度，开展深层次的理财服务。

【加强风险管理，提高授信资产质量】 一是优化授信审批程序，上收授信业务发起权，同时根据实际情况不断对业务流程进行优化，实现授信审批的进一步集中化、扁平化，提高了工作效率。二是加强贷后管理现场检查，对所有支行进行现场检查。全面完善了贷后管理档案。加强对CMS系统的维护使用，每季进行全面检查，检查覆盖面100%。

【完善内控体系，确保依法合规经营】 一是加强内控建设，开展了案件和风险隐患排查工作。分行领导带队分别深入基层，进行督导检查。认真开展“回头看”活动，进一步落实整改措施。进一步加强金库以及网点现金尾箱的管理，先后组织了4次专项突击检查。分行行长和纪检书记与基层支行“一把手”逐个谈话，特别强调注意做到内控、防范两手抓，两手硬。二是积极开展管理达标活动。成立了一把手任组长的达标活动领导小组，各单位也成立了管理达标领导小组，制订了实施方案，组织召开了全行动员会。同时督导各单位学习省行各条线下发的达标标准。三是加强教育引导，着力建设合规文化。在全辖开展了遵纪合规先进评选表彰活动，评选出无案件支行、内控管理先进单位和遵纪合规标兵。开展了“学规章，守纪律，做合格员工”的学习月活动，进行了考试验收，逐步建立起管理达标和严格遵守各项规章制度的长效机制。四是加强安全保卫工作，确保安全经营。分行与各单位一把手签订了《安全防案责任书》。对金库、押运、消防设施等部位和环节进行检查。加强监控联网平台建设，改造安装技防物防设备，全部达到公安部要求。

【抓好教育培训，提高员工队伍素质】 一是全辖共组织脱产培训班5个，参训291人次，业余培训班101个，参训5000多人次。组织业务人员进行上岗考试，组织支行主管内控工作的行长和业务经理培训班，达到了预期目的。二是充分做好IT蓝图建设兼职教师、操作辅导员、系统操作人员三个层面的培训。

【文明优质服务，树立中行品牌】 一是春节前在全辖各营业网点开展了“让中行形象更靓丽”活动，给广大客户营造温馨舒适的环境。二是全行开展了“我爱我家”规范达标创建活动，进一步提升了机构网点形象，提高了服务质量。三是在全行机构开展了“奥运服务月”宣传营销活动。四是积极推进服务创新。对企业，强化业务培训，提升了企业的竞争力。对个人客户，切实采取措施，有效解决排队难题。通过两次分流，大大缩短了客户的等候时间。

领导班子成员

行　长　张贺明

副行长　王铁柱

张东坡（11月离任）

王　红

初　涛（11月离任）

张拥军（11月任）

赵士昄（11月任）

杜雅红（11月任）

（部门编辑：刘永新）

【中国建设银行股份有限公司保定分行】 中国建设银行股份有限公司保定分行隶属于中国建设银行河北省分行，性质为国家控股的股份制商业银行。至2007年末，内设17个职能部门，辖13个县（市）支行，10个城区单点支行，10个市区网点型支行，31个分理处，12个储蓄所。全行在册员工2066人。业务范围包括本外币存款、贷款、结算及各类中间业务、代理业务。

【2006年·概况】 2006年，建行保定分行以价值创造为目标，以客户为中心，以服务为基础，积极调整结构，转变经营方式，强化风险控制，市场竞争能力和可持续发展能力得到不断增强，各项工作均取得明显成效。实现拨备前考核利润1.02亿元。各项贷款余额53.62亿元，新增19.42亿元，同业占比第一，创历史新高。全口径存款比年初增长29.05亿元，余额突破200亿元，实现了结构优化下的平稳快速增长。国际结算量、电子银行业务、个人信贷效益贡献新增等战略指标均超额完成全年计划。中间业务净收入5079万元，实现超常规发展。

【以价值创造为核心，加快优质业务发展】 一是公司业务坚持“发展为主、增存并重”的指导思想，坚持“有保有压”的信贷政策，继续加大新产品、新业务的营销力度，重点对电力、交通等项目进行上下联动、整体营销，实现公司类贷款新增14.49亿元。票据贴现提前5个月完成全年累贴22亿元的任务目标，并被省分行确定为全省五个报价样本行之一，连续在同业中创下了余额、新增和累贴三项第一的好成绩。二是个人贷款业务以住房贷款业务为龙头，抓源头、树品牌，通过一系列行之有效的营销活动，实现个贷新增4.93亿元。根据个人存款业务的季节性特点，在不同阶段适时开展营销活动，在深入挖掘传统优势产品潜能的同时，突出“乐当家”理财卡、账户金、基金等特色产品的带动作用，实现个人存款新增17.82亿元。

【狠抓基础管理，强化风险成本控制】 一是在全省系统内率先推行了公司机构业务重心上移的综合改革，提升存量信贷基础管理水平，强化市场拓展能力。二是制定实行“三会一查”等制度，努力实现信贷经营管理全过程风险控制。三是深入落实精细化管理思想，强化会计基础管理。四是狠抓廉洁自律各项规定的落实，加强对各级管理人员的教育与考察。五是对营业场所的防护设施进行加固改造，对监控设备进行升级更新，加大了安全检查的力度和频率。六是采取行长包行包户和客户经理清收小组制度，加大处置不良资产的激励力度。实现不良资产现金回收4180万元、超值现金回收674万元。

【坚持以客户为中心，提高服务质量和效率】 在全体员工中开展服务理念的宣教活动，组织形式多样的业务培训、岗位练兵和业务考核，开展评比“服务明星”、“青年岗位能手”活动，使“以客户为中心”的服务理念深入人心，服务水平不断提高。并通过开展“客户服务大讨论”活动，梳理和优化业务流程，切实解决客户排队问题，努力构建“上级行为下级行服务、中后台为前台服务、前台为客户服务、全行为客户服务”的服务体系。在保定市组织的行风评议活动中，在金融系统排名第一、服务行业排名第二，成为行风评议的先进单位和免评单位。

【加强内部建设，提高队伍素质】 一是按照省行统一部署，狠抓党委中心组学习，认真召开民主生活会，积极从学习能力、决策能力、创新能力、拓展能力、沟通能力、驾驭能力和廉洁自律等方面查找不足，有针对性地制定和落实整改措施，进一步提高了领导班子和领导干部的执行力、领导力。二是高度重视员工队伍素质的提升，建立并落实了员工培训考核机制，广泛开展了“创建学习型组织，争当知识型员工”活动。提高了员工的综合素质和履岗能力，为保定分行今后的可持续发展奠定了坚实基础。

领导班子成员

党委书记
行　　长　李春生

副 行 长　丁建新　宋尚增

刘　冰

纪委书记　吴辛位（10月任）

工会主席　崔有芹

风险主管　马敬平（10月任）

【2007年·概况】 2007年，建行保定分行新一届领导班子在统一思想、充分酝酿的基础上确立了“夯实基础，从严治行，以人为本，科学发展”的治行方略。

紧紧围绕总分行发展战略和工作部署，认真学习贯彻十七大精神，以科学发展为统领，以深化改革、防控风险、战略转型和优化结构为主线，以价值最大化为目标，经营管理、服务竞争和价值创造能力得到全面提升。实现账面利润3.21亿元，同比增长2.34亿元，同业排名第一。实现中间业务净收入1.5亿元，同比增长1亿元，同业居首位。全口径存款余额达218.97亿元。个人业务筹资总量新增创历史新高，达到73亿元，居同业之首。各项贷款余额达52.29亿元，还原上划因素，实际新增7.16亿元。实现不良额率大幅“双降”。

【解放思想，建设一流团队】

新一届分行领导班子始终坚持把解放思想作为推动一切工作的“总阀门”，通过积极开展解放思想大讨论活动，在全行掀起了学习十七大的高潮。与此同时，分行又集中三个月时间开展了作风纪律整顿活动，就责任意识、组织纪律意识、服务意识、自律意识等方面的问题进行了深刻的对照检查，修订出台了十三项基础管理制度。通过整风活动，达到了统一思想、更新观念、鼓舞士气、凝心聚力、转变作风的预期目的。

【优化结构，提高价值创造能力】

一是强力营销负债业务，资金实力进一步增强。一般性存款新增18亿元，活期存款占一般性存款比重超过55%，存款结构日益优化。个人业务筹资总量新增73.2亿元，其中实现基金销售53.2亿元，居同业之首。二是抢占优质客户市场，加快信贷结构调整。在贷款投放上把道路交通和电力行业作为主要目标，确立了两翼齐飞的发展战略，通过集团作战、联动营销，赢得了张石高速等重点客户的信赖，为资产业务的可持续发展打下了坚实的基础。个人贷款业务，虽受到宏观政策调整的影响，但总体上仍保持了较快的增长速度，个人贷款新增2.8亿元。对优质中小企业发放“速贷通”3928万元，实现了该项产品零的突破。在做好新业务发展的同时，处置不良资产5372万元，并按照全省保全体制改革方案要求，将8.5亿元公司类不良贷款顺利移交金泉支行集中经营，资产质量大大提高。三是大力发展中间业务，提高中间业务效益贡献。实现中间业务净收入1.5亿元，占主营业务收入的27.4%。

【战略转型，加强基础设施建设】

在省内率先实现了城区公司信贷业务集中经营，顺利完成了个贷中心在新模式下的运营，增强了市场反应能力和业务拓展能力。2007年共完成40个零售网点的转型工作，在网点建设和基础设施改造等方面投入了大量资金，用于网点购置与装修、自助及科技设备、安防设施方面的投入占全年总投入的85%。通过转型，网点的整体社会形象得到进一步提升，为客户服务的能力得到进一步增强，在保定市组织的行风评议活动中，连续两年被评为优秀单位，获得了自2007年起两年的“免排”资格。

【从严治行，确保安全无事故】

一是对基层领导班子进行较大幅度的充实和调整，调整后，管理人员平均年龄下降3岁，学历水平全部达到大专以上，基层领导班子的年龄结构、知识结构得到明显改善，基层机构的发展活力和后劲显著增强，风险防控的能力有效提高。二是开展信贷基础达标年活动，并通过配备风险经理等措施，稳步实施大中型公司类客户平行作业，风险监管力量不断加强。三是成立会计检查督导中心，定期召开风险例会，加大对关键环节的检查考核力度，强化委派会计主管的管理，精细化管理水平不断提高。四是积极稳妥推进前后台分离及后台业务集中。五是积极落实省分行案件防控工作各项要求，针对重点部位、重点岗位进行专项重点检查，并通过实行纪检监察特派员制度，加强对各级管理人员的教育与考察。六是深入开展“平安建行”创建活动，维护了安全稳定的运营局面，确保全年“无事故、零案件”。

【以人为本，营造和谐企业文化】

一是组织形式多样的培训教育，努力提升员工队伍的思想和业务素质。二是采取公开竞聘和民主推荐相结合的方式，建立了后备人才库。三是在加强网点改造的同时，先后推出了网点配餐制、建立员工补充医疗保险、缩小绩效工资收入差距、改善营业办公环境等一系列措施，真正把分行领导班子“让员工满意”的思想落实在具体的行动和效果上。四是认真开展送温暖活动，向特困职工发放慰问补助金，对离退休人员在政策上倾斜、政治上尊重、生活上关心、文体上活跃。充分激发了广大员工的工作热情，全行上下形成了强大的凝聚力和强烈的归属感，员工士气日益高涨，和谐向上的企业文化氛围日渐浓厚，有效推动了各项业务工作的开展。

领导班子成员

党委书记
行长　　李春生（3月离任）
　　　　马魁卿（3月任）
副行长　丁建新　宋尚增

刘　冰
纪委书记　吴辛位
工会主席　崔有芹
风险主管　马敬平

（部门编辑：王笑炎）

【中国工商银行股份有限公司保定分行】 中国工商银行保定分行是隶属于中国工商银行股份有限公司的二级支行。辖一级支行29个，二级支行51个，分理处11个，储蓄所14个。内设11个部室和7个附属机构，经营经中国人民银行批准的存款、贷款、结算、中间代理业务等本外币业务。

【2006年·概况】 2006年，保定分行新的领导班子，根据保定市经济发展趋势和上级行的总体要求，在充分调研的基础上，制定了三年发展规划和2006年工作的指导思想，基本内容是：一年起步，初见成效，三年实现跨越，进入先进行列。2006年着重解决资产质量问题，初步形成内部管理规范有序，内控稳健推进，员工收入稳步提高，达到或接近全省平均水平，提升本行的社会公众形象和知名度的基本格局。在此基础上，再用1～2年的时间，消化历史包袱，实现资产负债结构基本合理，建立外部形象良好，内部充满生机和活力，各项考核指标进入全省先进行列，员工收入超过全省平均水平。全行一心一意谋经营，聚精会神抓发展，业务经营实现了跨越式发展。

【贷款结构得到优化】 人民币各项贷款余额95.86亿元，比年初增加15.27亿元，是前三年剔除剥离后增量的3.7倍。其中项目贷款余额39.09亿元，较年初增加13.17亿元，占全部贷款的40.8%，较年初提高18.7个百分点；住房贷款余额19.88亿元，较年初增加6.15亿元，占全部贷款的20.6%。信贷资产的收益水平进一步提高。清收转化不良贷款2.7亿元。经营基础逐步夯实。

【负债业务稳定增长】 人民币各项存款余额265.97亿元，比年初增加34.5亿元。相当于前三年增量之和。其中公司存款余额52.15亿元，比年初增加9.38亿元；机构存款（含同业）余额35.58亿元，比年初增加10.04亿元。对公和同业存款增长较快，为改善负债结构，降低筹资成本作出了贡献。储蓄存款在分流加剧、整合撤并21个网点、售出理财产品8.27亿元的情况下，仍保持了适度增长，余额达173.91亿元，比年初增加14.69亿元，较上年多增1.1亿元。

【中间业务和新兴业务发展迅速】 实现中间业务收入5539万元，是上年的2倍，增长额和增幅均居全省首位。累计票据贴现41亿元，是上年的3.1倍，较前三年总量之和还多5.5亿元；实现贴现利息收入4339万元，比同期增加2804万元，净利2021万元，同比增加1398万元，电子银行业务发展迅速，个网、企网、个电开户量较上年增幅分别是1.1倍、3.6倍和30倍。银行卡发卡量是上年的10.2倍。

【以精细化管理推动业务发展】 以制度建设和风险控制为突破口，通过机制创新，破解难题，推动工作落实，推进业务发展，提高了全行的经营管理水平。理顺规范内部40多项规章制度；结合信贷整顿和内控评价，实行了以控制风险为导向的信贷风险例会制和内控分析报告制度，使基础性工作得到强化；组织制订了服务工作等级管理办法，客户投诉管理办法，使公众形象明显提升；严格了内部成本控制流程，规范了工程招标和物资设备的集中采购行为；细化并落实了网点安全管理措施，有效防止了事故案件的发生，确保了各项业务安全、稳健、高效运营。根据业务发展要求，从调动基层行积极性出发，本着兼顾公平与效率的原则，通过反复比较测算，完善和细化了保定分行经营绩效考核办法，在全行业务快速发展的同时，又及时提出要慎言成绩，以突出重点、破解难点、放大亮点的工作措施，保证全行业务持续健康发展。

【稳步推进改革】 2006年对21个低效网点进行了整合撤并，现有机构网点106个，其中二级分行1个，一级支行29个，二级支行51个，分理处11个，储蓄所14个。2006年11月27日，中国工商银行股份有限公司上市，与此相适应，对分行内设机构进行了改革。内设机构改革后，分行设11个部室，7个中心：办公室、财务会计部、人力资源部、信贷业务部、结算与现金管理部、个人金融业务部、内控合规部、监察保卫部、运行管理部、信息科技部、资产风险管理部；个人信贷审批中心、银行卡业务中心、电子银行中心、监督中心、现金营运中心、会计业务处理中心、后勤服务中心。

领导班子成员

党委书记
行　　长　周增文
副 行 长　沈　斌　刘任扬
　　　　　刘　军
纪委书记　李跃进
工会主席　侯庆云

【2007年·概况】 2007年各项存款余额288亿元，较年初增加27亿元，增长10%。各项贷款余额121亿元，同比增加25亿元。累计票据贴现44.89亿元，同比增加3.86亿元。中间业务收入超过亿元，达到1.23亿元，实现三年翻两番。清转不良贷款5.93亿元，不良率降为11.95%，下降了2.96个百分点。销售个人理财产品50亿元，个金产品1+4在省行系统内排名第二。实现拔备前利润4.08亿元，较上年增加1.27亿元，增长45.38%。

【资产业务取得突破性进展】 实施增量贷款“扩容工程”、存量贷款“复活工程”和不良贷款“压降工程”。贴近经济热点，以公路、电力、城建、新能源和住房领域优质大项目、大客户为重点，通过高层营销和上下联动拓市场。成功营销了张石高速、保阜高速、国华定洲电厂、供水总公司等一批优质项目和企业，累计投放项目贷款22.47亿元。个人消费贷款以住房贷款为重点，抓项目、抓大户，加强按揭资源竞争和储备，累放贷款12.48亿元，增长8亿多，其中个人住房按揭贷款累放8.4亿元，是前三年增量总和。

【各项存款快速增长】 立足于存款的基础地位，机构、公司、同业、个金并重，增加市场容量。加强产品整合和公司无贷户的维护，加大新开户营销力度。共新增千万元以上单位结算账户的17户。对公存款余额为115亿元，较年初增加23亿元，增长25%，余额和增量同业占比分别为35%和54%，均居同业首位。储蓄存款保持了适度增长，余额达173亿元，较年初增加3.9亿元。

【中间业务和银行卡业务形成两大亮点】 2007年，在巩固传统结算业务基础上，加大了产品创新，促进了投行业务、代理业务的快速发展和债市通、托管业务、保理业务的突破。中间业务收入超过亿元，达到12381万元，实现三年翻两番。银行卡业务通过加压力、增动力，实施全员营销、交叉营销，新增发卡91600多张，进入全国二级分行30强，名列第11位；收入达1140万元，比同期增长72%。

【质量规模效益协调发展】 首先，经营的战略性转型初见成效。住房贷款的发展，促进了信贷结构调整；中间业务的发展，实现收入结构调整；个人金融业务的发展，改善了整体经营结构。个金业务实现利润1.6亿元，占全行总利润的39%。个人中间业务收入8263万元，占全行中间业务收入的67%。资产结构、经营结构、收入结构趋向合理。其次，清转不良贷款59344万元，不良率下降了2.96个百分点。再次，业务加快发展和效益不断提高的后发优势增强。实现拔备前利润4.08亿元，较上年增加1.27亿元，增长45.38%。

【创新能力增强，新业务发展迅速】 以基金为重点的代理业务成为特色。全年销售个人理财产品50亿元，个金产品1+4在省行系统内排名第二。其中代理基金32亿元，同比增加23.7亿元，系统内排名第三；稳得利理财产品销售13.5亿元，同比增加12亿元，在同业及系统内均为首位。国际业务实现恢复性增长。办理国际结算量27000万美元，增加7700万美元；办理国际贸易融资1600万美元，完成任务的5.6倍。电子银行业务品牌得到提升。个人网上银行、个人电话银行、企业网上银行、手机银行分别新增客户12.5万户、11万户、2468户和6.5万户，分别是上年的4.2倍、5.2倍、2倍和10倍。

【企业文化建设卓有成效】 加强以员工素质教育为重点的企业文化建设，通过全方位、多角度、多层面的系统培训，将商业银行的经营理念、经营方法传导给员工，提高了全行的综合素质和竞争能力。共有128人次获总、省行以及系统外省级以上表彰和奖励，有2人在工总行举办的业务比赛中分别取得了单项第一名和第三名的好成绩，实现了河北分行在总行比赛中夺冠零的突破，同时，保定分行被总行评为个贷营销先进单位和第三方存管优秀组织奖，并获总行级“学习型组织”先进单位称号，被保定市政府授予“支持地方经济建设突出贡献奖”，社会形象进一步改善。

领导班子成员

党委书记
行　　长　周增文

副 行 长　沈　斌　刘任扬
　　　　　刘　军

纪委书记　李跃进

工委主任　侯庆云（6月离任）

（部门编辑：蔡庆哲）

【中国农业银行保定分行】 中国农业银行保定分行，下辖32个县级行、31个营业所、62个分理处、7个储蓄所，网点遍布城乡。主要业务包括：办理人民币存款、贷款、结算业务；办理票据贴现业务；代理发行金融债券；代理发行、代理兑付、销售政府债券；买卖政府债券、企业债券和其他有价证券业务；代理收付款项及代理保险业务；办理外汇存款、外汇贷款、外汇汇款、外汇票据承兑、外汇担保、贸易和非贸易结算、征集调查业务；买卖、代理买卖外汇业务；办理同业拆借、资金融通业务。

【2006 年·概况】 2006 年，农行保定分行新班子团结务实，创新进取，带领全行干部员工，认真贯彻落实上级行工作部署，因地制宜制定发展战略和工作目标，一手抓内控、一手抓发展，实现了各项工作的新发展。截至 12 月底，各项存款余额 236.2 亿元，比年初增加 43.5 亿元。信贷业务规模扩大，各项贷款 111.8 亿元，较年初增加 11.4 亿元。盈利水平稳步提高，实现经营利润 14770 万元。

【制定经营战略，明确发展目标】 通过全面分析保定市经济社会发展形势和分行自身经营状况，市分行明确了打造“平安、发展、和谐”保定分行的总体目标；提出市区行打造城市经济主流银行，农村行发挥县域商业金融主渠道作用，树立保定农行现代商业银行形象的发展定位；提出了“三大板块”发展思路；确立了大力优化客户结构、资产结构、负债结构、收入结构、网点结构，显著提高盈利水平的经营策略；确定了主要经营指标力争同业领先地位的经营目标。

“三大板块”发展思路。根据保定市区域经济格局和产业分布特点，确定第一板块为城市业务，作为全行优先发展区域，优先支持交通等基础设施项目、新能源及能源设备制造业、汽车制造及零部件等优势行业、优质客户。第二板块为县级市和经济强县业务，作为全行重点发展区域，重点支持三导产业中的优质客户、龙头企业。第三板块为东部平原和西部山区县业务，作为全行积极发展区域，积极支持优质中小企业和个人客户发展。板块经营思路的提出，促进了各行明确市场定位，明确经营方向，实现快速、有效发展。为保障发展思路顺利实施、经营目标圆满实现，市分行通过多种形式，促使全行经营思维、经营观念明显转变。强化了研究市场、研究客户、服务客户的市场意识，扭转了官商作风、计划思维、等靠依赖心理，树立了“伴你成长”、“实现客户价值最大化”的共识，促进了全行质量、效益水平的提高。

【加强金融服务，提高经营水平】 结合保定市国民经济和社会发展“十一五”规划，全行深入分析市场、研究客户，认真开展县域经济调查，配合省分行召开了“重点客户座谈会”、“支持新农村建设金融服务会议”，组织了“重点进出口企业高层恳谈会”，与市中小企业局联合举办了“百家成长型企业融资培训班”，增强了农行的社会公众信誉度和市场影响力。整合全辖客户经理资源，确保满足客户服务要求，促进了资产业务取得较大突破，客户结构、贷款结构得到优化。

负债业务实现大幅增长。按照省分行统一部署，扎实开展“伴你成长，金钥匙春天行动”，通过多种活动，扩大了农行的社会影响。加快理财业务发展，选择涿州、白沟、营业部作为试点行，配备专职个人客户经理，积极提高个人业务服务水平。通过保险、基金、国债、银行卡等产品的综合服务，增强市场竞争能力，推动负债结构调整，提高创效水平。

中间业务保持良好发展势头。一是扩大发卡规模，提高办卡效益。拓展集团性、系统性客户批量办卡业务，在全省系统内率先安装转账电话。深度开发大市场资源，安装 ATM 机、POS 机，实现综合创效。以大市场、个体经营业主及中高收入阶层为对象，重点推介准贷记卡、贷记卡，提高卡创效水平。二是国际业务显著增长。积极推介进口押汇、远期结售汇等新产品，对客户主动开展融资服务，加强延伸服务，提高服务水平，完善服务功能。三是积极发展电子银行业务。增加网银业务注册行。四是认真做好代理业务。开办了代扣代缴地税业务，实现了网上报税，积极推介“交强险”。认真做好代理基金、国债业务。

【推进改革，提高竞争实力】 实施扁平化改革。市分行设立了营销中心、贷审中心、会计管理中心和现金中心，成立了银行卡中心，组建了房地产信贷部、电子银行部。市区行确定了 4 个管点行、4 个单点行，实现了市区网点的集中管理。扁平化改革强化了市分行的经营职能，提升了对客户的服务层次和效率，推进了工作的开展。

优化网点结构，促进了资源的合理配置，弱化了经营风险，提高了集约经营度，点均业务规模大幅增加。同时，加强经济活跃区域、金融资源丰富区域网点的建设，合理配置有限的费用资源，对网点进行维护、装饰、更新，着手对 5 个骨干网点、7 个精品网点进行建设。网点整体服务水平得到提高。

加强干部队伍建设。加强支行班子的测评、考核，结合工作需要，对干部进行调整。增强了支行领导干部队伍、市分行中层干部队伍的战斗力、活力和工作热情。

【严格内控管理，保障平安发展】 扎实开展“基础管理年”活动，“一手抓内控，一手抓发展”，促进全行内控管理水平的提高，实现了平安发展，无事故、无案件。一是提高合规、合法经营水平。扎实开展合规文化教育活动。认真开展案件专项治理，全面开展治理商业贿赂活动，全行进一步增强了合法经营意识。二是落实从严治行若干规定，强化重点环节、薄弱环节的风险防范。严格准入标准，严格授信条件，强化贷后管理。全面推行会计主管委派制、会计传票集中复核制和在线实时监控。加强会计基础管理，落实岗位轮换和强制休假等各项制度要求。落实安全防范责任制，加强人防、技防、物防建设。三是加大自律监管检查力度。严格按照规定内容、范围、频次开展自律监管检查，及时纠堵隐患、消除风险。四是充分利用审计成果，提高风险防范水平。五是实行管理例会制度。每月召开由班子成员、部室中层干部、网点负责人参加的月度管理例会，集中学习文件制度，查找管理问题漏洞，制定整改措施，督查落实情况。同时，市分行班子成员及中层干部随机列席管理例会。管理例会制度明显增强了支行风险防范意识和风险控制水平。

【加强基础管理，增强发展后劲】 一是加强系统开发和维护，保障业务运行，提高业务支撑力度。二是加大环境卫生、文明服务管理力度。严肃市分行机关工作纪律，出台了部门服务承诺制、首问负责制、限时办结制。三是提高员工队伍素质。市分行和各支行开办了“周六学校”或“周四夜校”，干部员工的综合素质有了明显提高。四是加大文明服务、环境卫生管理力度，促进农行良好形象的塑造。组织“学习海尔，追求卓越”演讲活动。市区和大部分支行统一了工作服。进行女工职业形象设计培训。开展了送温暖活动。广泛开展合理化建议活动。五是召开了市分行首届职工代表暨会员代表会议，建立健全了工会组织。27个支行完成了工会换届工作。工会组织的完善和加强，对维护职工权益，调动员工积极性、发挥创造性，提高全行民主管理水平，产生重要作用。

领导班子成员

行　　长　李　军

副 行 长　卢　英　孟宪荣

　　　　　刘海青　李志杰

【2007年·概况】 2007年，农行保定分行认真贯彻落实科学发展观，积极推进股改各项准备工作，加强基础管理，各项工作实现了新发展。截至12月底，各项存款余额272.6亿元，比年初增加35.7亿元。各项贷款125.9亿元，当年增加14.1亿元。创利水平大幅提升，实现经营利润2.8亿元。

【业务经营质量不断提高】 资产业务较好发展，优良客户明显增加。一是积极服务优质大项目、大客户。大力支持高速公路项目建设，积极支持保定“中国电谷”核心企业、重点项目建设。房地产开发贷款增势良好，开发贷款客户新增18家，贷款余额较年初增加6.5亿元。二是积极拓展个人住房贷款业务，个人房贷余额实现翻番。三是积极服务“三农”和县域经济发展。认真落实“面向‘三农’、商业运作”的市场定位和发展战略，市分行成立了“三农”业务领导小组，组建了三农业务部，制定了“三农”服务方案，建立了客户信息库。大力推进白沟支行服务“三农”试点工作。大力服务县域主导产业中的支柱企业、核心项目，积极拓展优质个人客户，县域支行经营活力得到提升。

资金实力持续增强，负债结构进一步优化。一是积极为行业性、系统性客户提供优质金融服务，扩大对公存款来源，促进负债结构优化。二是加大营业网点调整、装修和改造力度。对部分网点进行改造装修或装修、迁址，实现了功能分区和自助机具更新，网点功能、形象和竞争力得到有力提升。三是扎实开展“春天行动”、“优质文明服务季”活动。设置宣传点，悬挂横幅，组织文艺演出，发布媒体广告，提供咨询服务，开展免费乘坐公交车活动，扩大了市场影响。统一网点各种标识，配备大堂经理，提升了服务水平。

中间业务保持良好发展势头。一是以优化用卡环境、扩大自助机具覆盖面为切入点，推动银行卡业务发展。二是积极办理基金业务。强化培训，加大宣传力度，在营业网点悬挂横幅，开通客户基金短信服务，规范网点基金信息发布。三是加快代理保险业务发展。深化与保险公司合作，提高代理保险业务水平。四是积极发展电子银行业务。增加网银企业客户注册行，将网银个人客户注册纳入柜面业务，提高服务效率。加强对外宣传、员工培训和上门服务，促进电子银行业务推广，培植客户资源，扩大收益增长点，网银交易额835亿元。五是国际业务服务水平实现新突破。

金融服务科技水平进一步提升。以客户便利为基础，加快业务发展，积极为客户布放转账电话，增设ATM机、POS机、自助银行、特约商户。推广应用了支票影像系统、小额支付系统、贷后管理等新系统，顺利实现了本外币业务系统的合并。开办了备用信用证、置换式按揭贷款、接力式按揭贷款等新业务，提高了结算和管理的科技含量，增强了整体服务功能。

【扎实开展综合治理工作】 成立综合治理工作领导小组，按部门、按专业条线分解任务、明确责任。深入推进标本兼治、综合治理、重在治本工作，扎实开展查风险、补漏洞、抓整改活动，认真组织执行力建设主题教育活动，统一购置学习资料，在局域网上开辟综合治理专栏，编发综合治理工作简报专刊，提高了风险防控水平。完善、制定了经营管理综合考评办法、财务集中管理办法、守库押运制度、枪支管理办法、机关劳动组织纪律管理规定及各专业百分考评办法等，使各项工作进一步规范化、制度化。按业务条线、业务岗位和业务操作环节，逐一进行风险点排查。规范代理业务和上门收款服务，有效消除隐患。

【加强基础管理，增强发展后劲】 一是规范信贷管理，提高会计结算质量，并与驻保审计办联合举办了“共筑平安”征文活动，联合召开内控管理工作会议。二是充分利用周六学校、周二周四夜校、演讲比赛、视频讲座、专业培训、远程教育等形式组织员工加强学习，提高综合素质。三是加强领导干部队伍建设。坚持市分行党委中心组学习制度，班子成员积极参加机关周六集中学习。坚持民主集中制，重大事项严格按程序、按规则决策。四是深入开展党风廉政建设。层层签订了《安全经营责任书》，落实党风廉政建设责任制。组织市分行机关中层以上干部、城区支行班子成员到河北省保定监狱，听取金融领域犯罪服刑人员现身说法；聘请检察院领导对市分行机关全体员工及城区支行班子成员进行预防职务犯罪法制教育。落实行务公开制度，加强对信贷、财会和人事等重点业务的监督管理。加强纪检监察队伍建设，召开纪检监察专题工作会议，为党风廉政建设奠定基础。五是发挥各级工会组织的桥梁纽带作用，构建和谐氛围。召开职工代表大会，畅通信访信息沟通渠道，设立行长接待日、谈心日制度，建立了特困员工档案，组织经常性慰问。设立文体活动室，举办乒乓球比赛、书画比赛，进行女工形象设计培训。六是妥善做好蠡县信用社工作。督促制度落实，保障安全经营，稳健发展。

领导班子成员

行　　长　李　军

副 行 长　卢　英　孟宪荣　刘海青　李志杰

（部门编辑：吕会宾　王金国）

【中国农业发展银行保定分行】 中国农业发展银行保定分行成立于1996年11月，隶属于中国农业发展银行河北省分行。业务范围：办理由国务院确定的粮食、油料、棉花收购、储备、调销贷款；办理肉类、食糖、烟叶、羊毛等国家专项储备贷款；办理粮食、棉花、油料加工企业收购资金贷款；办理粮食、棉花、油料产业化龙头企业收购资金贷款；办理中央财政对上述主要农产品补贴资金的拨付，为中央和省级政府共同建立的粮食风险基金开立专户并办理拨付；办理业务范围内开户企事业单位的存款；办理开户企事业单位的结算；办理保险代理等中间业务；办理经国务院批准的其他业务。下辖23个县支行级营业机构，共有开户企业449户，其中粮油购销企业277户，棉花购销企业162户，市级以上农业产业化龙头企业6户、粮棉加工企业4户。2006年下半年，国务院第57次常务会议决定农发行的工作职能发生了重大调整，改变了过去单一支持粮棉油收购、储备业务的信贷管理模式。由粮棉油储备、收购业务和农林牧副渔农业产业化龙头企业信贷业务拓宽到农村基础设施建设贷款（农村路网、电网、水网、信息网建设、农村能源和环境设施建设）、农业综合开发贷款（农田水利基本建设和改造、农业生产基地开发与建设、农业生态环境建设、农业技术服务体系和农村流通体系建设）、农业科技贷款、农业生产资料贷款（农业生产资料的流通和销售环节）和农业小企业贷款业务。

【2006年·概况】 2006年，在省分行党委的正确领导和地方党政部门的大力支持下，全行坚持以业务经营为中心，认真贯彻落实省分行各项决策部署，特别是市分行新的党委班子成立后，理清思路，狠抓经营，加强管理，争强晋位，营造了“想干、会干、干好”的内部环境，经营效益、资产质量和队伍素质全面提高。一是贷款较快增长，结构得到调整，优质客户发展战略取得实质性进展。年末各项贷款达到38.9亿元，月均余额37.8亿元，同比增加6.4亿元，增幅20.57%。其中储备、最低收购价贷款增加9.6亿元，龙头及加工企业贷款增加0.4亿元，流转粮食贷款下降6.4亿元。二是不良贷款下降较多，信贷资产质量得到提高。剔除国储棉不良贷款政策性增加因素，不良贷款余额

9589万元，比年初下降2284万元，占比2.47%，比年初下降0.82个百分点。三是存款和中间业务大幅增长，降低了经营成本，扩大了收入来源。各项存款余额3.56亿元，旬均余额3.85亿元，比上年增加1.06亿元，增长38%；实现中间业务收入77.7万元，其中代理保险手续费收入57.7万元，比上年增加40.1万元，增长227.8%。四是经营效益良好。全年实现各项收入1.97亿元，各项支出1.69亿元，账面盈利2843.7万元；资产利润率0.73%，比上年下降0.89个百分点，人均利润5.65万元，比上年下降4.69万元，收入成本率26.17%，比上年提高2.19个百分点。五是全年无经济案件、刑事案件和安全责任事故，实现了安全经营目标。全行讲经营、谋发展、想干事、干成事的局面基本形成，初步营造了良好的发展环境。

【信贷业务健康发展】 1. 开展“一查两清”。市分行新一届党委一到任就站在调整业务发展战略和防范风险的高度，将“一查两清”作为首要任务和突破口来抓，加压力、促动力，强力推进。一是尽早部署。在9月初的全行领导干部大会上，就对此项工作进行了部署，要求各行在年底前实现2005以前年度库存粮棉“双结零”。二是强化督导。实行了“一查两清”五日报，及时掌握全行进度，有重点地搞好监测和督导；每周对“一查两清”进行分析调度，详细了解进程和存在的问题，研究部署强化措施；组织主管部门人员分包支行、蹲点督导，一行一策开展促销。三是“帮”“促”结合。工作中坚持分任务、压担子、鼓干劲、促动力的方法，首先立足县支行自身努力解决问题。对工作难度大的，市分行领导出面与县委、政府领导协调，形成强大的工作合力，力保工作任务的完成。如对满城县支行企业1788万元销售款不回笼还贷的问题，市分行严肃指示该行在规定时限内清收，并与该县领导协调，促其在23天内全额收回了贷款本息。全年分行共促销2005年度以前粮食7.4亿公斤，棉花21万担，收贷9.8亿元。2. 加快呆账贷款核销进度。针对全行呆账核销工作进度较慢的实际，采取有力措施，切实加快工作进度。一是明确任务。于9月底召开了由有关行一把手参加的专题会议，分类明确了申报核销的任务和时间要求，制定了11月底前完成全部应核销呆账贷款申报核销的目标。二是争取支持。市分行领导专门向市政府主管市长进行了汇报，宣传政策和呆账核销对地方经济的利益关系，取得了市政府的支持，并对各县印发了《关于搞好农发行棉花呆账贷款申报核销工作的通知》，要求县政府协调各有关方面配合农发行工作。三是严格把关。针对申报核销时间紧、任务大、要求高的实际，积极邀请省分行部门人员给予实地指导，同时抽出专人集中精力到县支行巡回督导，既加快了工作进度，又确保了工作质量。到年底，经总行批准核销4740万元，其中9月以后申报的3438万元，另有1754万元等待审批。同时切实加强贷款风险管理。严格标准，对企业进行了贷款资格认定和信用等级评定，严把贷款存入关；认真落实省分行贷后管理办法，切实加强对商业性贷款贷后检查与评价，及时发现并消除贷款风险点。进一步加强对贷款质量迁徙的监测，制定实施了《保定分行贷款逾期责任追究办法》，实行了到期贷款提示函和逾期贷款清收令制度，下达了清收指标，加大了现金清收不良贷款工作力度，全年全行累计现金清收不良贷款2003万元，有效防范了风险，提高了贷款质量。3. 实现信贷业务有效发展。按照“一体两翼”的信贷业务发展格局，立足保定客户和业务资源实际，以储备和最低收购价业务为主体，审慎积极发展新业务，在确保贷款总量有较大幅度增长的同时，贷款和客户结构得到了调整优化。一是因地制宜，分类指导。指导县支行立足优势客户资源，各有侧重的发展传统业务和新业务。二是签订协议，搭建平台。经多次汇报、协调，促成了省分行与保定市政府信用合作协议的签订，并最大限度地争取到了市农发行权益，得到了省分行和市领导的肯定，为全行依托政府协调优势更好地发展业务搭建了平台。三是大力支持储备黄金客户业务，支持各级储备增储轮换2.7亿斤。四是积极支持最低收购价业务。认真学习、广泛宣传信贷政策，积极协调好与承贷企业、有关金融机构和系统内各行之间的关系，切实搞好金融服务，保证了最低收购价收购的顺利进行。全辖累计发放贷款9.3亿元，支持企业收购小麦6.1亿公斤。五是积极营销拓展新业务。坚持“以客户为中心”的营销理念，按照“营销推广、服务吸引”的营销策略，适应工作需要，加强业务培训，整合客户营销人力资源；全面摸底调查，建立新业务项目库；制定实施了《保定分行贷款项目调查管理办法》，坚持前后台相制约的办贷机制，不断改进服务，提高办贷效率，全行新业务贷款有新发展。经省、市分行批准的项目17个，贷款1.3亿元，实际累放1.2亿元，贷款余额7210万元，比年初增加3960万元。

【存款和中间业务增长较快】 一是加强指导。搞好宣传引导，增强干部职工“存款增效、保理增收”的思想意识；根据各行业务资源基础下达了任务指标；及时总结推广先进单位的经验；指导县支行实行了专项指标绩效考核，促进了全行工作的开展。二是协调推进。将存款和保险代理业务与贷款业务有机结合，开展“先存后贷、以贷引存、以贷定存”，实行“双单作业”，在营销贷款的同时，存款组织和保险代理同步推进，打好业务营销的整体战。三是争取支农存款。充分利用落实政府信用合作协议的机会和社会关系资源，积极协调政府、财政等部门，加大财政支农资金营销力度。部分行争取到了代理拨付主办行。容城、安新支农资金存款均达到700万元以上。四是加强保险代理业务。与2家保险公司签订了代理协议，为7个支行办理了兼业许可证，扩大了代理业务范围；与保险公司协商解决手续费率问题；以开户企业财产和员工人身保险为重点，充分挖掘潜力，切实抓好代理保险业务。存款与中间业务的开展，促进了全行经营效益的提高。全年由于存款增长减少利息支出238万元；全辖实现中间业务收入57.7万元，降低了经营成本，扩大了收入来源。

【经营管理水平得到提高】 1. 健全机制，狠抓落实。按照打造现代银行的要求，实行严格要求，严格管理，坚持从细节着眼，狠抓落实。一是坚持例会制度。坚持周一行长办公例会，综合情况，研究工作，落实任务；月初召开业务经营分析会，研究重点、难点问题，分析到支行，细化到企业，一事一策、一行一策，制定措施，落实责任；及时下发会议纪要、经营通报，促使县支行通过比较找差距、鼓士气，改进工作。二是健全考核。制定实施了《年中主要业务指标绩效挂钩考核办法》、《新业务发展与费用挂钩分配管理办法》，将主要业务指标和新业务发展与工资、费用指标挂钩，并在全年绩效考评中实行了分组考核，有效调动了基层行的工作积极性。三是努力解决重点、难点问题。多渠道向省分行反映1.2亿元国储棉政策性亏损占贷问题，消除了对全行经营的影响；加大与财政部门的协调力度，确保了利息补贴的及时足额拨付；促成了市政府、市财政两条线请示解决粮食风险基金包干不足的问题，为从根本上保证农发行利息补贴创造了条件。2. 提高财会管理水平。一是加强财务开支管理。进一步完善了机关财务开支管理办法，坚持开支事项审批流程，大额开支集体研究审批，杜绝了不合理开支，确保了票据的合规合法。二是加强财务核算。认真坚持财务会计制度，按规定搞好利息收支核算；根据业务经营实际，适时搞好财务收支状况分析，为全行增收、节支、提效提供参考。三是加强制度建设。适应财会电算化需要，为防止出现制度监督空缺，制定了财会工作、会计应用系统等考核管理办法；以制度落实、系统运行为重点，加强会计监督，提高了财会工作质量。四是加强系统运行管理。以IC卡、密码和有效监督为重点，加大监督检查力度，确保了各系统的正常运行，按时开通了小额支付系统。五是加强固定资产管理。搞好固定资产清点盘查，做到账、卡、簿、实相一致；对25辆报废车进行了拍卖，实现残值收入22万元；严格落实“双控”要求，加快基建进度。切实搞好闲置资产出租营运管理，提高了资产收益水平。3. 提高资金计划营运水平。一是按照“区分性质、分别管理、部分下划、余额调剂”的方法，加强信贷计划管理；实行“小额度、勤调度”的资金调拨方式，严格系统内借款按其管理和超计划请调资金处罚制度，最大限度地防止了资金计划闲置浪费，提高了使用效率。二是根据业务需要，及时编制各种分析报表，加强了对业务运行情况的分析调度，有效发挥了统计工作业务经营“晴雨表”的作用。三是严格现金、利率政策，适时组织自查和检查，认真坚持登记台账和日常监测制度，提高了现金、利率管理水平。

领导班子成员

党委书记
行长　荆春行

副行长　张洪泽　蔡毅儒

【2007年·概况】 2007年，农发行保定分行强力推进“业务有效发展突破年”、“重点工作攻坚年”、“差别化管理推进年”和“各项工作落实年”。按照总行“一体两翼”业务发展格局，紧紧围绕提高经营绩效这个核心，紧紧扭住有效发展、和谐发展这个主题；紧紧盯住七项任务指标，积极打造亮点工作；狠抓精细化、差别化、风险度管理；因地制宜、抢抓机遇、加快发展；坚持用发展的眼光和发展的办法来解决工作中遇到的各种问题，持之以恒构建和谐凝聚干事创业的力量，千方百计破解经营管理中遇到的难题，凝神聚力抓经营冲刺争强晋位目标，各项工作稳步推进，亮点频现，创造了“五个历史最高”，实现了“三大目标”：贷款余额达到42.3亿元，不良贷款下

降9125万元，存款余额8.5亿元，中间业务收入实现114万元，实现利润达到7006万元，均创历史最高。以效益为核心，以管理为主线，以节支增效为手段，通过全方位加强经营管理，实现了市分行党委年初提出的消灭亏损行、力保“四无”和争强晋位工作目标。全行呈现出支农力度加大，资产结构优化，不良贷款“双降”，经营效益提升，稳中求进、和谐发展的势头，开创了保定分行工作新局面。

【发展传统业务，拓展新业务】

1. 认真执行国家粮食调控政策。采取分类支持信贷策略，积极促进粮棉收购，毫不动摇地巩固发展主体业务。一是积极主动支持进口小麦转储工作。大力支持涿州等中储粮直属库完成了1.7亿公斤进口小麦转储备工作，增加储备业务贷款3.2亿元。二是选择优势企业扩大粮棉购销业务。全年支持100家抗风险能力强、信用程度高的国有控股粮食购销企业、龙头企业及加工企业、股份制民营企业，累计发放贷款131962万元，其中累计发放各种储备贷款35035万元，累计发放调控贷款18631万元，累计发放准政策性贷款41436万元，累计发放商业性贷款36860万元。支持企业累计收购粮食4.4亿斤，棉花13万担。三是全力做好支持夏粮收购工作。把全力支持夏粮收购作为业务上水平、经营增效益的重点工作来抓。分三批对58家企业进行了贷款资格认定；加强与四个收购白点县政府协调，签订四方协议，确定了收储企业名单；对持有真实有效购销合同的给予优先支持；认真研究制定《夏粮收购预案》，充分做好最低收购价收购预启动与不启动两手准备工作。期间，发放夏粮收购贷款3.6亿元，其中发放最低收购价收购贷款1.8亿元。2. 实现信贷业务有效发展。突出业务有效发展，努力寻求新的业务增长点。一是借势用力。积极参加保定市组织的大型银企对接洽谈会，同六家企业签订贷款意向1.6亿元。二是搭建平台。促请市政府在市分行召开由25个单位主要负责人参加的积极支持新农村建设座谈会，为客户营销找到了一条及时、便捷、高效、可信度高的渠道。三是加大营销。建立新业务发展专项奖金和费用挂钩考核机制；认真贯彻“抓大不放小”的客户营销思路；积极探索农业小企业联保模式，努力突破农业小企业担保难的瓶颈。全年共营销新业务项目100个，省分行审批通过14个，贷款额12.9亿元，市分行审批通过项目86个，贷款额6.27亿元，新投放产业化龙头企业贷款、农业基础设施贷款、农业科技贷款、农业小企业贷款3.2亿元。

【积极防控风险，实现健康发展】

突出风险防范，坚持规模、速度、质量相统一。1. 加强监测。认真开展开户企业贷款资格认定和信用等级评定；扎实做好开户企业有效资产抵押工作；按月逐企业对资金使用、企业经营等情况进行监督检查；坚持贷款质量分析制度，加强贷款质量监测，逐企业监测逾期贷款变化；密切关注企业改制进程，防范企业改制风险。2. 及时预警。密切关注每一笔贷款，对即将进入逾期的贷款，提前发送书面贷款到逾期提示函。对形成逾期甚至不良的，提前发出清收令，及时督促进行清收。3. 大力清收。把不良贷款清收作为全年工作的亮点和绩效考评中的强项指标全力打造。通过分解任务、落实责任、重点督导、强化奖惩。容城县办事处清收新增不良贷款600万元，定州市支行收回不良贷款500万元。全年实现不良贷款下降9125万元，现金清收不良贷款7464万元。4. 严格核销。严格按照政策，加大呆账核销力度，促请市政府专门下发了“积极配合农发行加大呆账核销工作力度的明传电报”，有效突破了工作中的障碍。全年核销呆账贷款3695万元。

【加强考核力度，激发内部活力】

坚持用考核引领全行业务经营，不断增强干部职工的发展意识、效益意识和争强晋位意识。1. 科学配置财务资源。积极顺应省分行差别化管理理念，在适度集中工资、财务、计划、人员、车辆向贡献大行实施“四个倾斜”的基础上，制定实施了《保定分行2007年财务资源分配暂行办法》，力求财务资源配置更加科学、更加有效、更加富有触动性和激励性。2. 完善考核机制。结合形势任务，相继制定实施了《业务经营绩效考核办法》、《费用挂钩考核办法》、《2007年第一季度业务经营专项量化考核办法》、《2007年第三季度业务经营专项量化考核办法补充通知》，全程鞭策激励。3. 严格考核。坚持说了算、定了办，按季进行考核兑现，推动了全辖抓业务经营的积极性和主动性。

【实施精细管理，夯实工作基础】

1. 加强组织建设。2007年初，对17个支行33名领导干部进行了调整；于3月和11月分别两次召开党委（支部）民主生活会，认真查找解决思想和工作中存在的问题；出台“两个随时调整”的干部动态管理办法；完成了市、县中层干部竞聘上岗和机关一般干部选配工作。使干事创业的干部看到了希望，使不思进取的干部产生了危机感。2. 加强队伍建设。扎实开展各类培训16期，培训员工680人次，队伍素质明显提高。把“六比六不让”活动延伸到全行，深入开展作风纪律整顿和工作作风专项整治活动，全行员工思想状态、精神状态、作风状态、纪律状态发生根本转变。3. 加强基础管理。一是强化资金计划管理。科学测算、科学调度、科学使用、科学管理，保证了业务发展需要，提高了资金使用效益，减少了资金占置费开支。二是强化财务管理。认真做好各大系统的应用与管理工作；加大对财务收入组织、监测和分析的力度，准确反映收支情况；严格执行县级支行经费开支报账制；推行财会突击式检查，有效防范违反财经纪律行为的发生。三是加强技术保障。顺利完成了非现场监管、网络视频会议、综合报表等新系统推广应用和CM2006信贷管理等系统的运行与维护管理；及时解决系统应用中各种技术问题，确保全辖网络畅通；严密监测和防止病毒侵袭，严格实行内外网隔离，确保了信息安全。四是强化内部控制。以预防和发现问题为先导，落实制度规范操作为目的，以纠改问题为手段，把事后审计变为事前监督，有效增强了全行照章办事的自觉性。五是强化安全保障。坚持不懈地完善人防、物防、技防手段，全面实现了达标营运；狠抓安全防范教育，落实安全保卫工作责任制，认真开展安全检查。确保全年安全无事故。

领导班子成员

党委书记 行长 荆春行

副行长 张洪泽 蔡毅儒

（部门编辑：王大力　姜志军）

【保定市城市信用社】 保定市城市信用社是股份制地方性准商业银行，实行“一级法人，两级经营”，享受商业银行金融政策、法规待遇。在企业内部按照现代商业银行的要求，建立健全了“三会”（股东大会、董事会、监事会）组织机构与运行机制，经营机制灵活，稳健经营，规范发展，有效防范金融风险，经营效益明显提高。确定了“诚实信用，服务保定”的办社宗旨，以“政府银行，市民银行”为理念，具有“服务市民，扶持中小企业”的经营特色，营业网点在全市合理布局，有能力为客户提供优质、高效、方便、快捷的金融服务。

【2006年·概况】 2006年，保定市城市信用社深入贯彻落实省和市金融工作会议精神，在市委市政府的正确领导和市人行银监局的有效监管和大力支持下，社领导班子带领全社员工，紧紧围绕向商业银行转化的目标，以经营效益为工作重心，团结一心，克服种种不利因素，不断创新，不断完善，圆满完成了年初制定的综合经营计划，使各项业务持续、健康发展，经营效益显著提高，资产质量明显改善，综合实力得到进一步提升，竞争力不断增强，是保定市城市信用社全面完成经营计划，取得长足发展的一年。

【实施2005～2007年综合经营计划，各项业务快速发展】 1. 资产负债结构趋于合理。截至2006年12月底，保定市城市信用社资产总额427529万元，同比增加131926万元，增长45%；负债总额410554万元，所有者权益总额16975万元。2. 各项存款稳步增长。截至12月底，存款时点余额382924万元，同比增加119717万元，增长46%，其中对公存款304084万元，较年初增加100776万元；储蓄存款78840万元，较年初增加18941万元。2006年存款日均余额250158万元，同比增加64233万元，增长35%。3. 贷款规模增加，结构不断优化。年末，贷款余额135091万元，同比增加29879万元，增长28%。贷款按五级分类划分，正常类贷款104327万元，关注类贷款17897万元，次级类贷款11909万元，可疑类贷款958万元，不良贷款总额12867万元（含宝硕6118万元不良贷款），同比增加6071万元，不良率为9.5%，同比增加3.1个百分点。全年的贷款约70%投放于优质中小企业，继续支持天威等大型企业。信贷资产总体上仍保持较高质量，全年累计收回各类贷款114994万元，其中收回2005年表内存量不良贷款3442万元，完成计划的292%。4. 经营利润大幅增加。全年实现利润总额1747万元，同比增加785万元，增长82%（实现拨备前利润总额4895万元，同比增加3933万元，增长409%，全年补提拨备3148万元。）；净利润984万元，同比增加841万元，增长588%。全年实现贷款利息收入11107万元，完成全年计划的116%，利息实收率达到94%，超出商业银行转化标准。与过去几年相比，2006年保定市城市信用社的盈利水平正在稳步提高，为今后的发展打下了良好的基础。5. 中间业务大幅增长。全年实现中间业务收入408万元，完成计划的120%，较上年增长127万元，全年保证业务手续费收入有大幅增长，成为保定市城市信用社另一个新的利润来源。

【商业银行筹备工作进展顺利】 1. 增资扩股工作圆满完成。根据公司法、商业银行法、关于向金融机构投资入股的暂行规定等有关法律法规规定和保定市城市信用社章程，在市政府和市银监局的大力帮助和指导下，10月，保定市城市信用社成功完成了增资扩股工作。新增股本金11080万元，增资扩股后，资本充足率9.8%，同比增加6.5个百分点；核心资本充足率9.1%，同比增加6.6个百分点。保定市城市信用社股权结构为：股本总额17198万元，其中地方财政股2106万元，占股本总额的12.25%；企业法人股12591万元，占股本总额的73.21%；自然人股2501万元，占股本总额的14.54%，符合股权结构多元化、分散化的要求。在增资扩股工作中保定市城市信用社得到了市政府和省、市银监局的大力支持。市政府先后召开三次常务会议，同意并支持保定市城市信用社开展增资扩股工作，及时批准了增资扩股方案。8月，市政府和市银监局的有关领导多次奔赴省银监局，报送、修订完善相关资料。8月24日，河北银监局迅速作出批复，向保定市城市信用社下发了《关于对保定市城市信用社增资扩股方案及有关问题的批复》，批准保定市城市信用社新增股本11080万元。10月10日，河北银监局向保定市城市信用社下发了《关于核准保定市城市信用社股份有限公司修改章程及变更注册资本的批复》（银监冀局复［2006］203号），同意保定市城市信用社修改章程。10月10日，保定市城市信用社在河北省工商管理局办理了注册资本的工商变更登记。至此，城市信用社的增资扩股工作结束。2. 筹建商业银行的十五项指标基本达标。2006年底，除未消化历史遗留问题的因素（因宝硕问题年底前未得到彻底解决），对照筹建商业银行十五项指标要求，保定市城市信用社资本充足率、核心资本充足率、注册资本金、资产总额、人均资产、不良贷款率、资产费用率、资产利润率、资本利润率、利息回收率、流动性比率、存贷款比率、备付金比例等13项指标已达标，最大单户贷款占比、最大10户贷款占比2项指标未达标。这两项指标可通过制定压缩计划、逐步压缩回收的办法解决。

领导班子成员

董事长	张良军
副董事长	王恩东
常务副总经理	雷俊杰
首席监事	郑梅玲
副总经理	刘慧仙
副总经理	赵清哲
纪检书记	王宗信

【2007年·概况】 2007年，保定市城市信用社在市委、市政府和监管部门的正确指导与关怀下，在广大股东的大力支持下，社领导班子带领全社员工，将组建商业银行作为中心工作任务，齐心协力，扎实工作，克服种种困难，取得了丰硕经营成果。特别是筹建商业银行工作取得了重大突破和实质性进展，被中国银监会正式批准筹建，实现了年内批准筹建商业银行的既定目标。同时，全社的内部管理进一步加强，各项制度日臻完善；经营运作愈加规范，各项业务平稳持续发展；科技水平和电子化进程加快，服务手段与服务水平不断提升。全社经营规模有所扩大，综合实力进一步增强。

【实施2005～2007年综合经营计划，各项业务持续发展】 主要业务指标完成情况。一是资产负债规模有所扩大。截至年末，全社资产总额449972万元，同比增加44944万元，增长11.1%；全社负债总额430260万元，同比增加42206万元，增长10.9%。所有者权益总额19713万元。二是各项存款持续增长。到年末，全社各项存款时点余额417737万元，同比增加34813万元，增长9.1%。其中对公存款338454万元，同比增加30879万元，增长11.3%；储蓄存款79283万元，同比增加443万元，增长0.6%。2007年，全社日均存款余额285037万元，同比增加34879万元，增长14%。三是信贷规模适度扩张，小额贷款初见成效。到年末，全社各项贷款余额144640万元，同比增加9499万元，增长7.03%。其中固定资产贷款15000万元，流动资金贷款101359万元。新增法人客户贷款3125万元，增长2.4%；汽车消费贷款余额992万元，较上年增加185万元，增长23%；个人住房贷款余额1515万元，较上年增加1031万元，增长213%；票据贴现余额3011万元，较上年增加2961万元；下岗职工再就业贷款余额1903万元，本年放款2087万元。四是资产质量改善，不良贷款实现双降。到年末，全社不良贷款余额9928万元，比年初减少2940万元，减少了22.9%；不良贷款比例6.86%，较年初下降2.66个百分点，降幅为27.9%；流动性比率为47.3%。五是中间业务亮点凸现。到年末，中间业务收入495万元，同比增加87万元，增幅21.3%。六是资本充足，利润大幅增长。2007年，全社实现拨备前利润6350万元；实现利润总额5241万元，同比增加3488万元，增长199%；净利润3050万元，同比增加

2066万元，增长210%。资本充足率为10.8%，核心资本充足率为10.1%，比上年提高1%。

【完成商业银行筹备工作】 按照市政府的要求，把年内实现筹建商业银行目标作为重中之重，加快组建商业银行步伐。在市政府及相关部门和省市银监局的正确指导与大力支持下，本着“坚持政策、严格程序、注重质量、高效运作”的原则，社领导亲自抓，全行上下集中精力做好组建报批前的大量准备工作。组建商业银行是一项复杂的系统工程，涉及方方面面，尤其是各项业务指标，都是相互关联的硬性指标。第一，利月召开的各种会议，对组建商业银行工作进行了详细部署，周密安排，树信心，鼓干劲，明确工作目标。第二，按照《商业银行法》等法律、法规和银监局的要求，制定了工作方案和时间进度表，有计划、有目的的组织实施；将15项硬性指标和其他工作任务，层层分解，一条一条对照，一项一项落实。做到纵向到底，横向到边，事事有人管，件件有人办。第三，借鉴他行的先进经验和成功做法，2007年由社领导带队先后两次赴邢台行取经、学习。确保了组建报批工作少走弯路。第四，精心准备报批资料。所需包括申请、可行性研究报、资产评估、经营状况等申报材料多达数十件（份），以筹备办公室为主，有关部门密切配合，加班加点，抢时间，赶进度，查资料、保质量。经逐级申报，检查验审，12月24日本社筹建商业银行被中国银监会正式批准。

领导班子成员

董　事　长　张良军
副 董 事 长　王恩东
常务副总经理　雷俊杰
首 席 监 事　郑梅玲
副 总 经 理　刘慧仙
副 总 经 理　赵清哲
纪 检 书 记　王宗信

（部门编辑：李建萍）

保　险

【中国人民财产保险股份有限公司保定市分公司】 中国人民财产保险股份有限公司（简称中国人保财险），是由原中国人民保险公司（已变更为中国人民保险集团公司）发起设立的目前中国内地最大的财产险公司。中国人保财险与奥运牵手，是2008年北京奥运会保险合作伙伴。公司下辖32个支公司（营业部），机构遍及保定市区和全辖22个县市。主要经营国家党政机关、企事业单位、家庭及个人的财产保险、机动车辆保险、工程保险、货物运输保险、家庭财产保险、责任保险、信用保证保险、综合保险、意外伤害保险、短期健康保险及政策性农业保险等业务。在促进保定经济建设、农业发展，保障人民安定生活，发展保定保险事业等方面发挥了积极作用。

【2006年·概况】 2006年，保定市分公司以《国务院关于保险业改革发展的若干意见》颁布为契机，牢牢把握保险业第二发展机遇期，坚持以科学发展观统揽全局，动员全系统广大员工进一步解放思想，深化改革，加快发展，强化管理，业务拓展能力进一步增强，保费规模列全省系统第三位，保持了在保定市财险市场的绝对份额。

【发展县域保险，支持服务“三农”】 保定市分公司积极贯彻落实市委、市政府《关于加快县域经济发展的指导意见》，制定了《保定市分公司关于加快发展县域保险支持服务“三农”的实施方案》，主动承担社会管理的职责，为社会主义新农村建设服务。保定市分公司紧密结合保定市场形势，不断拓宽县域保险服务领域，提高服务水平，有效地推动了县域保险的发展。在市政府领导和市交通安全委员会的组织下，与市交警支队密切配合，在全市每个乡镇建立交通安全工作站/保险服务站，把保险服务与交通安全结合在一起，大力宣传保险知识，增强社会公众的保险意识，让更多的人认识保险、了解保险，充分发挥保险经济“助推器”和社会“稳定期”的作用。

【做好“交强险”实施准备工作】 2006年7月1日，《机动车交通事故责任强制保险条例》正式实施，人保财险作为国内最大的财险公司，首批被中国保监会依法核准具备从事机动车交通事故责任强制保险业务资格。为了保证7月1日“交强险”的顺利实施，保定市分公司做好前期各项准备工作。专门成立了“交强险”工作领导小组，由主管车险的副总负责该项工作的总体协调和指挥，车险事业部负责具体实施，市区和22个县、市的32个营业机构和近百个代办网点，随时随地为客户提供“交强险”承保服务和咨询，保障了“交强险”的顺利实施。

【实施“金牌服务工程”，服务深入人心】 2006年，人保财险保定市分公司在全市系统深入开展“金牌服务示范窗口创建活动”。办公营业场所进行装修，做到了窗明几净，进一步优化服务办公环境，提升窗口服务质量和服务水平；开展车险“理赔无忧——快捷服务承诺”活动，全面扩展“三日付款，五日提车”，畅通理赔绿色通道；推行索赔单证催办和赔款催领制度，理赔中心设置赔款支付窗口，实现小额赔款当场支付；推行《客户服务规范实施细则》，在全市系统树立服务观念，增强服务意识，规范服务行为，创新服务举措，努力营造规范、标准、专业、周到的服务形象和客户至上、服务制胜的全员全流程服务氛围，促进了公司客户服务能力的全面提升。

领导班子成员

党委书记 总经理	郭玉林	
副总经理	王珏迪 刘宝占	武运宝
高级业务主管	王德安	张友林

【2007年·概况】 2007年，保定市分公司在市委、市政府和上级公司的正确领导下，以促进保定经济建设、农业发展，保障人民安定生活为己任，不断深化企业改革、完善经营机制、创新保险服务、延伸服务触角、扩大保险领域、业务规模持续攀升，公司实力不断壮大。全年为全市提供了1150多亿元的风险保障，在经济生活中充分发挥了保险补偿作用和社会管理功能，为支持企业生产、安定人民生活、促进保定市的经济快速发展作出了重要贡献。

【奥运保障服务彰显公司实力】 作为2008年北京奥运会保险合作伙伴，保定市分公司以服务奥运、保障奥运为己任，充分发挥了公司品牌、市场、人才、产品、技术、网络、客户、服务等优势。在2007年，人保财险总公司举行了“拥有人保财险，喜看北京奥运——万张奥运门票大抽奖”活动第一次和第二次抽奖仪式，保定市分公司客户中共有23名幸运儿产生，包括金奖2名，银奖7名，铜奖14名。在2008年奥运会正式比赛之前，中国人保财险还将包括100张奥运会开幕式门票在内的1万多张门票全部回馈给中国人保财险的客户。保障奥运促进了中国人保财险品牌与奥运品牌的成功对接，促进了公司文化与奥运文化的紧密融合，促进了企业目标与社会价值的同步实现。

【举办首届客户节，以服务回馈社会】 2007年，成功举办了以“携手人保财险，尊享金牌服务”为主题的首届客户节活动和司庆58周年客户答谢会。在客户节期间，开展了“十一”黄金周自驾游保驾护航服务、开展了客户体验周活动、进行了重要客户拜访和万名客户大回访等多项活动。黄金周期间，为客户提供行车导航、旅游提示、安全检测、故障救助、事故求援和保险事故快速处理，得到了广大客户的认可和赞誉。通过“首届客户节”活动，让更多的客户走近人保、了解人保、体验人保、融入人保；也让保定市分公司的金牌服务融入了客户，融入了社会，更好地服务社会，回报客户，不断提高客户价值。

【良好经营业绩提升社会形象】 2007年，保定市分公司经营业绩迅速攀升，公司实力进一步增强，连续被省分公司评为“经营业绩优胜单位”、“双文明”建设先进分公司和“连续四年经营管理先进单位”。社会形象不断提升，95518呼叫中心被保定市精神文明建设委员会命名为服务质量二星级“窗口”单位，是全市保险行业中唯一一家获此称号的单位；保定市分公司被市政府评为“保定市2004～2006年度先进单位”，是保定市金融系统唯一获得此项荣誉的单位；被保定市国税局、地税局评为保险行业唯一纳税A级企业。

领导班子成员

党委书记 总经理	郭玉林	
副总经理	王珏迪 刘宝占	武运宝
高级业务主管	王德安	张友林

（部门编辑：张　涛　张　颖）

【中国人寿保险股份有限公司保定分公司】 中国人寿保险股份有限公司保定分公司是中国人寿保险公司的地（市）级分支机构，公司下设28个分支机构，覆盖保定市3个区和全辖22个县（市）。拥有各类销售人员7000余人，总资产达47亿元，市场占有率60%以上。公司主要经营人寿保险、健康保险、人身意外伤害保险、投资分红保险等业务，保险产品百余种。

【2006年·概况】 在上级公司的正确领导和地方党政部门的大力支持下，中国人寿保险股份有限公司保定分公司高举“发展才是硬道理”的旗帜，重管理、求质量，重信誉、树形象，重服务、创品牌，重公关、优环境，重市场、增效益，大胆创新发展思路，不断规范企业管理，加快提升服务水平，为业务发展创造可空前优化的展业环境，规范了展业流程，降低了经营风险，解决了实际问题，促进了公司业务的全面、快速、健康发展。2006年保费收入达到16亿元，在全国80个大中城市排名第21位。

【完善制度建设】 建立、健全、

重新修订各项规章制度，内容涵盖业务流程、单证管理、队伍建设、车辆管理、公文处理、安全保卫、绩效考核、考勤制度等各个方面；严把业务关口，确保承保安全、理赔及时；坚持深入开展自查自纠，杜绝、肃清风险隐患。

【强化服务意识】 中国人寿保定分公司围绕“窗口”抓行风，抓好服务树形象，提升服务品位。要求全体员工在投保、理赔、解答问题、接待来访工作中实行“一站式”服务，通过“行风热线”、“95519”服务热线和客户市场情况反馈，以对客户、对社会负责的态度，提高工作时效和理赔质量、速度，取得了令人满意的结果，社会形象、公众信誉度显著提高。

【发挥行业优势，服务和谐社会】 全年处理理赔案件3.6万件，向客户支付各类赔款4852万元，各类给付2.04亿元。全区统保大额职工补充医疗保险，为60万名职工提供大病医疗保障。同时，积极参加社会公益活动，扶危济困。为对口帮扶的贫困村捐献启动资金，扎实开展“结缘工程”，组织全体员工参加援建“中国人寿长征小学”募捐活动，积极开展社区共建及“三下乡”活动，为构建和谐社会作出贡献。

领导班子成员

总 经 理　魏成和（8月离任）
　　　　　王吉山（9月任）
副总经理　李瑞山　颜世欣
　　　　　宗　志
审计特派员　魏庆余

【2007年·概况】 2007年，在上级公司的正确领导和地方党政部门的大力支持下，中国人寿保险股份有限公司保定分公司一直坚持诚信为本的经营理念，以科学发展观为统领，不断夯实基础，深化改革，强化管理，保费收入突破17亿元，综合指标排名在全国跃升至前20位，是国内唯一一家在纽约、香港和上海三地上市的保险公司；公司连续5年入选甲类AAA级公司。2007年度被评为保定市行风建设优秀单位，并获“全国重质量、守信誉诚信单位”称号。

【加强内部管理】 建立了自上而下的市县两级组织机构和渠道管理体系，实行严格的垂直分层指导；明确三支渠道业务发展指导思想；重新完善修订了多项规章制度，开展“责任风暴，效能革命”主题活动，强化制度的督导与落实；扎实开展404项目遵循日常化工作，强化组织领导，推进了精细化管理水平；加强财务、业务管理；加大客户回访力度，提高核保、理赔管理水平，严把入口、出口关，防范和化解经营风险能力得到明显提高。

【深化企业改革】 为不断适应公司改革和发展，对公司的组织架构进行及时的增设与整合。对于机关职能相近的处室进行合并，明确职责、提高效率。按照“能者上、平者让、劣者汰”的原则，对机关人员实行“岗位竞聘、双向选择、自由组合、落聘淘汰”的原则，优化了管理层的年龄结构、知识结构和专业技术结构，强化了关键岗位的管理职能。通过改革，公司组织结构更为科学合理，人力资源配置更为优化，员工归属感、公司凝聚力得到进一步增强。

【树立企业形象】 中国人寿保定分公司始终秉承“成己为人，成人达己”的企业文化核心理念，致力于为客户提供“热情、真诚、准确、高效”的服务，取得了公众的信赖与支持；同时，积极捐资助教、捐款捐物、扶贫济困，参加社会公益和大型灾难救助活动，全年捐赠款物合计30余万元；扎实开展营业窗口建设，改善基层单位的硬件条件，规范服务行为，塑造对外整体形象；以行风建设为契机，数次走进“行风热线”直播间，解答群众提出的问题，传播企业理念，使中国人寿的品牌形象深入千家万户。

【加强客户服务】 保定分公司始终以“客户至上，服务第一”为工作信条，为全市500多万人次提供各类保险服务，强化“95519”的客户回访、监督职能，实现“一站式”服务。加强理赔服务，全年总赔付支出5.36亿元（包括死亡给付、伤残给付、医疗给付、满期给付、年金给付和短险赔款支出），起到了经济“助推器”和社会“稳定器”的作用。

领导班子成员

总 经 理　王吉山
副总经理　颜世欣　宗　志
　　　　　孙　威　樊福生

（中国人寿保险股份有限公司保定分公司）

教　育

教育工作

【保定市教育局】 保定市教育局是市政府主管教育工作的职能部门。内设15个职能处室：办公室、财务处、人事处、局党委办公室、发展规划处、基教处、职成处、思政体卫处、高教处、纪检室、督导室、老干部处、团委、妇工委、工会。下辖教师进修学校、教育科学研究所、教学仪器站、电化教育馆、校办产业管理办公室、教勘队、校办企业总公司、教育人才分中心等8个直属事业单位。

【2006年·概况】 本年，全市基础教育共有学校5032所，在校学生1652078人，教职员工113353人（其中专任教师98190人）。其中特教学校24所，在校生1020人，教职工436人；幼儿园1441所，在园幼儿242816人，教职工12851人；小学2902所，在校生702846人，教职工50609人；普通中学665所，在校生705396人，教职工49457人；中等职业教育共有学校80所，在校生138262人，教职工8692人。其中普通中专31所，在校生55459人，教职工3039人；成人中专23所，在校生1394人，教职工921人；职业高中26所，在校生81409人，教职工4732人。

【德育工作】 一是稳步推进未成年人思想道德教育。组织了中小学生社会实践、“知保定、爱家乡”读书教育活动，开展中学生时事政策教育，积极开展礼仪教育和中华传统美德教育，中小学生思想状况和文明程度有所提高。保定市在全国、全省组织读书教育活动中获组织特等奖。二是积极开展荣辱观教育。开展了“知荣辱、树新风、做合格小公民”活动，在全市中小学及时开展了社会主义荣辱观教育，从指导思想、任务、措施等方面，对全市中小学提出了明确要求，引导学生树立社会主义的荣辱观，受到教育部基教司德育处肯定，中共电教馆为此录制了工作情况。三是大力加强校园文化建设。进一步明确了具体要求，推报的先进典型保师附小和涿州实中在全国先进校排行榜上有名。四是不断加强德育基础建设。组织参加保定市思想政治工作优秀研究和社会群体思想状况调查，获优秀组织奖和优秀研究成果一等奖1个，二等奖3个，三等奖1个。完成了德育示范校、家庭教育示范校、艺术教育示范校申报评选、复查验收，出台了保定市县级教育行政部门、德育示范校评估办法。与市爱卫会、防空办联合组织了控烟征文活动和防空知识教育活动，并对先进集体、个人进行了表彰。参加省优秀班主任大赛，12人全部获奖。五是正确引导家庭教育。协同市文明办、市妇联、市直机关工委启动家庭教育“母亲素质教育工程”和“健康儿童”评选活动，营造有利于儿童健康成长的家庭氛围和社会环境。评选了家庭教育先进学校。六是努力优化社会环境。与综治办、公安局、工商局、文化局等单位联合行动，清理了校园周边的摊点、游戏厅，严格了网吧审批，培训了网吧业主，加强了对网吧的规范管理。

【幼儿教育和特殊教育】 一是“普三”进程进一步加快。4月在徐水召开了“普三”工作调度会，总结推广先进做法和经验，明确了下一步的工作思路，分层提出了各自的任务目标及完成时间，并多次组织有关人员进行专项督导检查。二是进一步加强了幼教研训工作。成立了保定市学前教育中心研究组，在清苑开展了农村幼儿园“半日活动”研究；进行了“中国学前教育研究会”会员的增补申报工作。年底，定州、蠡县、定兴、容城、安新5个县（市）高标准通过了省“普三”验收，涞源、博野的直属幼儿园顺利通过了省级示范园验收，56所乡镇中心幼儿园通过市级示范园验收。三是特殊教育取得新进展。各县（市、区）普遍加大了对特教学校的投入力度，改善了办学条件，增加了招生类别，扩大了办学规模。各县（市、区）特教学校积极承担县域随班就读残疾儿童的教学指导任务，并将县域随班就读学生全部纳入特教学校管理，定期组织教师深入各学校指导教学工作，努力使全县所有残疾儿童都能接受到较正规的特殊教育。9月在安国组织召开了部分县（市）“普特”工作现场调度会，对安国、清苑等县（市）进行了过程性督导检查，11月清苑、安国、博野、蠡县4个县（市）顺利通过省普及特殊教育县验收，超额完成了市政府下达的任务目标。

【九年义务教育】 一是着力加强标准化学校建设。坚持“整体规划、分步实施、统筹安排、逐年推进”的原则，结合中小学布局结构调整和学区一体化管理，积极推进小学、初中标准化学校建设。各县（市、区）根据本地实际分别制定了标准化学校建设规划，并积极采取措施，推进实施。努力使县（市、区）域内义务教育阶段学校实现布局科学合理，办学条件基本均衡。全市共建成达到6轨以上的初中56所，2轨以上的小学82所，其中达到“1215612”标准的初中7所，达到“4138”标准的小学6所。二是进一步规范学校办学行为。采取明察暗访相结合的办法对各县（市、区）和学校规范义务教育阶段学校办学行为情况进行检查，对市区15所中小学学生早晨到校等情况进行了暗访；组织市直属和三区部分小学、初中对学生课业负担情况进行了抽样问卷调查。参加调查的有8所小学、8所初中，共涉及学生8318人、家长3044人、教师581人。召开了“保定市减轻义务教育阶段学生过重课业负担工作会议”，对减轻义务教育阶段学生课业过重负担进行了全面部署。三是课程改革向纵深发展。积极研究探索课改实验县（市、区）初中毕业生考试评价方法。指导各课改实验区做好毕业生认定以及高中招生制度改革工作。在确保公正、公平的前提下，大部分县（市）实施了将省级示范性高中部分公助生招生指标，按比例分配到各初中学校的招生办法，取得了很好的效果。指导各县（市、区）选定了适合本地实际的教材。四是积极探索推进素质教育的各项措施。在全市开展了学生素质评价改革和研究的优秀论文评选活动，共征集小学生素质评价优秀评语860余条。推荐856篇中小学生素质综合评价论文参加了省评选，有99篇获奖。参评数量和获奖情况居全省第一；积极推进实验教学和自制教具活动，荣获河北省第八届优秀自制教具评选优秀组织奖，11件优秀作品获省级奖励，有5名教师获河北省自制教具能手称号。学校图书馆建设步伐加快，有11所中小学的图书馆通过了省一级图书馆的评估验收；农村学校劳动实践场所建设和校园经济工作积极推进，对农村实践场所建设示范校工作进一步加强了指导，此项工作走在了全省前列。体育工作坚持教学与竞赛并重，在积极参加和组织省、市各项比赛的同时，群众性体育活动蓬勃开展，促进了学生身体健康发展。获新世纪长跑比赛突出贡献奖、省中学生乒乓球比赛团体冠军。艺术教育工作全面深化，举办了近年来涉及门类最多、持续时间最长的艺术展演，使中小学生受到了艺术熏陶和感染，涌现大批艺术人才和优秀作品。学生军训工作进一步深化，由于管理规范、成效明显、实施有力，被省教育厅确定为迎国检的唯一市，代表河北省迎检受到好评。

【普通高中教育】 一是学校建设步伐加快，普及程度稳步提高。按照“一县办两所重点高中”和“校企联合”的工作思路，下大力加快高中学校建设。上半年顺平中学、涞源中学、唐县中学、雄县中学顺利通过了省级示范性高中验收。顺平中学还在全省普教工作会议上作了典型发言。保定一中、保定三中、保定外国语学校、定州中学、定兴三中5所学校基本达到国家级示范性高中标准；博野中学、定州李顾中学通过了省级示范性高中验收，易县塘湖中学、涿州三中通过了市级示范性高中验收。市内三区、涿州、易县、徐水、安国等7个县（市、区）基本普及了高中阶段教育。二是教育教学管理更加规范。深入各高中学校，逐校进行了调研分析和备考指导，按计划组织了两次全市统一的高三模拟考试，一次高一、高二的调研考试。及时进行成绩分析，交流经验，查找不足，制定改进的方法和措施。组织部分高中学校管理人员到衡水中学进行了参观考察，学习先进市的管理和教学经验。2006年全市高考再创佳绩。

全市参加普通高考学生8.05万人，本科一批上线6762人，较2005年增加785人；本科二批以上上线16294人，较2005年增加1577人，本科二批以上上线总人数再创历史新高，继续保持了全省第一的位次，实现了“四连冠”。

【职业教育】　全面贯彻落实全市职业教育工作会议精神，加快职业教育发展。一是明确责任，强化督查。对《关于大力发展职业教育的决定》的任务目标进行了分解，明确了责任单位、责任领导、责任处室和完成的标准、时限。加大了对职业教育的投入，城市教育费附加31.6%用于职业教育，达到1740万元。二是加强示范性职业学校建设。按照“整体推进，重点突破”的方针，加大创建工作力度，全省有4所，其中涿州、阜平职业学校已被教育部批准为“国家百所半工半读试点学校建设计划”，有7所学校列入国债资金项目校，每所300万元，共计2100万元。有3所职业学校通过国家级重点职业学校验收，有8所学校顺利通过了省级重点职业学校评估验收。三是积极探索职业教育改革。积极支持民办职业教育发展，鼓励民办学校和公办学校联合办学，虎振职业技术学院与第四职业中学实现了合作办学。稳步推动改革学制试点，高阳职教中心探索了以工为主、以学为辅，以学为主、以工为辅和工学结合三种模式。四是积极开展招生就业和技能培训工作。制定了一系列职业学校招生政策，2006年省下达本市5.22万，实际完成招生57000人，完成省下达招生计划的10.93%。全市职业学校毕业率达到80%以上。以用工量较大的制造、建筑、餐饮、酒店、家政等行业为重点，依托农村职业学校和成人学校的教育资源，配合劳动局开展农村富余劳动力转移培训9.6万人，培训农村实用人才73万人次，开展“3+1”培训6.7万人，再就业及下岗失业人员培训0.8万人次。

【高等教育】　保定师专突出教师主体地位，坚持“质量立校、科研兴校、人才强校”的办学理念，不断加大基础设施建设，办学条件得到改善，教师队伍结构和教师队伍素质进一步优化。今年又新增1个师范专业、6个非师范专业，目前学校共设有师范专业19个，非师范专业30个。12月24日接受了教育部评估组的升本评估，评估组对师专的升本建院工作给予了充分肯定；保定师专定州分校积极推进学校办学体制改革，河北省政府已批准其改建为“冀中职业学院”，成为以举办专科层次非师范类为主的普通高校；涿州分校充分利用学前教育专业的优势，立足河北，服务京津，进一步扩大学前教育的招生规模，与北京等大城市的品牌技工学校联合办学，打造社会急需的优秀人才。

【民办教育】　一是强化特色办学。召开了全市民办教育工作会议，现场参观了易县省级民办明星学校，听取了民办特色学校的典型发言，要求各县（市、区）把民办教育作为教育工作的一个亮点和全局工作的一个重点抓紧抓好。召开了保定市优秀民办学校第六次联席会议，就加强学校的常规管理问题进行了充分的研讨，交流了办学经验。二是强化规范管理。对全市613所民办学校进行了年度办学水平评估，从办学思想、组织领导、学校安全、办学条件、教学管理、财务管理、师资建设等方面对学校进行了一次全面的检查评估。建成民办示范校12所、规范校16所。接待了省民办高校专家评估组对保定9所民办高校的年度办学水平综合评估。今年完成高中阶段民办校招生12823人。

【信息技术教育】　一是保定教育城域网建设得到加强。经过积极努力，克服资金等困难，2006年底全市25个县（市、区）教育局机关和徐水等13个县（市、区）的县域网以及全市130所城镇中小学、530所农村中小学接入保定教育城域网。二是实现了学校与县（市、区）教育局间的业务联动。在基础数据库上开展教务、学籍、成绩、人事等业务管理，使学校管理再上新台阶。三是建设并开通了“保定市名师辅导网”。集聚全市优秀师资，整合优质的教育教学资源。四是组织500余名教师进行了应用现代教育技术培训。五是对高碑店、蠡县、徐水、曲阳和北市区等11个县（市、区）进行了卫星接收系统的维修工作。农村中小学现代远程教育工程已完成。

【教师队伍建设】　一是师德建设进一步加强。组织广大教师收看师德教育辅导材料，开展了师德征文比赛和教育系统树立社会主义荣辱观演讲比赛。全市评选出“保定市名师”150名，评选出市级师德楷模10名、师德标兵50名、师德先进个人100名。组织了2006年师德报告团，10名师德先进典型在11个县（市）为6000多名教师作了师德报告，制作了师德报告团事迹光盘发放到学校学习。顺利完成了师德考核工作，全市参加考核教师112396人，考核为优秀的71490人，占考核总人数的63.61%；

考核为良好的36337人，占考核总人数的32.33%；考核为合格的4552人，占考核总人数的4.05%；考核为不合格的17人，其中，被辞退1人，记大过2人，通报批评或戒免谈话7人，待岗1人，6人待定（其中1人为法轮功练习者，1人为执行缓刑期间，4人为在编不在岗人员暂停其部分工资）。二是加强学历进修人员的管理和教学工作。共完成19633名专升本和小教大专学员46409科次的报名报考工作；组织安排高师本科3658名考生综合考试工作；3210名学员的毕业审定和255名学员的学士学位申请工作。共有2686名教师取得本科学历，500名教师取得专科学历。加强研究生招生工作，完成193名教师的招生报名工作。共有142名教师考试成绩达到录取分数线，占全省上线人数574人的40.4%。三是积极开展教师继续教育，提高教师整体素质和水平。做好初中教师专业知识调研考试后的提高培训工作，全市740名提高培训学员在完成自学及反思阶段学习的基础上，到培训院校参加理论学习。8月27日，组织全市语文、数学、英语等13个学科，共计9093名普通高中教师参加了专业知识调研考试。另外有53人和113人分别参加了市电教馆和市教学仪器站组织的考试、考核。四是积极开展骨干教师培训和职务培训。已完成了第二批共计2094名市级骨干教师培训对象和316名初中学科优秀教师的集中培训工作。完成了第三批108名省级骨干教师和4000名县级骨干教师的培训工作。完成对2005~2006学年度中小学教师继续教育省级公共必修课和市级选修课安排。承担1150名学科教师的培训任务，本市28名主讲教师参加了省“英特尔未来教育”项目高级研修班学习，以全新的教育理念和全新的教学模式对本市10个县的1150名一线教师进行了培训。五是教师培训基地建设进一步加强。以创建省级、国家级示范性教师进修学校为契机，积极推进教师进修学校与县级教研、电教、电大工作站四位一体办学模式改革。六是教师资格认定工作进展顺利。组织了3631人参加共计6835科次的教育学和教育心理学考试。对135名非师范教育类和335名成人师范类专业毕业人员进行了教育教学基本素质和能力测试，对451名全日制师范类毕业生认定了教师资格。

【学校人事制度改革】 一是深化中小学人事制度改革。市教育局、人事局等4部门两次联合发文部署清理中小学在编不在岗人员工作，全市共清理各类在编不在岗人员3838人，在一定程度上缓解了中小学编制偏紧的矛盾。完成了省下达的中小学编制分解核定到县到校工作。市属高校及中小学已基本完成聘用制改革。各县（市、区）也已完成70%以上。二是进一步加强中小学校长培训。举办中小学校任职资格培训班2期，培训校长306人，高级研修培训164人，选派20名中小学校长参加了国家和省级培训。30名中小学校长被授予“首批河北省中小学骨干校长”，42名被授予首批保定市骨干校长。继续做好支教工作。2006年至2007年度，选派1257名教师下乡支教，并对优秀支教队员进行了表彰。

【对外合作与交流工作】 一是承担国家级重点规划研究课题。本市与英国合作的“普通高中附加值的学校效能研究”课题成功申报为“十五”国家级重点规划课题，3月召开了开题会。二是积极争取捐赠。为保定一中、唐县中学争取香港田家炳基金会捐赠款450万港元。争取台湾台塑集团捐款280万元，省配套资金280万元，新建、改建农村小学7所。三是开展了颇有特色的夏令营活动。组织有关学校62名师生赴新加坡、美国、澳大利亚开展夏令营活动。积极探索贴近师生经济承受能力的对外交流途径，组织物探二分校一次性聘请外教11名，利用暑假开展了别开生面的全外教国内夏令营活动，参加学生107人。

【依法治教和学校安全工作】 6月29日至30日，河北省依法治校现场会在徐水县召开。全省各市教育局主管法制的副局长、法制科长、基教科长、省全国依法治校示范校校长等120余人参加了会议。市教育局、徐水县教育局、徐水崔庄中学分别介绍了在依法治校工作中的先进经验。学校安全工作进一步规范。一是落实学校安全责任制。3月，市局主要领导同各县（市、区）教育局长和直属学校校长签订了2006年《保定市维护学校安全稳定责任书》。强化学校“十制”和“十个标准化”建设，进一步规范了学校的安全管理，细化了学校的安全工作标准。二是强化安全教育。充分利用“全国中小学生安全教育日”等有利契机，发挥教学主渠道的教育作用，协同市公安交警、消防和卫生防疫等部门，开展了形式多样、内容丰富的交通、消防、食品等方面安全教育活动，增强了广大师生员工的安全意识和防范能力。教育局被市综治委授予先进单位，并在市食品安全知识竞赛活动中荣获优秀组织奖。三是加强学校安全工作的督查。先后开展了5次全市学校安全工作大检查，并对部分学校存在的问题进行了督查，下发了限期整改督办卡，对集中督查的情况及时进行了通报。对全市学校（幼儿园）采取明察暗访、经验交流和现场观摩等形式，针对存在的问题，加强指导，全市学校安全工作提高了整体水平，被省教育厅评为先进单位。

【中小学布局调整和危房改造工作】 一是制定了新一轮农村中小学布局调整规划。针对农村经济社会发展的新形势和深化农村税费改革的新要求，结合学龄人口变化和县域实际，组织以县为单位编制了新的中小学布局调整规划方案（2006年～2010年）。农村中小学布局结构调整有序进行，全市共调减小学273所，初中32所，完成了年度任务。组织四个区在充分调研、论证和征求意见的基础上，制定了市区学校布局调整的方案；制定了保定市区拟新建学校专题规划，已报市政府审批。二是继续做好危房改造工作。全市农村中小学危房改造工程任务目标是到年底完成10.4万平方米危房改造任务；据统计，2006年全市中小学新建校舍19.55万平方米，其中改造中小学危房10.4万平方米。工程总投资1.19亿元，其中：中央、省专项资金6422万元已全部落实到位并发放到各县（市、区）。三是寄宿制学校建设加快。按照河北省农村寄宿制学校建设标准，确定12所农村学校为寄宿制学校建设项目；农村寄宿制学校规划建筑面积2.2万平方米，全部竣工。12所学校在校生可由原来12659人增加到13181人，增幅4.12%。住宿生由4601人增加到8250人，增幅44.23%。四是重点工程建设积极推进。市聋哑学校预计总投资3500万元，筹措资金2926万元，土建工程现已全部完工。对市职教中心新建12600平方米的综合楼建设的准备工作进行了调度，预计总投入1625万元，现已开工建设。筹措资金1100万元，市女子职业中专9898平方米教学楼的内外装修施工6月底已完工，现已投入使用。

【“山花工程”与贫困学生救助工作】 一是积极开展“山花工程”。教育局积极参与山花工程捐赠活动，倡议系统内教职员工向山花工程捐款，全市教育系统共为山花工程捐款197.8万多元。按照保定市“山花工程”助学基金管理使用办法，经审核确定首批资助学生141名（其中本科生21名，专科生54名，中专生66名）。为进一步深化“山花工程”，市教育局和有关部门共同努力，面向京津，积极开展“山花工程”资金的募集活动。印发了《“山花工程”志愿者行动实施方案》，摸清了全市家庭困难学生的底数，对4641名贫困学生建立了档案。印发了1万余份有关“山花工程”的宣传材料，1300名志愿者通过访贫问苦，立足保定，面向京、津，宣传、动员93家企业，72名个人进行了捐助。10月19日，市委、市政府举行了北京企业家代表与被资助家庭贫困学生代表的对接仪式，现场捐资30多万元。全市共筹资、捐资403.5万元，直接救助和学习阶段贫困家庭学生6679名。二是“两免一补”有序开展。2006年共筹措资金4989.7万元，为41.9万名贫困生免费发放了教科书，减免35.8万名学生杂费，补助3139名寄宿生生活费，完成年度任务的100.5%。全市7个贫困县义务教育阶段贫困生全部享受了“两免一补”，其他各县贫困学生资助面已达到70%。三是积极开展“结缘”工程和帮扶解困工作。组建工作组深入到涞水县，积极开展创建文明生态村帮建工作。选派有关人员，到阜平县菜池村进村帮扶，并积极协调筹措45万余元到位资金和教学用具，目前，帮扶村菜池小学造价40万元的校舍扩建工程已竣工使用。

领导班子成员

局长	柴国才
副书记	周立峰
副局长	杨书明　张全龙　刘恒
副县级督学	张国忠
调研员	郭君阁
助理调研员	王国良　陈志会　陈良波
纪检书记	赵季秋

【2007年·概况】 2007年，全市共有各级各类学校4970所，在校生190.6万人，教职工13.4万人（含专任教师11.1万人）。其中基础教育学校4874所，在校生160万人，教职工11.2万人（含专任教师9.64万人）。包括：幼儿园1546所，在园幼儿23.6万人，教职工1.3万人（含专任教师9401人）；特教学校23所，在校生1957人，教职工471人（含专任教师355人）；小学2696所，在校生71.3万人，教职工5万人（含专任教师4.6万人）；初中507所，在校生44.1万人，教职工3.08万人（含专任教师2.9万人）；普通高中102所，在校生20.8万人，教职工1.73万人（含专任教师1.2万人）。中等职业学校85所，在校生15.3万人，教职工9096人（含专任教师6474人）。高等院校11所（其中市属公办院校4所，民办、省、部属院校7所），另有不计校数

独立学院4所，在校生15.3万人，教职工1.3万人（含专任教师8295人）。

【学前教育和特殊教育】 本年，市区金迪蓝天幼儿园、秀兰幼儿园、高阳县集英幼儿园、唐县县直幼儿园达到了省级一类园标准。加强幼教研训工作，成立了保定市学前教育研究中心，组织了全市幼儿园后勤管理研讨会。6月9日至10日，全国农村学前教育工作研讨会在本市召开，市教育局作了典型发言，与会代表考察参观了清苑县、望都县的部分农村幼儿园和市区青年路幼儿园。组织全市特教学校30余人参加了省级培训。对高阳、容城、涞源、涞水等县的“普特”工作进行了督导，其中3个县达到了省“普特”教育县标准。建成市特殊教育中心，各县（市、区）建成特殊教育学校22所，三类残疾儿童入学率达到94%。

【九年义务教育】 1. 促进义务教育均衡发展。在涿州市召开了全市推进义务教育均衡发展经验交流现场会，编制完成了各县（市、区）学区建设规划。确定望都、涿州、涞源为义务教育均衡发展工作试点县。2. 深化跨区间的校际交流。市教育局组织市区15所小学的校级领导进行了为期1个月的学习挂职锻炼活动。参与活动的校长与原单位工作脱钩，全程参与挂职学校的管理。活动采取三区推磨的方式，促进了校际间的交流与提高。3. 素质教育保障措施得到落实。全市有40余所学校的实验室通过了省级验收，学校自制教具有2件获国家级奖励，15件获省级奖励。劳动实践场所稳步推进，有126所小学建立了面积在5亩以上的劳动基地，60所中学建立了面积在10亩以上的劳动基地。4. 优化中小学布局结构。按照《关于深化农村义务教育体制改革的实施办法》，制定了中小学布局结构调整的规划和实施办法。全市共调整小学207所、初中65所。5. 农村义务教育经费保障机制改革扎实推进。全市农村义务教育阶段学校3322所，学生104万人（占义务教育阶段学生总数87.2%），已全部按照新机制运行。国家、省、市、县财政共投入经费29742.53万元，直接减轻农民负担2.4亿多元。全年为41万人次贫困小学生免费发放了教科书，为1.5万人次贫困寄宿生补助了生活费。

【普通高中教育】 学校建设分步推进。一是着力加强省级示范性高中的管理和指导，促进学校管理向精细化、科学化迈进。二是通过督查，使定州新华中学通过了省级示范性高中验收。三是创办市级示范性高中。督促当地政府增加投入，进一步改善办学条件，同时加强教师培训，使各项办学指标逐步达到市级示范性高中标准。高考继续保持良好态势。全市共有8.057万人参加普通高考，本科一批上线9616人，较上年增加2854人；本科二批上线20243人，较上年增加3949人；本科二批以上上线人数连续五年居全省第一。

【职业教育】 1. 整合社会资源，组建职教集团工作取得实质性进展。7月30日，成立了“保定新能源与能源设备产业职业教育专业集团”；9月25日，“保定汽车制造与维修职业教育专业集团”成立，并被确定为省级职业教育专业集团。2. 加大投入力度，打造精品职业学校。2007年，全市中等职业学校共投入资金2.3亿元，新建、改建、扩建教学楼、实训楼等教学设施，总面积达27万平方米。投入力度较大的学校有保定市职教中心、保定女子职业中专、涞源县职教中心、望都县职教中心。3. 10月，安新、定兴两县职教中心通过了国家级重点中等职业学校评估，涞水县职教中心通过了省级重点中等职业学校复评。4. 本年，全市中等职业学校共招收学生6.5万人。5. “保定市职业教育服务经济发展校企对接会”在保定学院举行。80所各级各类职业院校和近70家企业共约1000人参加了对接会。6. 全市46所中等职业学校、92个代表队、399名学生，参加了2007年保定市中等职业学校学生职业技能大赛。全市85%的中职学生取得了职业资格证书。

【成人教育与社区教育】 加强成人学校建设，农村培训网络进一步完善。全年组织农村实用技术培训1万余次，培训农民73万人次，扶植科技示范户19140户。开展农村劳动力转移培训近9万人次，农村后备劳动力“三加一”培训6.7万人次。徐水县方林村成人学校、高阳县龙化乡成人学校被省教育厅申报为“全国农村成人教育先进单位”。市教育局支持三区文教局社区教育经费4.8万元，与各区共建“东方家园市民学校”等10所规范化社区学校；北市区被省教育厅确定为2007年全省唯一的“全国社区教育示范区”申报单位。

【民办教育】 今年共取缔非法开办的幼儿园98所、培训机构32所；责令5所民办小学、37所民办幼儿园限期整改；吊销了10所培训学校的办学资格。对20所直属民办学校进行了全面评估，评出名校4所、示范性学校8所、规范化学校17所。全市民办高中阶段学校共招生13503人。

【教科研改革和招生制度改革】 教科研改革：各级教科研单位组织各中、小学、幼儿园改革教学方式，研究新课改体系，努力以最优化的教学方法取得最理想的教学效果。有13项省级课题、43项市级课题结题。招生制度改革：全市初中毕业生实行了毕业与升学两考分离。各校从初中一年级开始，为学生建立了综合素质评价档案；初中学校在5月31日前完成了初三毕业班学生综合素质评价结果的汇总和创新实践成果评价工作。以上两项评价结果总分低于240分的考生，省级示范性高中不予录取。各县（市、区）实施了将省级示范性高中至少50%的招生指标（公助生），按比例分配到各初中学校的招生办法。

【德育工作】 1. 完善工作机制。设立了保定市小学德育工作创新奖，并组织了首届评选；建立了学校德育工作年报制度。2. 加强班主任队伍建设，组织了全市中小学优秀班主任德育工作先进事迹演讲比赛，62人参赛，20人获奖；组建了“保定市优秀班主任事迹报告团，在全市巡回报告；开展了中小学优秀班主任工作案例征集活动。还开展了多项教育活动，如中小学安全出行活动；中小学生“知荣辱树新风”演讲、征文比赛；第三届中小学生风采大赛等。

【体育与艺术教育工作】 召开了全市学校体育工作会议，会上，交流了徐水县教育局、南市区文教局、保定十七中、新市区乐凯小学、涿州市教育局、蠡县文教局、满城县教育局的体育工作经验。本年度还组织了多项比赛：举办了保定市第七届中学生运动会；参赛规模、项目、人数为全市历届中运会之首，首次使用电计时和运动会管理系统软件，有24个项目创市中运会田径记录。组队参加了在唐山市举行的河北省第十四届中学生运动会，本市代表队获团体总分第三名；再创历史最好成绩。组织了中学生乒乓球比赛。同时，完成了在校生高水平运动员测试的报名、审验工作；广泛开展了学生阳光体育运动，让学生走出教室，走到操场，走到阳光中。与市妇联共同组织了“少儿舞蹈大赛”，涌现出一批少儿舞蹈骨干和优秀指导教师。举办了“保定市小学艺术创作现场技能比赛和作品展”，使特长学生的艺术素养得到提高。

【改善办学条件】 学校基础建设得到加强。市女子职业中专综合楼建设项目，累计完成投资1000万元，占预计总投资的77%完成主体建设。市特教中心建设项目顺利完工，并投入使用；新建成的高新区小学于9月1日开学，招收一年级新生126名；职业技术学院投资850万元用于新建扩建实训基地项目；市职教中心、保定一中、保定三中新建的教学楼、学生食堂已完工；11所市属学校、事业单位完成了室外太阳能照明设施改造安装，累计安装太阳能照明设施93套（件）。中小学危房改造长效保障机制不断完善。专项用于各县（市、区）校舍维护改造的资金共计8400万元，其中中央、省补助款8300万元，市财政拨款100万元。全年完成危房改造面积9.3万平方米。

【教师队伍建设】 评出市级师德楷模10名、师德标兵100名、师德先进个人200名。全市共选拔小学、初中、高中市级骨干教师培训对象2636人，529人被评为市级骨干教师。推荐403名教师参加省级骨干教师培训，215名教师参加省级中小学教师素质提高培训，360名教师参加省小学薄弱学科培训，312名教师参加省高中教师新课程培训。还组织了信息技术培训，完成在职培训900人，职前培训320人。

【信息技术教育】 全市“县城城域网”建设全面推进。徐水县教育城域网二期工程全面启动，40所中小学接入网通宽带业务；高碑店市完成了市教育局网站改版更新工作。同时，加强资源建设，扩充网络功能，充分发挥信息港作用。共发布各类教育信息、文件356件（次），采发新闻547条，整合空中课堂资源1107.2G。

【对外合作与交流工作】 争取并实施了赴意大利留学项目，37名高三毕业生入选；落实台湾台塑集团捐款360万元，省配套资金360万元，地方配套资金171万元，新建、改建农村小学8所，其中3所已竣工；全市有200名学生参加了境内（外）夏（冬）令营活动；年内聘用外教10名，接受外国学生130名，又有3所学校取得了聘请外教资格。

【校园文化建设与语言文字工作】 以“绿色学校”创建为主体，全面推进校园文化建设，通过物质、精神、管理、文化建设，整体构建育人环境。年内新建“绿色学校”12所，在国家级刊物发表文章6篇、在省级刊物发表文章26篇、在市级刊物发表文章350篇。在涞源县举办了第十届推广普通话宣传周全国重点城市宣传活动，完成了曲阳县、唐县、涞源县和阜平县创建中小学普及普通话达标县省级评估验收工作。至此，全市创建中小学普及普通话达标县工作，全部通过了省级评估验收。本年还完成了7405名学生和教师的普通话测试工作；南市区和望都县598名教师参加了省语委组织的汉字应用水平测试点工作。

【中小学人事制度改革】 全市共有在编教职工108896人，签订聘用合同106818人，辞职25人，辞退49人，内退1505人，待聘499人。严格实施考核奖励办法，对4066名机关和事业单位工作人员进行了考核，考核等次为优秀的585人，合格的3480人，不合格的1人。举办中小学校长任职资格培训，培训新任校长及后备干部284人；举办中学校长高级研修培训，培训中学校长67人；66位小学校长参加了高级研修培训，160名中小学校长参加了省干训中心举办的各类培训。保定市教育局被省教育厅评为“教育干部培训工作先进集体”。全市共选派1312名城镇优秀教师到农村学校任教。评选表彰了17个支教工作先进单位、99名优秀教师。

【规范办学行为】 根据省教育厅指示精神，对全市义务教育阶段试行办学体制改革的35所学校进行了清理整顿。各县（市）实行“公办民助”的29所学校，从本年秋季招生起，停止公办民助改革实验；市区6所“改制”学校，也将从2008年秋季招生起恢复公办性质。较好地解决了进城务工农民子女入学问题。重新调整确定13所中小学接收进城务工农民子女入学。在城郊入学者，免费就读；在城区入学者，就近读书，正常交费。全年，市区共接收进城务工人员子女1441人，其中一年级746人，七年级695人。

【依法治教和纪检监察工作】 全市中小学推行了校务公开制度，评选出省级示范点17个，市级示范点18个；承办市人大代表建议4件，市政协提案22件；对21所参加省依法治校示范校评比的学校进行了评估验收；组织36名教师参加“走向法治”演讲比赛，推荐9名教师赴省参赛；受理信访案件5起，均已依法依纪办结。市教育局与各单位签订了党风廉政建设责任书，要求严格执行“四大纪律，八项要求”。加强行风建设，开展教育行风专项整治和阳光服务活动，聘请行风监督员4000名，对25名乱收费责任人给予了处理。

【济困助学工作】 以市、县教育系统为依托，建立贫困生信息平台。制定了“山花工程”贫困家庭学生救助申报办法和认定程序。通过多渠道多种形式筹集，全市直接用于救助贫困家庭学生的资金达405.92万元，共资助贫困家庭学生8815名。完成“寒门学子”筹资、捐资132.3万元，资助本年考入本二以上高校的贫困家庭大学生885名。全年共筹措资金3832万元（其中市级资金607.9万元），专项用作贫困家庭的本科、专科及中等职业学生补助金，受益学生6.4万多人。

领导班子成员

局长	柴国才
副书记	周立峰
副局长	杨书明　张金龙　刘　恒
副县级督学	张国忠
调研员	郭君阁
助理调研员	王国良　陈志会　陈良波
纪检书记	赵季秋

（部门编辑：冉志广）

部分大中专院校

河北大学

【概况】 河北大学是河北省唯一一所由国家教育部和河北省人民政府共同建设的重点综合性大学。学校占地2440亩，建筑面积95万平方米；教学科研仪器设备总值近1.93亿元。学校本部设有23个二级学院、3个公共教研部、1个教学中心和1个独立学院，医学部设有3院、2系、1个教学中心和1个实验中心；建有1个国家社科重点研究基地、27个研究所（室）、8个省级重点实验室、12个省级重点学科和2个省级文科基础学科人才培养和科学研究基地；拥有6个博士后科研流动站、12个博士点（含1个一级学科博士点）、127个硕士点（含12个一级学科硕士点）、5个专业硕士学位点、85个本科专业。有各类学生5万余人，其中研究生3875人，全日制本专科生23239人，外国留学生210余人。

【2006年度工作】

学科与学位点建设 新增中国哲学和统计学2个省级重点学科。组织申报了化学、光学工程、历史学、生物学4个强势特色学科，参加河北省“重中之重”学科遴选并全部通过。新增公共管理硕士、法律硕士、工程硕士（计算机技术、光学工程两个领域）培养单位，成为省内首批开展公共管理硕士、法律硕士研究生教育的高校。获人事部博士后管理委员会批准，招收历史学学科项目博士后。本年度，认真组织参加第10次博士、硕士学位授权审核工作。

教学工作与师资队伍建设 2006年，新增本科专业3个，其中产品质量工程、朝鲜语专业填补了河北省专业设置的空白。持续加强课程、教材及教学手段等基本建设，8门课程评为省级精品课程。获得教育部第五届多媒体课件大赛一等奖1项。成人教育进一步稳定规模、完善机制，加强质量建设和内涵发展，被确定为全国成人教育管理示范学校。不断完善人才培养和引进政策，全年共引进博士以上高层次人才16人，20余名在校外攻读博士学位的教师毕业返校。继续实施"师资跨国培训计划"，启动赴英国斯旺西大学培训项目，遴选中青年教师8人赴英进修。

科学研究与科技开发 全年新上课题共计346项。自然科学课题创历史新高，新上项目114项，项目总经费达855.8万元，其中政府资助科研经费首次突破500万元，与上年度同比增长28%。社会科学研究取得长足进步，获各级课题168项。承担国家级重大项目实现新突破，首次参与科技部自然科技资源平台建设重大项目研究。基础与应用基础研究获国家自然科学基金8项、国家社科项目5项。组织鉴定科研成果11项，其中10项达到国际先进水平，部分原创性成果获得国际同行专家的高度评价。三大索引收录论文207篇，比2004年度增长10%，EI收录论文数量增长87%，SCIE收录论文数量和三大检索收录论文总数处于全省领先地位。本年度，新建河北省药物质量研究实验室、河北省脊椎动物系统学与应用实验室、河北省微生物系统学研究与应用实验室3个省级重点实验室，其中，药物质量研究实验室被确定为全省四个重点建设实验室之一，获得省政府100万元建设经费资助。新成立的医学部在卫生部组织的继续医学教育评估中获得优秀成绩。

对外交流与合作 今年，与韩国培材大学、三育大学等6所院校签署了友好协议书或备忘录，首次聘请韩国文教专家来校任教，首次与马来西亚、哈萨克斯坦高校签订学术交流协议书，启动与哈萨克斯坦特·雷斯库洛夫经济大学互派留学生项目。全年共接待国外友好交流学校、友好学术访问团63个，接待外国友人346人次，均与上年度同比增长50%；招收来自10个国家的各类海外留学生320名，与上年度同比增长30%；选派教师到国外友好院校、教育科研机构进修学习、合作研究共计86人次，邀请国外学者、教授来校作学术报告20人次，均比去年有较大幅度增长。成功举办了第四届机器学习与控制论国际会议、第七届国际生物技术及金属配位络合物催化学术研讨会等10余次国际性学术会议。

教学基础条件建设 逸夫研究生教学楼工程基本竣工，完成机械与建筑工程学院实验楼主体工程建设、博物馆和动物实验楼工程的交接工作。利用省部重点支持专项资金新建7个多媒体教室，多媒体教室达到30个。筹措资金600万元，购置急需大型仪器设备，对部分基础实验室进行了建设、补充和改造。恢复大型仪器设备开放测试基金制度，全年资助测试样品1517个。充分利用驻保高校图书馆的文献信息资源，更好地为教学科研服务，实现了与华北电力大学、河北农业大学图书馆期刊资源的共建共享。

招生、就业与学生素质培养 全年共招收本专科生11940人；成人教育招生12650人，招生规模在全省高校遥遥领先。在各类学生活动竞赛中获省部级以上奖励150余项。在首届全国大学生艺术展演活动中，获奖等级和数量位居全省高校之首。5件作品进入第九届全国"挑战杯"课外学术科技作品终审决赛，获全省唯一的一等奖1项及二等奖3项，三等奖1项，总成绩位居全国参赛高校第12位。连续第8年被授予全国"三下乡"社会实践活动先进单位荣誉称号。80名学生参加全球20国财长和央行行长会议的志愿者服务工作。充分发挥作为国家劳动和社会保障部"创业培训、就业实验基地"的优势，大力推进双证书试点工作，实施职业资格"直通车"制度，1480名学生通过了八种职业资格培训鉴定。在全省高校就业指导与服务工作检查评估中荣获"优秀"成绩。2005届本科毕业生就业率达到90.57%。

（部门编辑：苏国伟　王亚晖）

【2007年度工作】

本科教学工作水平评估 学校紧紧围绕"以评促改，以评促建，以评促管，评建结合，重在建设"的二十字方针，大力提升教学质量，全面接受教育部本科教学工作水平评估。5月29日，河北省教育厅本科教学工作水平评估督导检查专家组一行7人，对学校的本科教学工作水平评估准备工作进行督导检查。11月11日，河北省政府预评估工作全面展开，以韩经太为组长的预评估专家组对学校进行了认真考察，并提出了诸多建设性意见。12月24日，以复旦大学原副校长孙莱祥教授为组长的教育部本科教学水平评估专家组一行14人，对学校本科教学工作进行了为期5天的评估考察。

教学工作 学校加大教学改革力度，投入专项经费组织开展本科教学百项评建专项研究课题、双语教学课程建设项目评审活动，立项本科教学百项评建专项研究课题99项，立项双语教学课程建设课题33项；继续推进学科专业、课程体系与教学内容的综合改革，现代化教育教学的管理改革，教学管理模式三大改革；积极建设教学名师、精品课程、教学研究、优秀教学团队等十大工程，推动本科教学质量上新台阶。2名教师获省级教学名师，9名教师获校级教学名师。目前，共有省级教学名师7人，校级教学名师22人。学校有1门课程被评为国家级精品课程，2门被评为省级精品课程，目前共建成国家级精品课程2门，省级精品课程48门，校级精品课程113门，形成了校、省、国家级精品课程递进的课程建设体系和运行机制。135名专业技术人员通过中高级职称评审，全校高级专业技术人员达到1120人。全年共建成国家级实验教学中心1个，省级实验教学中心4个，现有实验教学中心数达到18个；国家级第二类特色专业建设点1个；省级本科教育创新高地4个；省级优秀教学团队2个，其中1个被推荐申报国家级教学团队；省级人才培养模式创新实验区4个；成为全国大学英语教学改革示范点项目学校。

师资队伍建设 学校共有专任教师1875人：中科院院士2人，"双聘院士"7人，正高职教师391人，副高职教师710人，博士生导师186人，硕士生导师535人。学校培养且已回校工作的博士研究生35人。加大人才引进力度，共引进高层次人才50人，除韩语专业有两人为硕士外，其余引进人员均具有博士学位，其中14人具有高级职称。获得教育部下达的"长江学者特聘教授"招聘指标1个，拟招收1名特聘教授，已报教育部审批。

学科建设 学校重点为全国第十一次博士、硕士学位授权审核及博士后科研流动站申报工作进行调度和部署；新增历史学、教育学2个一级学科博士后科研流动站，总量达到6个，设站数量继续保持在河北省的前列；动物学学科新增为国家重点（培育）学科，作为国家重点学科的培育对象，教育部将予以重点扶持，标志着学科建设实现了新的突破；学校新增为全国工商管理硕士（MBA）、教育硕士以及工程硕士新增领域的培养单位，专业学位点数达到5个，数量居河北省高校首位，拓宽了学校研究生的培养类型，强化了学校的社会服务功能。

科研工作 社会科学研究取得长足进步，新上项目350项，批准经费600余万元，其中校外经费440万元；高级别项目数量大幅度增长，国家级社科项目10项，教育部项目12项，其他省级项目64项，均为历史最高；保定市第八届社科奖评选中，共有62项成果获奖，其中一等奖11项，二等奖22项。自然科学研究纵向方面继续加强各级各类项目的组织申报工作，共组织申报各级各类项目近400项，新上纵向项目共125项，科研经费1300多万元。其中承担科技部重大基础研究前期专项1项，科技部平台建设项目6项，科技部支撑计划1项，承担国家自然科学基金项目11项，教育部博士点基金1项、重点项目2项，省自然科学基金项目23项，省科技支撑计划20项；新建成1个省部共建教育部重点实验室，2个省级重点实验室；共获得省部级以上科技奖励14项：其中国家科技进步一等奖1项；教育部高等学校科学技术奖自然科学奖二等奖1项；河北省自然科学一等奖1项、三等奖3项；河北省科学技术进步一等奖1项、二等奖2项、三等奖5项；获奖成果中国家科技进步一等奖、河北省自然科学一等奖，取得了历史性突破；共签订横向项目27项，合同经费405万，比2006年增加135万；组织申报专利22项，已授权2项。三大检索收录论文406篇，其中，SCI收录论文数达到186篇，EI收录113篇，ISTP收录107篇，SCIE收录论文数继续在省内保持领先地位。

教学基础条件建设 新校区完成二期工程学生活动中心楼的建设，基本完成多功能礼堂的建设任务；完成科技教育园区二期工程二标段消防工程验收、三标段玻璃幕、铝合金窗、防静电地板、铁艺栏杆、不锈钢栏杆、部分绿化和网架等工程的验收工作。学校共投资1600多万元建设了30个实验项目，化学实验中心评为国家实验教学示范中心，实现了学校"十一五规划"国家级实验教学示范中心零的突破的目标；计算机科学与技术实验教学中心经过专家的严格审核，被评为省级高校实验教学示范中心。

校园精神文化建设 充分发挥以"红色战线"、"阳光心情"、"家国天下"为代表的8个学生思想教育专题网站的作用，与各部门、各学院网站和网页一起开展网络思想政治教育活动，以提高学生的思想道德素质；举办了第13届科技文化艺术节、16届周末文化广场、45场周末舞会，有力地推动了园区的文化建设；继续以"大学、青春、人生"为主题推行“德育答辩”，组织毕业生全面回顾大学四年的学习生活和心路历程，对成功的经验和失败的教训进行深刻总结，结合个人的思想感受与成长经历，认真撰写综合素质总结论文，在互动中增强教育效果；开设心理健康教育课，加大心理咨询力度；“红色战线”荣获教育部“全国十佳思政类网站”和“全国高校校园文化建设优秀成果奖”称号。

招生、培养与就业 本着“公开、公正、公平”的原则，经过全体工作人员的努力，圆满完成了招生工作任务。突出理论对实践的指导作用，推动学生工作的专业化进程，依托青年发展研究中心立项课题42项；申报承担国家级课题2项，省级课题3项、市级14项、横向课题2项；发表论文21篇、编写著作4部，获各类科研奖励18项。本年度，学校共有毕业生6273人，其中毕业研究生1202人，本科毕业生3579人，专科毕业生1492人。截至年底，研究生就业率为96.63%；本科毕业生就业率为93.85%；专科毕业生就业率超过了70%。

国际交流与合作 全年共接待国外友好交流学校、友好学术访问团42个，接待外国友人350多人次，聘请美、加、日、韩、俄、法、菲律宾等国文教专家41名，美籍文教专家州谋·德克迈尔特、杰克·托法瑞荣获河北省2007年度“燕赵友谊奖”，这是学校连续第五次获得该项荣誉，也是首次在同一年度有两名专家同时获奖；与巴西里约热内卢PUC大学、法国格罗诺布第二大学、美国格林斯伯勒大学签署了学术交流协议书，这为学校又增加3所新的国外协议校；与美国圣地亚哥大学、日本龙谷大学、日本福岛大学3所院校续签署了学术交流协议书或备忘录。留学生教育迅猛发展，接受各类留学生375人，是河北省高校留学生在校人数之首（据国家教育部统计的数据）。受理师生各类出国、赴港澳台手续共计303人次。其中公派出国、赴港澳台团组为12个，通过学术交流项目派出交换留学生及自费留学生36名，通过学术交流项目派出交换留学生及自费留学生36名。完成河北省外办交予的省长合作项目——接受、培训日本长野县中文教师3名，学校1名教师赴日本长野县进修日语。

（部门编辑：高新文　苏国伟）

河北农业大学

河北农业大学始建于1902年（清光绪28年），是河北省重点骨干大学。共有四个校区：保定东、西校区，秦皇岛校区和定州校区，形成了“一校三地四校区”的格局。校园占地193万余平方米。全日制在校生规模43000余人，图书馆藏书160万余册，仪器设备值1.9亿元，固定资产13.6亿元，附属实验农场330余公顷，林场2700余公顷。河北农业大学设有25个学院。设有2个博士后科研流动站；38个博士点；65个硕士点；72个本科专业。另有现代技术教育中心、体育工作部等教学单位。有河北省山区研究所、中国枣研究中心、河北省作物种质研究中心等18个省级研究机构。现有1个农业部重点学科，1个国家林业局重点学科，4个河北省强势特色学科，11个省级重点学科，拥有河北省唯一一个国家级研究中心——国家山区北方农业工程技术研究中心，13个省级重点实验室（基地、中心、试验站）。设有学报编辑部，出版有《河北农业大学学报》（自然科学版）、《河北农业大学学报》（农林教育版）、《Frontiers · of · Agriculture · in · China》等学术期刊。

【2006年·概况】 2006年，有教职工2900余人，其中正高级职称任职资格的教职工321人，副高级职称任职资格的565人，博士生导师102人，硕士生导师353人。鼓励并资助了20名青年教师攻读博士学位，21名教师攻读硕士学位；有计划地引进博士、教授7名；录用教师97人，其中博士13人、硕士79人。开办了青年教师综合素质培训班，青年教师讲课大赛。5名教师获得河北省优秀专家出国培训资格。完成了2592名教职工和1527名离退休职工的工资套改和增加离退休费等工作。根据省教育厅《关于调整离休干部护理费标准的通知》精神，制定了护理费发放办法、健全了报批手续。2名教师获得“河北省高等学校教学名师”称号；1名教师获得第六届全国多媒体课件大赛三等奖、8名教师获得优秀奖，学校获组织奖。2006年，教育部公布了“教育部本科教学工作水平评估”的评估结果，该校获得优秀。制定、修订了一系列管理规定，进一步规范了教学有关工作。申报成功教育部高等教育教学改革课题1项，河北省高等教育教学改革课题5项，中国高等教育学会教育科学“十一五”规划课题5项，国家级精品课程1门，河北省精品课程9门。获得国家级教学成果二等奖1项，河北省教育科学研究优秀成果一等奖1项、三等奖1项。全年，完成了博士一级学科自设二级学科的备案工作，新上16个二级学科博士点，博士点总数达到了38个；硕士点达到了65个。森林培育学科增列为国

家林业局重点学科，部级重点学科达到2个。新增本科专业4个，本科专业达到了67个。

【科研工作】 2006年，承担科研课题631项。校外来源到位纵向科研经费3000万余元，从国家争取到的科研经费占总经费的50%以上。新上科研项目324项，其中国家级项目26项，省部级项目67项。国家星火计划获资助数名列全国高校前列。修订了《河北农业大学横向课题管理办法》，横向科研综合指标大幅增长，共签订横向合同64项，合同金额600万余元。作为第一完成单位获省部级以上科研成果奖励22项，其中获国家级科技进步二等奖1项，获奖等级、数量和获奖率连续六年位居全省高校第二。发表学术论文749篇，一级学报和三大索引论文352篇。授权专利21项。作为第二单位成功论证验收“河北省农村信息化工程技术研究中心”，省部级重点实验室（工程中心、基地）数达到11个。出台了《河北农业大学关于非行政兼职拔尖科技人员享受相应行政领导岗位津贴管理的暂行办法》，遴选出第二层次人选2人，第三层次人选20人，第四层次人选10人。招生就业工作：2006年，面向全国22个省市（自治区）招生13518人，全日制本专科学生达到了42213人。全日制在校博士、硕士研究生到了1500人，加上其他全日制学生，全日制在校生规模达到了43990人，各类非全日制在册研究生370人，成人教育在册生3100余人。落实《关于加强和改进毕业生就业工作的意见》、《河北农业大学教职工“促进毕业生就业贡献奖”获奖暂行办法》。采取措施，努力推进就业工作，本专科就业率达到84%，位居全省高校的前列。2006年，加强学生思想教育与政工队伍建设，加强学生管理，开展“优良学院”、“优良班风”创建活动，规范了勤工助学工作，通过心理健康教育、公寓阵地建设等活动，推进了“大学生行为养成”活动的开展。在“挑战杯”第五届全国大学生创业计划竞赛中，作为河北省唯一进入终审决赛的作品荣获全国银奖，学校荣获全国高校优秀组织奖；在河北省创业计划竞赛中获特等奖2项、一等奖1项（同时获最佳团队表现奖）、二等奖4项、三等奖4项，学校获优秀组织奖，成绩名列河北省第一。2006年，“高等学校为社会主义新农村建设服务座谈会”在该校成功召开。《人民日报》、《光明日报》、新华社、中央人民广播电台、中央电视台、《河北日报》、河北电台等各级新闻媒体对“太行山道路”进行了报道，该校在开创和拓展“太行山道路”过程中所做的工作在全国再次引起强烈反响。此外，该校认真抓好“一村一名大学生工程”的人才培养工作，加强了校外“三结合”基地的建设；推进“4431工程”；承担了河北省“一县一业一园”农业科技示范工程的实施工作；在帮扶社会主义新农村建设的进程中，帮助农村取得经济效益达10亿余元，进一步充实了“太行山道路”的内涵。外事工作方面，2006年，自费出国留学中介注册取得了突破。举办了“发展中国家农作制度与旱作农业技术培训班”，培训了17个发展中国家的32位学员。聘请外籍语言教师10名，外籍客座教授3名，外籍讲学专家11名。争取国家公派留学全额资助访问学者5名。以赴境外参加学术交流、出国留学、合作研究和考察培训等形式派出师资32人次。接待美国、法国、荷兰、澳大利亚、韩国等25个国家的来宾72人次。实现了对外招生宣传登载《中国留学网》，增强了对外招收宣传的手段。后勤工作方面，2006年，加强了饮食安全管理，完成了食品原材料集中采购招标工作，在原料成本上升的情况下，稳定了饭菜的供应价格。开展了节水、节电活动。在中国高校伙食专业委员会年会上，该校餐饮服务中心被评为“中国高等学校伙食工作先进集体”。2006年，制定了《河北农业大学十一五发展规划》，提出了今后五年的发展纲要。积极为贫困生开拓勤工助学岗位，2006年共设置1800多个固定岗位和900多个临时岗位，发放勤工助学劳务费220万余元，救助款65万余元，救助特困学生600余人。2006年，该校被省委、省政府评为“省级文明单位”。

【2007年·概况】 2007年，有教职工2900余人，其中正高级职称任职资格的教职工321人，副高级职称任职资格的565人，博士生导师109人，硕士生导师451人。鼓励并资助36名青年教师攻读博士学位，15名教师攻读了硕士学位；引进研究员1人；录用教师74人，其中博士8人、硕士60人。通过青年教师综合素质培训班，青年教师讲课大赛等途径，不断提升青年教师的整体素质。4名教师获得河北省优秀专家出国培训资格。修订了《河北农业大学教职工继续教育管理办法》，根据《河北省劳动和社会保障厅关于省直事业单位和民间非营利组织参加工伤保险有关问题的通知》，为在职职工加入工伤保险，落实了工伤人员的各项待遇。2007年，启动实施了高等学校本科教学质量与教学改革工程，申报成功2个国家第一类

特色专业、1个国家第二类特色专业，1个国家人才培养模式创新试验区。建成2个省级人才培养创新示范试验区，4个省级实验教学示范中心、2个省级优秀教学团队、2个河北省本科教育创新高地、4个省级品牌特色专业。就“按类招生、按类培养”的人才培养模式进行了探索。完成了河北省学位委员会对新增7个学士学位授权专业的评估工作。加强了聘教师的管理，完善了教学质量监控体系。4门课程被评为省级精品课程，先后有28项省级教育教学课题获准立项。2007年，完成了国家级重点学科的申报工作，作物遗传育种学被确定为国家重点（培育）学科，国家级重点学科取得重大突破。对作物学、园艺、植物保护学、林学四个省级强势特色学科（群）进行了重点建设，加强了对现有博士点、硕士点的建设与管理工作。完成了第十一批博士点、硕士点学科申报的准备工作。学校博士学位授权专业38个，硕士学位授权专业65个，本科专业达到了69个。全校全日制本科教育20个学院中有19个学院拥有了硕士学位授权专业、14个学院拥有了博士学位授权专业。2007年，共承担科技课题615项，校外来源总经费达到4000余万元。从国家层面上争取到的科研经费已占到总经费的60%，新上国家级项目20项，省部级项目85项。共签订横向合同66项，合同金额达600万余元。获省部级科技奖28项，成果覆盖了11个重点学科中的9个。授权专利21项，鉴定和审定农、林新品种5个。发表学术论文1459篇，其中SCI等三大索引收录论文157篇，一级刊物发表论文243篇。承办的《Frontiers · of · Agriculture · in · China · · 》，1月正式出版发行。申报成功“国家北方山区农业工程技术研究中心”，实现了国家级研究机构零的突破。“河北省作物生长调控实验室”通过验收，拥有的省部级重点实验室（工程中心、基地、试验站）达到了12个。在河北省重点实验室评估中，4个实验室被评为优秀类实验室，占全省优秀类省级重点实验室总数的44%，所有省级重点实验室全部获得资助。2007年面向24个省市招生本专科学生11400人；全日制在校博士、硕士研究生总数达到1651人，加上其他全日制学生，全日制在校生规模达到44000余人。此外，还有各类在册研究生270人，成人教育在册生3400余人。加强了就业课程体系，就业网络、就业平台建设，继续落实《关于加强和改进毕业生就业工作的意见》、《河北农业大学教职工“促进毕业生就业贡献奖”获奖暂行办法》本专科就业率达到86.6%，继续位于河北省高校前列。2007年，举办了学生思想政治工作人员培训班，开展了大学生思想政治教育和管理工作。开展了学生诚信、心理健康教育，学风优秀班级评选，社团文化交流节等大型活动。继续办好“焦点时刻”栏目。开展了“万名学生进万家”暑期大型社会调查活动。在教育部公布的33所贯彻《学校体育工作条例》典型学校名单中，该校名列其中。该校体育代表队在全国、河北省多项赛事上继续取得优异成绩。在河北省大学生课外学术科技作品竞赛中获特等奖2项、一等奖3项、二等奖6项、三等奖11项，学校获优秀组织奖，成绩名列河北省前茅。2007年，起草了《深化“太行山道路”服务新农村建设“十一五”行动纲要》，对实施好“4431”工程，进一步深化和拓展太行山道路，为社会主义新农村建设搞好服务进行了科学规划。起草了《河北农业大学教学、科研、生产三结合基地管理方案》，加强了对校外“三结合”的建设与管理。继续做好承担的26个县的“‘一县一业一园’农业科技示范工程”、“河北太行山星火产业带建设”项目和14个县的对口帮扶贫困县工作；继续做好“一村一名大学生工程”的实施工作。通过与衡水市、省农业厅共同签订的《市厅校发展战略合作框架协议》，与保定市人民政府共同创建的“河北新农村建设研究中心”，对市、厅、校合作发展新模式进行了探索。2007年，与荷兰应用科学大学、荷兰鹿特丹航海学院签订了教育合作协议，与荷兰应用科学大学在园艺学科互换学生项目正式启动。举办了“非洲国家旱作农艺技术培训班”，培训了来自19个非洲国家的32位学员。聘请外籍语言教师10名，外籍客座教授1名，外籍讲学专家6名。接待来自美国、德国、荷兰、澳大利亚、保加利亚等28个国家，前来考察、访问、学术交流、合作研究的外宾60人次。争取到国家公派留学全额资助访问学者10名。以赴境外参加学术交流、出国留学、合作研究和考察培训等形式派出师资41人次。2007年，制定并实施了《关于构建“和谐校园”的实施意见》，明确了建设和谐校园的具体目标和要求，围绕和谐进步校园建设的7项主要内容，开展了10项主题创建活动。2007年，共设置勤工助学固定岗位1900多个，临时岗位900多个，发放勤工助学劳务费230余万元，救助款60万余元。救助特困学生600余人。2007年，加强宣传工作和校园文化建设，特色校园文化建设项目《实施“四个一工程”，倾力打造特色校园文化》荣获教育部2007年高校校园文化建设优秀成果二等奖。

（部门编辑：吕宏玉）

华北电力大学

【**概况**】　华北电力大学是教育部直属的国家“211工程”重点建设高校，是教育部与由国家电网公司等七家特大型电力企业集团组成的校理事会共同建设的全国重点大学。学校创建于1958年，原名北京电力学院，1969年迁至河北，后更名为华北电力学院。1978年经国务院批准为全国重点大学。1995年5月，经原国家教委批准，华北电力学院和北京动力经济学院合并组建华北电力大学。2005年9月，学校校部变更为设在北京，分设保定校区，两地实行一体化管理。

学校专业设置比较齐全，教学、科研条件比较完备，博士、硕士与本科教育层次兼备，并与高等成人教育协调发展。已基本形成了以工为主，工、理、文、经、管、法等相结合的并具有鲜明特色的学科专业布局。目前，学校有2个国家级重点学科、13个省部级重点学科、2个教育部重点实验室、6个省部级重点实验室、1个国家级实验教学示范中心、1个教育部电力节能工程研究中心和1个北京市能源发展研究基地（文科）；设有3个博士后科研流动站、20个博士点专业（其中，电气工程、动力工程及工程热物理、管理科学与工程具有一级学科博士学位授予权）、52个硕士点专业、54个本科专业、4个二学士学位专业，有MBA和工程硕士专业学位授予权。全校共有各类在校生35767人，教职工2835人，其中有中国工程院院士3人、博士生导师74人。学校现占地1609亩，建筑总面积79万余平方米，总资产21亿多元，其中教学科研仪器设备达近3亿元，图书馆藏书150万册。

【**2006年度工作**】

学科建设　2006年，学校自筹5000多万元建设的“电力系统保护与动态安全监控”与“电站设备状态监测与控制”实验室，分别通过了教育部的验收，正式成为教育部重点实验室；以李成榕教授为学术带头人的“电力系统保护与安全防御”团队入选教育部创新团队，以刘宗德教授为学术带头人的“电站设备状态监测与失效预防”团队被列入教育部创新团队培育计划。学校增设国内唯一的“风能与动力工程”本科专业，加大了对核电、水电等新兴学科的建设力度，投入资金1000万元，加强基础设施建设。

科学研究与高新技术产业　全年学校科研经费合同总额达到1.79亿元，特别是纵向科研项目和经费增长显著，全校申请涵盖国家自然基金项目、“863”项目、“973”项目等各类纵向项目434项，其中有94项获得批准，经费总额达到2097.61万元，比2005年增长了50%。学校完成成果鉴定17项，获得省部级以上科技奖励10项，其中“火电厂厂级运行性能在线诊断及优化控制系统”荣获国家科学技术进步二等奖。全年申报专利42项，获准专利授权9项。2006年10月，学校科技园被科技部、教育部认定为国家级大学科技园。

教学工作与学生素质培养　学校精品课程建设和教改立项工作取得新成效。其中，1门课程被评为北京市精品课程，5门课程入选河北省精品课程；在新一轮高等教育教学改革立项中，有3个项目被北京市批准立项，4个项目被河北省批准立项。学生科技创新能力显著提升，在全国大学生数学建模竞赛、大学生电子设计竞赛、全国大学生英语竞赛等各类比赛中共有147人次获得国家级奖励，199人次获得省部级奖励。

招生就业　2006年，共招收本专科新生5035人（北京2589人，保定2446人），共招收硕士、博士研究生1685人（北京1027人，保定658人）。学校本科招生理科录取分数线平均高出当地重点线45.16分，文科录取分数线平均高出当地重点线23.90分；研究生生源来自“211”、“985”国内重点高校的比例比2005年增长20%；科技学院首次面向全国开始招生。本校毕业生继续受到社会的关注和认可，本科一次就业率达到97%。

基本建设　北京校部完成西区250亩土地的征地任务，使北京校园占地面积达到800亩。西区综合大楼规划建筑总面积226779平方米，总投资估算6.4亿元。保定校区新征土地118亩，同时完成了二校区的总体规划，新征土地上规划的17#、18#学生宿舍前期工作基本完成，预期在2007年8月建成投入使用。

国际交流与合作　2006年，学校首次获得接受中国政府奖学金来华留学生资格；顺利获得国家外专局37个外专指标，共计增加333万财政经费支持；中青年骨干教师接受国家留学基金委全额资助、国际旅费资助以及外方院校资助出国留学的数量比2005年增长100%；学校师生出国参加国际学术会议的人数比2005年增长82%，并呈现国际会议级别高、出访人员年轻化、论文数量规模化等特点。

财务状况　截至2006年底，

学校资产总额达到210107万元，比上年增长17.86%，是2000年的4倍；总收入66990万元，比上年增长9.26%。教职员工充分享受到了学校事业发展的成果。2006年，学校人员工资总额为16038万元，比上年增长18.16%，个人收入稳步提高，人均增幅达到12%。

师资建设与人事改革 2006年共招聘具有博士学位等高层次师资70多人，李尔平博士经教育部评审批准为学校的“长江学者”讲座教授，有4名教师入选教育部“新世纪优秀人才支持计划”。学校按照“按需设岗，引入竞争、合理流动”的原则，对全校管理人员、教辅人员和工勤人员开展了新一轮的全员聘任工作，全校共790人聘任上岗，岗位交流率达到了26.8%，机关处室人员得到了精简，基层一线人员得到充实，实现了人员的合理流动和结构优化，促进了人力资源的合理配置。

【2007年度工作】

本科教学工作水平评估 2007年6月3日至8日，教育部本科教学工作水平评估专家组对学校本科教学工作进行了实地考察评估，并对学校本科教学工作给予了高度评价。后经教育部审议，学校评估结论被确定为优秀。

学科建设 “热能工程”学科入选国家重点学科；新增加“动力工程及工程热物理”博士后流动站；1个一级学科、4个二级学科、1个交叉学科通过了北京市重点学科的初选答辩；成立了全国高校中首家“可再生能源学院”以及“核科学与工程学院”，进一步扩展了具有华电特色的“大电力”学科体系。

师资队伍建设 原中国原子能科学研究院院长、原华中科技大学校长樊明武院士受聘为学校教授、博士生导师，并担任“核科学与工程学院”名誉院长；引进“新世纪百千万人才工程”人选田德、中国科学院“百人计划”人选刘石、王银顺等一批优秀的中青年学术带头人。2007年共招聘具有博士学位的教师42人，其中博士生导师4人，使学校具有博士学位的教师达到407人，已占教师总数的26%。牛东晓教授入选“新世纪百千万人才工程”，赵毅教授被评为全国模范教师，王志刚、牛东晓、杜小泽3位教师入选“教育部新世纪优秀人才支持计划”，共有22名教师被派往国外进修学习，

科学研究与高新技术产业 2007年科研经费总额突破2.4亿元，超额完成了年初确定的2.2亿元的目标，比上年增长了35.2%，创历史最高水平；特别是纵向科研项目经费突破4000万元，比上年增长了92.1%；获省部级科学技术奖10项，申请专利51项，专利授权15项，其中发明专利10项；“电站设备状态监测与失效预防”科研团队入选教育部2008年度“长江学者和创新团队发展计划”；“大电网保护与安全防御学科创新引智基地”入选“高等学校学科创新引智计划”（即“111计划”）。进一步规范了产业工作运营机制，加大了国家级大学科技园建设力度，组建了北京华电天德资产经营有限公司和北京华电天德科技园有限公司；积极参与保定“中国电谷”建设，与保定天威集团联合申报的特高压输变电技术工程国家重点实验室进入审批阶段。

教学工作 “动力工程”课程入选国家级精品课程；“电力系统及其自动化”、“热能与动力工程”专业入选国家级特色专业；工程训练中心入选国家级实验教学示范中心；“校企联合‘订单式’人才培养模式创新实验区”入选教育部2007年度人才培养模式创新实验区。崔翔教授指导的博士生张波的学位论文《变电站接地网频域电磁场数值计算方法研究及其应用》获得“2007年全国优秀博士学位论文”提名，还有4名同学获得河北省优秀博士学位论文。学生在各类大赛中获奖级别与数量再创新高。

国际交流与合作 2007年共招收来自20多个国家的长、短期留学生177人，并首次接受中国政府奖学金留学生20人。中英“2+2”项目在与斯莱斯克莱德大学合作的基础上，又增加了与曼彻斯特大学的合作；与埃及苏伊士运河大学合作创办了孔子学院。本年度获得国家外国专家局重点和普通资助外国专家聘请项目经费378万元，聘请国外知名专家学者来学校从事教学、指导研究生、专题讲学和合作科研等工作120人次，承办了商务部援外培训项目“叙利亚输变电站及电网维护管理研修班”。

条件建设与管理服务 北京校部西区综合楼建设工程于1月正式开工，一期规划建筑面积18万平方米，预计2008年下半年竣工；新建学生浴室最大限度地使用了太阳能；保定校区17#、18#学生宿舍楼工程顺利完工；北京与保定校园网直连光纤建设工程完成，开通了两校区之间内部IP电话业务，学校信息化及数字校园建设得到了稳步推进。年内开展了全校性的资产清查工作，加大了对采购、招投标工作的管理力度，共完成仪器设备招投标56项，中标金额比立项金额减少了332.5万元。学校高度重视节能降耗工作，促进了节约型校园建设。

招生就业 2007年，共招收本科生5050人（北京2700人，保定2350人），共招收硕、博研究生1619人（北京1023人，保定596人）。招收本科生的第一志愿录取率达到96%以上，生源质量得到稳步提高，并获得2008年自主招生资格，拓展了高素质人才录取途径。学生就业渠道畅通，培养输送的学生受到社会用人单位的普遍欢迎和认可，始终保持着较高的就业率。

保定师范专科学校

【2007年·概况】 保定学院是一所具有百余年办学历史的地方高校，创建于1904年，始称“保定初级师范学堂”，1928年随省易名为“河北省立第二师范学校”，即历史上著名的“红二师”，新中国成立后定名“保定师范学校”。1978年经国务院批准改建保定师范专科学校。2007年3月16日，教育部正式批准保定师范专科学校升格为保定学院。

学校规划用地1194亩，现已征用874亩，另预留320亩。新校区由清华大学建筑学院设计，规划建筑面积31.45万平方米，现已建成27.04万平方米。学校现有本科专业6个，师范专科专业19个，非师范专科专业34个。学校有8个类别的实验室，教学仪器设备总值4152.4万元，馆藏纸质图书83.2万册。全院现有教职工896人，专任教师477人，其中具有副高以上职称教师211人，硕士以上学位教师206人，全国模范教师1人，全国优秀教师1人，享受省政府津贴的专家2人，省优秀社科专家1人，省优秀教师6人，获“曾宪梓基金优秀教师奖”9人。今年学院共考取定向博士后1人，硕士研究生5人，14名教师通过在职进修取得硕士学位，11名教师报考了2008年定向博士研究生。1名教师被评为全国模范教师，1名教师被评为保定市名师，1名教师被评为保定市优秀教师；推荐申报“河北省三三三人才第三层次人选”8人、“保定市新世纪学术带头人”4人。

【2006年度工作】

升本建院 年初，学校成立了升本迎评工作领导小组，下设迎评办公室和10个工作组，制定了详细周密的升本迎评工作方案，坚持以评促建的原则，对照本科院校设置标准，切实加强师资队伍建设，进一步完善教学仪器设备和图书资料，起草相关文字材料，召开各种形式的调度会38次，组织多次模拟评估演练。12月24日，国家高评委专家组来校考察对本校办学条件及升本迎评工作给予了高度评价。

党建工作 以“学、树、保、促”教育活动为重点，切实加强党员队伍建设。通过校报、有线电视、校园网等多种途径加大宣传教育力度，在全校营造浓厚的舆论氛围。保定电视台关注栏目及市“学、树、保、促”活动简报对学校教育活动开展情况进行了报道。

新校区建设 五栋学生宿舍楼、现代教育信息中心、艺术楼、二号食堂建成并投入使用。

教学改革与成果 一是召开了全校教研室工作会议并举办了为期五周的教研活动月。二是大力实施精品课建设工程，制定了精品课建设办法，共评出国家级精品课1项，省级精品课1项，校级精品课10项。三是制定了学科专业建设规划，积极做好申报本科专业的论证及评估工作，共申报本科专业6个。

招生就业 全年共招收全日制专科生3940人。先后有54名毕业生到江苏无锡就业，100多名学生到天津阿米德公司、蓝天文化公司等单位就业。成功举办两次大型毕业生“双选会”。4名毕业生参加志愿服务西部计划赴重庆等地任教。

学生工作 一是全面实施了以“辅导员与学生面对面”为主要内容的“贴心工程”。二是多方筹措资金，加大贫困生的救助力度。全年设立勤工助学岗位705个，资助学生4476人，累计金额28.2万元。共有33名学生通过绿色通道办理了入学手续，涉及金额12.474万元。

科研工作 全年学校共申报省社科规划研究课题1项，省级教学改革课题1项，省教育厅科研指导计划项目4项，市社科规划课题1项。2项省教育科学“十五”规划课题研究成果获河北省教育科学研究优秀成果奖。

培训工作 全年共培训省市级骨干教师1176人，培训中小学校长189人次。完成高师本科、在校生自考教学9000余人次，中学教师继续教育3000人次。

文明校园建设 一是开展了“我的荣辱观”征文及演讲比赛，大学生艺术团在军校广场进行了“践行社会主义荣辱观、共建和谐保定”专场演出。二是成功举办了学校第七届文化艺术节。三是组建了大学生社会主义荣辱观宣讲服务团到革命老区阜平县开展“知荣辱　树新风　促和谐”社会实践活动。四是进一步加强青年志愿者的登记注册和管理工作，现已有志愿者2200余名。五是大力开展“山花工程”济困助学志愿者行动。组建了由600名学生参加的18支“山花工程”志愿者宣传小分队，共走访调查了49个乡镇，192个村落，上报资助贫困生447名，筹集资金

92776元，全年资助贫困学生120名。六是开展了“我为升本迎评做贡献”主题系列活动。我校组织实施的“开展百年校魂教育 创新德育模式”项目荣获2005年度河北省思想政治工作创新奖。

【2007年度工作】

教学改革与成果 一是制定了关于加强本科教学工作的十余项管理制度，充实了教学督导室的力量。二是遴选出4门校级精品课申报省级精品课程，在精品课程建设中积极推进双语教学。三是按学科专业性质对课程模块的学时分配和课程结构进行了调整优化。四是进一步强化实习实训教学，积极探索工学结合、顶岗实习的人才培养模式。五是建立起与市场接轨的动态课程体系。

招生就业 全年共招收全日制本专科生4339人，在原来面向省内招生的基础上还拓展了省外市场，面向辽宁、吉林、山东三省招收专科生。在巩固原有就业基地的基础上，与长城汽车、瑞普生物制药、吉鲁生物科技有限公司、北京易通顺达文化发展中心、中铁集团、华鹤服饰管理有限公司等十几家新单位建立了长期合作关系。成功举办两次大型毕业生“双选会”。2名毕业生参加志愿服务西部计划，赴贵州省铜仁地区松桃县支教。

学生工作 一是根据学校升本的需要，修订、完善了学生管理制度。二是以新生入学教育、日常心理健康教育和社会实践教育为重点，加强学生思想政治工作。三是实行了辅导员会议制度，设立了辅导员交流之窗。四是制定了一系列新的贫困生救助制度，通过设立勤工助学岗等形式，资助学生4000余人，累计金额400万元。

科研工作 全年承担河北省教育科学研究“十一五”规划课题3项、省教育厅高等学校英语教学改革课题1项、省教育厅科研计划课题4项、市教育科学研究“十一五”规划课题6项和市哲学社会科学规划课题2项。另外，20项成果获保定市第八届社会科学优秀成果奖，1项获保定市第二届优秀教育科研成果一等奖。

培训工作 全年共培训省市级骨干教师1499人、中学校长78人，完成初中教师教育技术能力培训418人。与世纪宏光培训学校合作举办了成人大专班。

文明校园建设 一是利用多种形式，切实加强大学生思想政治教育。开展了“六个一”工程，共有1万多名学生参与了此项活动，做好事8296件，给父母写感恩信2643封，为贫困山区捐衣物4986件，文具815件。结合学习贯彻党的十七大精神，举办了知识竞赛、演讲、征文比赛、歌手大赛等主题教育活动。二是加强校园文化建设。成功举办了保定学院第一届文化艺术节，纪念“一二.九”运动72周年大型晚会和“保定学院首届学生社团文化活动周”。三是开展了以“发挥专长、服务社会、锻炼自我”为宗旨的青年志愿者活动。学院被评为“2007年河北省暑期三下乡社会实践活动先进集体”，院团委被评为“2007年河北省五四红旗团委”和“2007年保定市五四红旗团委”。2007年被评为“保定市卫生先进单位”、“河北省绿化先进单位”。

（部门编辑：齐卫东　范　娟）

保定职业技术学院

【概况】 保定职业技术学院是一所国办全日制普通高等学校，隶属于保定市人民政府。校园占地面积239826平方米，建筑面积16.19万平方米，固定资产2.7亿元，教学科研仪器设备总值3572万元，拥有教学用计算机2046台，多媒体教室34个（4182个座位），多媒体语音室4个（200个座位），建有覆盖东西两个校区共计2000多个信息点的千兆主干校园网。图书馆纸质图书资料35.64万册，各类电子期刊及电子文献28.95万册。学院现有全日制在校生6998人。设有机电工程系、计算机信息工程系、建筑工程系、农林与生物工程系、畜牧兽医系、传播技术系、艺术设计系、商务技术系、经济管理系、人文系、基础科学部、社会科学部、体育教学部、现代教育技术部等14个教学单位，开设47个高职专业，其中电视节目制作专业为河北省首批高职高专教育教学改革示范专业，软件技术专业、生物技术及应用专业为河北省高职高专教学改革试点专业。专任教师344人，教授22人，副高职称教师98人，研究生学历或硕士以上学位教师67人，在读研究生102人。享受国务院政府特殊津贴专家1人，河北省新世纪“三三三人才工程”人选3人，保定市学术和技术带头人17人。先后有1人获“全国优秀教师”称号，2人获“河北省优秀教师”称号，1人获“河北省德育和思想政治工作先进个人”称号，1人获“保定市师德标兵”称号，2人获“保定市师德先进个人”称号，4人获“保定市名师”称号。

学院建有“国家职业技能鉴定所”、“河北省农业职业技能鉴定总站培训鉴定基地”、“河北省电子信息行业特有工种职业技能实训基地”、“全国网络与信息技术培训认证IT专业技术水平测评基地”、“全国电子商务工程师（CEBE）认证考试管理中心”、“全国物流信息管理师（CLIA）认证考试管理中心”等6个职业技能培训鉴定机构，可对81个工种开展职业技能培训与鉴定工作。

【招生就业】 面向全国10个省市招生，2007年共计招收新生2359人。学院坚持以服务为宗旨，以就业为导向，建立了院系两级的就业指导与服务机构，贯彻“专业化、全程化、全员化、信息化”的就业指导原则，制定了《毕业生就业指导与服务工作实施意见》、《毕业生就业工作考核评估实施办法》等管理文件。学院建有就业指导与服务网站，并与河北省人才交流中心、全国企业人才网，建立了长期的合作关系，长期进行毕业信息发布。学院还多次举行校内外就业协调会，邀请名优企业到学院招聘人才，积极为学生拓展就业渠道。毕业生就业率居河北省同类院校前列。被河北省招生委员会评为“河北省普通高校招生工作先进单位”。

【学生工作】 学院不断加强大学生思想政治教育，注重学生日常管理，加强学生管理队伍建设，积极做好贫困生救助工作，2007年共有700人次参加勤工助学活动，发放勤工助学金30余万元，发放优秀贫困生奖学金375万元。成立了学生专业社团，创建了大学生社团联合会。利用暑假广泛开展社会实践活动，为学生受教育、长才干提供了广泛的舞台。荣获“河北省2007年大学生社会实践先进集体”称号。被北京军区国防动员委员会评为“学生军训工作先进单位”。

【教学科研】 制定了《学院“十一五”师资建设规划》，加强“双师”素质和“双师”结构的教师队伍建设，坚持“人才培养质量是学院生命线的观念”，建立健全了具有职业教育特点的教学管理规章制度体系，优化整合了实践教学环节。建立了专业带头人和骨干教师的选拔培养机制和由院领导、教务处和教学督导组检查、系部自查、学生网上评教相结合的多层次、多方位的监控机制，开展了“教学做一体化”等教学模式改革，积极推行双证教学。在教学过程中，严格执行《教学工作规程》、《教学基本文件编写规范和主要教学环节质量标准》、《教学事故认定及处理规定》、《教学督导工作细则》、《教学信息员工作细则》等教学管理制度，实现了教学质量不断提高的良性循环。

2007年，教师在各类期刊上发表论文205篇，其中核心期刊论文64篇。编写公开出版教材44部。承担各级各类科研课题14项，其中省部级6项，市厅级8项。

【实践教学基地建设和社会服务】 学院建有15个校内实训中心，下辖130个实训室，实训设备总值3572万元。与天威集团、长城汽车股份有限公司等284个企事业单位建立了稳定的校企合作关系，建设了集教学实训、社会实践、顶岗实习和学生就业四位一体的校外实习基地。现代农业技术、新能源及能源设备制造相关专业技术校内实训基地被省教育厅遴选为省级实训基地建设项目。

学院主动服务地方经济，积极面向机关团体、企事业单位和农村乡镇开展多种形式的培训活动。2007年7月，学院落实保定市政府工作目标，在保定市教育局、保定市高新技术开发区的大力支持和全力配合下，联合28家相关企业和50所职业院校，牵头组建了保定新能源及能源设备制造产业职教集团，为实现校企合作、校校联合、合作共赢，发挥学院保定市职业教育龙头作用走出了一条新路。学院实施的“双百工程”（“确定百个乡镇，选派骨干教师入村，参与科技下乡和实用技术推广，服务三农”；“联系百家企业选派骨干教师进厂，参加科技攻关、技术革新和新技术推广”）。被列入保定市政府工作目标，得到社会各界的认可和支持。

【校园文化】 举办了第二届大学生科技文化节，开展了职业技能大赛、志愿者行动、素质拓展工程等活动。围绕“爱心、责任、奉献”这一主题聘请全国优秀共产党员、2006年度感动中国人物、2007年全国道德模范人物林秀贞作报告。组织开展了“感动校园年度人物”评选活动，学院青年志愿者活动被团中央确定为全国重点活动项目，在团中央和团省委网站上予以刊登，同时，学院团委被团中央授予“全国五四红旗团委创建单位”。

科 学 技 术

科技工作

【保定市科学技术局】 保定市科学技术局是保定市人民政府主管全市科学技术工作的综合职能部门，负责制定全市科技政策与对外交流，下达本级科技计划（包括科技攻关、科技推广计划、星火计划、火炬计划等）、组织鉴定科技成果、管理技术市场、民营科技企业、专利等工作。内设办公室、人事处、政策法规知识产权处、高新技术产业化处、农村科技处、科技成果与技术市场管理处、发展计划处、社会发展处、国际合作处9个处室。下辖6个企（事）业单位：市科学技术信息研究所、市草莓研究所、市山区技术开发办公室、市生产力促进中心、市民办科技创业服务中心、市自动化研究所。

【2006年·概况】 2006年，在市委、市政府的正确领导下，在省科技厅的大力支持和指导下，认真贯彻全国、全省科技大会精神，以科学发展观为指导，以增强自主创新能力为重点，以体制机制创新为突破口，积极构筑科技创新服务体系，大力加强自主创新能力建设，为保定经济持续健康快速发展和社会全面进步提供了强有力的科技支撑。成功举办了全市科学技术大会，科技局星火办荣获国家科技部星火20周年先进集体荣誉称号，在全省科学技术大会上，于群市长作为11个地级市的唯一代表做了典型发言，介绍了保定自主创新工作经验。

【推进企业自主创新能力建设，提高企业技术创新能力】 一是积极帮助企业谋划项目争取国家、省资金支持。按照国家产业政策和各类科技项目申报条件要求，积极帮助企业谋划项目，为企业开展自主创新争取国家和省资金支持。2006年共争取国家、省各类科技项目116项，获支持资金2143万。其中，国家科技项目26项，资金1379万，省科技项目90项，资金763万。二是精心编制科技计划，支持产业集群发展。市级科技经费按照突出重点、集中财力办大事的原则，在新能源及能源设备制造、汽车及零部件、输变电三大产业关键技术的研究与开发，现代农业技术创新、重大资源环境建设和创新能力平台建设等方面，组织实施了一批项目，安排科技经费占市级科技经费的80%以上。三是加强企业技术研发中心建设。在抓好天威等5个国家级企业研发中心建设的同时，参照国家中心的要求，制定了市级企业研发中心的条件和认定办法。全市拥有各类企业研发中心100余家，其中，国家工程研究中心1家、国家企业技术中心5家、省级企业技术中心21家。拥有博士后流动站3家、工作站3家、工程技术开发机构14家，省级以上研发中心企业专职开发人员占职工总数的比例达到7%以上，企业技术开发仪器设备原价值达15亿元。四是积极发挥驻保高校优势，用足用好驻保高校的科技资源。2006年与华北电力大学、河北大学、河北农业大学共建了三个科技创新平台，协调组织了高校实验室、中试基地面向社会开放。组织召开了驻保高校、企业推进自主创新座谈会，出台了《关于加强校企合作的实施意见》。与华北电力大学就共同推进“中国电谷”建设，建立了战略合作关系；与河北大学签署了《共同推进文化产业发展合作协议》；与河北农业大学共同建立了社会主义新农村建设研究中心。

【完善“三个科技服务平台”建设，打造京津科技成果转化基地】　一是农村产业科技专家工作站建设进一步完善。2006年，依据保定市农村产业科技专家工作站建设标准，进一步完善了已建的25个工作站的科研和生产基础条件。新认定5个农村产业科技专家工作站，使全市农村产业科技专家工作站总数达到30个。围绕理顺运行机制、明晰产业链条、狠抓科技项目、推进信息化手段等方面，全面推进了农村产业科技专家工作站运转，取得了明显的运行效果。全市30个农村产业科技专家工作站共解决技术难题63项，研发和引进新工艺、新品种135项，推广先进技术62项，培训农民13.7万人次。产业科技专家工作站的整体水平达到国内领先水平，产业拖动农民16万多户增收。二是科技合作与交流平台建设进一步深化。在与中科院北京国家技术转移中心和北京科技协作中心签署科技合作协议的基础上，又与中科院中自孵化园签署了全面合作协议。邀请中科院专家对白洋淀污染治理进行了实地考察；邀请北京服装学院专家帮助高阳开展了多功能节能环保新型纺织助剂的研制；邀请北京化工大学与雄县合作研究、开发全生物降解塑料S—MP塑料合金。与雄县政府联合组织召开了塑纸包装行业高层论坛暨科技合作项目洽谈会，签署各类科技合作协议（意向）19个。与北京有色金属研究院和设计院开展了清苑有色金属冶炼升级增效技术合作。三是生产力促进中心建设取得新进展。成立了市科技翻译中心、知识产权事务所和科技咨询中心，全市新建生产力促进中心2家，总数达到13家，培训人员66830人，引进人才232人，引进科技成果46项，保定市、涿州、高阳、易县等4个生产力促进中心被评为省级示范中心。

【高新技术及其产业化工作】
2006年，培育认定高新技术企业51家，参与制定国家行业标准35项，开发引进具有自主知识产权的高新技术产品107项。围绕新能源、汽车、输变电三个产业，组织实施了天威集团有限公司的1000kv变压器及其核心技术的研制、中航惠腾1.8和2兆瓦风力发电机组风轮叶片研制、惠德风电工程有限公司的MW级风力发电机组的研制、长城汽车提高哈弗碰撞安全性研究。华翼风电叶片研发项目已拥有了850KVA—1500KVA等叶型，多家国内厂商有意购买华翼叶片技术。

【农村科技与山区经济技术开发工作】　启动了保定市食用菌产业、农产品加工贮藏产业、水土保持产业、西伯利亚杏产业等4个农村产业技术中心建设。组织开展了“草莓种植资源库建设及优质高产抗病新品种选育”、“黄淮海地区超级玉米新品种‘农嘉禾707’的选育”、“唐县生态羊产业化技术体系研究”等农业技术创新项目的研发工作。《高频磁处理保险豆腐丝工艺技术中试》、《超临界CO2萃取高纯度蛋黄卵磷脂系列产品中试》2项国家农业转化资金项目顺利通过了国家级验收。《干法生产大豆膳食纤维工艺研究》项目通过科技成果鉴定，达到国内领先水平；组织实施了“一县一业一园”科技示范工程，安国、顺平、易县、满城4个县（市）通过了省评估验收。创建了保定市农村科技产业传播中心网站及部分农村产业科技专家工作站分网站。完善修改了《保定市太行山星火产业带建设规划》，培育了15个星火科技示范基地、帮扶了8个龙头企业、建设了8个星火技术传播站，推广示范4项新技术、新成果。引进、转化、创新7项农业科技成果项目，组织山区农民技术培训4万多人次。

【社会发展工作】　一是实施了“白洋淀地区生态建设与环境综合治理”重大科技专项。成立了京、冀、保三地联合专家组，由中科院牵头拟制了《白洋淀流域生态建设与环境综合治理项目前期方案》，组织专家对此方案进行前期论证，并申报了国家科技部支撑计划。二是组织了中药现代化及中药材规范化种植基地建设。积极指导安国陆地药材和易县山地药材规范化种植基地建设，在做好“祁菊花、西陵知母”规范化种植的基础上，扩大陆地、山地规范化种植药材的品种、品质和产量。易县的西陵知母、安国的瓜蒌两个品种列入了国家科技部“建立区域性中药材生产技术体系”支撑计划。“研究中药材炮制技术并建立相应标准”列入了科技部“区域性中药共性关键技术研究”支撑计划。国家一类药“阿德福韦酯片”、国家二类药“氨酚曲马多片”已获得国家食品药品监督管理局的药物临床研究批件。迪非林葡萄糖苷化合物取得了PCT国际发明专利的申请优先权，并申报为国家一类新药。三是积极开展了重大疾病和常见病预防治疗关键技术研究。95个项目列入了市级指导计划，25个项目列入省级指导计划。

【科技成果与技术市场工作】
2006年全市获得河北省科学技术奖21项，其中自然科学奖2项，河北省科技进步一等奖2项，河北省科技进步二等奖4项，河北省科技进步三等奖12项，河北省国际科技合作奖1项。获奖总数位居全省第二位。推广转化“枣树重大毁灭性病害—枣疯病快速康复技术示范与推广”等省级以上科技成果16项；进一步规范了常设技术市场和网上技术市场建设，年度上网会员数1507家，上网信息2281条。全年登记的技术合同额总计58104.42万元，比上年增长263%，合同登记额及增长幅度居全省第一。

【知识产权保护与专利工作】开展了以“保护知识产权，促进创新发展”为主题的“保护知识产权宣传周”活动。举行了“知识产权与当代大学生”主题讲座。举办了“知识产权与自主创新”主题座谈会。完成了对全市1290家企业的专利项目实施情况的调查统计。乐凯、金风帆股份公司入选全国专利试点单位，乐凯被评为“全国专利试点工作先进单位”。与整规办、版权、工商等联合执法5次，单独执法11次，查处假冒专利5项，受理专利侵权案件5件。专利申请量927件，比上年增长15.44%，发明专利占专利申请量的26.75%。

【科技宣传政务信息与科普工作】2006年，被省级以上新闻媒体用稿43篇，向国家科技部、省科技厅报送政务信息350篇，采用信息323篇，名列全省第二，分别被省科技厅、保定市政府评为信息工作先进单位和优胜单位。成功举办了以“携手建设创新型国家”为主题的科技活动周活动。积极开展了农村、社区科普阵地的创建工作，在涿州石佛村、天马社区等12个科普示范村（社区）建设了科普广场。组织所属科研单位组成科技小分队，到顺平县河口乡等地5次送科技下乡。在全省文化科技卫生三下乡工作会议上做了典型发言。

领导班子成员

党组书记 局长	李山森
党组副书记 副局长	张燕飞
副局长	贾京生　徐春齐 刘建良
纪检组长	杨　静

【2007年·概况】2007年，保定市科技局在市委、市政府的正确领导下，在省科技厅的大力支持和指导下，坚持以邓小平理论和“三个代表”重要思想为指导，全面落实科学发展观，以加快技术创新和科技成果转化基地建设为主线，以深化与完善三大科技服务平台为重点，以实施“中国电谷”核心技术、汽车制造关键技术、农业科技创新、太行山星火产业带建设、创新药物与中药现代化五大科技专项为突破口，充分发挥科技在推动经济社会可持续发展中的引领作用，发展高新技术产业，培育新兴特色产业，改造提升传统产业，增强自主创新能力，为建设创新型保定提供了强有力的科技支撑。

【推进“保定·中国电谷”建设】为推进“保定·中国电谷”建设，我局依托保定在新能源与新能源设备产业领域的科技优势和产业优势，积极向国家科技部申报了“国家太阳能综合应用科技示范城市”和“国家可再生能源产业化基地”项目，制定了《河北省保定市太阳能综合应用规划》和《河北省保定国家高新技术产业开发区可再生能源产业发展规划》，国家科技部党组成员、副部长曹健林率高新司司长冯记春等一行17人专程来保定考察调研，经过大量细致的工作，11月12日，国家科技部正式发文，认定保定市为国家太阳能综合应用科技示范城市、认定保定国家高新技术产业开发区为国家可再生能源产业化基地。引起省、市领导高度关注，省委书记张云川、省长郭庚茂、市委书记宋长瑞、市长于群等省市领导为此均做了重要批示。11月28日，国家科技部又发文，授予国家（保定）新能源与能源设备产业基地为“国际科技合作基地”称号。

【谋划科技支撑项目，争取国家、省资金支持】2007年，市科技局争取科技项目资金工作取得重大突破，全年共争取国家、省各类科技计划项目96项，项目资金8068万元，争取项目资金数与上年同比增长280%。在高新技术领域，3.0兆瓦海上风电设备技术研发项目和纳米级精密涂布技术研究与应用项目列入了国家科技支撑计划，两个项目争取国家、省研发经费5260万元；2.0兆瓦风力发电机组风轮叶片研制、1.2兆瓦风力发电机组研制2个项目列入了省科技厅2007年重点科技攻关项目；争取国家、省创新基金项目13项，资金400万元；在全省11项重大创新项目中，本市有三家企业承担了相关的课题，其中，乐凯集团公司的TFT—LCD偏光片用TAC、PET、PVA光学薄膜项目课题经费650万元，保定天威集团有限公司的1000KV特高压变压器核心技术、1000KV特高压电抗器研制并产业化、±800KV直流换流变压器研制并产业化三项课题的经费460万元，长城汽车股份有限公司的河北省汽车工程技术研究中心建设课题经费500万元。在农业科技领域，《草莓新品种‘石莓四号’及配套技术中试与示范》、《优质红小豆保876－16、绿豆保942－34规模化繁育、种植技术熟化与示范》2个项目列入国家农业科技成果转化资金，中标了国家“十一五”粮食丰产工程子课题项目；《保定农村科技信息体系建设与示范》、《生猪健康养殖关键技术研究与示范》、《猪肉质量安全追溯体系研究与示范》3个项目列入省重点科研项目，安国、徐水、满城3个县（市）争取到了省科技厅“一县一业一园”招标项目，涿州、阜平的农村产业科技专家工作站得到了省科技厅的资金支持，共争取国家、省级项目资金446万元。

【以创新为动力，强化企业自主创新能力建设】 2007年，重点抓了创建河北省汽车工程技术研究中心、省级风力叶片研发中心、市级电力电子研发中心等研究开发中心建设。省级汽车工程技术研究中心和风力叶片研发中心均已顺利通过省科技厅的认定，长城汽车股份有限公司企业技术中心被认定为国家企业技术中心，市级电力电子研发中心的筹建工作也已完成。3月，国家科技部同意安国市建设国家火炬计划现代中药产业基地。6月18日，由保定市政府与河北农业大学共同创建了河北新农村建设研究中心，双方每年根据实际需要提出合作课题或项目，共同探索和创造社会主义新农村建设的新路子、新成果，实现学校教学实践与地方经济发展的互惠互利。

【以完善“三个科技服务平台建设”为载体，打造京津科技成果转化基地】 一是农村产业科技专家工作站建设。对30个产业科技专家工作站进行了重点走访与调研，按照保定市产业科技专家工作站建设标准，进一步完善了科研和生产基础条件。按照理顺运行机制、明晰产业链条、狠抓科技项目、推进信息化手段的工作重点，全面推进了农村产业科技专家工作站运转，取得了明显的运行效果。2007年，全市农村产业科技专家工作站共解决技术难题36项，研发和引进新工艺、新品种65项，推广先进技术56项，培训农民16万人次。二是生产力促进中心建设。在完善和指导已有11家生产力促进中心正常开展工作的同时，又新建博野橡胶化工行业和清苑钻井机械2个生产力促进中心。雄县的区域特色产业基地通过了省科技厅组织的专家评审，被命名为省特色产业基地。组织高碑店箱包业促进中心和雄县包装印刷业促进中心参加了省区域特色产业的关键技术招标，获得省科技厅资助30万元。三是科技合作与交流平台建设。组织开展了多种形式的技术对接活动，建立了院企、校企联系的日常对接机制。成功举办了纺织服装行业科技论坛暨科技合作项目洽谈会，120多项纺织行业高新技术成果进行了展示，5对院企、校企签订了新技术、新产品及全面技术合作协议。保定市政府与华北电力大学签署了中国电谷建设战略合作协议，成立了国内第一家可再生能源学院，重点开展水电、风电、生物能源和太阳能等方面的人才培养和科技创新，为推进保定中国电谷建设提供技术与人才支撑。全年共组织各类科技对接与交流活动9次，8名院士80多名专家来保指导工作、技术咨询或解决技术难题。国际科技合作项目1.3MW风力发电机组风轮叶片研制顺利通过国家科技部验收、2MW级风电叶片成功下线、1.5MW风机开发项目进展顺利。白洋淀地区生态建设与环境综合治理专项取得实质性进展，由中科院专家设计制造的无排放环保厕所和简易环保厕所在白洋淀纯水乡村、半水乡村安装完毕。

【高新技术产业发展】 积极引导和鼓励企业发展高新技术，通过校企合作和生产力促进中心的中介作用，为企业提供高新技术项目和高新技术产品，并向省推荐符合条件的企业申报高新技术企业和高新技术产品。2007年，全市认定高新技术企业86家，其中复审61家，新认定25家。

【“一县一业一园”农业科技示范工程】 按照省政府“一县一业一园”农业科技示范工程总体实施方案要求，结合保定实际，制定了保定市“一县一业一园”农业科技示范工程总体实施方案，成立了保定市“一县一业一园”农业科技示范工程领导小组，确立了保定市各县（市、区）的农业主导产业和科技园区。安国市、顺平县、满城县、易县4个省级示范县顺利通过了省级阶段性验收，获得河北省政府授牌认定。4个省级示范县推动了13家龙头企业建设，引进开发新产品28个，培育知名品牌8个；科技示范园核心区规模1.4万亩，示范区规模2.4万亩，辐射区规模135万亩；引进推广新品种19个，应用推广先进适用技术35项，培训农民15.5万人次。

【太行山星火产业带建设】 通过整合社会资源，贴近山区特色产业经济，请专家引技术，联合各方面力量，调动农民积极性，投入科研经费120万元，组织实施了太行山星火产业带建设。建立了20万亩的星火产业核心区，培育了10个星火科技示范基地、

10个科技型龙头企业。进一步完善了8个山区农村产业科技专家工作站建设，针对农民需求，搞好技术培训，加速科技成果转化，推动产业发展，增加农民收入。与科研机构和专家开展广泛的合作与交流，实现联合攻关、成果共享、互惠互利和有偿转化。2007年，8个山区科技专家工作站开展共性难题攻关12项，推广先进实用技术15项，引进培育新品种8个，培训农民技术人才4.2万余人次，取得了一批国内先进以上的科技成果。在山区开发工作中，保定市科技局荣获2007年度河北省山区创业奖称号。

【创新药物与中药现代化】 积极指导安国陆地药材和易县山地药材规范化种植基地建设。在做好“祁菊花、西陵知母”规范化种植的基础上扩大陆地、山地规范化种植药材的品种、品质和产量。以安国药都集团为龙头，加大中药材生产标准化的平台建设，建立了中药材化学有效成分检验中心，设立了真伪中药材化学鉴别档案库。3月30日，国家科技部火炬高新技术产业开发中心正式下文，同意安国市建立国家火炬计划安国现代中药产业基地。以大型制药企业为主体，积极组织新药开发。河北大学的“抗肿瘤新药碘铂”、“生物酶耐药性研究”、药都集团的“中草药标准技术服务平台建设”等一批项目列入了市级科研计划。

【重大科技成果与推广】 2007年全市共有30个项目获河北省科技奖励。其中自然科学一等奖1项、二等奖1项；技术发明二等奖1项；科技进步奖一等奖3项、二等奖3项；三等奖21项。获河北省科技奖励一等奖的比例和获奖项目总数均位居全省第一。专利申请量达1412件，比上年增长52.32%。经登记的技术合同成交额达2.16亿元，位居全省第一，荣获第三届中国技术市场协会颁发的金桥奖。在第十七届全国发明展览会上，保定市展团荣获优秀组团奖，33个项目获组委会颁发的奖项，其中金奖6项，银奖12项，铜奖13项，专项奖2项，2家企业荣获“河北省十大优秀发明创造单位”称号。重点开展了《枣疯病快速康复技术》推广项目的推广督察工作。

【科普阵地建设】 大力开展了农村科普阵地的创建工作，按照“四有”标准，完成了涿州市桃园办事处太平庄村、望都县赵庄乡姜庄村等15个科普阵地建设。

【组织开展重大科技活动，提升科技工作的显示度】 一是科技活动周活动。5月19日至25日，在全市范围同时开展了以“携手建设创新型国家”为主题的科技活动周活动。首日活动共展出科技展板800余块，科普知识宣传图板105幅，悬挂宣传条幅50条，发放各类宣传资料10000余份。市科技局组织农业专家教授组成科技小分队，到涿州市桃园办事处下坡店村、西皋庄村下乡进行科普宣传和培训。新市区、望都县、徐水县、涿州市等县（市、区）均组织了大规模的科技下乡宣传活动。二是知识产权宣传周活动。4月21日至27日，开展了以“崇尚创新精神，尊重知识产权”为主题的“保护知识产权宣传周”活动。活动内容形式多样，有保护知识产权学术报告会、自主创新与知识产权知识竞赛答题、青少年科技创新大赛、知识产权集中宣传咨询等。三是“三下乡”活动。12月26日，中央八部委联合河北省委、省政府，在易县举行了全国2008年“三下乡”活动启动仪式。科技部党组成员、纪检组长吴忠泽等领导出席了启动仪式，并亲自为帮建的易县第一小学创新活动室和易县科技信息中心揭幕。四是政务信息与科技宣传活动。为加强政务信息与科技宣传工作，市科技局拟制下发了《关于加强科技宣传与政务信息工作的意见》，明确了信息督导上报工作制度，制定了奖惩措施，有力地促进了科技宣传与政务信息活动的开展。全年被省级以上媒体采稿25篇、被省科技厅信息采编系统用稿104篇，荣获省科技厅、保定市政府政务信息工作先进单位称号。

领导班子成员

党组书记 局长	李山森
党组副书记 副局长	张燕飞
副局长	贾京生　徐春齐 刘建良
纪检组长	杨　静

（部门编辑：刘东民　杨欣艳）

保定市2006年度科技进步奖一等奖（37项）

序号	项目名称	完成单位	主要完成人	专业组评审等级
1	ODFPS－500000/750电力变压器	保定天威保变电气股份有限公司	郭爱华、李文平、赵峰、张喜乐、赵静月、郭建贞、刘东升、张庆、刘强、宋秀生	一
2	悬索桥预制主缆平行钢丝索股及生产线研制	巨力集团有限公司	杨建国、杜学国、徐建国、叶建国、禹洪楷、王雅颉、戚占军、贾宝恩、祁海珅、杨贺生	一
3	HT23.5型750kW风力发电机组风轮叶片	中航（保定）惠腾风电设备有限公司	张自国、孙如林、田野、姜兆民、杨士宇、田卫国、樊维中、高凤羽、汪泽军、李晓波	一
4	XXQF－24系列超细铅粉机	保定市风帆机电设备技术开发有限公司	陈志文、张红跃、付光达、孟晖、李晓彦、李庆文、甄东兴、高跃、霍巨、张春秀	一
5	冀审棉花新品种丰抗棉1号选育及应用	保定市农业科学研究所	刘占国、何力剑、刘国卿、吕俊瑶、赵国顺、刘传斌、柳术杰、王顺、史秀丽、胡永宏	一
6	SEC高频斩波串级调速系统	华北电力大学，保定华仿电控有限公司	王兵树、万军、林永君、李华胜、周玉星、孙志权、马士英	一
7	乐凯KX351医用氦氖激光影像胶片	中国乐凯胶片集团公司	高绍平、孟保平、张燕、吴影彬、李立芹、牛娟妮、丁立新、刘徐红、王永平	一
8	多功能防护织物	保定依棉集团有限公司	汪利娟、刘艳茹、王统杰、李洁、陈合义、石建新、尹贺平、赵宗泽、刘锁箱	一
9	83.3dtex/30f连续纺粘胶长丝	保定天鹅股份有限公司	高殿才、张志宏、鲁士君、宋学军、张永刚、刘娜、陈增科、傅向东、吴萍、张志涛	一
10	轿车故障诊断专家咨询系统	保定职业技术学院	辛惠娟、钱东平、戴庆辉、李志芳、张少轩、刘永辉、董宝林、崔卫杰、庞朋龙、张利全	一
11	饼干规模化生产配套技术研究与应用	河北博通饼业食品有限公司	杜景甫、刘齐明、刘雪春、温淑敏、周永昌、郝美超、杜小刚、林国祥	一
12	微生物发酵提取雄烯二酮	保定拜耳凯生化有限公司	李波、江胜、段红梅、薛连才、米建国、谭秀梅、郑仲明、张玲	一
13	抗菌纱、抗菌织物	河北宏润新型面料有限公司	李保胜、李瑞洲、李黛萍、李向红、王琨	一
14	中西医结合治疗椎动脉型颈椎病临床研究	保定市人民医院	牛占岭、贾向晖、李伟、王新玉、高连发、王丽琴、武智强、李存占	一
15	耐多药肺结核的治疗	保定市第二中心医院	张焕娣、李润浦、吕玉红、李玉生、孙砚诚、柴艳红、刘建会、孙彬礼、李斌、张自民	一
16	血清胆红素水平与冠状动脉病变程度的关系	保定市第二医院	吴鹏韬、俞虹、马淑娜、付银环、吴庚、詹艳梅、郭冬梅、郄增旺、杨建新	一
17	机械通气治疗急性百草枯中毒致呼吸衰竭12例临床分析	保定市第一中心医院	宋建民、赵艳茹、杨泽峰、李炳华、王惠阁、卢瑞琦、勾小华、郭昌	一
18	金水宝与缬沙坦联合治疗早期糖尿病肾病临床研究	保定市第一医院	吕洪、刘静芹、贾振祥、俞玎、魏元良、梁丽青、张桂玲、尹贺欣、谭博、耿娜	一
19	保定地区N－乙酰基转移酶2基因多态性与膀胱癌易感性研究	保定市第二医院	王鹏、侯新会、刘永胜、郝捷、阴正坤、张玉蓉、陈晓英、于忠建	一
20	支架成形术并用通心络胶囊治疗颅内外动脉狭窄的安全性及疗效分析的临床研究	保定市第一中心医院	邓志高、任翠剑、高素芹、张唯、刘永刚、赵小妹、魏书艳、刘福兴	一

续表1

序号	项目名称	完成单位	主要完成人	专业组评审等级
21	乳腺癌中 ERα、ERβmRNA 的表达及其与 C-erbB-2 表达关系的研究	保定市第三医院	王维娜、张文清、翟琼莉、李文华、冯秀洁、袁欣、张岚凤、贾岩峰、宋文革、于洋	一
22	Rb,P16,CyclinD1 基因蛋白在大肠癌中的表达及临床意义	保定市第三医院	郑向奎、王晔兴、段文都、张文清、赵洪燕、郭剑、王毅、李杰、刘会艳、梅金安	一
23	肛管粘膜缝扎折叠术治疗混合痔	保定市第三中心医院	高宝刚、杜爱红、傅光奎、张斌、李鹏辉、张淑哲、殷洪恩、郭兵、于占庆、侯英	一
24	咀嚼无糖口香糖预防固定矫治过程中牙釉质脱矿的研究	保定市第二医院	马永平、高文田、柴勇、宋永生、冯建忠、刘丽英、张红、冉屹东	一
25	鼻内窥镜治疗鼻腔泪囊吻合术后失败病例的临床研究	保定市第一中心医院	顾朝辉、赵玮、王立芳、周旖、王丽英、孙会文、李杰、张月玲、冯丽、殷树欣	一
26	保定市高等护理临床带教人员专业自我概念的调查研究	保定市第一中心医院	魏瑞璞、王青芬、汪贵茹、刘军红、魏会敏、刘英乔、林会芬、刘丽萍、毛永贤、周晓红	一
27	危重患儿血清细胞因子、C反应蛋白、乳酸测定及临床意义	保定市儿童医院	高宗勋、雷淑琴、魏艳红、宋义琴、李爱珍、王志华、刘艳、王会芳	一
28	病毒性脑炎患儿血浆溶血磷脂酸变化及意义研究	保定市儿童医院、保定市第二医院、保定市第一医院	顾俊琴、张海欣、张彦祥、范建场、郗超航、王美英、刘彦平	一
29	VEGF、VEGFR 在卵巢癌中的表达及其与细胞凋亡的关系	保定市第一中心医院	汪丛敏、李力、李英惠、路保慧、张金库、段志敏、宋素格、杜润青、张兰英、刘金	一
30	异常子宫出血的宫腔镜诊治及定位活检临床研究	保定市第一中心医院	段志敏、李英惠、王吉云、李力、张兰英、姜梅芳、董静	一
31	腺苷脱氨酶对肝脏疾病的诊断价值研究	保定市传染病院	杨彦改、马士恒、李福建、石鹏辉、马晓红、田桂荣、刘文珍、杨会宣	一
32	高压氧治疗2型糖尿病神经病变的肌电图评价	保定市中医院/市糖尿病医院	张会琴、吕洪、袁芳、何红梅、米会平、陈旭梅、王晓青、王晓娜、李梅、张明华	一
33	保定市结核分枝杆菌多种耐药基因突变流行病学调查	保定市第三医院	王彦、钟利英、张文清、邓洪宇、张晨钰、李文林、范平、张彩云、张雯萍、李志萍	一
34	益气活血清热法配合外治治疗儿童哮喘发作期的临床研究	保定市第一中医院	孙彦敏、白占青、路臻、马春明、刘彦平、王宗繁	一
35	生脉注射液防治尿毒症患者血液透析时顽固性低血压的研究	保定市第二医院	王艳茹、张国英、田李青、闫丽、冯新、王燕华、许丽、谷文惠、潘焕军、葛冉	一

续表 2

序号	项目名称	完成单位	主要完成人	专业组评审等级
36	胰岛素泵治疗糖尿病酮症酸中毒合并冠心病临床研究	保定市第一医院	刘静芹、吕洪、戎惠欣、贾振祥、尹贺欣、李占良、张桂玲、南海燕、谭博、耿娜	一
37	探讨国产坎地沙坦治疗充血性心力衰竭对运动耐量的影响	保定市第一医院	闫胜敏、冯素婷、王彦、翁萍、吴欣、徐瑾、郝晓红、赵霞、张冰、段保湘	一

保定市 2006 年度科技进步奖二等奖（38 项）

序号	项目名称	完成单位	主要完成人	专业组评审等级
1	无公害标准化蔬菜栽培技术推广	保定市蔬菜技术推广站	杨平、潘晓慧、慕春英、郭晔、李思玉、王美娟、雷冬侠	二
2	玉米专用配方肥（底施灵）的技术研究与推广应用	保定土壤肥料工作站	王胜爱、仝少杰、王永福、袁风岐、刘海鹏	二
3	根际促生菌制剂（土壤修复剂）的研制及中试生产	河北巨微生物工程有限公司	肖湘政、杨则瑗、张志红、王来福、梁慧云、张文阁、李春龙	二
4	平移式砼管片模具	河北众鑫源桥隧设备制造有限公司	王茂、谢志栋、赵常、孙素平、李春媛、王丹、马会欣	二
5	SC DCS 配电综合自动化系统	保定市三川电气有限责任公司	郝玉山、黄明强、刘金铸、王剑、王坚、冯志艳、康磊	二
6	变压器容量分析仪	保定市超人电子有限公司	管印超、杜瑞忠、陈勇	二
7	连续纺丝机电气控制系统的开发应用	保定天鹅股份有限公司	刘春利、姜保德、孙玉刚、鲁士君、郝庆鸣、吴永杰、刘忠	二
8	乐凯 SA－5 锐彩数码相纸	乐凯胶片股份有限公司	杜彦飞、王增敏、郭建国、胡俊文、杨贵平、唐志健、任守用	二
9	高血压病患者低密度脂蛋白颗粒直径及 P－选择素的研究	保定市第一中心医院	王伟、田祥、王培军、付银环、张旗、邸书华、张同乐、甄立波	二
10	16 层螺旋 CT 冠脉造影对心电图正常的胸痛患者的诊断价值	保定市第二医院	石奇松、王喜卓、靳翠彬、于春艳、杨润亭、杨菁、王丛魁	二
11	糖尿病大鼠海马存活凋亡相关蛋白的表达及 APP17 肽的作用	保定市第一中心医院	李红星	二
12	自体干细胞动员治疗糖尿病足临床研究	保定市第一中心医院、	席永昌、郭亚平、张耐茹、郭淑琴、张新江	二
13	舒血宁对脑梗死病人血浆溶血磷脂酸和磷脂酸含量影响的临床研究	保定市第二医院	张海欣、顾俊琴、张彦祥、杜亚辉、张靖、胡磊、王博堂	二
14	血脂综合指数与缺血性脑卒中关系的研究	保定市第一中心医院	刘素坤、赵秀敏、贺淑娜、商丽芳、张桂芬、席志梅、付绍丽	二

续表1

序号	项目名称	完成单位	主要完成人	专业组评审等级
15	丁咯地尔与非洛地平缓释片对高血压脑血管狭窄颅底血流动力学的影响	保定市第三中心医院	吕福周、刘全勇、张勇军、胡艳苓、张润兰、于占庆、王彦巧	二
16	乳宁II号对乳腺癌患者血清VEGF、INF－r影响的临床研究	保定市第一中心医院	贾喜花、赵连臣、李海燕、冯桂林、郭亚萍、李开、汪贵茹	二
17	吉西他宾联合希罗达治疗晚期胰腺癌的临床研究	保定市第一医院	赵彩霞、李军、徐淑玲、李兰芬、高凤国、刘静芹、梁文同	二
18	小剂量DF方案治疗晚期食管癌	保定市第三医院	杨渤彦、张兰凤、王志宇、程魏、窦征岳、韩强、李向欣	二
19	普通肝素治疗慢性下肢深静脉血栓形成的临床观察	保定市第二中心医院	张跃升、张柯、白金宝、王毅、赵金凤、李晓燕、王桂月	二
20	阿魏酸钠治疗肺心病心力衰竭临床疗效观察	清苑县人民医院	王冬菊、张玉琢、耿建平、杨金剑、冯新爱、邱超	二
21	硫酸镁防治重型颅脑损伤并发脑心综合征疗效研究	保定市第二医院	赵阳、李艳红、解艳平、闫胜敏、黄英俊、尚运才、王利刚	二
22	氧疗配合中药清热解毒祛腐生肌促进褥疮愈合的疗效观察	保定市人民医院	王云霞、张金德、朱惠英、张燕、李艳先、郑丽华、赵玉文	二
23	不同部位颅底骨折愈合期与卧床时间的研究	保定市第一中心医院	王青芬、魏会敏、汪贵茹、刘丽萍、周旖、高素芹、张丽然	二
24	手术病人尿管放置时间的临床研究	保定市第二医院	闫丽、詹艳梅、丁敏、柴凤婷、冯新、王艳茹、马军生	二
25	下肢深静脉血栓形成的规范化护理及治疗对比研究	保定市第一医院	赵霞、张磊、周晓红、李丽芳、冯素婷、王燕、李兰芬	二
26	无菌线绳预防血液透析过程中穿刺针眼渗血的研究	保定市第二医院	田李清、申卫华、赵亚红、樊丽君、陈淑敏、杨蕴琦、于忠建	二
27	新生儿凝血四项正常范围以及胎龄、日龄和黄疸对其影响	保定市妇幼保健院	王欲琦、李俊玲、史胜平、宋兰萍、葛惠、李冬	二
28	“伢典”祛腐与车针祛腐在2－5岁幼儿深龋近髓充填处置中活髓保存的临床效果分析	保定市儿童医院	刘力欣、李娟、张勇、刘宏芳、王杰英、赵志健、王素梅	二
29	药物流产宫内残留的超声诊断与分型	保定市第二中心医院	赵玉清、安毅、魏玉荣、李素霞、杨丽茹、刘巍、李变玲	二
30	半腹膜外剖宫产术的临床应用	保定市第二中心医院	蔡春霞、李瑞芳、王淑琴、骆淑清、谭丽红、吕艳玲、张会敏	二
31	孕期补充钙及维生素D对产妇及其幼儿腰椎骨密度的影响	保定市第二医院	屈舒君、刘笑松、冯晓燕、王凤仙、冯建忠、付文珍、康莉	二
32	重组人生长激素治疗肝硬化低蛋白血症的临床研究	保定市传染病院	赵军涛、赵红娜、郭彦敏、刘跃军、耿志洲、王丽英、刘震霞	二

续表 2

序号	项目名称	完成单位	主要完成人	专业组评审等级
33	维生素 A 补充对麻疹抗体反应的影响研究	保定市疾病预防控制中心	王永会、任景坤、刘淑华、苏明、王雷、齐欣荣、张永康	二
34	部分脾栓塞术治疗肝硬化脾亢后部分免疫指标的变化	保定市第一中心医院	刘丙木、蔡会欣、刘艳茹、高保成、张新江	二
35	五香散对小儿再发性腹痛胃动力影响的临床研究	保定市第一中医院	赵妍敏、张占玲、孙彦敏、杨艳华、刘秀典、张颖、胡秋华	二
36	正本口服液治疗 2 型糖尿病胰岛素抵抗综合征临床研究	保定市中医院/市糖尿病医院	米会平、张会琴、王改仙、周铭、边立新、张小娜、张军旗	二
37	保定市结核病耐药趋势及成因分析和干预措施的研究	保定市第三医院	张晨钰、郑志清、王彦、张文清、王庭祥、张彩云、钟丽英	二
38	代谢综合征与糖尿病心脑血管疾病高血压的相关性研究	保定市第二医院	刘树理、牛连英、马淑娜、逄惠新、刘梅、宁荣丽、张丽娜	二

保定市 2006 年度科技进步奖三等奖（51 项）

序号	项目名称	完成单位	主要完成人	专业组评审等级
1	特大粒红小豆新品种保 8824－17 推广	保定市农业科学研究所	李彩菊、高义平、柳术杰、杨福禄、刘青会	三
2	肥肝鹅产业化养殖集成技术	保定新大陆朗德鹅养殖有限责任公司	翟润河	三
3	热收缩网包换位导线	保定天威电力线材有限公司	高素霞、康京、李雄壮、甄伯然、耿文思	三
4	道尔－M1 导弹战车用免维护蓄电池国产化研制	国营第四八二厂	卢春耕、潘自周、吴淳、郭勇峰、苗树元	三
5	HDJK－5000 型 SF_6 气体泄漏监控报警系统	保定华电电气有限公司	谭之栋、孙发国、刘长洪、冯迎春、谢翠菊	三
6	ZXGY 电网过电压在线监测装置	河北正弦波电气有限公司	乔玉龙、黎鹏、李伟、史涛、张玉清	三
7	数码彩色扩印系统	保定嘉禾数码科技有限公司	杜怀月	三
8	光纤式温度在线监测系统	保定市玮尔光电科技有限公司	祖元福、张军焕、李英杰、任雯	三
9	L9901 智能电力参数综合测试仪	保定市力兴电子设备有限公司	刘占青、徐云雷、吴彬、杨志敏	三
10	回路电阻测试仪	保定市超人电子有限公司	管印超、杜瑞忠、陈勇	三

续表 1

序号	项目名称	完成单位	主要完成人	专业组评审等　级
11	LKX01 型 X 射线胶片聚酯片基	保定乐凯薄膜有限责任公司	李宇航、熊跃斌、王旭亮、崔书海、张朋	三
12	LKP01 型通用聚酯薄膜	保定乐凯薄膜有限责任公司	王旭亮、张月恒、崔书海、孙海静、张玉安	三
13	异形截面粘胶长丝	保定天鹅股份有限公司	王三元、魏广信、田文智、杨峰、许凤文	三
14	阿托伐他汀治疗慢性充血性心力衰竭疗效观察	保定市第一医院	孙正琦、王丽杰、宋颖、靳翠彬、武文波	三
15	动态心电图加晨起运动负荷试验与冠脉造影诊断冠心病对比分析	保定市第一医院	武文波、董海青、孙正琦、赵莉、王丽杰	三
16	角膜营养不良的临床与实验研究	保定市第二医院	任慧媛、黄英俊、张丽、杨娜、石红	三
17	小剂量阿尔马尔治疗中青年杓型及非杓型高血压患者临床观察	安国市医院	高艳红、秦灵芝、任广兴、霍忠信、冯秀梅	三
18	烧伤六号治疗深度烧伤临床研究	保定市第五医院	孙进华、邢国庆、刘根立、罗莉、于清	三
19	气管导管局部用药对生物被膜形成及医院内下呼吸道感染的影响	保定市第三中心医院	安树昌、阎锡新、张淑哲、付刚、张润兰	三
20	中西医结合治疗原发性肾病综合征 52 例临床观察	定州市中医院	李文书、肖素琴、胡立新、曹会增、胡欣茹	三
21	鞘内注射药物治疗脑囊虫病头痛及颅高压的临床研究	保定市第五医院	张新莉、吕芹、刘根立、吴瑞格、王增欣	三
22	硫酸镁联合亮菌甲素治疗胆结石临床观察	保定市第一医院	田秀丽、周晓琳、卓振山、王芹、张荣琴	三
23	食管、贲门癌与其他剖胸术后心律失常的对比研究	保定市第三医院	尹宝玉、孙媛媛、李文华、宫强、姜洪涛	三
24	联合骨牵引治疗膝关节僵直	保定市第一医院	刘锁利、苏旻罡、陈宁、任永敏、郝建学	三
25	γ - synuclein 在乳腺癌中的表达及其预后意义	保定市第一中心医院	郭兰栓、张惠卿、张培军、张欣、张宇新	三
26	庆大霉素加氟美松持续术中冲洗预防颅脑术后感染发热	保定市第二中心医院	王学良、田雪涛、张跃升、赵杏苗、吴震	三
27	单侧慢性筛上颌窦炎性病变的病因学研究	保定市第一医院	刘领波、付绍喜、姚和梅、赵勇、李红英	三
28	婴儿应用静脉留置针抽血标本的分析研究	保定市儿童医院	王刃、陈静、许艳华、李英琴、王美英	三
29	门诊治疗的颈椎病患者健康教育研究	保定市人民医院	梁亚军、贾向晖、牛占岭、刘英恋、赵瑞征	三

续表2

序号	项目名称	完成单位	主要完成人	专业组评审等级
30	碘伏与频谱治疗仪对会阴切口的疗效观察	保定市第二中心医院	李瑞芳、蒋素敏、李瑞芬、蔡春霞、张淑菊	三
31	护理干预对经纤支镜治疗患者依从性的影响	保定市第二中心医院	柴艳红、张焕娣、李润浦、孙砚诚、刘海平	三
32	老年病人鼻饲方法的改进	保定市第一中心医院	刘丽萍、庞艳梅、魏瑞璞、王青芬、齐磊	三
33	上肢骨折病人两侧腋下温度比较	保定市第一中心医院	刘兰茹、魏贞、胡保岚、魏瑞璞、张素芬	三
34	对头颈损伤、昏迷患者胃管置入方法的临床应用研究	保定市急救中心	张丽娟、周俊祥、卫常安、刘艳新、王燕	三
35	肠套叠免疫反应变化在临床治疗中的指导意义	保定市儿童医院	王炳海、杨斌、刘风昌、王利民、魏山坡	三
36	保定市8000例学龄前儿童全血中6种微量元素水平调查及相互关系分析	保定市儿童医院	孟智慧、刘彦平、孙正纤、王杰英、毕晶	三
37	助产士心理健康状况的调查研究	保定市妇幼保健院	王翠欣、张洁、孙力争、杨爱强、田彩英	三
38	非妊高征孕足月孕妇体重增长对母儿影响的研究	保定市妇幼保健院	张群、陈静、张朝晖、袁洪涛、杨颖	三
39	0.1%布比卡因等比重脊麻在剖宫产中的应用	保定市第二中心医院	韩田、刘秀芹、魏智慧、严士杰、张海清	三
40	妊高汤配合硫酸镁治疗妊高征的临床研究	保定市第一医院	石平、曹树宇、杨文、田宏、王彤	三
41	输卵管插管疏通术术后保留支架72小时治疗输卵管梗阻性不孕症的临床实验研究	河北省涿州市医院	薛颖芝、陈红、苗金花、肖风仙、郭珍	三
42	螺旋CT导引下肺部肿瘤射频热融治疗的应用研究	保定市第三医院	周荣林、齐立伟、李文华、贾晓蕊、杨渤彦	三
43	葛根对成骨组胞增殖分化及OPG、RANKL mRAN表达的影响	保定市第三中心医院	李红丽、吴乃中、崔淑云、刘和娣、代博曼	三
44	自身免疫溶血性贫血(AIHA)病人输血研究	保定市中心血站	李铁夫、刘冀华、张红利、舒坤、刘桂香	三
45	P504S在前列腺癌中表达的意义	保定市第五医院	李兰英、刘趁芬、陈惠英、张晓军、李克新	三
46	复方尼美舒利颗粒的药理学和临床应用研究	保定市第二中心医院	杨学敏、张凤玲、赵金凤、胡立铮、张雯萍	三
47	复方丹参联合纳洛酮治疗肺心病急性发作期的临床研究	满城县医院	颜新彦、王光、陈俭、张惠福、靳风池	三
48	散结胶囊治疗乳腺增生1000例临床研究	保定天鹅化纤集团职工医院	杨艳茹、刘立新、高华、牛惠忠、陈江山	三

续表 3

序号	项目名称	完成单位	主要完成人	专业组评审等级
49	向心穿刺法对血液透析患者动静脉内瘘早期使用的效果观察	保定市第二中心医院	常爱莲、李变玲、周芳、柴艳红、李卫东	三
50	急性心肌梗死再灌注心律失常分析	保定市第四医院	宋泓敏、李栋友、王淑敏、王林、任红	三
51	小儿肺炎病原学末梢血检测的研究	保定市儿童医院	王美英、邓洪宇、王凤仙、陈玉芬、刘革光	三

保定市 2007 年度科技进步奖一等奖（36 项）

序号	项目名称	完成单位	成果水平	主要完成人	专业组评审等级
1	特快速暂态过电压对变压器的影响	保定天威集团有限公司	国际先进	周文泰、梁贵书、张喜乐、孙海峰、崔翔、张重远、焦翠坪、张栋、王雪刚	一
2	太阳能远程无线传输交通信号灯机组	保定维特瑞交通设施工程有限责任公司	国内领先	王士元、王庚禄、苑博里、王士林、王坤、马晓波	一
3	900 吨水轮发电机定子吊具的研制	巨力索具股份有限公司	国际先进	杨建国、姚军战、张仁俊、崔建英、赵春江、高贺龙、袁如意、郑强、赵哲、谭武	一
4	BQ6473 系列轻型客车	河北中兴汽车制造有限公司	国内领先	于东风、张幸庄、朱鹏华、左铁玉、贾少辉、高连国、王振东、张国庆、胡巧珍国军	一
5	特大规格方石墨电极	河北长城长电极有限公司	国内先进	王金铎、赵有贵、杨海春、陶国新、唐济革刘明非、许术源、贾永超、曹万红、刘友	一
6	乐凯光稳定剂 UV－1084	保定市乐凯化学有限公司	国内领先	张尚湖、胡占宗、卢中来、尉西萍、李彦斌、魏晓辉、郭艳成、宋春桥、赵力军、张贵保	一
7	串联式裂解整流变压器	保定天威集团有限公司	国际先进	孙新忠、张亚杰、任淑影、刘新颜、王孟红陈志国、郭艳君、刘洪文、金程、黄宝新	一
8	LT 电化学电源（微机双控热备用电化学整流装置）	保定莱特整流器制造有限公司	国内领先	袁世峰、马肃宇、王献亮、张亚丽、王建时、杨翠平	一
9	淬火介质空气冷却器	保定市金能换热设备有限公司	国内领先	宿新天、宋重福、范双喜、李玉泉	一
10	太阳能灯具	保定市大正太阳能设备制造有限公司	国内领先	常河洲、黄瑞东、刘淑平、王凤池、王会勤、张晓波、赵万增	一
11	设施“双网双膜”标准化周年蔬菜栽培技术推广	保定市蔬菜技术推广站	国际先进	刘彦民、于凤玲、杨平、潘晓慧、郭晔	一
12	酿造酱油与配制酱油的仪器鉴别方法研究	保定市疾病预防控制中心	国内领先	刘士江、张玉玺、吕建伟、王会芳、刘艳丽、王亚丽、赵宝印	一

续表1

序号	项目名称	完成单位	成果水平	主要完成人	专业组评审等级
13	缬沙坦对冠状动脉支架植入术所致C反应蛋白干预作用的研究	保定市第二医院	国内领先	付银环、袁伟东、江红、俞虹、张丹、詹艳梅、石红、郄增旺、王燕华	—
14	卒中后抑郁症发生率及针灸治疗的研究	保定市第一中心医院	国内领先	刘素坤、张会芳、赵秀敏、曹玉平、张林洁、陈宏伟、郄涛、郭艳敏	—
15	高压氧联合金水宝治疗急性脑梗死患者后ET-1及CGRP含量动态改变	保定市第一医院	国内领先	赵军、康新建、董海青、袁红、赵新慧、付颖、齐娅、白京霞、利秀清、李巧华	—
16	局部针刺配合按摩治疗颈型颈椎病临床研究	保定市人民医院	国内领先	李亚军、贾向晖、李存占、王丽琴、高连发李彩凤、崔凤英	—
17	新型生物压电复合陶瓷对骨组织定向诱导活性的研究	保定市第二医院	国内领先	王鹏、张晓周、谷文惠、郄增旺、刘力欣、田跃、赵春清、苑国强、李兰柱、贾欣欣	—
18	旋后外旋型踝关节骨折中下胫腓联合的治疗	保定市第一中心医院	国内领先	宋兴建、刘淑萍、马战备、张满库、连勇、陈宏伟、姜源涛、张志桐、郑岭书	—
19	不同神经外膜松解范围对腕管综合症手术疗效的影响	保定市第一中心医院	国内领先	连勇、邵新中、高五海、宋兴建、李雪波、康亚娟、王丽英、王永清、赵连臣、万建社	—
20	可控性腹腔镜辅助套管鞘侧孔吸引器的研制与应用	保定市第二医院	国内领先	李全福、张会芳、郄涛、刘建辉、邵青龙、张敏、郭超	—
21	持续经鼻正压通气与机械通气后并发症的对比	保定市妇幼保健院	国内领先	杨梅、王海娟、宋万千、蔺枢勇、易彬、谭伟、李俊玲、郝亚平、李冬	—
22	中药苦参液用于婴幼儿头皮穿刺前消毒的研究	保定市儿童医院	国内领先	范建场、徐淑玲、刘艳、黄嘉乔、王美英、李爱珍、闫君、王凤仙、马继锋、刘爱梅	—
23	ERCP后血清淀粉酶浓度的变化规律及早期进食可行性探讨	保定市第一中心医院	国内领先	郝英霞、程连房、张彦、张金卓、李雪梅、陈玉海、和惠欣、李建英、陈玉平、杨颖	—
24	RT-PCR定性、定量检测汉病毒RNA及在临床诊断中的价值	保定市传染病院	国内领先	郭彦敏、谈文辉、李林泽、牛聪敏、安丽敏、杨学刚、陈宇萍、孟祥芝、马士恒	—
25	外敷马铃薯切片保护动静脉内瘘的研究	保定市第二医院	国内领先	杨蕴琦、路瑞梅、李立春、赵亚红、李萍、付文珍、张建敏、张玉凤、阎玲、张新兰	—
26	腹腔镜辅助下经阴大子宫切除术的安全性研究	保定市第三医院	国内领先	潘艳萍、张文清、王烨兴、赵洪燕、高云、高丽、田洁、李大龙、钱智、梁艳辉	—
27	探讨孕中期产前筛查和遗传咨询及心理干预对优生的影响	保定市妇幼保健院	国内领先	殷惠芳、李丹、宋兰萍、崔向莉、张彬、许如钗	—

续表2

序号	项目名称	完成单位	成果水平	主要完成人	专业组评审等　级
28	腹腔镜加中草药治疗在不孕症的应用价值	保定市第一中心医院	国内领先	朱继红、宋素格、马玉洁、田东莲、马晨霞、杨润婷、王亚琴、刘瑞娟、任重远、董静	一
29	TRAIL DcR4 Caspase3 与 Bc1－2 在直肠癌旁组织中的表达与意义	保定市第一医院	国内领先	郝建军、温实、卞永生、王宏力、刘进忠、安亚伟、党惠、段世博、朵芳	一
30	保定地区肺心病致病因素及干预措施效果研究	保定市第三医院	国内领先	郝福庆、张艳平、杜春海、张晨钰、李小霞、贾芳、彭敏、刘颖绘、李晓琳、王学敏	一
31	保定市碘缺乏病（IDD）现状及防治对策的研究	保定市疾病预防控制中心	国内领先	贾建茹、胡晨、李小平、胡超安、张丽娟	一
32	小剂量短间隔给予阿托品治疗急性有机磷中毒经验	保定市第一中心医院	国内领先	田会欣、黄一茜、张新江、张树森、周秀英、张林洁、程美萍、王红、曹东、孟庆义	一
33	联合检测颅外段动脉内膜变化与深血磷脂酸血浆浓度在血栓前形态研究的意义	保定市第一医院	国内领先	杨晓红、赵玉清、刘秀清、王敬、刘丽红、高淑萍、袁芳、张荣琴、苏春萍、杨金焰	一
34	精索静脉曲张彩色多普勒超声声像图特征及其诊断价值	保定市第二中心医院	国内领先	李卫东、卢建海、常爱莲、齐文秀、柴艳红、杨震、闫风芝	一
35	胃肠道疾病磁共振诊断与研究	保定市第一医院	国内领先	高凤国、李会生、张素仙、史进忠、程炜、杨庆生、张占海、祝杏超、尹培尧刘清江	一
36	保定市学龄前儿童口腔健康状况调查分析	保定市第一中心医院	国内先进	张东妹、赵二军、魏荣霞、安惠端、李杰、李晔、黄一茜	一

保定市2007年度科技进步奖二等奖（41项）

序号	项目名称	完成单位	成果水平	主要完成人	专业组评审等　级
1	高产、稳产红小豆新品种保9326－16推广	保定市农业科学研究所	国际先进	李彩菊、高义平、马信泽、柳术杰、杨福录赵国顺、胡永宏、李宝佳、齐建英、李广和	二
2	新优盆花无土栽培技术示范	保定市花卉协会	国内领先	甄壮平、段学芬、李维泉、杨焕金、谷兰兰高淑花、王艳云、曹荣君、赵兰、张嘉伟	二
3	BQ1021J6A 增压中冷柴油轻型货车	河北中兴汽车制造有限公司	国内领先	于志成、刘林鑫、张会卿、赵博、牛龙彪、屈颖、张福德、谢英林	二
4	TWRW 型数控绕线机	保定天威集团有限公司	国内领先	何平、冀增华、刘伟、刘大永、宋毅	二

续表 1

序号	项目名称	完成单位	成果水平	主要完成人	专业组评审等　级
5	工程用缆索热铸锚具	巨力索具股份有限公司	国际先进	杨建国、杜学国、叶建国、王雅颉、禹洪楷、张东、刘伟、崔晓友、贾宏伟、王震	二
6	小型水电站计算机监控系统及推广和应用	保定市小水电管理站	国内先进	刘强、吴宪玉、魏明熙、段占红、武志春、胡江、辛明秋	二
7	LVB－220W2 电流互感器	保定天威集团有限公司	国内先进	薛晚道、张伟明、刘秀凤、董洪革、魏理明王子凯、赵彦真、焦翠坪、杨俊池、王文娣	二
8	BMD－1000 型超声骨质分析仪	澳诺（中国）制药有限公司	国内领先	王杨、师磊、贺烨博、苏梦琦	二
9	TWJK 大型中央空调集控系统	保定天威集团有限公司	国内领先	何平、冀增华、杜玉新、刘大永、刘伟、宋毅、金春雷	二
10	高支天丝面料纱线	保定依棉集团有限公司	国内领先	汪利娟、李永奇、王统杰、李洁、王素娟、刘锁箱、谢旭光、张晓红、张丽、彭晓	二
11	水和废水中苯胺快速监测技术研究	保定市环境保护监测站	国内领先	贾凤芝、谢平、文丽青、姜婧、张国英、于桂玲	二
12	智能型大电流互感器校验仪	保定博为科技有限公司	国内先进	杜建峰、穆希华、程元、薛岩峰、董义忠、卜峰琦、陈秋萍	二
13	辅酶 Q10 对他汀类药阿托伐他汀引起肌痛肌溶解副作用疗效观察	保定市人民医院	国内领先	赵会珍、袁泽刚、许巧玲、李存占、赵新翠刘昕、程学英、杨秀文	二
14	冠心病患者左室舒张功能和（或）收缩功能与冠状动脉狭窄程度相关性研究	保定市第一中心医院	国内领先	赵勇、李放、王彦、付绍丽、马锐、张会娣、王国全、刘欣、李子志	二
15	左室舒张功能不全血清脑钠肽的改变及阿托伐他汀干预作用	保定市第二中心医院	国内领先	孟祥慧、卢建海、许继荣、王庆文、李瑞莲、张聪辉、刘冬梅、刘艳霞、李庆彬、文海燕	二
16	急性冠脉综合征患者血浆溶血磷脂酸水平改变的临床研究	保定市第二中心医院	国内领先	王有余、孙彬礼、张书栋、侯铁永、胡菊、刘少婷、安毅、王庆文、索蒲霞	二
17	2 型糖尿病合并脂肪肝危险因素的病例对照研究	保定市第二医院	国内领先	庞英杰、石亚昕、江红、石亚峰、石林、何晖、李保英、周蕾、王晶璞、邓杏岩	二
18	血清 MMP－9、OX－LDL 与 2 型糖尿病大血管病变的相关性研究	保定市第二医院	国内领先	陈雅静、张彦平、邓杏岩、王燕华、张丹、张国英、李保英、何晖	二
19	2 型糖尿病及并发症预防治疗效果研究	涿州市妇幼保健院	国内领先	王玉华、赵静、夏丽娟、赵宝军、张顺贤、刘士江、徐红、冯晓勇	二
20	镁离子制剂治疗心源性脑栓塞疗效研究	保定市第一医院	国内先进	李艳红、赵阳、李艳东、靳翠彬、黄英俊、杜双会、闫胜敏、刘彦青、宋凤磊	二

续表2

序号	项目名称	完成单位	成果水平	主要完成人	专业组评审等　级
21	中药调整下丘脑－垂体－肾上腺轴功能治疗痹证的临床研究	保定市第一中医院	国内领先	宋红莉、武智强、杨艳华、阎明华、张玉璞、李宜	二
22	痒疹散治疗慢性荨麻疹的疗效观察	保定市第一医院	国内领先	赵新慧、刘凯、赵军、袁芳、白京霞、刘玉霞、李巧华	二
23	重症脑血管病并发肺损伤中药治疗观察	易县中医院	国内领先	李福海、宿英英、马立元、陈敏卓、王雪红、于芳	二
24	扁平部造瘘术联合小梁切除术＋丝霉素C治疗新生血管性青光眼	保定市第一医院	国内领先	马月霄、王立芳、邹莎莎、孙辉林、独宇欣、赵淑灵、刘翠敏、夏竹梅、刘丽红、石亚昕	二
25	慢性鼻窦炎鼻息肉与年龄和性别的关系	保定市第一医院	国内领先	姚和梅、刘领波、李红英、傅绍喜、刘屹陈宁、张鑫、魏玉梅、李军、李巧华	二
26	龈沟液中HGF及IL－1含量与牙周炎关系的研究	保定市第二医院	国内领先	刘丽英、马永平、王培、李冬、赵二军、、柴勇、姜谦	二
27	Angle Ⅱ类错牙合 畸形正畸治疗后的稳定性研究	保定市第二医院	国内领先	张红、马永平、冉屹东、马林、刘丽英	二
28	超声在涎腺肿物诊断中的应用价值	保定市第一中心医院	国内领先	王冬梅、邢亚坤、李月明、刘晓光、李丽英、陈宏伟、申素芳、李子志、周伟娜、袁海亮	二
29	经尿道电切与钬激光联合治疗重度BPH	保定市第一中心医院	国内领先	苗晓林、尹来栓、宋立杰、甄玉婷、王秀英、张杏梅、王志彦、岳霄、李林、李鼎	二
30	保定市儿童医院0～7岁门诊流感样病例的监测研究	保定市儿童医院	国内领先	刘艳、刘革光、黄嘉乔、郝晓洁、范建场、李娟、王刃、董青伟、孟智慧、王凤仙	二
31	P504s、P63、34βE12抗体混合物在前列腺癌病理诊断的应用	保定市第一中心医院	国内领先	张金库、苗小林、田茶、王晓春、杨永英、黄秀英	二
32	量子检测涿州地区0－14岁儿童锌营养情况调查	保定市第二中心医院	国内领先	侯秀玲、史湘舟、刘丽君、颜蓉、孙彬礼、潘晓、赵建跃、薛冬月、李辉、李亚伟	二
33	慢性肝病患者血清瘦素检测的临床意义	保定市传染病院	国内领先	赵红娜、安丽敏、牛聪敏、李林泽、王文红、罗蕊、卢震亚、曹明、陈浩、袁伟	二
34	对严密隔离病人施护过程中意外受伤的调查及对策	保定市传染病院	国内领先	张亚力、于亚丽、胡建敏、牛聪敏、于建立、李庆恒、闫君、于明、张梅、腾博芳	二
35	开胸术后曲马多皮下持续注药的应用研究与护理	保定市第二中心医院	国内先进	胡彩会、陈贵琴、李变玲、谢丽军、常秀平、张宏、张贺玲、曹丽萍	二
36	人性化护理在大型仪器检查中的应用	保定市第一医院	国内领先	张荣琴、白京霞、李巧华、杨焕起、贾红玉李丽芳、马丽、杨晓红、李文利、侯殿玺	二

续表 3

序号	项目名称	完成单位	成果水平	主要完成人	专业组评审等级
37	体位垫的合理应用对术中病人护理的研究	保定市第一医院	国内先进	张荣敏、王立红、周晓红、李文丽、李占良、杨久成、杨素景	二
38	人工肛门病人出院后生活质量与社会支持的相关性研究	保定市第一中心医院	国内领先	董春艳、曹晋、刘智斐、杨永英、魏瑞璞、王青芬、刘丽萍	二
39	白介素－2 辅助肺结核合并糖尿病的治疗	保定市第二中心医院	国内领先	许继荣、肖凤仙、孟祥惠、刘冬梅、徐春秀、张晓娟、曹丽萍、高红雨	二
40	实时三平面超声成像评价正常人左房功能的初步研究	保定市第一中心医院	国内领先	于青、刘昕、陈以新、陈妹红、万建设、申素芳、李子志、周伟娜、袁海亮、李月明	二
41	使用合理剂量浓度消毒剂处理霍乱疫源地实验研究	保定市卫生监督所	国内领先	张晓伟、李刚、魏洪启、臧蕊、姚翠莺	二

保定市 2007 年度科技进步奖三等奖（39 项）

序号	项目名称	完成单位	成果水平	主要完成人	专业组评审等级
1	天然盐渍肠衣保存方法研究	保定市疾病预防控制中心	国内领先	刘士江、李俊爱、赵宝军、张玉玺、肖玮、贾建茹、王玉华、夏丽娟、刘东磊、梁书轩	三
2	一种新型铝盐降氟剂	保定市卫生监督所	国内领先	刘建生、崔立周、刘士江、贾建茹、王晔、张文清、臧蕊、胡超安、黄辉	三
3	新型乳制品－麦胚奶研制	河北新希望天香乳业有限公司	国内领先	葛春美、张柏林、范秀梅、谭洪波、张利英、刘志建、杨玉红、白宇、安慰、付勇猛	三
4	微孔粗集料过滤器	保定清源实业有限公司	国内领先	张春奇、邓臻璞、邬立军、刘立新、于泉义	三
5	BQ1021J3A2 增压柴油轻型货车	河北中兴汽车制造有限公司	国内领先	于志成、刘林鑫、张会卿、赵博、牛龙彪、屈颖、张福德、谢英林	三
6	BQ1023 及 2023 系列轻型货车	河北中兴汽车制造有限公司	国内领先	王领刚、杜喜然、贾国强、胡菲、李红、黄恩利、葛钟楼、安春霞、李云豪、焦哲	三
7	CX－MMC 电动机管理控制器	保定市创新恒瑞测控有限公司	国内领先	白亚涛、王军、袁有启	三
8	配电监测与无功补偿装置	保定学峰实业有限公司	国内领先	郭英顺、李清军、张景祥、孙振红、李志强、安福春、营少鹏	三
9	UNT－PCK 智能 PC 测控装置	保定市尤耐特电气有限公司	国内领先	刘海、崔明星、王申国、刘坤霞、王双、刘增辉	三
10	CX－WXZ 微机消谐装置	保定市创新恒瑞测控有限公司	国内领先	王东生、王军、袁有启	三
11	JD 电力测试设备数据管理软件	保定金迪知电软件开发有限公司	国内领先	邢西臣、杭志芳、王建明、翟晓辉	三

续表1

序号	项目名称	完成单位	成果水平	主要完成人	专业组评审等级
12	聚阴离子纤维素钠盐(PAC)	河北铭泰化工有限公司	国内先进	赵新利、王志民、刘杰、张保和、陈丽惠、刘丽霞、付少辉、刘静	三
13	AMR－300远程“看门狗”型预付费系统	保定兴亚科技发展有限公司	国内领先	王立宗、刘长利、孙五一、姚如昕、董成哲、高云飞、马健、王君、王青、赵力钊	三
14	用于低牵伸比熔融纺氨纶丝的开发	保定天鹅氨纶有限公司	国内先进	冯鸣跃、叶艳萍、孙新生、张洪利、吕静波、刘建新、刘玉来	三
15	同型半胱氨酸水平与冠状动脉病变支数的关系	保定市第二医院	国内领先	马淑娜、吴鹏韬、刘树理、俞虹、赵彦琴、江红、王艳华、詹艳梅、郭冬梅、王素玉	三
16	慢性心力衰竭患者左右心室收缩同步性研究	保定市第一中心医院	国内领先	杨新娟、李放、高保成、郭淑琴、陈宏伟、赵连臣、刘永健、周敏杰、李玉兰	三
17	高脂血症与胰岛素抵抗关系的流行病学调查	保定市第三医院	国内领先	袁红、罗志远、任小英、袁芳、崔莎、张文清、梅金安、李文华	三
18	脑卒中早期康复训练时间窗的研究	保定市第二中心医院	国内先进	成业、卢波、高会敏、李玉生、陈贵芹、胡彩会、张欣、杨丽英、曹永吉、郭淑琴	三
19	乳腺增生中医辨证与超声分型的相关性研究	保定市第二中心医院	国内先进	康平、孟舒静、赵玉清、苏进义、裴雅辉、张娜、邸海燕	三
20	黄芪联合复方丹参用于重度子痫前期期待治疗的临床研究	保定市第一医院	国内领先	张晓丽、吴继红、米路易、齐省华、吴喜莲、刘艳云、张晓峰、张琳珠	三
21	痒疹汤治疗妊娠性痒疹的临床应用研究	保定市第一医院	国内领先	马亚男、杨进、米路易、赵飞宇、张嘉庆、刘凯、张涛	三
22	应用八脉穴治疗假性球麻痹吞咽障碍	保定市第一医院	国内领先	崔立民、靳元嵘、张昕、张琳珠、杜琪敏、白京霞、张淑芳、康锁彬	三
23	补气运肠法合水针治疗结肠黑变病的临床研究	保定市第一中医院	国内领先	白晓莉、刘红燕、薛芳、孟惠改、李智英、宋清江	三
24	保定市VDT作业人员眼健康状况调查及影响因素研究	保定市第二医院	国内领先	张丽、姜伟、刘颖、康莉、鲁建幸、陈晓英、霍鹏英、冯新	三
25	分体式Activator矫治器治疗替牙期功能性反牙合的研究	保定市第一中心医院	国内领先	赵虎、林雪梅、辛晓红、彭金忠、徐中苏、冯桂林、王丽丽、和惠敏、陈维亚	三
26	可弯曲空心探针在复杂肛瘘诊治中的应用研究	唐县人民医院	国内领先	郭明浩、刘凯龙、韩焕英、张燕生、杨玉霞、吴立国、李京龙、蔺世光、蔺增富	三
27	参松养心胶囊预防非体外循环冠状动脉旁路移植术后早期心律失常的临床研究	保定市第一中心医院	国内领先	何俊杰，刘丽伟、刘立杰、李俊欣、张静波、杨颖、王宝申、梁景芳，张志强	三

续表2

序号	项目名称	完成单位	成果水平	主要完成人	专业组评审等级
28	保定市老年人良性前列腺增生症的患病情况及相关因素	保定市第二医院	国内领先	刘永胜、郝捷、张玉蓉、王连虎、阴正坤、付文珍、侯新会、于忠建、王元元、甄会欣	三
29	高压氧治疗婴幼儿脑炎效果观察	保定市第二中心医院	国内先进	安毅、白玉萍、安翠仙、刘丽君、魏荣霞、郝树磊、杨丽茹、赵杏苗、郭淑毅	三
30	保定市地区革兰氏阴性菌耐药性研究	保定市第一医院	国内领先	陈爱地、贾建茹、王卫红、夏竹梅、范丽芳、宋慧茹、胡晨、张昕、白京霞、杨胜春	三
31	股骨颈骨折相关因素分析及精细护理与健康教育对策	保定市第一中心医院	国内领先	王建英、李建英、林会芬、崔彦彬、韩红霞、刘兰如、刘丽萍、郄娆、冯晶晶、孟婧	三
32	电话回访式健康教育对冠心病患者出院后遵医行为影响的研究	保定市第五医院	国内领先	王艳敏、张红霞、朱惠英、张元玉、张贺艳、王增欣、张晓军、甄会欣、吕芹、张玉蓉	三
33	渐进镇痛用于无痛分娩的研究	保定市第一医院	国内领先	刘艳云、石亚昕、王丽芳、潘艳萍、田亚菊、张晓丽、张琳珠、杨进	三
34	仕泰栓配伍依托咪酯在无痛人流中的应用研究	保定市第一医院	国内领先	王雅琮、刘桂珍、谢志勇、党惠、米路易、张荣敏、石平	三
35	产前筛查降低出生缺陷的研究	保定市妇幼保健院	国内领先	李伟、黄瑛、杨颖、裴强、刘君、宋兰萍、刘卫红、刘恩波、王玉琪、藏惠珍、许汝钗	三
36	2003－2005年涿州地区公检法人员体检中健康调查研究	保定市第二中心医院	国内先进	李娜新、张淑菊、张柯、徐春秀、张聪辉、杨杰、马瑞芬、孙彬礼	三
37	呼吸门控在腹部3D－MRCP中的应用	保定市第一医院	国内先进	史进忠、高凤国、尹培尧、李会生、张素仙、李术娜、李丽芳、王燕、程炜	三
38	肺结核合并肺部感染患者铜绿假单胞菌对抗生素的耐药性及基因分型	保定市第二中心医院	国内先进	胡菊、孙彬礼、齐文秀、刘素格、侯铁永、张欣、魏国安、邢云萍	三
39	汉坦病毒重组蛋白检测血清中特异性抗体的动态变化及在临床诊断中的价值	保定市传染病院	国内先进	王丽英、牛聪敏、安丽敏、李林泽、于亚丽、盛丽英、陈浩、陈宇萍、郭彦敏、孟祥芝	三

科协工作

【保定市科学技术协会】 保定市科学技术协会是中共保定市委领导下的人民团体，是科学技术工作者的群众组织，是党和政府联系科学技术工作者的桥梁和纽带，是国家推动科学技术事业发展的重要力量。市科协机关内部设办公室、普及部、学会部、宣传部4个部室。下属两个事业单位：科学宫、科技活动咨询中心。

【2006年·概况】 2006年，保定市科协在省科协的具体指导下，在保定市委、市政府的正确领导下，贯彻落实中共中央十六届五中、六中全会精神，坚持为保定

市的科学发展、提速发展、和谐发展服务，各项工作均取得圆满成绩。市科协获中国科协颁发的全国科普日活动优秀组织单位、省科协颁发的全省科普工作先进集体和市委、市政府颁发的工作实绩突出单位等10项荣誉。

【开展“百乡千村”科普服务工程】 为贯彻落实中央十六届五中全会关于建设社会主义新农村工作精神，贯彻落实中国科协、省科协惠农工程要求和实施全民科学素质行动计划纲要，保定市科协用一个月的时间，行程2500公里，组织河北农大、省植保所、省畜牧兽医研究所、省微生物研究所、市农学会、市畜牧兽医学会、市林果学会高级职称技术人员组成讲师团；市中医院医务人员组成医疗服务队；10余家涉农企业组成下乡服务队；市科协还携新制作百延长米展板，技术资料22种21万份到12个县（市）12个乡开展以“百乡千村科普服务工程”为主题的综合科技下乡活动。共组织18个专业的专家讲课29场，直接培训5000人，其中农村两委党员干部、种养大户、技术骨干2000人；组织医务人员120人次，义诊2700人次；12家涉农企业出车96台次直接销售新农药2.3吨，优种3.5吨，优种苗木4000多棵；发宣传资料4.8万份。市科协直接组织的科技下乡活动宣传110个村一万多人次。百乡千村科普服务工程服务于农村经济发展，贴近了市委、市政府建设社会主义新农村工作的主题，结出了累累硕果，现在各县涌现出了如曲阳芦笋基地、高阳麻山药基地等一大批先进典型，百乡千村科普服务工程的重大意义正在逐步展现。

【保定市提高全民素质工作全面展开】 2月6日国务院印发了《全民科学素质行动计划纲要》，要求各地认真实施。河北省政府办公厅于4月成立了河北省全民科学素质工作领导小组，标志着河北省提素工作全面展开。按照省委、省政府的要求，保定市成立了由李国英副市长任组长的保定市全民科学素质工作领导小组，并召开了第一次会议。会议审议了《保定市实施〈全民科学素质行动计划纲要〉工作方案》。保定市所辖25个县（市、区）已经全部成立领导小组。

【成功组织全国科普日保定宣传系列活动】 按照中国科协、省科协的统一部署和具体要求，9月15日，“全国科普日保定市大型科普宣传活动”暨启动仪式在人民广场正式开始。市人大副主任梁书屏、市政府副市长李国英、市政协副主席赵敬章等领导参加了启动仪式。副市长李国英对科普日系列活动给予了充分肯定，号召全民都来参与这项有意义的活动。制冷学会、医学会等18个学会，风帆集团、供水总公司等10个基层科协，20名教授及专家、100多名科普志愿者参加了活动。据统计，这次活动共展出展板200多块，解答咨询610人次，义诊780人次，发放各种宣传资料50000余份，宣传群众约2000人。

【党员干部技术培训和农技协、科普示范基地建设】 党员干部尤其是农村党员干部一直是科技致富的带头人，对建设社会主义新农村具有重要意义。2006年初，市科协、组织部制定了《保定市2006~2010年农村党员、基层干部实用技术和市场经济知识培训规划》。在各项工作中强调对党员干部的技术培训，要求对党员干部参加培训学习的登记造册，搞好跟踪服务，注意发现培养典型。据统计，全市共举办党员干部培训班467期，直接培训党员干部38200人次，百乡千村科普服务工程中市直接培训党员干部2000多人次，县（市、区）培训党员干部6.93万人次。农技协、科普示范基地建设是和百乡千村科普服务工程联系在一起进行的。由于百乡千村科普服务工程的影响，新涌现了一批科普示范基地，农技协的先进带头作用得到了充分发挥。现在各县已经申报了党员干部先进典型36个，科普示范基地17个，市科协正在组织申报评选。

【组织青少年科技教育活动】 2006年，市科协组织了第二十一届青少年科技创新大赛活动、“大手拉小手——科普报告希望行”活动、第六届青少年“智力七巧板”拼图和模型竞赛、中小学生汉字录入大赛、青少年信息学奥林匹克竞赛、第二十二届青少年科技创新大赛作品的征集评比等活动。通过这些活动，提高了青少年的科学素质，激发了青少年学科学、爱科学动力，丰富了他们的想象力。保定市科协组织学生参加全国第十届智力七巧板科普系列活动总决赛获得全国优秀组织奖，在第二十一届河北省青少年科技创新大赛活动中，荣获优秀组织奖。

【成功举办县域特色产业发展科学论坛报告会】 市科协本着“共商用科学发展观解决县域经济发展问题的新理念和新思路，为市委、市政府就加快县域经济发展提供合理化建议”的宗旨，从2005年下半年开始，就积极组织各学会、县（市区）科协、基层科协和大学科协开展了以“谋区域特色产业发展、议新农村建设”为主题的学术研讨活动。广大科技人员参与热情高，研讨期间共上报各方面的建议报告和学术论文30余篇。组织召开了《保定市区域特色产业—新农村建设科学论坛报告会》。市委李光耀副书记、市政府李国英副市长、各县（市、区）主管农经工作的副县长和科协主席、省直驻保有关科研院所的领导、市直各学会秘书长等120余人参加了会议。会上，省农林科学院党委书记、院长王慧军教授专程赴保作了《县域经济发展战略思考》学术报告，保定市城市规划设计院党委书记、副院长潘锡章作了《保定市小城镇建设发展“十一五”规划》对策研究报告，保定市环保局副局长魏凤枝作了《县域经济与环境保护》的报告，市委李光耀副书记和市政府李国英副市长又分别作了加强区域特色产业发展、社会主义新农村建设和壮大县域经济的讲话。同时对科协的活动给予了肯定和鼓励。此次报告会受到与会人员好评，一致认为：这次论坛主题鲜明、专家的观点新颖、对策具体，抓住了当前经济工作的热点、重点、难点问题。营造和活跃了学术氛围，达到了科协要组织科技界人士为保定市经济决策服务的目的。

【组织政协科技界委员对保定市农村科技（专业）经济合作组织进行调研】 联合市政协经科委组织保定市政协科技界委员和部分农业专家，对高阳、满城、望都3县的农村专业合作经济组织情况进行了深入调研。通过实地考察、召开座谈会和总结分析，对我市农村专业合作经济组织的发展现状、组织形式、经营机制、政策环境、带动效果、农民需求等情况有了基本了解和掌握，并综合科技界政协委员、农业专家意见和看法，形成了《保定市科协界政协委员关于农村专业合作经济组织调研情况报告》，系统阐述了通过推动我市农村专业合作经济组织的发展，来提升我市农业产业化水平，促进农业增效、农民增收，实现农业农村经济跨越式发展的专家意见和建议，以供市委、市政府及有关部门参考。

【组织开展了“工业强市”科技创新竞赛和金桥工程】 为把“工业强市”科技创新竞赛活动推上一个新台阶，市科协和市发改委联合签发了《关于继续开展“工业强市”科技创新竞赛的通知》。要求充分发挥科协组织优势，在上年活动的基础上，认真组织企业科技人员，积极开展“工业强市”科技创新竞赛活动。通过科技创新竞赛，充分调动科技人员的积极性和创造性，促进全市科技进步、科技研发、科技成果转化和科技人才的成长与提高。通过科技创新竞赛，使企业成为科技创新的主体，从而大力推进企业科技创新工作，促进企业经济快速发展。实现我市经济的跨越式发展，进一步推动工业强市的进程。申报单位重点项目达到62项，50万元以上市级项目42项。金桥工程项目14项，其中2项推荐为省级项目。

领导班子成员

主　席　赵红军

副主席　潘惠彬　刘春生

　　　　王坤燕　李国旗

【2007年·概况】 2007年，保定市科协深入学习贯彻党的十七大、省委七届三次全会和市委九届四次会议精神，以邓小平理论和三个代表重要思想为指导，全面落实科学发展观，精心组织，科学筹划，圆满承办了省科协安排的全国科普日启动仪式、青少年创新大赛等工作，分别荣获省科协颁发的“优秀组织单位”和“优秀组织奖”称号，青少年科技教育工作获“全国优秀组织奖”。同时结合保定市科协自身特点，组织了“百乡千村科普服务工程”、“节能减排”宣传活动、太阳能报告会、青少年科技节、科普画廊建设和“校企对接，搭建平台”等特色活动，保定市委两次发《保定快报》特刊，介绍市科协工作。

【承办全国科普日河北省启动仪式】 根据国务院全民科学素质工作领导小组和中国科协的通知要求，以“节约能源资源、保护生态环境、保障安全健康”为主题的2007年全国科普日暨主题科普系列活动9月15日在全国各地同时举行。保定市科协承担了举办河北省科普日启动仪式的任务。在省科协的具体指导和市委市政府领导、协调下，我们精心筹备、认真谋划，全国科普日启动仪式取得了圆满成功。9月15日，活动开幕式由省政协副主席、科协主席李有成主持，省科协党组书记、常务副主席、省全民科学素质工作领导小组副组长唐树钰介绍了科普日的有关情况，副省长、省全民素质工作领导小组组长龙庄伟和保定市委书记宋长瑞做了重要讲话。最后，省委常委、统战部长刘永瑞宣布2007年全国科普日河北系列活动开幕。本次开幕式现场市科协共组织了17项重点活动，内容包括科技信息、农业信息、生活常识、节能减排、天文知识等十多项内容，并设专门人员进行讲解；24个学会，15家企业科协共设置了近百个展台，共有3000余名科普志愿者参加，其中青少年就达1100余人，发放各类科普宣传资料近5万份，接待群众2万余人次。河北日报、河北科技报、省电台、保定日报等新闻媒体到活动现场进行了采访报道。

【承办省创新大赛决赛，提高了我市创新大赛水平和影响力】
4月，河北省第二十二届青少年科技创新大赛决赛在我市举行。作为承办单位，我们全力协助和支持省组委会的工作，对大赛进行了充分的准备和严密的组织。8月，在昆明举办的全国青少年科技创新大赛中，我市有1件作品获全国一等奖；3件作品获全国二等奖，这是我市中学生在近年全国青少年科技创新大赛中成绩最好的一年。保定日报、保定晚报对大赛开幕式、展评阶段、闭幕式等环节，进行了大篇幅报道，提高青少年科技创新大赛在保定市的社会影响力。

【加强科协组织建设，成功召开市科协第七次代表大会】 11月21日，保定市科协第七次代表大会胜利召开。省科协党组书记、副主席唐树钰、市委书记宋长瑞、副书记李光耀出席大会并针对科协工作做了重要讲话。会上，市科协党组书记、主席张怀明代表科协第六届委员会做了《求真务实 开拓创新 全力为建设"京南近海强市名城"贡献力量》的工作报告审议稿，提交大会讨论；选举产生了新一届的科协领导机构；通过了执行《中国科学技术协会章程》的决议。大会取得圆满成功，为今后保定市科协各项工作的开展确立了组织上的保证。

【继续开展"百乡千村科普服务工程"活动】 3月28日，保定市委办公厅印发保定快报《特刊》1号，介绍市科协组织实施的"百乡千村科普服务工程"。为深化这项活动内容，市科协继续将其作为全年的重点工作，从3月15日至4月30日，深入13个县13个乡村开展综合科技下乡活动，宣传群众5~6万人次。这项活动对深入研究科普惠农的长效机制、搭建科普平台的工作方法，充分展现科协组织在助推新农村建设中的作用起到了积极效果。

【开展"节能减排，保护环境"宣传活动】 为贯彻上级节能减排会议精神，自6月中旬至10月底，联合市教育局、市环保局，在全市中小学中组织开展了"节约能源资源、减少污染排放，保护生态环境"主题宣传教育活动。全市共有22万中学生直接参与到活动中；编印《节能减排知识问答》6万多份；聘请了中科院三位高层专家到我市做专题科学报告会，直接聆听报告的中学生有6000多人；6万多名中小学生参加了节能减排签名。由于这次主题教育的范围广，层次深，取得了很好的效果，保定市委办公厅以保定快报的形式刊发活动做法。

【举办保定市"太阳能科技与市场"专题报告会】 为认真贯彻《全民科学素质行动计划纲要》，提高公众科学素质，推进保定市"中国电谷"建设，加快实现"太阳能之城"目标。由市科协牵头，联系市政府办公厅于8月举办了保定市"太阳能科技与市场"专题报告会。市政府各部门主管领导、各县（市、区）主管县（市、区）长和发展改革局局长、高开区管委会主要工作人员及相关企业负责人共200余人，聆听了中国太阳能热利用权威专家、清华阳光首席科学家、清华大学殷志强教授的《关于太阳能技术与产业化发展》的专题报告。通过这次聘请权威专家，重点讲授保定太阳能产业的高新技术，给我们以重要启示：围绕本地主导产业传播科学技术知识，既是今后公务员和领导干部队伍"提素"工作的重要内容，也是引领产业发展、服务区域经济的重要途径。

【举办青少年科技教育节，提高青少年科技教育工作水平】 为提升青少年科技教育工作水平，举办了保定市第三届青少年科技教育节，全市20个县（市、区）和市直属5所中小学近4万余名师生参加了为期9天的系列活动。省科协许顺斗副主席、省青少年中心李灵芝主任和保定市政府领导出席了开幕式并做重要讲话，对我市科技节和青少年科技教育工作给予了高度评价。

【以科普宣传为重点，修建了大型科普画廊】 在推动我市全民科学素质工作中，科普画廊建设也是一项重要工程。在省科协、市委市政府的大力支持下，市科协经过认真筹划，在市委东院大门口两侧建成长140多米，由43个橱窗组成的科普画廊。橱窗宣传内容涉及科普法、党和政府对科普工作的方针政策，科协工作、科学发展观、构建和谐社会等10多项内容。科普画廊作为我市第一个科普工作的大型宣传窗口，能够及时宣传国家政策，提高社会各界对科协、科普工作的认识，使科普知识渗透到人民细微生活当中，潜移默化使市民形成科学的生活理念，提高公众科学文化素质。

【组织校企对接，在高校与企业间搭建科技金桥】 11月，在保定市科协的精心策划组织下，“集聚高校科技之力，助推企业技术创新现场会”在天威集团如期举行。华北电力大学、河北农大、河北大学的专家、教授与天威集团企业领导和科技人员就如何落实十七大精神，提高自主创新能力，建设创新型国家进行了技术交流。专家教授分别围绕如何提高企业自主创新能力、如何推动企业自主创新和高校如何为企业服务促进科技成果转化的课题进行了座谈。由市科协搭建的这个产学研平台，为驻保高校和企业之间架设了科技金桥，加快高校‘半成品’科研成果转化为企业现实生产力。高校和企业对这种做法给予了高度赞扬。

【发挥科技资源优势，组织成立专家献策服务团】 为适应社会进步和经济发展需要，充分发挥和调动科技工作者的积极性、主动性和创造性，整合人力资源，市科协组织成立了专家献策服务团，通过开展学术讲座、技术指导、科技攻关、项目论证、决策咨询、人才培养等形式，在我市经济、社会发展等方面提供智力支持和科技服务。其成员从全市优秀科技人员中选拔，在市科协的统一领导和指导下开展工作，定期活动与不定期活动相结合，活动形式以专家小组活动为主，由市科协牵头选准切入点和突破口，扎实有效地开展工作，定期编写专家建议，上报市委、市政府。

领导班子成员

主　席　张怀明

副主席　潘惠彬　刘春生

王坤燕　李国旗

（部门编辑：崔宏辰　陈维娜）

气象科学

【保定市气象局】 保定市气象局为全额拨款事业单位，实行上级气象部门主管、地方人民政府领导的双重领导管理体制和与之相适应的双重计划财务体制。主要负责保定市气象事业发展规划、计划的制订及气象业务建设的组织实施，对所属气象台站进行业务管理、物资供应。组织管理气象探测资料积累、审核、汇总、传输以及气象探测环境的保护；负责管理本行政区域内公众气象预报、灾害性天气预报预警以及农业气象预报、城市空气质量预报、火险气象预报等专业气象预报的制作和发布，为本级人民政府组织防御气象灾害提供决策依据；依法管理和组织实施全市人工影响天气作业以及雷电灾害防御工作。机关内设行政科室四个：办公室、业务发展科、人事教育科、计划财务科，直属事业单位四个：气象台、科技服务中心、保定市人工影响天气办公室、保定市防雷中心。市气象局辖涞源、易县、涿州、徐水、高碑店、阜平、曲阳、安国、定州、容城、安新、顺平、高阳、唐县、满城、望都、蠡县、雄县18个县（市）气象局和涞水一个行业站。全局共有361人，其中在职214人（编制209人），退休137人，离休10人。高级工程师3名，工程师60名。

【2006年·概况】 2006年，保定市气象局深入贯彻党的十六大和十六届各次全会精神，以《国务院关于加快气象事业发展的若干意见》和省政府《关于进一步加快气象事业发展的实施意见》为契机，以业务技术体制改革为方向，全面落实中国气象事业发展战略研究成果，按照“三气象”发展理念，认真实施三大战略，重点工作取得突出进展。认真抓好中国气象事业发展战略研究成果的学习宣传和应用，充分体现“公共气象、安全气象、资源气象”的发展理念；坚持以提高预报准确率为中心，使气象台真正成为全市的预报服务中心，增强预报服务针对性和敏锐性，努力做好为“三农”服务；气象观测基础得到夯实，现代化建设水平得到整体提高，建成164个站点的自动监测网，综合探测能力进一步提高；深入推进“人才强局、科技兴气象、拓展服务领域”三大战略，增强了事业发展后劲；趋利避害并举，提高了人影作业效益；树立服务宗旨，气象科技服务能力得到加强；有效贯彻落实气象法律法规，依法行政能力得到提高；优美环境创建整体推进，基层台站建设得到加强；“学、树、保、促”活动顺利开展，文明创建能力进一步增强。

保定市局和涿州局连年被省文明委授予省级“文明单位”；15个县（市）局被评为市级文明单位。2006年市气象局被省气象局目标考核为优秀达标单位，市气象台被评为“重大气象服务先进集体”。

【气象业务与现代化建设】 2006年，全市地面测报错情率为0.1‰，农气测报错情率为0.2‰，省局验收百班无错情20个，250班无错情4个，全年未出现重大差错。区域一般性降水TS值69.2，灾害天气TS值95.3，电视天气预报降水量65.5，全部达标。2006年，市气象台、雷达室、声像制作室改装了工作台、等离子显示屏、防雷工程等，引进了新的卫星小站接收机，配备了网络通信设备备份机柜。投入50多万元为市局和县局集中采购笔记本电脑等现代化设备；各站备用业务计算机、电源、公网线路和网络安全等切实提高了业务设备保障能力。档案室安装了档案密集柜，克服台站多的种种困难，档案移交工作5月中旬安全、顺利完成。

【气象服务】 2006年，结合现实需求，修订细化了《保定市决策气象服务周年方案》，在服务内容、产品制作、服务时效、跟踪服务等方面做了进一步规范和充实。全年，共发布天气预报信息27期，天气周报51期，有关火险天气分析、雨情分析、干旱天气分析评价、节日、高考、麦收期和汛期重大天气过程等专题气象服务126期，重要天气报告6期。

入春以来，保定市降水少、温度高、风沙多，顺平、阜平、涞源等山区县发生多期森林火灾，防火形势极其严峻。市气象局两次召开春季气象服务紧急调度会，下发了关于加强春季气象服务的通知，要求全市气象部门把森林防火气象服务作为春季服务的重中之重，作为决策服务和公众服务的重中之重，在抓好落实上下硬功夫。市、县局领导亲临一线服务，市气象台向市委、政府和相关部门提供每天一次的森林防火专题气象服务、未来一周天气预报，以及火险等级分析、森林防火建议，安排专人负责调取卫星遥感资料，监视火灾的发生、发展。李国英副市长在专题气象服务材料上两次作出批示。

针对春季干旱、森林防火、低温冻害、高（中）考、麦收期天气预报服务，市、县两级加强会商，通过电视、12121、手机短信、报纸、网站等媒体向社会发布气象信息，服务更及时、内容更贴切，充分体现“以人为本、无微不至”的服务理念。设立局机关大门电子显示屏，向社会公众播报适时气象预报、预警信息和天气实况，推进气象公众服务进社区。

4月11～12日，受强冷空气和暖湿气流的共同影响，保定市出现大范围雨雪和降温天气，当时正值山区森林火灾高发期，4月7日市气象台作出小—中雨的预报，4月10日组织预报大会商，准确预报了入春以来第一次降水过程，并针对伴随的6～8度强降温提出农作物、果树防冻建议。于群市长对此非常重视，在第一期《重要天气报告》上批示李国英副市长立即部署。李国英副市长安排起草传真《关于做好应对明显天气过程各项准备工作的紧急通知》到各县政府。由于预报准确、预防及时，这场降水过程有效缓解了旱情、降低了火险等级，除正值开花期的果树造成一定冻害外，对农作物生长无明显影响。此次过程，各县（市）局都进行了较好的服务。

6月12日，在河北阜平县大沙河防污抢险工作中，保定市局、阜平局得到指令后快速反应，紧急启动突发公共事件气象应急预案，调度应急气象服务技术保障组、决策服务组和后勤保障组，24小时监测天气变化情况，并制作未来一周滚动天气预报和每天四次的短时预报，制作《专题气象服务》40期，《重要天气报告》2期，为领导科学决策、防灾抢险工作提供有力气象服务保障。同时积极筹措、抓紧落实，在大沙河上游沿岸行政村建立临时加密雨量观测点8个，加强雨情监测，现场培训相关人员，畅通了雨量采集、汇总上报渠道。市、县两级气象部门准确的预报、合理的防控建议、抗污一线的现场服务，得到市、县地方政府和民众的充分肯定。

满城“4·15”甲醇池火灾应急气象服务保障，顺平桃花节、易县第二届生态文化旅游节、涿州“中国三国文化之乡”挂牌仪式、安国国际药材节、定州“国家建设社会主义新农村与人口研讨会”等重大活动的气象服务保障成功，取得良好社会效益。

涞源县的东甸子梁风力发电厂前期风力资源调查、保定市热电厂建设的气象资料服务、涞源县太阳能观测和普查等气象资源开发利用、重大工程建设气候可行性论证受到地方政府和社会重视。涞源局在投资100亿元涞源周村电厂立项以来，提供了全面完整的气象资料，同时负责周村气象站60米观测塔的维护和观测任务，以及温、湿、风观测数据的整理汇总，该项目通过了国家电力设计院专家组的论证。

【自然灾害】 4月12日夜间出现雨雪天气，气温骤降，唐县部分农作物和果树遭受不同程度的冻害。果树冻害面积5.5万亩，减产达五成，产量损失405万公斤，预计经济损失761万元；17万亩小麦、3000亩糯玉米、3000亩马铃薯、2000亩草莓、1000亩地芸豆、1000亩大蒜、其他蔬菜1000亩，减产2～10%，预计造成经济损失280万元。

4月19日，涿州出现大风天气，瞬间最大风速达到了19米/秒，对部分建筑物有损坏。

6～7月，部分县市由于降雨集中，短时间雨量大，伴随冰雹，造成严重灾害。

6月24日、27日、30日，涞源县所辖涞源镇、南屯等7个乡镇遭冰雹灾害，受灾面积15万亩，受灾人口15.1万人，直接损失7800万元。其中30日下午，涞源镇等5个乡镇遭冰雹袭击，持续16分钟，最大直径6厘米，农作物被砸平，房屋、汽车被砸坏。

6月29日晚，涞源暴雨引发洪水，涉及杨家庄等5个乡镇，受灾面积28000亩，倒塌民房15间，冲走羊1400只，鱼8万斤，受灾人口23000人，直接损失750万元。

6月29日，定州市留早、大辛庄镇出现冰雹天气，受灾面积达4万多亩。

6月29日，徐水县大部分地区受到了风雹灾害的侵袭，降雹时间18时20分至18时40分，冰雹最大直径3厘米，局部出现大风天气。尤其是留村乡、漕河乡、正村乡、大王店乡、义联庄乡、釜山乡、瀑河乡等受灾尤为严重。受灾总面积13.5万亩，其中粮食作物9.4万亩，经济作物4.1万亩，绝收3.1万亩，减产8.1万亩，直接经济损失3050万元。

6月29日晚18：30分～19：00，22：00～22：20，满城县白龙、神星、大册营、要庄、贤台五个乡镇遭受风雹灾害。白龙乡先后连续下了三阵冰雹，最大直径20～30毫米。神星、大册营、要庄乡北部、贤台乡北部冰雹密度大，持续时间长，都是重灾区。受灾人口56000人，冰雹将玉米、棉花砸平或砸成光杆，西瓜砸裂，果树严重落果，在树上的也都伤痕累累。受灾面积66000亩，其中玉米成灾30000亩，减产3～5成；果树成灾26000亩，减产3～5成；棉花、西瓜、葡萄等经济作物10000亩，损坏塑料大棚70个，以上直接经济损失1080万元。

7月5日，顺平高于铺镇遭受了雹灾，受灾面积2.5万亩，成灾面积1.4万亩，直接损失达743万元。

7月5日19时16分至19时29分，安新境内遭受冰雹袭击，最大冰雹的最大直径20毫米，持续时间13分钟，使安州镇、三台镇、芦庄乡、老河头镇、圈头乡、安新镇、端村镇、寨里乡、刘李庄镇等9个乡镇、86个行政村的农作物受灾，受灾面积78700亩，成灾面积7200亩，其中2800亩西瓜绝收，1600亩棉花、2800亩玉米减产3成，直接经济损失420万元。

7月5日19时48分，保定市出现冰雹天气，持续至次日20时10分，最大直径30毫米，测得冰雹平均重量3克。造成37个乡镇400余个行政村受灾。受灾农作物主要有西瓜、蔬菜、玉米、林果等，受灾面积40.6万亩，成灾面积30.06万亩。其中减产3～5成的28.62万亩、减产5～7成的0.6万亩、造成绝收的0.84万亩。预计直接经济损失2.2亿元。

7月23日，徐水出现大风天气，四个乡镇造成了灾害，受灾面积4813.2公顷，绝收50公顷，总经济损失8523万元。

7月24日北石佛、涞源镇遭冰雹袭击，受灾人口2万人，受灾面积4500公顷，直接经济损失650万元。

7月31日，涞源城区降暴雨引发洪水，冲毁房间8间。

8月9日，曲阳北部出现暴雨到大暴雨，使部分农作物受灾。

【人工影响天气】 结合业务技术体制改革，以规模化增雨作业、加快作业指挥系统建设、作业点规范化建设，加强大型水库上游、西部山区的作业能力建设为重点。市人影办抓住难得的降水过程，组织了5次规模作业，为农业安全、森林防火、生态抗旱作出积极有效贡献。特别是4月11日、5月26日的规模作业取得非常好的社会、经济效益，保定、易县、涿州等市县地方领导相继批示肯定人影工作的贡献，地方媒体对人影规模作业做了大量宣传报道，在规模作业中积极作业的，市局给予补贴鼓励。全市炮点待命154次，作业84点次，发射WR火箭弹108枚，三七炮弹1684发。新建炮点5个，顺平、易县、徐水各增建三七高炮炮点一个，西大洋水库上游唐河流域投资10万元增建人工增雨炮点两个，全力保障西部山区防雹和水库上游区域的联合增雨作业。新办上岗证28人，年审上岗证170人。年检火箭架17部、高炮35门，新购火箭架6部。《市县增雨数据自动传输系统》在各县（市）使用，无线上网指挥作业在高碑店实验成功，提高涞源、满城、涞水县科学指挥和作业能力，为综合人影指挥系统建设奠定了科技基础。

4月11日，保定出现了降雨过程，人工影响天气作业迎来了第一场春雨。10日市气象局在全市局长会上对增雨作业工作提出了要求。市人影办严密监视天气变化，协调空域，安排具体工作。全市16个县（市）的火箭全部出动，到炮点待命作业，从11日22时41分到23时53分，先后有徐水、曲阳、唐县、雄县进行火箭增雨，发射火箭弹16发，这次降水达到平均8.2毫米，望都降水量最到达14.98毫米。

6月28日傍晚，涿州出现对流性天气，根据雷达回波显示，适合增雨作业。涿州气象局分别在两个作业点实施增雨作业，增雨效果十分明显，距作业点较近的乡镇雨量明显偏大。涿州气象局将此次作业效果写成快讯，附上全市12个站点的雨量表，文字加上表格数字，十分明了的显示出增雨作业的效果。

【气候概况】 保定市气候属于温带半湿润半干旱大陆性季风气候，总的气候特征是：四季分明，冬季寒冷干燥、雨雪稀少；春季冷暖多变、干旱多风；夏季炎热潮湿、雨量集中；秋季风和日丽、凉爽少雨。降水季节分布不均，冬季降水稀少，降水主要集中在夏季，且年际变化大，易出现旱、涝灾害。热量充分，平原市县年平均气温为12℃左右，西北部山区7℃左右，平原市县年平均气温日较差在10℃以上，西北部山区高达14.8℃，夏季气温日较差较小，冬季较大。日照充足，年日照时数达2500～2800小时，年日照百分率达60%左右，山区日照略多于平原。

全区年平均气温12.4℃（安新、涿州）～13.9℃（保定）、涞源9.0℃；年极端最高气温38.8℃（蠡县15/6、阜平5/7）～37.5℃（易县18/6）、涞源33.9℃（20/7）；极端最低气温－16.9℃（涿州9/2）～－12.9℃（保定3/2）、涞源－21.7℃（9/2），各县（市）极端最高气温偏低于上年度，极端最低气温大部分偏高于上年度。年降水量265.3毫米（高阳）～585.7毫米（高碑店），各县（市）降水量比往年偏少，降水时空分布不均，一日最大降水量80.2毫米（蠡县14/7）～23毫米（高碑店10/7），最长连续无降水日数达95天（保定14/10～16/1）。无霜期日数最长为阜平，271天，5个县（高碑店、徐水、安新、高阳、蠡县）无霜期日数最短，185天，全市大部分县（市）无霜期日数较去年延长。年日照时数最多为涞源，2594.1小时，最少为曲阳，1778.5小时；年平均风速1.0米/秒（易县、曲阳、唐县）～2.3米/秒（顺平、高阳）。

全年总趋势：全市平均温度较历年平均普遍偏高；降水量较历年平均偏少1～4成不等，涿州、高碑店偏少近五成，土壤墒情较差，部分时段出现旱情。本年度干热风出现次数多、范围广、程度重，给小麦生产带来不利影响。春季大风、沙尘天气也频繁出现，影响了人民生活及农作物生长。秋、冬季大雾日数增多，给交通带来不便。

注：资料统计不含涞水、清苑、定兴、博野。

领导班子成员

党组书记 局　　长	刘玉虎
副局长	王军迎（兼任纪检组长）
副局长	王秋仙
副局长	卢建立

【2007年·概况】 2007年，保定市气象局坚持科学发展观，以加快发展现代气象业务为重点，全面贯彻落实国务院3号文和全国气象防灾减灾大会精神，按照“三气象”发展理念，认真实施三大战略，重点工作取得突出进展。认真抓好中国气象事业发展新决策的学习宣传，充分体现“公共气象、安全气象、资源气象”的发展理念；坚持以提高灾害天气预报准确率为中心，规范短时临近预警、预警信号等业务流程和发布渠道，增强预报服务的针对性和敏锐性，努力做好为新农村服务；气象观测基础得到夯实，现代化建设水平得到整体提高，建成自动气象站9个，地面气象探测自动化迈出一大步；坚定不移地推进“人才强局、科技兴气象、拓展服务领域”三大战略，增强了事业发展后劲；趋利避害并举，提高了人影作业效益；以防灾减灾为重点，气象科技服务能力得到提高；有效贯彻落实气象法律法规，依法履行社会管理职能；优美环境创建整体推进，基层台站建设得到加强；先进性教育活动顺利开展，文明创建能力进一步增强。

保定市局和涿州局连年被省文明委授予省级“文明单位”；15个县（市）局被评为市级文明单位。2007年市气象局被省气象局目标考核为优秀达标单位，市气象台被省气象局评为“重大气象服务先进集体”。

【气象业务与现代化建设】 2007年，全市地面测报错情率0.0‰，农气测报错情率0.1‰，三个升级站错情率0.0‰，未出现重大差错。创地面测报百班无错情28个，地面测报250班无错情13个。电视天气预报准确率62.8，区域一般性降水TS值63.5，灾害天气TS值80.6。气象台共发布专项天气预报10期，天气预报93期，雨情快递46期，天气周报35期，重要天气报告6期，专题气象服务5期，灾情快报4期，阶段性气候评价6期，灾害天气预警信号2次。2007年是自动气象站建设任务较重的一年，通过自筹资金、地方立项和争取奥运项目支持，完成了涿州、满城、易县、高碑店、顺平、雄县、定州7个自动站建设。全市共建成自动站9个，地面气象探测自动化迈出一大步。在时间紧、任务重的情况下，市气象局明确时间进度，举办培训班，加强调度巡查和现场指导，确保了7个新建站的如期竣工和试运行。12

月11～14日举办了培训班，强化自动站业务能力，2008年1月1日新建7个站顺利正式运行。配合省气象局和测绘局完成了涿州、满城、安国等5个GPS观测站基础设施建设；按省局统一部署，市局和省科技服务中心合作，定州、望都、保定高速路段CAWS620型自动气象站建设完成，为开展高速路气象服务打下了基础。

【气象服务】 2007年，建立完善了中短期、短时预报流程，开展了空气质量、co中毒、人影作业条件、雷电潜势预报。规范了短时临近预报预警业务流程和预警信号发布渠道。及时发布了暴雨、雷电、大风和雾霾天气的预警信号。注重多普勒天气雷达和加密自动气象站新资料的应用，提高了短时临近预报准确率和时效。

“3·2”、“5·22”、“7·30”三次较大降水过程和入汛后的强对流天气预报服务，及时、主动、到位，得到了市委市政府领导的充分肯定和多次批示表扬。汛期气象服务受到市政府文件通报表彰。化工园区选址、汛期气候趋势预测、阜平海沿村雷电灾害防御工程、中小学校防雷安全检查等多形式决策服务材料为领导决策提供了科学依据。满城决策气象服务系统改变了决策气象服务一张纸的单一局面，使决策服务更加丰富、详实、生动。涿州元宵花灯节、金土地走进易县、顺平桃花节、省六届农运会等重大活动服务成功。

完成了气象灾害防御规划编制的前期工作，完善了重大气象灾害预警应急预案和流程。购置了小型应急观测设备，参加了保定市“利剑2号”反恐演习气象应急演练。开展了气象灾害防御和山区地质灾害防御知识普及和宣教活动。在易县112国道十八盘路段“3·16”C4运输车侧翻事故中，及时启动应急预案，开展了应急气象服务，在第一时间内消除了现场救援车辆及事故车辆的静电，确保了重大险情的成功排除。

通过完善奖惩机制，创新服务手段，建立社会调查制度，使气象信息的覆盖率得到很大提高。10月底农信通业务正式开通。在全省每季的短信质量评比中分获一、二、三季度二等奖，电视天气预报节目在全省电视天气预报节目观摩评比中获得“有主持人实播节目综合奖”一等奖。协调重点企业在中央1套、4套、9套和北京卫视台5个时段播报保定天气。创新服务形式，涿州、满城、阜平、顺平等县局把70多块实时气象预警信息电子屏安装到政府、乡镇、重要部门和行业；坚持行业需求引导，积极建设电业、保险行业气象服务平台。满城研发的气象预警预报信息发送平台畅通了预警信息发布渠道，增加了时效性和针对性。

为新农村建设服务迈出了坚实步伐。农业气象在常规旬月和关键期预报的基础上，开展了干旱监测评价、灌溉量预报等服务。加强了农村调研，在农业气象信息服务的针对性和覆盖率上致力解决农村气象信息服务“最后一公里”问题。顺平县气象灾害预警预报信息进村入户试点启动，首批安装了1套农村广播系统和20套电子气象灾害信息预警屏，并已投入了使用。2007年我局积极谋划了山区重雷灾村雷电灾害防御项目，并纳入了保定市政府2007年工作报告落实事项。海沿村雷电灾害防御项目得到省防雷中心和市扶贫办的大力支持，被省气象局列入了《河北省农村防雷技术研究》的第一个试点村。经过省、市、县三级共同努力，于6月份完成了海沿村雷灾防御研究课题和防御工程。基本实现了直击雷和雷电感应的保护，经过汛期雷电检验效果很好。阜平县政府通报表彰了县气象局，村委会代表养殖户分别向省、市、县三级气象部门赠送了锦旗表示感谢。这个项目得到社会媒体的广泛关注，中央电视台《科技博览》、《生活》、《走进科学》《聚焦三农》《气象中国》栏目以科学防雷、关注民生、服务三农为主题进行了采访报道，河北省电视台新闻、农民频道、保定电视台新闻和《直播保定》，以及河北日报、经济日报、燕赵都市报、保定日报、保定晚报、新华网等媒体都做了相关报道。

【自然灾害】 1月，徐水县积雪日数长达18天，最大积雪深度6厘米，对交通和行人产生不利影响。

4月，19～21日易县出现连续三天的大风天气对人们生产生活造成不便。20日定州出现沙尘暴灾害天气；

5月，31日雄县出现大风天气，使部分乡镇受影响，造成了一定经济损失；

6月，13日保定市出现冰雹天气，最大冰雹的最大直径为16毫米，冰雹的最大平均重量2克。因下冰雹时间较短，对工农业未造成灾害性影响。高阳县16：35～16：38出现冰雹，冰雹直径6毫米，降雹时间短雹粒稀疏，未对农作物造成灾害。

7月，11日雄县雹灾危害较重，造成直接经济损失675万元；18日22时左右，唐县齐家佐乡、军城镇、白合镇、仁厚镇、大洋乡、南店头乡、都亭乡、王京镇等8个乡镇遭受暴风雨袭击，造成玉米，棉花等农作物受灾1.25万亩，预计减产3~8成；柿子，枣树受灾39万株，预计减产3~4成；刮倒各种树木2000多棵，冲毁山坡土地495亩，房屋坍塌10间，52户民房进水，38间水位达到1米，家具，粮食，衣物被水浸泡，形成危房5间，围墙坍塌195米，冲毁田间道路1800米，折断电线杆11根，造成经济损失预计2000万元；20日17时左右，唐县军城镇贤表村遭受风雹袭击，密集的冰雹持续40分钟，造成200亩农田几尽绝收，刮倒大树200余棵，小树400余棵，因树木被刮倒砸毁房屋3间，轻伤5人。共造成经济损失20多万元；23日，定州市出现特大暴雨灾害天气，使25个乡镇的农作物，房屋不同程度的受害，造成我市直接经济损失4231万元；30日，涞源县金家井乡、涞源镇的12个行政村遭受暴雨、冰雹袭击。农作物受灾面积9520亩，132间房屋过水，冲走猪、羊、骡57头（只），部分电力线杆被冲倒，乡村道路被冲毁1200米，一个工程工地被冲毁。直接经济损失达412万元。

8月，2日雄县出现暴雨天气，自13时50分始，1.5个小时内降雨量达95.0毫米并伴有冰雹和大风，风雹灾造成的直接经济损失660万元。

涿州市5月31日、6月13日、7月30日出现3次冰雹天气，农作物及瓜果蔬菜受损严重，每次经济损失均在千万元以上。

涞源县年降水较历年偏少近达4成，且降水不均，旱情明显，影响农作物生长、成熟，造成大田作物减产3成。

入冬前的长时间的连续无降水对全区冬小麦越冬不利。

【人工影响天气】 2007年，全市人影办积极落实市领导批示，紧抓时机，努力多作业，为农业增产、农民增收提供有力保障。全市共作业94点次，发射炮弹1636发，火箭弹155枚，在炮点保护范围内没有发生雹灾。人影作业情况及时以简报形式向市委、市政府、人大、农工委汇报，并在媒体作专题报道。

5月22日天气过程，市气象局紧急通知要求全市人影作业炮手提前进入炮点待命，对无故不作业的县局按工作不落实记录备案一次。22日晨5时，根据云移动情况，全市人影作业炮手到炮点待命。7时刘局长到市人影指挥中心，听取预报员和人影指挥人员对天气形势的分析，并电话调度各县（市）气象局炮手和作业炮点。7时27分，定州市作业点发射了第一枚火箭弹，随后涿州、易县、徐水等11个县（市）进行了16点次的作业，共发射WR和BL火箭弹81发，三七炮弹40发。全市普降大到暴雨，平均降水量45.3毫米，易县甘河净雨量点出现87毫米的最大降水量。

易县北娄山村是林果大村，农民收入主要依靠林果。前年受到冰雹侵袭，全村林果几乎绝收。当他们了解到周围村有高炮保护，林果没有受到冰雹危害时，乡、村建炮点的热情非常高。市人影办强调：上炮点就得高标准，炮手素质要高并且稳定。在县政府、气象局的支持下，从去年开始到今年春天，建成了一个标准化炮点，有院、有房（库房、办公室、休息室），4名炮手经过市人影办培训，素质高责任心强，2007年共作业10次，发射炮弹253发，该村没有雹灾，保护了林果，增加了村民的收入。

按照国家标准完成了19部火箭架、28门高炮的年检工作。有针对性的分期分批对徐水、涿州、易县、高阳、蠡县、阜平、涞源的新炮手进行了培训，现场培训虽然条件艰苦，但是大大提高了炮手的实战能力。认真落实上岗证年审制度，对于不符合条件的、人不在的决不年检。新办上岗证50人，年审上岗证180多本。

（部门编辑：王晓静）

【气候概况】 保定市气候属于温带半湿润半干旱大陆性季风气候，总的气候特征是：四季分明，冬季寒冷干燥、雨雪稀少；春季冷暖多变、干旱多风；夏季炎热潮湿、雨量集中；秋季风和日丽、凉爽少雨。降水季节分布不均，冬季降水稀少，降水主要集中在夏季，且年际变化大，易出现旱、涝灾害。热量充分，平原市县年平均气温为12度左右，西北部山区7度左右，平原市县年平均气温日较差在10度以上，西北部山区高达14.8度，夏季气温日较差较小，冬季较大。日照充足，年日照时数达2500~2800小时，年日照百分率达60%左右，山区日照略多于平原。

全区年平均气温12.0℃（曲阳）~13.7℃（保定）、涞源8.2℃；年极端最高气温41.2℃（保定5/7）~39.6℃（高阳6、7月）、涞源38.0℃（22/6）；极端最低气温-18.8℃（安新1/1）~-12.0℃（定州2/1）、涞源-21.4℃（9/1），各县（市）极端最高和最低气温偏均高于上年度。年降水量346.3毫米（涞源）~605.6毫米（定州），大部分县（市）降水量比往年偏少，但降水比较集中，一日最大降水量311.4毫米（定州23/7）~36.4毫米（涞源16/8），17个县（市）最长连续无降水日数达50

天以上，曲阳最长连续无降水日数达84天（8/10～30/12）。无霜期日数最长为阜平，242天，最短为涞源，170天，全市大部分县（市）无霜期日数较去年增长。年日照时数最多为涞源，2889.0小时，最少为高碑店，2232.8小时；年平均风速1.0米/秒（唐县、曲阳）～2.3米/秒（高阳、阜平）。

全年总趋势：全市平均温度接近常年或较历年平均略偏高，属正常年份；全市降水正常，降水量涞源、阜平等县较历年平均偏少1～3成不等，而定州、雄县、安国、蠡县四县较历年偏多，其中定州偏多近4成。降水季节分布仍然比较集中，暴雨日数增多。春季干旱、沙尘天气、初夏干热风及汛期高温、暴雨和连阴雨天气对农作物生长及人民生产生活带来不利影响。秋、冬季大雾日数增多，给交通带来不便。

注：资料统计不含涞水、清苑、定兴、博野。

领导班子成员

党组书记 局　　长	刘玉虎
副 局 长	王军迎（兼任纪检组长）
副 局 长	王秋仙
副 局 长	卢建立

（部门编辑：司丽丽）

防震减灾

【保定市地震局】 保定市地震局是保定市人民政府管理全市防震减灾工作的直属事业机构。内设3个处室：办公室、监测预报处、震害防御处。主要负责管里本辖区内的防震减灾工作、起草规范性文件；根据有关法律、法规和规章的规定，组织编制防震减灾规划和计划；组织建立地震监测预报、震灾预防和紧急救援工作体系；承担政府抗震救灾指挥机构的办事机关职能；组织开展地震科学研究与成果推广应用；指导各县（市、区）的防震减灾工作；承担上级地震部门和市委、市政府交办的其他事项。

【2006年·概况】 在省地震局和市委、市政府的指导帮助下，始终坚持以“三个代表”重要思想为指导，紧紧围绕发展与和谐两大主题，认真贯彻党的十六届五中、六中全会精神、省委六届九次全会、第七次党代会精神和市第九次党代会精神，深入贯彻落实省地震局局长工作会议精神，按照“政治合格、业务精通、作风优良、纪律严明”的目标要求，狠抓机关正规化建设，全面推动防震减灾工作健康持续发展，人员的思想、作风、工作和精神状态有了新的转变，防震减灾三大工作体系建设得到全面加强，赢得了上级领导和主管部门的一致好评，为全面落实防震减灾“十一五”规划迈出了可喜的一步。开展了“八荣八耻”社会主义荣辱观教育，深入开展了“学理论、树正气、保稳定、促发展”百日主题教育活动，始终把政治建设放在首位。在全市地震系统开展了“学政治、学业务、学法规、学微机、学公文写作和岗位大练兵”为主要内容的“五学一练”活动，人员的政治敏锐性和业务水平普遍得到提高。10月份在全省地震系统公文质量评比中市局被评为“优秀单位”。积极开展帮建文明社区建设，不断把扶贫帮困“结缘工程”引向深入。

【监测预报工作持之以恒】 面对严峻的地震形势，根据上级要求，立足于有震、有大震和早震的思想，注重观测资料质量，不断为地震短临预报提供及时、准确、可靠的信息。按照“内紧外松”原则，坚持周、月、半年和年度会商及重大异常核实工作制度，力争对我市及邻区发生的破坏性地震作出有减灾实效的预测，不断提高地震短临跟踪监测预报能力。切实加强地震宏观异常核实工作。文安地震发生后，我市辖区先后出现5起异常情况，一是7月4日涿州豆庄乡黄家井村2口饮水井出现冒泡发响（就像是开锅似的）；二是7月4日雄县南十里铺村发现地裂缝；三是7月5日定兴北河镇十五汲村1口废弃的压水井出现冒泡发响；四是7月8日容城午方西村一户民房（位于村边）裂缝，并且房屋西侧菜地内出现多条地裂缝；五是8月5日涞水县娄村乡安阳村出现大面积地面沉陷（长800米、宽80米），造成240间民房不同程度受损，没有人员伤亡。对于这5起异常情况，局主要领导十分重视，及时深入现场进行核实，经过详细勘察分析，均不属于地震前兆，与地震无关，耐心地向群众作了大量说服解释工作，及时消除了一些群众的疑虑和恐惧心理，同时，向市政府主管领导和部门报告了调研勘察情况，保证了24小时内异常核实率、上报率100%，避免了地震谣传。

【震灾预防工作有新突破】 严格执法，规范运作，不断提高执法队伍整体素质。年内分两次组织全市65名地震执法人员进行了资格培训与考试。加大宣传力度，不断提高全民防震减灾意识。地震宣传按照“与时俱进、因时制宜、因地制宜、积极慎重、科学有效”的原则和“四个面向”要求，以纪念邢台抗震救灾40周年、唐山抗震救灾30周年为契机，坚持以推进防震减灾知识“科技三下乡”为重点，突出“四进”，充分利用“3·1”《中华人民共和国防震减灾法》颁布实施日、“3·5”普法日、5月20~26日“科技宣传周”、6月份“安全生产月”和“12·4”法制宣传日等时机，市局先后7次组织专业人员集中到人员密集场所，广泛开展地震法律法规、地震科普知识的宣传和咨询服务活动。各县（市）科技局、城镇街道社区、部分学校和厂矿企业按照市局统一部署，因地制宜，组织青年志愿者，深入乡村、学校、集贸市场和社区开展了形式多样的地震宣传活动。全年共展出地震宣传展板177块、张贴标语2700条、悬挂横幅68条、发放《农村防震减灾知识读本》1000余本、散发防震减灾明白纸等各种资料12万余份、接待群众咨询服务达1万余人次，播放有关地震知识科普片14场次，出版发行科技报地震专刊1万份，使防震减灾宣传工作不断向纵深发展，大大提高了全市广大人民群众防震减灾法律法规意识和自救互救能力，达到了预期社会效果。认真落实《防震减灾法》、《地震安全性评价条例》和《行政许可法》，2月份我局进入市行政服务中心后，设立了专门地震行政审批窗口，将地震纳入联办件审批序列，地震安评和抗震设防要求审批工作取得了实质性突破，为全面落实防震减灾“十一五”规划目标任务打下了坚实基础。

【地震应急工作常抓不懈】 按照要求重新修订完善了保定市及各县（市）的《破坏性地震应急预案》，对市及有关县（市）抗震救灾指挥部成员单位进行了调整，健全了组织，完善了指挥系统。坚持了24小时开机和震情值班制度，重大节日认真落实领导带班制度，并按规定启动应急工作预案，定期对地震监测信息系统和计算机网络进行检测维护，保证了全市地震网络运行良好率100%。按照省地震局的要求，我局完成了河北数字地震观测网络项目（安国地震信息节点）基建工程建设与验收，正在准备进行配套设备的安装调试，为进一步完善监测手段和加强地震信息网络建设，增强地震监测和应急能力奠定了坚实基础。牢固树立“震情第一”观念，震情就是命令，责任重于泰山。7月4日11点56分，我市邻边地区文安县发生M5.1级地震后，我局按照地震应急预案迅速组织全市地震系统进入地震应急状态，及时将震情和对我市的影响情况，在最短时间内向市委、市政府进行了电话和书面报告，为了进一步弄清这次地震对文安县造成的破坏情况与影响，当天就选派主管地震监测预报工作的刘汉东副局长带队奔赴文安地震现场，与省地震局和国家局的地震专家一起进行了科学考察与灾情评估。经过2昼夜的连续奋战，市地震局共接到群众咨询电话2000多个，接待来访群众和新闻媒体数十人，我们按照积极慎重、“内紧外松”的原则，齐心协力、沉着应对和科学分析会商，统一口径科学地作了大量的宣传和解释工作，迅速平息了部分地区地震谣传，及时消除了受文安地震影响群众的恐慌心理，扼制住了地震谣传的蔓延，有效地维护了广大人民群众的正常生活工作秩序和社会稳定。

领导班子成员

局　　长　高良友
副 局 长　刘汉东　邢新海
政协常委　朱振荣

【2007年·概况】 2007年，保定市地震局在河北省地震局和市委、市政府的正确领导下，高举建设有中国特色社会主义伟大旗帜，坚持以邓小平理论和“三个代表”重要思想为指导，认真学习贯彻党的十七大、省委七届三次全会和市委九届四次全会精神，以科学发展观为统领，以全省地震工作会议精神为动力，紧紧围绕建设“京南近海强市名城”中心目标，牢固树立“震情第一”观念，切实加强“两个能力”建设，不断建立健全“3+1”体系，按照“四个面向”的发展思路和要求，恪尽职守，扎实工作，圆满完成了年度各项工作目标任务，整体工作水平有了新的提高，全市防震减灾能力迈上了一个新台阶。2007年1月被省地震局评为“优胜单位”；地震分析会商、地震观测资料质量评比和短波通信、信息网络分别被省地震局评为“优秀单位”；在全市科技活动周和安全生产月活动中，也都被市里评为先进单位。

【固本强基，不断提高监测预报工作水平】 一是加强台网建设和管理，观测设施设备系统遇有问题随时派专人检修，确保了现有台站网点的正常运转和观测资料连续、可靠，为提升观测资料质量和地震监测预报科研提供了有效保障。二是注重专业人员业务素质的提高，大力开展岗位练兵活动，让地震专业技术人员轮流讲课，坚持每周业务学习日制度，突出以老带新、让内行带外行，达到了共同促进、整体提高的目的。三是认真落实周、月、半年和年度会商制度，重大节日落实加密会商，同时加强区域之间、学科之间、单位之间的科研技术协作交流，促进了监测、预报、科研有机结合和会商工作水平的整体提高。四是加强短临跟踪、异常核实工作。2007年在保定市辖区先后出现五次宏观异常，即：定兴一口废弃的压水井发响；安国市有一居民小区地面颤动；高碑店白沟镇东芦村和方官镇毛李庄村地裂缝；雄县东槐村地陷坑等。通过到现场勘察分析，向群众进行科学耐心解释工作，及时消除了广大民众的恐惧心理和疑虑，维护了社会和谐稳定。五是为提高震情速报能力，确保信息渠道通畅，定期维护地震监测网络设施设备，保证运行良好率100%。六是按照省地震局的要求，按时完成了河北数字地震观测网络项目（安国地震信息节点）工程建设，并通过了省局验收。

【突出重点，全面提高震害防御能力】 1. 转变职能，不断提高建设工程抗震设防的管理水平。坚持依法对重大工程和可能发生严重次生灾害建设工程地震安全性评价和抗震设防要求的管理，努力提高地震安全性评价工作质量，科学、合理地确定建设工程的抗震设防要求，依法履行法律赋予的职责。2. 密切协同，全面提升县（市、区）地震机构的工作能力。创新协调联动机制，充分发挥了县（市、区）地震机构的作用。11月22日，召开了25个县（市、区）地震主管部门一把手工作会议，对进一步做好全市防震减灾工作进行了全面的再动员、再部署。注重加强对县（市、区）机构领导干部和业务骨干尤其是执法人员的培训管理力度，完成了市、县两级65名地震行政执法人员的年度调整、资格认证与培训，使县（市、区）地震管理机构工作人员的业务素质、工作能力和执法水平得到普遍提高。3. 深入持久地做好防震减灾宣传工作。11月3日为庆祝《河北省地震安全性评价管理条例》颁布实施，在全市范围进行了集中专题宣传。据统计，全市共制作展出地震宣传展板278块、张贴标语2750条、悬挂横幅76条、发放《农村防震减灾知识读本》1000余本、《河北省地震安全性评价管理条例》1000余份、发放防震减灾明白纸等各种资料13万余份、播放有关地震知识科普片25场次，共接待群众咨询服务达5万多人次。撰写发表地震调研、信息工作等有关文章16篇，大大提高了全市广大人民群众震灾预防的法规意识和自救互救能力。4. 积极抓好群测群防工作，不断推进“三网一员”建设。12月份全市基本建成了“三网一员”群测群防构架体系。5. 积极推进城市活断层探测和地震危险性评价项目建设工作。6. 加强对农民建房和村镇公共设施抗震设防的指导。

【扎实做好地震应急工作】 一是严格落实震情值班制度，始终坚持24小时震情值班和领导带班，每个人员通讯工具保持昼夜畅通，随叫随到；二是进一步修订完善了我市及各县（市、区）地震应急预案，印发了《保定市地震应急预案》，大型企业厂矿、商店、各机关、乡镇、社区、学校、医院等单位分别编制修订了应急预案；三是进一步规范地震应急工作程序；四是牢固树立了“宁可千日不震，不可一日不防”的思想观念，做到了居安思危、常备不懈；五是及时为市领导和社会提供有效地服务保障，特别是12月15日23时01分张家口蔚县发生3.2级地震后，值班人员在第一时间内分别向市委、市政府办公厅进行了报告，发布地震灾情简报两期，对受到地震影响的满城、徐水、易县部分地方群众及时进行了耐心解释工作，果断消除了地震谣传蔓延和群众恐惧心理，维护了社会群众的正常生活、生产工作秩序稳定。

领导班子成员

局　　长　高良友
副 局 长　刘汉东　邢新海
调 研 员　张保国
政协常委　朱振荣

（部门编辑：朱建颖）

文　　化

文化事业

【保定市文化局（新闻出版局）】
保定市文化局（新闻出版局）是市政府主管全市文化、艺术和新闻出版工作的行政职能部门，主要职责是贯彻党和政府关于文化、艺术和新闻出版方面的路线、方针、政策，对全市文化、艺术和新闻出版事业发展提出规划、计划；发展繁荣文艺事业，管理文化市场，发展文化产业，不断满足人民群众的精神文化需求，管理好市属文化事业单位。局机关设有办公室、组织人事处、计财处、监察处、老干部处、文化处、艺术处、新闻出版处、市场管理处等9个处室。直属事业单位14个。

【2006年·概况】 2006年，全市文化系统以建设和谐社会和文化大市为目标，坚持科学发展观，认真贯彻落实全省文化工作的总体要求和市委、市政府的部署。围绕中心，服务大局，全面完成文化工作各项任务指标，为全市经济发展和社会和谐稳定创造了良好的文化环境。全年，市文化局开展了一系列具有广泛社会影响的文化艺术活动，清理整顿文化、新闻出版市场经营秩序等专项工作取得了可喜成绩，文化事业单位的改革有了实质性进展，机关自身建设也取得了新的进步。

【全市文化下乡活动扎实有效】
2006年，全市共组织送戏下乡4500余场，演出的剧目有150多台，观众多达700多万人次；小康文艺宣传队和各种形式文艺节目下乡共1800余场；电影下乡5万余场；送书下乡1.6万人次，图书40万余册。丰富活跃了农村群众文化生活。举办“彩色周末”活动23场，水平有了新的提高，群众参与度越来越高。市心连心艺术团慰问演出23场，受到部队、企业和农村的热烈欢迎。

【成功举办“华中杯”保定人书画展】 在市委、市政府的支持下，由文化局主办的“华中杯”保定人书画展，继在首都中国美术馆展出之后，于2006年1月1日至6日在保定市博物馆作了回乡展，又于2月18日至22日在河北美术馆向省会人民作了汇报展。这次展览，共展出书法、国画、油画，版画等作品138幅，从整体上展示了保定书画艺术的实力和水平，彰显了保定深厚的文化底蕴，提高了保定的知名度，在首都北京、家乡保定和省会石家庄引起了强烈的反响，社会各界给予了高度评价。国家、省级等数10家新闻媒体进行了报道。

【组织“山花工程”大型助学义演活动】 经文化局积极协调联系，本市狼牙山区被中华民族文化促进会列为全国“山花工程”首期捐助的10个山区之一。4月21日由市政府与文促会联合举办了“情系狼牙山——‘山花工程’大型助学义演”活动，万余名市民观看了演出。本次义演共筹集资金800多万元，扣除演出直接费用后全部用于资助本市山区贫困学生。此次活动，文化局在市委、市政府领导下全力以赴，做了大量具体的组织工作，保证了活动的圆满成功，为宣传保定、提高保定知名度作出了积极贡献。

【举办庆祝建党85周年暨红军长征胜利70周年文艺晚会】 为纪念建党85周年、红军长征胜利70周年，6月23日晚，文化局与市委宣传部、市直工委联合举行的为庆祝建党85周年大型综艺晚会在市人民广场举行。市直机关16支代表队350多名演员参加了演出，整场晚会气氛热烈。市委、市政府有关领导，市直各局有关领导、各级代表、广大人民群众近万人观看了演出。

【举办第五届社区艺术节】 文化局与市委宣传部等有关部门共同主办的第五届社区艺术节活动，历时2个多月，于9月28日闭幕。本届艺术节包括舞台表演、静态艺术展示以及“双百”电影进社区巡演三方面内容。全市共举办各种形式的社区艺术节演出137场，电影进社区活动160余场，参与居民近39万人次。与往届艺术节相比，具有内容多、规模大、质量高、居民参与广的特点。社区艺术节不仅丰富了居民的精神生活，成为古城文化一道靓丽的风景线。

【举办河北省第三届戏剧演唱“燕赵红梅奖”大赛暨保定市第五届古城戏剧节】 10月26日至11月3日，第三届河北省戏剧演唱“燕赵红梅奖”大赛暨第五届“古城戏剧节”在本市隆重举行。这次活动由文化局与省剧协、市委宣传部联合主办，保定艺术剧院具体承办。整个活动历时9天，全市6个演艺团体演出了5台大戏，5台折子戏，举办了6场“红梅奖大赛”演唱比赛。演出17场次，涉及15个剧种，上百个剧目，参加演出的演职员近500人。本次大赛保定市获“红梅大奖”5个，占全省三分之一，获金奖8个，占全省五分之一，获银奖12个，占全省五分之一。通过大赛，有力展示了本市戏剧艺术的整体实力和水平，为全市争得了新的荣誉，提升了本市的文化形象。中国剧协、河北省文联、河北省剧协的领导和专家及来自全省各地的参赛选手对这次的组织工作均给予高度评价。

【举办金秋图书文化节暨第十一届古城书市】 保定市金秋图书文化节暨第十一届古城书市，于10月1日至5日在保定军校广场成功举行。本届古城书市除军校广场主会场外，还同时在保定图书城、保定图书大厦和市新华书店设有3个展销分区。仅军校广场一处，就聚集了40多家书商，开设了80多个摊位，占满了整个展区的全部展位。据不完全统计，本届书市销售额达129.9万元，总码洋250多万元，参展规模超过往届，取得了良好的社会效益和经济效益。

【举办《古城大风歌》综合文艺晚会】 作为河北文化艺术展演的重要组成部分，由市委宣传部和本局承办的《古城大风歌》综合文艺晚会，经过几个月的精心准备，于2006年11月16日在保定钞票纸厂俱乐部剧场举行。省委宣传部副部长解永会、省文化厅和市委、市人大、市政府、市政协等领导及各界观众1300多人出席观看了演出。整场晚会采用原生态的表现形式，突出保定特色的民间艺术这一主线，按照历史发展的脉络，展现出古城保定不同时期的历史影像，通过诗、乐、舞、歌等艺术表现形式，再现了底蕴深厚的保定文化。本场晚会以保定演艺资源为主，特邀著名歌唱家邓玉华、耿莲凤等前来助演，精彩的演出赢得观众阵阵掌声。

【加强文化市场管理】 文化市场管理是社会广泛关注的热点问题，因此文化局始终把此项工作作为重中之重，加强监督管理，本市文化市场呈现出健康发展的良好态势。一是依照国家法律、法规和相关政策规定，严格行政审批事项，严把市场准入关。积极做好审批政策的宣传工作，加强政策信息的引导，加强对文化市场的宏观调控，避免盲目发展和投资，也就减少了因恶性竞争引发的违规行为。二是开展聘用文化市场义务监督员的工作。目前，全市共聘请人大代表、政协委员、教师等社会各界人士550人为本市的文化市场义务监督员，通过扩大社会参与文化市场管理的范围，逐步形成了职能部门管理，社会监督和行业自律的多层次、多方位监督管理体系。三是加强对农村“网吧”的管理。针对农村“网吧”规模小、位置偏僻，管理体制不顺等问题，强化属地管理责任制，规范了农村“网吧”的管理。全年配合工商、公安部门取缔黑网吧90多家。四是按照全国、全省的统一部署，开展了“反盗版百日行动”，针对出版物市场存在的问题进行集中整治，重点是盗版教材、教辅，盗版音像制品、盗版软件等，坚决查堵政治性非法出版物、“法轮功”邪教宣传品，先后组织集中行动9次，有效净化了文化市场。全年全市共出动车辆3000余台（次），稽查人员23800余人（次），检查经营场所11300余家，收缴非法出版物97000余册（张）。

【非物质文化遗产保护工作扎实稳定】 2006年，投入大量的人力物力，对民族、民间文学进行调查，对民间戏曲、文学、美术等各类艺术品进行挖掘、搜集、整理和抢救，并制定了《保定市民族民间文化保护工程实施方案》。年初，举办了非物质文化遗产普查干部培训班，各县（市、区）文化部门主管领导及专业人员80余人参加了培训，为全市非物质文化遗产保护工作初步培养了工作队伍和专业骨干。另外，经过文化局积极争取，全市有5类共计6项民俗民间文化遗产入选《文化部第一批国家级非物质文化遗产名录》，20项入选《河北省第一批非物质文化遗产名录》，入选数量均位居全省第二，充分显示出古城保定深厚的文化底蕴。

【出版发行管理工作效果明显】　全年认真开展了出版发行市场的专项整治工作，收到了较好的效果。一是以确保全国、全省"两会"的胜利召开、重大节庆等时机的出版物市场的安全稳定为目标，大力查堵了政治性非法出版物和盗版教材、教辅，开展了出版物市场的整治行动，坚决查堵政治性非法出版物、"法轮功"邪教宣传品，打击无证经营和经营淫秽色情、盗版出版物的行为，把街头游商、车站、码头、乡镇集贸市场、出版物印刷企业作为重点，先后组织集中行动9次，出动检查人员700多人，车辆130台次，检查印刷企业200多家，收缴非法出版物5600余册，半成品1.5吨。二是按照全国、全省的统一部署，开展了"反盗版百日行动"，为保证活动扎实有效，建立了报告制度、通报制度、举报奖励制度、协调联动制度等工作机制，运用法律、行政、经济、舆论的手段进行管理，重点对书报、计算机软件经营市场进行了检查。全市共出动执法人员1500多人次，检查印刷企业600多家，出版物发行单位750家，收缴各类非法出版物2万余册，收缴盗版计算机软件1.63万余张，取缔无证经营摊点18家。有力地维护了全市音像和计算机软件制品市场的健康和稳定。

【文化产业开发稳步推进】　在保证文华大厦工程进度和质量的同时，文化局积极谋划本市文化产业的发展。一是局机关在充分调研的基础上，向市政府申报建立了保定市文化产业项目库，包括文化产业项目139个，其中有"保定文华电影城"、"保定工艺美术城"等重点建设项目，总投资136亿元。这些项目将为本市文化事业和文化产业加快发展提供有力的支撑。二是组织向文化部申报文化产业示范基地，经过积极争取，易县易水砚有限公司被文化部命名为全国第二批文化产业示范基地，这是继吴桥杂技文化经营集团公司之后，河北省又一被文化部命名的文化企业。三是文华大厦建设工程顺利推进，比原计划提前1个月完成了主体结顶。文化电影娱乐城建设已经启动。

领导班子成员

党委书记 局长	杨学德
副局长	崔玉林　张金华 裴　方　万进儒
调研员	李丽娜（女）
助理调研员	孙　闪　高清义
纪委书记	郝贵良

【2007年·概况】　2007年，全市文化工作在上级领导及各业务部门的亲切关怀和精心指导下，按照全局总体部署和全年的工作计划，围绕建设和谐社会和建设文化大市两个目标，以政府中心工作任务的完成为首要，以建设文化大市为目标，以改革创新为动力，以繁荣群众文化为重点，充分发挥职能作用，努力创作文艺精品，大力发展公益性文化事业，突出经营性文化产业、组织基层各单位团结协作，辛勤努力，各项工作取得了好成绩，为建设和谐保定和构建和谐社会作出了贡献。

【社会文化活动丰富多彩】　今年，组织了2007年元旦"迎新春戏剧展演"活动和保定画院"诗意入丹青袁辉百幅国画巡回展"。2月8日和3月5日，分别举办了"保定市迎新春音乐会"和"2007保定元宵之夜音乐会"。7月，组织保定艺校学生王萌参加中国剧协第十一届中国少儿戏曲小梅花荟萃活动，荣获"小梅花奖"。"八一"前夕，为纪念中国人民解放军建军80周年，成功组织了"军旗猎猎戎马情"画展。8月8日，保定艺术剧院24名戏曲演员应邀参加了"北京2008年奥运会倒计时一周年庆祝活动大型庆典晚会"。9月，保定市和泰安市策划组织了"保定·泰安书法美术作品联展"，分别在本市和泰安市展出10天，促进了两地书画艺术的交流。9月27日，由文化局李丽娜担任副总指挥、总导演、总撰稿和执行导演的保定市第六届运动会在保定学院圆满完成，并获市政府颁发的突出贡献奖。10月26日，以动员社会力量资助山区贫困学生为宗旨的"山花工程"助学义演，在百世开利会展中心成功举行，演出现场6个知名企业捐款55万元，市有关领导为捐资企业颁发了荣誉牌匾。11月下旬又组织山花工程书画义卖活动，前后共筹集捐款80万元。11月27日至11月29日，组织了保定艺术剧院河北梆子团、老调团及保定艺术学校的部分演员，应邀进京参加了在全国政协礼堂举行的"中国梆子艺术展演"。12月26日组织完成了全市文化下乡活动。同时，成功举办了第十二届古城书市、第六届古城戏剧节，得到了广大市民的肯定和好评，受到市委、市政府和省主管部门的表扬。全年又积极组织参加2007年“全国群星奖”评选，全市入选全国复赛项目9项，占全省四分之一，获得好成绩。西河大鼓“小两口上网”和油画《太行印象——山之春》在获全国一四届“群星奖”创作奖。组织专业剧团送戏下乡2200多场，演出剧目150多台，彩色周末活动23场，观众达300万多人次，丰富了城乡居民的文化生活，取得了较好的社会效益。

【积极开展非物质文化遗产保护工作】 年初，文化局对全市非物质文化遗产进行了全面普查，建立了初步档案和数据库。1月17日，召开了全市非物质文化遗产普查工作会议。6月份，为展示本市非物质文化遗产保护工作成果，组织了保定市非物质文化遗产成果展，展出了包括本市18个县（市）9大类36个国家级、省级和部分市级的非物质文化遗产保护项目。6月12日，全国政协来保进行非物质文化遗产成果调研，对本市的非物质文化遗产保护、发掘、抢救中所做的工作给予了充分肯定，并进行了非物质文化遗产汇报演出。上半年，文化局组织申报第二批非物质文化遗产保护项目，其中国家级22项，省级11项。目前，全市共有国家级非物质文化遗产6项，省级29项，市级36项。

【打造文艺精品，扩大话剧《警钟》的影响】 话剧《警钟》自2002年首演以来，被市委、市纪委和省纪委作为反腐倡廉教育教材在全市、全省巡演。并应邀赴河南、陕西巡演。目前，累计演出200余场，观众20万余人。该剧先后获“河北省五个一工程奖”、“河北省文艺振兴奖”、“河北省第六届戏剧节剧目特别奖”、“全国纪检监察系统电教片‘卫士奖’”等奖项。6月22日，中央电视台专程到保定市对话剧《警钟》进行了现场录制，并在戏曲频道播出。6月26日，应国家文化部直属机关党委、纪委邀请，话剧《警钟》进京汇报演出。中纪委与国家文化部等十五部委有关领导观看了演出。文化部副部长常克仁到场观看了演出并给予了高度评价。

【积极争取上级支持，加强乡镇文化站建设】 今年，国家出台了《“十一五”期间乡镇文化站建设规划》。列入规划的，国家级贫困县每站国家补助资金20万元，其他县每站补助12万元。全省共有1557个乡镇文化站列入规划，经过市文化局积极争取，全市有262个乡镇文化站列入建设规划，占全省六分之一以上。

【文化市场和新闻出版管理工作扎实有效】 一是规范音像市场，强化知识产权保护工作。4月20日至4月26日，本市各级文化行政管理部门利用报刊、广播电视等媒体，发放宣传材料等形式，开展了以“保护知识产权，打击侵权盗版”为主题的宣传活动。进一步加大行政执法检查力度，整顿音像市场秩序，并组织开展了违法音像制品集中销毁活动，共销毁今年以来各级文化市场执法部门收缴的违法音像制品3.8万余张（盒），非法出版物3万余册。目前，本市已经连续8年9次举行违法音像制品的集中销毁活动，累计销毁违法音像制品100余万张（盒）。二是加大对全市网络文化市场的监管力度。2007年春节、暑期、十七大期间和2008年新年前后开展了全市范围的四次大规模的网吧专项整治行动。市、县两级文化行政部门成立了以一把手为组长的领导小组，普遍实行了分片包干，任务到人，监管到位，对所属辖区网络文化市场进行了明察暗访、定期和不定期的检查，做到了组织到位，责任到位，措施到位，处罚到位。全年全市共出动人员2100余人（次），车辆430余台（次），检查网吧2910余家（次），查处违规经营网吧88家，行政处罚88家，其中停业整顿11家，罚款40家，行政警告37家，暂扣电脑主机及网吧内私设的电子游戏机共40余台。三是加强出版物和印刷复制业市场监管。坚持一手抓管理，一手抓繁荣，以查缴政治性非法出版物、淫秽色情读物为重点，加强监管、严格执法，始终坚持日常检查和专项检查行动相结合，保证了全市出版物市场安全稳定、健康有序地发展。2007年1月26日至2月26日，组织全市新闻出版市场管理工作专项检查活动，共出动执法人员580多人次，出动车辆180台次，对网吧、音像、出版物批发和零售市场、零售书店、早夜市、地摊、游商、车站、旅游景区、各类中小学校和印刷复制企业等出版物经营场所进行了拉网式检查，检查书刊经营单位600多家，收缴各类非法盗版出版物3600多册（盘），清除无证摊点16个。7月26日，市扫黄办组织市新闻出版、工商、公安、卫生、城管等部门和全市的12家民营医院负责人传达、学习了相关法律法规，并对有问题的单位进行了处理。10月10日至15日，由市文化局等五个部门组成联合检查组，检查了全市文化市场，确保了本市“十七大”召开前文化市场的健康稳定。检查采取听汇报、现场明查和暗查相结合的方式，共检查了网吧90家、书店120家、音像店118家和娱乐场所75家。十七大前夕，先后组织集中行动3次，出动检查人员700多人，车辆130台次，检查印刷企业200多家，收缴非法出版物4800余册，半成品1.5吨。

【文化产业开发有新进展】 一是完成了文华大厦电影娱乐城的招商引资工作。年初，文化局先后与多个国家级电影院线传媒公司谈判，通过洽谈协商，最终与北京新影联公司达成合作意向，双方合作开发文华大厦电影娱乐城。同时，产业办根据与天津晓楼房地产开发公司签署的合同，监督其对文华大厦电影娱乐城的水、电、空调、消防等设施、设备的安装，实现了年底完成设备设施安装完毕的工作任务。二是组织了第三届中国国际（深圳）文博会的筹划工作。5月，文化局积极参与配合市委宣传部组织筹划第三届中国国际（深圳）文博会，全市共有10家院校和企业参加了这次文博会，在众多参展单位中，本市展出的展品最多，展位面积最大，并具有鲜明的地方特色，由于组织工作出色，获得此次文博会的优秀组织奖。三是完成全市文化产业的调研工作。11月21日至23日，对河北大学亿万泰动漫学研基地、顺平桃木剑企业和安新苇编画企业进行了调研，圆满完成了市人大领导对文化产业调研工作。

领导班子成员

党委书记 局长　杨学德
副局长　崔玉林　张金华　裴方　万进儒
调研员　李丽娜
助理调研员　孙闪　高清义
纪委书记　郝贵良

（部门编辑：李建明　刘成刚）

报　纸

【保定日报社】 保定日报社隶属中共保定市委，是中共保定市委的新闻机构，负责编辑出版发行市委机关报《保定日报》，主办《保定晚报》、《莲池》周刊、《保定内参》，开办“全保定”网站。报社职能是宣传市委、市政府的重大决策，报道各条战线、各行各业在改革开放的社会主义现代化建设事业中涌现出的新人新事、新经验、新气象，反映人民群众的呼声和要求；编辑、报道国际、国内时事新闻。保定日报社下设广告经营中心、保定日报社印刷厂、物业公司。报社在职职工826人，其中专职编采人员201人。高级职称96人，中级职称75人，初级职称49人。

【2006年·概况】 2006年，保定日报社在市委、市政府的正确领导下，以邓小平理论和“三个代表”重要思想为指导，以科学发展观为统领，高扬“树正气、讲团结、求发展”的主旋律，坚持正确的舆论导向，提高报刊质量，提高经济效益，加强科学管理，构建和谐报社，积极推进分配制度、人事制度、管理方式三项改革，认真开展“学树保促”百日主题教育活动和“抓落实、强责任、有作为、见成效”活动，不断加强党建和精神文明建设，上下同心，凝聚合力，使报社各项工作再上新台阶。

两报一刊、内参外宣在报道形式和内容上不断改革创新，报纸的引导水平和可读性明显提升。获省以上好新闻稿件达50篇，在省以上媒体刊发稿件近百篇。《保定日报》发行7万份，《保定晚报》发行9万份；《莲池周刊》发行4万份，发行部上缴报款2283万元，超过全年任务目标3万元，比上年增加77万元，增长3.4%。经营工作积极应对市场变化，探索多元化经营模式，经营收入、经济效益稳步增长。全社总收入达到1.17亿元，比上年增加500万元。其中，广告经营收入5726.9万元，比上年增加206.5万元。报业公司完成收入960万元，比上年增加115万元。印刷厂累计完成印刷量2.16亿对开张，销售收入完成1300万元，圆满完成全年任务目标。

报社先后被河北省委命名为省级文明单位、全省思想政治工作先进单位，报社机关党委被评为全省先进基层党组织；已连续3年获“工作实绩突出单位”；在民主评议行风工作中，获得“民主评议优秀单位”称号。此外还获得了“机关效能建设优胜单位”、“帮建文明生态村工作先进单位”等40多项荣誉称号。《中国报业》、《中国新闻出版报》、《中国地市报人》、《河北报业》、市委《保定快报》、《调查研究报告》等均把本社工作经验进行重点推介。

【两报一刊坚持正确舆论导向】 《保定日报》进一步唱响主旋律。特别是后半年，集中对全市“学树保促”百日主题教育活动进行宣传报道，同时全方位、多角度对十六届六中全会、省党代会精神进行宣传、解读，做到了既宣传到位，又具前瞻性。在“学树保促”活动中，日报在要闻版开辟“学理论、树正气、保稳定、促发展”专栏，集中宣传各地、各部门学习教育情况。据统计，活动中共刊发相关稿件300多篇。围绕宣传省党代会精神，日报在头版开辟“学省党代会报告看保定发展”重要专栏，深入分析本市的优劣得失，动员全市1100万干部群众为建设京南近海强市名城做贡献，此栏目一推出即受到市领导好评。此外，日报还配合稳定、党建、精神文明建设，尤其是经济发展、引资上项目、国企改革、打黑除恶、安全生产、矿山治理等重点工作和市区规范管理经营性三轮车、城区拆除违法建设、山花工程，组织了一批战役性报道，为推动全市社会经济发展营造了良好的舆论氛围。

《保定晚报》坚持从百姓视角办报，使内容更加适合“市民口味”。除重点报道在优化经济环境、拆违、治理三轮车等市民关注的热点难点问题外，还开办“市民访谈”、“民生热线”、“生活提示”等版面，提高了市民的关注度，增加了读者阅读的趣味性。晚报初步形成了报纸质量的均衡布局，各版承载的信息量明显增加，以“新闻关注”、“特别报道”、报中报和各部重点稿件为标志，报道有了重头戏。各部也办出了一些精品栏目，好作品、好专栏不断涌现，受到读者好评。

《莲池》周刊在选题策划上注重既站在前沿，又贴近地域和社会实践，其“寻找保定符号”、“变迁的文化”等策划在社会上引起强烈反响。策划重点题目上百个，做到了期期有卖点，月月出精品。

在全省第三届报纸质量综合评比中，《保定晚报》脱颖而出，荣获全省十佳，日报“大家谈”栏目被评为优秀专栏，《莲池周刊》在省优秀期刊评比中获得第二名。

【版面设置、报道形式及内容不断创新】 在优化政务环境报道中，《保定日报》创新形式，推出“阳光行政·市长问答”专栏，采取互动形式，实现了政府工作与群众呼声的直接沟通，既体现了党报的政策性、权威性，又做到了贴近群众、贴近实际。潮头报告、今日视点等栏目，则从百姓视角关注生活中的热点问题，受到读者喜爱。各版更加注重发挥新闻图片的作用，增强了视觉冲击力，使平面新闻更突出、醒目，版面更为生动、大气。《保定日报》还在A2版新开辟“视点关注”版，各记者部围绕市委市政府中心工作，策划百姓关注的热点话题，推出了“中国电谷——老保定的新名片”、“纺织服装——谁持彩练当空舞”等8块新颖的整版，读者对此给予高度评价。《保定晚报》利用学术研讨的方式，加强业务建设。大力调整原有版面结构，去除个别缺乏新意、服务性不强的老面孔，增加一些贴近百姓、生动活泼的新版面，扩大新闻容量，满足不同领域读者的信息需求。《莲池》周刊依靠与读者互动扩大影响，先后举办“保定十佳女声卡拉OK大赛”等10多个系列活动，进一步树立周刊形象，拉动了广告投入及发行。

【把握市场脉搏，创新发展思路，经济效益稳步增长】 2006年，保定日报社主办了现代城市艺术节等系列活动，提高了报社的社会影响力，树立了本地主流媒体的优秀形象。广告部通过继续推出房展会、美食盛会等专项活动及进一步完善新闻绿色通道等措施，吸引重点行业和重点企业的广告投入量，效果显著；面对国家加大对医疗医药管控的新形势，广告部进一步细化行业分工，积极争取政策空间，实现了广告利益最大化；加大汽车行业抵换车辆力度，刺激了行业投放；通过实行《莲池》周刊代理制，组建晚报经济信息部等，丰富了广告形式和手段。在广告市场竞争日益激烈的形势下，保定日报社的广告收入达到5726.9万元，比上年增长200多万元。报业公司实行人性化管理，创建公平合理的竞争环境，调动了员工的积极性。通过稳定长期客户，开发新客户，分类广告市场份额稳步提升；利用登山户外运动协会平台，开辟红色学习等旅游项目，经营业绩不断攀升；拓邦学院与外地著名培训公司合作，探索出适合自己的经营模式。经全体员工不懈努力，报业公司提前1个月完成全年任务目标，全年实现营业收入960万元，比上年增长14%；比2003年的463万元，增加了497万元，三年翻了一番还多。

经济信息部发挥党报的权威优势，走与区县、部门、行业联合办报的路子，在人员减少的情况下，鼓劲加压，先后与质监局、教育局、电力局合作，开发了《质监专刊》、《教育专刊》、《保定电力》等，取得较好的社会效益和经济效益。与市妇联联合发起组织“阳光救助”活动，在社会上产生广泛影响。

面对报刊市场竞争日趋激烈的形势，发行部多措并举，积极应对，征订发行工作上了新台阶，确保了两报一刊在全市的发行主体地位。在完善发行网络方面，发行公司新增发行站点，使市区发行站数量达到12处，形成城区分片全覆盖投递布局。为提高两报一刊的市场占有率，提前展开报纸征订工作，将征订淡季变为旺季。进一步开通发行绿色通道，创新业务形式，扩大有效发行数量。三县工作站认真落实“新闻立站”思想，顽强拼搏、艰苦创新，新闻宣传、报刊征订工作有了新进展。

印刷厂坚持质量和时效并举，在生产环节中坚持科学管理，早报率实现100%，印刷质量全部达到国家优等质量水平，被省报协评为2006年度全省第一名。严格的管理和一流的质量吸引了众多客户，2006年新增16个代印品种。

【各项规章制度更加科学规范，管理和服务再上新水平】 各行政管理部门进一步完善各项规章制度，强化服务意识，为报社可持续发展提供后勤保障。本着“用制度管人，用制度办事”的原则，先后出台了关于提高报刊质量、干部人事、财务等方面的管理意见，并采取措施增强各级执行力，抓好落实。纪检监察室认真执行监督和管理职责，下大力禁止“有偿新闻”、“不良广告”等不正之风，对物品采购进行有效监督，强化了报社广大职工的纪律意识。

在人事管理工作上，全力为报社发展调配、储备优秀的人才资源，实现人尽其才，才尽其用。不断健全招聘人员招聘、解聘手续，调动了招聘人员的积极性。采取请进来、走出去的方式，积极对现有编辑记者队伍进行培训与开发管理，为员工实现自我发展提供条件。在分配制度改革上，坚持向关键岗位倾斜，向优秀人才倾斜，向一线倾斜，提高了报刊质量和编采人员的业务水平。启用3000平方米的行政办公楼，投资80余万元对编采大楼重新进行装修；购置60多台微机，对内部编采网及设备进行技术改造和更新。

领导班子成员

社长 党委书记	陈永健
总编辑	李战贵（8月离任） 陈永健（8月任）
副社长 党委副书记	李战贵（8月离任）
副社长 党委副书记	高群占
副社长	吴江晶　晏文光 展宁
副社长 副总编辑 晚报总编	杨国胜
纪委书记	李玉臣
副总编	张英杰 臧建民（12月离任） 许顺兰 董耀奎（9月任党委委员）

【2007年·概况】 2007年，保定日报社在市委市政府的正确领导下，在市委宣传部的正确指导下，以科学发展观为统领，弘扬“树正气、讲团结、求发展”主旋律，唱响建设“京南近海强市名城”最强音，紧紧围绕科学发展、提速发展、和谐发展主题，坚持正确的舆论导向，审时度势、科学决策，积极应对广告市场形势变化、发行市场争夺加剧等种种不利因素和诸多难以预见的困难，在办报、经营、管理方面进行体制机制创新，开创各项工作新局面，全面构建和谐报社；提高领导班子执政能力，强化基层组织建设和精神文明建设，充分发挥党支部的战斗堡垒作用和广大党员的先锋模范作用，大力营造干事创业、团结和谐、争先创优、事争一流的浓厚氛围。

两报一刊2007年度获省以上好新闻稿件达60余篇，在省以上媒体刊发稿件240余篇。《保定日报》发行7.1万份，《保定晚报》发行9.2万份；《莲池》周刊发行3.5万份，发行部上缴报款2319.8万元，比上年增加31.8万元，增长1.3%。全社总收入达到1.19亿元。其中，广告经营收入6006万元，比上年增加283万元，增长5%。报业公司完成收入1062万元，比上年增加102万元，增长10.6%。印刷厂累计完成印刷量1.98亿对开张，完成产值2519万元。先后被中共河北省委命名为省级文明单位、全省思想政治工作先进单位；在第四届河北省报纸质量综合检查评比中，报社共荣获各种奖项8个。报社党委又被市委考核为实绩突出单位，实现了“四连冠”，并被评为全市先进基层党组织；报社机关党委被评为全省、全市先进基层党组织，并连续4年被评为市直机关红旗党组织，《莲池》周刊荣获市级青年文明号称号，档案管理越级晋升为省一级标准。获得国家和省市级广告行业文明单位、全国自办发行先进集体、“民主评议优秀单位”、“为民、务实、清廉主题教育活动实绩突出单位”、“帮建文明生态村先进单位”、“维护稳定先进单位”等30多项荣誉称号。

【两报一刊导向正确、契合大局】 《保定日报》、《保定晚报》从不同角度围绕贯彻落实十六届六中全会、省七次党代会和市委九届二次全会精神，建设“京南近海强市名城”等各项主题开展了一系列宣传战役。尤其是下半年，两报多角度对十七大精神进行宣传、解读，全方位展现了全市贯彻十七大精神，坚持科学发展、推进社会和谐的新思路、新举措。《保定日报》在头版开辟“打造‘中国电谷’，建设生态文明”大型报道，全景式展示本市转变经济发展方式，建设生态文明取得的新经验、新成就，刊发后引起强烈社会反响，市长于群，市委常委、宣传部长司存喜先后作出批示给予表扬。《保定晚报》在头版推出“谱写人民美好生活新篇章”系列报道，反映全市广大群众喜迎十七大，谋划新发展的热情。全市解放思想大讨论活动开展后，两报分别推出“解放思想大讨论论坛”和“解放思想大家谈”专栏，营造出全市上下解放思想、共谋发展的浓厚氛围。此外，两报还围绕全市“掀起责任风暴、推进效能革命”，“为民、务实、清廉”、“驻千村、联万户、帮民富、解民忧、促和谐”活动，拆违第二战役，严打整治专项行动，尤其是经济建设领域中的“南车、北电、东纺、西绿、城文”，建设“太阳能之城”、打造“中国电谷”等重要工作部署，推出了一批深度和前瞻性报道，为推动市里重点工作的开展提供了强有力的舆论支持。《莲池》周刊进一步拓宽报道领域，走进大学校园，加强同中学的沟通，有针对性地推出了学生理财、招聘就业、试题解析等系列策划，组织了《加息，百姓生活影响几何》等重点稿件，赢得了读者、扩大了市场。

【创新版面设置和报道形式，提高报刊亲和力】 《保定日报》围绕市委市政府重点工作和社会关注的热点问题加强策划，进一步拓宽了报道空间。开办的“爱民时刻”、“潮头报告”、“老保定游记”、“今日关注”等栏目，刊载基层鲜活新闻，群众喜闻乐见。“视点关注’版站在宏观角度，对社会热点、难点问题进行分析，相继策划推出《保定制造，谁来圆梦》、《中国电谷：托起明天的“太阳”》等深度报道，版面新颖大气，备受读者好评。《保定晚报》围绕社会普遍关注的热点敏感问题，积极做实民生宣传，深化政策解读，积极稳妥引导社会舆论。策划推出“爱心超市”、《百姓记事》、《寻找思雨父母，握住生命之手》等栏目和系列报道，刊登百姓关心、关注的新闻，讲市民身边的感人故事，呼唤爱心捐助弱势群体，极大提高了广大市民对晚报的关注度。

【外宣工作成效显著】 在外宣工作中，报社针对工作机构、体制、举措、机制等方面进行了全面创新，积极营造舆论强势。成立外宣工作领导小组，整合报社资源，在人财物方面给予大力支持；制定并实行全员供稿制、目标责任制、重奖制等一系列措施，进一步调动广大编采人员的积极性。两报一刊编采人员围绕市委、市政府的重点谋划，寻找新闻角度，提炼新闻精品，收到显著成效。全年外宣发稿量达到240余篇，与上年同期相比翻了一番还多，数量在省内新闻同行中名列前茅。外宣发稿质量进一步提高，其中《保定万名干部投身新农村建设实践》、《河北保定：新型工业制造带动经济全面发展》两篇稿件，分别刊发在光明日报、经济日报头版头条。

【整合经营资源，经济效益取得新突破】 面对媒体竞争进入白热化的新形势，报社正式成立广告经营中心，全面科学整合报业广告公司、日晚报经济信息部、报业开发公司的资源，优化资源配置，增强统筹协调。完善内部协调机制，组建报社活动策划小组，增强了编辑部与广告经营部门的互动协作，既引导了舆论，又赢得了市场。

由于医疗医药广告限制和国家宏观政策调整，报刊行业广告大幅下滑，同时本市房地产市场形势变化、部分行业市场波动等种种不利因素，也给广告市场带来诸多难以预见的困难，面对严峻的市场形势，广告经营中心全体职工，在社领导班子正确领导下，积极调整业务结构、创新广告形式、开发广告活动，经营收入取得新突破。成功策划了首届时尚婚庆博览会、“2007民间寻宝·走进保定”、“国美家电节”、“保定车展”等一系列文化、商业活动，提高了报社品牌形象，拉动了广告收入增长。与发行公司合作成立直投广告业务部，积极进行业务开发，促进了广告增收。通过经营中心内部机构整合，日、晚报经济信息部与业务部协调联动，共同拓展开发广告客户，提高了经营部门整体收入。通过经营部门不懈努力，经营中心收入达到6006万元，比上年增加283万元。

分类广告进一步优化分类标准，明晰市场定位，拓展市场空间；旅行社在路线设计及服务方式上求突破，实现稳步发展；拓邦学院不断寻求新项目和合作伙伴，取得良好效益。经全体员工不懈努力，报业公司超额完成全年任务目标，全年实现营业收入1062万元，比上年增加102万元，上缴社财务50万元。

印刷厂自筹资金16万余元更新电脑、进行报库软件升级，新建200平方米的校对车间，选派人员到“北人”学习，提高了管理水平和印刷技术，大力加强成本核算、治理公物外流，全年节约成本20万元，并不断开拓市场，重新恢复《燕赵都市报》的承印业务，每日新增20多万个对开张，促进了收入增长。今年以来，早报率基本实现100%，印刷质量全部达到国家优等质量水平，在省报纸印刷质量评比中荣获十佳，在第四届省报纸质量综合检查评比中荣获印刷质量精品奖。共完成产值2519万元，印刷量达到1.98亿对开张。

2007年，市外报刊加大资金投入，目标直指晚报展开市场争夺，面对这种形势，社党委进一步统一认识，把发行工作列为报业发展的重中之重，为改善发行队伍工作条件，提高投递效率，投资14.5万元配备了电动自行车。制定了一系列诸如全员订报、实行发行绿色通道、新闻宣传与报刊发行互动等支持发行工作的政策措施，实施有效营销策略，保证了发行量稳中有升。三县工作站完善考核奖励机制，与工作人员签订目标责任状，有效调动了大家的积极性。

【筹备“全保定”网站，构建“两报一刊一网”新格局】 为改变创收结构单一的现状，社领导班子着眼长远，决定筹备“全保定”网站，广告经营中心发动各部门力量，投入网站的商业运营筹备工作，探索新的经营模式，创造新的业绩增长点。“全保定”网站从4月开始筹备，相继从社会、校园以及报社内部招聘、吸纳相关人员，迅速组建起工作团队。网站项目筹备组通过自主研发等方式，先后完成网站硬件设备的配置搭建和软件系统的开发安装，于10月30日上线试运行，出色完成全年预订目标，多项工作处于省内领先位置。年底网站的各项功能已全面开通，筹备建设工作基本完成。

领导班子成员

社长 党委书记 总编辑	陈永健
副社长 党委副书记	高群占
副社长	吴江晶　晏文光 展　宁
副社长 副总编辑 晚报总编	杨国胜
纪委书记	李玉臣
副总编	张英杰　许顺兰 董耀奎

（部门编辑：刘国辉　陈　冬）

广播电视

【保定市广播电视局】 保定市广播电视局是保定市人民政府主管全市广播电视工作的职能部门，是保定市广播宣传电视、事业建设和管理工作的领导机关，又是直接组织和参与对重大活动和重要事件进行宣传的新闻机构。局机关设办公室、宣传管理处、技术事业处、社会管理处、人事教育处、计划财务处、纪检监察室、机关党委等处室。下属保定人民广播电台、保定电视台、保定有线广播电视台、保定广播电视报社4家新闻发布单位。

【2006年·概况】 2006年，保定市广播电视局始终把坚持正确舆论导向，作为宣传工作的首要任务来抓，坚持围绕中心、服务大局的方针，充分发挥舆论的造势推动作用和引导教育作用，紧密配合市委、市政府的全局性、中心性工作，坚持“三贴近”原则，通过开辟新栏目、优化节目板块、增加播出时间、优先时段配置等措施，加大主题宣传的资源配置，围绕树立和落实科学发展观、构建社会主义和谐社会、建设社会主义新农村等重大主题，精心策划并组织专题报道；紧扣优化发展环境大会精神、市第九次党代会精神、“学、树、保、促”百日主题教育活动等重点进行了系列报道、深度报道。同时，配合市委、市政府，围绕社会热点、难点问题，开展宣传疏导工作。开办了《阳光演播室》、《政府与民生》等政府与人民群众直接沟通的栏目，为化解矛盾、维护稳定，在全市上下形成同心协力促和谐求发展的浓厚舆论氛围。

【实施精品工程，节目质量有新提高】 通过实行监听监看机制，节目评议制、末位淘汰制等措施，不断提高编采人员的积极性和创造性，节目质量又有了新提高。在保持原有名牌栏目的同时，创办了《保定工业》、《走进新农村》、《亿元项目》、《社会公德知荣辱树新风兴保定》等栏目，市电台、电视台开设了近40个专栏，全面反映了全市政治、经济和精神文明建设成果，扩大了广播电视影响力。电视台摄制的《寻找二小》荣获中国电视纪录片学会学术奖，《保定市春节联欢晚会》、《三姐妹放映队》、《大白话儿》等作品获河北省奔马奖。全系统共有12件作品获省好新闻奖，其中一等奖1件。以“实力保定、魅力保定、和谐保定”为主题的外宣工作，在省以上新闻媒体发稿630多件，其中中央人民广播电台30件，中央电视台18件，提高了保定的知名度、美誉度。

【事业建设稳步发展，有效覆盖不断扩大】 扩大广播电视有效覆盖，是提高社会效益和经济效益的基础。一是推进了“村村通”工程建设。“村村通”广播电视工程是建设社会主义新农村的一号工程、民心工程和德政工程，市委、市政府对此项工作一直给予高度重视。自1999年“村村通”工程建设以来，市县广电部门认真组织、大力实施，到2006年底，完成了全市681个广播电视“村村通”建设工程。解决了部分偏远山区收听收看广播电视难的问题，使党和政府的声音及时传达到偏远山区，丰富了群众的文化生活，推动了当地经济社会的发展。二是扩大了有限电视覆盖。全市有限电视用户逐年递增，至年底，市区已达24万户、22个县（市）共26万户，基本实现了年递增15%的目标，数字电视整体转换工作取得了初步成果，并逐步得到用户的理解和认可。三是加大了广播电视发射设备更新改造力度。加强了技术管理，精心维护，提高了调频、中波和电视广播发射设备的安全可靠性，同时，加强监测、检查，提高覆盖质量，确保了广播电视节目的覆盖范围和覆盖效果。

【技术维护扎实有效，安全播出成绩显著】 安全播出是广播电视的生命，为此，市局、市直各台和各县市局建立了安全播出指挥调度机构，完善了安全播出应急预案，加强了各项防范措施，切实加强了日常设备维护，定期检查运行情况，及时提出整改要求，使设备始终处于良好运行状态。在“两节、两会”等重要播出期和敏感期，实行了技术值班制度，保证了对突发性事件的快速反应。遇有重大播出任务，提前召开所属单位技术负责人会议，排查播出和传输环节的安全隐患，制定解决措施和预案，确保了全市各项重要活动和大型会议的安全播出。

【依法管理力度加大，播放行为进一步规范】 继续开展地面卫星接收设施传播秩序整治工作，有效遏止了地面卫星接受设施的非法销售、安装、使用行为。6月30日，在博野县召开了卫星电视传播秩序清理整治工作现场会，推广了博野整治工作经验。深入贯彻《广播电视管理条例》，强化了市、县播出机构的监管，杜绝了乱播滥放现象。完成了企事业单位有线电视站的年检、报批、违章处罚等工作，开展了“一站式”服务。

加强了对宾馆饭店闭路电视系统播放电视节目、视频点播及通过互联网传播广播电视影视类节目的管理，规范了播放行为。加强了广告播放的管理，严格按照总局17号令的要求，规范了广告播放行为，净化了荧屏声频。

领导班子成员

党组书记 局长	周耕田（离任）
	马世乐（7月任职）
党组副书记 副局长	李华平
党组成员 副局长	王建立
党组成员 副局长	宋　毅
党组成员 纪检组长 副局长	张守满
党组成员 副局长	王义亭

【2007年·概况】 2007年，广播电视局坚持以人为本、风清气正、鼓劲加压的原则。全局干部职工积极投身于“学树保促”和“责任风暴”、“效能革命”活动中，有力地推动了各项工作的落实。深入开展了“为民、务实、清廉”教育活动使干部队伍的人生观、价值观、世界观得到理性升华，为民、务实、清廉的意识进一步增强，行动更加自觉。结合学习党的十七大精神，就如何实现广播电视事业又好又快发展，在全系统干部职工中深入开展解放思想大讨论，进一步统一思想，明确任务，用事业凝聚人心，用制度强化管理，逐步理顺局合（社）、县（市）局关系，形成工作合力，同心同德，推动广播电视事业健康发展。在中国电视协会电视纪录片学术委员会、中央文献研究室当代文献研究中心、中央新闻纪录电影制片厂联合举办的“2007中国文献纪录片论坛”上，保定电视台创作的《晏阳初》、《晋察冀文艺兵》等7部纪录片同获大奖。

【外宣工作成绩显著】 广电局已在省级以上媒体播发宣传保定新闻稿件1526篇（其中，中央台53篇），发稿总量是上年全年的252%，一举跨入全省前列。特别是与中央人民广播电台合作的长达85分钟大型互动《直播中国——走进保定》节目，开全市广播电台与中央人民广播电台共同播报之先河，向全国听众介绍保定，被社会各界誉为“保定广播宣传的里程碑”。在中央电视台《新闻联播》栏目中一周之内相继播发了《焊接大王——孟宪章》、《沼气扮亮新农村》、《一座灰场的搬迁》3篇报道，规模、力度、影响都是前所未有的。在省电台播出的大型系列报道《强省之路燕赵行——走进保定》、《保定大提速》共23篇，从多角度宣传了保定经济发展，进一步提高了保定市的知名度。

【安全播出万无一失】 安全播出是广播电视的生命。广电局建立了上下贯通的安全播出指挥机构，制定并完善《广播电视安全播出应急预案》，在重要播出保障期启动应急预案，领导靠前指挥，强化一线值班力量，人不离岗，手不离键，确保了各项重大活动、重要会议、重要时期的安全播出。特别是在党的十七大召开期间，广电局对安全播出提早全面部署，全方位做好安全防范工作，确保了十七大召开期间的安全播出，被省广播电视局评为十七大安全播出先进局，并有5位同志受到国家广播电影电视总局的表彰，分别荣立一、二、三等功。

【技术装备水平大幅提升】 局机关投资20余万元，购置了先进的广播电视插播检测设备，配合省局建成了广播电视监测站。投资近50万元建成了全市电视新闻节目资料回传网络，实现了县——市——省三级贯通，为全市广播电视新闻宣传工作提供了有力的技术支持。建成了广播电视系统全文电视平台保定分会场。保定电视台投资400万元完成了电视播出机房的搬迁工作，一、二、三套节目全部实现硬盘播出，对抱阳山发射台进行了全面更新改造。保定人民广播电台投资12万元将转播中央台信号源改为接收卫星节目信号。市网络公司累计投资670万元更新设备，各县（市）局事业建设投资1364万元，技术装备水平明显提高。

【“村村通”工程进展顺利】 “村村通”广播电视工程是民心工程、德政工程，是社会主义新农村文化建设的一号工程。国家计划在“十一五”期间完成20～50户已通电自然村“村村通”广播电视工程。广电局自我加压，提出利用两年时间提前三年完成全市674个20～50户自然村广播电视“村村通”工程，得到了市委、市政府的肯定和支持。2007年，广电局已经完成西部山区200个20～50户自然村广播电视“村村通”工程。

【完成卫星转星调整工作】 卫星转星调整是一项涉及面广、政策性强、时间紧迫、任务繁重的工作，广电局在市委、市政府的正确领导和各相关部门的支持配合下，动员全系统的力量，从8月1日至9月24日，在1个多月时间内，保质保量完成了转星任务。全市共完成广电系统内电台、电视台、转播台、发射台、有线电视前端地面接收设施共119个，村村通用户共717个，广电系统外机关事业单位、大专院校、工矿企业、宾馆饭店、小区前端地面接收设施约319个，农村用户地面接收设施约8.5万个，占全省37%。

【依法管理力度加大，播放行为进一步规范】 市广电局与各县（市）局、直属各播出传输机构签订了《加强宣传管理、安全播出、规范频率（道）秩序责任状》，多次派出工作组到各单位进行督查，对发现的问题立即整改，对有关责任人作出严肃处理，强化了对各播出传输机构的监管，有效遏制了乱播滥放、私开乱设频道频率等违规现象的发生。加强了对宾馆饭店闭路电视系统播放电视节目、视频点播、互联网传播广播影视类节目的管理，开展抵制低俗之风专项活动，加强了广告播放的管理，净化了荧屏声频。

领导班子成员

党组书记 局长	马世乐
党组副书记 副局长	李华平
党组成员 副局长	王建立
党组成员 副局长	宋毅
党组成员 纪检组长 副局长	张守满
党组成员 副局长	王义亭

（部门编辑：贾丽丽）

【保定人民广播电台】 保定人民广播电台隶属保定市广播电视局，担负着全市的广播宣传任务，是市财政差额拨款的副县级事业单位。该台现办有新闻综合广播，播出频率为中波1467千赫、调频91.8兆赫；经济广播，播出频率为中波1017千赫、调频93.7兆赫；交通广播，播出频率为中波603千赫、调频104.8兆赫三套节目，全天播音54小时零5分。中波与调频发射功率分别为10千瓦、3千瓦，可覆盖保定市区、所辖县（市）及北京、天津、石家庄、衡水、沧州等部分地区。

该台现有干部职工143人，其中，大专以上学历120人，有中、高级技术职称的89人。下设新闻综合广播、经济广播、交通广播、新闻部、外宣部、总编室、办公室、财务部、技术部、中波发射台、保障部等。

【2006年·概况】 2006年，在市委、市政府和市广电局的正确领导下，在新闻宣传上，牢牢把握正确的舆论导向，坚持正面宣传为主，认真落实“三贴近”原则，不断提高宣传水平，为推动全市各项工作更好更快发展，构建和谐保定营造了良好的舆论氛围，取得了较好的宣传效果。

围绕市委、市政府的中心工作开展主题宣传。围绕落实科学发展观、树立社会主义荣辱观等主题，开设了“十一五展望”、“落实科学发展观、努力实现更快更好发展”等20多个专栏，围绕“两会”、“绿化”、“成就回顾与前景展望”等组织了40多个阶段性宣传战役，涌现出《优化环境》系列评论、《打县域经济之牌谋科学发展之路》等一批有深度、有力度、形式活的好作品，强化了宣传效果。

围绕百姓关注的热点、难点问题开展宣传报道。本台坚持以科学发展观为指导，以人为本，围绕医保、就业、教育收费、农村合作医疗、食品安全、安全生产等百姓关注的问题进行广泛宣传，提高了听众的关注度。

广播特色更加突出。首先是时效性强。如对本市“敬老健身节”的报道，本台派出强大报道阵容在多点进行现场报道，记者随着事件的发生、进展，边观察边叙述，让听众仿佛置身于活动现场，最大限度地发挥了广播优势。其次信息量大。15分钟的《保定新闻》节目每天新闻条数在15条以上，有时多达20条，在时间保持不变的情况下，容量进一步增加。再次真实感强。每天《保定新闻》节目的音响报道都在4~7条之间，有时多达8~10条，使报道更加真实、生动、感人。第四贴近性强。新闻宣传关注基层，记者经常深入农村、厂矿等第一线采访，截取普通百姓生活断面和典型事例，使新闻更具鲜活性。第五体裁多样化。《保定新闻》节目中包含了录音新闻、录音通讯、录音专访、现场报道、新闻连线、本台评论、记者述评、编辑点评等多种体裁，使新闻丰富多彩，可听性增强。

新闻综合广播坚持新闻立台，形成了以早间《保定新闻》、《行风热线》为龙头、午间《阳光时间》为龙身、晚间《新闻宽带网》为龙尾、《整点新闻》为骨架的新闻播报模式。使新闻宣传既注重时效，又讲求密度和深度，满足听众对新闻的多种需求，从而增强了听众对频率的依赖性和忠诚度。

《行风热线》集舆论监督、社会监督、群众监督于一体，促行风好转，树政府形象，构建和谐社会。《行风热线》每天依次邀请40个市直职能部门或窗口行业负责人走进直播间，通过热线电话与群众交流对话，互相沟通，直接回答听众提出的问题和投诉，实现了一人投诉、万人监督的效果，促进了阳光行政，有效地化解了社会矛盾，密切了党和政府与人民群众的血肉联系。全年，受理听众热线1000多个，解决群众问题200多件。

《阳光时间》高扬主旋律，不断拓宽节目的广度和深度。该节目作为新闻的延续，围绕“社会主义荣辱观”、“阳光行政”、“推行电子政务”、“客运三轮车整治”、“拆违”、“集中整治狗患”等进行了深入报道，如为期3个月的“联通杯”树立社会主义荣辱观有奖征文活动，共收到来稿215篇，引起了听众广泛共鸣。同时《阳光时间》在全市媒体中第一个开办了“政府与民生”专栏，让百姓听到政府真诚的解读，让政府听到百姓真实的声音，大力推行阳光行政，节目受到听众好评，使政府与民众呈现出目的的统一性。

《今夜有缘》关注弱势群体，将每周三的节目定位为特别节目，专门为残疾人解决工作生活中遇到的一些困惑和难题，将全市42万残疾人汇聚在一起。同时《今夜有缘》还以“共创美好明天”为题为残疾人进行大型公益募捐活动，彰显了人文关怀，扩大了频率和节目的影响力。

经济广播以热情、前卫、积极向上的节目理念，打造频率新形象，以其实用性、服务性、互动性及一种勃发向上的朝气吸引了大批年轻听众。

以“听众热线”、“健康热线”为载体，突出频率的服务性特色。“听众热线”栏目，每天都受理听众特别是农村听众提出的问题，节目之后马上联系相关部门进行调查，由于反馈及时，督导力度大，深受听众欢迎。“健康热线”每天接受听众特别是老年听众的医疗咨询，主持人科学的态度、专业的医学知识、耐心细致的解答，深深赢得了听众朋友的喜爱。

交通广播定位准确，目标受众明晰，讲究经营策略，打造了强势品牌形象。该频率大力开展公益活动，打造频率品牌，如“五一”期间，为普通劳动者举办了两场“庆五一、送温馨、笑声伴你行”相声专场晚会；配合社会主义荣辱观教育，组织了全省规模最大的“交广之旅”汽摩自驾游活动，在驾驶员中倡导文明驾驶，遵纪守法；同时还免费为300名出租车司机体检，把频率的关怀洒向普通劳动者，为频率培养了忠实听众。该频率始终坚持生活化、大众化和人性化的办节目宗旨，全心全意为司机朋友服务，在办好“交流热线”的基础上，又新增“查违热线”，为司机朋友提供多方位的服务。11月，又在交警支队指挥中心设立“交通直播室”，全市交通汇收眼底，无线电波传送万千信息，有力地促进了全市交通管理秩序的好转，该频率成为广大司机朋友真正意义上的“交通伴侣”。

对上报道成绩显著。全年共发稿300多篇，其中在中央台发稿30篇，省台发稿270多篇，出色完成了目标任务。《“十一五”期间保定投资1300亿打造工业强市》、《保定行政服务中心启动》等稿件在中央台《新闻和报纸摘要》、《全国新闻联播》和《中国农村报道》等节目播出后，引起强烈反响。

节目创优工作又有新突破。2006年，该台选送的《狼牙山之魂》分获河北新闻奖播音与主持、编辑一等奖，《依托红色旅游发展绿色经济》、《新能源产业基础在保定崛起》等作品获河北新闻奖二等奖，获奖数量之多、档次之高在全省独占鳌头。另外，该台创作的广播剧《特殊的情缘》荣获市委宣传部“五个一”工程奖。

事业发展又有新突破。今年该台投资15万元新上中波发射机及相关配套设备一套，实现了一塔双频。至此，全台三套中波播出全部实现了自我发射，每年可节约发射费用10多万元。

广告经营和管理实现跨跃发展。2006年的广告创收工作在遇到市场、政策等多方面制约的情况下，经过大家的努力，2006年的广告比上年增收100多万元，超额完成了全年预定的创收任务。年底，为了减轻编播人员的广告压力，使他们能集中精力搞好编播工作，从而，全面提高节目质量，该台新成立一个广告经营部，将全台的软性广告收归台统一经营。同时，将所有品牌广告分别由社会上的四家广告公司代理，实现了编播业务与广告业务间的良性循环。这项改革在全国地市级电台是第一家。

领导班子成员

书　　记
台　　长　张永庆

【2007年·概况】　2007年，保定电台以邓小平理论和“三个代表”重要思想为指导，全面落实科学发展观，坚持以宣传为中心，以改革为动力，全台上下同心同德，推动各项事业持续、稳定、协调发展。电台“三项学习教育活动”经验在全国“三项学习教育”简报刊登推广。

（一）新闻宣传坚持正确的舆论导向，不断提高舆论引导能力，为广大听众提供积极向上的精神产品。

新闻宣传紧扣十七大宣传主线，围绕市委市政府的中心工作，基调鲜明，重点突出，成效显著。十七大召开之前开设了“喜迎十七大　展示新成就”专栏，全面展示本市政治、经济、社会五年来取得的翻天覆地的变化。十七大召开前一月，又增设了“寄语十七大”、“我的五年”等专栏、专题，营造全市期盼十七大的浓郁氛围。十七大召开期间，开辟专栏：“关注十七大”，重点播出十七大反响。十七大结束后，迅速推出“学习贯彻落实十七大精神巡礼”专栏，报道在学习、贯彻、落实十七大精神中涌现的新做法、新经验、新典型、新成就。与此同时，新闻宣传全面贯彻落实科学发展观，唱响“京南近海强市名城”的最强音。今年以来，新闻先后开设了“喜看开局年”、“我的2006”、“建设京南近海强市名城”等20多个专栏，有力地推动了市委市政府的工作。此外，新闻宣传还围绕“两会报道”“节前慰问”、“安全生产宣传月”等组织了20多个阶段性宣传战役，为全市各项工作顺利开展作出了努力。

新闻综合广播2007年1月1日成功改版，对不符合节目定位的节目进行重新调整或撤换，使节目整体更加突出新闻性。《行风热线》集舆论监督、社会监督、群众监督于一体，促行风好转，树政府形象，建和谐社会。每天依次邀请40多个市直职能部门或窗口行业负责人走进直播间，通过热线电话与群众交流对话，实现了一人投诉、万人监督的效果，促进了阳光行政，有效地化解了社会矛盾，密切了党和政府与人民群众的血肉联系，全年受理听众热线1000多个，为群众解决问题500多件。

经济广播更加注重节目的贴近性，开设的栏目、报道的重点全都围绕百姓关注的生活热点和难点问题进行，受到听众欢迎。

交通广播以“贴心服务”为宗旨，以打造实用广播为目标，满足群众多方面的需求。主打节目《一路阳光》坚持“群众利益无小事”的民本思想，指挥几百辆出租车围追堵截抢包歹徒，在古城上演了一幕弘扬正气歌。积极配合本市公安机关成功告破孩子街头被抢案件。中央电视台、中央人民广播电台、《河北日报》、《燕赵都市报》、《燕赵晚报》、河北电视台等多家媒体多次报道该节目。该频率还根据自己的定位，围绕交通、围绕百姓出行大做文章。如在交警支队指挥中心设立“交通直播室”，全市交通汇收眼底，无线电波传送万千信息，有力地促进了全市交通秩序的好转。在办好“交流热线”、“查违热线”“帮你热线”的基础上，2007年又新增“法律热线”，为司机朋友提供多方位的服务。

全力攻坚，打好外宣攻坚战。1～12月份在省台播发稿件774篇，在中央台播发稿件30多篇，发稿数量、质量均列全省各地市前列，并且录音报道增加幅度较大。其中由该台和中央台联办的大型直播节目《直播中国·走进保定》，节目分为“文化保定”、“实力保定”、“希望保定”三个篇章。其中，“文化保定”重点介绍保定的历史与人文精神、近代保定与抗战文学以及其他特色文化和旅游资源；“实力保定”以“中国电谷”、“华北轻型汽车城”等为重点，介绍保定正在崛起的支柱产业格局；“希望保定”突出介绍保定发展的科学定位及举全市之力发愤图强的主要举措。市长于群亲自走进直播间，围绕保定市建设“京南近海强市名城”的战略目标、“南车北电东纺西绿城文”的产业格局，突出对保定市中国电谷、汽车、纺织等经济支柱产业和特色产业进行了介绍，并就听众关心的问题与全国听众进行了广泛深入的交流。全国各地广大听众热情参与，节目当中，共收到参与短信4000余条。长达85分钟的直播向全国人民展示了保定这座正在崛起的历史名城的靓丽风采。

7月2日，保定电台与河北人民广播电台及10家市级电台联合开办的《强省之路燕赵行——走进保定》，重点报道了全市建设“京南近海强市名城”的势头和效果，宣传了保定打造“中国电谷”、“建设太阳能之城”、“打造华北轻型汽车城”等重点项目的辉煌成果，连续在省台《河北新闻》、《全省新闻联播》节目中播发系列报道15篇，是该活动中在省台发稿最多的市级电台。

此外，还与河北电台驻保定记者站联合推出连续报道——《保定大提速》（共六篇），用生动鲜活的事实综述了保定市在新形势下的新思维、新观念、新做法、新进展，在《河北新闻》和《全省新闻联播》播发。

系列报道《中国电谷擎起能源革命大旗》（共三篇），站在建设沿海经济社会发展强省的战略高度，紧紧抓住保定打造《中国电谷》的强劲势头，集中展现了保定市打造“中国电谷”的具体做法和取得的新进展，在《河北新闻》和《全省新闻联播》播发后，受到领导和听众一致好评。

（二）广泛开展大型社会公益活动，培育文明道德风尚，提升全社会精神文明水平，体现广播媒体的社会责任感，增强了广播的公信力、影响力和美誉度。

年初，电台开展了以“构建和谐社会从我做起”为主题的“红飘带”活动。旨在通过舆论、行动的引导，促使普通人从普通事做起，奉献爱心、崇尚真诚，提升人民群众的精神文明水平。“红飘带”活动得到了社会的广泛响应。“人人为爱动起来，古城流行红飘带”、“寻找好人，帮助好人”之风在全市兴起。

另外，在2008奥运会倒计时355天，经济广播举办了“迎奥运，魅力自驾游”“活动，本市有80辆车240人参加了此项活动。他们在体验奥运精神的同时，也展示了保定人的精神风采。

新闻综合广播开办了为时一年的“迎奥运、讲文明、树新风”有奖征文活动，为提升保定市民的文明意识，迎接2008奥运会的召开，营造了良好的氛围。同时，该频率还多次组织各界为残疾人献爱心、送温暖活动，让这一弱势群体感受社会主义大家庭的温暖。

（三）管理日趋细化，推动广播事业不断向前发展。

2007年电台广告创收向健康、规范、可持续发展方向迈出了重要的一步，全台品牌广告全面实现社会代理，讲座类广告由台统一经营，结束了运行8年之久的“集中管理，分散经营”模式，在全国同级城市电台中走在了前列。建立并完善了内部广告监管体系。今年以来，纠正了12起超出规范的广告播出，清理了9档涉性医疗保健讲座，全台杜绝了听众反映强烈的涉性广告。电台连续五年削减广告讲座播出时间，特别是医疗广告讲座时间，已由上年的38%降至2007年的13%，广告结构趋于合理。

加大技术改造力度，保证安全优质播出。今年又投入20万元购置了一部3kw调频发射机，替换了使用多年的旧设备。投入20万元，建立了备用直播间，全年实现了安全播出无事故，播控技术评比连续多年夺得全省一、二等奖。

【制作完成广播剧《沙沙在保定》】 2007年，本台制作播出了广播剧《沙沙在保定》。该剧围绕本市“建设京南近海强市名城”中心工作，从优化投资环境的大处入手，以外国友人在保定生活、居住、工作的切实感受的实处落墨，用群众喜闻乐见的广播形式反映和宣传了保定的历史文化，优雅的人居环境，日新月异的城市变化，展示了保定形象，激发和鼓舞海内外的朋友到保定来观光旅游，洽谈生意，投资置业。该剧广播特色鲜明，采用了对话、叙述、描绘、议论等多种表现手法，声情并茂，感染力强；塑造的人物形象有立体感，性格鲜明，栩栩如生；该剧情真意切，生活气息浓厚，语言生动、幽默、活泼；该剧在策划、取材、配乐方面有独到之处，达到了思想性、艺术性和可听性有机的统一。全剧长度：20分21秒。主创人员：刘秀田、徐曼、鸣声等。

领导班子成员

书　记
台　长　张永庆

（部门编辑：崔凤梅）

【保定电视台】 保定电视台隶属保定市广播电视局，是自收自支的副县级事业单位。设有综合办公室、总编室、新闻综合频道、公共频道、生活健康频道、广告经济信息中心、技术播控中心、抱阳山发射站等基础雄厚的实体。全台470名职工，正高职12人、副高职73人、中职101人、初职45人。年自制节目5475小时，年播出时间19710多小时。

作为电视媒体，拥有一套新闻综合频道、二套公共频道、三套生活健康频道，设有《保定新闻联播》、《直播保定》、《有事您说话》、《保定现在时》、《金色演播厅》、《健康食尚》等品牌栏目，节目信号可覆盖北京、天津、山西、沧州、廊坊、石家庄等周边地区，可收视人口达2000多万人。

【2006年·概况】 2006年，保定电视台根据当前形势，提出“知政弊之因，施改革之策”，全台上下围绕中心，服务大局，大胆创新，扎实工作，谋科学发展之路，树和谐管理之念，在新闻宣传、经济创收、技术事业建设和维护及改造、行政管理等方面取得了显著成绩。

【新闻宣传中心意识进一步增强】 2006年保定电视台宣传工作紧紧围绕市委、市政府中心工作，牢固树立喉舌意识、大局意识、服务意识和责任意识，坚持“三贴近”，增强服务能力，提高节目质量和引导水平，进一步扩大宣传影响和节目效应。全年围绕全市的中心工作先后开展了优化环境、市区清理整顿营运性三轮车、“山花工程”志愿者行动等多次大规模的宣传报道。全年共开设专题性栏目20多个，编发新闻近3000条，专题300多期，有力地配合了全市的重点工作和中心工作，发挥了媒体的职能作用。

【对外宣传工作成绩显著，精品创作屡创佳绩】 保定电视台积极宣传保定，外宣工作连续八年名列全省前茅。2006年，在中央电视台发稿18篇，省台发稿288篇，保持全省前三名位次，实现连续八年对上报道先进单位称号。精品创作也屡创佳绩，在河北省好新闻评选中获一等奖1件、二等奖2件、三等奖4件的好成绩，在保定市好新闻评选中有3件作品获一等奖，纪录片《三姐妹放映队》、综艺晚会《2006保定市春节联欢晚会》荣获河北省奔马奖一等奖，纪录片《三姐妹放映队》、《寻找二小》荣获中国电视纪录片学会学术奖。

【合理把握栏（节）目定位，推出一批精品栏（节）目】 新闻综合频道定位更加清晰，节目体系建设趋于合理。《新闻联播》报道时政，主导宣传，引导舆论；《关注》侧重深度，强化引导；《看点》广采博纳，关注民生；《阳光演播室》强化沟通，服务大众，直面阳光政务。四档节目互为补充，相得益彰。

都市频道在努力营造“文化保定、魅力保定”上下功夫，不断浓厚宣传氛围，先后成功策划组织举办了“2006保定市春节联欢晚会”、“2006保定市正月正晚会”、“保定市十大杰出青年颁奖晚会”等；参与组织录制播出了“保定市少儿模特大赛”、“保定市‘5·12’国际护士节文艺晚会”等大型活动；精心策划拍摄制作的宣传片《中国保定》及《中国第三极——保定汽车行业宣传片》；与中央电视台、河北电视台等强势媒体联合举办了“2006山花工程走进狼牙山大型文艺义演”、“2006城市之间保定地区选拔活动”等。

在公益广告方面，先后组织了“未成年人道德建设”、“社会主义荣辱观”、“构建和谐保定”、“长征精神”公益广告展播。

组建了《保定工业》栏目组，策划、开办了《保定工业》栏目。主要是配合保定市“工业立市”、“打造中国北方新型制造业基地”的战略构想，唱响“保定制造”。栏目致力于服务企业、服务保定工业发展大局，对全市25个县（市、区）的工业园区建设进行了报道，对各县（市、区）的主要负责人进行了访谈。

【提高保障意识，精心完成节目制作】 在节目制作业务工作中，将提高服务保障意识，提高本台节目制作质量作为今年工作的重点之一。及时了解，定期沟通，随时掌握各栏目的节目制作需求，合理调配设备和安排上线时间，努力为各栏目的节目制作创造条件。

完成了西院包括新闻演播室在内的所有制作机房的搬迁工作，顺利启用了彩电中心3个80平方米演播室和五楼制作机房，先后投入近80万元，对制作设备进行了数字化改造，新增了6条非线性编辑制作线，其中两套非线性高清配置，另外还购置了一套字幕机和两套提词器，增大了彩电中心机房的节目制作能力。

【加强软硬件建设，努力搞好安全优质播出工作】 按照“不间断、高质量、既经济、又安全”的播出工作方针，狠抓了“科学化、规范化、标准化”管理。认真结合省局、市局技术维护评比竞赛活动，按期对播出系统指标进行检测和调试。进行了第三套节目播出线的搬迁工作，并完成新机房启用工作。为了搞好中央台《新闻联播》和省台《新闻联播》》的转播，单独架设了两部卫星天线，为避免通信微波干线的干扰，采用了KU波段的卫星信号接收，使转播信号源在有线前端光线传输的主信号源基础上，增加了空中接收省834台信号、有线网接收信号和自备地面站信号的多路信号源备份，大大增强了收转中央和省《新闻联播》的安全性。投入200万元，订购了三条硬盘数字播出系统，基本完成了前期选型和采购工作。聘请了北京SONY维修站的专业技术人员，进行了建台以来最大的一次设备维护行动，共计维修维护录放设备37台次，进一步增强了播出和制作设备的可靠性和安全性，此次维修节约经费近20万元。为彩电中心播出机房订购了一套15KVA后备1小时的不间断UPS电源，使播出环境更为安全可靠。

播出设备更新之后，三条播出线全部实现数字化播出，播出工作从设备系统到操作管理，实现了保定电视台三套节目，平均每套每天播出达19小时，累计播出时间达2万多个小时，相当于单套节目昼夜不停地连续播出830多天。主要播出设备的技术指标始终保持在甲级标准。

【更新发射设备，搞好广播电视发射工作】 2006年，发射站投入了近140万元，相继更新了16CH、28CH两部10KW全固态发射机。为改善发射环境，投入20多万元，进行了抱阳山发射机房的新建和技术装修，并对站内进行了地面硬化和值班公寓的修缮。配合省局，完成了传输省台和中央台信号的抱阳山微波机房的建设和搬迁工作。并对原白石山发射站人员进行了发射岗位重新调整，将微波机房和发射机房进行了分置，单独设立了微波机房值班岗位，为省局的微波传输工作提供了有力的保障。

【积极推进人事制度改革】 通过竞争上岗选聘工作人员，逐步推行聘用制，建立单位与个人之间以聘用合同管理为基础的人事关系，打破身份管理界限，建立包括岗位聘用、岗位考核、岗位培训等为内容的岗位管理制度。积极探索内部分配制度改革，扩大内部分配自主权，探索建立按岗定酬与按任务按业绩定酬相结合，以岗位工资为主要内容的内部分配办法，逐步实现岗变薪变。通过岗位职责、资历业绩、民主测评多项要素的综合评价，择优任用，完成了中层以上人员的聘用工作。

领导班子成员

书　记 台　长	王庆武

【2007年·概况】 2007年保定电视台坚定贯彻市委指示精神，树立宣传工作“争第一，扛红旗”的理念，主动适应市委、市政府工作的新要求，服务党委、政府中心工作，自觉服务群众，关注民生，深入基层，倾听民意，解疑释惑。

【打牢内宣基础，工作讲特色，宣传出亮点】 2007年，保定电视台积极宣传学习贯彻落实十七大精神，庆祝香港回归10周年、建军80周年，宣传党的十六届六中全会和省委七届二次全会精神，宣传建设“京南近海强市名城”、“热爱保定、建设保定、奉献保定”、“南车北电东纺西绿城文”重大产业布局，宣传“掀起责任风暴，推进效能革命”，“听、看、录、帮、考”等活动，重点推出了27个专题性宣传栏目。这些规模报道几乎涵盖了全市经济、社会、党建、精神文明和稳定工作的方方面面，充分展示了全市落实科学发展观，构建和谐保定，促进保定更好更快发展的精神风貌，有力地配合了全市的中心工作和重点工作，发挥了媒体的职能作用。

【外宣工作继续保持全省领先地位】 外宣工作充分利用本市人多地广，新闻资源丰富的优势，自我加压，激发活力，省台《新闻联播》发稿等主要指标全省第一。截至年底在中央电视台上稿26篇，河北电视台上稿702篇，其中头条和提要占到30%，在展示保定新形象、促进经济社会发展方面取得了一定成效。协助中央电视台完成了《新闻调查》、《走遍中国·走进保定》、《春运直播》、《金土地·希望周刊·保定站》、《激情广场》以及解放石家庄60周年系列活动的直播。

【树立品牌意识，大型活动、精品节目成效明显】 1. 以举办大型活动为载体，先后成功策划组织举办了“2007保定市春节联欢晚会”、“2007保定市少儿春节晚会”、“保定市健康形象大使选拔赛”等；参与组织录制播出了“保定市2007新年音乐会”、“韩丽京剧演唱会”、“白沟相声节”、“中国广告模特大赛河北赛区比赛”等；拍摄制作了公益宣传片《我们的保定》及《建设太阳能之城》；策划组织了2007魅力保定主题系列活动之“东方之星全民秀”、“迎奥运唱响保定”、“主持人暨导游大赛”等活动。2. 精品创作也屡创佳绩。成功策划组织了河北省纪录片研讨论坛，参加全省广播电视节目评比，作品获奖率、获优秀奖数、获奖总数均居全省前茅，其中纪录片《根基》、综艺晚会《2007保定市春节联欢晚会》、MTV《古城童谣》、公益广告《感恩的心》、《博爱一日捐》荣获河北省奔马奖一等奖。

【以节目整合带动人员整合，用人机制实现重大突破】 按照“精办栏目，净化荧屏，规范播出，创优环境”的工作思路，2007年保定电视台进行了自建台以来规模最大，要求最严，运作水平最高的一次节目整合。这次节目整合，突出以影视剧为核心进行节目编排，三个频道节目各有侧重，新闻综合频道影视剧以弘扬主旋律内容为主线，公共频道侧重财经、都市生活内容的影视剧，生活健康频道则侧重影视剧的娱乐性和可视性。规范了广告播出时间，严格执行国家广电总局节目广告播出比例，新闻综合频道打造了一档时长60分钟的大型民生新闻栏目《直播保定》；公共频道打造了一档专门为老百姓说话的《有事您说话》栏目，

为适应新节目的需要，结合本台的人事制度改革，实行全员聘用制，在分配制度上进行了有益的尝试。面向社会公开招聘了一批编采人员和主持人。栏目对人员管理实行全新尝试，定规矩、定任务、定考核机制。年底，保定电视台打破身份界限，举行了新的一轮中层干部竞聘上岗，46人走上了中层领导岗位。

【以管理促创新，以创新促发展，广告创收有新起色】 2007年，电视广告创收遭遇了前所未有的压力，国家工商总局、广电总局等部门联合下发了通知，要求整顿违法医疗广告，保定电视台积极按照八个“一律不准”的要求，认真做好了自查自纠，主动清理违规医疗广告，停播了8个多小时的医疗广告专题，60多分钟的医疗广告，造成了200多万元的广告合同无法执行。在不等不靠，自我加压，动员广告业务人员，努力开发新客户的同时，策划开展大型活动，寻找新的广告经营增长点，不断完善管理机制，走品牌集约经营道路。台长亲自分工主抓广告创收工作，管理上引入借鉴广告公司的管理模式，理顺广告管理体制，对广告经济信息中心人员重新进行了调整，重新定位广告经济信息中心广告部与各频道之间的关系。

【加大硬件建设投入，事业取得新发展】 2007年保定电视台不断加大投入，更新设备，事业取得了突破性进展。一是构建了与全市22个县（市）的新闻传输网络平台，使各县（市）降低了节目送递的成本，节省了节目交送的时间，提高了新闻稿件的时效性。二是加大投入更新前后期设备。为了适应宣传工作的需要，共投入近200万元，对前后期设备进行了升级换代。三是继上年本台对制作线进行了改造后，今年进行了新一轮设备更新工作，投入80多万元，购置了8套非线性编辑工作站，为实现制作线和播出线的联网，又购置了包括网络服务器、中心存储阵列、数据服务器、网络交换机和传输防火墙服务器在内的多套设备，组建了非编网络和制播网络。目前这部分设备正在300平方米制作机房中安装调试，同时制作线还将原有设备进行了调整，重新对机房进行了设备布置，大大提高了本台节目后期制作能力。通过大规模的播出设备更新之后，三条播出线全部实现了硬盘数字化播出。四是为进一步搞好安全工作，有力保障“十七大”重要时期安全播出，本台还专门投入了资金，为发射站安装了一套100KVA的柴油发电机和一套卫星信号地面接收系统，发射站还协助配合供电公司对站内高压线路进行了全面检修，更新了两套避雷器和两套高压分闸开关。

2007年保定电视台三套节目，平均每套每天播出达19小时，主要播出设备的技术指标始终保持在甲级标准。经全体发射技术人员努力，本台抱阳山发射站在全省技术评比中成绩突出，该部门管理的抱阳山微波站获“2006年度全国技术维护先进台站”荣誉称号。

领导班子成员

书　记
台　长　王庆武

（部门编辑：赵晓波）

卫生·体育

卫　生

【保定市卫生局】　保定市卫生局是主管全市卫生工作的市政府工作部门，负责研究拟定全市卫生工作地方性规章；研究提出全市卫生事业发展总体规划和战略目标；制定全市技术规范和卫生标准并监督实施；制定城乡社区卫生服务发展规划和服务标准，指导城乡社区卫生规划的实施；制定全市农村卫生、妇幼卫生工作规范和政策措施，指导初级卫生保健规划和母婴保健专项技术的实施；制定对人群健康危害严重疾病的防治规划；组织对重大疾病的综合防治；研究指导医疗机构改革，制定市医疗质量标准和服务规范并监督实施；依法监督管理采供血及临床用血质量；拟定全市重点医学科技、教育发展规划，组织重点医药卫生科研攻关；制定卫生执法监督工作规划并组织实施；制定卫生人才发展规划和卫生人员职业道德规范，实施卫生技术人员资格认定标准；负责卫生外事和援外医疗队工作，促进本市与国际卫生技术交流与合作；组织调度全市卫生技术力量，协助政府有关部门对重大疫情、病情实施紧急处置，防止和控制疫情疾病的发生、蔓延；指导管理全市急慢性传染病、地方病、职业病防治和科教、中医、妇幼、爱国卫生工作。保定市卫生局内设办公室、人事处、党办室、医政科教处、规划财务处、基妇处、中医处、疾控法监处、爱卫办、监察室、老干部处、工会12个处（室）。

【2006年·概况】　保定市卫生系统在市委、市政府的正确领导下，在省卫生厅的具体指导下，广大干部职工和医务工作者认真践行了“三个代表”重要思想，全面贯彻落实党的十六届五中全会精神，以科学发展观为指导，按照市委、市政府提出的创建“和谐保定、实力保定、魅力保定”的总体目标，坚持“求实、务实、落实”，从加大卫生执法力度，优化政务环境，加强基础设施建设，提高医疗质量，解决农民“看病难、看病贵”问题入手，紧紧围绕“一个活动”，狠抓五项重点工作的总体思路，深入开展医院管理年活动，稳步推进“农民健康保健工程”，及时启动惠民医院，认真开展医疗市场专项整治，加大食品卫生监督力度，积极治理商业贿赂，取得了明显成效。基本建立健全了医疗救治、疾病预防控制和卫生监督体系，城市社区卫生、农村乡镇卫生院建设、农民健康保健工程等工作受到了国家卫生部和省卫生厅的充分肯定，受到了广大群众的热烈欢迎。

【卫生基础设施建设】　2006年全市为确保69所乡镇卫生院国债建设项目的完成，专门成立了项目建设督导组，抽调专人每月督导一次，从而使总建筑面积44090平方米，总投资2599万元的69所乡镇卫生院建设项目于9月份全部竣工，年底全部投入使用。2006年5月12日，市疾控中心大楼正式启用，同时，完成了20个县级疾控中心项目建设、12个县级传染病救治体系国债项目建设及市紧急救援中心国债项目建设。全市451个乡（镇）以上医疗机构全部开通了疫情网络直报系统，村至乡90%以上实行电话报告，网络直报率达95%以上。为提高应急处置能力，确保人民群众生命安全，市疾控中心成立了应急办，专门负责全市应急事件的监测，并组建了专家组，成立了专家库，每月对全市传染病疫情进行统计分析，发现异常情况及时预警，大大提高了传染病疫情的控制能力。全市共投资5448万元，对包括市传染病医院在内的13个传染病院（区）进行了建设。2006年市传染病医院项目完成全部土建工程，12个县级项目也已全部建成并投入使用，从而大大提高了传染病的救治能力和对传染病暴发流行的应对能力。

【农村卫生】 2006年，全市把卫生工作的重点放在农村、放在基层，实现了卫生工作的重点转移。

新型农村合作医疗工作。2006年全市新型农村合作医疗试点新增涿州、定州、望都3个县（市）总数达到4个，参合农民125.47万人，平均参合率达72%，4个县（市）共筹新农合基金6273.5万元，补偿参合农民30.59万人次，总补偿费用4074.77万元，占基金总额的86.87%。4个试点县（市）初步建立了运行平稳、规范有序的新型农村合作医疗管理和运行机制，参合农民得到了实惠。望都县被评为全省新型农村合作试点优等单位。

积极推进标准化村卫生室建设。定州市出台了《关于进一步加强农村卫生工作的决定》，公共财政加大向公共卫生事业倾斜力度，采取以奖代补的办法，对每个标准化村卫生室补助2万元。

城市医师支援农村卫生工程。2006年，县以上医院共派出122名业务骨干到3个国家级贫困县医院和55个乡镇卫生院开展卫生帮扶。共帮助和指导基层开展新技术、新项目92项，专题讲座92场，完善医疗制度415项，捐赠医疗设备价值12万余元。为把城市医疗资源向农村转移，保定市在全国率先启动了“流动医院”。中央电视台国际频道、河北电视台新闻频道、健康报、河北日报等媒体予以宣传报道。全市81个“流动医院”共深入2012个村开展了巡回医疗服务，免费体检93890人次，免费赠药69700元，发放健康教育资料20余万份，让广大农民在家门口享受到了城市医疗技术。其做法在全省卫生支农会议上做了典型发言，并被评为全省卫生支农先进集体。10月18日，中央电视台新闻联播对该市“农民健康保健工程”进行了报道。

农村卫生人才培训工作。为提高乡镇卫生院医务人员技术水平，在全省率先启动了乡镇卫生院医生免费培训计划，计划用3年时间免费为311所乡镇卫生院培训1244名内、外、妇、儿科医生。全年全市共完成311所乡镇卫生院院长培训和175名乡村卫生室急诊急救医师师资培训，有488名内、外、妇、儿科医生到县以上医院得到免费进修学习。

【社区卫生服务】 2006年，市区内共建有社区卫生服务中心23个、社区卫生服务站87个，社区卫生服务街道覆盖率达到91%，基本建立起了以社区卫生服务为基础、社区卫生服务机构与医疗服务机构和预防保健机构分工比较合理、密切协作的新型城市卫生服务体系。城市居民可以在社区享受到一般常见病、多发病的基本医疗服务。继续开展了标准化社区卫生服务机构建设活动，新创10个规范化甲级社区卫生服务机构，总数达到30个。举办健康教育进社区专题讲座100场。探索实施了常用药品平价、双向转诊、医疗救助、上门服务、专家坐诊、急救网络建设和社区保健顾问等七项制度，收到初步效果。

【疾病预防控制】 疾病预防控制能力不断提高。经过三年的努力，全市公共卫生体系建设取得了重大成绩，在国家财政大力支持下，完成了新中国成立以来第一次疾病控制体系基本建设国债项目，市、县疾控中心硬件环境得到了很大改善。疾病预防控制机构业务用房面积从22500平方米增加到49760平方米，增加了121%。利用850万元公共卫生专项建设资金，装备了实验室，大大提高了检验检测能力。市疾控中心自筹200万元，建成了省内一流水平的实验室10个。94%的县以上医疗机构和99%的乡镇卫生院实现了网络直报。全年派出32人次参加了国家、省级培训，举办了32期基层培训班，培训人员1875人。组织了职业病、禽流感防治、传染病控制、突发公共卫生事件相关信息报告管理、网络直报等培训工作，提高了公共卫生队伍业务素质。

重点传染病、地方病和职业病防控，实现预定目标。2006年，把人禽流感、不明原因肺炎、霍乱、鼠疫、流行性出血热、艾滋病、结核病等传染病防治作为重点，全面落实各项防控措施，连续八年保持没有甲类传染病。全年共报告乙、丙类传染病24种，30367例，发病率280.32/10万，实现了预期目标。一是继续落实“双关双控”措施，加强对SARS、人禽流感监测和不明原因肺炎筛查。二是狠抓基础免疫工作，“五苗”接种率以乡为单位达98%，继续保持了无脊灰状态。针对麻疹高发态势，及时召开定州、安新等5县3区专控会议，并在全市开展了两轮查漏补种，接种麻疹疫苗或麻疹抗原疫苗30万人，提高了易感人群免疫力，使麻疹高发势态得到有效遏制。三是进一步规范了结核病防治工作，组织了项目管理、网络专报、中期评估和项目督导等系列活动，接受了国家、省项目督导检查，受到了较高评价。四是认真落实“四免一关怀”政策，遏制艾滋病的蔓延，积极与公安、司法等部门合作，开展艾滋病目标人群监测，全年监测87114人，发现艾滋病感染者17例、性病病人677例，并对高危人群实施了行为干预措施。先后举办了男同性恋人群联谊会、“世纪协和杯”艾滋病防治知识竞赛和大学生辩论赛等活动；组织接待了国家艾滋病政策宣讲团有关艾滋病政策法规的宣讲活动，省、市领导、驻保大学生和社会各界人士1200余人聆听了演讲。唐县代表河北省接受了卫生部对艾滋病项目的考评，行为干预等工作亮点受到专家的高度赞誉，并在全国防艾工作会议上做了经验介绍。五是巩固了地方病防治成果，继续把鼠疫、碘缺乏病和布病作为地方病防控重点。认真落实省政府、省卫生厅鼠防会议精神，修订和完善了保定市鼠防应急预案，开展了应急队伍演练，加强了重点区域、重点行业和重点人群监测与培训工作。积极开展碘盐监督监测，全市食用碘盐合格率达96%以上，8～12岁学生甲肿率控制在2.1%。对布病发病较集中的蠡县鲍墟乡194人进行流行病学调查，对阳性病人及时进行治疗。六是联防工作在继续保持全省领先地位的基础上，又积极拓宽技术服务范围，为张家口、承德等市开展职业健康体检8887人，进一步提高了在全省的影响力。

【卫生执法监督】 以卫生监督体制改革为动力，以整体工作上水平为目标，卫生监督机构建设再上新台阶。在机构和硬件建设方面，全市25个县（市、区）全部挂牌成立了卫生监督所，卫生监督执法队伍达到了924人，新增交通、取证等专项设备210台件，按照国家标准建立了卫生监督网络直报系统，实现了食物中毒网络直报，提高了处置能力。全市卫生监督机构认真履行食品卫生、公共场所卫生、学校卫生、职业卫生以及传染病防治等卫生监督职能，以《食品卫生法》、《传染病防治法》、《职业病防治法》等国家法律法规为依据，坚持日常监督和专项整治相结合，开展了“卫监系列行动”、“食品化妆品专项整治”、“夏季学校拉网式检查”、“旅游景点餐饮业专项整治”、“食品安全‘迅雷’百日行动”、“餐饮业集中整治”和“打击非法行医秋季攻势”等活动。据统计，2006年全市共出动监督员10808人次，车辆2989台次，检查从业单位7065个，结案2281起，罚款517万元，行政处罚万元以上大案38起。卫生监督工作把预防学校、集体食堂等群体性食物中毒作为监督重点，与教育部门密切配合，建立了食物中毒、传染病防控协调联动机制，取得了很好的效果。为优化保定环境，举行了卫生违法典型案件新闻发布会，对10起案件在媒体公开曝光，这在保定卫生监督执法史上还是首次，在社会上引起了强烈反响。为指导广大群众食品及健康相关产品消费，全年共发布预警信息和健康相关产品检测结果15次，受到人民群众的欢迎。为加大对食品生产经营单位监督力度，进一步严格了卫生许可制度，全部实行了行政审批大厅一站式办公，既方便了经营者又规范了卫生许可管理。同时，按照省卫生厅要求，积极推行食品量化分级管理。据统计，全市共有食品生产经营单位16740家，从业人员达68947人，等级评审单位926家；接受过健康知识和法律知识培训的从业人员62006人，占96.4%，培训率进一步提高。

在工作创新方面，全市卫生监督工作按照“创新、求实、发展”的要求，大胆进行探索，一是积极探索市、县两级共赢的卫生监督体制，深化和完善了“市、县两级卫生监督捆绑责任制”，市县卫生监督员发扬不怕苦、不怕累的精神，敢于碰硬，敢于较真，解决了多年都不能解决的食品违法经营“钉子户”，维护了人民群众的健康权益，提高了卫生监督在社会上的影响力。二是积极探索卫生监督机构向农村延伸的管理办法。满城县积极开发政府领导，争取财政支持，探索实行了乡建卫生监督机构的做法，对全市有指导和借鉴意义。三是结合工作实际，工作方法与时俱进。易县卫生监督所针对生态文明村建设中出现的大批旅游情况，开拓工作思路，结合农村实际，及时制定了农家小院卫生管理规范，卫生许可和工作人员健康体检办证率达到80%以上，这为该市制定全市旅游农家院卫生管理标准奠定了基础。

在医疗执法方面，按照市局《“医疗市场治理整顿年”活动实施方案》要求，深入开展了医疗美容整治行动，传染病和血液安全执法检查，打击非法行医等活动。实行了医疗监督每周动态报告、季度总结汇报、举报投诉和责任追究等制度。共检查医疗单位1480余家，生活美容场所328家，取缔非法医疗服务机构42个，没收器械38台件、牌匾21块，处罚227家，没收过期药品价值2万余元，行政罚款75万余元，其中万元以上案件19起，从而使医疗市场秩序和就医环境得到了明显改善。

职业病监督执法再创佳绩，在有关方面的支持下，一举拿下了10万元大案，居2006年卫生监督个案处罚之首，大大增强了企业法制观念，有效维护了从业人员的健康权益。

【妇幼保健工作】 全市妇幼保健工作紧紧围绕贯彻妇女、儿童发展纲要，不断深化管理。有10所妇幼保健机构达到了河北省县级妇幼保健院规范化建设标准；会同计生部门出台了《关于对胎儿性别鉴定进行惩处的意见》，依法查处非法进行胎儿鉴别7例，取消母婴保健技术执业服务许可证20家，人员资格64人；积极实施降消项目，全市孕产妇住院分娩率达到90%，高危孕产妇管理率达99%，孕产妇死亡率降至18/10万，5岁以下儿童死亡率降至8.76‰，婴儿死亡率降至6.40‰，新生儿破伤风发病率降至零。

【医政管理】 医政管理工作以“内抓质量求发展，外树形象创环境”为工作主题，通过加强医疗市场治理整顿、继续巩固医院管理年活动、加大医疗事故的防范与处置等工作，不断强化和提高医疗机构服务质量。第一，将“医院管理年”活动引向深入。一是建立了有效的医疗市场监管长效机制，实行医疗机构计分管理制，建立行政管理和监督检查的互动反馈机制，对医疗机构的规范管理和动态管理相结合，全面规范全市医疗市场。二是对各县（市、区）二级医疗机构医院管理年工作开展情况进行检查验收。对25个县（市、区）进行排序，主要问题进行了全市通报，针对共性问题，采取有效措施进行改进。三是组织“医院管理年院长管理知识培训班”，全市各县（市、区）卫生局主管局长、各级各类医院院长200余人参加了培训。第二，积极开展“医疗市场治理整顿年”活动，加强打击非法行医力度。一是按照《医疗机构基本标准》，集中组织对2003年以来审批的医疗机构进行审核，强化机构规范化管理。共审核26所民营医疗机构，对17所公立医院进行了机构校验。二是为巩固打击非法行医成果，彻底清理整顿医疗市场，在全市开展了打击非法行医专项行动秋季攻势，对医疗市场存在违法行为进行严厉打击，对医疗机构审批情况进行了检查，从根源上解决违法违规审批现象，对前期整改不到位的单位依法进行处理。三是对12269个医疗机构进行了检查，共取缔无证行医1019家，处罚计生机构超诊疗范围8家，查处出租承包科室15家，查处聘用非卫生技术人员738个，吊销《医疗机构执业许可证》193家，取缔坐堂医42处，罚没款103万元。第三，创新卫生支农工作。一是按照国家卫生部、省卫生厅统一部署，该市安排了3所城市医疗机构12名主治以上职称医师派驻3个国家扶贫开发工作重点县的3所县级医院。帮助完善制度33项，赠送设备价值12万元，免费接收进修人员52人次，在受援单位诊疗人次达31000余人次，带教手术859例，开展新技术、新项目17项，组织专题讲课106场。通过帮扶，带动受援单位业务量大幅增加，门诊量、住院量同比分别增加了33%、39%，业务收入同比增加了18%。二是指定了55所二级以上医疗机构对口支援55个乡镇卫生院，给予适当物资援助，每个二级医疗机构选派3名医师到卫生院长期坐诊、带教，帮助建立骨干科室。帮助完善制度382项，赠送设备价值1800余万元，免费接收进修人员255人次，在受援单位诊疗人次达17.7万余人次，带教手术705例，开展新技术、新项目75项，组织专题讲课730场。通过对口支援，使乡镇卫生院门诊量、住院量同比分别增加了431%、389%，业务收入同比增加了503%。

【农民健康保健工程】 在2006年，该市的农民健康保健工程有了新突破，受到了广大农民的欢迎，得到了各级领导的肯定。

一、重点加强慢性病动态管理和健康干预工作。第一，组织了论证会，使工程的定义、内涵、意义有了进一步升华，为下一步开展工作起到积极推动作用。论证会归纳出：“农民健康保健工程”的定义是政府领导、卫生系统实施、多部门参与的一项惠及农民的综合工程。通过开展工程，完善三级医疗预防保健网络，提高卫生队伍素质及农村卫生工作整体水平，提高农民健康意识和自我保健意识，使农村常见病、多发病、慢性病得到有效控制，逐步建立适应保定农村经济和社会发展和广大农民需要的农村卫生服务模式。其重要意义，一是明确了政府责任，“农民健康保健工程”是解决“三农”问题、建设农村小康社会、构建和谐社会的重要举措，充分体现了政府在公共卫生服务、消除城乡健康差异上起主导作用。二是践行预防为主的卫生工作方针，通过制定符合实际情况与经济水平一致的健康教育、健康保护、健康促进策略，提升农村卫生工作的公平性、可及性，发挥了农村卫生工作的主动性、有效性。三是采取了得力措施。通过健康普查、健康干预、流动医院，基层卫生人员培训，对老人、妇女、儿童重点人群的健康管理，公共卫生监督等工作的落实，实现卫生资源的向下转移，使农民享有基本的医疗服务，确保农村卫生安全。第二，新增了110个试点村，使全市试点达到220个行政村。共为26万人次开展了健康普查；定期健康随访60岁以上老年人29996人，建档率96%；随访育龄妇女47823人，0～7岁儿童20079人；重点管理高血压病人9592例，糖尿病人1493例，肺结核病人191例，肝炎病人253例。第三，指导县（市）对筛查出的高血压、糖尿病、肝炎、肺结核患者，实行动态管理，调动二级医院、乡镇卫生院、村卫生室的技术力量，明确专人负责专病的随访。共为四病患者提供了11529份治疗菜单，累计随访达49320万人次。第四，指导县（市）在实施“农民健康保健工程”普查过程中，收集有关试点村百姓健康问题的资料，了解卫生资源和卫生服务的提供和利用情况，分析试点村总体健康状况，找出影响健康的生活习惯、生活环境、饮食习惯等因素，评估群众的需要与愿望及生活质量，为下一步制订计划提供依据，最终达到提高群众生活质量，提高群体健康指标的目的。

二、积极开展“流动医院”巡回医疗工作。2006年3月16日该市“流动医院”正式启动。各县（市）制定了详细的“流动医院”服务区域划分和三年流动计划。到10月底，全市流动医院共深入到2012个行政村巡回服务，体检人数达到93890人次，免费发放药品达69700元。

三、实行基层卫生人员免费培训。各县（市）已制订计划，利用三年时间，逐级为311个乡（镇）卫生院免费培训内、外、妇、儿科医生各1名，全面提升乡（镇）卫生院服务能力。到目前，全市已培训基层卫生技术人员488人次。

四、“农民健康保健工程”获得了各级领导的肯定。2006年9月1日，卫生部高强部长携国家新闻办公室毛群安副主任、医政司、基妇司等领导到该市视察了惠民医院、社区卫生和“农民健康保健工程”工作，在视察农民健康保健工程时，高部长给予了高度评价，并提出“可以向全省推广”的意见。10月18日，中央电视台新闻联播对此项工作给予了电视报道，在全市引起了广泛关注，开展“农民健康保健工程”工作得到了充分肯定，这件关乎全市农民的惠民工程，取得了显著成效。

【医疗惠民工作】 一是设立了“惠民医院”、“惠民门诊和病床”。将市三中心医院定为保定市惠民医院，按照“分散设置、集中管理”的原则，在25个县（市、区）国有医疗机构设置了400张“惠民病床”。按照5%的床位比例，在市直医疗卫生单位设置了200张“惠民病床”。全年收治能力在3万人左右，基本能满足全市低保对象的就医需要。惠民医院和惠民病房为城市下岗职工、低保人群、农村五保户、社会流浪人员及特困家庭提供减免一定费用的基本医疗服务，实行免收一次性医用材料加成费，减收50%住院床位费，减收10%药费，减收25%手术费、治疗费、影像检查费和功能检查费等优惠政策，让他们都能看得起病，减免费用由医疗机构和政府共同承担。2006年，惠民病床收住5.1万余人次，惠民门诊接诊30万余人次，惠民病床、惠民门诊共减免医疗费用达203万余元。

为进一步提高惠民减免幅度，12月1日，在惠民医院召开了《保定市进一步加大惠民病床惠民门诊优惠幅度新闻发布会》，并与市财政局联合发布了《关于进一步加大“惠民病床”、“惠民门诊”优惠幅度的通知》。文件规定，服务对象分为两类：一类人员（城市低保户、农村五保户、农村低保户）住院可享受六项优惠政策：一是免收挂号费；二是治疗费、手术费、检查费优惠40%；三是住院床位费优惠50%；四是药费优惠15%；五是免收一次性材料加成费；六是50公里以内免费接送（限惠民医院）。二类人员（城市下岗职工、未参加城镇医保的特困病人、已参加医保的特困病人（自费金额5000元以上的）、未参加农村合作医疗的特困农民以及残疾人）在“惠民医院”住院，在原来惠民基础上进一步加大了优惠幅度：一是免收挂号费；二是治疗费、手术费、检查费优惠25%；三是住院床位费优惠50%；四是药费优惠10%；五是50公里以内免费接送。

二是试行部分临床辅助检查结果互认制度。首先在市直二级以上医疗机构及河北大学附属医院试行，互认项目包括部分临床检验、医学影像、功能检查共十余项内容。此项工作已于6月1日正式开始试行。

三是在市直医疗单位试行单病种最高限价制度。制定下发了《市直医疗机构实行单病种质量费用综合管理实施方案（试行）的通知》。初步把六种疾病列入了最高限价范围，6月15日已开始试行。试行工作运行良好。

【中医工作】 以中医医疗市场整顿和农村中医药适宜技术推广为切入点，加大了工作力度，重点抓好了以下几个方面的工作。

狠抓医院管理，深入开展优质服务活动。在全市县级以上中医院开展了以“坚持和发展中医药特色、全面提高中医医疗服务水平”为主题的中医特色年活动；特别是曲阳中医院病房大楼的交付使用和容城中医院120急诊科建设工作，推动了全市中医院加强医院急诊急救能力和医院感染性疾病科等自身能力的建设，得到了卫生部和国家中医药管理局的肯定。

加强监管力度，整顿规范中医医疗市场。按照“医疗市场整顿年”活动要求，对全市中医医疗市场进行了专项治理，共清除无证上岗人员51人，取缔非法医疗广告2个，关闭超范围执业科室33个，限期停业整顿1个。完成了全市23所县级中医院、3所市中医院、15所民营医疗机构和863家个体诊所的执业登记、整顿规范、微机录入等工作。

与“农民健康保健工程”相结合，有效缓解了群众“看病难看病贵”问题。全市17所中医医疗机构对口支援55所乡镇卫生院，开展医疗支农服务，并对220个试点村的54046人进行了健康保健普查。针对农村颈、肩、腰、背、腿疼病人多的实际情况，选派了知名专家深入农村，开展了针灸、拔罐、刮痧、熏洗、推拿、敷贴等中医药适宜技术，全市共派出医务人员632人，下乡210次，巡回242个行政村，发放宣传品1万余份，为17636人提供了义诊服务，诊治患者1960人，捐赠药品300多种，减免各种费用近16万元。

推广中医适宜技术，加快中医药人才培养。在全市建立起了以县医院为龙头，乡镇卫生院中医科为枢纽，村卫生室为网底的“三级”农村中医网络。全市311个乡镇卫生院中，269个建立了中医科，占乡镇卫生院总数的86%。

【爱国卫生工作】 一是继续深入开展了省级“卫生城”创建活动，推行了政府、社会、市场三者互动的运作机制，形成了“大环卫、全覆盖、动态化”的工作格局，为该市2007年度创建“省级卫生城市”打下了坚实基础。二是积极推进农村改厕工作。为顺利完成改厕项目工作，积极争取落实配套奖金，全市3个改厕项目县（市）已落实配套资金12.5万元。截至10月底，全市农村卫生厕所普及率达40.8%。

领导班子成员

局　　长	杨运杰	
副 局 长	张国生	高文田
	丁宝忠	杨　瑛
	郭淑芹	田本善
纪检书记	魏增社	
助理调研员	高连发	郝文艺

【2007年·概况】 2007年，保定市卫生系统以“三个代表”重要思想为指导，坚持以科学发展观为统领，以深化卫生改革为动力，以加快发展和构建和谐保定为主题，加强了疾病预防控制体系、突发公共卫生事件医疗救治体系、农村卫生服务体系建设，推进了卫生监督体制改革，公共卫生服务功能进一步强化，各项卫生工作取得了长足发展。

【医政工作】 以病人为中心，以提高医疗质量为目的，医院管理年活动成效显著。2007年11月1日，在定州市召开了全市医院管理年暨人性化精细管理现场经验交流会，会上由定州市医院、安国市医院、市第一中心医院、市第二医院介绍了先进经验，并进行了现场观摩，提高了各医疗机构对医院文化建设在长远发展方面重要意义的理解，将医院管理年活动引入到更深层次。一是扩大活动范围，将医院管理年活动延伸到各级各类医疗机构。为了尽快提高乡镇卫生院的管理水平和医疗服务质量，在加强对乡镇卫生院监管的同时，该市将医院管理年活动扩大到乡镇卫生院，要求25个县（市、区）卫生局根据本辖区的实际情况，结合医院管理年的要求，制定对乡镇卫生院管理和医疗质量的检查标准，每年有重点地进行两次检查督导，尽快提高乡镇卫生院的管理水平，规范其诊疗行为，确保医疗安全。将民营、厂企医疗机构作为整个医疗体系的组成部分，纳入质量监督检查的范畴，在规范整顿执业行为的基础上，将规范医疗行为、提高医疗质量作为工作重点，纳入医院管理年活动的内容。制定了检查标准，组织有关专家，先后两次对民营医疗机构医疗质量的检查督导，指出其医疗行为和医疗质量中的不足，督促其尽快规范和提高。二是明确重点，注重实效，有针对性地解决当前医疗机构管理中存在的实际问题。组织了对二级以上公立医疗机构科学管理专项检查，重点检查各医疗机构人性化精细管理及与医疗质量密切相关的核心制度建设、完善、落实情况。组织各学科临床专家对市直和县（市、区）二级医疗机构（综合医院、妇幼保健院）以及市区内的民营医疗机构进行了专家指导性查房，由专家抽取住院病人，对诊疗过程及相关医务人员进行详细询问，对住院医师从查体、问诊、诊断和鉴别诊断以及治疗措施、三级查房、疑难病例讨论等内容进行面对面的交流指导，结合抽查出院归档病历、门诊病历、处方，对医疗质量作出评价，并提出改进意见。三是全面推行医院院务公开制度，主动接受群众监督。8月份，对15个县医院和14个市直医院住院费用一日清单制、价格公示制进行了督导检查，住院收费项目公示率达到94%，治疗收费公示率达到86%，手术收费公示率达到92%，检查收费公示率为87%。9月26日召开的全市公用企事业单位办事公开现场观摩会上，全体与会人员100余人现场观摩了第一中心医院院务公开工作。10月份组织4个暗访组，对市直8所医院对外公开的情况进行了暗访督导，并及时通报了暗访情况，推进了工作进度。通过以上措施，全市二级以上医院全部推开此项工作，院务公开步入规范化运行轨道。四是加强和社会各界的交流，争取理解支持，创建平安医院。积极和新闻媒体沟通，通过专家座谈、新闻专访、健康知识宣传等形式，逐渐宣传、渗透医学科学知识，引导社会树立正确的健康观，建立合乎情理的就医期望，逐渐消除医疗纠纷的内在原因，改造医疗机构的外部环境。在市直和驻保7个较大医疗机构设立了警务室，加强与公安和地方政府的协调沟通，防范和打击医闹行为，维护医疗秩序，保护就医患者和医务人员的合法权益不受侵害。据统计，7家医院2007年5～7月份共发生刑事案件32起，治安案件45起，上年同期发生刑事案件58起，治安案件75起，同比分别下降了44.8%和40.7%。五是加大打击非法行医力度，规范服务行为，净化医疗市场。开展了以提高医疗机构医疗质量和服务水平为目标的打击非法行医专项活动，将查处非法医疗美容机构、医疗机构超范围执业和违法医疗广告三项工作内容列入工作重点，对全市医疗美容机构和各级各类医疗机构依法执业情况进行了全方位的检查，重点对无证行医、非经校验过期执业、超范围执业、聘用非卫生技术人员、对外出租承包科室、擅自变更执业地点、违法发布医疗广告等非法执业行为进行检查。强化广告管理，严格执行《医疗广告管理办法》，指定专人负责对医疗广告的监控，将各种媒体刊发的医疗广告记录下来，与审批的内容进行对照，一经发现未经审批或擅自更改广告内容的，严肃查处。

【新农合工作】　新农合工作按时启动，平稳运行，健康发展。2007年全市22个县（市）全面实施了新农合制度，参合率达到74.49%，参合农民661万多人，筹资3.3亿多元。对这项难度大、涉及面广、社会关注、涉及群众利益的焦点工作，在注重政策宣传、业务指导的同时，重点加大了监管力度，首先是对定点医疗机构服务行为的监管，再有就是对基金使用情况的监管。采取抓两头、带中间的办法推动工作全面稳步运行，每月分析各项数据指标，逐一点评，召开大型调度会议6次，取消定点医疗机构3个，对检查督导及群众举报查实的问题，一查到底，决不姑息。另外，制定的《关于进一步强化新农合定点医疗机构监管办法》及《加强乡镇卫生院住院病人医疗安全的意见》，省新农合领导小组办公室在全省范围内进行了转发，在全省的调度会上提出了表扬。全市新农合各项指标达到或接近省控制指标。通过实施二次补偿，基金使用率达到85%以上，22个县（市）既没有发生基金透支，也没有出现基金大量沉淀。年底，顺利完成了农民收缴费工作，参合率比上年增长了近8个百分点，参合率达到了82.23%，说明新农合使广大农民受益，将逐步得到农民群众的认可。

【疾控工作】　一是创新制度，强化管理，打造团结敬业的疾病防控队伍。出台了《绩效管理考核办法》、《工作纪律考核管理规定》，补充完善了《科学技术奖励办法》等各项规章制度，实现了以制度管人，按岗位定责，论绩效奖惩的工作量化考核。每周组织考核小组进行日常考核，实行周、月、季通报制度，严格兑现奖惩。绩效考核办法的探索实施，充分调动了职工的工作热情，有力地推动了工作质量和管理水平的提高。二是抓内涵、强素质，广泛开展技术练兵活动。开展了以“业务大培训、岗位大练兵、技能大比武、素质大体高、工作大发展”为目标的技术大练兵活动。在全市分6个考区，统一命题、统一时间、统一标准对25个县疾控人员，包括各县的业务副主任进行了闭卷考试。此外统一开展了实验室盲样检测、疫情处置现场流调、健康教育技能比赛等考核项目，在此基础上，选拔出了12个县进行了知识竞赛的总决赛。在10个多月时间里，先后有1005人参加了技术练兵，占技术人员总数95%以上。三是抓应急，练实战，提升突发公共卫生事件处置水平。自筹资金添置了一辆应急车，按要求购置配备了各类应急物资。完善了各种突发公共卫生事件应急预案和技术方案，充实调整了应急队伍，对全体疫情值班人员和各县（市、区）卫生局、疾控中心、监督所的应急处理人员100余人进行了强化培训，并多次组织模拟演练，特别是对全市23个县（市、区）疾控中心进行了模拟突发疫情的应急演练。2007年在市、县两级疾控机构密切配合、通力协作，对顺平县霍乱疫情、河北软件学院学生群体性腹泻疫情等事件进行了成功处置。尤其是8月28日定州市绳油村突发事件发生后，疾控系统快速、科学的处置为事件的成功解决作出了贡献，应急工作也得到了市委、市政府的高度评价。四是加大投入，拓展范围，提高检验监测技术保障能力。2007年上半年完成了疾控中心实验室的基础设施建设，建成了PCR、PR、百级洁净等5大类别11个实验室，建立了艾滋病确认实验室。体检中心办公楼建成并投入使用，临床检验实验室顺利搬迁。积极争取财政资金支持，新购置了气相色谱仪等一批先进的仪器设备。顺利通过了河北省技术监督局计量资格认证，取得了157个项目的检验检测资质。五是有的放矢，整体推进，重大传染病预防控制工作取得新进展。在艾滋病防治工作方面。目前该市艾滋病实验室网络建设已成规模，有省卫生厅验收合格的实验室45家，覆盖了所有的疾控部门和部分医院。实验室网络的形成，从根本上解决了在押人员的HIV抗体检测、VCT、重点人群检测、哨点监测等血清学检测问题，全年实验室检测98881分血清，检测出阳性3份，确认3份。高危行为干预工作进一步延伸，干预工作已覆盖25个县（市、区），完成干预人数2960人，培训干预人员、同伴教育人员1066人，受干预的场所659个。全面推广“四位一体”治疗关怀模式，成立了保定市红丝带爱心家园，为艾滋病感染者和患者提供关怀救助。在结核病防治工作方面。严格按照国家“五率”要求，深入扎实开展培训、宣教和督导工作。全年共举办培训班7期，培训560余人次。组织了“3·24”大型宣传活动，在保定电视台录制了专题访谈节目，开展了面对面的宣传和义诊咨询活动。集中对各县（市、区）病人发现和网络直报及“五率”执行情况进行了督导，共督导75次，访视病人316人次。协助国家CDC和全球基金项目办在唐县和涞源县开展了结核病人筛查艾滋病感染和乡村宣传员手册材料的预试验。在鼠疫防治工作方面。全市建立了市、县、乡、村四级鼠疫疫情报告网，加强鼠防信息的沟通与交流。制定了鼠防应急装备标准和演练方案，并与蠡县疾控中心进行了多次联合演练活动。开展鼠疫防治理论研究，组织专业人员编写出版了《鼠疫防治知识指南》一书，对各级鼠防人员进行专业知识培训。六是明确目标、扎实工作，地方病防治成果更加巩固。1～11月，全市共检测批发单位盐样2277份，含碘合格率100%。居民食用盐7256份，合格率96.5%。检查小学生17831人，甲肿率1.6%。碘缺乏病实验室外质控顺利通过国家或省级考核，与市盐业公司联合开展了“5·15”第十四届碘缺乏病日宣传活动。易县9月代表河北省接受了国家碘缺乏病防治中期评估小组的综合评估。地方性氟中毒防治项目进度顺利，全市共筛查82个未改水的氟病村，对203个降氟改水工程进行督导检查和水质检测。布病防治监测1～11月确诊布病121例，对发病集中的5个村及时进行了调查处理，流调结果均及时上报省疾控中心地病所。根据布病疫情新特点，适时增加了监测点，配合国家鼠布基地、省CDC开展了专项调研。七是健康干预，试点示范，慢性病防治取得新成绩。完善慢病防治示范点建设，实现慢病监测以县为单位全覆盖，示范区增加到50个，覆盖人口增加到了25万人。率先开展中小学生慢性非传染性疾病相关危险因素调查，为制定中小学生NCD控制规划提供基础资料。利用慢性病防治网络，在全市25个县（市、区）展开中小学生慢性非传染性疾病相关危险因素调查，共调查中、小学校100余所，学生1.3余人，获得大量数据。坚持每月对高血压管理项目点进行督导，规范病人发现与管理，示范点规范化管理水平大幅提高。为倡导健康生活方式，宣传健康新观念，组织专业人员编写了《管理好自己的健康》健康教育科普手册，向各示范点群众发放。应用NAH个体化治疗方案及微机软件系统技术，在高血压病人群中实施干预措施。

【卫生监督】 食品量化分级管理工作。为加快食品量化进程，印发了《关于进一步加强食品卫生监督量化分级管理工作的通知》，进一步明确了市食品量化分级管理领导小组，成立了市食品量化等级评审专家库，建立了食品量化工作动态管理机制和进度上报制度。2007年，全市共出动卫生人员5856人次，监督检查4236户次，行政处罚立案299起。全市中小餐馆AB级率达到60%，市直重点中学量化分级全部达到A级；对全市772个食堂和3407个县城以上餐饮经营单位全部进行了量化分级评定，评出A级单位40个，B级2467个，C级1612个，D级60个，全市县城以上食品卫生监督量化实施率达到100%。全市公共卫生场所共评定出A级28个，B级84个，

C级122个。

市县乡村四级卫生监督体系建设。为进一步完善县乡村三级卫生监督体系，该市于9月18日在满城县召开了餐饮业专项整治暨农村卫生监督体系建设会议，推广满城模式，在县级设有卫生监督所，在乡级设有乡镇卫生保健站，村级设有卫生监督工作室。县级监督员分包乡镇，乡级在乡镇卫生保健站聘任2~3名卫生监督协管员，村级在村卫生室的防疫人员中聘任1~2名卫生监督信息员，由县财政负责各级卫生监督员的补助经费，基本构建了“整体联动，纵向到底，横向到边”的全新的卫生监督网络体系。

食品卫生。制定出台了《保定市农村聚餐管理办法》、《保定市旅游农家院基本卫生标准和管理办法》，确保了全市农家乐旅游的食品卫生安全。为进一步规范小饭桌，协调教育局、工商局于联合下发了《关于印发<保定市学生“小饭桌”卫生管理暂行规定>暨开展保定市“小饭桌”卫生安全专项整治行动的通知》和《保定市小饭桌卫生安全专项整治实施方案》，并在全市开展了为期4个月的专项整治行动。这次行动，共检查84家小饭桌，经过整顿治理为23家卫生标准达标的单位办理了卫生许可证，对无法整改或拒不整改的28个单位依法予以了取缔。2007年，全市共发放食品卫生许可证16740个，吊销卫生许可证15个，注销277个，限期整改560户次，立案50余起。

加强了对名牌和老字号等特色食品产品的重点抽检工作。按照关闭一批，打击一批，扶持一批的工作要求，针对生产经营消费三个环节召开了特色食品专项整治工作会议，集中力量对区域性特色食品和传统老字号、名优食品进行了专项整治。共立案查处馒头加工户17家，结案17家，下达整改意见书17份，收缴加工用具17件，食品及食品加工原料300kg，对重点食品及其制品进行抽检411份，合格338份，合格率为82.2%。

【中医工作】 创建“卫生部、国家中医药管理局守真中医药文化教育基地”和“中医中药中国行保定站启动仪式暨首届中国·保定守真文化节”同时举行。一是国家中医药管理局于2007年1月确定该市中医院为第一批全国中医药文化宣传教育基地建设单位，列全国首次评选的6家之首。二是在国家中医中药中国行大型宣传活动中，结合“中医中药保定行”举行了“首届中国·保定守真文化节启动暨全国中医药文化宣传教育基地揭牌”仪式，并在保定市中医院外依托国家“中医中药中国行”会场举办大型义诊、健康讲座、老年健身等活动。此次活动，受到卫生部、国家、省中医药管理局的充分肯定。现场活动内容被刻成光盘用于国家局对各地活动的观摩指导资料。保定被授予全国活动最佳“创意奖”。

开展“中医特色年”活动和中医“三名”创建评比活动，深入开展农村中医工作先进县建设，加强县乡村三级中医药网络建设。印发了在全市开展“三名”创建活动的通知和《保定市中医名医、名科、名院创建活动实施方案》成立了“三名”工作领导组织，依托中医药学会，由专家和社会相关权威人员评审初选，核实复查、公布公示。为配合国家“中医中药中国行”系列宣传活动，组织了“全市百名中医评选”活动。深入开展农村中医工作先进县建设，加强县、乡、村三级中医药网络建设。在全市建立起以县中医院为龙头、乡镇卫生院中医科为枢纽、村卫生室为网底的“三级”农村中医药服务网络。实现了乡有中医科，村有能西会中的医生。结合大力配合农民健康保健工程，开展中医流动医院活动，中医院进入试点村开展诊疗活动。开展中医药适宜技术推广，使中医药适宜技术融入农村社区卫生服务。目前该市311个乡镇卫生院中，269个建立了中医科，占乡镇卫生院总数的86%。绝大多数村卫生室配备有中成药，部分村卫生室配有中药饮片和毫针、火罐和电针仪等中医治疗器具。开展简、便、廉、验的中医药适宜技术。

“三名战略”评选名中医。为进一步加大中医药的宣传，展现保定中医药文化特色，弘扬祖国医学优秀传统文化，挖掘和保护中医优秀人才，按照《关于在全市开展“百名名中医”评选活动的通知》文件要求，经过专家按标准打分和认真评议，征求县（市、区）卫生局和市直单位的意见，经研究决定命名76名中医为保定市首届名中医。

【纠风工作】 继续认真抓好党风廉政建设责任制的落实。制发《市直卫生系统2007年度纪检监察目标管理责任制考核标准》，将卫生系统党风廉政建设的具体工作内容分解为11类47项工作目标及考核标准，纳入年终考核。系统内18个直属单位均建立了以责任分解、责任考核、责任追究、工作报告、廉政档案为主要内容的党风廉政建设责任制。进一步明确领导干部对党风廉政建设应负的责任，研究制定了《保定市卫生系统落实党风廉政建设责任追究办法（试行）》。组织开展了农村基层卫生系统党风廉政建设工作。

广泛深入开展“为民、务实、清廉”主题教育活动。开展“九个一”系列主题实践活动。针对领导干部、医务人员不同层次人员的特点，开展内容丰富、形式多样的教育。市直卫生系统在活动中共组织集体学习81次，4165人次参加学习；中心组学习43次，155人参加了学习；大会集中学习31次，3114人次参加学习；参加理论测试1800人，其中领导干部93人，中层干部938人；组织演讲报告会7场，742人次参加；撰写心得体会1015篇，理论文章418篇。活动中，办宣传栏75块，板报19期，简报36期，学习园地16块，发放学习资料上千份。

大力开展纠正行业不正之风和治理商业贿赂专项工作。一抓机制强化领导。把纠风和治贿工作纳入党风廉政建设责任制，逐级建立了目标考核机制，坚持“一把手”负总责。二抓管理优化服务。开展了以提高医疗质量、塑造医疗机构新形象、打造医疗服务新理念为宗旨的“人性化精细管理”活动。积极探索社区卫生机构“政府集中采购、统一配送、零差率销售”药品平价制度。三抓督查推进工作。开展了治理医药购销领域商业贿赂督导工作。组织25个县（市、区）卫生局对所属医疗卫生单位进行拉网式全面督导，县级以上医疗卫生单位按照督导内容全部开展自查。四抓投诉化解矛盾。通过多种途径，听取社会各界群众的意见和建议，受理并及时疏导解决卫生行政和医疗服务方面的纠纷，积极拓宽案源渠道和视野。对收到的来信来访件均进行认真排查，对有线索的全部开展调查核实工作，及时纠正了一些单位工作上的偏差。

【基层妇幼工作】　妇幼卫生工作。抓好孕产妇系统管理和产科质量管理，保障母婴安全。在抓好孕产妇系统管理、保障孕期监测质量的同时，把重点放在高危妊娠管理上，严格抓好高危妊娠的筛查、随访、追踪、转诊和上报、结案等工作，对重度高危妊娠实行首诊医生报告制和严密的随访跟踪。为了提高产科质量，严格执业范围，规范终止妊娠与结扎手术服务，打击非医学需要的胎儿性别鉴定和终止妊娠行为，保障母婴安全，于2007年6月20日~9月30日开展了“百日督查大行动”。加强新生儿疾病筛查工作，提高人口素质。25个县（市、区）在7月份全面启动了新筛工作，继续实行市、县、乡三级管理，更加注重血片的质量、可疑病例的复查追访等工作。健全妇幼保健网络，加强信息上报及时、准确，人群出生缺陷监测工作再创佳绩。完善了孕产妇和5岁以下儿童死亡报告制度、出生缺陷报告制度，并及时向主管部门和上级业务部门反馈妇幼保健有关信息，确保妇幼卫生信息的畅通。在卫生部举办的2007年中国妇幼卫生“出生缺陷人群监测”工作培训班上，中国出生缺陷监测中心公布的全国64个监测点开展的“出生缺陷人群监测”数据的统计资料显示，在5项统计指标中，北市区妇幼保健站有3项指标名列第一，成为这次培训会上的一个引人注目的亮点。

城市社区卫生工作。第一项是为市区60岁以上老年人免费进行一次健康体检，并建立健康档案。为了做好全市60岁以上老年人体检工作，针对老年人口逐年增多、体检任务重等因素，进行了周密安排。从6月1日起到7月底历经两个月时间，组织全市社区卫生服务机构，为市区54312名60岁以上老年人进行了免费健康体检。通过此次体检活动的开展，基本掌握了全市老年人健康状况和健康水平。第二项是完善社区医疗服务设施，创建30个甲级社区卫生服务机构，并结合社区卫生服务工作开展情况，对创建工作进行了具体安排。30个申报单位全部达到甲级社区卫生服务机构标准。进一步提高了全市社区卫生服务水平和服务环境。第三项是加强社区卫生服务机构监管，进一步完善服务功能。按照新的《城市社区卫生服务中心、站基本标准》，对所有社区卫生服务机构进行两轮拉网式检查、验收，对不达标的社区卫生服务机构进行了整顿、改造，取缔14所不达标的社区卫生服务机构。

【爱国卫生工作】　2007年，该市爱国卫生工作紧密结合卫生防病形势和广大群众关心的卫生热点和难点问题，牢牢把握《河北省爱国卫生条例》这一法宝，全面推动爱国卫生工作向纵深发展。一是创建、完善、巩固和提高省级卫生城市。安排部署了环境综合整治和卫生城市创建中卫生系统的工作任务，解决院内环境卫生，路面不平、楼道破损、违法建设、车辆堵塞、乱停乱放、污水、污物排放、医疗垃圾处理等问题，落实“门前三包”，治理院内外广告，加强绿地及照明建设，达到净化、美化、绿化、亮化、序化。二是积极争取中央转移支付的项目，如改厕、控烟等，并如期完成。借助文明生态村创建和农村改厕项目工作，通过多种渠道，争取多种形式，广泛开展宣传教育，倡导村民积极向上、文明、健康的生活方式，提高生活质量。为顺利完成改厕项目工作，积极争取市政府、市财政支持，落实配套资金，与此同时，进一步强化了报告制度，加强了统计报告工作，加快了改厕步伐。三是狠抓除“四害”工作，控制和减少病媒生物传播疾病的发生。发放《2007 年秋季灭鼠活动的通知》2000 余份，宣传画 3500 余张，灭鼠工作手册 6500 余册，宣传品 2000 余份，起到了良好的宣传作用。

领导班子成员

局　　长　杨运杰
副 局 长　张国生　高文田
　　　　　丁宝忠　杨　瑛
　　　　　郭淑芹　田本善
副调研员　高连发　郝文艺
纪检书记　魏增社

（部门编辑：陈振怀　帅　飞）

体　育

【保定市体育局】　保定市体育局是市政府主管体育工作的行政职能部门。机关内设办公室、人事处、竞技体育处、群众体育处、法规产业处、体育总会秘书处、机关党委、监察室、工会等。辖 7 个单位：体育运动学校、第一重点业余体校、第二重点业余体校、人民体育场、游泳馆、体育幼儿园、体育服务公司。

多年来，在社会各界的大力支持下，通过广大体育工作者艰苦奋斗、辛勤工作，为省、国家培养输送了 1000 多名优秀体育人才。截至 2007 年，保定籍运动员先后已有 16 人获得世界体育冠军，22 人获得亚洲冠军，120 多人获得全国冠军，涌现出奥运会游泳冠军钱红、跳水冠军郭晶晶，乒乓球世界冠军郗恩庭、高军、王浩、齐宝香、牛剑锋，体操世界冠军范红斌、范晔，跳水世界冠军张晶、李艺花、王克楠，蹼游世界冠军单勇，军事五项世界冠军王恋英，射击世界冠军任洁、庞伟等一批世界体坛名将。在 2002 年第十四届釜山亚运会上，保定市籍运动员取得了 5 金 2 银的好成绩。在 2004 年第二十八届雅典奥运会上，河北省 15 名参赛队员中，保定市籍运动员就有 7 人，共取得两金一铜、一个第四名、一个第五名、一个第八名的好成绩，参赛人数和运动成绩均列全省第一。在 2005 年第二十二届世界大学生运动会上，本市籍运动员获得 5 枚金牌，占中国体育代表团所获金牌总数的 1/4。在 2001 年第九届、2005 年第十届全运会上，金牌总数占河北体育代表团所获金牌总数的 1/2。在 2006 年第十五届多哈亚运会上，本市籍运动员取得了 4 金 1 银 1 铜，金牌总数占河北省金牌总数的 1/2。在 2007 年全国第六届城市运动会上，取得了 2 金 3 银 4 铜，总成绩列河北省四个参赛城市之首。因此，被誉为“体育冠军的摇篮”、“体育之城”。

《全民健身计划纲要》颁布以来，以增强人民体质，提高群众健康水平，大力开展群众体育活动，全市体育人口增加到 41% 以上，已形成以政府为主导，各级各类体育协会为主线，社会体育指导员、活动辅导员为主体具有本市特点的全民健身服务体系。围绕“生活奔小康，身体要健康”这一主题，不断推动全市全民健身向深度和广度发展，全市第六届运动会、迎新年万人长跑、全民健身周、万人健步走、中老年健身展示大会、社区运动会、街头“三人制”篮球赛、CBO 男子篮球联赛等活动，已经成为参与广泛、深受欢迎的群众体育金质品牌。

国家和省对保定市的体育工作给予很高的评价，被国家体育总局授予“全国业余训练先进单位”、“全国群众体育先进单位”、“全国高水平体育后备人才基地”。被省政府授予“突出贡献单位”光荣称号，并分别被国家体育总局及项目运动管理中心命名为“全国游泳之乡”、“全国乒乓球重点城市”、“中国田径高水平后备人才培训基地”、“中国青少年篮球重点训练单位”、“中国游泳、花样游泳训练基地”、“中国青少年短式网球培训基地”、“全国篮球城市”等。

【2006 年·概况】　2006 年在市委、市政府的正确领导下，在社会各界的大力支持下，以《中华人民共和国体育法》和《全民健身计划纲要》为依据，以建设文化大市为契机，按照“政治建设抓正气，竞技体育抓提高，群众体育抓素质，体育市场抓规范，体育产业抓发展”的工作思路，牢固树立科学发展观，认真落实《〈政府工作报告〉2006 年工作落实方案》，扎实推进“十一五”规划开局之年的各项工作，确保了全市体育事业持续发展。

1. 不断巩固共产党员先进性教育成果。积极探索建立保持共产党员先进性教育长效机制，结合思想建设实际，认真学习领会“三个代表”重要思想，学习科学发展观、“八荣八耻”等重要论述，不断用党的最新理论成果武装头脑。

2. 发挥体育优势，推进文化大市建设。在认真调查研究的基础上，制定了《保定市体育事业“十一五”规划》，提出了《保定市体育管理体制改革意见》。在文化大市建设中，市体育局充分发挥体育优势，结合体育工作实际，提出构建“个、十、百、千、万”的体育制系的构想，即在今后几年内，通过多方积极努力，建设一个现代化体育中心，建立十个全国性训练比赛基地，培植百个基层训练网点，发展千个全民健身指导站，培养万名社会体育指导员。2006年9月，在人民大会堂举办的“迎奥运、游保定”新闻发布会上，由市体育局组织体育冠军使团第一个亮相，成为宣传保定的亮点和品牌，郗恩庭、钱红、郭晶晶、牛剑锋等15名体育冠军被授予了“保定形象大使”称号。

3. 加强党风廉政建设。认真落实各级党风廉政建设会议精神，严格执行四大纪律和八项要求，认真落实党风廉政建设责任制。认真落实市推进行政权力公开透明、专项资金综合治理、加强机关效能建设等“三项重点工作”会议精神，对“三项重点工作”完善了实施方案，制定了《加强机关效能建设的若干工作制度》、《关于阳光行政的具体措施》，组织有关人员进行培训，狠抓工作落实。深化民主评议，搞好政务公开，广泛开展科级以上干部述廉评廉活动，提高了党风廉政建设思想意识，增强了各级干部廉洁自律的自觉性。

4. 加强队伍建设。认真落实保定市事业单位改革工作会议精神，对所属体育运动学校、第一重点业余体校、第二重点业余体校、人民体育场等首批聘任制单位制定方案，提出意见，明确要求。在此基础上，按照选拔优秀教练人才，调动聘用教练员积极性，稳定教练员队伍的原则，结合实际，积极推进教练员队伍聘任制的进行，全面抓好事业单位的人事制度改革。2006年被保定市人民政府分别授予“保定市实施妇女儿童发展规划先进集体”和“保定市民族团结进步模范集体”。

【竞技体育成绩显著】 竞技体育工作以扎实抓好业余训练为基础，以备战第十二届省运会为重点，以参加各项比赛为杠杆，以向省、国家培养、输送更多的优秀运动员为目标，全市竞技体育继续保持了在全省的优势地位。

一是业余训练工作进一步加强。2006年向省各运动中心、省体育运动学校输送优秀运动员35名，新培养了等级运动员238名。加强了运动员注册工作，年初，新注册的运动员达461人，占全省人数的三分之一，远远高于其他各市，运动员的圆满注册使本市业余训练新人辈出、充满活力。积极协调教育部门认真落实中考加分政策，57名运动员获中考加分，20名运动员免试入学，极大地激发了广大青少年参加业余训练的积极性。各业校以“国家高水平体育后备人才基地”为依托，完善各项管理制度，加强对教练员队伍的管理教育。18个项目训练中心成立后，充分发挥主观能动性，积极工作，作用明显，采取多种措施，对现有训练设施进行改造，补充训练器材，改善训练环境，进一步夯实业余训练基础。

二是各项比赛成绩突出。2006年连续承办了河北省网球公开赛、全国少儿年龄组游泳分区赛、河北省青少年武术套路等比赛。协助教育局举办了保定市中学生田径达标赛。组队参加了青少年游泳锦标赛、青少年跳水锦标赛、“流动杯”青少年射击锦标赛、青少年乒乓球锦标赛、青少年足球锦标赛、全国青少年散打比赛、全国乒乓球重点城市联赛等17项比赛，均取得了较好的成绩。承办比赛达到了主办单位、参赛单位、观众三满意。

三是全力组织好河北省第十二届运动会2006年各个项目的比赛。在本届省运会上，保定市代表团广大教练员、运动员在比赛场上，发扬顽强拼搏、奋勇争先的精神，保持了昂扬向上的斗志。从19个大项来看，保定市代表团在羽毛球、体操、柔道、乒乓球、网球等项目上仍取得了优异成绩，共取得107枚金牌、4560分，为参加2007年省运会总决赛奠定了基础。

四是在国内外大赛中成绩突出，一批优秀体育后备人才不断涌出。在第十五届亚运会上，保定籍运动员敢打敢拼、不畏强手，共取得4枚金牌、1枚银牌、1枚铜牌的优异成绩，金牌总数占全省的二分之一。其中射击运动员庞伟获男子10米气手枪团体和50米手枪慢射团体金牌，跳水运动员郭晶晶获女子跳水双人3米板金牌，篮球运动员李可获男子篮球金牌。

一批优秀体育后备人才涌现。射击运动员庞伟在2006年第49届世界射击锦标赛上，勇夺男子10米气手枪冠军，成为保定市第16名世界冠军；乒乓球项目继牛剑锋、白杨之后，又涌现出了贾君、崔庆磊、范胜鹏、刘小龙等一批优秀运动员，崔庆磊在全国青少年乒乓球赛上夺得男子单打冠军，范胜鹏在11月初“全国乒乓球重点城市”联赛上夺得单打冠军；中长跑运动员陈荣在连续取得北京和厦门女子国际马拉松邀请赛半程赛冠军后，调入国家中长跑集训队，2006年10月又取得了北京国际马拉松比赛全程赛第三名的优异成绩；跳水运动员贾东谨、王涵等入选2008年奥运跳水集训队；游泳运动员马微获2006年全国第三届体育大会公开水域游泳赛女子组季军，周雪等进入省游泳队金牌组；武术运动员巨文馨获全国武术比赛太极拳比赛女子组亚军；柔道运动员李杰在2006年亚洲青年女子柔道锦标赛中获第三名。

【群众体育蓬勃开展】 全市共组织开展各类大型群体活动及竞赛200余次，直接参加活动人数26.8万人，参与活动人数达117.5万人次，参加活动总人数比去年增加了25%，进一步掀起了全民健身高潮。

一是围绕“群众体育与奥运同行”和“健康快乐迎奥运”主题，把全民健身活动引向深入。2006年建立体育指导站50个，培养社会体育指导员400余人。先后举办了迎新年万人长跑活动，全民健身周启动仪式暨中老年健身展示大会，第四届“长城杯”羽毛球比赛、乒乓球大奖赛、敬老健身节千人自行车赛等高规格、大范围群众体育活动。全市25个县（市、区）也结合各自实际举办了丰富多彩的群体性体育活动。如涿州市进行健步走、秧歌、太极剑等大型健身活动；高碑店市先后举办了环城健步走活动、传统武术联谊会、县直机关干部乒乓球赛等；定州市举办了第一届社区暨文明生态村运动会；定兴县举办了全民运动会；南市区、北市区、新市区举办了中、小学生田径运动会等；全市形成了大联动的健身格局，将2006年的全民健身活动进一步引向深入。

二是以篮球为依托，把“全国篮球城市”做大做强。篮球运动在保定有着广泛的社会基础和群众基础，是参与人数较多、最普及的运动项目之一。2006年以篮球为依托，成功组织了保定市首届“高新杯”CBO男子篮球联赛和河北省2006年“中国电谷杯”CBO男子篮球公开赛总决赛；组队参加了中国业余篮球公开赛全国总决赛，荣获了CBO公开赛最高奖项“最佳赛区组织奖”。CBO男子篮球联赛得到全市社会各界的称赞，受到多家新闻媒体的关注报道。国家体育总局篮球运动管理中心及中国业余篮球公开赛组委会高度评价保定市CBO联赛，推动了全民健身运动的普及，取得了显著的成效。

“三人制”篮球赛已成功举办四届，2006年在举办第五届“三人制”篮球赛的同时，举办了全市首届篮球文化节。此次比赛共有145支球队600多名运动员报名参赛，球队和运动员数量为历届之最，集竞赛、娱乐、互动、参与于一体，群众参与热情空前高涨，有近5万名篮球爱好者到现场参与活动、呐喊助威，体现了本市人民热爱篮球、积极参与的精神风貌。充分展示了“全国篮球城市”风采。

三是会同有关部门认真组织、参加各类运动会。会同市直工委、市总工会，组织了保定市直机关第七届运动会，共有来自全市市直机关82个单位2000多名干部职工参加了球类、田径、大众体育等17个大项的比赛，通过比赛增强了广大干部职工的健康意识，促进了健身运动的普及。

会同市民宗局、市残联等部门，组队参加河北省第七届少数民族传统体育运动会和河北省第六届残疾人运动会。在省第七届少数民族传统体育运动会上，共夺得11金4银8铜，获金牌总数、奖牌总数和团体部分三项第一。在省第六届残疾人运动会上，共取得金牌20枚、银牌10枚、铜牌5枚、连破三项全国纪录，取得了团体金牌总数第三名，实现了团体总分、奖牌总数全面超过上届的好成绩。会同市总工会组队参加了河北省第三届职工运动会田径、拔河、大众健身等项目的比赛。

四是学校体育和农村体育等工作不断加强。加强传统学校建设，对全市288所体育传统项目学校进行检查评估，保定二中被命名为国家级传统体育项目学校。全面启动“农民体育健身工程”，在今年“文明生态村”建设中，总投资60多万元，共向北市区、安国、唐县、易县、涞源等8个县（市、区）的文明生态村配建健身工程18个，建篮球场3个，配备室外乒乓球台10张，建农村羽毛球场地5块。完善了农民群众健身的硬件设施，有力地配合了市级文明生态村建设。

【体育产业有新发展】 一是各体育协会、体育俱乐部管理规范，活动经常。市体育总会按照“抓规范、强管理、搞活动、求发展”的工作思路，建立健全规章制度，充分利用社会资源办体育，体育社会化、产业化程度不断提高。加强体育协会组织建设。根据《社团管理登记条例》，新组建了市轮滑协会、正武跆拳道俱乐部和天鹏散打搏击俱乐部；对部分体育协会进行了换届改选，把一些爱体育、懂业务、有水平的同志，吸纳到体育协会队伍中来，使各体育协会的工作充满生机和保持活力。注重发挥各协会作用，开展好各项比赛活动。先后承办了省武术套路比赛、省首届道馆跆拳道公开赛、《蒙牛〈城市之间〉激情08现在出发全国80城市全民健身展示活动》、全国群众登山健身活动——狼牙山登山活动等4次比赛活动，组织了象棋、围棋、乒乓球、武术、门球、跆拳道等市级比赛15项20次，参加省以上比赛10项10

次。在邯郸市举行的2006年国际太极拳交流大会上，本市武术协会被授予“全国推广简化太极拳先进单位”。在成都市举行的2006年全国武术太极拳锦标赛上，本市选手王双合在传统孙式太极拳比赛中夺得金牌。各单项体育协会作用明显，活动经常，群众参与，产生了良好的社会影响和经济效应。老年体协认真抓好工作落实，以开展活动推动协会工作。先后组织了全市老年人“构建和谐社会”文体活动成果展示大会和“人保财险杯”建设社会主义新农村全市老年人体育大会等老年人健身活动，这些活动规格高、范围广、影响大，受到了各界的一致好评，带动了全市老年人的体育工作的广泛开展。

二是加强体育法制的宣传。“五五”普法工作准备充分，制定了全市体育系统“五五”普法宣传规划和工作要点。利用全市法制宣传周、全国法制宣传日等时机，广泛宣传《宪法》、《中华人民共和国体育法》、《全民健身计划纲要》等法律法规。认真组织有关人员进行《行政许可法法》等相关法律知识的培训。完成了市《行政审批中心》的进厅工作，进一步规范行政审批项目，提高了服务意识和依法行政水平。2006年7月，依据《体育法》和《河北省游泳场所管理办法》，对全市向社会开放的各级各类游泳场所进行了执法检查。

三是加强体育设施建设。协调各方力量，积极推动正大国际乒乓球学校选址、规划、启动等工作。市体育馆装修改建工程完毕后，正式投入使用。今年先后承办了全市第四届羽毛球大奖赛、全市和全省的业余篮球公开赛（CBO）、老年人体育大会、全国旅游小姐中国赛区总决赛等高规格比赛和群众健身活动。人民体育场承接了全国男子足球乙级联赛青岛海鲨——河北雪驰队主场保定赛区的比赛，通过承办比赛和活动，提高了组织高水平比赛的能力，活跃了人民群众的文体生活。

领导班子成员

局　　长　董路锋
副 局 长　包玉川　王胜利
　　　　　王喜军
纪检组长　刘建新

【2007年·概况】　在市委、市政府的正确领导下，在社会各界的大力支持下，市体育局认真贯彻“全市掀起责任风暴推进效能革命优化发展环境大会”精神和《〈政府工作报告〉2007年工作落实方案》，按照“政治建设抓正气，竞技体育抓提高，群众体育抓品牌，体育市场抓规范，体育产业抓发展”的工作思路，推进全市体育工作持续发展。

一是开展教育活动，弘扬正风正气。按照保定市“学树保促”百日主题教育活动的总体安排，紧紧围绕弘扬新风正气这个核心，采取集中学习、征求意见、查找问题等形式，定出切实可行的整改措施，统一了思想，弘扬了正气，促进了工作。在“驻联帮解促”活动中，局驻雄县工作队能够充分发挥体育部门的优势，有针对性地开展帮扶工作，积极筹措资金为驻村购置了室外健身器材，修建健身路径，丰富了群众的文体生活，受到了群众的热烈欢迎。继续开展了“评先创优”活动，“七一”期间，对优秀党员和党员岗位先锋进行表彰，组织机关党员到狼牙山开展“缅怀革命英烈、重温入党誓词”党日活动，接受革命传统教育。党的十七大召开后，及时组织收听收看，制定学习方案和学习计划。

二是掀起“责任风暴”和“效能革命”，推动工作落实。2007年初全市掀起责任风暴推进效能革命优化发展环境大会召开后，体育局及时传达会议精神，分层次进行学习，把思想统一到大会精神上来，以实际行动掀起责任风暴推进效能革命，促进体育工作的进一步落实。抓好工作结合，进一步落实好2007年各项体育工作。制定具体措施，严格责任追究。建立目标管理责任体系，将体育工作内容分解细化，把责任传导到每个人，进一步转变工作作风，提高工作效率。

三是加强党风廉政建设，筑牢思想防线。深入开展“为民、务实、清廉”主题教育活动，结合实际，坚持不懈地搞好反腐倡廉教育活动，引导广大干部职工筑牢拒腐防变的思想根基。在落实各级党风廉政建设会议精神的基础上，严格执行党风廉政建设责任制。深化民主评议，搞好政务公开，广泛开展科级以上干部述廉评廉活动，提高了党风廉政建设思想意识，增强了各级干部廉洁自律的自觉性。进一步加强了干部队伍建设，按照“四制三评”干部推荐考察办法，提拔调整了9名机关干部，使综合素质好、群众公认度高、精神面貌好、工作热情高的干部得到了提拔重用。

【竞技体育工作】　竞技体育工作以备战第十二届省运会和全国第六届城市运动会为重点，以参加各项比赛为杠杆，以向省、国家培养、输送更多的优秀运动员为目标，不断夯实业余训练基础，提升本市竞技体育综合实力。

一是积极备战、参战第十二届省运动会。2007年6月18日河北省第十二届运动会在唐山市落下帷幕。本市广大教练员、运动员克服重重困难，积极备战，拼搏进取，努力完成好每个项目的训练和比赛任务，在全部的22个大项、549个小项的激烈争夺中，取得金牌140.2枚、总分6193分，团体总分、奖牌总数列第二、金牌总数列第三。并荣获了省运会设置的唯一奖项“奥运会贡献奖”和“全运会贡献奖”。

二是参加全国第六届城市运动会。全国第六届城市运动会于2007年10月25日在武汉举行。本市派出61名青少年运动员参加了射击、跳水、乒乓球、游泳、柔道、田径等8个大项的比赛，共取得2金3银4铜和2个第四、6个第六、5个第七、3个第八的优异成绩，超过上届1金1银1铜的成绩，有31人次进入各项目的前八名，并获得了“体育道德风尚奖”。参赛人数和奖牌总数列全省4个参赛城市之首。其中，庞伟获得男子50米手枪金牌和10米气手枪铜牌，贾东瑾、王涵获女子双人3米板跳水金牌，贾东瑾获女子1米板跳水银牌，王涵获女子全能跳水银牌，刘亚男获女子三米跳远银牌，高林、高丽获女子10米台跳水铜牌，崔庆磊、程靖淇、翟超、苗相仰等获男子乒乓球团体铜牌，贾东瑾、王涵、高林、高丽等获女子跳水团体铜牌。

三是组织好省2007年度锦标赛。把参加省年度比赛工作作为促进业余训练的重要途径，积极参加省年度锦标赛。在省年度锦标比赛中，取得了金牌138枚、银牌59枚、铜牌62枚。2007年连续承办了“李宁杯”2007年全国少年体操比赛第一赛区比赛、全国少儿年龄组游泳分区赛、河北省网球公开赛、河北省青少年武术套路、河北省武术散打争霸赛等比赛。协助教育局举办了保定市第七届中学生运动会和中学生田径达标赛。组织裁判员培训班5次，共培训审批二级裁判员115名，有25名裁判员被授予一级裁判员。全年共有21名运动员达到一级标准，370名运动员达到二级标准。继续落实中考加分政策，有47名参赛优秀运动员中考加分，有20名省冠军获得免试入学的资格。

四是保定市籍运动员在国内外赛场上成绩突出。一批优秀体育后备人才涌现。本市籍运动员多人参加了多项国内外比赛，成绩突出。其中，跳水运动员郭晶晶在2007年跳水世界锦标赛上勇夺女子三米板金牌，成为世锦赛历史上连续四届取得金牌的第一人。田径运动员史东鹏在2007年大阪田径世锦赛上男子110米栏决赛中取得该项目的第五名，创造了他个人的最好成绩。女子中长跑运动员陈荣在取得全国马拉松锦标赛冠军后，又在2007年北京国际马拉松邀请赛上夺得冠军，这也是陈荣在国际马拉松比赛中首次获得金牌。体操运动员范晔在第24届大学生运动会上获得女子平衡木和女子团体两项冠军。跳水运动员张新华在第24届大学生运动会上取得1米板单人、3米板双人和男子团体三项冠军。射击运动员宋程在第十一届亚洲射击锦标赛上获得女子25米手枪速射比赛冠军，至此本市亚洲冠军增至22人。

良好的体育氛围和冠军效应的带动作用，使得全市参加业余训练的青少年运动员逐年增多，优秀体育后备人才不断涌现。今年全市注册运动员1058人，注册人数占全省1/3，居全省前列。游泳运动员哈思楠在国际泳联短池游泳世界杯系列赛中获得亚军。柔道运动员郭磊取得全国男子柔道锦标赛81公斤级冠军。足球运动员翟彦鹏入选国家集训队。羽毛球运动员杜鹏宇获得羽毛球选拔赛冠军并入选国家队。拳击运动员王博获得全国拳击争霸比赛冠军。乒乓球运动员刘曦获得全国乒乓球少年儿童比赛北方赛区冠军，刘楠、刘晨源、张帅获全国少儿乒乓球杯总决赛男子丙组团体冠军。

【群众体育工作】 2007年群众体育工作以“全民健身与奥运同行”为主题，以构建全民健身服务体系为主线，以农村体育健身工程和青少年体育工作为重要抓手，广泛开展全民健身活动，促进群众体育工作向广度、深度发展。

1. 开展形式多样的系列群体活动。一是先后举办组织了新年万人健身长跑、全民健身月、健身大讲堂社区行、全市第二届业余篮球联赛（CBO）、全市第六届街头“三人制”篮球赛暨第二届篮球文化节等高规格的系列群体活动。二是围绕庆祝北京奥运会倒计时一周年，先后组织承办了2008奥运知识有奖竞赛、“一起奥运、圆梦2008”奥运联想千县行、百万老年人健步走向北京奥运会、奥运火炬“祥云”保定巡游以及迎奥运体育大会等群众性体育活动，营造喜迎奥运的社会氛围。三是各县（市、区）都积极组织有地方特色的比赛活动。如满城县组织了第四届滑翔伞擂台赛中外交流大会，易县组织了第二届全国群众登山健身大会狼牙山登山活动，定州市举办了新农村文体联谊比赛，这些活动主题鲜明、参与广泛，活动人数比去年同期增加了20%，营造了浓厚的全民健身氛围。全年全市共组织开展各类大型活动及群体竞赛700多项次，参与活动人数达150万人。

2. 成功举办保定市第六届运动会。2007年5月至9月，成功举办了保定市第六届运动会，运动会共有各县（市、区）25个代表队和各行业32个代表队参加了39个项目的比赛，是近年来举办的一次规模最大的综合性运动会。竞赛工作克服困难，认真组织，确保了各项比赛的顺利进行。各有关参赛单位讲政治、顾大局，积极筹措资金，取得了运动成绩和精神文明双丰收。新市区、涿州市、南市区、北市区、徐水县、满城县、清苑县、涞源县、高碑店市等分别进入金牌和总分前八名。

3. 学校体育工作进一步加强。与教育部门密切配合，认真贯彻落实《中共中央国务院关于加强青少年体育增强青少年体质的意见》，召开全市体育工作会议，加强了对学校体育工作的指导监督，定期召开青少年体育训练工作联席会议，对体育训练和后备人才培养工作，统一部署、安排、表彰。加强传统校体育训练人才梯队建设，进一步完善了学校业余训练网络体系。加强对传统学校的检查评估、体育比赛等工作，各级各类学校发挥体育竞赛杠杆作用，定期召开运动会，广泛开展形式多样的特色“阳光体育运动”，切实增强了学生体质，促进了学校体育工作上台阶。

4. 农村体育有了新进展。以承办好省第六届农民运动会为契机，大力开展农村体育活动。2007年9月中旬，在涿州市举行的河北省第六届农民运动会是参赛规模最大的一次农运会。本届运动会由全省11个设区市及22个扩权县共有1455名农民运动员参赛，保定市代表团取得6金136分，金牌总数列设区市第四，团体总分列设区市第三。按省实施的“百县千乡万村”农村体育健身工程的要求，为416个行政村配备了室外健身路径、标准篮球架和乒乓球台等健身器材，为方便农村群众参加体育健身创造了良好条件。开展了20次以“送体育活动、送健身知识、送体育器材”为主题的“体育三下乡”活动，不断满足广大农村日益增长的体育健身需求。加强了社会体育组织建设，新发展社会体育指导站25个，培养社会体育指导员176人。

【体育产业工作】 一是体育协会的作用日益增强。按照“抓规范、强管理、搞活动、求发展”的工作思路，建立健全规章制度，充分利用社会资源办体育，体育社会化、产业化程度不断提高。全年各单项体育协会先后组织了武术、乒乓球、羽毛球、象棋、围棋、门球、跆拳道、健身气功、健身秧歌等比赛32项，组织市级体育骨干培训班8次。市体育总会参加省以上比赛10项次，承办了全国“城市之间”全民健身选拔赛，河北省跆拳道馆公开赛和河北省首届无线电锦标赛等赛事。市体育总会和保定日报、三友服饰有限公司联合举办2007年迎奥运体育大会，是近年来规模较大的群众体育文化活动，共设高尔夫、保龄球、踢毽、铁球等10多个比赛项目，吸引了近百支代表队1万多名体育爱好者参加，丰富广大群众的体育文化生活，传播了奥运精神。市羽毛球协会多次组织全市羽毛球大奖赛，市老年体协先后举办了第四届中老年健身秧歌大赛、百万老人健步走向奥运会、百万老人欢庆十七大文体展示大会等多项活动。

二是体育产业发展有了新的起色。从2007年下半年开始对全市体育产业发展进行了广泛的调研，重点对全市体育健身服务业、体育竞赛表演、体育用品销售等行业进行了调研，全面了解本市体育产业的现状和特点，摸清体育市场的经营情况，为省、市制定体育产业发展规划提供依据。在盘活现有体育设施的基础上，结合实际，加强了新的体育设施建设。在市体育运动学校院内建设的“保定市体育健身中心”初具规模，田径场、羽毛球馆、重竞技训练馆和新建的六片标准网球场将投入使用。2007年8月投资1.3亿元的河北省乒乓球培训基地在涞水野三坡景区开业，该培训基地内设2000平方米的体育馆，成为体育、旅游结合的新亮点，为全市体育产业拓展了方向。加强了体育法制宣传工作，制定了全市体育系统“五五”普法宣传规划，利用全市法制宣传周、全国法制宣传日等时机，广泛宣传《宪法》、《体育法》、《全民健身计划纲要》等法律法规。

三是通过市场运作举办好各项赛事。通过市场运作，2006年先后承办了全市第五届羽毛球大奖赛、“中国电谷杯”全市业余篮球公开赛（CBO）、2007年全国青年篮球联赛、中美大学生男子篮球对抗赛等高规格的体育赛事。通过承办比赛和活动，提高了组织高水平比赛的能力，为发展体育产业起到的推动作用。特别是在市财力紧张的情况下，坚持观念创新、方法创新，结合保定实际，不断发展民营体育的做法受到省体育局的表彰。

领导班子成员

局　　长　董路锋

副 局 长　包玉川　王胜利　王喜军

纪检组长　刘建新

（部门编辑：张英敏）

旅游·文物

旅游工作

【保定市旅游局】 保定市旅游局是隶属保定市人民政府公务员序列中的全额拨款正县级事业单位，是主管全市旅游工作的职能部门。内设7个处室，下辖2个事业单位。

【2006年·概况】 2006年，在市委、市政府正确领导下，在上级旅游部门支持下，市旅游局坚持以科学发展观统领旅游全局，以邓小平理论和“三个代表”重要思想为指导，以更快更好发展为主题，优化发展环境，转变增长方式，创新发展模式，提高发展质量，圆满完成了各项任务指标，全面推进了旅游事业协调可持续发展。全市共接待国内游客1713万人次，旅游总收入89.86亿元，同比增长11.7%和17.04%，共接待国际游客61017人次，创收1574.12万美元，同比增长14.5%和10.9%。全市旅游市场秩序井然，实现了“健康、安全、秩序、质量”四统一的工作目标。

【放眼奥运，市场开拓卓有成效】 2006年，全市旅游系统按照“融入京津、拓展周边”的开发策略，努力开拓国内外市场，抢抓北京奥运会这个“国家宣传”的重大机遇，制订“迎奥运·游保定”行动计划，利用北京奥运会的带动作用全面提升市旅游产业要素，唱响“奥运在北京，旅游在保定”。一是创新观念，加大旅游宣传促销力度。全年全市共投入旅游宣传经费1003万元（市政府和市局投入或筹措140万，各县市投入863万）。按照2006年旅游宣传方案，大力宣传推介“文化古城　山水保定”这一品牌；努力争取旅游宣传专项经费；借船出海，借外地旅游局、旅行社等来保促销之际，大力推介保定旅游；举办各类宣传活动70余次，散发各种宣传资料近300万份；在17家媒体发表旅游宣传文章1956篇；与外地旅行社和景区（点）签订协议3000余份，较圆满地完成了旅游市场开发工作。二是整合旅游资源，完成一批高质量的宣传品。全年共制作各种宣传品90种，宣传片12个。在编辑完成《保定旅游指南》,《导游保定》,《英雄河山　红色保定》系列红色宣传折页、光盘、导游词，《保定旅游交通图》,《自驾车游保定》手册，易拉宝宣传展架的基础上，又自筹资金编辑制作了《感受·中国保定》，借“山花工程”在保定义演之际，制作了《城市请柬》、《英雄河山·红色保定》纸袋、《风景这边独好》12版彩报、异型光盘等宣传品。以市政府名义出台了《保定市人民政府关于迎奥运游保定加快建设旅游经济强市的意见》，培育并推出“十条精品线路”。三是借助大型活动，借机造势。9月16日，在北京人民大会堂承办了保定市人民政府召开的有史以来规模最大、影响深远、反响最强烈的“迎奥运·游保定”新闻发布会。发布会以其精巧的构思，隆重热烈的场面深深吸引了世人的目光。当日，新华网进行了现场直播。《人民日报》、中央人民广播电台、《光明日报》、中央电视台、北京电视台、《北京青年报》、《河北日报》、《燕赵都市报》等50多家媒体以醒目的标题先后进行了相关报道。四是实施节庆带动战略。为了贯彻落实中共十六届六中全会“创建和谐社会”精神，弘扬中华民族尊老爱老敬老传统美德和保定的优秀民风，展示保定强身健体的全民活动风采，彰显保定旅游魅力，扩大保定在国内外旅游市场的知名度，以德治市，10月24日在保定军校广场成功举办了第十六届中国保定敬老健身节。中央电视台、河北电视台、《人民日报》、《河北日报》、《燕赵都市报》、《燕赵老年报》，中央人民广播电台、新华网、新浪网等多家媒体予以报道。通过此次活动，进一步延伸“迎奥运·游保定”新闻发布会的影响，推动文化大市建设步伐。此外，年内市局还主办或督办了第六届涿州花灯节、第七届顺平桃花节、第二届易县生态文化旅游节、安国药材节、第三届河北满城滑翔伞擂台赛、第十八届白洋淀荷花节、狼牙山全国登山健身节、第四届河北白沟服饰节、野三坡登山节、曲阳石雕文化节、曲阳红枣采摘节、野三坡红叶节、野三坡大学生三人自行车赛、第五届满城金秋柿子节等14个节庆活动。五是积极参加和主动配合国家、省旅游局统一组织的国内旅游促销活动。先后参加了第九届哈尔滨海峡两岸旅行业联谊会、第三届潍坊中国旅游目的地营销论坛、2006成都国内旅游交易会、2006廊坊中国北方十省市旅游交易会、2006中国北京国际旅游博览会等10次旅游市场促销活动，取得巨大成效。此外，还组织涞水县、唐县、曲阳县旅游局和市内40家旅行社联谊，共同推介上述三县旅游产品；组织保定21家旅行社和《燕赵都市报》、《保定日报》、《保定晚报》、保定电视台参加了怀柔、密云旅游推介会；组织到首都机场促销，与首都机场签订协议，在首都机场播放《保定旅游》光盘，在首都机场宾馆长期播放等。

【深化资源开发，提升景区建设品位】 根据“系统谋划、综合开发、整体宣传”的旅游工作发展思路，采取一系列措施，努力提高景区人性化设计水平，深化资源开发力度，不断追求景区的高品位，满足游客日益增长的多样需求。一是科学前位，编制完成“十一五”旅游发展规划。经过认真调研和多方论证，结合《保定市“十一五”经济和社会发展规划》和《河北省“十一五”旅游业发展规划》，由市旅游局与河北省科学院地理所共同编制完成了《保定市“十一五”旅游发展规划》。二是着力抓好景区升级改造和全国工农业旅游示范点创建工作。市A级景区已达21个，其中AAAA级景区6个，AAA级景区9个，AA级景区6个。2006年，安新白洋淀景区创5A工作取得阶段性进展，10月25日，国家旅游局调研组对白洋淀创5A工作进行了调研，并提出了整改意见。修订后的白洋淀5A创建资料已上报国家旅游局。另外，涞源空中草原景区、仙人峪景区、唐县白求恩柯棣华纪念馆、富华山园通过市局初步验收后，11月通过了省旅游局3A验收。另有满城龙潭景区、抱阳山景区年底进行2A景区验收。定州黄家营葡萄酒庄、满城卧龙山两处全国农业旅游示范点创建景区通过了国家旅游局验收。9月18日，经过两省市、三县区的共同努力，涞水野三坡和涞源白石山与北京房山共同申报的“中国房山世界地质公园”获联合国教科文组织批准，成为河北省首家世界地质公园。三是抓项目建设，增强景区建设步伐。2006年在建旅游重点建设项目共计36项，累计完成投资46804万元。各建设项目进展顺利，安新凯盛宾馆、涞源白石山国家地质公园建设等重点项目已完成并投入使用。四是加强指导，推动乡村旅游工作。配合国家乡村旅游主题年，积极组织，制订并免费下发了《保定市农家旅馆旅游细微服务标准》和《河北省乡村旅游服务规范》，并为达标农家旅馆挂牌。有易县狼牙山镇东西水村、安新王家寨水乡民俗村、涞水松树口村、涞源插箭岭村、顺平万顷桃源民俗文化园、定兴昌利农业示范观光园、定州黄家营葡萄酒庄等16处列入河北省乡村旅游示范点。“十一”黄金周期间，市3100余个农家旅馆共接待游客28万人，旅游总收入近亿元。五是整合商品，组织参加第一届北方旅游交易会商品展示会。6月份，组织市优秀旅游商品生产企业参加了第一届北方旅游交易会商品展示会，获铜奖一名，优秀奖3名，并获得最佳组织奖。

【开展细微服务，规范旅游市场】 2006年旅游行业管理工作全面贯彻落实省、市旅游工作会议精神，全面深入开展了旅游细微服务和诚信旅游年活动，加大对旅游从业人员的细微服务业务技能培训。重点加强三支人才队伍的建设和培训，即管理人才队伍、导游员队伍、服务员队伍，使全市行业管理工作向更高、更好的方向发展。一是大力推进旅游细微服务和诚信建设年活动。为贯彻落实全省旅游发展大会精神，全力推进旅游细微服务和诚信建设活动的开展，局决定在全市旅游行业组织开展“保定市旅游细微服务和诚信建设服务年”活动。在充分调研的基础上，制定了旅行社、星级饭店、景区景点、旅游车船公司、农家宾馆、饭店、马匹服务等7项《旅游细微服务基本标准》，并分别举办了县（市）旅游管理部门、旅行社、星级饭店、游船船员近800人参加的全市旅游细微服务和诚信建设活动动员及培训大会，引导旅游企业和从业人员强化细微服务意识，改进管理，提高质量，在全行业掀起细微服务热潮，形成人人关注旅游质量的浓厚氛围。在旅游企业大力开展旅游诚信企业评比工作，推动旅游企业讲诚信、重服务意识的提高，已初评推荐参加省级评比企业18家。二是完成年度旅游统计工作和游客抽样调查布置工作。2006全市接待国内游客和创旅游经济效益分别同比增长11.7%和17.04%，位居全省第一；接待海外游客和创汇分别同比增长14.5%和10.9%。在游客抽样调查工作中，完成海外游客抽样调查400份，国内游客抽样调查问卷4000份，旅游人力资源调查10500份，建立了完备的人力资源库。三是狠抓年度审核，推动旅游从业人员年检工作进程。组织全市117家旅行社，41家星级饭店参加了2005年度旅行社、星级饭店年检工作，对全市旅行社进行了年度审计，通过年检旅行社106家，暂缓通过11家，完成29家星级饭店复核工作；对全市400多名导游员进行了2005年度年检；向省旅游局推荐三名导游员参加“全国优秀导游员”评选；对全市旅游培训单位进行了年检审核，通过审核旅游培训单位4家，有效规范了全市旅游培训工作。四是抓好旅游企业审核工作。新批准成立国内旅行社36家，初评星级饭店7家，评定6家，其中二星级饭店1家，三星级饭店5家。五是确保黄金周安全有序。通过调整“保定市假日旅游协调联动领导小组”成员，组织召开了“五一”、“十一”黄金周假日协调会议，分别印发了《关于认真做好“五一”黄金周旅游工作的通知》、《关于认真做好“十一”黄金周旅游工作的通知》，对各县市黄金周旅游工作提出了加强组织领导，突出抓好旅游安全，维护旅游市场秩序，确保黄金周旅游质量的要求，黄金周期间，全市旅游市场秩序井然，未出现重大事故，实现了“健康、安全、秩序、质量”四统一的工作目标。六是规范投保旅行社责任险。上半年通过与保险公司商谈，达成统一投保旅行社责任险事宜。通过统一投保，降低了旅行社责任险保费，增加了实用保险条款七条，受到旅行社的欢迎。

领导班子成员

局　　长　赵　静
副 局 长　马保茹　李克信
　　　　　张平义
纪检组长　孙万忠

【2007年·概况】 2007年，保定市旅游局大力唱响“奥运在北京，旅游在保定”这一主题，较圆满完成了旅游市场宣传促销工作，国际市场实现了韩国市场新的突破，国内市场继续保持了全省领先地位。“跟着老电影去旅行”线路荣膺“全国十佳旅游线路”称号，保定市荣膺“中国自驾车旅游品牌十大目的地”称号，全年围绕备战奥运做好奥运旅游接待开展工作。

【具体明确主打方向和形象定位】（1）总体形象：中国优秀旅游城市、中国历史文化名城；京南旅游大观园；红色之乡、文化古城、山水保定。（2）红色形象：英雄河山、红色保定；中国红色经典电影之乡。（3）单体形象：中国近代将军的摇篮；中国早期革命家的摇篮；中国体育冠军的摇篮。产品定位：（1）红色旅游产品，（2）山水生态观光产品，（3）历史文化观光产品，（4）休闲度假购物保健产品，（5）乡村旅游产品，（6）奥运旅游产品。市场定位：（1）国内市场：核心市场为京津冀；周边市场为山西、山东、河南、内蒙古等周边省市区；远程市场为长三角、珠三角及东三省地区；红色旅游市场为机关、学校、企事业单位和中老年阶层；自驾车旅游市场为京津冀自驾车游客、汽车俱乐部及汽车商家。（2）入境市场：主要为京津等周边城市的常驻外国人市场。

【加大宣传促销力度】 2007年，全市共投入旅游宣传经费1240余万元（内市局投入140余万；各县（市）投入1100多万）。举办各类宣传活动69次，其中市局组织和参加41次，各县（市）组织28次。（1）整合旅游线路。整合试行了10条保定旅游精品线路和跟着老电影去旅行一条专线。经过近一年的市场磨合，6月28日，召开了全市旅游线路研讨会，编制了国内市场需求的一日游、周末游、中线游、长线游、专线游、特色游等国字头标准的10条精品和20条普通线路，并编辑成《保定旅游线路集萃》专刊。（2）成功举办保定“两白一城”线路推介会。5月，市局与白沟镇党委、政府共同举办了此次活动。期间来自北京、天津、山西、山东、河南、石家庄的270多家旅行社和国家、省、市媒体对白沟市场、白洋淀景区、白洋淀温泉城进行了考察和踩线，25家媒体进行了报道。会后，京、津各大旅行社纷纷出团。白沟商务游日人流量已达12万人次。（3）成功举办珠三角、长三角和北京大型旅游推介会。1月，在深圳举行了“走进中国红色经典电影之乡——保定”旅游推介会，新浪、搜狐等国内知名网站以及深圳特区报、深圳晚报、深圳新闻网等媒体予以报道，在当地引起强烈反响，掀起了到保定体验红色旅游的热潮。6月，组织“保定旅游促销团”赴长三角地区进行旅游推介。先后在南京、苏州、上海、杭州等4个城市成功举办了保定市旅游推介会，共有41家新闻媒体和170家当地旅行社参加，保定电视台记者全程跟踪报道。长三角推介活动在所到城市均引起极大轰动。每到一处均与当地旅游局（委员会）签订了两地《旅游互动合作协议》，为保定与长三角区域旅游合作发展搭建了友谊的桥梁。江苏电视台、江苏省广播新闻中心、浙江电视台、浙江人民广播电台等7家新闻媒体即时采访，并以专题、专访的形式当天播报；《中国旅游报》、《中国青年报》、《新华日报》等11家媒体予以报道。6月，南京市旅游局局长携华东5省7市旅行商回访保定，长三角和保定实现了旅游市场对接。5月，市局与安新县人民政府在北京召开了迎奥运·游保定旅游推介会暨安新县白洋淀5A级旅游景区发布会。80余家旅行社参加会议，11家媒体予以报道。（4）中央人民广播电台《新闻联播》报道市奥运旅游工作。5月28日，中央人民广播电台在18：30分的《新闻联播》中播发采访国家、北京、保定三位旅游局长和2008年奥运旅游和市备战奥运工作报道。（5）开通短信“城市名片”工程。市局与保定移动公司共同努力，借助移动交换和短信平台开通的对外地入保漫游客户自动发送亲情短信慰问的“城市名片”工程于2007年7月开通，实现了对北京、廊坊、沧州、石家庄等由主干道路进入保定的客户进行亲情短信发送。涵盖了京石高速、京广铁路、保津高速、107国道及规划建设的保沧高速等主要道路。当客户从北京、廊坊、沧州、石家庄方向进入保定时，即可收到发送的问候信息。该项目为全省首家实施。（6）编辑保定旅游宣传品。整合市旅游文物资源，先后编辑完成了《魅力保定》、《中国历史文化名城，中国优秀旅游城市——保定》（中、英、韩对照）等系列宣传品。另外，《保定旅游线路集萃》、《走进中国红色经典电影之乡——跟着老电影去旅行》已编辑完成，中、英、日、俄文对照宣传品已翻译完毕，正筹集资金开机印刷，迎接2008奥运旅游。

积极参加和主动配合国家、省旅游局统一组织的国内旅游促销活动。2007年，市局组织全市旅游业界参加了在杭州举办的中国国内旅游交易会、在北京举办的国际旅游博览会、在呼和浩特举办的中国北方十省市旅游交易会、在昆明举办的中国国际交易会、在韩国举办的河北省旅游推介会。出动近百人，发放各种宣传资料30余万份，把“奥运在北京，旅游在保定”的口号打向全国和世界。此外，市局还借助市政府在香港和天津举办的招商会平台，大力推介保定旅游，受到市政府表彰。

2007年6月4日～14日，局组织“保定旅游促销团”赴长三角地区进行旅游推介。先后在南京、苏州、上海、杭州等4个城市成功举办了保定市旅游推介会，共有41家新闻媒体和170家当地旅行社参加，保定电视台记者全程跟踪报道。

成功举办中国保定敬老健身节。10月24日，第十七届“新一代”杯中国保定敬老健身节在保定市军校广场隆重开幕。健身节以喜迎北京奥运、倡导敬老美德为主题，通过中央电视台《激情广场》舞台，扩大保定在国内外的知名度和影响力。本届健身节由河北省旅游局、保定市人民政府主办，保定市旅游局、河北建新集团保定新一代房地产开发有限公司承办。场面壮观火爆，观众近万人。中央电视台、《中国老年报》、《河北日报》、《河北经济日报》、河北电视台、《燕赵都市报》、《保定日报》、《保定晚报》等多家媒体予以报道。

市局和顺平县人民政府、易县人民政府、满城县人民政府联合主办了顺平桃花节、易县狼牙山登山节、满城华北航空旅游节、满城金秋红叶柿子节等。狼牙山登山活动荣获全国群众登山健身活动最佳组织奖。

【旅游资源开发和项目建设成效显著】 2007年，市局紧紧抓住旅游资源规划和开发两大主题，积极主动地开展各项工作，圆满完成了全年工作任务。1. 加大政府主导力度，规划编制工作取得较大进展。县域旅游规划编制工作也取得较大进展。雄县、阜平等县邀请北京、天津等地的旅游规划编制单位，完成了全县旅游发展总体规划，同时对区域内重点旅游景区规划进行了编制和完善，极大地推动了当地旅游工作的开展。根据2007中国和谐城乡游的要求，市在省局支持下，重点加大了乡村旅游规划的编制力度，提高乡村旅游科学发展水平。年内与河北师范大学和河北大学等科研单位合作，对安新王家寨、易县东西水、满城北水峪、涞水松树口、定州黄家营、曲阳羊平、阜平朱家营等7个乡村旅游试点村开展乡村旅游规划编制工作。7部规划已基本完成。2. 狠抓项目建设，突破10亿元投资。2007年，全市在建旅游建设项目45个，完成投资102570万元，其中续建项目25个，完成投资62338万元，新建项目20个，完成投资40232万元。加大招商引资力度，特别是重点项目、重点地方，实行上门服务，帮助、协助阜平、定州、涿州、顺平等县（市）进行各种形式的招商引资，指导基层单位做好旅游资源开发工作。同时按照省局要求，切实加强项目统计工作，克服困难，认真完成季统表，并能保证按时上报。3. 争先创优，积极推动旅游商品开发工作。5月21～25日，参加在北京唐山大厦举办的2007迎奥运河北省旅游商品展示会暨第三届全省旅游商品大赛”。共组织10家企业，16种、100多件商品参加了此次活动。活动中，顺平伊祁山旅游文化工艺品公司与北京旅行社、秦皇岛宾馆分别签订了桃木工艺品销售协议，总价值近30万元。经过专家评比，顺平伊祁山旅游文化工艺品公司的“桃木剑”获金奖，曲阳定瓷有限公司的“定瓷小件系列”获银奖，保定金荟萃艺术精品公司的“金品健身球、木制民俗工艺品”、顺平伊祁山旅游文化工艺品公司的“五福临门桃木工艺品”、满城旅游局的“长信宫灯仿制品”、曲阳石禅雕塑艺术厂的陶塑“收获”等5件商品获纪念奖。另外，保定市旅游局获优秀组织奖。10月16～22日，组织市优秀旅游商品生产企业参加由中国旅游协会、安徽省人民政府主办的“第七届中国（芜湖）国际旅游商品博览交易会”，并取得圆满成功。市参展企业顺平伊祁山旅游文化工艺品公司、安新白洋工艺品厂共组织2个展位参加，获得2项旅游商品评比金奖。4. 景区升级达标工作步伐加大。4月12日，组织召开全市旅游基础设施建设工作会议，对全市旅游交通指示牌、3A级以上景区中英文标识牌、步游路、旅游厕所、停车场等基础设施的建设和完善进行了具体部署。年内，全市各重点景区投资12673万元，共完成停车场改扩建21个，总面积43000平方米；步游路建设15条，总长49700米；新建或改造旅游厕所45个；游客中心完善8个；旅游标识牌更新或新设3种725个；景区安装太阳能路灯、景观灯、草坪灯312盏。2007年，在省旅游局支持下，投资22万元，在国道、省道建设旅游交通标识牌24块，进一步完善了全市旅游交通指示网络。5月8日，安新白洋淀景区被国家旅游局批准为国家首批5A级旅游景区。11月1日，曲阳灵山聚龙洞景区通过省旅游局3A景区验收。易县狼牙山景区、阜平城南庄、保定直隶总督署、阜平天生桥瀑布、顺平腰山王氏庄园等景区大力开展创建4A级旅游景区活动。12月18日，易县狼牙山、阜平城南庄晋察冀边区革命纪念馆、保定直隶总督署博物馆等景区通过国家旅游局4A级旅游景区验收。

【旅游行业管理工作稳步推进】

1. 积极开展旅游教育培训。市局先后组织各类培训6次；举办全市导游人员技能大赛，选拔优秀一线员工，并给与荣誉证书，在全行业推广学习；参加了省旅游局组织的导游人员技能大赛；组织旅行社经理参加省旅游局组织的河北省旅行社管理人员培训班；与各旅游院校合作，为全国导游资格人员生组织培训班，以提高保定地区导游人员整体素质；组织市有关旅游院校的骨干教师（如河北大学、河北农大、保定学院、女子职业中专、软件学院等）到石家庄进行学习观摩，努力掌握第一手资料，为搞好下一步培训教育工作储备师资，奠定基础；下发了《关于号召旅游行业一线员工学习英语的通知》，与广播电视局合作，在保定广播电台经济频道播出“天天奥运英语”，在全行业推广学习奥运英语。2. 推广诚信旅游，开展旅游细微服务考核、达标、评比。自2006年以来，为使旅游行业规范化，标准化，局推广诚信旅游，推行了旅游细微服务活动，颁布了旅行社、星级酒店、景区点等细微活动实施方案及细则，详细标注了旅行社、星级酒店、景区点从业人员行为规范，包括景区游船、车辆、马匹七类，都有详细的操作规程。2007年，针对旅游细微服务活动，组织了考核、达标工作，对旅行社、星级酒店进行达标考核，使生产服务规范有序，促进全行业科学、有效的发展。3. 重视旅游安全，完善突发事件应急救援体系。根据工作实际，制定《保定市旅游局综合治理安全生产应急救援预案》，健全组织，公布日常值班电话及责任人，进一步完善了局的应急救援体系。开展积极有效的宣传、检查活动。一是制定了《保定市旅游局“安全生产月”活动方案》并下发至下属各企事业单位；二是配合上级有关部门开展“安全生产万里行”、“安全生产燕赵行”、“安全生产企业行”等活动；三是组织开展“安全生产安全咨询”活动。6月3日在军校广场设咨询台进行宣传。在12·4法制宣传日，组织局属各有关旅游单位广泛宣传《旅行社管理条例》《宪法》等法律法规，广泛接受群众咨询，提高了广大市民的遵纪守法意识。4. 大力开展民主评议行风和精神文明建设。紧密结合本单位实际，积极创建文明行业，坚决打击“黑导”、“黑社”，大力整顿旅游市场，规范旅游行为，并从正面树立典型。本年度参加省旅游局组织的“2007 河北省曹妃甸杯”迎奥运展风采导游员技能大赛，保定市旅游局荣获河北省旅游局与河北省精神文明建设委员会办公室共同颁发的最佳组织奖，2 人荣获河北省十佳导游员称号，1 人获最佳口才奖（此次大赛只设 1 名），1 人获河北省优秀导游员称号，有 8 家旅游景区（点）获省级诚信旅游景点，3 家旅行社获省级诚信旅行社，并有国家级青年文明号单位 1 家，省级青年文明号单位 5 家，市级青年文明号单位 32 家。

领导班子成员

局　　长　赵　静

副 局 长　马保茹　李克信

　　　　　张平义

纪检组长　孙万忠

（部门编辑：赵世忠　梁　军　张　涛）

文物工作

【保定市文物管理局】　为更好地推进文物保护工作，2006 年 9 月 4 日，保定市委、市政府作出决定，理顺文物管理体制，成立保定市文物管理局，隶属保定市文化局。保定市文物管理局是保定市人民政府公务员序列中的全额拨款事业单位，主管全市文物和博物馆工作。文物管理局成立伊始，多次进京赴省向上级主管部门汇报工作，积极争取国家文物局、省文物局的支持，同时赴各县（市）进行调研摸底，理顺了上下业务关系；还建立健全机关内各项工作制度，用制度管人，强化制约措施，确保制度落到实处。文物管理局现内设办公室、文物综合处、文物保护处 3 个处室；下辖 9 个事业单位：保定市文物执法大队、保定市文物管理所、保定市直隶总督署博物馆、保定市莲池管理所、保定市博物馆、保定市军校纪念馆、保定市大慈阁文物管理所、保定市留法勤工俭学运动纪念馆、保定市文物商店。

【2007 年·概况】　2007 年，在市委、市政府的正确领导下，文物局以邓小平理论、“三个代表”重要思想为指导，认真学习贯彻“十七”大精神，按照“十一五”规划总体要求，认真贯彻《文物保护法》和文物工作方针，围绕着建设京南近海强市名城的要求，推进建设文物强市各项任务，落实或启动了六项工作：加强班子队伍建设；强化文物安全工作；宣传动员全民参与文物保护活动；丰富开放性文博单位的展示内容；逐步推进重点项目建设；启动第三次全国文物普查工作等。2007 年年底各项工作均达到了省、市上级部门的规定要求，全市的文物保护工作进入了全面发展的良性轨道，加快了保定市由文物大市向文物强市转变的进程。2007 年，保定市的文物工作得到了上级主管部门的充分肯定与支持，一些重点工作及经验被《中国文物报》、《河北文物信息》、中新网等媒体刊发报道，涿州市被评为全国文物工作先进县，文物执法、文物宣传工作被河北省文物局授予优秀单位和先进个人等荣誉。

【落实责任，强化班子队伍建设】一是强化管理：进一步加强了对市直文博单位的领导及对 22 个县（市）文物主管部门的协调与指导，做到经常性务实与议虚相结合，及时沟通，集思广益，形成合力；同时进一步完善管理制度，强化制约机制，保证了制度的落实；层层落实责任，做到恪尽职守；结合窗口单位工作特点，把培养、锻炼人才当成一项长期和重要的工作来抓，在队伍建设中形成了每一个人都关乎单位的形象、保定形象的意识，切实提升了服务质量，受到群众和领导的好评。二是转变思路：充分发掘保定市的历史文化内涵，通过多种形式有效加以利用，以增加文物景点的看点和吸引力；加强宣传，多和媒体打交道，主动求得媒体了支持，采用灵活的宣传手段，提高了保定市的知名度；多交朋友，广泛联系，与横向部门做了多次沟通，获得了社会的理解与支持，聚集了人气。

【强化安全责任，抓好文物安全工作】　一是强化文物安全责任。年初，文物局组织召开全市文物工作会议，各县（市）政府主管副县（市）长、文物局局长、分管文物工作的副局长、文物保管所所长，市直属文博单位主要负责人参加了会议。会上，副市长李国英同各县（市）主管县（市）长签订了文物安全责任状，同时通报了高碑店文物被盗案件。市文物局也同市直属文博单位签订了文物安全责任状，要求文物工作者要警钟长鸣，时刻紧绷文物安全这根弦，明确自身责任，采取各种有效措施，确保文物安全。二是加强节日期间突击检查。在“五一”、“十一”黄金周、春节等节日期间，文物局领导带领文物执法监察大队赴唐县、顺平、满城、徐水等县和市直文博单位突击检查节日期间文物安全工作，重点检查了文物库房安防及消防情况，并将检查情况在全市进行了通报。三是组织全市互看联查活动。由文物局领导带队，分四个组，利用 4 天时间对全市22个县（市）的70余家文博单位进行文物安全互看联查工作。经过互看联查，22个县（市）的文物安全责任制得到了初步落实；22个县（市）落实了田野文物保护员制度，定州、高阳、清苑等县（市）落实了文保员的补助津贴；全市16座博物馆、纪念馆消防、安防设施配备齐全。针对检查中发现的问题，对有关县（市）下达了整改意见通知书，要求完成限期整改。四是对薄弱环节进行重点督导落实。赴高碑店、涞水两县督导检查文物安全整改落实情况，重点检查了高碑店开善寺、涞水怡贤亲王墓的文物安全情况。督导博物馆加强安全保卫工作，对重要展览要求采取24小时人工看守，确保展览安全。按照消防整改要求，督导其完成后院库房拆迁、疏通，硬化消防通道。多方筹集资金完成了大慈阁的安防工程。督导莲池、留法纪念馆、总督署安装文物库房报警装置，并与110联网，同时更换了老化的灭火器。

【采取多种形式，宣传动员全民参与文物保护活动】 一是报纸开辟专栏。与保定日报社共同开办“聚焦保定文化遗产保护”专栏，先后刊发了多篇文物专家和热心保定文物事业的人士的文章。专栏开辟后，引起了许多保定市民的共鸣，有几位关心文化遗产保护事业的老同志还不顾炎热到文物局咨询相关事宜。二是组织系列征集活动。与团市委共同举办“爱保定——我和文化遗产之故事”系列征集活动，共征集文章、书法、摄影、图画等优秀稿件近百件。三是举办大型宣传活动。副市长李国英和市政协副主席王旭波出席了在军校广场举行的“文化遗产日”大型宣传活动，现场向群众散发文化遗产保护宣传资料、文物景点画册和保定市区五大国保单位明信片，晚上播放水幕电影——《走进西陵》。此外，还有太极拳、清西陵宫廷古乐、舞龙、舞狮等非物质文化遗产表演。四是“文化遗产日”宣传形式多样，亮点纷呈。“文化遗产日”当天，全市所有文物开放景点对游客实行减免票优惠；易县清西陵在泰陵隆恩殿前举行大型“皇家祭祀活动”表演；还举办了“文化遗产日”专题晚会，通过相声、歌曲、舞蹈等艺术手段对保护世界文化遗产进行大力宣传；涿州市建成文化遗产陈列馆，国家文物局副局长张柏、河北省文物局局长张立方出席了开馆仪式。直隶总督署推出《清代地方衙署楹联展》，精选了清代各级衙署楹联100幅，由竹林书画社近百位书法家书写。

【多种方式丰富开放性文博单位展示内容】 为创建国家4A级景区，直隶总督署博物馆增添了触摸屏、休息椅和影视播放系统等游览服务设施，并投资20万元改造了厕所，开展“07优质服务年”系列活动，推行优质讲解服务，现已基本通过4A验收标准；同时还举办了《天津民间工艺美术展》等临时展览11个，吸引观众25万余人次。清西陵挖掘历史文化内涵，会同中央电视台拍摄了20集电视纪录片《光绪之死》，片子着力揭开光绪死因之谜，并向全球发行播出。留法勤工俭学纪念馆成立了留法勤工俭学运动研究会，征集了一批珍贵留法文物史料，并与多家大专院校签订爱国主义教育基地合作协议。保定军校纪念馆还积极联系保定军校生的后人，收集珍贵文物史料20余件，出版了《保定军校抗日将领英烈传》，举办了黄琪翔将军文物史料展。保定博物馆采取博物馆搭台、文化名人唱戏的形式，举办各类书画笔会10场，受到各界群众和广大书画爱好者好评，全年举办各种展览26个，共接待观众8万余人。

【积极谋划，逐步推进重点项目建设】 一是淮军公所和光园修复项目。淮军公所修复：以总体规划、分步实施为原则，本着先易后难，先重点、后全面的思路，边规划、边着手抢修。同时组织专人对淮军公所旧址及周边环境进行了认真调研，摸清了底数，完成保护规划的制定，并报上级审批。光园修复：与北京古建设计研究所合作完成了维修方案设计；与此同时和开发公司签订了无偿修复光园的协议。二是冉庄地道战遗址项目。按照《冉庄地道战遗址总体保护规划》和国家文物局批准的维修方案要求，今年，主要开展了遗址民居、作战工事及地道的修复工程。已征集各种文物100多件，历史图片和相关资料200多套，传统民居修缮完成27处，庙宇工事完成6处，地道修复完成360余米，护村壕主体工程完成1581米，非传统民居外部改造完成6处，消防管道完成2662米，排水管道完成1232米。三是重点勘探项目。配合城市基础设施建设，顺利完成了文物勘探项目；年初顺利完成南水北调工程满城段墓群的发掘清理工作，并基本完成了发掘报告；还完成了总督署西路的发掘，对总督署西路建筑格局有了新的发现；配合省文物研究所进行了保阜公路、张石高速公路的勘查工作等。

【启动第三次全国文物普查工作】 落实国家和省开展第三次全国

文物普查的通知精神，积极推进全市文物普查、保护工作。2007年9月，全市召开第三次全国文物普查电视电话会议，提出了具体工作要求。之后，文物局组织全市22个县（市）的文博人员在保定宾馆举办第三次全国文物普查培训班。由专家授课，普查器械厂家对携带GPS、激光测距仪、罗盘等仪器设备进行实际操作演练，学员亲手操作；安排了大遗址考察实习。

领导班子成员

局　长　崔玉林

副局长　李秋占　董全新

　　　　孟娜

（部门编辑：马　力　王春生）

社 会 生 活

民　　政

【保定市民政局】　保定市民政局是市政府管理社会行政事务的职能部门。主要承担四个方面的基本职能：一是以对城乡贫困户、鳏寡孤独、老弱病残、灾民难民、流浪乞讨人员实施救助等为主要内容的维护和保障困难群众的基本生活方面的工作；二是以拥军优属、优待抚恤、烈士褒扬、退伍安置、军队离退休干部安置和服务管理、军队无军籍退休职工安置等为主要内容的为军队和国防建设服务方面的工作；三是以城乡基层政权建设和社区建设等为主要内容的基层民主政治建设方面的工作；四是以区划、勘界、地名管理、社团管理、民办非企业单位管理、婚姻管理、殡葬管理、收养管理、老龄事业管理等为主要内容的社会行政管理方面的工作。局机关共设行政处室14个，事业处室6个，人员105名，其中行政编制57个，下设直属事业单位包括第一干休所、第二干休所、第三干休所、第一社会福利院、第二社会福利院、第三社会福利院、农村福利院、军供站、烈士陵园、博爱医院、救助管理站、救灾捐赠中心、殡管所和公墓管理所等14个事业单位。2007年，共有干部职工447人。

【2006年·概况】　2006年，在市委、市政府的正确领导下，全市民政系统以"三个代表"重要思想为指导，认真落实科学发展观，围绕市委、市政府中心工作，以年初《政府工作报告》分解任务为重点，明确责任，明确时限，狠抓落实，各项民政业务工作取得了全面发展，多项重点工作实现了新突破。全年有8项工作受省、部级表彰，35项工作受到省厅及市委、市政府表彰，有力推动了全市民政事业的发展，为维护社会稳定，促进社会和谐作出了新的贡献。

【城市低保基本实现应保尽保】　城镇低保基本实现了规范管理，应保尽保。2006年1月，根据人民生活水平日益提高和物价上涨的实际情况，经市政府常务会议研究，市区城镇低保标准由156元提高到190元，各县（市）低保标准全部提高到120元以上。2006年底，全市城镇低保共保障51051户，102322人，月人均补差71.3元，全年累计支出低保资金7220万元。

【农村低保进一步规范】　农村低保工作重点抓了巩固和提高，对申报审批程序、保障标准、保障面、资金发放等环节进行了进一步规范。2006年底，全市共保障农村居民9.15万人，保障面占农村总人口的1.066%，累计支出保障金1405万元，全市月人均补助额13.85元。

【城乡医疗救助工作全面推进】　城市医疗救助制度全面实施。2006年5月，以市政府的名义出台了《关于建立城镇医疗救助制度的试行意见》，下半年各县（市、区）全面实施。2006年全市共救助1668人，发放救助资金100余万元。农村医疗全年救助28572人，发放救助资金270万元。

【灾民救助工作扎实开展】　2006年先后下拨救灾资金1809万元，救助灾民40余万人，有效保障了受灾群众基本生活，确保了灾区社会稳定，本市的做法被国务院办公厅刊发信息进行了肯定。大力加强救灾工作规范化和制度化建设，建立了查灾报灾救灾工作考评机制，进一步完善了灾情信息管理制度、灾害观察员制度和实行灾民救助卡等项制度。市、县两级民政部门分别制定完善了《自然灾害救助应急预案》和《2006年防汛预案》。

【社会捐赠工作大力开展】 2006年全市共接收捐款741.8万元，衣被116504件，救助困难群众37万多人，较好地解决了灾区和困难群众的生活困难。全市社会捐赠工作在全省列第二位，18个单位和个人受到省厅通报表彰。顺利召开了市慈善协会换届大会，为今后慈善事业的快速发展提供了组织保证。

【双拥工作稳步推进】 以争创全国双拥模范城“六连冠”为目标，深入开展军民共建活动，全面落实各项优抚安置政策，推动全市双拥工作整体迈上了一个新台阶。春节前，全国双拥模范城检查团对双拥工作进行了检查验收，对本市双拥工作给予充分肯定和高度评价。

【优抚政策得到全面落实】 认真落实优抚对象抚恤补助标准自然增长机制，确保了重点优抚对象生活水平不断提高，全年共下拨各类抚恤补助经费1.3亿元。为了解决治病难问题，在全市大力开展了建设优抚医院（门诊部）工作，总结推广了望都县、顺平县的做法，25个县（市、区）全部建立县级优抚医院（门诊部）。市优抚医院于11月22日在市第一中心医院挂牌成立。进一步加强了烈士纪念建筑物和光荣院管理，唐县、顺平烈士陵园被省政府批准为省级重点烈士纪念建筑物保护单位，雄县、高碑店、清苑、定州、顺平、安国等6县（市）光荣院被评为省甲级光荣院。

【基本完成退役士兵安置工作】 采取安置就业、扶持就业和自谋职业相结合的安置办法，广开就业渠道，科学合理制定安置计划，保障了重点对象得到妥善安置。大力开展自谋职业，全市共有619人办理了自谋职业手续，自谋职业率36%，超额完成任务目标。会同劳动部门举办了退役士兵专场招聘会，有800余名退役士兵参加了招聘会，241人达成就业意向，此项工作在全省首创。

【顺利完成第七届村委会换届选举工作】 坚持按照《村委会组织法》和省换届选举办法，严格选举程序，保障村民的基本权益；加大宣传力度，引导农民群众正确行使民主权利，保障了换届选举工作依法有序开展，有力地维护了农村稳定。2006年底，完成换届选举的村有6085个，占总数的98%。定州市、易县、涞水县、定兴县、博野县、徐水县、南市区等7个县（市、区）被省政府评为“第七届村委会换届选举工作先进单位”。

【社区建设创新绩】 不断拓展社区服务领域，理顺社区运行机制，茗畅园社区等16个社区被评为省级模范社区，13个县（市）社区建设被省民政厅评为先进。2006年9月，社区服务中心正式启动，在全省为首家。于群市长在本局关于建立社区服务中心的报告上批示：很好。10月23日，省民政厅在本市召开现场会，在全省推广了本市的做法。

【婚姻登记规范化程度进一步提高】 加强内部管理，规范登记程序，全市婚姻登记处全部达到星级标准，9个县（市、区）完成了一星级创建任务，蠡县、满城、清苑、安国、顺平、雄县、涿州、新市区等8个县（市、区）完成了二星级创建任务。蠡县民政局婚姻登记处被国家民政部评为“全国婚姻登记处规范化建设示范窗口单位”。

【殡改工作取得新成绩】 全市火化率保持在83%以上。组织开展了毛泽东同志倡导火葬五十周年纪念活动，获省厅颁发的优秀组织奖。与有关部门密切配合，对丧葬用品市场进行了专项治理，依法清查、销毁大量封建迷信用品，净化了社会风气。

【区划地名工作力度不断加大】 开展了中英文对照地名标牌设置更新工作。组织进行了边界线联检，完成了保廊、保沧两条市界266.1公里和59条市内县界1935.47公里的联检任务。编制出版了《保定市政区图》和《保定市城区地名图》。涞水县、安新县和安国市被省民政厅评为地名管理先进单位，雄县被评为界限管理先进单位。

【民间组织管理工作不断发展】 完成了社团和民办非企业单位的年检工作。全市新成立社团51家，总数达到847家。新成立民办非企业单位45家，总数达到766家。重点培育和发展农村经济协会，放宽登记条件，降低登记门槛，2006年全市共发展农村经济协会16家，总数达到151家，有效支持了农村经济发展。

【社会福利基础设施建设得到加强】 投资近500万元开工建设第二福利院老年福利楼，被市政府列入“十项民心工程”。多方协调，引进资金，共争取到香港成龙、杨受成公益慈善基金150万元用于老年福利楼建设。该项目于2006年9月主体完工。完成了保定市儿童保护中心、保定市儿童福利院和第三社会福利院儿童福利部的立项工作，计划投资2400多万元。

【福彩销售创新高】 全市销售额在两年翻两番的基础上，2006年完成2.94亿元，比上年增长了47%，在全省名列第二位，有力支持了全市福利事业和公益事业发展。福彩销售市场份额达到69.8%，在乡镇布点和市福彩中心硬件建设方面为全省提供了成功经验，受到省厅充分肯定，并在全省推广。市民政局被评为全省福彩销售先进单位、中福在线发行工作先进单位，并获得福彩发行工作竞争优胜奖。

【老龄工作不断加强】 认真落实老龄人口扶助政策，积极开展《老年法》宣传和敬老助老主题教育活动，筹集资金对部分特困老年人进行了救助。广泛开展了形式多样的群体性老年文体活动，全年组织全市性大型老年活动10余次，极大地丰富了老年人的精神文化生活。2006年获得中国老龄协会、中组部老干部局颁发的“党史党建知识竞赛优秀组织奖”，获得全国老龄办、公安部、司法部颁发的“全国老年维权示范岗”称号，获得全国敬老爱老助老主题教育优秀组织奖。

领导班子成员

党委书记 局长	朱贺星
党委副书记 副局长	高淑英
副局长	张革 常良 赵庆纪（12月离任） 刘伟
纪委书记	赵永平
调研员	张克昌（12月任）
助理调研员	赵彦生

【2007年·概况】 2007年，在市委、市政府的正确领导和省民政厅的大力支持指导下，全市民政系统以邓小平理论和“三个代表”重要思想为指导，认真落实科学发展观，各项民政业务工作取得了全面发展。城乡低保救助范围和救助水平大幅提高，农村五保供养工作进一步规范，城乡医疗救助工作稳步推进，城乡困难群众社会救助体系基本建立；灾民救助工作不断向规范化迈进，救灾应急反应机制进一步完善，防灾减灾工作扎实开展，救灾捐赠工作成效显著；各项优抚安置政策得到了全面落实，双拥工作取得全国双拥模范城“六连冠”的殊荣；社区建设向规范化、信息化发展，农村社区建设开始在部分县市进行试点。社会福利事业进一步发展壮大，老龄福利服务基础设施建设力度不断加强。各项专项社会事务管理工作继续保持了规范化发展。2007年，双拥、区划管理、老龄、社区图书援建、综合减灾等6项工作受到国家表彰。在第十二次全省民政会议上本市有4个县（市、区）、7个单位、13名个人受到省政府表彰。

【农村低保扩大保障面】 进一步规范了申报审批程序、资金发放等程序，通过检查督导，基本实现了规范化运作。加大资金投入，提高保障范围和补助水平，农村低保月人均补助从2006年底的13.85元提高到22.35元，全市共保障22.71万人，保障面2.37%。累计支出农村低保金2616万元。

【城市低保完成提标工作】 根据省厅要求以及人民群众实际需要，本市圆满完成了提标工作。城镇低保月人均补助水平从2006年的71.3元提高到86.5元。共保障10.3万人，保障面4.1%，累计支出城镇低保资金9603万元。

【城乡医疗救助工作顺利推进】 城市医疗救助制度开始规范化运作。在2006年全面实施的基础上，2007年重点抓了各项制度的落实。与市委督察室联合进行督查，每月对各县（市、区）完成进度进行通报。城市医疗全年救助27281人，救助资金382万元；农村医疗救助48974人，救助资金1212.1万元。医疗救助资金比上年增加185%。

【灾民救助工作扎实开展】 2007年全市受灾人口170万人次，直接经济损失6.9亿元。全市先后下拨救灾款2391万元，同比增长32%，下拨救灾衣被约3万件，累计救助受灾群众38万人次。同时，各地还积极开展了灾民生产生活自救互助和社会性捐赠等多种活动，全市共接受社会捐赠1100万元，衣物15万件。综合减灾工作被国家减灾中心评为全国先进单位。

【争创全国双拥模范城获得成功】 本市再次被评为全国双拥模范城，位次由上届的全省第七位上升到第三位。涿州市被评为全国双拥模范城，市财政局被评为全国爱国拥军模范单位。此项工作得到市委、市政府、军分区及各县（市、区）委、政府高度重视，作为各级党委、政府的头等大事，主要领导亲自挂帅，带头检查督促双拥工作任务落实，市县两级民政部门发挥了很好的参谋作用，做了大量艰苦细致、富有成效的协调工作，全市上下投入了大量的精力、财力和物力，各项双拥优抚安置政策得到全面落实，双拥工作整体水平又上了一个新的台阶。特别是一批多年来遗留下来的难题得到进一步解决，受到全国双拥模范城检查团的高度评价和充分肯定。

【优抚政策得到全面落实】 全年下拨各类抚恤补助经费1.55亿元，确保了重点优抚对象生活水平不断提高。农村义务兵家属优待金全部按照当地人均收入的70%标准落实，全市发放优待金达到1400多万元。与市财政局、市劳动和社会保障局联合出台了《保定市一至六级残疾军人医疗保障办法（试行）》，切实保障了退出现役的一至六级残疾军人的医疗待遇。按照省厅要求，开展了参战涉核人员统计认定工作，全市共有9600余名参战涉核人员得到认定。

【城镇退役士兵安置力度进一步加大】 全市共接收退役士兵4527人，其中，安置城镇退役士兵1418人。为有效推进城镇退役士兵自谋职业工作，采取政策扶持、技能培训、搭建就业平台等措施，努力提高城镇退役士兵就业能力，创造就业机会。同时，通过报纸、电视台等媒体做了大量宣传工作，自谋职业工作取得了新的突破。全市自谋职业562人，自谋职业率40%，比上年提高了四个百分点，全市发放退役士兵一次性经济补助费1663万元。

【社区建设向规范化、信息化发展】 社区服务内容不断丰富，服务水平进一步提高。市级社区服务中心全年接听热线电话1万多次，网上求助服务1000多次，为居民提供服务信息近2万条，居民满意率达到95%以上。全国首家“东方银龄社区学习中心”在本市揭牌，全国老龄事业发展基金会及省民政厅领导参加揭牌仪式。这标志着老年教育网络化开始扩大到社区，为社区建设工作增加了新的内容。6月，市内三区及高碑店市、定州市通过省级验收，被评为“省级和谐社区建设示范市（区）”。南市区、北市区、定州、雄县、容城等5个县（市、区）被国家民政部确定为“全国农村社区建设实验县（市、区）”，新市区被确定为市级实验区。本市再次获得国家民政部、中央文明办、新闻出版总署、国家广电总局颁发的“全国第四期万家图书援建和万家社区读书活动”工作组织奖，在全省唯一获此殊荣。

【殡改工作推行阳光服务】 全市火化率保持在83%以上。两次组织殡葬管理人员就殡葬服务及殡葬执法进行培训，全市所有殡仪馆都将收费项目、收费标准、服务程序、投诉裁定方式等内容张贴上墙，自觉接受收社会监督。

【区划地名工作再获殊荣】 按照市政府工作报告要求，完成了县政府驻地路标设置以及公路沿线的村标设置任务。全市共完成县（市）政府驻地路巷1999条、路标4526块，建制镇路标1445块，村标2138块，超额完成市政府下达的任务。投资3万元，研制开发了保定市地名资源查询服务软件，并完成了信息录入工作，依托社区网络开通了市区基础地名信息网上查询业务。编制出版了《保定市地名文化》一书。行政区域界限管理工作被国家民政部评为先进。

【民间组织管理工作更加规范】 全市共登记414个民间组织，登记合格率100%，涉及行业管理、教育科技、文化卫生、社会福利等各个领域，对促进全市经济快速发展，维护社会稳定起到了积极作用。农村专业经济协会蓬勃发展，全市新成立32家，总数达到197家。

【社会福利基础设施进一步改善】 第二福利院老年福利楼于6月中旬建成并投入使用。发动社会力量参与老年福利事业，2007年新建四所养老机构，新增养老床位工作取得阶段性突破。从福利彩票基金中补助每个床位1000元，共吸引社会投资1600万元，新增床位827张。开展“蓝天计划”和“微笑列车”活动，为32名孤残儿童适应证患者和121名唇腭裂患者实施免费手术。按照规定对171家福利企业进行了重新认定审批，并加强安全生产管理，确保了不出事故。

【福彩销售再创新高】 2007年全市销量突破3亿元大关，共销售3.39亿元，连续五年刷新市福彩销售记录，为全市社会福利事业发展作出了积极贡献。并获得省民政厅颁发的全省福彩销售总量一等奖、组织工作一等奖。

【老龄工作取得新进展】 2007年召开了保定市第一次老龄工作会议，老龄工作机构、编制、待遇和经费等问题得到各级党委、政府重视，列入重要工作日程。易县、满城等县按要求解决了编制、待遇问题。协助市政府出台了本市加强老龄工作的意见和加快发展老年服务产业的意见，为老龄工作发展奠定了基础。敬老助老活动蓬勃开展，全国敬老健身节在本市成功举办。2007年9月获得全国老龄办颁发的“全国纪念建军80周年知识竞赛”优秀奖，10月获得全国助老敬老爱老主题教育活动组委会颁发的优秀组织奖。

领导班子成员

党委书记 局长 朱贺星
党委副书记 副局长 高淑英
副局长 张革 常良 刘伟
纪委书记 赵永平
调研员 张克昌
助理调研员 赵彦生

（部门编辑：王二军）

扶贫工作

【保定市扶贫开发领导小组办公室】 主要职责是研究制定、组织实施全市农村扶贫开发规划；拟定扶贫开发资金、物资分配、使用意见，指导、监督和检查资金、物资的使用；组织协调社会各界参与扶贫开发工作，协调联络各级单位对口帮扶贫困地区工作等。内设四个处：综合处、项目规划处、社会扶贫处、科技培训处。编制人数20人，实有24人。

【2006年·概况】 以第二批贫困村为重点，以解决贫困群众温饱、增加农民收入为目标，认真贯彻落实新阶段扶贫开发规划，实施整村推进战略，全年争取各类扶贫资金1.6亿元，实施了产业化扶贫、移民搬迁、劳动力转移培训、扶贫开发细胞工程等重点项目，减少贫困人口5万人。为加快贫困地区新农村建设，联合市文明办、教育局、交通局等10家单位印发了《关于做好整村推进扶贫开发建设社会主义新农村的意见》，明确了各部门在贫困地区新农村建设中的职责和任务。对农村贫困人口进行大规模调查摸底，共对57万贫困人口建立贫困户档案卡，输入微机，全省联网，增强了扶贫工作的针对性。

【产业化扶贫力度加大】 把财政扶贫资金作为周转金，集中力量扶持以“周转畜”、“周转棚”为主的产业化扶贫项目。安排财政资金1600万元，扶持“周转畜”项目。主要采取实物周转、资金周转、“公司+农户”周转等多种形式，发展周转牛2800头、羊9300只、猪3100头、驴260头、鸡10万只、甲鱼4.2万只，涉及贫困农户1.2万户。投入财政资金300万元，主要以资金周转的形式，扶持以食用菌、蔬菜为主的“周转棚”项目。发展蔬菜、食用菌大棚300多个，涉及贫困农户3000户。实施“两个周转”的农户人均增收200元以上。通过努力，阜平山珍大枣制品有限公司等6家企业确定为“河北省扶贫龙头企业”。

【基础设施建设成效显著】 安排财政扶贫资金660万元，修建道路70公里，建桥4座，打井及配套8眼，防渗渠8500米，蓄水池5个；投入资金160万元，扶持新建市场5个，科技示范基地5个，饲料加工厂2个。为改善贫困地区基础设施条件，投入以工代赈资金1668万元，修建乡村道路60公里，建桥9座，打井11眼，新增灌溉面积1.3万亩，治理小流域面积30.5平方公里。落实搬迁资金1336万元，搬迁贫困人口3340人。9月份，全省扶贫移民搬迁工作现场调度会在涞源县召开，推广了本市扶贫移民搬迁的经验做法。

【深入实施扶贫开发细胞工程】 在7个贫困县广泛开展了以瞄准贫困群体、扶贫到村到户为主的“细胞工程”，共确定14个整村推进扶贫开发建设新农村先行村，7000个入户示范项目户。投入资金838万元，为14个村落实扶贫项目16个，涉及贫困人口2万多人，有效地激发了扶贫开发的细胞活力。

【继续开展集团帮扶】 认真抓好4个中直单位、40多个省直单位在本市的定点扶贫工作，做好沟通、协调和服务工作。继续实施集团帮扶，协调、督促各帮扶单位在资金、技术、信息、基层组织建设等方面，对贫困村给予大力支持。先后两次召开社会扶贫工作现场调度会，全年各级帮扶单位共到位帮扶资金2212.86万元（含协调资金1434.4万元），实施帮扶项目352个。

【环京津贫困带调研】 环京津贫困带问题逐步引起各界关注。8月28～30日，以全国人大常委、全国人大财经委副主任委员、原对外贸易合作部部长石广生为组长的全国人大专题调研组，到涞水县就环京津贫困带问题进行调研。市、县两级就本市环京津地区的贫困状况、消除贫困的做法以及存在的困难问题等向调研组做了汇报。调研组成员就如何加快京津冀一体化发展进行了深入探讨。随后，北京市发改委等单位也就此到本市调研。

领导班子成员

主任 郝俊愿
副主任 杨晓光 韩卫江 李福刚

纪检组长　赵永生

【2007年·概况】　以完成第二阶段扶贫开发任务为目标，以四大扶贫项目建设和扶贫开发"细胞工程"为载体，整合资源抓重点，突出特色抓亮点，创新机制上水平，整村推进促脱贫。全年共争取上级财政扶贫资金6479万元，解决了2.65万绝对贫困人口和2.74万低收入人口的脱贫问题，第二阶段扶贫开发任务如期完成。8月份，省长郭庚茂、副省长宋恩华到本市专题调研扶贫开发工作时，对本市新阶段扶贫开发工作取得的成绩给予了充分肯定。市人大、市政协分别组织代表、委员对全市扶贫开发工作进行专题调研。10月30日，市人大常委会专题听取审议了本市新阶段扶贫开发工作的报告。

【培育稳定增收的入户示范项目】　把扶贫开发"细胞工程"作为瞄准贫困群体，落实到村到户的重要抓手，进一步激发细胞活力，促进贫困地区新农村建设。在巩固提高2006年14个先行村和7000个示范户的基础上，再次启动了对第二批14个先行村和7330个示范户的扶持，做到扶贫资金、增收项目、帮扶单位、技术培训和龙头带动及各项服务"五到户"。全市共安排扶贫资金1400万元，为14个先行村规划项目34个。"细胞工程"示范户涉及重点村100个，其中扶持养牛2700户、养羊2000户、养兔500户、养猪1300户，种植大棚蔬菜60户、食用菌400户。细胞工程在推进脱贫致富的过程中，起到了积极的示范带动作用，体现了"小细胞、大课题，小项目、大工程，小舞台、大作为"。在全省细胞工程表彰大会上，易县东古县村、顺平天尧畜禽养殖公司以及28个示范户被评为省级细胞工程先进单位和先进示范户称号。

【切实加快整村推进步伐】　为把整村推进扶贫规划落到实处，全市集中资金实施了"周转畜"、"周转棚"、劳动力转移培训和移民搬迁等四项重点工程，为贫困地区新农村建设创造条件。年内安排两个周转项目资金2280万元，辐射贫困农户1.5万个。涞源县被纳入全省太行山优质核桃产业带项目核心起步区，涞水獭兔、顺平林果、曲阳甲鱼等三个扶贫开发片区，被列为省重点扶贫项目，当年争取项目资金120多万元。涞源县怡然生态园等13家企业成为第二批"河北省扶贫龙头企业"。全年投入财政扶贫资金890多万元，通过采取建设移民小区、分散安置等形式，年内完成搬迁人口2240人。开展了"万人培训、万人输出、万户脱贫"活动，落实扶贫资金300万元，开展劳动力转移培训3.1万人次。组织7个贫困县参加国务院扶贫办举办的全国"雨露计划"成果展，同10余家用工单位达成合作意向，输出劳务3000多人。

【扎实推进社会扶贫工作】　认真抓好中直、省直单位在本市的定点扶贫工作，定期召开省"四帮一"扶贫工作队长调度会。继续实施集团帮扶，督促各单位开展形式多样的帮扶活动。积极配合市委开展的"驻千村、联万户、帮民富、解民忧、促和谐"活动，从各级抽调干部组成新农村建设帮扶工作队，深入到全市农村，开展帮扶工作，共涉及300多个贫困村，到位帮扶资金600多万元，解决了一大批贫困村急需解决的问题，帮扶效果非常显著。10月份在涞水县召开整村推进社会扶贫现场调度会，掀起帮扶工作新高潮，全年各级帮扶单位共到位帮扶资金1520万元（含物折款），实施帮扶项目320个。截至2007年底，第二轮社会扶贫工作共筹集帮扶资金1.04亿元，其中中直单位3100万元，省直单位2300万元，市、县帮扶单位4600多万元。市直近半数单位三年累计帮扶资金达到了5万元以上。

【提高扶贫资金使用效益】　一是继续落实财政扶贫资金专户管理、报账制、公示制和责任追究等制度，确保资金及时足额到项目。二是改革资金使用方式，发挥扶贫资金的粘合作用。年内选择11个重点村作为村级互助资金试点，共安排165万元（每村15万元）原始基金，通过贫困群众自我管理、自我组织和自我发展，培育新型扶贫专业合作组织。三是建立资金落实月报制度，及时掌握扶贫资金落实情况，通过"财政扶贫资金管理监测信息系统"对扶贫资金实行网上监测。四是开展扶贫资金综合治理，全市扶贫系统共清理检查扶贫资金5600多万元，基本没有发现违纪违规现象。

【为启动第三阶段扶贫工作做好准备】　一是组织开展第二批贫困村验收工作。按省要求制定了验收方案，从扶贫、财政、统计、发改委、农行等有关部门抽调干部，对第二批309个贫困村逐村逐项进行检查验收。共有273个村达到稳定脱贫标准，占88.3%。其余36个村由于人均收入不达标或基础设施建设薄弱等原因，未达到解贫标准，占11.7%。二是对第三批贫困村进行调查摸底，将准备扶持的贫困村摸清底码，研究致贫原因，提前谋划增收致富项目。对基础条件较好、干群积极性高的村提前启动，提前实施脱贫项目。

领导班子成员

主　　任　郝俊愿
副 主 任　杨晓光　韩卫江
　　　　　李福刚
纪检组长　赵永生

（部门编辑：段丽军）

计划生育

【保定市人口和计划生育委员会】 保定市人口和计划生育委员会是保定市人民政府主管全市人口与计划生育的职能部门，业务受河北省人口和计划生育委员会指导，承担控制人口数量，提高出生人口素质及完成人口计划和落实人口与计划生育政策的任务。设6个行政处室：办公室、人事处、规划统计处、科学技术处、政策法规处、宣传教育处。2个事业单位：保定市人口和计划生育药具管理站和保定市人口和计划生育宣传指导站。

【2006年·概况】 2006年，是全市人口和计划生育工作取得新突破的一年，全市各级在确保低生育水平持续稳定的同时，强基固本夯基础，真抓实干求发展，突出重点，攻克难点，打造亮点，圆满完成了年度人口与计划生育各项任务目标。（一）全市共出生130899人，出生率11.93‰，较省下达责任目标低2.31个千分点；（二）符合政策生育率92.14%，较省下达责任目标高3.14个百分点；（三）经市调查统计分析，全市人口出生统计求实98%，高出省下达指标4个百分点；（四）群众对计划生育工作满意率98%，高出省下达指标13个百分点。2006年，省政府授予保定市“2006年度落实人口和计划生育奖励政策工作成效突出奖”；授予涿州、定州、高碑店、高阳4个县（市）“2006年度人口和计划生育工作先进县（市、区）奖”。省人口计生领导小组授予保定市“2006年度计划生育服务体系建设工作成效突出奖”；授予保定市法院、财政局“2006年度人口和计划生育工作突出贡献奖”。省人口计生委授予保定市人口计生委“2006年度人口和计划生育工作创新奖”。

【基层基础工作进一步巩固和加强】 2006年，全市继续狠抓村级网底建设，各县（市、区）将育龄妇女小组长报酬列入财政预算，有效解决了“人员、职责、报酬”三落实问题。同时，加强小组长队伍“职业化”管理，认真推行“月报、月训、月发”制度，村级一线防控能力得到进一步加强；各级按照抓先进、帮后进、促平衡的思路，狠抓了后进层面的转化，严格落实县乡领导分包责任制，对后进乡村加强管理监控，年初排查界定的745个后进村，有696个村实现了后进转化，转化率93.4%。

【优质服务水平有了新提高】 按省人口计生委的要求和市委、市政府安排部署，在全市深入开展了服务站（室）建设年活动，制发了《保定市关于加强计划生育服务站（室）建设实施方案》，明确标准，统一规范，分步实施。并明确规定：对服务站（室）建设实行单项考核验收，设服务站建设一、二、三等奖，颁发荣誉证书和奖金，对新建站给予一定的资金支持。对没有认真抓创建，工作被动落后的，取消评先资格。同时，全市各级强化服务理念，打造计生服务品牌，在抓好基础设施建设的同时，扎实开展农村已婚育龄妇女免费检查服务“民心工程”，建立健全了目标管理、现场服务和跟踪服务责任制度。截至9月底，全市共投入“民心工程”专项资金682万元，为农村162万名已婚育龄妇女提供了生殖健康检查免费服务，对48.4万名患病群众进行了治疗或转诊服务，深受广大育龄群众好评。

【依法管理取得新发展】 2006年，全市各级认真落实行政执法责任制和“两错”追究制，推行计划生育政务公开，规范管理行为，严格工作程序，有效克服了基层管理服务行为上的随意性。5~7月份，在全市范围内开展了以征收社会抚养费为主要内容的集中治理活动，收到了显著成效。据统计，全市共征收社会抚养费12336万元，征收到位率80.09%。并以市人口计生领导小组名义，出台了建立社会抚养费征收长效机制专门文件，探索出了“县级委托、乡级征收、村级配合、法院保障”的征收模式，标志全市社会抚养费征收工作步入了规范化、制度化管理轨道。

【利益导向机制建设取得重大突破】 2006年，市县两级积极运作，克服困难，全面推进“奖、优、免、救、保、扶”六位一体利益导向机制建设。据统计，25个县（市、区）5—18岁农村独生子女父母全部落实了每人每月10元奖励；农村3852名主动退回二胎生育指标的夫妻全部落实了每人各1000元的奖励；13293名符合奖励扶助资格条件的群众及时领取了每人每年600元的奖励扶助金；救助计生贫困家庭

2268个，发放救助金236.08万元。

【综合治理氛围更加浓厚】 4月份，市人口计生委与公安、卫生、民政等部门联合制定了《人口与计划生育相关情况定期通报制度》；5月份，以市委、市政府名义出台了《关于严格落实人口与计划生育“一票否决”制度的决定》专门文件，对“一票否决”适用情形、执行程序进行了规范明确，为强化部门责任落实，叫响“一票否决”提供了制度保证。全市对出生人口性别比综合治理工作继续加强领导，强化责任，完善制度。健全完善了超声波诊断仪、染色体检查技术的使用管理、人工终止妊娠和终止妊娠药品的管理、孕情检测随访服务、婴儿出生死亡报告、检查监督与责任追究等管理服务制度。全市共查处非法进行胎儿性别鉴定及选择性别生育案件35起，依法收缴B超机7台、引流产器械9套，落实经济处罚28.28万元，追究处理涉案人员36人，综合治理工作呈现了良好的发展态势。

领导班子成员

党组书记
主　　任　孙淑花

副 主 任　李小刚　苏兵海
　　　　　张兵常（1月离任）

纪检组长　李　辉

【2007年·概况】 2007年，全市各级人口计生部门认真贯彻落实中央《决定》精神，紧紧围绕稳定低生育水平、统筹解决人口问题、促进人的全面发展这条主线，创新理念、创新举措、创新机制，抓重点，攻难点，创亮点，加快构建“依法管理、村（居）民自治、优质服务、政策推动、综合治理”的长效机制，努力促进全市人口与经济、社会、资源、环境协调可持续发展，圆满完成了年度人口与计划生育各项任务目标。（一）全市共出生134997人，其中政策内120563人，政策外14434人，出生率12.19‰，较省下达责任目标低2.5个千分点；（二）符合政策生育率89.31%，较省下达责任目标高0.31个百分点；（三）出生人口性别比108.4；（四）据市调查统计分析，全市人口出生统计求实率、群众对人口计生工作满意率均达到了98%以上，分别高出省下达指标3.12个百分点。2007年，省政府授予保定市“计划生育四清三落实工作成效突出奖”，授予涿州市、高碑店市、高阳县、博野县“人口和计划生育工作先进县（市、区）奖”。

【深入开展中央《决定》宣传活动】 以保定市委、市政府名义制定出台了《关于贯彻落实〈中共中央国务院关于全面加强人口和计划生育工作统筹解决人口问题的决定〉的意见》，明确了进一步加强计生工作、统筹解决人口问题的具体政策和措施。并充分发挥部门优势，以“八个一”（一个婚育文化大院或文化广场，一条婚育新风知识长廊，一块计划生育政务公开栏，一个人口文化学校或展室，一个技术服务室，一个宣传袋，一个婚育新风志愿者宣传队，一个信息交流平台）、“六进”（进景点、进家庭、进学校、进医院、进宾馆、进商店）和“万人答卷”等活动为载体，将中央《决定》精神融入社会主义新农村建设，做到了中央《决定》进院（生育文化大院）、上街（宣传一条街）、入袋（宣传资料袋）、进脑（广大群众基本掌握主要内容），实现了中央《决定》精神在广大群众中的全方位普及。

【扎实开展计划生育专项清理活动】 按省统一部署，2007年，在全市范围内扎实开展了两个专项清理：一是开展“四清三落实”活动。制发了“四清三落实”活动实施方案，建立了县级领导包乡、乡级领导包村、乡计生办人员与村计生专干、小组长共同包户的逐级分包责任制。各县（市、区）采取对照“新农合”登记表、卫生防疫卡、户口底册、计生账卡、单位人员花名册、工资表和逐级审查的“六对照一审查”方法，严格操作程序，认真清理清查。全市共清理出2000年10月1日至2006年9月30日出生漏报134378人（含按统计口径累计补报41761人），其中政策内47264人，政策外87114人。二是开展“城镇违法生育专项治理”活动。为查处党员、干部、职工、“名人富人”等公众人物违纪超生和城镇违法生育，5月，保定市人口计生委与市委组织部、纪检委、监察局、人事局、财政局、建设局联合制发了《关于对党员、干部、职工和“名人富人”违反计划生育政策进行清查处理的意见》。7月，又按国家和省统一要求，制定出台了《保定市城镇违法生育专项治理行动实施方案》，全方位开展清查治理。全市共清理城镇违法出生2033人，涉及党员207人、干部58人、一般公职人员598人、其他1594人。

【健全完善计划生育利益导向长效机制】 2007年，市县两级投入专项资金5509万元，依法落实了奖励扶助、贫困救助及《河北省人口与计划生育条例》规定的各项奖励政策，为20.14万名农村独生子女父母、19万名城镇独生子女父母兑现了每人每月10元的奖励，共发放奖金4128万元；

为农村1940名、城镇83名主动退回二胎生育指标的夫妻兑现了每人1000元的奖励，发放奖金202万元；为2127名已退休的独生子女父母落实了每人3000元一次性奖励，发放奖金638万元；对15685名农村奖励扶助对象发放了总计153万元的奖扶金。市县两级投入388万元，建立实行了计划生育救助公益金制度，救助计生贫困家庭1160户。

【计划生育“民心工程”深得民心】 一是加强服务阵地建设。2007年，市县两级财政共投入资金2700多万元，新建、改扩建县乡服务站65个，购置大型医疗设备369台。调整充实一线技术服务人员178人，形成了以技术服务为主的多元化、互动式优质服务网络。二是拓宽服务领域。积极协调卫生部门，为24个县级计划生育技术服务站审批了《医疗许可证》，将县级计生技术服务站纳入了“新农合”或“城镇医保”定点服务单位。服务领域的拓宽，有力地促进了服务站的建设和服务能力的提升。三是全市投资697万元，作为计划生育免费服务“民心工程”专项经费，共为农村168.7万名已婚育龄妇女提供了生殖健康检查免费服务，对54.7万名患病群众进行了治疗和转诊服务。“民心工程”的实施，提升了政府形象和行业形象，提高了群众对人口计生工作的满意率。

【全面提升依法行政水平】 按照市委、市政府“掀起责任风暴，推进效能革命”的总体要求，进一步健全完善了行政执法责任制和执法过错责任追究制。一是持证执法。为杜绝恶性案件的发生，坚持从源头抓起，落实持证上岗制度，全市1514名执法人员全部做到了持证上岗，并层层签订了行政执法责任书。严格行政执法责任制和“两错”追究制，定期组织开展执法人员业务培训，依法规范执法行为。二是文明执法。为方便群众、提高工作效率，全市乡级普遍建成了计划生育行政综合服务大厅，计生工作人员集中办公，实行“一站式”服务，即便于统一管理、提高工作效率，又便于开展对群众的一条龙服务。2007年，全市共建成高标准行政服务大厅232个。三是严格执法。各县（市、区）普遍成立了计划生育行政执法庭或执法大队，并在建立健全“县级委托、乡级征收、村级配合、法院保障”工作机制的基础上，将社会抚养费征收到位情况列入市对县年终考核重要内容，加大考核权重。2007年，全市共依法征收社会抚养费2.12亿元，征收到位率73.94%。为严格落实“收支两条线”管理制度，保定市人口计生委与市财政局、审计局、监察局联合制发了《关于切实加强社会抚养费征收管理的紧急通知》，并组织有关人员不定期检查督导，取得了明显效果。

领导班子成员

党组书记 主　　任	孙淑花
副主任	李小刚　苏兵海 张兵常（1月离任）
纪检组长	李　辉

（部门编辑：杨庆喜）

计划生育协会

【保定市计划生育协会】 保定市计划生育协会是在中共保定市委领导下的群众团体。是动员、组织广大育龄群众和热心计划生育事业的各界人士自觉参与计划生育工作的一种有效形式。是党的群众路线在计划生育工作中的生动体现。市计生协会为正县级单位，内设综合部和社会服务部。全额拨款事业编制8人，设常务副会长1人，专职副会长1人，内设2个部室，科级职数3人科员3人，退二线1人，1991年1月27日列入参照国家公务员制度管理范围，截至2007年3月，7人全部过渡为公务员，1人为另册管理人员。

【2006年·概况】 2006年，保定市计生协会在省协会的指导下，在市委、市政府的领导下，在各级党委、政府的重视和计生部门的支持下，全市各级计生协会认真贯彻党的十六届五中、六中全会精神，紧紧围绕全面建设小康社会的奋斗目标和人口与计划生育工作的总体部署，坚持以人为本的科学发展观，按照省计生协会五届四次理事会要求，进一步更新思想观念，创新工作思路、强化优质服务、注重能力建设，广泛开展具有协会特色的活动，全市计生协会工作有了新的发展，为全面建设小康社会、构建和谐保定作出了积极贡献，得到了国家和省协会的肯定。先后被省协会评为“全省市级计划生育协会工作先进单位”、“全省计划生育协会宣传工作先进单位”、“幸福工程工作先进单位”。

【组织整建常抓不懈，全面提升计生协会工作水平】 加强基层协会建设，提高协会整体工作水平，是开展好协会工作的基础，是一项任务艰巨、工作繁重的长期、系统的大工程，2006年，全市各级协会在广泛调研的基础上，坚持分类指导，在硬件建设上突出“三抓”、在软件建设上着重落实“三到位”的总体思路，积极开展工作，取得了较好的成效。

【参与村（居）民自治，群众的合法权益得到维护】 实行村（居）民自治，为计生协会充分发挥民主参与和民主监督职能提供了良好的机遇。一是按照国家人口计生委、民政部、中国计生协联合下发的《关于加强和完善村级计划生育村民自治的实施意见》精神，对依法参与村（居）民自治的指导思想、参与的形式、内容等作出了明确的规定，为基层协会开展工作创造了条件，做到了有章可循、有据可依。二是不断调整和完善参与的组织形式、制度建设，畅通了参与的渠道。三是强化会员的参与意识。四是强化和拓展协会参与村（居）民自治的活动内容和范围。2006年，全市基层协会提合理化建议8125条，有关部门采纳4665条，逐步形成了“两委负总责、村（居）民搞自治、协会当骨干、群众做主人”的格局，为基层民主政治建设作出了努力。

【计划生育宣传教育日趋活跃】 各级协会围绕计划生育这个中心工作，适应农村和社区群众的需求，以学习、宣传“一法三规”和《条例》为主线，以弘扬新型生育文化为重点，充分利用各种媒体，借助各种载体，贴近实际、贴近生活、贴近群众，广泛开展了宣传教育活动，做到重大节日宣传制度化，日常宣传多样化，宣传对象广泛化，使群众性的宣传活动更具规模、更具特色。通过坚持经常性的宣传，把计划生育与群众的现实生活紧密结合起来，把宣传工作做到了田间炕头，达到了润物细无声的效果。

【群众服务成效显著】 2006年是国家和省协会提出的服务拓展年。全市各级协会紧紧围绕稳定低生育水平和群众最关心的生育、生产、生活和健康等问题积极工作，开展了内容丰富、形式多样的服务活动，在服务中打造自己的品牌，呈现自己的亮点，展示自己的特色，受到了广大群众的欢迎。一是全市各级协会把百万会员学科技与开展九年的“帮、包、建”活动相结合，形成了广大会员带领群众学科技、用科技、互帮互助，先富帮后富，同走少生文明致富路的浓厚氛围；二是大力开展了“三优”教育的普及工作；三是按照服务的原则，自愿的原则，群众得实惠的原则，积极协办计生系列保险；四是“幸福工程”取得了明显的经济效益和社会效益。

【典型引路，大力开展百点示范活动】 市协会根据省协会《关于开展百点示范活动的实施意见》精神，按照百点示范活动标准进行了层层筛选，除了参与村民自治、社区、企业、流动人口、优秀会员之家、百万会员学科技、幸福工程、青少年生殖健康等15个示范点外，又从工作实际出发，把“三优”教育、宣传、计生系列保险、少生快富工程等工作也列入了示范点活动之中，市级各类示范点共计51个，总计66个示范点。

领导班子成员

会　　长　李光耀
第一副会长　李书信　贯体新
常务副会长　孙淑花（7月离任）
　　　　　　李绍祥（7月任）
专职副会长　吴兴亚

【2007年·概况】 2007年，市计生协会在市委、市政府的正确领导和省计生协会的指导下，深入贯彻市“2·25”大会精神，紧紧围绕本市全面建设和谐保定和小康社会的奋斗目标，认真贯彻落实《中共中央国务院关于全面加强人口和计划生育工作统筹解决人口问题的决定》及全市计划生育工作的总体部署，从实际出发，积极进取，集中精力抓工作，扑下身子干实事，充分发挥计生协会职能作用，不断提高协会工作的整体水平和能力，着力推进“服务拓展”和“生育关怀行动”，大力实施“关怀计生家庭行动计划”，广泛参与村（居）民自治工作，圆满完成了市委、市政府和省计生协会部署的各项工作任务。荣获“全省市级计划生育协会先进单位”、“全省计划生育协会宣传工作先进单位”、“全省幸福工程工作先进单位”、“全省‘三优’教育先进单位”，荣获中国计生协会2007年度学习《人生》杂志活动组织奖一等奖。

【强化组织，常抓不懈，基础工作进一步夯实】 加强基层协会组织建设，是提高协会整体工作水平和开展好协会工作的基础。首先，按照“三优化”原则，配强协会领导班子，配好会员小组长；第二，进一步完善下发《村（居）计生协会工作规范》，使基层协会工作有章可循，有制可守；第三，按照“会员之家达标年”的要求和建设优秀会员之家三年规划，建设了一批新的优秀会员之家；第四，以培训来促进协会工作能力的提升；第五，为摸清实情，采取请上来、走下去的方法，走访了18个县（市、区）、36个乡（镇、办）、72个村（居），通过调研，发现了一批协会工作新亮点，培树了一批新的典型。

【深入基层，面向群众，“生育关

怀行动”全面开展】 2007年，市计生协会把“生育关怀行动”作为各级协会开展活动的主线，积极搭建关怀计生家庭行动计划的平台，唱响了零距离服务的主旋律。一是提高认识，加强督导，营造了开展“生育关怀行动”的浓厚氛围；二是领导重视，整合资源，确保了“生育关怀行动”取得实效；三是深入基层，明确目标，为生育关怀行动搭建平台；四是多元关爱，扎实推进，生育文明的协奏曲在全社会唱响。

【坚持宣传，营造舆论，计划生育群众工作氛围更加浓厚】 各级计生协会紧紧围绕党委、政府和人口与计划生育的中心工作开展宣传，把经常性的宣传与集中宣传相结合，把宣传教育贯穿在协会各项工作中，不断创新宣传形式，丰富宣传内容，使群众性的宣传活动开展得更具特色、更富有成效。一是各级协会掀起了学习宣传中央《决定》的高潮，结合全市开展的中央《决定》宣传月活动，通过各种载体，利用各种活动，深入学习，宣传中央《决定》；二是抓好了主题宣传和经常性宣传教育活动；三是充分发挥宣传载体的作用，各级协会充分利用电台、电视台、报刊、广播、板报等各类宣传媒体，组织歌咏队、秧歌队、大鼓队，编排各种文艺节目进行宣传。

【广泛参与，积极监督，广大群众的合法权益得到进一步维护】 2007年，保定市计生协会结合典型示范活动，一是继续规范参与村（居）民自治的程序和标准，使基层协会开展工作有章可循、有据可依。二是不断调整和完善参与的组织形式、制度建设，畅通了参与的渠道。三是通过加强培训，增强了广大理事、会员的参与意识，提高了参与监督水平。四是强化和拓展协会参与村（居）民自治的活动内容和范围。

领导班子成员

会　　长　李光耀
第一副会长　李书信　贾体新
常务副会长　李绍祥
专职副会长　吴兴亚

（部门编辑：魏　伟）

残疾人工作

【保定市残疾人联合会】 保定市残疾人联合会（以下简称市残联）为正县级事业单位，受市委、市政府领导，业务上接受市委、市政府有关部门的对口指导。下设办公室、组联部、宣文部、教就部、康复部5个部室。

【2006年·概况】 2006年，全市各级残联在市委、市政府和上级残联的领导下，认真学习贯彻党的十六大精神和党的十六届五中、六中全会精神，解放思想，更新观念，与时俱进，开拓创新，各项工作都取得了新的成绩，全年帮助1万名贫困残疾人改善了生活水平，对3000名残疾人进行劳动技能培训，在城镇安置820名残疾人就业。救助特困残疾人5780户，为107户贫困残疾人实施危房改造，免费为400名贫困白内障患者实施了复明手术。培训聋儿、智障儿童及家长482名，资助考入大中专院校的残疾学生和贫困残疾人子女90名，资助聋哑学生140名。

【扶助贫困残疾人工作】 市委、市政府非常重视发展残疾人事业，市政府把残疾人工作列入了《政府工作报告》2006年工作落实方案，并在《保定日报》上发布。根据市委、市政府的要求，年初召开了工作会议，对全年工作进行了认真安排部署，把扶助贫困残疾人工作列为重中之重，切实抓好。一是在春节前后继续实施了以救助特困残疾人为主题的第四次“阳光行动”，市县两级残联共救助残疾人5780户，发放救助款11.56万元和粮、油、衣物等急需物品，把党和政府的温暖送到广大残疾人的家中，受到了广大残疾人的赞誉。二是将扶助1万名贫困残疾人的指标分解到各县（市、区），要求层层定措施，项项抓落实。蠡县、满城、涞水、高阳、曲阳等县积极发展种植业、养殖业扶助贫困残疾人增加收入。涞源县采取集中供养方法，从根本上解决特困残疾人的生存问题。安新、顺平、阜平、博野等县协调民政部门，采取将贫困残疾人纳入低保范畴的办法，积极开展扶贫活动。三是省市两级残联先后在蠡县召开了残疾人扶贫工作会议，推广交流了残疾人扶贫工作经验。四是在满城县召开了残疾人危房改造工作调度会。听取各县（市、区）危房改造工作的情况汇报，就如何做好危房改造工作提出了具体要求，促使全市危房改造工作扎实进行。全年共改造危房160间。高碑店、涿州、徐水、满城、蠡县、涞水、易县、唐县、清苑、容城、定兴、安新等县（市）都很好地完成了危房改造任务。五是举办了全市首届残疾人职业技能竞赛。结合第十六次“全国助残日”活动，分别举办了盲人按摩和计算机组装职业技能竞赛，评出前三名，给予了奖励。并组织选拔人员参加了全省的职业技能竞赛，展示了残疾人自强不息的风采，激发了残疾人自立、奋发向上、增长本领的热情。

【残疾人康复工作】 残疾人康复工作是一项系统工程，需要多部门的协调推动，需要有效的政府工作平台，按照中国残联和省残联的要求，市残联充分利用各地党委政府重视残疾人工作的有利契机，将残疾人康复工作纳入政府办实事中，积极协调相关部门，提出有利于残疾人康复的政策建议，政府主导、部门配合、社会广泛参与，形成了日益强化的康复工作机制，取得了积极成效。一是免费给特困残疾人发放轮椅60辆，用品用具232件；二是与市教育局、民政局、卫生局等11部门联合转发了省残联等有关部门《关于开展第七次全国"爱耳日"宣传教育活动的通知》，并在全市开展了大型的宣传、义诊活动，帮助耳病患者掌握有关听力损失与耳病预防、发现、康复和治疗的基本知识，切实提高广大市民的爱耳护耳意识。三是与各定点医院签订贫困白内障患者免费复明手术责任书，为做好"视觉第一中国行动"二期重点工作做了前期准备。全年免费为贫困白内障患者做复明手术400例。四是积极协调社会慈善家为残疾人献爱心。在第十六个"全国助残日"期间，协调鹰华眼科医院为100名贫困白内障患者实施免费手术。在第十一个"全国爱眼日"期间，协调新视眼科医院为30名贫困白内障患者实施了免费手术。五是对25个县（市、区）的聋儿进行了全面筛查，在安新、清苑两县举办两期聋儿培训班。在高阳县开展了聋儿早期康复示范县活动。

【残疾人宣传文体工作】 2006年，集中力量，自上而下地筛选一大批有体育特长的残疾人，组建了本市历史上人数最多的残疾人运动员集训团，选拔出48名运动员参加了5月份在邯郸举行的省六届残运会。经过全体运动员和教练员的艰苦努力和顽强拼搏，在省残运会上获得金牌20枚、银牌10枚、铜牌5枚；在省特奥会上获得金牌9枚、银牌3枚、铜牌1枚；残运会金牌总数在全省排名第三；本市代表团和10名运动员荣获体育道德风尚奖，实现了金牌总数和团体排名前移的预定目标。省六运会之后，与市体育局一起召开了庆功大会，对获奖运动员进行了表彰奖励。在全国助残日期间，围绕"阳光行动"、残疾人事业"十五"计划完成情况、第二次全国残疾人抽样调查、残运会等重大活动，组织协调市以上多家媒体对本市残疾人事业进行了大量宣传报道，刊登播发各类稿件120多篇。在全国"助残日"前夕，市委副书记、市长于群深入到南市区的残疾人家中走访慰问。市委副书记李光耀、市人大副主任郑继庄、市政协副主席李森等领导带领市残联、市民政局等部门的干部到儿童福利院慰问孤残儿童，市残联向儿童福利院捐赠10万元的物品。各县（市、区）领导也分别到有残疾人的单位或残疾人家中进行走访慰问，为残疾人解决实际问题。据统计，在助残日期间，全市累计为残疾人捐款捐物价值140余万元，做实事好事12600余件次。

【残疾人组织联络工作】 为进一步落实全国基层残疾人组织建设工作会议精神，我们以乡镇残联组织建设为重点，积极推进农村（社区）残疾人组织建设。年初制定并下发了2006年基层组织建设的目标和任务。涿州、定州集中培训了乡镇残联干部。易县、定兴、雄县、清苑加强了乡村基层组织建设。4月份以来，对社区残疾人基层组织建设进行了全面检查，并依据国务院残工委《关于进一步加强基层残疾人组织建设的意见》的要求，对残疾人工作进社区进行了认真的研究和部署，重点对社区组织建设提出了明确的目标和要求。南、北、新三区共126个社区建立了残协组织，配备残疾人专职委员106名。所有社区都选配了残协主席，村级配备了联络员，基本做到残疾人有人管、残疾人的事有人抓。

【残疾人维权工作】 依法维护残疾人的合法权益是残疾人工作的重点。本市在广泛开展残疾人法律援助和法律服务工作的基础上，着重加强了"维权工程"的建设，努力提高了残疾人维权工作的质量，切实解决贫困残疾人在权益保障方面出现的突出问题。一是积极推进城市无障碍设施建设。全市在新建和改造道路中全部铺设了盲道、坡道，在一些繁华路段安装了标识牌，在主要道路、街口安装了行人过街音响提示。在10月份召开的全省无障碍设施建设工作会议上，保定市被授予河北省"十五"无障碍建设先进城市称号。二是切实维护残疾人合法权益。积极协调司法机关认真开展了对残疾人的法律援助活动，有效地维护了残疾人的合法权益。三是进一步做好信访工作。全年市残联共接待来信来访126件次，其中领导亲自办案74件次，办结率为100%。集中精力协助市政府解决残疾人三轮车主上访问题，维护了社会的稳定。

【残疾人抽样调查工作】 本市

的安国、定兴、望都3个县（市）参加了第二次全国残疾人抽样调查工作。在市委、市政府的高度重视下，成立了领导机构，争取市财政拨款40万元全部用于抽样调查工作。3个县（市）抽调办统筹协调，残联、统计、卫生、财政等相关部门密切配合，在人员配备、经费保障、物资供应等方面．都给予了大力支持，调查队全体人员以高度的政治责任感、饱满的工作热情，克服种种困难，不畏艰辛，深入到乡村，到每家每户，调查了解情况，掌握了广大残疾人在生产、生活、就业、教育、康复等多方面的真实状况，为国家提供了大量翔实可靠的残疾人综合数据，为制定有关残疾人的政策、法规，促进残疾人事业的发展作出了积极贡献。

领导班子成员

党组书记 理事长	刘铁山
党组成员 副理事长	郑章雨、刘忠林
副理事长	赵建华
调研员	王海清
助理调研员	马士福

【2007年·概况】 市残联在市委、市政府的高度重视和正确领导下，在上级残联的关心指导下，怀着“情为残疾人所系，权为残疾人所用，利为残疾人所谋”的高度责任感，紧紧围绕“以残疾人为本，树立科学发展观，构建和谐社会”这一中心，充分发挥代表、服务、管理三大职能，强力推进与市委、市政府中心工作的结合力度，与社会各界的联合力度，与广大残疾人的亲和力度，不断强化服务理念、创新服务模式、拓展服务领域，增强服务意识、提高服务能力，圆满完成了各项工作目标，全年共帮助1万名贫困残疾人改善了生活水平，对5000名残疾人进行劳动技能培训工作，在城镇安置残疾人就业800人。开展了第五次“阳光行动”，共救助残疾人5810户，为431户贫困残疾人改造了危房。免费为300名贫困白内障患者实施复明手术。资助了贫困残疾人子女和残疾学生117名。

【残疾人扶贫工作】 年初市政府制定下发了《关于加快“十一五”期间残疾人事业发展的意见》。根据市委、市政府的要求，市残联及时召开了工作会议，对全年工作进行了安排部署。一是在春节前后继续实施了以救助特困残疾人为主题的第五次“阳光行动”，共救助贫困残疾人5800户，发放救助款116.2万元，把党和政府的温暖送到广大残疾人的家中，受到了广大残疾人的赞誉。二是对申报为贫困残疾人实施危房改造的11个县进行了摸底筛查，把100户任务分解到各县，下发了相关的文件，并加强督导，促进了危房改造工作的完成。经过各县（市、区）的积极努力，全年共完成危房改造任务431户，431户全部是新建住房。三是对全市11个县的16530名残疾人进行了调查了解，有效地促进了扶贫工作的落实。四是投资20万元对考入大中专院校的残疾学生和贫困残疾人子女进行了救助，使他们顺利入学，进一步接受教育。

【残疾人康复工作】 2007年，本市残疾人康复工作以狠抓了免费白内障复明、捐赠助听器、普及型假肢装配等重点康复救助项目的落实，结合“爱耳日”、“健康宝宝、幸福家庭—预防出生缺陷系列宣传活动”的宣传，进一步夯实为残疾人康复服务的基础，为逐步实现残疾人“人人享有康复服务”提供了有力保障。一是市残联及时召开了全市康复工作会议，传达了省残联的会议精神，总结了本市2006年的康复工作，对“十一五”康复工作的各项指标进行了详细的分解部署。二是与市教育局、民政局、卫生局等11部门联合转发了省残联等有关部门关于开展第八次全国“爱耳日”宣传教育活动的通知，并在全市开展了轰轰烈烈的“爱耳日”活动。三是与卫生局联合转发了省《认真做好“视觉第一中国行动”二期重点工作的通知》，与各定点医院签订了贫困白内障患者免费复明手术责任书，对380例贫困白内障患者成功实施了手术，省残联、市政府下达的任务圆满完成。四是积极开展了“爱心送光明活动”。第十二届“全国爱眼日”与市卫生局和保定市鹰华眼科医院举行了“爱心送光明、服务进社区”启动仪式，鹰华眼科医院当场决定在完成市残联任务的基础上，再出资60万元免费为清苑、顺平、高阳3个县的100名贫困白内障患者实施免费复明手术。五是配合市卫生局、市妇儿工委召开了“健康宝宝、幸福家庭—预防出生缺陷系列宣传活动”的启动仪式和培训工作，组织三区答卷1000余份；六是积极开展关注青少年听力健康活动。投资近4万元，向易县7岁以下的聋儿捐赠助听器12台，为这些贫困的聋儿提供了康复语训的必要条件，圆满完成了国家向7岁以下聋儿捐赠电子耳蜗的筛查工作。

【残疾人教就工作】 2007年，本市扎扎实实开展残疾人教育、就业工作，使教就工作得到稳步发展。一是年初制定了保定市教就工作计划，并把全年的残疾人教育、就业、培训、扶贫任务分解到各县。二是积极评选推荐了全省残疾人就业工作先进单位和个人，并及时按要求上报了有关事迹材料。三是按照省残联的要求，经过调查筛选上报了12个县（市、区）2007年专项彩票公益金助学项目学校。四是积极组织学习和宣传了《残疾人就业条例》。按照省残联的要求，及时向各县（市、区）下发学习通知和宣传画，并召集全市各级残联和残工委成员单位，组织收看了“全国残疾人就业工作”电视电话会议；召开了由市政府领导、企事业单位代表、残疾人以及残疾人亲属代表参加的座谈会，积极宣传和介绍了新颁布的《残疾人就业条例》。

【残疾人宣传文体工作】　2007年，市残联努力做好残疾人宣传文体工作，积极动员全社会，提高人们对残疾人事业的认识，增进对残疾人的理解，在健全人与残疾人之间倡导建立了和谐、友爱、互助的新型关系。一是围绕市残联的重点工作，组织协调省市媒体对本市的“阳光行动”、无障碍设施建设、十五计划的执行情况、市特奥活动示范社区、“助残日”、“爱眼日”、市扶贫基地、盲人电脑培训等进行了广泛深入的报道，大力宣传了本市的残疾人事业，营造了全社会都来关心和支持残疾人事业的浓厚氛围。二是历时两个半月，协调市文化局、市广电局、市群艺馆、市电视台及6个县（市、区）的特教学校，为参加省第四届艺术汇演考察、筛选、改编、指导、辅导和排练了文艺节目。经过近140名师生和专业文艺工作者的共同努力，最终确定了20个节目，并按时以光盘的形式上报到省残联，取得了二等奖2个，三等奖3个，优秀奖4个的好成绩。三是我市残疾人运动员在全国第七届残疾人运动会上再传佳绩，总共获得5枚金牌5枚铜牌，创4项全国记录，其中葛扬、朱大庆被省政府表彰记一等功；在全国各类残疾人锦标赛取得2枚金牌5枚铜牌。四是积极组织各地深入开展第十七次“全国助残日”活动，全市各级残联围绕“助残日”主题“保障残疾人权益，共建和谐社会”，开展了形式多样的扶残助残活动，此次助残日全市各行各业、各界人士共为残疾人捐款捐物120余万，做好人好事4.8万余件次。五是经过努力新建省级特奥活动示范社区3个。

【残疾人组织联络工作】　市残联一直把基层组织建设当作工作的重中之重。一是以社区、乡镇为重点，进一步加强基层残联组织建设，经过积极努力、多方协调，全市有152个社区成立了残疾人协会，并配备了残疾人专职委员。全市346个乡镇（街道）都配备残联理事长。5月份市残联举办了2期专题培训班，对市区的367名残疾人专职委员及其家属进行了培训，使社区残疾人专职委员的工作能力得到明显的提高。二是圆满完成了25个县（市、区）残联的换届选举工作。6月份，中共河北省委办公厅、河北省人民政府办公厅转发了省残联《关于各地残疾人联合会召开第五次代表大会的指导意见》，市残联按照指导意见的有关要求，积极与市委、市政府沟通，以两办的名义下发了《保定市残联<关于各县（市、区）残联召开第五次代表大会的指导意见>》，并对25个县（市、区）残联的换届方案、领导班子配备严格把关，圆满完成了25个县（市、区）、346个乡镇（街道）的换届任务，并以换届契机，选拔配备了25名残疾干部。

【残疾人维权工作】　2007年，本市在广泛开展残疾人法律援助和法律服务工作的基础上，着重加强了“维权工程”的建设，努力提高了残疾人维权工作质量，切实解决贫困残疾人在权益保障方面出现的突出问题。一是开展争创“全国无障碍示范城活动”，积极推进城市无障碍设施建设。二是切实维护残疾人合法权益。积极协调司法机关认真开展了对残疾人的法律援助活动，严惩了伤害残疾人的案件。三是进一步做好信访工作，有效地控制了集体访事件的发生。市残联全年共接待来信来访300余件次，其中领导亲自办案120件次，切实维护了残疾人的合法权益。

【残疾人抽样调查工作】　第二次全国残疾人抽样调查工作结束后，按照国家提出的“建立全国残疾人状况监察的方案”，本市3个被抽中的县（市）成立了监察领导小组，并依据监察的主要实施步骤制定了监察方案，完成了监察人员的培训、入户填写问卷、建立监察工作试点等前期任务。为及时、准确、全面掌握残疾人状况的变化，制定相关政策、规划提供及时准确的依据。

领导班子成员

党组书记 理事长	刘铁山
党组成员 副理事长	郑章雨、刘忠林
副理事长	赵建华
调研员	王海清
助理调研员	马士福

（部门编辑：杨贵堂）

县（市、区）概况

南市区

【地情提要】　南市区系城乡结合型市辖区，位于保定市区东南部，西、北分别与新市区、北市区毗连，东、南与清苑县接壤。京广铁路、京深高速公路、107国道及保新、保衡、保沧等省级公路穿经，与区内“五横五纵”主干道相交，联通外境，形成四通八达的交通网络。南市区因地处保定老城区，曾一度为古城政治、经济、文化中心。南市区素有“古城繁华商贸区”美誉，商业网点密度为全市最高，裕华路商业一条街享誉全省。文物古迹荟萃，目前拥有国内保存最完整的省级衙署直隶总督署，全国十大名园之一的古莲花池等14处市级以上文物保护古迹。清真寺街社区建有全省著名的中国式摔跤训练基地。

自然环境　域内地表平坦，土质肥沃，地势由西北向东南呈平滑倾斜，大陆性季风气候特点显著。一亩泉河、清水河、府河、护城河流经本区。域内土质主要由黏质砂土和砂质黏土构成，土壤类型为石灰性潮褐土。

行政区划　自1955年6月建区到1999年，行政区划几经变更，区域范围不断扩大。1958年12月，并归保定市市区。1959年至1961年区域几经分合，1962年8月，市政府将原裕华区南半部和兴华区合并，复建南市区至今。1987年11月，市政府撤销郊区，将南大园、杨庄、焦庄3个乡，33个行政村划归南市区。1999年1月，经省政府批准，市政府对部分县、区辖域进行调整，将原清苑县五尧乡所辖28个行政村划归南市区。现辖4个乡（南大园乡、杨庄乡、焦庄乡、五尧乡）、61个行政村，6个街道办事处（永华办、裕华办、南关办、红星办、联盟办）、40个社区居委会。

人口民族　2006年总人口275105人，其中城区人口180304人；乡村人口94801人。辖区居民汉族占95.6%以上，其他以回族、满族为主，历来为市区回族群众聚居区，清真寺街社区是全市惟一的少数民族社区。全区人口出生率9.97‰，人口自然增长率4.95‰。

2007年，总人口277179人，城区人口178201人，乡村人口98978人，汉族占96.56%，人口出生率11.57‰，人口自然增长率6.17‰。

【2006年·概况】　2006年，全区经济开局有力，运行平稳，后劲十足。全年实现社会总产值119亿元，同比增长13%；综合利润10.42亿元，同比增长11.6%；出口创汇完成23400.14万美元，同比增长90.9%；实际利用外资1165.94万美元，全社会固定资产投资37.077亿元；全部财政收入18485万元，同比增长21.6%；一般财政收入完成5445万元，同比增长17.7%，支出25115万元，同比增长44.7%；农民人均纯收入4937.5元，增长7.3%。

【长城汽车和汽车零部件产业，成为发展最快，影响最大的亮点】　长城新厂区建设快速推进，加快了保定市打造华北轻型汽车城进程。2006年，长城一期完成投资1.75亿元，技术中心提升改造项目中的试验中心投入使用，试制中心在建；长城二期杰华装饰项目竣工，铁路运输支线和培训基地建设正式启动；长城三期完成投资3亿元，总装车间、冲压车间、焊装车间钢构施工收尾，涂装车间土建基本完工，钢构主架完工，公用工程正在施工，进展顺利。成功谋划实施保定市汽车零部件基地项目。该区通过6次专题招商，4次修改选址，经不懈努力，成功谋划实施了占地2630亩、计划总投资63.2亿元的保定市汽车零部件基地项目。项目达产后，年可提供汽车零部件290万台套，产值达55.8亿元，利税达11.6亿元，可提供就业岗位9000个，成为继长城新厂区之后，该区又一重量级项目、潜力巨大的新增长点，必将对全市经济和汽车产业的发展起到积极带动作用。

【积极谋划实施重大项目建设】 2006年全区共谋划实施千万元以上大项目72项，总投资201亿元，其中亿元以上项目27个。

【率先完成了第七届村委会换届选举工作】 2006年，全区61个行政村，已有59个顺利民主选择产生村委会，完成全区换届选举工作的96.7%，在三区中率先完成了市定任务，且未出现一起违法集体访事件。

【圆满完成保沧高速征占地任务】 为解决保沧高速征占地问题，面对南沟头错综复杂的村情社情，区党委政府主要领导沉着坚定，灵活调度，合理摆布全区一切力量，将帅用心，兵卒用力，发扬蚂蚁啃骨头的精神，实现了依法征地、和平进场，受到市委、市政府表彰。

领导班子成员

区委

书　记　陈占国
副书记　杨文堂　姬　琳
　　　　贾玉文(4月离任)
　　　　韩桂林
常　委　陈占国　杨文堂
　　　　姬　琳
　　　　贾玉文(4月离任)
　　　　韩桂林　李东平
　　　　郭清申
　　　　李春萍(4月离任)
　　　　张冰水　齐志武
　　　　谢世援　刘盼山
　　　　张义霞(5月任)

人大

主　任　刘殿卿
副主任　贾玉文(4月任)
　　　　李春萍(4月任)
　　　　郑春旺　周寿春

政府

区　长　杨文堂
副区长　郭清申　赵志刚
　　　　董晓宇(5月离任)
　　　　闫克军　赵建军
　　　　曹路祥(5月任)
　　　　李丽萍

政协

主　席　石光弟
副主席　王金明　张彦华
　　　　张立辉　张柱成
　　　　刘俊巧(4月任)

【2007年·概况】 2007年，全区经济实现跨跃式增长，实现社会总产值178.1亿元，同比增长32%；综合利润13.39亿元，同比增长28.5%。全社会固定资产投资53.2亿元，同比增长43.5%。出口创汇完成4.04亿美元，同比增长72.7%；实际利用外资2.03亿美元，同比增长16.4倍；引进省外资金3.3亿元，同比增长24%；全部财政收入18517万元，同比增长11.6%；一般财政收入完成6645万元，同比增长22%，支出27474万元，同比增长9.4%；农民人均纯收入5241元，增长6.2%。出口创汇和实际利用外资两项指标均居全市第一。

【“汽车立区”战略取得重大进展】 长城汽车品牌国际化建设步伐加快。引起胡锦涛总书记的极大关注，并对长城公司寄予厚望。2007年，长城公司已在俄罗斯、越南、巴西等30多个国家建起了SKD组装厂。总投资28.4亿元、占地877亩的长城汽车20万辆乘用车生产基地建成投产，长城汽车综合产能实现翻番，达到40万辆。汽车零部件产业实现新跨越，规划占地2600亩、计划总投资61.2亿元的保定汽车零部件基地奠基，并列入全省重大产业支撑项目。目前，一期三个项目进展顺利。长城汽车H股成功增发，募集发展资金16.09亿港元。“国家汽车及零部件出口基地”在长城公司挂牌，省、市领导出席揭牌仪式。2007年长城汽车出口4.57万辆，实现销售收入78.5亿元；出口创汇3.96亿美元，再创历史新高，连续多年出口全国第一。长城汽车成功取得轿车生产资质，嘉誉MPV和精灵轿车下线，开创河北省轿车生产历史。

【携手风云浙商，打造保定IT商贸集中区】 引进全国IT连锁第一强颐高数码，建成保定颐高数码广场，同时“河北省首届国际电脑节”也于当日在颐高数码广场同步启幕。颐高广场连同明华电脑城、长城电脑城形成全市独树一帜的IT商贸集中区，进一步提升了全市商业档次。

【在全市率先建立乡村环境卫生长效管理机制】 河北电视台进行专题报道，南市区经过长时间调研，反复讨论，通过一系列制度措施，在全区形成了“村收集、乡运输、区指导、市消纳”四级乡村垃圾管理体系，以及由垃圾点（箱）→垃圾池（中转站）→无害化处理场（消纳场）

无缝化管理链条，河北电视台将该区的典型经验制成专题片，在全省推广。

【作为全市唯一试点单位，首创“无传销社区”】 南市区行动最早、力度最大、局势最稳，做了大量开创性工作，逐步形成了打传长效机制，为全市工作积累了经验，在全市率先通过“无传销社区”验收。

领导班子成员

区委

书　　记　陈占国
副 书 记　杨文堂
　　　　　姬　琳(5月离任)
　　　　　韩桂林
常　　委　陈占国　杨文堂
　　　　　姬　琳(5月离任)
　　　　　韩桂林
　　　　　李东平(5月离任)
　　　　　赵秋波(5月任)
　　　　　郭清申(5月离任)
　　　　　蒋兰梅(5月任)
　　　　　赵志刚(5月任)
　　　　　张冰水(5月离任)
　　　　　刘畔力(5月任)
　　　　　齐志武
　　　　　井建良(5月任)
　　　　　谢世援
　　　　　刘盼山(5月离任)
　　　　　张义霞(5月离任)
　　　　　李丽萍(5月任)

人大

主　　任　刘殿卿(5月离任)
　　　　　贾玉文(5月任)
副 主 任　贾玉文(5月离任)
　　　　　李春萍
　　　　　郑春旺(5月离任)
　　　　　周寿春(5月离任)
　　　　　张彦华(5月任)
　　　　　刘俊巧(5月任)
　　　　　赵万里(5月任)

政府

区　　长　杨文堂
副 区 长　郭清申(5月离任)
　　　　　蒋兰梅(5月任)
　　　　　赵志刚
　　　　　闫克军(5月离任)
　　　　　赵建军
　　　　　曹路祥(5月离任)
　　　　　葛长青(5月任)
　　　　　李丽萍(5月离任)
　　　　　张义霞(5月任)

政协

主　　席　石光弟(5月离任)
　　　　　郭清申(5月任)
副 主 席　王金明
　　　　　张彦华(5月离任)
　　　　　张立辉　张柱成
　　　　　刘俊巧(5月离任)

（部门编辑：王　勇）

北市区

【地情提要】 北市区位于保定市城区北半部，地理坐标为北纬38°50′~38°56′，东经115°28′~115°34′。京广铁路、京深高速公路、107国道纵贯区境。总面积75.6平方公里，其中城区面积11.33平方公里，乡村面积64.27平方公里。

自然环境 北市区位于漕河冲积洪积平原上，区域内地表较为平坦，自西南向东北大致呈平滑状倾斜，中间略有起伏。一亩泉河、侯河、白草沟河横穿西南区境，分别于灵雨寺附近注入府河。区域内土质主要由粘质砂土和砂质土壤构成。大陆性季风气候，年平均气温12.2℃，无霜期161~214天，年平均降水量508.71毫米。耕地面积为2941公顷。

行政区划 1955年6月原行政第二区因地处旧城北关部，故改称北市区，1958年12月，并归保定市市区。1959年至1961年区域几经分合，名称多次更迭，至1962年9月，保定市人民政府将原裕华区的北半部和永华区合并，复建北市区至今。1987年12月韩庄乡、东金庄乡划归北市区。1998年12月保定市人民政府决定将清苑县的百楼乡和满城县、新市区的13个行政村划归北市区。2006年辖5个街道办事处、3个乡、43个居委会、60个村。

人口民族 2006年末，全区年末总户数82726户，年末总人口325536人，比上年增加13573人。其中男性人口160105人，女性人口165431人，分别比上年增加7289人和6284人。全年出生人口3047人；死亡人口718人；全年净增人口2329人，自然增长率7.3‰。2007年末，全区年末总户数85309户，年末总人口329918人，比上年增加4382人。其中男性人口162191人，女性人口167727人，分别比上年增加2086人和2296人。全年出生人口3428人；死亡人口646人；全年净增人口2782人，自然增长率8.5‰。有13个民族，少数民族以回族为主。

【2006年·概况】 在市委、市政府和区委的正确领导下，在区人大、区政协的监督支持下，紧紧围绕翻番强区目标，着力实施“开放带动、园区拉动、服务业兴区、东扩北移”四大战略，圆满完成了十三届人大一次会议确定的各项目标任务。三个文明建设取得新成就，连续四年被评为全市“实绩突出县区”。

【实施产业兴区、经济实力显著增强】 综合实力跨上新台阶。全社会固定资产投资提前三年、财政收入提前两年实现了2003年确定的经济总量五年翻番目标。全社会固定资产投资四年累计完成135亿元，是1999～2002年四年总和的7倍。2006年，全社会固定资产投资完成37.4亿元，是2002年的4.6倍。全部财政收入达到24348万元，是2002年的2.3倍。地方一般预算收入达到9166万元。园区工业异军突起。完成征地870亩，上报待批390亩，入园企业达到53家，累计投资达到30亿元，投资超千万元项目49个，超亿元项目14个。累计开工企业42家，已投产企业26家，培育了立中车轮、长天药业、卓正集团、瑞普制药、唐钢精品板材等一批骨干企业，初步形成了新能源、电力电子设备、汽车配件、制药等特色产业。园区建设被评为保定市十大工业经济新闻之一，顺利通过国家整顿开发区验收，2006年经省政府批准正式更名为保定工业园区，是全市仅保留的四家省级以上开发区之一，成为保定市区集聚效应明显、支柱产业突出的制造基地。2006年，园区技工贸总收入达到13亿元，是2002年的15倍。项目建设连上台阶。连续三年聚力实施千万元以上项目过百个、亿元以上项目总投资过百亿的“双过百”工程，四年累计投资超千万元以上项目竣工103个，其中亿元以上项目47个。列入省重点项目26个，占保定市总数的22.2%。农业产业化全面推进。投资8000万元扩建、改造新天香、永华等龙头企业，区财政贴息1000万元，支持十大奶牛基地建设，7个基地建成运营，全区奶牛存栏超万头，“草牛奶”工程成龙配套。推进金付、百禄、韩宝三大无公害蔬菜基地建设，全区无公害蔬菜种植面积达到1.7万亩，占全区蔬菜总面积的73%。农业产业化率达到49.9%。财政实力显著提高。2003年以来，全部财政收入和一般预算收入年均增幅分别达到33.25%和30%，增速处于全市前列，增量三区遥遥领先。人均可用财力达到4.5万元，由2002年的全市中游上升到全市领先水平。同时支持了奶牛基地建设、文明生态村建设、社区建设、就业再就业基础设施建设等惠民工程。服务业彰显活力。发展了山西美特好超市西苑店、十方商贸城等一大批商贸设施，建成了卓正大厦、金泰花园、花神、大丰收、地球村、世纪花园等一大批高档餐饮娱乐设施。以传统批发零售业为主的建华大街商贸带、以现代化超市为主的东风路商贸带和以餐饮业为主的恒祥大街商贸带迅速成形成熟。以新城商贸和沿环物流为代表的现代服务业正在启动。2006年，全社会消费品零售总额达到17.5亿元，是2002年的1.9倍。改革开放步伐加快。实施开放带动战略，四年累计利用外资3372.5万美元，注册外资企业9家；引进省外资金13.62亿元，引进5000万元以上项目14个。16家市属中小企业下放属地管理，国有集体企业改制面达71.4%。

【实施东扩北移、城乡面貌焕然一新】 保定新城崭露英姿。新完成储备征地2200多亩，通过城中村改造整合土地500多亩。复兴路北11个在建小区与路南建成小区连片，一个规划总建筑面积达500多万平方米，功能完备、生态和谐，现代化、都市化、园林化的城市宜居区正在崛起。村庄改造取得突破。整体完成了郭庄、李庄、马家园城中村改造，加快了城苑、张庄、陈庄、韩庄、冯庄、任庄改造步伐，拆迁面积11.8万平方米，建成了学府花园小区、华中假日、假日山水园等现代化住宅小区，建筑面积达48万平方米，城中村旧貌换新颜。城区路网更趋完善。2003年以来，共完成拆迁10万多平方米，征地1300多亩，推动了复兴路、北二环等主干道的建设和107国道、七一路、高速引线、合作路、青年路、华电路等城市道路的拓宽改造，改扩建社区支路13条，整修便民小路30条，全区形成了六横五纵路网框架，成为保定市区主次干道最发达的区域。高校新区蔚为壮观。四年来，为高校建设新征土地2600亩，总投资7.78亿元的河大新区、总投资5.2亿元的保定学院、总投资5.8亿元的河北金融学院、总投资2.28亿元的中央司法警官学院扩建工程和投资7630万元的华电二校区建成并交付使用。社区建设创出佳绩。社区办公用房总面积四年翻了一番多，社区干部补贴由每月300元增加到650元，在所有社区建成了星光老年之家，建成了迎宾、大迪、西苑南、兰园、东方家园等14个精品社区。总投资1000万元、其中利用国家省专项资金550万元的社区服务设施国债项目全面实施，建成4个街道社区服务中心、39个社区服务站，和谐社区建设正在加快推进。文明生态村创建全市领先。多渠道筹资6000多万元，其中区财政以奖代补出资1000万元，支持加快文明生态村创建，改建216条主街道和246条小街小巷，新建63个街心花园和小广场，增加绿地8.1万平方米，41个村跨入文明生态村行列。文明生态村创建连年名列全市前茅，成为带头县区。

【坚持统筹发展、社会事业全面进步】 教育强区进一步巩固。2003年以来，多渠道投入教育资金4000多万元，加快改善办学条件。建成省级示范校2所，省级示范幼儿园1所，市级示范校5所。加大农村教育投入，建成了农村远程教育网。高标准通过省政府“普九”三轮复查验收。中考上线人数连续四年三区居首。保定学院和河北金融学院升本成功，驻区本科院校达到5所。就业再就业成绩突出。投资633万元，建成省内一流、设施先进的劳动就业服务大厅。组织实施了零就业家庭再就业援助工程。下岗失业人员再就业7240人，被省政府命名为再就业工作先进单位。新增城镇就业13878人，城镇登记失业率控制在4%以内。卫生事业协调发展。按照“六位一体”要求，多渠道投资2300万元，建立和完善了9个社区卫生服务中心，17个社区卫生服务站，服务人口覆盖率达80%以上，被卫生部命名为全国城市社区卫生服务示范区。人口资源环境进一步加强。实施独生子女特困家庭救助，落实计划生育奖励政策，广泛开展计划生育优质服务，低生育水平持续稳定。提高全民环保意识，狠抓排污企业监督管理、油烟净化、黑烟治理和秸秆禁烧，辖区环境质量明显提高。

【坚持执政为民、人民群众得实惠】 人民生活水平显著提高。城镇居民可支配收入大幅增长，从2002年的人均7041元增长到10132元；农民人均纯收入快速增长，2006年达到5050元，四年增长1314元。倾力兴办了一批实事。落实各项惠农政策，及时兑现了粮食直补资金。新建了4个街道办公楼，改善了办公条件。为干部职工办理了医疗保险和大病统筹，落实了第十三个月奖励性工资，提高了医保标准，推行了工资套改，干部职工工资项目按国家规定全部开齐，公教人员收入水平全市领先。社会保障能力明显增强。“两个确保”得到落实。城市“低保”两次提标，实现了应保尽保。农村“低保”全面推进。城市低收入家庭住房保障全面启动，并逐年提标。开展了农村和城市特困家庭医疗救助，保障了离退休老干部的医疗费用。四年来，用于社会保障的资金达到1500万元。安全生产形势持续稳定。高度重视安全生产工作，全面加强了安监力量。深入开展安全生产示范乡（街道）、示范企业和“两基”达标活动，加强隐患排查，全力推进整改，防止了重大安全责任事故的发生，消防工作被评为河北省先进。稳定局面进一步巩固。创建了“三级四层两线”稳控体系，化解了一大批信访隐患，稳定了局面。坚持依法信访，深入开展“严打”专项整治，严厉打击“法轮功”邪教组织，依法管理民族宗教事务，维护了社会稳定和政治安定。成功破解了一批难题。全民动员，群防群控，勇敢抗击了非典。迎难而上，全力攻坚，成功破解了师专、金专、市劳动服务中心等重点项目进场难问题，特别是金专进场施工问题的解决，在保定市特有时期率先实现了重点工程进场施工的重大突破。圆满完成规范市区经营性三轮车、拆除违法建设第一战役等硬仗，赢得了民心，凝聚了人心。

领导班子成员

区委

书　　记　刘　颖（3月离）
　　　　　田宝庆（3月任）
副 书 记　王绍联　李正伦
　　　　　陈　飞　张景生
常　　委　刘　颖（3月离）
　　　　　田宝庆（3月任）
　　　　　王绍联　李正伦
　　　　　陈　飞　张景生
　　　　　张文郁　贾清彬
　　　　　李新立　张　明
　　　　　穆大群　蒋秀琦
　　　　　魏立恒（3月任）

人大

主　　任　刘志刚（3月离）
　　　　　张景生（3月任）
副 主 任　李立宪　冯书文
　　　　　荀惠贤　李明伟

政府

区　　长　王绍联
副 区 长　张　明
　　　　　王建辉（3月离）
　　　　　周开祥　王　勇
　　　　　张　立　刘武需
　　　　　葛长青（5月任）

政协

主　　席　张国安
副 主 席　张增华　李军红
　　　　　葛长青（5月离）
　　　　　王建辉（3月任）

【2007年·概况】 2007年，全面落实科学发展观，紧紧围绕翻番强区目标，解放思想，抢抓机遇，改革攻坚，狠抓落实，较好地完成了第十四届人民代表大会第一次会议确定的目标任务，经济建设和社会事业发展都取得了新成就，在全面建设小康社会的道路上又迈出了新步伐。

【区域经济加速发展，综合实力显著增强】 质量效益协调同步，成效明显。全社会固定资产投资完成47.5亿元，同比增长26.9%；城镇固定资产投资完成45.7亿元，同比增长30.5%。在岗职工年平均工资达到16509元，同比增长16.8%；农民人均纯收入增长6.6%。固定资产投资连续五年稳居全市前四，财政收入成为全市第七个突破3亿元大关的县市区，经济实力显著提升。园区建设快速推进，成绩喜人。强力实施园区二次创业，保定工业园区新开千万元以上项目6个，竣工4个，完成固定资产投资8.8亿元。唐钢精品板材、省安三公司扩建、通达泵业等项目竣工投产，北京电科电器、邮电器材厂、半导体照明产业化等项目开工建设。二期建设实现突破，2908亩用地规划获市批准，前期400亩用地指标已获省批复，向四年再造一个新园区的目标迈出了坚实的一步。在园区工业带动下，全区工业经济保持快速增长，入统工业增加值完成5.1亿元，同比增长25.6%；完成利税2.2亿元，同比增长42%。项目建设枝繁叶茂，硕果累累。2007年竣工千万元以上项目20个，亿元以上项目5个；新开千万元以上项目21个，亿元以上项目5个，完成申报审批项目40个，列入市重点项目5个，列入省重点项目7个。总投资20亿元、占地2000亩的华北动漫生产制作中心项目顺利签约，一期279亩用地已报省待批。污水二期、金融学院等省市重点项目竣工交付使用。财政实力大幅提高，保障有力。坚持依法治税、堵漏增收，财政收入大幅增长，实现了“四个过亿”：财政总收入过3亿，一般预算收入过1亿，地税区统收入过1亿，国税四税收入过2亿，成为北市区历史上收入形势最好的一年。服务业加快发展，贡献提高。坚持服务业兴区，新增服务业经济实体72个，总投资8000多万元的美特好超市西苑店、五四店、总投资2亿元的卓正五星级酒店、总投资2.1亿元的文华国际等一批大型商贸项目顺利开业。盘活诚明大厦、十方等现有商贸资源，服务业快速发展对区地税的贡献率超过89%。改革开放步伐加快，活力增强。顺利完成小北门市场股份制改造，药材公司进入破产收尾阶段，广济路烟酒等5家企业制定了改制方案，另有7家企业进入了改制程序。民营经济进一步发展壮大，规模、效益不断提升，民营经济组织数量同比增长1.4%，利润增长37%，税金增长32.8%。对外开放取得新进展，实际利用外资636.5万美元，超任务112%；引进内资4.88亿元，同比增长21%；出口创汇4269万美元，同比增长34%。

【统筹城乡协调发展，新农村建设扎实起步】 支农力度显著加大。落实农村义务教育保障资金140万元，全面免除农村义务教育阶段学杂费。发放粮食直补资金42万元、农资综合补贴103万元，发放能繁母猪补贴和办理保险25万元。解决农民出行难问题，争取资金48万元，建成了高庄、头台两座农用桥。现代农业稳步发展。新天香、永华两大奶业龙头产品结构与质量不断优化，新天香与高乐高牵手合作。金土地液压饲草打捆机享受国家每台6000元的财政补贴，得利泰天然保健品公司建成投产，成为华北规模最大的豆制品生产企业，精益腐竹通过ISO9001质量认证。永华、头台奶牛基地被评为市级标准化奶牛养殖小区。推进无公害蔬菜标准化生产，“韩宝”、“金付”10个蔬菜品种农药残留检测全部合格。全区农业产业化经营率年增长7.3个百分点，达到56.5%。新农村建设扎实起步。全面完成全国第二次农业普查工作。制定出台了新农村建设“十一五”规划纲要。设立专项基金支持新农村建设，支出基金30万元，新建文明生态村5个，新硬化路面11公里，新修活动广场、街心花园6个，全区50个农业村建成46个市级文明生态村。农村集体林权制度改革全面完成，80%的村推行了农村财务委托代理制度。

【城区建设快速发展，都市形象明显提升】 加快建设进度，新城规模持续扩大。加快市三期储备地开发，新一代C区、世纪华庭、钻石嘉园、警盾家园等一批生态优美、景观精致的住宅小区相继建成，鑫和奥林匹亚花园、秀兰尚城、经济适用房等住宅小区加快建设。协调公交向新城延伸，方便了居民出行。加力推进新城服务业发展，一批商贸、餐饮、娱乐配套服务设施相继开业。规范改造程序，城中村改造稳步推进。严格依法履行民主程序和行政许可手续，运作实施了6个村庄的开发改造，张庄村安置楼全部完工，村民陆续入住，城苑二期完成大部分拆迁任务，任庄、冯庄、东关村的改造方案通过市批准，正在积极推进。加大整改力度，城乡环境明显改善。乘势而上，攻坚克难，在全市率先打响并率先完成拆违第二战役，拆除违法建筑10余万平方米。深入开展市容环境综合整治百日行动，在全市首创并实施了“区清运、村收集、乡监管”的城乡结合部卫生管理长效机制，市环境卫生综合评比四区第一（含高新区）。按规划对东风路、七一路辖区路段进行了街面绿化、立面亮化。投资326万元，改扩建了军学胡同西北延、达五道庙、梨园街三条社区支路。投资100万元，整修改建了西苑小路、军学胡同东西巷、双井小路、东关特困楼小路等5条便民小路。投资30余万元，新修东金庄靶挡、辅誉街、铁工胡同三座公厕。加大投入力度，太阳能应用亮点突出。多渠道投入资金1250余万元，安装太阳能照明灯、景观灯630多盏，安装太阳能热水器1630多套。园区主要道路实现太阳能照明全覆盖，成为全市太阳能应用示范点，成功争取马庄、张庄为太阳能应用试点村。太阳能之城建设走在了全市前列，为保定建设“国家太阳能综合应用科技示范城市”作出了贡献。加快精品建设，和谐社区建设全市领先。新建社区2个，对街道社区管辖范围进行调整，实现了社区管理服务全覆盖。加大精品社区建设力度，新建精品社区17个，精品社区总数达到31个。深入开展“和谐社区示范区、示范街道、示范社区”创建活动，新改建社区服务站38个，新增社区用房4360平方米，4个街道、38个社区达到了“和谐街道、和谐社区”标准，代表保定市接受省检查验收，被授予省级“和谐社区建设示范区”荣誉称号。

【人与社会和谐发展，社会事业全面进步】 就业再就业水平不断提高。组织实施了零就业家庭就业再就业援助工程，零就业家庭全部归零，帮助365户、441人实现了就业。全年城镇新增就业人员3327人，完成全年任务目标的118.8%；下岗失业人员实现再就业1796人，完成全年任务目标的119.7%；安置“4050”人员571人，完成全年任务目标的163%。城镇登记失业率控制在3%以内。维护劳动者合法权益，规范签订劳动合同1700人次，国有及国有控股企业劳动合同签订率达到98%以上。社会保障能力不断增强。全区企业基本养老保险完成扩面2871人，超全年任务161%；工伤保险完成扩面811人，超全年任务62%；失业保险完成扩面632人，超全年任务110%；农村养老保险新增扩面200人。低保覆盖面进一步扩大，新增城镇低保209人，农村低保743人。保障水平进一步提高，城镇低保由月人均72元提高到100元，农村由月人均18元提高到25元。建立了城市特困户大病医疗救助基金。落实了最低住房保障资金，实现了应保尽保。教育事业得到优先发展。理顺教育管理体制，三乡26所中小学、幼儿园归区统一管理。多渠道投入资金4775万元，同比增加1664万元，大力改善办学条件，新扩建教学楼4座、10000平方米，新建多功能礼堂、图书馆2座、1700平方米。中考再创佳绩，上线人数达到714人，稳居三区之首，实现了“五连冠”。卫生科技文化事业健康发展。“全国社区卫生服务示范区”进一步巩固，新建社区卫生服务站3个，谋划了市五医院病房楼项目。农村医疗条件全面改善，韩庄乡、百楼乡两个卫生院开工建设。建立了公共卫生事件应急指挥体系和农村食品卫生三级监督体系。开展了食品药品和产品质量安全专项整治行动。实施科技创新，推广科技成果转化，持续开展科技三下乡、专业技术人员进村兴业活动。加强文化稽查、“扫黄打非”，文化市场进一步规范。残疾人事业稳步发展，双彩社区被命名“全国特奥活动示范社区”。安全稳定形势持续巩固。以创建平安北市区为目标，强化社会治安综合治理，人民群众的安全感不断增强。开展了“企业法人代表安全生产双百日承诺”活动。化工八厂、中石化三个加油站全部实现搬迁或改造，确保了全区安全生产形势稳定。被市政府评为2007年度安全生产工作先进单位和连续五年未发生较大安全生产责任事故单位。深化领导干部下访和定期接访机制，完善了“三级四层两线”稳控体系，妥善处置了药品包装厂、大西良、薛刘营、城苑等一批不稳定事件。集中开展打击传销行动，共端掉传销窝点371个，遣散传销人员5600余人，解救被骗群众30余人，移送涉案人员195人，打击了传销团伙的嚣张气焰。依法管理民族宗教事务，维护了民族团结。人口资源环境工作上档升级。认真贯彻落实中央人口计生工作《决定》，加大了计生违法治理力度，加强了队伍建设，完善了社会抚养费征收体制，圆满完成了年度人口和计划生育责任目标。加大了计生奖励扶持力度，落实农村60岁以上计生扶助对象奖励扶助资金、5～18周岁农村独生子女父母奖金、独生子女特困家庭救助资金100万元，实现了“少生奖励、困难救助、养老保障”目标。在全国土地百日执法活动中，打击违法占地行为获省先进。高度重视节能减排工作，狠抓黑烟治理和排污企业日常监管，全年削减化学需氧量53吨，削减二氧化硫3.84吨，辖区环境质量明显改善。精神文明和民主法制建设进一步加强。精神文明创建活动广泛开展，军民共建活动不断深入，全民思想道德水平和文明素质不断提高。坚持依法行政，自觉接受人大及其常委会的法律监督、工作监督和人民政协的民主监督，人大代表建议和政协提案承办质量不断提高。深入开展“五五”普法、“法律八进”活动，社区矫正全面推进。

领导班子成员

区委

书　　记　田宝庆
副 书 记　王绍联
　　　　　周　刚（5月任）
　　　　　李正伦（5月任）
　　　　　陈　飞（5月离）
常　　委　田宝庆　王绍联
　　　　　周　刚（5月任）

李正伦（5月任）
陈　飞（5月离）
张文郁
贾清彬（5月离）
李新立
赵海娜（5月任）
张　明
李增泉（5月任）
穆大群　蒋秀琦
魏立恒
刘武需（5月任）

人大

主　　任　张景生（5月离）
李正伦（5月任）
副　主　任　李立宪
周开祥（5月任）
冯书文（5月离）
荀惠贤　李明伟

政府

区　　长　王绍联
副　区　长　张　明　刘武需
周开祥（5月离）
贾春顺（5月任）
王　勇
段秀丽（5月任）
张　立
葛长青（5月离）

政协

主　　席　张国安
副　主　席　张增华（5月离）
王建辉（5月离）
李军红　张金瑞
李志才（5月任）

（部门编辑：詹迎春）

新市区

【地情提要】 新市区为城乡结合型市辖区，是保定市政治中心和主要工业区。市委、市政府等机关坐落区内；以"西郊八大厂"为代表的驻区国有大中型企业较多，工业发展基础好，与之配套的乡镇和街道企业发展较快，成为全区经济的支柱。

地理位置 新市区地处保定市区西半部，东与北市区、南市区交界，西、北与满城县接壤，南与清苑县毗邻。位于北纬38°51′～56′，东经115°21′～25′，全境面积144平方公里。西高东低。西依太行山，东临冀中平原，西北20公里是太行山低山丘陵区，北偏东距首都北京141公里，东北距天津155公里，南偏西距省会石家庄124.8公里。京广铁路沿东界通过，107国道和保涞、保阜等省级公路穿经辖区，与区内主干道路相交联通。

自然环境 新市区属平原区，地势较为平坦开阔，总趋向由西北向东南逐渐倾斜，海拔最高点为30米，最低点为17.1米。根据地貌特征和地面组成物质以及人类生产活动的影响，新市区可分为以下两种地貌单元类型。一是洪积、冲积扇平原。二是山前溢水带区。由于山前特殊水文地质构造的影响，地下水溢出地表，形成新市区西北部一亩泉、黑风泉、五花泉、联珠泉等相连的溢水带区。诸泉于70年代后期先后干涸。新市区水源比较丰富，是保定市的主要水源区。一亩泉河、侯河、白草沟河均在境内。一亩泉水水质优良，闻名全国，是工业和人民生活的优质水源。新市区属暖温带季风型大陆性气候，年平均气温为12.4℃，最高气温为7月份，月平均气温26.7℃，极端最高气温43.3℃（1955年7月23～24日）。最低气温为1月份，月平均气温－4.3℃，极端最低气温－23.7℃（1951年1月13日）。无霜期213天。总热量较为丰富，积温为4348.6℃，最高积温4701.2℃，最低积温3959.7℃，平均日照总时数为2610.2小时，年平均日照率为58.57%。土壤依据地质结构和性质，共划分为两个土类（褐土类、潮土类），两个亚类，4个土属，18个土种，26个变种。

自然资源 新市区总面积144平方公里，其中耕地9.08万亩。境内地下水资源丰富，特别是一亩泉，水质优良，泉水矿化度低，酸碱适中，是工业、农业和人民生活用水的主要来源。

建置沿革 1961年7月，建立新市区，辖环城西路以西市区。1987年11月17日，根据国务院函字（87）161号文件批示，撤销保定市郊区，将韩村、南奇、颉庄、富昌四个乡，56个自然村，52个村委会划归新市区，新市区由此成为城乡结合的城郊型市辖区。1999年2月，经省政府批准，市政府对部分县、区辖域进行调整，新市区增设江城乡、大马坊乡。

行政区划 到2007年底，全区辖富昌、韩村、南奇、颉庄、江城、大马坊6个乡，74个村；先锋街、东风路、建设南路、新市场街、韩村北路、惠阳（大厂代管）共6个城市街道办事处，74个社区，8个村。

人口民族 全区总户数126220户，人口417568人，其中农业人口21965人。辖区内有汉、回、蒙古等11个民族。

【2006年·概况】 2006年，全区社会总产值达到242.2亿元，财政收入完成3.56亿元，固定资产投资完成40.7亿元，年规模以上工业企业增加值完成13.96亿元，农业产业化率45%，农民人均纯收入达到5266元。全区续建、新建千万元以上项目60个，其中新建项目30个，续建项目30个，亿元以上项目22个。

【城市基础设施建设进一步完善】

顺利完成了富昌路拆迁和一亩泉河沿路、铁路医院路等两条社区支路的清理改造，并对33个城中村入村公路进行了硬化。完成了30条便民小路的整修、改造工作。完成2处一类水冲式公厕的选址工作，10座旱厕的改造工作。完成了侯河、一亩泉河综合整治任务。投资500多万元建设了新市场便民市场。

【农业生产水平进一步提高】 落实粮食直补政策，共发放财政直接补助资金82万元，综合直接补助资金103万元，受益农户2.5万户，受益农民9.6万人。农业生产再创新高，全区粮食总产46467吨。经济作物产量增速较快，蔬菜播种面积6万亩，产量16万吨；草莓产量3821吨。畜牧业产量稳步提高，肉、蛋、奶产量分别为5000吨、4280吨、2025吨。打造高效农业，试验推广新品种10个，推广面积达到3万亩。建立了村级动物防疫协防员队伍，完善动物防疫体系。全区畜、禽免疫密度达到100%，高致病性禽流感和牲畜口蹄疫防控工作取得阶段性胜利。

【重点项目征地进场工作圆满完成】 天威英利新能源三期项目和大唐热电厂八期项目铁路部分顺利进场施工。天威英利新能源三期项目是省、市重点工程，投资29.96亿元，征用土地350.23亩。按照市委、市政府的要求，为了确保项目顺利进场施工，由主要领导带队，全力以赴入村开展工作，克服重重困难，取得了群众的理解和支持，顺利实现进场施工，维护了全市稳定发展的大局。交警指挥中心项目征用土地124.7亩，已经完成了土地手续的审批，与天威英利新能源三期项目一起实现了项目顺利进场。大唐热电厂八期项目铁路部分征用土地64.9亩，涉及富昌屯、富昌村、康庄村等3个村庄，是大唐热电厂八期项目的重要组成部分，按照“依法公正、公开透明、依靠群众、解决问题”的工作方针，经过耐心、细致、艰苦的工作，在较短的时间内实现了项目的顺利进场。

【环境污染专项整治工作效果明显】 对全区造纸企业进行了扎实有效的整治工作，对40家排放不达标的企业进行停产整改，其中吊销营业执照2家，取缔油毡原纸企业9家。经市局核查、市区两级联合验收并试运行的企业16家，正在整改企业13家。同时，对五小企业进行严厉打击，取缔没有合法手续的小塑料加工企业47家，小炼油企业16家。

【规范三轮车、拆违战役取得胜利】 全区累计完成收购三轮车2496辆，累计付款6379739元。同时，采取措施，加强对生活困难的三轮车从业者的帮扶，对全区31户生活困难的客运三轮车从业人员家庭进行走访慰问，累计发放困难补助6200元；为231户符合条件的客运三轮车从业人员家庭申请办理了低保，累计发放低保金15万余元；推荐就业岗位1230个，达成就业意向229人，213人已经上岗。

根据“先易后难、稳中求进、重点突破、全面开花”的总体思路，广泛发动、依法操作，先后拆除了国有土地上违法建设、集体土地上集体违法建设、集体土地上个人违法建设，累计拆除违章建筑35.98万平方米，占全部任务量的103.1%，全区未发生一起不稳定事件，被市委、市政府荣记二等功。坚持“拆违增绿、拆违透绿、拆违添景”，加强拆违后续管理，重新对辖区内11条道路两侧进行了规划，对拆违后土地实施绿化美化。

【各项社会事业协调发展】 教育工作　适龄儿童入学率达100%、入园率达93.6%、残疾儿童入学率为99.3%；出台了《新市区“十一五”职业教育发展规划》、《新市区“十一五”中小学教育布局结构调整方案》；指定5所学校接收好进城务工人员子女就学；顺利完成了铁路、省部属、市属等13所学校的接收工作。科技工作　为河北东飞纳米生物科技有限公司成功申报省级技术项目，协助该企业申报省级高新技术企业；对“果蔬采后农残降解技术研究与示范”项目进行了专题研究。环境卫生　对全区35条大街、84条小街巷进行日常保洁，清理职责范围外的垃圾1000余方，进行大规模清理整治20余次，完成了“五一”和“十一”等重大外事活动和节假日前的环境卫生整治工作。计划生育　人口出生率为9.47‰，人口自然增长率为5.17‰，保持了低生育水平。全面实施“计生惠民工程”，拨专款105.9万元为农村5～18周岁的独生子女家庭发放了独生子女父母奖金，对符合二胎生育条件而自愿不再生育的夫妻进行一次性奖励共41000元，对9个农村独生子女困难家庭发放救助资金14500元。医疗卫生　区医院扩建积极推进，一期工程已基本完工；全区卫生行业实行全天候监管，共办理卫生许可证1299个，体检人员6494人。社区卫生服务深入开展，“六位一体”功能进一步完善。土地管理　在做好重大项目征地的同时，上报项目集中区企业4家，征地面积462.57亩；完成了集体土地使用登记65宗，抵押使用权登记34宗；完成了卫星遥感监测图斑核对工作，共监测图斑132块；发现土地违法行为12宗，其中立案5宗，制止7宗。司法工作　全面启动“五五”普法工作，对全区干部进行了《公务员法》相关知识的考试。民政工作　圆满完成了第七届村委会换届选举工作；城市低保标准由156元调高到190元；全面推进农村低保工作，保障农村低保对象189户，352人。物价工作　加强粮食、副食品、药品、化肥等重要商品价格的监测，共受理价格举报案件27件。社会保障　开展就业技能培训班8期，培训下岗失业人员600多人；全区新增就业3030人，完成全年任务的121%；下岗失业人员实现再就业1585人，其中安置“4050”人员475人；城镇登记失业率控制在4%以内；参加工伤保险新增380人，参加失业保险新增1176人；为全区103名企业离休干部办理了市医疗保险统筹。安全生产　深入开展“三项活动”，62家企业通过验收；对全区33家重大危险源单位全面落实“五个一”监控措施，实行了挂牌监管；对“六大行业”进行重点整治，共检查企业82家，发现隐患156处，下发限期整改文书38份；42个村、35个社区建立了“三安”活动组织网络机构；在全区重大危险源企业和相关企事业单位中，开展“法人代表安全生产双百日承诺”行动。全区未发生一起重特大安全生产事故。统计工作　开展了规模以下工业调查、劳动力调查，全国第二次农业普查试点工作圆满结束。审计工作　完成乡级财政决算审计、领导干部离任审计、村干部换届离任审计、专项资金审计等45项年度审计工作。档案工作　加强了档案指导培训、基层档案室建设，在每个乡、街道建立了2个文明生态村（精品社区）档案室试点。

领导班子成员

区委

书　　记　王惠欣

副 书 记　赤光明

　　　　　邢斌（3月免）

　　　　　岳文民　王文志

常　　委　王惠欣　赤光明

　　　　　邢　斌（3月免）

　　　　　岳文民　王文志

　　　　　许亚平（4月免）

　　　　　蒋兰梅　王　芃

　　　　　王书安

　　　　　李洪刚（5月免）

　　　　　李习谦

　　　　　齐春刚（5月任）

　　　　　朱立文（5月任）

　　　　　莫茂林（5月任）

人大

主　　任　刘政德

副 主 任　尹清福　李玉梅

　　　　　董克胜　戴淑文

　　　　　陈　健（3月任）

政府

区　　长　赤光明

副 区 长　蒋兰梅　贾春顺

　　　　　朱立文（6月免）

　　　　　李文利　史来顺

　　　　　陈　健（3月免）

　　　　　雷彦民（6月任）

　　　　　段晓彤（6月任）

政协

主　　席　张跃华

副 主 席　吴跃进　张　艳

　　　　　王绍波

【2007年·概况】　在市委、市政府和区委的正确领导下，在区人大、区政协的监督支持下，坚持以科学发展观统领经济社会发展全局，立足于“夯基础、促发展”，精心谋划推动科学发展，破解难题凝聚人心力量，关注民生促进社会和谐，改革创新狠抓工作落实，圆满完成了区第十四届人民代表大会第一次会议确定的任务目标和承诺的七件实事。

【发展思路更加开阔，区域经济实力不断提升】　牢牢把握加快发展这一主题，深入实践“提升现有、加快调整、建好园区、借力发展”的思路，坚持“收拢五指抓经济，乘势而上育产业”，经济发展呈现良好态势。2007年全区社会总产值完成279.8亿元，同比增长15.5%；规模以上工业企业总产值完成59.2亿元，同比增长17.7%，工业增加值完成17.1亿元，同比增长17.4%；全部财政收入完成4.2亿元，同比增长18.7%；全社会固定资产投资完成51.4亿元，同比增长26.1%。

【开放氛围更加浓厚，发展后劲进一步增强】　坚持把项目建设和招商引资作为经济工作的主线，深入开展“项目建设突破年”活动，新建、续建千万元以上项目35个（其中新建项目16个，续建项目19个），实现投资16.8亿元，引进省外资金5.2亿元，实际利用外资158万美元，出口创汇3299万美元，均完成或超额完成市下达任务。组织参加厦门洽谈会、东盟博览会等一系列经贸洽谈活动，进一步宣传、推介新市区，项目集中区被列入省商务厅2008年招商工作重点。在第四届中国——东盟博览会上，红光体育用品有限公司成功收购了老挝辉龙实业有限公司80%的股份，“走出去”战略实现新突破。

【服务“三农”更加突出，新农村建设步伐不断加快】　启动、实施了中鲁岗、西廉良、李七里店等7个村旧村改造工程，完成了贾庄、石家庄等10个文明生态村的创建工作。加强农业基础设施建设，完成5700亩农田地下低压管道铺设。加快农业结构调整，积极推进农业产业化进程，农业龙头企业不断发展壮大，远方农牧有限公司生猪存栏量突破10000头，冰花速冻食品有限公司种植基地达到1.4万亩，辐射作用显著增强。实施集体林权制度改革，加强了蓝耳病等重大动物疫病的防治。落实粮食直补等各项惠农政策，发放财政补贴资金305万元。农民人均纯收入达到5562元，比上年增加297元，位居全市第一。

【城市建管更加有力，人居环境明显改善】 进一步完善城市基础设施，整修、改造社区支路3条，便民小路5条；新建一类水冲式公厕3座；选址、建设垃圾台站4座。拆违第二战役胜利告捷，拆除违法建设10.4万平方米。对全区100余条主、次干道和小街巷进行了环境综合整治，协调47家驻区单位实施了东风路整体美化、亮化工程。下大力加强生态建设，全年植树22.8万株，新增绿地220亩，城市绿化覆盖率达到38.5%。推广太阳能综合利用，重宣传、抓试点、拓领域，太阳能之城建设效果明显。加强社区建设，投资140万元，建成1个区级和4个街道社区服务中心，创建精品社区7个、最安全居住小区5个，顺利通过了河北省“和谐社区建设示范区”验收。

【关注民生更加深入，社会事业全面协调发展】 坚持以人为本，深入了解民情、社情，积极为群众办实事、谋实惠。着力提高人口素质和健康水平。人口和计划生育政策得到较好落实，人口出生率和自然增长率分别为11.26‰和7.76‰，持续保持了低生育水平；积极推进“民心工程”，免费为23578名农村已婚育龄妇女进行了生殖健康检查。开展“社区卫生服务进万家”活动，为18542名60岁以上老人进行免费体检；完成了区医院二期扩建和大马坊乡卫生院主体建设，基层医疗卫生服务水平逐步提高。进一步完善社会保障。农村、城市低保全部实现了应保尽保；农村五保供养得到有效推进。努力解决困难群众住房问题，为市区193户最低收入家庭发放了住房补贴。协调推进城乡就业，落实积极的就业政策，新增就业3456人，下岗失业人员再就业1735人；大力实施“阳光工程”，完成农村劳动力就业培训1059人；建立“零就业家庭”帮扶台账，确保了全区零就业家庭“动态为零”。大力发展文化教育体育事业。加大财政投入力度，启动了乐凯中学教学楼建设，完成七中学生公寓楼建设；优化资源配置，完成列电、风帆、铸机三校的整合，代表保定市顺利通过了省“定期综合性教育督导评估”。积极组织参加全市第六届运动会，获得总分和金牌总数“双第一”。圆满完成减排任务目标。取缔4吨/时以下燃煤锅炉15台及小炼油、小塑料、小炼钢等违法排污企业68家，全年COD排放量削减247.3吨，二氧化硫排放量削减62.1吨。审计、科技、物价、统计、档案、残疾人事业、人民防空、人民武装、民族宗教等各项社会事业全面进步。

【维护稳定更加强劲，基层基础进一步夯实】 落实企业法人代表安全生产承诺制度，进一步强化生产经营单位安全生产主体责任，全年未发生重特大安全生产事故。扎实开展产品质量和食品安全专项整治行动，确保了全区食品市场安全。实施“五五”普法，深入开展矛盾纠纷排查调处活动。加强社会治安综合整治，开展“打黑除恶”专项斗争，严厉打击非法传销，有效净化了社会治安环境。集中精力攻坚克难，努力化解不稳定因素，夯实发展基础，解决了历时七年的水园湾（原震发小吃城）进场问题；保障了“中国电谷”配套工程——黄花沟综合治理顺利进场施工；协调处理了小车泵站历史遗留问题；解决了韩西小区、乒乓球厂宿舍、七中宿舍等小区供暖问题；积极推进了阳光水岸、罗丝庄旧村改造工作；千方百计克服启动资金不足的困难，圆满完成市下达的国企改革任务。

【依法行政更加自觉，政府管理能力显著提高】 深入开展解放思想大讨论活动，着力推进政府职能转变和管理创新。进一步加强政府廉政建设，各级干部的廉政意识明显增强。自觉接受人民代表大会及其常务委员会的监督，加强同人民政协的联系，积极支持人大代表、政协委员的视察调研活动，高度重视人大代表议案、意见、建议和政协委员提案的办理工作，共办结人大代表建议68件，政协委员提案58件。多次召开人大代表、政协委员、企业家代表、社会各界人士参加的座谈会，畅谈新市区的发展，发放《征求意见函》416份，广泛征求人大代表、政协委员对新市区工作的意见和建议。不断加强经济责任审计、行政效能监察和纠风治乱工作，制定出台了《新市区行政事业单位财务管理规定》和《关于进一步加强审计监督工作的意见》，财务管理更加规范，政府形象进一步提升。

领导班子成员

区委

书　　记　王惠欣（3月免）
　　　　　赤光明（3月任）
副 书 记　赤光明（3月免）
　　　　　姬　琳（3月任）
　　　　　岳文民（3月免）
　　　　　王文志（5月免）
　　　　　郭文忠（5月任）
常　　委　王惠欣（3月免）
　　　　　赤光明
　　　　　姬　琳（3月任）
　　　　　岳文民（3月免）
　　　　　王文志（5月免）
　　　　　郭文忠（5月任）
　　　　　齐春刚
　　　　　贾清彬（5月任）
　　　　　续金明（5月任）
　　　　　朱立文
　　　　　雷彦民（5月任）
　　　　　蒋兰梅（5月免）
　　　　　王　芃
　　　　　史来顺（5月任）
　　　　　王书安（5月免）
　　　　　李习谦（5月免）
　　　　　莫茂林

人大

主　　任　刘政德（5月免）
　　　　　王文志（5月任）
副 主 任　尹清福（5月免）
　　　　　陈　健　李玉梅
　　　　　董克胜（5月免）
　　　　　戴淑文（5月免）
　　　　　李冬立（5月任）
　　　　　张　杰（5月任）

政府

区　　长　赤光明（3月免）
　　　　　姬　琳（5月任）
副 区 长　蒋兰梅（5月免）
　　　　　王　芃（5月任）
　　　　　史来顺
　　　　　贾春顺（5月免）
　　　　　李文利（5月免）
　　　　　雷彦民（5月免）
　　　　　段晓彤
　　　　　刘　爽（5月任）
　　　　　张志强（5月任）

政协

主　　席　张跃华
副 主 席　吴跃进（5月免）
　　　　　范铁海（5月任）
　　　　　张　艳　王绍波
　　　　　张雪松（5月任）

（部门编辑：刘劲柏）

满城县

【地情提要】　满城地处河北省中部太行山东麓，历史悠久，山川秀丽，交通便利，物阜民丰。为京（150公里）、津（150公里）、石（120公里）三城中心，满城县北同易县接壤，南与清苑县毗邻，西和顺平县交界，东连保定市区和徐水县，为保定市辖县，地理位置优越，古为燕南赵北通衢要地。境内风景名胜、文物古迹众多，国家重点文物保护单位——满城中山靖王墓以出土“金缕玉衣”、“错金博山炉”等珍稀文物享誉海内外。总面积650.19平方公里，下辖4镇8乡，204个行政村，6个社区居委会。总人口39.24万，其中非农业人口6.95万人，占总人口的17.71%。人口自然增长率为6.61‰，人口出生率为11.48‰，死亡率为4.87‰。县内98.8%以上为汉族，满族、朝鲜族、壮族、苗族等散居县内。

建置沿革　该县汉高祖六年（公元前201年）置北平县，东魏兴和二年（公元540年）析入境内西北部置永乐县，北齐天宝七年（公元556年）北平故地并入永乐县，唐天宝元年（公元742年）改永乐县为满城县。宋景德年间（公元1004－1007年）并入保塞县，金大定二十八年（公元1188年），复置满城县。县内周边村庄归属多次变化，1985年划入保定市辖县，1998年底进行区划调整，部分乡镇归入保定市区。

自然环境　满城县位于保定市西北部，距市区20公里，全县以平原、山地为主，总面积为650.19平方公里，为半山区农业县，其中山区面积占45%，其中耕地面积37.8万亩，宜林荒山24万亩。该县地势为西北高，东南低，气候属温带大陆性季风区，半干旱类型区，四季分明，光明充足，无霜期为190天，年内最高气温37.8度，最低气温－131度。

自然资源　境内果品、建材、矿产、水资源丰富，开发潜力较大，优质的“一亩泉”地下水脉总储量19亿立方米，微量元素含量高且构成比例合理，开发出了玉皇坨矿泉水，境内有漕河、界河、龙泉河、白草沟等四条河流及龙门、马连川两座水库，淡水养殖可利用水面1.5万亩。南水北调中线工程穿境而过，境内生产生活用水将得到更加有力的保障。建筑材料青石板、石渣、工业用陶土、紫砂页岩、滑石岩等，总蕴藏量30亿立方米，资源丰富，品质优良。已建成粮棉、水畜、林果、草莓、瓜菜五大基地，年产各种瓜果、蔬菜42万吨，草莓、磨盘柿、红岗山桃、伊丽莎白瓜等特色种植远近闻名，是“中国磨盘柿之乡”、“全国草莓生产基地县”、“河北草莓之乡”。

旅游资源　现有全国重点文物保护单位、国家4A级旅游景区一处（满城汉墓景区），省级风景名胜区两处（抱阳山风景区、龙潭峡谷风景区），还有被称为“中国第一条开放式名优特生态旅游经济沟”的神星柿子沟农业生态旅游区。另有元代张柔墓、商周遗址、方顺古桥等省、市级文物保护单位。正在开发的有玉皇坨、大平台、卧龙山景区，正在紧张施工的南水北调重点工程、亚洲第一人工空中渡槽——漕河渡槽，工程壮观，气势宏大。

基础设施建设　交通通讯方便快捷，路网纵横交错，京广铁路横亘东南，另有两条铁路专线伸入县中、县北腹地。公路四通八达，107国道纵穿南北，保涞、保阜、保康三条干线横贯东西，京赞线纵穿南北，县乡公路联通城镇村庄，每百平方公里有公路31公里。移动通讯用户达到23000多户，城乡电话普及率每百人19.3部。建成了党政机关局域办公网，电子政务全面推行。电力供应充足，有变电站10座，年供电能力10亿千瓦时，连续13年列保定市第一位。

城市规划建设　坚持规划先行，突出“路、水、电、气、绿”五个重点，不断完善县域功能，提升发展层次，旧城改造与新区开发并举，完成旧城改造25万平方米；城区面积达到7平方公里。城建道路总里程达到46.4公里，形成了六横十纵的城中路网格局；新建住宅小区6个，城镇人均住房12.4平方米；建成了人民广场，规划开发了东城工业集中区和西城商住办公区，城市功能进一步完善。创建省级园林城市成效显著，城区绿化面积1万亩，占城市面积10%。规划的满城县工业园位于县城东部，占地1万亩。园区规划科学，建有食品区、高科技项目区等，是满城县企业集中地。基础设施完善，路网发达，已全部实现“六通一平”。满城科技园位于该县东部，占地1.6万亩。依托张石高速引线和紧邻保定国家高新技术开发区的交通区位优势，广泛招揽高、精、尖项目（包括工业开发、科技开发、地产开发等），享受高开区的优惠政策，打造高开区附属生产加工区，促进满城与高开区的深度融合。

社会事业　全县现有各级各类学校133所，“两基”巩固率达95%，连续4年被评为市级教育先进县。医疗卫生机构达34个，设备仪器配套、医疗技术先进。建有民办科研开发机构8个，实施科技项目12项，开发科技新产品18项，有80项成果获国家、省、市奖励，科技进步贡献率达48%，跨入全国科技工作先进县行列。

【2006年·概况】　满城县总面积为650.19平方公里，地区生产总值为458062万元，同比增长-0.9%。第一产业增加值为90303万元，同比增长5.0%，第二产业增加值为249729万元，同比增长-7.8%，第三产业增加值为118030万元，同比增长11.7%；农业总产值为161224万元，同比增长4.6%；工业总产值为707312万元；民营经济总产值为2250000万元，同比增长14.9%；粮食总产量为174100吨，同比增长-0.4%，棉花总产量588吨，同比增长0.3%；财政收入23563万元（不含基金），同比增长9.1%，财政支出30779万元，同比增长16.2%；在岗职工年平均工资为13521元，同比增长21.9%；农民人均纯收入4140元，同比增长6.3%；城镇居民人均可支配收入8106.8元，同比增长11.2%；年末城乡居民存款余额为361667万元，同比增长18.5%。

【满城被省确定为首批“一县一业一园”科技示范县】　该县围绕草莓特色产业，从生产技术、栽培品种、行业服务、加工产品、合作组织等多渠道进行了一系列的深入挖掘，使草莓产业基本实现了“四统一”（即统一购置生产资料与种苗；统一管理技术；统一品牌与产品标准；统一销售）收到了明显的经济与社会效益。首先在草莓产区建设了乡、村级工作分站，新建5个服务网点，使该县专家服务站总数达到12个，聘请专家与技术人员35人次，下乡进行各类技术培训与咨询活动，全年共培训农民与技术人员3000人次；通过规划、引导，该县2006年草莓栽植面积达到7.5万亩，总产11.8万吨，其中优种化、标准化面积达到6.5万亩，占总面积的86.7%，草莓产业实现产值2.98亿元，深加工草莓产值5400万元；建立了新品种选育示范园、新技术应用示范园、观光采摘示范园，2006年三个示范园规模达到了300亩；草莓协会会员已发展到2800名以上，占全县草莓产业经营农户的11%，通过发展新品种、采用新技术，比普通农户增收15%以上，尤其是草莓新品种的推广，平均亩产2300公斤，平均亩收入22000元，分别提高21%和32%，草莓效益的增加，调动了农民入会的积极性。从而使草莓特色产业向规模化、科技化方向发展。

【认真吸取教训，高度重视安全生产】　根据付双建副省长、于群市长就安全生产工作作出的重要批示，形成了全县党政齐抓共管安全生产工作的高压态势。首先全力开展各类安全隐患大排查，彻底摸清底码。先后2次开展了全县范围内安全生产隐患治理行动，集中全部精力投入到非矿山、危险化学品、烟花爆竹企业安全生产集中治理整顿工作，全县共排查各类场所、企事业单位3794处，查出各类安全隐患1295处，责令停产整顿单位885个，取缔企业、摊点277个。对各类隐患分门别类建立台账，并确定整改责任单位、具体责任人、完成时限、监督部门等，实行动态管理。其次以“双百日承诺”行动为契机，落实企业安全生产主体责任。制定了《满城县安全生产双百日活动实施方案》、《满城县第四季度安全生产工作要点》，全县有768家企事业单位签订了承诺书。三是严把高危企业市场准入关。根据《安全生产法》、《安全生产许可证条例》等法律、法规、规章，对依法取得《安全生产许可证》的相关企业，加强了日常监管，对有隐患的企业不放过，依法查处。办理《安全生产许可证》非煤矿山企业47家，全县已取得《安全生产许可证》的危化生产企业7家，已取得《危险化学品经营许可证》加油站36家。2006年全县工矿企业没有发生重大人员伤亡安全生产事故，道路交通领域没有出现一次性死亡3人以上安全事故，消防领域没有发生人员伤亡安全生产事故。

【新农合给农民带来实惠】 采取层层发动，落实责任，广泛宣传，营造氛围等措施。由县电视台、县报社分别制作了合作医疗专题节目进行政策宣传，同时发放宣传材料，明白纸10万份，书写标语口号2000余条，通过多种途径开展宣传工作，收到了良好的效果，农民对新农合有了深层的认识和了解，极大地激发了参合的主动性和积极性。全县参合农民达244552人，占农民总数340988人的71.7%，达到了上级参合要求。全县新农合筹资总额1222.76万元，市、县各拨付配套资金146.7万元，其中门诊基金占16%，风险基金占4%，大病统筹基金为978.2万元。已确认并承担新农合职责的县级定点医疗机构有3个，乡级定点医疗机构17个，村级定点医疗机构230个。制定了《关于加强定点医疗机构管理暂行规定》、《关于定点医疗机构及患者违规处理办法》。在全县20个定点医疗机构均设立了即报处，配备了人员和相关设备。县合管中心派出4人到各定点医疗机构即报站监督指导定点医疗机构的即报工作，确保各定点机构对参合农民住院费用做到出院即报。基本实现了小病不出村、常见病不出乡，较大病不出县的目标。

【2007年·概况】 土地面积650.19平方公里，耕地面积376980亩，全县总人口395124人，人口自然增长率6.41‰。2007年地区生产总值507674万元，同比增长7.7%。其中，第一产业增加值100864万元，增长1.4%；第二产业增加值272114万元，增长9.6%；第三产业增加值134694万元，增长11.7%；民营企业总产值为1770707万元。粮食总产量为175528吨，增长7.32%；棉花总产量408吨，增长1.24%。财政收入26834万元（不含基金），同比增长13.9%，财政一般预算支出39570万元，增长28.6%。消费品零售总额159243万元，增长15.9%，在岗职工年平均工资17374元，增长28.5%；农民人均纯收入4443元，增长7.3%。

【产业项目与“电谷”对接，顺利实现产业升级】 满城贤台要庄科技园被保定市委、市政府确定为“中国电谷”满城制造基地。通过积极向上跑争，大力吸引“五型”项目（环保节约型、高新技术型、劳动密集型、农业产业化龙头带动型和带动地方可用财力增长型项目），项目建设工作呈现“四多一少”的特点，即大项目多、工业项目多、高科技附加值的项目多、农业产业化项目多、低水平重复建设项目少。2007年全年引进34个千万元以上项目，完成投资10.78亿元，其中包括中能风电项目（3.8亿元）、锂电池项目（1亿元）、卓大风电（2.1亿元）、天威华克项目（3.7亿元）、长城富瑞园林生态园项目（4亿元）、河大美院搬迁项目（1.2亿元）、建筑科技园区项目（2.67亿元）等9个亿元以上大项目。34个千万元以上高科技附加值大项目的落地，标志着该县已顺利完成产业升级，产业布局更趋科学合理。

【国家、省、市重点工程】 南水北调满城段·漕河渡槽 南水北调中段工程满城段全长18.95公里，分为漕河渡槽段工程和干渠段工程，途经石井乡、满城镇、神星镇、大册营镇、白龙乡等5个乡镇，16个行政村，迁移人口2户11人。其中永久占地4052亩，临时占地3700亩。设计流量125立方米/秒，加大流量为150立方米/秒。漕河渡槽长2300米，是世界级规模大型渡槽，为中国在建的最大输水渡槽。渡槽最大跨度为30米，宽22米，高7.9米，最大架空高度16米，工程概算总投资88361万元，于2005年6月正式开工，2007年底主体工程基本完工。

张石高速途经大册营、神星、满城、石井四个乡镇18个行政村，全长20.733公里，征地2425亩、拆迁房屋29236平方米、砍伐树木69715棵、拆机井41眼、拆迁各类线杆351根、迁坟679座、搬迁各类企业26家，其中砍伐树木占全线总任务的27%、拆迁房屋占全线的62%，为全市拆迁房屋最多的县，发补偿款1亿多元。2006年拆迁占补偿工作全部完成，2008年7月底建成通车。保沧高速、保阜高速、荣乌高速分别穿越县境，四条高速全部落成后，本县境内高速里程将达到40公里。

【落实科学发展观，污染治理工作扎实推进】 坚持"管住增量，调整存量，上大压小，扶优汰劣"的思路，针对造纸、熔炼、塑料加工等能源消耗大、污染重的行业进行了污染治理，关闭了一亩泉二级水源保护区所有污染企业排污口，制定出台了《满城县关于鼓励扶持造纸企业转产、重组、收购的优惠政策（试行）》、《满城县节能减排实施方案》等文件，规划了3个塑料加工集中区和1个熔炼企业集中区。全县204家造纸企业、72家熔炼企业、959家塑料加工企业摊点中，仅有94家造纸企业、11家熔炼企业、15家塑料加工摊点通过验收并恢复了生产，5家造纸、熔炼企业成功转产。与治理前相比，大册营工业区地下水位回升近10米；全县造纸企业日均排水量减少55%，COD年排放减少45%，二氧化硫排放量减少48%，吨纸耗煤量减少30%，机械锅炉由1台增至94台，水治理率由65%升至100%，烟尘治理率由59%升至100%，94家造纸企业上缴税金比治理前的204家多出近100万元。2007年11月份，代表省政府成功接受了国家环保专项检查验收。

【磨盘柿之乡】 满城县是河北省磨盘柿集中产区，栽培历史悠久，明朝万历年间有记载，现存百年以上树龄的柿树3万余株。磨盘柿色泽美丽，营养丰富，味甜多法，平均单果重250克，最大单果重610克，具有抗干旱、抗湿涝、耐瘠薄、适应性强、易管理、结果早、产量高、高效益、经济寿命长等特点。被群众称为"铁杆庄稼"。全县磨盘柿面积9万亩，500余万株，主要分布在石井乡、神星镇、坨南乡等7个山区乡镇。

为提高磨盘柿质量，投入大量的技术力量进行柿树丰产栽培攻关，在"三虫两病"防治及栽培管理方面形成了一整套综合技术，果品质量和品质均在省内处于领先地位。满城县在2000年承担了国家林业局磨盘柿示范项目，基地位于神星镇魏庄村，栽植磨盘柿10万株，总面积3000亩，基地整修道路5000米，防渗渠6000米，铺设输水管道4000米，新建蓄水池5座，总蓄水量4480立方米。为便于项目区的管理，该村成立了农业经济发展联合社，由经联社牵头，成立了魏庄林果协会，会员107人，具有果树管理经验的骨干力量57人，聘请河北农业大学刘永居教授作技术顾问，县林业局科技人员常年负责服务。前期推广使用柿莓间作、柿豆（地芸豆）间作技术，综合效益显著。盛果期年产量达450万公斤，产值达675万元。

2007年全县磨盘柿产量达7万吨，通过30多个专业果品市场销往东北、西北各省和上海、深圳等城市，并出口俄罗斯等国家，年销售收入1.1亿元。

【文化旅游产业快速发展】 围绕"工业立县、项目拉动，特色农业、产业带动，社会发展、文化驱动"的战略目标，努力建设保定市休闲、娱乐、旅游、度假乐园。文化旅游大县建设提速发展，制作了《金缕玉衣的故乡》纪录片和《卢兆荫发现金缕玉衣》专题片，并在中央电视台播出。市六运会及承办的市六运会青少年组围棋比赛，取得了优异成绩。旅游业持续升温，全年接待游客突破50万人次。

凭借磨盘柿资源优势，开辟了中国第一条开放式名优特生态旅游经济沟，连续举办了六届中国磨盘柿之乡——金秋红叶柿子节。"柿子节"以柿为媒，旅游搭台，经济唱戏，组织了"柿树王"、"柿子王"评比，"柿子王"拍卖会，经贸洽谈会，农民诗会，柿子采摘等活动。评出已有千年树龄的"柿树王"，其干周2.87米，树高14.5米，树冠荫覆面积203平方米。

2007年，在龙潭景区启动了保定和谐城乡游，成功举办了首届龙潭垂钓节。

领导班子成员

县委

书　　记　闫志强

副 书 记　田　钧

　　　　　陈春霞（女）

　　　　　吕耀欣

常　　委　闫志强　田　钧

　　　　　陈春霞（女）

　　　　　吕耀欣　王瑞生

　　　　　朱子强　王凤林

　　　　　崔建民　石志新

　　　　　冯　峻（女）

　　　　　李雄鹰

人大

主　　任　李英杰（女）

副 主 任　李占其　陈木栓

　　　　　刘润生　刘广郁

　　　　　尹金泉（不驻会）

政府

县　　长　田　钧

副 县 长　朱子强　王若辉

柴志民　潘金忠
康　社
贾玉兰（女）

政协
主　　席　范福生
副 主 席　康新海　刘铁英
李秀敏（女）
商振华
杨桂花（女）

（部门编辑：苑书翰　张海涛）

清苑县

【地情提要】　清苑县位于河北省中部，太行山北部东麓，冀中平原西部，保定市南端。地理坐标为北纬38°33′～38°35′，东经115°13′～115°45′。全县总面积867平方公里。县人民政府驻地北距北京市145公里，东北距天津市140公里，西南距石家庄117公里。境内交通便利，公路四通八达，京石、保沧高速及保衡、保新、保沧等多条省级公路贯穿全境，自古就有"北临三关，南通九省"之誉。冉庄地道战遗址闻名遐迩，是全国重点文物保护单位、全国青少年爱国主义教育基地和全国爱国主义教育示范基地。清苑是传统农业大县，被国务院授予粮食生产、平原绿化先进县，是国家优质小麦基地县和草莓出口基地县。清苑西瓜、禽蛋、无毒草莓、麻山药、无公害蔬菜远近闻名。童装、有色金属冶炼、蚊香、猪鬃加工等产品在国内国际享有盛誉。随着改革开放的不断深入，工业企业改革力度加大，形成了较为完整的产业格局。

自然环境　清苑县位于冀中平原西部，地势坦荡，西南高，东北低，缓缓倾斜。暖温带大陆性季风气候，四季分明，年均气温12.4°C，平均日照2638.4小时，无霜期178天，年均降水537.8毫米，全年东北风频率最高，年均风速2.2米/秒。境内河流系海河流域大清河水系，计有唐河、新开河、龙泉河、清水河、金线河、府河、漕河8条，河道总长167公里，流域面积877.2平方公里，设计泄洪量4162.9立方米/秒。土壤主要有褐土、潮土两种，其中潮土59.32万亩，占总耕地面积的69.6%。

自然资源　全县土地总面积867平方公里，耕地面积77.5万亩，人均耕地1.3亩。土层深厚，土质松软，耕性良好。地表水主要由天然降水和河道客水形成，年均仅利用1764万立方米。地下水资源丰富，品质优良。植物资源种类繁多，分布均匀，盛产小麦、玉米、花生、红薯和各种瓜菜、苹果、梨、桃等，有蒲公英等50余种野生植物均可入药。野生动物主要有青蛙、野兔、蜂、雀、蛇等20余种。

建置沿革　北魏太和元年（477年）置清苑。北齐天保七年（556年）废清苑入永宁县，后改乐乡县。五代后唐元年（923年）改清苑县为奉化军。太平兴国六年（981年）改保塞县。金大定六年（1176年）改保塞为清苑。民国元年（1912年）裁县留府，次年废府复县制。1941年清苑以张登至保定公路为界分为清苑、之光两县。1944年两县合并，初为之光，后称清苑。1958年10月，撤消清苑县，大部区划并入唐县，同年12月成立清苑区。1960年3月，清苑、满城、完县三区合并为清苑县。1961年5月恢复清苑县建制。1986年5月，划为保定市辖县。1994年12月，保定地市合并，清苑县归属保定市。

行政区划　全县现辖10乡8镇，1个城区办事处，266个行政村。18个乡镇分别是：清苑镇、张登镇、冉庄镇、大庄镇、臧村镇、阳城镇、魏村镇、温仁镇、白团乡、石桥乡、何桥乡、闫庄乡、望亭乡、孙村乡、东闾乡、李庄乡、北王力乡、北店乡。

人口民族　2006年末统计，全县共16.2万户，总人口61.72万人，其中农业人口56.84万人，非农业人口4.88万人。境内有汉、满、蒙、回等18个民族，以汉族为主，占总人口的98%。全县人口出生率13.5‰，人口自然增长率为11.21‰。

【2006年·概况】　2006年，全县地区生产总值完成47.8亿元，比上年增长11.3%。其中，第一、二、三产业增加值分别为13.0亿元、23.4亿元和11.4亿元，分别增长2.2%、14.2%和18.1%；粮食总产量38.9万吨；乡镇企业总产值125.9亿元，增长36.3%；财政收入2.85亿元，增长26.95%；财政支出46174万元，增长30.36%；社会商品零售总额16.4亿元，增长15.8%；职工年平均工资12541元；农民人均纯收入达到4152元，增长6.84%；年末城乡居民储蓄存款余额37.95亿元，比年初增长14.7%。农业经济 认真贯彻落实中央一号文件精神，农业基础进一步加强。粮棉生产又获丰收，小麦种植面积43.95万亩，总产量达到17.6万吨；玉米种植面积44.79万亩，总产量达到19.3万吨；棉花种植面积4.84万亩，总产量达到0.29万吨。特色产业规模效益稳步提高，瓜果种植面积8.91万亩，总产量达到28.3万吨；蔬菜种植面积14.38万亩，总产量达到60.6万吨；奶牛和鸡存栏分别达到1.4万头和464万

只。龙头企业逐渐形成群体优势，中旺果蔬公司等6家企业被评定为市级农业龙头企业。标准化进程不断加快，完成了对李庄草莓、南王庄西瓜、东闾梨等6个无公害农产品基地的复审，6个农产品顺利通过了农业部无公害认定，东闾梨在廊坊农交会上被评为“梨王”。水利设施建设不断加快，完成了唐河三期治理工程，望亭、孙村、石桥等乡镇新打水井88眼。“沃土工程”深入实施，配方施肥面积20万亩，节本增效600万元。工业经济 全县规模以上工业实现产值46.8亿元，同比增长40.9%，增加值完成10.2亿元，同比增长30%，利税完成2.2亿元，同比增长26.6%。企业外向度不断提高，出口创汇企业23家，创汇2400万美元，同比增长44.8%。全县产值超亿元的企业达到12家，纳税超千万元的企业增加到4家。商贸服务业发展加快，全县新发展个体工商户951户，市场繁荣稳定。技改项目拉动作用明显，全县工业技改投资累计完成5.6亿元，同比增长47.4%。积极组织校企、银企对接活动，制定了政银企对接信息共享联席会议制度，建立了清苑县香业创业辅导基地。积极争创名牌，立中AOEM牌铸造铝合金锭被评为中国名牌产品。建筑总产值10.1亿元，增长13.2%。城乡建设 按照建设保定一流卫星城的总体目标，投入资金2.26亿元，不断加大城市建设力度，县城整体形象、功能和水平不断提升。路网更加完善，完成了清苑路改造、东环南段的建设工程以及中心街、振兴路、迎宾街便道改造。完善城市功能，完成了全长4260米的县城污水、雨水管网工程，污水处理厂投入试运营。努力提升县城绿化水平，植树1.2万株，新增绿地6万余平方米。旧城改造步伐进一步加快，共拆迁房屋4.5万平方米，开工建设了11个住宅小区，竣工面积达18万平方米。城乡规划管理工作开局良好，全面开展了县域村庄空间布局规划编制工作。加大基础设施建设力度，投资4050万元完成了15条公路建设，改造标准配电台区756个，建设小灵通基站、移动基站68个。文明生态村建设不断深化，全县共投入创建资金1854万元，植树100多万棵，修建沼气池1000余个，村容村貌明显改观。建成76个村民中心，走在了全市前列。固定资产投资 完成全社会固定资产投资22.6亿元，同比增长7.3%，其中，地方固定资产投资20.5亿元，与上年持平。按产业分：第一产业投资13928万元，第二产业投资111440万元，第三产业投资100613万元。全年，外贸出口创汇2600万美元，实际利用外资56万美元。科教　全县引进推广新技术、新成果30项，建立了24个农业科技推广服务组织。教育工作顺利通过了省政府督导评估检查验收，位列第一档次。全县本一上线455人，本二以上上线1095人，本二以上上线总人数稳居全市第三名。清苑中学本二以上上线人数首次突破千人大关，本二以上上线人数居全市31所重点中学第二名。人口资源环境　人口自然增长率控制在规定范围内，社会抚养费清理补征百日会战活动成效显著，有效遏制了政策外出生。环保工作再上新台阶。深入开展白洋淀环境污染综合整治、环境污染暑期综合整治等专项行动，加大对小冶炼、小塑料等重污染行业的打击整治力度，促进了重点污染行业进一步优化升级，全县环境质量不断改善。高度重视节能降耗工作，单位生产总值能耗下降4%。严格落实国家土地政策，共对徐庄、东孟庄、西孙庄等6块土地进行了开发整理，新增耕地146.6公顷，确保了耕地占补平衡。文化卫生　加强文化市场监管，有效净化了文化市场。文体活动丰富多彩，组织文化下乡演出、送戏下乡200余场。哈哈腔剧种被列入了国家非物质文化遗产保护工程。继续实施农民健康保健工程。新增7个乡镇12个试点村的健康普查工作，为10540名三类人群进行了全面健康体检，并建立了健康档案。完成了大庄、温仁、冉庄、臧村四所中心卫生院和魏村镇卫生院的标准化建设。文物旅游　总投资2100万元（中央预算内资金880万元，省预算内资金380万元，县配套资金840万元）对冉庄地道战景区进行改造，包括民居改造、疏通护村壕、保护区内外道路改造、保护区消防安防、电力设施及停车场、接待服务设施等6项工程。民政、残疾人　荣获民政部“全国民政工作先进县”称号，康复工作获全省先进县称号，县光荣院连续四次蝉联省“甲级光荣院”。城乡社会救助体系进一步完善，保障了困难群众的基本生活。村委会换届选举顺利推进，253个村完成了换届选举，达到了上级目标要求。残疾人事业成效显著，被国务院残工委授予“全国残疾人工作先进县”。人民生活 城镇居民人均生活消费性支出5972元，下降2.0%。其中，食品类支出1642元，下降3.4%；衣着类支出850元，增长11.7%；其他用品及服务类支出3480元，下降4.3%。

【破解发展难题促进项目建设】 坚持科学谋划，规划了“三区三园”。积极开展砖窑治理，变废弃窑坑为建设用地，第三工业园区新增建设用地380亩，其他砖窑治理置换、抵顶960亩，共争取用地指标1400多亩，有效地保证了项目建设，总投资达到16.02亿元。德润达二期、风帆极板三期等一批扩建续建项目建设顺利；天象生物制药、帆顺金属等一批项目新开工建设。兆丰食品、汉金电力、立中集团6万吨合金铝、旭阳汽车配件、北大冉旧村改造、科翰树脂、阿尔法电梯等27个项目已解决用地问题。

【民心工程方便群众生产生活】 完成县城5条小街小巷的硬化工程，增设160个果皮箱、10个垃圾箱、3座公厕、15个候车亭；5630名农村困难群众被纳入低保范围；新建1所中心卫生院、改建了8所乡镇卫生院；完成了67个村文化体育站室建设；基本完成农业排灌电力线路改造工程，代管245个村的13038眼机井，实现抄表到井，浇地刷卡；完成旅游路、张望路阳城段大修和4个未通硬化道路村的油路建设；新改建齐贤庄九龙河桥、李庄乡付家营桥和府河米阳桥等3座危桥；万村千乡市场工程建成村级综合服务站200余家；培训农村劳动力10.3万人次；就业再就业和农民劳务输出工作，完成城镇新增就业岗位1228个，职业介绍610人，下岗失业人员再就业708人，“4050”人员再就业224人；阳光工程新增农民工输出2030人，职教中心新增就业输出1098人。

领导班子成员

县委

书　　记　李国英(3月离任)
　　　　　石海林(3月任)
副 书 记　马志超
　　　　　陈景福(6月离任)
　　　　　吴亚飞
　　　　　吴建民
常　　委　李国英(3月离任)
　　　　　石海林(3月任)
　　　　　马志超
　　　　　陈景福(6月离任)
　　　　　吴亚飞　吴建民
　　　　　张凤洋(4月离任)
　　　　　陈保华(4月任)
　　　　　张晓东　侯印红
　　　　　董少卿　李文阁
　　　　　赖晓庆(5月离任)
　　　　　李东海(5月任)
　　　　　丁　阳

人大

主　　任　李福秋
副 主 任　陈景福(3月任)
　　　　　刘志宏(3月任)
　　　　　杨保仲　吕建增
　　　　　张双义　张洪启

政府

县　　长　马志超
副 县 长　张晓东　宋　静
　　　　　刘志宏(3月离任)
　　　　　李正如　郭海山
　　　　　李建元
　　　　　陈　克(5月任)
政府专项工作同志
　　　　　段秀峰

政协

主　　席　丛国栋
党组书记　胡景山(12月离任)
副 主 席　闫英志　张焕玲
　　　　　税国芳　赵保平
　　　　　陈　克(3月离任)

【2007年·概况】 2007年，全县地区生产总值完成55.1亿元，比上年增长11.0%。其中，第一、二、三产业增加值分别为14.6亿元、27.3亿元和13.2亿元，分别增长8.0%、12.9%和10.8%；粮食总产量39.1万吨；乡镇企业总产值159.3亿元，增长27.5%；财政收入31071万元，增长18.05%；财政支出55270万元，增长19.7%；社会商品零售总额19.0亿元，增长16.0%；职工年平均工资15469元；农民人均纯收入达到4513元，增长8.7%；年末城乡居民储蓄存款余额37.4亿元，比年初下降1.6%。农业经济　粮食喜获丰收，总产达到39万吨，比2006年增产1081吨，获得全国粮食生产先进县称号，被农业部确定为全国首批农业机械化示范区。继续实施小麦、玉米良种补贴项目，推广“两晚”技术，巩固提高白团魏村、望亭孙村两个优质粮食生产万亩方田。全县小麦、玉米种植面积各达到45万亩，其中优质小麦补贴项目15万亩，优质玉米补贴项目10万亩。托市收购小麦8657吨。产业规模效益稳步提高，瓜果种植面积8.91万亩，蔬菜种植面积14.38万亩，奶牛和鸡存栏分别达到1.4万头和464万只。全县农产品产地环评面积达10万亩，推介引进农业新品种9个，推广西红柿嫁接茄子等新技术7项，完善了红薯、西瓜、草莓、梨等四个市级标准化生产技术规程。充分发挥基层动检和科技推广体系的作用，禽流感、蓝耳病等重大动物疫病和美国白蛾等农林有害生物防控有效开展。工业经济 全县规模以上工业实现产值67.6亿元，同比增长40.7%，增加值完成15.8亿元，同比增长33.9%，利税完成3.2亿元，同比增长39.5%。规模以上企业达到45家，其中产值超亿元企业达到13家，纳税超千万的企业5家。产销衔接继续保持较高水平，全年产品销售收入完成63.4亿元，同比增长40.6%，产销率达到98.3%。通过开展“质量提升年”活动，8家钻井机械生产企业通过IS09001质量管理体系认证。建筑总产值8.6亿元，下降

19.3%。城乡建设 投入资金1.1亿元，新修和改造道路面积2.5万平方米，建筑工程竣工面积29.1万平方米，新增绿地面积6.5万平方米，绿化覆盖率达到32.3%。污水处理厂通过省环评验收，投入正式运营。高标准完成冉庄小城镇总体规划、旅游规划及所辖村的建设规划；完成何桥、望亭、大庄、东闾四个乡镇总体规划和四个乡镇61个村的村庄建设规划，完成县域村庄空间布局规划，完成了清苑汽车产业园区和第三工业园区的规划。农田水利基本建设，实施了任王力村和良庙村节水灌溉工程，对7个村进行了机井改造和新打机井。完成造林植树101.5万棵。电网建设更加完善，投资4750万元完成了孙村乡电气化乡建设和16个新农村电气化村建设，郑村220KV、罗侯110KV变电站建设完工。架设电缆13.8皮长公里，新建通信管道1.6管程公里，建设基站30个，建设378个手机服务站。固定资产投资 完成全社会固定资产投资26.1亿元，同比增长15.5%，其中，地方固定资产投资22.6亿元，增长10.2%。按产业分：第一产业投资16360万元，第二产业投资152913万元，第三产业投资91698万元。实际利用外资520万美元。推进财政、金融等各项改革，实行新的公务员工资标准，保证了公教人员和离退休人员工资的正常发放和机关的正常运转。县供销社综合改革试点工作名列全国第14位。完成物资系统下属企业的改制工作。完成商业系统下属企业的摸底测算工作。农村信用社改革稳步实施，完成统一法人社工作，央行1.95亿元的票据兑付到位。科教 全县引进推广新技术、新成果67项，耗氧发酵堆肥工业化集成技术、微孔粗集料过滤技术、天然植物精油驱蚊熏香技术等三项技术通过省市科技部门鉴定，达到国内领先水平。基础教育不断完善，学前教育和成人职业教育快速发展，高考再创佳绩，全县本二以上上线总人数稳居保定市第三名。文体卫生 文体活动丰富多彩，体育代表队在市第六届运动会上取得全市第三名的优异成绩。冉庄镇冉庄村被建设部、国家文物局命名为第三批中国历史文化名村。地道战遗址保护工作成效显著，文物保护工程、基础设施建设工程基本完成，启动了纪念馆迁建工程。加大卫生事业投入，强化公共卫生和农村卫生工作，城乡整体卫生水平明显提高。食品安全 每季度开展一次农、林、畜、禽产品药物残留专项整治活动。加大对畜产品、肉类产品抽查检验力度，生猪定点屠宰率县城达到了100%，乡镇达到了98%；对全县各餐饮单位不定期进行抽查，县城区域内95%以上的单位达到卫生量化分级标准。逐步解决缺水、高氟、沿河村庄的饮水安全问题，新打深水井20眼，使20个村的村民喝上放心水。社会保障 为3275名离退休人员发放离退休费3178.5万元，发放率100%，为238名享受失业保险待遇的失业人员发放失业救济金180万元，发放率100%，为1038名参保的患病职工支付医疗费用472.9万元。为300名符合条件的下岗失业人员办理了《再就业优惠证》，为400名公益性岗位职工发放岗位补贴110万元，为520名企业吸纳的下岗职工缴纳社会保险170万元。社会治安 深化“打、抓、破”专项行动，破获了一系列大案要案。进一步完善治安防控体系，以“三基”工作为载体，大力推进科技强警和基层基础工作建设，可防性案件比去年同期下降9.5%，治安案件下降25.2%，维护了良好的社会治安秩序。人民生活 城镇居民人均生活消费性支出6616元，增长10.8%。其中，食品类支出1925元，增长17.3%；衣着类支出976元，增长14.9%；其他用品及服务类支出3715元，增长6.7%。

【招商引资和项目建设成效显著】 按照“北移南扩、东西崛起”总体工作思路，开展“项目建设突破年”活动，全县项目建设工作取得明显成效。通过科学规划，完善“三区三园”规划，通过破解难题，保证项目用地和资金需要，全年解决项目用地600多亩，落实贷款8560万元。采取“听看录帮”方式，对项目进行现场“会诊”，促进项目建设，全年共谋划、引进、建设各类千万元以上大项目72个。立中铝合金、兆丰缘食品、海明生态等23个投资超千万元项目新开工建设，南郊电厂、环保发电、金瑞祥10万吨锌锭等一批前期项目取得了实质性进展。积极推进重点项目建设，在全市“听看录帮考”活动中考核成绩位居全市前列。全年引进省外资金3.6亿元，同比增长14%。

【开展环保专项行动】 举全县之力深入开展环保整治专项行动，在全县范围内对有色金属、塑料加工、造纸、化工等重点污染行业实施了全面整治。对不符合产业政策和使用淘汰落后生产工艺、设备的有色金属企业、摊点进行了取缔，对224家有色金属企业和285家塑料加工企业进行了断电停产治理。通过整治，主要污染物排放总量削减任务超额完成，全县环境质量日趋好转。秸秆综合利用工作取得新进展。禁烧期间未出现大面积着火现象，秸秆综合利用率达到了80%以上，康帝复合肥和秸秆压块项目提高了秸秆的利用率，得到了国家环保总局减排检查组的充分肯定。

【民心工程圆满完成】 投资50余万元，完善了城区道路，新建10个垃圾箱、100个果皮箱、街道标牌174块，完成了87个平安小区的创建；改建27条农村公路，完成4个农村客运站，20个标准候车亭，50个招呼站牌建设，完成龙泉河齐贤庄西街桥等3座危桥拆建；完成80个村的农村文化体育站室建设工程；启动白团乡13900亩基本农田整理项目，完成北邓村3000亩、温仁良寨罗家营4000亩基本农田整理项目；新增通有线电视村26个；完成农村劳动力技能培训10万人次；实施农业沃土工程，建立配肥站18个，配方施肥面积达到40万亩以上；完成100个特色经济村村民网络信息站建设；新农合工作全年补偿参合农民9.3万人次，共补偿医疗费1642.5万元。

领导班子成员

县委

书　　记　石海林
副 书 记　马志超　吴亚飞
　　　　　吴建民(5月离任)
常　　委　石海林　马志超
　　　　　吴亚飞
　　　　　吴建民(5月离任)
　　　　　陈保华　张晓东
　　　　　侯印红　董少卿
　　　　　李文阁
　　　　　谢占斌(5月任)
　　　　　李东海　丁　阳

人大

主　　任　李福秋(5月离任)
　　　　　吴建民(5月任)
党组书记　李福秋
副 主 任　刘志宏
　　　　　杨保仲(5月离任)
　　　　　赵保平(5月任)
　　　　　吕建增(5月离任)
　　　　　张双义　张洪启
副县级待遇　吕建增

政府

县　　长　马志超
副 县 长　张晓东
　　　　　李东海(5月任)
　　　　　宋　静(5月离任)
　　　　　李正如(5月离任)
　　　　　张金仲(5月任)
　　　　　郭海山　李建元
　　　　　陈　克
政府专项工作同志
　　　　　段秀峰

政协

主　　席　丛国栋(5月离任)
　　　　　宋　静(5月任)
党组书记　丛国栋
副 主 席　闫英志
　　　　　赵保平(5月离任)
　　　　　税国芳(5月离任)
　　　　　范同山(5月任)
　　　　　苏秀义(5月任)

（部门编辑：王立彬）

曲阳县

【地情提要】 曲阳县位于保定市西南部，总面积1083.7平方公里，是国家命名的中国雕刻之乡，中国水果百强县之一，河北省民间艺术之乡。

地理位置 曲阳县地处太行山东麓，华北平原西部，县境地理坐标为北纬38°26′28″～38°57′18″，东经114°24′30″～114°53′54″。北偏东距首都北京200公里，南偏西距省会石家庄70公里。

自然环境 曲阳县为半山区，地势西北高、东南低，地貌自西北向东南依次为低山、丘陵、平原，俗有“六山一水三分田”之说。曲阳县属暖温带半干旱地区，大陆季风气候显著，四季分明。春季气温急剧升高，气候干旱；夏季天气炎热，雨量充沛；秋季天气爽朗，昼暖夜凉；冬季天气寒冷干燥。2006年无霜期192天。境内水道属海河流域大清河南支，水位动态自西北向东南方向径流。境内有通天河、三会河、大沙河等河流。境内土壤有褐土、潮土、沼泽土、草甸土、水稻土5个土类，9个亚类，40个土种。

自然资源 曲阳县自然资源丰富，生物资源主要有果树砧木、芦苇等，矿产资源主要有大理石、石灰石、煤等，其中大理石资源储量丰富。

建置沿革 曲阳县建制秦以前没有记载，秦时设置曲阳县，北魏太平真君七年（公元446年）与新市县（今正定县新城铺）合并，称新市县。景明元年（公元500年）析出，恢复曲阳县建制。元太祖十一年（公元1216年）升为恒州，辖阜平、灵寿、行唐、庆都（今望都）、唐县5县。太宗十一年（公元1239年）撤州并复县。1958年10月1日与定县（今定州）合并，称定县。1961年5月20日析出，恢复曲阳县建制至今。现辖4个镇，14个乡。

人口民族 2006年末曲阳县总人口548200人，其中农业人口419735人。2007年末，总人口574836人，其中农业人口421031人。人口性别比为104.6：100。99.9%为汉族人。其他还有满族、蒙古族、回族、苗族等18个少数民族。

【2006年·概况】 2006年，曲阳县生产总值324399万元，比上年增长10.3%。其中第一产业增

加值58311万元，增长4.9%；第二产业增加值155722万元，增长13.9%；第三产业增加值110366万元，增长8.5%。三次产业的构成比例为18 ：48 ：34。农、林、牧、渔业总产值110667万元，比上年增长4.7%。工业总产值386529万元，增长12.3%。全社会固定资产投资119299万元，同比增长20.3%。财政收入18753万元，增长31.2%；财政支出27027万元，增长9.7%。社会消费品零售总额102864.4万元，比上年增长10.5%，居民消费价格指数比上年上涨2.1%。城镇居民人均可支配收入6463元，比上年增长12%。农村居民人均纯收入2698元，比上年增加153元。年末城乡居民储蓄存款余额295765万元，比年初增加48192万元。

2006年，曲阳县按照“一牧二林三蔬菜”工作思路，实施龙头带动、项目拉动、示范推动、科技促动战略，加快农业向产业化、市场化、标准化方向发展。积极推进农业结构调整，种植业下大力加强芦笋、无籽紫光茄、脱毒甘薯和优质小杂粮基地建设，粮食播种面积37949公顷，粮食总产量179921吨，比上年增长4.35%；养殖业紧紧依托三鹿集团，重点建设7个奶牛小区，辐射带动全县肉、奶牛养殖业发展，当年肉类总产35238吨，增长4.8%。牛奶总产19250吨，增长12.9%；林果业立足鸭梨、红枣等现有果树资源，搞好老树种的嫁接改造，加快优质梨、红枣、磨盘柿、杂果、速生杨基地建设，新建示范园2000亩，全年果品总产量9.5万吨，比上年增长3.9%。山区综合开发按照经济、社会、生态效益并重原则，坚持“山水林田路”建设相统一，农林牧齐发展。年内治理小流域水土流失面积20平方公里，工程造林3万亩，通道绿化36公里，封山育林12万亩。扶贫开发坚持输血与造血相结合，落实帮扶资金662万元，9000多人脱贫。大力实施生态家园富民工程，积极推广庭院沼气能源技术，年内建成新型沼气池2500个，沼气示范村10个。新建文明生态村24个，硬化道路85公里，绿化30万株。

优化工业结构，促进特色产业和民营经济迅猛发展。优化工业结构，大力发展高附加值项目，积极开发新产品。顺达铸造有限公司投资1000多万元扩建升级，年生产能力达到1500吨，年产值近亿元。太行山水泥有限公司与清华园合作投资300万元开发“矿聚剂”，年产矿聚剂1万吨，大大降低水泥生产成本。以产业优势和骨干企业为依托，突出建设“一城四区”，引导工业项目向园区聚集，推进经济集约化发展。东方雕刻城年末有雕刻企业176家。恒阳工业园区有企业4家，年产值近3亿元。实施“催生、助长、扶强”战略，支持民营经济发展。组建雕刻集团，做强龙头企业，制定雕刻业发展中长期规划，组建宏州石业集团和曲阳华夏国际石材荒料交易市场，举办首届中国曲阳雕刻展销会，拓展国内外市场。扶持定瓷产业上档升级，举行了定瓷恢复三十周年活动。组建运输公司，建设运输产业大县，积极发展餐饮、住宿、煤炭销售、汽车配件等相关产业，特色产业在民营经济中的地位日益突出。年末，县内注册登记民营企业13000户。年末全县工业总产值386529万元，比上年增长12.3%。全部工业增加值119521万元，增长14%。年销售收500万元以上企业增加值20348万元，同比增长10.4%。建筑业增加值36201万元，同比增长13.8%。

2006年，曲阳县实施环境立县战略，加大投资力度，加快基础设施建设。城市建设围绕县城“三横九纵一条街”总体规划，加快新城建设步伐，加大旧城改造力度，不断完善县城功能．年内投资2100余万元，完成孟良河西街桥、南环路一期工程第二段开通工程。投资400万元实施县城亮化工程，在县城主要路段安装路灯358杆。投资1800万元利用田原公司热电联产项目对县城新城区23个单位和住宅小区进行统一供热。投资230万元对太行路、南环路、朝阳街、孟良河和雕刻广场进行绿化。投资780多万元，在县城主要街道及雕刻城摆放雕刻作品150件，充分营造“雕刻之乡”浓厚的文化氛围。交通工作完成张石、保阜高速公路的拆迁占工作和河龙线部分路段大修工程，投资382万元建设农村公路25.3公里。通讯完成网通光缆、宽带设施建设，建设移动、网通通信基站20座，移动、联通空中充值站500多个，通信网络更加健全。

加大招商引资力度，鼓励、组织乡镇和经济部门积极参加各类经贸洽谈活动，改进传统招商方式，开展小团体招商、互联网招商。全年签约外资项目1个，投资10万美元；签约内资项目66个，引进省外资金3.225亿元。抓好外贸出口工作，扩大铸造、雕刻等产品出口，全年出口创汇721万美元，比上年增长185%。创新思路，大力开拓国内外劳务市场，积极开展外派劳务业务。年内年派劳务6700余名，至少为农民增收1000多万元。其中向韩国、新加坡等国外输出劳务200余人。

【首届中国曲阳雕刻展销会成果丰硕】 2006年9月18日到10月8日，曲阳县成功举办了首届中国曲阳雕刻展销会，展销会在交流技艺、增进合作和招商引资等方面成果丰硕。展销会共设展位605个，参展企业174家，参展作品有石雕、木雕、根雕、玉雕、铜雕、不锈钢雕、陶雕、树脂雕、风景石、石材、墓碑、荒料和石材机械等15类，12100件。吸引来自美国、英国、俄罗斯、法国等13个国家和地区及北京、天津、广州、山东等15个省市客商、游客8万余人前来参观和洽谈业务。展销会完成现金交易360多万元，合同金额340多万元。展销会还举办了雕刻精品及旅游纪念品大赛。展销会的成功举办，充分展示了曲阳精湛的雕刻技术，扩展了市场，提高了曲阳雕刻的知名度，取得了良好的经济效益和社会效益。

【多项措施保护西大洋水库水源地】 为确保保定市民饮水安全，曲阳县采取多项措施，开展西大洋水库水源地保护工作。一是取缔小瓷窑。灵山镇小瓷窑有800多年历史，涉及5个村，共443座，是当地一个传统的主导产业。由于工艺落后，污染了西大洋水库水源地的生态环境。该县按照“依法取缔，有情操作”的原则，利用一个月时间全部拆除了所有小瓷窑。二是整治采矿、选矿厂。对通天河、三会河流域所有非法采选企业全部停止供电，拆除厂房设备，毁闭矿点，全县80多家采矿场、50多家干选矿点、68家水选厂全部关闭。三是彻底清理河道尾矿、尾砂和河道垃圾。共清理河道尾砂、垃圾5万方，确保了河道行洪和保定市百万市民的饮水安全，受到市政府的充分肯定。

领导班子成员

县委

书　　记　张志奎

副 书 记　周立光　李　勇　杜同刚　李丙申

常　　委　张志奎　周立光　李　勇　李丙申　杜同刚　顾振军　李自贤(5月离任)　田志先　韩国勋　张美顺　孙增军　凌国增　刘同孝(5月任)　赵泽琮　孙晨光(5月任)

人大

主　　任　徐二泉

副 主 任　田义才　李培然　杨亚勋(5月任)　李木成

政府

县　　长　周立光

副 县 长　田志先　韩国勋(5月任)　刘同孝(5月离任)　王占永(5月离任)　丁海山(5月离任)　孙晨光(5月离任)　王耀永(5月任)　田双喜　李贤明(5月任)

政协

主　　席　陈建勋

副 主 席　任曙光　万树勋

【2007年·概况】 2007年，曲阳县生产总值364536万元，比上年增长11.0%。其中第一产业增加值57561万元，增长2.3%；第二产业增加值173055万元，增长10.6%；第三产业增加值133920万元，增长15.6%。三次产业的构成比例为15.7 : 47.5 : 36.8。农、林、牧、渔业总产值108764万元，比上年增长2.1%。工业总产值428773万元，增长11.3%。全社会固定资产投资130422万元，同比增长9.32%。财政收入20539万元，增长19.5%；财政支出46958万元，增长57.6%。社会消费品零售总额118401万元，比上年增长15.1%，居民消费价格指数比上年上涨6.4%。城镇居民人均可支配收入7312元，比上年增长13%。农村居民人均纯收入2927元，比上年增加229元。年末城乡居民储蓄存款余额353739万元，比年初增加57973万元。

2007年，曲阳县围绕“农业增效、农民增收”目标，以“一村一品、一乡一特色”为重点工作，大力推进专业村、专业乡建设，加快农业产业化、市场化、标准化发展。在农业产业结构调整中，种植业继续抓好芦笋、无籽紫光茄、脱毒甘薯和优质小杂粮基地建设，养殖业重点发展奶牛、生猪、蛋鸡养殖，林果业优质梨、红枣、杂果和速生杨基地建设发展良好。全年全县粮食播种面积36525公顷，粮食总产176971吨；果品产量9万吨。年末奶牛存栏1.2万头，年产鲜奶29338吨。肉鸡养殖场76个，存栏40万只。生猪养殖场98个，存栏8万头。蛋鸡养殖场434个，存栏87万只，年产禽蛋10133吨。立足本地实际，发挥比较优势，大力发展旅游、石灰、蔬菜、小杂粮、烤烟、甲鱼、鲟鱼等特色产业，建成甲鱼养殖大棚305个，鲟鱼养殖35万尾，形成种苗孵化、成品养殖、市场销售为一体的产业链条，在保定市乃至河北省处于领先地位，“一村一品、一乡一特色”工作取得良好进展。大力实施生态家园富民工程，积极推广庭院沼气能源技术，投入700多万元，建新型沼气池3500个，建设沼气示范村15个。山区综合开发按照经济、社会、生态三个效益并重的原则，以改土、治山、兴水为中心，实施政策、技术、水利、资金“四上山”，新增灌溉面积0.2万亩，治理水土流失面积20平方公里，工程造林5.3万亩，通道绿化15公里，封山育林3.1万亩。扶贫开发坚持输血与造血相结合，在“对口”帮扶的基础上，重点实施周转、移民搬迁等扶贫开发项目，落实帮扶资金405万元，4000多人脱贫。发放粮食直补资金1009万元，农机补贴资金80万元，良种补贴资金100万元，各项惠农政策平稳落实。

特色产业和民营经济得到新发展。2007年，曲阳县坚持“催生、助长、扶强”战略，全力推进特色产业和民营经济优化升级。在改造传统产业、提高科技含量的同时，积极开发一批批高附加值项目和新产品。当年全县重点项目总投资4.21亿元，灵山碳素厂、地板砖厂新项目当年投产，当年见效；河北顺达铸造有限公司产品畅销，当年产值超过亿元。东方雕刻城，恒州工业园区，大南关铸造工业园区，庄窠、孝墓建材工业园区和灵山工业园区建设顺利发展。东方雕刻城有雕刻企业176家，恒阳工业园区有企业4家，年产值3亿元，工业经济向集约化良性发展。雕刻产业是曲阳传统主导产业，年内开通了“中国雕塑网”，打造网上“雕刻之乡”，雕刻名品大量涌现。曲阳宏利集团佛像作品作为中国与斯里兰卡建交50周年礼品赠给斯里兰卡总统，大型群雕《胜利的起点》受到中央领导人高度评价。当年工业总产值428773万元，比上年增长11.3%。全部工业增加值140055万元，增长17.9%。全县民营经济增加值260970万元，同比增长11%，占全县生产总值的比重71.6%，上缴税金18703万元，增长42.8%。

实施环境立县战略，优化发展环境。认真开展实施“万村千乡市场工程”，从人文、政策、法制、服务、市场各方面入手，认真开展优质服务年活动，提高服务质量，大力优化软环境。加大投资力度，加快基础设施建设。投资413万元对县城进行路面改造、亮化和绿化。按照统一规划，对县城街道、雕刻走廊部分雕刻作品进行调整更新，充分营造“雕刻之乡”浓厚文化氛围。投资2237万元建设农村公路70公里。投资1.3亿元建成棋盘220伏变电站，投资4140万元改进网通光缆、宽带和基站建设。加大招商引资力度，鼓励、组织乡镇和经济部门积极参加各类经贸洽谈活动，对内对外开放进一步发展。当年引进内资3.708亿元，比上年增长15.6%；引进外资20万美元；出口创汇1316万元，同比增长74.8%；向外输出劳务7684人。

2007年，曲阳县文化文物旅游事业进一步发展。“雕刻、定瓷、北岳”三大文化历史悠久，源远流长。该县紧紧围绕三大文化主题深入农村、乡镇，对县内非物质文化遗存进行普查登记、挖掘和整理保护。曲阳雕刻艺人卢进桥、甄彦苍被国务院命名为“国家级非物质文化遗产继承人”，曲阳宏州石业有限公司被命名为“河北省文化产业示范基地”，曲阳石雕和吹歌被命名为“河北省特色艺术之乡”和“河北省民间艺术之乡”。曲阳石雕、定瓷传统烧制技艺、曲阳吹歌和曲阳擎歌被保定市命名为第一批非物质文化遗产。

【第二届雕刻展销会取得新成果】 2007年9月28日至10月8日，第二届中国曲阳雕刻展销会在曲阳县城南雕刻广场举办。省、市领导、中央美院和中国雕塑协会的专家学者、61家中外商务代表团及39家国家、省、市的新闻记者参加了展销会，参观人数达万人以上。此次展销会分室内展厅和室外展览两部分。室内展厅3500平方米，216个国际标准展位；室外有12个展区，300多个展位，5000多平方米。会上为曲阳县“镇厂之宝”雕刻精品大奖赛颁奖。此次展销会完成交易额580多万元，签订购销合同19项，合同金额1.8亿元，取得了良好的经济效益、宣传效益和文化效益。

【河北省作家协会第三届端阳诗会在曲阳举行】 2007年6月16日，“虎山杯”2007年河北省作家协会第三届端阳诗会在该县虎山风景区隆重举行。来自全省各地60多名老中青年诗人参加了诗会并对当前诗坛现状进行了研讨。诗会期间诗人们游览了原生态虎山风景区，创作了大量优秀的诗歌作品。河北省作家协会虎山创作基地也于6月16日成立，省作家协会副主席王力平、曲阳县政府副县长李银峰为基地揭牌。

【陈文增荣获CCTV最佳人气奖】 2007年12月8日，中国工艺美术大师、河北省曲阳县定瓷有限公司艺术总监陈文增作客中央电视台“乡土”栏目接受“大师耀乡土”专题采访，并荣获2007年CCTV最佳人气奖。该栏目2007年共推出中国工艺美术大师及中国民间杰出代表人物90人，特别评出10位获此奖项，陈文增为河北省唯一获此殊荣者。陈文增，河北曲阳人，现为中国陶瓷工业协会定窑研究院院长，高级工艺美术大师，出版有《定窑研究》、《定窑陶瓷文化及造型装饰艺术研究》等专著，其多件定瓷作品被人民大会堂、国家博物馆、中南海紫光阁等权威机构收藏，其中他的“瓷、诗、书”三联艺术作品2001年获“大世界吉尼斯之最”。

领导班子成员

县委

书　　记　张志奎
副 书 记　周立光　李　勇
　　　　　李丙申(5月离任)
　　　　　杜同刚
常　　委　张志奎　周立光
　　　　　李　勇　李丙申
　　　　　杜同刚　韩国勋
　　　　　段志伟(5月任)
　　　　　王跃勇(5月任)
　　　　　刘同孝(5月离任)
　　　　　赵　军(5月任)
　　　　　孙增军(5月离任)
　　　　　张美顺　赵泽琼
　　　　　凌国增　孙晨光

人大

主　　任　徐二泉(5月离任)
　　　　　田志先(5月任)
副 主 任　田义才　杨亚勋
　　　　　李木成(5月离任)
　　　　　高爱茹(5月任)

政府

县　　长　周立光
副 县 长　韩国勋
　　　　　田志先(5月离任)
　　　　　王跃勇　田双喜
　　　　　李银峰(5月任)
　　　　　段志伟(5月离任)
　　　　　李贤明
　　　　　马立新(5月任)

政协

主　　席　陈建勋(5月离任)
　　　　　刘同孝(5月任)
副 主 席　任曙光　万树勋
　　　　　夏立章(5月任)

（部门编辑：赵丽英）

涞水县

【地情提要】　涞水县地处河北省中西部，太行山东麓北端，总面积1654平方公里。地形独特，区域狭长，素有涞水“一条线”之称，地势自西北向东南倾斜，分山区、丘陵、平原三种地貌。县境与北京市房山区和门头沟接壤110公里，是京西南门户。县域距北京市中心90公里、距天津市中心170公里、距保定市中心75公里，位于京、津、保三角地带和大北京经济圈内。地理坐标为北纬39°17′~39°57′，东经114°59′~115°48′。

自然环境　山区、丘陵占全县总面积的75%，平原占全县总面积的25%。西北山区平均海拔800米，最高峰1983米，境内最大河流拒马河流经县内117公里。拒马河常年过水量9.2立方米/秒，属海河流域大清河系。近年由于北方干旱少雨拒马河县域段地表水已干枯。气候属温带、温润性气候，平均气温12.4度，冷月（1月）平均气温－4.7度，热月（7月）平均气温28.4度，年日照2853.3小时。常年主导风向为东北风、西南风，最大风速17米/秒。平均无霜期为236天，山区为165天。最大冻土深度75厘米，最大积雪厚度28cm。

自然资源　全县耕地面积22082公顷，其中水浇地占64%，人均耕地1.1亩。土壤有5个土类、11个亚类、12个土属、70个土种。野生植物资源中木本植物25科，40属、50种、草本植物30科、62属、85种。植物药材多达776种，其中已经开发利用的有100余种，西北部山场广阔，林地面积约50万亩。森林中生活的野生动物有豹、狼、野猪、山羊等30多种。矿产资源已探明的煤、铁、铜、金银、铅、锌、云母、石棉、大理石、石灰石、滑石、石英等15种。拒马河中天然鱼类资源丰富，主要有金鲤鱼、白鲢鱼、青鱼、草鱼、鲇鱼以及泥鳅、大青虾、螃蟹、甲鱼，原拒马河特产“重唇鲤”清代时为贡品。

建置沿革　汉高帝六年（公元前201年）置县，北魏统一北方后改为遒县，隋开皇元年（公元581年）于遒县置范阳县，开皇六年（公元586年）改名为固安县，开皇十八年（公元598年），因与永州永阳重名，又以境内涞水（即拒马河）所经改名涞水县。1958年10月，涞水县建置撤销分别划归涿县和易县，1962年11月恢复涞水县原建置至今。

行政区划　辖7镇8乡，284个行政村。

人口民族　全县总人口344981人，其中非农业人口54048人，农业人口287366人。满族、回族等少数民族1.58万人。

【2006年·概况】　全县地区生产总值完成16.8亿元，占计划的103.6%，同比增长13.7%，其中：第一产业4.79亿元，第二产业5.58亿元，第三产业6.45亿元，一产、二产、三产同比分别增长7.8%、20.9%和12.5%，三次产业比例调整到28.5 ∶33.2 ∶38.3；人均GDP达到4898元；财政收入达到1.4亿元，同比增长23.8%；全社会固定资产投资完成10.5亿元，同比增长21.4%；城镇居民人均可支配收入6309元，同比增长12.1%；农民人均纯收入2843元，同比增长6.3%。

【农村经济稳步发展，新农村建设扎实推进】 粮食综合生产能力稳中有升。全年粮食播种面积39.9万亩，总产量120559吨，同比增长分别为1.8%、4.4%，农林牧渔业总产值88688万元，同比增长8.3%，占县计划的107.5%。农业结构进一步优化。按照“南菌北果全县畜”的农业产业发展布局，积极推动林果、食用菌、养殖三大主导产业隆起，年内新增食用菌1000万棒，以猪、牛、羊、兔为主的养殖业新发展专业养殖小区2个、养殖专业村5个，以串枝红杏、薄皮核桃等为主的林果业新增果品基地10000亩。农业产业化发展势头良好。现代农庄、富旺达、双卫畜禽养殖等企业龙头带动作用彰显，草莓协会等行业组织化程度提高，农业产业化率达到30.3%。积极落实各项惠农政策。全年对种粮农民的直接补贴、良种补贴、农机具购置补贴669万元，退耕还林及生活补助费748万元，农村安全饮水等水利工程投入417万元。建设了一批农业重点工程。生态富民家园工程新建沼气池1500个；退耕还林、“三北”防护林、京津周围绿化工程共完成人工造林2.6万亩，封山育林12万亩，中幼林抚育1600万亩；小型农田水利工程更新机井32眼，建水窖108个；水保专项治理水土流失面积40平方公里。扶贫开发力度加大，实施“周转畜”项目，共为11个贫困村投放种畜5.8万头（只），培育了示范村5个，解决九龙镇庄里村移民搬迁40户、166人，劳动力转移培训20期8000人次，新增劳务输出1.01万人。文明生态村建设成效显著，新创建县级文明生态村32个，全县文明生态村达到71个，占全县行政村总数的25%。

【规模以上工业运行质量提高，工业经济总量不断扩大】 全县工业增加值完成38804万元，同比增长23%，对GDP贡献率由上年的21.7%提高到23.1%；入统工业增加值完成27831万元，同比增长28.8%；完成利税6530万元,同比增长17.7%。长城长电极、益康制香、北雄、涞滋等一批骨干企业运行良好。玻璃器皿业从业人员16000余人，年产值达3.5亿元，纳税2000万元；仿古家具加工销售园区现已有40余户商家入驻。实施“催生、助长、扶强”战略，为民营经济发展搭建平台，制定出台了《关于促进民营经济发展的若干意见》。

【景区建设日臻完善，旅游业快速发展】 继续实施“旅游活县”战略，以贯彻《关于加快推进旅游产业升级工程的实施意见》为契机，全面提升野三坡旅游景区档次和品位。投资近亿元建设了庄子大街、白草畔、龙门天关服务区、野三坡地质博物馆等一批基础设施工程；野三坡与北京房山、涞源白石山景区联合申报世界地质公园成功；进一步强化市场宣传促销，规范旅游市场秩序，景区环境不断优化，知名度不断提升；创建中国旅游强县工作通过初步验收。在克服北京十大路施工影响下，全年共接待游客138万人次，门票收入1830万元，实现旅游总收入2.3亿元，创历史最高水平。

【项目建设】 招商引资成效显著，固定资产投资继续保持较快增长。按照明确思路谋项目、拓宽渠道招项目、落实责任促项目、优化环境引项目的工作思路，深入开展“项目建设年”活动。清理行政审批项目226项、行政处罚173项；成立行政服务中心，131项涉批、涉证、涉费事项集中到服务中心统一办理，方便了广大群众。项目建设取得突破性进展，全年完成投资千万元以上项目22个，完成总投资9.0亿元，其中投资亿元以上项目2个（投资5亿元的航天“321”工程和投资1.3亿元的河北正大乒乓球培训基地项目）。实际利用省外资金5.6亿元，注册和核准外资项目1个，实际利用外资50万美元。在一批大项目的拉动下，固定资产投资继续保持较快增长，全县完成全社会固定资产投资10.5亿元，同比增长21.4%，其中城镇以上9.4亿元，同比增长27.5%。

【城乡基础设施建设全面推进，城镇化水平逐步提高】 围绕完善城镇功能，着力抓好民心工程这一目标，建设了聚泽园小区、富民小区、雅特新居、慧时欣园等居民住宅小区；投资200万元改造县城供水管网；完成了华茂大厦主体工程建设和府前街西延前期工作。顺利完成了涞阳路路面改造，张石、涿密支线两条高速公路的征地拆迁，“村村通”工程17个村建设开工，完成水泥路面硬化21.8公里。开工建设石亭110千伏输变电及配套工程，完成永阳、明义35千伏变电站备用线路和野孤35千伏输变电工程。继续实施“阳光工程”，培训各种劳动力13740人，转移输出农村劳动力20769人次，其中组织劳务输出10090人次，新增城镇就业人员1694人。城市人口达到4.2万人，城镇化率达到18%。

【财政收入大幅增长，金融运行平稳】 2006年，全县财政收入完成1.4亿元，占县计划的

111.3%，同比增长23.8%，财政收入占GDP比重达到8.3%，地方一般预算收入完成5912万元，同比增长40.2%。金融机构年末各项存款余额为22.1亿元，同比增长30.9%；各项贷款余额10.2亿元，同比增长6.5%。

【各项社会事业蓬勃发展，人民生活水平显著提高】 文化教育方面：规范教育教学行为，教育教学质量稳步提升，高考本二上线人数达349人；中小学布局调整撤并中学6所，小学9所，全县中学减少到16所，小学减少到96所；顺利通过省政府整体教育工作督导评估和普通话达标验收。组织“彩色周末”42场，高洛古乐入选国家首批“非物质文化遗产目录”。计划生育方面：开展“计划生育集中整治”活动，征收社会抚育费349.8万元；新建乡级技术站6个；奖励农村独生子女父母5453人；全县年末总人口344038人，人口自然增长率控制在4‰以内。卫生方面：新型农村合作医疗在农村全面开展，2006年参合率达72%以上；开展了“医院管理年”、“医疗市场治理整顿年”活动，全面提高医疗服务质量；成立了突发应急公共卫生事件办公室，健全了公共卫生体系；在县级医疗机构均设立了“惠民病床”、“惠民门诊”；完成了妇幼保健院、6所乡镇卫生院和医院病房楼主体工程建设。社会保障和就业再就业方面：全年安置下岗再就业人员703人，安置“4050”人员100人，城镇登记失业率3.3%，养老保险新增1147人，失业保险新增692人，城镇低保3194人，农村低保2000人。同时，科技、环保、民政等各项社会事业均取得了长足发展。城乡居民生活水平不断提高，消费品市场繁荣，全年社会消费品零售总额7.4亿元，同比增长15.5%；消费结构不断升级，城乡居民人均住房面积不断增加。

【安全稳定工作】 推进依法治县，严格依法行政，“四五”普法取得明显成效，全民法制意识进一步增强。2006年被省委、省政府授予“普法先进县”。认真贯彻《信访条例》，高度重视群众来信来访。建立“三位一体”调解工作体系，深化社会治安综合治理，深入开展“打、抓、破”专项行动，严厉打击各类刑事犯罪，确保了政治安定，社会稳定。建立健全安全生产责任制和安全生产监管体系，加大重点行业、重点领域、重点单位、重点企业安全整治力度，几年来安全生产形势整体平稳，有效预防并遏制了重特大安全事故发生。强化部门联动，持续开展市场经济秩序整顿，打击假冒伪劣，有效净化了市场消费环境。

领导班子成员

县委

书　　记　孙全博
副 书 记　田庆柱　齐瑞飞
　　　　　于舒心
常　　委　孙全博　田庆柱
　　　　　齐瑞飞　于舒心
　　　　　石登云　连书君
　　　　　杨建军　张德勇
　　　　　赵春辉　刘晓梅
　　　　　任生桥

人大

主　　任　薛兆丰
副 主 任　陈　水　张佃林
　　　　　高祥鹰

政府

县　　长　田庆柱
副 县 长　连书君　李增泉
　　　　　胡玉祥　王士芳
　　　　　刘彦坤　穆启文
　　　　　陈　河

政协

主　　席　宋冀中
副 主 席　王玉卿　赵福礼
　　　　　张克民　郑晓先
　　　　　赵广鹏

【2007年·概况】 2007年生产总值198163万元，同比增长15.4%；第一产56823万元，同比增长18.4%；第二产业66075万元，同比增长17.2%；第三产75265万元，同比增长11.8%；单位生产总值能源消耗1.537吨标煤/万元，降低5.64%；民营经济增加值140138万元，同比增长22.5%；粮棉总产量124284吨，同比增长3.03%；财政收入14489万元，同比增长17.1%；财政支出45956万元，同比增长48.7%；城市空气质量等级2级；社会商品零售总额86293万元，同比增长15.9%；固定资产投资120300万元，同比增长14.88%；职工年平均工资13487元/人，同比增长22.5%；农民人均纯收入3306元，同比增长6.8%；城镇居民人均可支配收入7142元，同比增长13.2%；年末城乡居民存款余额226355万元，同比增长21.8%。

【新农村建设】 农业主导产业布局进一步优化。各项惠农政策得到有效落实，全年共发放粮食直补、良种补贴和大型农机具购置补贴款600万元，退耕还林补助款884万元，农繁母猪补贴67万元，向上争取各类扶贫资金933万元，水库移民后期扶助政策全面落实。劳务经济发展迅速，全年新增劳务输出9330人次，培训农民工1.08万人次。农民人均纯收入达3036元，同比增长6.8%。以文明生态村创建为载体的社会主义新农村建设蓬勃开展，水、电、路等基础设施不断改善，创建县级文明生态村23个。为拒马河沿岸缺水乡村打深井10眼，当地群众的饮水困难得到缓解。

【工业】　全县工业经济保持了良好态势。2007年完成工业总产值14.1亿元，同比增长17.1%；工业增加值完成4.53亿元，同比增长23.3%；其中入统工业增加值完成3.26亿元，同比增长18.2%；入统企业实现利税7782万元，同比增长16.6%。长城长电极、涞磁凯立特等骨干企业继续保持了产值和利税的双增长。特色产业发展壮大。玻璃器皿行业克服了原材料涨价和出口退税额减少等不利因素的影响，继续保持上升势头。古典家具加工销售园区聚集度日益提高，产销量不断增加，经济效益明显。

【旅游】　作为涞水县服务的龙头产业，基础扎实，环境良好。以争创野三坡5A级旅游景区为目标，加大基础设施建设，打造精品景区。整顿市场秩序，优化旅游环境，强化宣传促销，知名度和美誉度进一步提高。投资1400万元完成了金百路升级改造；投资1.2亿元的河北正大乒乓球培训接待中心投入使用；新上了百里峡景区电子门进系统，规范了门票管理；升级改造了百里峡景区游客服务中心，增建了五星级厕所，设计制作了与环境相协调的垃圾桶、导览图，完善了景区标识标牌和其他软硬件设施；白草畔景区完成一期升级改造工程，开通了观光索道。野三坡景区全年共接待游客178万人次，实现门票收入3660万元，旅游总收入3.5亿元，旅游业绩创历史新高。京赞路沿线旅游开发积极启动，投资16亿元的天鹅湖整体开发工程开工建设。

【项目建设】　全县共实施千万元以上的项目22个、完成投资8.28亿元，其中亿元以上项目6个。航天“321”项目、涞磁凯立特技改等一大批生产性项目相继建成投产。投资16亿元天鹅湖旅游综合开发项目、投资3.04亿元的长城长电极扩建项目先后开工建设。投资30亿元的“818”项目完成了土地的征迁工作，为开工建设奠定了基础，投资4亿多元的中加工业园项目基本完成了征地工作，为投资企业入驻园区做好了准备。在市委、市政府组织的重点项目建设“听、看、录、帮、考”活动中涞水县2006、2007两年的综合成绩在西片山区县中名列第一。

【各项改革稳步推进】　民爆公司改制基本完成，开源化工厂依法破产工作有序开展，集体林权制度改革任务按市要求完成，在明晰产权的基础上，确权发证面积达134万亩。

【建管并重，城乡面貌发生新变化】　南水北调、张石高速、密涿支线及城南、城东两条高速引线等重点工程建设快速推进，今年将陆续通水通车。府前街西延、朝阳路改造、涞阳路北延及建材路改造工程全部竣工。城乡电网建设取得新成果，累计投资500万元，完成石亭、娄村、胡家庄高压电网网改造工程。完成县城总体规划修编和3个乡镇60个行政村的规划编制工作。深入开展了“城乡容貌综合治理百日行动”，城镇管理水平在探索中提高，城乡面貌有了新的改善。

【社会保障水平逐步提高】　2007年新增城镇就业1570人，实现再就业787人。养老、失业、医疗等各项社会保险扩面增加2182人，企业退休人员养老金不断增加，城镇低保补助标准不断提高，农村低保面不断扩大，社会保障网络更加牢固。城镇居民人均可支配收入达7142元，同比增长13.2%。

【社会事业协调发展】　义务教育巩固提高，农村免费义务教育全面实现。2007年顺利通过省政府普及学前三年教育工作达标验收、高考本二以上线人数首次突破400人大关。县医院病房楼建成并投入使用，三坡、娄村、石亭、九龙四个卫生院完成工程主体建设。新型农村合作医疗覆盖全县并健康运行，全年共发放补偿款809万元，参合农民得到了实惠。强化计划生育服务，建立健全计划生育利益导向机制，全年发放计划生育贫困救助金及农村独生子女奖励金108万元。高度重视产品质量和良品药品安全，专项整治成效明显。物价工作连续四年市级考评排名第一；连续2年评为省级先进单位。国防动员和双拥共建深入开展。各项工作都取得了新成绩。

【节能减排力度加大】　针对重点行业、重点企业开展大规模环境污染专项整治活动、关停20家灰粉厂、3家铁选厂，在山区推行选矿废水回收利用。涞磁凯立特投资40万元引进先进环保设备，实现了废水达标排放。长城长电极公司投资800多万元，新上环保设备15套，工业粉尘和二氧化硫排放量明显降低。城东污水处理厂完成前期准备工作，城西污水处理厂进入施工建设阶段，主要空气污染物二氧化硫和主要水污染物化学需氧量排放量分别消减7.18%和4.84%，全面完成了市核指标。

【安全稳定工作】 信访渠道进一步畅通、稳控能力进一步提高，安全生产形势稳定。全年未发生一起重大安全事故，严打整治成效显著、社会治安明显好转。投资820万元完成了4个环京公安检查站建设。投资170万元完成二级消防站建设、购置消防车2辆、招录队员15名，结束了全县没有消防站的历史，火险应急处置能力全面提高。

领导班子成员

县委

书　　记　孙金博
副 书 记　田庆柱　齐瑞飞
　　　　　于舒心
常　　委　孙金博　田庆柱
　　　　　齐瑞飞　于舒心
　　　　　石登云　连书君
　　　　　王保辉　赵春辉
　　　　　陈　河　刘晓梅
　　　　　任生桥

人大

主　　任　薛兆丰
副 主 任　刘清源　高祥鹰
　　　　　李福生　胡云霞

政府

县　　长　田庆柱
副 县 长　连书君　陈　河
　　　　　胡玉祥　刘彦坤
　　　　　穆启文　霍占利

政协

主　　席　宋冀中
副 主 席　赵福礼　郑晓先
　　　　　罗桂金

（部门编辑：于秀梅）

涞源县

【地情提要】 涞源县地处河北省中西部，保定市西北部。东邻易县，南邻唐县，西邻山西省灵丘县，北邻蔚县。境内京原铁路横贯东西。108、112、207线三条国道在县城交汇。正在修建中的张石（张家口—石家庄）高速公路途经县境。属全山区县，地势险峻、群山环抱。独特的地形地貌造就了秀美山川和奇异景色，气候凉爽，盛夏气温仅21.7℃，“入伏不见伏，盛暑不见暑”，被誉为“凉城”。近几年来，县域经济发展迅速，财政收入呈增长态势，特别是代表该县经济后续财源的旅游业，凭借着丰富的旅游资源，景区基础设施建设不断加快。现不仅拥有以白求恩做手术的孙家庄小庙、黄土岭战役遗址、王二小牺牲地为主的红色旅游资源；还有风景独特的自然景观，如全国唯一大理岩峰林地貌著称的白石山世界地质公园，飞瀑流泉的十瀑峡，清幽胜境的仙人峪，手摸白云天、脚踏花草地的空中草原，清泉涌溢的拒马源头等自然景区；有国家级的文物保护单位阁院寺、保存完好的明长城，省级重点文物保护单位兴文塔。2007年拒马源景区被建设部批准为“国家城市湿地公园”，域内优美的景色吸引了周边市、县大量游客，旅游的知名度大幅提高。

自然环境 全山区县，境内群山起伏，沟谷纵横，山间分布大小盆地。整个地势西北高，东南低，最高处是县北利华尖，海拔2144.7米，最低处是县南玉皇沟门，海拔350米，相对高差1794米。全县海拔1000米以上的山有78座，1500米以上的山32座，2000米以上的山5座，境内主要行洪河道有拒马河和唐河，均属于大清河水系，总长79.65公里，总流量19.24立方米/秒。该县属暖温带半湿润季风气候区，山地气候特点显著，而且还形成多种小区气候，百里之遥，温差竟达5℃，无霜期相差2个月。2007年最高气温35.5℃，最低气温－18.3℃，年平均气温9.0℃，地面平均气温10.0℃，全年日照2830.9小时，无霜期170天，初霜期为10月18日，年降水量480.0毫米，年均风速1.6米/秒，风极端最大值13.3米/秒（10分钟平均）。盛夏日平均气温为21.4℃。

自然资源 有亚高山草甸土、棕壤、褐土、草甸土、栗钙土五个土类。境内水资源较丰富，有唐河、拒马河两大河流，还有大小山泉102处。县域属暖温带针阔混交林地带山地槲树、槲栎林区，现有植被类型为天然次生阔叶林、灌丛草原等，全县森林覆盖率为25.17％。野生动物有60余种，其中有国家一级保护动物金钱豹；鸟类有30余种，有国家一级保护珍禽褐马鸡。该县矿产资源丰富，储量大，埋藏浅，现已探明矿藏43种，其中金属矿21种，非金属矿22种。主要开发品种有铁、铅、锌、铜、金、大理石、石棉、褐煤等。

建置沿革 涞源县初名广昌，始建于西汉。北魏废置，北周复置，隋为避太子（杨广）名讳，改称飞狐县（因县北飞狐口而得名），明初复旧名，民国3年（1914年），因与江西省广昌县重名，改名涞源县（取涞水源头之意）。

行政区划 2007年，全县设6镇11乡1个办事处，辖285个行政村，8个居委会。

人口民族 2007年全县总户数89108户，272135人，其中农业人口197756人，非农业人口74379人。少数民族有满族、回族、蒙古族、苗族、朝鲜族、赫哲族、土家族、布依族、壮族、独龙族、藏族共11个。

【2006年·概况】 全县总面积2448平方公里，耕地面积26157

公顷，总人口267849人，人口自然增长率6.58‰。2006年地区生产总值完成23.67亿元，同比增长14.9％，其中，第一产业增加值完成1.89亿元，同比增长9.9％；第二产业增加值完成15.51亿元，同比增长15.5％；第三产业增加值完成6.26亿元，同比增长15.1％；民营经济地区生产总值18.46亿元，同比增长14.5％；粮食总产量71367吨，同比增长3.3％；财政收入5.46亿元，同比增长36.4％；社会商品零售总额4.38亿元，同比增长13.6％；职工年平均工资13043元，同比增长14.4％；农民年人均纯收入1751元，同比增长3.9％；年末城乡居民存款余额23.83亿元，同比增长12.1％。

【新农村建设取得明显成效】 按照“整地、兴水、调结构”的思路，加快农业产业化、工业化和城镇化进程。农业基础设施重点实施了农田水利、土地整理、农村路网、文明生态和生态造林五大工程。投资200多万元，完成农村饮水安全工程15处，农水工程4处，增加和改善水浇地8000亩，解决了8000人饮水难问题；大力实施太行山水土保持重点县和省级水土保持城镇项目，完成小流域综合治理37平方公里；完成三合庄、独山城等四座水电站建设，新增装机容量850KW，全年发电330万KW·H。投资1600多万元，开工建设北石佛、南屯乡、张家铺等省、市、县级土地开发整理项目，新增耕地3100亩，打护地坝、防洪坝3.2万米。投入资金3400多万元，修建通村公路37条130多公里，基本实现了全县村村通公路目标。投资600多万元，创建文明生态村18个，创建工作取得了扎实成效。依托“三北”防护林、退耕还林项目，加大荒山拍卖和治理，完成造林3.2万亩。大力发展农业优势产业，核桃杏扁产业基地新增2000亩，脱毒马铃薯达到6万亩、错季蔬菜1.7万亩、食用菌3000亩、优质小杂粮5万亩。狠抓农业产业龙头项目，下北头千亩速生杨生产林示范基地、百亩设施蔬菜基地、金猪旺养猪场，振冀杏扁加工厂等几个农业龙头项目产业规模稳步扩大，示范带动能力不断增强。王安镇、银坊镇、走马驿镇、水堡镇和上庄乡等五个乡镇小城镇建设试点工作取得新进展。

【矿业发展上档升级】 按照“规范管理、规模开发、开保并重、梯次升值”的思路，全力构筑新型工业体系。大力引进和推广先进生产技术，加大高效益、低能耗、低污染的先进生产技术在资源开采和加工领域的推广运用力度，淘汰了一批规模小、能耗高、设备老化企业，全县矿业发展的集约化、规模化、清洁化程度明显提高。与省地勘院通力合作，在镰巴岭一带发现价值逾千亿元的大型铅锌矿，为全县矿业的持续发展储备了资源。坚持资源开发与环境保护并重，加大了对尾矿库、选矿区和矿山的绿化力度，共栽植馒头柳20万株、紫穗槐100万株。全年原矿开采量达到850万吨、精粉250万吨、钢50万吨。矿业增加值达到4.74亿元，占全县入统工业增加值的85.7％，来自矿业的利税达到2.8亿元，占入统工业利税的88.7％。

【旅游业迅猛发展，接替产业地位更加突出】 按照“大宣传、大投入、大改革、大发展”的思路，狠抓旅游开发。白石山景区被联合国教科文组织评定为“世界地质公园”，白石山景区不仅走向了全国，而且冲向了世界；投资1000万元，完成世界地质公园博物馆和2000米步游路建设。拒马寻源、空中草原景区服务设施不断完善，服务水平明显提高。以“黄土岭战役遗址”、“王二小牺牲地”、“白求恩小庙旧址”为重点的“红色旅游”线路初步形成。按照规格高、效果好、范围大、渠道多的要求，大力开展宣传促销，进一步提高了涞源县旅游资源的知名度、美誉度和市场占有率。全年接待游客45万人次，创社会效益1.2亿元。

【县城建设步伐进一步加快】 以打造山水风景城市为目标，按照“一城四区”（涞源城、新城区、旧城区、旅游度假区、工业区）总体规划，狠抓城市建设。投资900万元，完成了涞蔚公路新汽车站段改建、医院大桥更新改造和广昌大街综合整治。投资10亿元、总建筑面积30万平方米的新城区主路两侧商住及办公楼建设进度加快，新开工建设商住楼10处，新增建筑面积15万平方米，新城区建设初具规模。投资200多万元，加大对城区主要道路和荷叶山、烟墩山、拒马河两岸、火车站至转盘等重点区域的绿化、美化、亮化力度，新栽植树木60万株，新安设路灯160架，城市生态景观体系更具特色；完成县城污水处理厂一期主体建设和设备招标。

【项目建设蓬勃发展】 全年共谋划和建设千万元以上大项目59个，其中工业项目27个，农业项目9个，基础设施项目15个，前期项目8个，总投资231亿元，其中亿元项目18个。投资1.2亿元的新保涞路走马驿至水堡段改建工程、总投资1亿元的白石山大酒店等项目进展顺利；总投资42亿元的张石高速、总投资50亿元的荣乌高速等项目完成前期准备工作，张石高速涞源段完成征地拆迁并开工建设；总投资100亿元的240万千瓦涞源电厂项目，已完成可研评审等前期工作；投资12亿元的15万千瓦风力发电项目已与北京大唐公司签订协议，列入河北省“十一·五”风力发电规划；总投资10亿元的太阳能发电项目正在可行性研究。

【扶贫开发成效显著】 对第二批15个重点贫困村实施了整村推进，投资600多万元，发展周转畜1870头（只），建立养殖示范小区10个，对生产生活条件恶劣的232户918人实施了移民搬迁；全年培训农民10万人次，劳务输出3505人，向非农产业转移就业6万人次，全年共解决1.2万贫困人口的温饱问题。

【关注民生，着力解决人民群众最关心、最直接、最现实的问题】 新型农村合作医疗制度深入实施。降低了报销起付点，提高了报销比例和报销封顶线，全县农民参合率达到93.8％；筹资300多万元，直接救助中小学和升入高校的优秀贫困学生1000多名，对10000多名家庭困难学生落实了“两免一补”；实施计生奖扶政策。全年共为1540户发放奖扶资金32万元。认真落实国家促进就业再就业各项优惠政策，全年新增就业1589人，下岗失业人员再就业1035人。不断完善社会保障体系，社会保险扩面2100人，制定和实施了农村医疗救助制度以及城镇困难职工医疗救助办法；筹资800多万元，建立了职工住房公积金制度；提高了农村最低生活保障的保障比例和保障水平，共为3274户、4122人发放保障金81.3万元。

【大力推动社会事业全面进步】

教育科技工作，投入资金1000万元，启动了总建筑面积2.5万平方米的县一中综合楼、职中培训综合楼、第二小学教学楼建设；完成了青少年学生校外活动中心建设和13所乡镇中小学危房改造，新、改、扩建校舍3.2万平方米，教育基础设施得到进一步改善。广播电视工作，投资100万元，完成县城有线电视网络整改和下北头、塔崖驿等乡镇光缆有线网沿途各村入户建网试点工作。卫生工作，不断扩大农民健康保健工程保障范围，受益人口涉及16个村1.5万人；开设惠民病床14张，优惠诊治下岗职工、低保人群等服务对象1000多人次。计划生育工作，完成了走马驿、下北头、南屯、北石佛、城区等5个技术站改建，提高了计生服务水平。交通工作，完成总投资350万元、全长7公里的北石佛—艾河部队专用公路改建工程和张石、荣乌两条高速公路开工前期准备工作；总投资1.2亿元、全长29公里的新保涞路走马驿—水堡段改建工程竣工通车。

【白石山被联合国教科文组织批准为世界地质公园】 白石山位于河北省涞源县境内，是华北平原与山西高原的结合部，是两亿多年来地质构造运动最强烈的地区。该山海拔2096米，因山多白石（大理石），故将此山取名为“白石山”。

首先，白石山整个山体呈现“双层结构”，上部是距今10亿年前形成的白色、产状近水平的燧石条带大理岩，下部是距今1.4亿年前由于岩浆侵入而形成的花岗岩。花岗岩成为一个基座，托着上部的大理岩峰林；其次，白石山奇特的构造形成了奇特的景观，山体奇峰林立、绝壁横陈、险壑纵布、上直下如刀削斧劈。峰林怪石，造型奇异，像是大自然鬼斧神工造就的艺术品；第三，白石山神奇独特的地质构造，它不仅是自然资源的重要组成部分，更是珍贵的，不可再生的地质自然遗产。白石山以云质大理岩构造峰林为特征，辅以十瀑峡花岗岩瀑布群和拒马源构造泉群等地质遗迹。白石山景区主游线长10000米，由9999级台阶及栈道、隧洞等组成的步游路，贯穿白石山的“三顶、六台、九谷、八十一峰”，构成涞源独特的自然地理风光。目前，已被开发为全国著名旅游风景名胜区。2000年以来，白石山景区被评为国家地质公园、4A级国家旅游景区、国家森林公园，全国青少年科技教育基地。2005年涞源县与涞水、北京房山三地联合申报世界地质公园。2006年5月9日接受了世界地质公园专家考察团的现场考察，于北京时间9月18日23时，在英国北爱尔兰贝尔法斯特举行的世界地质公园评审会上白石山被评为世界地质公园。

【“俏夕阳”舞出新时尚】 近些年，随着人们物质文化水平的提高，人们对健康有了更高的要求，除饮食上讲究营养外，更倾向于身体的锻炼。每至清晨或傍晚，男女老幼或同家人，或相邀，或独自以其所好，据其体力，进行各种各样的体力活动，漫步、跑步、打球、舞刀弄剑、跳健身操比比皆是。表现更为突出的是社区老年秧歌队，它组建于1989年，由6个老人组建，随着时间的推移，秧歌队的规模在不断壮大，越来越多的退休老人参与了这支宣传队伍。每到“五一”、“七一”、“国庆”等重大节日，他们就到广场演唱革命歌曲，规模壮大的同时．秧歌队的影响也越来越大，社会各界对他们的关注也越来越多。1990年春，县委、县政府规划改建拒马源广场，城建局赞助1千多元，给秧歌队购买了大锣、大鼓、大钗，并划出了专用活动场地。他们把“强身健体，活跃城乡社区文化，培养高素质文艺新人”，作为活动宗旨，用文艺的形势宣传新农村建设、社区活动、身边荣辱小事等。几年间，他们自编自演了28个文艺节目，其中，“太极神扇显神威，招招式式能健身，重阳老人昂首笑，时光未老透身红”。这是由5位老人在庆重阳联欢会上写的台词。到2006年，陆续参加到秧歌队的老人758人，期间发展和带动了城区6个社区和8个行政村成立了秧歌队，他们多次参加社区办、城区办事处组织的大型文艺汇演和大型宾馆、饭店的庆祝活动，县内每天早晚参与扭秧歌晨练的居民达2000余人，最引人注目的是一身穿着彩装，舞着彩扇，随着锣鼓的节奏舞动的老年秧歌队，他们成了涞源中老年宣传新时尚，倡导文明健康生活的引领者，给山城增添了一道靓丽的风景线。

领导班子成员

县委

书　　记　师振军

副 书 记　赵志栋
　　　　　刘章栓(5月离任)
　　　　　赵五生　崔坤军

常　　委　师振军　赵志栋
　　　　　刘章栓(5月离任)
　　　　　赵五生　崔坤军
　　　　　郭敬洋(3月离任)
　　　　　邵立华(4月任)
　　　　　丁进忠　井建良
　　　　　李　焱(5月离任)
　　　　　汪树立(5月任)
　　　　　张　昇
　　　　　罗玉琴(女)
　　　　　张铁山(5月任)

人大

主　　任　张保国

副 主 任　刘　栋　刘培才
　　　　　李生明　刘　裕

政府

县　　长　赵志栋

副 县 长　丁进忠　张保福
　　　　　陈业鹏　甄会龙
　　　　　汪树立(5月离任)
　　　　　辛书田
　　　　　邢智丽(女)
　　　　　马坤英(女,5月任)
　　　　　谭峰生(挂职)

政协

主　　席　李文喜

副 主 席　苏　剑　刘东江
　　　　　王全胜　贯银山

【2007年·概况】　总面积2448平方公里，耕地面积25993公顷，总人口272135人，人口自然增长率7.06‰。2007年地区生产总值26.50亿元，同比增长7.7％。其中第一产业增加值2.08亿元，同比增长6.4％；第二产业增加值16.64亿元，同比增长3.3％；第三产业增加值7.78亿元，同比增长19.1％。民营经济地区生产总值21.15亿元，同比增长7.2％；粮食总产量71004吨，同比下降0.51％；财政收入6.17亿元，同比增长29.6％；社会消费品零售总额4.96亿元，同比增长13.4％；职工年平均工资18049元，同比增长38.38％；农民人均纯收入1815元，同比增长3.66％；年末城乡居民存款余额29.4亿元，同比增长23.4％。

新农村建设扎实推进。全年完成农业用水工程8处，农村饮水安全工程17处，解决了8500人饮水安全问题。完成水土保持综合治理31.93平方公里；整理开发土地10830亩，新增耕地2245亩，完成集体林权制度改革确权224万亩。完成村村通公路工程103.8公里。加强通讯建设，新建基站30个，固定电话放号1179部，小灵通放号430部，宽带装机1247部。加快变电站标准化建设进程，完成马圈、乌龙沟、354变电站增容改造和13座35KV变电站的技术改造。加强了已建成农村有线电视小片网的管护，完成了87个自然村广播电视村村通工程。新建文明生态村25个。特色产业较快发展，核桃、杏扁产业分别新增500亩、1500亩，脱毒马铃薯达到6万亩、优质小杂粮达到5万亩、错季蔬菜达到1.7万亩、食用菌种植面积达到3万亩，优质专用玉米10万亩，建成金家井5000亩旱作农业示范田；完成人工造林2.7万亩，封山育林5万亩，义务植树90万株。投入资金329.5万元，对29个重点贫困村实施“整村推进”，发展“周转畜”3131头（只）、“周转棚”30个，移民搬迁732人，培训农民3100多人次，劳务输出481人。

矿业的支柱产业地位进一步巩固。完成乌龙沟矿区、镰巴岭矿区资源整合和芦草湾矿区整合前期工作，大湾矿区资产评估、资源评估进入实质性整合阶段；以矿产资源管理秩序“双百日”活动为契机，严厉打击非法盗采，共取缔无证盗采点59个。深入推进“双护”行动，强化“两河”水环境保护，淘汰小碾子落后工艺42家372台；推进采选矿区生态林建设和“绿色企业”创建工作，栽植树木43.2万株，砌坝18150立方，平矿渣7.3万立方，覆土6.1万立方，绿化尾矿库3000平方米，创建“绿色企业”36家；加强对国省干道两侧、行洪河道及旅游区周边等重点区域固废物整治力度，清理废渣、尾矿2.6万立方米，修筑防洪坝1000米。全年开采原矿720万吨，各类粉矿产量256万吨，球团56万吨，钢87.2万吨，来自矿业的财政收入3.77亿元，占全县财政收入的66.87％。

旅游业的接替产业地位更加突出，基础设施进一步强化。白石山世界地质公园修建性详规编制已完成实地踏勘等基础工作，完成了野花坡地质科普广场、韭菜园广场、东山防护栏和十瀑峡步游路、蓄水造景等改造工程，博物馆建设已进入布展装修阶段，风凉沟停车场扩建已完成场地平整，下水系统和化粪池建设，西山景门停车场、索道上站步游路、观景台等工程目前正在紧张施工；白石山供水工程已完成机井定位、管线测量等基础工作。加快“红色旅游”开发。东团堡烈士陵园、王二小牺牲地纪念馆建设工程已完成主体工程建设，白求恩战地手术室纪念地已开工建设，黄土岭战役遗址纪念馆目前正办理有关征地手续。扩大宣传促销。积极配合全市“迎奥运、游保定”系列宣传品制作和《保定旅游》多媒体及光盘编制，参加了全国旅游交易会；利用报刊、组织召开旅游推介会等多种形式，不断加大宣传促销力度，进一步提高涞源旅游的美誉度和市场占有率。6月，由商务局牵头制作的宣传涞源开放成果、资源环境条件的多媒体资料在全市评比中获得第一名；投入100多万元，利用报纸、电视台、网络等多种方式，在京、津、石、保等大中城市广泛宣传，组织召开旅游推介会，共签订旅游优惠协议110份，积极参加各种形式旅游交流会，散发宣传资料5000余份，组织开展了第二届“聚焦白石山摄影大赛”，扩大与业内人士的交流与沟通。全年共接待游客50万人次，创社会效益1.5亿元。

城乡规划建设迈出新步伐。按照《保定市西部地区发展指导意见》，完成了全县区域功能划分；大力实施城乡规划工程，完成了7个乡镇75个行政村的规划编制，使乡（镇）总体规划编制率达到35％，村庄规划编制率达到25％。加快新城区建设，主路两侧商住、办公楼主体建设基本完工，广平大街与108国道交叉路口至泉坊转盘全长4500米的两条污水管网，共动用土石10万方，广平大街供暖如期竣工并投入正常使用，确保了1000多户居民正常取暖。完善城市功能，县城污水净化厂全部工程已完工，正在进行设备调试和试运行；县体育中心一期工程已与15户被拆迁户签订补偿协议，白石山大酒店完成主体建设，正在进行内装修；南山宾馆1号楼完成主体工程；全县市场建设规划已完成初稿，聘请有关专家进行论证，就启动旗山市场进行了多次调研，并制定了详细的改建方案；汽车站迁建已完成置换楼建设；投资280万元，先后对县城主要街道和路段进行了改造、修补以及亮化、绿化，城区植树3.7万株；在中心路、锦绣街道两侧和拒马源广场安装双向路灯和造型景观灯188盏，方便了群众出行，提高了城市品位。

社会事业健康发展。教育科技上，建立了农村义务教育阶段中小学校舍维修改造长效机制，全年筹措资金120万元，对38所中小学9740平方米校舍进行了维修，一中综合楼、职中餐旅楼竣工并投入使用；高考实现历史性突破，本一上线150人，比2006年增加51人；推广普通话工作高标准通过国家八部委观察指导和省检查验收；职业教育在全市排位继续保持前列，并代表保定市圆满接受了驻省全国人大代表的视察和督导。卫生计生上，15所乡镇卫生院标准化建设全部完成并投入使用，县、乡、村三级疾病预防控制、疫情报告及救治体系进一步完善；投资73万元，完成摸底普查体检建档工作；县医院、中医院成立两个流动医院，深入98个行政村开展巡回医疗服务；建成18个乡级计生服务站和266个村级服务室；县财政出资45万元，为18个乡（镇、办事处）配备了计生服务车；为农村3.86万已婚育龄妇女进行了免费健康检查。新改建乡镇文化站6个，全民健身和群众业余文化活动广泛开展。

【一批民生问题得到有效解决】 全年新增就业2579人，实现下岗失业人员再就业1238人，安置就业困难对象621人，实现社会保险扩面4120人。城镇低保月补差额由人均49元提高到73.35元，农村低保月补差额由14.6元提高到25.48元，全年发放保障金475万元。对城乡600余名特困对象实施了大病医疗救助，全年发放救助金57万元。免除农村义务教育阶段学生杂费718万元，免除家庭贫困学生课本费140.8万元。全年发放计生奖扶资金68.4万元。新型农村合作制度平稳运行，全年为4.03万人次参合农民报免医药费用926.58万元。巡回医疗服务、惠民门诊、惠民病床全部启动，“农民健康保建试点工程”扩展到4个乡镇24个村。

【“振冀杏扁加工厂”被评定为省级扶贫龙头企业】 2001年9月，建成“振冀杏扁加工厂”，

2006年6月，注册为“振冀杏仁加工有限公司”，注册资金20万元，总投资200万元，以加工杏扁、速生核桃为主，生产杏扁采用干燥流水线形式，17道工序加工而成。年可加工杏扁300吨、杏仁油5吨、薄皮核桃20吨、杂粮50吨、苦菜10吨。还兼营野山蘑菇，野山榛、小米、绿豆、玉米糁、山桃核、樱桃核、苦杏核等。该公司采取“企业+协会+基地+农户”的运营模式，由协会将从事速生核桃、杏扁种植的农户和公司联合起来，实行政策激励，典型引导、规模开发等战略举措。公司与农户签订订单合同，进行科学种植、规模化深加工和市场销售，形成产业化链条。辐射带动1.7万农户，解决了当地300个劳动力就业问题。既促进了种植户增收，也保障了公司的原料供应，达到互利双赢的目的。该公司生产的杏扁及其他产品销售主要是以县为轴心的周边县市，也有少量销往天津、上海、江苏等大中城市。生产的“白石山”绵薄皮核桃、“嘴对嘴”系列杏扁获得“保定市名优产品”奖和“廊坊农展会名优农产品”奖，2006年，杏扁、甜杏仁油荣获“省林果业名优农产品”奖，“放牛娃王二小”杂粮、家乡苦菜获得“市产业化名优农产品”奖。在2007年北京奥运推荐果品综合评选活动中参选的杏仁，荣获“奥运推荐果品”。是年，被河北省扶贫开发领导小组办公室评定为省级扶贫龙头企业。

【工业经济运行良好，矿业效益不断提高】 2007年继续坚持实施“矿业富县”战略，坚持深化“项目年”各项工作，着力抓好重点工业项目，进一步完善推动重点建设的政策措施，全县工业发展呈现良好态势，矿业效益增长速度较去年明显加快，经济效益进一步提高。全县25户入统工业企业完成工业增加值9.87亿元，占年计划的101.8%，同比增长16.6%。入统工业企业实现利税3.9797亿元。在入统工业产品中，水泥完成16.06万吨，比去年增加了4400吨，钢坯完成87.94万吨，比去年增加了16.77万吨；奥宇钢铁公司被评为“河北省百强企业”，实现产值24.56亿元，上缴税金1.18亿元。

【涞源人民广播电台重新开播】 涞源人民广播电台前身为1958年10月1日成立的涞源县广播站。1985年7月，涞源人民广播电台正式开播，以有线广播为主，无线广播为辅，除部分乡镇有专线外，大部分占用邮电线路传输。1997年，因县城改造，广播线路被拆除，加之财力紧张、设备老化等诸多因素，涞源人民广播电台停播。2007年上半年，涞源县广播电视局投资40万元，购置了先进的广播电台数字采编设备。2007年8月1日涞源人民广播电台重新开播。涞源人民广播电台播出方式为调频立体声无线发射，覆盖半径达30公里，全天播出18个小时，内容除转播中央二套广播，河北广播电台一套新闻、文艺节目外，还开设了自办节目，包括“涞源新闻”、“生活大舞台”、“健康快车”等十多个栏目，极大丰富了当地群众的业余文化生活。

领导班子成员

县委

书　记　师振军
副书记　赵志栋
　　　　赵五生（5月离任）
　　　　崔坤军
常　委　师振军　赵志栋
　　　　赵五生（5月离任）
　　　　崔坤军　邵立华
　　　　丁进忠（5月离任）
　　　　井建良（5月离任）
　　　　杨敬新（5月任）
　　　　张德勇（5月任）
　　　　汪树立
　　　　刘盼山（5月任）
　　　　张　昇
　　　　罗玉琴（女）
　　　　张铁山

人大

主　任　师振军（2~5月兼任）
　　　　李文喜（5月任）
副主任　刘培才　李生明
　　　　刘　栋（5月离任）
　　　　刘　裕（5月离任）
　　　　王晓明（5月任）
　　　　陈国志（5月任）

政府

县　长　赵志栋
副县长　丁进忠（5月离任）
　　　　刘盼山（5月任）
　　　　张保福（5月离任）
　　　　张　昇（5月任）
　　　　陈业鹏（5月不再提名副县长，副县级待遇）
　　　　甄会龙（5月离任）
　　　　邢智丽（女，5月不再提名副县长，副县级待遇）
　　　　马坤英（女）
　　　　徐路生（5月任）
　　　　刘　嵘（5月任）
　　　　杨文彪（5月任）
　　　　谭峰生（挂职）

政协

主　席　李文喜（5月离任）
　　　　张保福（5月任）
副主席　苏　剑（5月离任）
　　　　刘东江　王全胜
　　　　贾银山
　　　　李　凯（5月任）

（部门编辑：刘淑红　张作红）

博野县

【地情提要】　博野县地处河北省中部，冀中平原腹地，北京、天津、石家庄三大城市之间。县城北距保定市区50公里，西南距河北省省会石家庄100公里。地理坐标为北纬38°27′～38°35′，东经115°29′～115°39′之间，东西横距28公里，西与安国毗邻，东与蠡县交界，北与青苑接壤，南与衡水市的安平、饶阳相连。全县总面积330.89平方公里。保（定）——衡（水）公路纵穿过境，定（州）——河（间）路、朔（州）——黄（华港）铁路横过县城。

博野县境南北狭长，除西部有两条状风沙高地，面积为1.47万平方米外，其余均为平坦壤地。地势中北部西高东低，南部和东南部自西南向东北倾斜。地面高程（黄海）在19米～30米之间，坡降为1/3000。境内5条河渠横贯东西。行洪河潴龙河，县界流程15.4公里。排水河道三条自北向南依次为孝义河、月明河、小白河。沙河干渠为行水河渠，县内渠长9.437公里。博野县属温带半干旱大陆性季风气候，干湿季节明显，四季分明降水量不足，且年际及年内分布很不均匀。春季干燥多风，夏季湿热多雨，秋季天高气爽，冬季寒冷少雪。平均气温12℃，地温14.7℃，日照2750.8小时，降水452.3毫米，无霜期189天。

自然资源　境内土地总面积496345亩，其中，2006年耕地32.4万亩，园地23127亩，林地8132亩，建设用地87832亩，水域面积5886亩，未利用土地1729亩。2007年耕地32.4万亩，园地23047亩，林地8715亩，建设用地87834亩，水域面积5886亩，未利用土地1729亩。全县耕地土壤为褐土和潮土两大类，土质肥沃，适宜农业种植，是全国商品粮基地县之一。境内地下水径流量为6000万立方米，地上外来给水800万立方米，全县生活生产用水总量为929.03万立方米，缺水4000立方米，为平原缺水县。境内查明地下储藏石油和地热，石油储量小，地热资源丰富。农产品加工，油漆化工，橡胶带制作，有色金属加工等业构成博野县域经济的支柱。油漆化工被列为保定市十大特色经济之一。

建置沿革　博野县境自西汉高帝12年始置蠡吾县，北齐废蠡吾入博野县（县治在今蠡县城）。宋雍熙四年建宁边军，景德元年改为永宁军，宣和七年降为博野县。元至元三年省博野东境入蠡州，西境入蒲阴县，三十一年复置博野县，县治仍在今蠡县城。明洪武元年始徙博野县城至今治。

行政区划　2006年～2007年，博野县辖3镇4乡133个行政村、4个社区。

人口民族　2006年全县有25.4万人，其中，农业人口20.5万人，有汉、壮、回、蒙古等14民族，汉族人口占99.3%，人口出生率为12.72‰，计划生育率为90%。2007年全县有25.8万人，其中，农业人口20.9万人，人口出生率为12.02‰，计划生育率为89.79%。

【2006年·概况】　总面积340平方公里，耕地21600公顷。总人口25.4万人，人口自然增长率6.17‰。2006年生产总值17.2亿元，同比增长13.8%。第一产业完成增加值5.9亿元，同比增长6.2%；第二产业完成增加值7.1亿元，同比增长22.5%；第三产业完成增加值4.2亿元，同比增长11.6%；单位生产总值能源消耗为1.05吨标煤/万元，同比降低0.9个百分点。民营经济总产值12.5亿元，同比增长36.1%。粮食总产量15.4万吨，同比增长1.3%，棉花总产量1201吨，同比增长19.4%。财政收入8934万元，同比增长36.3%。财政支出17449万元，同比增长21.2%。城市空气质量等级为二级。社会消费品零售总额5.6亿元，同比增长15.7%。在岗职工年平均工资13128元，同比增长9.2%。农民年人均纯收入3355元，同比增长8.2%。城镇居民人均可支配收入8364元，同比增长14.9%；年末城乡居民存款余额14.7亿元，同比增长13.9%。

项目建设成效显著。博野县2006年坚持把项目建设作为实现跨越式发展的根本举措和有力支持，加大项目考核权重，把工作导向引导到上大项目、干大事上。全年在建、续建项目143个，总投资8.2亿元，其中千万元以上项目12个，年计划投资1.75亿元，完成投资0.86亿元。其中，投资1500万元的国美纺纱二期扩建项目，年纺纱2000吨，投资1200万元的蓝箭阻燃带项目，年产高级阻燃带胶带31万平方米，投资1000万元铜材加工等项目竣工投产。

农村基础设施建设加快。2006年实施农村基础设施项目28个，争取上级资金3400万元，其中，新建公路51公里，改善了农村交通条件；实施野外灌溉电网改造，受益农田6万余亩，开发整理土地670亩，新增节水灌溉面积15000亩，改造中低产田7500亩；实施农村降氟饮水工程，解决了28个村5万多人的饮水安全问题。

惠农政策落实到位。2006年，全部免除了农业税，发放粮食直补、综合直补、良种补贴和农机具补贴资金705万元，发放支农贷款1285万元，农民直接受益金额千万元。

全面启动房地产市场开发。本着政府引导，市场化运作原则，全面启动房地产市场，积极整合县城土地资源，统一集中推向市场，保障了项目用地，实现了县城国有土地的保值增值。成功盘活了原豆奶粉厂，原粮局面粉厂闲置土地，实施了总投资6000万元，总建筑面积6万平方米的“阳光四季城”和“温馨家园”住宅小区开发项目，加快了城镇建设新步伐。

引进外资实现重大突破。博野县靠招商诚意和锲而不舍的韧劲，最终和国际钢铁行业的领军企业——台湾大成不锈钢有限公司，签订了1200万美元的外商独资项目，这是博野有史以来引进的最大外资项目。

社会各项事业再上新台阶。教育事业长足发展。多方筹资780万元用于中小学危房改造和教学楼建设，新增教学楼建筑面积6200平方米，修缮危房面积1800平方米；顺利通过省示范性高中验收；中考成绩位居全市首位。医疗卫生工作取得新成绩。完善了疾病预防控制体系和医疗救助体系，投资460万元完成县医院医技楼、县妇幼保健站扩建和6个乡镇卫生院改造项目，公共卫生安全保障能力进一步提高。食品监管工作成效显著。对肉食品企业和蔬菜腌制企业进行了产品质量达标改造，食品监管工作走在全省前列。社会保障体系不断完善。全县养老、医疗等五项社会保险累计扩面1700余人；城镇职工基本医疗保险制度改革成果惠及更多参保人员，为400名患者支付住院医药费330多万元；对7000余名贫困学生进行了救助，累计发放救助金175万元；落实了城镇居民最低生活保障和农村特困户定期定量救济。

领导班子成员

书　　记　肖占乐
副 书 记　张　浩　靳旭辉
　　　　　朱子群(5月离任)
　　　　　宋天锁(5月任)
　　　　　商黎兵(10月离任)
常　　委　肖占乐　张　浩
　　　　　靳旭辉
　　　　　朱子群(5月离任)
　　　　　宋天锁
　　　　　商黎兵(10月离任)
　　　　　许同扬
　　　　　张仲才(5月离任)
　　　　　房振杰
　　　　　柴志民(5月离任)
　　　　　赵武卫
　　　　　刘立朋(5月任)
　　　　　侯利杰(5月任)
　　　　　李曙慧(5月任)
　　　　　张晓笠
人大主任　侯登起
人大副主任　朱泽平
　　　　　李盼江(7月离任)
　　　　　王汉池
　　　　　罗晓瑞(7月任)
县　　长　张　浩
副 县 长　房振杰　王双九
　　　　　刘立朋(5月离任)
　　　　　郭小六
　　　　　李曙慧(5月离任)
　　　　　莫茂林(5月离任)
　　　　　田红军(5月任)
　　　　　孙勇奇(5月任)
　　　　　张林峰(5月任)
政协主席　郭泽民
政协副主席　马彦花　孟彦波
　　　　　赵东辉(5月任)

【2007年·概况】　总面积340平方公里，耕地21600公顷。总人口25.8万人，人口自然增长率5.71‰。2007年生产总值20.5亿元，第一产业完成增加值7.1亿元；第二产业完成增加值8.2亿元；第三产业完成增加值5.2亿元。民营经济总产值15亿元。粮食总产量15.8万吨，棉花总产量1497吨，财政收入10025万元，财政支出2.3997万元。城市空气质量等级为二级。社会消费品零售总额65210万元，同比增长16%；固定资产投资98472元，同比增长20.3%；在岗职工年平均工资17754元，同比增长35.2%；农民年人均纯收入3699元，同比增长10.2%；城镇居民人均可支配收入9260元，同比增长10.7%；年末城乡居民存款余额16.8亿元，同比增长14.7%。

主导产业加速成长，工业支撑力进一步增强。橡胶、纺织、机械制造及汽车配件、食品、化工、有色金属加工六个行业对全县经济的支撑和拉动作用进一步增强。成立了橡胶化工行业生产力促进中心，组建了橡胶工业协会。引导企业争创品牌，新获省著名商标2件，省名牌产品和省优质产品各1件，全县省级著名商标和品牌产品达到18件。2007年，全县民营经济活力明显增强，企业个数发展到401家，实现增加值15亿元，占生产总值的比重达到73%。

新农村建设深入推进，农村活力进一步增强。全县市级以上农业产业化龙头企业发展到6家，农业产业化率由51%提高到54%，农业产业化、农村节水、农村集体林改等工作走在全市前列。惠农政策得到落实，发放粮食直补、大型农机具购置补贴等补贴资金1114万元。劳务经济取得较快发展，劳务输出新增2236人，向非农转移新增8952人次，增加农民收入9000多万元。

项目建设再上新台阶，对外开放势头进一步增强。建立健全项目建设工作机制，进一步增强了抓项目的合力。主动走出去招商，与大企业、大公司和外商协会联系接洽，宣传推介博野。聘请了30名博野籍在外成功人士为县政府经济顾问，为全县招商引资牵线搭桥。成功引进了投资1500万美元的大成（博野）机械有限公司项目，引进外资总量和增速均在全市名列前茅。2007年，全县共实施项目99个，总投资7.19亿元。其中，千万元以上工业生产性项目16个，总投资4.4亿元，实际完成投资2.4亿元，华月、通达、博通等一批重点项目顺利推进。

社会事业协调发展。“民心工程”8项实事圆满完成。教育事业长足发展。筹资605万元，新建、扩建中小学10所，教育教学条件进一步改善。顺利通过了省政府首轮综合性教育督导和义务教育阶段教学评估验收。卫生事业迈出新步伐。新型农村合作医疗以村为单位覆盖面达100%。利用国债资金完成了6所乡镇卫生院改扩建项目。就业再就业工作成效显著，帮助2000人实现就业再就业。人口与计生工作再上新台阶，低生育水平进一步稳定，人口自然增长率为5.71‰。环保工作强力推进。深入开展了环保专项整治行动，50多家企业投资3000多万元更新了治污设备，企业环保意识进一步增强。

人民生活水平进一步提高。农民人均纯收入达到3699元，增长10.2%。城镇居民人均可支配收入达到9260元，增长10.7%。居民人均储蓄存款余额由5777元增加到6522元。解决离休老干部及二等乙以上人员“两费”295万元。

社会保障体系不断完善。社会保险覆盖面不断扩大，发放保险金2074万元。确保了企业离退休人员养老金按时足额发放。倾力帮扶弱势群体，在全市率先将县属关闭、破产、改制企业退休人员纳入了基本医疗保险范围。城镇低保月补差额提高到72元，农村低保月补差额提高到18.8元，做到了应保尽保。认真落实义务教育“两免一补”政策，2万多名中小学生从中受益。

领导班子成员

县委

书　　记　肖占乐
副 书 记　张　浩(4月离任)
　　　　　陈春霞(4月任)
　　　　　靳旭辉
　　　　　宋天锁(5月离任)
常　　委　肖占乐
　　　　　张　浩(4月离任)
　　　　　陈春霞(4月任)
　　　　　靳旭辉
　　　　　宋天锁(5月离任)
　　　　　许同扬(5月离任)
　　　　　郝进国(5月任)
　　　　　房振杰　赵武卫
　　　　　刘立朋
　　　　　侯利杰(5月离任)
　　　　　李曙慧(5月离任)
　　　　　刘晓昱(5月任)
　　　　　郭小六(5月任)
　　　　　张晓笠
　　　　　田红军(5月任)

人大

主　　任　侯登起(5月离任)
　　　　　侯利杰(5月任)
人大副主任　朱泽平(5月离任)
　　　　　王汉池(5月离任)
　　　　　彭梦贤(5月任)
　　　　　罗晓瑞
　　　　　王德安(5月任)
　　　　　张丽娜(5月任)

政府

县　　长　张　浩(4月离任)
　　　　　陈春霞(5月任)
副 县 长　房振杰
　　　　　刘立朋(5月任)
　　　　　王双九
　　　　　郭小六(5月离任)
　　　　　田红军　孙勇奇
　　　　　张林峰
　　　　　陈　冲(5月任)

政协

主　　席　郭泽民
政协副主席　马彦花(5月离任)
　　　　　孟彦波
　　　　　赵东辉(5月离任)
　　　　　刘凤雪(5月任)
　　　　　刘　祥(5月任)

（部门编辑：程博永　程彦龙）

阜平县

【地情提要】 阜平县位于河北省西部，太行山东麓，东与曲阳、唐县交界，西与山西省五台县、繁峙县接壤，南与行唐县、灵寿县毗连，北与涞源县、灵丘县相邻。东北距保定市142公里、北京市330公里，东南距石家庄市130公里，西距全国佛教圣地五台山78公里。

自然环境 阜平是一个全山区县，县域总面积2478平方公里，山地占全县总面积的88.2%，耕地面积12.5万亩，人均17.5亩山、0.74亩田，素有“九山半水半分田”之称。境内山峦起伏，沟壑纵横，地势由东南（海拔200米）向西北（海拔2200米）逐渐升高。主峰海拔在824.9米以上的山峰有42座，其中歪头山海拔2286.2米，为保定市最高峰。河流属大清河水系，境内有大沙河、胭脂河、北流河、鹞子河、板峪河、平阳河6条常年河，汇入王快水库。阜平山地气候特点显著，局部小气候明显，百里之遥温差达6℃。

阜平是河北省重点林业县，境内宜林地 223 万亩，有林地 100 万亩，全县森林覆盖率 30.05%，植被覆盖率 70%。主要果品资源有红枣、核桃、板栗、苹果、花椒、山杏等。其中大枣以个大、核小、肉厚、皮薄、营养丰富而享誉中外，被誉为“中国大枣之乡”。

建置沿革 阜平历史悠久，金明昌四年（公元 1193 年）置县。这里是一央孕育革命的红色土地，1925 年建党，1931 年成立北方第一个红色政权——中华苏维埃阜平县政府。1937 年聂荣臻带 115 师成立以阜平为首府的晋察冀边区革命根据地，这是全国第一个敌后抗日根据地，被党中央毛主席命名为“模范的抗日根据地和统一战线的模范区”。当时全县不足 10 万人，有 2 万人参军参战，5000 人光荣牺牲。抗日战争和解放战争时期，阜平曾是中共中央机关和晋察冀军区司令部所在地，毛泽东、周恩来、朱德、刘少奇、任弼时等老一辈无产阶级革命家都在这里工作和战斗过。

行政区划 全县辖阜平、城南庄、平阳、龙泉关 4 个镇和王林口、台峪、史家寨、大台、北果元、下庄、东下关、砂窝、吴王口 9 个乡及 1 个社区，共 209 个行政村 1131 个自然村，总人口 21 万。

【2006 年 · 概况】 2006 年全县生产总值 131297 万元，增长 11.0%，其中第一产业 30715 万元，增长 10.2%；第二产业 41979 万元，增长 7.3%；第三产业 58603 万元，增长 14.3%。全社会固定资产投资 129535 万元，增长 13.5%。财政收入 12873 万元，增长 37.1%。入统工业企业增加值 11185 万元，增长 12.0%。全社会消费品零售总额 44449 万元，增长 12.4%。实际利用外资 22 万美元。出口创汇 20 万美元。城镇居民人均可支配收入 5740 元，增长 10.4%。农民人均纯收入 1988 元，增长 8.6%。年末城乡居民存款余额 177119 万元，增长 20.1%。

【主导产业提速发展】 旅游业，编制完成了《阜平县旅游产业发展总体规划》，制定了《关于加快旅游业发展的实施意见》《旅游资源保护管理办法》和《农家乐旅游管理办法》等一系列配套政策。与石家庄园中圆休闲娱乐有限公司签订了总投资 3 亿元的仙人山原始森林旅游景区开发项目，启动实施了天生桥景区二期开发工程。全年共接待游客 16 万人次，实现社会效益 6800 万元。林果业，在大枣主产区实施了 10 万亩无公害大枣基地开发工程，一期工程顺利完成，新开发大枣基地 1.2 万亩，栽植枣树 45 万株，并对原有枣树实施无公害管理 1.5 万亩。建成了东城铺大枣市场，完成了“阜平大枣”商标注册，河北梦雨、天航食品等龙头企业带动能力明显增强，大枣产业化步伐加快，被评为“中国名特优经济林大枣特产之乡”。保定市造林绿化现场会在本县成功召开，对造林绿化特别是大枣基地开发给予了高度评价。畜牧水产业，突出发展柴鸡、奶牛养殖，稳步发展甲鱼、鲟鱼等特色养殖的格局已基本形成，全县柴鸡发展到 40 万只、奶牛 3000 多头、甲鱼 100 万只、鲟鱼 20 万尾，全年牧渔业总产值突破 2 亿元。加强养殖服务工作，组织开展各类养殖培训班 30 多期，完成培训 1500 多人次。完成了东庄无公害甲鱼生产基地认证换证和海沿奶牛养殖小区无公害产地认定工作，与天津德丰畜牧有限责任公司签订了引进国外羔羊生产合作协议。矿产建材业，围绕全市开展的“安全生产双百日承诺”和“集中整治矿山开采及加工企业管理秩序双百日”两个活动，不间断地组织开展矿山开采、安全生产、环境保护三项治理，矿业秩序明显好转，矿业经济步入了健康有序的发展轨道。

【城镇建设与管理水平有了新提高】 编制完成了《阜平县城总体规划纲要》，对县城旧城区和沙河县城段制定了修建性详细规划，城镇发展思路进一步理顺和明确。启动实施了县城新水厂建设；启动了县城集中供热试点工程，组建了阜平县鸿霖热力有限责任公司；实施了县城路网改造工程，完成了太行路、小坝至河口路段的拓宽改造；世纪城一期、茗清阁等一批住宅工程顺利完工，县城功能进一步完善。严格执行县城卫生管理办法，规范了便民市场，加大街道交通秩序整治力度，实施了县城绿化、美化、亮化、畅化、净化工程，县城形象和品位明显提升。在全市“星城杯”城镇容貌综合整治竞赛活动中荣获优胜单位称号，在全省“燕赵杯”城镇容貌竞赛评比活动中取得优异成绩。

【重视民生促进和谐】 扎实推进新农村建设，创建文明生态村 15 个。深入实施扶贫开发，依托“周转畜、周转棚、移民搬迁、劳动力转移”四大扶贫项目，稳定解决了 1.8 万贫困人口的温饱问题，8095 名低收入人口实现脱贫。认真开展各种济困助学活动，资助贫困学生 2000 多名，认真落实“两免一补”政策，下大力解决农村学生“上学难”问题。加强医疗卫生工作，下大力纠正医疗行业不正之风，开展了农民健康“流动医院”，设立了惠民病房和惠民门诊，实施了2所乡镇卫生院改造工程，努力解决农民群众“看病难”问题。实施了农村饮水解困工程、通信工程、道路工程，改善了农村基础设施条件，着力解决农村群众“吃水难”、“通信难”、“行路难”问题。深入开展各种形式的社会救助活动，完善救灾体系建设，弱势群体的生活得到基本保障。

【社会事业协调发展】 县职教中心争创国家“211”示范校工作取得阶段性成果，被教育部批准为全国半工半读示范校，成为全国唯一跻身“211”工程的山区县；阜平第二中学建设正式启动，高考本科二批以上上线人数首次突破200名；对阜平发展有重大战略意义的保阜高速公路前期工作顺利推进；保定市大枣专家科技服务站启动运行；大力实施农村文化阵地建设“五个一”工程，深入开展送文化下乡活动。圆满完成了人口与计划生育年度目标，保持了低生育水平；节能降耗和污染物减排措施全面落实；圆满完成了安全生产年度目标，安全生产基础进一步夯实，被保定市评为安全生产先进县；广播电视覆盖面进一步扩大，为民服务水平进一步提高；统计、审计、电力、物价、粮食、气象、档案、供销、拥军优属、国防教育、金融保险等各项工作也取得新成绩。

【创新机制狠抓落实】 围绕“求实、务实、落实”的要求，县委、县政府探索创新工作机制，围绕全年任务目标，将经济社会发展各项任务和争取新农村建设项目资金任务进行了分解，编制了“两本账”，建立了年初建账，年中查账，年底算账的责任体系和督察体系，有效推动了工作落实。全年争取到新农村建设项目36个、资金5066万元，有力地助推了经济社会发展。

【凝神聚力攻坚克难】 2006年6月12日下午5时30分，一辆装有80吨煤焦油的大型油罐车在山西省繁峙县神堂堡乡大寨口村发生侧翻事故，约60吨煤焦油泄漏流入山西省河道，顺势下泄到本县境内大沙河。事故发生后，在国家、省市的正确领导下，全县上下团结一心，众志成城，连续奋战23个昼夜，大打了一场声势浩大的抗污抢险人民战争，及时果断处置了这次国内罕见的煤焦油污染突发事件，实现了确保沙河两岸饮水安全和确保王快水库水质安全的“两个确保”目标，夺取了抗污抢险的最终胜利。这次抗污抢险，受到了国家、省、市的充分肯定，得到了社会各界的一致好评，被誉为是全国在没有预案的情况下处置得最好的范例，县委县政府由此荣立集体二等功。

领导班子成员

县委

书　　记　孟祥伟
副 书 记　王月衡
　　　　　李　勇(5月离任)
　　　　　耿文金(3月离任)
　　　　　冯建法
常　　委　孟祥伟　王月衡
　　　　　李　勇(5月离任)
　　　　　耿文金(3月离任)
　　　　　冯建法
　　　　　常青山(4月离任)
　　　　　李文录(4月任)
　　　　　闫立明　王林义
　　　　　赵彦宗(5月离任)
　　　　　贡希强(6月任)
　　　　　刘子仁(5月任)
　　　　　董国平　胡志英
　　　　　陈庆亮(6月任)

人大

主　　任　陈　兰
副 主 任　孙建林　刘邦锦
　　　　　陈先贺　周有军

政府

县　　长　王月衡
副 县 长　王林义　吴从志
　　　　　康　社(5月离任)
　　　　　胡占房(5月离任)
　　　　　刘　杰　魏彦茹
　　　　　朱国栋(5月任)
　　　　　陈志强(5月任)

政协

主　　席　白宗纲(3月离任)
　　　　　耿文金(3月任)
副 主 席　董玉孝　刘耀生
　　　　　顾廷哲

【2007年·概况】 2007年全县生产总值149332万元，增长10.4%，其中第一产业34064万元，增长9.2%；第二产业43777万元，增长1.4%；第三产业71481万元，增长17.5%。全社会固定资产投资139571万元，增长8.2%。财政收入15850万元，增长38.6%。入统工业企业增加值14022万元，增长15.4%。全社会消费品零售总额52617万元，增长18.4%。出口创汇34万美元。农民人均纯收入2188元，增长10.1%。年末城乡居民存款余额220014万元，增长24.2%。

【主导产业快速成长，竞争优势进一步放大】 旅游业，成功举办了省内首家县级旅游项目招商会，发布推介了全县旅游开发项目，吸引国内众多知名企业关注，招商会得到了省市的高度评价。天生桥景区二期开发如期完工，晋察冀边区革命纪念馆4A景区评审进展顺利，苍山湖景区旅游路建设顺利实施，农家乐旅游蓬勃发展，全年共接待游客20万人次，旅游总收入达到1.08亿元。林果业，完成了十万亩大枣示范区二期工程，新栽植枣树80万株，实施无公害管理3万亩。造林绿化工程顺利推进，森林管护工作全面加强。畜牧水产业，完成了东兴甲鱼养殖基地扩建项目一期工程，新增养殖水面200亩，规模和效益明显提升。奶牛、柴鸡等养殖稳步发展。牧渔业总产值实现2亿元。矿产建材业，先后开展了“集中整治矿山开采及加工企业双百日活动”和“安全生产百日集中整治行动”，矿业秩序进一步规范，安全发展得到加强，集约化程度不断提高。

【重点项目顺利实施，发展后劲进一步夯实】 深入开展“项目建设突破年”活动，投资千万元以上的15个重点在建项目进展顺利，完成投资4.35亿元，超年计划15个百分点。特别是阜平二中、保阜高速开工建设，总投资5亿元的煤化工项目落户阜平县，旅游综合开发洽谈顺利推进，对阜平的长远发展影响巨大。

【城镇化水平明显提高，城乡面貌进一步改善】 深入开展“规划年”活动，大力推进“1360”工程，完成了县城总体规划和四个重点乡镇、80个行政村的规划编制工作。为缓解县城交通压力，谋划了县城北环路建设；结合保阜高速引线，谋划了滨河路建设。县城污水处理厂管网工程开工建设，县城新水厂实现供水，县城功能进一步完善。新农村建设扎实推进，增创文明生态村16个。深入开展城乡环境综合整治百日行动，环境质量不断改善。

【民生问题不断解决，社会大局进一步和谐】 大力推进扶贫开发，稳定解决了3400人的温饱问题，实现了3200低收入人口脱贫。新型农村合作医疗全面启动，农民参合率达80.75%，补偿金额514万元，受益人口3.75万人，农民群众看病贵的问题得到缓解。乡镇卫生院改扩建工程顺利实施，改造数量和工程进度居全市前列。各项教育惠民政策得到全面落实。食品药品安全工作扎实开展。社会保障和救助工作得到加强，全年共发放各类救灾救济资金913万元，有效保障了弱势群体和受灾群众的基本生活。养老、医疗、失业、工伤等保险超额完成年度任务。城镇职工登记失业率控制在3.8%以内。下大力化解信访矛盾隐患，进一步强化社会治安综合治理，深入实施安全生产层层责任承诺，安全基础进一步夯实，持续保持了社会安全稳定。

【社会事业全面进步，发展基础进一步巩固】 全县所有行政村实现了“村村通”水泥路目标。高考本一上线人数首次突破百名大关。职教中心争创全国中等职业教育示范校工作顺利推进。农村文化阵地建设“五个一”工程深入实施，争取到5个省级乡镇文化站指标。广播电视覆盖率达到85%以上。移动通讯基本实现了行政村无盲区目标。实施了水泥、化工等高耗能、高污染企业的技术改造。王快水库周边水土保持项目顺利通过国家省市验收。人口与计划生育年度目标圆满完成，保持了低生育水平。林权制度改革稳步推进，完成明晰产权238万亩，占总任务的99.5%。粮改工作启动实施。民兵预备役工作跨入全省先进行列。统计、审计、电力、科技、商务、物价、气象、档案、供销、工商、市场、质监、拥军优属、国防教育、金融保险等各项工作也取得新成绩。

领导班子成员

县委

书　　记　孟祥伟
副 书 记　王　月　衡
　　　　　冯建法
常　　委　孟祥伟　王月衡
　　　　　冯建法　李文录
　　　　　闫立明(5月离任)
　　　　　王林义(5月离任)
　　　　　贡希强　刘子仁
　　　　　胡志英
　　　　　刘　杰(5月任)
　　　　　董国平
　　　　　王益民(5月任)
　　　　　陈庆亮

人大

主　　任　陈　兰(5月离任)
　　　　　王林义(5月任)
副 主 任　孙建林(5月离任)
　　　　　刘邦锦(5月离任)
　　　　　陈先贺
　　　　　董玉孝(5月任)
　　　　　周有军

政府

县　　长　王月衡
副 县 长　王林义(5月离任)
　　　　　刘　杰
　　　　　董国平(5月任)
　　　　　吴从志　魏彦茹
　　　　　朱国栋　陈志强
　　　　　王成峰(5月任)

政协

主　　席　耿文全
副 主 席　董玉孝(5月离任)
　　　　　刘耀生　顾廷哲
　　　　　张新占(5月任)

（部门编辑：杨　毅）

唐　县

【地情提要】 唐县位于保定市西南部，距保定市54公里，北京市260公里，天津市400公里，石家庄市120公里。地理坐标为北纬38°38′～39°10′，东经114°28′～115°03′，总面积1417平方公里。东与望都县、顺平县相接，南与定州市接壤，西南与曲阳县、阜平县毗邻，北与涞源县交界。107国道从县境南端穿过。境内东南部为平原地带，西北部属中山丘陵山区。地势为西北高、东南低。主要山峰有54座，最高海拔高度1869.8米。主要河流有唐河、清水河、逆流河、通天河和放水河。最大河流量为2.5立方米/秒，最大过水能力2000立方米/秒。唐县属北温带季风气候，夏季炎热多雨，雨季多在7～8月间。年平均降雨量500毫米，最高气温37.8℃，年平均气温13.7℃，年平均地温15.4℃，冬季寒冷少雪，最低气温-11℃，春季干旱季风，秋季秋高气爽，四季分明。年日照时数为1990.2小时，年日照百分率45%，无霜期215天，初霜日11月5日。

自然资源 耕地面积406819亩，适宜种植小麦、玉米、豆类、花生、小杂粮等多种农作物和油料作物，83.2万亩宜林地，适合栽植柿子、红枣、杏、桃、核桃等经济林。唐县境内水资源丰富，有大小水库28座，唐河、通天河有8处可建水电站。矿产资源主要有石灰石、大理石、高岭土、金矿、铁矿等17种。

唐县是唐尧故里，白求恩精神发祥地，有古长城、军事要塞、并整合成景点，让游人了解和学习中国传统文化，振奋民族精神。有白求恩、柯棣华纪念馆、晋察冀烈士陵园、白求恩卫生学校旧址等，在观光中可受到革命传统教育。自然风光有青虚山道教名山，唐尧文化园、大茂山原始森林公园、西大洋水库和西胜沟峡谷龙潭，是观光、健身、休闲的理想之地。

建制沿革 西汉高帝初置唐县，县城阳邑（今南、北固城村），因相传为古唐尧封地，故名唐县。晋时迁县城于唐县城（即仁厚镇），历代沿袭。1958年12月20日，望都县和清苑县部分地区并入唐县，县政府迁往原望都城关。1962年3月27日，复置望都县，唐县政府迁回仁厚镇至今。

行政区划 唐县共辖7镇13乡。即；仁厚镇、白合镇、王京镇、高昌镇、北罗镇、军城镇、川里镇、倒马关乡、黄石口乡、羊角乡、石门乡、齐家左乡、大洋乡、雹水乡、罗庄乡、南店头乡、都亭乡、北店头乡、长古城乡、迷城乡。345个行政村。

人口民族 全县总人口54.64万人，共有23个民族，以汉族为主。总户数128960户，其中农业人口50.31人，全县政策生育率91.25‰，人口出生率13.19‰，人口自然增长率6.8‰。

【2006年·概况】 全县生产总值完成25.7亿元，同比增长11.7%，全社会固定资产投资完成12.6亿元，同比增长20.05%，城镇以上固定资产投资完成7.6亿元，同比增长25.9%，入统工业增加值完成2.76亿元，同比增长20.97%，第一产业总值完成127984万元，可比增长105.2%，第二产业总值完成429832万元，可比增长119.2%，第三产业总值完成124658万元，可比增长107.8%。全部财政收入13889万元，可比增长25.6%，其中地方一般预算收入6136万元，可比增长10%，财政支出43 933万元。引进省外资金达到2亿元，同比增长2.5%，出口创汇达到1600万美元，同比增长18.5%。农民人均收入达到2420元，同比增长6%，城镇居民可支配收入7087元，同比增长12.2%。

【农村经济稳步发展】 特色种植业进一步发展。在保证粮食总产达到17.3万吨的同时，大力推广无公害标准化生产，积极发展以食用菌、无公害蔬菜、优质小杂粮为主的特色农业。食用菌种植面积达1.1万亩，总产4.2万吨，总产值1.7亿元。同时不断强化社会化服务功能，共组建9个食用菌专业协会，培育经纪人1100人，建立13个食用菌交易市场，建立农民专业经济合作组26个，会员4058人，带动农户54220户。使65个山区贫困村3000户，1.2万人实现了脱贫致富。优质小杂粮种植面积达到8.5万亩。建设无公害标准化村10个，种植面积6.1万亩。农产品区域化、种植标准化生产覆盖率达80%以上。同时，积极发展社会化中介组织，组建9个食用菌专业协会，培育壮大经纪人队伍，共有经纪人1100人，建立13个食用菌交易市场。全县已建立农民专业经济合作组织26个，会员4058人，带动农户54220户。山区综合开发扎实推进。大力实施山区综合开发第二个五年规划，抓好三道生态屏障、四个十万亩片和八大林果基地建设，完成造林5万亩，封山育林17万亩，拍卖荒山5万亩，义务植树100株，酸枣嫁接大枣100万株。建成红枣、柿子等果品示范基地10个，果树无公害环评25.5万亩。中德合作造林项目顺利通过终期评估，被授予"全国绿化模范县"。畜牧业健康发展。抓好以养羊、养猪、养鸡、"草牛奶"工程为主的畜牧业，做好重点动物疫病防治工作，畜禽防疫体系进一步健全，禽流感、口蹄疫免疫密度达到上级要求，未发现任何问题。2006年全县肉产量达到3.24万吨，蛋产量1.7万吨，奶产量1751吨，猪存栏15.44万头，牛存栏1.05万头，羊存栏20.29万只，家禽存栏132.74万只。农田水利基础设施建设进一步加强。完成两个村的抗旱节水工程，防渗工程完成2.5万米，新增灌溉面积8500亩，治理水土流失面积22平方公里，解决了18个村的饮水难问题，完成了西显口、南固城两座小型水库的应急除险加固工程和三座水利站防汛物资库的修缮，有效地保证了大汛无大险。

【工业经济实力增强】 坚持以发展、壮大、提高为重点，全力推进结构调整，工业经济运行质量进一步提高。入统工业增加值达到2.76亿元，同比增长20.97%。切实加快工业园区建设。在谋划建设新的县城工业园区的同时，重点对原有特色产业集中区进行整合，占地2500亩的县城工业园区已完成规划设计，完成对原王京工贸小区的资源整合，规划建设占地1500亩的以板材、铸造加工业为主的王京工业集中区。同时谋划筹建白合建材工业园区、长古城田家庄铸造工艺集中区和罗庄伏城油漆生产集中区。民营经济彰显活力。深入实施“催生、助长、扶强”战略，切实做好融资、技术、信息、人才、维权等方面的服务，放开防活、做大做强。一是以现入驻的五家民营企业和定州技工学校分校、青岛服装技校为依托，建立唐县中小企业创业辅导基地。二是对素质高、后劲足、信誉好、潜力大的10家成长性企业，实施“一扶一”工作机制，搞好帮扶结对。三是大力实施“扶强奖优”工程，制定出台《唐县加快民营经济发展的实施意见》，对优秀民营企业进行了表彰，极大调动了企业发展的积极性。使全县民营经济组织达到8560个，民营企业628家，入统民营企业达到24家，占入统企业总数的73%。民营经济增加值达到15.24亿元，同比增长19.6%。民营经济缴纳税金9049万元，同比增长22.5%．出口产品交货值达到8.2亿元，同比增长27.5%。利润总额达到5.04亿元，同比增长19.5%．新发展个体工商户1380户，从业人员2343人，注册资本4260万元；新发展私营企业80户，从业人员859人，注册资本8040万元，以民营企业为主体的板材、铸造、玩具、纺织、食品加工、建材、玻璃工艺等行业特色更加明显，成为拉动全县经济增长的主要板块

【项目建设进展顺利】 项目建设是全县经济增长的重中之重。全年完成投资千万元以上项目119个，其中投资千万元以上项目15个，全部开工建设。主要措施：一是抓好在建的重点项目，保证4个投资千万元以上重点项目和两个总投资超亿元的项目建设进展顺利。全社会固定资产投资完成10.5亿元，同比增长21.19%。城镇以上固定资产投资完成7.61亿元，同比增长25.91%．二是加强项目前期工作，实行专人“跟踪管理”共谋划重点前期项目14个，县城污水处理项目列入白洋淀亚行贷款项目计划。肉联公司扩建等3个项目被列入市重点项目。美珠公司仁用杏产业化项目被列入省第二批重点项目。

【服务业发展较快】 社会消费品零售总额完成7.9亿元。首先是城乡市场繁荣。依托被商务部确定为实现全国“万村千乡市场工程”项目试点县和被省商务厅列为申报全国“信福工程”项目的优势，加快新型农村市场流通体系建设，2007年有70多家农村经营户加入连锁经营农家店，培育3家试点企业，发展规模流通企业11家，完成商品合作项目278个，其中北京沃美大型超市落户本县。建立食用菌产品连锁营销店10个，“唐尧”牌羊肉制品在京津大型超市设立专柜260个。其次是旅游业发展步伐加快。制定出台《关于迎奥运加快旅游业发展的意见》和《唐县旅游业管理办法》步入规模化管理轨道，全面实施《唐县旅游业发展总体规划》，步入规范化轨道。整合全县旅游资源，倾力打造红色旅游、历史文化游、自然风光游和农家生态游四大品牌。大石峪景区与保定百事嘉信息设备有限公司签订旅游开发协议，总投资6800万元。兴华大厦成为西部山区首家“三星级旅游饭店”。全年各旅游景点共接待游客18万多人次，实现社会效益1500多万元，创历史新高。再次，文物保护体制进一步完善，《唐县文物志》出版发行。信息化建设成效显著，“数字唐县”工程扎实推进，电子政务网横向联通20个乡镇和69个部门，农村信息经纪人队伍达380多人。餐饮、交通运输等服务业继续保持了较快发展。

【基础设施不断完善】 城镇建设。组建了城乡规划管理局，明确了乡镇规划专管员，成立城乡规划委员会，并制定章程，实现了规划全覆盖。编制完成《2006—2020年县城总体规划（纲要）》，村镇编制工作全面启动。围绕提升档次和品位，深入

实施“率、亮、净、美”工程，已南、东、西环、人民广场等区域为重点，新植树木30450多株，花池600平方米，安装路灯104盏，路灯控制设备850米。环境卫生整治。主要街道实现全日制保洁。富华山园达到省级园林式单位。水利设施　西大洋水库除险加固工程完成投资4650万元，南水北调工程在全省率先完成征迁安置工作，6月23日正式向建设单位交付施工用地。交通运输　完成村级公路建设51.8公里，并交付使用。张石高速完成征迁安置工作。保阜高速完成勘界登统工作。电力建设　投资2000万元的拔茄110万伏变电站工程正式启动，倒马关水电站隧道开挖1900米，“户户通电”工程在全省范围内率先完成。通信建设　新开通移动通信基站32个，小灵通放号2061部，新增宽带用户901户。广播电视建设　“村村通”广播电视工程全部达标，消除14个盲点村，顺利通过省市验收，开通白合电视差转台，实施了有线电视加解扰工程，投资120万元开通了唐县电台。

【财政金融形式平稳】　积极培植税源，依法强化税费征收，严格预算约束，加强财政性资金的管理，优化支出结构。全部财政收入13889万元，可比增长25.6％．财政支出40797万元。地方一般预算收入完成6136万元，可比增长10％。强化金融监管，深化农村信用社改革，大力清收不良贷款，提升资金运行质量和服务地方经济的能力。全县金融机构存款余额37.07亿元，贷款余额21.13亿元，比年初分别增长17.5％和7.7％全年累计投放贷款11.79亿元。

【人民群众生活进一步改善】　积极实施“民心工程”。努力提高人民群众的生活水平。圆满完成粮食直补工作，共向种粮户支付种粮资金657万元。全力做好水库移民后期扶持工作，取得了阶段性成果。城镇居民可支配收入达到7087元同比增长12.2％，农民人均纯收入达到2420元，同比增长6％。社会保障体系进一步完善。全面启动城镇零就业家庭就业再就业援助工程，城镇新增就业人数2852人，下岗失业员再就业712人，安置“4050”人员180人，城镇登记失业率控制在2.68％。城镇低保新增301户、728人，现共有1939户4953人，为3706户5608名企业退休职工养老金的按时足额发放。县财政筹措资金400万元，全面落实医疗保险和住房公积金制度。成立了优抚医院，开设“惠民病房、惠民门诊”，设置“惠民病床”，实行单病种最高限价，逐步解决群众“看病难、看病贵”的问题。扶贫开发扎实推进。继续抓好“三大产业、一项工程”，积极实施产业化扶贫，整合力量，集中投入，走开发式扶贫的道路，1.12万贫困人口实现脱贫。共争取扶贫资金774万元，争取以工代赈资金350万元，投放周转畜1427头（只）、建食用菌大棚454个。培训贫困人口8000人次，劳务输出7200人，移民搬迁完成137户、517人。扶贫到户贷款贴息方式改革试点工作已全部完成，投放扶贫贷款435.7万元，扶持贫困户681户。

【社会事业全面发展】　强化科技成果转化，推广农业科技成果12项，其中省级以上2项，引进推广优良品种10个，良种覆盖率达98％．培育高新技术企业1家，生产力促进中心服务企业4家，太行山生产力促进中心通过了ISO9001认证工作，并设立了网站，编制完成河北省太行山星火产业带建设唐县规划。教育事业全面发展。高考成绩再创历史新高，本科二批以上上线876人，交全年增加78人，县第一中学顺利通过省级示范性高中验收，投资540万元用于全县8所危改项目校建设。完成12所中小学撤并任务。积极争取资金300万元，用于中、小学建设，吸纳社会资金300多万元，顺利完成县直幼儿园迁建工作。20427名贫困生得到了资助。被市教育局授予“全面实施素质教育，提高教育教学质量先单位”。生态环境保护得到加强。关停整治矿山企业144家，总投资995万元的西大洋水库防治面源污染水土保持试点项目正式启动，确保水库水质继续保持地表水环境质量Ⅱ类标准。

【稳定局面得到进一步巩固】
一是社会治安综合治理取得显著成效。深入开展“打黑除恶”、“两抢一盗”、“命案必破”等一系列严打专项行动，共破获各类刑事案件667起，打掉各类犯罪团伙27个，刑事拘留148人，劳教6人，抓获网上逃犯145人。二是严厉打击邪教组织，实现了“三个零指标”。三是加大信访和矛盾纠纷排查力度。受理群众来信来访181件次，上级要结果案件58起，其中已办理54件，按期结案率100％，县级党政领导上岗接待178次，452人。四是建立“三位一体”调节制度，共排查民间矛盾纠纷462起调处454件，防止矛盾激化2件，维护了全县的社会稳定。五是安全生产形势稳定，深入开展“安全生产落实年”活动，实行量化考核和“一票否决”制度。组织开展了4次安全生产大检查和专项整治活动，清理河道弃砂弃渣10万多方，建设护坝30道，排查各类事故隐患1300处，整改920处，消除重大隐患2处，全县未发生重特大生产安全事故。

【政府自身建设不断加强】 紧紧围绕“十一五”锁定的目标任务和《政府工作报告》，结合“学、树、保、促”百日主题教育活动，打造“学习型”机关，采取集中培训和自学相结合的方法，提高政府机关党员干部的综合素质。制定出台《关于加强政府效能建设的若干工作制度（试行）》、《关于推进政府阳光行政的几点措施》、《关于深入开展做人简单做实物实活动的实施意见》、《县政府党组成员行为规范》等文件，推行政务公开，提高了服务质量，方便了人民群众。全年共有21名不作为、乱作为的人受到了严肃惩处。共受理行政复议35件，作出复议决定的31件，承办县人大建议、人大议案、政协提案141件、市政协提案1件，全部及时办理，代表满意率100％。

领导班子成员

县委

书　　记　陈英杰
副 书 记　李志刚　李志远
　　　　　张晓梅（女）
　　　　　杨小宁　刘　洵
常　　委　陈英杰　李志刚
　　　　　李志远
　　　　　张晓梅（女）
　　　　　杨小宁　刘　洵
　　　　　宋金华　曹纪民
　　　　　李树田　史登顺
　　　　　赵永帅　刘俊禹
　　　　　王敬朝　于振海
　　　　　周喜峰

人大

主　　任　聂联生
副 主 任　田胜儒
　　　　　马秀英（女）
　　　　　李高生
　　　　　苑淑范（女）

政府

县　　长　李志刚
副 县 长　曹纪民　王敬朝
　　　　　马保利　杨敬新
　　　　　薛昊银　杨马银
　　　　　周　颖（女）
　　　　　姚红玉　李会朋

政协

主　　席　马庆山（7月离任）
　　　　　史登顺（7月任）
副 主 席　臧斗尔　吴新立
　　　　　宗　健　蔺增利

【2007年·概况】 全县生产总值完成26.5亿元，同比增长3％；单位GDP能耗下降5.67％；全社会固定资产投资完成12.6亿元，同比增长20.1％；城镇以上固定资产投资完成9.1亿元，同比增长19.2％；全部财政收入完成11671万元，可比增长33％；财政支出43933万元，可比增长20％；地方一般预算收入完成4400万元，可比增长12％；农民人均纯收入达到2545元，同比增长5.2％；城镇居民可支配收入达到7664元，同比增长8.1％；社会消费品零售总额完成9.1亿元，同比增长19.2％。第一产业总值完成7.1亿元，同比增长－0.4％，第二产业总值完成12.4亿元，同比增长9.6％；第三产业总值完成7亿元，同比增长－3.9％；粮食总产170551吨，棉花总产1171吨；全县肉产量达到29723吨，蛋产量达到18515吨，奶产量1820吨，猪存栏20.86万头，牛存栏1.53万头，羊存栏19.72万头，家禽存栏154.63万只。职工年平均工资14701元；计划生育工作。全县政策生育率89.13％，人口出生率12.5‰，人口自然增长率6.8‰。

【项目建设实现新突破】 始终把项目建设作为加快唐县发展的生命线，大力开展“项目建设突破年”活动，着眼优势抓谋划，突出重点抓在建，强化激励抓招商，完善机制抓环境，项目建设扎实推进。全县共实施投资千万元以上项目16个，其中上亿元项目6个，年度计划投资9.7亿元，完成10.06亿元。唐龙纺织新上3.5万纱锭等一批生产性项目竣工投产，博天床具等一批在建项目进展顺利，国富唐尧中央财政参股项目落户唐县，北京立马水泥、首钢石灰石供应基地等一批在谈项目正在全力推进。

【新农村建设迈出新步伐】 推进产业化经营，扶持壮大龙头企业，着力建设食用菌、无公害蔬菜、优质小杂粮种植基地，加强农民专业合作组织建设，产业链条进一步延伸。全县市级以上龙头企业实现销售收入4.79亿元，同比增长42.3％；上缴利税3129万元，省整合财政资金发展食用菌产业项目顺利实施，食用菌种植面积达到1.3万亩，产量5.85万吨，“黄金峪”牌、“唐尧”牌大红枣荣获“奥运推荐果品”。大力实施“阳光工程”，全县新增劳务输出10285人次，劳务输出总数达8.5万人次，被确定为“全国劳务输出工程示范县”。加强“五通三网”建设，农村公路改造73.9公里，解决了38个村的人畜饮水困难，实现了村村通广播电视、户户通电，消除了电话白点村。推进“沼气革命”，新建沼气池2866个，促进了农民生活方式的新转变。

【工业经济水平得到新提升】 重点培育壮大铸造加工、矿产开采加工、建材业等主导产业，中达FBM生产线建成投产，斯达外资项目进展顺利，麦克赛尔铸造有限公司获得欧盟批准直接出口，享受零关税待遇。全县规模以上工业企业完成增加值3.37亿元，增速4.61%；实现利税3820万元，同比增长27.32%；出口创汇完成1300万美元，占任务的104%。扎实开展“国企改革攻坚年”活动，全县37家国有企业完成改制17家，5家企业进入改制程序。

【文化旅游产业增添新活力】大力发展红色线路游、绿色风光游、古色文化游，加强景区设施建设，白求恩、柯棣华纪念馆被正式命名为3A级景区，并评为“河北省诚信旅游景区”。大石峪争创4A级景区通过省级初审，冰灯节顺利举办。倒马关被批准为省级森林公园。富华山园滑雪场正式投入使用。强化旅游宣传促销，与中央电视台和保定电视台合作录制旅游宣传片，提高了唐县的知名度。全年游客达14.7万人，再创历史新高。

【基础设施建设有了新进展】大力实施“城镇建设突破年”活动，注重发挥规划在城镇建设中的先导作用，围绕城镇化和新农村建设完成了多项规划编制。投资上千万元对唐尧西路、国防路、恒山路、唐曲路、农机路五条街进行大修，光明路、向阳街和国防路便道砖进行了彻底更换，向阳街彩虹桥建设顺利完工，向阳南街拓宽改造工程已经启动，县城污水处理厂开工建设，城镇统一供水项目完成前期准备工作。城区容貌综合整治工作在全市荣获优胜奖。张石、保阜高速正在抓紧施工，张石高速连接线开工建设，石门至大茂山旅游公路竣工通车，南水北调、西大洋水库除险加固、倒马关水电站建设进展顺利，拔茄110千伏变电站投入运营，北店头220千伏变电站开工建设。

【财政金融工作取得新成绩】严格落实收入目标责任制，加强对重点行业、重点企业和重点税种的税费征管，年初确定的财税目标圆满完成。积极争取上级补助和来往资金41653万元，比上年多争取9290万元，有效缓解了财政支出压力。顺利完成信用社系统票据兑付工作，实现通存通兑，全县金融形势整体平稳。2007年全县各项存贷款余额分别达到46.79亿元、23.07亿元，比年初分别增长26.2%、9.2%。

【惠民政策得到全面落实】高度关注民生，人民群众得到更多实惠。坚持把改善民生作为一切工作的出发点和落脚点，发展与人民群众息息相关的事业，着力解决群众关注的热点难点问题，倾力为人民办实事、办好事，让发展的成果更多的惠及人民群众。“三农”关注承诺服务事项107项全部兑现，发放粮食直补和综合直补资金1006万元。实施教育惠民工程，在全部免除农村义务教育阶段学杂费的同时，对全县2万多名贫困生进行了资助。建立新型农村合作医疗制度，共向6万多名参合农民补助医药费1527.67万元，解决了全县近40万农民的就医保障问题。认真落实水库移民后期扶持政策，涉及18个乡镇，190个村的水库移民50999人全部领到扶持资金。全面落实农村独生子女家庭奖励辅助政策，5495人从中受益，在财政困难的情况下，保证了公教人员工资的正常发放和各项调资政策的落实。

【社会事业取得全面进步】加大科技推广和普及力度，推广农业科技成果12项，引进推广优良品种10个，全县良种覆盖率达到98%。投资1531万元，对县、乡12所学校进行改扩建，对72所学校进行校舍维修和附属设施建设，引进资金建设大洋乡初中、歇马爱心小学等希望工程学校9所，乡村办学条件进一步改善。大力发展成人教育，农村实用技术培训3.8万人。加强卫生硬件建设，县医院综合病房楼主体完工，14所乡镇卫生院全部开工建设。实施食品药品放心工程，确保人民群众饮食用药安全。开通城乡公交，58个村农民群众方便了出行。高度重视生态环保和节能减排工作，以西大洋水库周边上游为重点，实施退耕还林、小流域治理工程，完成造林15平方公里。深入开展整治违法排污企业专项行动，重点治理西大洋水库水源保护区、保阜公路两侧等环境敏感区域，对112家选厂、30家石英粉厂进行了重点治理，共清理河道弃沙弃渣5万多方，矿区治理造林7500亩，统计、审计、粮食、气象、县志档案、民族宗教、文物保护、外事外侨、妇女儿童、老龄和残疾人工作、国防教育、民兵预备役、人民防空等各项事业都取得了新成绩。

【就业和社会保障工作成效明显】城镇新增就业人数1309人，下岗失业人数再就业603人，开发公益性岗位，安置“4050”人员197人，城镇登记失业率控制在2.99%，确保了零就业家庭“动态归零”。城镇低保工作实现扩面、提标，城镇低保达到1767户，5030人，农村特困户救助工作全面展开，为6911人办理了农村低保，全县农业人口最低生活保障面达到1.4%.

【扶贫开发，扎实有效】 争取扶贫资金816万元，贫困村食用菌大棚发展到3000多个，发展周转畜825头（只），实施细胞工程1000户，移民搬迁完成102户412人，贫困村劳动力转移培训3200人次，0.74万农村贫困人口实现脱贫，全县贫困人口由2001年省核定9.24万减少到4.42万人。

【安全生产形势稳定】 强化第一责任，安全稳定局面更加巩固。坚持把稳定作为压倒一切的政治任务，着力解决问题，夯实基础工作，落实维护稳定责任制，巩固和发展了政治安定、社会稳定的良好局面。深入开展“安全生产双百日”活动，加强“双基”建设，落实企业主体责任，实施源头管理、源头控制。完善监管网络，明确职能部门和各乡镇的监管责任，实行属地管理，各负其责。加强对矿山企业、烟花爆竹、道路交通等重点领域、重点行业、重点部位的安全生产监管，开展安全生产大检查和专项整治行动，共排查事故隐患2250处，整改1850处，全年未发生较大生产安全事故。

【信访秩序更加规范】 严格落实领导干部下访、信访接待日、领导包案、“一岗双责”制度，集中开展“事要解决”百日攻坚专项行动，深入排查、积极化解矛盾纠纷，企业改制乡镇机构改革等一大批久拖不决的历史遗留问题得到初步解决，维护了群众的合法权益。强化信访稳定双向责任追究，对稳控措施不利、履职不到位的责任人进行责任追究，对非法无理访人员进行严肃查处，进一步端正了信访导向。社会治安持续稳定，围绕打造平安唐县，加大排查调处工作力度，排查和解决影响突出的矛盾纠纷550起。深入开展严打整治专项斗争，共破获各类刑事案件918起，打掉各类犯罪团伙36个，人民群众的安全感进一步增强。

【行政效能显著提高】 强化服务理念，政府自身建设得到加强。围绕建设服务型政府，转变政府职能，改进工作作风，完善各项制度，提高依法行政水平。进一步精简审批事项，规范办事程序，推行服务承诺和责任追究制度。县行政服务中心正式运行，共受理各类审批事项7946件，办结7875件，按时办结率99%。“掀起责任风暴，推进效能革命”，实行政府工作年初建账、明账，年终算账、报账制度，提高了行政效能。积极开展民主评议行风、优化发展环境述职评议活动，积极推行行政权力公开透明，严厉查处损害群众利益的违法违纪案件，机关作风明显改变。

【民主法制建设得到加强】 坚持民主决策、科学决策，重大事项广泛征求社会各界意见，自觉接受人大的法律监督和政协的民主监督，共承办人大代表议案2件、建议36件，承办市政协提案1件，县政协提案88件，全部及时按要求办结。坚持依法行政，强化层级监督和内部纠错，深入开展执法监督和行政复议工作，全年办理行政复议案件35件，依法行政水平得到提升。

领导班子成员

县委

书　记　陈英杰（3月离任）
　　　　李志刚（3月任）
副书记　李志刚　杨小宁
　　　　张晓梅（女）
常　委　陈英杰　李志刚
　　　　张晓梅（女）
　　　　杨小宁　宋金华
　　　　李树田　史登顺
　　　　于振海　王敬朝
　　　　赵永帅　刘俊禹
　　　　周喜峰　贾风聚
　　　　黄文涛

人大

主　任　聂联生（5月离任）
　　　　马保利（5月任）
副主任　田胜儒
　　　　马秀英（女）
　　　　李高生
　　　　苑淑范（女）
　　　　吴新立

政府

县　长　李志刚（5月离任）
　　　　杨小宁（5月任）
副县长　曹纪民　王敬朝
　　　　马保利　杨敬新
　　　　薛昊银
　　　　周　颖（女）
　　　　姚红玉　杨马银
　　　　李树田　李会朋

政协

主　席　史登顺
副主席　臧斗尔　吴新立
　　　　宗　健　蔺增利
　　　　左俊敏
　　　　覃晓桂（女）

（部门编辑：李德锁）

高阳县

【地情提要】 高阳县位于保定市东南部，东与任丘交界，西与清苑毗邻，南与蠡县接壤，北与安新相连。距保定35公里。地理坐标为北纬38°30′～38°46，东经115°38′～115°39′。境域东西长30公里，南北宽28.5公里，总面积487平方公里。

自然环境 县处黄淮海冲积平原的前部边缘，数扇间交接洼地。地势由西南向东北略有倾斜，自然坡降为1:4000~5000米，海拔7~12米（黄海高程）。有孝义河、潴龙河、小白河三条季节性河流，呈西南至东北走向横贯境内。三条过境河流的过水总量最大为1706.6立方米/秒，排洪能力为1507立方米/秒。境内四季分明，数暖温带半干旱湿润季风气候区。2006年，境内最高气温38C°，最低气温-15.9C°，年平均气温12.8C°；全年日照总时数2225.6小时，无霜期185天，年降水总量265.3毫米；大风日数11天，最大风速16.0米/秒。

自然资源 全县可耕地面积50.2万亩，人均占有耕地1.6亩。其中沙壤质潮土14.71%、壤质潮土64.69%、盐化潮土19.31%；其余沙质和超沼潮土1.29%。境内地下水主要贮存于第四纪松散地层中，水位与地势吻合，与河流走向一致。自20世纪80年代初，境内干旱少雨，河流长年干涸，地下水位持续下降，水资源形势严峻。2006年，境内可采地下水面积为378平方公里，其中微咸水面积170平方公里，水位深埋年均11.75米，从上世纪70年代下降4~5米。境内地热丰富，可开发利用地热储藏面积400平方公里，总蕴含量38亿立方米。县内主要矿藏为石油，属低丰度油田，产油层系在新生界下第三系的沙河街组，储量在千万吨以上。2006年境内有油井约100眼，日产原油约350吨。

建制沿革 县始建于汉高祖六年（公元前201年），新莽时改称高亭，东汉初复称高阳。历史上曾为高阳国、高阳郡、顺安军等治所，旧治在今旧城村，明洪武三年（1370年），迁至今治。明洪武八年（1375年）并入蠡县，未久复置。1948年设高阳市，次年撤市仍置高阳县，至今未易。

行政区划 县辖3镇6乡、180个行政村。

人口民族 2006年末，全县总人口31.52万人，有汉、回、满、壮、蒙等14个民族。以汉族为主，占总人口的99.8%。全县人口自然增长率为6.77‰。2007年末，全县总人口32.3人，有汉、回、满、壮、蒙等14个民族。以汉族为主，占总人口的99.8%。全县人口自然增长率为6.8‰。

【2006年·概况】 2006年全县完成国内生产总值43.2亿元，比上年增长14.5%，其中第一产业完成5.0190亿元，比上年增长5.9%；第二产业完成29.5430亿元，比上年增长17.5%；第三产业完成8.6484亿元，比上年增长13.3%。粮食总产量为14.7万吨，比上年增长15%。财政总收入2.51亿元，比上年增长16.1%；财政总支出2.4793亿元，比上年增长6%。城镇居民人均可支配收入9109元，比上年增长11.9%；农民人均收入4481元，比上年增长9.1%。

【结构调整步伐加快】 2006年，三次产业结构由2002年的16.9:58.8:24.3调整到10.6:69.7:19.7。农业综合生产能力稳步提高，农业产业化率从2002年的28%提高到39%。工业经济实力显著增强，入统工业增加值完成12.6亿元，比上年增长29.2%，是2002年的4.1倍；工业化率达到66%，比2002年提高8个百分点。纺织主导产业升级步伐加快，新技术、新设备在宏润、三利、瑞春等企业得到广泛应用，巾被、毛毯、毛线三大主导产品产量稳中有升，全县省级以上纺织名牌达到7个，著名商标达到9个。2006年，纺织业对GDP贡献率达到70.6%。先后被评为“中国毛毯之乡”、“中国纺织基地县”和“河北省特色经济十强县”。

【项目建设成效显著】 完善拓展了工业项目集中区、三利工业区，规划启动了中小企业创业辅导基地、于堤重点项目集中区和纺织印染园区，为企业发展和项目建设提供了载体，工业项目向园区有效聚集。2003至2006年，新建千万元以上项目45个，其中超亿元项目16个，累计完成投资49亿元。宏润新型面料、三利纺织、蓝波扩建等一批大项目相机竣工投产，产值超亿元企业由1家发展到12家。特别是宏润公司新型面料项目被省政府确定为全省首批九大重点产业支撑项目之一，是唯一一家民营纺织企业，不仅成为保定市东部百公里纺织服装产业带的龙头，更为本县经济发展提供了持续动力。

【新农村建设扎实推进】 不折不扣地落实各项惠农政策，农业税全面取消，对种粮农民补贴全面落实到位，农民负担减轻，收入增加。以文明生态村创建为重点，2003年至2006年，投资1.33亿元，治理开发土地5万余亩；投资3270元万元，新改建农村公路150公里；投资389万元，解决了2.36万农村人口饮水安全问题；投资8343万元，新扩建中小学、幼儿园84所；创建文明生态村47个，农村基础设施和农民生产生活条件全面改善。

【改革开放不断深入】 农机公司、糖酒公司等国有企业成功改制；农村信用社改革顺利实施；

行政管理体制、财税金融、粮食流通各项改革步伐加快，为经济社会发展提供了内在动力和体制保障。坚持以开放促发展，积极组织开展招商引资活动，2006年，引进省外资金4.65亿元，出口创汇8344万美元，分别是2002年的1.6倍和4.8倍。

【发展环境进一步改善】 2006年是城市建设投资规模最大、变化最大、成效最显著的时期。投资4.6亿元，新改扩建迎宾路、宏润大街等15条城区道路，形成了“五纵五横”城区路网框架；城区面积近9平方公里，比2002年扩大了近1/3；城市绿化、净化、美化、亮化、畅化水平大幅提高，电网、水网、通讯网络更加完善，为经济建设提供了有利条件。积极推进阳光行政，启动了行政服务中心，22个政府部门在中心实行窗口服务，企业和群众办事更加方便快捷。深化行政审批制度改革，四年来，清理削减行政审批和收费事项近千余项。下大力整顿规范市场经济秩序，纺织行业专项整治取得明显成效，产品质量档次明显提升。深化行风评议，严厉查处破坏发展环境的违法行为，行政效能有了新的提高。

【教科文卫事业健康发展】 深化科技体制改革，科技创新和引进消化吸收能力增强。2003年至2006年，共引进国家级科技成果15项，推广省级科技成果60多项，科技对农业和工业贡献率分别达到57%和53%。深化教育体制改革，职业教育得到重视和加强，学前三年教育基本普及，各类教育协调发展，中小学布局结构调整和危房改造成效显著，教育教学质量全面提高，高考成绩连续四年稳居全市第一平台。全面推进新型农村合作医疗，扎实推行“惠民门诊”、“惠民病房”，医疗救治和疾病防控体系进一步健全，公共服务能力增强。文化市场进一步规范，群众性文体活动丰富多彩，全民健身活动蓬勃开展。

【人民生活更加殷实，社会保障体系更加完善】 城镇居民人均可支配收入与农民人均纯收入分别达到9109元和4481元，比上年分别增长11.9%和9.1%，年均递增8.4%和8.9%，比2002年增加2500元和1289元。以养老、失业、医疗、城乡低保为主体，商业保险为补充的社会保障体系不断完善，城市低保标准提高，保障面扩大。认真落实再就业优惠政策，努力增加就业岗位，下岗失业人员再就业率保持在85%以上，城镇居民登记失业率控制在2.2%以内。“三联济困”、“结缘工程”纳入规范化、制度化、经常化轨道。积极开展“送温暖、献爱心”活动，四年来，累计发放扶贫救助资金700多万元，救助特困、困难职工和农村贫困户2042人次，困难群众基本生产生活得到保障。

领导班子成员

县委

书　　记　袁振江

副 书 记　张　华　焦　龙　牛树根

常　　委　袁振江　张　华　焦　龙　牛树根　韩造树　孙　立　续金明　马一蕊　贾红雨　杨秀云　葛新军

人大

主　　任　王茂发（代）

副 主 任　张瑞林　王志平　王桂英

政府

县　　长　张　华

副 县 长　马一蕊　潘智勇　王宏伟　孙彦平　田兰宽　韩术军

政协

主　　席　林海泉

副 主 席　许增强（5月离任）　李朝华　张琢玉　张文进　罗桂贤（5月任）

【2007年·概况】 2007年全县完成国内生产总值47.4亿元，比上年增长13%，其中第一产业完成5.0847亿元，比上年增长2.3%；第二产业完成33.0893亿元，比上年增长15.5%；第三产业完成9.3328亿元，比上年增长11%。粮食总产量为14.5万吨，比上年增长15%。财政总收入3.2亿元，比上年增长28.2%；财政总支出3.7734亿元，比上年增长52%。城镇居民人均可支配收入10108元，比上年增长11%；农民人均收入4886元，比上年增长9%。

【主导产业实现新提升，发展支撑力增强】 2007年，紧紧围绕打造中国北方纺织强县，通过政策引导、扶持奖励，纺织新技术、新设备得到广泛应用，主导产业省级步伐加快。骨干企业规模迅速扩大，河北宏润、北京雪莲、香港南洋实现强势联合，投资3.2亿元的宏利佳千万件高档服饰一期工程顺利建设，产值超亿元企业达到12家。纺织产品质量专项整治成效显著，企业质量意识、广告意识、品牌意识增强，全年新创省优省名牌6个、省著名商标5个，7家企业建立了产品研发机构。第二届中国保定·高阳纺织精品展示推介会成功举办，高阳纺织区域品牌叫得更响。纺织业实现销售收入123亿元，增长18%，对GDP贡献率达到60%以上，“东纺”龙头地位进一步巩固。

【园区项目建设取得新突破，发展后劲增强】 从破解制约经济发展的土地瓶颈入手，进一步完善了“一轴两翼”园区总体规划和产业布局规划，成功实施了于堤砖窑项目集中区改造，为企业发展和项目建设提供了载体。东翼纺织印染循环经济园区稳步推进，主要支撑项目日处理6万吨印染废水的污水处理主体工程竣工，三利锅炉改造项目投产发电；西翼高新轻纺产业园区主体框架基本形成，聚集效应凸显。依托产业园区，全年建设千万元以上项目26个，其中亿元以上项目11个，完成投资14.4亿元，宏润新型面料、宏利佳高档服饰等一批大项目顺利推进，蓝波扩建、新天羽自动印花生产线等8个千万元以上项目竣工投产，重点项目建设在全市“听看录帮考”活动中名列第四。

【节能减排取得新成效，可持续发展能力增强】 环境保护和生态建设力度加大，重点区域、重点行业和企业污染得到有效治理，保护环境从认识到实践发生了重要转变。中水回用、污水管网等配套工程加快推进，备受关注的污水处理厂具备了试运行条件。全力实施污水坑还清工程，对全县61个污水坑沟进行了清淤防渗、污水还清、生态恢复。持续开展环保综合治理，严厉惩治违法排污行为，对8家超标排污企业、石家庄造纸群8家造纸厂停产整治，对4家违法偷排企业、4家无环评审批手续和污染防治措施的玛钢厂、26家铸造厂责令关停，57个“15小”、“新6小”摊点被依法取缔。节能减排目标圆满成功，2007年万元生产总值综合能耗下降4.4%，二氧化硫排放量、化学需氧量分别削减3%和3.8%。经济发展逐步转入科学发展的轨道。

【城乡建设呈新面貌，发展环境更加优化】 立足建设保定东南区域中心城市，统筹城乡发展，深入开展城市建设管理突破年活动，顺利实施了8大项16小项重点工程，投资3600余万元，对建新大街、迎宾路西段等5条城区道路进行了翻新改造；投资800多万元，对佟麟阁大街、宏润大街等主干道进行了绿化美化；南关村旧村改造一期完工，宏润温泉现代城启动建设，城市形象得到新提升。围绕“四通”、“两建”，突出为民办实事，扎实推进新农村建设。投资1553万元，新改建乡级公路17.1公里、村级公路64.3公里；投资200万元，解决了1.48万农村人口饮水安全问题；投资7000万元，新建电气化乡4个、电气化村55个，改造农业排灌机井842眼；投资480万元，开发治理中低产田1.1万亩，农民生产生活条件持续改善。各项惠农政策全面落实，共发放粮食直补等各类补贴资金1497万元，农民负担减轻，收入增加。

领导班子成员

县委

书　　记　袁振江
副 书 记　张　华
　　　　　焦　龙（5月离任）
　　　　　牛树根
常　　委　袁振江　张　华
　　　　　焦　龙（5月离任）
　　　　　牛树根　韩造树
　　　　　孙　立
　　　　　续金明（5月离任）
　　　　　王永建（5月任）
　　　　　马一蕊　贾红雨
　　　　　杨秀云　葛新军
　　　　　齐新成（5月任）

人大

主　　任　焦　龙（5月任）
副 主 任　张瑞林（5月离任）
　　　　　孙彦平（5月任）
　　　　　王志平（5月离任）
　　　　　王桂英
　　　　　罗桂贤（5月任）
　　　　　曹培元（5月任）

政府

县　　长　张　华
副 县 长　马一蕊
　　　　　潘智勇（5月离任）
　　　　　王永建（5月任）
　　　　　王宏伟（5月离任）
　　　　　孙彦平（5月离任）
　　　　　王士芳（5月任）
　　　　　田兰宽　韩术军
　　　　　赵杰（5月任）

政协

主　　席　林海泉
副 主 席　李朝华　张琢玉
　　　　　张文进
　　　　　罗桂贤（5月离任）

（部门编辑：宋进良）

定兴县

【地情提要】 定兴县位于河北省中部，保定市北部。地理坐标为北纬39°05′39″～39°20′04″，东经115°30′07″～115°58′06″。全县总面积713.69平方公里。西邻易县、东毗高碑店，北与涞水相接，南与徐水、容城县接壤。东西长39.9公里，南北宽26.6公里。西南距省会石家庄176公里，东北至北京89公里，东至天津122公里。定兴县地处北京、天津、保定中心地带。境内土地肥沃，为传统农业大县，是全国粮食生产基地县、省蔬菜基地县。境内交通便利，京广铁路、京深高速公路、107国道纵穿全县。改革开放以来，重点优化环境，突出了城镇建设，基本实现了村村通公路。为全国文化先进县、全国绿化先进县，是省政府命名的小康县之一。

自然环境　定兴县属海河平原区（西北部地区属太行山东麓山前平原亚区）。地形地势平坦开阔。自西北向东南略有倾斜。西魏家庄海拔43.2米，谭城北海拔13.4米，两点交叉29.8米。境内有南拒马河、中易水河等8条河流。受洪冲击成土影响，境内形成兰沟洼、阎台洼、江村洼、肖村洼四大洼地。本县地处中纬度地带，属东部季风暖温带半干旱气候，四季分明，大陆季风性气候特点显著。无霜期历年平均为185天。春季多风少雨；夏季高温、多雨、潮湿；秋季昼夜温差较大，天高气爽，风凉云淡；冬季寒冷干燥，降水稀少。

行政区划　全县设4镇12乡，辖274个行政村。乡镇有：定兴镇、固城镇、贤寓镇、北河镇、高里乡、杨村乡、北田乡、小朱庄乡、天宫寺乡、东落堡乡、张家庄乡、姚村乡、肖村乡、柳卓乡、北南蔡乡、李郁庄乡。

【2006年·概况】　定兴全县耕地面积48415公顷，2006年总人口567999人。人口自然增长率9.25‰。2006年实现县域生产总值434695万元，同比增长3.9%；第一产业完成125191万元，同比增长9.5%；第二产业完成209789万元，同比增长3.1%；第三产业完成99715万元，同比下降0.8%。民营经济总产值346930万元，同比增长25.4%。全年财政收入23656万元，同比增长4.1%。社会商品零售总额118014万元，同比增长15.6%。职工年平均工资10342元，同比增长8.1%。农民年人均收入4207元，同比增长6.3%。城镇人均可支配收入9107元，同比增长10%。年末城乡居民存款余额285732万元，同比增长13.1%。

【农业结构进一步优化，基础地位进一步巩固】　全县粮食作物播种面积93万亩，蔬菜种植面积12.7万亩，新增优质林果面积8700亩。粮食总产39万吨，肉类总产达5.13万吨，禽蛋总产达2.4万吨，鲜奶总产达0.76万吨。认真落实惠农政策，2006年全部免除农业税，完成发放粮食直补887万元，综合直补1110万元，农机具购置补贴资金20万元，全面实施小麦良种补贴项目，供应小麦良种250万公斤，供种面积25万亩，涉及16个乡镇255个行政村，受益农户36306户。投放农户小额信贷4000万元，推进了高里葡萄批发市场、房家庄鲜桃批发市场、固城镇北庄头蔬菜批发市场和张家庄蛋鸡、闫台肉鸡、固城、柳卓奶牛、小朱庄肉牛、高里仔猪五个特色养殖小区的建设。农业生产条件进一步改善，投资286万元实施了2000亩耕地整理工程，投入274万元实施了30个村的农田电灌建设和输电线路改造。做好科技培训，提高农民科技素质，全年开展培训班100期，培训农民30000余人次。加大农业项目建设力度，巩固农业基础地位，实施测土配方施肥，小麦良种补贴、农机具购置补贴，农村沼气国债，农作物新品种推广示范县基地、现代农机装备推进、阳光工程、动物检疫监督设施建设，乡镇兽医站基础设施建设项目。

【工业经济运行平稳】　汽车及零部件产业是全县工业经济的支柱产业，发展势头良好。大迪汽车制造有限公司和天马汽车制造有限公司两家整车骨干企业产销两旺，共完成出口创汇2075万美元，同比增长451%，占全县出口创汇额的76.6%。工业企业中年纳税100万元以上的企业16家，千万元以上的有长城内燃机制造有限公司、天马汽车制造有限公司、大迪汽车制造有限公司、保定华建机械有限公司和保定五合窖酒业五家。百胜轮胎有限公司达到日产内胎10000条，长城内燃机有限公司研发的2.8TC新型柴油机配套出口法国，投资亿元的天马英雄新型SUV车深受客户青睐，成为全县新的经济增长点。

【基础设施建设全面推进】　实施了张石高速公路及引线建设，征用土地2700亩，涉及姚村，张家庄、贤寓、高里四个乡镇，三个标段施工单位顺利进场，正在紧张施工。投资1300万元建设了60余公里的“村村通”公路，涉及34个行政村，5月底全部竣工。投资2300万元改造了全长13.6公里京石高速路东引线（定兴道口至112国道），进一步优化了县域交通网络．为方便人们出行，实施“村村通公交”工程，首先开通了定兴至姚村，定兴至高里，定兴至北南蔡三条线路，取得了良好的社会效益和经济效益。开工建设了定兴火车站立交桥（2006年开始一期工程，西起天马大街，东至旧107国道，全长435米，整个拆迁工作8月底完毕，10月30日进行了开工典礼，预计2007年9月一期工程竣工）。南环路（规格为两孔、单孔14米宽）、固姚路（规格为单孔15米与南环路桥同时于2006

年11月开工）三座公路铁路立交桥，交通环境大为改观；城区人居环境进一步改善，投资6300万元完成了水榭康都三期、燕城秀府二期和长安新区工程建设，可满足800余户居民入住。天然气入户范围扩大到200户；投资585万元的水厂二期工程全部完成，年底已投入运营，供水管网共计12770米，筹资实施了周家庄小河污水治理一期工程，7月22日开始铺设新107国道城区段排水管道，一期工程从丽华制帽厂至环岛建一条总厂3192.5米的排水管道（礼帽厂至通兴路采用800毫米直径管，通兴路至环岛采用1200毫米直径管）使污水不再直接排入周家庄小河，该工程已完工，困扰沿河群众饮水问题得到解决；投资350万元新兴市场已投入使用，该工程占地30.48亩，市场内东西楼商业门店总建筑面积4260平方米，中间为批发市场，极大地方便了旧城区居民购物、休闲；投资750万元完善了通讯线路设备建设，实现了县域通讯网络无缝隙覆盖。

【构建和谐社会，促进社会公益事业发展】 建设和谐社会，完善社会保障体系建设，投资300万元建成占地6.39亩可容50人入住的老年综合福利服务中心并投入使用；深入开展弱势群体帮扶，将5400名城镇特困职工和近5000名农村贫困人员纳入城乡低保范围，实现了应保尽保，深入落实对失地农民的保障政策，对730名符合条件的失地农民发放了低保金；对2200余人次在册贫困学生进行了救助，累计发放救助金140余万元；通过“两免一补”（对义务教育阶段家庭经济困难学生免费提供教科书，免杂费，补助寄宿生生活费）资助贫困学生19624人次，实际减免费用275万元，通过山花工程、寒门学子、助学工程、助学贷款等形式救助贫困生423人（大学生246人，中学生127人，小学生50人）。拓宽就业渠道，全县新增就业1616人，安置“4050”（男50岁女40岁下岗人员）人员193人，农村劳动力向非农产业转移1、2万余人，输出劳务人员6.4万人。巩固医疗卫生事业，争取国债资金420万元，进行乡镇卫生院设施建设，基层卫生服务条件得到较大改变，县医院设立惠民门诊、惠民病房，救治农民特困户和因病致贫困难户9户，社会流浪无主病人4人，免去费用2万余元；规范医疗市场，打击非法行医，共检查医疗机构618家，取缔无证行医18家，立案6家。加强卫生监督，保障群众身体健康，处罚食品生产、经营单位59家，警告及责令改正70家，调离辞退20名体检不合格食品从业人员。深入落实计划生育奖励扶助政策，对全县农村所有符合条件的独生子女父母7361人，按标准发放每人每月10元的奖金，共计83.98万元，对符合条件的26户独生子女贫困家庭发放救助金2.6万元，落实农村独生子女中、高考加分621人。

【推进社会主义新农村建设】 新农村建设是当前改变农村发展现状，推进农村经济发展的重要内容。在新农村建设中，坚持以“生产发展、生活富裕、乡风文明、村容整洁、管理民主”为主线，以改善农民生产生活条件为突破口，争取沼气建设国债资金120万元，完成新建沼气池2600个。筹资100万元建成安全饮水项目，解决了小朱庄乡、柳卓乡农民安全饮水问题。2006年全县共创建文明生态村22个，硬化村内道路14公里，完成绿化植树30万株，新安装路灯232盏，新建或改建村两委办公室8个，安装健身器材20套。在农村成立“道德评议会”、“红白理事会”、“妇女禁赌会”。深入开展“十星级文明农户”、“文明生态庭院”评选活动，成立秧歌队、小剧团和花会，经常开展群众性文体活动。抓好农村村务公开、党务公开和民主议政日活动，进一步健全完善了农村民主管理体制。

【文化活动异彩纷呈，文化市场进一步净化】 定兴县地方戏——贤寓调5月份被列入河北省第一批非物质文化遗产保护项目。5月30日在定兴三中运动场成功举办定兴县第一届运动会，32个代表团1200人参赛。组织了庆祝建党85周年文艺汇演和“和谐颂”建国五十七周年大型文艺演出，成功举办了文化部组织的“新农村、新文化、新信息”大型巡演活动，举办了“迎春杯”乒乓球邀请赛和“长城杯”篮球邀请赛。西高里村小学是省级乒乓球传统项目学校，为扶持少儿乒乓球传统体育项目，成立了西高里村乒乓球协会。做好张石高速公路定兴段地下文物调查勘探，发掘墓葬3座，出土文物10件，对田野文物三处：义慈惠石柱（国保），东陶沈战国从葬墓（省保）和东引卧龙岗遗址（省保）设保护员3名，发放文保补助费。加强文化市场监管，收缴盗版光盘700多盘，非法书报刊370册，查处超时经营网吧7家，停业整顿网吧10家。

【教育工作稳步推进】 全县小学适龄儿童入学率为100%，初中适龄少年入学率为99.8%，高中阶段入学率为40.7%，比2005年增长4.1个百分点。幼儿园入学率为89%，比2005年增加4个百分点。加大资金投入，改善办学条件，累计投入资金1529.34万元，其中基建投资1154.9万元，修缮校舍46678平方米，设备购置投资374.44万元，全县共建成中心幼儿园95所，其中示范性幼儿园20所，规范化幼儿园68所。职业教育取得突破，县职教中心与天津海运职业学院，开设航海技术“3+2”大专班，与北京昌平职业学校开设航空服务专业，2006年招收职校学生1210人，增幅4.3%，职普比为2：7。高考工作再创历史最好成绩，共有3740人参加全国高考，达到重点分数线379人，比上年增长41.4%；达到本科2批院校以上877人，上线率23、4%，比上年增加167人，增长率23.6%。

【标本兼治，做好维护稳定工作】

抓好社会治安综合治理措施的落实。2006年建立起人民调解、司法调解、行政调解“三位一体”社会纠纷排查调处体系，排查各类不稳定因素237件并成功化解235件。加强人民调解组织规范化建设，建立健全乡调委会16个，村调委会274个，调解小组1989个，人民调解员9945人。严打各类刑事犯罪，全年破获各类刑事案件645起，打掉犯罪团伙14个，抓获犯罪嫌疑人237名，受理治安案件317起，查结312起。开展平安乡村和平安学校建设，推进社区封闭式管理，治安防控水平明显提升。

领导班子成员

县委

书　　记　王　林

副 书 记　牛景峰　周　刚
　　　　　王崇泽

常　　委　王　林　牛景峰
　　　　　周　刚　王崇泽
　　　　　牛和平　王秉华
　　　　　韩晓明　荆明志
　　　　　刘书勤
　　　　　冉振水（3月离任）
　　　　　王大山（3月到任）
　　　　　晏中亚（5月到任）

人大

主　　任　蒋克学

副 主 任　杨文星
　　　　　张秀菊（女）
　　　　　刘建山　梁金三

政府

县　　长　牛景峰

副 县 长　牛和平　冯德良
　　　　　吴奇玲（女）
　　　　　潘　江
　　　　　穆启文（5月离任）
　　　　　雷彦民（5月离任）
　　　　　董俊杰（5月到任）
　　　　　孙亚珍（5月到任）
　　　　　刘　莉（2月任，挂职）

政协

主　　席　文大华

副 主 席　汪振亮　肖　钧
　　　　　张祖建（5月离任）
　　　　　孙建明（5月到任）

【2007年·概况】　定兴县总面积713.69平方公里，耕地面积72.6万亩。2007年全县总人口57.3万人，人口自然增长率8.47‰。2007年完成县域生产总值45.4亿元，同比增长9%。其中，第一产业完成12.7亿元，增长0.5%；第二产业完成22.1亿元，增长11.1%；第三产业完成10.6亿元，增长15%，三次产业比达到28：48.7：23.3。完成社会固定资产投资22.9亿元，同比增长2.9%。粮棉总产量40.8万吨。完成财政收入2.19亿元，可比增长4.6%，其中，完成一般预算收入8622万元，可比增长16.4%。一般预算支出完成4.39亿元，同比增支1.17亿元，增长36.2%。社会消费品零售总额为12.3亿元，同比增长16%。其中，批零贸易额完成10.4亿元，餐饮业营业额完成1.5亿元。职工年平均工资12558元，同比增长21%。农民人均纯收入4492元，同比增长6.8%；城镇居民人均可支配收入9963元，同比增长9.4%。2007年末城乡居民存款余额为32.8亿元，同比增长14.7%。

工业经济健康发展，项目建设亮点凸现。工业经济产销衔接顺畅，28家规模以上企业完成总产值23.9亿元，同比增长27.9%，实现增加值8.12亿元，同比增长23.6%，实现销售收入22.9亿元，同比增长56%，利税1.35亿元，同比增长17.2%。其中4家汽车企业（长城、大迪、天马、天马专用）产值15.3亿元。2007年实施建设项目50个，总投资30亿元，完成投资11.4亿元，其中生产型工业项目6个，投资9.1亿元。全年共引进省外资金6.42亿元，完成年计划的178.3%。总投资10亿元的喜之郎定兴生产基地和投资5亿元的环达汽车生产项目正式签约。喜之郎总投资10亿元，占地300亩。一期建筑面积10万平方米，投资5亿元，建成之后将新增就业岗位4000人，产值12亿元，利税3亿元，成为县境内新的经济增长点。由北京京顺达公司独资建设的定兴环达汽车产业园建设项目投资5亿元，可吸纳社会劳动力1500人，产值10亿元，已于11月份开工建设。

新农村建设稳步推进，农业结构得到优化，农民增收步伐加快。全年共落实各项惠农政策资金3662万元，投放农户小额信用贷款5011万元，打造“肉蛋鸡、肉奶牛、生猪、花生、麻山药、鲜桃、芦笋、甲鱼”八大种养基地，形成昌利、昌明、荣达畜禽等省、市重点农业龙头企业“公司＋基地＋农户”的产销一体化的发展模式。新农村建设中，硬化路面49公里，安装路灯849盏，栽种苗木13.5万株，建成村民活动广场15个，新建沼气池1000个，村容村貌明显改观，农民素质不断提高。实施农民科技培训工程，成为全省首批“中国农科院百名农业博士兴百县科技行动”共建县，荣获“全国绿化模范县”称号。投资4000多万元完成砖瓦窑复垦和易水河杨村险工等土地整理和农田水利项目，投资5000多万元完成89个村4700眼机井的农田电灌工程，实现井井通电、刷卡上水。

改善民生实现新突破。救助体系逐步完善，5200名城镇特困职工和1000名农村贫困人员纳入城乡低保，实现应保尽保。向2500余名贫困生发放救助金200余万元，在册救助率100%。重点培训失地农民800余人，优先安置280人就业，为3300户符合条件地农民发放了低保金。拓宽就业渠道，新增就业岗位1800人，下岗失业人员再就业1500余人，安置“4050”等就业困难人员380人。新型农村合作医疗制度全面启动，参合率80.4%，享受补助的农民89000人，报销药费1600余万元。建成10个乡镇计划生育服务站，落实农村计划生育家庭扶助奖励政策资金157万元。

整合文化资源，深入挖掘文化底蕴，展现定兴文化特色。2007年11月成功举办中国·定兴孙禄堂武学文化观摩交流会，来自北京、天津、河北等10个省、市28个参赛队300余名选手参加了比赛，为全国各地孙氏太极拳爱好者搭建了相互交流、相互学习的平台。传统体育与竞技项目金台陈村九曲黄河阵列入河北省非物质文化遗产保护名录，定兴珐琅手工艺、后土文化传说、黄金台传说列入市级非物质文化遗产保护名录，地方戏种贤寓调完成国家级非物质文化遗产申报。

领导班子成员

县委

书　　记　王　林
副 书 记　牛景峰
常　　委　王崇泽　王大山
牛和平（5月离任）
王秉华（5月离任）
韩晓明（5月离任）
张冰水（5月任）
王少雄（5月任）
孟伟国（5月任）
荆明志
刘书勤（女）
晏中亚
董俊杰（5月任）

人大

主　　任　蒋克学（5月退）
牛和平（5月任）
副 主 任　杨文星
张秀菊（女）
刘建山（5月离任）
梁金三（5月离任）
蔡占全（5月任）
侯铁成（5月任）

政府

县　　长　牛景峰
副 县 长　牛和平（5月离任）
王少雄（5月任）
晏中亚（5月任）
冯德良
吴奇玲（女）
潘　江
孙亚珍（女）
董俊杰（5月离任）

政协

主　　席　文大华
副 主 席　汪振亮　肖　钧
孙建明
李红娜（女，5月任）

（撰稿人：张路全　徐兴国）

蠡　县

【地情提要】　蠡县位于河北省中部偏南，保定市东南部，南北纵距36.5公里，东西横距32公里，总面积650平方公里。县境东北与高阳，东南与肃宁，正南与饶阳、安平，西南与博野，西北与清苑县接壤，县城位于省会石家庄东北142公里，保定市南偏东50公里处。

自然环境　蠡县地处华北平原中部，地势西南高、东北低，坡度在0.3‰～0.1‰，无明显起伏变化。地表平原，漕形洼地，河流相间，潴龙河贯穿全境。境内河流均系海河流域大清河水系。境内有潴龙河、孝义河、月明河、小白河。土壤分3个土类、6个亚类、13个土属、36个土种。耕层土壤有机质含量偏低，县境属大陆性季风气候，四季分明。春干旱多风，夏炎热多雨，秋天高气爽，冬寒冷干燥。2006年，最高气温38.8℃，最低气温－13.1℃，年平均气温13.2℃，日照22081小时，无霜期185天，初霜期23/10，年降水323.1毫米，大风6次，最大风速13.7米/秒，最多风向频率12。

自然资源　2006年耕地面积689970亩。地表植被包括野生植物（杂草、菌类、苔藓）或栽培植物（树木类、作物类、蔬菜类）。生物资源有药草类、菌类、用材林、果树、粮食作物、经济作物、饲草、蔬菜、花卉等植物资源及鱼类、家畜、家禽、鸟类等动物资源。石油是蠡县主要矿产资源，已勘探大百尺、万安、辛兴、鲍墟等10个乡镇有石油蕴藏。

建置沿革　西汉初始置陆成县。东汉省陆成县入蠡吾县，治所在今博野县里村（原为蠡村）。本初元年（公元146年），析蠡吾县之故陆成地置博陵县。三国魏时改为博陆县。南北朝北魏景明元年（公元500年）改名博野县（今蠡县），并徒治于今治。唐武德五年（公元622年）始置蠡州，辖博野县（今蠡县）。宋雍熙四年（公元987年），于县境置宁边军，金天会七年（公元1129年）升为宁州，天德三年（公元1151年）复改为蠡州，仍辖博野县（今蠡县），至元三年（公元1266年）省博野县东境（约今蠡县地）入蠡州，明洪武八年（公元1375年）正月降蠡州为蠡县至今。

行政区划 现辖8镇5乡，232个行政村，乡镇名称：蠡吾镇、留史镇、大百尺镇、辛兴镇、北郭丹镇、桑园镇、南庄镇、鲍墟乡、小陈乡、大曲堤乡、林堡乡、北埝头乡。

人口民族 2006年末总人口498565人，其中，农业人口461663人。2007年末，总人口504344人，其中，农业人口475089人。有汉、满、回、蒙古、布依等20个民族。

【2006年·概况】 2006年全县生产总值完成51.7亿元，同比增长3.7%，其中第一、二、三产业总产值分别完成8.2亿元、29.7亿元、13.9亿元，同比分别增长4%、0.2%和11.8%；民营经济总产值152亿，增长13.2%，粮食总产量达到18万吨，增长9.4%；财政收入完成25655万元（按新统计口径剔除1399万元基金收入后），财政总支出完成30299万元，同比增长24.4%；社会商品零售总额17.2亿元，同比增长15.6%；在岗职工年平均工资11974元，同比增长10.7%；农民年人均纯收入4792元，同比增长7.5%；年末城乡居民存款余额46.8亿元，同比增长8.5%。

【民营经济快速增长】 毛纺织业、皮毛服装两大主导行业在结构调整中健康快速发展。纺织业产业升级效果明显，填补了多项空白："启发"填补了蠡县产品没有中国驰名商标的空白；河北京冠纺织有限公司，生产的京冠牌毛巾填补了河北省无名牌毛巾产品的空白；经纬纺织集团与山东山花集团合作，引进英国大卫布莱特尔阿克明地毯织机，填补了河北省无机织地毯的空白；武家营栓龙毛条厂引进国际先进设备生产的高档面料，填补了蠡县纺织业无服装面料的空白。产品结构不断优化，逐步实现由纺到织、由粗变细、由传统产品向高科技、高品位产品的转变，"纺织大县"初具规模。皮毛服装业规模不断扩大，产业链条进一步拉长，实现了"双向突破"：一是珍稀动物养殖业发展迅猛，产值过亿元，实现了向源头发展的突破；二是由过去单一的制革向裘皮服装、皮件加工等深加工延伸，实现了向终端产品的突破。留史皮毛市场以高达40.0亿元的市场交易额被国家统计局评为"全国土畜产品批发交易市场第二名"。橡胶、羊绒、毛巾、毛毯等新兴产业保持良好发展态势，拉动力不断增强。2006年民营经济总产值完成152.0亿元，同比增长13.2%。

【社会主义新农村建设扎实推进】 农业结构调整成效显著，产业化水平进一步提高，按照"一业主导、项目兴农"的思路，麻山药产业发展迅猛，相继被命名为"河北山药之乡"、"中国山药之乡"和"中国地理标志产品"，并将其列入中国与欧盟地理标志双边互认合作试点第一批保护名单。种植面积由2005年的6万亩发展到2006年的8万亩，位居全国第一。"2006中国山药之乡——首届蠡县麻山药节"成功举办，麻山药知名度、美誉度进一步提升。农业项目实施力度加大，投资3000多万元的5个土地整理开发项目已基本完成，农业发展后劲明显增强，农业综合生产能力显著提高。文明生态村建设成效明显，共建文明生态村36个，其中武家营村被评为省级文明生态村，郭丹镇被评为省级文明生态镇。小城镇建设提高到新水平，城乡面貌发生巨大变化。农村税费改革扎实推进，在全面取消农业税的基础上，向农民兑付粮食直补资金和综合直补资金1423万元。在全市率先开展了农村最低生活保障试点，把农村低保资金纳入财政预算。

【改革开放成效显著】 扎实开展了"开放项目年"活动，积极抢抓"南资北移"、"京企外迁"的战略机遇，加强了与经济发达、产业趋同地区的联系与合作，突出"引资、引技、引智、引名牌"，借力发展成效显著。特别是山东山花、北京光华、北京二毛、新疆八一、南京长江等一批国内外影响力大、拉动力强的大项目成功落户蠡县。2006年共实施投资千万元以上项目38个，项目总投资规模39.2亿元，其中超亿元的项目12个。全年社会固定资产投资完成20.7亿元；利用外资完成170万美元；出口创汇完成5855万美元。项目数量和投资规模均创历史最高水平。粮食、流通、财税、金融、国企等各项改革迈出了新步伐，经济发展活力进一步增强。

【财税收入稳步增长】 2006年，面对严峻的财政收支形势，坚持以组织收入为中心，强化稽查，严格征管，通过每月定期召开税收征管联席会、逐乡镇督导、实行乡镇与税务部门捆绑责任制等有力措施，积极克服皮毛绒行业税收专项整治、治染专项整治等不利因素影响，下大力规范税征执法行为，公平企业税赋，优化税收环境，国税、地税、财政总量、增速均稳步增长。全年财政收入完成25655万元。金融工作运行平稳，强化了金融监管，年底，各项存款余额为519372万元，比年初增加8.4%；各项贷款余额为177948万元，比年初增加2.4%。

【社会保障工作全面推进】 社会救助体系进一步完善，发放城乡低保金206万元。发放养老保险金1684万元，失业保险金16.3万元，发放率均达100%。企业离休干部、二等乙级伤残军人全部纳入医疗保险统筹范围，破产及困难职工参保目前已近尾声。深入开展了“关爱女孩”、“零就业家庭救助”、“结缘工程”等活动，切实帮助困难企业、群众解决实际问题。把就业和再就业放在重要位置，落实政策，加强培训，努力扩大就业空间。全年新增就业岗位1113个，下岗失业人员再就业610人，安置“4050”人员92人，完成阳光工程技能培训1100人，组织农村劳动力转移13800人。

【污染攻坚战成效显著】 坚持“堵疏两手抓、两手都要硬”的治污思路，以白洋淀死鱼事件为契机，借势干事，开展了声势浩大的环境污染综合整治活动，除按照市委、市政府要求关停了向孝义河排污的21家企业外，全县又分两批自行关停了39家污染企业，坚决做到了不向孝义河排入一滴工业污水。特别是省、市领导作出重要批示后，县委、县政府高度重视，迅速行动，采取果断措施，进一步把工作往深里做、往细里做，全县治污工作取得明显成效。

【发展环境全面优化】 严格按照省市专家组审议论证的蠡县《2006—2020年县城总体规划》，切实加强县城建设，文化馆、图书馆及革命历史文化中心建设已全面启动。总投资5000万元，占地126亩的县医院建设主体工程已基本完工；投资2500万元占地20亩的蠡县中学西校区改扩建工程进展迅速。基础设施日臻完善，完成了投资610万元的小陈路、投资685万元的郭丹路等一批乡道升级改造工程；投资3500万元的二期城网改造工程全部完成。同时，通过规范完善行政审批服务中心办事流程，加快政府自身建设，大力推进依法行政和深化行风评议等举措，全县服务环境进一步优化，依法执政水平和行政效能明显提高。

领导班子成员

县委

书　　记　吕坤力
副 书 记　张　海　宁洪茂
　　　　　杜永昌
　　　　　藏瑞平（4月调离）
常　　委　刘晓昱　孙增儒
　　　　　李天慧
　　　　　段喜录（4月调离）
　　　　　董彦雷（5月调离）
　　　　　韩志勇（4月调离）
　　　　　李亚东（4月上任）
　　　　　李自贤（4月上任）
　　　　　张如军（5月上任）
　　　　　贾瑞生（5月上任）

人大

主　　任　王志伟（3月调离）
　　　　　董彦雷（3月上任）
副 主 任　楚大庆　张文茂
　　　　　陈来兴　石博勋

政府

县　　长　张　海
副 县 长　段喜录（4月调离）
　　　　　李自贤（4月上任）
　　　　　张如军（5月调离）
　　　　　田宝元（5月上任）
　　　　　绳兰柱　孙永良
　　　　　刘彦茹　耿　琳

政协

主　　席　齐国振
副 主 席　张士杰　王巧云
　　　　　姚小松
　　　　　刘　爽（3月上任）

【2007年·概况】 2007年全县生产总值完成50.1亿元，其中，第一产业增加值8.0亿元，第二产业增加值27.8亿元，第三产业增加值14.3亿元，全社会固定资产投资18.8亿元，粮食总产量达到183017吨，增长1.5%；财政收入24188万元，财政总支出40700万元，社会商品零售总额16.5亿元，在岗职工年平均工资1.48万元，增长23.2%；农民年人均纯收入5112元，增长6.7%；城镇居民存款余额548513万元，比年初增长29141万元。

【民营经济稳步发展】 全县入统工业企业发展到107家，总量居全市前列。两大主导产业在污染治理中获得新的发展，整合、升级步伐明显加快。纺织业产品结构不断优化，产品种类日益齐全，“纺织大县”初具规模。皮毛皮革产业实现了“双突破”，珍稀动物养殖发展迅猛，实现了向源头发展的突破；逐步由过去的单一制革向裘皮服装，皮件加工延伸，实现了向终端产品的突破。两大产业形成了毛纺以经纬纺织有限公司、皮毛皮革以凌爵皮革有限公司等一批龙头骨干企业为主导，带动中小企业实现市场分化、产品分工合理布局共同发展的新格局。五大工业聚集区建设步伐明显加快，特色产业集群效应凸显，已成为推动全县经济发展的重要支撑。2007年，完成全县民营经济总产值134亿元，上缴税金1.88亿元，全县工业增加值完成26.2亿元。

【农业特色产业成效显著】 在产业布局上，全面落实《蠡县优势农产品区域布局规划》，麻山药产业带、无公害蔬菜产业带、珍稀动物养殖产业带和奶牛养殖产业带建设顺利推进。全县麻山药种植面积达到60374亩，麻山药产业化水平不断提升，国家级麻山药生产标准化示范区以96.5的高分顺利通过了国家考核验收，中央电视台对蠡县麻山药产业进行了专题报道，进一步打响了“中国山药之乡”品牌。2007年蠡县麻山药创下“四个第一”：一是全县麻山药种植面积居全国第一；二是蠡县麻山药在全市首次荣获“国家原产地域保护产品”称号；三是蠡县麻山药以其独特的品质被国家质检总局列为欧盟开展地理标志互认双边合作试点的第一批保护名单；四是蠡县麻山药代表河北省参展地理标志保护产品，亮相中国质量万里行出征仪式，在全市属第一次。以友福、伟亿皮毛动物养殖等龙头企业辐射拉动全县皮毛动物养殖规模化、集约化程度不断提升。成功举办了2007年全国“兔产品交易会”，来自冀、鲁、蒙等14个省市自治区的600多名客商，以及部分科技工作人员参观了蠡县皮毛皮革产业107个展位的大型展览，参加了兔产品贸易洽谈会。交易额为1700余万元，达成合作意向180多项，合同金额1.9亿元。在品种品质结构上，大力实施“良种工程”，引进推广了石新733、中麦9新系等小麦品种，冀花2号、鲁花11等棉花品种，金冠、丰抗系列蔬菜品种；畜禽良种繁育体系建设进展迅速，引进孵化海兰等蛋鸡良种40万只，引进优种荷斯特奶牛500头。

【财税工作平稳运行】 面对由于大规模污染治理给财政税收带来的前所未有压力，坚持多措并举、深挖税收潜力、堵塞征管漏洞，大税小税齐抓共管，应收尽收，圆满完成了各项调整任务。在收支矛盾十分突出的情况下，通过压缩预算和一般性支出，积极争取上级资金支持等举措，确保了公教人员工资按时发放、机关工作正常运转和社会稳定，完成了公务员工资制度改革和规范津贴补贴工作，实现了财政工作平稳运转。

【城镇建设取得新进展】 以城镇容貌综合整治百日行动为契机，切实加大了对城镇环境综合整治的力度，投资350万元，完成了蠡吾大街拓宽改造工程，道路两侧各拓宽2米，铺筑混凝土路面8800平方米，提升了蠡吾大街的畅通能力；投资530万元对蠡吾大街、范蠡中路6800米路缘石进行了更换，铺设彩砖5600平方米；总投资190万元，完成了蠡吾大街地下管网强电，联通、移动、网通、铁通、广播电视等弱电入地工程，改变了蠡吾大街“空中线缆交织，地上线杆林立”的局面；投资100万元对旧城区供水管网进行了改造；修整造型绿化带8600平方米，更新绿化带5080平方米；城区绿地面积已达170万平方米，绿地率、绿化覆盖率、人均公共绿地面积分别达到了27.18%、31.56%、5.27平方米；投资25万元购置了2辆垃圾清运车，65个垃圾集存箱，果皮箱120个，垃圾桶50个，使县城道路清扫覆盖率、重要场所保洁率、生活垃圾清运率均达到了100%。扎实推进并完成了城乡规划“1360”工程。桑园、辛兴、留史、百尺等4镇总体规划方案顺利通过了省、市专家组评审。完成63个村的村庄规划。完善了县城总体规划审批。严格按照《2006—2020年县城总体规划》部署，提高了城市规划的科学性、权威性和可操作性，全面提升了城建规划档次，为城镇建设提供了科学和法律依据。在2007年全市城镇容貌综合整治检查暨“星城杯”竞赛评比活动中被评为优胜单位。

【安全稳定工作扎实推进】 按照“安全第一、预防为主、综合治理”的方针，深入开展隐患排查治理，安全生产整治攻坚集中行动和“法人代表安全承诺制度”活动，大力整改事故隐患。强化基础工作，组织开展“安全生产双百日承诺”、实行“安全生产承诺制度”、严格落实企业法人安全助理制度，指导、帮助全县249家企业完成了法人安全助力配备工作。2007年全县社会治安保持了持续稳定。围绕重大节日和“十七大”期间的安全保卫工作，有效遏制了非法活动的发展势头；以“严打整治专项斗争”、“五项行动”等专项行动为载体，重拳出击，对各类违法犯罪活动展开强大攻势。全年，共破获各类刑事案件985起，抓获犯罪嫌疑人371名，有力地维护了全县的治安稳定；大力实施“科技强警”工程，建立健全社会治安监控网络，在全县范围内建立了以公安局指挥中心为龙头的协调联动快速反应指挥体系。

【教育文化事业全面发展】 扎实推进农村义务教育保障机制改革，认真落实“两免一补”资助政策，全部免除义务教育阶段学生学杂费，为全县9632名贫困生免费提供76.4万元的教科书，为1394名贫困寄宿生补助生活费49万元，全面实施新课改和素质教育、基础教育升学率和职业教育就业率均得到进一步提高，2007年，全县高考考生3841名，本一上线381人，本二上线1035人，本三上线2727人，专科上线3654人，上线率95.13%，上线率继续保持全市先进，本二以上上线人数保持全市第一平台，其中两名考生分别被北京大学和清华大学录取，填补了近五年来未考入北京大学、清华大学的“空白”。蠡县中学由此被评为“实施升级进位工程提高教育教学质量优胜单位”。全县有1人荣获“全国优秀教师”，4人分获“省级优秀教师和优秀教育工作者”，22人分获“市级师德”、“师德标兵”等称号。本县以“管理措施硬，保障制度好，教学水平高”等教学优势和特点，顺利通过了省政府义务教育综合评估验收，文化事业稳步推进，积极筹措资金加快投资1600万元“两馆”和多功能会堂建设，工程主体框架已完工。11月，顺利迎接省政府督导评估。

【污染治理取得阶段性成果】 环境保护工作紧密围绕节能减排这一中心任务为目标，着力强化环境监管，深化污染防治，抓好环保队伍建设，认真开展各项环保专项行动，环境保护工作取得阶段性成果。在污染治理上，坚持堵疏并举。一手抓堵，以白洋淀污染综合治理为契机，借势干事，组织和动员全县上下，开展了声势浩大的污染专项整治。在建立健全县领导包乡镇、县直部门包村包企业“分级负责制”、乡镇政府和环保部门“捆绑责任制”、治污突击队“昼夜巡查工作制”等多项治污新机制的基础上，对关停企业实施了“断水断电、封停设备、暂扣证照”的措施，对取缔企业实施了“拆除设备、断水断电、吊销执照、清除原料”的强制措施。全县242家涉污企业全部停产整改，共动用吊车、铲车200余台次，出动县乡村干部4800多人次，共拆除制革转鼓1400多个，染缸18个，封企业自备井100余口，封堵企业打破排污口53个，暂扣营业执照236个，依法吊销营业执照76个，污染专项整治行动取得明显成效。全年主要污染物化学需氧量排放、二氧化硫排放量实现“双下降”，完成市考核指标；一手抓“疏”，辛兴镇以股份合作形式投资1600万元，建成了占地9400平方米的污水处理厂并投入试运行，日处理污水2万吨。县城、留史污水处理厂已完成规划、征地等方面的工作。2007年全县COD消减737.3吨，SO2消减151.35吨。

领导班子成员

县委

书　　记　吕坤力

副 书 记　张　海　宁洪茂

　　　　　杜永昌（5月调离）

常　　委　李自贤　李亚东

　　　　　张汝军（5月调离）

　　　　　孙增儒（5月调离）

　　　　　刘晓昱（5月调离）

　　　　　李天慧（5月调离）

　　　　　贾瑞生

　　　　　绳兰柱（5月上任）

　　　　　刘春林（5月上任）

　　　　　刘建立（5月上任）

　　　　　马义民（5月上任）

　　　　　李　娟（5月上任）

人大

主　　任　董彦雷

副 主 任　楚大庆（5月调离）

　　　　　张文茂（5月调离）

　　　　　陈来兴（5月调离）

　　　　　石博勋

　　　　　徐怀玉（5月上任）

　　　　　李树杰（5月上任）

政府

县　　长　张　海

副 县 长　李自贤　绳兰柱

　　　　　刘彦茹

　　　　　孙永良（5月调离）

　　　　　耿　林（5月调离）

　　　　　田宝元（5月调离）

　　　　　赵建振（5月上任）

　　　　　赵东辉（5月上任）

　　　　　李建英（5月上任）

政协

主　　席　齐国振（5月调离）

　　　　　张如军（5月上任）

副 主 席　张士杰（5月调离）

　　　　　王巧云（5月调离）

　　　　　姚小松（5月调离）

　　　　　刘爽（5月调离）

　　　　　孙永良（5月上任）

　　　　　楚小楷（5月上任）

　　　　　韩建军（5月上任）

（部门编辑：鲁春芳　伍　艳）

顺平县

【地情提要】 顺平县位于河北省中部偏西，北纬38°44′35″～39°07′18″，东经114°50′08″～115°17′04″。东邻满城，西接唐县，南毗望都，北连易县，东南与清苑接壤，西北与涞源搭界。距北京162公里，距石家庄102公里，距离保定32公里。张石、保阜高速、保阜、保涞、107国道等公路和京广铁路穿境而过。

自然环境 顺平县地处太行山东麓，华北平原西部，总面积708平方公里。地形呈西北至东南斜长，地势西北高，东南低，分中低山、丘陵、平原三种地貌。西北部为太行山区，面积约占全县总面积的三分之二，东南部为平原。最高的山峰白洋坨，海拔1006.7米，中低山海拔300～500米，丘陵地区一般海拔200米左右，平原一般海拔为35～65米。主要河流有曲逆河、蒲阳河、界河、金线河、七节河，近30年来均变为季节河。全县属东部季风暖温带半干旱大陆性气候，四季分明。

自然资源 全县土地资源总面积为708平方公里，耕地面积26076公顷。全县多年平均自产地表水资源量0.96亿立方米，地下水平均资源量0.97亿立方米。非金属除石灰岩储量15亿吨，其中高级石灰岩1亿吨外，还有石英岩和石英砂岩，白云岩、大理石、石板等；金属矿有金矿、银矿、磁铁和褐铁矿，

建置沿革 春秋战国时置县，名曲逆。西汉王莽改曲逆县为顺平。东汉时改名为蒲阴。南北朝北齐天保七年（公元556年）更名北平。金贞祐二年（1214年）升县为州，名完州。明洪武二年（公元1369年），完州降为完县。1993年8月，经国务院批准，更名顺平县。

行政区划 全县设10个乡镇，其中3个镇，7个乡，辖237个行政村。

人口民族 2006年总人口为30.4万人，2007年总人口为30.85万人。其中汉族占总人口的90%以上，另有回、满、侗、藏、壮、朝鲜等16个少数民族。

【2006年·概况】 2006年地方生产总值178272万元，同比增长9.6%，一、二、三产增加值为50672万元、53979万元、73621万元，分别增长3.2%、14.6%、10.0%。粮食总产量12.38万吨，增长1.1%；财政收入10258万元，增长32%，支出26032万元，增长17.2%；社会商品零售总额68537万元，增长16.2%；城镇人均可支配收入7406元，增长9.1%，农民人均纯收入2371元，增长6.0%；年末城乡居民存款余额181102万元，增长24.9%。

【工业经济呈现集群发展态势】

全年共引进建设千万元以上大项目26个，总投资22.4亿元，其中亿元以上3个，5000万元以上7个，工业生产性项目15个。特别是总投资5亿元的汇源扩建项目，成为保定市投资规模最大的农业产业化龙头企业；投资4亿元的长城汽车模具加工项目，是保西最大的工业生产性项目。另外，投资1亿元的汇源冀中公司PET罐装线及纯净水项目、投资5500万元的广顺化纤、投资2500万元的北卫果品加工项目以及润泰和太行肠衣扩建、恒通、天泽肠衣等项目全部建成投产。

按照“产业集群、项目集中、用地集约”的原则，在腰山镇规划启动了顺平工业园区，首期开发保阜路北侧1500亩。已有奥宇铸造、金萨干花、合璧通讯三个项目入驻，完成投资1亿元。从目前的发展势头看，工业园区前景广阔，近期可成为保定市产业转移的延伸，远期可成为京津产业转移的吸纳地和顺平新的经济增长极。

【新农村建设扎实推进】 农民增收渠道日益宽广。在北神南发展三优（优良品种、优良砧木、优良栽培技术）红富士苹果2000亩；在平原地区建设了草莓、食用菌、错季菜、设施蔬菜四大基地，高效农业种植面积达10万亩，产值1.82亿元；蓝天等三家养殖小区通过了无公害产地认定，北常丰奶牛小区被评为市级标准化奶牛小区，全县奶牛、肉牛存栏达1.3万头，年出口香港2652头（肉牛）。扶贫开发工作取得新进展。以13个村为重点，投入资金358万元，发展周转羊4917只、周转牛183头；发展以果树、蔬菜和食用菌栽培为重点的周转棚70个，设施蔬菜80亩。完成207人的移民搬迁任务。农村基础设施更加完善。投资452万元，开发整理土地6235亩；实施农村饮水安全项目，新打机井80多眼，建水池水窖500个，解决了21个村的人畜饮水困难。在61个村实施农村电力排灌改造工程。社会事业蓬勃发展。有线电视“村村通”工程已全面展开。积极推进新型农村合作医疗试点工作，全县农民参合率达到73.4%；正式开通了城乡公交车，极大地方便了群众出行；加快农村社会救助体系建设，出台了《关于建立农村居民最低生活保障制度的实施意见》，对年人均纯收入低于600元的特困农民，按时发放救助资金；对特困家庭儿童，全部实行免费入学。

【基础设施建设日新月异】 高质量完成南水北调、张石高速两大工程征迁安置和兑付补偿工作，被省调水办评为“南水北调工作先进县”。完成107公路立交桥、顺高路和县城至北城公路等重点项目的扫尾工作；投资2640万元，完成顺神路县城至店子水、腰隘路西白司城至隘门

口、大悲至清醒、县城至北堡等乡村公路改建工程。开发了颐园小区、平安家园、丽景馨城、学府花园四大经济适用住宅小区，建设面积达40万平方米，大大缓解了干部职工的住房困难。投资140万元实施东环排水工程，完成排水管沟铺筑1613米；投资177万元完成迎宾广场扩建工程，建设舞台300平方米、看台700平方米；投资73万元实施亮化工程，在平安西街、幸福西街、蒲金路、东环路安装路灯229套。完成投资6597万元的顺平中学新校区项目，办学条件明显改善。

【旅游对外影响不断扩大】 与中华民族促进会合作，成功举办了以“和谐尧乡，桃花印象”为主题的第七届桃花节、“山花工程”大型义演等一系列活动；通过网络和新闻媒体等方式征集第七届桃花节主题词、吉祥物和会徽，创作了《桃花为你开》主题歌曲，桃花节已成为全省乃至华北地区春季旅游第一品牌。

领导班子成员

县委

书　　记　张千里

副 书 记　吕竹青

郭建军（5月免）

杨宝昌　张光伟

常　　委　张千里　吕竹青

郭建军（5月免）

杨宝昌　张光伟

何　林　赵海娜

徐志清　张铁柱

赵其国　梁文杰

人大

主　　任　刘长岭

副 主 任　赵同霄　姚新来

肖占良　米树军

政府

县　　长　吕竹青

副 县 长　徐志清　王洪达

王长占　董国平

刘洪洁（5月辞职）

魏立恒（5月辞职）

杨保军（5月任）

马跃斌（5月任）

政协

主　　席　苑振玉（5月辞职）

郭建军（5月任）

副 主 席　靳海军　李献强

【2007年·概况】 2007年地区生产总值208320万元，同比增长12.9%，一、二、三类产业增加值：第一产业57183万元，增长5.6%；第二产业90870万元，增长21.4%；第三产60267万元，增长8.2%。民营经济实现增加值145819万元，增长19.0%。粮食总产量12.5万吨，增长1.1%，财政收入11903万元，增长16.0%，财政支出31467万元，增长12.0%。社会商品零售总额80551万元，增长17.5%。城镇人均可支配收入8401元，增长23.4%。农民人均纯收入2526元，增长6.5%，年末城乡居民存款余额212954万元，增长17.6%。

【项目建设扎实推进】 大力开展“项目建设突破年”活动，组织各级干部及有关企业负责人赴山东及江浙等先进地区进行学习考察，进一步解放了思想。2007年全县共引进建设千万元以上项目22个，总投资22亿元。其中，新增投资5亿元的河北汇源项目，当年完成投资3.4亿元，建成了6条生产线；投资3.9亿元的长城汽车模具铸造项目当年签约当年开工。该县重点项目投资完成比例超过年度计划的159%。

【县城建管力度不断加大】 全面实施《县城总体规划》和五年建设规划，确立了“五纵（新东环、致富路、经五路、顺兴路、商业街）五横（幸福街、纬十街、吉祥街、平安街、南环路）”县城路网建设大框架。积极推进“1360”工程，基本完成了一个中心镇，三个乡，60个村的规划编制任务，并完成了7个高规格新农村试点及14个一般村的科学规划。

投资1.5亿元实施新东环建设和平安街、幸福街两条主干道改造工程，其中，平安街、幸福街两条主干道改造工程已全部完工；启动了纬十街开发建设；投资6万元，完成垃圾填埋场的防渗处理；完成总投资2600万元的城区污水处理厂项目环评报告。

顺兴花园西区、学府花园、商业街二期开发全部完工，城区商品楼建筑面积新增32万平方米。深入开展城区“绿化”活动，共栽植绿化苗木3.8万株；加强城区环境综合整治，扩招环卫队伍，新增保洁车20辆；大力组织实施城区“美化”工程，统一粉刷临街主要建筑物及胡同42条，墙壁1.5万平方米，拆除广告牌匾300多块，清除不规范广告、条幅2000余条；结合太阳能之城建设，着力抓了县城机关、企事业单位的亮化改造，投资20万元完成了吉祥街、人民路、兴农路的亮化。

【旅游产业地位进一步提升】 制定了《关于进一步加快旅游业发展的意见》，明确了“十一五”期间全县旅游业发展指导思想、基本原则、目标任务和工作重点。编制完成了全县旅游业发展与布局总体规划和“燕赵西湖”、“天湖”等几个精品景区的总体规划以及部分景点的详规，全县旅游业的发展思路逐步清晰，旅游资源科学开发的指导性进一步增强。投资1.6个亿进行天湖景区开发；

投资800多万元完成了天湖景区公路的修复建设，景区内村庄农户征迁工作有序开展。

【新农村建设出现新亮点】 实施西绿战略，改善生态环境。利用冬闲时间，发动10万干部群众进山搞绿化，打响了“太行山绿化攻坚战”，完成整地2.5万亩，为大规模造林打下了坚实基础。深入开展林权制度改革，列入林改的59万亩林地已全部完成确权。积极推进新能源应用。共完成5个村的太阳能示范工程，在45个村建沼气池1560个。

领导班子成员

县委

书　　记　张千里
副 书 记　吕竹青（3月免）
　　　　　杨宝昌
　　　　　张光伟（5月免）
常　　委　张千里
　　　　　吕竹青（3月免）
　　　　　岳文民（3月任）
　　　　　杨宝昌
　　　　　张光伟（5月免）
　　　　　何　林　刘文力
　　　　　赵海娜（5月免）
　　　　　徐志清　张铁柱
　　　　　赵其国　梁文杰
　　　　　赵永帅（5月任）
　　　　　马跃斌（5月任）

人大

主　　任　刘长岭（5月辞）
　　　　　张光伟（5月任）
副 主 任　赵同霄
　　　　　姚新来（5月辞）
　　　　　米树军（5月辞）
　　　　　王长占（5月任）
　　　　　肖占良

政府

县　　长　吕竹青（3月辞）
　　　　　岳文民（5月任）
副 县 长　徐志清
　　　　　王洪达（5月辞）
　　　　　王长占（5月辞）
　　　　　董国平（5月辞）
　　　　　马跃斌（5月辞）
　　　　　甄会龙（5月任）
　　　　　张铁柱（5月任）
　　　　　杨保军
　　　　　田建生（5月任）
　　　　　杨军华（5月任）

政协

主　　席　郭建军
副 主 席　靳海军
　　　　　李献强（5月辞）
　　　　　赵爱忠（5月辞）
　　　　　侯英武（5月任）

（部门编辑：冀敬军）

望都县

【地情提要】 望都县位于保定西南35公里，界于北纬38°30′46″～38°48′30″、东经115°01′16″～115°18′13″之间，总面积374平方公里，周边与清苑县、安国市、定州市、顺平县、唐县、满城县、博野县毗邻。县人民政府驻地望都镇，北距首都北京市187公里，南距省会石家庄市98公里。京广铁路、107国道、京深高速公路贯穿县境，交通便利。

自然环境 县域为平原，地势西高东低，无明显起伏变化，海拔在56.3～28.5米之间，地面纵坡平均1/800。气候属北温带季风气候。2005年度降水375.1毫米，日最大降水量92.1毫米（7月23日）；年平均气温12.4℃，年最高气温40.6℃（6月21日），最低气温-18.3℃（1月7日），全年积温4526℃，年日照时数2546.8小时，年蒸发量1451.7毫米。河流有唐河、九龙河、白岳河、运粮河、曲逆河、新开河6条，河道总长54.5公里，流域面积204.3平方公里，设计泄洪量856.9立方米/秒。

自然资源 耕地面积2466公顷，属褐土和潮土两类，土地肥活，能灌溉。地下水资源1.01亿立方米，水质良好，易于开采。

建置沿革 相传5000年前，华夏民族首领尧以其母庆都之名筑城，战国时为赵国庆都邑，秦王嬴政十九年（公元前228年）置庆都县，汉高祖六年（公元前201年）改名为望都县，其后县名在庆都、望都间几易，曾短时期称顺调县、武定县、海山县，抗日战争时期边区建云彪县、望定县。1958年6月与唐县合并，1962年1月恢复建制至今。

行政区划 望都县设2镇6乡，即望都镇、固店镇、寺庄乡、黑堡乡、赵庄乡、高岭乡、中韩庄乡、贾村乡，辖147个行政村。

人口民族 2006年末全县72236户，265263人，其中非农业人口59728人，有汉、满、蒙古、回、壮等16个民族，其中汉族人口占99.92%。全县人口出生率12.55‰，计划生育率94.7%，人口死亡率6.36‰，人口自然增长率6.19‰。

2007年末全县71826户，263445人，其中非农业人口61345人，有汉、满、蒙古、回、壮等16个民族，其中汉族人口占99.2%。全县人口出生率11.8‰，计划生育率92.85%，人口死亡率6.48‰，人口自然增长率5.32‰。

【2006年·概况】 全县总面积374平方公里，总人口26.5万人，辖2镇6乡147个行政村，耕地面积22471公顷。2006年以来，在上级党委、政府的正确领导下，坚持以科学发展观为统领，以结构调整为主线，以改革为动力，以优化环境为总揽，全力抓好项目建设、结构调整、城市建管、新农村建设四项重点，全县

经济和社会事业呈现出强劲发展势头，保持了安定团结、政通人和、加快发展的良好态势。全县生产总值19.5亿元，同比增长11%，其中第一产业增加值6.9亿元，增长9.9%，第二产业增加值7.7亿元，增长11.8%，第三产业增加值4.9亿元，增长11.4%；民营经济增加值139112万元，增长1.1%；粮食产量193082吨；财政收入8492万元，增长16.9%；财政支出22398万元，增加27.8%；社会商品零售总额52638万元，增长14.1%；职工年平均工资9440元；农民人均纯收入3181元，剔除物价上涨因素，增长5.5%；城镇居民人均可支配收入8658元，增长11.1%；年末城乡居民存款余额206209万元；人口自然增长率6.19‰。

【扎实推进新农村建设，农村经济稳步发展】 以文明生态村创建作为推进社会主义新农村建设的有效载体，完成通村公路38公里，新增通自来水村17个，完成节水灌溉面积6600亩，新建沼气池816个，兑付粮食直补资金727万元。瓜菜种植面积7.1万亩，总产量20.2万吨。辣椒产业强势发展，引进辣椒新品种38个，开发新产品12个，被河北省命名为“河北省辣椒调味品之乡”。以民强、国富、远光奶牛养殖基地为龙头，深入实施“草牛奶”工程，奶牛存栏达到1.3万头，奶产量达到1.8万吨。全年义务植树35万株，被列为国家农田防护林更新改造试点县。全面发展劳务经济，全年劳务输出达1.34万人次，引导农村劳动力向非农产业转移1.4万人次。

【民营经济蓬勃发展，工业经济实力不断增强】 围绕实施“催生、助长、扶强”战略，深入开展全民创业活动，出台了《望都县发展民营经济优惠政策》，民营经济规模进一步扩大。全县民营企业发展到614户，个体工商户3002户，注册资金61836万元。民营经济增加值完成13.9亿元，增长1.1%；上缴税金4284万元，增长51.3%。强力推进工业立县战略。高标准规划实施了工业项目集中区建设，总体规划面积3172亩，一期工程规划面积1100亩。辣椒加工企业实力增强，辛街辣椒工业园区等12家辣椒加工企业投产，年加工能力500吨以上企业达到26家。全年规模以上工业企业增加值完成17959万元，实现利税5200万元，分别增长5%和13%。

【开放工作成效显著，重点项目进展顺利】 出台《望都县招商引资优惠政策及奖励办法》。新注册外资企业4家；引进省外资金2.8亿元，利用国外资金340万美元，出口创汇1463万美元。项目建设实现新突破，全年重点项目共计39项，总投资29.3亿元；在建项目29项，总投资16亿元。德胜包装容器、汇银木业、民得富新型肥料、福美特复合肥等一批生产性项目相继建成并投入生产；总投资3.5亿元，日处理鲜奶700吨的蒙牛液态奶项目落户望都，11月30日与蒙牛集团正式签约。

【基础设施建设步伐加快，城乡面貌进一步改观】 坚持高起点规划县城，《望都县城总体规划(2005—2020)》顺利通过专家评审。狠抓城乡基础设施建设，路网、公交网、气网、电网日趋完善。张石高速引线铁路立交桥主体工程完工；八一路改造全线通车；城乡客运专线增至19条，客运班车达到52部，通客车村达到127个。投资3000万元的城区统一供气项目实现向企业和居民供气；河北南网550KV双回路工程正式投入运营，农业灌溉机井磁卡表改造完成1894块，保障了农民用电安全。全年城镇以上固定资产投资完成7.8亿元。

【社会事业全面进步，公共服务水平进一步提升】 下大力发展教育事业。高考成绩全市综合评比第二名；完成县直幼儿园搬迁；将城关中学、实验中学合并为望都县第二中学，达到了省级示范性初级中学要求；发放“两免一补”资金92.6万元，3686名贫困中小学生得到救助。大力推行新型农村合作医疗试点工作，166468名农民参加了新型农村合作医疗，参合率71.25%，补偿金额576万元，受益农民83187人次。

领导班子成员

县委

书　　记　郭若定
副 书 记　张丽娟（女）
　　　　　姚晓兵
　　　　　王　英（5月调入）
　　　　　张　革（4月调出）
　　　　　齐瑞飞（4月调出）
　　　　　朱子群（4月调入）
常　　委　郭若定　张丽娟
　　　　　姚晓兵
　　　　　张　革（4月调出）
　　　　　王　英（挂职，6月调出）
　　　　　朱子群（4月调入）
　　　　　齐瑞飞（4月调出）
　　　　　韩志勇（4月调入）
　　　　　侯利杰（4月调出）
　　　　　马春英（6月调出）
　　　　　孟伟国
　　　　　李全海（4月调出）
　　　　　何任道
　　　　　刘洪洁（4月调入）
　　　　　李宁太

赖晓庆（6月调入）
任勇海（6月调入）

人大

主　　任　赵银增
副 主 任　麻全龙　蔡春玲
　　　　　杨彦同
　　　　　李银峰（党组成员）

政府

县　　长　张丽娟（女）
常务副县长　李宁太
副 县 长　赵兵晨　许喜林
　　　　　刘新桥　陈　明
　　　　　曹路祥
　　　　　胡占房（5月调入）
　　　　　赵勇（5月调入）

政协

主　　席　安进喜
副 主 席　马文库　潘静萍
　　　　　孙丁立　张建敏

【2007年·概况】　全县总面积374平方公里，总人口26.5万人，辖2镇6乡147个行政村，耕地面积22448公顷。2007年以来，在上级党委、政府的正确领导下，坚持以科学发展观为统领，高扬“树正气、讲团结、求发展”主旋律，坚定不移地实施“开放兴县、工业立县、民企强县”三大战略，全力抓好项目建设、结构调整、民营经济、城市建管、新农村建设五项重点工作，全县经济和社会事业呈现出强劲发展势头，保持了安定团结、政通人和、加快发展的良好态势。全县地区生产总值完成21.7亿元，同比增长9%，其中第一产业增加值6.5亿元，下降0.3%，第二产业增加值9.5亿元，增长15%，第三产业增加值5.6亿元，增长11%；民营经济增加值154463万元，增长11%；粮食产量19.72万吨；财政收入1.001亿元，增长32.4%；财政一般预算支出27147万元，增加31.7%；城镇固定资产投资完成10.1亿元，增长28.5%；社会消费品零售总额完成6亿元，增长14.4%；职工年平均工资9440元；城镇居民人均可支配收入9638元，农民人均纯收入3413元，分别增长11.3%和7.3%；年末城乡居民存款余额206209万元；人口自然增长率6.19‰。

【项目建设势头强劲】　该县以“项目建设突破年”活动为载体，紧紧围绕全市产业发展格局和该县产业定位，大力营造全县26万人民闯市场、办工厂、上项目的浓厚氛围，制定完善《招商引资优惠政策及奖励办法》，通过狠抓项目建设，彰显特色产业优势，全力打造经济隆起新亮点。一是狠抓大项目建设。一期投资3.24亿元的蒙牛液态奶项目，于2007年3月份开工建设，9月份竣工试生产，占地128亩，年处理鲜奶23.62万吨，年生产液态奶19.8万吨，年纳税6000万元，极大地带动望都奶牛养殖业的发展。投资9379万元的高速公路钢护栏项目开工建设，设计规模为年产钢护栏18万吨，高速公路护栏板12万吨，高速公路用立柱6万吨。项目投产后，年产值可达9.68亿元，年利税4094万元。二是加快工业园区建设。通过赴湖南、贵州等地举办招商推介，到北京、天津开展招商走访活动，吸引多家企业和商会到望都考察，达成投资建厂、产品配套等合作协议，主动承接大中城市产业转移，努力营造良好的发展平台，在这种背景下，该县提出举全县之力建设望都工业区，把工业区打造成望都的核心增长极。经过科学规划，启动了工业区建设，完善了区内功能，实现了“五通一平”。通过优质的“保姆式”服务，2007年工业区引进项目1个，总投资3.5亿元。三是注重扶持培养自主创新企业。在政策的激励引导下，辣椒加工、铸造、纺织、板材加工等传统优势产业，不断做大规模，拉长产业链，提高产业化水平。投资5100万元的冀中轴瓦引进先进的高性能数控加工设备和技术完成了迁扩建。龙河工贸、宇泰机械、冀果食品、天隆服装设备、鑫泰纺织企业先后完成了提高装备、科技创新和改扩建。

【城乡交通跨越发展】　近年来，该县始终把公路建设作为加快经济发展的先决条件来抓，逐步使全县农村公路建成为连点成线，连线成网的四通八达的现代化交通网络。2007年，共修各类等级道路77.8公里，完成投资4300多万元，涉及8个乡镇30个行政村，使全县乡村路面硬化率达到95%，通车里程达到450公里；建成3个城乡客运站，客运班车发展到52部车，客运线路增加到21条，通车里程580多公里，提高了城乡客运能力，解决了群众出行难的问题，有力地促进了县域经济的发展。投资4000万元的公铁立交桥建设项目顺利竣工，结束了该县出入县城只有一个立交桥的历史，有效地缓解了县城交通压力。投资4500万元的张石高速公路引线望都段建设项目，全长13公里，完成了全线征地、拆迁、补偿工作，工程建设全面启动，预计2008年7月份竣工通车。

【民生工作成效显著】　该县在抓好经济发展的同时，始终把改善民生作为各项工作的出发点和落脚点，为百姓解决实实在在的问题。一是就业再就业工作得到加强。全年新增就业1261人，下岗失业人员再就业910人，安置就业困难对象367人。开展城镇零就业家庭援助，成功安置175户，实现了动态归零。城镇人口登记失业率2.7%；大力开展“春风行动”，培训农村劳动力1.1万人次，向非农产业转移1.3万人。二是新型农村合作医疗得到推广。有17.8万名农民参加新型合作医疗，参合率76.2%，9.4万人次获得医疗补偿805万元。三是社会保险得到巩固。全年争取社保资金2259万元，保证了全县3575名离退休人员养老金按时足额发放。农村保险稳步开展，新增参保人数305人。征收养老保险金723万元，超18倍完成市核任务。四是城镇和农村最低生活保障得到完善。提高城镇、农村低保月补差额，发放低保金260万元。五是优抚工作得到发展。建立了县、乡、村三级双拥领导组织，开展“一帮一”活动，对全县伤残军人、三属人员、复员军人等优抚对象进行帮扶。为370名重点优抚对象发放定期补助140万元，投入10万元资金，为15户重点优抚对象维修房屋。六是义务教育保障水平得到提高。落实“两免一补”政策，免除了21068名农村义务教育阶段学生学杂费577万元。七是新农村建设得到推进。建成文明生态村16个，完成低压管道节水灌溉面积6000亩，46个村新通了自来水，建成沼气池2250个，完成1850块农业排灌磁卡电表改造，改造标准化农家店60家，兑付粮食直补和综合直补资金1123万元，受益农民23万人。八是农民健康保健工程得到深化。对12个试点村4378人进行免费体检，免费为4.92万名已婚育龄妇女进行健康检查。

领导班子成员

县委

书　　记　郭若定

副 书 记　张丽娟（女）
　　　　　姚晓兵
　　　　　王　英（5月调出）
　　　　　朱子群（5月调出）

常　　委　郭若定　张丽娟
　　　　　姚晓兵
　　　　　朱子群（4月离职）
　　　　　王书安（5月调入）
　　　　　韩志勇
　　　　　孟伟国（5月调出）
　　　　　刘洪洁
　　　　　许喜林（5月任职）
　　　　　赖晓庆　李宁太
　　　　　何任道　任勇海

人大

主　　任　赵银增（5月调出）
　　　　　朱子群（5月调入）

副 主 任　麻金龙　蔡春玲
　　　　　杨彦同
　　　　　于书亭（5月调入）
　　　　　张顺英（5月调入）

政府

县　　长　张丽娟（女）

常务副县长　李宁太

副 县 长　许喜林（5月调入）
　　　　　赵兵晨（5月调出）
　　　　　许喜林　胡占房
　　　　　陈　明　赵　勇
　　　　　戴鹏伟（5月调入）

政协

主　　席　安进喜（5月调出）
　　　　　赵兵晨（5月调入）

副 主 席　马文库　潘静萍
　　　　　孙丁立　张建敏

（部门编辑：王高祥）

雄　　县

【地情提要】　雄县南倚华北明珠——白洋淀，北靠“京南小香港”——白沟，位于北纬38°55′~39°10′，东经116°01′~116°20′，东西长26公里，南北阔25.5公里，总面积524平方公里。雄县东部与霸州市交界，南部、东南部隔大清河与任丘市、文安县相望，西南隔白洋淀与安新县相望，西部与容城县相接，西北部与高碑店市毗邻，东北部与固安县接壤。雄县地处京津保三角地，北距北京市108公里，西南距石家庄175公里，东距天津市100公里，西距保定市70公里。宋代古战道地下绵延几十里，有“历史奇观，地下长城”之称。

自然环境　雄县地处拒马河下游，属低平原区，地势平坦，自西北向东南略有倾斜，海拔高度8~14米，土壤以沙壤和壤质为主，属暖温带半干旱地区，大陆性季风气候特点显著，四季分明，年平均气温12.1°C，大清河是流经本县的唯一自然河流，境内全长38.75公里，多年来为常年有水河道，50年代后形成季节性河道。白洋淀为常年蓄水的淡水湖泊，雄县拥有淀区面积18.3平方公里，县城距白洋淀仅4公里。

自然资源　全县耕地面积31735公顷，其中水浇地面积19563公顷。境内石油、矿泉水、地热水等自然资源丰富。目前境内有油井1500多眼，年产原油70万吨，占华北油田原油总产量的六分之一。矿原水总储量达4亿吨左右，1987年12月，国家地质矿产部水文地质工程地质司组织专家对白码地热井进行全面分析化验，水中的碘、锂、锶、偏硅酸及矿化度均达到国家饮用天然矿泉水标准，被鉴定为“国内少见的优质矿泉水”。地热资源具有面积广、储量大、埋藏浅、温度高、水质好等特点，号称“华北之冠”。地热田覆盖面积达320平方公里，储量达100亿立方米，水温55℃~86℃。利用地热资源集中供暖是雄县开发地热资源的一条主要途径，即可节约大量常规能源，不污染环境，又可降低集中供暖的一次性投入。已打地热井27眼，年均开采量250～300万立方米。城区地热集中供暖面积逐年增加，实现采暖面积80万平方米，节约煤炭50多万吨。涉及机关、学校、医院、企业及部分居民，居于全国县城之首。地热洗浴、疗养行业遍及全县各地，利用地热洗浴疗养超过100万人次。雄县依靠丰富的地热资源优势，2006年3月，被中国矿业联合会正式命名为“中国温泉之乡”

建置沿革 春秋为燕地，秦置县，名易县，南北朝入莫县，唐置归义县，属涿州，后晋初随涿入辽，后周显德六年（公元959年），世宗亲征伐辽，取瓦桥关置雄州。明洪武七年（公元1374年）降雄州为雄县。1941年6月，雄县、新城、霸县组成第一联合县，后改为第二、第四联合县。1945年12月并入涿县。1961年5月恢复雄县建置至今。

行政区划 全县辖5镇4乡，223个行政村。乡镇有雄州镇、昝岗镇、大营镇、龙湾镇、朱各庄镇、米家务乡、双堂乡、张岗乡、北沙乡。

人口民族 2006年末全县总人口343065人，比上年增长1.71%，其中农业人口280330人，比上年增加1.59%。境内有汉、满、回、蒙古、壮、朝鲜、苗、彝、羌、侗、土家等16个民族，其中以汉族为主，占总人口的97.5%。人口自然增长率7.33‰。2007年末全县总人口353699人，比上年增长3.09%，其中农业人口287254人，比上年增长2.47%，人口自然增长率7.55‰。

【2006年·概况】 2006年全县实现国内生产总值32.82亿元，比上年增长12.9%，其中：第一产业完成增加值4.75亿元，同期相比基本持平；第二产业完成增加值21.17亿元，比上年增长14.8%；第三产业完成增加值6.9亿元，比上年增长18.9%；民营经济总产值142.5亿元，比上年增长24.7%；粮食总产量22.0万吨，比上年增长7.31%；棉花产量493吨，比上年增长63.3%；财政收入2.1亿元，比上年增长31.9%；财政支出2.15亿元，比上年增长19.26%；社会消费品零售总额12.14亿元，比上年增长15.6%；在岗职工年均工资13096元，比上年增长16.7%；农民年人均纯收入4070.44元，比上年增长6.12%；城镇居民人均可支配收入7955.8元，比上年增长11.2%；年末城乡居民存款余额24.08亿元，比年初增长13.4%。

【突出一条主线，全力打造中国温泉之乡】 2006年，雄县成功申报并荣获了“中国温泉之乡”称号。紧紧依托这一国家级品牌和县内丰富的地热温泉自然资源，借助“两白一城”旅游资源和大广高速通车后的交通优势，把温泉旅游业打造成县域经济的支柱产业。一是明确发展目标。确定发展的定位为：建设京津温泉休闲度假旅游疗养后花园，提供北京总部经济、天津滨海新区、中央部委、各大公司集团商务会议、培训基地，打造中国著名的京南近海温泉城市。二是强化规划指导。坚持高标准、高起点，聘请上海同济大学编制雄县旅游总体规划和温泉小镇、宋辽古战道等项目详细规划。同时，聘请中国地质勘测学院制定了温泉地热开发规划，对地热资源开发进行科学开发、循环利用。三是坚持强势宣传。以“中国温泉之乡”命名为契机，在人民大会堂成功举办了“保定（雄县）·中国温泉之乡”命名新闻发布会，日本、印尼、冰岛等驻华使节，国内百余家企业代表应邀参加。新浪、搜狐等知名网站，河北经济日报等30余家新闻媒体对雄县进行了宣传报道。邀请中央电视台7套节目录制了“乡村大世界”——走进中国温泉之乡·雄县专题节目。投资30万元在京石高速设立巨型中国温泉之乡宣传牌匾。四是落实建设载体。把项目建设作为实践总体思路的载体，积极谋划实施了大清河改造、温泉太阳能综合开发利用项目、无烟城等温泉建设项目。2006年，世界温泉博览园项目已完成项目规划，正在积极争取列入2007年省重点建设项目计划。

【转变增长方式，努力推进工业化进程】 继续把项目建设作为拉动全县经济增长的关键来抓。全县共有新建、续建、扩建、技改百万元以上项目155个，总投资24.97亿元。其中投资亿元以上项目6个、千万元以上项目45个。总投资2.5亿元的安琪胶业项目、总投资1.58亿元的玉鑫扩建项目和总投资1.87亿元的220KV变电站项目被列入省重点建设项目。为进一步做好园区经济文章，一是成立了工业园区管理委员会，确定了工作职能、机构设置和人员分工，制定了园区建设管理办法和各项规章制度。二是确立了雄州塑料包装印刷基地、革塑园区、乳胶园区和天使园区等四大园区的发展方向和目标，并谋划了循环经济园区。研究拟定了各园区“十一五”发展规划；聘请市规划设计院为各园区编制控制性详规。革塑园区、乳胶园区被列入全市重点发展的工业园区规划，塑料制品业列入全市十大主导产业，并成为全省50家特色产业集群之一，雄州塑料包装印刷基地被省中小企业局命名为模具研发中心。三是园区基础设施建设和绿化、美化工作进展顺利，园区形象明显提升。乳胶工业园区自筹资金60万元完成了上下水管网建设，制定了园区绿化方案；朱各庄革塑园区自筹资金近20万元改造园区形象，聘请有关专家设计了园区形象标示。四是继续举办好塑料包装印刷博览会。成功举办了第五届“中国·雄县塑博会”，成交金额1200万元，达成合作意向6800余万元。同时举办了塑料包装印刷行业的高层论坛等系列活动，对加快塑料包装印刷行业发展起到了巨大的推动作用。

【改善群众生活，加强社会主义新农村建设】 以文明生态创建活动为载体，按照“提高建成村、促进在建村、带动一般村”的工作思路，全县共建成文明生态村50个。重点抓了19个试点村及2个市级新农村示范乡镇的建设，全部通过市级考核验收，文明生态村创建呈现出典型引路、成方连片发展的趋势。累计完成投资728万元，硬化街道30公里，种植树木3.5万余株，花草1.2万平方米，清理垃圾9000余方，拆除违章建筑147处。农业结构进一步调整优化。一是实施龙头工程。出台了《扶持农业龙头企业、基地发展的优惠政策》，落实了部门、金融单位、乡镇、业主四位一体捆绑责任制，推动龙头企业做大做强。绿源麦芽糖食品有限公司投资1500万元新上玉米淀粉生产线，全部投产后可带动8万亩玉米种植。二是实施专业村战略。依托传统的纸花、塑料及塑料制品、箱包、制帽等产业，转移农村剩余劳动力，大力发展专业村，在资金、用地、税收等方面全面倾斜扶持。年内发展专业村13个，全县各种专业村达到85个，预计可带动农民增收800元。同时，积极培育农村经济合作组织，已培育出小庄黄瓜协会、米北甘薯协会等农民专业合作经济组织，目前，总数已达到58个，带动农户5000余户。三是实施农业综合开发项目。投资286万元，完成整修农田路12公里，硬化路面6公里，农田林网植树3万株，改造中低产田6500亩。全面落实了减免农业税、粮食直补、良种补贴、农机具补贴、减免农村义务教育学杂费等惠农政策。发放粮食直补金495万元，争取中央、省各类资金320万元。农业部门累计引资1500余万元，农业基础设施建设得到了极大改善。

【实施民心工程，全面提高群众生活水平】 坚持以人为本、以民为先，本着实事求是、量力而行、尽力而为的原则，切实做好事关群众生产生活的“民心工程”。①加强生态建设，完成春季植树27.8万株，全县林地面积达到12.7万亩，林木覆盖率达到16.44%，列全市平原县第一位。②完成7个村人饮解困工程，26个村实现了有线电视通村。③投资3300余万元完成迎宾线道路改造、绿化工程，并完善了市政配套设施，治理硬化小街小巷86条、6320余平方米。④完成10个项目14.3公里的通村公路建设任务和7个项目10.9公里的农村公路改造工程。⑤投资1000万元建成绿地休闲公园广场。⑥完成城区自来水入户950户，燃气入户177户。⑦投资265万元完成解放桥重建工程，投资300万元完成客货联运中心一期工程。⑧强化社会保障，制定出台政策，农村低保达到2760人，低保面达到全县农村人口的1%。民心工程的实施，使广大人民群众共享发展成果，人心思进、人心思上的社会发展氛围日益浓厚。

【发展社会事业，努力构建和谐雄县】 教育事业，高考成绩再创新高，本二上线343人，同比增长11%。卫生事业，积极开展职业卫生防治工作，加大打击非法行医力度，积极谋划实施了新型农村合作医疗工程。计生工作，开展计生集中整治工作，共落实四术5400例，2006年度全县共出生4267人，人口出生率12.66‰，符合政策生育率89.48%，综合节育率92.87%，计生民心工程免费服务育龄妇女56231人，落实了计划生育利益导向机制。安全稳定方面，加强社会治安综合治理，破获各类刑事案件998起，抓获犯罪嫌疑人210名，加大烟花爆竹治理工作，开展专项行动，有效遏制了非法生产反弹。积极做好信访和民间纠纷排调工作，解决信访事项55件，未发生市以上集体访及恶性信访事件。全面落实安全生产责任制，认真开展企业法人代表安全生产双百日承诺活动，加大安全生产检查和专项整治工作力度，努力消除安全事故隐患。全县政治稳定、社会安定的局面得到进一步巩固和加强。

领导班子成员

县委

书　　记　杨文远（3月离职）
　　　　　刘金龙（3月任职）
副 书 记　王义民　林振英
　　　　　李克英
　　　　　王汝强（5月离职）
常　　委　杨文远（3月离职）
　　　　　刘金龙（3月任职）
　　　　　王义民　林振英

李克英
王汝强（5月离职）
张才修
温占芳（4月任职）
王少雄　刘建立
王育新　李增良
都建华（5月任职）
任志强（4月离职）

人大

主　　任　边佳林（4月离职）
王汝强（4月任职）
副 主 任　谢老房　许会茹
刘玉峰　张振强

政府

县　　长　王义民
副 县 长　王少雄　贾凤聚
马木良　许卫荣
董贺群　许学普
任志强（4月任职）

政协

主　　席　庞福学
副 主 席　辛永志　孙会莺
常福山
王东风（3月任职）

【2007年·概况】　2007年全县实现国内生产总值38.48亿元，比上年增长14.2%。其中第一产业完成增加值5.14亿元，比上年增长4.9%；第二产业完成增加值24.8亿元，比上年增长14.6%；第三产业完成增加值8.54亿元，比上年增长19.1%。民营经济总产值163亿元，比上年增长14.8%；粮食总产量22.5万吨，比上年增长2.34%；财政收入2.1亿元（剔除基金收入），比上年增长22.4%；财政支出2.5亿元，比上年增长40.3%；社会消费品零售总额14.1亿元，比上年增长16.1%；在岗职工年均工资17102元，比上年增长30.6%；农民年人均纯收入4425.44元，比上年增长8.72%；城镇居民人均可支配收入8693.57元，比上年增长9.27%；年末城乡居民储蓄存款余额26.9亿元，比年初增长11.6%。

【工业经济进一步增强】　按照新型工业化道路要求，以园区建设为载体，以重点项目为龙头，以知名品牌为纽带，以科技创新为动力，加快推进产业结构升级和经济增长方式转变。一是切实加快园区建设。完成四大园区（雄州塑料包装装潢印刷基地、朱各庄革塑工业园区、龙湾乳胶制品园区、天使生殖健康用品园区）“十一五”规划编制，切实加强基础设施建设，有效解决土地、资金等瓶颈，不断增强园区承载能力，四大园区入园企业达106家，总投资21亿元，年产值38.5亿元，增速在10%以上。二是做大做强支撑产业。以提高产品附加值和竞争力为目标，加快改造提升传统产业，努力向高端、精品、专业化发展，塑料包装行业被省科技厅命名为河北省塑纸包装印刷特色产业基地。三是强力推进重点项目。把重大项目建设作为经济工作的重要抓手和核心环节，实行重点项目县级领导捆绑分包，加大项目建设考核权重，在4月28日举行了重点项目集中开工剪彩仪式，努力营造“收拢五指抓经济，乘势而上育产业”的良好氛围，全年全县共有百万元以上新建、续建、扩建、技改项目211个，总投资50.25亿元，已完成投资12.82亿元，其中千万元以上项目48个，亿元以上项目11个。河北金百瑞有限公司PVA高阻隔膜项目、河北来旺塑胶制品有限公司扩建项目被列入全省第二批重点建设项目。四是大力推进节能减排。县乡层层落实节能减排责任制，督促企业逐一制定节能降耗措施，深入开展环保专项整治，对造纸、化工、电镀、乳胶等重点行业实行定期检查，停产违法排污企业5家，取缔“小塑料”74家，实现了主要污染物双减排目标。五是深入实施全民创业。组织重点企业参加强冀兴企厂长经理培训班，在全市率先成立了中小企业劳动技能鉴定站，认真开展企业信用评定工作，国华乳胶等8家企业被评为省级信用企业。制定《关于进一步促进民营经济发展的实施意见》，筛选10家龙头企业和46家重点保护企业进行重点扶持。六是鼓励企业自主创新。充分发挥企业在科技创新中的主体作用，保定威龙变压器有限公司荣获全国第十七届发明展览会铜奖，创兴纺织机械有限公司研发的“河北创兴W818剑杆织机”通过省科技厅评估鉴定，保定安亚达电力工具有限公司研发的AYD－F型瓷瓶清扫杆、AYD－A型接地操作棒和AYD－T型携带型短路接地线接地操作棒正在申报专利产品。着力推动产学研结合和科技成果转化，雄县东方人科贸有限公司研发的高科全能墙面漆、超强水洗墙面漆和保健抗菌墙面漆开始批量生产；特立塑胶薄膜厂与北京化工大学、北京丰阳塑化工程技术有限公司合作研发的生物降解塑料S－MP塑料合金成功申报三项专利，达到批量生产条件。

【社会主义新农村建设扎实推进】　坚持把“三农”问题作为全党工作的重中之重，始终把发展现代农业、繁荣农村经济放在首位，坚决落实各项支农惠农政策，全力改善农业生产条件，稳步提高农民收入。一是农业结构调整取得新进展。制定《关于推进农业产业化发展的实施方案》和《扶持农业龙头企业、基地发展的优惠政策》，落实部门、金融单位、乡镇、业主四位一体捆绑责任制，支持龙头企业做大做强，全县市级龙头企业发展到2家，投资百万元以上农业企业14家，带动农户4.8万户。加强产业化项目的培植和管理，重点实施了玉源麦芽糖、玉龙水果罐头生产线、升元奶牛养殖有限公司等10个农业产业化标志性项目，共完成投资6100万元，农业产业化经营率达到42%。以项目为依托，全力加大引资融资力度，增强农业发展后劲，引进优质小麦示范项目、国家白洋淀湿地保护工程、退耕还林匹配工程，共实现引资195万元。二是现代农业发展取得新成果。深入开展林权制度改革、农业技术推广体系改革和“两晚”技术推广，农村经济发展后劲进一步增强。大力开展农业开发工程，投资591万元，治理改造中低产田1.1万亩，耕地质量进一步改善，新增粮食生产能力500万公斤，带动农民增收448元。全力实施动物检疫管理设施和乡镇兽医站基础设施建设项目，不断完善动物疫病防控体系，有效遏制了高致病性禽流感、猪蓝耳病等重点疫病的传播蔓延。三是群众生活水平得到新提高。全面落实各项支农惠农政策，按期发放粮食直补和综合直补1461万元，全县7万多户农户受益。充分发挥“青年就业创业培训基地”、“河北省中小企业培训教育基地”作用，深入实施技能型人才培训、劳动力转移培训、农村实用人才培训、企业职工教育与再就业培训等“四大工程”，培训各类人才67706人次。累计发放小额信用贷款180万元，农户联保贷款1805万元，为农民的产前、产中、产后提供了资金保障。

【突出资源强县主题，第三产业加快发展】 坚持把发展服务业作为推进经济结构调整、转变发展方式的重要环节和战略举措来抓。一是调整结构，全力做大第三产业总量。在抓好房地产开发、连锁超市、邮电通讯等传统服务业上档升级的同时，把金融保险、商务服务、现代物流等生产性服务业作为发展的重点，做到统筹发展、相互促进。二是强特色，推进中国温泉度假区建设。围绕建设京津冀都市圈温泉旅游、休闲度假、商务会议中心，打造京津后花园，谋划实施了世界博览园、大清河温泉旅游、温泉太阳城、雄州古玩城、宋辽古战道5个总投资29亿元的旅游开发项目和滨河新区改造、汇森温泉国际四星级酒店、无烟城等3个总投资14亿元的旅游基础设施建设项目。三是抓整合，打造区域经济新的增长极。着眼构造吃、住、行、游、娱、购一体化的旅游发展格局，依托“中国温泉之乡”、“中国古地道文化之乡”品牌优势，聘请专家进行专题研讨与论证，提出了“两白一城”（白沟、白洋淀、温泉城）旅游资源整合的意见。对县内旅游资源进行深度挖掘和整理，宋辽古战道修复工程全面启动，雄州古玩城开工建设。

【改善基础设施，增强城市功能】

为了完善城市功能和提升城市形象，县政府多渠道筹措建设资金，不断加大基础设施建设力度，以旧城改造和交通道路为主的重点项目建设进展顺利。一是坚持科学规划。聘请河北省城乡规划设计院修编了《雄县县城总体规划》，全面修订完善了县城总体规划、城市主要路网控制性详规、专项规划、乡村规划和重点项目建设规划。聘请上海同济大学高标准制定了旅游业发展规划和温泉小镇、宋辽古战道等项目详细规划。二是加快县城建设。杨西楼大桥至温泉城段道路改造已开工建设；将台路北延工程已完成招投标，确定了施工队伍；保静公路开工建设工作正在争取中；大广高速公路征地协调工作已完成土地勘界组卷工作；污水处理厂一期工程已完成设计招投标工作；垃圾处理厂完成规划、选址、设计等前期工作；自来水厂管网建设完成招投标，确定了中标单位；滨河新区改造拆迁工作已正式启动；太阳能综合利用示范小区已完成一期工程的主体结构工程建设；世界温泉博览园项目已开工建设；大清河温泉旅游综合开发项目一期工程整修河道1300米；迎宾线提档升级工程设置立插式灯箱80余块；投资约450万元，整修道路3745米，铺设城区泄洪通道400余米；高架线路改道或入地工程正在施工中；客货联运中心完成停车场基础工程建设；城区完成植树32000棵。三是加快小城镇建设：昝岗镇小城镇建设步伐加快，龙湾、朱各庄顺利实现撤乡建镇；实施了“1360”工程，加强城乡规划建设和农村公路养护，乡镇、村庄规划建设工作进展顺利。

【做实民生工程，落实执政为民】

坚持人民利益高于一切，不遗余力实施民生工程，积极构建和谐社会。①县医院进行成功扩建，7所乡镇卫生院完成改造；新型农村合作医疗年内参合率达到75.25%。②全面免除农村义务教育阶段学生杂费，实施山花工程救助贫困学生603名；合并农村小学5所，建成项目学校2所。③全县76户“零就业家庭”全部归零，全县新增就业1293人，下岗失业人员再就业557人；城镇登记失业率2.51%。④农村低保由月人均补差13元提高到18

元，发放农村低保44万余元，发放五保金51万余元，争取上级扶贫资金20万元，实施了8个村的扶贫项目。⑤封闭城区自备井57眼，发展城区自来水入户505户；发展天然气用户700户；建成集中供水工程5处，解决了9个村1.53万农村人口饮水困难，城区新增标准垃圾堆放点25个。⑥实施"放心粮油"工程，建立了5个"放心粮店"和1个"放心粮油企业"；严厉打击群众反映强烈的烟、酒等假冒劣质商品。⑦投资1174万元，实施了道路维修改造工程，完成112国道西段5公里、雄德线5公里、乡道9.5公里大修工程。⑧实行行政服务中心入厅部门职能归并，建设便捷高效的为民服务平台。

领导班子成员

县委

书　　记　刘金龙
副 书 记　王义民　林振英
　　　　　李克英
常　　委　刘金龙　王义民
　　　　　林振英　李克英
　　　　　张才修　温占芳
　　　　　王少雄（5月离职）
　　　　　刘建立（5月离职）
　　　　　王育新　李增良
　　　　　都建华
　　　　　孙增儒（5月任职）
　　　　　韩晓明（5月任职）

人大

主　　任　王汝强
副 主 任　谢老房（5月离职）
　　　　　许会茹（5月离职）
　　　　　刘玉峰　张振强
　　　　　王东风（5月任职）
　　　　　张占良（5月任职）

政府

县　　长　王义民
副 县 长　王少雄（5月离职）
　　　　　任志强（5月离职）
　　　　　贾凤聚（5月离职）
　　　　　马木良　许卫荣
　　　　　董贺群
　　　　　许学普（5月离职）
　　　　　韩晓明（5月任职）
　　　　　都建华（5月任职）
　　　　　赵春生（5月任职）

政协

主　　席　庞福学（5月离职）
　　　　　任志强（5月任职）
副 主 席　辛永志（5月离职）
　　　　　孙会鸾（5月离职）
　　　　　常福山
　　　　　王东风（5月离职）
　　　　　张玉明（5月任职）
　　　　　张　荣（5月任职）

（部门编辑：孙丽新）

易　县

【地情提要】　易县位于河北省中西部，太行山北端东麓，总面积2534平方公里。境内有清西陵、燕下都、紫荆关、老子道德经幢、北福地史前遗址、圣塔院塔（荆轲塔）六处全国重点文物保护单位。清西陵、狼牙山为全国旅游4A景区。矿产建材、旅游、林果、畜牧是易县的四大支柱产业。易县是"千年古县"。县城距保定60公里，距石家庄190公里，距北京100公里，地理坐标为北纬39°02′～39°35′，东经114°51′～115°37′。县境东西跨67公里，南北越62公里。东与定兴，西与涞源，北与涞水，南与徐水、满城、顺平县相邻。过境的京原铁路和112国道、京赞线、易定线、易保线组成境内主体交通网。张石高速公路易县段一期工程7.1公里竣工。南水北调中线易县段经过8个乡镇、46个行政村，全长45公里，全部竣工。

自然环境　县境地处太行山区向华北平原过渡倾斜地带，与定兴县相邻的高陌乡是全县唯一平原乡，平均海拔324米，地势由西向东下降明显，流水落差大，易患水灾。主要山峰有摩天岭、平顶山、五峰寨、云蒙山、狼牙山等，最高山峰摩天岭位于蔡家峪乡与涞水县交界处，海拔1813.3米。境内主要河流有北、中、南三条易水河和漕河、拒马河，均属海河流域大清河水系，河流总流程216公里，年径流量9.31亿立方米，正常泄洪能力1580立方米/秒。属温带季风气候区，春秋干旱多风，夏季炎热多雨、冬季严寒少雪，四季分明。近年来呈逐年干旱趋势，农业灌溉地下水源不充分。

自然资源　可耕地约12万公顷，土壤多见褐土，海拔700米以上多见棕壤。地下水资源总量1.14亿立方米，水质清澈，呈中性、弱碱性，PH值6.9～7.9，主要金属矿有金、铁等，非金属矿有磷、膨润土、石灰石、花岗岩、石棉、蛭石等，其中石灰石和花岗岩储量最大，分别为3000万吨和6000万吨。建筑沙资源丰富。主要药用动植物有全蝎、蝉蜕、五灵脂、沙参、丹参、枣仁、柴胡、知母等30多种，全部野生药材近200种。

建置沿革　隋开皇元年（公元581年）置易州，开皇十六年（公元597年）置易县，上属易州。五代时期属后晋，开运三年至后周显德六年属辽，宋代宣和四年改属武遂郡，宣和七年复归辽，改属高阳军。金天会十一年归属金。元代太祖八年属顺天府，清雍正十一年（1733年）由县升州，领涞水、广昌（今涞源）二县，民国2年（1913年）降州为县。抗日战争时期先后设易满徐县、定易涞县、易县、龙华县。1946年恢复易县。

行政区划　全县辖8镇1处

19 乡 469 个行政村（含 6 个居委会）

人口民族 2007 年来有居民 166243 户，558780 人，有汉、满、回、蒙等 28 个民族，西陵镇为典型满族聚居区，城内、西水冶、马家庄是典型回民聚居村点，马家庄村回民占 100%。

【2006 年·概况】 2006 年完成地区生产总值 373880 万元，同比增长 15.4%。其中，第一产业增加值完成 115967 万元，同比增长 12.1%；第二产业增加值完成 143806 万元，同比增长 18.2%；第三产业增加值完成 114107 万元，同比增长 15.7%。三次产业的结构比例由 2005 年的 32.7：37.2：30.1 调整为 2006 年的 31.0：38.5：30.5。乡镇企业总产值 711289 万元，同比增长 16.76%。粮食总产量 189660 吨，同比增长 3.6%；棉花总产量 376 吨，同比下降 10.7%。财政收入 28085 万元，同比增长 53%；财政支出 52351 万元，同比增长 37.6%。城市空气质量等级 2 级。社会商品零售总额 109144 万元，同比增长 15.3%。职工年平均工资 13464 元，同比增长 16.5%，农民年人均纯收入 2846 元，同比增长 8.1%。城镇居民人均可支配收入 6437 元，同比增长 18.2%。年末城乡居民存款余额 319741 万元，同比增长 23.8%。

【农业结构调整成效显著】 以建设京津农副产品供应基地为目标，大力培植生态型林业、市场型畜牧业和优质型种植业，完成造林 10 万亩，义务植树 118 万株，新增绿化苗木 5000 亩，森林覆盖率达到 43.2%。林果面积达到 32.5 万亩，果品产量达到 2.5 亿斤，实现产值 1.65 亿元。全县林果业产值达到 2.9 亿元。林权制度改革试点工作扎实开展，全省林权制度改革现场会在易县召开。加快正四方牧业肉牛育肥基地、北方牛市和塘湖肉牛屠宰小区建设，肉牛饲养量 16.5 万头。以东威、丰华、广源为龙头，加快生猪活储基地建设，生猪饲养量 95.2 万头，易县被列为河北省第四批生猪标准化示范县。柴鸡饲养量 75 万只，禽蛋总产量 2.15 万吨，畜牧业总产值达到 9.5 亿元。狠抓禁牧工作，保护造林成果，全县实现禁牧。加快以白马、流井、高村、尉都等乡镇为重点的旱作农业基地建设，以甘薯、谷子为主的特色小杂粮种植面积 10 万亩，甘薯产量 9 万吨。大力实施“龙头”工程，以圣霖板业、东威养殖等 10 家龙头企业为重点，在资金、技术、信息等方面加大扶持力度，亚林板业有限公司被评为省级龙头企业，市级龙头企业达到 6 家。农民增收渠道进一步拓宽。全年共转移农村富余劳动力 9.1 万人，劳务输出 7.7 万人，实现劳务收入 6.5 亿元。大力发展农业循环经济，新建沼气池 3278 个，秸秆养畜 10 万头（只）。大力发展庭院种植、庭院养殖，围绕石板、鞋垫加工等有基础、有龙头、市场前景好的产业，鼓励农户投资加工业，全县庭院经济专业户达到 1600 户，从业人员 3 万人。新农村建设扎实推进，把文明生态村创建作为建设社会主义新农村的有力抓手，继续向深度和广度推进。硬化街道 66 万平方米，栽植绿化苗木 120 万株，建沼气池 1000 多个，建“村民中心”30 多个。新增创 30 个文明生态村达到创建标准，首批 70 个文明生态村得到巩固提高。

【工业效益显著提升】 太行和益水泥、长安铸造、圣霖板业等重点骨干企业保持了较好的发展态势，全县规模以上的工业企业完成现价总产值 24.14 亿元，同比增长 31.8%，实现利税 1.1 亿元，同比增长 20%。扎实推进国有企业改革。京易联营水泥厂、化肥厂、板厂、机械厂等企业改制工作稳步推进。展开了企业职工补缴养老保险攻坚战活动，补缴养老保险金 7500 万元，解决了 10182 人的养老保险问题。民营经济快速发展。实施择优扶强战略，重点对保定和利金属、龙山石材等 20 家民营企业，在资金、技术、人才、信息等方面加大扶持力度。新增民营企业 1060 户，完成增加值 23.5 亿元，同比增长 23.5%，上缴税金 8800 万元，同比增长 30.5%。

【项目建设和对外开放】 全年实施千万元以上项目 42 个，总投资 34.7 亿元，其中亿元以上项目 6 个。总投资 3500 万元的北京新益峥峥食品加工、总投资 3600 万元的龙家铺铁矿、总投资 2000 万元的刘岗铁矿、总投资 2000 万元的东明石材等一批重点项目已完成全部投资。完成了南水北调和张石高速公路一期工程征迁安置工作，完成永久性征地 8576 亩，临时性占地 1920 亩，完成了 188 户的房屋拆迁安置任务，确保了国家重点工程顺利实施。制定出台了《鼓励投资和招商引资优惠政策及奖励办法（试行）》，成功举办了易县北极星国际板石峰会。全年实际利用外资 206.4 万美元，占市核任务的 103.2%，引进省外资金 4.35 亿元，占市任务的 150%，出口创汇 3039 万美元，占市任务的 122.5%。

【旅游强县建设进程明显加快】 把旅游业作为龙头产业来抓，以“建设生态文化旅游强县，打造华北地区著名的旅游休闲度假基地”为目标，实施了“精品带景点、景点带乡村、乡村带农户”的“带动”工程，制定出台了《易县生态文化旅游强县建设规划纲要》、《易县旅游行业管理办法》、《易县旅游资源配置管理办法》等政策措施，建立了“四大班子领导牵头，部门、乡镇、企业捆绑开发”的重点景区开发机制，着力打造“三古、两湖、五架山”，努力构筑“一廊五区”景区发展格局。围绕旅游业发展，新修道路53.4公里，步游观光路18.8公里，设置广告牌、指引牌110块，疏通河道1.35公里，打造水景观2处，新植树木10万亩。围绕旅游环境建设，治理非法矿山50个，清理马路市场13个，拆除违章建筑100多间。对旅游从业人员进行了专业知识培训，成功举办了第二届生态文化旅游节和全国群众健身大会“天威杯”狼牙山登山活动。以“千年古县，绿色易州”为宣传主题，制作画册10000份，录制易县旅游风光片5000张，在各类媒体宣传300多篇（次），发布音像广告1000多分钟，印制新版的“易县旅游交通图”20000份，易县生态文化旅游知名度明显提升。全县共接待游客190万人次，旅游社会收入2.5亿元，同比分别增长13%、14%。北福地史前遗址，荆轲塔被列为国家文物保护单位。

【基础设施建设进一步加强】 公路建设：总投资2800万元完成了宝平线泥瓦铺至寨头47公里大修工程；投资860万元，完成了涉及8个乡镇10个村43公里的“村村通”工程，全县基本实现了村村通油路、水泥路。电力建设：投资3170万元，完成了城网改造工程；投资4500万元，完成了220千伏变电站至管头输电线路架设和110千伏良岗变电站建设。通讯建设：总投资1173万元实施了网点电缆线路工程和传输节点工程，新增通信能力3900线对，新建网点2个、节点24个。投资2000万元，建数字基站20个。水利设施建设：新打机井90眼，修防渗渠3万米，铺设地下管道2.2万米，建扬水站、水窖水池200处，恢复、改善节水灌溉面积2万亩，解决了17个村、1.2万人口的饮水困难问题，荣获“全国农田水利建设先进县”称号。县城建设：以建设“生态文化旅游县城”为目标，投资3.5亿元，实施了以商住小区开发为主的旧城改造项目；投资1219万元，完成了金台路、阳元街、朝阳路、开元街等县城主街路铺油工程；总投资4143万元的县城污水处理厂厂区建设完成工程的80%，完成了6000米的一期污水主干网改造工程。

【社会事业协调发展】 扶贫开发工作：以第二批40个扶贫开发贫困村为主，以发展周转畜、周转棚、移民搬迁为重点，投入扶贫资金1056万元，培训农民6500人次，完成移民搬迁380人。就业再就业工作：新增就业人员1347人，占市任务的122%，下岗失业人员实现再就业709人，占市任务的118%。社会保障工作：认真做好养老保险、失业保障、医疗保险等社会保险工作，征缴养老保险费12519万元，发放3712万元；征缴失业保险211万元，发放185万元；收缴基本医疗保险基金1125万元，支付医疗保险费782万元；为2966户、6099人城镇困难居民发放低保资金365万元，为4092户、5004人农村低保对象发放农村低保资金80万元。财政供养人员全部纳入了住房公积金管理，发放救灾款253万元，帮助灾民恢复生产。对2040名贫困学生实行了“两免”。加快广播电视“村村通”工程建设，解决了1800户山区群众看电视难的问题。新农合试点工作全面启动，参合群众达到40万人，参合率达到85%。落实安全生产责任制，责令270家企业对600多处不规范安全生产行为进行整改，关停非法矿山采选企业25家，完成了157家企业的安全生产规范化达标工作，杜绝了重特大安全事故的发生。

领导班子成员

县委

书　　记　刘立明

副 书 记　王　舟　宋海振
　　　　　刘德明　张树林
　　　　　张贺良
　　　　　时焕瑞（挂职）

常　　委　刘立明　王　舟
　　　　　宋海振　刘德明
　　　　　张树林　张贺良
　　　　　时焕瑞（挂职）
　　　　　商少璞（4月任）
　　　　　彭禄江　范增振
　　　　　贡希强（4月离任）
　　　　　高文杰
　　　　　郑斌慧（女）
　　　　　张　剑（4月任）
　　　　　王　涛（4月任）

人大

主　　任　宋海振

副 主 任　刘玉德　赵建民
　　　　　李栓记　马根全
　　　　　崔永德（9月任）

政府

县　　长　王　舟（3月离任）
　　　　　刘德明（3月任）

副 县 长　商少璞（4月任）
　　　　　杨瑞林　张　良
　　　　　刘新桥（5月任）
　　　　　张树才（5月任）
　　　　　赵春生（5月任）

郝顺清（女）
杨春立（3月离任）
王胜利（4月离任）
庄　平（4月离任）

政协

主　　席　贾延清（3月离任）
杨春立（3月任）
副 主 席　于连友
赵春生（5月离任）
杨凤娥（女）
张东辉（5月任）

【2007年·概况】 2007年完成地区生产总值410989万元，同比增长9.3%。其中，第一产业增加值完成115092万元，同比增长5.2%；第二产业增加值完成161070万元，同比增长9.1%；第三产业增加值完成134827万元，同比增长13.4%。三次产业的结构比例由2006年的27.3：40.5：32.1调整为2007年的28.0：39.2：32.8。乡镇企业总产值798340万元，同比增长16.2%。粮食总产量185273吨，同比增长1.49%；棉花总产量367吨，同比增长53.56%。财政收入20110万元，同比增长22.5%；财政支出56325万元，同比增长41.8%。城市空气质量等级2级。社会商品零售总额126430万元，同比增长15.8%。职工年平均工资17867元，同比增长32.6%，农民年人均纯收入3078元，同比增长8.1%。城镇居民人均可支配收入7756元，同比增长20.5%。年末城乡居民存款余额361980万元，同比增长13.2%。

【农业特色产业发展步伐加快】 以建设京津绿色农副产品供应基地为目标，农业结构进一步优化，林果业完成造林10万亩，义务植树116万株，新增苗木5000亩。有林面积达到168.5万亩，森林覆盖率达到44.3%。摩天岭晋升为省级森林公园，易县获得“全国退耕还林先进单位”称号。以磨盘柿为主的果树面积达到33.5万亩，果品产量达到2.85亿斤，产值突破2亿元，林果业产值达到4.2亿元。完成458个村的林改任务，确权213.3万亩。畜牧业：以东威、广源、丰华、靓豪猪场为龙头，大力推广“公司+基地+农户”发展模式，生猪饲养量80万头。加快正四方牧业、北方牛市、塘湖肉牛基地建设，肉牛饲养量10.8万头。全县肉类总产量达到4万吨，禽蛋总产量1.75万吨，畜牧总产值8亿元。特色种植业：甘薯种植面积7.6万亩，产量9.5万吨，谷子种植面积1.45万亩，产量1600吨。香菇种植大棚116个，产量25万公斤，发展地膜芸豆1.5万亩，产量1万吨，全县蜜蜂2.8万箱。大力实施“龙头工程”，加大对圣霖板业、大风车有限公司、正四方牧业等20家农业产业化龙头企业的扶持力度，农户产业化经营2.8万户。成功举办了中国（易县）有机生态农业发展论坛暨京津绿色食品基地启动仪式，加快了易县生态农业的发展。新农村建设扎实推进。重点实施了文明生态村创建工程、基础设施建设工程、生态家园富民工程、扶贫开发工程。完成了全县新农村建设规划，投资110多万元完成2个中心镇、8个乡镇、152个村庄的总体规划。按照“集中力量、整合资金、重点打造、精品带动”的原则，在巩固原有的100个文明生态村的基础上，新创建文明生态村19个，投资2100万元，完成17个乡镇、40个村、105公里的“村村通”工程，全面实现了村村通油路（水泥路）；投资397.7万元完成10个新农村电力化村建设，投资1266万元完成“井井通电”工程110个；新打机井90眼，修防渗渠2.95万米，铺设管道3.5万米，恢复节水灌溉面积1.1万亩，解决了19个村、8500人、950头大牲畜的饮水困难问题，连续三年荣获河北省人民政府颁发的农田水利建设“海河杯”一等奖。实施生态农园富民工程，新建沼气池3264个。投资264万元实施了7个品种的周转畜、周转棚项目，完成12个村、101户、412人的移民搬迁工程，全县2500贫困人口、3000返贫人口和1500低收入人口实现脱贫。全县共转移农村富裕劳动力9.1万人次，劳务输出7.9万人次，实现劳务收入6.59亿元。发展庭院种植，庭院养殖，围绕石板、古砚、鞋垫加工等有基础、有龙头、市场前景好的产业，鼓励农户投资加工业，全县庭院经济专业户3000户，从业人员3.5万人。狼牙山生态农业科技示范园区累计完成投资1900万元，改善了园区农业基础设施环境，被省政府授予“现代农业科技示范园区”称号，独乐乡和石家统村分别被省政府授予新农村建设科技示范乡和示范村称号。

【工业效益显著提升，县域支撑明显增强】 工业经济：依托资源优势和传统产业优势，加快矿产建材、铸造等优势特色产业发展，对长安铸造、太行和益水泥、双盛河矿业、圣霖板业等重点骨干企业增投入、上项目、搞技改。全县矿产建材业产值13亿元，铸造业产值2.6亿元。全县规模以上工业企业增加值完成7.73亿元，实现利税1.33亿元，实施“催生助长、扶强战略、加大对民营企业的扶持力度，全县新增民营企业1074家；完成增加值26.1亿元，上缴税金1亿元。项目建设：投资3500万元的北京新益铮铮食品有限公司项目建成并投入生产；投资2.4亿元的双盛河矿业有限公司已完成投资2.1亿元，并投入生产；总投资7000万元的天泽板业技改搬迁按计划完成投资3000万元；总投资5996万元的平安铸造有限公司按计划完成投资4100万元，完成了厂房建设和设备安装，投入试生产；总投资3769万元的圣霖板业公司技改扩建项目、总投资4800万元的河北京煤太行化工二期技改项目完成全部投资将投入生产。投资2亿元的生物质发电项目，已完成选址、可研报告、环评等前期工作。

【加快景区开发建设，提升旅游知名度】 以备战奥运旅游为重点，加强精品景区建设，加大宣传推介力度，提高服务水平。狼牙山景区：按照国家4A级景区的创建标准、投资576万元加强景区基础设施建设，完善服务功能，提升景区品位。狼牙山景区升4A级工作通过了省旅游局验收，接受了国家旅游局验收。易水湖景区：投资130万元完成了《易水湖综合开发总体规划》。投资1000万元建成《赤壁》影视基地并投入使用保证了电影《赤壁》的顺利拍摄。投资150万元扩建大坝和金龟两个停车场6000多平方米。投资300万元增汽艇70条，达到170条。清西陵景区：总投资5470万元的清西陵水系恢复工程，完成了一、二期工程，完成河道清淤12公里、100多万方，泊岸石归安1.5公里，清理穿山隧道及道槽引水5公里。投资300万元，对行宫进行了全面修缮改造升级，行宫宾馆成为河北省奥运接待宾馆，清西陵成为奥运会指定参观景区。累计投入宣传资金400多万元，在北京、天津、石家庄、保定等地加强电视、报刊、网络等媒体宣传，并召开旅游推介会。在北京设立了旅游办事处，制作旅游宣传品7万份，完成27处旅游路标的更新改造，成功举办了“2007年全国群众登山健身大会狼牙山登山活动暨河北省系列旅游登山活动启动仪式”和“红色之旅——狼牙山国际书画展”。完成了《清西陵建筑工艺材料展》和《清宫皇子展》并对外开放。投资150万元实施了燕下都安防工程，投资366万元实施了文物库房及展馆工程，投资10万元实施了紫荆关长城东山段抢险加固维修工程，提升旅游服务水平。以“改善服务质量、提升服务档次”为目标，深入开展“旅游细微服务年”活动。整顿旅游秩序，规范旅游市场，严厉打击欺客、宰客行为，确保旅游市场安全有序。“五一”、“十一”两个黄金周农家游接待游客7.49万人次，实现收入217.1万元。全县共接待游客200万人次，实现综合效益4亿元。

【县城环境明显改善】 商住小区全年开工面积16.68万平方米，竣工面积9.7万平方米，完成投资1.13亿元，燕都名苑、华宇二期、云蒙嘉园一期等主体工程已竣工。青少年活动中心、府前广场建成并投入使用。投资1000万元完成南环路、西环路翻新改造工程。投资236万元完成金台路、朝阳路、阳元街主要街道人行便道砖的改造。栽植乔木1万余株，补植花灌木4万株，破硬建绿6000平方米。投资4143万元建成县城污水处理厂并投入试运营。开展市容环境综合治理百日行动，获得全市“环境卫生优胜奖”。

【社会保障能力进一步增强】 城镇新增就业1290人；下岗失业人员实现再就业697人。养老保险、失业保险、医疗保险分别扩面1092人、480人、4350人。城镇低保月人均补差额由原来的50元提高到72.2元，覆盖面达到3546户6822人；农村低保月人均补差额由原来的15元提高到18.2元，覆盖面达到5246户6088人；农村五保供养对象达到2885户3018人，发放救灾款140万元，慈善协会正式成立，易县被省政府评为“双拥工作先进县”、“全省民政工作先进县”。做好水库移民后期扶持工作，发放直补扶持资金1365万元。做好住房公积金归集工作，全年公积金归集额2200万元，为购房户提供资金支持700万元。

12月26日，全国文化、科技、卫生“三下乡”活动启动仪式暨集中示范活动在易县成功举办，受到中央、省、市领导充分肯定。

领导班子成员

县委

书　　记　刘立明（6月离任）
　　　　　空　缺（6月～12月）
副 书 记　刘德明　张树林
　　　　　张贺良
　　　　　时焕瑞（挂职）
常　　委　刘立明（6月离任）
　　　　　刘德明　张树林
　　　　　张贺良
　　　　　时焕瑞（挂职）
　　　　　商少璞
　　　　　彭禄江（5月离任）
　　　　　李群龙（5月任）
　　　　　范增振　高文杰
　　　　　郑斌慧（女）
　　　　　张　剑　王　涛

人大

主　　任　宋海振
副 主 任　刘玉德（5月离任）

赵建民（5月离任）
李栓记（5月离任）
马根全　崔永德
杨瑞林（5月任）
勾士涛（5月任）

政府

县　　长　刘德明
副 县 长　商少璞
杨瑞林（5月离任）
张　良　刘新桥
张树才
赵春生（5月离任）
郝顺清（女）
张　剑（5月任）

政协

主　　席　杨春立
副 主 席　于连友（5月离任）
张东辉
张永山（5月任）
杨凤娥（女）
耿术启（5月任）

（部门编辑：王秀丽）

徐水县

【地情提要】　徐水县地处华北平原，太行山东麓，位于河北省中部，保定市中部偏东，为北京、天津、石家庄三角腹地。县域地理坐标为北纬38°52′40″至39°09′50″，东经115°19′06″至115°46′56″，东西长37.7公里，南北宽22.8公里。徐水县总面积723平方公里，有耕地45206公顷。总人口561567人，人口自然增长率为8.08‰。辖7乡7镇，304个行政村。县人民政府驻地安肃镇。东与容城县、安新县为邻；南与清苑县、保定北市区接壤；西与满城县、易县交界；北与定兴县相连。北距首都北京119公里，西南距省会石家庄155公里，东距天津市145公里。西部十分之一为山前丘陵，东部一马平川，地势平坦开阔。光照充足，四季分明，属大陆季风性气候。徐水县是华北地区的重要交通枢纽。京广铁路、107国道、京深高速公路纵贯南北；津保公路，津保高速公路在境内接壤；县内公路总长1200多公里，县乡村形成交通网络。“徐水县政府招商网”国际互联网站在经济发展中发挥着重要作用。西部丘陵矿产资源丰富，蕴藏着高岭土、青石板等高品位矿藏。境内土壤肥沃，盛产小麦、玉米、棉花、大豆等；水果、蔬菜品种齐全。境内有瀑河、曲水两座水库及漕河、瀑河、萍河三条河流。全县地下水质清冽甘甜，为酒类产品生产提供了优质水源。徐水拥有“刘伶醉”、“九九”等十个省部级名酒产品，素有“北国酒乡”之美誉。

徐水历史源远流长，约在新石器时代早期，勤劳、智慧的祖先就劳动、生息繁衍在这块土地上，创造出灿烂的精神文明。战国时期，建武遂和桑邱邑，西汉置北新城县。此后朝代更迭，世事沧桑，县名几经易称，曰县、曰军、曰州。北宋宣和七年（公元1125年）立安肃县，时与遂城县并存，明洪武八年（公元1375年）遂城县并入安肃县，民国二年（公元1913年）安肃县易名徐水县。1958年8月，安新县、容城县划归徐水县，1960年12月、1961年12月，三县分置，恢复原建制。

【2006年·概况】　全年实现生产总值583344万元，同比增长11.4%。其中：第一产业增加值131996万元，比上年增长1.9%；第二产业增加值281790万元，比上年增长16.4%；第三产业增加值169558万元，比上年增长11.5%。一、二、三产业占生产总值的比重分别为22.6%、48.3%、29.1%。

农业　全年实现农林牧渔业总产值233351万元，同比增长2%。其中：农业产值138637万元，同比增长1.9%；林业产值321万元，同比增长21.8%；牧业产值85326万元，同比下降1.2%；渔业产值277万元，同比下降4.3%；农林牧渔服务业产值8790万元，同比增长53%。农业商品率71.2%。

全年粮食播种面积902185亩，比上年略有下降。粮食总产达到365120吨，同比增长3%。蔬菜面积156611亩，蔬菜总产量691688吨。畜牧业快速发展，肉类总产量51119吨，禽蛋产量15302吨，奶产量77987吨。年末牛存栏4.12万头、生猪存栏24.42万头、羊存栏4.3万只、家禽存栏164.37万只。林果面积达到6.2万亩。

全县年末实有耕地678090亩，有效灌溉面积665055亩。

农业生产条件进一步改善，机械化作业水平逐年提高。年末拥有农业机械总动力796226千瓦，比上年增长1.7%。全县拥有大中型拖拉机965台，比上年增加122台。农用排灌机械13320台，农用水泵12830台，机电井11389眼，化肥施用量（折纯）27385吨，农药施用量587吨，农村用电量14038万千瓦时。

工业和建筑业　工业实现了生产和效益双增长，经济运行质量明显提高。全年完成工业总产值927239万元，全部工业增加值245307万元，增加值增长17.3%。其中：国有及年销售收入500万元以上工业企业完成产值111635万元，同比增长16.8%；完成工业增加值99301万元，同比增长26.6%；实现产品销售收入387484万元，同比增长19.1%；实现利税51562万元，同比增长8.0%。年销售收入亿元以上的工业企业11家，比去年增加1家。

年内资质等级四级以上建筑企业完成产值9265万元，竣工产值5637万元，房屋施工总面积151500平方米，本年房屋竣工面积81820平方米。

固定资产投资 固定资产投资结构进一步优化。全社会固定资产投资完成212967万元，可比增长7.6%。城镇固定资产投资172938万元，可比增长60.5%。其中：

第一产业7362万元；第二产业132701万元；第三产业763万元。计划投资1000万元以上建设项目39个，当年总投资135207万元。其中亿元以上建设项目6个，当年投资81410万元。

交通、邮电、电力业 基础设施建设稳步推进。年内投资711万元修建乡村公路29条，共计45.7公里。其中乡道3条、7.1公里，总投资133万元；村道26条、38.6公里，总投资578万元。年末营运车辆达到5926辆，其中货运车5404辆、客运车249辆、出租车273辆。

全年邮政业务总量1998.8万元，增长46.2%。通信业营业收入15760万元，增长35.9%。年末手机用户达到17万户。市话拥有量9.8万部（含小灵通1.7万户），其中住宅电话8.7万部。计算机宽带用户5946户。

全县供电量5.31亿kwh，同比增长17.1%；售电量完成5.01亿kwh，同比增长17%。

国内贸易 消费品市场繁荣活跃。年内实现社会消费品零售额198981万元，同比增长15.7%。按行业划分：批零贸易业零售额为178087万元，住宿餐饮业零售额为20567万元，其他行业零售额为327万元；按销售地区划分：县及县以上消费品零售额为103344万元，县以下消费品零售额为95637万元，同比分别增长17.7%、13.7%。全县49个集贸市场年累计成交额126000万元，同比增长14.4%。

财政、金融、保险业 财政收入稳步增长。完成全部财政收入37405万元，同比增长16.1%。其中：地方一般预算收入13418万元，同比增长21.1%，财政支出41847万元，同比增长29.7%。

年末金融机构各项存款余额586500万元，比上年增长13.3%。其中城乡居民储蓄余额503401万元，比上年末净增56636万元，增幅为12.7%。金融机构各项贷款余额241969万元，同比增长16.2%。居民购买国债、基金总额10179.6万元，比上年增长32.8%。

全年保险公司保费收入15407万元，比上年增长47.8%，处理各类保险赔偿案件4113起，赔偿及给付金额共计1890万元。

对外开放 全年引进内资36119万元，同比下降28.4%。年内新批注册外资项目1项，年末实有三资企业24家。全年实际利用外资21万美元，同比下降66.7%。出口企业累计出口创汇6560万美元，比上年增长26%。

教育、卫生 教育事业不断发展。全县各类学校239所。其中：小学131所，初中31所，普通高中4所，职业中学1所，社会力量办学8所，乡镇中心幼儿园46所。全县在校学生总数94061人。其中：高中在校生21009人（含民办、下同），初中在校生28678人，小学在校生31792人，幼儿在园生12582人。全县在职教职工总数5409人（含物探教职工）。教育工作取得可喜成绩，高考再创辉煌。全县高考报名人数6126人，专科以上上线5102人，本三以上上线3471人，本二以上上线1580人，本一上线620人。万分人口比居全市第一。考入清华大学2人、北京大学1人。

卫生事业发展步伐加快，城乡人民就医环境得到进一步改善。全县卫生系统（不含村级）共有卫生技术人员1316人。其中：西医579人，中医73人，护士357人，药剂人员102人，医技人员205人。拥有县级以上卫生机构6个、卫生技术人员1019人。村级卫生所人员1266人。全县拥有病床数1096张。

新型农村合作医疗工作进展顺利。至2006年末，全县参合农民367244人，占农业人口的76%。

居民生活 城乡居民生活水平进一步提高。据抽样调查资料显示：2006年城镇居民人均可支配收入9717元，比上年增长11.6%，农村居民人均纯收入4369元，比上年增长9.6%。年末在岗职工人数18497人（除乡镇企业），比上年下降2.5%，在岗职工工资总额27399万元，比上年增长10.2%，在岗职工年人均工资14757元，比上年增长13%。城镇居民人均住房建筑面积40.6平方米。

百户农民家庭拥有彩电113台、洗衣机86台、电冰箱57台、摩托车41辆、自行车197辆、空调6台、组合音响32套、录放像机3台、电话机63部、移动电话86部、汽车1辆、家用计算机3台。

百户城镇家庭拥有彩电134台、洗衣机100台、电冰箱101台、摩托车23辆、助力车8辆、空调115台、照相机46架、录放像机9台、家用电脑53台、健身器材19套、微波炉45台、淋浴热水器46台、吸尘器11台、移动电话191部、家用汽车4辆。

【创建全省首家“农民健康俱乐部”】 农民健康俱乐部引入会员制管理体系，农民自愿免费办卡，会员卡分“惠民卡、银卡、金卡、钻石卡”，在检查、治疗、住院等项目上给予不同的减免，发给特困户、五保户、人大代表、政协委员的钻石卡使用时检查费减免100%，住院治疗费免50%。俱乐部不定期开展健康咨询陪诊、科普讲座、健康评估、就医绿色通道等多项服务。全县有18000名农民加入了健康俱乐部，2900余人享受减免待遇，优惠金额15余万元。

【徐水县建立贫困学生救助工作长效机制】 7月成立贫困学生救助办公室，设立贫困学生救助基金，开通贫困学生救助网站，通过社会捐助、财政补贴等多种形式筹集资金80.16386万元，重点对辖区内农村经济困难家庭，面临辍学的小学、中学及当年考入本二分数线以上被录取的大学贫困学生实施救助。当年发放救助金49.22万元，救助贫困生431人，其中24名特困生实现了长期结对帮扶。

【巨力集团“900吨水轮发电机定子吊具”通过省级新产品鉴定】 该产品是企业自主研发，其整体为毂型国辐射可拆卸组装结构，吊点节圆直径17.58米，起重重900吨，是国内目前地下厂房起重量最大的水轮发电机定子吊具。

【四项产品获省级名牌称号】 徐水县县委、县政府狠抓项目建设，实施名牌战略，2006年，巨力集团生产的“J&L”牌吊索具（含钢丝绳）、河北普康医疗器械公司生产的“小护士”牌医用床、新科园艺场生产的“豹子头”牌苹果、大午公司出产的“大午”牌种鸡荣获“河北省名牌产品”称号。

领导班子成员

县委

书　记　范永录
副书记　郝国赤（3月～12月）
　　　　张建国（1月～5月）
　　　　谢玉妮（6月～12月）
　　　　崔铁成（1月～4月）
　　　　张海波
　　　　商士伕（1月～4月）
　　　　高　玉（4月～12月）
常　委　范永录
　　　　郝国赤（3月～12月）
　　　　张建国（1月～5月）
　　　　谢玉妮（6月～12月）
　　　　张海波
　　　　高　玉（4月～12月）
　　　　崔铁成
　　　　白金强（1月～4月）
　　　　吴腊月（4月～12月）
　　　　田越英（1月～4月）
　　　　赵志平（4月～6月）
　　　　商士伕（1月～4月）
　　　　田　钧（1月～3月）
　　　　于振海（1月～5月）
　　　　王苏娅
　　　　谢永军（5月～12月）
　　　　单志合
　　　　闫向阳（5月～12月）

人大

主　任　朱三臣
副主任　蔡秋贵　姜凤琴
　　　　王树海
　　　　孙秀英（3月～12月）
　　　　高振宏（3月～12月）

政府

县　长　缺　职（1月～3月）
　　　　郝国赤（3月～12月）
副县长　田　钧（1月～4月）
　　　　崔铁成（4月～12月）
　　　　汪学卫　张来永
　　　　刘惠聚（5月～12月）
　　　　孙贺军　王俊红
　　　　孙秀英（1月～3月）

政协

主　席　张建国
副主席　杨建中　丁吉林
　　　　王洪城
　　　　史淑敏（4月～12月）

【2007年·概况】 全年实现生产总值683273万元，同比增长13.2%。其中：第一产业增加值141580万元，比上年增长4.7%；第二产业增加值335776万元，比上年增长14.6%；第三产业增加值205917万元，比上年增长16.7%。一、二、三产业占生产总值的比重分别为20.7%、49.2%和30.1%。

农业 全年实现农林牧渔业总产值251170万元，同比增长5.4%。其中：农业产值149277万元，同比增长3.4%；林业产值315万元，同比下降6.9%；牧业产值92477万元，同比增长11.2%；渔业产值354万元，同比增长39.7%；农林牧渔服务业产值8746万元，同比下降4.1%。农业商品率73.5%。

全年农作物播种面积944637万亩。粮食播种面积921926亩，下降0.6%；粮食总产量361715吨，同比下降0.9%；蔬菜面积154170亩，蔬菜总产量679703吨；林果面积6.2万亩，与同期持平。猪年末存栏25.71万头，牛存栏2.95万头，羊年末存栏4.09万只，家禽年末存栏169.07万只，分别增长7.3%、5.7%、-7.9%和12.7%。

全县年末实有耕地677835亩，有效灌溉面积612585亩。

年内铺设防渗管道5万米，

年末拥有农业机械总动力806455千瓦，拥有大中型拖拉机989台，比上年增加24台。农用排灌电力机械14626台，农用水泵13836台，机电井11474眼，化肥施用量（折纯）28537吨，农药施用量701吨，农村用电量16260万千瓦时。

工业、建筑业 全年完成工业总产值1167373万元，同比增长18.3%。其中吊索具、汽车零部件、物探装备三大主导产业分别完成产值18.8亿元、12.1亿元、11亿元，约占全部工业总产值的36.1%。全部工业增加值308414万元，同比增长21%。

年内资质等级四级以上建筑企业完成产值11057万元，竣工产值6719万元，房屋施工总面积184970平方米，本年房屋竣工面积104090平方米。

固定资产投资、房地产、项目建设 年内完成全社会固定资产投资194484万元，同比下降8.7%。城镇固定资产投资130382万元，同比下降24.6%。其中：50万元以上项目中：第一产业完成投资10689万元；第二产业完成投资109147万元；第三产业完成投资35469万元。

房地产业全年累计投资20163万元，同比增长近6倍。其中过亿元的房地产项目2个，年内完成投资11812万元。

年内投资千万元以上的竣工项目17项，总投资10.65亿元。其中竣工超亿元项目4项，即龙帝首创斜交胎、子午胎、风帆工业蓄电池、巨力合成纤维吊装带项目。投资千万元以上的在建项目23项，总投资24.26亿元。其中超亿元的生产性项目7项，分别是投资3亿元的久久集团检波器、投资3.5亿元的巨力钢丝绳及捆绑索具、投资2.84亿元的风帆二期工程、投资2.49亿元的刘伶醉系列白酒技改、投资2.1亿元的中硕蓄电池、投资1.8亿元的巨力链条索具、投资1.5亿元的大型废钢破碎加工项目。

交通、邮电、电力业 年内投资6918万元完成了华龙路、惠民大街拓宽改造、振兴东路整修、津保公路县城段两侧治理、振兴路和107国道亮化、城区主要便道硬化等重点工程；投资1800多万元进行乡、村道路建设。其中高户公路二期和大因中线大修共计投资416万元，村级公路投资约1400万元。

年末客运车辆达到330辆、客位数7638个（含保定客运四公司）；货运车5527辆、总吨位4.5万吨；出租车272辆、客位数1360个；农用车1545辆、总吨位0.17万吨。

全年邮政业务总量2719.6万元，增长36.1%。通信业营业收入15976万元，增长1.4%。年末手机用户达到19.6万户。小灵通1.15万部。固定电话7.1万部，其中住宅电话6.3万部。计算机宽带用户1.2万户。

电力设施得到改善。年内投资7000多万元完成了张丰220KV变电站和史端35KV变电站建设，有效缓解了城乡用电紧张局面。全年完成供电量5.94亿度，同比增长11.9%；售电量5.44亿度，同比增长14%。

国内贸易 全年实现社会消费品零售总额230818万元，同比增长16%。

财政、金融、保险 完成全部财政收入41808万元，同比增长20%。其中：一般预算收入15460万元，同比增长15.2%，财政支出54738万元，同比增长40.1%。

年末金融机构存款余额659890万元，比上年增长12.5%。其中居民储蓄余额552343万元，同比增长9.7%。年末金融机构贷款余额264014万元，同比增长9.1%。全年居民购买国债1537.5万元、基金39487.2万元。

保险业各类保费收入18200万元，比上年增长18%，处理各类保险赔偿案件6000起，赔偿及给付金额2200万元。

教育、卫生 全县各类学校234所，在校学生总数80615人，在职教职工总数5325人。全县高考报名人数6970人，专科以上上线6495人，上线率93.2%。本一上线855人，本二以上上线2047人，本三以上上线4488人。万分人口比居全市第一。考入清华大学4人、北京大学1人。

70%的乡镇卫生院达到规范化标准，城乡人民就医环境得到进一步改善。三级疫情报告网络健全。年度内无甲类传染病报告；乙类传染病报告9种、共1032例，其中死亡3例（狂犬病2例、肺结核1例）；丙类传染病报告9种、共612例，无死亡病例。

人民生活 城镇居民人均可支配收入11665元，比上年增长20%。农村居民人均纯收入4810元，比上年增长10.1%。在岗职工年人均工资18538元，比上年增长25.6%。城镇居民人均住房建筑面积39.94平方米。

【圆满完成了18家国有企业改制】 徐水县针对改制企业多、有效资产少、改制成本高、情况复杂、矛盾突出的实际情况，反复酝酿，精心把握，成立组织机构，制定改制方案，抽调260余名机关干部，组成24个工作队，深入企业、职工家中开展工作，仅用一个月的时间完成了改制工作，为职工缴纳养老保险、发放安置费、落实相关补偿4500余万元，妥善安置职工2016人，确保了社会稳定。

【农村“五保户”实现了财政供养】 制定出台了《徐水县农村“五保户”财政供养办法》，全年发放资金136.9万元，在全市率先实现了“五保户”财政供养。

【徐水巨力集团研制成功世界上首例特大型悬索桥用主缆索股】 巨力集团经过7个月的研发，研制成功第一根主缆索股。12月22日，“Φ7397特大缆索组合索股系统及分叉技术研制”项目顺利通过河北省新产品、新技术鉴定。

领导班子成员

县委

书　记　范永录
副书记　郝国赤　张海波
　　　　谢玉妮（1月~3月）
　　　　高　玉
常　委　范永录　郝国赤
　　　　张海波
　　　　谢玉妮（1月~3月）
　　　　高　玉　崔铁成
　　　　吴腊月
　　　　王苏娅（1月~5月）
　　　　汪学卫（5月~12月）
　　　　王俊红（5月~12月）
　　　　谢永军　单志合
　　　　闫向阳

人大

主　任　朱三臣
副主任　蔡秋贵
　　　　姜凤琴（1月~3月）
　　　　王树海（1月~3月）
　　　　孙秀英　高振宏
　　　　胡利清（5月~12月）

政府

县　长　郝国赤
副县长　崔铁成
　　　　汪学卫（1月~5月）
　　　　张来永（1月~5月）
　　　　王俊红　刘惠聚
　　　　孙贺军
　　　　孙志江（5月~12月）
　　　　田素宁（5月~12月）
　　　　李广义（5月~12月）

政协

主　席　张建国
副主席　杨建中（1月~5月）
　　　　丁吉林（1月~5月）
　　　　王洪城（1月~5月）
　　　　王苏娅（5月~12月）
　　　　史淑敏
　　　　张风春（5月~12月）

（部门编辑：肖占清　张艳芬）

安新县

【地情提要】 安新县位于京津石三角腹地，境内有驰名中外的华北明珠——白洋淀。淀内水生动植物资源丰富，物种繁多，主要盛产鱼、虾、蟹、苇、荷、菱等，有“北国江南”之誉，是旅游观光、休闲度假的理想场所。近几年来，县委、县政府十分重视旅游事业的发展，大力实施“旅游兴县”战略，加大白洋淀旅游生态环境的开发利用，旅游业已成为带动安新县经济发展的龙头产业。另有羽绒、制鞋、有色金属、服装、养殖等主导产业。

区域位置 安新县地处河北省中部，保定市东部，地理坐标为北纬38°43′~39°01′，东经115°38′~116°07′，全县总面积738.6平方公里。东临雄县、任丘，南连高阳，西至清苑、徐水，北接容城。西距保定市45公里，北至北京市163公里，东到天津市159公里。

建置沿革 武则天如意元年（692年）置武兴县，后改为唐兴县。五代更名宜川县。金代设安州、渥城县，境内州县并存。元代改渥城县为新安县，至道光十二年（1832年）废新安县入安州。民国3年称安新县。民国27年（1938年8月）至民国29年（1940年5月）安新县划分为安新、新安二县。民国29年（1940年5月）至民国33年（1944年10月）安新、新安二县合并称安新县。1944年又划分为安新、白洋二县。1946年秋二县再度合并称安新县。1950年县治所由安州迁往新安镇（今安新镇）。1958年与徐水、容城合并称徐水县。1961年从中析出称安新县至今。

行政区划 现辖9镇3乡，207个行政村。其中纯水区村39个，半水区村85个，旱区村83个。

人口民族 现有汉、满、蒙古、回、藏等15个民族。2006年年末总人口418109人，人口自然增长率8.74‰。2007年年末总人口422330人，人口自然增长率10.29‰。

自然环境 西为冲积平原，东为水淀，淀中套淀，沟壕交错，水村园田星罗棋布，沿边筑堤（主要堤防170公里）围埝。堤内洼地连片，堤外淀水荡漾。白洋淀总面积366平方公里（大沽高程，下同），安新境内有312平方公里。白洋淀位于九河下梢，是海河流域大清河水系中游的缓洪滞洪区，承担着潴龙河、孝义河、唐河、清水河、瀑河、府河、萍河、漕河、白沟引河9条河流的洪水调蓄。下游由枣林庄闸和赵北口溢流堰控制泄洪。白洋淀汛期水位8.3米，警戒水位9.0米，保证水位10.5米（此时最大蓄水量达10.38亿立方米）。白洋淀是由大小143个淀泊，3700多条沟壕连接而成，万亩以上的淀泊7个，千亩至万亩内的24个。其中白洋淀面积最大（1.99万亩），以此命名。白洋淀是河北省第十四个自然保护区。

安新县属东部季风区暖温带

半湿润地区。春季日照充足、升温快、蒸发量大、多风少雨、易干旱；夏季炎热多雨；秋季秋高气爽，日差较大，气温迅速下降；冬季寒冷干燥、少雪、日照短。年平均气温12.2度，极端最高气温40.7度，极端最低气温零下26.7℃。年平均降水量529.7毫米。全年日照时数2578.3小时，年无霜期平均195天，年平均风速1.7米/秒。土壤为4个土类，21个土属，128个土种，其中潮土分布最广，沼泽土和褐土次之，水稻土再次之。

自然资源 白洋淀鲤科鱼类为多，经济鱼类约占64%，主要品种有鲤、鲫、草、鲂、鲶、黑鱼等。芦苇是本县的重要特产，经济价值高，可编织苇席，加工苇箔，造纸，制作工艺品，故芦苇有“铁杆庄稼”之称。安新地处太行山与渤海相连接的凹陷地带，是冀中平原潜山油藏形成的主要地域，白洋淀边白庄潜山油田和刘李庄油田并称雁翎油田。安新境内蕴藏着丰富的地热资源，储藏面积350多平方公里，储量150多亿吨，并且埋藏浅、水温高、水质好、自喷力强，具有很高的医疗保健价值和科学实用价值，非常适合发展温泉生态养殖、温泉保健等项目，开发前景广阔。

【2006年·概况】 全年地方生产总值完成36.1亿元，同比增长12.9%；全社会固定资产投资完成17.5亿元，同比增长12.8%；城镇固定资产投资完成9.5亿元，同比增长27.8%；全部财政收入完成23240万元，同比增长25.8%，其中一般预算收入完成8939万元，同比增长32.3%；国税完成12175万元，同比增长24.1%；地税完成4900万元，同比增长14.9%；农民人均纯收入完成4118元，同比增长6%；城镇居民人均可支配收入完成9014元，同比增长11.8%；引进外资79.6万美元。

【双向开放工作】 按照“统筹发展、突出重点、要素平衡、配套完善”的工作思路，从优化项目发展环境和规范项目建设审批两方面入手，加大谋划建设力度。2006年全县共谋划100万元以上项目149个，年底完成16.1亿元。其中千万元以上项目36个，完成投资9.6亿元。华安铸造、大利铜业等一批大项目进展顺利。按照全市“比、学、赶、超”活动要求，由主管县领导带队组织有色金属、制鞋、羽绒等特色行业小组赴先进地区参观考察，分别赴标杆县——石家庄辛集市和天津静海县进行了参观学习，建立了合作关系，加快了对外开放步伐。全年共引进项目91个，引进资金近3.4亿元。三是产业集中区建设全面启动。重点谋划了两大产业集中区：高速引线西侧工业园区于10月底开工。投资1.3亿元的天和鞋业等三个项目已入区建设。

【旅游工作】 在基础设施建设上，大力推进荷花大观园、白洋淀文化苑等重点景点的改造升级，安新县第一家准四星级旅游接待场所——凯盛国宾温泉度假村建成并投入运营。投资近2000万元实施了旅游交通、游览、安全、卫生、邮电、购物等九大系列工程。建成了五星级旅游厕所、大型生态停车场、游客服务中心等一批重点工程。游客服务中心成为目前我国北方面积最大、档次最高、功能最完善的接待服务中心，进一步完善了景区功能。2006年顺利通过了国家5A级旅游景区评审。在旅游促销上，坚持灵活多样、广泛宣传，在中央电视台、北京电视台等大台大报插播宣传广告，参加了廊坊等地举行的旅游商品交易会；成功举办了白洋淀文化节、荷花节。设计推出了《跟着老电影去旅行》线路，位列央视“全国完美假期旅游线路”第四名。在旅游管理上，深入开展旅游秩序整顿，通过抓正面典型宣传，弘扬淳朴的老区民风，抓反面典型的打击，严厉打击逃船逃票、私拉游客等违规行为，旅游秩序进一步好转。在文化产业发展上，坚持旅游与文化相结合，以文化丰富旅游内涵，以旅游引领文化建设。谋划了白洋淀大型水上实景演出项目和白洋淀水上文化运动中心、白洋淀湿地博物馆和白洋淀旅游产品市场项目。2006年共接待游客87万人次，旅游直接收入4700万元，财政收入1100万元。

【农业结构调整工作】 农业项目建设，全年投资500万元以上的农业产业化项目13个，总投资10515万元，增强了农业发展后劲。农业产业化发展，养鸭、水产养殖、奶牛养殖、蔬菜种植等主导产业稳步发展，“龙头+基地+农户”的产业化经营模式日趋完善，兴安肉鸭、华强牧业、平原禽业等一批龙头企业不断壮大，延伸了产业链条，提高了农业深加工效益。标准化生产，寨里乡与北京三安农业技术开发公司签订了绿色无公害蔬菜种植协议，年底无公害蔬菜种植面积达到5000亩。

【城镇建设】 以建设“水城”和“旅游城”为目标，对县城建设总体规划进行了修编，并顺利通过了专家论证。重点抓好两大系列工程：（一）基础设施工程：

保静线白洋淀大桥顺利通车运营；县城防洪护城堤工程全面启动；县城污水处理厂在全市第一个投入运营；县城集中供水厂正式投入使用；明珠中学、县医院搬迁一期工程已开工建设。（二）市容形象工程：投资300多万元实施了县城绿化、亮化、美化、净化工程，对县城主要道路两侧便道进行了翻新改造，铺设了大理石砖和盲道，县城新增绿地面积2400平方米。

【新农村建设】 以文明生态村创建为载体，重点加强农村基础设施建设。（一）加大水区村环境治理力度，投资1000多万元实施了水区村改水、改厕、街道硬化和生产生活垃圾专项治理，有效改善了水区环境。（二）加快交通建设，完成了同口至芦庄线大修工程，启动了乡村道路改扩建工程，制定了总投资3亿元的水区村村通“十一五”规划。（三）实施了农村电网和农田电网改造，保障了电力供应。（四）完善了县、乡、村医疗卫生基础设施建设，刘李庄、安州、同口、芦庄、赵北口5所乡镇卫生院改扩建工程基本完成。

【社会各项事业】 （一）环保工作，组织实施了白洋淀污染综合治理，对有色金属行业、排放污水企业进行全面整治，对老城区和大张庄羽绒工业区污水管网进行了改造，建成了水污染监测监控平台，提高了企业环保水平。（二）教育工作，高考贡献率跃居全市第一位，被评为“教育工作先进县”。（三）民心工程，十大民心工程15件实事中，除有2件因土地政策和天气情况未完成外，其余均已圆满完成。（四）社会保障工作，巩固“城镇低保”、“农村低保”，大力实施新型农村合作医疗制度、财政供养人员住房公积金制度和农民工基本医疗保险制度，提高了社会保障水平。

领导班子成员

县委

书　记　杨宝东
副书记　方砚烽　马会杰
　　　　王立加（4月调出）
　　　　肖宝元（4月任）
　　　　高　玉（4月调出）
常　委　杨宝东　方砚烽
　　　　马会杰
　　　　王立加（4月调出）
　　　　肖宝元（4月任）
　　　　高　玉（4月调出）
　　　　李桂生（5月任）
　　　　李红军（3月调出）
　　　　谢士援（5月调出）
　　　　王国增（5月任）
　　　　李建新　彭尚林
　　　　杜香兰（女）
　　　　程　杰（5月任）
　　　　蔡超英（4月调出）
　　　　韩瑞新（4月任）

人大

主　任　杨士俊
副主任　刘德良　潘志远
　　　　朱志齐　刘全代

政府

县　长　方砚烽（1月～3月代县长，3月任）
副县长　李红军（3月调出）
　　　　李建新（5月任）
　　　　王国增（5月调出）
　　　　王占永（5月任）
　　　　姚晓莉（女）
　　　　王克杰
　　　　李　娟（女）
　　　　张虎林　刘春林

政协

主　席　徐彩玲（女，4月免）
　　　　李红军（4月任）
副主席　王魁祥　张　森
　　　　魏小爱（女）
　　　　田素宁（女）

【2007年·概况】 2007年，全县国内生产总值37.98亿元，同比增长12%；规模以上工业增加值完成12.97亿元，同比增长19.15%；全社会固定资产投资11.60亿元，同比增长22.1%；城镇居民人均可支配收入10230.6元，同比增长13.5%；农民人均收入4420元，同比增长7.5%；全部财政收入19326万元，其中地方一般预算收入9130万元；社会商品零售总额137888万元，同比增长15%；粮食总产量202898万吨，水产品26000吨，同比增长2.9%；年末城乡居民存款余额420815万元，同比增长16.2%。

【旅游事业】 （一）白洋淀景区被批准为首批国家AAAAA级旅游景区。（二）景区设施日趋完善。建成大型标准生态停车场；完成了旅游码头和生态停车场3座五星级旅游厕所建设；对游客服务中心进行重新装饰，建成了中韩英文对照的景区网站和电子商务系统；对荷花大观园等标志性景点进行了改造升级，鸳鸯岛成功注册了“中国爱情岛”商标；开工建设了投资近亿元的华傲京新风景园项目。（三）宣传促销成效明显。分别在中央电视台、北京电视台、国家级报纸刊物及大型网站进行广告宣传；参加了在北京举办的“迎奥运、游保定”新闻发布会以及长江三角洲旅游洽谈会、北京国际旅游商品交易会、呼和浩特中国北方旅游商品交易会、昆明国际旅游交易会等大型活动，扩大了白洋淀的知名度。（四）2007年累计接待游客96.6万人次，实现旅游收入5600万元，创社会综合效益7.2亿元。

【经济建设】 （一）项目建设。

2007年共谋划千万元以上项目43个，总投资78.2亿元，完成投资11.2亿元，同比增长18%。总投资25亿元的保定云铜20万吨电解铜项目、总投资35亿元的10万吨电解铜、36万吨铜材项目和两个投资超过10亿元的大项目均已正式开工建设。2007年共引进内资5.34亿元，引进外资50.6万美元。（二）园区建设。积极谋划运作了中国北方铜都、项目集中区、羽绒工业小区、制鞋工业小区四个工业园区，中国北方铜都随着保定云铜20万吨电解铜项目和10万吨电解铜和36万吨铜材项目的建设粗具雏形；项目集中区一期入园项目建设进展顺利，二期工程正在积极进行；羽绒工业区已经基本形成；制鞋工业区征地工作基本完成，正在积极运作当中。（三）行业改造升级。积极推进有色金属、制鞋、羽绒三大特色行业改造升级，逐步实现了产品由初加工向深加工、由低附加值、低档次向高附加值、高档次转移。特别是云南铜业集团、天津钢管集团投资的60亿元的两个大项目的建设，全面提升了行业发展层次。2007年，三大行业增加值达到全县工业增加值的70%以上，上缴税金达到全县乡镇税收的80%以上。

【“三农”工作】 围绕“特色、质量、安全、效益”，深入推进农业结构调整。优先发展养鸭业，进一步提升鸭产业的综合效益。全县新上鸭产业项目6个，总投资近5000万元。国家级无公害养鸭农业标准化示范园项目通过验收，“白洋淀鸭蛋”地理商标在国家工商总局成功注册，7家鸭蛋生产加工企业通过了QS食品安全认证，截至2007年底，全县鸭存栏131万只。全县水产养殖面积达到4.1万亩。加快无公害蔬菜种植业发展，以寨里乡无公害蔬菜基地为依托，全县无公害蔬菜种植面积达到2.9万亩。稳步推进“1360”工程，建设社会主义新农村，完成了7个乡镇镇域、镇区规划纲要编制和65个村庄规划编制工作。加强基础设施建设，完成了端村镇乡级公路建设和寨里乡公路改造；启动了圈头乡等3所乡镇卫生院改扩建工程。加快发展劳务输出，拓宽了农民增收渠道。到2007年底，全县仅在外务工及从事农产品销售人员就达3万人。

【社会各项事业】 （一）城镇建设 对县城建设总体规划进行了修编，积极实施县城区规划体系建设。县城总体规划修编成果已经专家评审、县人大审议通过；县域村庄空间布局规划编制已顺利完成；工业园区修建详规和电力等专项规划编制完成。基础设施建设方面，完成了育才西路道路铺设和迎宾路、环城路、育才路、建设大街路面改造。县城防洪护城堤一期续建工程进展顺利。县医院整体迁建主体工程基本完成。第二高中即将投入使用。温泉花园三期工程已竣工入住。2007年，全县共安装各式太阳能路灯、庭院灯、草坪灯及交通信号灯390盏（组），取得了阶段性成效，受到了市政府的肯定。大力实施县城绿化、亮化、美化、净化工程，城市新增绿地面积2万多平方米。（二）节能减排工作 深入开展了以有色金属行业、羽绒行业、棉纺毛纺行业为重点的环境污染综合治理，取缔非法有色金属加工户227家、整改羽绒加工企业85家、取缔小皮革企业17家、查处反弹土法熔炼等非法加工111起，全部拆除了非法加工设施。加强环保基础设施建设，对主要涉水企业全部安装了COD在线监测设备，县城污水处理厂二期工程即将投入试运行，基本解决了工业污水问题。（三）文化教育工作 文化方面，圈头乡音乐会被列为河北省第二批非物质文化遗产。教育方面，2007年，高考再次取得历史性突破，总上线率达到94%；筹措资金1122万元，全部免除了50万元的中小学生杂费和教科书费；争取省专项资金415万元实施中小学校危房改造；投资520万元建成了4所学校；全面实施义务教育经费保障机制改革，建立启动了县教育集中支付分中心；全面落实“一免一补”政策，下大力改善办学条件，县职教中心顺利通过国家级重点职业学校验收。

领导班子成员

县委

书　记　杨宝东
副书记　方砚烽
　　　　马会杰（5月调出）
　　　　肖宝元
常　委　杨宝东　方砚烽
　　　　马会杰（5月调出）
　　　　肖宝元　李建新
　　　　王国增　彭尚林
　　　　杜香兰（女）
　　　　李桂生
　　　　王占永（5月任）
　　　　韩瑞新　程　杰

人大

主　任　杨士俊
副主任　朱志齐（5月调出）
　　　　王魁祥（5月任）
　　　　魏小爱（女，5月任）
　　　　刘锁申（5月任）
　　　　高剑波（5月任）
　　　　刘德良　潘志远
　　　　刘全代

政府

县　长　方砚烽
副县长　李建新
　　　　王国增（5月任）
　　　　姚晓莉（女）

王克杰　张虎林
王占永（5月调出）
刘春林（5月调出）
李　娟（女，5月调出）
刘永泽（5月任）

政协
主　席　李红军
副主席　王魁祥（5月调出）
魏小爱（女，5月调出）
田素宁（女，5月调出）
朱志齐（5月任）
马卫光（5月任）
王景权（5月任）
张　森

（部门编辑：夏石矿）

容城县

【地情提要】　容城县位于京津保三角腹地，总面积314平方公里，耕地面积32.21万亩，全县设4乡4镇，即：容城镇、小里镇、南张镇、大河镇、贾光乡、八于乡、晾马台乡、平王乡。辖127个行政村。2006年末全县总户数68486户，总人口25.03万人，同比下降1.14‰，其中农业人口22.41万人。2007年末全县总户数67176户，总人口256688人，其中农业人口216744人。以汉族为主，含回、满、壮、蒙等21个少数民族2000余人。

【2006·概况】　2006年，全县国内生产总值完成29.7亿元，同比增长11.3%；其中，第一、第二、第三产业增加值分别完成5.83亿元、17.98亿元、5.86亿元，同比分别增长5.13%、14.87%和13.54%，三次产业比为19.6：60.5：19.7。民营经济总产值完成145.1亿元，同比增长29.8%。全社会固定资产投资完成11.46亿元。社会商品零售额完成10.24亿元，同比增长15.26%。全部财政收入完成2.03亿元，同比增长27.94%；财政支出2.2亿元，同比增长29.79%。年末城乡居民存款余额25.06亿元，同比增长14.51%。城镇居民人均可支配收入达到9732元，农民人均纯收入4535元，同比分别增长13.41%和7.01%。

【农村经济基础地位日益稳固】
坚持以粮食增产、农业增效、农民增收为目标，加大支农力度，加强农村基础设施建设，深化农业结构调整，深入开展文明生态村创建活动，农村面貌有了比较明显的变化，农村经济保持了健康发展的良好势头。（一）支农力度不断加大。全面取消了农业税，落实粮食直补、综合直补资金669万元；连续三年争取到国家良种补贴和全省大型农机具补贴项目，累计为农民兑现补贴500多万元；全县粮食总产达到20.15万吨，进入国家级产粮大县行列；出台了芦笋良种补贴政策（60元/亩）。（二）产业化进程不断加快。龙头企业发展再获突破，宏利达公司和绿健公司被列为省级农业产业化重点龙头企业。绿健公司的芦笋产品被评为河北省优质产品。全县芦笋种植面积新增7000亩，达到3万亩，成为全国第三、全省第一的绿芦笋种植大县，被国家标准委确定为全国唯一的绿芦笋标准化示范区。全县肉猪年出栏39.8万头，奶牛存栏1.1万头。农业信息、科技、金融服务体系日益完善，增强了龙头实力，带动了农民增收。县乡村三级动物防疫体系的作用得到充分发挥，保证了畜牧业的健康发展。（三）文明生态村创建取得阶段性成果。新增创建示范村13个（达到33个），村容村貌明显改善，文化活动蓬勃开展，呈现出崭新风貌。

【服装产业支柱作用愈加明显】
2006年，继续保持蓬勃发展的良好势头。一是产业规模迅速扩张。全县拥有服装企业830家，年产各类服装2.3亿件（套）。其中规模企业159家，产值过亿元、利税超千万企业12家，2006年，服装产业完成产值78.3亿元，增长35.8%；完成增加值22.7亿元，增长38.4%；上缴税金6923万元，增长20.6%。二是产品质量大幅提高。全县所有规模企业全部完成了专业设备更新，服装出口商检合格率始终保持100%，产品种类涵盖西服、衬衣、休闲、棉服、内衣、童装等6大系列、1000多个品种；年内新增国家免检产品1个，省名牌2个（达到16个），省著名商标4个（达到14个），河北畅销品牌2个。三是产业聚集程度明显提高。初步形成“一园一城”（大河服装工业园、县城工业区）的基地化生产格局，产业集群效应日益显现。目前，两个工业集中区共投入基础设施建设资金2亿多元，吸引60多家企业入驻。2006年，两个工业区服装总产值达到61.5亿元，占全县服装业总产值的78.5%。四是机制创新不断推进。制定出台一系列鼓励、支持服装业发展的优惠政策，督促企业改善用人环境，大力引进高科技人才；帮助企业创建科学的管理模式，实现所有权与经营权的分离；积极推进服装企业ISO9000质量体系认证和环保生态认证工作。五是市场竞争力不断增强。服装产品畅销全国28个省、市、自治区，拥有上万个销售网点；出口到欧洲和美洲、东南亚、澳洲等50多个国家和地区，海外营销网点或办事处超过

100家。1月，被中国纺织工业协会、中国服装协会命名为“中国男装名城”和全国纺织产业集群试点。3月，在香港和北京分别举办了“中国男装名城”推介发布会，中央电视台、香港文汇报等新闻媒体对发布会进行了全方位报道。

【外贸出口拉动能力逐步增强】

克服欧美设限、人民币升值、劳动力及原材料成本增加等诸多不利因素，积极为企业提供及时到位的政策、信息等方面服务，引导企业及时调整产品结构和市场结构，外贸出口工作迎难而上，再创佳绩。一是出口总量不断扩张。2006年，全县直接出口创汇1.3亿美元，同比增长31%，出口创汇连续9年保持千万美元以上速度递增，年创汇总额、人均创汇继续在全市保持领先优势。二是出口质量全面提升。全县已有15家服装企业通过ISO9000国际质量管理体系认证，10家服装企业通过了ISO9002国际质量体系认证，与皮尔·卡丹、啄木鸟、箭牌、沃尔玛、雅戈尔、杉杉等国内外知名企业的合作进一步扩大。衬衫出口单价由1.5美元上升到3.5美元，个别达到了7~8美元。通过与沃尔玛等国际知名企业的交流与合作，服装产品成功打入西欧、美国、日本、韩国等发达国家市场，出口所占比重已经达到30%以上。三是出口渠道不断畅通。与各级商务、海关、商检部门以及高等院校的沟通和联系不断加强，为企业参与更高层次、更宽领域的国际分工与合作奠定了坚实基础。先后组织20家出口企业参加了广交会、华交会、“3.23”香港投洽会、俄联邦第23届轻纺产品展销会和纺织服装跨国采购交易会。帮助企业与京津石等地100多家外贸出口公司建立了稳固的合作关系。四是出口环境不断优化。定期组织召开政府职能部门和重点出口企业参加的外贸出口联席会，分析出口形势，及时解决出口企业面临的问题和困难。充分发挥服装商会服务功能，为企业铺路架桥。通过多方联络，储备用工10000余人，有效解决了年初出现的“用工难”问题；帮助企业融资近亿元，向企业发布各类外贸信息4000多条。

【社会事业发展质量不断提高】

教育事业得到优先发展。新增投入2500万元，用于改善办学条件。启动了6所中小学布局调整项目学校建设，完成了小里小学、四庄小学和特教学校的建设。学前三年教育基本普及，顺利通过省政府验收；职业教育投入加大，县职教中心被列为省级重点职教中心；民办教育取得长足发展，容峰中学、鹏程中学被评为市级规范化学校。积极落实“两免一补”政策，惠及5165名义务教育阶段学生，因贫辍学现象基本消除。教育改革不断深入，教学质量进一步提高。公共医疗卫生条件进一步改善。完成了大河、平王、贾光、八于、晾马台等5个乡镇卫生院的改造，将“流动医院”和“农民健康保健工程”推广到全县45个行政村，惠及农民8.5万人；成功争取到全省新型农村合作医疗制度试点县项目，将为全县20多万农民提供1000万元的医疗保障资金。人口与计划生育工作取得实效。服务水平进一步提高，奖励扶助政策进一步落实，执法力度进一步加大，低生育水平得到有效巩固。投入87万元，完成了县服务站和三个乡级服务站的标准化建设工作；全年累计为符合政策的3000多人发放奖励扶助资金83万元。环境保护力度不断加大，结合白洋淀污染综合治理，彻底清除了各类污染隐患，完成了所有重点排污企业二期治理任务，提前两年完成省市联网的在线监测网络建设，县环境监测站建设项目正式启动。广播电视事业蓬勃发展，服务质量明显提高。科技文化、残疾人事业以及国有工业企业、流通企业和集体企业改革也取得了新成绩。国土资源、水资源管理日益严格。公共服务不断改善，政务环境进一步优化。

【和谐容城建设扎实推进】

（一）城镇建设日新月异。县城路网改造、商品住宅建设、排水设施、园林绿化、综合整治等工程深入推进，投入1633万元，圆满完成了县城电网改造工程，新建变电站2座，增容改造变电站6座，新建或改造线路20多公里，低压改造完成1406户；总投资300万元的城区垃圾处理厂项目竣工并投入使用；总投资4300万元的城市供气项目现已铺设管网2000多米，新容街、西城路、南环路干网铺设已基本完成；总投资2975万元的城市供水项目，国债资金已到位；投资30余万元完成了新容街等街道的包装改造工程，城镇绿化、净化、美化、亮化、畅化水平明显提高。（二）社会保障能力不断增强。城镇养老保险、失业保险和医疗保险制度改革平稳运行，保证了离退休人员养老金、医疗费和下岗职工生活费按时足额发放。争取到养老保险调剂金768.9万元，为1657名离退休人员发放养老金1211.7万元；报付医疗保险费267万元；为63名职工发放失业保险金7万多元。继续全面落实城乡特困居民最低生活保障制度，1362个城镇特困居民和1950个农村特困居民得到妥善救助，基本实现应保尽保。534个农村五保户按每月80元的标准，得到妥善供养。城乡医疗救助体系不断完善，完成救助130多人次，发放救助金16.6万元。就业再就业工作成效明显。开发公益性岗位154个，落实补贴31.5万元；107个零就业家庭实现“动态为零”。（三）公共安全得到切实保障。安全生产工作全面加强，通过深入开展“安全生产责任和措施落实年”活动，突出责任制落实，强化基层基础工作，狠抓隐患排查与整改，持续开展专项整治，稳定了全县安全生产形势。特别是出台了《关于烟花爆竹一般安全事故行政责任追究暂行办法》，创新了工作机制。（四）社会稳定局面日益巩固，通过开展“夏季治安整治行动”和“打、抓、破”专项行动，共打掉各类犯罪团伙20多个，抓获各类逃犯近百人。

领导班子成员

县委

书　记　刘建立

副书记　孟晓灵　王兰芬　付　勤

常　委　刘建立　孟晓灵　王兰芬　付　勤　李新奇　田越英（4月调入）　谷俊杰（5月调入）　刘延平　谢占斌　姜占军　王志乾（5月调入）　段林虎（4月调出）　许汝钧（4月调出）　商少璞（4月调出）

人大

主　任　阴国占

副主任　戚志引　赵文茹　何双发　牛章圈

政府

县　长　孟晓灵

副县长　刘延平　谷俊杰（5月调出）　师蕴珩　李世友（4月调出）　曾　文　师国利　杨立平（5月调入）　徐同柱（5月调入）

政协

主　席　张国栋

副主席　王忠尔　郑贺安　薛志敏　杨立平（5月调出）　黄文涛（5月调入）

【2007年·概况】　2007年，全县地区生产总值预计完成31.8亿元，同比增长10.1%；其中，第一、第二、第三产业增加值分别完成6.1亿元、19.4亿元、6.3亿元，同比分别增长19.9%、7.9%和8.3%。民营经济总产值完成172亿元，同比增长26.5%。全社会固定资产投资完成11.5亿元，同比增长0.6%。社会商品零售额完成11.8亿元，同比增长15%。财政收入完成1.88亿元，同比增长1.5%；财政支出2.85亿元，同比增长29.8%。年末城乡居民存款余额32.4亿元，同比增长11%。城镇居民人均可支配收入达到10669元，农民人均纯收入4966元，同比分别增长9.7%和9.5%。

【支农力度不断加大，惠民政策全面落实】　2007年，落实粮食直补、综合直补资金1035.8万元，落实能繁母猪补贴、保险186万元；争取到国家测土配肥补贴项目，连续四年争取到国家良种补贴和全省大型农机具补贴项目，落实补贴资金800多万元。全县粮食总产再次突破20万吨，继续保持“全国产粮大县”称号；林改工作顺利推进，全县造林和城镇绿化都荣获市级先进单位。金融保持了对农业发展的有效支持，全年发放农业小额贷款4156万元。继续实施芦笋良种补贴政策（60元/亩），完成了万亩无公害芦笋基地建设。2007年，被中国科协、财政部评为保定市唯一的国家级芦笋标准化科普示范基地。农业产业化进程不断加快。积极扶持龙头企业建设，努力壮大产业基地，全县农业产业化经营率达到43.5%。芦笋种植面积继续扩大，全年新增5000亩，达到3.5万亩。大力推进规模化养殖，全县畜牧养殖逐步走上健康发展轨道，奶牛存栏1.01万头，肉猪出栏32.2万头。科普知识培训与技术服务进一步加强，培训农民5万多人次。县乡村三级动物防疫体系建设不断完善，保证了畜牧业健康发展。

【服装产业健康发展，经济格局逐步优化】　服装业在全省率先通过专家论证，发展思路更加科学、明晰，为进一步发展壮大指明了方向。2007年，全县服装业完成产值100.7亿元，同比增长28.5%。县城工业集中区集聚效应凸显，沟西工业园建设进展顺利；通过政策拉动，一批规模企业脱颖而出，产值过亿元的服装企业达到12家。服装产业“大联合”实现新突破，投资18.6亿元的河北奥威服饰集团服装产业整合提升、优化升级项目被列为全省重点产业支撑项目，为企业发展提供了更为广阔的空间；投资1.5亿元的北京铜牛——保定澳森合作项目顺利签约，打开了容城与京津合作的大门，闯出了一条优化升级的新路子。产业布局进一步优化。毛绒玩具、拉链、食品加工等产业规模不断壮大，汽车灯具、化工、造纸等行业蓬勃发展，新型建材、新能源等新兴产业孕育巨大潜力，以服装为主、新材料、新能源等行业并存的新型工业经济格局正逐步形成。

【项目建设扎实推进，发展后劲显著增强】 大力推进“项目建设突破年”，发挥优势，深度开发，谋划、实施投资亿元以上项目6个，其中澳森、宏大、大水、集宏兴4个项目被列为河北省重点项目。连续组织华夏银行、荷兰银行等4家银行召开银企对接会，为解决企业发展资金开辟了新渠道。总投资9000万元的新容小区、华实制衣等8个项目竣工或投产，容泰扩建等25个投资500万元以上的项目进展顺利；澳森服装生产项目完成年度投资计划，投资7500万元的鑫程服装生产项目顺利开工，投资3亿元的宏大制衣项目一期主体工程已经完工，投资3.5亿元的生物燃料乙醇项目方案已通过国家发改委组织的评估论证；投资13亿元的冷轧薄板项目正在前期运作中。产业结构调整迈出新步伐，投资9900万元的沃克罐头食品项目进展顺利，已完成征地等前期工作。项目的实施，必将带动食品加工等相关行业与新兴种植业的发展，成为县域经济的新亮点。

【城镇化进程不断加快，辐射带动作用凸显】 深入实施城镇发展三大战略（规划促动战略、县城带动战略、园区拉动战略），城镇化水平全面提升。“城乡规划全覆盖”稳步实施。“1360”规划工程扎实推进，圆满完成了新一轮县城总体规划修编和4个乡镇、60个村的规划编制。空心村治理改造成效明显，结合文明生态村创建活动，西野桥等村积极开展农村住宅小区建设，集中供热、供水，成为全县新农村建设的一个新亮点。城镇基础设施建设水平显著提高。投资2586万元的污水处理厂主体工程已经完工，与之配套的津海大街排水管网铺设工程和泵站土建工程基本完成；启动了澳森南大街建设项目；金台东路东延项目完成了前期论证；完成了奥威路2.1万平方米便道铺设及绿化；小楼堤、北关、沟西村旧城改造顺利实施；完成了投资70万元的太阳能综合应用试点工作。

【民生得到改善，生活质量不断提高】 进一步强化执政为民的理念，坚持把“改善民生”作为构建和谐社会的首要任务，围绕解决看病难、上学难、行路难等问题，组织实施了道路建设、饮水安全、社会救助、医疗保障等一大批民心工程和惠民实事。“农村道路建设突破年”成效明显，投资1639万元，改建农村公路26条，总计68.1公里；投资301万元，完成了古贤桥新建工程。特别是八于、贾光、南张等乡镇在交通部门的支持下，投资近400万元完成了贯通3乡9村之间的道路建设，从总体上提升了全县农村道路建设水平。完成了投资350万元的丁香口险工治理工程。保定市唯一的“全国首批农村饮水安全工程示范县项目”顺利启动，惠及全县25万人民。公共医疗卫生条件进一步改善。“农民健康保健工程”和“流动医院”项目扎实推进，惠及全县三分之二的行政村，受益群众3.7万人次；南张、小里卫生院建设达到省级标准，即将投入使用；新型农村合作医疗深入民心，参合率达79.98%，并全面落实二次补偿，累计补偿金额628万元，农民“看病贵”问题得到有效缓解，2008年参合率显著提升，达到87.33%。精神文明建设取得新成果。公民道德建设不断加强，形式多样的群众性精神文明创建活动广泛开展，涌现出一批尊老敬老、邻里和睦等先进典型和感人事迹；文化设施普遍改善，城乡、社区文化活动有声有色，培育各具特色的示范村33个。2007年，容城被民政部列为全国首批农村社区建设试验县。

【各项事业全面进步，社会和谐稳定发展】 教育事业得到优先发展。教育资源布局调整进一步加快，撤并、扩建中小学3所，投资1778万元的容城中学综合改造工程进展顺利，投资200万元的县职教中心扩建项目主体工程竣工，即将投入使用。全部免除农村义务教育阶段学生杂费、课本费；成立了商会教育基金会，建立了教育奖励救助长效机制，因贫辍学现象基本消除。教育改革不断深入，教学质量进一步提高。人口与计划生育工作取得实效。深入推进“四清三落实”和城镇违法生育专项治理活动，全县计生工作秩序更加规范；奖励扶助政策进一步落实，全年累计为4500多人发放奖励扶助资金73万元，低生育水平得到有效巩固。社会保障能力不断增强。城镇基本养老保险制度、基本医疗保险制度和失业保险制度平稳运行。全年争取养老保险调剂金831万元、医疗救助补贴26.6万元，医疗保险扩面2000人，养老保险参保达到4500人。深入实施农村特困居民最低生活保障制度和农村、城镇医疗救助制度，救助农村困难群众2332人，医疗救助1314人次，619个农村五保户和186个特困户按政策标准得到妥善供养，2007年，被市政府授予“民政工作先进县”称号。通过大力开展项目建设，以创业带动就业，为全县人民就业开辟了广阔空间，127个零就业家庭实现“动态为零”，城镇登记失业率控制在1.5%以下。据统计，全县共有近7万农民工在各类工业企业就业。社会和谐稳定局面日益巩固。安全生产工作全面加强，深入开展安全生产“责任主体落实年”、“专项整治攻坚年”和“行政执法年”活动，突出责任落实，狠抓隐患排查与整改，全县安全生产形势进一步稳定，综合考核继续保持全市先进行列，特别是率先启动危化企业搬迁，得到了市政府的充分肯定，全县7家危化企业全部实现搬迁或整改。产品质量和食品安全专项整治扎实推进，为维护全县人民的身体健康提供了有力保障。社会治安综合治理成效明显，“严打整治”扎实推进，破获各类刑事案件1416起，打掉各类犯罪团伙29个，抓获各类犯罪嫌疑人378人。2007年，被市委、市政府授予“维护社会稳定先进县”、“社会治安综合治理工作先进县”荣誉称号。环境保护力度不断加大。堵疏结合，扎实推进环境违法专项治理和节能减排工作，对污染严重的企业依法进行了关停处理；投资近2000万元对重点排污企业进行了技术改造和硬件升级，全部达到标准要求。2007年，全县万元GDP能耗降低率5%，超过市考核指标1个百分点。

领导班子成员

县委

书　　记　刘建立
副 书 记　孟晓灵　王兰芬
　　　　　付　勤
常　　委　刘建立　孟晓灵
　　　　　王兰芬（5月调出）
　　　　　付　勤　李新奇
　　　　　田越英（5月调出）
　　　　　谷俊杰
　　　　　刘延平（5月调出）
　　　　　谢占斌（5月调出）
　　　　　姜占军（5月调出）
　　　　　王志乾
　　　　　段林虎（5月调出）
　　　　　许汝钧（4月调出）
　　　　　商少璞（4月调出）
　　　　　王秉华（5月调入）
　　　　　师国利（5月调入）
　　　　　李习谦（5月调入）
　　　　　孙增军（5月调入）
　　　　　杨立平（5月调入）

人大

主　　任　阴国占（5月二线）
　　　　　刘延平（5月调入）
副 主 任　戚志引（5月二线）
　　　　　赵文茹（5月二线）
　　　　　何双发（5月二线）
　　　　　牛章圈（5月二线）
　　　　　张悦英（5月调入）
　　　　　朱占奇（5月调入）
　　　　　牛国增（5月调入）
　　　　　李振国（5月调入）

政府

县　　长　孟晓灵
常务副县长　刘延平（5月调出）
　　　　　谷俊杰（5月调入）
副 县 长　杨立平　曾　文
　　　　　李丽辉（5月调入）
　　　　　师国利（5月调出）
　　　　　徐同柱
　　　　　刘　靖（5月调入）

政协

主　　席　张国栋（5月二线）
　　　　　姜占军（5月调入）
副 主 席　王忠尔
　　　　　郑贺安（5月二线）
　　　　　薛志敏
　　　　　赵映杰（5月调入）
　　　　　黄文涛（5月调出）

（部门编辑：刘克松）

涿州市

【地情提要】　涿州市位于保定市最北部，地处京、津、保三角地带，为首都北京的“南大门”。东接固安、通廊坊、天津；南连高碑店市，延伸至保定、石家庄；西邻涞水县，可至紫荆关、太原；北与北京市接壤，至北京天安门62千米。地理坐标为北纬39°21′～39°36′、东经115°44′～116°15′之间。

自然环境　涿州地势平坦，土质肥沃，故有“幽燕沃壤”、“督亢膏腴”之称。全境地处太行山前倾斜区，由西北向东南倾斜，乃华北冲积平原的边缘，海拔在20至70米之间，土层深厚，土壤成分丰富，宜耕性强，适应性广，有利于发展农业生产。境内107国道、京广铁路、京深高速公路三条国脉贯通南北，又有涿涞、涿廊等主要公路连接周围市县、交通便利。涿州全境属温带大陆性季风气候，特点显著，四季分明。

自然资源　涿州水资源丰富，境内有永定河、白沟河、小清河、拒马河、胡良河、琉璃河6条主要河流，全长112千米。涿州地下水源储量远远高出全省平均水平，为生产、生活用水提供了保障。涿州沙和砾石储量极为丰富，是涿州乃至北京的重要建筑资源。涿州境内还有较丰富的地热和油气资源。

建置沿革　涿州在春秋（公元前770年～476年）为北燕之域，在战国（公元前475年～221年）为燕国之涿邑地。秦置涿县，属广阳郡。汉置涿郡辖涿县。三国时为魏地，改称范阳郡，属幽州。西晋为范阳国。东晋十六国时，涿地先后属后赵、前燕、前秦和后燕。唐武德时改涿县为范阳县，属幽河北道。大历置涿州。五代先为辽地，后归金管。元代前属大都路中书省，后归涿州路。明代范阳县属北平府涿州。明洪武2年（1369）撤范阳县并入涿州，属北平府。清康熙27年（1688），涿州属顺天府西路厅。中华民国2年（1913）撤州改称涿县，隶于京兆特别行政区。民国17年（1928）撤京兆，涿县改隶河北省。抗日战争爆发后，涿县县城沦为日伪统治，县境以平汉铁路为界，东西两侧与毗邻县组成抗日民主联合县。路东先后称"涿固新容"县、"涿固新"县、"新涿"县、"涿良宛"县；路西称"房涞涿"县，"涞涿"县。因抗战需要，从属关系时有改变。1945年日本投降，县城为国民党政府接收。经过3年解放战争，至1948年12月县城解放，涞涿县人民政府进驻。1949年8月，河北省人民政府成立，涿县划归河北省保定专区，1970年保定专区改称保定地区，辖涿县。1986年9月，经国务院批准，撤销涿县，以原辖区建涿州市，隶属河北省保定地区。1994年12月，随地市合并，涿州市隶属河北省保定市。2005年1月，经河北省人民政府批准为扩权市，隶属河北省保定市。

行政区划　涿州市境东西横距36.5千米，南北纵距25.5千米，市境线全长142千米，总面积为742平方千米。2006年，全市辖3个办事处，1个开发区，5个镇，6个乡。全市共计405个行政村，32个社区居委会。

人口民族　2006年，全市总人口达60.7万人。涿州市人口多为汉族，还有回、蒙、满等20多个少数民族居住。

【2006年·概况】　2006年全市完成国内生产总值100.89亿元，同比增长16.8%。其中，第一产业增加值完成10.86亿元，同比增长5.6%；第二产业增加值完成41亿元，同比增长25.4%；第三产业增加值完成49.03亿元，同比增长13%。财政收入10.08亿元，同比增长21.96%。财政支出6.94亿元，同比增长22.19%。全年粮食总产量29.9万吨，同比增长1.9%。社会消费品零售总额34.62亿元，同比增长13.8%。职工年均工资24159元，同比增长23.1%。农民年均纯收入4780元，同比增长7.5%。城镇居民人均可支配收入9810元，同比增长9.3%。年末城乡居民存款余额80.8亿元，同比增长19.4%。2006年，涿州市位列河北省"县域经济发展第27位"，主要经济指标在保定均名列前茅。

【理清发展思路，确立发展目标】

遵照河北省、保定市建设"沿海经济社会发展强省"和"京南近海强市名城"的发展要求，中共涿州市委五届三次全会提出建设"京南保北现代化中等城市"的发展目标。结合落实2004年市委、市政府确定的"三大规划"和"三大主体战略"，进一步推行项目"三领三责"责任制和"既抓大又抓小，既抓城又抓村，既强市又富民"、依靠"涿州制造、涿州文化"双轮驱动、打造城市"三张名片"（中国优秀旅游城市、全国生态示范市和中国历史文化名城）等一系列措施和办法，进一步强化了工作落实，促进全市经济和社会快速发展。

【以"社会主义新农村建设"为依托，加快农业和农村经济发展】　依托润生、绿野、飞达、连生等农业龙头企业，通过政策扶持和加强服务，实施了"千家万户"、"草牛奶"等系列惠民工程，不断壮大了龙头企业的规模和实力。公共财政向农村的倾斜力度不断加大。投入近500万元，全面落实农村计划生育奖励扶助政策。投资3000余万元实施农村中小学综合改造工程，建设完成了15所农村标准化学校。完成了总投资3700万元的5条乡村路网建设。新增农民工输出6408人，促进农村富余劳动力向非农产业转移1.13万人。文明生态村建设蓬勃开展，有3个村被省委、省政府评为文明村，有125个村完成了阶段性创建工作，通过保定市委验收。码头、东仙坡、百尺竿、东城坊等乡镇进一步调整产业结构，建立采摘园、农家院，吸引北京客人来涿休闲度假成为新亮点。

【以实施"工业立市"战略为契机，增强工业发展竞争力】　以打造"涿州制造"为目标，认真实施《市委、市政府关于进一步推进"工业立市"发展战略的实施意见》，制定和执行重点企业直通车和企业家早餐会制度，建设并开通了"涿州企业网"，对50家成长性强的企业和3000家规模经营以下企业进行行业归类，成立了行业协会，促进民营经济和中小企业快速发展。以凌云工业、华夏实业、华北铝业等企业集团和上市公司为主体的"三高一无"工业群体初具规模，钢研院涿州新材料产业园、航天信息股份有限公司涿州生产基地、河北联盟科技产业园、河北联盟科技环保胶粘带等超亿元大项目和119个1000万元以上生产性项目成功落户，产业支撑能力得到增强。开发区和松林店两个工业园区快速发展，开发区工业园区入园项目投资规模达到31.76亿元，成为河北省建设20个大园区之一。打造“涿州制造”初见成效，凌云工业集团的“亚大”商标和华夏集团的“永乐”商标获得中国驰名商标称号，华北铝业有限公司“银花”牌铝箔和北新集团“龙”牌纸面石膏板荣获中国名牌产品称号。东神食品研发的大豆蛋白质项目被科技部批准为国家农业“863”计划。

【以实现“以城兴市”战略为载体，提升文化名城影响力】 在编制总体规划的基础上，进一步编制完成了重要街区、节点的控详规划、修详规划和五个建制镇的镇区规划，市规划管理局更名为城乡规划管理局，实现了城乡规划的全覆盖。城市建设逐步完善，体育中心一期工程基本竣工，二期工程已经展开，运动会主场馆初具规模。污水处理厂西厂建设完成，正在试运行。廊涿高速正在紧张建设，张石高速廊涿支线、京白连接线、东码战备路建设顺利启动，平安街北延、北环路东延、甲秀路北延、高乐夫大道南线、涿豆路、涿新路、涿长路、刁窝商业街竣工通车。“城中村”改造试点工作已经展开。完成范阳路立交桥、北新建材南侧等处42万平方米的城市绿地建设。新建城市南北出入口、古城墙遗址等处游园。进行了尚公街、学校街等小街巷翻修改造。完成玫瑰大街、大辛街、御道沟街等路段给水支线改造。谋划了“涿州古街”项目。面向北京的宜居地建设蓬勃发展，北京人来涿购房面积累计达到30万平方米。永济桥、金门闸晋升为国家级重点文物保护单位，被中国文联、民协命名为“中国三国文化之乡”，并成立了“中国三国文化研究中心”，被联合国地名专家组授予“千年古县”称号，完成省级历史文化名城的创建工作。

【以推进“借京强市”战略为目标，加快对外开放步伐】 成功举办了第六届花灯节、深港企业家座谈会和“首都新闻界联谊暨涿州市农业经济发展说明会”和建市20周年系列庆祝活动，取得良好效果。先后赴广东、美国等地学习先进理念，并组织开展了推介活动，特别是作为北京以外唯一的地区参加了第二届北京国际金融博览会，进一步提高了涿州在北京的知名度和影响力。年内，全市新签约内资项目51个，合同引资达25.56亿元，实际引资到位8.3亿元，共签约外资项目3个，合同利用外资6549.9万美元，实际外资到位973万美元。

领导人名单

市委

书　　记　黄恩桥（1月任职）
副 书 记　王　舟（3月任职）
　　　　　邸建民（6月离任）
　　　　　王自农（6月离任）
　　　　　王天琴（5月离任）
　　　　　刘晓莲（4月任职）
　　　　　张　健
常　　委　黄恩桥
　　　　　王　舟（3月任职）
　　　　　邸建民（6月离任）
　　　　　王自农（6月离任）
　　　　　王天琴（5月离任）
　　　　　刘晓莲（4月任职）
　　　　　张　健　刘国富
　　　　　姚士峰
　　　　　刘铁英（6月任职）
　　　　　苏树锋　邢建国
　　　　　李义海
　　　　　李全新（5月离任）
　　　　　侯晓平（6月任职）

人大

主　　任　邸建民
副 主 任　谢玉树　刘振江
马悦恩　郭占元

政府

市　　长　黄恩桥（3月离任）
　　　　　王　舟（3月任代市长、6月任市长）
副 市 长　姚士峰
　　　　　王天琴（5月任职）
　　　　　李义海（5月离任）
　　　　　贾见勇　刘蕴英
　　　　　钟铁钢　赵志国
　　　　　祝振军
　　　　　李全新（5月任职）
　　　　　王金甫

政协

主　　席　张英歌
副 主 任　王自农（6月任职）
　　　　　王文岱　谷书玉
　　　　　于雪辉　侯振江

【2007年·概况】 2007年，全市辖3个办事处，1个开发区，6个镇，5个乡，共计405个行政村，32个社区居委会。全市总人口618985人，其中非农人口195366人，人口自然增长率为5.41‰。全年完成国内生产总值115.14亿元，同比增长11.0%。其中，第一产业增加值完成11.69亿元，同比增长3.7%；第二产业增加值完成46.65亿元，同比增长9.9%；第三产业增加值完成56.80亿元，同比增长13.3%。财政收入11.06亿元，同比增长20.4%。财政支出8.26亿元，同比增长28.2%。全年粮食总产量30.04万吨，同比增长3%。社会消费品零售总额40.31亿元，同比增长16.4%。民营经济总产值63.1亿元，占地区生产总值的54.8%。职工年均工资27814元，同比增长15.1%。农民年均纯收入5330元，较上年增长550元。城镇居民人均可支配收入11338元，较上年增长528元。年末城乡居民存款余额90.3亿元，同比增长11.8%。一年来，先后获得“全国双拥模范

城”、“中国魅力城市200强”“全国文物工作先进县”、“全国科技进步先进市”、“河北省依法行政示范县”、“河北省历史文化名城”、“河北省园林城市”、“燕赵杯金奖”等荣誉称号。

【培育“涿州制造”初见成效】 钢研院新材料产业园、河北联盟科技、航天信息产业基地等一批超亿元项目进展顺利；华夏集团PVC电气胶粘带获中国名牌，龙马铝业PS板和华北铝业铝箔获省级名牌，龙马铝业“银月”商标和润生生物“润生”商标被评为省著名商标，亚大公司荣获省质量效益型企业称号，北农（海利）涿州种衣剂、涿州贡米获得省优质产品称号，皓原箔业、星河印刷等6家企业通过了ISO9000系列标准认证；实行了企业家早餐会制度，开通了“涿州企业网”。在成立涿州企业家协会的基础上，又建立了机械装备制造及加工分会和温州商会。主动征集驻涿企事业单位意见，帮助解决了涉及用电、给水、征地、周边环境治理等17个方面45个实际问题。

【中等城市建设步伐加快】《2005～2020年涿州市城市总体规划》获得省政府批准。制定了《加快建设京南保北现代化中等城市实施纲要》，围绕总体规划的实施，明确了城市建设“3+1”的重点发展区域（涿州古城区、涿州新城区、码头国家级旅游度假区和京石客运专线新涿州站周边），全力打造中国优秀旅游城市、全国生态示范市和中国历史文化名城三张城市名片。在城市总体规划的指导下，编制完成了中心城区4个片区、华阳中路等控制性详细规划和城市住宅、道路交通、城市供热等专项规划；进一步加快城市基础设施建设，实施了华阳路东延、北环路拓宽改造、东兴街综合改造、城市生活垃圾处理场一期、东污水处理厂和107国道、甲秀路附属设施等工程建设。完成了市场路、育才街及桃园辖区内5条小街巷的翻修改造；以“美、绿、亮、洁、序”为目标，深入开展了“城乡环境综合整治百日行动”，针对户外广告、占道经营、城市基础设施、园林绿化、环境卫生、违法建设、交通秩序、环境污染八个方面进行了专项治理，市容市貌进一步改善；以推进“涿州文化”为目标，顺利通过了省级历史文化名城验收，全面启动了全国历史文化名城的创建工作。

【开放领域不断拓展】 组团参加了省3.28香港洽谈会、中国国际（深圳）文化产业博览会等系列招商活动；主动请进来，成功举办了中国涿州第七届花灯节，被河北省命名为“花灯之乡”。圆满承办了河北省第六届农民运动会，承办工作得到了省、保定市、各代表团的充分肯定和社会各界的一致好评，并取得了扩权县组团体总分第一名的好成绩。积极发展面向北京的乡村游，制定了《涿州市“农家游”发展规划》。年内，全市新签约内资项目30个，合同引资51.3亿元，实际引资到位24.6亿元；全年共签约外资项目3个，合同计划总投资1294.26万美元，实际外资到位1264.91万美元，与中国钢研集团、中国电子科学院、航天科工等中央企业集团的合作取得了积极的实质性进展。

【新农村建设扎实推进】 积极推进城乡一体化发展，继续深入实施“千家万户”、“万村千乡”、“草牛奶”等惠农工程，促进了一批农业龙头企业发展，推动了农村专业经济合作组织的建立和组织化程度的提高。充分发挥职教中心和各类技校等培训基地作用，“阳光”工程不断深入，年内培训农村劳动力4816人，促进农村富余劳动力向非农产业转移12600人；强化公共财政职能，进一步加大向“三农”的倾斜与支持力度，总投资8600万元，实施了永码路、南孙路、松兰路、义里路等7条乡村公路工程。总投资3100万元，新打机井650眼，建防渗工程8万米，新增节水灌溉面积1.3万亩，实现了2555眼机井“井井通电”。积极争取上级政策、资金支持，实现了国家测土配方施肥、国家玉米良种补贴等12个国家级惠农项目落户本市。

【社会事业全面进步】 投资2551万元实施了优化教育布局、职教中心综合楼、三中教学楼等工程建设，全面免除了农村义务教育阶段学生学杂费。迅利达玻璃和众鑫源桥隧两家企业承担的玻璃光源和隧道机器人两个项目被列入国家重大科技攻关支撑计划。努力为困难群众提供基本生活保障，安置了1145名下岗职工再就业，实现了246户零就业家庭再就业。城市最低生活保障金、农村最低生活保障金按时足额发放，完成了十所乡镇卫生院的改扩建工程，并全面推进新型农村合作医疗制度，2007年，参合农民达34万人，参合率达82.8%。投资435万元，全面落实了对农村计划生育家庭的奖励扶助和优惠政策。养老、失业、医疗、工伤等项社会保险扩面新增7168人次，城乡居民保障水平稳步提高。政府依法行政能力不断提高，治安、国防、安全生产、文化体育、广播电视等各项社会事业顺利发展。

领导班子成员

市委

书　　记　黄恩桥

副 书 记　王　舟　刘晓莲
　　　　　张　健（5月离任）

常　　委　黄恩桥　王　舟
　　　　　刘晓莲
　　　　　张　健（5月离任）
　　　　　刘国富（5月离任）
　　　　　贾素明（5月任职）
　　　　　王彦清（5月任职）
　　　　　姚士峰（6月离任）
　　　　　刘铁英（5月离任）
　　　　　苏树锋　邢建国
　　　　　李义海
　　　　　李全新（5月任职）
　　　　　侯晓平
　　　　　张明杰（6月任职）

人大

主　　任　邸建民

副 主 任　王天琴（6月任职）
　　　　　谢玉树（6月离任）
　　　　　刘振江（6月离任）
　　　　　马悦恩（6月离任）
　　　　　郭占元（6月离任）
　　　　　姚鸿升（6月任职）
　　　　　王保国（6月任职）
　　　　　韩俊田（6月任职）

政府

市　　长　王　舟

副 市 长　姚士峰（6月离任）
　　　　　苏树锋（6月任职）
　　　　　侯晓平（6月任职）
　　　　　王天琴（6月离任）
　　　　　贾见勇（6月离任）
　　　　　刘蕴英　铁钟钢
　　　　　赵志国　祝振军
　　　　　李全新（6月离任）
　　　　　王金甫（6月离任）

政协

主　　席　张英歌（6月离任）
　　　　　姚士峰（6月任职）

副 主 席　张永江（6月任职）
　　　　　王文岱（6月离任）
　　　　　谷书玉（6月离任）
　　　　　于雪辉
　　　　　侯振江（6月离任）
　　　　　夏培鑫（6月任职）

（部门编辑：刘允强）

定州市

【地情提要】　定州地处太行山东麓，华北平原西缘，河北省中部偏西。地理坐标是北纬38°14′～38°40′，东经115°15′～114°48′。全境南北长45公里，东西宽35公里，总面积1274平方公里。在北京西南，相距196公里；在石家庄东北，相距68公里；在保定西南，相距56公里。北与望都、唐县交界，西与曲阳接壤，南与新乐、无极、深泽相毗连，东与安国为邻。

建置沿革　定州历史悠久。颛顼氏划天下为九州时，定州市境域位于冀州。春秋战国时，境域属鲜虞国。周敬王十四年（公元前506年），鲜虞国改称中山国。周威烈王十二年（公元前414年），中山武公初立，建都于顾，顾即今之定州。此后至后燕时期，定州均为中山国或中山郡之治所。北魏天兴三年（400年），拓跋珪取平定天下之意，始置定州，此为定州最初得名。南北朝时，设定州都督。北周时，设定州总管府。沿至唐武德年间，设定州大总管府、都督府。建中年间，置定州义武节度。北宋，初置中山府，后为定州。金、元置中山府。明代，中山府改置定州。清代，定州曾为直隶州，属直隶省。1913年，定州改称定县。1937年，为适应抗日战争需要，共产党定县地方组织将定县划分为定南、定北两县。1941年，定北县一分为二，一部分归定唐县，一部分归望定县，1944年，望定县撤销，并入定唐县，后又改为定北县。1947年，定南、定北县合并为定县。1958年10月，定县、曲阳两县合并为定县。1961年5月，两县分开。1986年3月5日，经国务院批准，撤销定县，设立定州市（县级）。

自然环境　定州市地势平坦，一脉平原，自西北向东南微微倾斜，平均海拔43.6米，地面坡降1.4‰～0.7‰，尤以京广铁路以东更为平坦。境内有唐河、孟良河、沙河自西向东过境，这些河流属于海河流域大清河系，以防洪排涝为主。气候属于温带—暖温带半湿润半干旱大陆性季风气候，具有春季干燥多风，夏季炎热多雨，秋季天高气爽，冬季寒冷少雪，四季分明的特点。

自然资源　全市耕地面积76986公顷，土层深厚，多为褐土。地下水多年浅层补给量3亿立方米，水质优良，适合生活饮用和农业灌溉。光辐射强，日照时数多，无霜期长，温度适宜，雨热同期，适合农作物生长，生产潜力大。矿产资源有粘土、河沙等。

行政区划　现辖3城区、8乡、14镇、486个行政村、31个社区居委会。

【2006年·概况】　总面积1274平方公里。耕地面积77016公顷。总人口115.99万人，增长0.8‰。地区生产总值108.2亿元，增长8.3%。第一产业增加值35.9亿元，增长3.4%。第二产业增加值50.3亿元，增长10.3%。第三产业增加值22亿元，增长12.4%。粮棉总产量46.6万吨，增长0.5%。财政收入87576万元，增长6%。财政支出78402万元，增长29.4%。社会商品零

售总额364538万元，增长15.6%。职工人均工资12581元，增长12.1%。农民年人均纯收入4005元，增长6.1%。城镇居民人均可支配收入7125元，增长12.5%。年末城乡居民存款余额854030万元，增长11.4%。

【子位吹歌被列入省第一批非物质文化遗产保护名录】 定州为河北省历史文化名城，保存有大量的古遗址、古墓葬、古建筑，馆藏文物5万余件，已确定出的国家一、二级文物就有240余件。6月，国家公布了第六批全国重点文物保护单位，定州市静志寺塔基地宫、净众院塔基地宫、大道观玉皇殿、晏阳初旧居4处文物保护单位榜上有名。这在全省、乃至全国来说，一个县（市）级一次批准4处国保单位是及其少有的。这样，定州市国保单位达到7处，即开元寺塔、定州贡院、中山汉王墓、静志寺塔基地宫、净众院塔基地宫、大道观玉皇殿、晏阳初旧居。同时，戏剧定州秧歌5月27日被列入全国第一批非物质文化遗产保护名录，其音像、文字资料参加了河北省非物质文化遗产保护成果展。子位吹歌被列入河北省第一批非物质文化遗产保护名录。物质文化和非物质文化遗产的继承和发扬光大，进一步提升了定州的文化品牌。

【伊利液态奶项目建成投产】 定州伊利乳业有限责任公司由内蒙古伊利实业集团股份有限公司和肇东伊利乳业有限责任公司共同出资组建，注册资本1.55亿元。项目总投资44446.17万元，占地面积32.5万平方米，2005年12月18日开工建设，2006年10月16日建成试生产。该项目是目前亚洲最大的液态奶生产基地，全部采用国际著名乳品加工设备制造企业的先进设备，生产工艺实现全自动控制。拥有37条液态奶生产线，包括6条TBA22、2条A3型机、10条普通百利、5条高速百利、10条利乐小枕、2条利乐大枕、2条HDPE儿童奶生产线。目前共生产45个产品品项。到年底，累计实现产销量35290吨，实现销售收入1.5亿元，毛利润2736万元，利润1928万元，带动了全市畜牧业、养殖业、运输业等相关行业的迅速发展。

【定魏公路改造】 定魏路定州段改造工程是全市2006年公路建设“一号工程”，由河北建设集团公司承建，5月初开始建设，11月底竣工通车。定魏线起点位于定州市区南关河龙公路与定魏公路交叉口处，终点位于定州与无极交界处，全长25.584公里，其中有沙河特大桥一座，桥长1203.88米，宽12.4米，设计荷载为公路一级。小桥6座，涵洞14道，城区段宽度为25米，其余为12米，设计标准为二级路标准，设计时速80公里/小时，工程投资1.3亿，成为连通保定市和石家庄市的省级干线公路，对于拉动定州市的经济发展起到巨大作用。

【新型农村合作医疗工作】 为落实科学发展观，建设新农村、构建和谐社会，解决农民看病难、看病贵问题，通过主动争取，积极运作，被省政府定为新型农村合作医疗试点市。全市共有14.9万户、59.5万农民参加了合作医疗，参合率达64.6%，乡镇办、村（街）覆盖面积均达100%。截至12月20日，共为90683名参合农民报销医疗费用1598.1万元。

领导班子成员

市委

书　　记　刘宝玲
副 书 记　韩占山　闫兰申
　　　　　赵根军（5月离任）
　　　　　郭文忠　史凤岐
　　　　　锁宝贵（4月离任）
常　　委　刘宝玲　韩占山
　　　　　闫兰申
　　　　　赵根军（5月离任）
　　　　　郭文忠　史凤岐
　　　　　锁宝贵　解建民
　　　　　任振焦（5月离任）
　　　　　张少轩
　　　　　赵志平（4月离任）
　　　　　王保辉（5月任）
　　　　　马义民　帅建军
　　　　　周民选

人大

主　　任　闫兰申
副 主 任　张冠增（9月离任）
　　　　　刘淑彦　王忠民
　　　　　肖福全
　　　　　陈宝记（5月任）

政府

市　　长　韩占山
常务副市长　赵志平（4月离任）
　　　　　锁宝贵（4月任）
副 市 长　王东江　石惠臣
　　　　　马福生　周胜会
　　　　　王保辉（5月离任）
　　　　　白俊杰
　　　　　高亚光（5月任）

政协

主　　席　赵国军（5月免）
　　　　　赵根军（5月任）
副 主 席　郑全福　李克明
　　　　　陈宝记（5月离任）
　　　　　刘玉青
　　　　　王建义（3月任）
　　　　　张占军（5月任）

【2007年·概况】 总面积1274平方公里。耕地面积115.6万亩。总人口117.7万人。地区生产总值119.5亿元，增长7.4%。第

一产业增加值37.76亿元，增长5.1%。第二产业增加值56.46亿元，增长7.8%。第三产业增加值25.25亿元，增长9.8%。民营经济增加值758876万元，增长16.5%。粮食总产量58.3万吨，增长25.1%。棉花总产量770吨，增长3.2%。财政收入9.18亿元，增长5.3%。财政支出9.3亿元%。社会商品零售总额42.4亿元，增长16.5%。职工人均工资15610元。农民年人均纯收入4230元，增长5.6%。城镇居民人均可支配收入7909元，增长11.5%。年末城乡居民存款余额93.8亿元。

【国华定洲电厂二期工程开工】 2007年8月16日上午10时30分，国家和河北省十一五重点建设项目——河北国华定洲电厂二期工程正式开工建设，并举行了隆重的开工典礼。国华定洲电厂一期2×600MW发电机组于2004年正式投产发电，三年来，一期工程实现了“安全、优质、正点、规范”的目标，获得了“中国电力行业优质工程”奖、“国家优质工程”银奖，实现了机组连续超过500天长周期安全运行的记录。二期工程于2005年列入2007年国家核准备选开工建设项目，2007年6月15日正式获得批准。定洲电厂二期工程由中国神华能源股份有限公司和河北省建设投资公司共同投资建设，项目总投资42.9288亿元，预计于2009年8月和11月实现双机投产。定洲电厂二期工程充分利用一期工程建设的公用系统及临建设施，建设2×660MW超临界空冷燃煤机组并配套脱硫脱硝设备，机组采用超临界空冷和中水回用新技术和新工艺，与湿冷式燃煤机组相比能节水80%以上。国华定洲电厂二期工程投产后，厂总装机容量为252万千瓦，年发电能力将达到130多亿度，将有效缓解河北南网供电紧张局面，为河北省十一五期间经济快速发展提供巨大的能源支持和广阔的发展空间。被评为“河北百强企业”。

【中山文化研究会成立】 12月6日，定州市中山文化研究会成立，并召开中山文化第一次研讨会。研究会由史志、文物研究人员及其他相关学科工作者组成。性质为地方性、非营利性的学术团体。宗旨是：以马列主义、毛泽东思想、邓小平理论和“三个代表”重要思想为指导，坚持科学的发展观，遵守宪法、法律、法则和国家政策，遵守社会主义道德规范，团结全市文史人员，推动中山文化研究工作及学术活动健康发展，为增强定州的文化软实力，促进定州文化的大发展大繁荣贡献力量。会议通过了中山文化研究会章程，选举出会长、副会长。办公地点设在地方志办公室。

【作为生猪调出大县受国务院奖励】 为推动养猪业发展，2007年国务院批准中央财政建立对生猪调出大县的奖励制度，定州作为全国第一批253个生猪调出大县之一，受到专项资金奖励。生猪调出大县奖励制度为调动地方发展生猪生产的积极性，促进生猪生产的规模化、产业化，稳定猪肉市场供应，增加农民收入而出台的又一项新举措。定州惠民种猪育肥有限公司作为“国家生猪活体储备基地”、“中央储备肉活畜储备基地场”，为平抑北京市场肉价作出了积极贡献，被誉为“北京肉篮子”项目。

【黄家葡萄酒庄成为国家级3A旅游景区】 2007年10月，定州市黄家葡萄酒庄被评为国家级3A旅游景区。黄家葡萄酒庄位于定州市城东8公里处，占地1000亩，系种植示范、加工酿造、观光旅游、科技推广、农民培训为一体的综合性生态园区，按照国家绿色产业标准生产无公害、纯天然绿色产品。酒庄分为四个区：加工酿造区、葡萄种植区、生活办公区和园林区，拥有葡萄博物馆、葡萄酿酒车间和地下酒窖等建筑实体。种有10余个优质的葡萄品种，严格限产，无公害种植，分为鲜食和酿酒两大类。

【全国中小城市综合实力百强】 9月22日，2007年度中国中小城市科学发展评价体系研究成果发布暨第四届中国中小城市可持续发展高峰论坛，在北京人民大会堂举行，大会发布了“2007年度全国中小城市综合实力百强”等评价结果。定州继2006年后再次进入“全国中小城市综合实力百强”排行榜，排名为第100位。定州是保定地区唯一入围的县级城市。

【环渤海最具投资潜力县（市）】 由中国经济发展研究院、中国区域经济网、双子国际投资集团等单位组织的2007年度“环渤海综合实力县（市）、环渤海最具投资潜力县（市）、环渤海循环经济竞争力县（市）”评选活动，经过专家委员会对入围的638个县（市）考察论证，经评审委员会评定，定州市被评为“2007环渤海最具投资潜力县（市）百强”第一名、“2007环渤海循环经济竞争力县（市）百强”第三名、“2007环渤海最具综合实力县（市）百强”第八名。

【获省宜居城市环境建设“燕赵

杯”金奖】 定州市坚持按中等城市标准规划、建设、管理城市，完成20个区片改造规划及城市路网、管网等专项规划。实施了中山公园、清风南街、明月南街等城建工程。深入开展“洁、美、亮、绿、序”城镇容貌综合整治活动，新增绿地面积7.8万平方米，硬化人行道1.8万平方米，拆除违章建筑物283处。筹资1.3亿元实施定深路拓宽改造及沙河特大桥建设工程。大力加强农村路、电、水、气等建设，使道路完好率提高24个百分点，4座变电站新扩建工程竣工，新增节水灌溉面积3万亩，新增沼气池6200个，农村数字广播电视新增2万户。新农村试点建设成效显著，文明生态村建设面达到31.7%。获河北省县级市C组宜居城市环境建设“燕赵杯”金奖。被确定为河北省和谐社区建设示范市、全国农村社区建设试验市。

【招商合作项目签约】 12月18日，定州市隆重举行“中国·定州招商合作项目签约仪式”，签约项目13个，总投资52.8亿元，签订意向书的项目6个，总投资约95.8亿元。随着神华、长安、旭阳、伊利等国内知名企业集团相继在定州投资兴业，提升了定州对外知名度，拉动了定州经济快速协调可持续发展。2006年、2007年连续两年入围“全国最具投资潜力中小城市百强”，2007年荣膺“环渤海最具投资潜力中小城市百强县市”之首。隆重举行中国定州招商合作项目签约仪式，是定州近一时期扩大开放、招商引资成果的一次集中展示，目的是更直接地向国内外推介定州、宣传定州，与各位企业家达成共识，共谋发展，共创未来。签约的项目涉及能源、化工、城市建设、生态农业等多个领域，符合党的十七大精神，符合国家产业政策，符合定州百万人民根本利益。项目的签约，必将对定州优化产业结构，协调发展三次产业产生巨大的推动作用。

【慧多泰铸造（定州）有限公司注册成立】 由德国慧多泰技术股份有限公司与瑞士来东投资有限公司在定州独资兴建慧多泰（定州）有限公司，于11月26日正式注册成立。该项目总投资1280万美元，注册资本600万美元，经营期限30年。公司选址在定州市清风店镇西岗村北，占地面积61000平方米，建筑面积27000平方米，项目建成后，年产窨井盖15000吨、排水箅子15000吨、钢制园艺品500吨、保洁箱10万套，用工436人。预计年产值18600万元，年利税3700万元，产品80%出口，年创汇2000万美元。

【新宗食品】 新宗食品有限公司是定州市一家民营综合肉食品加工企业，投资3000万元，占地面积60亩，具有国内先进的屠宰和熟食生产线。主要产品为四大类：真空熏肉系列、火腿肠系列、散装酱卤肉系列和生冷鲜肉系列二百多个品种，下设100多家连锁店，辐射省内外及京津地区。自上市20余年来，产品畅销不衰，公司采用“公司+基地+农户”的运作模式，直接带动了定州的养殖业的发展，成为保定市、定州市的龙头企业，多次获省、保定市各类奖项。2007年，被评为“河北省第八届消费者信得过产品”和“河北省商业名牌企业”称号。

【子位镇被命名为“河北民间艺术之乡”】 子位吹歌是冀中民间鼓吹乐的典型代表，子位镇是子位吹歌诞生和流传的地方。据子位村老艺人王成奎讲述，他家已有六代家传技艺，推测子位吹歌的历史在200年以上。子位吹歌使用的乐器有管子、唢呐、笙、横笛、海锥（俗称喇嘛号）、大胡、鼓、小钹、手锣、梆子等。演奏时的乐器可作多种增减组合，声音高亢洪亮，旋律多变化。代表曲目有《放驴》、《打枣》、《万年欢》、《一枝花》等。新中国成立初期，音乐家杨荫浏、曹安和整理出版了《定县子位村管乐曲集》，有乐曲34首，在国内外有广泛影响。随着保定市非物质文化遗产保护工程的深入实施，加强对优秀民族民间文化艺术的挖掘、整理、保护和传承工作，取得了丰硕成果，具有民族和地域特色的优秀民间文化艺术项目——子位吹歌，正成为河北省乃至全国有广泛影响的知名品牌。在河北省组织的民间文化艺术之乡评审工作中，定州市子位镇荣获“河北民间文化艺术之乡”光荣称号。

【河北长安汽车获2007“河北百强企业”称号】 由河北省工业经济联合会主办，河北省企业联合会、企业家协会、统计学会协办的“2007年度河北百强企业”评选活动落下帷幕。位于定州的河北长安汽车有限公司以2006年实现销售收入38亿元的骄人成绩，排在河北省百强企业的第44位。同时，河北长安汽车公司还获得了“河北省交通运输制造业排头兵”的荣誉称号。公司年产汽车15.3万辆，CM10样车下线，新增5家配套企业，成为河北省汽车产销量最高的整车生产企业，在华北乃至全国的商用车制造企业中，都占有举足轻重的地位。

【定州天鹭新能公司甲醇一期工程竣工】 旭阳焦化集团定州天鹭新能公司甲醇一期工程全面竣工，项目总投资2.47亿元，其中用于环保和节能的投资2000万元。20多项自主创新技术保障新项目节能减排。该项目通过试车运行，产品检验分析纯度达99.97%以上，产品质量达到国标优级品标准。公司坐落在河北旭阳煤化工园区（定州），是一家以生产甲醇为主要产品的煤化工企业。在定州市重点建设了占地4070亩的河北旭阳循环型煤化工园区，以自产500万吨焦炭为依托，重点发展甲醇、二甲醚及其延伸产品。按照煤化工园区的发展规划，甲醇项目总体设计为100万吨甲醇，生产能力10万吨/年的甲醇二期项目于9月18日开工建设。

领导班子成员

市委

书　记　刘宝玲

副书记　韩占山（3月离任）
张　浩（3月任）
闫兰申（5月离任）
郭文忠（5月离任）
锁宝贵

常　委　刘宝玲
韩占山（3月离任）
张　浩（3月任）
闫兰申（5月离任）
郭文忠（5月离任）
锁宝贵（5月离任）
解建民　张少轩
王保辉（5月离任）
马义民（5月离任）
董爱民（5月任）
庄春来（5月任）
帅建军　周民选
周胜会（5月任）
高亚光（5月任）

人大

主　任　闫兰申

副主任　刘淑彦
王忠民（5月离任）
李克明（5月任）

肖福全
陈宝记（5月离任）
魏洪彬（5月任）

政府

市　长　韩占山（3月离任）
张　浩（3月任）

常务副市长
锁宝贵（5月离任）
张少轩（5月任）

副市长　王东江（5月离任）
石惠臣（5月离任）
周胜会
王洪达（5月任）
马福生　白俊杰
高亚光（5月离任）
李献强（5月任）
刘喜宗（9月任）

政协

主　席　赵根军

副主席　郑全福（5月离任）
李克明（5月离任）
刘玉青　王建义
张占军（5月任）
席国旗（5月任）

（部门编辑：韩振京　田亚伟　何胜奎）

高碑店市

【地情提要】 高碑店市位于河北省中部，保定市北部，城区中心距保定市68公里，地理坐标为北纬39°05′45″至39°23′28″，东经115°47′00″至116°12′28″。东西长37.5公里，南北阔31.5公里，总面积672平方公里。东与固安县交界，南与雄县、容城县交界，西与定兴县、涞水县交界，北与涿州市毗邻。

高碑店市人民政府驻地高碑店，北距北京82公里，东距天津134公里，南距石家庄224公里。

春秋战国时为燕国督亢地。唐文宗大和六年（832年）析范阳地置新城县，唐末废入范阳。后唐天成四年（929年）复置新城县。宋宣和五年（1123年）至宣和七年（1125年）曾改名威城县。元太宗二年（1230年）至太宗七年（1235年）升为新泰州，后复称新城县。1938年，成立新城县抗日民主政府。1948年10月解放。1993年撤新城县设高碑店市。高碑店，因曾立有“燕南赵北”四字高碑而得名。

地处太行山东麓平原，地势自西北向东南徐缓倾斜，平均坡降比为0.6‰，海拔高程在11.4至39.4米之间，构成地势平坦的平原地貌。河流均为海河流域大清河北支水系。白沟河纵贯南北，将全市分成东、西两部分。南拒马河沿西南边境流过。紫泉河、仓上河、白沟河、斗门河水由北向南汇集，经拒马河倒虹吸注入白洋淀。芦僧河、大沙河由北向南流入雄固霸排水系统。多年平均年径流量1950万立方米，平水年1300万立方米，枯水年60万立方米。多年平均年过水量7.82亿立方米，平水年过水量5.49亿立方米，枯水年过水量0.27亿立方米。白沟河、拒马河泄洪能力为6940立方米/秒。全市气候温和，四季分明，雨热同季，属温带大陆性季风气候。土壤多为褐土和潮土，宜于农作物生长。地下水资源常年平均综合补给量1.3亿立方米，水质清澈，呈中性，适于灌溉和饮用。境内野生植物有酸枣、蒲公英、马唐草、白术、板蓝根等31根90种。野生动物有麻雀、鹰、青蛙、刺猬、蝎子等60余种。

境内有汉、回、满、蒙古、壮、彝、朝鲜、布依、土家、苗、哈尼、阿昌等22个民族，汉族人口占98.1%。2006年底全市总人口579999人。

【2006年·概况】 2006年，全市地方生产总值88亿元，同比增长3.5%，年均（2002～2006年，下同）递增11.8%；三次产业比例由2002年的13.6∶51.9∶34.5调整到2006年的10.2∶60.4∶29.4；全社会固定资产投资34亿元，年均递增10.9%；财政总收入4.2亿元，年均递增12.8%；财政支出40093万元，增长7.9%；农民人均纯收入4350元，年均递增7.5%；粮食总产量292338吨，增长4%；城镇居民人均可支配收入9564元，年均递增9.8%。

一、农业基础不断坚实，新农村建设扎实推进。全面落实上级一系列惠农政策，深化农业结构调整，加快农业产业化进程，促进了农业增效，农民增收和农村繁荣。小麦科技入户工程实施面积达20万亩，辐射带动2万户，得到农业部的充分肯定。无公害胡萝卜和生猪两个标准化示范区顺利通过了国家级验收，标准化覆盖率达80%以上。培育省、保定市两级农业产业化龙头企业9家，带动1万多农户增收。完成117个文明生态村建设，文明生态村比例达到26.5%。“万村千乡”市场工程扎实推进，建成农家店250余家。农业农村基础设施建设进一步加强，农业生产和农民生活条件明显改善。

二、工业化进程加快，主导产业支撑强劲。培育壮大了汽车制造、箱包加工、机械制造、食品饮品、建筑、建材六大支柱产业，培植省级名牌产品9个、省优质产品4个、省著名商标5个，30家企业通过IS09000质量体系认证。2006年，全市工业增加值44.8亿元，占全市GDP的51%。其中，115家规模工业企业完成增加值16亿元，长城华北、一机床、隆基泰和等企业纳税超千万元。

三、项目建设成效显著，经济发展后劲增强。四年来，全市共签约外资项目16个，内资项目261个，实际到位外资4949万美元，引进省外资金26.1亿元，共实施投资超千万元的生产性大项目65个，项目总投资38亿元。白象方便面、豆豆集团食品保鲜生产线等农业产业化项目建成投产，顺达墨瑟门窗、北京一机床、凌云机电等一批知名企业成功落户，家兴商厦、华普超市、海龙家居装饰建材城等一批商留流通项目正式运营，为全市经济发展注入了新的活力。2006年，被评为“全国最具投资潜力中小城市百强”。

四、城市建设步伐加快，城市功能不断完善。四年来，共实施城建交通项目60多个，总投资达28.5亿元，住宅建设72万平方米。植物公园、新世纪大街、燕赵大道、阳光888、阳光海洋花园、水榭花都等工程的实施，完善了城市功能，改善了居民住房条件，提高了城市品位；高固公路、112线市区段改扩建及县乡道路的改造建设，优化了城乡交通环境。城市环境容貌综合治理效果明显，连年被省政府授予“城市容貌环境综合整治优胜单位”荣誉称号。

五、白沟经济持续繁荣，发展步伐进一步加快。市场硬件建设不断完善，市场功能日益齐全，服装城、五金皮革城、小商城、国际箱包城、五金机电灯饰城等现代化商城相继建成开业。产业基础进一步夯实，工业区建设成效显著，面积达5000亩，入园企业近千家。成功举办了第三、四、五届白沟国际箱包节，白沟知名度和美誉度不断提高。2006年，白沟市场实现成交额188亿元，列全国百强市场第19位。

六、民主法制建设不断加强，社会环境持续稳定。严格执行市人大及其常委会的决议决定，自觉接受市人大及其常委会的法律监督、人民政协的民主监督和社会的舆论监督。圆满完成了“四五”普法工作，被中宣部、司法部授予“全国法制宣传教育先进市”荣誉称号。深入开展严打斗争，始终保持了对各种犯罪活动的高压态势，投资800万元在市区主要街道安装监控系统，科技强警受到省、保定市高度评价，社会治安明显好转。认真做好信访和社会稳定工作，努力化解社会矛盾，真心实意为群众解决困难和问题。安全生产形势持续稳定。

七、高度关注民生，各项事业统筹发展。实施“科技兴市”战略，通过了科技进步先进县（市）复检验收。教育工作取得较好成绩，办学条件明显改善，教学质量稳步提高。文体事业长足进步，被文化部、劳动部命名为“全国文化先进市”。广播电视事业不断发展，成为全省第一家拥有数字前端系统的县级城市。环境质量进一步改善，空气质量Ⅱ级以上天数达到295天，省级环境保护模范城创建工作完成阶段性目标。人口与计划生育工作水平不断提高，连续荣获“人口与计划生育先进市”称号。公共卫生建设切实加强，“农民健康保健工程”和新型农村合作医疗试点工作扎实推进，被命名为“省级卫生城”。社会求助工作有效开展，四年共发放城镇、农村低保资金717万元，发放救灾款92万元。认真落实资助政策，开展“两免一补”、“山花工程”、

“寒门学子”等资助活动，四年共发放资助金310多万元。认真实施零就业家庭就业援助工程，帮助下岗职工重新走上了工作岗位。高度关注城乡道路、市区亮化、居民冬季取暖等关系民生的工作，从细节、小事入手，为群众做好事、实事。此外，统计、工商、质监、科技、食药监管、粮食等工作获省级以上荣誉称号，发改、国土、房产、监察、审计、物价、供销、气象、水利、人防、档案、通讯、民族宗教等各项工作也取得了全面进步。

领导班子成员

市委

书　　记　王　军
副 书 记　杨义宝　商士伏　李保森
常　　委　王　军　杨义宝　商士伏　李保森　刘祥文　高文才　杨建军　田伯光　李洪强　夏文山　韩朝红

人大

主　　任　赵矿生
副 主 任　陶德立　赵温发　吴文雄　石向红

政府

市　　长　杨义宝
副 市 长　高文才　夏文山　王瑞坡　陈　平　柏纪伟　程慧敏　赵广鹏

政协

主　　席　李恩友
副 主 席　杨　彤　史继宏　李春明

【2007年·概况】 2007年全市地方生产总值84亿元（预计），可比增长7%；全社会固定资产投资22.4亿元，可比增长11.8%；财政总收入3.38亿元，可比增长33.2%；地方一般预算收入1.49亿元，可比增长39%；城镇居民人均可支配收入10755元，增长12.4%；农民人均纯收入4611元，增长6%。

（一）大事要事取得新突破。①省政府把高碑店列为“十一五”期间十二个重点培育的新兴中等城市之一；②国家发改委已确定京郑高速铁路客运专线增设高碑店站；③规划高碑店城区北移东跨，从现在的22平方公里扩展到35.7平方公里，以增加建设用地、扩大城市发展空间；④被中国社科院城市发展环境研究中心评为“最具投资潜力的中小城市百强”；⑤规划建设“双辛”万亩产业集中区，力争用5年左右打造一个以制造业和特色农业为支撑的经济增长极，形成市区、白沟、“双辛”三足鼎立，“一市三区”的中等城市格局。

（二）项目建设成为最大亮点。共谋划实施重点项目136个，总投资达147亿元。其中，亿元以上大项目36个，千万元以上大项目81个，有9个项目列入保定市100项重点建设项目，有6个项目列入省重点建设项目，列入省重点项目数量在保定市排第一位。在年终保定市“听看录帮考”项目联查中，名列第三位。康师傅方便面、一机床机加工车间扩建、铝包木门窗扩建等一批大项目顺利投产见效，成为经济发展新的增长点；新凯商务车、养加加果汁、钢结构分厂、华峰钢铁锻造深加工等一批在建项目进展顺利，将进一步壮大综合实力；与英国米兰、德国西门子、杭州娃哈哈、台湾今日集团等知名大集团的成功合作和交流，提升了对外开放水平和区域竞争力。

（三）新农村建设扎实推进。一是促进农民增收。农业综合生产能力增强，科技入户示范工程扎实推进；粮食生产喜获丰收，粮食总产量29.3万吨；农业产业化经营步伐加快，9家保定市级以上农业产业化龙头企业销售收入达6.4亿元。二是改善生产条件。①水。更新配套和修理机井630眼，恢复改善灌溉面积2.5万亩，白沟河左堤十九堡险工加固工程和兰沟洼穿拒倒虹吸进口改建工程全部建成，东马营自来水厂集中供水工程全部完工。②电。完成了陈八庄35KV变电站增容工程和陈八庄——辛立庄联络线建设工程，完成了40个村的农业排灌线路设施恢复和改造工程。③路。廊涿高速公路京白连接线、东湾至鸣鸡连接线前期工作已完成；张石高速公路高碑店段、经30号路已开工建设；东高线辛桥至辛立庄段改造工程已全线通车；高固线境内路面工程全部完工；新建乡村道路70.4公里，农村交通状况得到改善。三是改善生活条件。①继续实施“万村千乡”市场工程，改造建设农家店360家，覆盖全市50%的行政村。②在全市所有行政村建成放心诊所，150个行政村建成文化活动场所。③新建沼气池1200个，太阳能推广示范村（点）建设全部完成。

（四）工业运行质量大幅提高。一是主导行业总体实力增强。汽车、箱包、建材、食品饮品、机械制造等主导行业实现总产值45.5亿元、利税4.06亿元，分别占全市规模工业总量的81.3%和84.1%。其中，汽车和食品饮品行业产值增长47.1%、26.7%，利税增长36.5%、45.6%。二是生产要素活跃。金融机构存款余额92.5亿元，比年初增加8.8亿元，贷款余额33.4亿元，比年初增加6.5亿元，增幅列全保定市第一位；用电量6亿度，比上年增长14.7%，其中，大工业用电1.6亿度，比上年增长24.9%。三是大企业对财政的贡献度加大。纳税千万元以上企业比上年增加2家，达到5家，纳税额8790万元。

（五）城市建设取得新进展。一是抓规划。“1360工程”顺利完成，并对新世纪大街、迎宾路、112国道、107国道等主干道和重点部位进行了控制性详细规划，高标准塑造城市亮点和标志性建筑。二是抓建设。投资600万元改造城区道路3万平方米；投资360万元改造自来水供水管网2.9万米；污水处理厂工程主体完工；垃圾处理厂落实国债资金600万元；高速路口至迎宾路东口绿化美化工程进展顺利；在植物公园、幸福路、112国道及主要街口安装了412盏太阳能灯和125盏景观灯；开工住宅项目6个，投资2.2亿元，建筑面积19.6万平方米。三是抓管理。市容环境综合整治百日行动取得明显成效，省级园林式街道创建等工作积极推进，顺利通过了全省“燕赵杯”宜居城市检查。

（六）财政保障支撑作用明显。财源基础得到巩固和壮大，可用财力持续增长。2007年，两税收入完成2.74亿元，同比增长32.2%，两税收入占财政总收入的比重达到81.1%，比上年提高32个百分点，收入质量创历史最高水平，保证了新农合、义务教育“两免一补”、城乡低保生活费等重点支出和重点工程建设的需要，保证了公教人员工资按时发放、增资政策落实和机关正常运转。开始发放13个月工资，逐步解决财政供养的工勤人员“两险”。

（七）白沟经济取得新跨越。城镇建设日新月异，市场建设不断加强，购物环境更加美好，白沟市场成交额达207亿元。工业区、工业城、箱包出口加工基地等园区建设进展顺利，产业基础进一步夯实，箱包业年生产能力4亿只，市场份额稳居全国第二位。成功举办了第六届箱包服装节，知名度和美誉度不断提高。白沟被评为“中国合成革产销基地”、“中国箱包之都”和“中国商贸名城”。

（八）改革开放呈现新局面。一是体改工作稳步推进。经贸、物资、粮食、商贸、外贸、科技六大系统75家国有企业，已完成改制67家，正在进行5家，改制面达到96%。出台了《关于加强国有资产监管严格国有资产处置的通知》等一系列文件，国资监管得到加强。二是农村综合改革不断深化。集体林权制度改革、农村财务委托代理制度改革、农村信用合作联社改革稳步推进，有力支持了农村经济发展。三是对外开放取得新成绩。引进省外资金8.34亿元，完成出口创汇1588万美元。

（九）社会各项事业协调发展。一是维护社会安全稳定。继续实施“科技强警”战略，开展了严打专项行动，共破获各类刑事案件2447起，查处治安案件782起，打掉团伙73个，抓获违法犯罪嫌疑人1630人。开展了大规模的安全生产专项整治行动，安全生产形势持续平稳，没有发生较大以上安全生产事故。信访案件持续下降，未发生到保定市以上越级集体访。二是优先发展教育。筹措资金2794万元，用于校舍危房改造和高中阶段基础设施建设，办学条件极大改善；落实“两免一补”等资助政策，共发放资助金74万元；高考成绩取得历史性突破，综合评比上升4个位次。三是推进城乡就业。新增就业人数2560人，安排下岗职工再就业1241人，157户零就业家庭实现“双归零”；实施农村劳动力“阳光工程”，转移培训农民6610人，输出务工人员9.6万人次。四是健全社会保障体系。发放低保资金483万元、救灾款15万元，农村五保供养率达到100%，投资380万元建成了老年公寓。医疗、养老、失业等各项社会保险面扩大，提高了企业离退休人员基本养老金和城镇、农村低保标准。五是推进卫生事业发展。新农合工作扎实推进，筹措新农合资金1609万元，补偿9.2万人次，补偿费用1246万元。投资357万元改扩建七所乡镇卫生院，城乡医疗条件进一步改善。职业病防治成效显著，在全国职业病防治工作会议上作了典型发言，防治模式和经验在全国推广。六是加强食品安全监管。产品质量和食品安全专项整治活动成效明显，各项量化指标全面完成，顺利通过省级验收。七是解决冬季取暖问题。共投入资金100万元，解决了4个小区、600户、2000多人的冬季取暖问题。八是统筹推进其他各项事业。发改、统计、国土、房产、文体、物价、质监、计生、国防、审计、监察、广播电视、民族宗教等各项事业都有新进步。

领导班子成员

市委

书　　记　王　军

副 书 记　杨义宝　商士伏　李保森

常　　委　王　军　杨义宝　商士伏　李保森　刘祥文　高文才　杨建军　田伯光　李洪强　夏文山　韩朝红

人大

主　　任　赵矿生

副 主 任　陶德立　赵温发　吴文雄　石向红

政府

市　　长　杨义宝

副 市 长　高文才　夏文山

　　　　　王瑞坡　陈　平

　　　　　柏纪伟　程慧敏

　　　　　赵广鹏

政协

主　　席　李恩友

副 主 席　杨　彤　史继宏

　　　　　李春明

（部门编辑：刘　谦）

安国市

【地情提要】　安国市位于北纬38°15′～38°35′，东经115°20′～115°29′。总面积468平方公里。安国市地处河北省中部，保定地区南端，北京、天津、石家庄三角区中心。北距北京250公里，保定54公里；南距石家庄113公里；东北距天津235公里，东距博野县城15公里；西距定州市35公里；西南距深泽县城37公里；东南距安平县城32公里；西北距望都县城40公里；北距清苑县城45公里。西距京广铁路37公里，东距京九铁路50公里，朔黄铁路贯境内中部傍市区北部而过。

自然环境　安国市区地势平坦，属太行山东麓海河流域平原，自西北向东南缓倾，自然坡度为1/2200，海拔高度在24.6至36.4米之间，由于历史上3条行洪河道穿越境内和唐河在境内多次改道，造成大量泥沙沉积于地面，形成了近300平方公里的洪积冲积平原；80多平方公里的浅平洼地和少许土坡地和河漫滩。

安国市的气候属北温带大陆性半干旱季风气候区。大陆性气候特点明显，四季分明，湿热同季，日照充足。春季干燥多风，气温回升较快；夏季炎热多雨；秋季昼暖夜凉，温差较大，晚秋多干旱；冬季寒冷少雪。春夏多南风，秋季多北风。

自然资源　历史上，安国市地上水资源较丰富。河流流域广阔，径流量颇大。明清时期，磁河、沙河、唐河三河流域大多年份水量较丰，沥涝之年时有涨溢，平均20年一次大涨发。唐、沙、磁河虽属季节河流，但大多年份枯水季节不见断流。至60年份中后期，由于上游水库蓄水，加之降水量减少等原因，境内河流除在旺水季节有水外，其它月份皆干涸。

建置沿革　安国境地，春秋时属鲜虞国，后属中山国。战国初属晋，后属赵，汉置县，北宋设州，元代立府，明、清治以州制，其名历更为安国、义丰、立节、蒲阴、祁州、祁县。民国3年（1914年），复名为安国县，属保定道，民国25年（1936年）安国县属博野行政区。第二年属河北省第十督察区。民国27年（1938年）安国县建立抗日民主政府，属晋察冀边区政府冀中区，同年9月属冀中区二分区。民国34年（1945年）8月28日，安国县城解放，属冀中七专区，民国35年（1946年）属九专区。民国37年（1948年）5月，安国城关改建为安国市（县级市），翌年2月市辖区归安国县，8月1日，安国县属河北省定县专区，1954年，安国县属保定专区，1958年，博野县并入安国县，1960年5月30日，安国县改属保定市，1961年2月23日，安国县属保定专区，1962年1月，析安国县，复博野县，安国县仍属保定专区，1970年，安国县属保定地区，1991年8月，安国县建制改为安国市（县级市），1994年12月，安国市改属保定市。

行政区划　2005年，安国市的行政区划沿袭1996年行政区划调整时的状况。现设5个乡，5个镇，1个办事处，4个居民委员会，下辖198个行政村。

【2006年·概况】　2006年全市上下认真贯彻落实党的十六届五中全会和中央、省、市改革开放的方针政策，以科学发展观总揽全局，坚持“以药为主，多业并举”的总方针，积极实施“五大战略”，国民经济和社会事业有了较大发展。全市地方生产总值完成390662亿元，比上年增长10.6%，其中第一产业增加值10.32亿元，第二产业增加16.65亿元，第三产业增加值12.10亿元，分别增长1.2%、11.8%和10.5%。全市入统工业增加值完成8.1亿元，实现利税5.1亿元，分别增长20.9%、13.6%，创近年来最高水平。农林牧业持续增产，全市粮食总产完成21.2万吨，比上年增加1.5万吨。全市药材播种面积11.9万亩，其中GAP种植6万亩，收益显著，造林1.71万亩，比上年增长6%。肉蛋奶产量分别完成2.2万吨、1.4万吨和0.7万吨，均有不同程度增长。财政收入完成20953万元，增长14.5%，财政支出32035万元，较上年增加35.5万元。社会商品零售总额178852万元，增长15.9%，职工工资年均11643元，增长22.7%，农民人均纯收入和城镇居民可支配收入分别增长7.4%和9.6%。

【推进新农村建设，繁荣发展农业农村经济】　以社会主义新农村建设统揽农业农村工作全局，以增加农民收入为核心，不断加强农业农村基础设施建设，提高农业综合生产能力，推促农业农村经济全面发展。一是加大农惠农力度。积极落实上级各项政策，在财政投入力度不断增加的同时，积极引导金融资金向农业倾斜，在全市范围内开展“信用户、信用村镇”创建活动，全市支农贷款余额达5.5亿元。二是加快现代农业建设。强化政府的服务职能，实施必要的行政推行，在加强和改善农业服务上下功夫。依托省、市级科技进村服务站等科技服务平台，举办各种农民技术培训班78期，培训农民1.2万人次，应用推广农业适用技术、新品种、新成果40余项，实施“种子工程”和“良种繁育工程”，完成了国家商品粮基地，万亩中药材籽种良繁园区等一批农产品结构调整示范项目。粮食品种优质率和畜良种率分别达到92%和85%以上，中药材、畜牧、苗木花卉三大产业产值占农业总产值的51.4%，中药材种植面积达13.5万亩，其中标准化（GAP）种植面积6万余亩。三是推进农业产业化经营。通过政策引导、择优扶强、典型示范等措施，积极引导社会资金发展农产品加工业，全市累计新增商宇动物药业，五泰羊业等龙头企业17家。全市农业产业化率达51%。四是加强农业农村基础设施建设。全面加强农村“四通”（路通、水通、电通、通讯通）建设，制定了新农村建设总体规划，在实施生态家园富民工程中，累计投资2000万元，建成高标准沼气池1万多个。完成了北呈各庄、横头等8个村的人畜饮水解困工程，解决饮水困难人口1.5万多人。在实施农业综合开发项目中，被省政府确定为农业综合开发“红旗县”。

【壮大工业经济，全力加快工业化进程】 针对全市工业基础相对薄弱的现状，坚持改造提升现有企业与发展新上企业并举，实施“聚集区带动”战略，强化引导，聚力攻坚，举全市之力加快工业经济发展步伐。一是抓技改，提高企业综合竞争力。积极引导鼓励中成药、中药饮片、制酒、水泵、纺织等传统产业和企业，通过扩建或运用高新技术、先进适用技术，提高工业装备水平，至2006年底，累计投资10.8亿元，完成了虹宇纺织，前进无纺布等23个技改扩建项目，帮扶以岭、昌达等17家中药饮片企业顺利通过了GMP认证。二是壮规模，抓好工业聚集区建设。依托中药产业及石佛水泵、伍仁桥棉织等现有工业聚集区培育新上工业企业，累计投资3.2亿元，新上顺安中药制品、高新水泵等规模企业28家。新谋划了占地4475亩的中药产业园区，贵州百灵、哈尔滨制药三厂等9家制药企业已完成入区建设的筹备工作，签约总投资近10亿元。三是调结构，培育壮大支柱行业和骨干企业。以医药、棉织、机械制造等支柱行为主导，积极扶持药都集团、安药集团、依棉安纺公司等骨干企业做大做强，在构筑支撑县域经济发展上，进一步强化政府职能，及时协调解决企业发展中的实际问题，推进企业上档升级，全市主导行业工业增加值的比重由54%升至66.2%。

【活跃商贸流通，振兴繁荣服务业】 通过政府引导，市场动作，企业经营，加快市场体系建设。一是繁荣发展药业流通。2006年在整顿规范药业市场的同时，经过积极向上争取，省政府出台了《关于中药材产地初加工有关政策》，以此为契机，按照“多予少取、疏堵结合、全面搞活”的方针，制定实施了一系列繁荣发展中药材市场的政策和措施，促进了药业市场的跨越式发展。全市中药材经销企业（坐商）达到396户，新增具备合法资质的中药材加工户577户，中心交易大厅改制基本完成，根据国家行业政策，帮扶36家中药饮片批发经营企业通过了GSP认证。二是培育壮大新兴服务业。根据交通运输、金融、餐饮等传统流通业态，加快市场体系建设，新建改造建材、蔬菜、副食品等市场5个，消费环境日益改善，人民群众生活质量明显提高。引导商业销售企业树立现代经营理念，积极发展连锁经营、专卖店、购物超市等现代营销模式，截至2006年底，新建具有一定规模的商贸企业30家。

【激活发展动力，实现改革新突破】 坚持用改革来解决发展中出现的深层矛盾和问题，消除制约发展的各种障碍。一是全面落实扩权强县改革。贯彻落实省扩权强县改革的各项政策，全面经济活力进一步增强，2006年争取国家、省级项目39个，资金3960万元。二是推进国有集体企业改革。按照“一规范、双解除、三到位”的要求，全市已完成企业改制66家，改制面已达85%。三是加快民营经济发展。按照非禁即入的原则，消除民营经济发展中的思想壁垒、政策壁垒、操作壁垒，为民营经济发展创造机遇。全市民营经济单位已达4905户，注册资本达6.8亿元。

【实施“城镇化发展”战略，城乡环境明显改善】 坚持城乡统筹发展，努力构筑以城区为核心，四个建置镇为支撑的城乡一体化发展格局。一是完善城乡建设规划。本着“着顾历史风格，融会时代潮流，突出药都特色”的原则，修订和完善了《安国市城市总体规划》，确定了城区发展整体框架，完成了“三纵三横”城市主干道路和两侧建筑立面规划及景观设计，为城市发展和建设奠定了基础。二是加强城乡基础设施建设。通过强化水、电、路、讯等基础设施，城乡面貌发生了显著变化，累计投资1.8亿元，高标准完成了安望路、安承路等11条城区道路拓宽改造及59条乡村道路建设工程，对市区主干道路全部进行了拓宽改造，初步形成了“五纵八横”的市区路网新框架。投资2.3亿元完成了城乡电网改造工程，220KV变电站投入运营，一座110KV变电站正在建设中，改造增容35KV变电站9座。

【各项社会事业统筹协调发展】 通过大力实施科技兴市战略，取得明显效益，2006年科技对经济的贡献率达53%。并荣获“全国科技进步先进市”和“全国科普示范市”称号，继续巩固“普九”成果，实施学校布局结构调整，撤并中小学校79所，全市教育资源使用效率进一步提高，顺利通过了省政府教育督导评估验收。扎实推进文化建设，安国药市被国务院确定为首批国家级非物质文化遗产，贵妃桥被列为国家级重点文物保护单位。公共卫生防疫工作得到加强，建成市疾控中心，对乡、村卫生院（站）进行了规范，全国落实了对农村独生子女奖励政策，加大对计生特困家庭实行求助和养老扶助力度，低生育水平保持稳定。实施积极的就业政策，累计新增就业6841人，下岗失业人员再就业2842人，城镇登记失业率控制在了2%以内。

领导班子成员

市委

书　记　石海林（3月免）
　　　　刘颖（3月任）
副书记　陈克祥　张怀明
　　　　刘晓莲　杨　宁
　　　　史凤岐
常　委　石海林　刘　颖
　　　　冯韶华　陈克祥
　　　　张怀明　刘晓莲
　　　　杨　宁　史凤岐
　　　　许晓宁　刘畔力
　　　　焦新年　刘彬国
　　　　张海洋　王永建
　　　　谢永军　武文齐
　　　　马春英　李永侃
　　　　张志定

人大

主　任　党泽普（3月免）
　　　　杨宁（3月任）
副主任　封庆明　刘彬国
　　　　焦杏芹　焦　志
　　　　王永祥

政府

市　长　冯韶华
副市长　焦新年　赵建振
　　　　孙玉秀　谢淑英
　　　　张彦安　王彦清
　　　　韩尹清

政协

主　席　陈克祥（3月免）
　　　　邢斌（3月任）
副主席　张士刚　张玉新
　　　　薛仲勋　刘　婷

【2007年·概况】 总面积468平方公里，耕地面积50万亩，总人口401842万人。2007年，全市国民生产总值44.6亿元，同比增长14.1%；全部财政收入完成2.2亿元，增长19.0%；其中地方一般预算收入完成1.2元，增长19.0%；社会固定资产投资完成33.3亿，增长23.0%；规模以上工业增加值完成10.5亿元，增长26.1%；社会消费品零售总额完成20.8亿元，增长16.4%；利用省外资金额5.3亿元，增长20.1%；出口总值1400万美元，增长11.6%；城镇居民可支配收入为9990元，增长15.1%；农民人均纯收入4983元，增长6.0%。

药业是安国的特色主导产业。为加快推进药业整体上档升级，2007年，安国市政府委托中国中药协会编制了《安国药业中长期发展规划》，在实施整体占地4500亩中药产业园区建设中，一期规划1100亩的中药产业聚集区，园区基础设施实现了“五通一平”，天津中新药业、贵州百灵、吉林金朱宝山等总投资8.6元的11个项目进展顺利。是年5月，被国家科技部列为国家火炬计划——中国安国现代中药产业基地。在园区的带动下，中药饮片、中成药、中药提取等制药企业达21家，通过GSP认证的中药饮片批发企业达41家。为提升市场档次、活力和竞争力，投资750万元，对东方药城中心交易大厅设施进行全面改造，更换新式柜台1000套，增建了标准化仓储区、货运电梯以及消防设施。全年药业市场交易额达90亿元，来自于药市的税收增速达66%，创历史新高。为改变传统经营业态，与中国九州集团合作，投资2.7亿元，建设了占地300亩的现代医药物流配送中心项目。为改变传统种植模式，全面推进中药材标准化种植（GAP），使中药材生产向绿色、有机、安全方向发展，规划建设了四个订单化基地，制定了菊花、北沙参、紫菀等20多个地道中药材品种的标准化生产操作规程（SOP），同时对“八大祁药”提纯复壮。随着药业市场的复苏，全市药材种植面积达14万亩，其中GAP种植面积6万余亩。

在实施“聚集工业园区带动”战略中，扎实开展“项目建设突破年”活动，按照“产业抓特色，项目抓集群”的思路，以重点项目建设做强产业支撑，初步构建了“1+3”（药业和纺织、水泵、丝网）产业发展格局，引进投资上亿元的康达气雾剂项目，启动了投资2.3亿元的前进无纺布扩建项目。在强化园区带动中，把“两区一带五园”作为重点，实行一个园区、一个规划、一个领导机构、一套优惠政策，搭建了政策宽松、设施齐全、功能完善的产业发展平台，伍仁桥棉织工业园，一期占地300亩，引进9个项目投资额达2亿多元。明官店纺织创业园规划已完成。石佛水泵工业园新上项目10个，投资过亿元。投资8100多万元的宏泽纺织项目一期工程已竣工投产。同时积极扶持药都集团、依棉安纺公司，隆盛纺织机械制造等骨干企业实施技改扩建。全市工业企业总数达46个，年销售收入10亿多元，全年制药、纺织、机械制造三大行业占全市入统工业经济比重达67.7%，拉动工业增长13.8个百分点。

以社会主义新农村建设统揽农业农村工作全局。积极落实各项支农惠农政策。兑现各类补贴资金2118万元，投放小额贷款1.36亿元，在深化农业结构调整中，通过实施“良种繁育工程”，国家商品粮基地，万亩药材籽种秧苗基地等一批示范项目，农产品品质、效益和规模明显提高，发展优质小麦20万亩，优质玉米17万亩，粮食总产稳定在2.9亿公斤。规范和完善四个奶牛小区建设，新建了韩村标准化奶牛小区。全市奶牛存栏达7000多头。为使农村基础建设得到进一步改善，改造乡村公路73公里，改造中低产田8000余亩，增建了伍仁桥110千伏变电站，对4个35千伏变电站增容改造，投资5500万元的农村有线电视网络工程正在建设中。

为全面提升城市化水平，邀请省规划设计院编制完成了《安国市城市总体规划（2006－2020）》，实施“1360”工程，开展了城市建设暨综合整治“百日会战”，总投资7000多万元，完成了市区八条主干道整修和景观改造。建设了投资2.2亿元的弘居家庭、京海花园等住宅小区，污水处理厂、药文化博物馆、关汉卿剧院建成并投入使用。

实施积极的就业政策，多方拓宽就业渠道，新增就业人员2045人，下岗失业在就业1117人，城镇登记失业率控制在2%，为救助社会弱势群体，为6155名城镇、农村低保对象发放低保金306.5万元。社会保障体系进一步完善。

领导班子成员

市委

书　　记　刘　颖
副 书 记　史凤岐　张怀明
常　　委　刘　颖　冯韶华
　　　　　吕竹青　史凤岐
　　　　　张怀明　焦新年
　　　　　潘智勇　马春英
　　　　　石志新　韩尹清
　　　　　李永侃　张志定
　　　　　武文齐　王永建
　　　　　刘畔力

人大

主　　任　杨　宁
副 主 任　封庆明　刘彬国
　　　　　焦杏芹　李景志

政府

市　　长　冯韶华（3月免）
　　　　　吕竹青（3月任）
副 市 长　焦新年　潘智勇
　　　　　王宏伟　张彦安
　　　　　王占祥　杨振山
　　　　　孙玉秀

政协

主　　席　邢　斌
副 主 席　张玉欣　薛仲勋
　　　　　王占平　刘　婷

（部门编辑：宋义军）

人　　物

2006 年全国"五一劳动奖章"获得者

姓　名	性　别	单　　位	职务职称
龙　珍	男	涞源县京源城矿业有限公司	技术科科长
刘建军	男	安新县建筑安装工程总公司第四工程处	处长
王洪瑞	男	河北大学	校长
陈德廷	男	阜平县林业局	局长

2006 年河北省"五一劳动奖章"获得者

姓　名	性　别	单　　位	职务职称
路志忠	男	保定供电公司	班长
田光辉	男	顺平县电力局	所长
田　烈	女	河北保定一中	校长
王丙武	男	涞水县公安局	副局长
曹培元	男	高阳县文体教育局	书记、局长

2007 年全国“五一劳动奖章”获得者

姓　名	性　别	单　　位	职务职称
陈占洲	男	阜平养路工区	主任
夏长黑	男	殡葬改革执法大队	队长
米立成	男	清苑县电力局	局长
田　烈	女	河北保定一中	校长

2007 年河北省“五一劳动奖章”获得者

姓　名	性　别	单　　位	职务职称
杨　静	女	保定华月胶带有限公司	车间主任
郭　绥	男	保定天鹅化纤集团	车间主任
樊德生	男	易县西陵人民法庭	庭长
左海武	男	定兴县医院	院长

重要资料选编

保定市2006年国民经济和社会发展统计公报

2006年，全市人民在市委、市政府正确领导下，以邓小平理论和“三个代表”重要思想为指导，高扬“树正气、讲团结、求发展”的主旋律，全面落实科学发展观，深入开展“学树保促”活动，打基础、增后劲、求发展，抢抓机遇、强化举措，奋发努力，狠抓工作落实，实现了“十一五”的良好开局，国民经济和社会发展取得新成就，人民生活水平进一步提高，为建设“京南近海强市名城”的战略目标迈出了坚实的一步。

一、综合

国民经济持续健康发展，综合实力进一步增强。年内实现生产总值1199.96亿元，比上年增长10.2%。其中：第一产业增加值207.87亿元，比上年增长4.5%；第二产业增加值587.44亿元，比上年增长10.5%；第三产业增加值404.65亿元，比上年增长12.8%。人均国内生产总值11146元，比上年增长9.6%，三次产业比重为17.3∶49.0∶33.7。

市场物价稳中微升。居民消费价格总指数101.9%，较上年提高1.9个百分点，其中：服务项目价格指数为100.2%，较上年提高0.2个百分点，消费品价格指数为102.3%，较上年提高2.3个百分点。

职工收入稳定增长。年末全市城镇单位从业人员65.13万人，增长3.12%。单位从业人员劳动报酬95.64亿元，同比增长13.49%；其中在岗职工工资总额89.63亿元，同比增长13.53%。城镇单位在岗职工平均工资14977元，同比增长12.82%。

国民经济和社会持续、协调、健康发展的同时，仍存在一些矛盾和问题，制约着国民经济整体运行质量进一步提高。

二、农业

农村经济全面发展。全年农林牧渔业总产值完成363.07亿元，比上年增长4.54%。

农业生产平稳发展。粮食产量再获丰收。农业实现产值216.64亿元，比上年增长4.74%。粮食播种面积1287.5万亩，比上年增长1.19%，总产量488.92万吨，增长3.71%；棉花播种面积47.92万亩，比上年下降7.12%，总产量3.05万吨，比上年下降3.81%；油料播种面积122.90万亩，比上年下降1.43%，总产量28.13万吨，比上年下降0.09%；蔬菜播种面积230.76万亩，比上年下降2.1%，蔬菜总产量811.8万吨，比上年下降2.3%；瓜类播种面积34.3万亩，比上年下降2.42%，瓜类总产量94.67万吨，比上年下降0.43%；水果（含果用瓜）总产量197.9万吨，比上年增长1%。

畜牧业生产稳步提高。实现畜牧业产值128.5亿元，比上年增长4.45%，肉类总产量达71.9万吨，比上年下降0.69%，其中：猪肉产量完成51.2万吨，比上年下降2.17%，禽蛋产量完成39.6万吨，比上年下降13.9%。牛羊奶产量44.7万吨，比上年增长10.94%，年末生猪存栏381.6万头，比上年下降25.11%，大牲畜存栏52.3万头，比上年下降22.9%，其中：牛存栏42.8万头，比上年下降19.6%，羊存栏220.3万只，比上年下降25.1%。

渔业生产稳定。实现渔业产值3.67亿元，下降6.11%，淡水养殖面积0.82万公顷，比上年下降13.67%，水产品总产量达到5.07万吨，比上年下降2.51%。

林业生产持续发展。实现林业总产值3.88亿元，比上年增长3.45%，当年造林面积1.63万公顷，四旁植树1449万株，新育苗木21830公顷，年末实有林地面积36.45万公顷。

农业基础设施建设进一步加强。年末拥有农业机械总动力1009.6万千瓦，比上年增长2.73%，其中：农用排灌动力机械252.9万千瓦，比上年下降0.15%。年末拥有各种拖拉机17.3万台，农用运输机械34.1万辆，当年机耕面积61.6万公顷，比上年增长10.6%，有效灌溉面积65.5万公顷，比上年下降0.13%，农村用电量301786万千瓦小时，比上年增长6.22%，农用化肥施用量42.8万吨（折纯），比上年增长2.44%，农药施用量1.09万吨，比上年增长1.9%。

三、工业和建筑业

工业经济实力增强。全年完成工业增加值493.44亿元，比上年增长11.4%。规模以上工业完成现价总产值1118.64亿元，完成工业增加值275.4亿元，比上年增长17.6%。轻、重工业均有增长，轻工业完成增加值99.74亿元，增长14.7%，重工业完成增加值175.66亿元，增长19%。国有控股工业企业完成增加值78.38亿元，比上年增长17.5%。大中型工业企业完成增加值160.42亿元，比上年增长10.6%。

工业企业经济运行质量提高。规模以上工业主营业务收入1075.2亿元，比上年增长21.5%，工业产品销售率98.6%，比上年提高0.4个百分点，实现利税81.54亿元，比上年增长20.6%，其中：国有控股企业完成利税14.92亿元，比上年增长18.7%；实现利润41.3亿元，比上年增长26.3%。

工业产品产量随市场变化而调整。名牌产品、市场畅销产品产量增长较快，其中规模以上工业中：纱产量9.7万吨，增长32.6%；布99202.2万米，增长33.6%；汽车26.8万辆，增长39.2%；蓄电池673万千伏安，增长13.9%；变压器7076万千伏安，增长23.2%。

建筑业较快发展。全年完成增加值94亿元，比上年增长6.2%。全市辖区内具有建筑业资质的所有独立核算建筑业企业277个，完成建筑业总产值226.3亿元，比上年增长10.4%，按总产值计算的全员劳动生产率为90881元/人。实现利税总额为12.9亿元，比上年增长31.8%。

四、固定资产投资

固定资产投资增长。全年完成全社会固定资产投资578.5亿元，比上年增长17.8%，城镇固定资产投资完成465.0亿元，比上年增长18.6%，其中：建设项目投资完成421.6亿元，比上年增长16.1%，房地产开发投资完成43.5亿元，比上年增长50.3%。

传统优势行业继续快速增长。加强了对汽车等优势行业的改扩建，促进了传统优势行业的产业链延伸和技术提升，加快了传统产业新型化步伐。全市城镇以上投资中：制造业投资完成174.8亿元，同比增长16%；电力煤气及水的生产供应业投资完成270亿元，同比增长65.7%。交通运输设备制造业投资完成19.9亿元，同比增长50.8%。城镇投资中：第一产业完成投资12亿元，比上年下降8.7%；第二产业完成投资219.2亿元，比上年增长20.5%；第三产业完成投资233.9亿元，比上年增长7.5%。

投资效益有所增强，全年城镇建成投产项目1190个，项目建成投产率为46.7%。新增固定资产221亿元，固定资产交付使用率47.5%。

全年新增生产能力（城镇+农村非农户）主要有：

项　目	新增能力
铁矿石原矿开采	1132万吨/年
输电线路长度（11万伏及以上）	57公里
石墨及碳素制品	5000吨/年
水泥	15.6万吨/年
轮胎外胎	210万条/年
内燃机制造	3万台/年
载货汽车制造	6万辆/年
化学纤维	1.5万吨/年
棉纺锭	30.6万锭
新建公路	379公里
改建公路	354.7公里
二级公路	110公里
造林面积	7.93万亩
各类院校:学生席位	49803个
建筑面积	287394平方米
医院病床	3682张
宾馆、旅馆、招待所客房数	232间 1.07万平方米
城市污水处理能力	4万吨/日

五、国内贸易

城乡市场繁荣活跃。全年社会消费品零售总额441.1亿元,比上年增长14.5%,其中,限额以上批发零售企业实现零售额75亿元。按销售地区分:市的消费品零售额完成203.8亿元,同比增长14.2%;县的消费品零售额完成

96.8亿元,同比增长17%;县以下的消费品零售额完成140.5亿元,同比增长13.5%。按行业分:批发、零售贸易业零售额379.3亿元,同比增长15.2%;住宿餐饮业零售额43.6亿元,同比增长17%;其他行业零售额18.2亿元,同比下降1.3%。

六、对外经济

对外贸易较快增长。据海关统计,全年完成出口创汇16.28亿美元,比上年增长48.2%。

全市引进内外资金98.53亿元,比上年增长17%,其中引进内资84.2亿元,比上年增长14.53%,实际利用外资1.78亿美元,比上年增长37.43%,其中:外商直接投资1.74亿美元,比上年增长65.2%。全年新批利用外资合同59项,同比增长5.36%,合同总金额3.49亿美元,比上年增长183.93%,合同利用外资额1.63亿美元,比上年增长150.89%,全年新注册三资企业51户,同比下降8.93%,注册资本1.68亿美元,比上年增长74.7%,其中外方资本1.44亿美元,比上年增长78.07%。

七、交通、邮电业和旅游

交通运输业稳定发展。全年完成货运量7502.3万吨,其中:铁路完成货运量116.3万吨,公路完成货运量7386万吨。全年完成客运量8018.6万人,其中:铁路完成客运量443.6万人,公路完成客运量7575万人。全年公路运输完成货运周转量706701万吨公里,旅客周转量709228万人公里。

邮电通讯业加快发展。完成电信业务收入38.9亿元。年末拥有固定电话用户217.9万户,移动电话用户259.1万户,国际互联网用户达35万户,有线电视用户达50.7万户。

旅游业发展良好。接待海外旅游者7.2万人次,比上年增长15.85%,其中:外国游客5.77万人次,比上年下降1.65%,港、澳、台同胞和华侨游客1.17万人次,比上年增长236.06%,国际旅游收入1857.64万美元,比上年增长12.32%;接待国内游客1850万人次,比上年增长8.5%,旅游收入97.05亿元,比上年增长13.7%。

八、财政、金融和保险业

财政收入较快增长。全市完成财政收入119.2亿元,可比增长18.3%,其中:地方一般预算收入43.1亿元,可比增长17.7%。财政支出123.7亿元,可比增长21.5%。

金融形势稳定,金融机构存贷款继续增长。年末金融机构存款余额达1449.7亿元,比年初增加221.4亿元,增长18%,金融机构贷款余额616.6亿元,比年初增加85.1亿元,增长16%。金融机构现金收入4117亿元,现金支出4217.7亿元,收支相抵,货币净投放100.7亿元。

保险事业继续发展。各类险种保费收入32.2亿元,其中:财产险金额8亿元;人身险金额24.3亿元。处理赔案赔付金额达7.3亿元,其中:财产险赔款金额4.1亿元;人身险给付金额3.1亿元。

九、科学技术和教育

科技事业取得新成果。共取得国际、国内领先成果216项,完成省重点攻关项目90项,开发省级以上新产品107项。年末技术合同成交额5.81亿元。新增高新技术企业51家,高新技术技工贸总收入205亿元。民营科技型企业发展到1098家。专利申请量927项,19个项目获省级科技进步奖。全年实施省级以上科技成果推广16项。

教育事业全面发展。全市普通高等学校在校学生18.03万人,中等专业学校在校学生13.53万人,普通中学在校学生70.54万人,小学在校学生70.28万人,学龄儿童入学率小学达99.26%、中学达97.39%。

十、文化、卫生和体育

文化事业进一步发展。《保定日报》、《保定晚报》和《莲池周刊》年总发行量达5966.5万份,两报日发行量分别为7.2万份、9.3万份,一刊周发行量为4万份。全市剧团演出场次5033场;拥有剧场、影剧院10个,剧场演映场次511场;拥有群众文化馆23个,组织文化活动593次。拥有公共图书馆22个,总藏书量163.5万册。拥有电视台1座,电视综合人口覆盖率97.69%。广播电台1座,广播综合人口覆盖率97.35%。拥有广播电视台22座。

卫生事业继续发展。年末共有卫生机构477个,各类卫生技术人员3.24万人,医生1.09万人,其中:执业医师以上人员0.8万人,医院卫生院410个,病床床位2.22万张。农村医疗卫生状况继续改善,22个县(市)全部达到国家初级卫生保健标准。

体育事业蓬勃发展。共举办市级以上各类比赛9次。举办全民健身活动671次,参加人数560万人。全市国家一级裁判5人、二级裁判102人,在聘三线教练员65人,国家二级运动员284人。各运动队参加比赛共获省级以上金牌78枚,获省级以上银牌63枚,获省级以上铜牌54枚。

十一、人口和环境保护

人口继续保持低速增长。据公安人口年报统计,全市年末总户数310.6万户,比上年增加5.8万户,其中:市区30万户。年末总人口1106.1万人,其中市区105.2万人,分别比上年增加13.9万人和4.6万人;总人口中,农业人口810万人,比上年下降28万人,非农业人口296.1万人,比上年增加41.9万人。男性人口560.2万人，女性人口545.9万人，分别比上年增加7万人和7万人。

环境保护事业继续发展。年末全市重点工业企业专业环保人数达2382人。工业废水处理排放达标量15211.8万吨，工业废水排放达标率93.02%，工业废气二氧化硫去除量3.98万吨，工业固体废物综合利月量303.2万吨，工业固体废物综合利用率84.57%。城市人均公共绿地面积7.6平方米，建成区绿地率31.41%，建成区绿化覆盖率36.5%，生态环境继续改善。

十二、人民生活和社会保障

城乡居民收入继续增长，生活水平进一步提高。全市城镇居民人均可支配收入9632.2元，比上年增长11%，其中：市区居民人均可支配收入10132.9元，比上年增长10.2%；农民人均纯收入（不含市区）达到3680元，比上年增长6%。城乡居民储蓄继续增加，年末城乡居民储蓄存款余额达1070.7亿元，比年初增加133亿元，增长14.2%。城镇居民人均消费性支出6815.2元，其中，食品类支出2163.3元，衣着类支出929.8元，其他用品及服务类支出3722.1元。农村居民人均生活消费（不含市区）支出1954元，其中，食品支出744元，衣着支出144元，居住支出368元。

社会保障工作进一步加强。职工养老金全部实现社会化发放，失业保险覆盖面继续扩大。全市25县（市、区）全部建立最低生活保障制度，共有10.2万城市居民得到最低生活保障救济，9.2万农村居民得到最低生活保障救济，城镇居民最低生活保障实现应保尽保，农村居民最低生活保障逐步规范。年末全市有52.1万职工参加了基本养老保险，65.8万人参加了基本医疗保险，51.4万人参加了失业保险。

社会福利事业继续发展。年末全市社会福利院189所，城镇收养性老年福利机构8所，农村收养性老年福利机构156所，光荣院25所。国家优待优抚3.4万户，定期补助3.3万人，定期抚恤0.72万人，城镇临时救济10.22万人次，农村定期救济9.33万人，农村临时救济0.95万人次。

2006年工农业主要产品产量

产品名称	计量单位	绝对数	比上年增长%
农产品产量			
粮食	万吨	488.92	3.71
其中：夏粮	万吨	212.69	2.62
其中：小麦	万吨	207.21	2.58
其中：秋粮	万吨	276.24	4.57
粮食单产	公斤/公顷	5696	2.43
棉花	万吨	3.05	-3.81
油料	万吨	28.13	-0.09
水果（含果用瓜）	万吨	197.9	1
蔬菜	万吨	811.80	-2.3
瓜类	万吨	94.67	-0.43
肉类	万吨	71.9	-0.69
其中：猪肉	万吨	51.2	-2.17
禽蛋	万吨	39.6	-13.9
牛羊奶	万吨	44.7	10.94

续表 1

产品名称	计量单位	绝对数	比上年增长%
水产品	万吨	5.07	-2.51
工业产品产量			
发电量	万千瓦小时	1152776.8	3.4
白酒(折65度,商品量)	千升	13632.9	13.8
卷烟	万支	964719	8.6
化学纤维	吨	32040.3	8
纱	吨	97348.5	32.6
布	万米	99202.2	33.6
服装	万件	8934.1	12.3
彩色照相胶卷	万平方米	79	-43.1
塑料制品	吨	429970.9	-3.4
水泥	万吨	454.3	13.1
汽车	辆	267802	39.2
改装汽车	辆	27550	22.6
变压器	千伏安	70760269	23.2
蓄电池	千伏安时	6729819	13.9
居民消费价格变动情况			
(以上年为100)			
类别	2006年		
居民消费价格总指数	101.9		
城市	102.4		
农村	101.3		
非食品价格指数	100.8		
服务项目价格指数	100.2		
扣除鲜菜鲜果总指数	101.1		
消费品价格指数	102.3		
食品	104		
烟酒及用品	99.4		

续表 2

产品名称	计量单位	绝对数	比上年增长%
衣着	100.2		
家庭设备用品及维修服务	99.1		
医疗保健和个人用品	100.9		
交通和通讯	100.1		
娱乐教育文化用品及服务	99.5		
居住	103.8		

注:1. 本公报2006年数据为年报数。

2. 公报中全市生产总值、人均GDP、各产业增加值绝对值按现行价格计算,增长速度按可比价格计算。

3. 由于地区生产总值核算制度修改,要求下算一级,因此今年公报发布较往年有所推迟。

保定市2007年国民经济和社会发展统计公报

2007年,全市人民在市委、市政府正确领导下,坚持以邓小平理论和"三个代表"重要思想为指导,牢固树立和认真落实科学发展观,坚持改革开放,在落实中推进,在求实中提速,在解放思想中创新突破,扬正气,谋全局,抓大事,解难题,国民经济呈现稳中趋快、亮点显现、活力增强、聚势发展的态势,各项社会事业呈现新的局面,开启了建设"京南近海强市名城"的新征程。

一、综合

国民经济持续健康发展,综合实力进一步增强。年内实现生产总值1375.2亿元,比上年增长11.7%。其中:第一产业增加值215.4亿元,比上年增长3.7%;第二产业增加值683.2亿元,比上年增长13.1%;第三产业增加值476.5亿元,比上年增长13.5%,人均国内生产总值12703元,比上年增长11.1%,三次产业比重为15.7: 49.7: 34.7。(见下图)

市场物价上涨较高。城市居民消费价格总水平较上年上涨5.5%,其中:服务项目价格上涨1.2%,消费品价格上涨6.7%。

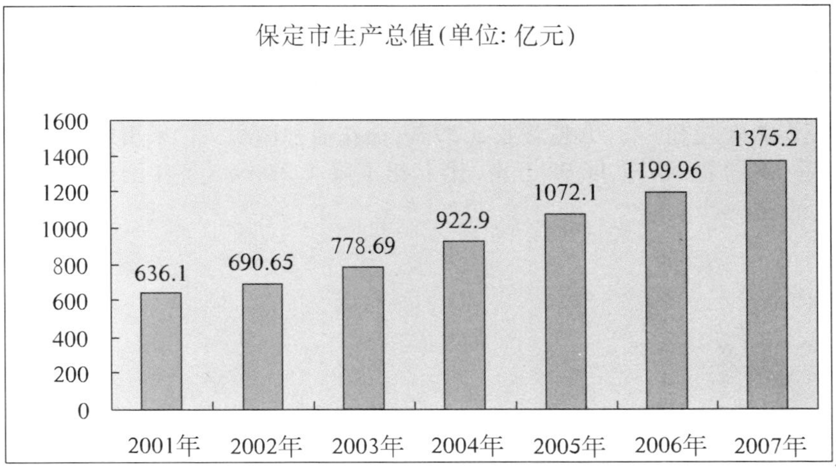

居民消费价格变动情况

（以上年为100）

类　　别	2007 年
城市居民消费价格总指数	105.5
非食品价格指数	100.3
服务项目价格指数	101.2
扣除鲜菜鲜果总指数	105.7
消费品价格指数	106.7
食品	115.0
烟酒及用品	100.2
衣着	96.4
家庭设备用品及维修服务	101.8
医疗保健和个人用品	102.3
交通和通讯	99.0
娱乐教育文化用品及服务	99.2
居住	103.4

职工收入稳定增长。年末全市城镇单位从业人员65.58万人，增长0.69%。单位从业人员劳动报酬116.13亿元，同比增长21.42%；其中在岗职工工资总额110.17亿元，同比增长22.93%。城镇单位在岗职工平均工资17889元，同比增长19.44%。

国民经济和社会持续、协调、健康发展的同时，仍存在着食品、居住价格涨幅偏高，节能降耗任务艰巨等矛盾和问题，制约着国民经济整体运行质量进一步提高。

二、农业

农村经济全面发展。全年农林牧渔业总产值完成367.5亿元，比上年增长3%。

农业生产平稳发展。农业实现产值204.9亿元，比上年增长7.6%。粮食产量再获丰收，粮食播种面积1375.78万亩，与上年持平（增长0.01%），总产量517.87万吨，增长3.59%；棉花播种面积44.92万亩，比上年下降1.23%，总产量3.15万吨，比上年增长8.22%；油料播种面积112.18万亩，比上年增长1.41%，总产量26.53万吨，比上年增长5.11%；蔬菜播种面积206.47万亩，比上年下降5.83%，蔬菜总产量759.48万吨，比上年下降1.55%；瓜类播种面积32.07万亩，比上年下降1.6%，瓜类总产量94.22万吨，比上年增长4.75%；水果（含果用瓜）总产量203.9万吨，比上年增长5.5%。

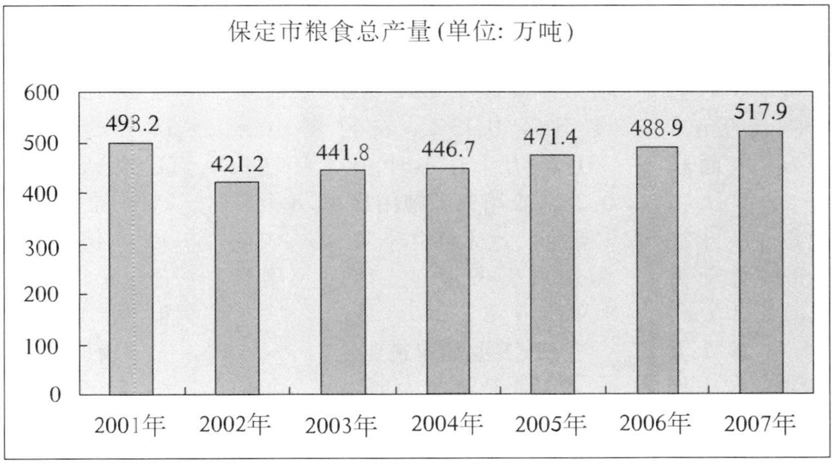

畜牧业生产稳步提高。实现畜牧业产值117亿元,比上年增长1.8%,肉类总产量达47万吨,比上年下降4%,其中:猪肉产量完成33.9万吨,比上年下降8.1%,禽蛋产量完成33.8万吨,比上年增长3.7%。牛羊奶产量52.4万吨,比上年增长17.3%,年末生猪存栏283万头,比上年增长4.3%,大牲畜存栏38.8万头,比上年增长0.1%,其中:牛存栏30.2万头,比上年增长2.9%,羊存栏172万只,比上年增长1.6%。

渔业生产稳定。实现渔业产值3.5亿元,增长7.8%,淡水养殖面积1706公顷,比上年增长1.2%,水产品总产量达到4.2万吨,比上年增长3.2%。

2007年主要农产品产量

产品名称	计量单位	绝对数	比上年增长%
粮食	万吨	517.87	3.59
其中:夏粮	万吨	227.89	-0.54
其中:小麦	万吨	222.66	-0.45
其中:秋粮	万吨	289.98	7.07
粮食单产	公斤/公顷	5640	3.58
棉花	万吨	3.15	8.22
油料	万吨	26.53	5.11
水果(含果用瓜)	万吨	203.9	5.5
蔬菜	万吨	759.48	-1.55
瓜类	万吨	94.22	4.75
肉类	万吨	47.0	-4.0
其中:猪肉	万吨	33.9	-8.1
禽蛋	万吨	33.8	3.7
牛羊奶	万吨	52.4	17.3
水产品	万吨	4.2	3.2

林业生产持续发展。实现林业总产值3.9亿元,比上年下降10.9%,当年造林面积2.6万公顷,四旁植树1510万株,新育苗木4427公顷,年末实有林地面积43.1万公顷。

农业基础设施建设进一步加强。年末拥有农业机械总动力1009万千瓦,比上年增长2.7%,其中:农用排灌动力机械29.2万千瓦,比上年增长0.1%。年末拥有各种拖拉机17.3万台,农用运输机械34.1万辆,当年机耕面积61.6万公顷,比上年增长10.6%,有效灌溉面积65.5万公顷,比上年下降0.13%,农村用电量301786万千瓦小时,比上年增长6.2%,农用化肥施用量42.8万吨(折纯),比上年增长2.4%,农药施用量1.09万吨,比上年增长1.9%。

三、工业和建筑业

工业经济实力增强。全年完成工业增加值578.1亿元,比上年增长14.4%。规模以上工业完成现价总产值1370.7亿元,完成工业增加值340.4亿元,比上年增长18.9%。轻、重工业均有增长,轻工业完成增加值124.7亿元,增长24%,重工业完成增加值215.7亿元,增长14.7%。国有控股工业企业完成增加值109.1亿元,比上年增长16.4%。大中型工业企业完成增加值216.3亿元,比上年增长22.6%。

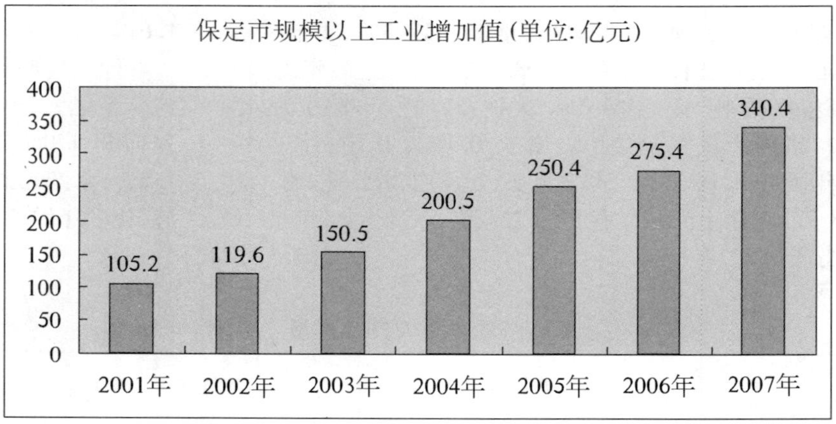

工业企业经济运行质量提高。规模以上工业主营业务收入1340.26亿元,比上年增长26.45%,工业产品销售率97.7%,比上年降低0.9个百分点,实现利税126.96亿元,比上年增长34.43%,其中:国有控股企业完成利税47.86亿元,比上年增长44.32%;实现利润79.3亿元,比上年增长42.04%。

着眼于科学发展、提速发展、和谐发展,充分发挥优势,加快产业调整步伐,努力构筑"南车、北电、东纺、西绿"产业新格局。2007年三大支柱产业(汽车、新能源、纺织)完成总产值600亿元,占全市入统工业的比重为43.8%,同比增长34.9%,对全市工业的贡献率达52.5%,拉动全市工业增长14.5个百分点;实现利税55.5亿元,占全市入统工业的比重为44.4%,同比增长46.8%。

工业的产品产量随市场变化而调整。名牌产品、市场畅销产品产量增长较快,其中规模以上工业中:纱产量11.26万吨,增长22%;汽车32万辆,增长19.4%;蓄电池720.33万千伏安,增长6.9%。

2007年工业主要产品产量

产品名称	单　位	本月止累计	累计增速
白酒(折65度,商品量)	万千升	1.71	22.1
卷烟	万支	1072500	11.2
化学纤维	万吨	3.05	-5.3

续表

产品名称	单　位	本月止累计	累计增速
纱	万吨	11. 26	22
布	万米	62385	-26. 7
服装	万件	7718. 63	8
彩色照相胶卷	万平方米	142. 62	80. 4
塑料制品	万吨	46. 09	9. 9
水泥	万吨	386. 4	-8. 5
汽车	辆	319660	19. 4
改装汽车	辆	22928	-11. 4
变压器	万千伏安	8796. 62	24. 1
蓄电池	万千伏安时	720. 33	6. 9

建筑业较快发展。全年完成增加值105. 1亿元,比上年增长6. 1%。全市辖区内具有建筑业资质的所有独立核算建筑业企业282个,完成建筑业总产值263亿元,比上年增长16. 4%,按总产值计算的全员劳动生产率为105172元/人。实现利税总额为14. 33亿元,比上年增长11. 09%。

四、固定资产投资

固定资产投资增长。全年完成全社会固定资产投资650亿元,比上年增长12. 4%,城镇固定资产投资完成528亿元,比上年增长13. 8%,其中:建设项目投资完成457亿元,比上年增长8. 7%,房地产开发投资完成71亿元,比上年增长63%。

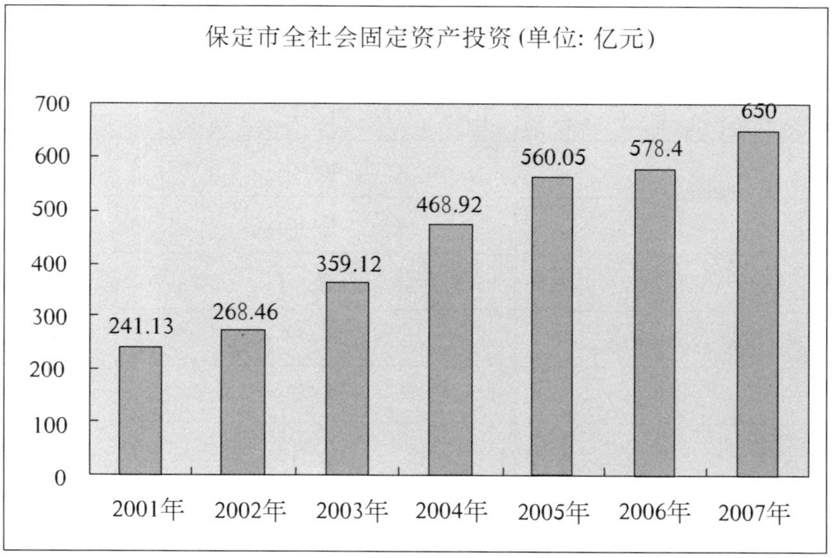

传统优势行业继续快速增长。加强了对汽车等优势行业的改扩建,促进了传统优势行业的产业链延伸技术提升,加快了传统产业新型化步伐。全市城镇投资中,按行业分:制造业投资完成204亿元,同比增长16. 9%;电力煤气及水的生产供应业投资完成31亿元,同比增长14. 2%。交通运输设备制造业投资完成35亿元,同比增长74. 7%。城镇投资中,按产业分:第一产业完成投资

13亿元，比上年增长9.6%；第二产业完成投资242亿元，比上年增长10.3%；第三产业完成投资273亿元，比上年增长16.9%。

投资效益有所增强，全年城镇建成投产项目1397个，项目建成投产率为63.9%。新增固定资产244亿元，固定资产交付使用率53.3%。

2007年新增生产能力（城镇+农村非农户）

新增生产能力（或效益）名称	计量单位	总计
原煤开采	万吨/年	15
焦炭	万吨/年	130
铁矿石原矿开采	万吨/年	312
铁矿选矿处理量	万吨/年	18
铁矿石成品矿	万吨/年	7
热轧钢材	万吨/年	40.02
冷轧（拔）钢材	万吨/年	2
棒材	万吨/年	6.52
线材（盘条）	万吨/年	5.5
其他钢材	万吨/年	30
水力发电	万千瓦	0.37
输电线路长度（11万伏及以上）	公里	18
水　泥	万吨/的	21.6
石墨及碳素制品	吨/年	30000
氮肥	吨/年	20000
精甲醇	吨/年	20
轮胎外胎	万条/年	60
中成药	吨/年	600
轿车制造	辆/年	100000
化学纤维	吨/年	6000
粘胶纤维	吨/年	6000
棉纺锭	锭	48000
毛纺锭	锭	11300
机制纸	万吨/年	2.2
机制纸板	万吨/年	7.5

续表

新增生产能力(或效益)名称	计量单位	总　计
移动通信基站设备	信道/年	90
新建公路	公里	382
其中:高速公路	公里	122
一级公路	公里	30
二级公路	公里	27
改建公路	公里	346
二级公路	公里	75.5
新建独立公路桥梁	延长米	2434
	座	11
造林面积	万亩	25.8
高等院校:学生席位	个	19355
建筑面积	平方米	104877
医院病床	张	1030
宾馆、旅馆、招待所客房数	间	273
	平方米	13930
城市自来水供水能力	万吨/日	15
城市道路扩建长度	公里	20.9
城市道路扩建面积	万平方米	21
城市污水处理能力	万吨/日	1.2

五、国内贸易

城乡市场繁荣活跃。全年社会消费品零售总额509.3亿元,比上年增长15.5%,其中,限额以上批发零售企业实现零售额86.3亿元,比上年增长15.1%。按销售地区分:市的消费品零售额完成234.9亿元,同比增长15.3%;县的消费品零售额完成112.9亿元,同比增长16.6%;县以下的消费品零售额49亿元,同比增长22.1%;零售业零售额388.8亿元,同比增长14.6%;住宿餐饮业零售额52.3亿元,同比增长20.1%;其他行业零售额19.1亿元,同比增长5%。

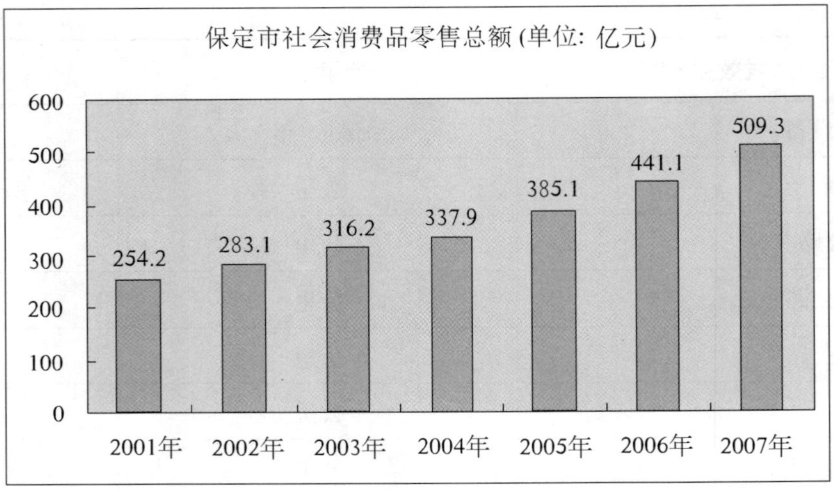

六、对外经济

对外贸易较快增长。据海关统计,全年完成出口创汇 24.23 亿美元,比上年增长 48.89%。

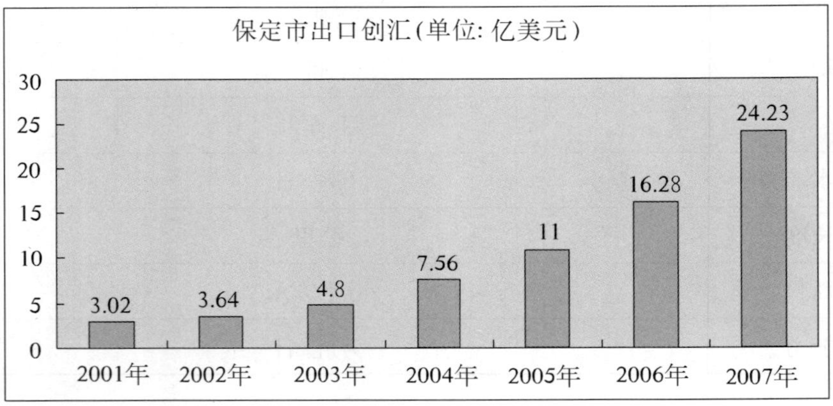

全市引进内资 98.68 亿元,比上年增长 17.2%,实际利用外资 3.86 亿美元,比上年增长 117.15%,其中:外商直接投资 1.74 亿美元,比上年增长 0.09%。全年新批利用外资合同 26 项,同比下降 55.93%,合同总金额 1.93 亿美元,比上年下降 44.61%,合同利用外资额 0.71 亿美元,比上年下降 56.3%,全年新注册三资企业 25 户,同比下降 50.98%,注册资本 0.8 亿美元,比上年下降 52.31%,其中外方资本 0.61 亿美元,比上年下降 57.33%。

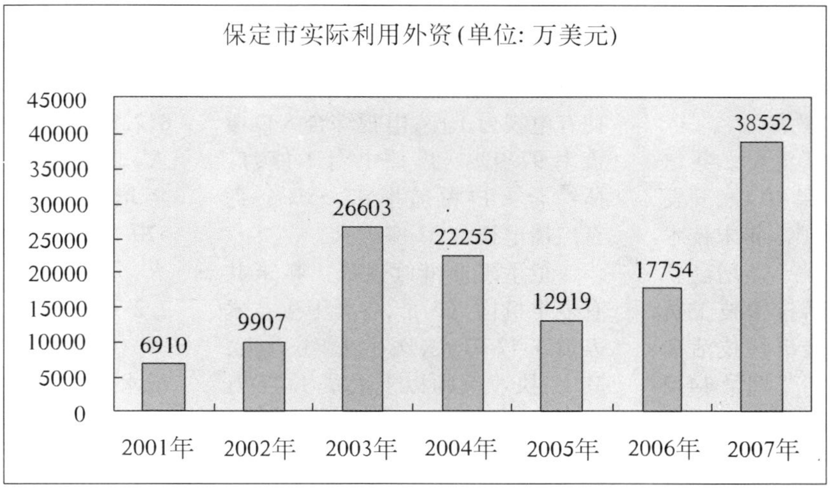

七、交通、邮电业和旅游

交通运输业稳定发展。全年公路完成货运量8552万吨,比上年增长15.8%。全年公路完成客运量8627万人,比上年增长13.9%。全年公路运输完成货运周转量800057万吨公里,比上年增长13.2%;旅客周转量850781万公里,比上年增长20%。

邮电通讯业加快发展。完成电信业务收入35.9亿元。年末拥有固定电话193万户,移动电话用户424.7万户,国际互联网用户达34.7万户,有线广播电视用户达56.6万户。

旅游业发展良好。接待海外旅游者7.49万人次,比上年增长3.99%,其中:外国游客6.37万人次,比上年增长10.4%,港、澳、台同胞和华侨游客1.12万人次,比上年下降4.27%,国际旅游收入2238.16万美元,比上年增长27.7%;接待国内游客1980万人次,比上年增长7.05%,旅游收入93.13亿元,比上年下降6.76%。

八、财政、金融和保险业

财政收入较快增长。全市完成财政收入121.9亿元,可比增长22.2%,其中:地方一般预算收入51.5亿元,可比增长19.6%。一般预算支出130.9亿元,可比增长26.3%。

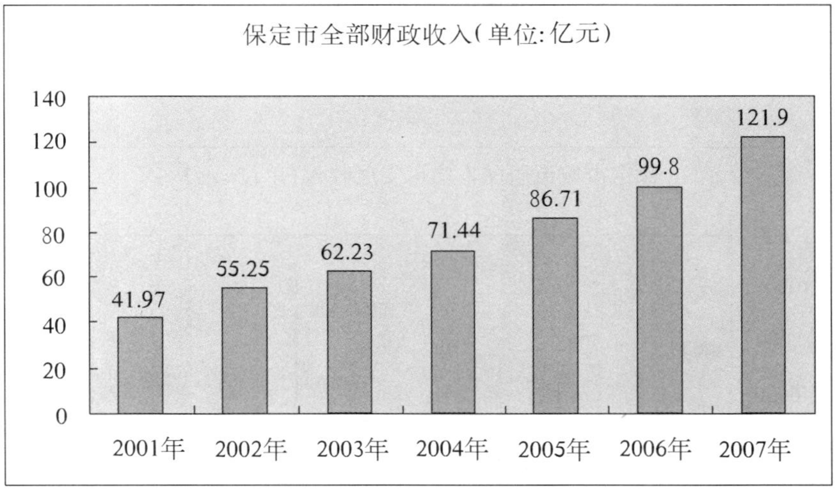

金融形势稳定,金融机构存贷款继续增长。年末金融机构存款余额达1624.8亿元,比年初增加172.8亿元,增长11.9%,金融机构贷款余额693.4亿元,比年初增加75.5亿元,增长12.2%。金融机构现金收入4654.3亿元,现金支出4748.2亿元,收支相抵,货币净投放93.9亿元。

保险事业继续发展。各类险种保费收入40.6亿元,其中:财产险金额11亿元;人身险金额29.5

亿元。处理赔案赔付金额达12.9亿元，其中：财产险赔款金额6.2亿元；人身险给付金额6.7亿元。

九、科学技术和教育

科技事业取得新成果。共取得国际、国内领先成果40项，开发省级以上新产品88项。年末技术合同成交额2.16亿元。新增高新技术企业26家，高新技术技工贸总收入285亿元。从事科技活动1.76万人。专利申请受理量1412项，专利申请受权量699项，其中发明专利79项。30个项目获省级科技进步奖。全年实施省级以上科技成果推广15项，科技成果推广应用率达80.5%。

教育事业全面发展。全市普通高等学校在校学生15.3万人，中等专业学校在校学生5.1万人，普通中学在校学生64.87万人，小学在校学生71.25万人，学龄儿童入学率达98.72%。

十、文化、卫生和体育

文化事业进一步发展。《保定日报》、《保定晚报》和《莲池周刊》年总发行量达6104.8万份，两报日发行量分别为7.2万份、9.6万份，一刊周发行量为4万份。全市剧团演出场次4413场；拥有剧场、影剧院10个，剧场演映场次1211场；拥有群众文化馆23个，组织文化活动1019次。拥有公共图书馆23个，总藏书量160万册。拥有电视台1座，电视综合人口覆盖率97.9%。广播电台1座，广播综合人口覆盖率97.55%。拥有广播电视台22座。

卫生事业继续发展。年末共有卫生机构705个，各类卫生技术人员3.47万人，医生1.84万人，其中：执业医师以上人员1.47万人，医院卫生院437个，病床床位2.59万张。农村医疗卫生状况继续改善，22个县（市）全部达到国家初级卫生保健标准。

体育事业蓬勃发展。共举办市级以上各类比赛活动9次。举办全民健身活动792次，参加人数1200万人。全市国家二级裁判110人，国家二级运动员486人。各运动队参加比赛共获省级以上金牌160枚，获省级以上银牌120枚，获省级以上铜牌80枚。

十一、人口、人民生活和社会保障

人口继续保持低速增长。据公安人口年报统计，全市年末总户数315.8万户，比上年增加5.2万户，其中：市区30万户。年末总人口1123.4万人，其中市区106.1万人，分别比上年增加17.3万人和0.9万人；总人口中，农业人口812.8万人，比上年增加11.8万人，非农业人口301.6万人，比上年增加5.5万人。男性人口570.3万人，女性人口553.1万人，分别比上年增加10.1万人和7.2万人。

城乡居民收入继续增长，生活水平进一步提高。全市城市居民人均可支配收入10924.7元，比上年增长8.2%；农民人均纯收入（不含市区）达到3973.51元，比上年增长7.99%。城乡居民储蓄继续增加，年末城乡居民储蓄存款余额达1195.5亿元，比年初增加122.7亿元，增长11.5%。城市人均消费性支出7716.8元，其中，食品类支出2468.78元，衣着类支出1050.7元，其他用品及服务类支出4197.32元；农村居民人均生活消费（不含市区）支出2216.03元，其中食品支出870.13元，衣着支出164.57元，居住支出431.83元。

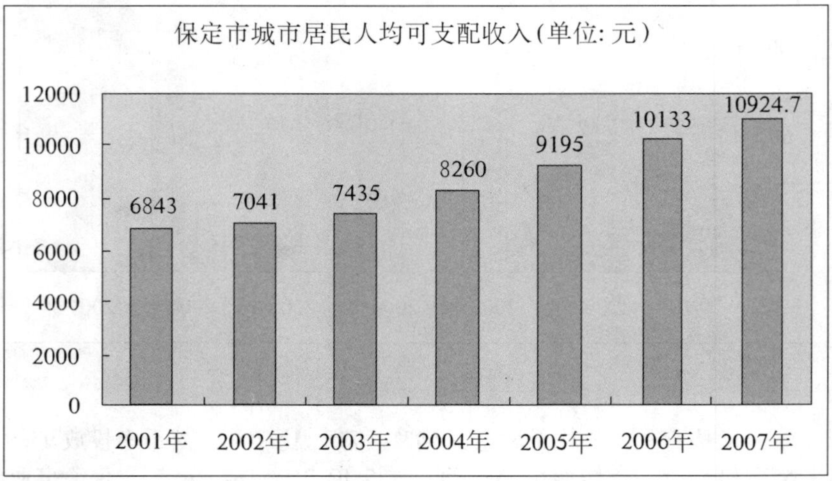

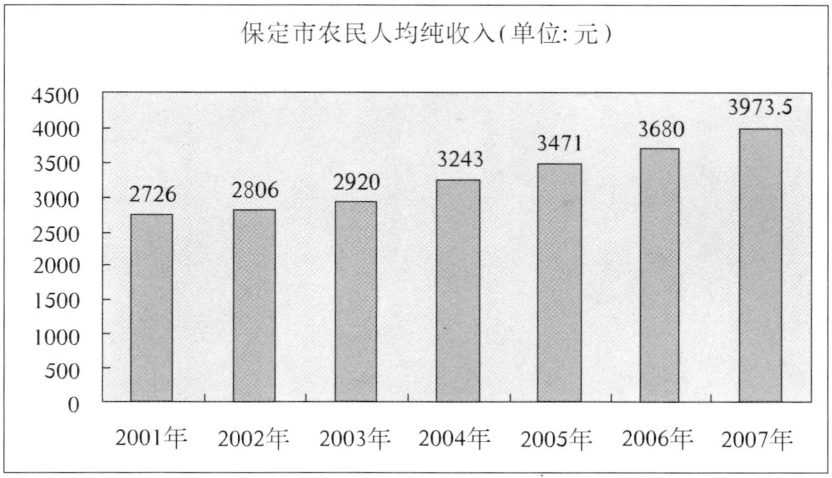

社会保障工作进一步加强。职工养老金全部实现社会化发放,失业保险覆盖面继续扩大。全市25县(市、区)全部建立最低生活保障制度,共有10.3万城镇居民得到最低生活保障救济,22.7万农村居民得到最低生活保障救济,城镇居民最低生活保障实现应保尽保,农村居民最低生活保障逐步规范。年末全市有69.8万职工参加了基本养老保险,78.1万人参加了基本医疗保险,51.4万人参加了失业保险。

社会福利事业继续发展。年末全市各类收养性福利单位177所,床位达5517张。城镇社区服务设施267个。国家抚恤、补助、优抚6.2万人,其中:定期补助4.2万人,抚恤0.7万人,伤残优抚1.2万人。

十二、环境保护和安全生产

环境保护事业继续发展。年末全市重点工业企业专业环保人数达2443人。工业废水处理排放达标量12222.7万吨,工业废水排放达标率92.6%,工业二氧化硫去除量4.4万吨,工业烟尘去除量78.4万吨,工业固体废物综合利用量446.1万吨,工业固体废物综合利用率56.5%。城市人均公共绿地面积8平方米,建成区绿地率31.81%,建成区绿化覆盖率37%,生态环境继续改善。

全年各类安全生产事故共死亡328人,亿元GDP生产安全事故死亡率为0.24人;道路交通事故死亡291人,全市共有各类机动车131万辆,万车安全事故死亡率为2.22人;工矿商贸企业事故死亡32人;煤矿事故为0,煤矿产量3万吨,煤矿百万吨生产安全事故死亡率为0。

注:1. 本公报2007年数据为年报数。

2. 公报中全市生产总值、人均GDP、各产业增加值绝对值按现行价格计算,增长速度按可比价格计算。

3. 由于地区生产总值核算制度修改,要求下算一级,因此今年公报发布较往年有所推迟。